새 로 쓴

서양사 총론2

차 하 순

탐 구 당

머리말

오늘날 우리가 사는 세상은 상대적으로 동·서양의 구별이 사라지고 점차 가치관을 공유하는 세계화된 '지구촌'이다. 우리는 원하든 원치 않든간에 '하나의 세계문화' 속에 살고 있다. 아시아인은 삶의 방식을 서양화하고 서양인은 아시아의 전통과 사상을 높이 평가하고 있다.

가치관을 공유하는 세계화 시대에서는 다른 문화권에 대한 이해가 중요하며, 우리의 역사와 전통을 비교문화의 관점에서 보아야 할 필요가 있다. 더욱이 앞으로 생활환경이 국제적으로 더 확대되고, 국가 간 상호의존과 경쟁이 심화되는 21세기에는, 지식과 정보가 질적으로 다양해지고 양적으로 팽창하게 될 것이다. 이런 때일수록 문화권을 서로 비교하며 이해하는 일이 더욱 필요하다.

우리는 불행히도 1960년대부터 30여년간 폐쇄적인 교육을 받아왔다. 제 나라의 '고유' 문화를 강조한 나머지 다른 문화권에 대한 이해를 '국적 없는 지식'으로 배척하였다. 이러한 문화적 쇄국주의 아래에서 우리의 세계화는 그만큼 늦어졌으며 국제 경쟁력도 약화되었다. 이제라도 우리는 한국이 '하나의 세계' 속의 한 부분이라는 현실을 직시하고 세계사적 전개에 대처해야 한다. 특히 경제·외교·문화·학술의 세계화로 인해 비교 문화적 이해가 필수적임은 더 강조할 필요가 없다.

이 책의 서술은 사상사를 근간으로 했지만 정치·경제·사회·문화의 측면도 중요시하여 되도록 균형잡힌 역사상(歷史像)을 제시하려고 하였다. 또한 르네상스 이후의 시기에 중점을 둔 것은 사실이나 고대와 중세의 역사적 중요성을 감안하여 균형을 잃지 않도록 유의하였다. 다만 강조해야 할 것은 우리의 현재 삶과 가장 가까운 현대사회의 역사적 과정이 매우 중요하다는 사실이다. 따라서 이 책에서는 20세기 역사에 상당한 분량을 할애하였다. 21세기에 들어선 이 시점에서 20세기를 이해하는 것은 앞으로 인류사회뿐 아니라 우리 자신의 삶에 교훈을 얻기 위해 필수적인 지식이 될 것이다.

문명사 개설서가 다루는 시대, 지역, 분야는 한 개인의 능력과 작업의 한계를 벗어나는 범위의 것이다. 그것은 수많은 개별 국가들의 역사를 비롯해 선사시대에서 현대에 이르는 여러 시기에 걸친 정치와 국제관계, 경제와 사회, 문학과 미술, 사상과 종교, 과학기술과 생활 등 각 분야의 역사를 모두 포함한 것이다. 현재 국내 · 외로 여러 종류의 서양사 개설서와 다양한 시대사 연구업적들이 나와 있다. 저자는 당연히 이러한 업적과 저작들을 참조했으며 이 저술 속에 유용하게 편입하였다. 그 점에서 많은 국내 · 외 동료 서양사가들에게 깊은 사의를 표하는 바이다.

1994년 가을, 강단에서 물러난 이래 지난 6년간 저자는 원고 작성에 전념했으나 아직도 미진한 점들이 많다. 그러나 불만스러운 대로 차후의 보완 개정을 전제로 하고 일단 탈고하였다.

본래 이 책은 『서양사 총론』 전정판(全訂版)의 확장이라고 할 수 있으나 내용이나 구성에서 거의 새로운 책이 되고 말았다. 결과적으로 모든 부분이 개고(改稿)되었으므로 출판사의 부담도 그만큼 컸다고 할 수 있다. 전면 컬러판 제작을 위해 결단을 내린 탐구당 홍석우 사장에게 심심한 사의를 표한다. 편집과 교정을 꼼꼼히 챙기고 색인을 작성한 김예숙 씨, 지도 제작과 도판을 맡은 편집 디자이너 안은주 씨에게 각별히 감사한다. 끝으로 도판, 지도 등을 비롯해 편집 전체에 자상한 주의를 기울인 김위선 씨에게 깊은 감사의 마음을 전한다. 또한 최용호 부장을 비롯해 제작에 참여한 탐구당의 여러분에게도 깊은 사의를 표하는 바이다.

2000. 6

차 하 순

일러두기

1. 원음 표기: 인명, 지명, 국명 등 고유명사는 원음(原音)원칙에 따라 표기하였다. 표기의 기준으로 삼은 것은 *Webster's Biographical Dictionary*(1974), *Webster's New Geographical Dictionary*(1980)이다. 그러나 원음의 한글 표기는 획일화하기 쉽지 않기 때문에 대체로 관용되고 있는 현행 외래어 표기법을 따랐다.

   그러나 원어 표기를 엄격히 하면 각급 교과서와 상이한 경우가 많기 때문에 일반적으로 사용되는 표기를 따른 경우도 많았음을 밝혀둔다. 원어를 따른 경우와 그렇지 않은 경우를 일부 예시하면 다음과 같다.

   예: 피터 대제→피요트르 대제, 비엔나→빈, 베니스→베네치아
   (이상 원어 표기)
   에스파냐→스페인, 튜르키에→터키, 헬라스→그리스
   (이상 관례에 따른 표기)

2. 지도 : 역사부도는 *Hammond Atlas of World History*(1980), *Oxford Atlas of World History*(1999), *The Times Atlas of World History*(1993)등을 참고하여 독자적인 그래픽으로 작성하였다.

3. 원어 병기 : 고유명사 표기는 첫 번째의 경우에 한해 원어를 함께 적고, 그 이후부터는 대부분 생략하였다. 인물의 경우는 첫번 언급 때에 별칭(別稱)이나 생존연대를 적었다.

   예: 스키피오Publius Cornelius Scipio(大 스키피오: 237-183 BC)→
   스키피오

4. 둘 이상의 원어: 원어 표기 가운데 두 개 이상일 경우는 뒤의 것은 영어 또는 그밖의 유럽어 표기이다. 이 경우 ;로 표시했다. 단순히 상이한 표기일

때에는 ,로 표시하였다.

예: 아테나이Athenai; Athens(영)

샤를마뉴Charlemagne; Charles the Great(영), Karl der Grosse(독), Carolus Magnus(라틴)

5. **더 참고할 책**: 더 깊은 전문적 설명을 원하는 독자들에게 권장하는 관련 문헌과 논문명을 각 장(章) 끝에 열거하였다. 「더 참고할 책」 목록은 국내외의 문헌을 막론하고 원칙적으로 1980년대 이후에 나온 것으로 한정하였다.

외국문헌의 경우 영어로 된 문헌이 압도적으로 많은 이유는 단순히 독자의 어학상의 편의를 참작한 것에 불과하다.

외국문헌의 경우 양장본은 끝에 출판연도를 적었으며 염가판(paper-bound edition)은 책이름 끝의 ( )속에 표시하고, 출판연도는 생략하였다. 또한, 자료의 경우도 출판연도를 생략하였다.

예: Tilly, Charles, *European Revolutions, 1492-1992* (1993).

Rudé, George, *The Crowd in History, 1730-1884* (Wiley).

단행본이나 논문에 관계없이 외국문헌의 경우 필자 성의 알파벳 순으로, 국내문헌의 경우 필자 성의 가나다순에 따라 적었다.

차 례

제 9 장 절대군주제의 전개

제 10 장 혁명의 시대

제 11 장 자유주의와 내셔널리즘

제 15 장 변화하는 세계

제 16 장 현대세계의 문화

제 17 장 현대세계와 하나의 지구촌

서 론

1. 역사의 의미

역사라는 말에는 세 가지 의미가 있다. 첫째, 역사는 과거 그 자체를 의미한다. 그것은 현재까지에 이른 모든 시간적 진화과정 및 그 과정에서 일어난 일들을 가리킨다. 이 경우 역사는 존재하는 실체이며 움직일 수 없는 하나의 '사실' 이다. 예를 들면 우리가 "역사상 큰 사건"이라고 말할 때는 '지난날의 사건' 을 의미한다.

둘째, 역사는 이러한 시간적 진화과정에서 일어난 일들에 대한 기록, 문서를 의미한다. 이것이 사료(史料)이다. 예를 들면 "역사에 이름을 남긴다"는 말에서 알 수 있는 바와 같이 이 때의 역사는 기록을 의미한다. 물론 과거에 일어난 일이라 해서 빠짐없이 모두 기록으로 남는다고 보기는 어렵다. 기록으로 남는 과거는 극히 일부분에 불과하다.

셋째, 역사는 과거에 일어난 사건이나 있었던 사실들에 대한 해석을 의미한다. 예를 들어 아무개가 지은 역사책으로 공부한다고 말할 때의 역사란 어느 한 역사가의 연구결과이거나 역사해석을 의미하고 있는 것이다. 그것은 학문으로서의 역사, 지식으로서의 역사를 가리킨다.

역사는 한 사람의 개인적 생애를 초월한 무수한 세대와 세기에 걸친 오랜 기간의 누적된 집단경험의 총체이다. 개인의 삶은 제한되어 있고 개인적 경험에는 한계가 있는 반면, 인류 전체의 역사는 엄청난 양에 달하며 한정되어 있지 않다.

그러므로, 우리는 역사로부터 개인이 경험할 수 없는 여러 가지 인간사를 배울 수 있다. 역사는 개인적 경험의 세계를 확대하기 위한 좋은 수단이다. 우리는 역사를 배움으로써 여러 가지 입장에서 사물을 고찰할 수 있으며, 현상 밑의 구조를 인식할 수 있는 비판력을 키울 수 있다.

> 역사는 비판이다. 그것은 우리로 하여금 윤리적이며 사실적인 현재의 문제들을 비판할 수 있게 하고, 그것을 통해 상이한 관점으로 도달할 수 있게 하는 하

> 나의 수단이다. 우리가 현재로부터 더 멀리 떠날수록 얻는 해방은 더욱 더 가치 있는 것이다. 우리의 지평선을 넓혀주는 것, 우리의 상투적인 관점과 다른 관점들을 볼 수 있게 해주는 것은 역사가가 제공하는 가장 큰 봉사이다. 역사가는 그 자신이 공부하고 이해하려고 하는 전문분야에 집중함으로써 이 봉사를 최선의 것으로 만들 수 있다.[1)]

역사의 이해 역사를 공부하는 것은 역사적 사실이 우리에게 주는 의미가 무엇인가를 살펴보기 위해서이다. 우리는 난순히 과거 사실들의 진싱을 알려고 할 뿐 아니라 그러한 사실들이 어떠한 의미가 있는가를 생각해 보아야 한다. 이와 같은 역사적 의미는 마땅히 오늘날을 살고 있는 현재의 우리와 상관이 있다.

그러므로, 역사는 단지 과거 속으로 사라진 죽은 사실들을 파헤치는 것이라기보다 현재와 미래에 연결되는 살아 움직이는 현실을 이해하는 것이어야 한다. 이 점에서, 역사를 올바르게 이해하는 것은 미래의 삶을 뜻깊게 이끌어가는 일과 연결된다고 할 수 있다.

역사의 이해를 주도하는 전문가는 역사가이다. 과거는 단지 사료의 형태로 남아 있을 뿐이다. 사료를 분석, 검토, 해석하는 전문가가 필요하며 여기에 역사가의 존재 이유가 있다. 달리 말하면 역사가의 임무는 사료를 정확하게 분석하여 과거를 재구성하고, 그로 인해 얻는 지식을 일반에게 강의, 저술하여 대중화하는 것이다.

역사 이해의 시각에는 문과적 시각과 사회과학적 시각이 있을 수 있다. 문과적(文科的) 시각에 의하면 과거에 일어난 일들은 독특한 일회적인 개별적 사건이라는 것이다. 사건의 개별성과 독자성이 중요하므로 그 하나 하나가 이야기의 대상이 될 수 있다는 입장이다.

그리하여 이 입장의 역사가들은 대개 설화(story-telling) 형식으로 역사를 서술하는 경향을 보이고 있다. 이에 반하여 사회과학적 시각은 역사과정에서의 유형을 강조한다. 인간의 사고와 행위에는 특정한 유형이 있으며 그것은 반복성, 공통성, 보편성을 가진다는 것이다.

사회과학적 시각을 주장하는 역사가들은 대개 원인과 관계를 설명하며, 비교방법에 의한 분석의 형식으로 역사를 해석하는 경향이 있다. 그렇지만 사회과학적 시각과 문과적 관점의 장 · 단점을 취하여 종합하는 것이야말로 가장 적절한 역사이해의 방법이 될 것이다.

역사구분 효과적으로 역사를 이해하기 위해서는 편의수단을 생각지 않을

---

1) Morris R. Cohen, *The Meaning of Human History,* 2nd ed. (1961), 27-28.

수 없다. 역사는 전체로서는 너무나 방대하고 엄청나게 복잡한 것이다. 역사가는 모든 역사를 한꺼번에 다룰 수는 없으며, 우리가 모든 역사를 단 하나의 그림으로 그릴 수도 없는 일이다. 역사이해를 위한 편의수단 중 하나가 역사구분이다. 역사구분 중 가장 보편적인 것이 시대구분이다. 전통적으로 고대, 중세, 근대로 나누는 3분법이 있었다. 이 삼분법에 현대를 추가하여 오늘날 널리 사용되는 시대구분법이 되었다. 그러나 삼분법이라고 하지만 역사가마다 각 시대의 시작과 끝이 다르며, 또한 각 시대를 세분하는 방식도 같지 않다.

그밖에 역사이해를 위한 것으로서 주제(主題), 지역, 분야에 따른 구분도 사용된다. 가령 르네상스, 종교개혁, 1차대전 등은 주제별 구분이고 유럽사, 지중해 세계, 신성로마제국, 고대 그리스 등은 지역별 구분이며, 메소포타미아의 정치, 중세의 장원 경제, 차티스트 운동, 19세기의 사상 등은 분야별 구분이라 할 수 있다.

구분이란 어떠한 의미에서든 중요하며 특히 역사이해의 필수적인 수단이라고 할 수 있다. 우리는 전통적인 시대 구분의 틀을 지키면서 주제, 지역, 분야에 따른 구분을 사용하여 역사이해를 위한 다각적인 시도를 해야 할 것이다.

2. 우리는 왜 서양사를 알아야 하는가

서양사는 역사학의 분야 중 가장 복잡한 역사적 전개과정을 보이고 있고, 많은 나라들과 민족들의 다양한 집단적 경험을 제시해 주고 있다. 서양사에서 다루어지는 영역은 지리적으로는 유럽과 아메리카에 걸쳐 있지만 서양문명이 영향을 끼친 역사적 영역은 그보다 더 넓어 소아시아, 아프리카 및 아시아의 많은 지역까지를 포함하는 것이다.

서양사가 각별히 우리의 관심을 끄는 이유는 역사적 사고(思考)의 기본형을 제시해 주고 있기 때문이다. 서양사의 전개과정은 인류문명이 어떠한 보편적 유형에 따라 진전되는가를 보여주며, 그러한 진전이 단지 어느 한 나라, 한 민족의 경우에만 국한하지 않고 인간 전체의 문제로 제시되고 있다. 서양사에서 전개된 정치, 사회, 경제 제도와 사상적인 틀은 인류사회 전체에 영향을 끼쳤으며, 그 점에서 보편성과 세계성을 갖는 것이다.

그러므로, 서양사는 역사 일반에 대한 우리의 생각의 범위를 넓혀 주고 깊이를 더해 주는 표준점(標準點)과 같은 역할을 하는 경우가 많다. 이런 의미에서 노예제, 봉건제, 장원, 도시, 자본주의, 혁명, 군주제, 민주제, 자유주의, 산업주의, 자연과학과 기술의 발전을 논할 수 있으며, 자연법이나 인간 기본권 또는 철학 · 역사 · 사회학과 같은 학문체계에 대한 논의의 출발점을 서양사에서 찾을 수 있다. 서양세계가 발전시킨 각종 제도들, 학문과 사상, 종교는 모든 역사적 사고의 기본 모델을 제시해 주는 경우가 많기 때문에 서양사에 대한 이해는 그만큼 우리에게 필요하다. 서양사를 공부함으로써 우리는 인간 경험의 보편성과 일반성을 알 수 있게 된다.

이와 같이 보편성과 일반성에 비추어 얻는 서양사에 대한 우리의 지식은 인간 이해의 기본지식이라 할 수 있다. 역사는 정치 · 경제 · 사회 · 종교 · 사상 · 문학과 예술 등에 관한 전문적 탐구를 위한 전제 조건이 되며, 정치학 · 사회학 · 인류학 · 경제학 · 철학 · 종교학 · 문학 · 언어학을 비롯해 그 밖의 사회과학과 인문학의 기초라 할 수 있다. 왜냐하면 서양사는 우리의 지적 시야를 확대하기 위해서, 가치의 상대성을 인식하기 위해서 패턴과 비교를 제시해 주기 때문이다.

서양사의 효용 서양사는 거의 모두 외국사로 구성되어 있기 때문에 언뜻 보기에 우리와 관계가 없는 나라들의 역사라고 인식되기 쉽다. 그러나 곰곰이 생각해 보면 그것이 남의 역사가 아닌 바로 우리의 역사임을 알 수 있다. 서양사를 배움으로써 인간이란 무엇인가, 나는 어떤 인간에 속하는가, 내가 인간 이외의 다른 존재가 아니라는 것은 무엇을 의미하는가를 알게 될 것이기 때문이다. 우리는 무엇보다도 우리 자신의 지적 · 문화적 성장을 위해서 다른 나라와 민족의 역사를 배워야 한다. 우리는 민족으로서 또는 인간으로서 인류의 한 부분이며, 서양사는 곧 인류사회의 총체적 경험을 말해주고 있다.

서양사에서는 집단적 경험의 유형들이 풍부하고 다양하게 제시되고 있다. 서양사는 서양민족들의 역사이면서도 한국인인 우리에게 교훈을 주며 안목을 트이게 해 줄 것이다. 다른 나라와 민족의 문화를 정확히 이해하는 것은 곧 자기에 대한 지식의 개발을 의미한다. 그 점에서 서양에 대한 지식은 곧 우리 자신에 대한 지식이라 할 수 있다.

인류세계는 지구의 동과 서, 남과 북을 하나로 묶어 놓은 인간가족이다. 우리는 아시아의 부분이며 아시아는 세계의 부분이다. 서양사는 적어도 인류사의 절반, 또는 그 이상을 차지하고 있으며 서양사 발전과정의 많은 부분이 세계사의 중요한 요소가 되었다. 서양문명은 세계문명권 중 가장 특이한 문명권이며 가장 창조적인 내용을 가진 문명 중 하나임에 틀림없다. 서양세계에서 전개되는 역사적 과정은 바로 인류사회의 발전과정을 이해하는 중요한 관건이 될 것이다.

세계사의 현대성 오늘날에는 세계사와 단절된 나라의 역사, 국제사회와 관련이 없는 민족의 역사란 생명력을 상실한 역사가 되기 쉽다. 세계사는 단순히 동 · 서양 '세계의 역사를 합쳐 놓은 역사' (world history)라기보다 온 지구가 하나의 유기적 연관이 있는 '지구사'(global history)인 것이다.

그것은 하나의 지구가 공동으로 소유하는 역사적 발전과정이다. 한국사 역시 지구사의 유기적인 부분이며, 범세계사적 시각에서 고찰되지 않으면 안 된다. 그리고 세계의 다른 나라 사람들의 역사와 똑같이 동등한 위상에서 평가되지 않으면 안 된다.

이 점에서 현대사는 세계사이다. 하나의 국가는 나머지의 다른 나라, 다른 민족, 다른 지역과 부단한 교섭과 접촉을 하지 않을 수 없다. 한 나라의 역사는 정치 · 경제 · 사회뿐 아니라 종교 · 사상 · 문화에서 다른 문명권과 교류하여 형성된 것이다. 예컨대, 19세기말부터 미국 · 러시아 · 중국 · 일본 등의 세력이 한반도에 다투어 진출하면서 한국사는 더 이상 외부세계에 대해 폐쇄적일 수 없게 되었다. 그 이래로 20세기 한국사의 주요부분은 대외교섭의 역사라 해도 과언이 아니며, 특히 1945년 이후 미국과 소련이 각각 남 · 북한에 진주한 것은 한국사가 서양사적 성격을 띠게 한 계기가 되었다.

20세기 한국은 정치 · 경제 · 사회 · 종교 · 예술 · 학문 및 생활방식에 이르기까지 한결같이 서양문명권의 영향을 받았으며, 따라서 현대사의 이해를 위해서는 서양사의 지식이 필수 불가결하다.

그러므로 서양사에 대한 이해는 문명에 대한 상대주의적 접근을 통한 시야의 확대를 가능케 할 것이다. 서양사가 제시하는 인류사의 전개과정은 민족주의와 세계화, 지역주의와 보편주의에 입각한 각 민족집단, 각 국가의 역사적 위상을 비교하게 하며 인류의 과거를 통해 인류의 미래에 대한 상대적 이해를 하게 할 것이다.

우리는 문화가 서로 다른 사회들을 비교함으로써 우리 자신과 한국문화를 더 정확하게 이해할 수 있으며, 궁극적으로 이와 같은 비교 문화적 입장은 인류사회에 대한 공감적 이해를 증폭시킬 수 있을 것이다.

제10장

혁명의 시대

1789년 7월 14일 바스티유 감옥의 함락

주 요 연 대

1651	홉즈『리바이어던』
1687	뉴턴『자연철학의 수학적 원리』
1688-1744	포우프
1690	존 로크『정부에 관한 두 논문』
1705	뉴코멘의 증기기관
1706-1790	프랭클린
1712-1778	루소
1733	케이의 자동 북(flying shuttle)
1748	몽테스키외『법의 정신』
1760-1820	영국, 조지 3세의 치세
1765	인지조령(印紙條令)
1769	와트의 증기기관 특허
1769-1821	나폴레옹 보나파르트
1770-1827	베토벤
1774-1792	프랑스, 루이 16세의 치세
1770-1831	헤겔
1770-1850	워즈워스
1775-1783	아메리카 혁명
1776	아담 스미스『국민들의 부』
1781	칸트『순수이성비판』
1789	바스티유 함락 및「인간과 시민의 권리선언」
1790-1870	공리주의
1791	토마스 페인의『인권론』
1792-1799	프랑스 제1공화정
1793-1794	공포정치
1796	제너 종두법(種痘法)
1799	나폴레옹의 쿠데타
1802	아미앙 휴전
1806-1814	나폴레옹의 대륙 제패
1807	풀턴의 증기선
1810	원자론 부활
1812	나폴레옹의 러시아 침공
1812-1870	디킨즈
1813	라이프치히 대전
1814-1815	빈 회의
1815	바텔로(워털루) 전투 및 나폴레옹 백일천하
1825	최초의 철도
1844	모르스, 최초의 전신

루이 14세 사후(1715)부터 빈 회의가 개최될 때(1815)까지 1세기 동안의 18세기는 혁명의 시대였다. 프랑스 대혁명과 영국 산업혁명은 비단 두 나라에 국한되지 않고 전유럽에 걸쳐 폭발적인 영향을 미쳤을 뿐 아니라 궁극적으로는 세계사적인 중요성을 지니게 되었다.

산업혁명은 영국에서 시작하여 유럽 각국 및 세계의 여러 나라에까지 전파되어 현대인의 물질 생활을 근본적으로 바꾸어 놓았다. 동시에 빈부 격차, 시장 개척, 노동문제, 제국주의적 침략, 환경 오염과 자연계의 파괴 등과 같은 여러 문제들을 가져왔다.

이른바 '천재의 세기' 라는 17세기와 '이성의 세기' 인 18세기를 통해 지적 혁명이 일어났다. 자연과학을 비롯해 철학과 정치사상, 그 밖의 여러 학문분야에서 비약적인 성과를 거두었다. 특히 합리적이며 항구불변인 '자연법' 이 18세기의 거의 모든 사상가에 의해 주장되고 그 원리가 사회와 정치에 관한 여러 문제를 해결하는 데 적용되어야 한다고 강조되었다.

이와 같은 자연법에 대한 강조는 봉건사회의 잔재(殘滓)적 폐단을 비판·공격하는 소리로 바뀌었다. 중산층 도시민과 농민·노동자들은 특권계급을 비판하고 자유와 평등을 주장하였다. 프랑스 혁명은 이웃 나라들에까지 파급되어 지배층과 피지배층간에 충돌을 일으키는 원천이 되었다.

이 상황에서 '프랑스 혁명의 사생아' 와 같은 나폴레옹은 군대와 무력으로 대부분의 유럽 국가들을 정복하였다. 18세기말에는 비록 여러 면에서 반동이 없지 않았으나 오랜 봉건적 생활양식을 깨뜨리는 실마리가 마련되었다.

18세기 혁명은 정치적으로나 경제적으로, 문화적으로나 사상적으로 부르주아 계급의 승리였다. 특권계급 대신에 상대적으로 더 많은 수의 부르주아들이 사회 주도권을 잡게 되었다.

다른 한편 자본주의와 내셔널리즘은 과잉 성장하여 그 한계점을 노출하였다. 소득 분배를 둘러싼 새로운 자유와 평등의 이념이 역사적 쟁점으로 제기되었다. 18세기는 인류의 끝없는 진보를 믿는 낙관주의에 의해 지배되었다. 이는 특히 지적 혁명에서 두드러지게 나타났다.

17세기 후반부터 18세기에 대두한 새로운 문화와 사조는 어떠한 역사시대보다 더 혁신적이었다고 볼 수 있다. 17세기 후반부터 일어난 '지적 혁명' (Intellectual Revolution)은 전례 없이 인간의 자신감·대담성·탐구심을 자극한 운동이었다. 그것은 당시 일어난 정치적 혁명보다도 인류사에 더 광범하고 지속적인 영향을 끼쳤다. 그 결과 과학·종교·예술에 대한 지식인의 태도에 근본적 변화가 일어났다. 지적 혁명의 기원은 르네상스에 있으나 18세기에 그성과가 일반인에게까지 널리 퍼졌다.

1. 지적 혁명

지적 혁명의 첫번째 기본 명제는 '자연적인 것'과 자연의 법에 대한 강조였다.[1] 사상가들은 '초자연적인 것'에 대비되는 '자연적인 것'을 더 높이 평가하였다. 우주 안에서 일어나는 모든 현상과 사물에 인간 이성으로 인식할 수 없는 초자연적인 힘이란 있을 수 없다는 것이었다. 결국 이러한 강조는 중심 학문의 변화를 의미하였다. 중세 학문의 여왕이던 신학의 권위는 쇠퇴하고 자연의 원리를 탐구하는 자연과학이 크게 발전하였다. 새로운 형이상학은 물질과 정신이 다 같이 자연법의 지배를 받고 있다는 전제에서 출발하였다.

17 · 18세기의 지적 혁명을 지배한 또다른 정신은 합리주의(Rationalism)였다. 합리주의는 인간 이성의 능력에 대한 믿음이다. 이성에 호소할 때 우주 안에서 일어나는 모든 현상의 해답을 얻을 수 있다. 합리주의에 따르면 "우주는 논리적으로 또 객관적으로 생각할 때에 우리의 마음이 작용하는 것과 똑같은 방식으로 움직이며, 따라서 인간은 마치 간단한 산수문제나 역학문제를 이해하는 것과 똑같이 그가 경험하는 모든 것을 궁극적으로 이해할 수 있다"는 것이었다.[2]

당시 사상가들에 따르면 각 개인은 합리적 사고에 따라 자연의 법을 발견하고, 이 법과 일치하여 자신의 생활을 이끌어갈 수 있다는 것이었다.

지적 혁명을 가능케 한 정신적 바탕은 인간의 진보와 완성에 대한 낙관주의였다. 인간이 이성의 소리와 자연법의 명령에 따른다면 인류사회는 행복을 누리며 무한히 진보할 수 있을 것이다. 진보는 침체나 퇴보가 없는 직선적인 발전이므로 궁극적으로 인간은 완성할 수 있게 될 것이다. 이러한 진보관은 단순 · 소박하고 또한 비역사적인 것이었다.

인도주의(Humanitarianism)는 지적 혁명 시대의 보편적 풍토가 되었다. 종교동란의 1세기를 거친 17세기 후반 이후에도 여전히 사회악과 압제에 의한 인권 유린의 사례들이 빈번했던 사실을 감안하여 인간의 기본적 자연권과 인도주의에 입각한 사회복지가 강조되었다.

자연법 사상, 합리주의, 낙관적 진보관, 인도주의 등은 단순히 추상적 관념에 그치지 않았다. 이러한 기본명제에 따라 당시의 사상가들은 정치 · 사회 · 사상 분야의 실제 문제들을 비판 · 성토하였다. 이들이 이른바 '계몽사상

---

1) Carlton J. H. Hayes, *A Political and Cultural History of Modern Europe*, Vol. I, 496 f.

2) Crane Brinton, *The Shaping of Modern Thought* (Mentor), 9

가' (philosophes)였다. 그들은 철학적인 논리를 분석하는 작업보다도 인간 생활에 직결되는 문제를 생각하여 실제적인 해답을 구하려고 하였다. 지적 혁명은 17세기 영국의 명예혁명, 18세기의 아메리카 혁명과 프랑스 혁명을 비롯해서 그 밖의 자유주의와 민주주의에 입각한 많은 운동에 사상적 기반을 제공하였다.

A. 과학혁명

근대 유럽의 지적 혁명은 사실상 17세기 과학혁명(Scientific Revolution)에서 비롯되었다. 과학혁명 때문에 이론의 정확성이 중요시되고 자연현상이 법칙적으로 설명될 수 있게 되었다. 17세기 후반 과학은 학회 설립, 수학의 발달, 실험 기구 개량 등을 통해 발달하였다. 과학자들은 관찰과 수학적 계산으로 우주의 합리적 법칙을 설명하였다.

코페르니쿠스의 태양중심설(1543)으로 시작하여 뉴턴의 중력법칙(1687)에서 절정에 달한 과학혁명은 근대 자연과학의 기반이 되었을 뿐 아니라 유럽 문명으로 하여금 과학적 성격을 띠게 하였다.

수학의 발달 수학 · 실험 · 계측은 새로운 과학의 수단이었다. 그 가운데서 수학은 특히 중요하였다. 수학 발달은 과학혁명의 필수적인 전제조건이었다. 수학은 16세기초에 아라비아 숫자와 단순화된 수학적 기호를 채택함으로써 커다란 진척을 보았다. 과학자들은 사물의 상호관계를 수학적 질서(비율이나 기하적 도형 등)로 파악함으로써 커다란 학문적 연구 성과를 거두었다.

16세기의 고전 기하학 발견이 수학 발달의 계기가 되었다. 1505년 유클리데스 『기하학』의 라틴 번역이 발간되었다. 16세기 중반 카르다노Girolamo

과학혁명의 주요연대

1543	코페르니쿠스 『천구(天球)의 회전』 출판	1632	갈릴레오 『우주의 2대 체계에 관한 대화』 출판
1582	교황 그레고리오 13세 달력 개정	1633	종교재판소에서 갈릴레오 재판
1609	케플러, 행성운동에 관한 제1법칙 · 제2법칙 발표	1637	데카르트 『방법론』 출판
1610	갈릴레오 『별의 사자(使者)』 출판	1639	파스칼의 원추정리(圓錐定理)
1619	케플러의 제3법칙 발표	1660	'자연지식 촉진 런던 왕립협회' 창립
1627	베이컨 『신 애틀랜티스』 출판	1666	프랑스 왕립 학술원 창립
1628	하비 『심장 운동론』 출판	1687	뉴턴 『자연철학의 수학적 원리』 출판

Cardano(Hieronymus Cardanus, 1501-1576)의 획기적인 대수학(代數學) 저서 『대기술(大技術)』이 나왔으며(1545), 그 후 수년 동안 대수학의 발전이 두드러졌다. 카르다노의 음수(陰數: −) 및 허수(虛數) 사용은 새로운 분야를 개척하는 데 기여하였다.

저지대 지방 과학자 스테빈Simon Stevin(1548-1620)이 1585년 분수(分數)를 발명하였다. 스코틀랜드 수학자 네이피어John Napier(1550-1617)가 1614년 대수(對數: logarithms)를 발명하고 『놀라운 대수법에 관한 기술』을 출판하였다. 확률 계산은 이미 시작되었으나 파스칼Blaise Pascal(1623-1662)에 의해서 한층 더 완벽하게 되었다. 그는 도박하는 친구를 위해 '우연의 법칙', 즉 확률 개념을 생각해 냈다.

파스칼

17세기의 해석기하(解析幾何)는 기하와 대수를 결합시켜 놓은 것으로 이는 철학자인 데카르트René Descartes(1596-1650)의 착상이었다. 그는 1637년 『해석기하학』을 출판하였다. 17세기의 가장 혁명적인 사상가인 데카르트는 모든 과학을 수학적 추상으로 귀착시켰으며 연역법(演繹法)을 제시하여 당시 사상계에 커다란 충격을 주었다.

실험과 관찰을 유일한 과학적 방법이라고 주장한 베이컨Francis Bacon(1561-1626)의 방식은 데카르트의 방식과 뚜렷한 대조를 이루었다. 그러나 베이컨과 데카르트는 사물을 수량적으로 다룬다는 점에서 서로 같았다.

수학은 새로운 과학의 수단으로 더욱 중요해졌다. 수학이 지닌 정확성이 모든 체계적 탐구를 지배하는 경향은 매우 뚜렷했으며 이른바 기하학적 정신(l'esprit géométrique)이 17세기의 지적 풍토를 형성하였다. 갈릴레오Galileo Galilei(1564-1642)는 수학이야말로 자연의 언어라고 강조하였다. 데카르트 자신은 우주의 수학적 질서가 곧 신이라고 단언하면서 우주란 수학자가 창조한 거대한 기계라고 보았다.

17세기 수학의 혁신은 분수 · 대수 · 해석기하 등의 발명으로 가능했으나 특히 새로운 계산법인 미분법은 수학사의 가장 중요한 전환점이 되었다. 미분법은 영국 물리학자 뉴턴과 독일의 철학자 라이프니츠Gottfried Wilhelm von Leibniz(1648-1716)에 의해 각각 발명되었다.

천문학 16세기의 코페르니쿠스 가설은 천문학에 혁명을 가져왔을 뿐 아니라 과학혁명을 향한 길을 열어 놓았다. 코페르니쿠스의 업적은 새로운 관찰의 결과가 아니라 이미 수집된 데이터를 재편성한 수학적 계산에 의한 것이었다.

천문학자들은 점차 정확한 관찰 자료에서 이론적 근거를 찾게 되고, 그런 자료를 체계화하기 위해 수학적 논리에 의존하게 되었다. 그리하여 17세기 중반에는 정확한 관찰과 수학적 추리가 역학과 천문학을 지배하였다.

코페르니쿠스의 이론을 더욱 완벽하게 만들고 프톨레마이오스 우주관에 종지부를 찍은 것은 독일 천문학자 케플러Johann Kepler(1571-1630)와 이탈리아 수학자 갈릴레오였다.

케플러 법칙 케플러는 체계적인 관측과 수학적 계산으로 새로운 결론에 도달하였다. 그는 모든 천체운동이 반드시 수학적 질서와 일치한다고 믿었다. 그의 결론은 '케플러 법칙'으로 알려져 있다.

케플러

케플러의 제1법칙은 태양을 하나의 초점으로 하여 타원형 궤도를 따라 행성들이 태양 주위를 회전한다는 것이다. 제2법칙은 각 행성이 태양에 가까워질수록 더 빠른 속도로 회전한다는 것이다. 즉, 일정시간의 행성 회전으로 인해 생기는 평면적(平面積)은 항상 동일하다.

10년간 관측한 케플러는 1619년 제3법칙을 발표하였다. 그것은 행성의 회전주기의 제곱이 태양으로부터의 평균거리의 세제곱에 비례한다는 내용이었다.

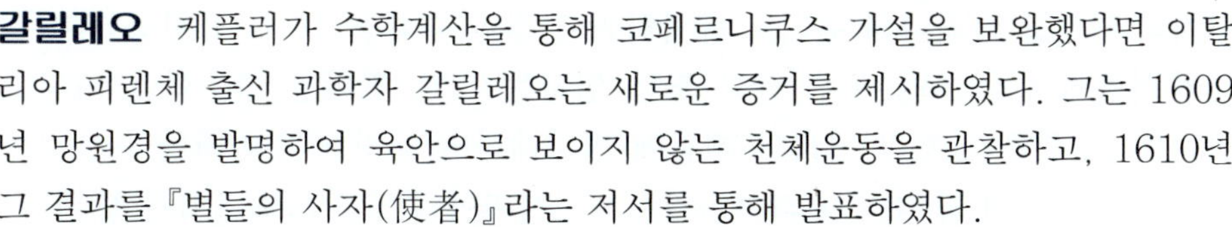

갈릴레오 케플러가 수학계산을 통해 코페르니쿠스 가설을 보완했다면 이탈리아 피렌체 출신 과학자 갈릴레오는 새로운 증거를 제시하였다. 그는 1609년 망원경을 발명하여 육안으로 보이지 않는 천체운동을 관찰하고, 1610년 그 결과를 『별들의 사자(使者)』라는 저서를 통해 발표하였다.

갈릴레오

갈릴레오의 설명에 따라 일반인까지도 쉽게 코페르니쿠스를 이해할 수 있게 되자 교회는 이를 탄압하려고 하였다. 갈릴레오는 1616년 가톨릭 교회 종교재판에서 경고를 받았다. 그 후 교회는 그가 두 번째 저서를 출판한 1633년 또다시 경고를 하였다. 교회의 반대에도 불구하고 코페르니쿠스의 견해는 점점 퍼져나갔다.

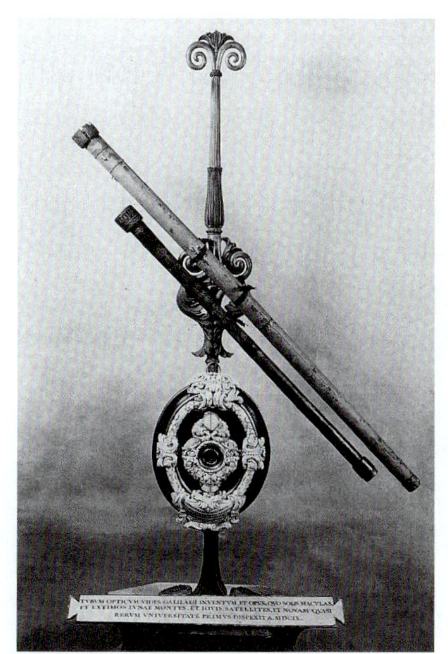
갈릴레오의 망원경

갈릴레오는 천문학적 발견에 더하여 물체 운동의 성질을 밝히는 연구를 하였다. 그는 낙하하는 물체의 가속도는 그 물체의 무게에 달려 있지 않고 낙하지점의 높이와 상관 있다는 결론에 도달하였다. 이러한 결론이 아리스토텔레스의 이론과 달랐기 때문에 당시 사람들의 비웃음을 샀다. 그는 또한 움직이는 물체는 직선운동을 계속한다는 관성의 법칙을 주장하였다.

뉴턴 티코 브라헤 · 케플러 · 갈릴레오 등의 발견과 학문적 공헌을 하나의 원리로 종합한 인물은 뉴턴Sir Isaac Newton(1642-1727)이었다. 그는 우주 내의 모든 물체의 운동을 설명할 수 있는 통일된 원리를 완성하였다. 이것이 중력(重力)법칙이다.

뉴턴

뉴턴은 지적 혁명 시대의 가장 유명한 과학자일 뿐 아니라 인류역사상 가장 경이적인 천재로 평가되고 있다. 동시대 시인 포프Alexander Pope(1688-1744)는 "대자연과 자연법칙은 밤의 장막 속에 가려져 있었는데 신이 말하기를, 뉴턴이여! 거둘지어다 하니 만사가 광명 속에 드러났다"고 뉴턴을 격찬하였다.

뉴턴은 어릴 적부터 수학적 재능이 뛰어났다. 일찍이 유클리데스의 기하학 및 데카르트나 케플러의 저작 등에 정통한 그는 24세경 중력법칙, 미분법 및 빛의 합성적 성질에 관한 중요한 발견을 하였다.

1685년 뉴턴은 중력법칙을 수학적으로 설명하는 데 성공했으며 2년 후 이 획기적 내용을 『자연철학의 수학적 원리』(*Philosophiae Naturalis Principia Mathematica*, 1687)로 출판하였다. 이 저술은 수많은 선행 천문학자의 업적들을 하나의 원리로 종합하여 간결한 수학공식으로 표현하였다.

중력법칙에 따르면 우주 안의 모든 입자는 서로 잡아당기는 힘을 가지고 있는데 그 힘은 상호간 거리의 제곱에 반비례하며 질량에 정비례한다는 것이다. 『자연철학의 수학적 원리』(약칭:『프린시피아』) 출판으로 1세기 반의 과학혁명은 그 절정에 달하였다.

뉴턴 방법의 중요성 그러면 뉴턴의 발견은 왜 중요한가? 그는 과거의 많은 연구를 간단명료한 수학공식으로 종합하였다. 중요한 것은 그가 택한 과학적 사고의 진행 절차와 설명 방식이었다.

뉴턴은 데카르트의 연역법을 새로운 실험적 방법과 조화시킴으로써 과학적 절차에 적절한 설명 방법을 제시하였다. 데카르트는 명백하고 간단한 명제로부터 출발하여 문제를 논리적으로 또는 수학적으로 분석하였다. 따라서 그의 방법은 직관과 연역의 힘을 대단히 강조하고 관찰과 실험을 오히려 낮게 평가하는 것이었다.

이에 대해 뉴턴은 데카르트적 사고를 활용하면서도 일차적으로는 경험과 사실에 의존하였다. 그는 그러한 원칙에 입각해서 여러 사실들로부터 기본원리를 추출한 다음 논리적으로 예상되는 결과가 '실제로' 일어나는가를 증명할 수 있는 증거를 경험적으로 제시하였다. 간단히 말해 뉴턴 방법은 추상적 이론과 경험적 증거를 다 함께 만족시키는 방법이었다.

뉴턴의 방법은 18세기 이래의 모든 과학적 탐구에서 가장 정확하고 타당한 설명의 절차로 널리 인정받게 되었다. 중력법칙을 예로 들면 사과가 땅에 떨어지는 경우, 뉴턴은 중력의 원인이 지구 중심에 있음과 동시에 중력이 질량에 비례할 것이라고 생각하였다. 이러한 힘은 사과가 떨어질 때만이 아니라 전 우주를 통해 어떠한 물체의 운동에도 보편적으로 작용한다는 결론을 내놓았다.

중력문제의 선구자로는 길버트William Gilbert(1540-1603)와 케플러가 있었다. 길버트는 지구를 커다란 자석이라고 가정했으며 케플러는 이를 더 확대시켜 자력이 질량에 비례한다고 보고 지구와 달과의 관계를 설명하였다. 그러나 뉴턴은 이들의 업적을 바탕으로 보편적으로 적용되는 중력법칙을 착상하였다. 그는 자신의 법칙이 지구 주위를 회전하는 달의 운동을 비롯해 그 밖의 행성운동이나 지구상의 모든 물체들의 운동에도 적용된다는 것을 입증하였다.

라플라스와 성운설 뉴턴의 업적을 계기로 천문학 분야는 급속히 발전하였다. 1682년 핼리Edmund Halley(1656-1742)는 뉴턴의 공식을 써서 혜성 궤도를 계산하여 76년 후에 다시 나타나리라고 예측하였다. 이것이 핼리 혜성(彗星)이다.

핼리 이외에 영국에 또 브래들리James Bradley(1693-1762)와 허셜William Herschel(1738-1822)이 있었다. 옥스퍼드 대학의 천문학 교수인 브래들리는 1729년에 빛의 광행차(光行差)를, 1748년에 지축(地軸)진동을 각각 발견하였다. 허셜은 원래 독일 하노버 출신이었으며 그의 아들(John Herschel)도 저명한 과학자가 되었다. 허셜은 천체관측을 통해 태양 흑점, 달의 산맥, 화성의 극설(極雪)을 찾아냈으며 1781년에는 천왕성을 발견하였다.

뉴턴의 저서 속에 나타난 데이터와 논리는 프랑스의 천문학자 · 수학자인 라플라스Pierre Laplace(1749-1827)의 업적을 통해 발전되었다. 이미 10대에 수학교수가 되었고 프랑스의 뉴턴이라 일컬어진 라플라스는 성운설(星雲說)로 유명해졌다.

라플라스의 가설에 따르면 태양은 본래 가스 상태의 성운이었는데 회전할 때 분리되어 나간 부분이 응축하여 태양계 내의 행성이 되었다는 것이다. 최근까지도 많은 과학자들은 이 설이 행성계의 기원에 관한 만족스러운 설명이라고 평가하였다.

천문학 이론이 발전해감에 따라 이를 뒷받침하는 더욱 더 정확한 관측이 필요하게 되었다. 그 결과 여러 곳에 천문관측소가 세워지기 시작하였다. 가장 근대적인 관측대는 16세기말 덴마크의 천문학자인 티코 브라헤Tycho Brahe(1546-1601)가 세운 것이다.

브라헤는 프리드리히 2세의 원조 아래 덴마크와 스웨덴 중간 발트해의 한 섬에 관측소를 세웠다. 그는 이것을 '천체성'(天體城: Uraniborg)이라 이름 붙이고 약 20년간 코페르니쿠스설과 프톨레마이오스설의 조화를 위한 관측 자료를 모았다.

17세기에는 믿을 만한 천문대가 각국에 설립되었다. 1667년 파리에 관측대가 설치되고, 1675년에는 영국에 그리니치Greenich 천문대가 세워졌다.

물리학 근대 물리학의 창시자라고 해야 할 갈릴레오는 물체의 낙하, 진자(振子) 운동, 역학 운동 등 그 밖의 많은 중요한 발견을 하였다.

갈릴레오와 뉴턴 사이에는 많은 천재들이 있었다. 예를 들면 저지대 지방의 스테빈과 호이겐스Christian Huygens(Huyghens, 1629-1695)는 역학의 이론과 실제에 다 같이 유용한 공헌을 하였다. 특히 호이겐스는 진자시계를 발명하기도 하고 뉴턴 이전에 광학에 주목할 만한 공헌을 하였다. 케플러와 데카르트는 빛의 굴절과 반사에 대한 이론을 제시하였다.

레벤후크

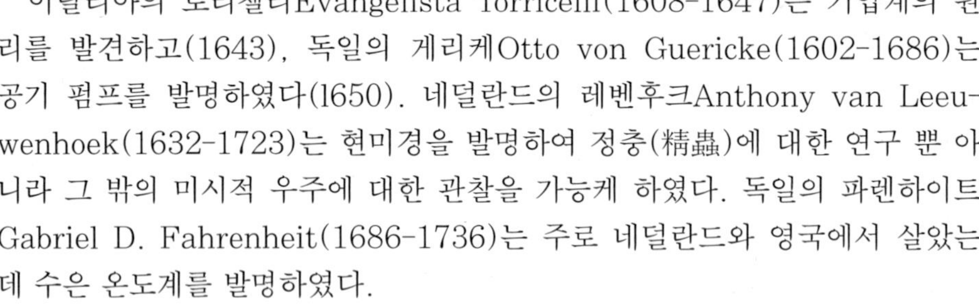
이탈리아의 토리첼리Evangelista Torricelli(1608-1647)는 기압계의 원리를 발견하고(1643), 독일의 게리케Otto von Guericke(1602-1686)는 공기 펌프를 발명하였다(1650). 네덜란드의 레벤후크Anthony van Leeuwenhoek(1632-1723)는 현미경을 발명하여 정충(精蟲)에 대한 연구 뿐 아니라 그 밖의 미시적 우주에 대한 관찰을 가능케 하였다. 독일의 파렌하이트Gabriel D. Fahrenheit(1686-1736)는 주로 네덜란드와 영국에서 살았는데 수은 온도계를 발명하였다.

보일과 근대화학 천문학과 수학의 발달에 비해 화학은 17세기까지도 아리스토텔레스의 견해를 뒤집지 못하고 있었다. 그러나 아일랜드의 귀족 출신인 보일Robert Boyle(1627-1691)이 나타난 이래 화학의 근대적 체계가 수립되기 시작하였다.

보일은 최초로 합성물과 혼합물의 구별을 강조한 화학자였다. 1660년 그는 가스의 부피와 압력과의 관계, 즉 가스의 부피는 일정 온도에서 압력에 비례해 줄어든다는 이른바 '보일 법칙'을 공식으로 나타냈다. 그는 광범한 실험을 통해 불 · 호흡 · 발효 · 증발 · 금속 부식 등을 연구하여 이 모든 현상이 같은 원리에서 나타나는 현상임을 알게 되었다. 그는 저서 『회의(懷疑)하는 화학자』(1661)에서 연금술의 영향에서 탈피하고 귀납법을 적용해 연구해야 함을 강조하였다.

과학 연구 학회 17세기에는 과학을 위한 학회가 도처에 생겼다. 최초의 학회는 1603년 창립된 로마의 린크스 학회(Academia Lynx)이다. 그 후 1657년 피렌체에 '실험학회', 런던에 '자연지식 향상을 위한 왕립학회'(Royal Society for Improving Natural Knowledge)가 생겼다.

왕립학회는 찰스 2세 때 영국 왕립학회(English Royal Academy)로서의 인허장을 받았다. 1666년에는 콜베르의 노력으로 프랑스에 학술원(Académie des Sciences)이 생기고, 1683년에는 미국 매사추세츠 주에 왕립학회의 분회가 설립되었다.

1770년경 영국 버밍엄Birmingham에 루나 학회(Lunar Society)가 설립되었다. 이 학회는 한 달에 한 번 만월에 가까운 날 밤 집회를 했기 때문에 '달의 학회'란 뜻의 이름이 붙여졌다. 회원들 자신이 스스로 '미친 사람들'(lunatics)이라 한 것은 달을 가리키는 말(luna)에서 유래한 것이다.

대체로 1800년경까지 계속된 루나 학회에 모인 사람들은 의사와 성직자들이었다. 회원 중에는 화학자 프리스틀리Joseph Priestley(1733-1804), 증기기관 발명자 와트James Watt(1736-1819)와 에라즈머스 다윈Erasmus Darwin(1731-1802) 등이 있었다. 이 학회는 18세기 후반 산업혁명 과정을 좌우한 과학기술과 실업가와의 결합체였다.

프리스틀리 영국의 철학자 · 종교가이며 화학자인 프리스틀리는 경제와 정치에도 관심을 가지는 등 다양한 탐구욕을 발휘하였다. 그는 최대다수의 최대행복이라는, 공리주의를 간결하게 정의하는 말을 처음 사용한 사람이었다. 자유주의자인 그는 프랑스 혁명에 동정적 태도를 취했기 때문에 1791년 폭도들이 그의 집과 실험실을 파괴하였다.

프리스틀리

프리스틀리는 실험을 통해 오늘날 냉각장치에 중요한 역할을 하는 암모니아를 분리해 냈다. 1774년 발견한 가스는 나중에 '산소'라 명명되었는데 이는 그의 가장 커다란 화학적 기여였다. 마지막 중요한 실험은 1799년의 일산화탄소의 발견이었다. 오늘날 현대가정에서 조리나 난방에 사용되는 가스는 대부분 프리스틀리의 방법으로 생산되고 있다.

라보아지에 화학의 근대적 발전을 가로막는 요소는 플로기스턴(Phlogiston) 이론이었다. 그것은 독일의 의사이며 화학자인 슈탈Georg Ernst Stahl(1660-1734)이 주장한 연소(燃燒)에 관한 이론이었다. 이에 의하면 모든 가연 물질에는 '플로기스턴'(燃素)이라고 하는 가연성 요소가 들어 있다는 것이었다.

플로기스턴 이론을 깬 사람은 당시 최대의 화학자 라보아지에Antoine Lavoisier(1743-1794)였다. 플로기스턴 설이 옳다면 물질이 탄 후에는 연소가 없어지기 때문에 그만큼 가벼워져야 한다. 이에 대해 라보아지에는 도리어 더 무거워진다는 사실을 실험으로 입증하였다. 결국 그는 프리스틀리가 발견한, '플로기스턴을 뺀 공기'가 연소의 원인임을 밝히고 이를 '산소'(酸素: oxygen)라고 불렀다.

그는 이 발견을 1777년 공표했으며 수년 후에는 책으로 출판하였다. 그는 연소 실험을 통해 물질보존 법칙을 증명하였다. 그의 실험은 정량분석(定量分析) 방법에 입각한 것이었다. 이외에도 업적을 낸 화학자들이 많았다. 예컨대 영국 귀족 출신 캐번디시Henry Cavendish(1731-1810)는 '타는 공기'(inflammable air)인 수소(水素)를 발견하였다.

전기의 발견 현대인의 생활에 커다란 영향을 끼치는 전기는 17세기가 되기까지 전혀 알려지지 않았다. 전기를 학문적으로 연구한 사람 중 선구자로 알려진 길버트는『자력(磁力)에 관하여』(*De Magnate*, 1600)에서 호박(琥珀)을 문질렀을 경우 생기는 힘과 같은 인력(引力)에 관해 언급하였다.

길버트가 최초로 사용한 '전기'(electricity)라는 말은 호박을 뜻하는 그리스어(*elektron*)에서 온 것이었다. 이와 같이 전기가 어디 있는가는 알려졌으나 전기가 어떻게 발생되는가에 관해서는 17세기 중반이 지나서야 비로소 알게 되었다. 즉, 1745년 전기를 저장할 수 있는 기구가 네덜란드 라이덴 대학에서 발명되었다. 이것이 '라이덴 단지'(Leyden jar)이다.

프랭클린

미국의 정치가이며 저술가인 프랭클린Benjamin Franklin(1706-1790)은 번갯불이 전기와 같은 것이라 생각하고 연 띄우기 실험을 하였다. 그의 실험으로 수천년 동안 외경의 대상이었던 현상을 합리적으로 설명할 수 있게 되었다. 이 실험 덕분에 오늘날 큰 건물에 설치되는 피뢰침이 발명되었다. 그는 이 업적으로 유명해지고 영국 왕립학회 회원이 되었다.

이탈리아의 물리학 교수 볼타Alessandro Volta(1745-1825)는 전기생성의 새 방법을 고안하였다. 그는 희황산(稀黃酸) 속에 동판과 아연판으로 된 극을 넣어 전기를 만드는 실험을 하였다. 이것이 오늘날 전지의 선조이며 전압을 가리키는 단위(volt)에 그의 이름이 남아 있다.

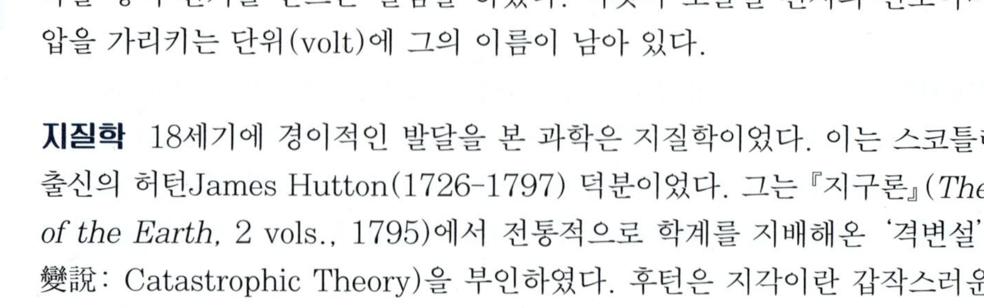
지질학 18세기에 경이적인 발달을 본 과학은 지질학이었다. 이는 스코틀랜드 출신의 허턴James Hutton(1726-1797) 덕분이었다. 그는『지구론』(*Theory of the Earth*, 2 vols., 1795)에서 전통적으로 학계를 지배해온 '격변설'(激變說: Catastrophic Theory)을 부인하였다. 후턴은 지각이란 갑작스러운 운동에 의해 생긴 것이 아니라 부식과 침식 및 재형성의 상호작용과정에 따라 형성된 것이라고 주장하였다.

생물과학 생물과학 분야에서는 이미 17세기 후반에 주목할 만한 식물학 업적이 나왔다. 영국의 다재다능한 과학자 훅Robert Hooke(1635-1703)은 식물 조직을 연구하여 '세포'(cell)라 명명하였다. 또, 대학 전속 설교사였던 레이John Ray(1627-1705)도 형태학(Morphology)의 진보에 기여하였다.

이보다 약간 늦게 영국인 헤일즈Stephen Hales(1677-1761)는 1727년 『식물 정태론』(*Vegetable Statick*)에서 식물이 땅에서 완제(完製) 상태의 영양을 취한다는 전통적 견해를 반박하였다. 그는 식물이 공기로부터 영양을 취하고 잎사귀가 그 과정에서 중요한 역할을 한다고 주장하였다.

린나에우스

17 · 18세기의 과학적 연구의 결과 생물에 관한 많은 업적이 나왔으나 생물분류에 대한 과학적 연구는 아직 나오지 않았다. 1735년 스웨덴의 박물학자 린나에우스Carolus Linnaeus(Carl von Linné, 1707-1778)는 『자연의 체계』*(Systema Naturae)*라는 저서를 통해 생식 기관에 근거한 식물 분류법을 발표하였다. 그 이래 여러 모로 수정이 가해지긴 했으나 기본적으로 이 분류법은 현재까지 답습되고 있다.

동물학에서는 프랑스의 뷔퐁Georges Buffon(1707-1788)이 린나에우스와 같이 분류법을 만들어냈다. 파리의 왕립박물관과 동 · 식물원에 근무한 뷔퐁은 정보수집 기회가 많았다. 그는 1784년 첫째 권을 출판한 이래 모두 40권 이상에 달하는 방대한 『동물의 자연사』를 출판하였다. 린나에우스와 뷔퐁의 작업은 식물과 동물의 수집을 대중화하는 계기가 되었다.

암스테르담의 약제사 아들인 스와메르담Jan Swammerdam(1637-1680)은 1685년 『곤충의 역사』를 저술하여 그 분야에 주목할 만한 업적을 남겼다.

의학 인체 해부는 궁극적으로 의학의 발전과 연결되었다. 16세기에 이미 벨기에 출신 베살리우스Andreas Vesalius(1514--1564)는 해부학 분야에서 코페르니쿠스와 같은 획기적인 공헌을 하였다. 그럼에도 그는 심장의 기능 혹은 혈액 순환에 관해서는 거의 알지 못하였다.

영국 의학자 하비William Harvey(1578-1657)의 출현으로 혈액순환에 대한 지식이 밝혀졌다. 그는 1628년 출판한 저서에서 혈액이 심장에서 분출되어 동맥을 통해 온 몸을 순환한 후 다시 정맥을 통해 심장으로 되돌아간다고 주장하였다. 이탈리아의 볼로냐 대학 교수 말피기Marcello Malpighi(1628-1694)도 혈액순환 연구에 공헌한 인물이었다.

이 밖에도 18세기의 전환기를 전후하여 수많은 사람들이 의학 발달에 기여하였다. 시드넘Thomas Sydenham(1624-1689)의 업적은 의사이며 철학자였던 로크에게 깊은 감명을 주었다. 이탈리아의 모르가니Giovanni B. Morgagni(1682-1771)는 병리학의 아버지라 불리고 있다. 스위스의 시인이며 철학자였던 할러Albrecht von Haller(1707-1777)는 해부학자로서 생리학의 근대적 기초를 확립하였다. 프랑스의 의사 비샤Marie F. X. Bichat(1771-1802)는 조직에 대한 연구를 통해 조직학의 발전에 기여하였다.

18세기에 발견된 획기적인 치료법은 '접종'(接種)이었다. 천연두의 접종 면역에 관한 지식은 콘스탄티노플의 그리스 의사가 왕립학회에 보고함으로써 영국으로 전해졌다. 1714년 왕립학회는 이 보고를 출판하였다. 반대 여론에도 불구하고 영국에서 시작한 접종은 유럽에 널리 퍼졌다. 러시아의 에카테리나 대제는 스스로 접종에 응함으로써 국민을 깨우치는 데 앞장섰다. 18세기 말 위험도가 낮은 새 접종 백신이 제너Edward Jenner(1749-1823)에 의해 개발되었다.

의료 역사에서 커다란 이정표는 청진기의 발명이었다. 프랑스의 젊은 천재 의사인 라네크René Laënnec(1781-1826)는 목제관(木製管) 청진기를 고안하여 심장과 호흡기관의 소리를 들었다.

과학혁명의 의의 1660년대에 이르러 과학혁명은 급속히 진전하였다. 그리하여 과학의 성과는 교육받은 층의 관심을 끌었다. 물론 일부 지식인과 대부분의 일반인은 아직 납득하지 못하고 있거나 혁명적 변화에 당혹해 하고 있었다.

코페르니쿠스가 제시한 우주관은 그리스도교적 신앙으로 보면 충격이며 전통적인 세계관의 전복이었다. 깊은 신앙심을 가진 경건한 케플러와 데카르트는 우주의 수학적 질서를 증명하는 것이 신을 더욱 영광스럽게 하는 것이라고 자부하였다. 그러나 일부 과학자들은 마치 거대한 시계가 움직이는 것 같은 기계적 우주에서는 신의 섭리가 더 이상 필요치 않다고 믿었다.

근대과학의 발달은 유럽 문명의 가장 독특한 특성이 되었다. 이로써 유럽 문명은 그 밖의 다른 모든 문명과 명확히 구별되었다. 사회 전반에 걸친 큰 변화가 그렇듯이 과학혁명도 여러 가지 요인이 복합되어 일어난 것이다. 17세기까지 과학기술의 발명 및 발견은 급속한 발전을 보았다.

그러나 '천재의 세기'인 17세기 과학혁명의 참다운 성과는 '이성의 세기'인 18세기에 이르러 비로소 명백해졌다. 17세기의 과학 발달은 우주 안에서의 인간의 위치를 보는 지적(知的) 태도 전반에 커다란 자극을 주었다.

과학적 사고는 다른 학문분야에까지 큰 영향을 끼치면서 합리주의 정신을 고취하였다. 이 새로운 경향에 따라 학문과 사상뿐 아니라 사회와 정치에서의 불합리한 요소를 제거하려는 운동이 전개되었다.

B. 전파와 영향

17세기 이래 자연과학의 발달이 눈부시게 이루어졌으며 과학적 탐구방법의 유효함이 널리 알려지게 되었다. 그리하여 사회와 인간에 관한 지식을 추구할 때도 자연과학의 방법과 정신에 따르려는 경향이 두드러졌다.

동시에 신앙의 권위를 내세우는 그리스도교는 근본적으로 의문시되기에 이르렀다. 우주에는 초자연적 힘이나 기적의 작용이 없다는 새로운 우주관이 나왔다. 이에 따르면 우주 만물의 형상에는 신의 역할이 전혀 없거나 거의 개입되지 않는다는 것이었다.

이러한 기계적 우주관이 18세기에 이르러 지배적인 것이 되었다. 과학자들은 이제 신을 신성(神性) 차원에서 보지 않고 다만 자연법의 구현이라고 생각하였다. 종교 · 사회 · 심리 · 문화 등 모든 분야에 걸쳐 과학적 방법의 적용이 강조되었다.

근대과학의 비약적 발전 요인은 무엇인가? 이론과 사실의 결합, 실험적 방법에 따른 이론 검증, 수학의 발달 등을 그 요인으로 들 수 있다.

이론과 실험 레오나르도 다 빈치와 갈릴레오 이래 과학적 추구에서는 이론과 사실의 결합이 중시되어왔으나 베이컨만큼 의식적으로 그 점을 강조한 사람은 없을 것이다.

베이컨은 『새로운 논리학』(*Novum Organum*, 1620)에서 실험을 통하지 않은 이론, 혹은 체계적 이해가 없는 실험은 다 같이 무용한 것이라고 경고하였다. 그는 위대한 진보란 이론과 사실의 결합, '실험적 능력과 합리적 능력 간의 밀접하고 엄격한 통합' 이 있어야만 비로소 가능하다고 주장하였다.

베이컨이 말한 바와 같이 수천년 동안 기술자들은 개미와 같이 논리적 뒷받침 없이 사실들을 수집만 했고, 철학자들은 거미와 같이 실험을 무시한 채 사색에만 골몰했던 것이다. 17세기에 이르러 비로소 과학자들은 사고와 실험, 논리와 사실을 함께 중시하고 양자를 결합시키는 '꿀벌' 의 작업을 하여 커다란 성과를 거두었다. 실험적 방법이야말로 이론과 사실 사이의 간격을 다리 놓는 수단으로서 필수적인 사고 절차였다. 과거부터 전해 내려오는 권위 있는 견해라 해도 실험과 관찰을 통해야만 진리로 입증되었다.

그러므로 실험과 관찰을 초월한 신앙은 17세기 이후에 가장 큰 타격을 받지 않을 수 없었다. 초자연주의를 거부한다면 그래도 그리스도교는 존속될 수 있을 것인가? 신앙의 근거는 무엇이 될 것인가? 당시의 논리에 따라 만일 천체 운동이나 그 밖의 자연현상에 관한 항구불변의 법칙이 있다고 한다면 신이라 해도 이 법칙을 어기고 제멋대로 자연현상에 개입할 수는 없다. 합리적 사고에 따르면 신이라 해도 일단 우주라는 큰 기계를 만들어 놓은 후에는 다시 개입할 수 없으며 신 자신도 따라야 할 법칙이 있어야 하였다. 신은 다만 우주의 제1원인이나 제1원리에 불과할 뿐이라고 생각되었다.

이신교 이러한 논리는 신의 존재를 완전히 부인하는 무신론이 아니었다. 당시 철학자들 중에는 무신론자가 없지 않았으나 그 수는 극히 소수에 지나지 않았다. 당시 대부분의 지식인은 무신론보다는 차라리 과학과 종교의 타협을 시도하는 이신교(理神教: Deism)를 믿었다.

이신교는 종교와 이성을 일치시키려는 사고였다. 전통적인 그리스도교 교리의 대부분을 거부하려고 했지만 기본적으로는 조물주로서의 신의 존재를 인정하였다. 나아가서는 신을 숭배할 필요, 죄를 위한 인간의 속죄, 영혼불멸의 관념, 종교의 윤리적 덕성 등을 인정하였다. 그 반면 모든 종교의 형식주의와 불관용(不寬容)을 중단할 것을 주장하였다.

이신교는 특히 영국에서 강하였다. 대표적인 주창자는 허버트 남작Baron Edward Herbert of Cherbury(1583-1648)이었다. 그는 옥스퍼드 대학 출신으로 시(詩)에 재능이 있고 부와 사회적 지위를 함께 누렸던 인물이다. 허버트 남작은 사교 범위가 넓어 영국 왕 제임스 1세나 찰스 1세와 가까웠으며 친구 중에는 과학자와 철학자들이 많았다.

그는 자신의 종교적 신념을 비교적 자유로이 표현하였다. 두 편의 종교논문을 통해 주장한 바에 따르면, 종교적 진리는 인류의 합리적 상식에 있으며 신·미덕·불멸에 대한 합리적 신앙으로 된 자연교(natural religion)는 상식이 가르치는 모든 것이었다.

종교적 계시가 성직자들이 만들어낸 것이라는 그의 주장은 성서에 대한 비판을 낳았다. 그의 사고노선을 따른 홉즈·스피노자Benedict Spinoza(1632-1677)를 비롯해 프랑스 가톨릭 신학자 시몽Richard Simon(1638-1712) 등은 성서를 비판·연구한 사상가였다.

유럽에까지 전파된 이신교는 전통적인 종교와 극단적인 단절을 주장하기까지 하였다. 프랑스의 위그노계 성직자의 아들 벨Pierre Bayle(1647-1706)은 가톨릭과 프로테스탄트로 개종 또 재개종하면서 모든 기성종교에 회의를 나타냈다. 그는 결국 네덜란드에 정착하여 로테르담 대학에서 역사와 철학을 가르쳤으나 가톨릭이나 프로테스탄트를 다 같이 공격했으므로 취직 2년 후(1693) 대학에서 파면당하였다. 그는 집필에 몰두하여 회의와 사유(思惟)에 바탕을 둔 『비평 및 역사사전』(1697)을 편찬하였다.

새로운 종교 과학혁명과 새로운 형이상학은 신앙에 깊은 영향을 끼쳤다. 종교

스베덴보리

적 경험을 경건하게 실천하려는 사람들이 독일 · 스웨덴 · 영국 등에서 나왔다.

17세기말 독일에서 진실한 내적 종교심을 강조하는 경건주의자들이 나왔으며 전형적으로 이를 주장한 사람이 슈페너Philip Spener(1635-1705)였다. 그는 교회가 가진 형식적 가치를 높이 평가하지 않고 개인적인 신앙을 강조한 실천적인 신비주의자였다. 스웨덴 웁살라 대학 신학교수의 아들이며 과학자인 스베덴보리Emanuel Swedenborg(1688-1772) 역시 신비적 경건주의자였다.

영국의 폭스George Fox(1624-1691)는 기성 교회를 멸시하고 전쟁을 반대한 퀘이커였다. 그에 따르면 그리스도교는 순전히 하나의 정신이고 엄격히 말해 개인적인 경험이며 '마음의 빛' 이다. 그것은 국가, 성직자, 교회를 떠난 단순 소박한 생활을 의미하였다.

영국 국교회 성직자의 아들이며 옥스퍼드 대학 출신인 웨슬리John Wesley(1703-1791)는 감리교(監理敎: Methodism)의 창시자이다. 그는 세속적 취미에 대한 엄격한 금지, 또는 경건이나 자선의 절도 있는 실천을 주장하였기 때문에 웨슬리와 그의 추종자들에게 '엄격한 사람들' (methodists)이라는 별명이 붙었다. 웨슬리도 다른 경건파와 같이 그리스도교는 개인적 경험이라고 주장하였다. 그는 그리스도가 제시한 원칙에 따라 생활하는 사람이 진실한 그리스도교도라고 강조하였다.

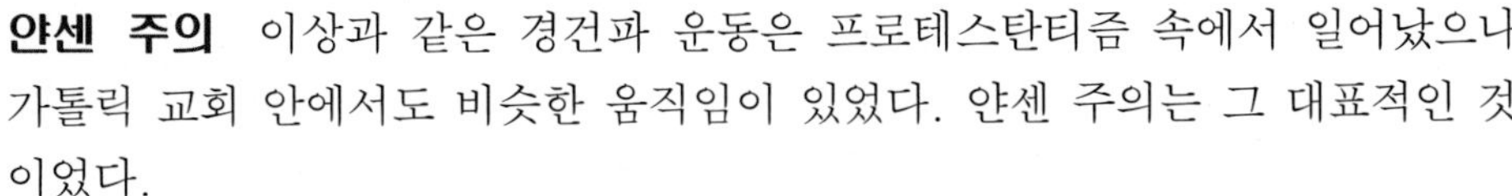

얀센 주의 이상과 같은 경건파 운동은 프로테스탄티즘 속에서 일어났으나 가톨릭 교회 안에서도 비슷한 움직임이 있었다. 얀센 주의는 그 대표적인 것이었다.

얀센 Cornelius Jansen(1585-1638)은 가톨릭 주교로서 스페인령 네덜란드 출신이었다. 그의 교리에 따르면 모든 그리스도교도는 교회의 행정과 조직에 관계없이 구원을 받으므로 각자가 개종을 경험하고 성스러운 생존을 영위해야 한다는 것이었다. 얀센 사후에 그의 추종자들은 파리 근처의 포르 로아얄Port Royal에 수도원을 세워 집단생활을 하였다. 이들은 많은 사상가들에게 영향을 끼치게 되었으며 철학자 파스칼Blaise Pascal(1623-1662) 역시 이에 찬동하였다.

예수회는 교황 및 루이 14세의 지지를 배경으로 이 운동을 반대하였다. 1709년 루이 14세는 포르 로아얄 수도원을 폐쇄했으며 교황은 얀센 주의를 이단으로 규정하였다. 그럼에도 얀센 주의는 오늘날까지 존속해 왔다. 정적주의(靜寂主義: Quietism)도 가톨릭 내의 운동으로, 로마에 거주한 스페인 성직자 멜리노스Miguel de Melinos(1640-1697)가 한때 교황 인노첸시오 11세Innocent XI(재위: 1676-1689)도 공감하는 주장을 폈으나 1687년 이단으로 규정되고 18세기에는 완전히 쇠퇴하고 말았다.

데카르트의 2원론 17세기 최대의 철학자이며 근대 비판철학의 창시자인 데카르트는 '과학의 여왕' 이라 칭한 수학을 모든 학문분야에 적용시키고자 하였다. 이 선구적인 철학자는 중세적인 종교신앙을 기계적 우주관과 조화시키려고 시도하였다.

데카르트

데카르트는 수학적으로 또는 합리적으로 설명할 수 있는 자연계와는 별도로 신의 세계가 존재한다고 믿었다. 신이란 본질적으로 철두철미하게 완성된 존재이므로 어디엔가 존재한다. 신의 존재를 긍정한 데카르트는 동시에 물질의 존재를 증명하려고 하였다. 그는 1차적인 '수학적 속성' 으로 물질의 존재를 증명하려고 하였다.

결국 데카르트는 정신과 물질, 영혼과 육체의 실체를 함께 인정하고 구별하는 이른바 2원론에 도달하였다. 정신은 직접적인 관찰을 통해 인식될 수 있는 자연현상과는 근본적으로 다르다. 데카르트는 궁극적인 실재를 정신과 물질로 나누었다.

그에 따르면 이 두 실재 사이에는 신의 개입에 의하지 않는 한, 아무런 연결이 없다. 정신 세계는 신학과 신앙에 속하며 과학으로 알 수 없는 세계인 반면 물질계는 이성과 자연법의 세계이며 과학적 인식에 의해 이해될 수 있는 세계이다.

스피노자의 범신론 데카르트의 수학적 방법론의 영향을 깊이 받은 스피노자는 또다른 관점에서 정신과 물질을 조화시키려고 시도하였다. 그는 포르투갈의 종교재판으로 박해받아 네덜란드로 이사한 부유한 유대인 가정에서 태어났다.

그러나 일찍이 젊은 시절에 유대교를 거부했으며 유대교도들뿐 아니라 그리스도교들에게서도 박해를 받았다. 그는 렌즈를 갈아 만드는 일을 하면서 가난한 생활을 했으나 결코 신학과 철학연구를 그만두지 않았다. 그의 저술은 유럽 지성계에 널리 알려졌다. 과격한 논조를 피해야 한다는 조건으로 하이델베르크 대학으로부터 교수직을 제의 받았으나 그는 사상의 자유를 내세워 거절하였다.

스피노자는 데카르트의 방법에 따라 수학적인 철학원리를 전개하였다. 예컨대 『윤리학』(*Ethica*, 1663)에서는 기하학적 공리(公理) · 전제 · 이론이 자주 언급되었다.

그러나 스피노자는 데카르트의 2원론을 받아들이지 않고 정신과 물질이 하나의 실재인 신(혹은 자연)의 양면이라고 보았다. 간단히 말해 그에게는 우주와 신이 하나였다. 그의 사상은 신이 모든 것이며 어디든지 있는 존재로서 인식될 수 있다는 범신론(汎神論)이다.

라이프니츠 철학과 과학의 조화를 시도한 또다른 철학자는 독일의 라이프니츠였다. 그는 데카르트나 스피노자와 달리 실재는 하나나 둘이 아니고 무한하다고 주장하였다.

라이프니츠에 따르면 우주 구성 성분은 (오직 에너지나 힘으로 구성된) 비물질적인 단자(單子: monad)이다. 이 단자는 궁극적인 요소로서 더 이상 파괴될 수 없으며 진정한 '자연의 원자들' 이다. 단자는 서로 다르며 또한 독립되어 있다. 인간은 이러한 단자의 집합체이며 그 중에서 가장 중요한 단자는 영혼이라는 단자이다. 단자에는 계층이 있으며 가장 높은 자리에 있는 단자는 신이다. 신은 모든 세상 만사를 최선의 형태로 정리해 놓았다.

라이프니츠의 단자론(單子論)은 당시 그다지 환영받지 못하였다. 예를 들어 볼테르는 『깡디드』(*Candide*)에서 라이프니츠의 낙관주의적 견해를 격렬하게 비난하였다. 그러나 『단자론』(*Monadologie*)을 비롯한 라이프니츠의 철학적 저술에 제시된 내용은 그 후의 유럽 사상사에 중요한 영향을 끼쳤다. 라이프니츠는 홉즈가 '물질화된 정신' 을 말한 데 반해 '정신화된 물질' 을 논하였다.

로크의 경험론 라이프니츠와 동시대인이며 의사인 로크John Locke(1632-1704)는 17세기 이후 유럽 사상계에서 가장 중요한 사상가들 중 한 인물이다. 그는 영국의 사상적 전통으로 이어지는 경험주의(Empiricism)를 철학적으로 체계화하였다.

존 로크

명예혁명 후 1690년에 출판된 『인간 이해력 논고』(*An Essay Concerning Human Understanding*)에서 그는 인간인식의 기원을 분석하면서 경험론을 주장하였다. 그는 데카르트의 생래관념(idées innés; innate ideas)을 반박하여 인간이 태어날 때 가지고 나오는 관념은 없다고 주장하였다.

인간의 정신은 원래 백지(白紙: tabula rasa)와 같은 것으로 외부로부터 지식을 받아들일 뿐이다. 지식은 감관(感官)을 통해서만 형성되는 것이다. 지식은 지각(知覺)·성찰(省察)·기억·판단과 같은 경험을 통해 획득된다. 로크의 경험론은 근대적인 심리학·교육학·사회과학에 대한 다양한 연구를 발전시키는 획기적인 출발점이 되었다.

경험론의 한계 경험론은 18세기에 이르러 논리적인 극단으로 치닫게 되면서 새로운 모순을 드러내게 되었다. 1709년 아일랜드 주교 버클리George Berkeley(1685-1753)는 경험론에 입각하여 완전히 주관적인 관념론에 도달하였다. 그에 따르면 실재는 오직 정신 안에만 존재한다는 것이다. 지각되지 않는 것은 의미 있는 실재가 아니므로 결국 존재는 곧 지각 자체가 되기 때문이다.

스코틀랜드 출신의 역사가·경제학자·철학자인 흄David Hume(1711-1776)은 인간과 사회의 연구에 과학성을 부여하려는 목적으로 『인간본성론』(*Treatise on Human Nature*)을 저술하였다. 그는 경험주의를 철저히 고수하면서도 결국 회의적 관점에 이르렀다. 그는 개별적인 감각적 경험 이외에 어떠한 지식도 모두 의문시하였다. 실재하는 모든 것은 '인상'과 '관념'의 연속이다. 생각이란 단지 인간 경험에 대한 편의적인 해석을 내리게 하는 수단일 뿐 전혀 형이상학적 타당성이 없다는 것이다.

흄에 따르면 인식의 확실성이란 다만 주관적 확실성에 불과하며 인과율은 상호 인접한 두 관념의 계기적(繼起的) 관계를 경험적 습관에 의해 신념화한 것에 지나지 않는다는 것이다. 결국 흄은 과학적 기본원리인 인과법칙에 관해 깊이 회의하였다.

칸트의 비판철학 대륙의 합리주의와 영국의 경험주의를 잘 조화시킨 철학자가 칸트Immanuel Kant(1724-1804)였다. 그는 독일 쾨니히스베르크(지금 러시아의 Kaliningrad)의 대학교수로서 조용하고 규칙적 생활을 즐기면서 일생을 마친 철학자였다.

칸트

칸트는 『순수이성비판』(*Kritik der reinen Vernunft*)에서 철학의 합리적 기초를 상실하지 않으면서도 동시에 경험론적 관점을 회복하고자 시도하였다. 그의 해결방법은 18세기 자연철학의 종점인 동시에 19세기 전반 관념론 철학의 시작을 의미한다.

칸트는 지식 획득 과정에서 감관의 중요성에 관해서는 로크와 일치하였다. 그러나 정신이 단순히 글씨가 씌어지는 수동적인 흑판이나 다름없다는 로크의 생각에는 공감하지 않았다. 왜냐하면 모든 감관 작용은 이성의 소산인 정신을 통해 해석되지 않을 수 없기 때문이다.

그는 또 정신과 물질 사이의 괴리를 해결하기 위하여 2원론을 제시하였다. 과학적 법칙이 적용되는 물리적 자연을 넘어선 영역에서는 결코 과학이 침투하지 못하는 '물자체'(物自體: Ding-an-sich)의 세계가 있다는 것이다. 그것이 바로 철학적 탐구의 대상이다. 그는 신의 존재가 과학적으로 증명될 수 없다는 주장에 동의하면서 인간은 도덕적 감정으로 인해 정신의 영원불멸과 신의 존재를 믿게 된다고 주장하였다.

칸트는 과학혁명의 성과를 철학적 사고에 적절히 편입시키면서도 18세기까지의 모든 철학적 사고를 종합하고 가장 타당하게 조화시킨 근대 비판철학의 창시자이다.

C. 자연법과 사회계약

17세기의 정치이론은 현실정치의 반영이라기보다 인간의 권리란 무엇이며 어디에서 유래하는가 하는 근본 문제들을 풀어헤치려는 사고의 결과였다.

17세기의 과학혁명으로 자연계를 지배하는 법칙이 있다는 것이 밝혀졌으며 그것과 똑같은 법칙이 인간의 사회생활에도 있을 것이라는 확신이 섰다. 천체가 정해진 궤도를 따라 움직이고 고정된 법칙에 따라 자연현상이 일어나는 만큼 자연의 신이 인간사회에 무질서와 혼란을 그대로 방치한다는 것은 있을 수 없는 일이었다.

사회에도 자연계와 마찬가지로 '자연적' 질서가 있으며 영원불변의 자연법칙이 있어야 한다. 이와 같은 자연법 관념은 일부 17세기 사상가들에 의해 강조되었고 18세기 계몽사상가들에 의해 일반인에게까지 퍼져나갔다. 마침내 인간의 자연권 회복이 18세기 시민혁명을 일으키는 가장 중요한 이유가 되었다.

자연법 관념은 근대적인 민주주의 발달사의 밑바닥에 깔려 있다. 자연법은 정(正)과 부정(不正)이나 선악을 구별하는 기준이 시간과 지역을 초월해서 존재한다는 것을 의미하였다. 정(正)이나 선(善)이란 인간이 발명한 것이라기보다 '자연적으로' 생긴 것이다. 정과 선은 지역 · 국가 · 전통 · 관습 혹은 시민 법정에서 시행되는 것과 같은 현실적 법률(실정법)에 따라 결정되는 것이 아니다. 현실은 부정하고 불공평하며 악일 수도 있으므로 판별기준은 현실에서 찾을 것이 아니라 일정 · 불변한 자연법에서 찾아야 한다는 것이다.

자연법은 어떠한 지배자 개인의 의사에 따라 만들어지는 법이 아니다. 그것은 보편적이며 모든 사람에게 동일하게 적용되는 성질의 법이다. 그리고 법과 권리는 궁극적으로 모든 지역과 민족, 시대와 문화를 초월해 있다. 이러한 자연법과 자연권은 모든 인간에게 있는 이성을 통해서 인식될 수 있는 것이다. 그리고 모든 사람이 차별 없이 합리적 능력과 지능을 향유하기 때문에 자유 · 평등 · 평화를 동등하게 누릴 자격을 가지고 있다.

국제법의 기원 자연법 관념이 17 · 18세기에 가장 널리 또 확고하게 신봉되기는 했으나 그 개념의 기원은 시대적으로 오래되었다. 일찍이 고대 그리스 사상가들이 자연법을 주장하였고 로마 스토아 철학자들이 좀더 분명히 체계화했으며 또 중세 학자들이 사상적으로 이를 뒷받침한 바 있었다.

근대 초에 주로 예수회원이 중심이 된 일단의 성직자들은 보편적인 정 · 부정이 신의 존재 여부에 상관없이 오직 이성에 통해서만 실재한다고 주장하였다. 이 견해는 1690년에는 교황의 규탄을 받았다. 그러나 자연법 관념과 인간이성에 대한 신앙은 모두 당대 사상의 기초가 되었다.

그로티우스 일부 학자들은 자연법에 입각하여 국제법을 만들어 당시 유럽에서 발전하고 있던 크고 작은 주권국가들 상호간의 질서수립의 기준으로 삼고자 하였다. 그로티우스Hugo Grotius(1583-1645)는 1625년 국제법에 관한 최초의 위대한 저술인 『전쟁과 평화의 법』을 출판하였다. 그로부터 약 50년 후 1672년 독일의 푸펜도르프Samuel Pufendorf(1632-1694)가 『자연법과 만국법(萬國法)』을 출판하였다.

그로티우스와 푸펜도르프는 각 주권국가가 비록 아무런 실정법적 의무가 없다고 하더라도 공동선(共同善)을 위해 노력해야 하며 개인의 경우와 마찬가지로 국가들의 공동체를 위하여 자연 이성과 자연 정의에 복종해야 한다고 강조하였다.

절대주의와 입헌주의 18세기까지 전통적으로 대립한 두 정치철학이 있었다. 하나는 국가 주권이 군주 개인에게 있다고 주장한 절대주의 이론이고, 다른 하나는 관습이나 전통을 중시하고 의회나 신분회(身分會) 등이 갖는 역사적 권리를 주장하는 입헌주의였다.

17세기에 이 두 이론은 과학적으로 검증될 수 있는 설득력을 갖추기 위해 자연법 관념에서 그 근거를 찾으려고 하였다. 절대주의 이론을 17세기의 과학 정신과 자연법에 따라 밝힌 정치철학자가 홉즈였으며 대의제를 통한 입헌주의를 대변한 사람은 로크였다.

홉즈

홉즈 토마스 홉즈Thomas Hobbes(1588-1679)는 17세기 과학혁명의 정신을 지적 체계와 저술 속에 잘 반영시켰다. 그는 철학적으로는 물질론과 무신론을 주장하였으며 정치적으로는 절대군주제를 찬성하였다. 그의 정치이론은 자연상태에서의 인간성을 분석하는 것으로 출발하였다.

그리하여 사회계약에 의한 정부의 존재이유를 증명하려고 하였다. 그의 논리에 따르면 정치권력이 없는 자연상태의 인간은 '외롭고 가난하고 더럽고 동물적이며 생명이 짧은' 존재에 불과하며 서로 물고 뜯는 싸움의 상태에 있다는 것이다.

이와 같은 무정부 · 공포 · 죽음의 상태에서 벗어나기 위해 강력한 정부에 의한 질서가 필요하다. 이 질서를 세우기 위해 사람들은 자신의 행동의 자유를 희생하는 수밖에 없다. 그들은 합의나 계약을 통해 자신의 자유를 지배자에게 맡겨야 하는데 이 경우 지배자는 무제한의 절대 권력을 가져야 한다. 그렇지 않으면 소기의 목적인 질서가 유지되지 않으며 사회는 또다시 만인과 만인의 투쟁상태로 돌아가게 되기 때문이다. 누구든 정부의 행위를 의문시하는 것은 사회질서를 위해 위험하다. 정부는 일종의 거대한 동물(海獸: 리바이어던)이다. 이와 같은 홉즈의 사상은 1651년 출판된 『리바이어던』(*Leviathan*)에 잘 설명되어 있다.

로크 명예혁명을 전후해서 살았던 존 로크는 철학사에서뿐 아니라 정치이론사에서도 주목되어야 할 사상가 가운데 한 사람이다. 그는 자연상태 및 사회계약을 전제로 한 점에서는 홉즈와 같았지만 결론은 정반대였다. 그는 실제정치에서는 왕에 대항해 싸우는 의회 편에 가담했으며 『정부에 관한 두 논문』(*Two Treatises of Civil Government*, 1690)을 통해 명예혁명을 지지하였다.

로크는 인간의 자연상태가 홉즈가 가정한 것과 같은 암담한 것이 아니라 평화로운 것이라고 생각하였다. 그러나 이 자연상태는 살기에 불편하므로 사람들은 상호 공동 관심사인 사회와 정부를 세우기 위해 계약을 맺게 된다는 것이다. 그런데 인간은 도덕심과 이성을 갖고 있으며 국가의 형성 여부에 관계없이 어떠한 권리(자연권)를 소유하고 있다. 그것은 생명 · 자유 · 재산의 권리이다. 사람들은 이러한 모든 권리가 잘 보장되도록 정부를 세우는 데 합의(계약)하는 것이다.

그러나 로크의 사회계약설에 따르면 이 합의는 무조건적인 것이 아니라 정부 쪽에서나 국민 쪽에서 상호 의무를 지킬 때 유효한 것이다. 즉, 국민은 이성 있고 책임 있는 존재로서 방종에 흐르지 않아야 하며, 정부측은 위탁된 의무를 잘 수행하여야 한다. 만일 정부가 기본권인 생명 · 자유 · 재산의 권리를 보장하지 않고 제멋대로 권한을 남용할 때에는 물러나야 한다. 극단의 경우 혁명으로 타도될 수도 있다. 간단히 말해 로크는 책임 있는 정부와 책임 있는 국민을 강조하였다.

사회계약설의 전제는 모든 인간에게 어떠한 도덕적 권리가 있다는 것, 정부는 이 권리를 보완할 의사와 능력을 가져야 한다는 것 등이다. 이와 같은 전

로크의 정부론

로크는 자연상태에서 인간이 착하다고 보았다. 그럼에도 자연상태는 불확실하고 위험에 찬 상태이기 때문에 이 상태를 벗어나 자신의 권리와 재산을 보존하기 위해 정치사회를 구성해야 한다고 주장하였다. 그는 『정부에 관한 두 논문』(1690)에서 다음과 같이 말하였다.

만일 사람이 자연상태에서 자유롭고, 자신의 인신(人身)과 재산에 대한 완전무결한 절대적인 주인이라면 왜 그는 자유를 포기해야 하는가, 왜 스스로를 다른 세력이 지배하도록 맡겨야 하는가? 이에 대한 분명한 대답은 비록 자연상태에서 이 권리를 가지고 있다고는 하지만 그 행사는 불확실하고 항상 타인의 침범에 노출되어 있기 때문이라는 것이다. 이 때문에 사람은 이 자연상태가 아무리 자유롭다 하더라도 공포와 끊임없이 위험으로 차 있는 그런 상태를 기꺼이 떠나게 되는 것이다. 그러므로 개인은 생명, 자유, 재산을 상호간에 보존하기 위해 뭉칠 생각을 하는 다른 사람들과 사회를 만들어 거기에 동참하려고 하는 것이다. 한마디로 인간이 스스로를 정부에 맡기려는 주요 목적은 재산보존이다.

그러나 비록 사람들이 사회를 구성하여 자신의 평등과 자유 및 자연상태에서 갖는 힘을 사회에 맡기는 것은 사회란 개인의 자유와 재산을 보존하는 유일한 수단이기 때문이다. 따라서 사회의 권한은 공동선을 넘어서는 결코 존재할 수 없는 것이다. 오직 평화, 안전, 공공선만을 목표로 하고 있을 따름이다.

제 아래 사람들은 사회나 정부를 구성하는 데 합의를 보게 된다. 로크에게 합의는 국가의 기초이며 주권 성립의 출발점이었다. 그러나 로크는 정부의 실제 운영에서는 다수의 의사에 따르는 대의제(代議制)를 주장하였다. 바로 이 점에 불만을 느낀 루소는 다수파가 소수파에 대해 행사하는 전제(專制)의 위험을 극복하고자 사회계약 이론을 제시하였다.

루소는 홉즈나 로크와 같이 자연상태와 사회를 대립하는 것으로 보았으며 사회를 구성하기 위한 합의의 필요성을 인정하였다. 그런데 로크가 합의를 지배자와 피지배자간의 계약으로 본 반면 루소는 인민 상호간에 맺는 계약으로 보았다. 그러므로 루소의 계약은 정부계약일 뿐 아니라 사회계약의 성격을 함께 띠는 것이다.

D. 계몽사상의 영향

뉴턴이 완성한 근대적 우주관은 자연과학의 영역을 넘어 인간과 사회에 관한 모든 분야에 걸쳐 지적 변화를 일으켰다. 스코틀랜드, 시칠리아, 필라델피아에서 모스크바에 이르기까지 서방 세계 전체에 걸쳐 인간사고가 바뀌게 되었다. 학자와 사상가들은 아리스토텔레스 철학, 그리스도교를 비롯해 전통적인 권위와 기치관을 회의하고 새로운 시각에 따라 인간과 사회를 합리적으로 분석하려고 하였다. 이리하여 계몽사상 운동이 시대의 추세가 되었으며 이에 적극 동참한 사람들이 계몽사상가들이었다.

'계몽사상가들'(philosophes)은 17세기의 지적유산, 예컨대 베이컨과 데카르트, 벨과 스피노자, 특히 로크와 뉴턴의 사상 및 자연법, 자연권 및 사회계약설을 널리 전달하고 대중화하였다. 18세기는 역사상 어느 시대보다 더 강하고 뚜렷하게 권위와 전통에 대해서 회의를 나타낸 시대이다.

마담 드 퐁파두르: 루이 15세의 정부였던 퐁파두르는 계몽사상가들을 적극 후원하였다.

계몽사상가들은 인간이성의 능력을 확신하고 과학지식의 발달을 낙관했으며 동시에 자연의 질서와 조화를 깊이 믿고 인류 문명의 진보를 기대하였다.

그들은 철학자라기보다 차라리 '보급자'(popularizers)나 '평론가'(publicists)였다. 그들은 일반인이 읽지 않는 체계적인 저작물을 읽고 대중적 관심을 불러일으킬 수 있도록 그 내용을 풀어 설명하였다. 그들은 일차적으로 문인이었으며 자유기고가나 저널리스트들이었다. 그들은 대중을 위해 글을 썼으며 사회악을 비판하고 개혁을 주창하는 계몽운동가들이었다.

계몽사상가들은 이 세상에서 행복의 성취를 믿었으며 이성의 힘을 통해 그것이 가능하다고 주장하였다. 프랑스에서는 영국의 선진학문과 발달된 과학을 도입해서 보급하였다. 이 점에서 프랑스는 유럽에서 지적 우위를 차지하게 되었다. 파리에서는 문인 · 학자 · 사상가들이 부유층 부인들의 '살롱'에 모여 서로 재치 있는 토론을 교환하였다. 살롱이란 주로 개인 저택에서 열리는 저녁식사를 겸한 사교적 집회로, 여기에서 사회비평뿐 아니라 과학 · 철학 · 경제 · 종교 등을 주제로 삼은 토론이 벌어졌다.

중농학파 비판자들이 약간 멸시하는 투로 '경제학자들'이라 부른 중농학파(重

자유방임주의

아담 스미스의 자유방임주의의 핵심에는 개인 이익이 경제발전의 동기라는 믿음이 있다. 이것은 '보이지 않는 손'이라고 한 그의 말에서 간단명료하게 요약되고 있다. 나라마다 각기 최선을 추구해야 한다는 그의 주장은 국내 산업보호를 위한 관세 철폐를 강조한 것이었다.

동시에 스미스는 초기 자본주의사회의 본질을 파악하였다. 자본주의에 대한 스미스의 낙관주의는 사회가 하나의 전체로서 개인이 모두 자신의 경제적 이익을 추구하고 자유시장에서 거래할 때 비로소 혜택을 입는다는 확신에서 나온 것이다. 1776년 출판한 『국민들의 부』에서 아담 스미스는 다음과 같이 주장하였다.

모든 개인은 끊임없이 스스로 가용자본을 가장 유리하게 동원하는 방법을 강구해야 한다. … 산업 증진을 위한 자본 동원은 단지 이익 때문이다. 그러므로 항상 그 산업증진을 위해 자본을 동원할 노력을 해야 한다. 생산품은 최고가를 받으려고 노력하고 돈 주고 물품을 살 때는 최대한 많이 교환하려고 노력해야 한다. …〔이렇게 함으로써〕 개인은 일반적으로 공익증진을 의도하지 않으며 공익을 어느 정도 증진하는지를 알지도 못한다. … 그는 단지 자신의 안전만을 의도한다. 그리고 생산품이 최고가를 받을 수 있도록 하는 방식으로 산업발전을 지향함으로써 단지 자신의 이익만을 의도할 뿐이다. 〔그러나〕 그는 여기서도 다른 경우에서와 같이 자신의 의도가 아닌 목표를 추구하는 보이지 않는 손의 인도를 받는다. 자신의 이익을 추구함으로써 의도했던 것보다 더 효과적으로 사회 이익을 증진하게 될 것이다.

자본을 동원할 수 있는 국내산업의 종류가 무엇이든, 생산품이 최고가를 받을 가능성이 있으면 모든 개인은 정치가나 입법자가 그를 위해 할 수 있는 것보다 더 지역적 사정에 따라 판단을 내릴 수 있음이 분명하다. … 특정 공업 제품에 대한 국내시장의 독점권을 부여하는 것은 개인의 자본동원 방식을 정하는 것이며 거의 모든 경우에서 무용하거나 해로운 규제가 될 것이다. 만일 국산품이 외국상품만큼 값싸게 시장에 나올 수 있을지라도 규제는 명백히 무용한 것이다. 만일 값싸게 나올 수 없다면 규제는 일반적으로 해로울 것임이 틀림없다. … 만일 외국이 우리 스스로가 제조할 수 있는 것보다 더 싸게 물건을 공급할 수 있다면 국산품 일부와 함께 외국산을 사는 것이 좋을 것이다.

아담 스미스

農學派: physiocrats)에는 루이 15세의 주치의인 케네François Quesnay(1694-1774), 루이 16세 때 장관을 지낸 튀르고Anne Robert Jacuqes Turgot(1727-1781), 후에 미국 듀퐁 재벌의 창업주가 된 듀퐁 드 네무르Pierre Samuel Dupont de Nemours(1739-1817) 등이 있었다. 중농학파는 국가 재정과 세세 개혁 및 국부(國富) 증가에 관심을 가졌다.

케네의 주도하에 중농학파는 자연법 개념에 입각한 경제체제를 주장하였다. 이 학파는 인체에 피가 흐르듯이 화폐는 자연의 힘에 따라 순환되어야 한다고 믿었다. 그들은 수요와 공급 및 가격을 자연의 추세에 맡겨야 한다고 주장하면서 자유시장이론을 내세웠다. 따라서 그들은 관세나 상거래에 대한 규제는 철폐되어야 하며 정부가 자유방임(laissez-faire) 정책을 채택해야 한다고 촉구하였다.

케네는 국가의 진정한 부는 금은의 양이 아니라 물건의 가치에 따라 측정된다고 논하였다. 상공업은 다만 가격의 안정을 기하게 되며, 그 결과 농산물에 대한 이윤이 증가하도록 한다는 것이었다.

중농학파의 주장, 즉 농산물만이 국부(國富)의 유일한 것이며 거기에 과세할 수 있다고 한 주장은 중산계급의 호감을 살 수 있었다. 그리고 그것은 또한 정치 · 경제 · 사회의 여러 활동분야에서 모든 자유를 주장하는 계몽사상가들의 견해와도 일치하였다.

개인적 자유, 자연법, 규제기관으로서의 정부의 위치 등에 관해 중농학파의 영향을 받은 아담 스미스Adam Smith(1723-1790)는 특히 자유방임경제를 강조하였다. 그의 『국민들의 부』(*An Inquiry into the Nature and Causes of the Wealth of Nations,* 1776)는 자본주의 경제체제를 옹호하며 대량생산 방식으로서 분업을 주장하였다.

볼테르

볼테르 어떤 계몽사상가보다도 전통에 항거하고 사회악을 과감히 비판한 사람은 파리 중산계급 출신의 볼테르Voltaire(1694-1778)였다. 원래 그의 본명은 아루에François Marie Arouet였다. 귀족층을 앞장서 공격한 그가 귀족적인 냄새를 풍기는 드 볼테르de Voltaire로 이름을 고친 것은 아이러니컬한 일이다.

고급관리와 귀족가문의 어리석음을 비판한 그는 두 번이나 바스티유에 투옥되었다. 3년간의 영국 망명생활을 하면서 볼테르는 지식인들과 교제하고 저술하였다. 프랑스에 귀국한 볼테르는 다시 종교적 관용, 뉴턴 과학의 보급, 언론의 자유 등을 위해 저술에 전념하는 한편 이신교를 선전하였다. 그는 수많은 역사 · 희곡 · 팜플렛 · 에세이 · 소설 등을 썼으며 약 10만 통의 편지를 통해서 합리주의의 복음을 퍼뜨리고 구체제하의 사회악을 폭로하였다.

볼테르는 체계적인 정치이론을 펴지 않았으나 93권이나 되는 그의 저술 여기 저기에 흩어져 있는 견해에 따르면, 근본적으로 국가란 지배자 개인의 영광과 야욕을 위해서가 아니라 백성의 필요와 희망을 충족시키는 하나의 도구로서 존재한다는 것이다.

볼테르의 이상적인 정부형태는 지식 수준이 높은, 제한된 수의 투표권자 집단에 의한 대의민주제였다. 그러나 실제의 기존정부형태 중에서 그가 좋다고 생각한 것은 현명하고 정의롭고 전권(全權)을 가진 가부장적인 왕, 즉 계몽군주에 의한 정부였다. 이 점에서 볼테르는 모든 계몽사상가들과 같이 당시대의 테누리를 크게 벗어나지 않은 온건한 개혁자에 불과하였다.

몽테스키외 프랑스의 귀족 출신인 몽테스키외Charles Louis de Secondat, baron de la Bréde et de Montesquieu(1689-1755)는 『법의 정신』(*L'esprit de lois,* 1748)의 저자로 알려진 정치이론가이다. 그는 1721년 『페르시아인의 편지』*(Letters Persanes)*를 익명으로 발표하여 큰 인기를 얻었다. 이 작품은 부유한 두 페르시아인이 고향 친구에게 프랑스의 생활상을 알리는 서간집(書簡集) 형식으로 된 사회비평서이다. 거기서 몽테스키외는 구체제(舊體制) 아래의 사회악과 모순을 풍자와 재치로 경쾌하게 비판하였다.

몽테스키외

20년의 연구 끝에 몽테스키외는 『법의 정신』을 완성하였다. 그것은 18세기의 가장 중요한 문헌 중의 하나이다. 그는 역사적 기록과 사실에 의거하여 정치체제를 비교연구하였다.

이미 로크가 권력분립을 언급한 바 있었으나 몽테스키외는 더 명확하게 입법 · 사법 · 행정의 삼권으로 나누어 논하였다. 볼테르와 같이 영국의 정치제도를 존중한 몽테스키외는 입헌 대의제(代議制)를 가장 적절한 정치체제라고 찬양하였다.

루소 18세기의 사상가 가운데 루소 Jean-Jacques Rousseau(1712-1778) 만큼 수수께끼 같은 인물은 없을 것이다. 프랑스의 위그노계 스위스인인 루소는 주네브Genève: Geneva에서 출생하였다. 가정교사, 급사, 악보전사인(樂譜轉寫人)에 이르기까지 여러 종류의 직업을 가지면서 유럽 각지를 유랑하였다.

그는 당시 이성 존중의 풍조에 반항하여 감정과 본능이 더 중요한 인간행위의 동기임을 주장하였다. 그는 자연으로 돌아가라는 철학을 1740년에 현상(懸賞) 당선논문인 「기예와 학술의 진보가 도덕의 부패에 공헌하였는가, 개선에 공헌하였는가?」에서 주장한 바 있었다. 이것은 1752년 『기예학술론』으로 출판되었다.

자연의 회복에 대해 루소는 1760년에 출판된 『신(新)엘로이즈』(*Nouvelle Héloïse*)와 1762년의 『에밀』(*Emile*)에서 또다시 강조하였다. 『신 엘로이즈』는 낭만적인 소설이다. 여기서 그는 인위적이며 퇴폐적 문명을 비난하고 단순·소박한 생활로 되돌아갈 것을 주장하였다. 교육사상을 밝힌 『에밀』에서 루소는 교육의 목적이 지식의 주입보다도 개인의 잠재능력과 개성을 계발시키는 데 있다고 주장하였다.

루소

자연으로 돌아가라는 주장은 흄, 페인Thomas Paine(1737-1809), 헤르더Johann Gottfried von Herder(1744-1803), 칸트 등 많은 사상가들에게 감명을 주었다. 심지어 루이 16세의 왕비 마리 앙토아네트Josèphe Jeanne Marie Antoinette(1755-1793)조차 궁전 안에 농가를 짓고 소젖을 짤 정도였다.

루소는 『사회계약론』(*Contrat social,* 1762)의 서두에서 "사람은 태어날 때 자유로우나 지금은 어디서든 쇠사슬에 매여 살고 있다"는 말로 필요악으로서의 사회를 논하였다. 루소는 근본적으로 로크의 사회계약설에 동의했으나 대의제나 다수결에 관해서는 상이한 견해를 갖고 있었다. 『사회계약론』은 프랑스 혁명의 성서라 불렸으며 '자유·평등·박애'라는 프랑스 혁명의 표어도 거기서 따온 것이다.

루소의 계약설은 로크나 홉즈의 계약설과 다른 특징을 갖고 있었다. 그는 조직된 사회 성원들이 서로 자신의 권리를 양도함으로써 계약이 성립된다고 생각하였다. 이 생각은 결국 독특한 일반의지(一般意志: volonté générale; General Will)의 이론에까지 이르렀다. 사람들은 상호간에 자연적 자유를 양

루소의 일반의지

루소가 사회계약론에서 밝힌 일반의지는 가장 민주주의의 핵심을 찌른 논리이지만 그 본질이 무엇인가에 관해서는 명백하게 드러나 있지 않다. 1762년 출판된 『사회계약론』에 나타난 다음과 같은 주장이 이를 예시하고 있다.

사회계약의 핵심은 다음과 같이 요약될 수 있다. 즉 각자는 자신의 인신(人身)과 모든 공유(共有) 권한을 일반의지의 최고 지시에 맡겨야 하고 우리는 집단적 권한에 의해 전체의 불가분(不可分)의 일부로 각자를 받아들이는 것이다….

사실상 한 인간으로서 각 개인은 일반의지와 반대되거나 상이한 특수의지를 가질 수 있다. 그의 특수한 이익은 공동이익과는 상당히 다른 목소리를 낼지도 모른다. 절대적이며 독립적인 자신의 존재는 그로 하여금 공동의 대의명분을 그냥 생긴 것으로 보고 자신의 부담으로 갚지 않아도 대의명분의 상실이 타인들에게 해를 끼치지 않을 것으로 간주하게 할지도 모른다. … 백성으로서의 의무를 다하지 않고서도 시민의 권리를 향유하기를 원할 것이다. 이러한 부당성이 계속되는 것은 정치적 통일체의 해체를 의미할 뿐이다.

그렇다면 사회계약이 공허한 공식이 안 되기 위해서는 누구든 일반의지에 복종하지 않을 경우 그 사람에게 전체에 대해 복종하도록 강요되어야 한다는 것을 사회계약에 묵시적으로 포함시켜야 한다. 이럴 때만이 나머지 사람들에게 힘을 줄 수 있다. 이는 그가 자신의 자유를 위해 강제될 수 있다는 것을 의미한다. 이것은 각 시민이 스스로를 나라에 바침으로써 개인적으로는 예속됨에도 불구하고 그렇게 하는 것만이 자신의 안전을 확보할 수 있는 조건이다. 여기에 정치적 기구(국가) 운영의 관건이 있다.

도함으로써 전체가 융합된 하나의 의지(공동체 자체의 의지)를 만든다. 이 경우 각 개인은 절대로 그 명령에 따라야만 한다. 일반의지는 신성하고 불가침의 것이다. 일반의지는 다수결로 결정될 성질의 것이 아니며 단지 인민 전체를 결합시키는 공동이익에 의해 결정될 뿐이다.

루소의 일반의지는 결과적으로 대의제에 의한 간접 민주정치 및 다수결 원칙을 거부하는 셈이 되었다. 그의 이론은 결국 주권재민설(主權在民說)에 입각한 직접 민주주의와, 공동이익의 추구를 위해 개인을 희생시키는 전체주의를 동시에 합리화하였다. 이 점에서 그의 『사회계약론』은 비록 당시에 그다지 읽혀지지 않았고 영향도 크지 않았다고 해도, 후세의 정치이념에는 지대한 영향을 끼쳤다.

백과전서 많은 지식인의 협동작업으로 혁명 전의 프랑스 사회를 과감하게 비판한 획기적인 업적이 곧 『백과전서』(*Encyclopédie*)였다. '과학 · 예술 · 기술의 합리적 사전'이라는 부제는 『백과전서』의 주장을 암시하는 것이었다. 1751년부터 1772년에 걸쳐 디드로Denis Diderot(1713-1784)가 편찬한 이 책은 11권의 도판과 함께 본문 17권에 달하는 방대한 사전으로 지식의 저장고일 뿐 아니라 전통적인 사회악과 권위에 도전하는 무기가 되었다. 약 20년 동안 발매금지나 발행권 취소를 비롯하여 각종 탄압을 받았다.

디드로

이는 역사상 최초의 백과사전은 아니었지만 사회진보를 위해 크게 영향력을 끼친 백과사전이었다. 그것은 계몽사상 시대의 새 사상을 전파하는 매개체가 되었으며 계몽사상가들의 기념할 만한 업적이었다. 기고자들은 실질적으로 당대의 대표적인 계몽사상가, 예컨대 볼테르 · 몽테스키외 · 루소 · 달랑베르Jean Le Rond d'Alembert(1717-1783) · 튀르고 · 케네 · 돌바크Baron d'Holbach(1723-1789) 등이었다. 그밖에 유명 · 무명의 과학자 · 철학자 · 성직자 등이 해당항목을 집필하였다. 이 사람들은 집단적으로 '백과전서파'(encyclopédistes)라 불리게 되었다.

사료 수집 역사학은 법률과 같이 증거를 찾아내 활용하는 학문으로서 17 · 18세기에 두드러지게 발전하였다. 이미 17세기에 역사적 사실의 수집을 위한 계획적 사업이 각국에서 일어났다. 유럽 각지의 수도원, 장원청(莊園廳), 궁정문서 보관실 등에는 기원이 확실치 않은 각종 고문서가 많이 있었다.

프랑스 베네딕토 수도 성직자 마비용Jean Mabillon(1632-1707)은 박학다식한 학자로서 자신이 소속된 성 모르St Maur 수도원에 있는 사료를 집대성 간행하였다. 이 사료집(史料集)은 1733년 완성되었다.

마비용은 1681년 『고문서론』이란 저서를 통해서 '고문서학'(Paleography)을 정립하였다. 이로써 필사 원고의 해독, 연대측정 및 확인 절차 등이 비로소

614 PYR PYR

d'esprit, ni il ne nous punira pour avoir été sots. On se conduit comme on veut, mais on raisonne comme on peut. Nous sommes libres de faire le bien & d'éviter le mal; mais nous ne sommes pas libres de connoître la vérité & d'échapper à l'erreur. C'est un malheur peut-être que de se tromper, mais ce n'est pas un crime. Ce sont nos mauvaises actions qui nous damnent, & ce ne sont pas nos découvertes qui nous sauvent. J'ai meilleure opinion du salut de celui qui prêche le mensonge qu'il croit au fond de son cœur, que du salut de celui qui annonce l'évangile qu'il ne croit pas. Le premier peut être un homme de bien; l'autre est évidemment un méchant. Quant aux troubles que certaines opinions peuvent exciter dans la société dont on est membre, on n'en peut rien conclure contre Bayle qui écrivoit dans un pays où l'on tolere la liberté de la presse; d'ailleurs si toutes vérités ne sont pas bonnes à dire, ce ne peut être que par une suite de mauvaise législation, par une liaison mal-entendue du système politique avec le système religieux. Par-tout où la puissance civile s'appuyera la religion, ou cherchera en elle son appui, il faudra que les progrès de la raison soient retardés, qu'il y ait des persécutions inutiles, parce qu'on ne contraint jamais efficacement les esprits, & que la tolérance soit nulle ou limitée: deux suppositions presque également fâcheuses. La tolérance veut être générale; c'est de la généralité seule que naissent ses deux principaux avantages, la lumiere & le repos. Une vérité, quelle qu'elle soit, nuisible pour le moment, est nécessairement utile dans l'avenir. Un mensonge, quel qu'il soit, avantageux peut-être pour le moment, nuit nécessairement avec le tems. Penser autrement, c'est ne connoître le vrai caractere ni de l'un ni de l'autre. Or, disoient les Perses, & disent avec eux les *Sceptiques*, le doute est le premier pas vers la science ou la vérité; celui qui ne discute rien, ne s'assure de rien; celui qui ne doute de rien, ne découvre rien; celui qui ne découvre rien, est aveugle, & reste aveugle. Ce sont l'ignorance & le mensonge qui causent le trouble parmi les hommes; l'ignorance qui confond tout, qui s'oppose à tout, qui ne sait ni rejetter ni choisir; le mensonge qui n'est jamais assez solidement établi dans tous les esprits pour n'être pas soupçonné, allarmé, combattu: l'homme ne se repose que dans la vérité. Pourquoi les questions de la Métaphysique ont-elles divisé les hommes dans tous les tems? C'est qu'elles sont obscures & mensongeres. Pourquoi les principes de la morale naturelle, loin d'exciter entr'eux des dissentions, les ont-ils toujours rapprochés? C'est qu'ils sont clairs, évidens & vrais. Si j'avois la démonstration de quelque grande vérité, mais une démonstration telle qu'aucun homme de bonne foi ne pût s'y refuser, je la publierois sur le champ, quelque inconvénient qu'il y eût pour le moment & le lieu où j'existe, persuadé qu'il n'y a aucun bien dans ce monde sans inconvénient, que la vérité est le plus grand bien de l'homme, & qu'il en recueille tôt ou tard les fruits les plus doux.

Bayle eut peu d'égaux dans l'art de raisonner, peut-être point de supérieur. Personne ne sut saisir plus subtilement le foible d'un système, personne n'en sut faire valoir plus fortement les avantages; redoutable quand il prouve, plus redoutable encore quand il objecte: doué d'une imagination gaie & féconde, en même tems qu'il prouve, il amuse, il peint, il séduit. Quoiqu'il entasse doute sur doute, il marche toujours avec ordre: c'est un polipe vivant qui se divise en autant de polipes qui vivent tous; il les engendre les uns des autres. Quelle que soit la these qu'il ait à prouver, tout vient à son secours, l'histoire, l'érudition, la philosophie. S'il a la vérité pour lui, on ne lui résiste pas; s'il parle en faveur du mensonge, il prend sous sa plume toutes les couleurs de la vérité: impartial ou non, il le paroît toujours, on ne voit jamais l'auteur, mais la chose.

Quoi qu'on dise de l'homme de lettres, on n'a rien à reprocher à l'homme. Il eut l'esprit droit & le cœur honnête; il fut officieux, sobre, laborieux, sans ambition, sans orgueil, ami du vrai, juste, même envers ses ennemis, tolérant, peu dévot, peu crédule, on ne peut moins dogmatique, gai, plaisant, conséquemment peu scrupuleux dans ses récits, menteur comme tous les gens d'esprit, qui ne balancent guere à supprimer ou à ajouter une circonstance légere à un fait, lorsqu'il en devient plus comique ou plus intéressant, souvent ordurier. On dit que Jurieu ne commença à être si mal avec lui, qu'après s'être apperçu qu'il étoit trop bien avec sa femme; mais c'est une fable qu'on peut sans injustice croire ou ne pas croire de Bayle qui s'est complu à en accréditer un grand nombre de pareilles. Je ne pense pas qu'il ait jamais attaché grand prix à la continence, à la pudeur, à la fidélité conjugale, & à d'autres vertus de cette classe; sans quoi il eût été plus réservé dans ses jugemens. [illegible] Lorsqu'il l'étoit, c'étoit toujours sous prétexte de ramener à la révélation qu'il savoit bien sapper, quand l'occasion s'en présentoit. Il faisoit alternativement l'apologie de la raison contre l'autorité, & de l'autorité contre la raison, bien sûr que les hommes ne se départiroient pas de leur apanage & de leur liberté, en faveur d'un joug qui les importunoit, & qu'ils ne demandoient pas mieux que de secouer. [illegible] On a dit de ses écrits, *quamdiu vigebunt, lis erit*; & nous finirons son histoire par ce trait.

Il suit de ce qui précede que les premiers *sceptiques* ne s'éleverent contre la raison que pour mortifier l'orgueil des dogmatiques; qu'entre les *sceptiques* modernes, les uns ont cherché à décrier la philosophie, pour donner de l'autorité à la révélation; les autres, pour l'attaquer plus sûrement, en ruinant la solidité de la base sur laquelle il faut l'établir, & qu'entre les *sceptiques* anciens & modernes, il y en a quelques-uns qui ont douté de bonne foi, parce qu'ils n'appercevoient dans la plupart des questions que des motifs d'incertitude.

Pour nous, nous concluons que tout étant lié dans la nature, il n'y a rien, à proprement parler, dont l'homme ait une connoissance parfaite, absolue, complette, pas même des axiomes les plus évidens, parce qu'il faudroit qu'il eût la connoissance de tout.

Tout étant lié, s'il ne connoît pas tout, il faudra nécessairement que de discussions en discussions, il arrive à quelque chose d'inconnu: donc en remontant de ce point inconnu, on sera fondé à conclure contre lui ou l'ignorance, ou l'obscurité, ou l'incertitude du point qui précede, & de celui qui précede celui-ci, & ainsi jusqu'au principe le plus évident.

Il y a donc une sorte de sobriété dans l'usage de la raison, à laquelle il faut s'assujettir, ou se résoudre à flotter dans l'incertitude; un moment où sa lumiere qui avoit toujours été en croissant, commence à s'affoiblir, & où il faut s'arrêter dans toutes discussions.

Lorsque de conséquences en conséquences, j'aurai conduit un homme à quelque proposition évidente, je cesserai de disputer. Je n'écouterai plus celui qui niera l'existence des corps, les regles de la logique, le témoignage des sens, la distinction du vrai & du faux, du bien & du mal, du plaisir & de la peine, du vice & de la vertu, du décent & de l'indécent, du juste & de l'injuste, de l'honnête & du deshonnête. Je tournerai le dos à celui qui cherchera à m'écarter d'une question simple, pour m'em-

『백과전서』의 교정본

체계화되었다. 프랑스의 뒤캉쥬Charles du Fresne Du Cange(1610-1688)는 1678년 중세 라틴어 사전을 출판했는데 오늘날에도 사용되고 있다.

마비용과 거의 같은 시기에 이탈리아의 무라토리Lodovico Antonio Muratori(1672-1750)가 고대와 중세의 이탈리아 사료를 집성하는 데 착수하였다. 그는 문서 발굴, 자료 수집, 편집 출판 및 그 밖의 비교 검토를 통한 진위(眞僞) 판별 등에 일생을 보냈다.

역사 연구 기초적인 사료수집과 편십을 주로 한 17세기가 지나가고 18세기에 들어서 본격적 의미의 역사학 연구가 시작되었다. 비코Giambattista Vico(1668-1744)는 이탈리아 나폴리 출신 역사철학자로 역사의 순환성(循環性)을 주장하였다.

그보다 약간 늦게 독일의 헤르더는 공통 문화를 가진 민족사를 강조하였다. 영국 역사가 기번Edward Gibbon(1737-1794)은 18세기의 전형적인 역사가로서 이교적(異敎的) '문명'과 그리스도교적 '야만'을 비교하면서 『로마제국 쇠망사』(*Decline and Fall of the Roman Empire*)를 저술하였다.

참다운 의미의 문화사를 창시한 볼테르는 좁은 의미의 정치사나 인물의 전기 혹은 초자연적 역사연구에 반대하고 여러 민족의 생활 · 정신 · 예술 · 과학 · 정치 · 민속 · 관습 등을 묘사하려고 하였다. 그는 『루이 14세 시대사』(1752)나 『민족들의 풍습과 민속에 관한 에세이』(1757) 등을 통해 유럽사회의 모습뿐 아니라 비유럽 민족들의 진보를 철학적으로 해석하는 역사기술을 하였다.

사회과학의 성립 18세기의 큰 업적 중 하나는 과학의 방법을 인간과 사회의 이해에 적용한 것이다. 만일 과학자들이 자연현상의 법칙을 발견할 수 있다면, 동일한 방법으로 인간과 사회의 현상도 법칙으로 설명될 수 있으리라고 믿게 되었다.

18세기 사람들의 관심 대상은 인류복지나 인도주의였다. 잘못을 줄이고 행복을 증진시키고자 하는 그러한 관심은 결과적으로 체계적인 사회연구를 낳게 하였다. 그리하여 정치학 · 경제학 · 인류학 · 심리학을 비롯하여 범죄학 · 교육학 등의 분야에서 큰 진보를 보았다.

벤섬

법과 정치학 분야에서는 벤섬Jeremy Bentham(1748-1832)이 공리주의(功利主義: Utilitarianism)에 입각한 사회이론을 확립하였다. 공리주의란 효용(效用: utility)이 있는가 없는가의 여부가 각 개인의 행위의 동기를 결정하는 기준이 된다는 사상이다. 이에 따르면 행위 대상의 효용이 크면 클수록 행위자의 행복도 역시 더 증진된다는 것이다. 효용이란 곧 행위자의 선(善)이며 또는 이익이다. 공리주의에 따르면 모든 사회과학의 목적은 최대다수의 개인들의 최대행복을 증진시키는 데 있다는 것이다.

통계학에서는 런던의 부유한 장신구상 그런트John Graunt(1620-1674)가 취미로 사망통계를 수집하여 1662년 『관찰통계』(*Observations*)를 출판하였다. 그 후 페티William Petty(1623-1687)는 과세에 관한 통계를 수집하여 근대 통계학의 기초를 마련하였다.

사회학 분야에서는 밀라노의 법학·경제학 교수였던 이탈리아 귀족 출신 베카리아Cesare Beccaria(1738-1794)가 『죄와 벌에 관하여』를 1764년에 출판하였다. 이 저술은 불과 18개월 동안에 6판을 중판하고 그 후 20개 국어로 번역되었다. 이 책에서 베카리아는 범죄의 처벌보다 방지가 우선되어야 한다는 데 대해 과학적 근거를 제시하였다. 그는 처벌 기간이 길면 길수록 범죄가 재발할 우려가 있다고 보았으며, 또 몰수·사형·고문 등을 비난하였다. 그의 주장은 범죄학의 학문적 기초가 되었다.

영국의 하워드John Howard(1726-1790)는 교도소 개혁을 주장하였다. 1777년의 저서 『영국과 웨일즈의 교도소 현황』(*The States of the Prisons in England and Wales*)을 통해 효율적인 교도행정의 필요성을 강조하고, 투옥의 주목적이 범법자들의 갱생에 있음을 역설하였다.

계몽사상가의 영향 계몽사상가들은 사회의 개혁, 특히 형법개혁·노예제 폐지·교육보급을 요구하고, 또는 국제평화의 보장 등을 주장하여 당대의 각국 군주에게 영향을 주었다. 그들의 사상과 제안은 한편으로, 이른바 18세기의 계몽군주들이 개방된 개혁적 정책을 실시함으로써 구체화되고, 다른 한편으로 일반대중의 저항정신을 고취하였다.

계몽사상가들은 권위와 전통에 항거하는 경우 폭력과 혁명을 강조하지 않았으나 일반대중은 계몽사상에서 혁명을 합리화할 수 있는 근거를 찾으려고 하였다. 그러므로 계몽사상가들의 생각이 어느 만큼 프랑스 혁명을 일으키는 힘으로 작용했는가에 관해 여전히 논란의 여지가 남아 있다고 하더라도 혁명의 배경에 계몽사상이 있었다는 것만은 분명한 사실이다.

2. 아메리카 혁명

일찍이 랑케Leopold von Ranke(1795-1886)는 세계사에서 가장 의의 있는 사건은 북아메리카의 혁명이라고 말하였다. 그것은 영국 헌법 자체 내의 두 경향, 즉 군주제와 민권사상(民權思想) 간의 충돌이었기 때문이라는 것이다. 유럽 대륙의 진보적 정치사상은 보수적인 영국에서보다도 자유로운 북아메리카의 영국 식민지에서 더 환영받았다. 자연권 및 사회계약에 관한 로크의 정치철학은 18세기를 통해 세력이 증대하던 식민지인에게 깊은 영향을 주었다.

18세기 중기까지는 북아메리카가 혁명의 중심이 되리라는 징조는 보이지 않았다. 영국 식민지 13주 거주민은 스스로 영국법을 준수하는 영국 백성이라 생각했고 영어를 사용하며 때로는 바다 건너 영국의 친척이나 친지를 방문하기도 하였다. 그만큼 양측 관계는 순탄하였다.

1760년대까지 13주 식민지 주민은 자체 의회를 갖고 있었다. 비록 영국왕이 임명한 지사(知事: governors)가 최종적인 거부권을 갖고 있다고는 하지만 그들은 스스로 자주적 운영을 하고 있었다. 전체적으로 식민지 주민은 농업을 영위했으나 북부에서는 조선업 · 무역 · 어업 · 공업이 발달하고 있었다.

일찍부터 지적 수준이 향상되어 1636년 미국 최초의 대학 하버드Harvard가 창립되고 1704년 최초의 신문이 보스턴에서 발간되었다. 북아메리카 대륙에는 전통적인 귀족계급이 없으며 봉건적 제약에 얽매인 농민이 없었고 그 대신 거의 무한한 미개척지가 있었다.

새로운 정치 이념이 이식되기 쉬운 아메리카 대륙 사람들은 1763년 7년 전쟁 후부터 절대군주제로 인한 압박을 예민하게 느꼈다. 재정적으로 곤란해진 영국이 재정위기를 극복하기 위해 아메리카 식민지인들에게 중상주의적 통제를 가하려고 하였다.

그러자 식민지인은 독립을 선언하고 영국 본토의 정치 · 경제적 예속에서 벗어나 당시의 가장 진취적인 정치이론에 입각하여 민주 공화제를 수립하였다. 역사적으로 유례가 드문 이러한 체제 수립이 유럽 각국에 끼친 영향은 컸다. 특히 프랑스 국민에게 각별한 자극을 주어 민주주의 혁명의 시대를 열어 놓게 되었다. 이런 의미에서 북아메리카의 영국 식민지가 독립을 쟁취하는 전쟁을 아메리카 혁명(American Revolution)이라 부른다.

A. 혁명의 배경

1763년 7년 전쟁 후 영국은 캐나다 및 북아메리카 앨러게니Alleghenies 산맥 서쪽 지방을 얻게 되었으므로 영국으로서는 수익을 올림과 동시에 이 지역의 방위를 부담해야 할 필요가 생겼다. 같은 해 오하이오 계곡지대 및 오대호(五大湖) 지방에서 인디언의 반란이 일어났으므로 영국은 정규군을 투입하게 되었다. 그 후에도 인디언들의 위협은 계속되었다.

이 상황에서 영국은 1763년 10월 포고(布告)를 통해 앨러게니 산맥 서쪽 지방에 식민지인의 정착을 금지하였다. 이 조치는 서쪽과의 통상을 못하게 하는 결과가 되었기 때문에 식민지인의 불만을 샀다.

아메리카 식민지인의 반발은 영국으로 하여금 더욱 강경한 경제정책을 취하게 하였다. 아메리카 식민지는 주로 유럽에서 생산되지 않는 물자, 예컨대 쌀·설탕·담배를 영국에 공급했으므로 이미 18세기를 통해 그 존재가치가 인정되고 있었다.

아메리카 식민지에 대한 영국의 경제정책은 주로 중상주의에 입각한 것이었으며 1650년 이후 영국은 이 정책을 강화하였다. 크롬웰 시대의 '항해법'(Navigation Acts)에 따라 식민지 산(産) 물품은 영국 선박만이 영국 항구에 운송할 수 있었다. 또 그 후의 법령으로 식민지인은 오로지 영국 본토와 통상해야만 하였다. 뿐만 아니라 영국내의 생산업자들과 경쟁하는 것은 금지되었다. 예를 들면 아메리카 식민지에서는 풍부한 모피 생산으로 모자를 싼값에 제조할 수 있었으나 모자 수출은 런던 제모상(製帽商)의 파멸을 초래할 가능성이 있기 때문에 금지되었다. 물론 규제에는 상호적인 측면도 있었다. 예를 들어 영국 본토에서는 아메리카 식민지의 독점사업인 담배 재배를 하지 못하도록 하였다.

어쨌든 식민지의 동북부, 특히 보스턴이나 필라델피아의 상인은 영국만을 상대로 한 통상을 좋아하지 않았다. 그 결과 밀수가 빈번히 자행되었다. 영국 정부에서도 이러한 밀수를 엄격하게 적발하지 않고 '묵인'(默認: Salutary Neglect)하였다. 밀수와 '묵인'이 허용되는 한, 아메리카 식민지인의 반발도 표면화되지는 않았다.

영국의 관세정책 그러나 7년 전쟁 후 영국 정부는 식민지 경영에 좀더 강경한 태도를 취하지 않을 수 없게 되었다.

1763년 강화조약을 체결한 뒤 내각수상 그렌빌George Grenville(1712-1770)은 식민지인의 통상활동을 통제하려고 하였다. 영국은 북아메리카의 방위부담을 식민지인에게 부분적으로 요구하고 밀수행위를 단속하여 관세수입을 올리려고 하였다. 1764년의 설탕세법(Sugar Act)은 그렌빌 내각이 증세(增稅)를 위해 실시한 정책이었다.

설탕세법은 외국산 설탕 수입에 대한 과거의 고율 관세를 반감했으나 그 대신 엄격히 징수하기 위해 항해법을 적용하였다. 그것은 이른바 '묵인' 정책으로부터 강경한 징세 정책으로의 전환을 의미하였다. 이러한 정책 전환은 동부 상인들에게 타격을 주었다.

더욱이 1765년의 인지세법(印紙稅法: Stamp Act)은 모든 팜플렛 · 신문 및 그 밖의 법적 문서에 인지를 붙이도록 요구하였다.

이에 아메리카 식민지인은 영국정부와 식민지와의 관계를 다시 정립하려고 하였다. 그들은 "대의(代議) 없는 과세는 압제"라는 구호로 대의권을 요구하였다. 이 구호는 보스턴 출신 법률가 오티스James Otis(1725-1783)가 창안한 것이었다. 이 요구는 1765년 10월 뉴욕 시에 모인 주 대표들이 인지세법 회의(Stamp Act Congress)에서 결의함으로써 확인되었다.

'대의 없는 과세'를 맹렬히 반대하는 식민지인의 항의에 직면하여 영국은 1766년 인지세법을 폐지하였다. 그러나 영국 의회는 1766년 선언법(宣言法: Declaratory Act)을 통과시켜 아메리카 식민지의 지위를 규정하였다. 이에 따르면 식민지인은 영국 왕과 의회에 예속 · 의존해 있는 백성이므로 영국에서 제정된 법령에 복종해야 한다는 것이었다.

보스턴 학살 사건 휘그당의 로킹엄Charles Watson-Wentforth Rockingham(1730-1782) 내각의 재무장관 토운젠드Charles Townshend(1725-1767)는 1767년 다른 각료의 승인 없이 이 법을 의회에서 통과시켰다. 이것이 '토운젠드 법'(Townshend Acts)이다. 이 법령은 매사추세츠 주 의회를 정지시켰을 뿐 아니라 식민지의 방위를 위해 주둔하는 영국군의 경비를 마련하기 위해 차 · 종이 · 페인트 · 납(鉛) 등의 수입에 과하는 관세법이었다. 필라델피아 · 뉴욕 · 보스턴 등의 식민지인들은 조직적으로 이 세법을 거부하였다.

특히 보스턴을 중심으로 한 아메리카 상인들이 즉각 반발하였다. 1770년 영국은 관헌을 파견하여 소동을 일으킨 보스턴 시민들을 진압하였다. 이것이 '보스턴 학살 사건'(Boston Massacre)이다.

보스턴 차 사건 1770년 노스Lord Frederick North(1732-1792)는 토운젠드 법을 철폐하는 대신 파운드 당 3페니를 부가하는 차세(茶稅)에 관한 법을 만들었다.

영국의 동인도회사가 거의 파산할 지경에 이르자 노스는 회사의 재고(在庫) 차를 식민지인에게 매각하는 것을 허가하였다. 식민지인이 밀수하는 네덜란드 산 차보다 훨씬 싸게 인도 산 차를 판매하려고 하였다.

그 결과 차세(茶稅)와 수입제약을 반대하는 '보스턴 차 사건'(Boston Tea Party)이 벌어졌다. 1773년 12월 중순 아메리카 인디언으로 가장한 시민들이 동인도 선박 3척에 침입하였다. 그들은 보스턴 부둣가의 많은 시민이 환호성을 지르는 가운데 배에 실렸던 수백 상자의 차를 바닷속에 던져버렸다.

보스턴 학살 사건: 1770년 3월 5일 영국군이 토운젠드 법을 반대하는 보스턴 시민에게 발포하였다.

대륙회의 보스턴 차 사건을 중대시한 영국은 강경책을 써서 식민지인을 탄압하였다. 1774년 영국은 5개 법령을 공포하여 식민지인을 처벌하려고 하였다. '불관용법'(Intolerable Acts)에 따라 보스턴 항이 폐쇄되고 매사추세츠Massachusetts 주의 자치 선거가 중지되었다. 또 퀘벡 법(Quebec Act)은 앨러게니 산맥의 서쪽 지방을 캐나다에 편입시켜 서쪽으로는 확장하지 못하도록 하였다.

이러한 영국의 법적 조치에 식민지인도 강경히 대응하였다. 1774년 처음으로 전 식민주의 대표들(조지아 주 대표 불참)이 필라델피아에 모였다. 이것이 제1차 대륙회의(Continental Congress)이다. 이 회의에서 식민지인의 권리와 자유의 회복을 주장하는 한편 여전히 본국과의 타협을 희망하였다.

영국 내에서도 상원의 피트, 하원의 버크Edmund Burke(1729-1797) 등은 온건한 타협을 주장하였다. 그러나 대부분의 의원은 당시 영국 왕 조지 3세George III(재위: 1760-1820)와 같이 강경하게 보복을 주장하였다.

식민지 사람들은 대개 무관심하거나 영국에 충성을 하는 왕당파였다. 식민지인 가운데 소수이긴 하지만 정력적이며 강경한 '애국파'(Patriots)가 있었다. 이들의 활동이 사건을 더욱 크게 만들었다. 1775년 4월 식민지의 농민들은 동북부 매사추세츠 주 보스턴 근교 렉싱턴Lexington과 콩코드Concord에서 영국군과 충돌하였다.

이것이 독립전쟁의 신호가 되었다. 같은 해 5월 다시 제2차 대륙회의가 개최되었다. 여기에 모인 13주 대표는 영국 왕 조지 3세에게 또다시 사태의 시정을 탄원하였다. 이와 함께 대륙회의에서는 무력충돌에 대비하여 워싱턴George Washington(1732-1799)을 연합 식민지군 총사령관으로 임명하였다.

토마스 페인

아직도 일반여론은 완전히 통일되지 않은 상태였다. 그러나 점차 강경한 여론이 지배적인 것이 되었다. 예를 들면 페인과 같이 영국과의 결정적 분리를 주장하는 사람들은 점차 대륙회의의 방향을 독립을 위한 혁명으로 나가도록 하는 데 작용하였다. 페인은 1776년초 『상식론』(*Common Sense*)을 출판하여 영국과의 전통적인 유대가 아메리카 식민지의 번영과 복지에 필요하다는 주장을 일축하였다.

B. 아메리카 합중국의 성립

1776년 7월 4일 대륙회의는 완전히 혁명적 행동을 시작하는 '독립선언서'를 채택하였다. 제퍼슨Thomas Jefferson(1743-1826)이 기초한 이 문서에서 13주 대표는 왕권신수설에 입각한 군주권을 반박하고 영국 정부와 식민지인 사이의 불화 원인을 설명하였다.

독립선언서 이 선언서는 아메리카 식민지의 자유와 독립을 선언하면서 불가양(不可讓)의 자연권, 주권재민설(主權在民說), 혁명권 등을 분명히 밝혔다. 첫째, 모든 사람은 생명 · 자유 및 행복 추구의 권리와 같은, 남에게 양도할 수 없는 일정한 권리를 창조주로부터 받았다는 것, 둘째, 모든 정부는 피지배자의 동의에 의해서만 정당한 권한을 행사한다는 것, 셋째, 압제를 일삼는 정부는 전복되어야 하며 필요하다면 무력에 의한 민중정부 수립도 완전히 정당하다는 것 등이었다.

이 선언서는 17 · 18세기의 과학적 세계관을 반영하고 동시에 로크의 사회계약론 및 자연권 사상을 포함시킨 것이었다.

전쟁의 경과 1776년 영국은 군대 3만 명을 파병하였다. 병력 · 기율 · 장비에 있어 우월한 영국군은 강력한 해군의 지원을 받아 뉴욕과 필라델피아에서 승리하였다.

대륙회의(1776. 7. 4)

한편 식민지군은 능란한 워싱턴의 영도 아래 완강히 저항하였다. 그들은 강력하고 우수한 영국군을 정면에서 맞서 싸우지 않고 주로 기습작전으로 괴롭혔다.

독립전쟁의 결정적인 전환점은 새러토가Saratoga 전투였다. 1777년 10월 버고인John Burgoyne(1722-1792)의 지휘 아래 6천 명의 영국군이 캐나다에서 뉴욕을 향해 공격해 가다가 식민지군에게 항복하였다. 당시 파리에 파견되어 있던 프랭클린Benjamin Franklin(1706-1790)은 새러토가 승리를 계기로 프랑스의 참전을 이끌어내는 데 성공하였다.

1778년 프랑스가 영국에 선전포고하고 뒤이어 유럽 각국도 아메리카 독립전쟁에 참가하였다. 1779년에는 스페인과 네덜란드가 각각 전쟁에 개입하였다. 그 밖의 나라들도 영국의 급격한 팽창을 경계하여 적대행위를 취하거나 최소한 중립적 입장을 취하게 되었다. 예를 들면 러시아의 에카테리나 대제는 영국을 견제하고 스웨덴과 덴마크는 북방 무장중립 동맹(1780)을 결성하였다.

전쟁이 발발하자 영국이 중립국 선박을 나포·수색한 것도 역시 이러한 나라들을 자극한 이유가 되었다. 그 후 무장중립 동맹에 참가한 나라는 계속 늘어나 프로이센·포르투갈·시칠리아·신성로마 제국 등이 추가되었다. 결과적으로 영국은 유럽의 거의 모든 나라의 일치된 적대행위와 맞서 싸우게 되었다.

요크타운 전투 라파예트Marquis de Lafayette(1757-1834)가 지휘하는 프랑스군과 함대의 지원을 받은 워싱턴은 1781년 콘윌리스 휘하의 영국군을 요크타운 Yorktown(Virginia)에서 포위하여 7천 명의 항복을 받았다. 프랑스가 개입함으로써 사실상 7년 전쟁 당시 치열했던 식민지전쟁이 두 나라 사이에 재개된 셈이었다. 서인도에서는 대체로 영국이 우세했으나 동인도에서는 프랑스가 유리한 전투를 하고 있었다.

마침내 1783년 파리 조약이 체결되었다. 13주는 아메리카 합중국으로 독립이 승인되었으며 신생국가의 영토는 서쪽으로 미시시피에까지 이르고 남쪽으로는 플로리다, 북으로는 오대호 지방에 이르렀다. 그러나 플로리다 및 미노르카Minorca 섬은 다시 스페인에게 반환되었다. 한편 프랑스는 동인도의 몇몇 무역지점과 서인도의 토바고Tobago · 세인트 루시아St Lucia, 아프리카의 세네갈 Senegal과 고레Goree 등을 차지하였다.

아메리카 합중국 헌법 1778년 성문헌법이라 할 '연방규약'(Articles of Confederation)이 제정되어 3년 후 아메리카 각주의 인준을 받은 적이 있었다.

이 규약에 따르면 각 주는 과세 · 통상권 · 화폐 발행권 등 독립적 권한 및 의회에서 동등한 의결권을 갖도록 되어 있었다. 주요결정은 9개 주 이상의 동의를 요하며 규약수정에는 전원일치가 필요하였다. 의회는 선전포고와 강화조약 체결, 군대 보유, 인디언 문제 등에 관한 권한을 가지나 이러한 권한 수행에는 주의 재정 지원에 의존하지 않으면 안 되었다. 한마디로 이 규약은 중앙정부의 간섭을 받지 않고 각 주의 자유와 권리를 지키려는 것이었다.

1783년 공식적으로 종전된 후 연방규약을 둘러싸고 각 주간에 반목과 분쟁이 일어났다. 상인계층이나 부유층은 그들의 이해관계가 충분히 보장받지 못할 것을 우려하여 규약 개정을 요구하였다. 보수적 정치가들, 예를 들면 해밀턴 Alexander Hamilton(1757-1804), 매디슨James Madison(1751-1836), 워싱턴 등이 선도하여 1787년 5-9월 필라델피아에서 제헌회의가 개최되었다.

이 회의의 대표로는 상공업 지역인 뉴잉글랜드 지방과 대농장 지역인 남부에서 온 보수주의자들이 압도적 다수를 차지하였다. 회의 결과 각 주의 독자성을 어느 정도 인정하면서도 강력한 중앙정부의 수립이 결정되었다.

새 헌법은 연방주의자와 주권론(州權論)이 다같이 반영된 타협의 소산이었다. 입법 · 사법 · 행정의 삼권분립으로 권력의 견제 · 균형이 이루어져 각각 의회는 법률제정, 대통령은 그 시행과 적용, 법원은 그 해석을 담당하게 되었다. 주 정부에게는 화폐 주조권 · 관세 징수권 · 외교권 등이 없었다. 상원의원과 대통령은 간선제로 선출되게 하였다.

헌법인준 과정은 많은 논쟁을 수반하였다. 대체로 주권론자는 연방주의자에 의해 열세에 몰리는 것이 보통이었다. 연방주의자의 요구에 따라 개인의 자유에 대한 규정이 삽입되었다. 수정에 필요한 9개 주의 인준을 받았으며 새로운 헌법은 드디어 1788년 7월 2일 선포되었다. 3년 후에는 최초의 수정 10개조가 추가되어 신앙 · 언론 · 출판의 자유 및 자의적 정부에 반대할 수 있는 법적 보장이 이루어졌다.

워싱턴은 1789년 제1대 대통령으로 당선되었다. 그의 임기(1789-1797) 중에 미국 정부는 고율 관세 실시, 연방은행 설립, 공채 액면가 지불, 영국과 통상조약 체결, 프랑스 혁명 반대 등의 정책을 수행하였다.

아메리카 혁명의 의의 영국의 두 혁명 및 과학혁명과 계몽사상의 영향을 받은 아메리카 식민지의 독립전쟁은 영국 왕권을 거부하는 데 성공했을 뿐 아니라 대의제를 확보하고 민권을 보장하였다. 아메리카 혁명의 의의는 우선 그것이 이전의 어느 혁명보다도 주권재민설과 민족자결 원칙을 분명히 천명하여 역사상 최초의 성공적인 민주주의적 공화제를 실현시켰다는 점에 있다.

미국에서 행해진 새로운 민주 공화제의 실험은 (1) 세습적 왕 대신에 선출된 대통령 (2) 성문헌법 (3) 세습 귀족제도 거부 (4) 교회와 국가의 분리 (5) 3권 분립 (6) 연방공화제 (7) 입법부 선거 등에서 여실히 나타났다.

랑케는 아메리카 혁명으로 이제 국민이 스스로 자신을 통치하지 않으면 안 된다는 이론이 출현했다고 말하였다. 계속해서 그는 "이제부터 일어나는 혁명운동은 모두 이 점을 지향하게 되었다"고 강조하였다. 아메리카 혁명의 영향을 받아 더욱 근본적인 구체제의 개조와 사회적 재편성을 위한 혁명이 1789년 프랑스에서 일어났다.

3. 프랑스 대혁명

서양사의 연대 중 가장 중요한 뜻을 가진 상징적인 해는 1789년이다. 그해 이후에 자유와 평등이 정치적으로 실현되었을 뿐 아니라 혁명이 압제에 대한 효과적인 해결 방법이라는 점이 증명되었기 때문이다.[3)]

프랑스 혁명가들은 아메리카 혁명가들과 같이 계몽사상 시대의 정치사상에서 영감을 얻었으나 아메리카 혁명보다 더 과격하게 혁명을 일으켰다. 아메리

3) R. R. Palmer, *The World of the French Revolution* (1971), 3.

카 혁명 지도층이 영국 통치에서 벗어나 독립을 쟁취했지만 영국의 법과 사회적 문화적 유산을 유지하는 것으로 만족한 데 반하여 프랑스 혁명 지도층은 기존사회 제도(앙시앵 레짐)를 청산하고 근본적으로 새로운 정치 · 사회 · 문화적 구조로 대체하려고 하였다.

프랑스 혁명은 프랑스는 물론이거니와 다른 나라들의 역사적 변화를 일으키게 된 원인을 제공한 사건이 되었다. 스웨덴 · 네덜란드 · 스위스 등의 대중은 프랑스 혁명에 즉각적인 반응을 보였으며 그 예를 따라 자기 나라의 사회악과 정치적 모순을 개혁하려고 시도하였다. 19세기 전체를 통하여 낡은 질서를 고수하려는 파와 새로운 이념을 옹호하려는 파의 투쟁은 계속되었다.

그 결과 유럽의 거의 모든 지역에서 혁명이 승리를 거두었다. 오늘날 프랑스 대혁명이 내세운 자유 · 평등 · 박애의 표어는 여전히 정치 사회철학에서 생명력을 잃지 않고 민주주의 체제의 기본이 되고 있다. 요컨대 프랑스 대혁명은 근대사의 출발점이며, 따라서 거기에 대한 이해는 19세기 역사뿐 아니라 그 이후의 역사를 이해하는 필수적인 전제가 되는 것이다.[4]

A. 혁명의 발단과 진행

18세기 중반의 프랑스 사회는 중세 이래의 봉건적 잔재와 제도적 모순을 청산하지 못하고 있었다. 귀족은 농민에게 과도한 개인적 봉사와 경제적 부담을 요구하고 있었다. 다른 나라에서와 같이 프랑스의 절대주의 체제는 효율적인 것이 아니었으며 도리어 복잡한 중앙집권적 행정제도의 압력을 받아 부패하였다. 소수 특권층인 귀족과 성직자 계층은 대부분의 국가 재원(財源)을 소유하고 과세를 피하면서 방대한 정치적 영향력을 행사하고 있었다.

마리 앙토아네트

이와 같은 실정에 대해 프랑스 지식인은 날카로운 비판을 가했으나 정부당국은 근본적인 개혁을 단행하지 않았다. 프랑스는 루이 14세 이래의 대외전쟁으로 국가재정의 적자를 안게 되고, 특히 아메리카 독립전쟁을 지원함으로써 재정적인 위기에 직면하게 되었다. 정치와 경제에서 강력하고 유능한 지도자가 필요한 이 시기에 무능하고 결단력이 결핍된 왕과 변덕이 심하고 사치스러운 왕비가 프랑스를 지배하고 있었다.

앙시앵 레짐 중세말 이래 많은 변화가 있었음에도 사회신분은 여전히 특권층과 비특권층으로 크게 양분되어 있었다. 재산과 교육수준이 끊임없이 향상

4) Leo Gershoy, *The French Revolution, 1789-1799* (Berkeshire Studies), 5.

되고 있던 제3신분층, 특히 도시민은 구조적으로 존재하는 차별과 부정의(不正義)에 분노하고 있었다.

구체제(舊體制: ancien régime)에서는 문벌이 사회적 성공이나 출세를 결정하였다. 프랑스의 전 인구 2천6백만 중 1%를 조금 웃도는 수의 사람들만이 특권층인 제1신분(성직자계급)이나 제2신분(귀족계급)에 속해 있었다. 이 특권층은 국가의 반 이상의 토지를 소유하고 교회 · 군대 · 정부의 가장 좋은 지위를 차지하고 있었다.

제1신분인 성직자들은 가끔 왕에게 기부금을 내는 것 이외에는 거의 모든 과세가 면제되고 있었다. 교회 고위직은 종교문제에 거의 관심이 없는 귀족들이 차지하고 있었다. 막대한 수입을 가진 고위 성직자는 교회 일을 하급자에게 맡기고 베르사유에서 들뜬 궁중 생활을 즐겼다. 예를 들면 독일지방의 슈트라스부르크(지금의 프랑스 스트라스부르) 대주교는 한 번에 2천 명 정도의 접객이 가능한 호화로운 저택을 소유하고 있었다. 그는 수많은 은제(銀製) 집기와 180 마리의 말을 가지고 있었다. 또 어떤 추기경은 호사하고 사치스러운 생활과 도박을 일삼았다. 이들 대부분은 또 부재성직자였다.

제2신분인 귀족들은 타이유(taille)를 비롯한 대부분의 중요한 과세를 감면 받았으며 부재 지주로서 토지 관리를 대관(代官)에게 맡기고 역시 궁정 생활을 즐겼다. 그러나 제1신분과 제2신분의 하급자, 즉 시골 신부나 농촌의 가난한 귀족은 비특권층과 비슷하거나 그 이하의 생활에 허덕이고 있는 실정이었다. 시골 보좌신부는 겨우 먹고 지낼 만큼의 수입이 있을 뿐이었다. 그러므로 이러한 사람들은 혁명 당시 쉽사리 일반 민중과 같은 느낌을 가지게 되었다.

제3신분의 불만 인구의 대부분을 차지하는, 비특권층인 제3신분에 포함된 사람들은 직업적으로나 사회적으로 변화의 폭이 넓은 여러 종류의 사람들이었다. 부유한 은행가, 유명한 문인에서부터 아주 가난한 농민이나 노상의 거지에 이르기까지 실로 비동질적(非同質的) 집단이었다.

그러나 이 신분은 크게 중산층 이상의 부르주아 계급, 도시의 하층에 속하는 공인(工人) 계급, 농민층 등 셋으로 나누어질 수 있다.

인구의 80%를 차지하는 농민은 여전히 봉건적 부담으로 허덕이고 있었다. 농민은 타이유를 비롯, 수입의 10분의 1을 교회에 내는 십일조(十一條), 소득세 등 직접세와 염세(鹽稅: gabelle) 등의 간접세로 수입의 절반을 내놓아야 하였다.

특히 염세는 프랑스 혁명 전 가장 증오의 대상이 된 세금이었다. 정부는 7세 이상의 사람들에게 1년에 일정량 이상의 소금을 사도록 강요하였다. 정부

소금은 실세의 10배 이상 가격일 뿐 아니라 먹을 것이 없다 해도 소금을 사지 않으면 안 되었다. 소금의 부정매매는 심한 단속을 받는 엄벌 대상이었다. 염세 때문에 해마다 3만 명 이상이 투옥되고 5백 명 이상이 사형에 처해졌다. 염세는 관리가 징수하는 것이 아니라 개인이나 회사에게 청부를 주어 징수하는 것으로 이런 청부 업자들의 횡포가 심하였다.

그 밖에도 농민은 고기잡이와 사냥과 같은 귀족의 특권으로 피해를 입었으나 수확을 해치는 토끼나 사슴을 잡을 수 없었다. 영주는 여전히 봉건적 공납을 요구했으며 농민으로부터 노역(勞役)을 제공받거나 노역 대신 면역세(免役稅)를 받아냈다.

도시의 공인(工人)까지 포함된 부르주아 계급은 농민보다 훨씬 더 잘 살았으며 형편도 좋았다. 법률가 · 의사 · 교사 · 문인 · 상인 · 수공업자들이 포함된 이 계층은 교육수준이 높았으며, 따라서 그만큼 자기들의 사회적 지위 향상과 정치 참여를 열망하고 있었다. 실제적 관점에서 그들은 국가 행정의 비효율성을 비판했으며 문벌보다 능력과 업적에 의한 출세의 원칙을 바라고 있었다. 부르주아 계급은 국가의 부채를 주로 담당하면서도 정치적 권리가 박탈되고 있는 현실을 개선하려고 하였다.

재정적 위기 프랑스 혁명의 직접적인 발단은 국가예산의 파탄에 있었다. 프랑스는 당시 유럽에서 인구가 많고 가장 번영한 국가였다. 프랑스 농민은 다른 나라의 경우에 비해서 더 나은 생활을 하고 있었다.

그러나 프랑스의 지식인이나 부르주아 계급은 구체제하의 사회적 모순에 크게 반발하였다. 그와 같은 부르주아 계급의 불만은 시에예스Emmanuel Joseph Sieyès('Abbé', 1748-1836)의 「제3신분이란 무엇인가」라는 팜플렛에 잘 표현되었다.

시에예스

프랑스 부르주아 계급의 생활정도나 문화수준에 비해 당시 프랑스의 정치 · 경제 · 사회적 제도들은 너무나 낙후된 것이었다. 그것은 변화하는 사회적 요청을 받아들이기에는 매우 부적당하였다.

그럼에도 혁명의 직접적인 발단은 구체제에 대한 비판 그 자체에 있는 것이 아니라 국가 재정의 파탄에 있었다. 프랑스 왕이나 정부에 재정적 위기를 타개할 능력이 없었던 것이 프랑스 혁명의 원인이 되었다.

국가 재정 위기는 이미 루이 14세 시대의 겹친 전쟁에서부터 비롯되었으며 아메리카 독립전쟁 참전으로 더 긴박하게 되었다. 정부의 신용은 점차 하락했고 국채 이자율 20%는 영국의 4%에 비해 5배나 높은 것이었다. 1763년부터 1789년까지 정부 부채는 배로 늘어나 4억 리브르(1리브르는 2.5 달러에 해당)에 달하고, 1789년의 적자는 2천7백만 리브르였으며 국가수입의 반 가

루이 16세

량이 정부의 경상수지 적자를 메우는 데 지출되었다.

루이 16세는 이러한 국가 재정의 위기를 깨닫고 일찍이 1774년 튀르고를 임용하여 사태를 타개하려고 시도하였다. 튀르고는 상공업의 제한을 철폐하여 자유방임 원칙을 따르는 한편 재정개혁에 착수하였다. 그는 세율을 낮추고 제1신분 및 제2신분에 과세하려고 했으나 왕비와 귀족들의 반대에 부딪쳤으며 결국 1776년 파면당하고 말았다.

그 뒤 여러 번 재무장관이 경질되었으나 개혁에는 실패하였다. 네케르Jacques Necker(1732-1804)는 스위스의 금융가 출신으로 1776-1781년까지 재무장관을 지냈다. 그는 1781년 「재정현황보고서」*(Compte rendu)*를 발표하여 국가 재정의 현실을 공개하고 특권층의 협력을 요청했으나 반동적인 귀족세력에 밀려났다.

1781년 그 뒤를 이은 칼론Charles Alexandre de Calonne(1734-1802) 시대에 이르러 국채는 더욱 늘어나고 1787년 8월에는 국고가 텅 비게 되었다. 칼론은 최후수단으로 일반적 과세를 계획했으나 반대에 부딪쳐 역시 좌절하고 말았다. 칼론 해임 후 대주교인 로메니 드 브리엔Étienne Chalres Loménie de Brienne(1727-1794)은 재무장관으로서 새로이 국채발행이나 과세를 추진했으나 파리 고등법원이 반대했으므로 사태는 더욱 더 악화되었다.

그 후 신분회 소집 당시에는 네케르가 다시 등용되었으나 국가재정은 개선되지 않았다. 귀족층이 과세 부담을 지지 않으려고 하는 한편 궁중 안의 반동적인 세력은 모든 개혁시도를 반대하고 나섰다.

신분회 소집 1787년 루이 16세는 절망적인 가운데 마지막 수단으로 명사회(名士會)를 소집하였다. 145명의 귀족과 성직자들이 모였으나 아무런 해결책

파리의 상퀼로트

1794년의 한 팜플렛의 구절에 의하면 상퀼로트는 다음과 같이 묘사되어 있다.

상퀼로트는 자신의 두 발로 어디든지 가는 사람이요, 당신들이 추구하는 수많은 돈을 한 푼도 갖지 않은 사람들이다. 그는 저택도 없으며 시중드는 종도 없고 아내와 아이들이 4층이나 5층에서 소박하게 사는 사람이다. 그는 쓸모 있는 사람이다. 왜냐하면 그는 밭갈이할 줄 알고 대장장이 노릇을 할 줄 알고, 톱이나 줄을 다룰 줄 알기 때문이다. 그는 지붕을 씌우거나 구두를 만들거나 공화국을 위해 마지막 피 한 방울까지도 흘릴 줄 아는 사람이다. 그는 노동자이기 때문에 음모와 도박의 장소인 사르트르 카페에서는 만날 수 없는 사람이다. … 저녁에 그는 자신의 소속 섹션에 있지만 방청석에 앉아 있는 시민들의 눈을 끌기 위해 향수를 뿌리거나 옷치장을 하지 않는다. 건전한 해결책을 힘껏 지지하고 나쁜 파당(온건파)을 쳐부수기 위해 전력을 다한다. 상퀼로트는 칼의 날을 날카롭게 세우고 악인의 귀를 자르는 일을 한다. 가끔 그는 창을 가지고 다니며 북소리에 맞추어 방데Vendée 지방으로 가거나 알프스군이나 북군에 합세하러 가는 것이다.

신분회에 참석한 대표들의 복장(왼쪽부터 성직자, 귀족, 제3신분 대표)

을 찾지 못하였다.

이제 프랑스 국가재정을 타개하기 위해 이제 남은 수단은 1614년 폐지된 이래 1세기 반 이상이나 소집한 일이 없는 신분회(身分會: états-généraux)를 소집하는 것뿐이었다. 1302년 창설된 신분회는 왕이나 귀족들이 부르주아 계급으로부터의 재정지원을 받으려고 할 때 소집되곤 하였다. 그러나 이제 와서는 부르주아 계급은 이를 자신들의 권리를 주장하는 기회로 삼으려고 하였다. 이리하여 신분회 소집은 프랑스 혁명의 도화선이 되었다.

1788년 5월 다음해에 있을 신분회 소집이 공고되었다. 우여곡절과 정치적 절충의 결과 제3신분 대표 수는 배가(倍加)되었으나 표결방식은 종전과 같이 신분별로 진행될 예정이었다.

카이에 제3신분에 속한 프랑스 국민의 절대 다수는 신분회 소집을 계기로 사회개혁을 요구하였다. 불평불만, 시정사항, 건의 등을 적은 진정서 '카이에' cahiers는 구체제 프랑스가 당면한 어려움과 장래의 해결방향도 제시하였다. 카이에에서 지적된 공통된 내용은 특권계급인 성직자들과 귀족들이 면세특권을 버리고 공평한 과세에 응해야 한다는 것, 명문화된 헌법을 제정해야 한다는 것 등이었다.

국민의 자유와 권리를 성문화한 헌법은 정부의 무책임한 권리남용과 자의

테니스코트의 선서

적(恣意的) 체포를 막고 정당한 재판 및 생명과 재산 보호를 보장할 것이었다. 카이에는 광범한 정치 · 사회 · 경제의 개혁을 요구했으나 대체로 군주제 폐지까지는 주장하지 않은, 온건한 것이었다. 5월 5일 개회된 신분회는 관례에 따라 각각 다른 방에서 신분별 회의를 하고 신분별 투표를 요구하였다.

1789년에는 1 · 2신분이 각각 3백 명 가량이었으며 3신분만이 그 2배인 6백 명으로 모두 1천2백 명 정도로 구성되었다. 각 신분의 대표수가 동수(同數)였던 중세 이래의 관례대로는 제3신분에게 불리하므로 제3신분은 먼저 이의 개혁을 요구하여 옥신각신한 끝에 특권층의 양보를 얻어내어 제3신분 대표 수를 배로 늘린 것이었다. 이렇게 해서 특권층과 비특권층의 대표 수가 거의 동수가 되었으나 표결이 '1인 1표' (par tête)가 아닌 '1신분 1표' (par ordre) 방식으로 된다면 2:1의 표결로 여전히 제3신분이 질 것이 분명하였다.

국민의회 제3신분 대표의 절반 가량은 법률가들이며 나머지가 상인, 은행가, 정부관리 및 농민이었다. 그들은 스스로에게 불리한 신분별 표결방식을 즉각 반대하고 조금도 양보하지 않았다. 1789년 6월 20일 제3신분 대표들은 제1신분 및 제2신분의 대표 일부가 합세하는 가운데 프랑스 헌법을 제정할 때까지 해산하지 않을 것임을 엄숙히 선서하였다(테니스코트의 선서).

'테니스코트의 선서'는 절대왕권의 종말과 주권재민의 출발을 선언한 것이었다. 3일 후 루이 16세는 회의에 참석하여 각 신분은 따로 모여 회의할 것을 강력히 종용하였다. 왕이 떠난 후 남아 있는 제3신분에게 관리가 다가와서 해산할 것을 요청하였다. 원래 귀족 출신이지만 제3신분 대표가 된 미라보Honoré G. V. Riqueti, Comte de Mirabeau(1749-1791)가 "우리는 국민의 대표이며 창끝으로 몰아내기 전에는 해산하지 않겠다고 왕에게 일러라"고 큰 소리로 말하였다. 그 자리에서 대표들은 국민제헌의회(國民制憲議會)의 성립을 선포하였다.

6월 27일 보고를 받은 왕은 "그들이 남고 싶다면 남을 수밖에 도리가 없지 않나"하고 물러섰고 국민제헌의회를 승인한 셈이 되었다. 그러나 의회가 개인의 자유, 사회적 평등, 민주적 민족주의 등을 목적으로 헌법제정에 착수하자 왕은 반동 귀족들의 강력한 권고에 따라 네케르를 파면하고 군대를 동원하여 의회 활동을 저지하고자 하였다.

바스티유 함락 네케르 파면 소식이 파리에 와 닿은 것은 7월 12일이었다. 팔레 로아얄에 모인 파리 군중은 공포에 질린 가운데 젊은 신문기자의 선동에 따라 거리를 휩쓰는 폭동을 일으켰다. 7월 14일 파리 군중은 시 동쪽 끝에 있는 바스티유Bastille를 습격하였다.

바스티유는 구체제를 상징하는 음산한 감옥으로 증오의 대상이었다. 7월 14일 바스티유 감옥에는 7명의 잡범(雜犯)이 있었을 뿐, 기대한 바와는 달리 정치범은 한 명도 없었다. 그러나 흥분한 군중은 무장하지 않고 있던 스위스 수비병을 학살하였다.

바스티유 습격은 군중심리에 의한 난동행위였으나 그 이래로 프랑스 혁명의 중요한 신화가 되었다. 또 군중의 무법 대담한 폭력적 개입은 귀족계급의 방해공작을 분쇄하는 효과를 나타냈다.

파리 자치시정부 바스티유 함락 후 곧이어 파리 자치시정부(commune)가 각 구(區: sections)의 대표들로 구성되었다. 파리 시는 민병(民兵)을 모집하여 4만8천의 민병대를 조직하였다. 이 때 처음 나온 '3색기'(色旗)는 수도를 상징하는 빨강과 푸른 색, 그리고 부르봉 왕가를 의미하는 흰색으로 된 깃발이었다. 부르봉 왕가의 문장(紋章)은 흰 색 바탕에 백합(fleur de lis) 꽃이 있는 것으로 흰 색이 왕가를 뜻하였다.

사태가 이렇게 되자 왕은 군대를 철수시키고 네케르를 다시 등용했으며 라파예트를 민병대장으로 임명하였다. 귀족 가운데는 국외로 망명하는 사람들이 나오기 시작했으나, 왕은 베르사이유에서 파리로 돌아와 시민의 신망을 회복하는 듯 보였다. 그러나 혁명의 진행을 막을 확실한 방법은 없었다.

7월 14일의 바스티유 습격 소식은 지방으로 퍼져서 여름 내내 농민들에게 충격을 주었다. 그들은 오랜 봉건적 속박에서 벗어나기를 열망했기 때문에 영주측이 보관하고 있던 장원 문서를 태우고 성을 약탈 · 소각하는 이른바 '샤토(城廓: chateaux) 전쟁'을 일으켰다.

농촌은 대혼란 속에 빠지고 강도의 무리가 횡행한다는 소문이 파다해지자 농민들은 밤에 문을 잠그고 무장하여 자기방위조치를 취하는 등 공포 분위기가 감돌았다(大恐怖: Grand Peur).

이러한 농촌의 혼란과 난동에 관한 보고가 8월초 국민의회에 닿게 되자 격한 감정에 사로잡힌 일부 귀족이 봉건 특권의 폐지를 제의하였다. 8월 4일 밤 귀족 · 성직자들은 앞을 다투어 봉건제 폐지에 찬성하였다. 이 법령으로 농노제, 봉건적 공납, 십일조, 길드의 제약 등이 폐지되고 전 프랑스 국민은 평등해지고 계급차별이 없어지게 되었다. 이 때 나온 8월의 법령은 '봉건제 사망문서'라 불리는 결정적인 것이었다.

B. 혁명의 승리

8월의 나머지 기간에 제헌의회 대표들은 새 헌법의 기본원칙을 기초하였다. 자유시민의 불가양(不可讓)의 권리들을 차례로 적은 기본원칙이 곧 「인간과 시민의 권리선언」(*Déclaration des droits de l'homme et du citoyen*)이었다. 이 선언은 영국 혁명과 아메리카 혁명에서 각각 채택된 「권리장전」과 「독립선언서」의 영향을 받았으며 또 루소의 정치철학을 반영한 것이었다.

「인간과 시민의 권리선언」은 입헌정치 정신을 요약하였으며 민주주의 혁명의 배경이 된 정치적 자유주의를 표현하였다. 이 내용은 유럽 각국의 개혁파에게도 직접적인 호소력을 갖게 되었다. 이 선언문은 19세기를 지나는 동안 정부의 압제를 받은 나라의 국민에게 반(反)정부 저항운동을 자극하였다.

그러나 면밀히 검토해 보면 이 권리선언은 순수한 민주주의에 대한 주장이 아니라 오히려 중산층 부르주아의 이익을 대변하는 것이었음을 알 수 있다.

베르사유 행진 의회는 계속해서 헌법제정에 착수했으나 귀족세력의 조종을 받은 루이 16세는 또다시 혁명과정을 저지하려고 시도하였다. 그는 8월의 봉건제 폐지선언과 인간과 시민의 권리선언에 대한 재가(裁可)를 미루고 무력으로 국민의회를 탄압하려고 하였다.

이 때 베르사유 궁전에 도착한 군대가 3색기를 짓밟고 연회(宴會)를 열어

「인간과 시민의 권리선언」

국민회의 대표는 1789년 당시 주 프랑스 대사인 제퍼슨Thomas Jefferson과 긴밀한 연락을 취하고 있었다. 따라서 프랑스 혁명의 권리선언이 아메리카 혁명의 사상적 영향을 받은 흔적이 있음은 어느 정도 당연하다 하겠다. 이 권리선언은 새로 제정될 헌법의 전문(前文)이 될 예정이었다. 전문 17조로 된 선언문 가운데 중요한 것을 열거하면 다음과 같다.

1조: 사람은 태어나면서부터 또한 살아가는 동안 자유이며 평등한 권리를 가진다. 사회적 차별은 공공복리를 위해서만 있을 수 있다.
2조: 모든 정치적 결사의 목적은 타고난 불가양(不可讓)의 권리들을 유지하는 데 있다. 그것은 자유 · 재산 · 안전 및 압제에 대한 반항의 권리이다.
3조: 모든 주권의 원천은 본래 국민에게 있다. 어떠한 집단, 어떠한 개인이라도 그로부터 명백히 유래하지 않는 권한을 행사할 수는 없다.
4조: 자유는 무엇이든 남을 해치지 않는 한, 할 수 있는 능력이다. 그리하여 모든 사람이 자연권을 향유하는 데에는 단지 사회의 다른 성원(成員)이 동일한 권리를 보증하는 이외의 아무런 한계도 없다. 이 한계는 법에 의해서만 정해진다….
6조: 법은 일반의지(volonté général)의 표현이다. 모든 시민은 직접 또는 대표자를 통해서 법 제정에 참여하는 권리를 가진다. 법의 보호, 법에 의한 처벌에서 만인은 평등해야 한다. 모든 시민은 법 앞에 평등하므로 능력에 따라서 또는 덕과 재능 이외의 다른 차별 없이 다 같이 모든 관직 · 지위 및 직업에 동등한 자격을 가진다.
7조: 누구든 법에 정해진 경우 외에는 또 법이 정한 형식에 의하지 않고는 고소, 체포, 구금될 수 없다….
10조: 누구든 의견 발표가 법이 확정한 공공질서를 문란케 하지 않는 한, 그 의견 때문에 위협받고 불안감을 갖게 되지 않아야 한다. 종교적 의견에 관해서도 같다.
11조: 사상 및 의견의 자유로운 교환은 사람의 가장 귀중한 권리 중의 하나이다. 그런 까닭에 각 시민은 자유롭게 이야기하고 저술하고 출판할 수 있다. 다만, 법이 정한 경우에 이 자유의 남용에 대해서는 책임을 져야 한다.
13조: 공권력의 유지 또 행정의 경비를 위해서 공공 과세를 하는 것은 불가피하다. 이 과세는 모든 시민에 대하여 능력에 따라 평등하게 배분되지 않으면 안 된다.
15조: 사회는 모든 공무원에게 행정 책임을 물을 권리를 가지고 있다.
16조: 권리 보장이 명확하지 않고 권력분립이 규정되어 있지 않은 사회는 헌법을 가지고 있다고 할 수 없다.
17조: 재산은 불가침 또는 신성한 권리이므로 법적으로 공적(公的) 필요성이 분명히 제기되는 경우와 미리 정당한 배상을 지불한다는 조건이 붙는 경우 이외에는 빼앗기지 아니한다.

마음껏 먹고 마시고 있다는 소식이 파리에 전해졌다. 당시 극심한 식량난에 허덕이던 파리의 군중 수천 명이 빵을 달라고 외치면서 10월 5일 부슬비가 내리는 가운데 베르사유로 행진해 갔다. 궁전 앞에서 시위하는 군중의 요구에 따라 부득이 왕은 가족과 함께 파리로 돌아와 튈리Tuileries궁에 거처하게 되었다. 이후 루이 16세는 반혁명의 근원지인 베르사유를 떠나 혁명세력의 중심지인 파리에 갇히게 되었다.

베르사유 행진은 바스티유 함락과 더불어 프랑스 혁명 초기의 극적 사건으로서 의회를 왕으로부터 독립시켜 민중에게 예속시킨 사건이었다.

새 헌법과 개혁 1791년 9월까지 국민제헌 의회는 입헌군주제를 규정하는 새 헌법을 만들었다. 거기에 따라 국가의 주요 기관으로 선거를 통한 2년 임기의 입법의회를 두었다. 입법의회는 법률을 제안하고 통과시키는 권한이 있는 유일한 기관으로, 선전포고와 조약체결은 입법의회의 동의를 받게 하였다.

새 헌법에 따라 왕은 중요한 권한을 갖게 된 반면 의회의 견제를 받았다. 왕은 입법에 관한 거부권을 갖고 있긴 했지만 의회의 조치를 지연시킬 뿐, 완전히 봉쇄할 수는 없었다. 어떤 법이든 의회에서 세 차례 통과되면 왕의 서명 없이도 효력을 발생하도록 되어 있었다.

왕의 거부권이 프랑스 혁명의 진행에 큰 장애요인으로 작용한 것은 사실이었다. 그러나 왕은 국가 예산을 마음대로 사용할 수 없으며 왕가(王家)는 연금(年金)에 의존하지 않으면 안 되게 되었다.

권리선언에 보장된 권리에도 불구하고 의회는 제한선거 제도를 채택하였다. 모든 프랑스 남자시민은 능동시민(能動市民: citoyen actif)과 피동시민(被動市民: citoyen passif)으로 양분되었다. 3일간의 임금에 해당하는 직접세를 납부하는 시민은 능동시민이며 투표권을 행사할 수 있었다.

그러나 피선거권은 더 제한되어 있었다. 일정한도의 재산을 소유해야만 입법의원으로 선출될 자격을 가졌다. 선거에서 제외된 시민이 피동시민이었다. 선거인과 의원후보는 심한 재산제한을 받았기 때문에 2천6백만 인구 중 5만이 선거인이 될 자격을 갖고 있을 뿐이었다. 의원직은 그보다 더 적은 수의 사람들에게만 돌아갔다.

이와 같이 일반시민의 발언권은 제한되어 있었을 뿐 아니라 간접선거제로 인해 일반여론이 반영되기 어려운 실정이었다. 예컨대 능동시민은 선거인단을 선출할 뿐이며 선거인단이 다시 입법의원을 선출하게 되어 있었다.

「인간과 시민의 권리선언」에서는 모든 시민의 입법 참여권이 인정되었음에도 1791년의 프랑스 헌법에서는 주로 재산이 있는 윤택한 부르주아 계급의 이익이 반영되었을 뿐이었다.

제헌의회는 헌법 제정 이외에도 많은 개혁을 시도하였다. 우선 의회는 봉건제와 농노제 폐지를 공포하였다. 또 낡은 지방행정 구획을 정비하고 전국을 83개 도(道: département)로 나누었다. 재판소와 법원의 혼돈상태를 정비하여 선거를 통해 선출된 판사가 상주(常駐)하는 법정을 창설하여 대중이 활용하도록 하였다. 마지막으로 상공업에 가해진 중세적 제약을 철폐하여 개인기업을 장려하였다.

성직자 기본법 제헌의회가 한 일 가운데 1790년 7월 12일에 제정된 「성직자 기본법」(constitution civile du clergé)은 특기할만 하다. 이 법으로 교회와 수도원의 재산과 권한이 대폭 줄고 성직자는 국가공무원이 되었다. 83개의 도에 맞추어 134개의 교구(敎區)를 줄였으며 부합하도록 하고 공무원 선출 절차에 따라 성직자를 선출하였다.

그러므로 위그노, 유대교도, 비가톨릭 교도들이 가톨릭 성직자를 선출하는 결과가 되었다. 모든 성직자는 성직자 기본법을 지킬 것을 선서해야만 하였다. 거부하는 성직자는 비선서(非宣誓) 성직자로 박해받았다.

'성직자 기본법'에 따라 프랑스 성직자의 상당수가 선서 성직자가 되었다. 134명의 주교 중 4명만 선서에 응했으나 신부들은 3분의 1 가량이 선서에 참여하였다. 교황 비오 6세Pius VI(재위: 1775-1799)는 선서 성직자를 파문에 처하였다. 성직자는 법령에 따라 지시를 받고 정부로부터 봉급을 받았다. 교황은 이러한 프랑스 의회의 혁명적 조치에 아무런 제한을 가할 수 없었다.

정부는 국채 총액에 해당하는 교회 재산을 몰수하고 그것을 담보로 지폐 역할을 할 아시냐 assignats를 발행하였다. 일종의 불태환지폐(不兌換紙幣)와 같은 아시냐는 처음에는 제한적으로 발행했으나 점차 증발(增發)되었다. 이 결과 아시냐의 신용은 갈수록 떨어져 1789년의 1 아시냐 : 100프랑의 비율이 1791년에는 1 : 82로 떨어지고, 마침내 1796년에는 1 : 1도 안 될 정도로 폭락하였다.

아시냐

1791년 국민제헌의회의 임기가 끝났으므로 당연히 대부분의 프랑스 국민은 혁명이 끝났다고 생각하였다. 그러나 농민이나 도시의 소시민들은 의회의 성과에 만족하지 않았다. 혁명은 더욱 더 격화되어 갔다. 그리하여 1791년 헌법으로 혁명을 끝내고자 한 부르주아 계급의 희망은 좌절되었다.

혁명이 끝나지 않은 데에는 다음과 같은 이유가 있었다. 첫째, 루이 16세는 일관성 있는 인물이 아닐 뿐더러 권한이 제한된 입헌군주의 역할을 좋아하지 않았다. 둘째, 파리 시민은 자유와 평등이 모든 사람에게 적용되기를 바라는 굳은 의지를 갖고 있었다. 셋째, 새로 선출된 입법의회 내의 소수 과격파와 아울러 국내외의 반동 귀족 및 인접 국가의 군주들이 모두 혁명의 성과가 수포로 돌아가기를 기대하였다.

입법의회 프랑스 혁명은 1791년 중기 이후부터 새로운 국면으로 들어섰다. 국민의회 의원은 입법의회(1791-1792)에 진출할 자격을 스스로 박탈했으므로 실상 정치적 경력이 없는 무명인사들이 입법의회 의원으로 당선되었다. 입법의회는 벽두부터 우익과 좌익으로 분열되었다. 입헌 체제의 유지를 바라는 우익보다는 혁명을 더 과격하게 밀고 나가려는 좌익에 유능한 지도자들이 더 많았다. 입법의회의 주도권은 지롱드Gironde 도(道) 출신으로 된 지롱드당에 장악되었다.

대외전쟁 프랑스 정치의 대내적 진전에 더하여 대외적 관계도 복잡하게 되어갔다. 프랑스는 1792년 봄 프로이센 및 오스트리아와 전쟁하게 될 국가적 운명에 직면하였다.

프랑스가 대외전쟁에 말려들어가게 된 요인은 다음 세 가지이다. (1) 주로 독일 지방에 망명한 반동귀족들(émigrés)이 국경지대에서 반혁명운동을 책동하고 외국원조를 요청하였다. (2) 봉건제 폐지로 일부 독일 지방의 제후들이 알자스 지방의 권리를 잃었으므로 그 보상을 요구하였다. (3) 아비뇽 시민의 요청에 의해 국민투표를 실시하여 1790년 국민제헌의회가 아비뇽 시를 프랑스에 병합했는데 그것은 본래 교황령이었다.

한편 파리에 갇혀 있다시피 한 루이 16세 및 왕가의 절망은 컸으나 설상가상으로 지롱드당에서는 왕과 왕비의 반(反)혁명 관련을 비난하였다. 1791년 2월 왕과 왕비는 변장하고 국경을 넘어 망명하려다가 실패하고 파리로 되돌아온 일이 있었다. 이 사건으로 루이 16세는 더욱 불신의 대상이 되고 결과적으로 군주제 폐지론이 강하게 제기되었다. 더욱이 왕은 혁명적 성과를 촉진시키는 법령들을 인준하기를 거부하였다.

일련의 사건들이 혁명을 격화시켰다. 1791-1792년 비선서 성직자들이 방데Vendée 반란을 일으켰다. 입법의회가 비선서 성직자들의 처단을 목적으로 한 법안을 통과시켰으나 왕이 이를 거부하였다. 더욱이 입법의회는 반혁명의 지도자이며 왕제(王弟)인 프로방스 백작에게 2개월 이내로 귀국하라는 명령과 망명귀족의 재산을 몰수하고 적으로 간주하는 법령을 통과시켰는데 이것도 왕에 의해 거부되었다.

인접국가들과의 전쟁도 혁명격화의 요인으로 작용하였다. 1792년 4월 전쟁이 발발하자 사람들은 가벼운 마음으로 받아들였으나 전혀 준비가 되어 있지 않은 프랑스군은 큰 혼란에 빠졌다. 왕과 왕비가 망명귀족이나 외국과 내통했다고 의심한 군중은 프랑스군의 패전 소식에 접하자 흥분한 나머지 6월 20일 튈리 궁 안으로 침입하였다. 루이 16세는 의외로 침착하게 행동하면서 폭도와 어울려 축배를 들고 겨우 폭행을 면하긴 하였다. 그러나 프랑스 군주제의 앞날은 암담하였다.

군주제의 종말 침입한 프로이센-오스트리아 동맹군 사령관인 프로이센 출신 브라운슈바이크Karl Wilhelm Ferdinand Brunswick(Braunschweig, 1735-1806) 공은 프랑스 국민에게 보내는 포고문에서 혁명분자들을 위협하고 왕을 지원하였다. 그는 프랑스의 국내질서를 다시 바로잡고 왕권을 재확립할 것임을 천명하고 혁명분자들의 반역행동을 경고하면서 파리를 파괴하겠다고 위협하였다.

그러나 이러한 「브라운슈바이크 선언」은 도리어 프랑스 혁명을 과격하게 하고 왕의 지위를 절망적인 것으로 만드는 결과를 초래하였다.

국민공회와 당통 일련의 사태에 대한 파리 시민의 반응은 반란으로 나타났다. 8월 9일과 10일 주로 극단적인 과격파와 파리의 도시 프롤레타리아가 중심이 되어 대규모 반란이 일어나고 파리 자치시 정부 청사는 점령되고 말았다.

왕과 그의 가족은 튈리 궁에 침입한 폭도를 요행히 피할 수 있었으나 궁전 수비병이 학살되었다. 의회는 개회 중이었는데 우익 의원들은 폭도를 겁내 나타나지도 않았다.

이에 좌익 의원들은 왕권정지를 가결하고 임시정부를 수립하며 국민공회(國民公會: Convention Nationale) 선거를 규정한 법령을 통과시켰다. 당통Georges J. Danton(1759-1794)은 임시정부의 수반으로 독재하였다. 동시에 파리 자치시 정부는 도시 하층민을 대변하면서 상당한 세력을 장악하였다.

당통은 약 1개월이라는 짧은 기간에 정력적 활동을 개시하여 외세침입을 막기 위한 군대모집계획을 추진하였다. 그는 반혁명의 기세를 꺾기 위해 가택수색을 벌이고 혐의자들을 가차없이 투옥하였다. 1792년 9월 2일 파리로 통하는 관문 베르덩Verdun 요새의 함락소식이 전해지고 증원군(增援軍)은 일선으로 떠났다.

당통

그보다 하루 전에는 여러 종류의 팜플렛이 전 파리 시가에 뿌려졌다. 루이 16세의 반역과 9월 2-3일의 시민학살 계획이 발각되었다고 선동하였다. 투옥중인 반혁명 혐의자들과 비선서 성직자들은 재판 없이 처형되었다. 9월 2일부터 9월 7일까지 약 2천 명의 왕당파가 무차별 학살되었다. 이것이 '9월 학살' 이다.

왕정이 정지된 후 입법의회는 능동시민과 피동시민 구분 없이 21세 이상의 모든 남자시민의 투표권을 인정하였다. 국민공회는 1792년 9월 20일 그 첫 회합을 가졌다. 다음 날 국민공회는 프랑스의 왕정을 폐지하고 1792년 9월 22일로 공화정의 첫날이 시작됨을 공고하였다.

공화력

프랑스 혁명 때 나온 공화력은 종래의 태양력이 불합리하다고 거부하고 농사에 알맞은 계절 이름을 붙였다.

1주 7일제를 폐지하고 10일을 1주로, 30일을 1개월로 하고 10일(décades)마다 휴일이 있게 하였다. 1년 끝에 5-6일은 연휴로 '상퀼로트의 날'(Sansculottides)로 정해졌다. 달의 명칭도 계절에 맞도록 바꾸었다. 1792년 9월 21일 의회에서 공화국이 선포된 다음날 9월 22일이 마침 추분과 일치하였으며 이날로 공화국 제1년의 첫날이 시작되었다. 가을은 방데미에르Vendémiaire(포도의 달), 브뤼메르Brumaire(안개의 달), 프리메르Frimaire(서리 달), 겨울은 니보즈Nivôse(눈 달), 프리뵤즈Pluviôse(비의 달), 방토즈Ventôse(바람 달), 봄은 제르미날Germinal(씨 뿌리는 달), 플로레알Floréal(꽃 달), 프레리알Prairial(목초의 달), 여름은 메시도르Messidor(보리 달), 테르미도르Thermidor(더운 달), 프뤽티도르Fructidor(과일 달) 등이었다. 공화력은 나폴레옹에 의해 1806년 1월 1일에 폐지되었다.

이로써 비교적 온건한 프랑스 혁명의 제1단계는 끝났다. 그것은 미라보나 라파예트와 같은 진보적인 귀족계층이 주도하고 재산 소유 정도와 교육수준이 높은 부르주아 계급의 이익이 크게 반영된 시기였다.

C. 프랑스의 제1공화정

프랑스 혁명은 도시의 노동자 · 소시민층이 혁명의 민중화를 위해 매진하는 제2단계에 들어섰다. 1792년 8월 10일을 기해 입헌군주제라는 온건한 체제는 급진적인 공화제로 바뀌었다.

국민공회는 3년간의 회기를 통해서 미해결 문제들을 다루게 되었다. 국민공회가 당면한 심각한 문제는 대체로 다음과 같았다. 폐위된 왕을 어떻게 처리할 것인가? 외국군의 침입으로부터 어떻게 프랑스를 지킬 것인가? 전국적으로 일어난 반란과 폭동을 어떻게 진압할 것인가? 군주제에 대치된 공화제를 합리화하는 헌법 내용을 어떻게 규정할 것인가? 1789년부터 1791년 사이에 국민제헌의회에서 입법한 경제 · 사회적 개혁은 어떻게 집행되고 완성될 수 있는가?

이렇게 산적한 문제들을 풀어야 하는 국민공회는 회합 첫날인 1792년 9월 20일 발미Valmy 전투 승리 소식을 접하였다. 이 전투에서 프랑스 혁명군은 브라운슈바이크가 지휘하는 프로이센-오스트리아 동맹군을 패퇴시켰다.

이 승리는 혁명전쟁의 결정적인 전환점이 되었으며 국민공회 주도세력인 당통파에게 용기를 주었다. 군은 증강되고 사기도 올랐다. 1792년 가을 외국군이 물러나고 프랑스군의 공세가 시작되었다. 프랑스군은 라인강을 건넜다. 사보아Savoy;Savoie와 니스Nice를 점령하고 오스트리아령 네덜란드를 정복하였다.

혁명 시대의 정파 프랑스 혁명이 시작됨과 거의 동시에 정당이나 정파(政派)가 형성되었다. 국민공회가 소집된 기간 중에는 좀더 과격한 정파가 정계를 좌우하였다. 이때 우익과 좌익 또는 중도파란 정치적 용어가 정착하였다. 브리소파(Brissotins)라고 칭한 지롱드당 지도자들 중에는 브리소Jacques Pierre Brissot(1754-1793), 콩도르세Marquis de Condorcet (1743-1794), 페티옹Jérôme Pétion de Villeneuve(1756-1794), 롤랑 부인Jean Manon Roland(Madame Roland, 1754-1793) 등이 있었다. 약 195명의 이 파의 의원은 국민공회 의장석 우측에 자리잡고 있었다.

반대편 좌측에는 산악파(山岳派: Montagnards)가 앉아 있었는데 이들은 자코뱅당(Jacobins) 소속의원이었다. 이 두 파의 중간 의석을 차지한 국민공회 대다수 의원들은 평원파(平原派) 또는 습지파(濕地派)라는 이름을 갖는 중도파였다. 중도파의 지도자들은 시에예스, 바레르Bertrand Barére de Vieuzac(1755-1841), 그레고아르Henri Grégoire(1750-1831) 등이었는데 지롱드당을 지지하는 성향으로부터 점차 자코뱅당쪽으로 돌아섰다.

프랑스 혁명시대를 거치는 동안 많은 정치적 클럽과 서클이 결성되었으나 단명한 것들이 대부분이었고 이합집산을 거쳐 끝까지 연명하는 경우도 있었다. 혁명 초기 국민공회가 열리고 있을 당시 브르타뉴 지방 출신 의원들이 '브르통Breton 클럽'을 만들었다. 그 밖에 성직자 포셰Claude Fauchet (1744-1793)가 영도하는 '세르클 소시알' Cercles Socials, 브리소가 주도하는 '흑인동우회' (Les Amis des Noirs), 라파예트나 콩도르세가 영도하던 '1789년 협회' (Société de 1789), 미라보가 주도한 '군주제 헌우회' (憲友會: Amis de la Constitution Monarchique) 등 클럽들이 있었다. 1791년 지방에도 각종 정치 클럽이 생겨 클럽 총수는 전국적으로 4백 이상에 달하였다.

자코뱅당과 코르들리에당 수많은 정파 중 초기에 두드러진 것은 자코뱅 클럽과 코르들리에 클럽이었다. 자코뱅 클럽의 공식 명칭은 '헌법을 사랑하는 모임' (Société des Amis de la Constitution)이었으나 자코뱅 수도원 자리에서 회합을 가졌으므로 일반적으로 자코뱅당이라 불리게 되었다. 처음에는 의원들만의 클럽이었으나 1790년초에 원외로 확대되어 1천 명의 회원을 갖게 되었다.

나중에는 집회를 일반에게 공개했으므로 방청객이 2천 명 가량 될 때도 있었다. 파리에 본부를 둔 자코뱅당은 지방마다 지부를 두고 팜플렛을 발행하여 입법 제안이나 진정 운동을 벌였다. 1789년부터 1791년초에까지 자코뱅당은 부르주아 계급을 대변하면서 대체로 온건하고 타협적 노선을 지향하였다. 그러나 국민공회 성립을 전후하여 급진적 노선을 지향하게 되었다.

여기에 비해 코르들리에 클럽은 애당초 급진주의적 성향이 강하였다. 이 클럽의 공식명칭은 '인간과 시민의 권리를 사랑하는 모임' (Société des Amis des droits de l' homme et du citoyen)이었다. 입회비가 싸서 소시민층 · 노동자 · 농민의 호응을 얻을 수 있었다. 이 클럽의 명

「마라의 죽음」(1793). 화가 다비드가 피살당한 자코뱅 파의 미라를 기념하여 그린 것이다.

칭도 회합장소인 코르들리에 수도원 자리에서 유래하였다.

이 클럽의 초기 지도자들 중에는 마라Jean Paul Marat(1743-1793), 당통, 데물랭Camille Desmoulins (1760-1794), 에베르Jacques René Hébert(1755-1794) 등이 있었다. 그들 대부분이 1793년에는 이른바 공포정치의 주도인물로 명성을 떨쳤다.

루이 16세의 처형 왕정이 폐지되었다고는 하지만 왕이 살아 있는 한, 왕정복고의 음모는 계속될 위험이 있었다. 그러므로 왕의 처형을 요구하는 목소리도 높았다. 국민공회의 좌측 상단에 좌석이 정해진 산악파는 자코뱅 클럽의 지지를 얻어 왕의 사형을 요구하였다.

특히 파리의 인기 있는 과격파 지도자 로베스피에르Maxmilien Robespierre (1758-1794)는 왕의 사형을 강력히 주장하였다. 왕의 사형을 반대하는 지롱드당과의 사이에 논쟁이 거듭된 끝에 마침내 최종 표결에서 사형이 확정되었다.

그리하여 1793년 1월 21일 일요일 10시에 튈리 궁 앞 광장에서 루이 16세는 기요틴guillotine에 의해 사형되었다. 기요틴은 파리의 의사 기요탱J. J. Guillotin(1738-1814)이 사형수의 고통을 덜어주기 위해 고안한 장치였다. 8월 10일 폭동으로 왕정이 전복될 당시 수립된 혁명적인 파리 시 자치정부가 입법의회에 압력을 가해 '8 · 10 폭동'에서 폭동진압에 협력한 모든 사람들을 처형하는 특별재판을 실시하면서 카루셀 광장(Place du Carrousel)에 기요틴을 세웠다.

루이 16세의 처형은 전유럽의 군주들을 경악케 하였다. 그것은 여러 나라들이 프랑스를 적대시하는 구실이 되었다. 드디어 1793년 각국은 연합해서 프랑스에 대한 대동맹(大同盟)을 결성하였다.

(왼쪽) 루이16세의 처형
(오른쪽) 처형 직전의 마리 앙토아네트(희화)

많은 사람을 신속히 사형할 수 있는 기요틴

대 프랑스 대동맹 국민공회는 국가방위 문제를 해결해야 하였다. 1792년 초가을 발미 전투 이후 프로이센-오스트리아 연합군은 잠정적으로 후퇴했으나 1793년 봄 새로운 침공을 계획하고 있었다.

루이 16세 사형 후 영국 · 스페인 · 네덜란드 및 그 밖의 작은 나라들이 연합군에 합세하였다. '대(對)프랑스 대동맹'에 가담한 각국 군주는 프랑스 왕의 죽음을 복수하고 혁명을 저지할 것을 서약하였다. 그들은 쉽게 승리할 것이라고 낙관하였다.

이에 대해 국민공회는 각국 국민에게 압제에서 벗어나기 위해 궐기하라고 호소하였다. 프랑스 주변국가에서는 탄압 받는 계급이 프랑스 혁명의 예를 따르려고 시도하였다.

프랑스와 적대세력 간의 승패는 쉽사리 가늠되지 않았다. 더욱이 동맹국가들은 상호간에 조직적인 연락이 닿지 않는 형편이었다.

당파 싸움 프랑스의 방위는 긴박한 문제로서, 국민의 일치 단결된 결속을 필요로 하였다. 그럼에도 국민공회 안에서 주도권 쟁탈을 위한 지롱드당과 자코뱅당의 싸움은 계속되었다. 지롱드당은 주로 지방의 지지를 받았고 자코뱅당은 파리 하층민의 뒷받침을 얻었다.

두 당의 싸움은 1793년 5월 31일부터 6월 2일에 일어난 파리 시민의 6월 폭동으로 끝났다. '9월 학살'의 책임을 따지면서 일어난 이 폭동으로 지롱드당이 몰락하였다. 지롱드당은 지방에서 반란을 시도했으나 성공하지 못하고 자코뱅당은 새 헌법을 제정함으로써 자체 세력을 강화하였다. 1793년의 헌법은 국민투표에 붙여 합법화될 예정이었다.

자코뱅당은 1793년 여름까지는 정권을 장악했으나 국내외로 프랑스의 위기가 다시 고조되었다. 군은 해이해지고 장교들의 탈영이 빈번했으며 행정은 문란해졌다. 동맹군이 동부에서 프랑스로 진격해 들어오는 한편 서부에서는 왕당파와 지롱드당의 반란이 진행되고 있었다.

공포정치 혁명정부는 국내 반란을 진압하고 효과적으로 전쟁을 수행하기 위해 권한을 '공안위원회' (comité de salut public)에 위임하였다. 또, 보조기관으로 일반보안위원회와 혁명재판소를 두었다.

일반보안위원회는 반역자를 색출하고 혁명재판소는 재판과 처형을 담당하였다. 국민공회는 귀족 · 망명귀족 · 외국인의 체포를 입법화하였다. 공안위원회와 보조기관은 반동을 제재하고 탄압정치를 시작하였다. 이것이 '공포정치' (La Terreur)이다.

수천 명의 왕당파 혐의자들이 체포 · 투옥되었다. 대개는 약식재판을 받은 후 광장에서 처형되었다. 사형자 수는 파리에서만 5천 명, 지방에서는 2만 명에 달하였다. 자코뱅당은 국가적 위기를 모면하는 가장 확실한 방법으로 공포정치밖에 없다고 믿었다.

혁명정부는 국내의 반혁명적 요소를 일소함과 동시에 전쟁 수행의 효율적인 방법을 생각해 냈다. 그것은 전국민의 무장화로 병역을 의무적으로 부과하

공포정치 옹호론

로베스피에르는 1794년 2월 국민공회에서 '국내정책의 도덕적 정치적 원리' 라는 연설을 통해 공포정치를 다음과 같이 합리화하였다.

만일 평화시 민중정부의 힘의 원천이 덕이라면 혁명시 민중정부의 힘의 원천은 덕과 공포이다. 공포 없는 덕은 생명을 잃은 것이요, 덕 없는 공포는 무력하다. 공포는 신속하고 엄격한 무타협 정의 그 자체이다. 그러므로 그것은 덕의 발산이다. … 그것은 우리나라의 가장 긴급한 필요성에 적용된 민주주의 원칙의 결과이다.

공포는 전제정치의 원리라는 말이 있다. 그렇다면 당신들의 정부는 전제주의를 닮았는가? 그렇다. 자유의 영웅들 손에서 번쩍이는 칼은 폭정의 추종자들이 무장한 칼과 비슷하다. 전제자로 하여금 짐승같이 날뛰는 백성을 다스리게 하여라. 전제자로서 그는 옳다. 자유의 적을 공포로써 굴복시킬 때 당신은 공화국의 창시자로서 옳은 것이다. 혁명정부는 폭정에 대항하는 자유의 전제이다. 힘은 범죄를 보호하기 위해서만 만들어졌는가?

사회는 단지 평화적 시민만을 보호할 책임이 있다. 공화국의 유일한 시민은 공화주의자들일 뿐이다. 왕당파나 음모자들은 다만 외국인들이거나 차라리 적이다. 폭정에 대항하는 자유에 의해 일어난 이 무서운 전쟁—그것은 불가분의 것이 아닌가? 안의 적은 밖의 적과 동맹한 자들이 아닌가? 우리나라를 갈기갈기 찢어놓는 암살자들, 민중의 명령을 지키는 양심을 돈으로 산 음모가들, 민중을 파는 반역자들, 민중의 대의명분을 불명예스럽게 만들기 위해, 대중의 덕을 죽이기 위해, 민심에 불화를 일으키기 위해, 정치적 반혁명을 준비하기 위해, 고용된 팜플렛 발행자들은 그들이 봉사하는 외국 폭군보다도 더 양심이 없거나 위험하지 않은가?

우리는 법정의 말로 혁명을 억누르려고 한다. 우리는 공화국에 대한 음모를 개인의 법정소송같이 다루려고 한다. 폭정은 죽고 자유는 주장한다.

는 일이었다. 1793년초 국민공회는 30만 병력의 소집령을 내리고 18세에서 40세에 이르는 모든 남자의 군 복무를 규정하였다. 군 체제도 바꾸게 되었다. 진급에서는 선임제(先任制)를 없애고 능력에 따른 진급제도를 정하였다. 군 지휘관의 후퇴나 패배는 사형이라는 대가를 치러야 하였다. 1793년 8월 국민 총동원령(總動員令)이 선포되었다. 과학자들은 등록되어 전쟁을 돕고 노동자들은 징발되어 군사관련 사업에 할당되었다. 파리에서만 258개의 주물공장이 설립되고 하루 대포 1천 개를 생산하였다. 기업체는 막대한 의약품 · 구두 · 제복을 생산하지 않으면 안 되었다.

로베스피에르

대외전쟁의 승리 프랑스 정부군은 1793년 말까지 방데 지방의 왕당파를 진압하는 한편 대외전쟁에서는 툴롱Teulon을 탈환하였다. 이로써 오스트리아-프로이센 군은 프랑스에 대한 공격을 멈추었다.

대(對) 프랑스 동맹군이 용병대로 조직되어 있는데 반하여 프랑스의 시민군은 스스로의 자유와 권리를 위해 싸우는 애국 청년들이었다. 프랑스 국가 「마르세유의 노래」(*La Marseillaise*)를 높이 부르는 시민군의 민족의식은 고조되어 있었다. 1794년 프랑스군은 침입군을 후퇴시키고 도리어 공격태세를 취하게 되었다.

공안위원회의 군사 천재 카르노Lazare Carnot(1753-1823)는 많은 전투를 승리로 이끌어 '승리의 조직자'라는 칭찬을 들었다. 1795년에는 제1차

스페인의 카를로스 4세와 가족

대동맹이 거의 해체된 상태였다. 루이 16세의 백부뻘 되는 스페인의 카를로스 4세Charles IV(1788-1808)는 굴복한 후 도리어 프랑스와 동맹을 맺었다. 바젤Basel 조약(1795)으로 프로이센의 프리드리히 빌헬름 2세는 라인강 좌안(左岸)에 대한 권리를 프랑스에 양도하였다.

통치자가 폐위된 네덜란드는 바타비아Batavia 공화국으로 바뀌고 프랑스와 동맹국이 되었다. 벨기에는 병합되고 프랑스는 라인강을 하나의 자연국경선으로 정할 수 있게 되었다. 그리하여 1795년에는 유럽 국가들 중 프랑스와 교전하는 나라는 영국 · 오스트리아 · 사르디니아만이 남아 있었다.

자코뱅 개혁 자코뱅당 주도하의 프랑스 정부는 국민생활의 여러 면에 새 기풍을 조성하였다. 먼저 강력한 반(反)그리스도교적 운동이 시작되었다. 교회는 폐쇄되고 성상(聖像)은 파괴되었다. 달력이 공화력(共和曆)으로 바뀌게 된 것도 일종의 반그리스도교 운동의 한 부분이다. 이성교(理性教)가 창시되어 1793년 11월 노트르담 대성당에서 이성의 축제가 벌어졌으며 로베스피에르는 '최고존재교' 를 창시하기까지 하였다.

복장에도 변화가 왔다. 남자는 귀족 차림에 반대하여 상퀼로트sans culottes를 입었는데, 이것이 그 후의 서양식 남자 바지의 시작이다. 귀족 칭호는 없어지고 '시민' 이 상대방을 부르는 호칭이 되었다. 남녀간에 두발 모양이 달라졌으며 여자의 보석 장식은 비애국적인 것으로 배척되었다. 혁명가들의 동상이 각 가정에 장식되고 기요틴 모형이 어린이들의 장난감이 되었다. 거리 명칭에서 왕이나 귀족의 이름이 사라지고 혁명적 사건이나 영웅의 이름이 이를 대신하였다.

덕의 공화국 1794년 봄 프랑스는 대외전쟁에서나 국내 사정에서 안정을 회복하였다. 그러나 공안위원회를 장악한 로베스피에르는 기요틴을 도구로 삼아 공포정치를 계속하였다. 그의 일파는 과격한 에베르 일당을 숙청하였다. 그 후 다시 당통과 그 밖의 정파(政派) 지도자들을 처형하고 독재정치를 확립하였다.

로베스피에르는 미온적인 공화론자들을 숙청하고 모든 시민이 도덕적으로 깨끗하며 사심 없는 애국자가 되기를 바랐다. 그는 이상적인 '덕(德)의 공화국' 을 수립하려고 하였다. 그러나 대부분의 시민은 로베스피에르의 광신적인 이념에 무관심했고 공포정치에 싫증을 느끼고 있었다.

드디어 국민공회는 로베스피에르의 영도권을 거부하고 그를 체포하여 처형하였다. 기요틴에서 죽는 로베스피에르를 보고 환호하는 군중 가운데는 과부들이 많이 있었는데 남편을 잃은 그들이 폭군을 저주하는 소리는 높았다.

테르미도르 반동 로베스피에르가 처형된 것은 테르미도르 9일의 일이었다. 공화력에서 테르미도르Thermidor(더운 달)는 7월 19일부터 8월 18일까지였다.

이후 반동체제가 다시 들어서고 혁명은 부르주아 중심으로 되돌아갔다. 이것이 '테르미도르 반동'(réaction Thermidorienne)이다. 많은 수감자들이 석방되고 로베스피에르 시대의 입법은 파기되었으며 파리 시 자치정부, 공안위원회, 혁명재판소는 해체되었다.

1795-1799년 혁명은 끝난 것 같이 보였다. 시민 생활은 밝고 쾌활해졌다. 그러나 이러한 외관 아래에는 환멸과 좌절감이 깔려 있었다. 프랑스 국민은 과격과 극단을 싫어하면서도 다른 한편으로는 군주제에의 복고 역시 바라지 않았다. 테르미도르 반동체제를 이끈 두 집단은 혁명으로 벼락부자가 된 계층과 왕정복고를 기피하는 국민공회 의원들뿐이었다.

국민공회가 해산할 때 법을 공포하여 새로이 소집되는 의회는 국민공회 의원 3분의 2가 다시 차지해야 한다는 것을 결정하였다. 이러한 속임수에 분격한 파리 시민은 1795년 10월 5일 폭동을 일으켰다(방데미에르Vendémiaire 13일의 폭동). 이 때 폭동 진압을 실질적으로 주도한 인물이 젊은 포병장교 나폴레옹 보나파르트Napoleon Bonaparte(1769-1821)였다.

총통부 국민공회가 결정한 정부 설치령에 따라 총통(directeur) 5명으로 구성된 행정부(directoire)가 들어섰고 양원제(兩院制) 입법부가 선출되었다. 1795년 집권한 총통부는 무능하고 부패하였다. 국내 경제사정은 악화되고 있는데 반해 대외전쟁 중 오스트리아군과의 교전은 성공적이었다.

나폴레옹 보나파르트가 이끄는 프랑스군이 1796년 이탈리아로 진격하여 사르디니아군과 오스트리아군을 격파하였다. 그리하여 프랑스군이 빈까지 육박했기 때문에 오스트리아는 캄포 포르미오Campo Formio(1797) 조약을 체결하지 않을 수 없었다.

이제 해군의 보호를 받고 있는 영국만이 버티고 있었다. 나폴레옹은 영국을 공격하는 의미에서 인도로 가는 길목에 있는 이집트를 원정하였다. 그는 육전(陸戰)에서는 우세를 유지하는 듯 했으나 1798년 나일 해전에서 넬슨이 지휘하는 영국 해군에게 패배하였다.

1799년 급히 귀국한 나폴레옹은 11월 9일 쿠데타를 일으켜 정국을 수습하지 못하는 총통부를 쓰러뜨리고 집권하는 데 성공하였다(브뤼메르Brumaire의 쿠데타).

프랑스 혁명의 영향 1789년부터 1799년까지 10년간 유럽을 흔들어 놓은 프랑스 혁명은 나폴레옹의 군사 쿠데타에 의해 일단 끝났다. 혁명의 복음은 나폴레옹의 정복전쟁을 통해 전유럽으로 퍼져나갔다. 나폴레옹은 결과적으로는 대외 정복전쟁을 통해 프랑스 혁명 이념을 널리 전파한 셈이었다. 이 점에서 나폴레옹 시대는 프랑스 혁명의 종점이 아니라 연장이다.

계몽사상은 아메리카 혁명과 프랑스 혁명뿐 아니라 다른 지역의 혁명도 자극하였다. 자유 · 평등 · 인민주권은 유럽 전체와 남북 아메리카를 통해 커다란 호소력을 가졌다. 카리브해 연안 지역과 남아메리카에서 이 구호는 각지의 혁명을 자극하였다. 프랑스 혁명의 영향으로 가장 성공한 경우는 아이티 혁명이다.

아이티 혁명은 궁극적으로 중앙 아메리카와 남아메리카의 여러 유럽 식민지들이 독립운동을 전개하는 계기가 되었다.

혁명 전의 아이티 사회 18세기에 이르기까지 아이티는 설탕 생산 농장이 번창한 중심지였다. 히스파니올라Hispaniola 섬의 동부는 스페인 식민지 산토 도밍고Santo Domingo(지금의 도미니카 공화국)이며, 서부는 프랑스 식민지 생-도맹그Saint-Domingue(지금의 아이티 공화국)였다. 히스파니올라 섬의 한 부분을 차지한 생-도맹그는 카리브 지역의 유럽 식민지 중 가장 부유했으며 사탕수수 · 커피 · 면이 프랑스 대외무역의 거의 3분의 1을 차지하였다.

1790년 생-도맹그 주민에는 약 4만의 프랑스계 백인, 자유신분을 가진 3만의 유색인(해방흑인과 혼혈인), 약 50만의 아프리카 흑인 노예가 있었다. 노예 대부분은 가혹한 조건하에 밭일을 하고 사망률이 높았으며 일부 노예는 산 속으로 도망쳤다.

아이티 혁명 아메리카 혁명과 프랑스 혁명은 생-도맹그에 혁명의 바탕을 조성해 놓은 셈이었다.[5] 우선 미국 독립전쟁시 프랑스 정부는 아메리카 식민지인을 원조하기로 하고 약 8백 명의 생-도맹그의 유색인을 파병하였다. 이들은 참전 중 자유와 평등 사상에 친숙해졌으며 자연히 귀국 후에는 사회개혁에 앞장서게 되었다. 1789년 프랑스 혁명이 일어났을 때 생-도맹그의 백인은 자치권을 얻었으나 유색인에게 정치적 · 법적 평등권을 부여하는 것에는 반대하였다. 그러므로 1791년 5월 백인과 유색인 사이에 내전이 발발하였다.

노예 반란은 이 내전을 더욱 격화시켰다. 1791년 8월 약 1만2천 명의 노예들은 백인을 살해하고 농장을 방화 · 파괴하였다. 몇 주 내에 10만이 더 노

5) Jerry H. Bentley and Herbert F. Ziegler, *Traditions and Encounters: A Global Perspective on the Past* (2000), vol. Ⅱ, 739-741.

예 반란에 가담하였다. 프랑스는 질서 회복을 이유로 1792년 군대를 파견했고 영국과 스페인 역시 1793년 생-도맹그 사태에 개입하였다.

생-도맹그의 노예 반란

그러나 노예군은 수적으로 우세했을 뿐 아니라 유능한 조직자인 투생 François-Dominique Toussaint (1744 -1803)의 지휘를 받았다.

노예의 아들인 투생은 가톨릭 신부에게서 읽고 쓰는 법을 배웠다. 지능과 판단력이 뛰어난 투생은 1793년 강력한 군대를 편성하여 1797년까지는 20만 군대로 생-도맹그를 거의 모두 장악하였다. 1801년 그는 생-도맹그 주민에게 평등한 시민권을 부여하는 헌법을 공포하였다. 다만, 나폴레옹을 전쟁에 끌어들이지 않기 위해 생-도맹그의 독립을 선언하지는 않았다.

그럼에도 1802년 나폴레옹은 프랑스의 국가적 위신을 회복하기 위해 약 2만의 군대를 생-도맹그에 파병하였다. 투생은 평화적인 협상을 시도했으나 프랑스 지휘관은 그를 체포하여 프랑스에 보냈다. 잔학한 대우를 받은 투생은 1803년 옥사하였다.

투생

그가 옥사할 즈음 생-도맹그에 번진 황열(黃熱)병이 프랑스 주둔군을 강타했고 투생을 계승한 흑인 장군이 프랑스군을 격파하여 생-도맹그에서 후퇴시키는 데 성공하였다. 1803년 말 그들은 독립을 선포하고 1804년 1월 1일 생-도맹그의 산 이름을 따 아이티Haïti 공화국을 수립하였다.

프랑스 혁명의 의의 프랑스 혁명은 전유럽에 커다란 충격을 주었다. 그것은 19세기 및 20세기 유럽의 정치적 · 사회적 국면에 심각한 영향을 끼쳤다. 19세기 역사가 토크빌Alexis de Tocqueville(1805-1859)은 이렇게 말하였다. "프랑스 혁명은 하나의 정치 혁명이지만 그 진전과정과 양상에서는 종교 혁명을 방불케 하는 것이었다. 그것은 종교적 운동이 갖는 모든 독특하고 특징적인 면을 다 가지고 있었다. 그것은 비단 외국에까지 전파되었을 뿐 아니라 교훈과 선전에 의해서 훨씬 더 멀리까지 전파되어갔다."[6)]

6) Alexis de Tocqueville, *L' Ancien régime et la Révolution*, introduction par Georges Lefebvre (1952), liv. 1, ch. III, 88.

이와 같은 종교적 열정으로 자유 · 평등 · 동포애와 같은 프랑스 혁명 이념은 거의 전세계에 퍼져나갔다. 인간이 자기 자신만의 책임 아래 행동할 수 있는 권리를 갖는 자유, 문벌이나 재산에 관계없이 누구나 똑같은 법의 적용을 받는 평등, 그리고 국가의 위기를 맞아 한 민족으로서 일체감을 가지는 동포애—이 세 이념은 19세기 이후의 유럽사(史)를 형성하는 힘이 되었으며, 그 이래로 유럽인의 생활관의 바탕을 이루게 되었다.

4. 나폴레옹 시대

1799년부터 1814년까지의 유럽사는 프랑스의 역사였다. 그만큼 프랑스는 유럽의 중심국가였다. 또 이 시기가 바로 나폴레옹의 영웅적 생애에 해당하므로 '나폴레옹 시대'라 부른다.

이 시기에는 두 방향으로 중요한 결과가 초래되었다. 첫째, 프랑스 혁명 이념이 프랑스의 실제 정치상황에 적용되어 제도화되었다. 둘째, 프랑스 혁명 이념이 대외적으로 널리 유럽 각지에 전파되어 혁명은 프랑스에 국한된 지역적인 것이라기보다 전유럽에 걸친 일반적인 현상이 되었다.

나폴레옹 시대는 크게 1799-1804년의 공화정 시대와 1804-1814년의 제정 시대로 양분된다. 전자는 나폴레옹이 제1집정관(執政官: le premier consul)으로 혁명 성과를 부분적으로 보존하면서 프랑스를 군사적으로 또는 정치적으로 강화한 시기이다. 후자는 나폴레옹이 정치체제를 주로 군사력으로 유지하며 전쟁 · 정복 · 합병 · 동맹이라는 수단을 통해 프랑스 혁명 정신을 전파한 시기이다.

A. 나폴레옹 1세와 프랑스

프랑스 혁명이 일어나지 않았다면 나폴레옹은 하급장교의 지위를 넘어서지 못했을 것이다. 그는 귀족 출신 장교가 부족한 제1공화정 때에 신속히 진급하여 1794년 준장이 되었고, 1795년 '방데미에르 13일의 폭동'을 진압한 업적으로 주목을 받았다.

나폴레옹 보나파르트는 지중해 코르시카Corsica 섬 아야키오Ajaccio 출신이었다. 아버지는 하급귀족 출신의 가난한 법률가 보나파르트Carlo Bonaparte

나폴레옹

조세핀

(Buonaparte, 1746-1785), 어머니는 이탈리아계의 아름답고 정력적인 라몰리노Maria Letizia Ramolino (1750-1836)였다. 라몰리노는 거의 교육받은 적이 없었으나 '왕의 어머니' 다운 여장부였다. 13명의 자녀 중 남자 5명, 여자 3명이 살아 남았으며, 그 중 나폴레옹은 둘째 아들이었다. 코르시카는 원래 제노아령이었는데 프랑스에 매각된 섬이었다. 따라서 코르시카인은 독립을 갈망하고 있었으며 나폴레옹도 한때 열렬한 독립운동을 하였다.

파리의 사관학교 시절 나폴레옹은 과묵하고 비사교적인 편이었다. 그러나 수학에 뛰어난 재능을 보였으며 역사 · 지리 서적을 탐독하였다. 18세기 사상가, 특히 볼테르 · 루소 · 튀르고 등의 저술을 열심히 읽었다. 그는 사관학교를 나와 포병장교로 임관되었으나 가난한 탓으로 어려운 생활을 하고 있었다. 1796년 상관의 부인이었던 연상의 과부 조세핀Josephine de Beauharnais (1763-1814)과 결혼하고 곧 이어 프랑스의 이탈리아 원정군 총사령관으로 임명되었다.

제2차 대동맹 1798년 영국은 오스트리아와 러시아를 새로이 대동맹으로 끌어들여 프랑스의 지중해 진출을 저지하려고 하였다. 수개월 동안 이탈리아에 가 있던 프랑스군이 오스트리아-러시아 연합군에 의해 1799년 노비Novi 전투에서 패배하고 라인강 쪽의 프랑스 국경이 침범될 위기에 놓이게 되었다.

그러나 프랑스군은 반격을 가하여 마세나André Massena(1758-1817)의 지휘로 러시아군을 취리히에서 격퇴시켰다.

나폴레옹의 쿠데타 이집트에 원정한 나폴레옹은 총통부(directoire)의 무능함을 보고 쿠데타를 일으키기 위해 1799년말 급히 프랑스로 돌아왔다.

쿠데타에 성공한 나폴레옹은 헌법개정을 통해 권한을 강화하였다. 1799년 12월 국민투표에서 '공화국 8년의 헌법'이 압도적인 3백만 표(반대 1천5백 표)로 확정되었다. 나폴레옹은 10년 임기의 제1집정관이 되었다. 제1집정관은 제2집정관과 제3집정관 및 국가위원회를 임명할 권리를 가졌다. 제2집정관은 시에예스, 제3집정관은 뒤코Pierre Roger Ducos(1747-1816)가 되었다.

입법기관은 양원제였다. 호민원(護民院: tribunat)에서 토의를 하고 입법원(立法院)에서 표결하도록 되어 있었다. 그러나 실제로는 제1집정관인 나폴레옹이 입법권까지 장악하였다. 한마디로 나폴레옹 정부는 공화제를 가장한 독재였다. 나폴레옹의 독재로 프랑스 국민은 혁명의 본래 목적이었던 정치적 자유를 상실하고 말았다.

한편 나폴레옹 정부는 효율적이며 유능하였다. 프랑스 정부의 재정은 증가하고 농민의 세금은 크게 줄어들었다. 재판은 엄정해지고 사법관이 유능하여 불법과 무질서를 억제하였다. 도로 · 교량 · 항만 · 운하 등이 개축되고 다시 세워졌다. 국가재정의 개선은 나라의 신용을 회복하고 무역을 증진시켰다. 그리하여 농촌과 도시에서는 10년 만의 질서회복과 사회안정을 환영하였다.

오스트리아의 패전 1800년초 오스트리아군은 북이탈리아로 진격하여 제노아를 포위하였다. 이에 대해 5월에 나폴레옹은 재빨리 알프스를 넘어 오스트리아군을 측면 공격하였다. 그는 휘하의 장군 드세Joseph Marie Desaix(1764-1834)와 켈러망François Christoph Kellermann(Duc de Valmy, 1735-1820)의 도움으로 마렌고Marengo에서 대승을 거두었다. 같은 해 12월 모로Jean V. Moreau(1763-1813)는 독일 지방에 있는 오스트리아군을 호헨린덴Hohenlinden에서 대파하였다.

이 결과 1801년 뤼네빌Luneville 조약이 체결되었다. 이는 4년 전 맺은 캄포포르미오 조약을 재확인한 것이었다. 뤼네빌 조약에 따라 네덜란드(바타비아Batavia 공화국)와 스위스(엘베시아Helvetia 공화국과 스위스 연방)가 프랑스와 동맹했을 뿐 아니라 프랑스의 속령(屬領)과 같은 위치로 떨어지게 되었다.

제2차 대동맹 해체 오스트리아의 패전으로 제2차 대동맹은 실질적으로 무너지고 말았다. 이미 총통부 시대에 라인강 왼쪽 오스트리아령 네덜란드와 피에드몬트가 프랑스 령으로 병합되었다.

1799년 이래로 제노아(리구리아 Liguria공화국)와 나폴리(파르테노페

Parthenope 공화국)도 프랑스의 조종을 받는 처지에 놓여 있었다. 남알프스 공화국(후의 이탈리아 공화국)은 나폴레옹을 대통령으로 인정하였다. 이러한 지역에서는 프랑스군을 정복자나 지배자로서보다는 동맹군이나 해방군으로 받아들였다.

아미앙 휴전 러시아가 1801년 대동맹군으로부터 철수함으로써 또다시 영국만이 프랑스와 교전하게 되었다. 그러나 전쟁은 오래 가지 않았다. 1년간 교섭한 끝에 영국과 프랑스는 1802년 아미앙Amiens 조약을 체결하고 휴전하였다. 대체로 쌍방간의 현상유지를 규정한 이 조약은 유럽에서 프랑스의 패권을 현실적으로 인정하는 것이었다.

아미앙 휴전은 영국에게 여러 가지 불리한 결과를 가져왔다. 프랑스가 오스트리아 령 네덜란드를 합병한 상황은 영국의 유럽 통상을 가로막는 장애물이 될 뿐 아니라 영국의 국가 안전에도 큰 위협이 되었다.

북아메리카의 상황도 좋지 않았다. 프랑스가 서인도나 북아메리카의 루이지애나에서 벌이는 식민활동을 보고 영국의 상인계층은 휴전보다 차라리 전쟁을 바라게 되었다. 프랑스도 역시 휴전조약에 대한 영국의 불성실한 태도를 비난하였다. 그러므로 조만간 양국간의 전쟁은 불가피하였다.

나폴레옹의 독재와 개혁 나폴레옹은 국내정치의 안정과 전쟁의 승리를 배경으로 1802년 또다른 헌법개정을 통해 종신(終身) 집정관이 되고 계승자 지명권까지 부여받았다. 이 헌법도 압도적 다수로 인준되었다.

나폴레옹의 종교정책은 일반대중의 환영을 받은 반면, 교황청과의 관계를 악

나폴레옹 민법

나폴레옹 법전 중 민법은 여러 나라의 법제에 영향을 끼쳤다. 민법에서 가부장의 권위가 세워졌다. 가정이나 부부에 관계된 조항은 다음과 같다.

148조: 만25세 미만의 아들과 만 21세 미만의 딸은 부모 동의 없이 결혼을 할 수 없다. 부모간의 의견이 맞지 않을 때에는 아버지의 동의만으로 족하다.

212조: 결혼한 사람은 각각 결혼에 충실해야 하고 상부상조해야 한다.

213조: 남편은 부인을 보호해야 하며 부인은 남편에게 복종해야 한다.

214조: 부인은 남편과 함께 살 의무가 있으며 남편이 살기 편하다고 판단한 어느 곳에나 따라가야 한다. 남편은 부인을 받아들여 필수 불가결한 일상용품을 수단과 처지가 허용하는 한 제공해야 한다.

229조: 남편은 부인의 간통을 이유로 이혼을 요구할 수 있다.

230조: 부인은 남편이 첩을 집안으로 데려올 때에는 간통으로 이혼을 요구할 수 있다.

231조: 부부는 상대가 저지른 잔인한 행위, 학대, 중대한 상해로 인해 상호 이혼을 요구할 수 있다.

화시켰다. 프랑스 혁명의 산물인 '성직자 기본법' 은 교황청과 프랑스의 관계를 좋지 않게 만들었을 뿐 아니라 프랑스 국민의 다수를 차지하는 가톨릭 신도를 불안하게 하였다. 나폴레옹은 국가주의적 교회정책의 유지와 함께 교황청과의 관계개선을 위하여 1801년 교황 비오 7세와 「협약」(*Concordat*)을 체결하였다.

이에 따라 교황은 혁명정부에 의해 몰수 · 매각된 모든 교회재산에 대한 권리를 포기하는 한편 프랑스 정부의 주교 임명권을 인정하였다. 그 대신 가톨릭은 프랑스 국민 다수의 종교로 선포되었으며 선서 성직자의 정당성은 인정되지 않았다. 이러한 조치에는 일부 반대도 있었으나 궁극적으로 많은 프랑스 가톨릭 신도에 대한 유화정책으로 성공을 거두었다.

또, 나폴레옹은 프랑스의 교육제도를 개혁하였다. 1800년 이전에 2만5천명의 어린이들이 초등학교에 다니는데 불과했던 상황을 개선하기 위해 국민교육제도가 도입되었다. 그것은 공립 초등학교, 고등학교(lycées), 직업훈련을 위한 전문적인 특수학교, 프랑스 대학(1808)에 이르는 일관된 제도였다. 다만, 프랑스 대학은 다른 나라의 경우와 달리 교육기관이라기보다 교육 행정과 감독을 위한 기관이었다.

또한 나폴레옹은 능력에 따라 출세하는 기회가 부여되어야 한다고 믿고 1802년 명예훈장 '레지옹 도뇌르' (Légion d' honneur) 제도를 실시하였다.

레지옹 도뇌르 훈장

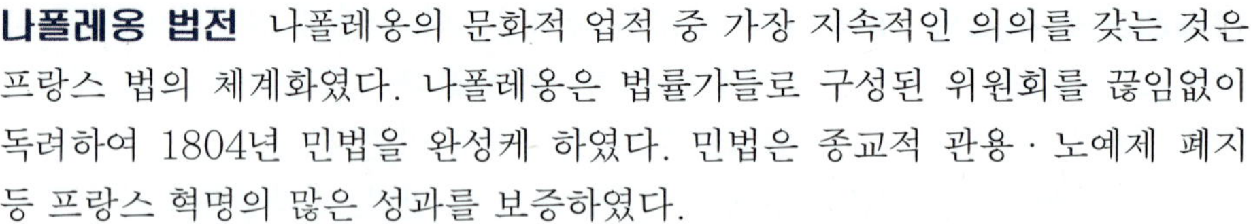
나폴레옹 법전 나폴레옹의 문화적 업적 중 가장 지속적인 의의를 갖는 것은 프랑스 법의 체계화였다. 나폴레옹은 법률가들로 구성된 위원회를 끊임없이 독려하여 1804년 민법을 완성케 하였다. 민법은 종교적 관용 · 노예제 폐지 등 프랑스 혁명의 많은 성과를 보증하였다.

그후 1806년부터 1810년 사이에 민사 소송법(1806), 상법(1807), 형사 소송법(1808), 형법(1810) 등이 추가로 완성되었다. 그 가운데 민법은 가장 커다란 영향을 미쳤으며 프랑스뿐 아니라 벨기에 · 네덜란드 · 이탈리아 · 독일의 민법적 기초가 되었다.

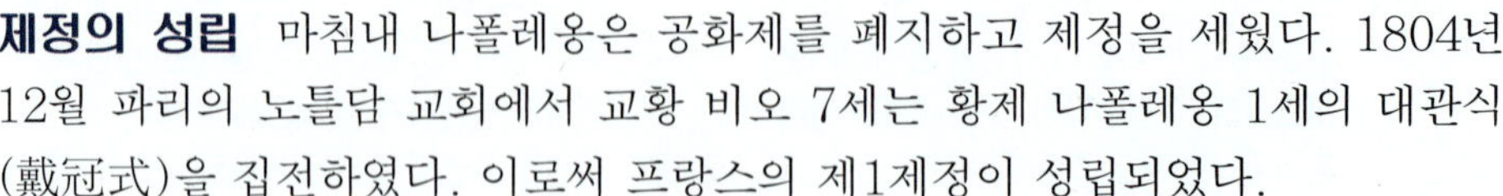
제정의 성립 마침내 나폴레옹은 공화제를 폐지하고 제정을 세웠다. 1804년 12월 파리의 노틀담 교회에서 교황 비오 7세는 황제 나폴레옹 1세의 대관식(戴冠式)을 집전하였다. 이로써 프랑스의 제1제정이 성립되었다.

나폴레옹의 제정이 시작되기 직전 영국과 프랑스간에 전쟁이 재개되었다. 이미 1803-1804년 영국 침공 계획이 수립되고 있었다. 영국도 보고만 있지는 않았다. 1803년초 '소' 피트William Pitt('the Younger' Pitt, 1759-1806)가 다시 수상직을 맡으면서 역시 전쟁 재개에 대비하고 있었다. 영국은 많은 자금을 지원하면서 오스트리아 · 러시아 · 스웨덴을 끌어들여 1805년 4

나폴레옹 1세의 대관식 (1804. 12. 2)

월 제3차 대동맹을 결성하는데 성공였다.

전쟁의 재개 1805년 전쟁이 시작되자 나폴레옹은 신속하게 진격하여 울름 Ulm 전투(1805)에서 대승을 거두었다. 그러나 하루 뒤인 10월 21일 트라팔가Trafalga 해전에서 영국의 넬슨Horatio Nelson(1758-1805)이 지휘하는 영국 함대에게 크게 패하였다.

그러나 나폴레옹은 이에 굴하지 않고 싸움을 계속여 대관 1주년 기념일인 1805년 12월 2일 아우스털리츠Austerlitz에서 오스트리아-러시아 연합군을 대파하고 프레스부르크Pressburg 조약을 체결하였다.

이 조약에 따라 나폴레옹을 지원한 바바리아Bavaria; Bayern와 뷔르템베르크Württemberg는 신성로마 제국으로부터 해방되어 독립왕국이 되었다. 이를 계기로 나폴레옹은 신성로마 제국을 해체하고 그 대신 라인 연방을 창설하였다. 그 결과 프란츠 2세Franz II(Francis II, 1768-1835)는 신성로마 황제(재위: 1792-1806)의 칭호를 버리고 다만 오스트리아의 프란츠 1세 Franz I(재위: 1804-1835)로 격하되고 말았다. 이로써 중세 이래의 유서 깊은 신성로마 제국은 1806년을 기해 소멸하고 말았다.

제3차 대동맹 해체 아우스털리츠 전투의 패배로 제3차 대동맹은 깨지고 말았다. 신성로마 제국 해체와 독일지역의 재편성에 성공한 나폴레옹은 프로이센에게 하노버Hanover 영유권 및 신설 라인 연방의 주도권을 약속하여 중립을 지키도록 하였다.

나폴레옹 제국(1812)

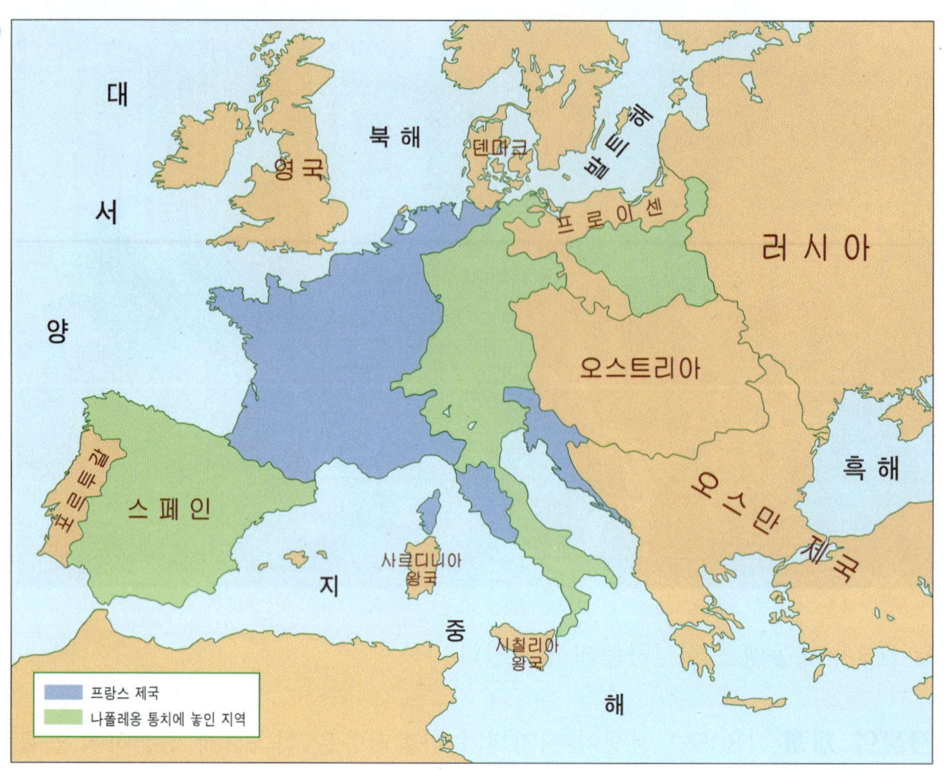

그러나 약속이 헛된 것임을 깨달은 프로이센의 주전파는 1806년 프랑스를 선제(先制)공격하였다. 프로이센군은 예나Jena 전투와 아우에르슈타트Auerstadt 전투에서 참패하고 나폴레옹군은 성공리에 베를린에 입성하였다. 그는 계속 진격하여 1807년 2월 아일라우Eylau 전투에서 혈전을 벌여 잠시 저지되는 듯했으나 그해 6월 프리트란트Friedland 전투에서 러시아군에게 극적으로 승리하였다.

틸지트 조약 나폴레옹은 틸지트Tilsit(지금의 러시아 Sovetsk)에서 러시아 차르 알렉산드르 1세Alexander I(Aleksandr Pavlovich, 재위: 1801-1825)와 체결한 틸지트 조약에서 오스만 터키와 핀란드 문제의 처리권한을 러시아에게 양보하고 그 대신 프랑스-러시아 동맹을 인정하는 것으로 합의하였다.

나폴레옹은 프로이센을 가차없이 응징하였다. 프로이센 영토의 반을 빼앗아 폴란드 부분은 바르샤바 대공국으로 만들고 엘베Elbe강 서쪽은 베스트팔렌 왕국으로 개편하였다. 이로써 프로이센은 2류 국가로 전락하고 말았다.

틸지트 조약 체결로 나폴레옹은 영국을 제외한 전유럽을 좌우했으므로 이 조약은 그의 전성기를 상징하는 것이었다.

B. 대륙 봉쇄와 유럽 해방전쟁

나폴레옹에 항거하는 유일한 적대세력은 영국이었다. 영국에 대해 나폴레옹은 1806년부터 군사적 공격이 아닌 다른 형태의 공격을 시도하였다. 그것은 통상 및 모든 외국과의 교류관계에서 영국을 단절시키는 경제적인 봉쇄였다.

나폴레옹은 이를 실행하기 위해 1806년 베를린 칙령 및 1807년 밀라노 칙령 등을 공포하고 유럽의 다른 나라들에게 그 칙령을 준수할 것을 명하였다. 이것이 '대륙체제' (Continental System) 혹은 '대륙 봉쇄' (Continental Blockade)였다.

대륙 봉쇄에 대한 영국의 반격 영국은 이에 굴하지 않고 도리어 역공세를 취하였다. 우선 밀수를 통해 통상은 계속되었다. 영국 상품은 끊임없이 독일 · 네덜란드 · 스페인 · 포르투갈로 밀수입되었다. 나폴레옹이 유럽 대륙의 해안선을 완벽하게 봉쇄하지 못했기 때문이었다.

이와 같이 대륙봉쇄 정책이 실효를 거두지 못하게 되자 나폴레옹은 대륙봉쇄를 지키지 않는 국가들을 응징하기로 하였다. 첫 대상이 이베리아 반도의 나라들이었다. 1807년 먼저 포르투갈을 성공적으로 정복한 후 나폴렝옹은 계속 스페인을 공격하였다.

그러나 예상과는 달리 스페인이 집요하게 게릴라식으로 항전했을 뿐 아니라 영국군이 게릴라를 지원했기 때문에 프랑스군은 많은 희생을 치렀다. 특히 웰리즐리Sir Arthur Wellesley(후의 웰링턴 Wellington 공, 1769-1852)가 지휘하는 영국군의 저항 때문에 나폴레옹의 군대는 큰 시련을 겪었다.

이 상황에서 1809년 오스트리아가 다시 선전포고를 하였다. 이에 나폴레옹은 급히 도나우강 쪽으로 진격하여 빈을 함락시키고 아스페른Aspern 전투와 바그람Wagram 전투에서 승리하였다. 그 결과는 셴브룬Schönbruun 조약의 체결이었다. 이 조약에 따라 오스트리아는 러시아 · 바바리아 · 프랑스 · 바르샤바 공국 등에게 일부 영토를 양도하고 말았다.

러시아 원정 한편 나폴레옹은 러시아 세력을 견제할 목적으로 그 동안 군사력을 현저히 증강한 오스트리아와 동맹하고자 하였다. 이를 위해 혼인정책을 이용하였다. 1810년 조세핀과 이혼한 나폴레옹은 합스부르크가 출신의 오스트리아 황제 프란츠 1세의 딸 마리 루이제Marie Louise(Maria Louisa, 1791-1847)와 결혼하였다. 2년 후 프랑스는 오스트리아와 공수동맹(攻守同盟)을 맺었다.

프랑스와 러시아의 동맹관계는 1810년 이후 급속히 냉각되었다. 러시아가 대륙 봉쇄령을 엄수하지 않자 드디어 1812년 두 나라의 우호관계는 단절되었

모스크바에서 후퇴하는 나폴레옹 군대

다. 이리하여 나폴레옹의 러시아 원정이 시작되었다.

그는 1812년 9월 보르디노Bordino 전투에서 러시아군을 패퇴시키고 모스크바로 진주하였다. 모스크바로 행진하는 프랑스군의 앞길이 순탄하지만은 않았다. 나폴레옹은 모스크바 입성에는 성공했으나 정작 모스크바는 텅 비어 있었고 군대 보급은 끊기고 이윽고 혹한이 닥쳐왔다.

어쩔 수 없이 1812년 10월 18일 프랑스군은 모스크바에서 후퇴하였다. 러시아군은 물러가는 프랑스군의 뒤를 쫓아 간간이 기습공격을 가하였다. 많은 프랑스 병력이 손실을 입었다. 나폴레옹군이 니멘Niemen강을 다시 건너 프랑스로 돌아왔을 때에는 그 병력이 5분의 1로 줄어들고 말았다.

나폴레옹의 제위 포기 각서(1813)

(2)

Le Gouvernement provisoire, entouré par les officiers de la garde nationale et par les guides à cheval de la même garde ;

Un détachement de la gendarmerie à cheval ;

Le cortége marchera au milieu d'une haie formée par la garde nationale.

Le général Dessoles se portera avec l'état-major et un détachement de la Garde nationale, à cinq cents pas hors de la barrière, pour escorter S. A. R.

S. A. R. sera reçue à la barrière, mais en dedans de la ville; elle sera complimentée par le président du Gouvernement provisoire et par le préfet du département.

A l'entrée de S. A. R. dans Paris, il sera tiré plusieurs salves d'artillerie.

Le cortége se remettra en marche dans l'ordre suivant.

L'état-major et le détachement de la Garde nationale.

Les préfets, les maires et le conseil municipipal.

Les maîtres des cérémonies,

Le gouvernement provisoire ;

S. A. R. entourée des maréchaux, des généraux de l'armée et des officiers supérieurs de la gade nationale;

Les officiers de la suite de S. A. R.

Le détachement de la gendarmerie;

Le cortége conduira S. A. R. à la Métropole, où le clergé sera réuni pour la recevoir; la garde nationale occupera les postes de la Métropole ;

Il sera chanté un *Te Deum* et un *Domine salvum fac Regem.*

Le cortége conduira ensuite S. A. au palais des Tuileries ;

Le détachement de la Garde nationale désigné pour garder le palais sera en bataille dans la cour ; les tambours battront au champ à l'arrivé du prince.

Les membres du Gouvernement provisoire, les maréchaux et les maîtres des cérémonies accompagneront S. A. R. jusqu'à ses appartemens qui auront été préparés d'avance.

유럽 해방전쟁 나폴레옹의 패퇴 소식은 유럽 각국에 활기를 불어넣었다. 러시아 · 프로이센 · 오스트리아의 연합군이 '유럽 해방전쟁'(Befreiungskrieg)을 시작하였다.

1813년 10월 16일에서 19일에 벌어진, '여러 민족들의 전쟁'이라고 일컫는 라이프치히Leipzig 전투에서 마침내 나폴레옹은 패배하였다. 연합군은 1814년 3월말 파리에 입성하였다. 파리에서 약간 떨어진 퐁텐블로Fontainebleau궁에 있던 나폴레옹 1세는 퇴위하기로 작정하였다. 이에 프랑스 원로원은 부르봉 왕조의 복고를 결정했으며 그에 따라 루이 18세가 즉위하였다.

백일천하 영국을 비롯한 유럽 국가들은 나폴레옹을 지중해의 엘바Elba 섬에 연금하기로 한 해결책에 만족하였다. 나폴레옹은 엘바섬만의 주권자이긴 했으나 여전히 황제였다. 그들은 프랑스를 더 이상 자극하기를 꺼려하였다.

양측의 합의에 따라 프랑스는 1792년의 국경을 유지했을 뿐 아니라 배상금을 지불할 필요도 없었다. 새로운 프랑스 왕인 루이 18세Louis XVIII(Louis le Désiré, 1755-1824)가 온건 정책으로 방향을 돌려 입헌군주제를 채택할 것으로 기대되었다.

나폴레옹이 축출된 후 망명귀족들은 속속 귀국하여 1789년 이전과 같은 특권적인 위치를 향유하게 되었다. 한편 왕은 무능하였다. 따라서 많은 프랑스 국민은 물러간 지 9개월밖에 안 된 나폴레옹에 대해 향수를 느끼게 되었다. 이와 같은 프랑스 국내정세의 변화는 나폴레옹이 재집권하기 위한 꿈을 키우기에 충분하였다.

1815년 2월 그는 연금상태에 있던 엘바를 탈출하여 3월초 칸Canne에 도착하였다. 그는 군중의 열렬한 환영을 받는 가운데 3월 20일 파리로 돌아왔다. 그리하여 나폴레옹의 백일천하가 시작되었다.

바텔로 전투 빈 회의를 개최하는 중에 있던 유럽 국가들은 나폴레옹의 재집권 소식에 놀랐다. 나폴레옹과 또다시 한판 승부를 가리지 않을 수 없게 되었다. 그것이 벨기에 브뤼셀 근처의 바텔로(워털루)Waterloo 전투였다. 웰링턴이 지휘하는 연합군은 블뤼혀Gebhard Leberecht von Blücher (1742-1819)의 프로이센군 지원을 받아 1815년 6월 18일 나폴레옹군을 격파했고 결국 나폴레옹은 영국군에 항복하였다. 바텔로 전투의 패배로 나폴레옹 시대는 영영 막을 내리고 말았다.

나폴레옹의 변명

나폴레옹은 세인트 헬레나로 유배간 후 자신의 업적을 합리화하는 회고록을 썼다. 그 일부를 보면 다음과 같다.

나는 혁명을 정화(淨化)했으며 평민을 격상시키고 왕들의 권위를 회복하였다. 나는 만인의 경쟁을 장려했으며 내가 인정할 경우에는 업적에 대한 보상을 하였다. 나는 위대함의 한계를 확대하였다. 내가 공격을 받고 역사가가 나를 옹호해 줄 점은 있는가? 나의 전제정치? 역사가는 독재가 절대 필요했다는 것을 입증할 수 있을 것이다. 내가 자유를 제약했다고 말할 것인가? 역사가는 방종, 무정부, 전반적 무질서 등이 우리 문턱에 도사리고 있었다고 증명할 것이다. 내가 전쟁을 너무 좋아했다는 비난을 받을 것인가? 역사가는 내가 항상 방어의 입장에 있었음을 입증할 것이다. 내가 세계 왕국을 수립하기를 원했다고 비판하겠는가? 세계왕국은 단지 상황의 우연한 결과이며 내가 적들에 의해 한 걸음씩 그런 결과에 도달했다고 역사가는 설명할 것이다. 나의 야망? 역사가는 내가 대단한 야망을 가진 사람이었다고 틀림없이 말할 것이다. 일찍이 볼 수 없는 가장 거대하고 가장 숭고한 야망을 가졌다고 말할 것이다. 그것은 이성 및 이성을 완전하게 행사하는 왕국, 인간적 능력을 완벽하게 향유하는 왕국을 수립하고 성화(聖化)하는 야망이었다.

두 번째 폐위로 나폴레옹 1세는 대서양의 외딴섬 세인트 헬레나St Helena에 감금되었다. 거기서 그는 회고록을 집필하면서 1821년 생애를 마쳤다.

나폴레옹 시대의 의의 나폴레옹은 자신이 의도했든 안했든 결과적으로 프랑스 혁명의 목적과 이념을 유럽 각지에 전파하였다. 프랑스 혁명이나 나폴레옹 전쟁은 일차적으로 프랑스 국내의 일이었음에도 전유럽에까지 영향을 미쳤다.

프랑스 혁명은 주권재민, 국민개병, 국민교육제도, 애국심, 대의제, 개인주의적 사회, 종교적 관용 등 근대적 사상—특히 자유와 평등의 이념을 실현하고자 한 혁명이었다. 나폴레옹은 이러한 모든 것을 자의에 의해서든 타의에 의해서든 유럽 각지에 전달하였다. 각지에서 봉건 잔재를 없애고 구체제의 모순을 타파하기 위한 혁명운동이 일어났다.

나폴레옹은 자기가 정복한 국가에 자유주의와 내셔널리즘의 씨를 뿌림으로써 마침내 자기자신의 운명을 재촉하는 결과를 초래하였다.

5. 산업혁명

현대 유럽 문명의 근원은 프랑스 혁명과 산업혁명에 있다. 프랑스 혁명은 개인의 자유 · 주권재민 · 민족주의적 애국사상 등의 기원이 되었으며 산업혁명은 노동 · 운수 · 생활 전반에 근본적 변화를 가져왔다.

1776년의 아메리카 혁명으로부터 1848년 2월 혁명이 있기까지 유럽사에서 가장 경이적인 변화는 '산업혁명'(Industrial Revolution)이었다. 18세기 후반 및 19세기 전반에 걸쳐 일어난 기술 발전은 새로운 농업형태 및 공장제와 병행하여 산업생산의 비약적 발전을 가져왔다. 이러한 산업적 대변화는 유럽 문명의 기본 특성을 바꾸어 놓았다.

산업혁명은 영국에서 먼저 일어났다. 그 후 산업 기술과 생산의 변화가 19세기에 유럽 각국으로 파급되고 마침내는 전세계 여러 지역으로 전파되었다. 고요하고 한가했던 전원생활은 활동적인 도시생활로 바뀌었다. 대량생산을 가능케 하는 여러 가지 기계들이 나오고 공업도시가 세워졌다. 기차와 기선이 사람과 화물을 빨리 실어 나르고 신문이 소식을 신속하게 전달할 수 있게 되었다.

산업혁명은 사회적 변동을 가져왔다. 새로운 계급, 즉 자본가와 노동자가 나왔으며 계급간에 새로운 갈등이 생겨났다. 자본 기업가들은 자본경쟁, 개인

기업, 자본의 사유, 수요공급의 경제원리 등을 강조했으며 노동자들은 사회주의적 이념과 실천을 주장하였다.

사회주의 노선은 독일 철학자 마르크스Karl Marx(1818-1883)에 의해 설득력이 강한 이론으로 전개되었다. 마르크스 이론은 20세기초 러시아에서 실현되었다. 그 후 자본주의와 공산주의의 대립은 현대국제정치에서 부단한 갈등의 원인이 되었다. 비록 1989-1990년에 공산주의 국가들이 붕괴되었다고는 하지만 사회주의는 이념이나 실천에서 아직도 역사적 형성력을 잃지 않은 것처럼 보인다.

A. 인구와 경제성장

1620년부터 1650년까지 유럽 인구는 전쟁 · 기아 · 질병으로 급격히 줄어들었다. 건강한 청년들이 없기 때문에 땅을 버려두는 일이 많아졌으며 심지어 한 마을이 통째로 사라지기도 하였다. 독일, 폴란드를 비롯해 남이탈리아, 스페인, 프랑스 등 지중해 연안 지역에서 유럽 인구가 급격히 감소하였다.

그러나 18세기부터 인구 감소가 정지되고 증가추세로 돌아섰다. 18세기에는 17세기보다 온화한 기후가 계속되었고 그 결과 식량공급이 비교적 원활해졌다. 또 폴란드 · 헝가리 · 러시아에서 토지개간사업이 진척을 보아 식량공급이 늘어났다. 영양이 좋은 음식을 먹은 18세기 사람들은 전보다 질병에 대한 저항력이 강해졌으며 따라서 유럽 인구는 급격하게 증가하였다.

인구증가는 경제활동의 속도 및 규모에 영향을 주었다. 17세기의 경제적 정체와 비교해 18세기는 간간이 경기와 불경기가 교차하는 때가 없지 않았으나 장기적으로는 경제 발전이 이루어졌고 특히 1730년대 이후에 경기가 상승국면에 들어섰다.

인구 증가와 도시화 19세기초까지 국세조사가 실시되지 않았으므로 정확한 인구통계는 알 수 없으나 18세기를 통해 유럽 인구는 1억2천만에서 1억8천만으로 50% 증가한 것으로 추정된다. 일찍이 유럽은 이와 같은 인구 급증현상을 경험한 적이 없었다.

프로이센과 스웨덴 인구는 두 배가 되었고 스페인 인구는 750만에서 1천1백50만으로 증가하였다. 영국과 웨일즈 지방의 인구 증가율은 더 커서 1700년경 5백만에서 1801년에 9백만으로 증가하였다. 프랑스의 경우 1715년 루이 14세가 사거할 당시 1천9백만이었으나 1789년 혁명 전에는 2천6백만으로 증가하였다. 그 결과 프랑스는 유럽에서 가장 인구가 조밀한 국가가 되었다.

유럽의 인구증가는 19세기에도 계속되어 도시화를 촉진하였다. 1561년까지 마드리드는 인구 수천의 소도시였으나 1600년 6만5천, 1630년에는 17만의 인구를 가진 큰 도시가 되었다. 17세기 중반에 파리 인구는 약 13만이었고 런던은 약 6만이었으나 1세기 후 50만에 달했다. 암스테르담 · 베를린 · 코펜하겐 · 더블린 · 스톡홀름 · 빈 등과 같은 유럽 도시들 역시 비슷한 성장을 하였다.

가격상승과 인플레이션 18세기의 처음 수십년 동안 전반적으로 안정되어 있던 물가는 인구 증가와 함께 상승세로 돌아섰다. 1730년대부터 1815년까지 물가는 점진적으로 올라갔다. 프랑스의 경우 1726년 이후 화폐는 안정되어 있었으나 인구성장을 비롯해 식량 · 토지 · 물품 · 취업에 대한 수요 증가가 물가 앙등의 주요 원인이 되었다.

1726년에서 1789년 사이에 프랑스의 물가는 65% 상승하였다. 곡물가격이 점진적으로 올라가 가난한 사람들의 가계를 압박하였다. 지대는 갑자기 올랐고 임금은 물가상승을 따라잡지 못하였다. 1730년대와 비교해 1780년대에 화폐지대는 평균 98% 상승하였다. 반면 실질임금은 같은 기간에 22% 올랐을 뿐이었다. 인플레이션으로 이농(離農)이 늘어나면서 노동자의 임금은 줄어들고 그 대신 지주와 상공계층의 수입은 증가하였다.

산업혁명 전의 산업 인구증가와 급속한 도시화는 괄목할 만한 경제발전의 원동력이 되었으며 자본주의의 출현과 시기적으로 일치하였다. 자본주의는 사기업이 상품과 서비스를 시장에 자유롭게 유통시키고 수익을 올리는 경제제도이다.

사기업은 토지 · 기계 · 도구 · 장비 · 건물 · 공장 · 원료를 소유하고 경제적 이익을 보기 위해 생산품목을 결정하고 자본가-기업가는 정부의 의사와 상관없이 독자적인 결정을 내렸다. 자본주의의 제도적 원리는 기업가들이 서로 경쟁하고 수요공급이 가격을 결정하는 자유로운 시장경제에 있었다.

18세기말 공장제가 나오기 전에는 상인이 가져다 주는 원료를 농민이 가공하는 수공업(putting-out system)이었다. 도시는 자본 · 원료 · 판매시장의 역할을 하고 상인은 농촌 노동력을 활용하였다. 이 제도는 특히 네덜란드 · 벨기에 · 라인란트 · 프랑스 · 영국에서 두드러졌다.

이러한 산업형태는 경제 · 사회 · 인구에 중요한 영향을 끼쳤다. 이 제도는 시장기능을 강화하고 자본축적을 촉진했으며 농가 소득을 늘렸다. 축적된 자본은 생산에 재투자되고 상품과 서비스의 수요 증대를 가져왔다. 사회적으로는 농촌인구가 산업생산활동에 익숙해졌으며 또 화폐 사용의 기회가 증대하였다.

B. 산업혁명의 배경

산업혁명은 18세기 중반 영국에서 가장 먼저 시작되었다. 영국은 새 기술 개발, 새로운 동력원 사용, 방대한 시장 지배 등을 주도했고 그 결과 세계경제에서 우월한 위치를 차지하였다.

18세기말 영국은 유럽에서 제일 부유하거나 인구가 많은 나라가 아니었다. 그러나 영국은 고루 자원을 갖고 있으며 적절한 여건을 갖추고 있었다. 남동쪽 평야는 비옥하고 생산적인 지역이며 전통적으로 영국의 중심주거지역이었다. 서북쪽 고지대에는 풍부한 석탄과 철이 매장되어 있었다. 높은 지대로부터 뻗은 하천은 수력(水力)의 원천이 되었다.

사면의 바다는 물자 운송 수단이 되었으며 석탄과 철, 원료와 공장, 생산품과 시장을 상호 연결시켜 주었다. 더욱이 18세기 후반 영국은 운하나 중산간로(中山間路)를 크게 확장하고 교통 · 운송 수단을 개선하였다. 유럽 대륙의 경우와는 달리 국내통상을 방해하는 내국관세제도가 없었고 전국적으로 통일된 화폐와 상법이 통용되었다.

무엇보다도 영국의 산업을 촉진시킨 요인은 숙련된 기술과 높은 생활수준이었다. 중세 이래의 수공업 기술은 새로운 공장제(工場制)에서도 쉽사리 적응될 수 있었다. 영국의 유산계층이나 상층 계급은 혁신과 개선에 잘 적응하였다. 장자 상속제도로 귀족의 반열에서 떨어져 나온 둘째 아들 이하의 귀족 자제들은 산업계에도 적극 진출하였다. 그들은 토지를 자본화한 기업가가 되는 경우가 많았다.

18세기 후반 영국 정부가 유산층의 기업진출을 장려한 것도 산업혁명을 위한 유리한 조건이 되었다. 더욱이 영국 정부는 해외식민운동을 장려했으며 상업적 이익에 부응하는 대외정책을 추진하였다. 영국은 식민지를 원료 공급지 및 소비시장으로 하여 1780년까지는 세계통상에서 중심 위치를 굳히게 되었다. 이러한 여러 요인들이 복합적으로 작용하여 유럽의 어느 나라보다 영국에서 먼저 산업혁명이 시작되었다.

방직공업의 기계화 영국의 산업혁명은 제일 먼저 면방업(綿紡業)과 광업에서 시작되었다. 원래 면방직은 영국의 전통 산업이 아니었다. 세계 면방직의 중심은 인도였다. 17세기에 영국 동인도회사가 공급하기 전까지는 영국에서 면직물의 수요는 얼마 되지 않았다. 일단 인도산 면직물 캘리코(calicoes)가 수입되자 크게 유행하여 중류층이나 하층민까지 이용하게 되었다. 그리하여 면직 공업은 모직 공업과 병행 발전하였다.

1700년까지는 면직업도 다른 분야와 같이 전혀 기계화되지 않은 수공업 상태에 있었고 18세기부터 방직과 직조 관련 기계가 발명 또는 개량되어 생산에 응용되었다.

방직기술의 개량 1733년 케이John Kay(1704-1764)는 '자동 북' (flying shuttle)을 발명하여 옷감 짜는 속도를 빠르게 하고 효율을 높였다. 한 사람의 직공(織工)이 방적공(紡績工) 10명이 생산하는 면사를 전부 다룰 수 있게 되었다.

자동 북의 사용은 방적을 향상시키는 계기가 되었다. 자동 북이 보급됨으로써 이번에는 많은 면사를 빨리 뽑아낼 수 있는 방적기가 나와야 할 문제가 생겼다. 이를 해결한 사람이 하그리브스James Hargreaves(?-1778)였다. 그는 1764년 실 뽑는 속도가 빠른 기계를 고안하여 부인 제니의 이름을 붙여 '제니 방적기' (spinning jenny)라 불렀다. 이것은 방적공 1명이 8가닥의 면사를 동시에 뽑아낼 수 있는 고성능 방적기였다. 그러나 제니 방적기에는 고르지 않고 거친 실을 뽑아 내게 되는 단점이 있었다.

1769년 아크라이트Richard Arkwright(1732-1792)는 수력을 이용하여 면사를 대량생산하는 데 성공하였다. 10년 후에는 크롬턴Samuel Crompton (1753-1827)이 제니 방적기와 수력방적기를 합쳐 방적기술을 크게 향상시켰다. 그것은 두 방적기를 합쳐 놓은 것이기 때문에 '튀기 방적기' (Spinning Mule)라 불렀다. 어쨌든 방적 기술의 개량으로 면사를 견고하고 가늘게 뽑을 수 있게 되었고 무명(muslins)이나 흰 삼베(cambrics) 등의 천을 생산할 수 있게 되었다.

방적기술은 향상되었으나 이번에는 직조기술이 구식이어서 생산된 면사를 모두 천으로 직조하지 못하였다. 더 속도가 빠른 직조 기계가 나올 필요가 있었다. 이 때 동력을 사용한 직조기(織造機: power loom)가 출현하였다.

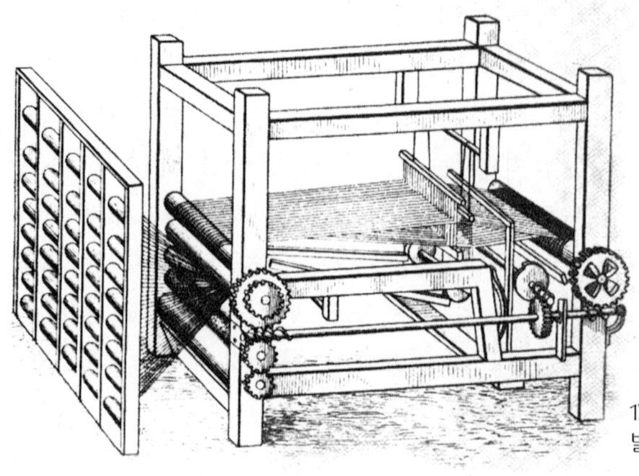

1785년 카트라이트가 발명한 직조기

랭카셔의 면방직 공장:
(위) 실을 뽑고 고르는 모습
(아래) 뮬 방적기로 면사를 고르는 장면

1785년 카트라이트Edmund Cartwright(1743-1823)가 새 직조기의 특허권을 따냈다.

방적과 직조에서의 생산속도 향상과 대량생산은 면사(綿絲) 원료인 면 생산을 자극하였다. 면사 생산은 면화씨의 분리 속도에 달려 있었다. 손으로 면화씨를 분리하면 아무리 숙련된 노동자라 해도 하루에 2-3kg이상의 분리작업은 할 수 없었다. 이 문제를 1792년 미국의 휘트니Eli Whitney(1765-1825)가 해결하였다. 그는 '조면기'(繰棉機: cotton gin)를 발명하여 노동자 한 사람이 하루에 약 450kg의 면화에서 씨를 분리할 수 있게 하였다.

제임스 와트가 발명한 증기기관

동력의 개량 방직업이 기계화됨에 따라 동력도 뒤따라 개량되었다. 1705년 뉴커먼 Thomas Newcomen(1663-1729)은 증기의 팽창과 응축을 이용한 피스턴 엔진을 고안하였다. 그의 증기기관은 탄광 갱내의 물 퍼내기에 이용되어 그 결과 석탄 생산이 증가하였다.

그러나 뉴커먼의 증기기관은 석탄을 많이 연료로 사용했으므로 일반 공장에서 실용화하기에는 부적당하였다. 와트James Watt(1736-1819)가 이를 개량하였다. 스코틀랜드 출신으로 글라스고 대학에 근무한 와트는 뉴커먼의 증기기관의 비효율성을 개선하여 새로운 증기기관을 만들었다. 처음에 배수용 펌프로 사용된 와트의 증기기관은 1785년 이후 면방직 공업에 사용되었으며 그 후 기관차와 기선에 설치되었다.

철강업 영국 산업혁명의 또다른 분야는 철강업이다. 북영국에 풍부하게 매장된 원광(原鑛) 때문에 철강업은 급속히 발전될 소지가 있었다. 그러나 제련법(製鍊法)이 원시 상태에 있었으므로 영국 철강업은 18세기가 되기까지는 괄목할 만한 진전을 보지 못하였다.

1709년 다비Abraham Darby(1677-1717)는 원광을 목탄으로 녹이던 종래 방식을 코크스(coke)로 대신하는 새 방식으로 바꾸었다. 그 후 1760년 스미턴John Smeaton(1724-1792)이 송풍기(送風機)를 덧붙여 다비법을 개량하였다. 1788년 이후 와트의 증기기관이 송풍장치를 갖추므로써 더 큰 효율을 올릴 수 있게 되었다.

1784년에는 코오트Henry Cort(1740-1800)가 불순물을 제거하여 단단하고 견고한 철을 제조하는 법을 고안하였다. 이를 계기로 영국의 선철(銑鐵: pig iron) 생산이 급격하게 늘어났다. 1740년 17톤에 불과했던 것이 1788년에는 68톤의 철이 생산되었으며 1796년에 125톤, 1806년에는 258톤이 생산되었다. 철 생산이 증가함에 따라 선박 · 교량 · 도구 · 무기 등이 철강으로 제작되는 철강시대가 출현하였다.

C. 산업혁명의 영향

산업혁명이 진전되면서 교통 · 통신 · 운송도 뒤따라 발달하였다. 먼저 도로와 운하가 개선되었다. 1815년 스코틀랜드인 맥아담John McAdam(1756-

스티븐슨의 기관차
(로케트호)

1832년의 미국 기차

1836)이 맥아담 법이라 일컬어지는 단순하고 혁명적인 방법으로 도로 포장을 개선하였다. 맥아담 법은 자갈을 도로 표면에 깔아놓고 왔다 갔다 함으로써 가라앉게 해 단단하고 평탄하게 만드는 도로 포장법이었다.

맥아담 법을 한층 개량하여 텔포드Thomas Telford(1757-1834)는 지표 아래에 큰돌을 깔아 놓아 기초를 만들어 더욱 튼튼한 도로를 건설하였다.

그리하여 교통운수는 크게 발달하였다. 근대적인 운하는 1759년 약 11km의 운하가 맨체스터에 개통된 이래 각지에 건설되었다. 철도 역시 석탄에 대한 수요가 증가함에 따라 발달하였다.

기차와 기선 1801년 트레비식Richard Trevithick이 조잡한 증기기관차를 만들었으나 실용 단계에 이르지 못하였다. 그 후 1825년 스티븐슨George Stephenson(1781-1848)이 제작한 기관차는 스톡턴Stockton과 달링턴

Darlington 간 65km를 성공적으로 시운전하였다.

이를 계기로 기관차의 성능이 개량되고 효율은 더욱 높아졌다. 5년 후 스티븐슨이 만든 기관차 로케트Rocket호가 시속 58km로 달림으로써 철도 시대의 막이 올랐다.

해상교통도 기선이 운행됨으로써 획기적으로 변화하였다. 1807년 미국의 풀턴Robert Fulton(1765-1815)은 클러몬트Clermont호로 허드슨강을 240km나 상류 쪽으로 운행하였다. 약 30년 뒤인 1840년부터 캐나다 출신 큐나드Sir Samuel Cunard(1787-1865)는 대서양 횡단 여객선을 운행하였다.

통신 교통의 개량은 통신의 발달을 수반하였다. 미국의 모르스Samuel Morse(1791-1872)가 1844년 전신을 완성하고 22년 후 필드Cyrus Field(1819-1892)는 최초로 대서양에 해저 케이블을 부설하는 데 성공하였다.

산업혁명의 전파 영국에서 시작된 산업혁명은 시·공간적으로 확대되어 유럽뿐 아니라 아시아에까지 전파되었다. 산업의 대변혁은 19세기 중반 이후 유럽 전역으로 확산되고 그 이래 세계적 현상이 되었다. 또 기술의 혁신과 생산방식의 발달이 산업의 각 분야에 파급되고 20세기에 이르기까지 지속적인 산업화가 진행되었다.

유럽 대륙의 산업 조건은 영국에 비해 불리했으므로 산업화는 서서히 또 늦게 발동이 걸렸다. 정치적으로 분열되고 상이한 관세가 부과되고 교통이 어

18세기말—19세기초 프랑스 리옹의 견직공장

려웠으므로 시장은 당연히 제약을 받고 있었다.

유럽 사회는 영국보다 더 엄격한 계층 사회였으므로 인력 수급에 신축성이 없었다. 기업 활동은 소규모에 머무는 경향이 있었고 대체로 가족중심의 경영 방식을 취하고 있었다. 사람들은 여전히 지방호족을 자본주의적 기업가보다 더 높이 평가하는 경향이 있었다.

그러나 유럽 각국에서도 18세기말부터 19세기초에 걸쳐 중요한 산업적 변화를 겪었다. 프랑스 노르망디 지방이나 저지대 지방에 먼저 면직공업이 뿌리를 내렸다. 노르망디의 루앙Rouen은 최대 면직공업 중심지로 1732-1766년 생산고가 2배 이상으로 늘어났으며, 18세기말에는 영국식 기계생산을 도입하였다.

콜베르가 시작하여 프랑스 패션계의 취향과 맞아 떨어진 견직(絹織)공업은 리옹Lyons을 중심지로 발달하였다. 석탄과 철의 생산도 점차 증가되었으며 18세기말 공장제가 프랑스에 도입되었다. 그리하여 1840년대 프랑스에서는 자본주의적 경제가 발전되고 운하 · 철도 등 교통기관이 발달했으며 인구는 약 20% 증가하였다.

스위스도 산업화를 비교적 일찍 시작한 나라이다. 스위스는 고대부터의 상업적 전통, 풍부한 수력 및 유럽의 남북을 연결하는 교통 요지를 차지하고 있었기 때문에 면직공업이나 경공업 발달에 유리한 조건을 갖추고 있었다.

1840년경 벨기에 역시 영국 상품과 경쟁할 만큼 산업화되었다. 유리한 정부 시책, 좋은 운송 수단, 안정된 시장 등 요인들이 복합되어 벨기에는 영국의 경제력과 맞설 만한 경제발전을 이룩할 수 있었다.

각국의 산업 발달 독일지방의 산업발전은 1815-1871년 확고한 기초를 다졌다. 19세기 중반까지 관세동맹(Zollverein)을 통한 자유무역이 행해지면서 산업이 촉진되었다. 기계류를 영국에서 수입한 독일은 먼저 방직공업에서 급속한 발전을 보았으며 1850년 이후 금속공업과 석탄생산에서 현저한 진척을 이루었다.

독일제국 통일 이후인 1870년대부터 20-30년 동안 독일의 산업 발전은 실로 경이적인 것이었다. 독일은 프랑스로부터 막대한 배상금과 함께 알자스-로렌Alsace-Lorraine의 풍요한 철 생산지 및 공업 지역을 양도받았으며 인구의 급속한 증가에 따라 일급 산업국가로서의 지위를 차지하게 되었다.

네덜란드 · 스웨덴 · 덴마크 등도 1830-1870년에 비약적인 산업발전을 이루었다. 러시아가 공업분야에서 여전히 후진성을 면하기 어려웠던 반면 미국은 어느 나라보다도 비약적인 산업발전을 달성하였다. 미국은 특히 1865년 남북전쟁 후 선철 생산에서는 물론이거니와 대륙 횡단철도, 풍부한 지하자원, 광대한 삼림 등 유리한 조건 아래 괄목할 만한 산업혁명을 이루었다.

19세기 중반 독일의 직물 공장

산업혁명의 결과 영국 산업혁명으로 시작된 경제적 변화는 오랜 시기에 걸쳐 여러 요인들이 상승 작용함으로써 비로소 가능하였다. 생산방식의 전환과 거기에 부수된 막대한 부의 축적은 전례 없는 것이었다. 산업혁명 과정을 거치는 동안 새로운 과학기술, 투자자본의 축적, 공장노동의 조직화, 도시의 성장, 통상의 확대 등 새로운 양상이 나타났다.

이러한 양상은 19세기 후반에 더욱 두드러졌다. 자원은 체계적으로 활용되고 자본가동의 수단도 다양해졌다. 인구는 증가하고 교통 운수는 향상되었다. 정치가와 기업가들은 산업 성장을 촉진시키려고 정책적으로나 경영상으로 많은 노력을 기울였다. 그 결과 더 많은 생산과 더 많은 부를 가져왔으나 동시에 그만큼 더 많은 사회적 변화와 더 많은 문제를 안게 되었다.

도시의 성장 산업화는 농촌생활에 변화를 가져왔고 도시인구를 증대시켰다. 1800년부터 1850년에 이르기까지 유럽 인구의 상당수가 여전히 농촌에 살고 있었다고 하지만 도시는 규모나 수에 있어서 크게 발전하였다.

이리하여 유럽의 생활중심은 농촌으로부터 도시로 옮겨지게 되었다. 이러한 변화는 생활양식 · 가치관 · 생활조건 · 노동형태 그리고 전체 사회구조를 바꾸어 놓았다. 이전에는 작업장이 농촌에 있었고 기계작동에 필요한 수력(水力) 자원도 근처에 있었다. 그러나 증기기관의 발명으로 산업가들은 수력에 더 이상 의존할 필요가 없게 되고 대도시에 생산체제를 집결시켰다. 도시에서는 교통수단이 더 편리했으므로 원료구입이나 제품출하에도 경비가 절감되었다.

노동자들도 도시에 집결하였고 도시인구 증가로 노동력 공급도 용이해졌다. 1831-1841년 런던 인구는 13만, 맨체스터 인구가 7만으로 증가하였다.

마르크스-엥겔스의 계급론

마르크스와 엥겔스는 초기 산업사회에 대한 날카로운 비판자였다. 그들은 산업자본주의 일반에 대해 비판하였다. 단기적으로는 자본주의가 프롤레타리아 계급을 착취하겠지만 장기적으로는 프롤레타리아 계급이 봉기하여 자본주의 사회를 파괴할 것이라고 주장하였다. 「공산당 선언」(1848)에서 계급투쟁에 관해 다음과 같이 강조하였다.

지금까지 기존사회의 모든 역사는 계급투쟁의 역사이다.

자유인과 노예, 귀족과 평민, 영주와 농노, 길드 마스터와 직인—한마디로 탄압하는 자와 탄압받는 자는 서로 끊임없이 대립하고 음성적이거나 공개적인 투쟁을 부단히 해왔다. 이것은 사회의 혁명적 구조변화 또는 서로 싸우는 계급들이 공동 몰락할 때까지는 계속될 것이다….

봉건사회의 폐허에서 생긴 근대 부르주아 사회는 계급 대립을 없애버리지 못하였다. 그것은 단지 새 계급, 새 탄압 여건, 낡은 투쟁 대신 새로운 형태의 투쟁을 만들어 놓았을 뿐이다.

그러나 부르주아 계급의 시대인 우리 시대는 이러한 뚜렷한 특징을 가지고 있다. 즉, 그것은 계급 대립을 단순하게 만들어 놓았다. 하나의 전체로서의 사회는 두 개의 커다란 적대적인 진영으로, 상호 직접 대립하고 있는 두 개의 큰 계급, 즉 부르주아 계급과 프롤레타리아 계급으로 분열시키고 있다….

부르주아 계급은 지금까지 외경심으로 바라본 모든 계급의 후광을 빼앗아버렸다. 그것은 의사, 법률가, 사제, 시인, 과학자를 임금 노동자로 바꾸어 놓았다.

부르주아 계급은 가족의 정서적 베일을 찢어버리고 가족관계를 단순한 돈의 관계로 환원시켰다….

부단히 팽창하는 상품시장에 대한 필요는 지구의 모든 곳에 부르주아 계급을 분산시켰다. 이 계급은 모든 곳에 둥지를 틀고 모든 곳에 정착하여 모든 곳과 관련을 맺었다….

부르주아 계급이 봉건제도를 파괴한 무기는 이제 부르주아 계급 스스로에게 향하게 되었다.

그러나 부르주아 계급은 스스로의 묘혈을 파는 무기를 만들었을 뿐 아니라 이러한 무기를 휘두를 사람들을 불러들였다. 즉, 이 사람들이 근대 노동계급인 프롤레타리아이다.

부르주아 계급, 즉 자본이 발달함에 따라 근대 노동계급인 프롤레타리아 계급도 발달하였다. 그들은 일거리를 찾는 한 살고, 노동이 자본을 불려놓는 한 일거리를 찾을 수 있는 노동계급이다. 노동자들은 자신들을 팔지 않으면 안 되는 상품과 같은 물건에 불과하다. 그들은 결과적으로 경쟁의 부침(浮沈)이나 시장의 변동에 노출되어 있는 것이다….

파리는 1841년부터 5년 사이에 12만, 빈은 1827년부터 5년 사이에 40만의 인구를 갖게 되었다.

산업혁명은 인구의 증가와 도시화를 가져왔을 뿐 아니라 사회계급을 개편해 놓았다. 자본을 소유하는 공장주와 노임에 의존하는 노동자 등 새로운 두 계급이 형성되었다. 두 계급 사이에는 부유하지도 빈곤하지도 않은 중간계급(middle class), 즉 상점주 · 공무원 · 법률가 · 의사 · 교사 · 자작농 등이 있었다.

공장제의 발달 새로운 산업화 과정에서 가장 중요한 것은 공장제(factory system)이다. 공장제란 정해진 장소에 동력, 자원 및 노동력이 효율적으로 집결된 생산체제를 의미한다. 공장에서는 대량의 상품을 신속히 또 염가로 생산하기 위해서 기계를 사용하고 분업과정으로 작업을 하였다.

19세기의 파업: 공장주와 협상하기 위해 이야기하는 노동자와 화가 나 돌을 집어드는 노동자들이 있다.

예전에는 숙련된 기술이 필요했던 많은 직종에 기계가 도입되면서 노동자는 하나의 자동기계와 같은 위치로 전락하였다. 노동자는 기계에 부속되어 그것을 관리하는 존재로 하루종일 단조로운 기계의 소리와 동작에 주의를 집중시켜야 하였다.

기계 개량은 작업 효율을 높였지만 동시에 더 많은 기계가 공장에 설치되어 노동자를 대신함에 따라 노동자의 임금은 계속 떨어졌다. 그리하여 노동자들은 실업하기 쉬웠으며 따라서 기계를 원망하고 파괴하는 경우가 흔히 있었다. 인간의 숙련기술이 이와 같이 기계로 대치되는 것, 즉 이른바 '과학기술로 생긴 실업' 은 그 후 계속되어 사회 문제로 남게 되었다.

반(反)기계운동 나폴레옹 전쟁 후 얼마 안 되어 영국에서는 수직(手織) 노동자 및 그 밖의 노동자들의 실업률이 매우 높아졌다. 그 결과 기계 때문에 일터를 잃은 노동자들 일부가 마구 기계를 파괴했으며 이런 일은 번져나갔다.

러드Ned Ludd(Lud, 활동기: 1779)라는 영국 레스터셔Leistershire 출신 노동자가 1779년 방직기를 부순 일이 있은 이래 1811-1816년에는 노동자들이 작업 효율을 높이는 기계류를 파괴하는 '러드 폭동'(Luddite riots)을 일으켰다. 이와 같이 기계를 싫어하여 파괴하는 사람들을 '러드파'

(Luddites)라 불렀다. 산업혁명 초기에도 노동자의 파업이나 시위운동이 없는 것은 아니었으나 아직 조직적인 것이 못되었다.

노동조건의 문제 효율성과 생산성 향상에도 불구하고 공장제는 어려운 문제를 생기게 하였다. 대부분의 공장은 채광이나 조명이 잘 되어 있지 않고 환기장치가 충분치 않으며 위생과 안전을 무시한 것이었다. 산업혁명 초기의 영국법은 작업 중 일어난 사고를 노동자 본인의 부주의로 간주했으며 상해 입은 노동자는 쫓겨나기까지 하였나.

노동환경이 좋지 않은 만큼 노동조건도 좋지 않았다. 단조로운 노동에 장시간 종사하여 얻은 노임으로는 가족생계가 어려웠고 그나마 공장 노동직도 심한 경쟁의 대상이었다. 여성과 어린이까지도 공장이나 탄광에서 일해야 생활이 유지되었다.

여성은 가난 때문에 출산 2-3일 전까지 일해야 했으며 해산 직후 곧 공장으로 되돌아가야만 하였다. 비위생적 노동 환경 때문에 폐 질환이나 신경통 등의 병이 생겼다. 공장제 아래에서 가장 비참한 것은 나이 어린 노동자들이었다. 14-15세의 어린이는 공장이나 탄광에서 12시간 이상이나 일하고 거의 교육을 받지 못하였다.

노동운동과 개혁 19세기를 거쳐 산업화가 진전되는 가운데 노출된 사회문제 중에서도 노동조건과 노동자의 생활안정에 관한 문제가 가장 심각하였다. 노동자들은 점차 생활개선을 위한 압력단체를 조직하는 운동을 시작하였다.

1820년대부터 영국의 노동운동이 본격적으로 전개되었다. 노동자의 조합 결성을 금지하는 「조합 금지법」(*Combination Acts*, 1799)이 철회되면서 노동조합운동이 점차 강화되었다. 유럽의 노동운동은 19세기말부터 활발히 시작되었으며 노동자의 단결과 파업이 거세게 일어났다.

20세기초 비로소 노동조합은 강력한 교섭권을 갖게 되었다. 한편 노동문제가 일부 자유주의적 정치가들의 관심 대상이 되었다. 예컨대 영국에서는 이미 1830년대에 어린이 노동문제, 노동시간 및 그 밖의 노동조건의 개선을 위한 입법 조치가 의회를 통과하였다.

가족과 여성의 역할 산업혁명은 가족관(家族觀)을 변화시켰다. 온 식구가 일자리를 구하러 뿔뿔이 흩어지고 가족적 유대는 느슨해졌다. 사람들은 어린 시절부터 공장과 도시에서 단련을 받았고 돈벌이가 되는 곳이라면 어디든 찾아갔다. 도시여건은 가족이 노인과 병자를 돌보기에는 적당치 못하였다. 흔히 남녀는 정식으로 결혼하지 않은 채 동거하였다.

탄광에서 일하는 노동자: 성인 남자(위), 어린이들(중간), 여성(아래).

산업혁명 이전의 구식 기술밖에 알지 못하는 가장은 흔히 실업자가 되어 가사(家事)를 돌보는 신세가 되었다. 가장(家長)이 실업자가 되거나 앓아 눕는 어려운 가정에서는 여성과 어린이들이 노동하여 살림에 보태야 하였다. 대개 그들의 보수는 일하는 노동시간이 긴 데 비해 적었다. 가사를 돌보는 신세가 된 가장을 두고 엥겔스Friedrich Engels(1820-1895)는 '실질적으로 환관이 되어버린 노동자'라고 규정하고, 그들이 겪는 좌절과 실의는 '정의로운 분노'의 원천이라고 주장하였다.

산업혁명 시대의 여성의 사회적 역할이나 지위는 계층에 따라 달랐다. 대개 하층에 속한 여성은 노동 전선에 나가 돈벌이를 하면서부터 가정 일에 얽매이지 않게 되고 따라서 가정의 속박에서 벗어나게 되었다. 프랑스에서 중하층 여성은 작은 가게를 운영하여 남성보다 더 두드러진 역할을 하였다.

이는 중산층 여성과 대조를 이루었다. 중산층에 속한 여성은 기업활동이나 정치에서는 소외되고 도리어 가정주부나 어머니로서의 역할을 고집하는 존재였다. 그들에게는 가사를 맡아 관리하는 것이 전업(專業)이었다. 남성이 열심히 일하고 사회적 경쟁을 이겨야 한다면 여성은 부드럽고 순진하고 우아해야 한다는 것이 중산층 가정에 대한 일반적 인식이었다. 반면 상층 사회의 여성은 계몽사상시대의 사회적 역할을 계속하였다. 즉, 유럽의 많은 도시에서는 귀부인이 교양 서클을 조직하고 후원하였다.

6. 18세기 문화

계몽사상과 함께 경제발전이 18세기의 문화 활동의 범위와 질을 다양하게 만들었다. 18세기에 귀족계급이 여전히 사회를 지배하고 엘리트들이 문화를 주도하였다. 18세기의 엘리트 문화는 세계주의적이며 계급적 한계뿐 아니라 국가적 경계를 넘어선 것이었다. 동시에 보통의 남녀가 활발히 문화활동에 참여하기 시작한 것도 역시 18세기였다.

18세기 문예는 르네상스 및 바로크를 거치면서 남아 있던 합리주의 사상과 고전주의 요소를 타협해 나온 산물이었다. 그러나 18세기 중반부터 이러한 문화적 절충은 점차 약화되고 로만주의를 향해 움직이는 새로운 경향이 나타났다.

A. 고급문화의 국제성

18세기 유럽의 고급문화는 전통적인 민족과 국가의 테두리를 벗어나 보편적인 세계주의를 지향한 것이었다. 이런 문화를 주도한 것은 교육받은 소수의 부유층이었다. 그들은 국가적 영역을 넘어 하나의 유럽문명에 속해 있다는 자부심을 갖고 있었다.

문화의 국제성은 공통어 사용에서 입증되었다. 프랑스어가 이 시대의 국제어였다. 프로이센의 프리드리히 대왕조차 독일어보다 프랑스어를 즐겨 사용할 정도였다. 일부 비판이 없지 않았으나 프랑스어가 널리 사용되었다는 것은 사상과 문학에서 언어 장벽을 넘어 전유럽에 걸친 국제적인 문화 교류가 있었음을 의미한다.

시야의 확대 유럽인은 여행문학을 통해 또는 직접 해외여행을 통해 공통의 일체감을 가질 수 있었다. 안락치 못한 교통수단에도 불구하고 지식인들은 런던 · 파리 · 로마 · 빈 등 유럽 대도시를 중심으로 여행하였다. 그들은 고대 역사 유적을 답사하여 동일한 유럽 문명 전통을 이해하였다.

또 유럽 이외의 지역 특히 아시아에 대한 이해도 깊어졌다. 라이프니츠Gottfried Wilhelm von Leibnitz(Leibniz, 1646-1716)와 같은 철학자는 아시아의 문화와 제도를 높이 평가하였다. 몽테스키외의 『페르시아인의 편지』가 시사하는 바와 같이 유럽 외의 지역에서 온 사람들이 유럽을 여행하였다.

시야의 확대는 문학에도 나타났다. 이른바 '문인공화국'의 관념은 세계주의적 문학관이었다. '문인공화국'이란 말은 16세기 프랑스 휴머니스트들이 사용하기 시작하여 『문인공화국 소식지』를 출판한 벨Pierre Bayle(1647-1706)에 의해 보급되었다. 그는 정통 그리스도교를 비판했는데 종교에 대한 합리주의적인 그의 접근은 18세기 사상가들에게 강한 영향을 미쳤다.

이와 같이 18세기 문화와 사상은 유럽의 정치적 국경을 넘어섰다. 어떤 점에서 그것은 교육받은 계층에 한정된 배타적 세계였으나 재사(才士)에게는 출신과 상관없이 개방된 사회를 의미하였다. 이 점에서 '문인공화국'은 유럽 지식인이 정치 · 사회적 쟁점을 자유롭게 토론하는 광장이었다.

지식인들은 인쇄물을 통해서뿐만 아니라 살롱이나 학회 등을 중심으로 자유롭게 의견을 교환하였다. 살롱이나 학회는 이미 17세기부터 지식인들의 모임이 되었으며 18세기에는 저명인사들의 사회적 교류를 활성화시키는 중심이 되었다. 여기서는 계급과는 상관없이 각자의 재능을 마음껏 발휘할 수 있었다. 귀족 출신의 몽테스키외 · 돌바크 · 콩도르세와 평민 출신의 볼테르 · 디드로 · 달랑베르 등이 살롱을 중심으로 계몽사상이라는 세계를 공유하고 있었다.

살롱 대개 살롱salons은 부유한 부르주아 혹은 귀족가문 출신 여성에 의해 주도되었다. 살롱은 프랑스 특히 파리에 집중되어 있었으나 빈 · 런던 · 베를린 등 그 밖의 유럽 도시에도 생겼다. 살롱은 후원자가 될 중요인사와 저명한 저술가들을 연결시키는 장소였다. 마담 탕생Claudine Alexandrine Guerin de Tencin(1685-1749)은 몽테스키외가 1740년대에 『법의 정신』을 집필할 수 있도록 했으며, 마담 데팡Marie de Vichy-Chamrond, Marquise du Deffand(1697-1780)의 살롱은 1760년대에 계몽사상가, 예컨대 볼테르 · 몽테스키외 · 월폴 등의 토론장이 되었다.

달랑베르의 어머니인 마담 탕생은 루이 15세Louis XV(le Bien-Aimé, 재위: 1715-1774) 시대의 작가였으며 『칼레 포위전』(*Le Siège de Calais*, 1739)이나 『사랑의 불행』(*Les Malheurs de l'Amour*, 1747) 등을 저술하였다.

살롱은 또한 외국 지식인이 계몽사상가들과 교류하는 장소가 되었다. 미국 과학자 프랭클린Benjamin Franklin(1706-1790)이 미국 독립의 명분을 프랑스 국민에게 이해시키기 위해 주로 활동을 벌인 곳도 파리의 살롱이었다.

살롱에서 가장 무게를 둔 것은 세련된 대화와 기지(機智)였다. 살롱에서는 명석한 표현을 통해 일반 대중에게 전달하려는 경향이 지배적이었다. 지식의 대중화와 보급은 당시대의 사회적 요청에 부응하는 것이었다.

그러나 살롱은 흔히 형식과 세련을 강조한 나머지 심각한 사회적 고민을 소홀히 하는 경향이 없지 않았다. 그러므로 루소는 허례허식(虛禮虛飾)에 흐르고 순수성과 진지함을 결여한 살롱문화를 맹렬히 비난하였다.

학회 18세기 사상 전파의 또다른 중요한 중심은 학회였다. 학회는 개인들이 만든 사적 모임부터 국가 주도로 구성된 학술원에 이르기까지 다양하였다. 영국 버밍엄Burmingham의 루나 학회는 혁신적인 산업가와 발명가들의 사적인 포럼이었다.

거의 모든 유럽 국가의 수도에는 과학 발달과 철학 사상의 매개체가 되는 학회들이 설립되었다. 프랑스에는 30개 이상의 학회가 지방 도시에 설립되어 사상적 교두보 역할을 하였다. 이러한 지방 학회는 루이 14세가 죽은 1715년 이후 우후죽순(雨後竹筍)처럼 창립되었다.

대부분의 학회는 처음에 학문적 순수성을 지키려는 목적에서 시작되었다. 따라서 학회는 처음에는 주로 문학을 위한 모임이었으나 점차 그 관심분야가 자연과학이나 상업 · 농업 · 지방행정 등 실제문제로 넓어졌다. 1770년대에 지방 아카데미가 주최한 논문현상과 회원이 출판한 논문들은 인구성장 · 사형 · 형법 · 교육 · 복지 · 곡물무역 · 길드 · 국가주권론 등을 다룬 것이었다. 이 점에서 학회는 이른바 백과전서 정신의 파생물이었다.

학회의 대상 분야가 확대됨에 따라 회원 구성도 달라지기 시작하였다. 지방 아카데미는 지역 귀족이 지배하는 특권적인 조합으로 시작되었으나 점차 공무원 · 의사 · 전문직 등으로 회원 범위가 확대되었다. 학회 구성을 통해 일종의 사회통합이 이루어진 셈이었다.

B. 독서층의 확대

18세기에는 출판업이 두드러지게 성장하여 독서인구 범위가 넓어졌고 서적의 종류 역시 다양해졌다. 교육받은 다양한 계층을 상대로 출판물이 많이 나오게 되었다. 1740년경 영국에서 순회 도서관이 시작된 이래 독서인구가 증가하여 18세기말까지 약 1천 개의 순회도서관이 생겼다.

출판사는 저자와 독자를 이어주는 동시에 책의 편집 · 인쇄 · 판매를 통해 저자 발굴과 판매전략 개발을 주도하였다. 디드로의 『백과전서』나 존슨Samuel Johnson(1709-1784)의 『영어사전』(1755)은 원래 출판사의 착상으로 시작된 것이었다. 과학 · 역사 · 철학 등 이해하기 힘든 저술을 대중적인 읽을거리로 만드는 것도 출판사의 일이었다. 예컨대 볼테르를 비롯해 많은 계몽사상가들이 뉴턴 물리학에 대한 대중적 해설을 발간한 것도 이와 같은 맥락에서였다.

여성 독자들이 증가함에 따라 사랑 이야기, 유행에 관한 출판물도 늘어나고 또 여류문인의 소설과 시가 출판되기 시작하였다.

잡지와 신문 주목할 만한 사실은 정기 간행물의 범람이었다. 이 분야의 선두주자인 영국에서 정기간행물 수가 1700년의 25개에서 1780년에는 158개로 급증하였다.

성공한 잡지 사례로서는 1711년 발간된 『스펙테이터』(*The Spectator*)가 있었다. 이 잡지는 호(號)마다 독자의 도덕심을 고취하고 취미 수준을 높인 세련되고 명석한 산문으로 쓰인 에세이로 구성되었다. 일종의 철학사상의 대중화를 목적으로 한 잡지였다.

이 잡지가 성공을 거두자 여성잡지가 나왔다. 헤이우드Eliza Haywood (1693-1756)는 『여성 스펙테이터』(*The Female Spectator*)를 1744년부터 1756년까지 발간하여 여성의 교양과 사회적 위상을 높이고자 하였다. 비슷한 잡지가 프랑스에서 1759년에 출판되어 『여성잡지』(*Journal des Dames*)가 계몽사상가들의 저술을 해설하고 동시에 여성의 사회적 지위를 쟁점으로 제기하였다.

이색적인 것은 저서의 일부를 발췌하거나 요약을 싣거나 오락거리를 다루는 잡지가 나왔다는 사실이다. 『신사 잡지』(*Gentleman's Magazine*)가 그 예이다. 이 잡지는 1740년 1만5천 부를 판매하였다. 이 밖에 서평이나 과학과 철학에 대한 본격적인 논문을 전문적으로 다루는 학술잡지도 나왔다.

정기간행물의 출판과 함께 신문 발행이 유럽인의 독서습관을 좌우하게 되었다. 일간(日刊) 신문 역시 영국에서 먼저 시작되었다. 영국 신문은 사건보도를 하다가 의회토의의 직접 보도를 둘러싸고 영국정부와 집요한 싸움을 한 끝에 비로소 그 권리를 쟁취하였다.

프랑스에서는 소수의 파리 신문이 독점권을 가지고 있었으나 정부의 검열을 받아야 하였다. 이런 조치는 정부와 정치를 논하는 범위를 대폭 제한시키는 것이었다. 그 반면 나라 밖에서 발간되는 정기 간행물은 프랑스 국내 사건을 보도할 수 있었다. 어쨌든 1789년의 프랑스 혁명과 함께 언론이 대대적으로 발전할 수 있는 계기가 왔다.

C. 대중문화

대중문화가 역사가의 관심 대상이 된 것은 그다지 오래되지는 않았다. 사실상 19세기 이전에는 대중의 역사를 알려주는 직접적 자료가 많지 않았다. 수공업자 · 농민 · 도시 빈민에게 문화란 대개 오락이었으며 또 집단적인 경우가 허다하였다. 대중문화는 문헌보다 상대적으로 가요 · 민담 · 속설에 관한 구비(口碑) · 전승(傳承)에 더 의존하였다.

대중문화는 광장 · 공원 · 극장 등을 중심으로 활성화되었다. 18세기말이 가까워지면서 가로등과 공공교통이 런던을 필두로 몇몇 도시에 나타났다.

이와 함께 도시에는 다방이 생기고 상점은 쇼윈도를 만들어 상품을 진열하였다. 다방은 이야기를 나누거나 독서하는 곳으로 이용되었으며 쇼윈도는 시민과 여행자에게 볼거리를 전시하였다.

대중문학 볼테르의 저술이나 『신사 잡지』의 세계와 동떨어진 곳에 뚜렷한 대중문학의 세계가 있었다. 그 대상은 직인이나 농민 또는 빈곤층으로서 그들은 겨우 문자를 해독할 수 있거나 거의 문자해독을 할 수 없는 사람들이었다. 그들에게는 누군가 한 사람이 큰 소리로 읽어주었을 것이다. 18세기의 출판사는 이 계층을 대상으로 익명 저술의 소책자들을 싸구려 종이에 인쇄하여 싼값에 팔았다. 이러한 소책자는 주로 행상인들이 여러 곳을 돌아다니면서 팔았다.

대중문학 작품에는 세 가지 종류가 있었다. 하나는 성자(聖者) 전기, 교리, 고해 편람, 성서 이야기 등과 같은 모두 간결한 문체로 쓰인 종교서적이었다. 두 번째가 연감(年鑑)이었다. 이것은 농사 · 질병 · 점성술에 관한 지식과 일상생활의 지혜를 주는 책이었다. 셋째는 옛날 이야기 · 민담 · 우화 등 가벼운 읽을거리였다.

문자 해독률과 초등교육 종교동란은 식자율(識字率)을 높이고 초등교육을 보급시키는 계기가 되었다. 가톨릭이나 프로테스탄트는 서로 자기들의 명분을 확고히 하기 위해 신도의 식자율을 높이려고 시도하였다.

프로테스탄트 교회는 문자해독을 장려하고 신자가 성서를 직접 읽을 수 있도록 권장하였다. 이리하여 프로테스탄트가 강세인 스코틀랜드 · 스위스 · 스웨덴은 대개 18세기에 식자율이 상당히 높아졌다. 가톨릭 교회도 역시 문자해독이 교세를 확장하고 이단과 싸우는 데 유리하다고 판단하였다. 주일학교 교사는 읽기를 가르치면서 동시에 종교교육도 병행하였다.

한 프랑스 통계에 따르면 국민의 식자율은 1686년 약 21%에서 1세기 후에는 37%에 달하였다. 그러나 전국적 평균은 지역과 계층에 따라 격차가 크게 벌어졌다. 남프랑스는 북동프랑스에 비해 훨씬 낮은 비율을 보였으며 당연히 농촌은 도시보다 낮았다. 남녀간의 식자율은 1786년에 47% 대 27%로 격차가 심했다.

18세기 계몽사상가들조차 일반대중 교육을 회의적으로 보았다. 보통 사람들을 교육한다는 것은 시간 낭비요, 가계의 손실이라고 생각하였다. 그러므로 18세기의 초등교육은 영국이나 프랑스 등과 같은 주요국가에서도 제도화되지 않았으며, 다만 교구와 교회에 소속된 부속학교가 있을 뿐이었다.

18세기 후반 국가적 차원에서 초등교육을 제도화한 것은 오스트리아였다. 1774년 「합스부르크 일반교육령」은 초등교육의 국가의무를 규정하고 모든 교구학교에 국가보조를 지급한다는 내용을 담고 있었다.

거의 같은 시기에 교사 양성을 목적으로 한 국립 사범학교가 설립되었다. 비슷한 조치를 프로이센의 프리드리히 대왕이 공포했으나 실제로 실시되지는 못하였다.

대중의 오락과 축제 교육받은 엘리트들의 회합 중심이 살롱이나 학회라면 일반대중의 사교장은 조합이나 축제 마당이었다. 오늘의 다방에 해당하는 것이 선술집이었다. 동네 선술집은 특히 일요일이나 월요일에 시끄럽고 북적댔다. 노동자들은 흔히 하루 쉬는 날을 가졌는데 대개 월요일이었기 때문이다.

도시 서민층이 처음으로 포도주를 마시기 시작한 것은 18세기였으나 아직도 포도주는 사치스러운 쪽에 속하였다. 영국에서 싸고 흔한 술은 '진'이었다. 진을 너무 많이 마시는 사람들 가운데서 불구자나 사망자가 생기는 경우가 많았으므로 영국 정부는 진에 대해 중과세 조치를 취하였다.

영국에서 산업화가 진전되기 전 일반 대중의 소일거리는 집단으로 먹고 마시고 게임을 하는 것이었다. 시골 한 해의 정점은 여름 수확이 끝난 초가을이었다. 이 때 대부분의 마을에서는 축제가 수일간 계속되었다. 지방 축제는 특히 미혼 남녀가 서로 만나는 장소가 되었다.

가톨릭 국가에서도 비슷한 축제가 교회 의식과 연결되어 개최되곤 하였다. 지방의 보호 성자(聖者)의 축제가 열리고 사순절 전 카니발Carnival이 성대하게 치러졌다.

D. 문학과 예술

일반적으로 바로크라고 칭하는 17세기의 예술양식과 달리 18세기의 예술양식은 단 하나의 명칭을 붙이기에는 적절하지 않다. 그러나 18세기 문화에도 몇 갈래의 분명한 특징이 나타났다. 즉, 영국에서 소설의 출현, 독일에서 로만주의 희곡의 탄생, 오스트리아에서 교향곡의 발달, 18세기 후반 프랑스에서 회화의 변천 등이 18세기 문예의 주류를 형성했다고도 볼 수 있다.

문학 18세기는 근대소설의 태동기이며 발상지는 영국이었다. 영국 중산층은 리처드슨Samuel Richardson(1689-1761)의 새로운 문학 형식인 소설에 매료되었다.

본래 인쇄공인 러처드슨은 생애 후반에 서간형태로 된 소설을 썼다. 대표적인 것은 『클라리서 할로우』(*Clarissa Harlowe*, 1748)이다. 그는 편지 형식으로 주인공 클라리서의 불행한 일생을 묘사하였다. 이 소설의 바탕에는 계몽사상시대의 이성주의적인 억제와 새로운 시대의 감상주의(感傷主義)가 함께 뒤섞여 있다.

계몽사상시대의 정신을 표현한 또다른 영국소설가는 스몰렛Tobias Smollet(1721-1771)이었다. 그는 런던의 의사였으나 익명으로 성공을 거둔 후에는 본격적으로 작가생활을 하면서 많은 신비소설을 썼다. 『랜덤의 모험』(*The Adventure of Roderick Random*, 1748)에서 그는 온갖 어려운 해군생활의 진수를 표현하려고 하였다.

필딩Henry Fielding(1707-1754)은 판사였으나 몰리에르 식 희극을 씀으로써 작가생활을 시작하였다. 그는 사실적인 소설을 썼다. 대표 작품 『톰 존즈』(*Tom Jones*, 1749)에서 그는 지방의 상층계급과 도시 빈민굴을 함께 묘사하였다.

독일 문학의 원천은 레싱Gotthold Ephraim Lessing(1729-1781)의 연극과 '질풍노도'(疾風怒濤: Sturm und Drang) 운동에 있었다. 레싱은 극작가이며 평론가로서 잡지를 공동 창간하였다. 그는 희곡과 비극을 함께 다루어 중산층 생활과 종교적 관용을 설득하였다.

레싱은 1760년대에 낭만적인 희극 작품 「민나 폰 반헬름」(*Minna von Barnhelm*)을 발표하였다. 또 극시(劇詩) 「현인(賢人) 나탄」(*Nathan der Weise*, 1779)에서는 종교적 관용을 주장하였다.

18세기는 산문의 세기였다. 많은 훌륭한 산문작가들이 대부분 프랑스, 독일 및 영국에서 나왔다. 볼테르의 수필, 레싱의 극작, 기번의 역사, 존슨의 산문 등이 탁월하였다. 특히 기번은 한때 정치생활을 했으나 『로마제국 쇠망사』(1788)를 통해 역사가로서의 명성을 떨쳤다.

존슨은 사전 편찬자이며 평론가였다. 흔히 '존슨 박사'로 알려진 그는 1755년 사전 출판을 계기로 큰 명성을 얻었다. 각지를 널리 여행한 그는 시 또는 서평이나 문학평론을 통해 영어 문체를 세련화시켰다.

미술 신고전주의(Neo-Classicism)가 18세기의 미술을 지배하였다. 건축과 회

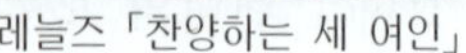

레늘즈「찬양하는 세 여인」

게인즈버러「호우 백작부인 매리」

호가스「결혼식 직후」

왓토「아프로디테 참배」

프라고나르「러브레터」

부셰「포로가 된 큐피드」

화에서는 균형과 조화를 중시하였다. 신고전주의에 이르러 바로크 시대의 극적 효과나 역동성은 사라지고 그 대신 우아함과 안정감이 지배적인 특징이 되었다. 그 한 예는 런던의 시청건물이나 파리의 콩코르드Concorde 광장 주변의 건물에서 찾을 수 있다.

회화에서 신고전주의를 대표한 화가는 레늘즈Joshua Reynolds(1723-1792)이다. 그는 3년간 이탈리아에서 공부하고 귀국한 후 초상화가로서의 명성을 얻었다. 영국 왕을 비롯해 당시의 명사들, 예컨대 존슨 박사, 버크, 보즈웰James Boswell(1740-1795), 기번 등의 초상화를 그렸다.

레늘즈의 시대는 영국 회화사에서 초상화의 전성기이다. 우수한 초상화를 제작한 작가들을 들면 로렌스Sir Thomas Lawrence(1769-1830), 호가스William Hogarth(1697-1764), 게인즈버러Thomas Gainsborough(1727-1788), 롬니George Romney(1734-1802) 등이 있다.

이 중에서도 레늘즈에 비견할 수 있는 탁월한 초상화가는 호가스이다. 그는 주로 역사화를 그렸으나 결국 훌륭한 초상화가로서 유명하게 되었다. 그는 신고전주의라는 형식에 얽매이지 않고 독특한 방식으로 그렸다. 대중적인 시장이나 런던의 악덕을 가차없이 묘사한 풍자적인 그림을 그렸다.

18세기 프랑스의 경우 바로크 양식을 연장한 로코코rococo 양식이 풍미하였다. 루이 15세 시대에 유행한 로코코 양식은 상대적으로 경쾌하고 우아·섬세한 것이다. 대표적인 로코코 화가는 왓토Jean Antoine Watteau(1684-1721)와 프라고나르Jean Honoré Fragonard(1732-1806)였다. 왓토는 목동, 시골 무도회 등 목가적인 풍경을 그렸으며 판화 화가이기도 한 프라고나르는 비유적인 그림을 그렸다.

로코코 시대에서 주목되는 사실은 이국 취미, 특히 중국 풍물에 대한 유행이었다. 중국의 벽지·가구·도자기·두루말이 등이 사람들의 큰 관심을 끌었다. 이것을 '중국취향'(chinoiserie)이라고 하였다.

한편 고딕 양식이 건축이나 정원 설계에서 부활되었다. 예를 들면 정원술에서 루이 14세 양식이라 할 수 있는 기하학적 정원 꾸미기는 없어지고 탑이나 첨탑이 정원 속에 서게 되었다.

18세기 후반의 문화에서 나타나기 시작한 동양 취미·자연숭배·고딕 취미 등은 장차 다가올 로만주의 시대를 예고한 것이었다.

바흐

18세기 음악 음악은 18세기를 통해 매우 번성했으며 많은 탁월한 음악가들이 배출되었다. 미술의 경우와는 달리 음악은 좁은 고전주의나 합리주의의 테두리를 벗어나 자유롭게 발달하였다.

18세기의 전환기를 전후하여 나타난 바흐Johann Sebastian Bach(1685-1750)는 17세기적인 바로크 음악을 완성하였다. 오르간 연주자인 그는 대위

법(對位法)의 대가로서 수많은 교회음악을 작곡하였다. 바흐의 경건한 교회음악은 계몽사상시대의 반(反)교회적 경향과는 동떨어진 것이다.

헨델George Frederick Handel(1685-1759)은 마흔이 넘어 영국으로 귀화한 독일 작곡가였다. 40개 이상의 오페라와 20개 이상의 오라토리오 및 교회음악을 작곡하였다.

헨델

바흐와 헨델의 시대를 지나 18세기 후반에는 본격적인 오케스트라 음악이 나왔다. 종래의 하프시코드보다 건반 범위가 넓은 피아노가 나왔으며 새로운 기악 형식으로 소나타 또는 교향곡이 작곡되었다. 새로운 기악은 주로 오스트리아 출신 작곡가 하이든Franz Joseph Haydn(1732-1809)에서 비롯되었다. 그는 모차르트와 오랜 우정을 나누었으며 그의 후기 교향곡에 영향을 끼쳤다.

한편 오페라는 게이John Gay(1685-1732)에서 시작되었다. 게이는 1728년 「거지 오페라」(*Beggar's Opera*)라는 극작(劇作)에서 영국 사회와 정치를 풍자하였다. 후에 바바리아 출신 글루크Christoph Willibald Gluck(1714-1787)는 자신의 음악 형식을 개선하기 위해 새로운 양식의 오페라를 작곡하여 걸작품을 내놓았다. 글루크의 오페라는 잘 구성된 악극(樂劇)이었다. 그의 악극에 등장되는 주인공들 역시 전통적인 신화 속의 낯익은 대상이었으나 그가 새로운 기운을 불어넣었다고 할 수 있다.

하이든

이상의 모든 새로운 음악 형식, 즉 오페라 · 교향곡 · 실내악 등은 빈파의 주요 작곡가 중 한 사람인 모차르트Wolfgang Amadeus Mozart(1756-1791)에 이르러 절정에 달하였다.

모차르트는 음악가정에서 태어났다. 아버지(Johann Georg Leopold Mozart, 1719-1787)는 유명한 바이올리니스트 · 작곡가였으며 누이(Maria Anna Mozart, 1751-1829)는 피아노의 신동이었다. 모차르트와 함께 세 사람은 연주여행으로 전유럽을 누비고 다녔다.

모차르트의 천재성은 나이가 들수록 더욱 원숙해져서 다양한 작곡에서 표현되었다. 그는 「피가로의 결혼」(1786), 「돈 지요반니」(1787), 「마적(魔笛)」(1791) 등을 포함하여 약 600편 이상의 작품을 남겼으나 가난 속에서 35세의 젊은 나이에 요절하였다.

모차르트

18세기 음악가의 내적 세계는 계몽사상시대의 보편성 원리와 거의 완전한 일치를 보았다. 위대한 독일 음악가들은 좁은 민족감정에 구애받지 않았다. 그들은 유럽의 어느 곳에 가든지 수준 높은 청중을 대하고 후원을 아끼지 않는 군주제후를 만났으며, 그만큼 마음 편히 지낼 수 있었다. 빈과 밀라노, 런던과 파리가 다같이 그들의 활동무대가 되었다. 그러나 18세기말에 다가서면서 계몽사상의 기반인 합리주의가 점차 퇴색하고 대신 강렬한 정서와 자연적 감정을 예술 형식을 통해 표출하기 시작하였다.

■ 더 참고할 책 ■

제10장 혁명의 시대

Brinton, Crane, *The Anatomy of Revolution* (Vintage).

Bury, J. B., *The Idea of Progress* (Dover).

Cassirer, Ernst, *The Philosophy of the Enlightenment* (Beacon).

Crocker, Lester G., *An Age of Crisis* (Praeger).

Dehio, L., *The Precarious Balance* (Vintage).

Gershoy, Leo, *From Despotism to Revolution, 1763-1789* (Torchbooks).

Hill, Christopher, *Reformation to the Industrial Revolution* (Penguin).

Hobsbaum, E. J., *The Age of Revolution: Europe, 1783-1848* (Mentor).

Palmer, Robert R., *The Age of the Democratic Revolution: A Political History of Europe and America, 1760-1800*, 2 vols. (Columbia).

Rudé, Georges, *Revolutionary Europe. 1783-1815* (Torchbooks).

Sorel, A., *Europe Under the Old Regime* (Torchbooks).

Thompson, James W., *European History, 1494-1789* (Torchbooks).

White, R. J., *Europe in the Eighteenth Century* (St. Martin' s).

1. 지적 혁명

Armitage, Angus, *The World of Copernicus* (Signet).

Becker, Carl, *The Heavenly City of the Eighteenth-Century Philosophers* (Yale).

Biagioli, Mario, *Galileo, Courtier: The Practice of Science in the Culture of Absolutism* (1993).

Brewer, John, *The Pleasures of the Imagination: English Culture in the Eighteenth Century* (1997).

Brinton, Crane. *The Shaping of Modern Thought* (Mentor).

Bronowski, Jacob, and Bruce Mazlish, *The Western Intellectual Tradition from Leonardo to Hegel* (Torchbooks). 국역 『서양의 지적 전통』(학연사, 1985).

Burtt, E. A., *The Metaphysical Foundations of Modern Science* (Mentor).

Butterfield, Herbert, *The Origins of Modern Science, 1300-1800* (Collier). 국역 『근대과학의 기원』(탐구당, 1980).

Cassirer, Ernst, *The Question of Jean-Jacques Rousseau* (Torchbooks).

Cobban, Alfred, *Rousseau and the Modern State* (Penguin).

Cragg, G. R., *The Church and the Age of Reason, 1648-1789* (Torchbooks).

Cranston, Maurice, *Jean-Jacques, The Noble Savage* (1982).

Cranston, Maurice, *The Solitary Self* (1991).

Gay, Peter, *The Enlightenment: An Interpretation*, 2 vols. (Vintage).

Goodman, Dena, *The Republic of Letters: a Cultural History of the French Enlightenment* (1994).

Gierke, Otto Von, *Natural Law and The Theory of Socicty: 1500 to 1800* (Beacon).
Grimsley, Ronald, *The Philosophy of Rousseau* (Oxford).
Guerlac, Henry, *Antoine-Laurent Lavoisier* (Scribner' s).
Hall, A. R., *The Scientific Revolution, 1500-1800* (Beacon).
Hampson, Norman, *A Cultural History of the Enlightenment* (Torchbooks).
Hazard, Paul, *European Mind: The Critical Years, 1680-1715* (Torchbooks).
Jacob, Margaret, *The Cultural Meaning of the Scientific Revolution* (1989).
Kearney, H. F., *Origins of the Scientific Revolution* (Barnes and Noble).
Kemp, John. *The Philosophy of Kant* (Oxford).
Koyré, Alexander, *From the Closed World to the Infinite Universe* (Torchbooks).
Krailsheimer, Alban, *Pascal* (1980).
Krieger, L., *Kings and Philosopher, 1689-1789* (Norton).
Kuhn, Thomas S., *The Copernican Revolution* (Vintage).
Kuhn, Thomas S., *The Structure of Scientific Revolution*. enl. ed. (Phoenix).
Lovejoy, Arthur O., *The Great Chain of Being* (Torchbooks). 국역 『존재의 대연쇄』 (탐구당, 1984).
Marsak, Leonard M., ed., *The Rise of Science in Reference to Society* (Macmillan).
McGiffert, A. C., *Protestant Thought before Kant* (Torchbooks).
Martin, Kingsley, *French Liberal Thought in the Eighteenth Century* (Torchbooks).
Merton. Robert K., *Science, Technology and Society in Seventeenth Century England* (Torchbooks).
Mowat, R. B., *The Age of Reason* (Harbinger).
Nussbaum, F. L., *The Triumph of Science and Reason, 1660-1685* (Torchbooks).
Porter, Roy, and Mikulas Teich, ed., *The Enlightenment in National Context* (1981).
Santillana, Giorgio de, *The Crime of Galileo* (Penguin).
Shapin, S., *The Scientific Revolution* (1996).
Smith Preserved, *The Enlightenment, 1687-1776* (Cornell).
Snyder, L. L., *The Age of Reason* (Anvil).
Talmon, J. L., *The Origins of Totalitarian Democracy* (Praeger).
Toulmin, Stephen E., *The Philosophy of Science* (Torchbooks).
Tuck, Richard, *Hobbes* (1989).
Turberville, A. S., *English Men and Manners in the Eighteenth Century* (Galaxy).
Westfall, Richard S., *Never at Rest: A Biography of Isaac Newton* (1980).
Whitehead, Alfred N., *Science and the Modern World* (Mentor).
Willey, Basil, *The Seventeenth-Century Background* (Anchor).
Willey, Basil, *The Eighteenth-Century Background* (Beacon).
송규범 "John Locke의 재산론" 『서양사연구』:2 (1980).

▶ 자료

Crocker, Lester, ed., *The Age of Enlightenment.*

Drake, Stillman, tr. and ed., *Discoveries and Opinions of Galileo.*

Gay, Peter, ed., *The Enlightenment: a Comprehensive Anthology.*

Gendzier, Stephen, ed., *Denis Diderot: The Encyclopedia: Selections.*

Hall, Marie Boas, ed., *Nature and Nature's Laws: Documents of the Scientific Revolution.*

Hobbes, Thomas, *Leviathan.*

Locke, John, *Second Treatise of Civil Government.*

Redman, B. R., ed., *The Portable Voltaire.*

Rousseau. Jean-Jacques, *The Social Contract and Discourses.*

2. 아메리카 혁명

Alden, R., *The American Revolution, 1775-1783* (Torchbooks).

Bailyn, Bernard, *The Ideological Origins of the American Revolution* (Paperbacks).

Becker, Carl, *The Declaration of Independence: A Study in the History of Political Ideas* (Vintage).

Brinton, Crane, *Anatomy of Revolution*, rev. ed. (Vintage).

Draper, Theodore, *A Stuggle for Power: The American Revolution* (1996).

Gipson, Lawrence H., *The Coming of the Revolution. 1763-1775* (Torchbooks).

Holmes, Geoffrey, *The Age of Oligarchy: Pre-industrial Britain, 1722-1783* (1993).

Jameson, John F., *The American Revolution Considered as a Social Movement* (Beacon).

Langley, Lester D., *The Americas in the Age of Revolution, 1750-1850* (1997).

McIlwain, Charles, *The American Revolution: A Constitutional Interpretation* (Great Seal Books).

Maier, Pauline, *From Resistance to Revolution* (Vintage).

Middlekauff, Robert, *The Glorious Cause: the American Revolution 1763-1789* (1982).

Miller, J. C., *Origins of the American Revolution* (Stanford U. P.).

Morgan, Edmund S., *The Birth of the Republic, 1763-1789* (Phoenix).

Namier, L. B., *The Structure of Politics at the Accession of George III* (St. Martin's).

Namier, L. B., *England in the Age of the American Revolution* (St. Martin's).

Norton, Mary Beth, *Liberty's Daughters: The Revolutionary Experience of American Women, 1750-1800* (1980).

Wood, Gordon S., *The Radicalism of the American Revolution* (1991).

▶ 자료

Beloff, M., ed., *The Debate on the American Revolution, 1761-1783.*

3. 프랑스 대혁명

Amann, P., ed., *The Eighteenth-Century Revolution: French or Western?* (Heath).

Baker, Keith, ed., *The French Revolution and the Creation of Modern Political*

Culture: IV: The Terror (1994).

Beherens, C. B. A., *The Ancien Régime* (Harcourt).

Bertaud, Jean-Paul, *The Army of the French Revolution* (1988).

Blanning, T. C. W., *The French Revolutionary Wars, 1787-1802* (1996).

Blum, Jerome, *The End of the Old Order in Rural Europe* (Meridian).

Brinton, C., *A Decade of Revolution, 1789-1799* (Torchbooks).

Censer, Jack, and Jeremy Popkin, ed., *Press and Politics in Pre-Revolutionary France* (1987).

Chartier, Roger, *The Cultural Origins of the French Revolution* (1991).

Christie, Ian, *Wars and Revolutions: Britain, 1760-1815* (1982).

Cobban, Alfred, *The Social Interpretation of the French Revolution* (Torchbooks).

Darnton, Robert, *The Forbidden Best Sellers of Pre-Revolutionary France* (1995).

Darnton, Robert, *The Great Cat Massacre and Other Essays in French Cultural History* (1984).

Doyle, William, *Origins of the French Revolution* (1980).

Doyle, William, *The Oxford History of the French Revolution* (1989).

Fick, Carolyn, *The Making of Haiti: The Saint Domingue Revolution from Below* (1990).

Ford, Franklin, *Robe and Sword* (Torchbooks).

Forrest, Alan, *Soldiers of the French Revolution* (1990).

Forrest, Alan, *The French Revolution and the Poor* (1982).

Furet, François, *Revolutionary France, 1770-1880*, tr. A. Nevill (1992).

Furet, François, and Mona Ozouf, eds., *A Critical Dictionary of the French Revolution* (1989).

Gershoy, Leo, *From Despotism to Revolution, 1753-1789* (Torchbooks).

Goodwin, Albert, *The French Revolution* (Torchbooks).

Gottschalk, Louis R., *Jean-Paul Marat* (Poenix).

Gottschalk, Louis R., and Donald Lach, *Toward the French Revolution* (Scribner's).

Hampson, Norman, *A Social History of the French Revolution* (U. of Toronto P.).

Hobsbawm, Eric, *Echoes of the Marseillaise: Two Centuries Look Back on the French Revolution* (1990).

Hobsbaum, E. J., *The Age of Revolution, 1789-1848* (Mentor).

Hufton, Olwen, *Women and the Limits of Citizenship in the French Revolution* (1992).

Hunt, Lynn, *Politics, Culture, and Class in the French Revolution* (1984).

Jones, Peter, *The Peasantry in the French Revolution* (1988).

Kaplow, J., *New Perspectives on the French Revolution* (Wiley).

Kennedy, Emmet, *A Cultural History of the French Revolution* (1989).

Kennedy, Michael, *The Jacobin Clubs in the French Revolution*, 2 vols. (1982;

1988).

Kofker, F. A., and Laux, J. M., *The French Revolution: Conflicting Interpretations* (Random House).

Landes, Joan, *Women and the Public Sphere in the Age of the French Revolution* (1988).

Lefebvre, Georges, *The Great Fear of 1789* (Vintage).

Lefebvre, Georges, *Quatre-vingt-neuf* (1970). tr. R. R. Palmer, *The Coming of the French Revolution* (Vintage).

Maza, Sarah, *Private Lives and Public Affairs: the Causes Célébres of Pre-Revolutionary France* (1993).

Palmer, Robert R., The World of the French Revolution (Phoenix).

Palmer, Robert R., *Twelve Who Ruled: The Committee of Public Safety during the Terror* (Atheneum).

Palmer, Robert R., *The Improvement of Humanity: Education and the French Revolution* (1985).

Popkin, Jeremy, *Revolutionary News: The Press in France 1789-1799* (1990).

Roche, Daniel, *The People of Paris: An Essay on Popular Culture in the Eighteenth Century* (1987).

Rudé, Georges, *Robespierre: A Portrait of a Revolutionary Democrat* (Prentice-Hall).

Rudé, Georges, *The Crowd in History: A Study of Popular Disturbances in France and England, 1730-1815* (Oxford).

Salvemini, G., *The French Revolution, 1788-1792* (Norton).

Schama, Simon, *Citizens: A Chronicle of the French Revolution* (1989).

Soboul, Albert, *The Parisian Sans-Culottes and the French Revolution, 1793-4* (Torchbooks).

Soboul, Albert, *The French Revolution, 1787-1789* (Vintage).

Sutherland, Donald, *France 1789-1815: Revolution and Counter-revolution* (1985).

Tackett, Timothy, *Becoming a Revolutionary: The Deputies of the French National Assembly and the Emergence of a Revolutionary Culture (1789-1790)* (1996).

Tackett, Timothy, *Religion, Revolution, and Regional Culture in Eighteenth-Century France: The Ecclesiastical Oath of 1791* (1986).

Thompson, James M., *Robespierre and the French Revolution* (Collier).

Tocqueville, Alexis de, *L'Ancien Régime et la Révolution* (1856). Eng. tr. (Anchor).

Venturi, Franco, *The End of the Old Regime in Europe, 1768-1789*, 3 vols. (1989-1995).

Vovelle, Michel, *The Fall of the French Monarchy, 1787-1792* (1984).

Woloch, Isser, *The New Regime: Transformations of the French Civic Order, 1789-1820s* (1994).

Woronoff, Denis, *The Thermidorian Regime and the Directory* (1984).

노명식 『프랑스혁명에서 빠리 콤뮨까지』(까치, 1980).

▶ 자료

Beik, Paul H., ed., *The French Revolution.*

Blanc, Olivier, ed., *Last Letters: Prisons and Prisoners of the French Revolution, 1793-1794.*

Burke, Edmund, *Reflections on the Revolution in France* [1790].

Hunt, Lynn, ed., *The French Revolution and Human Rights: A Brief Documentary History.*

Levy, Darlene, H. Applewhite, and M. Johnson, ed., *Women in Revolutionary Paris, 1789-1795.*

Kirchberger, Joe H., ed., *The French Revolution and Napoleon: An Eyewitness History.*

Stewart, J. H., *A Documentary Survey of the French Revolution.*

Walzer, Michael, tr. and ed., *Regicide and Revolution: Speeches at the Trial of Louis XVI.*

Young, Arthur, *Travels in France during the Years 1787, 1788, 1789.*

4. 나폴레옹 시대

Alexander, Don, *Rod of Iron: French Counterinsurgency Policy in Aragon during the Peninsular War* (1985).

Bergson, Louis, *France under Napoleon* (1981).

Broers, Michael, *Europe under Napoleon, 1799-1815* (1996).

Bruun, Geoffrey, *Europe and the French Imperium, 1799~1815* (Torchbooks).

Butterfield, Herbert, *Napoleon* (Collier).

Carr, Raymond, *Spain 1808-1975* (1982).

Chandler, David G., *Napoleon's Marshals* (1986).

Connelley, Owen, *Blundering to Glory: Napoleon's Military Campaigns* (1988).

Ellis, Geoffrey, *Napoleon* (1997).

Ellis, Geoffrey, *Napoleon's Continental Blockade: The Case of Alsace* (1981).

Elting, John, *Swords around a Throne: Napoleon's Grande Armee* (1988).

Ferrero, Guglielmo, *The Reconstruction of Europe* (Norton).

Forrest, Alan, *Conscripts and Deserters: The Army and French Society during the Revolution and Empire* (1988).

Gates, David, *The Spanish Ulcer: A History of the Peninsular War* (1986).

Geyl, Pieter, *Napoleon, For and Against* (Humanities).

Herold, J. Christopher, *The Age of Napoleon* (Penguin).

Holborn, Hajo, *Germany and Europe: Historical Essays* (Doubleday).

Holtman, R. B., *The Napoleonic Revolution* (Lippincott).

Lyons, Martyn, *Napoleon Bonaparte and the Legacy of the French Revolution* (1994).

Markham, Felix M H., *Napoleon* (Oxford).

Markham, Felix M. H., *Napoleon and the Awakening of Europe* (Collier).

Pinkney, D. H., ed., *Napoleon: Historical Enigma* (Heath).

Tulard, Jean, *Napoleon: The Myth of the Savior* (1984).

Weigley, R. F., *The Age of Battles: The Quest for Decisive Warfare from Breitenfeld to Waterloo* (1991).

▶ 자료

Caulaincourt, Armand A. L. de, *With Napoleon in Russia.*
Herold, J. C., ed., *The Mind of Napoleon: A Selection from his Written, Spoken Words.*
Thompson, J. M., ed., *Napoleon Self-Revealed.*
Thompson, J. M., ed., *Napoleon's Letters.*
Walter, Jakob, *The Diary of a Napoleonic Foot Soldier*, ed. M. Raeff.

5. 산업혁명

Ashton, Thomas S., *The Industrial Revolution, 1760-1830* (Galaxy).
Berg, Maxine, *The Age of Manufactures: Industry, Innovation and Work in Britain, 1700-1820* (1986).
Chevalier, Louis, *Laboring Classes and Dangerous Classes in Paris during the First Half of the Nineteenth Century*, tr. Fank Jellinek (1981).
Cipolla, Carlo, *Economic History of World Population* (Penguin).
Clapham, John, *The Economic Development of France and Germany, 1815-1914* (Cambridge).
Coffin, Judith G., *The Politics of Women's Work: The Paris Garment Trades, 1750-1915* (1996).
Davidoff, Leonore, and Catherine Hall, *Family Fortunes: Men and Women of the English Middle Class, 1780-1850* (1985).
Deane, Phyllis, *The First Industrial Revolution*, 2nd ed. (Cambridge U. P.).
De Vries, Jan, *European Urbanization, 1500-1800* (1984).
Denis, Richard, *English Industrial Cities of the Nineteenth Century* (1984).
Flinn, M. W., *The European Demographic System, 1500-1820* (1981).
Frader, Laura L., and Sonya O. Rose, *Gender and Class in Modern Europe* (1996).
George, Dorothy M., *England in Transition: Life and Work in the Century* (Penguin).
Gideon, Siegfried, *Mechanization Takes Command* (Meridian).
Goodman, J., and K. Honeyman, *Gainful Pursuits: The Making of Industrial Europe, 1600-1914* (1988).
Hartwell, R. M., ed., *The Causes of the Industrial Revolution* (Torchbooks).
Headrick, Daniel R., *The Tentacles of Progress: Technology Transfer in the Age of Imperialism* (1988).
Hohenberg, Paul M., and Lynn Holen Lees, *The Making of Urban Europe* (1988).
Henderson, W. O., *The Industrialization of Europe: 1780-1914* (Torchbooks).
Hobsbawm, E. J., *The Age of Revolution, 1789-1848* (Mentor).
Kemp, Tom, *Historical Pattern of Industrialization*, 2nd ed. (1993).
Kenwood, A. G., and A. I. Lougheed, *Technological Diffusion and Industralisation before 1914* (1982).
Landes, David S., *The Wealth and*

Poverty of Nations: Why Some Are So Rich and Some So Poor (1998).

Landes, David S., *The Unbound Prometheus: Technological Change and Industrial Development in Western Europe from 1750 to the Present* (Praeger).

Mantoux, Paul, *The Industrial Revolution in the Eighteenth Century: An Outline of the Modern Factory System in England* (Torchbooks).

Mathias, Peter, *The Transformation of England* (Methuen).

Mathias, Peter, *The First Industrial Nation: An Economic History of Britain, 1700-1914*, 2nd ed. (Torchbooks).

Mokyr, Joel, *The Lever of Riches: Technological Creativity and Economic Progress* (1990).

Mumford, Lewis, *Technics and Civilization* (Harbinger).

North, Douglass C., *Structure and Change in Economic History* (1981).

Olsen, Donald J., *The City as a Work of Art: London, Paris, Vienna* (1986).

Pawson, Eric, *The Early Industrial Revolution: Britain in the Eighteenth Century* (Batsford Academic).

Pollard, Sidney, Peaceful Conquest, *The Industrialization of Europe 1760-1970* (1981).

Post, John D., *Food Shortage, Climatic Variability, and Epidemic Disease in Pre-industrial Europe: The Mortality Peak in the Early 1740's* (1985).

Price, Roger, *An Economic History of Modern France, 1730-1914* (1981).

Rostow, W. W., *Stages of Economic Growth: A Non-Communist Manifesto* (Cambridge U. P.).

Segalen, Martine, *Love and Power in the Peasant Family: Rural France in the Nineteenth Century*, tr. J. C. Whitehouse and Sarah Mathews (1983).

Sewell, William H., Jr., *Work and Revolution in France. The Language of Labor from the Old Regime to 1848* (1980).

Smith, Bonnie G., *Changing Lives: Women in European History Since 1700* (1989).

Stearns, Peter N., *The Industrial Revolution in World History* (1993).

Stearns, Peter N., *and Henrick Chapman, European Society in Upheaval: Social History since 1750*, 3rd ed. (1992).

Tawney, R. H., *The Acquisitive Society* (Harvest).

Teich, Mikulas, and Roy Porter, ed., *The Industrial Revolution in National Context: Europe and the U. S. A.* (1996).

Thompson, Edward P., *The Making of the English Working Class* (Praeger).

Tilly, Louis A., *Industralization and Gender Inequality* (1993).

Toynbee, Arnold, *Lectures on the Industrial Revolution of the Eighteenth Century in England* (Beacon).

Trebilcock, Clive, *The Industrialization of the Continental Powers, 1780-1914* (1981).

Usher, Abbott, *A History of Mechanical Inventions* (Beacon).

Valenze, Deborah, *The First Industrial*

Woman (1995).

Wrigley, E. A., *Population and History* (Torchbooks).

▶ 자료

Engels, Friedrich, *The Condition of the Working Class in England.*

Forster, Robert, and Elborg Forster, eds., *European Society in the Eighteenth Century.*

Marx, Karl, and Friedrich Engels, *The Communist Manifesto,* tr. Samuel Moore.

Wilson, Charles, and Geoffrey Parker, *An Introduction to the Sources of European Economic History, 1500-1800.*

6. 18세기 문화

Bazin, G., *Baroque and Rococo Art* (Praeger).

Brewer, John, *The Pleasures of the Imagination: English Culture in the Eighteenth Century* (1997).

Censer, Jack, and Jeremy Poplin, eds., *Press and Politics in Pre-Revolutionary France* (1987).

Cragg, G. R., *The Church and the Age of Reason, 1648-1789* (Meridian).

Crow, Thomas, *Painters and Public Life in Eighteenth Century Paris* (1985).

Dent, E. J., *Mozart's Operas* (Oxford).

Einstein, A., *Mozart* (Galaxy).

Furet, François, and Jacques Ozouf, *Reading and Writing: Literacy in France from Calvin to Jule Ferry* (1982).

Goodman, Dena, *The Republic of Letters: A Cultural History of the French Enlightenment* (1994).

Grew, E. M., *Bach* (Collier).

Hampson, Norman, *A Cultural History of the Enlightenment* (Torchbooks).

Isherwood, Robert, *Farce and Fantasy: Popular Entertainment in Eighteenth-Century Paris* (1986).

Joeres, Ruth-Ellen, and Mary Jo Maynes, eds., *German Women in the Eighteenth and Nineteenth Centuries* (1986).

McClellan, James, *Science Reorganized: Scientific Societies in the Eighteenth Century* (1985).

Marker, Gary, *Publishing, Printing and the Origins of Intellectual Life in Russia, 1700-1800* (1985).

Melton, James Van Horn, *Absolutism and the Eighteenth-Century Origins of Compulsory Schooling in Prussia and Austria* (1988).

Paulson, Ronald, *Hogarth: His Life, Art, and Times,* abr. ed. (1984).

Porter, Roy, and Milulas Teich, ed., *The Enlightenment in National Context* (1981).

Roche, Daniel, *The People of Paris: An Essay on Popular Culture in the Eighteenth Century* (1987).

Spencer, Samia, ed., *French Women and the Age of Enlightenment* (1984).

▶ 자료

Mohl, Mary R., and Helene Koon, eds., *The Female Spectator: English Women Writers Before 1800.*

※ 더 참고할 책의 최신 목록은 〈**blog.daum.net/chasworldhistory**〉 참조

제
11
장

자유주의와 내셔널리즘

민중을 이끄는 자유의 여신(들라크로아)

주요연대

1814-1815	빈 회의
1818-1866	독일의 관세동맹
1823	먼로주의 선포
1829	그리스 독립
1830	프랑스 7월 혁명
1831	벨기에 독립선언
1832	영국의 제1차 선거법 개정; 1867(제2차); 1888(제3차)
1838-1848	차티스트 운동
1844	최초의 전신
1848	프랑스 2월 혁명
1848	공산당 선언
1852-1870	프랑스 제2제정
1853-1856	크리미아 전쟁
1861	러시아 농노해방
1861-1865	미국의 남북전쟁
1866	프로이센-오스트리아 전쟁
1869	수에즈 운하
1870	이탈리아 통일
1870-1871	프랑스-프로이센 전쟁
1871	독일 통일
1871	파리 코뮨
1872-1886	독일의 문화투쟁
1875-1940	프랑스 제3공화정
1877-1878	러시아-터키 전쟁
1882-1914	삼국동맹
1888-1918	독일 빌헬름 2세의 친정(親政)
1891	브라질 공화국 성립
1894-1905	드레퓌스 사건
1898	미국-스페인 전쟁
1899-1902	보아전쟁
1904-1905	러시아-일본 전쟁
1905	러시아 혁명
1907	삼국협상
1908	청년 터키당의 폭동
1912-1913	발칸 전쟁

나폴레옹 제국을 전복시킨 것은 영국 · 러시아 · 프로이센 · 오스트리아 등 유럽 주요국가들의 대동맹이었다. 따라서 나폴레옹이 물러난 후 유럽의 평화와 안전을 결정할 주체는 바로 이 네 나라였다. 거의 예외 없이 4대국의 통치자들은 보수적이었다. 특히 오스트리아와 프로이센에서는 반동적인 보수주의자들이 지배했으며 영국의 토리당 정부 역시 국내외로 보수정책을 밀고 나가려 하였다.

오스트리아가 주축이 된 이 시기의 일반적인 국제정치 경향은 프랑스 혁명과 나폴레옹의 유산을 전적으로 말살하려는 것이었다. 따라서 신성동맹이나 4국동맹이 주축이 되어 각국내의 혁명운동이 지지되고 군주제가 강화되었다.

그러나 이미 뿌려진 자유주의의 씨는 싹터 계속 성장하고 있었으며, 특히 새로운 산업주의의 대두로 일어난 사회 · 경제적 변혁은 각국 피지배층의 정치의식을 깨우쳐 놓았다.

1815년부터 1850년대까지의 유럽사는 내셔널리즘, 자유주의 및 로만주의의 발전과정을 통해 전개되었다. 내셔널리즘은 모든 민족집단이 주체성 문제를 외부 간섭 없이 해결할 수 있는 독립과 자유를 획득하기 위한 투쟁이었다.

로만주의로 알려진 문예운동은 내셔널리즘 및 자유주의와 일맥 상통하는 운동이었다. 그것은 개인의 권리를 존중하며 인간성의 착함을 믿었다. 중세나 고대의 전설과 영웅의 이야기를 되살리면서 로만주의 작가들은 흔히 내셔널리즘과 민주주의의 원리를 강조하였다.

1850-1870년 내셔널리즘의 물결이 거세어져 곳곳에서 민족의 독립과 자유를 주장하는 운동이 전개되었다. 가장 전형적인 유럽 내셔널리즘은 민족 통일을 달성한 이탈리아와 독일에서 나타났다.

이탈리아와 독일의 내셔널리즘은 단순히 국가적 통일로 끝나지 않고 민족의 번영과 국가의 팽창을 위한 제국주의적 침략으로까지 확장되었다. 그러한 내셔널리즘의 과잉성장은 1870년대부터 20세기초에 걸쳐 일어난 아시아 · 아프리카에 대한 무자비한 정복과 식민운동을 초래하였다. 이는 다른 이유와 함께 20세기 세계대전의 원인이 되었다.

1. 자유주의의 확대

프랑스 혁명은 다른 나라의 혁명운동이나 독립운동을 자극했을 뿐 아니라 자유주의 이데올로기에 사상적 기반을 확립하는 계기가 되었다. 어떤 사상가는 현존사회를 합리화했으며 어떤 사상가는 더 향상된 사회를 위해 기존사회를 비판하였다.

프랑스 혁명이 일어났을 당시에는 프랑스 혁명을 강력히 비판하는 소리도 없지 않았다. 비판은 사회의 급격한 변화보다는 점진적인 개선이 더 좋다는 것이었다. 근대 보수주의의 이념적 시조라 할 영국의 버크Edmund Burke(1729-1797)에 따르면, 사회는 지금의 세대가 태어나기 전에 선조들이 계약해 만든 것으로 전체성원의 동의 아래 서서히 변화하는 것이 바람직하며, 갑자기 변화하는 것은 혼란과 무정부 상태를 초래한다는 것이었다. 이 관점에서 그는 미국 혁명을 인정했지만 프랑스 혁명은 비판하였다.

이러한 보수주의적 주장에 대해 자유주의를 옹호하는 사상가들은 변화야말로 인간사회의 진보를 위해 필요한 매개체라고 주장하였다. 현상유지의 합리화는 특권계급을 옹호하고 불의와 불평등을 방치하는 것이라고 통렬히 비판하였다. 자유주의는 자유와 평등이라는 계몽사상시대의 가치관을 높이 평가하고 이 가치관이 궁극적으로 높은 수준의 도덕성과 번영을 가져온다는 신념이었다.

자유주의 이념은 공화제 정부형태, 대의제 입법기관, 성문헌법의 필요를 강조하였다. 영국의 철학자이며 경제학자인 존 스튜어트 밀John Stuart Mill(1806-1873)은 대표적인 자유주의 주창자로서 개인의 자유, 보통선거, 여성의 권리를 강력히 주장하였다.

자유 · 평등 · 인민주권 등 계몽사상의 이념은 대서양 지역에서 정치 혁명의 도화선이 되었다. 프랑스 혁명으로 촉발된 혁명전쟁과 나폴레옹 시대에는 자유주의 운동이 공동체의 정체성 확립에 대한 주장과 연결되었다. 이 주장이 내셔널리즘이었다.

자유주의는 정치적 자유주의와 경제적 자유주의로 대분될 수 있다. 정치적 자유주의는 로크와 계몽사상가들의 저술에서 근원을 찾을 수 있다. 19세기 자유주의자들은 특히 개인의 자유를 신봉했으며 자유야말로 인간사회가 진보로 가는 길이라 하였다.

경제적 자유주의는 정치적 자유주의와 서로 밀접한 관계가 있었다. 경제적 자유주의의 핵심은 경제활동에 대한 정부의 통제를 배제하고자 한 것이었다. 국가는 생산과 교역을 통제하지 않아야 한다는 것이었다.

한편 자유주의는 민족이나 국민과 관련되어 내셔널리즘으로 전환되었다. 혁명전쟁은 프랑스 시민에게는 나라를 지킨다는 강한 애국심을 불러일으킨 반면 다른 나라 사람들에게는 자신들의 민족을 지키기 위한 열띤 국민감정을 고조시켰다. 내셔널리즘은 민족과 국민의 자유를 강조하는 '집단' 자유주의였다.

19세기 후반 유럽 국민들 사이에 민족 정체성에 대한 주장이 강하게 제기되었다. 그리하여 내셔널리즘은 민족 공동체의 이익을 위해 노력하는 사람들에게 영광과 번영을 약속하는 이데올로기가 되었다. 내셔널리즘은 좌익이나 우익이 다같이 제시한 이데올로기였다.

A. 노예제도 폐지

자유와 평등은 계몽사상의 이념이었으나 그 적용범위와 대상에 관해서는 의견이 엇갈렸다. 아메리카 혁명은 정치적 독립과 개인의 자유를 강조했는데 반해 프랑스 혁명은 봉건적 사회계급의 타파와 시민의 정치적 권리를 주장하였다. 아이티 혁명은 프랑스의 지배를 끊어버렸다는 점에서 아메리카 혁명과 같았으나 노예제도를 폐지하고 만인의 자유와 평등을 보장한 점에서는 프랑스 혁명에 가까웠다.

그러나 과거와의 단절을 요구했던 프랑스 혁명 후 실현된 프랑스의 정치제도와 사회구조에서도 자유와 평등은 일부 시민에게 한정된 것이었다. 여성은 보통선거에서 제외되었으며 사회의 일부계층에게는 평등한 권리가 부여되지 않았다. 아메리카 혁명 후 제정된 헌법에서 노예는 일종의 '재산'으로 간주되었다.

18세기 식민지 통상의 대부분이 노예제도와 관계가 있었다. 대서양 노예무역의 절정기에는 해마다 약 8만 명의 흑인이 아프리카를 떠났다. 노예 거래는 위험이 따른 고수익 상행위였다. 노예 수요는 서인도 · 브라질 · 베네수엘라 · 북아메리카 남부 주(州)에서 늘어났고 가격도 계속 올라갔다.

18세기 후반에는 노예무역에 대한 반대의 목소리도 커졌다. 1780년대 이후 대서양 노예무역은 약화되었으나 궁극적으로 금지된 것은 19세기에 이르러서이다.

노예무역의 금지 이미 18세기부터 노예무역 금지와 노예제 폐지 운동이 일어났다. 초기의 노예제 반대자는 에퀴아노Olaudah Equiano(1745-1797)와 같은 해방노예였다. 퀘이커 교도와 같은 프로테스탄트 및 영국과 프랑스의 개혁가들도 역시 1780년대부터 노예제에 반대하기 시작하였다. 초기의 쟁점은 주로 노예 무역 금지에 관한 것이었다.

에퀴아노

아이티 혁명이 있은 후에야 비로소 반(反)노예제 운동이 가속화되기 시작하였다. 이 운동의 대변인은 영국의 윌버포스William Wilberforce(1759-1833)로, 그는 1780년 하원의원으로 선출된 저명한 박애주의자였다. 의회 내에서 그는 끊임없이 도덕적 · 종교적 이유에서 노예제를 공격하였다. 아이티 혁명이 있은 후 그는 노예노동에 계속 의존하는 경우 대규모의 노예폭동이 일어나는 결과가 올 것이라고 우려하였다. 윌버포스는 노예무역 금지 운동뿐 아니라 노예 해방과 노예제 폐지를 위한 운동도 전개하였다.

윌버포스의 노력은 부분적으로 결실을 맺었다. 영국은 노예무역 금지를 위해 선봉에 나섰을 뿐 아니라 노예무역 금지를 실시하려는 강력한 의지를 표명하였다. 1807년 영국의회는 노예무역을 금지하는 '윌버포스 법안'을 통과시켰다.

영국은 자국에서 노예무역을 금지했을 뿐 아니라 다른 나라에 대해서도 압력을 가하였다. 그 결과 미국은 1808년, 프랑스는 1814년, 스페인은 1845년에 각각 노예무역을 금지하게 되었다.

노예무역은 서서히 소멸되었으며 18세기말부터 노예 충원은 주로 신세계의 노예 자손에 의존하게 되었다. 한편 공식적으로 노예무역이 금지된 이후에도 아프리카 노예 수출은 불법적인 거래를 통해 소규모로 계속되다가 1867년 쿠바에 도착한 노예선(奴隷船)을 마지막으로 비로소 끝났다.

노예제 폐지 운동 노예제 폐지는 노예무역의 금지보다 더 힘든 문제였으며 실현되기까지 큰 시련을 겪게 되었다. 노예에 대한 재산권을 가지고 있는 노예 소유층이 완강히 저항했기 때문이다. 농장주와 상인들은 값싼 노동을 공급해주는 제도를 바꾸려는 시도에 강력히 제동을 걸었다.

그러나 노예무역 금지는 남북 아메리카에서 노예제를 사라지게 하는 계기가 되었다. 아이티에서는 혁명으로 노예제가 종식되었으며 남아메리카 대부분의 국가에서는 독립과 함께 노예제가 사라졌다.

1833년 영국의회는 2천만 파운드를 노예 소유자에게 보상금으로 지급하기로 하고 영국제국 내에서의 노예제 폐지를 가결하였다. 노예제 폐지 운동을 벌인 윌버포스가 죽은 지 1개월 후의 일이었다. 그것은 프로테스탄트 개혁파와 인도주의적 급진파의 승리였다.

다른 나라들도 영국의 예를 따라 프랑스는 1848년, 미국은 1865년, 쿠바는 1886년, 브라질은 1888년에 각각 노예제를 폐지하였다.

노예제 폐지의 한계 노예제 폐지는 법적 의미가 있을 뿐인 형식적인 것이었다. 노예제 폐지에는 여전히 정치 · 경제 · 사회적인 한계가 있었다. 왜냐하면 흑인 노예는 법적 자유를 얻었을 뿐, 정치적 평등권을 부여받지 못했기 때문이었다.

흑인은 사회적으로 여러 가지 제약을 받았다. 아이티 이외의 곳에서는 흑인이 거의 사회적 영향력을 행사하지 못하였다. 재산 조항, 문자 해독 시험, 인두세 또는 협박 등으로 흑인을 투표에서 제외시켰다. 해방이나 자유만으로는 흑인의 사회 · 경제적 삶의 질은 개선되지 못하였다. 극소수의 흑인만이 작은 토지를 소유했으나 그들의 경제력은 백인의 정치권력에 도전하기에는 턱없이 부족한 것이었다.

그러므로 완전한 의미에서 흑인의 자유와 평등이 실현되기 위해서는 아직도 많은 시일을 기다려야 하였다. 흑인 인권운동은 20세기까지 지속되었으며 미국의 경우 1960년대 후반에 이르러 비로소 흑인의 권리문제가 사회 쟁점으로 대두되었다.

B. 여권신장 운동

흑인해방 운동은 여성해방 운동에 영향을 미쳤다. 계몽주의 시대에 이미 여권에 대한 주장이 제기되었으며 일부 자유주의 사상가들이 이를 강력히 뒷받침했었으나 여성의 평등한 권리는 보장되지 않았다.

그러나 노예제 폐지운동이 진행되고 부녀자들이 동참하면서 여성의 평등권 주장이나 지위 개선을 위한 운동도 전개되었다. 여성 역시 노예와 마찬가지로 법적 불이익을 받아왔던 것이다. 여성에게는 투표권이 없었을 뿐 아니라 교육의 기회가 거의 없었으며 결과적으로 고등교육을 필요로 하는 전문직에는 취업할 수 없었다.

계몽사상 시대의 여성상 계몽사상가들은 정부와 사회의 구조조정을 요구하는데서 적극성을 보이면서도 여성에 대해서만큼은 보수적 견해를 가지고 있었다. 대부분의 계몽사상가는 여성이 가정에서 하는 역할을 더 중요시하였다. 예컨대 루소는 여성 교육은 헌신적인 주부와 어머니가 되기 위한 것이라고 주장하였다.

그러나 계몽사상의 지적 풍토는 여권신장 운동을 위해 유리하였다. 존 로크의 정치사상을 근거로 영국 여류작가인 애스텔Mary Astell(1666-1731)은 절대주의 군주권이 국가에서와 마찬가지로 가정에서도 결코 적절하지 못하다고 주장하였다.

애스텔은 계몽사상의 논리를 적용하여 남성이 자유로운 상태에서 태어났다면 왜 여성은 노예로 태어났는가를 날카롭게 반문하였다. 그는 또한 『여성에 대한 제안』(*A Serious Proposal to Ladies*, 1694)을 저술하여 영국교회가 여성의 피정(避靜) 시설을 세워야 한다고 주장하기도 하였다.

18세기 여권 옹호론자들은 영국 · 프랑스 · 북아메리카에서 활발한 운동을 전개하였다. 이 중 가장 저명한 여권 운동가는 울스턴크래프트Mary Wollstone-craft (1759-1797)였다. 그는 거의 정식 교육을 받지 않았으나 많은 독서를 하면서 독학하였다.

울스턴크래프트는 『여권 옹호론』(*A Vindication of the Rights of Women*, 1792)이라는 영향력 있는 글을 발표하였다. 애스텔과 같이 울스턴크래프트는 로크가 남성에게 허용한 모든 권리를 여성도 가져야 한다고 주장하였다. 이는 삶의 모든 분야에서 남녀가 평등해야 한다는 프랑스 혁명의 이념을 반영한 주장이었다. 그는 1797년 무정부주의를 주장한 소설가 고드윈 William Godwin(1756-1836)과 결혼하였다.

울스턴크래프트는 특히 교육에 대한 여성의 권리를 주장하고 진정한 여성교육을 위한 개혁을 요구하였다. 교육은 여성을 훌륭한 주부와 어머니로 만드는 데 필요할 뿐 아니라 사회인으로서 전문직 취업과 정치참여를 통해 사회에 기여하는 데 필요한 것이라고 주장하였다. 그는 사회가 여성을 변덕스럽고 인위적이며 허약한 존재, 영원한 어린이로 만들고 있다고 비난하였다. 남성은 여성을 남성만큼 사회에 기여할 수 있는 합리적 존재로 취급해야 한다는 것이었다.

프랑스 혁명이 진행되고 있는 동안에 여권신장에 대한 집단 움직임도 일어났다. 1793년 봄 파리에서 급진적인 여성들로 구성된 '혁명공화 여성협회'가 결성되었다. 이 협회 회원은 여성이 투표권에서 제외된 것에 구애받지 않고 활동하였다. 그들은 투표권 행사에 상관하지 않고 스스로를 혁명 프랑스의 시민으로 자부하였다.

여성교육 개혁론

루소의 여성관에 대한 강력한 반발은 1792년 울스턴크래프트의 저술에서 나타났다. 그는 『여권 옹호론』에서 교육개혁의 필요를 주장하고 루소의 『에밀』을 겨냥한 개혁론을 다음과 같이 개진하였다.

사실상 여성의 행위와 몸가짐은 분명히 마음이 건강한 상태에 있지 않음을 입증하고 있다. 왜냐하면 너무 비옥한 땅에 심은 꽃과 같이 힘과 효용이 아름다움 때문에 희생되었기 때문이다…. 이러한 쓸데없는 꽃피움의 한 원인은 남자들이 쓴 교육관계 저술에 근거한 잘못된 교육제도 때문이다. 그러한 저술은 여성을 인간적 존재라기보다 여자로 간주하고 여성을 사랑스러운 가정주부와 이성적인 어머니보다도 매혹적인 여인으로 만들려고 열심이었다. 성에 대한 이해는 이러한 가짜 존중으로 너무 거품이 많았으며 그 결과 극소수의 예외가 있긴 하지만 금세기의 개화된 여성은 단지 사람들을 자극하는 데 열을 올리고 있을 뿐이며 숭고한 야망을 품거나 능력과 미덕을 발휘하여 존경을 받지 못하고 있는 실정이다.

내가 생각하기에 가장 완전한 교육은 몸을 튼튼히 하고 마음을 가다듬는 목적으로 이해력을 잘 행사하게 하는 것이다. 다른 말로 하면 개인으로 하여금 이러한 미덕을 성취하도록 하고 독립심을 키우도록 해야 한다. … 이것이 남성에 관한 루소의 의견이었다. 나는 그의 의견을 여성에게 확대 적용하고 싶다. … 시대가 바뀌고 더 합리적인 원칙이 세워지기까지 계속될, 남성이 받는 왕자 같은 존경은 참으로 엄청난 것이다. 스스로를 격하시킴으로써 얻은 정당치 못한 힘은 그 자체가 저주요, 따라서 반드시 자연과 평등으로 돌아가야만 한다는 점을 남자들에게 납득시킨다는 것은 불가능하다.

그러나 프랑스 혁명의 법적 표현인 나폴레옹 법전은 여성의 공직 취임이나 정치적 역할을 허용하지 않았다. 다만 교육의 기회, 재산소유, 이혼권 등 민법적 권리를 보장했을 뿐이었다. 프랑스 혁명도 여성에게 투표권을 부여하지는 못하였다. 도리어 남성에게 법적 평등과 정치적 권리와 함께 가장(家長)으로서의 우월한 권위를 보장하였다.

여권운동 19세기에 이르러 여권 운동은 사회개혁의 쟁점으로 부각되었다. 미국 여권주의자 스탠턴Elizabeth Cady Stanton(1815 1902)이 이 점에서 두드러진 존재였다. 스탠턴은 처음부터 여권운동가는 아니었다. 1840년 런던 반(反)노예제 회의에 갔다가 여성은 참석할 수 없다고 거절당하자 스탠턴은 분노하여 귀국 후 여권운동을 조직화하였다.

그는 모트Mrs. Lucretia Mott(1793-1880)와 함께 1848년 뉴욕 주 세네카 폴즈Seneca Falls에서 미국 최초의 여권주의자 회의를 개최하였다. 모트는 퀘이커 교도로서 1833년 '필라델피아 여성 반노예제 협회'(Philadelphia Female Anti-Slavery Society)를 만든 인물이었다.

여권주의자 회의는 남성의 권리와 같은 권리를 여성에게도 부여할 것을 요구하는 12개조에 달하는 결의를 하였다. 이 결의에는 투표권, 공립학교 취학, 전문직 취업, 공직 참여에 관한 권리 등이 포함되었다. 스탠턴은 1869년 앤토니Susan B. Anthony(1820-1906)와 함께 여성선거권협회(National Woman Suffrage Association)를 조직하였다.

한편 뉴욕에서 교사를 하고 있던 앤토니는 노예제 폐지 운동에 관계하고 있었는데, 스탠턴과 친교를 맺은 후 열렬한 여성 선거권 운동가가 되었다. 그는 1892년부터 1900년까지 이 협회의 회장을 맡았을 뿐 아니라 『여성선거권운동사』(*The History of Woman Suffrage*)의 출판을 도왔다.

1860년대 이후 각국 여성은 자신들의 이익을 강하게 주장하면서 조직적으로 여권운동을 전개하였다. 19세기 후반의 여권운동은 대체로 세 단계로 나누어 고찰해 볼 수 있다.

첫째, 중산계급 여성이 주도한 여권운동은 자선사업과 교육을 집중적으로 다루었다. 이 단계에서는 여성이 처한 극도의 빈곤, 가혹한 여권, 여성의 순결과 모성의 이상상(理想像) 등이 현실적으로 난관에 부딪히고 있음을 밝히는 데 주안점이 있었다. 1878년 파리 세계박람회를 계기로 여권 국제회의가 개최되어 미국을 비롯한 12개국의 대표가 모였다.

다음으로 1880년대와 1890년대의 여권운동은 정치적으로 더 과격해졌으며 남녀 평등권에 대한 강력한 주장을 폈다. 특히 독일 · 영국 · 프랑스에서는 그들의 요구가 기본적으로 사회변화에 필요하다고 주장하면서 전통적인 좌익에 지지를 호소하였다.

그러나 좌익으로부터의 반응은 단순하지 않았다. 영국 노동당과 유럽 대륙의 사회당의 주류를 이룬 남성 노동자들은 저임금의 여성 노동자들과 경쟁할 것을 우려하였다. 여권 운동가들은 여성의 작업을 제한하는 입법이 가부장적 태도를 유지하고 여성의 기회를 봉쇄한다고 반박하였다.

세 번째 단계는 여성 노동자 조합운동을 중심으로 진행되었다. 이는 주로 보수와 노동조건 같은 당면문제와 관계가 있었다. 고용자측의 반대, 저임금, 작업의 성격, 남성노동조합의 동조가 없다는 사실 등으로 여성노동조합 결성은 난관에 직면하였다. 노동당이나 노동조합의 태도는 전통적인 보수적 여성관에 입각한 것이었다.

초기 선구자들의 노력과 1860년대 이래 여성의 각성에도 불구하고 19세기 여권운동은 그 성과가 제한적일 수밖에 없었다. 물론 더 많은 여성이 프랑스 혁명 전보다 공교육을 받았고 유럽이나 미국에서는 학술 모임과 시민단체에 참여할 수 있게 된 것은 사실이었다.

그럼에도 여성은 여전히 전문직에 취업하기 어려운 실정이었고 어떤 나라에서도 여성 참정권은 허용되지 않았다. 본격적인 여성의 권리 보장은 20세기의 전환기, 특히 제1차 세계대전을 전후하여 비로소 성취될 수 있었다.

C. 내셔널리즘의 이념

19세기 자유주의는 민족적 정체성과 민족문화를 강조하는 내셔널리즘으로 연결되었다. 내셔널리즘의 핵심 개념은 '민족'(nation)이다. 내셔널리즘에 따르면 개인은 민족공동체의 한 성원으로 태어나 그 공동체가 가지고 있는 언어, 관습, 가치관, 역사와 문화전통을 공유하는 존재이다.

이데올로기로서의 내셔널리즘은 강한 민족적 유대감과 정체성을 강조하였다. 따라서 운명을 같이하는 민족 공동체는 충성의 대상이었다. 민족은 한 영토 안에서 함께 살아야 하며 다른 민족집단이나 국가에 예속되지 않는 독자성을 유지해야 하였다. 민족은 국가적 독립과 통일의 단위이므로 때로는 다른 민족이나 국가와 불가피하게 충돌하였다.

문화적 내셔널리즘 초기 민족주의 사상가들은 민족공동체의 역사 경험을 공유하고 민족문화 전통에 대한 자긍심을 고양해야 한다고 강조하였다. 이 관점에서 헤르더Johann Gottfried von Herder(1744-1803)는 독일 '민족'(Volk)과 독일어를 예찬했으며 그림 형제(Jakob Grimm, 1785-1863; Wilhelm Grimm, 1786-1859)는 독일 민족의 언어와 문학을 높이 평가하였다.

헤르더는 이른바 '질풍노도' 운동에 속하는 문학비평가로서 문화에 대한 비교연구를 시작하였다. 계몽사상 시대의 보편적 세계관을 반대한 헤르더는 개별 민족공동체의 특수성에 주목해야 한다고 주장하였다. 그는 역사연구가 궁극적으로 민족사회의 독자성을 밝혀준다고 믿고 그 필요성을 역설하였다. 그는 『인간철학개론』(1784-1791)에서 문화의 진화라는 개념을 제시하였다.

헤르더

그림 형제는 언어학적으로 독일 민족의 문화적 기원을 규명하고자 하였다. 1838년 그림 형제는 『독일어 사전』 편집에 착수했으나 워낙 방대한 작업이라 완성하지 못하고 이 사전은 1세기가 훨씬 지난 1960년에 이르러 비로소 완성되었다. 그림 형제는 민족문학이야말로 '민족정신'(Volksgeist)의 길잡이라고 강조하고 독일 민족의 표현인 시, 이야기, 노래 등을 수집하였다. 「그림 동화집」(1812-1815)이 바로 이를 대표하는 작품이다.

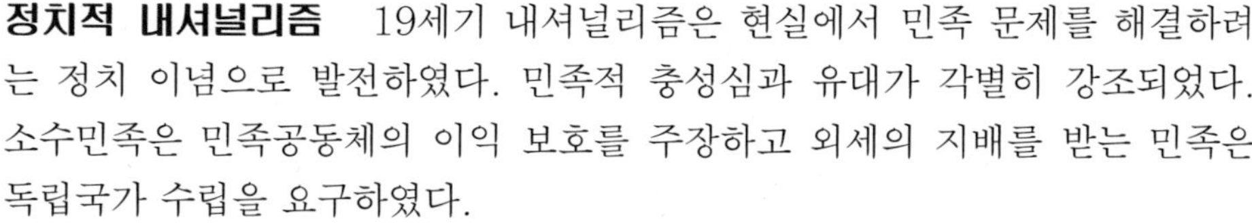

정치적 내셔널리즘 19세기 내셔널리즘은 현실에서 민족 문제를 해결하려는 정치 이념으로 발전하였다. 민족적 충성심과 유대가 각별히 강조되었다. 소수민족은 민족공동체의 이익 보호를 주장하고 외세의 지배를 받는 민족은 독립국가 수립을 요구하였다.

예를 들면 이탈리아 민족주의자 마치니Giuseppe Mazzini(1805-1872)는 '청년 이탈리아당'을 조직하고 오스트리아나 스페인의 지배에서 벗어나 독립할 것을 주장하였다. 마치니는 민족이 가족과 같고 민족의 영토는 가정과 같은 것이라 하였다. 그는 오스트리아나 스페인 당국에 의해 추방되어 해외생활을 했으며, 그의 민족주의 사상은 아일랜드·스위스·헝가리 등의 민족주의 운동을 촉발시켰다.

민족주의의 배타성 정치적 내셔널리즘은 흔히 다른 민족집단과의 마찰이나 갈등을 부채질하였다. 왜냐하면 민족공동체의 정체성에 대한 확인과 권리주장은 다른 나라의 민족이나 국내의 소수민족과의 차별화를 강조하는 결과가 되었기 때문이다.

한마디로 민족주의는 자신이 속한 민족의 독자성을 강조함으로써 다른 민족에 대해 공공연히 배타적인 태도를 취하게 되었다. 대표적인 예가 유대인을 배척하는 반(反)유대주의(Anti-Semitism)에서 나타났다.

19세기 이래 소수민족, 특히 유대민족은 불신의 대상이 되는 경향이 있었다. 그리하여 유럽 대부분 지역에서 유대인 박해운동이 일어났다. 러시아와 폴란드에서 격렬한 반유대주의 폭동이 일어났으며 군대가 '유대인 집단학살'

(pogrom)을 주도하였다.

19세기말과 20세기에 수백만 유대인이 다른 유럽 국가나 북아메리카로 망명하였다. 프랑스에서는 반유대주의 운동이 러시아나 폴란드만큼 심하지 않았으나 드레퓌스Alfred Dreyfus(1859-1935) 사건 이후 격화되었다. 1894년 독일 간첩으로 고발된 유대인 장교 드레퓌스는 무죄가 판명되었음에도 프랑스 사회에서 과연 유대인을 믿을 수 있는가 하는 문제가 제기되어 격렬한 토론을 유발하였다.

드레퓌스 사건을 취재하기 위해 오스트리아 빈에서 온 유대인 기자 헤르츨Theodor Herzl(1860-1904)은 반유대주의 정서에 충격을 받고 유럽에서는 유대인이 결코 안심하고 살 수 없다고 믿게 되었다. 1897년 그는 독자적인 유대국가 수립을 목표로 한 '시온주의'(Zionism) 운동을 조직화하였다. 시온주의는 배타적인 민족주의에 대응하기 위해 시작된 민족운동이었다. 유대민족은 오랫동안 일정한 영토없이 유럽 도처에 흩어져 살고 있었다.

20세기 중반까지 많은 유대인이 팔레스티나로 이주했으며 마침내 1948년 이스라엘 유대국가가 승인되었다. 그러나 유대인의 국가수립 운동은 결국 팔레스티나인의 민족주의적 반발을 불러일으키는 결과를 낳았다. 이리하여 유대인과 팔레스티나인 사이에 무력 충돌이 시작되어 오늘에 이르고 있다.

민족의 자유를 찾고 문화의 독자성을 주장하는 내셔널리즘은 정치적 관점에서 볼 때 이탈리아와 독일이 통일을 완성하는 1860년대와 1870년대에 그 절정을 이루었다. 이후에는 산업 자본주의가 발달함에 따라 민족의 이익과 국민 복리 증진을 명분으로 내세운 민족국가들이 해외시장을 식민지로 만들고 다른 약소민족이나 쇠망하는 국가를 침략하는 제국주의로 탈바꿈하게 되었다. 그것은 한마디로 민족의 자유를 배타적으로 주장한 결과였다.

2. 반동체제와 혁명

나폴레옹 전쟁의 후유증으로 19세기 전반 유럽 정세는 평온하지 않았다. 18세기말 영국에서 시작된 산업혁명이 1815-1870년 유럽 각지에서 본 궤도에 올라 섰다. 같은 기간에 자유주의와 입헌주의를 목표로 한 혁명이 프랑스·독일·스페인을 비롯해 각국에서 일어났다. 이러한 국제적 상황에서 민족의 독립을 요구하는 운동도 이탈리아·그리스에서 일어났다.

그러나 대체로 혁명이나 운동은 실패로 돌아갔다. 1815년부터 1850년까지는 반동시대 또는 반혁명의 시대였다. 1815년의 유럽은 프랑스 혁명과 그 지적 배경이 된 계몽사상에 크게 반발하였다. 이 반발이 구체적으로 로만주의 운동으로 나타났다. 로만주의 작가들은 18세기의 이성중심 사상에 반대하고 문예사조의 주류를 이루었던 고전주의에 반발하였다. 그들은 감정 · 전통 · 신앙을 중시하는 새로운 가치관을 제시하였다.

한편 정치적 의미의 반동은 빈 회의에서 명백히 나타났다. 거기서 각국은 가능한 한, 프랑스 혁명 전의 정통성(正統性)과 전통(傳統)으로 복귀하려고 하였나. 사유주의와 민주주의는 근본적으로 봉쇄되었다. 지연법과 인간 이성이 프랑스 혁명의 사상적 원동력이었다는 확신은 사그러들고 이제는 그러한 자연법과 이성이야말로 무법과 무질서, 그리고 공포의 지배를 가져왔다는 믿음이 널리 퍼졌다.

그럼에도 한때 해방과 자유를 경험한 유럽인은 프랑스 혁명이 제시한 자유주의와 민주주의 이념을 결코 잊을 수 없었다. 1820년대 및 1830년대, 그리고 1840년대에 일어난 혁명들은 바로 그것을 입증하였다.

A. 메테르니히 체제

1814년 9월 나폴레옹이 아직 엘바 섬에 유배되어 있는 동안 유럽의 영토 재조정을 위해 각국 대표가 오스트리아 수도 빈Wien; Vienna에서 회의를 하고 있었다. 전쟁과 혁명을 겪은 유럽의 군주들과 지배계급은 1789년 이전의 구체제(舊體制)로 돌아가기를 희망하였다. 귀족과 성직자들은 계급제도를 다시 세우고 특권을 부활시켜 혁명의 위협으로부터 사회를 지키려고 하였다.

지배층은 그 동안 겪은 급격한 변화에 싫증을 느끼고 예전의 시대로 되돌아갈 준비를 하고 있었다. 오스트리아는 이러한 반동복고(反動復古)의 주축이 되었으며 메테르니히Klemens von Metternich(1773-1859)가 그 중심에 있었다.

빈 회의 오스만 제국을 제외한 모든 유럽국가의 대표들이 빈 회의(Congress of Vienna)에 모여들었다. 그들은 연일 오스트리아 정부가 주최하는 주연(酒宴) · 무도회 · 사냥 · 음악회에 참석하였다. 비록 몇 차례의 공식 회합이 있긴 했으나 국경 조정과 배상문제는 화려한 사교 모임 혹은 그 배후에서 음모와 비밀회의를 통해 결정되었다.

회의의 주역은 러시아의 차르 알렉산드르 1세Alexander I(1777-1825), 영국의 캐슬레이Lord Castlereagh(Marquis of Londonerry, Robert Stewart, 1769-1822), 프랑스의 탈레랑Charles de Talleyrand-Perigord (1754-

1838), 오스트리아의 메테르니히였다. 네 인물은 제각기 다른 목적과 이해관계에 따라 최대한 자기 나라의 이익을 관철시키고자 하였다.

한편 탈레랑은 루이 16세, 프랑스 혁명기, 나폴레옹 시대 등을 모두 겪으면서 계속 변신하여 권세를 누린 능란한 정치가였다. 그는 빈 회의에서 패전국 프랑스의 대표로 활약하면서도 교묘한 수법으로 자기나라의 국익을 최대한 방어하였다.

메테르니히

메테르니히 빈 회의에서 가장 중요한 인물은 메테르니히였다. 라인 지방의 귀족출신인 그는 나폴레옹의 침입 때 재산을 잃었으나 오스트리아의 가장 부유한 집안과 결혼하고 화려한 외교관의 경력을 갖기에 이르렀다.

메테르니히는 프란츠 1세Franz I(1792-1835)와 페르디난트 1세Ferdinand I(1835-1848) 등 두 황제 밑에서 재상(宰相)을 지냈다. 그는 재상 재직 기간 중 오스트리아의 반동(反動) 정책을 강화하였다.

반동 탄압정책 빈 회의에서 메테르니히가 한 역할은 유럽 각국이 프랑스 혁명의 이념인 자유와 평등을 말살하고 전통적인 구체제로 돌아가는 것이었다. 그는 경찰력을 강화하고 정보원을 많이 풀어놓았으며 극장상연 · 신문 · 서적 등에 대해 사상검열을 실시하였다.

한편 정부는 국경경비를 강화하여 자유주의 색채가 있는 서적과 인쇄물이 들어오지 못하도록 막았으며 정치학이나 역사 연구를 억누르려고 하였다. 관

빈 회의 때의 무도회

청 · 오락장 · 교육기관 등 도처에 정보원이 배치되었으며 심지어 고위 공무원들까지도 행동의 제약을 받았다. 예를 들면 메테르니히의 고문이며 빈 회의 때 비서였던 겐츠Friedrich von Gentz(1764-1832)가 무심코 식탁에서 이야기한 것도 비밀경찰을 통해 메테르니히에게 보고되었다.

특히 대학에 대한 감시는 엄중하였다. 정보원이 청강하면서 교수를 감시했으며 엄격한 학칙은 학생을 억압하는 도구가 되었다. 대학도서관에서는 교수용으로 대출되는 서적 목록을 작성하였다. 교과서는 지정되고 해외 유학이 금지되었다. 학생들의 집단활동도 허용되지 않았다. 문화적 쇄국정책은 결국 오스트리아의 문화를 전반적으로 정체되게 만들었다.

정통복고와 세력균형 메테르니히를 중심으로 빈 회의의 주요 결정이 이루어졌고 회의는 실질적으로 오스트리아 · 러시아 · 프로이센 · 영국 등 4국에 의해 좌우되었다.

빈 회의의 근본원칙은 정통주의(正統主義)와 세력균형이었다. 정통주의란 프랑스 혁명과 나폴레옹 시대에 중단되었거나 바뀐 왕통(王統)이나 영토를 가장 정통적(正統的)인 상태로 복원하는 것이었다. 세력균형이라 함은 유럽의 여러 나라, 특히 오스트리아 · 러시아 · 프로이센 · 영국이 유럽대륙의 패권을 나누어 가짐으로써 어느 한 나라가 다른 나라보다 더 강해지지 않도록 힘의 균형 상태를 유지하려는 것이었다.

프랑스의 처리 나폴레옹의 엘바 섬 탈출과 '백일천하' 로 잠시 중단된 빈 회의의 중요한 의제 가운데 하나는 프랑스에 관한 것이었다. 이미 1814년 5월 파리 조약에서 1792년 전의 영토 보전(保全)과 무배상(無賠償)이라는 대원칙이 결정된 바 있었다.

그러나 이러한 관대한 처분은 나폴레옹의 재집권을 계기로 수정되었다. 나폴레옹의 '백일천하' 에 자극받은 각국 대표는 1815년 11월 두 번째의 조약

사교장이 된 빈 회의

빈 회의는 외형적으로 화려했으나 별다른 성과를 올리지 못하였다.

'회의는 춤춘다. 그러나 조금의 진전도 없다' (Le congrés danse, mais ne marche pas)는 말이 나올 정도였다. 빈 회의에는 역사상 어떠한 강화회의보다도 더 많은 황제, 왕들이 참석하였다. 오스트리아의 프란츠 1세, 러시아의 알렉산드르 1세, 프로이센의 프리드리히 빌헬름 3세, 바바리아의 막시밀리안 1세를 비롯해 뷔르템베르크Würtemberg 왕, 덴마크 왕 등이 참석하였다.

1815년 나폴레옹이 다시 백일천하를 세우자 경각심을 가지게 된 각국 대표가 6월 9일 121조의 조약에 서명하였다.

빈 회의: 왼쪽 중앙에 메테르니히가 서 있다.

에서 프랑스에 좀더 가혹한 조건을 붙였다. 이에 따라 프랑스는 배상금을 지불해야 하였으며 연합군은 프랑스의 전략기지들을 5년간 점령하게 되었다.

복고주의 원칙 나폴레옹에 의해 폐위된 왕이나 왕조는 모두 부활되었다. 예컨대 프랑스의 부르봉 왕조, 스페인과 나폴리의 부르봉 왕조가 다시 세워졌다. 마찬가지로 정통주의 원칙에 따라 사보아의 사르디니아-피에몽테 Sardinia-Piedmont가(家)나 네덜란드의 오렌지가도 복원되었다. 스페인 · 네덜란드 · 스위스 등은 프랑스 혁명 전의 상태로 되돌아가고 스위스는 중립이 보장되었다.

그러나 반드시 복고원칙이 곧이곧대로 지켜진 것도 아니었다. 예컨대 신성로마 제국은 부활되지 않았으며 라인 연방(聯邦)은 독일 연방으로 오스트리아의 지배하에 놓이게 되었다. 프로이센 · 러시아 · 영국은 각각 프랑스의 세력팽창을 봉쇄하는 영토상의 상호교환 및 보상을 받았다.

그 밖의 국가들에 대해서는 단순히 유럽의 세력균형을 위한 안배를 했을 뿐이며, 그 결과 특정 국가의 이익이나 민족적 희망은 짓밟히고 말았다. 예를 들면 네덜란드가 벨기에를 병합하여 '네덜란드 왕국'을 수립했는데, 이 조치는 전혀 벨기에 주민의 의사를 묻지 않고 결정된 것이었다. 마찬가지로 스웨덴이 노르웨이를 영유한 것도 노르웨이 국민의 의사를 벗어난 조치였다. 거의 같은 노선에 따라 오스트리아는 오스트리아령 네덜란드(벨기에)를 통일 네덜란드에 양보하는 대신, 롬바르디아와 베네치아를 영유하게 되었다.

4국동맹과 신성동맹 유럽의 평화를 유지하고 빈 체제를 지키기 위하여 오스트리아 · 러시아 · 프로이센 · 영국 등 4국은 나폴레옹 전쟁 당시의 대동맹체제

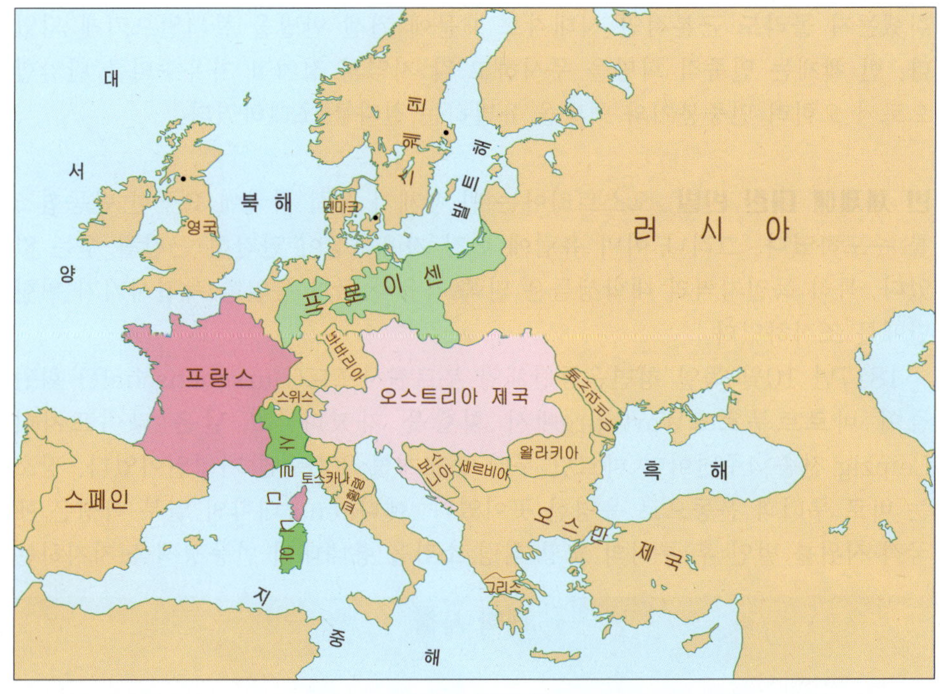

1815년의 유럽

를 유지하기로 작정하였다. 동맹을 통해서 혁명사상의 성장을 저지하고 특히 주권재민론 및 입헌주의 이념을 방지할 뿐 아니라 전제주의 혹은 적어도 계몽 전제군주제를 다시 확립할 것을 목적으로 하였다.

1815년 11월 20일 4국동맹(四國同盟: Quadruple Alliance)이 결성되었다. 프랑스가 1818년 조건부로 가입하여 5국동맹(五國同盟: Quintuple Alliance)이 되었다. 이어 유럽 평화를 유지하기 위한 적절한 조치를 강구하는 유럽 협조체제(Concert of Europe)가 성립되고 일련의 조약(Aix-la-chapelle, 1818: Troppau, 1820; Laibach, 1821; Verona, 1822)이 체결되었다. 이러한 집단 안전보장체제는 프랑스에 의한 침략의 재발을 막고 공통문제를 논의한다는 것이었으나 실제로는 자유주의의 탄압을 위한 것이었다.

빈 회의에서 러시아의 알렉산드르 1세가 제안하고 각국 대표들이 대부분 찬성하여 신성동맹(神聖同盟: Holy Alliance)이 형성되었다. 이에 따르면 각국 군주의 정책은 그리스도교의 정의 · 자애 · 평화 등의 원칙에 입각해야 한다는 것이었다. 이 동맹은 러시아 정교국인 러시아가 주도했기 때문에 영국을 비롯하여 종교적 이유를 내세운 가톨릭 교황청과 오스만 제국이 불참하였다. 실상 신성동맹의 진의는 명백하지 않았으며 동맹은 일종의 도의적 서약에 불과하였다. 결국 신성동맹은 5국동맹에 흡수되고 말았다.

빈 회의는 프랑스 혁명과 나폴레옹 시대의 뒤처리를 위한 최선의 방책을 취했는지 몰라도 근본적인 시대착오 때문에 거센 반발을 불러일으키게 되었다. 빈 체제는 민족적 희망을 무시하고 각 지역의 정치적 자유주의를 탄압함으로써 오히려 민중봉기와 혁명을 유발하는 결과를 초래하였다.

빈 체제에 대한 반발 오스트리아는 빈 체제가 유럽 각국에 요구한 반동협조를 주도하였다. 그러나 이미 유럽에 번진 자유사상이 완전히 근절될 수는 없었다. 특히 독일지역의 대학생들은 민족 자유와 국가 통일을 촉진시키기 위한 단체를 조직하였다.

1817년 10월 독일 청년운동단체인 부르센샤프트(Burschenschaft) 회원들이 바르트부르크Wartburg에서 회합을 가졌다. 그 날은 라이프치히Leipzig 전승 4주년이며 마르틴 루터 종교개혁 300주년 기념일이었다. 장소는 바로 루터파 운동으로 유명한 곳이었다. 예나Jena 대학의 일부 학생은 애국적 시위를 벌인 후 루터의 교황 칙령 소각을 흉내내어 반동정책을 지지하는

대학 사찰

메테르니히가 기초한 칼스바트령은 1819년 독일 연방의회에서 채택되어 소속 국가들에게 적용되었다. 대학의 학문자유는 다음과 같이 엄격히 규제되었다.

1. 각 대학에는 국왕을 대신하는 특사(特使)가 임명·파견되어야 한다. 그는 대학에 상주하여 적절한 지시를 내리고 권한을 행사한다. 그는 기존법과 규칙을 엄격하게 시행해야 한다. 그는 공개강의와 개설과목에서 대학 교수가 보이는 태도를 주의 깊게 관찰해야 한다. 또한 그는 학문적 문제나 교수법에 직접 간여하지 않고서도 좋은 교습방향을 지시하고 학생들의 장래 태도를 관찰해야 한다. 마지막으로 그는 학생들의…도덕을 증진할 수 있는 일이라면 무엇에나 끊임없이 주의를 기울여야 한다.
2. 자신의 의무를 공공연하게 저버림으로써, 임무의 한계를 벗어남으로써, 청년들의 마음에 불법적 영향력을 행사함으로써, 공공질서에 대항하는 해로운 사상을 제창함으로써, 또는 기존정부 방침을 전복함으로써 맡은 바 임무를 적절하게 해 내지 못하는 모든 교수를 대학에서나 기타 공교육 기관에서 추방한다는 약속을 연방 소속 각국 정부 상호간에 한다….
   이와 같이 추방된 교수는 누구든 연방 소속 국가 내 기타 공교육기관에 취임할 자격을 상실하게 되는 것이다.
3. 대학 내의 비밀 불법 결사에 적용되는 법은 엄격하게 시행되어야 한다…. 정부의 특사는 이러한 조직체들에 대해 매우 깊은 주의를 기울이라는 명령을 받고 있다.
   각국 정부는 비밀 불법 결사에 가입하고 있다는 증거가 있거나 이러한 결사에 회원이 된 모든 사람이 공직취임의 자격이 없다는 점에 상호 합의한다.
4. 정부 특사의 인준 또는 발의로 대학 평의회가 내린 결정에 따라 대학에서 추방된 학생은 누구든지 어느 대학에도 입학할 수 없다….
   이 법령이 효력을 발생하고 있는 동안에는 일간(日刊) 또는 20매 이하의 인쇄물로 발간되는 어떠한 출판물도 국가관리의 사전 인지와 승인 없이는 연방국가 어디서나 인쇄될 수 없다.

수많은 서적을 불 속에 집어던졌다.

2년 후 예나 대학생 잔트Karl Ludwig Sand(1795-1820)는 러시아 알렉산드르 1세의 첩보원으로 알려진 바이마르 출신 극작가 코체부에August Friedrich von Kotzebue(1761-1819)를 암살하였다. 잔트는 독일을 러시아의 영향권에서 벗어나게 하려 했던 것이다.

이와 같은 일련의 사건들이 도리어 메테르니히 체제를 강화시켰다. 부르셴샤프트는 해체되고 자유주의 성향을 가진 교수들은 대학에서 파면되었다. 각국 대표사 회의가 1819년 갈스바드Carlsbad(지금 체고의 Karlovy)에서 개최되어 법령(칼스바트 令)을 공포하고 검열을 강화하여 과격분자들을 엄격히 색출하였다. 탄압정책은 일시적으로는 효과를 거두었으나 결국 불만을 안고 있는 계급들의 불평을 심화시키는 결과를 낳게 되었다.

러시아의 자유화운동 오스트리아 다음가는 반동국가는 러시아였다. 젊고 활동적이며 신비주의에 기울어진 러시아의 알렉산드르 1세가 처음에는 계몽군주처럼 행세하고 너그러운 대민(對民) 정책을 실시하였다.

그러나 폴란드인이 헌법에 불만을 터뜨리고 러시아 제국군이 반란을 일으키며 코체부에가 암살되자 그는 보수정책으로 선회하였다. 알렉산드르 1세는 1820년 트로파우Troppau 회의가 개최된 이래 죽을 때까지 5년간 반동의 기수가 되었다.

알렉산드르 1세 사후 러시아의 자유주의 운동이 표면화되었다. '북방협회'와 '남방협회'는 다 같이 제위계승 문제가 해결되지 않은 정치 공백기에 적극적으로 활동을 시작하였다. 이 협회들은 알렉산드르 1세의 치세 말 아메리카 혁명이나 프랑스 혁명의 이념에 동조한 장교들이 만든 단체였다. 알렉산드르 1세의 정통적 계승자 콘스탄틴Constantine 대공(Konstatin Nikolaevich, 1827-1892)은 차르 자리를 동생 니콜라이에게 넘겨주었다.

알렉산드르 1세

두 협회는 그들의 강령을 행동화할 시기가 왔다고 생각하였다. 북방협회는 미국 헌법을 본뜬 자유주의적 입헌 군주제를 지향했으며 이에 대해 남방협회는 민주공화제와 같은 좀더 과격한 목표를 세웠다. 남방협회는 초기단계에서는 1793년의 프랑스 자코뱅당과 같은 강력한 독재가 바람직하다고 보았다.

그러나 이 협회들은 자신들의 출신계급인 귀족들 사이에서도 많은 동조자를 얻지 못하였다. 또 당시 러시아 일반대중의 정치적 수준이 낮았기 때문에 입헌 군주제든, 민주공화제든 그들의 목표는 실현되기 어려웠다. 결국 귀족 출신의 소수 고급장교가 젊은 장교들의 지지를 얻어 일으킨 거사는 일반대중의 호응을 얻지 못하였다.

그러므로 1825년 '12월파'(Decembrists)의 거사는 완전히 실패할 운명에 있었다. 12월 26일 니콜라이 1세 Nicholas I(1825-1855) 즉위식에서 일으킨 반란은 간단히 진압되고 말았다. 12월파의 반란은 그 자체로는 사소한 사건이었으나 장기적 관점으로 볼 때 1917년 러시아 제정의 전복에까지 닿는 일련의 봉기의 출발점이었다.

어쨌든 이 사건은 니콜라이 1세의 반동보수 정책을 강화시키는 결과를 가져왔다. 황제는 국내의 정치적 자유 운동을 탄압하기 위해 이른바 '제3국(局)'을 창설하고 저항요소들을 철저히 숙청하였다.

부르봉 왕조의 복고 유럽의 일반 정세와 달리 프랑스에서는 프랑스 혁명의 성과를 완전히 말살할 수 없었다. 루이 18세Louis XVIII(1814-1824)는 총명한 인물이었으므로 시대적 추세를 어느 정도 이해하였다.

루이 18세는 '1814년 헌장'을 공포하여 비교적 프랑스 혁명의 성과를 보존하였다. 그 결과 프랑스는 유럽에서 가장 자유주의적인 군주국가가 되었다. 왕은 귀족원과 중의원의 양원제 의회를 허용하고 나폴레옹 법전에 따라 법 앞의 평등 및 자녀의 균등한 상속권을 인정하였다.

그러나 프랑스의 두 정치전통, 즉 왕당파와 민주공화파의 전통은 루이 18세의 중도적 입헌군주제를 방치하지 않았다. 1820년 왕의 조카이며 왕위 계승권자인 베리Berry 공(Charles Ferdinand de Bourbon, 1778-1820)이 암살되자 왕당파는 여론을 배경으로 정권을 잡으려고 하였다. 언론을 탄압하고 선거법을 개정한 결과 우익이 중의원에 대거 진출하게 되었다.

샤를르 10세 아르토아Artois 백작(Charles Philippe)이 샤를르 10세Charles X(재위: 1824-1830)로 프랑스 왕에 즉위하자 반동보수체제는 더욱 확고해졌다.

샤를르 10세의 정책 가운데 하나가 몰수토지의 보상이었다. 프랑스 혁명 당시에 토지재산을 몰수당한 귀족들이 1826년에 이르러 보상을 요구했으므로 정부는 국채이자를 인하함으로써 보상 자금을 마련하였다.

프랑스 상속법과 출산율

프랑스 혁명 결과 나온 상속법은 프랑스인의 출산율을 낮추는 데 영향을 주었다. 새 상속법에 따르면 장남이나 차남뿐 아니라 모든 자녀들이 다 같이 상속받게 되었다. 상인이나 농부는 한 집안의 생계를 겨우 유지할 정도의 재산밖에 없으므로 여러 자녀들에게 나누어주게 되면 적절한 생계 수단을 남겨둘 수 없었다.

그러므로 재산이 적은 사람은 자녀를 하나 또는 둘만 낳는 것이었다. 다른 그 밖의 이유와 함께 프랑스의 대가족제는 점점 소멸되었으며 19세기와 20세기를 통해 프랑스의 출산율은 계속 낮아졌다.

그 결과 국채를 소유한 자본가나 중산층 시민은 수입의 5분의 1을 몰수당하는 셈이 되었다. 1814년의 헌장에 위배되는 장자 상속법의 부활안은 부르주아 계급의 반감을 더욱 심화시켰다. 샤를르 10세는 1829년 의회의 반대를 무릅쓰고 폴리냐크(Auguste Jules Armand Marie de Polignac, 1780-1847) 공을 수상에 임명하고 고집스러운 의회를 해산하였다. 이는 책임정치의 원리를 무시하는 처사로 그 결과 1830년의 7월 혁명이 일어나게 되었다.

영국의 반응 5국동맹 안에서도 영국은 다른 나라의 내정간섭에 대해 태도를 달리 하고 있었다. 물론 한때 반동보수체제가 자유 영국을 지배한 것은 사실이었다. 유럽에 평화가 오자 영국 경제는 침체하고 실업률이 증가하였다. 인구이동이 두드러졌음에도 대의(代議) 방식은 옛날과 다를 바 없었다.

영국 집권층은 일반적으로 개혁에 반대하였다. 1816년 반란이 일어났을 때에는 「인신보호법」(*Habeas Corpus Acts*)이 정지되었다. '맨체스터 학살' (이른바 피터루Peterloo 학살)에서는 군경(軍警)이 민간에게 발포하여 다수를 사살하였다. 이 때 제정된 「6개 법령」(*Six Acts*, 1819)에 따라 언론 출판의 자유는 억제되고 공공집회의 한계와 목적은 제한을 받게 되었다.

영국의 자유주의 그러나 영국의 반동보수 체제는 오래 가지 않았다. 1822년에 형법이 개정되고 종교적 관용이 이루어짐으로써 자유주의에 대한 징조가 명백하게 나타났다. 특히 1829년 「가톨릭 해방법」이 왕당파의 반대에도 불구하고 통과되었다. 이 법으로 아일랜드인도 영국의회 의원 선거에 참여할 수 있게 되었다.

영국이 잠시동안의 반동보수 체제에서 곧 자유주의 전통으로 복귀한 데에는 몇 가지 배경적 이유가 있었다. 첫째, 영국인은 전통적으로 자유주의에 익숙해 있었으므로 혁명사상에 대해 각별히 경계심을 품거나 두려움을 갖지 않았다. 둘째, 경제적인 면에서 영국은 다른 민족이나 국가의 해방 · 독립 · 통일을 바람직한 것으로 보았다. 왜냐하면 그 지역의 독립과 자유가 영국의 산업발전을 위한 시장이나 원료공급에 유리하다는 생각을 갖고 있었기 때문이었다. 셋째, 전통적으로 영국 외교정책은 '영광스러운 고립' (Splendid Isolation) 정책으로 자국의 이해관계에 직접 영향이 없는 한, 다른 나라에 대한 간섭을 피하는 것이었다. 그리하여 영국은 1822년 베로나Verona 회의에서 다른 나라에 대한 무력간섭을 반대하고 나섰다. 그것이 스페인의 경우에 잘 나타났다.

스페인의 복고정책 스페인은 나폴레옹 시대에 정복되어 그 왕위가 나폴레옹의 동생 조세프에게 돌아갔다. 이에 1812년 스페인인이 반란을 일으켜 프랑스의 1791년 헌법을 모방한 「1812년의 헌법」을 제정하고 입헌군주제를 채택한 바 있었다.

그러나 나폴레옹이 물러난 후 페르난도 7세Ferdinand VII(1784-1833)는 왕정을 부활시키고 헌법을 파기하였다. 또 언론과 출판을 검열하면서 자유주의적 요소를 탄압하고 정치범을 엄벌하였다. 그는 프랑스 통치에 대한 반감을 활용하여 정치적 이익을 보았으나 그의 정부는 국민의 빈곤 해결에는 속수무책이었다.

스페인령 아메리카 식민지에서 반란이 일어났으나 반란을 진압하기 위해 모인 스페인 정부군은 1820년 도리어 반란을 일으켜 마드리드로 진격하였다. 왕은 부득이 헌법을 승인하지 않을 수 없었다. 이후 3년간 스페인의 입헌정부는 산적한 문제 해결로 고전하였다. 종교적 수도단체들에 대한 제약은 가톨릭 교회측의 강력한 반대를 불러일으켰으며 출판의 자유는 신랄한 비판을 낳게 되었다. 스페인 본국의 입헌체제는 식민지의 반란을 진압하는 데 별 소용이 없었다.

영국의 불개입 페르난도 7세가 입헌주의자들의 압력으로 1820년 헌법을 부활시켰을 때 5국동맹이 스페인 내정에 간섭하고 이어 남아메리카에 파병하자 영국은 정면으로 반대하였다. 영국의 반대에는 경제적 이해가 개입되어 있었다. 영국은 남아메리카의 신생 공화국이 다시 스페인 왕의 지배하에 들어가면 무역상의 이익에 차질이 생길 것을 우려하였다.

아메리카 합중국(미국) 역시 5국동맹의 개입을 반대하였다. 아메리카 대륙에 유럽 반동협조체제의 탄압정책을 연장 적용하는 것은 미국 자체에 대한 위협이라고 간주하였다.

1823년 프랑스군이 스페인에 침공했을 때 영국 외무장관 캐닝George Canning(1770-1827)은 미국이 영국과 공동보조를 취한다면 남아메리카 침공을 사전에 막을 수 있을 것이라고 제안하였다.

먼로주의 이 상황에서 1823년 12월 미국 대통령 먼로James Monroe는 국회 교서에서 이른바 '먼로주의'(Monroe Doctrine)를 선언하였다. 만일 유럽 국가가 아메리카 대륙 내의 어떠한 공화국에 대해 간섭한다면 이는 미국에 대한 비우호적 조치로 간주하겠다고 천명한 것이다. 동시에 어떠한 식민화 시도 역시 배격할 것임을 명백하게 선포하였다.

먼로주의는 유럽에 대한 아메리카 대륙의 간섭을 배제하려고 했을 뿐 아니라 유럽에 대한 미국의 간여 역시 배제하려는 상호 무간섭주의였다. 이러한 고립주의 외교방침은 당시 정세에서 메테르니히 체제를 저지하는 힘을 발휘했으며 그 후 미국의 대외정책의 기본원칙이 되었다.

이탈리아의 반동복고 나폴레옹이 물러난 후 10개 군소 국가로 되어 있던 이탈리아는 오스트리아의 지배하에 놓이게 되었다. 복고주의 추세에 따라 프랑스의 기원을 갖는 법과 제도뿐 아니라 시설이나 설비까지 파괴되었다. 예컨대 이탈리아가 프랑스의 지배를 받을 당시 설치된 가스 조명등, 식물원 안의 프랑스 식물, 왕궁 내 프랑스 가구 등도 파괴되었다.

그 밖에 종교나 교육에서도 복고 현상이 일어났다. 종교재판이 부활되었다. 교육은 다시 종교기관의 관할하에 놓이게 되고 교육과정에서 이른바 '위험요소'가 제거되었다. '사상가'를 적발하는 경찰 사찰 역시 강화되었다.

그러나 이러한 반동복고에 대해 자유주의를 위한 이탈리아 대중의 저항도 만만치 않았다. 카르보나리(Carbonari: 炭燒黨) 같은 비밀결사가 결성되어 국가의 자유와 통일 및 외세의 축출을 목적으로 활동하였다. 나폴리는 스페인의 입헌 운동 소식을 듣고 시칠리아 왕국의 헌법을 공포하였다. 1821년 피에몬테Piemonte의 자유주의자들은 왕(Victor Emmanuel I)에게 압력을 가하여 동생(Charles Felix)에게 양위(讓位)하도록 하였다.

포르투갈의 입헌운동 포르투갈의 왕족은 1807년 나폴레옹 침입 당시 남아메리카(브라질)로 가서 망명정부를 세웠다. 그 후 이른바 '반도전쟁'에서 영국군이 프랑스군을 축출한 후 리스본에 임시정부가 수립되고 영국장군 베레스포드Lord Beresford (William Carr Beresford, 1768-1854)가 섭정하였다. 그러나 이러한 외세 지배는 오래가지 않았다. 1820년 포르투갈군이 반란을 일으켜 1812년 스페인 헌법과 비슷한 헌법을 제정하였다.

1821년 후안 6세João VI(John VI, 1767-1826)는 브라질에서 포르투갈로 귀국하였고 1822년 헌법준수를 선서하였다. 그러나 포르투갈의 입헌주의는 잠시뿐이었다. 1823년 포르투갈의 보수주의자들은 왕의 동생(Dom Miguel) 주도하에 프랑스군의 지원을 받아 헌법을 폐기하였다.

그리스 전쟁 자유주의의 물결은 그리스에도 파급되었다. 그리스인은 수세기에 걸친 오스만 제국의 압제에서 벗어나기 위해 1821년 반란을 일으켰다. 유럽 지식인들은 서양문명의 요람인 그리스의 자유와 독립을 위한 운동을 동정하였다.

이에 대해 메테르니히는 빈 체제가 지향하는 정통주의에 입각하여 오스만 제국의 그리스 지배를 정당하다고 인정하였다. 그리하여 쌍방이 상당한 피해를 낸 후 1826년에는 그리스 반란이 거의 진압된 듯 보였다.

그러자 러시아 · 영국 · 프랑스가 각각 자국의 이익을 위해 그리스 전쟁에 개입하였다. 1828년 전통적으로 적대 관계에 있던 러시아가 오스만 제국과 교전 상태에 들어갔다. 1829년 오스만 제국은 러시아와 아드리아노플

Adrianople 조약을 체결하여 그리스의 독립을 승인하게 되었다. 그밖의 국가들은 오스만 제국과 1830년 런던조약을 맺었다.

그리스의 새 정부는 바바리아 출신 제후를 영입하여 오토 1세Otto I(Otto Friedrich Ludwig, 1815-1867)로 즉위하게 하였다. 오토 1세의 그리스 통치는 종교, 과세, 독일인 관리 등용 등의 정책으로 인기가 없었으며 1843년 반란으로 왕은 헌법을 허용하지 않을 수 없게 되었다.

그리스 전쟁(1821-1829)은 유럽 반동보수체제의 결정적인 붕괴를 의미하였다. 왜냐하면 이 전쟁으로 5국동맹의 목적--유럽에서 일어나는 어떠한 기존정부의 전복행위도 탄압해야 한다는 목적--이 깨지고 말았기 때문이다. 비록 그리스의 새 정부가 군주제를 채택했다고는 하지만 빈 회의 이래 메테르니히가 내세운 기존 질서 유지라는 대 원칙은 더 이상 지켜질 수 없게 되었다.

B. 7월 혁명과 2월 혁명

영국이 빈 체제를 이탈하고 미국이 먼로주의를 선언함으로써 5국동맹의 영향력은 실질적으로 쇠퇴하였다. 1829년 그리스의 독립으로 메테르니히가 주도한 유럽의 반동협조체제는 더 이상 자유주의의 물결을 막는 데 효과적인 힘을 발휘할 수 없었다.

1830년부터 1850년대까지 약 20년 동안 유럽 각지에서 개인의 자유와 평등을 요구하는 자유주의, 그리고 민족 해방과 국가적 독립을 주장하는 내셔널리즘이 촉진되었다. 영국에서 민권 신장을 위한 차티스트 운동이 일어났으며 독일 · 이탈리아에서는 민족의 통일을 위한 운동이 일어났다.

자유주의자나 민족주의자가 다 함께 민족의 자결권(自決權)을 주장한 점에서는 공통적이었다. 1830년대 이후 자유주의와 내셔널리즘은 서로 떼어놓을 수 없는 새 시대의 주류가 되었다. 1830년과 1848년 두 차례의 혁명을 통해 프랑스는 유럽의 자유주의와 내셔널리즘을 증진시키는 데 주도적 역할을 한 셈이었다. 이 두 혁명은 유럽 각 지역 민족이 압제에서 벗어나게 하는 입헌운동과 통일을 위한 민족운동의 불씨가 되었던 것이다.

정치적 자유주의 자유주의는 국가에 따라 다른 양상을 띠었고 또한 19세기의 역사적 전개 과정에 따라 다양하게 변화하였다. 그것은 이론이라기보다는 운동이나 태도였다. 그것은 개인의 존엄성과 행복 추구를 확인하는 운동이며 사회적 진보, 경제 발전, 중간계급의 가치관이나 의식과 밀접하게 연결된 일련의 태도였다. 자유주의의 근본목표는 점진적 개혁을 달성하는 데 있었으며 그 수단은 입헌주의, 자유방임(laissez-faire) 경제, 의회주의 등이었다.

자유주의 정치철학의 근원은 로크나 계몽사상가들에게 있었다. 고전적 자유주의자에 따르면 자유 그 자체가 윤리, 번영 및 진보의 원천이었다. 그들은 경제적 자유주의도 추구하긴 했으나 주요목표를 정치적 · 법적 자유에 두었다. 그리고 헌법 제정, 언론 및 집회의 자유, 배심원제도의 확대, 교회와 국가의 분리, 공립교육제도, 행정 개혁 등은 자유주의를 구체적으로 제도화하는 것이었다.

19세기 전반의 여건은 자유주의 이념이 정책화되기 어려웠다. 대부분의 유럽 국가에서는 여전히 귀족계급과 지주계층이 정권을 장악하고 있었다. 더욱이 자유주의를 신봉하는 중간계급은 하층민의 대두를 경계하였다. 중간 계급은 스스로의 정치적 영향력을 확대하려고 시도하는 반면 잠재적인 위협이 될지도 모르는 노동계급의 성장을 두려워하였다.

대부분의 자유주의자는 민주주의에 찬성하지 않았다. 그들은 언론 자유와 자유로운 투표를 허용해야 한다고 확신하면서도 정치적 지혜를 위해서는 교육이 필요하다고 믿었다. 그럼에도 자유주의는 결과적으로 민주주의 정부를 향한 정치풍토를 만드는 데 기여하였다. 자유주의자들은 시민의 권리, 법치주의 증진, 입헌적 정부개혁, 인도주의 고양 등에서 주요한 공헌을 하였다.

7월 혁명 프랑스에서는 1820년대에 산업혁명의 두드러진 성과를 얻지 못한 가운데 샤를르 10세의 반동보수 정책은 상공 계급의 반발을 샀다. 그는 1829년 폴리냐크 공을 수상으로 임명하고 고집스러운 의회를 해산하였다. 그러나 1830년의 선거에서 왕당파는 패배하고 공화파가 대승을 거두게 되었다. 이에

1830년의 7월 혁명: 파리 시민은 바리케이드를 쌓고 정부군과 맞서 싸웠다.

왕은 새 의회를 또다시 해산하였다.

이와 동시에 왕은 일련의 칙령을 공포하였다. 이 칙령으로 첫째, 왕의 허가 없는 신문발간이 금지되고 출판의 자유는 엄격히 제한되었다. 둘째, 부유한 토지 소유층에게만 투표권이 부여되었다. 제한선거 결과 종래 유권자의 4분의 3은 투표권을 잃게 되었다. 셋째, 장차 왕만이 새 법을 제정할 수 있는 입법권을 갖게 되었다. 이 칙령으로 루이 18세 시대의 헌장이 철회되고 프랑스의 절대군주제는 한층 강화되었다.

그러나 프랑스 시민은 이 칙령을 묵묵히 받아들이지 않았다. 칙령이 공포된 다음날 1830년 7월 26일에 언론은 정부를 맹렬히 공격하였다. 파리의 신문들은 항의문을 게재하고 칙령을 무시하겠다고 공언하였다. 용기를 얻은 공화주의자들은 비밀 조직을 동원하여 무력 봉기를 시도했고 이에 파리의 하층민이 가담하였다.

샤를르 10세는 그제서야 사태의 심각성을 깨닫고 칙령 철회를 약속했으나 이미 때는 늦었다. 3일간의 싸움 끝에 샤를르 10세는 영국으로 망명하고 말았다. 이것이 7월 혁명(July Revolution)이다. 이 혁명으로 부르봉 왕조의 왕통은 끊기고 말았다.

7월 왕정 갑작스러운 혁명으로 여론이 분열되었다. 은행가나 기업인과 같은 중산층은 공화제가 당시 유럽의 일반적 추세가 아님을 깨달았다. 프랑스 혁명의 기수이며 공화론자인 라파예트는 타협안을 받아들였다. 이리하여 오를레

루이 필립의 파리 도착

앙Orléans 공 루이 필립Louis Philippe('Roi citoyen', 1773-1850)이 왕으로 추대되고 입헌군주제는 수립되었다.

루이 필립은 1789년 프랑스 혁명 당시의 오를레앙 공 필립(Louis Joseph Philippe 'Égalité': 平等公)의 아들이었다. 1830년 7월 혁명 당시 그는 파리에서 보통 시민과 같이 조용히 중산층처럼 소박하게 살고 있었다. 사람들은 이러한 루이 필립이 훌륭한 '시민왕'이 될 것으로 기대하였다.

시민왕 루이 필립의 정부(1830-1848)는 부르주아적 성격이 강했음에도 샤를르 10세 시내와 정책면에서 크게 달라진 것이 없었다. 비록 상당수의 중산층에게 선거권이 부여되긴 했으나 하층으로까지 확대되지 않았기 때문에 혁명을 주도한 파리 시민의 불만은 사그러지지 않았다.

7월 혁명의 영향 프랑스의 7월 혁명이 국외에 미친 파문은 컸다. 유럽의 보수 지배층은 경악을 금치 못했으며 자유주의자들은 기뻐하였다. 폴란드인은 프랑스의 원조로 러시아의 지배에서 벗어나기를 희망하였다. 벨기에 역시 네덜란드로부터 독립하고자 하였다. 독일과 이탈리아의 자유주의자들은 헌법과 민족통일을 요구하였다.

그러나 프랑스 중산층은 1790년대와는 달리 전쟁을 원하지 않았다. 루이 필립도 외국의 자유주의자나 혁명분자를 지원할 의사가 없었다.

폴란드의 반란 1815년 이래 번영을 계속하던 폴란드는 러시아 차르 알렉산드르 1세가 허용한 헌법에 만족하지 않았다. 1824년 학생 비밀조직이 파괴되고 엄중한 탄압이 실시되었다.

프랑스의 7월 혁명에 자극 받은 폴란드인은 반란을 일으켰다. 반란도는 1830년 11월 수도 바르샤바의 러시아 정권을 전복하고 군대를 장악하였다. 마침내 국회는 폴란드의 독립을 선포하였다.

그러자 러시아의 니콜라이 1세는 군대를 파견하여 폴란드 애국지사들을 탄압하고 1831년 반란을 진압하였다. 이로써 폴란드 독립운동은 완전 실패로 돌아갔다. 국회와 헌법이 폐지되고 폴란드는 러시아의 속주로 전락하고 말았다. 대학은 폐쇄되고 수많은 애국자들이 코카서스나 시베리아로 유형당하거나 서유럽 혹은 미국으로 망명하였다.

폴란드의 독립운동이 실패한 이유는 애국운동가들의 분열과 유럽 열강의 무관심 때문이었다. 폴란드 분할에 참여했던 프로이센과 오스트리아는 폴란드의 멸망을 방관했으며 루이 필립 통치하의 프랑스는 개입을 회피하였다. 비록 영국은 동정적이었으나 개입의 구실이 없었을 뿐 아니라 벨기에 문제에 더 큰 관심을 기울이고 있었다.

벨기에의 독립 빈 체제의 상호보상원칙에 희생된 벨기에는 네덜란드와 여러 면에서 조화를 이룰 수 없었다. 특히 프로테스탄트인 네덜란드와 가톨릭인 벨기에는 차이가 분명하였다. 경제적으로도 네덜란드는 항해와 상업, 벨기에는 농업과 공업을 주로 하고 있었다. 거기에다 네덜란드 왕 윌리엄 1세가 실시한 가혹하고 근시안적인 정책은 벨기에인의 반감을 자아냈다. 그는 벨기에인에게 네덜란드의 법과 언어를 강요하고 네덜란드 출신 관리들로 하여금 행정을 전담하도록 하였다.

벨기에 혁명은 7월 혁명으로 자극 받은 학생들에 의해 시작되었다. 외국 지배에 대한 이탈리아의 항거를 주제로 한 오페라를 관람하던 학생들이 애국의 노래를 부르고 거리로 뛰쳐나가 독립을 위한 시위를 하였다.

폭동을 진압하기 위해 동원된 네덜란드 군대는 많은 사상자를 낸 끝에 도리어 격퇴당하고 말았다. 네덜란드 왕이 5국동맹의 원조를 요청했으나 나라마다 제각기 다른 사정 때문에 지원을 받지 못하였다. 러시아는 폴란드 문제에 얽매여 있었고 오스트리아는 이탈리아의 혁명으로 분주하였다. 영국은 무역상의 이익 때문에 도리어 벨기에의 독립을 환영하였다. 프랑스 일반대중은 대개 벨기에의 독립을 환영하였다. 1830년 7월 혁명으로 프랑스 왕이 된 루이 필립 자신이 빈 체제의 정통주의에 어긋나는 존재였으므로 군사적 개입은 더구나 생각지 않았다. 마침내 1831년 벨기에는 네덜란드로부터 독립하였다.

벨기에 독립의 공인 1831년 브뤼셀에서 개최된 국민회의는 벨기에의 새로운 왕으로 독일계(Saxe-Coburg-Saalfield) 레오폴트 1세Leopold I(Georges Chrétien Frédéric, 1790-1865)를 선출하였다.

그러나 네덜란드 왕이 이를 인정하지 않으려 하자 이 때 프랑스와 영국은 비로소 벨기에 독립을 옹호하기 위해 개입하였다. 프랑스는 군대를 파견하고 영국이 함대로 해상봉쇄를 하는 등 강경한 조치를 취했기 때문에 마침내 벨기에 독립은 공인되었다.

1839년 영국 · 오스트리아 · 프로이센 · 러시아 · 프랑스 · 벨기에 등이 체결한 조약에 따라 벨기에의 독립과 영세중립(永世中立)이 선언되었다. 조약국은 벨기에가 침략당할 때 공동방위를 한다는 것과 어느 나라와 동맹을 체결해도 안 된다는 점에서 합의하였다. 스페인 · 오스트리아 · 네덜란드 등 외세의 지배를 받았던 벨기에는 오랫동안 바라던 자유와 독립을 향유하게 되었다.

루이 필립

루이 필립의 통치 프랑스 중산층이 승리한 7월 혁명은 그런 대로 정치 안정과 경제 번영을 가져왔다. 출판 자유가 다시 확인되었으며 샤를르 10세 때 시작된 알제리 문제는 해결되었다. 철도가 건설되고 초등교육의 무상화가 시작

자유주의-민족주의 운동의 확산(1820-1830)

되었다.

루이 필립은 본래 자유주의적 견해를 가진 인물이었으나 별다른 민주적 정치개혁을 하지는 못하였다. 그는 시대의 추세를 파악하지 못하고 점점 보수화되어갔다. 산업혁명의 진전에 따라 증대되는 당시의 하층계급의 이익과 의견을 무시하였다.

당시 루이 필립의 체제를 전복시키려는 집단이 다섯 있었다. 즉, 정통파 · 보나파르트파 · 성직자계층 · 공화파 · 사회주의자들 등이었다. 정통파는 샤를르 10세의 추종자들이며 보나파르트파는 나폴레옹 1세의 영광을 부활시키려는 집단이었다.

복고주의는 정계에서 그다지 큰 영향력을 행사하지는 않았으나 나폴레옹 1세에 대한 일반대중의 지지는 무시할 수 없는 것이었다. 때마침 1840년 세인트 헬레나에서 나폴레옹 1세의 유골이 파리에 송환되어 오자 파리 대중은 당시의 정부와 비교하면서 나폴레옹의 옛 정치를 그리워하였다. 이러한 상황이 1850년대에 나폴레옹 3세Napoleon III(Louis Napoleon, 'Napoleon le Petit', 1808-1873)를 집권케 하는 배경이 되었다.

성직자들은 약화된 교회의 권위, 예컨대 학교교육에서 종교과목이 탈락된 데 대한 불만으로 루이 필립 정권에 반발하였다. 공화파는 점차 보수화되는 루이 필립 체제에 반감을 나타내고 사회주의자들과 연합하려고 하였다.

프랑스 초기 사회주의 가장 활발한 움직임을 보인 것은 사회주의자들이었

루이 블랑

다. 초기의 프랑스 사회주의자들 가운데 생시몽Claude Henri de Saint-Simon(1760-1825), 푸리에François Marie Charles Fourier(1772-1837) 등은 다분히 유토피아적 사회이론을 제시하였다. 무정부주의의 아버지라고 일컫는 프루동Pierre-Joseph Proudhon(1809-1865)은 『재산이란 무엇인가』(1841)에서 푸리에나 생시몽보다 더 과격한 주장을 폈다.

그러나 1840년대에 프랑스 대중에게 큰 호소력을 가진 사람은 블랑Louis Blanc(1811-1882)이었다. 그는 원래 스페인 마드리드 출신으로 국가 사회주의의 창시자로 간주되고 있다.

블랑은 7월 왕정에 대한 비판자로 부르주아적 정치에 반대했을 뿐 아니라 산업사회의 경쟁 및 노동계급에 대한 착취를 비난하였다. 보통선거를 통해 노동자 계급이 국가권력을 장악해야 한다는 신념을 갖고 있었다. 그는 『노동 조직체』(*L' organization du travail*, 1839)라는 저술에서 모든 노동자가 일할 수 있고 이윤을 고루 나누어 갖는 '국립공장' 건설을 주장하였다. 이와 같은 요구는 자유방임경제를 주장하고 실천하던 자본가들에게는 거슬리는 것이었으나 당시의 노동자들이나 일부 지식인들에게는 당연한 것으로 받아들여졌다. 이 국립공장 안은 8년 후 1848년 2월 혁명에서 잠시나마 실현되었다.

노동계급의 불만 고조 1848년경 프랑스에도 동력기계가 사용되어 산업상의 큰 변화가 일어났다. 다른 산업국가와 마찬가지로 프랑스에서도 가난하고 착취당하는 노동자의 수가 증가하였다. 노동조건의 개선이나 노임인상을 위한 파업 혹은 노동조합의 결성은 법으로 금지되어 있었다.

따라서 노동자의 선거권은 그들의 생활향상과 직결된 문제였다. 2월 혁명 전의 프랑스 인구는 3천5백만이었는데 선거권자 수는 1%미만인 30만에 불과하였다. 1848년 프랑스에서는 유산계급이 사유재산 보호를 강조하는 한편 가난한 노동자층 및 하층계급은 혁명과 같은 돌파구를 찾고 있었다.

2월 혁명 침략주의 정책으로 프랑스의 우세를 되찾고자 한 티에르Louis Adolphe Thiers(1797-1877)가 사임한 후 1840년 보수적인 기조François Guizot(1787-1874)가 수상이 되었다.

1847년경 대중은 점점 노골적으로 집회나 시위 등을 통해 정부에 항의하였다. 기조는 이러한 압력에 굴하지 않았으며 1848년 2월 22일로 예정된 대중집회를 취소하였다. 그러자 7월 혁명 때와 같이 파리 군중은 시가에 바리케이드를 쌓아 항거 태세를 취하였다. 1천5백 개소 이상의 바리케이드를 쌓았고 작은 거리에 3미터 이상 높이로 쌓은 곳도 많았다.

이에 기조는 사임하고 루이 필립 왕은 양보조건을 내세웠으나 사태는 더욱 악화되었다. 결국 2월 24일 왕은 퇴위하고 영국으로 망명하였다. 공화파와 사회주의파로 구성된 임시정부가 수립되고 공화제가 선포되었다. 그러나 2월 혁명 후 수립된 제2공화정은 단명으로 끝날 운명이었다. 혁명 주도자들이나 배후 세력인 일반대중은 보통선거와 그밖의 민주 제도에 대한 준비가 되어 있지 않았다. 더욱이 사회주의 체제는 프랑스 시민에게 생소한 것이었다.

온건한 공화파가 다수를 차지한 임시정부의 수반(首班)은 시인 라마르틴 Alphonse de Lamartine(1790-1869)이었다. 혁명 전부터 빈번히 반체제(反體制)를 주장한 그는 이상주의와 인도주의를 지향하고 훌륭한 언변을 구사함으로써 혁명 정신을 이끌어 나갔다. 그러나 그는 실제 문제에 민감하지 않았으며 더욱이 공화파와 과격한 사회주의파의 간격을 메우는 데 실패하였다.

그는 사회주의자들에게 임시정부의 요직을 맡기는 한편 노동시간을 11시간에서 10시간으로 단축시켰다. 그리고 국립공장은 비록 블랑의 원안대로 실시하지 않았으나 그 대신 1일 2프랑을 주고 10만 이상의 실업자를 채용하여 도랑이나 하수도를 파게 하거나 공원에서 흙 나르는 일을 시켰다. 사실상 이와 같은 조치는 일종의 구빈(救貧) 사업에 불과했으며 국가예산의 낭비라는 비판의 소리가 높았다.

제2공화정 1848년 4월 선거에서 대다수 프랑스 국민은 사회주의자들을 뽑지 않았다. 특히 성직자 · 귀족 · 농민 · 부르주아 계급이 결속하여 반(反)사회주의적 성향을 드러냈다. 그 결과 대체로 온건한 의원들이 선출되어 제헌의회를 구성하였다.

이 선거에서 사회주의자들이 패배했으므로 그들의 기득권은 위태롭게 되었다. 국립공장이 폐지되고 사회주의 신문은 탄압되었다. 파리 노동자들과 국립공장의 존속을 지지하는 과격파는 폭동을 일으켰다. 이것이 6월 폭동이었다.

6월 23일부터 26일에 걸쳐 폭도들은 바리케이드를 쌓고 치열한 시가전을 벌였다. 이 때 그들은 삼색기 대신 적기(赤旗)를 상징으로 삼았다. 이는 역사상 프롤레타리아 계급의 상징으로 적기를 사용한 최초의 예이다. 이 폭동은 1만 명 이상이 처형 또는 추방됨으로써 끝났다.

한편 의회는 제2공화국 헌법을 제정하고 언론 · 출판의 자유를 규정하였다. 불법체포가 금지되고 평화적 집회 및 탄원의 권리는 보장되었다. 보통선거가 실시되었다. 이 선거로 750명으로 구성된 단원제(單院制) 입법부가 성립하고 대통령은 직접선거로 선출되었다.

루이 나폴레옹 대통령 선거에서 루이 나폴레옹이 공화파의 후보들을 물리치고 압도적 다수표로 당선되었다. 그는 혁명을 전후하여 정계에서 별로 두드러진 인물이 아니었고 또 큰 활약을 하지도 않았다. 다만 그는 1830년경 이래로 일어난 나폴레옹 복고 추세때문에 불로소득을 얻은 셈이었다.

루이 나폴레옹은 나폴레옹 1세 동생인 네덜란드 왕 루이 보나파르트Louis Bonaparte(1778-1846)를 아버지로 하고 나폴레옹 1세 전처 조세핀의 딸 오르탕스 드 보아르네Hortense de Beauharnais(1783-1837)를 어머니로 하여 태어났으므로 나폴레옹 1세의 조카에 해당하였다.

루이 나폴레옹은 1848년 이전에 두 차례에 걸쳐 정권장악을 시도한 적이 있었다. 1836년 스트라스부르Strasbourg의 프랑스군 막사에서 루이 필립에 대한 반란을 일으킬 것을 종용하다가 붙잡혔으나 석방되어 미국으로 건너갔다.

루이 나폴레옹은 나폴레옹 1세의 엘바 섬 탈출을 흉내내서 1840년 프랑스 해안에 도착하였다. 체포된 그는 법정에서 처음으로 국민에게 공식적으로 말할 수 있는 기회를 갖게 되었으나 재판에서는 종신형을 선고받았다. 옥중에서 쓴 글은 블랑이나 프루동 등 과격한 언론인이나 상드George Sand(1804-1876)와 같은 여류문인의 관심을 끌었다. 1846년 목수로 변장 · 탈옥하여 영국으로 망명하였다. 그는 나폴레옹 1세의 영광을 되새기는『나폴레옹 사상』을 저술했으며『빈곤의 추방』에서는 일종의 사회주의적 취향을 표현하였다.

드디어 그는 1848년 혁명을 계기로 대통령이 되었고, 나폴레옹 1세의 시대를 재현하고자 시도했으나 능력에서나 규모에서 결코 나폴레옹 1세에 미치지는 못하였다.

제2제정 어쨌든 1848년의 2월 혁명은 루이 나폴레옹에게 제2공화국의 대통령 자리를 가져다 주었다. 그는 아직 대통령 임기 중인 1851년 12월 2일 집권연장을 위한 쿠데타를 일으켰다. 이날은 나폴레옹 1세의 대관기념일이며 아우스터리츠Austerlitz 전승 기념일이었다.

파리와 큰 도시에서는 쿠데타에 항거하는 소란이 있었으나 전국적인 것은 아니었다. 의회 지도자들이 체포되고 쿠데타 다음날 계엄령이 선포되었다. 그는 현대 독재자들의 수법을 훨씬 앞질러 그때 이미 국민투표를 실시하였고 프랑스 국민은 대통령 임기 10년 연장을 압도적 다수로 승인하였다. 그리하여 1852년 프랑스는 루이 나폴레옹의 황제 즉위로 제2제정의 시대로 들어섰다.

3월 혁명 7월 혁명의 경우와 같이 2월 혁명도 러시아와 오스만 제국을 제외한 유럽 주요국가, 특히 이탈리아와 오스트리아에 커다란 충격을 주었다. 오스트리아의 지배에서 벗어나 통일을 희망하는 이탈리아에서는 민족주의 운동이 크게 일어났다. 무엇보다도 2월 혁명은 반동보수의 중심지인 오스트리아에 큰 타격을 주었다.

2월 혁명의 여파로 오스트리아 빈에서 일어난 1848년 '3월 혁명'(März Revolution)은 마침내 메테르니히를 몰락시켰다. 이로써 1814년 이래의 유럽의 반동보수를 위한 협조체제는 사라졌다. 유럽은 본격적인 자유주의와 내셔널리즘의 시대로 들어섰다.

프로이센의 실패 1830년대부터 브라운슈바이크 · 자센 · 하노버 등 독일의 군소 국가들은 자유주의나 입헌주의 운동에 제약을 받았을 뿐 아니라 경제적으로도 통일되지 않은 상태에 있었다. 무엇보다도 영방(領邦)마다 달리 실시되던 관세를 통일하는 일이 시급한 문제였다. 그러므로 1818년 프로이센이 관세 단일화를 실시하는 관세동맹(Zollverein)을 결성한 것은 의의 있는 일이었다. 1834년까지 17개의 독일국가들이 이에 가입하는 진척을 보였다.

관세동맹은 독일의 정치적 통일에 이르는 첫걸음이었다. 보수적인 프로이센 왕 프리드리히 빌헬름 4세Frederick William IV(재위: 1840-1861)는 국민에게 결코 헌법을 허용하지 않겠다고 공언하고 있었다.

그러나 왕은 프랑스 2월 혁명의 여파로 일어난 1848년 3월의 '베를린 혁명'에 굴복하였다. 그는 헌법 제정에 동의했으며 또 독일 통일운동을 지지하기로 하였다. 베를린 혁명으로 독일 내의 각 연방국가들도 앞을 다투어 입헌운동과 통일운동에 나서게 되었다.

프랑크푸르트 의회 드디어 통일 독일의 실현을 목적으로 한 프랑크푸르트 의회가 1848년 5월 18일 개최되었다. 오스트리아 · 보헤미아까지 포함한 전 독일의 국가 대표들이 통일 연방국가 헌법을 마련하려고 하였다.

프랑크푸르트 의회는 처음부터 두 가지 근본문제에 부딪혀 합의를 도출하기가 쉽지 않았다. 즉, 통일 독일 속에 오스트리아가 포함되는가, 통일 독일의 정부형태를 공화제와 군주제 중 어느 것으로 하는가 하는 어려운 문제가 있었다.

오스트리아를 신생 독일에 포함시켜야 하는가 여부에 관해서는 대표들간에 의견이 엇갈렸다. 일부에서는 오스트리아는 물론 보헤미아까지 포함되어야 하며 그 경우 제국의 제관(帝冠)이 합스부르크에 돌아가야 한다고 주장하였다. 이것이 '대(大)독일주의'(Grossedeutschtum)였다. 다른 한편에서는 오스트리아가 신생 독일에 포함되지 말아야 하며 그 경우 프로이센의 호헨촐러른가(家)가 왕위를 차지해야 한다고 주장하였다. 이것이 '소(小)독일주의'(Kleindeutschtum)였다. 대립된 두 주장은 이후 약 20년간 논쟁으로 이어졌다.

그 밖에도 프랑크푸르트 의회는 슐레스비히Schleswig와 홀슈타인Holstein의 포함 여부를 논하였다. 두 지방은 주민 다수가 독일인으로 구성되어 있긴 했으나 덴마크 왕의 영토였으므로 통일 독일에 포함시키는가의 문제는 전쟁의 가능성을 내포하고 있었다. 또 프로이센령 폴란드를 독일에 포함시키는가의 안건 역시 소수민족의 문제와 관련되는 것이었다.

프랑크푸르트 의회의 진전에는 여러 가지 난관이 많았다. 입헌군주제를 채택하게 되자 79명의 대표가 퇴장했으며 이를 계기로 독일 통일을 위한 명분은 약화되기 시작하였다. 오스트리아를 포함시킬 것인가의 문제가 제기되었을 때 오스트리아 내의 슬라브인 · 마자르인 · 체코인 · 폴란드인 · 이탈리아인

「프랑크푸르트 헌법」

독일 통일의 중심체 문제로 대립된 두 견해가 있던 프랑크푸르트 의회가 1849년 완성한 헌법은 길고 상세한 문서였다. 거기에는 다음과 같은 현대적인 기본인권보장에 관한 내용이 있다.

독일인의 기본권

제1조

131항 독일인은 제국을 이루는 여러 영방(領邦)의 시민으로 구성된다.

132항 모든 독일인은 독일제국 시민권을 가지며 독일 전역에서 이 권리를 행사할 수 있다. 제국의 선거법은 국회의원 선출을 위한 개인의 권리를 규정한다.

133항 모든 독일인은 제국 영토내의 어디서든 거주할 권리, 모든 종류의 재산획득권, 생계추구권, 공동체 시민권 획득의 권리를 가진다.
거주의 조건은 주민법으로 정해진다. 산업규정은 상공업에 관한 규정으로 정해진다. 그것은 제국 행정부에 의해 정해질 것이다.

135항 민법적 범죄에 대한 사형은 금한다….

136항 이민의 자유는 영방의 제약을 받지 않는다. 이민세는 징수되지 않는다….

제2조

137항 법 앞에 계급적 차별은 없다. 귀족계급은 폐지된다.
모든 특권계급은 폐지된다. 모든 독일인은 법 앞에 평등하다.
모든 칭호는 관직과 관계가 없는 한 폐지되며 다시는 제도화되지 않는다.
어떤 시민도 외국의 훈장을 받을 수 없다.
공직은 능력에 따라 만인에게 개방된다.
모든 시민은 평등하게 군복무를 해야 하며 징집의 대리는 있을 수 없다.

제3조

141항 서신(書信) 및 문서의 몰수는 체포 또는 가택수색을 제외하고는 합법적인 영장에 따라 집행된다. 영장은 체포된 자에게 즉각 또는 24시간 내에 통보되어야 한다.

142항 서신의 비밀은 불가침이다.
형법적 조사의 경우 또는 전쟁 발발시의 불가피한 예외는 입법으로 정해진다.

제4조

143항 모든 독일인은 언론, 저술, 출판, 서화(書畵)를 통해 자신의 의견을 자유롭게 표현할 권리를 가지고 있다.
출판 자유는 여하한 경우에도 예방적 조치에 의해 정지되지 않는다. 예방적 조치란 검열, 허가, 보안명령, 과세, 저술이나 서적 판매의 제한, 우송금지 및 기타 제약과 같은 것 등이다.

까지 포함될 수는 없다는 의견이 나왔다. 단지 오스트리아만이 포함되어야 한다는 것이었다.

이러한 상황에서 오스트리아 정부는 오스트리아가 주도할 수 없는 독일 통일이 바람직하지 않다고 보았다. 따라서 오스트리아는 타협안을 수락하지 않고 대표를 철수시켰다. 따라서 그 이래로 대독일주의의 명분은 많이 약화되었다.

독일통일의 실패 더욱이 프로이센 중심의 소독일주의적 통일안마저 좌절되었다. 1849년 3월 프로이센의 프리드리히 빌헬름 4세는 동료 제후의 제안이라면 수락하겠으나 프랑크푸르트 의회로부터는 제관(帝冠)을 받지 않겠다고 잘라 거절하였다.

이에 앞서 1848년 12월 프랑크푸르트 의회는「독일국민 권리선언」을 채택하고 1849년초 통일독일 헌법을 인준한 바 있었다. 이에 따르면 황제가 국가원수로서 내각을 거느리며 입법부는 비밀 보통선거를 통해 구성된다고 하였다. 프랑크푸르트 의회에 참석한 일부 대표는 그후 슈투트가르트에서 모임을 가지고 헌법을 공포한 후 선거를 요구했으나 군대에 의해 해산되고 말았다.

프랑크푸르트 의회는 오스트리아의 포함 여부와 체제 선택의 문제로 결국 실패하고 말았다. 더욱이 프로이센의 프리드리히 빌헬름 4세는 소독일주의에 입각한 제위를 수락하지 않았을 뿐 아니라 회의 이후에는 반동보수정책을 추구하였다. 프랑크푸르트 의회의 실패는 근본적으로 독일 통일에서의 주도권 쟁탈, 즉 오스트리아 중심의 통일인가, 아니면 프로이센 중심의 통일인가에 관해 결정이 나지 않았기 때문이었다.

메테르니히의 몰락 메테르니히의 강경한 탄압정책과 5국동맹을 통한 적극적 개입에도 자유주의의 물결은 더욱 거세질 징조가 뚜렷하게 나타났다. 여러 예방조치에도 불구하고 1848년 2월 혁명의 물결이 오스트리아에 밀어닥쳤다.

그리고 빈에서 일어난 3월 혁명으로 메테르니히는 간신히 세탁물차 속에 몸을 숨기고 영국으로 도망하였다. 이에 황제 페르디난트 1세Ferdinand I(1835-1838)는 헌법제정을 허용하게 되었다.

헝가리 민족운동 한편 합스부르크 영역 안에서도 거의 때를 같이하여 민족운동이 일어났다. 보헤미아에서는 체코인이 독립된 국회와 지역자치를 요구했고 마자르인은 독립된 헝가리 수립을 서둘렀다. 1848년 혁명이 유럽을 휩쓸었을 때 헝가리는 급진주의적 애국자 코슈트Louis Kossuth(1802-1894)의 영도하에 자유주의적 개혁을 단행하였다.

그의 자유주의는 헝가리의 다른 소수민족, 즉 크로아티아인이나 루마니아인의 민족주의와 조화를 이루지 못하였다. 크로아티아인과 루마니아인은 헝가리 전역에 마자르어와 문화를 강요하고 마자르인 중심의 정치를 적용하는 것에 반대하였다. 그러므로 그들은 도리어 헝가리 독립에 대한 오스트리아의 탄압정책을 지원하였다. 결국 코슈트의 헝가리 공화국은 1849년 러시아 및 오스트리아의 개입으로 무너지고 말았다.

마치니 2월 혁명을 가장 민감하게 받아들인 지역은 오스트리아 지배하에 있던 이탈리아였다. 일찍이 이탈리아에서는 1830년대에 카르보나리의 비밀결사 운동이 있었다. 또 극작가 만초니Alessandro Manzoni(1785-1873), 시인 레오파르디Giacomo Leopardi(1798-1831) 등이 애국운동을 일으킨 바 있었다. 이러한 애국주의의 여파로 19세기의 30-40년대에 이르러 옛 이탈리아의 영광을 재현하고자 하는 '리소르지멘토'(risorgimento: 復興) 운동이 박차를 가하게 되었다.

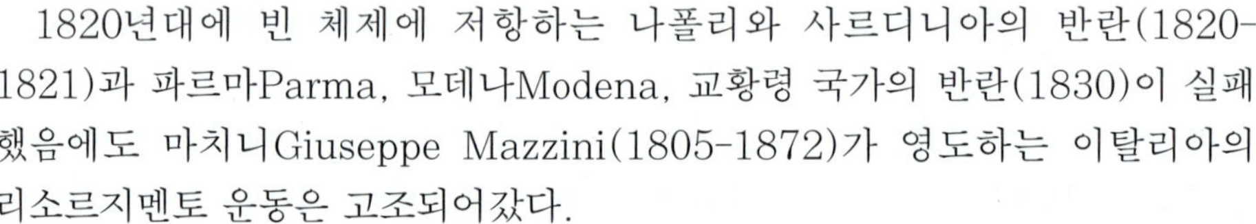

마치니

1820년대에 빈 체제에 저항하는 나폴리와 사르디니아의 반란(1820-1821)과 파르마Parma, 모데나Modena, 교황령 국가의 반란(1830)이 실패했음에도 마치니Giuseppe Mazzini(1805-1872)가 영도하는 이탈리아의 리소르지멘토 운동은 고조되어갔다.

민주공화제를 이상으로 삼은 마치니는 무엇보다도 자유와 민주주의를 열심히 설교하였다. 그는 1831년 사르디니아에서 추방되었으나 '청년 이탈리아당'을 조직하여 승산 없는 저항운동을 여러 차례 시도하였다.

1848년 혁명의 영향을 받아 이탈리아에서도 민족주의자와 자유주의자들이 적절한 행동을 취하였다. 이러한 시대 추세에 따라 사르디니아 왕 알베르토Carlo Alberto(Charles Albert, 1798-1849)를 비롯하여 피렌체·로마·나폴리의 지배자들이 1848년 2월과 3월에 민중의 요구를 받아 들여 헌법을 허용하였다.

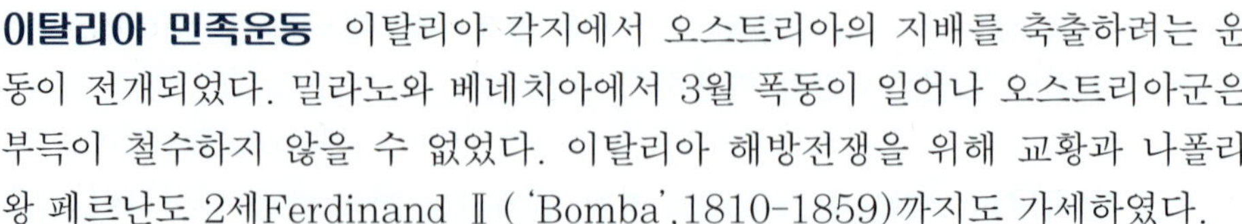

이탈리아 민족운동 이탈리아 각지에서 오스트리아의 지배를 축출하려는 운동이 전개되었다. 밀라노와 베네치아에서 3월 폭동이 일어나 오스트리아군은 부득이 철수하지 않을 수 없었다. 이탈리아 해방전쟁을 위해 교황과 나폴리 왕 페르난도 2세Ferdinand Ⅱ('Bomba',1810-1859)까지도 가세하였다.

한편 오스트리아는 국내정치가 혼란에 빠져 있었고 보헤미아와 헝가리 문제 때문에 미처 이탈리아에 손쓸 여유가 없었다.

이러한 유리한 여건이 조성되어 있었음에도 이탈리아의 자주독립은 실현되지 못하였다. 교황과 나폴리 왕은 얼마 후 군대를 철수시켰으며 사르디니아군은 도리어 오스트리아군에게 패퇴하고 말았다.

1849년 3월 패전의 책임을 느낀 사르디니아 왕은 아들(Victor Emmanuel II)에게 양위하였다. 결국 유럽의 다른 지역에서와 마찬가지로 사르디니아에서도 다시 반동체제가 지배하게 되었다. 이탈리아의 독립운동 실패는 여러 다른 이유와 함께 무엇보다도 이탈리아인 스스로의 여론 분열에 기인한 것이었다.

1848년 혁명의 의의 1848년 2월 혁명으로 프랑스에는 제2공화정이 수립되었다. 동시에 유럽 각지에서 혁명과 입헌운동이 일어나 내셔널리즘을 자극하였다. 각 지역마다 봉건제 폐지, 대의제 유지, 입헌군주제 수립 등 개혁의 기운이 뚜렷하게 나타났다.

그러나 1년도 채 안 되어 1849년 중반까지 거의 모든 자유주의 운동은 실패로 돌아갔다. 1848년의 혁명적 사건들은 각각 상이한 목표를 추구했던 자유주의자들, 민족주의자들, 로만주의자들에게 결정타를 안겨주었다. 프랑스에서 일부 온건파는 자유주의적 명분을 가진 혁명이 결국 중간계급을 위협하는 세력이 된다는 것을 깨달았다. 독일 지역에서는 각 민족이 독자적으로 민족적 자유를 추구하는 것은 궁극적으로는 통일을 저해한다는 것이 밝혀진 셈이었다.

C. 라틴 아메리카의 독립운동

이미 프랑스 혁명의 영향으로 생-도맹그는 독립 아이티로 새 출발을 하였다. 그리고 혁명 이념은 중앙 아메리카와 남아메리카의 다른 식민지로 전파되어갔다. 식민지는 이베리아 반도에서 온 '반도인' (peninsulares)이 주로 행정권을 차지했으나 실제 경제권을 장악한 것은 '토박이들' (criollos)이었다. 토박이란 스페인이나 포르투갈에서 온 사람들의 후손으로 식민지에서 태어나 대대로 살아온 백인이었다. 그들은 수가 많고 부유했으며 강력한 계급을 형성하고 있었다.

1800년 반도인이 3만이었는데 비해 토박이는 3백50만에 달하였다. 이 밖에 약 1천만의 비특권층이 있었다. 브라질에서는 흑인노예가 인구의 대다수를 차지했는데 비해 다른 지역에서는 원주민이나 혼혈종이 대다수를 차지하고 있었다.

라틴 아메리카 사회 '토박이들'은 18세기에 무역에 활발히 종사하면서 아메리카 식민지에서 농장이나 목장 경영으로 경제적으로 부유해졌고 사회적 세력을 형성하였다. 그들은 이베리아 반도 본국에서 과하는 행정적 통제와 경제적 제약에 반발하고 있었다.

토박이들은 계몽주의 정치사상에 자극을 받아 때로는 세금 폭동이나 민중 봉기에 가담하였다. 그들은 로베스피에르의 사회개혁이나 아이티 사회의 평등주의를 요구하지는 않았다. 미국의 경우를 모델로 한 정치적 독립이 그들의 대안이었다.

나폴레옹이 스페인과 포르투갈에 침공한 1807년 본국의 통치력이 약화된 틈을 타서 남아메리카에서 독립투쟁이 시작되었다. 1810년 반(反)스페인 폭동이 아르헨티나Argentina, 베네수엘라Venezuela, 멕시코Mexico 등 중앙 및 남아메리카 대부분의 식민지에서 일어났다. 1810-1825년 이 지역은 독립을 쟁취했으며 독립 후에는 토박이들이 강력한 사회적 지위를 차지하게 되었다.

이달고

멕시코 혁명 멕시코 혁명은 농민반란으로 시작되었다. 가톨릭 교회의 이달고Miguel de Hidalgo Y Costilla(1753-1811) 신부는 농민 반란을 지휘하여 스페인 식민통치에 대항하였다.

이달고는 새로운 정부, 부의 재분배, 농민의 평등권, 원주민의 토지 회복 등을 요구하였다. 보수적인 토박이들이 그를 사로잡아 처형했으나 반란은 그의 사후에도 3년간 계속되었다.

1821년에 이르러 멕시코에서 스페인 식민통치가 종말을 고했다. 토박이 출신 이투르비데Augustin de Iturbide(1783-1824)가 수도를 점령한 후 스스로를 멕시코 황제라 칭하고 독립을 선언하였다.

그러나 이투르비데는 무능한 행정관이었으므로 그가 세운 제국은 오래 가지 않았으며 1822년 토착 엘리트들이 그를 폐위시키고 공화국을 수립하였다.

2년 후 멕시코의 남부 지역이 갈라져 독립하여 중앙 아메리카 연방이 형성되었다. 그러나 중앙 아메리카 연방은 1838년 과테말라Guatemala · 엘 살바도르El Savador · 온두라스Honduras · 니카라과Nicaragua · 코스타 리카Costa Rica 등 여러 나라로 나누어졌다.

아르헨티나 독립운동 나폴레옹 전쟁 당시 이베리아 반도의 싸움에서 영국 해군이 대서양의 해상권을 장악하면서 사실상 스페인과 아메리카 식민지와의 연결은 끊기고 말았다.

1805년 트라팔가 해전에서 스페인 무적함대를 격파한 영국해군은 또다시 1807년 리오델라플라타Río de la Plata(지금의 아르헨티나)의 스페인 총독 관할하에 있는 부에노스아이레스Buonos Aires를 공격하였다.

이후 1808-1812년 아르헨티나는 스페인 국내 봉기를 틈타 독립을 선포하였다. 스페인의 페르난도 7세Ferdinand Ⅶ(재위: 1814-1833)는 1814년 다시 왕위를 회복한 후 유럽의 반동복고 체제에 따라 본국에서 폭정을 일삼았을 뿐 아니라 군대를 파견하여 아르헨티나 식민지 영유권을 다시 주장하였다.

그러나 아르헨티나는 산 마르틴José de San Martín(1778-1850) 장군의 지휘 아래 스페인군을 축출하고 완전독립을 쟁취하였다.

볼리바르와 대 콜롬비아 1808년 나폴레옹이 스페인 왕을 제거했을 때 스페인령 남아메리카의 '신 그라나다'(New Granada: 지금의 베네수엘라·콜롬비아·에콰아도르에 걸친 지역)의 토착 엘리트들이 독립을 선포하였다. 볼리바르Simón Bolívar(El Libertator, 1783-1830)는 독립 운동을 주도하여 '해방자'로 찬양되었다. 그는 노예를 해방하고 모든 콜롬비아 주민의 자유신분을 보장하였다.

볼리바르: 라틴 아메리카 독립 운동의 지도자.

카라카스Caracas(지금 베네수엘라의 도시) 출신 볼리바르는 인민주권설과 같은 계몽사상에 깊은 영향을 받았다. 미국 워싱턴의 예를 본떠 그는 1811년 스페인 통치에 반기를 들었다. 초기에 볼리바르는 악전고투했으며 두 번이나 추방된 적이 있었다.

1816년 스페인 주둔군이 이 지역을 다시 장악했으나 볼리바르는 전투를 재개하였다. 마침내 1819년 그는 콜롬비아의 스페인 주둔군을 기습했으며 스페인군은 패배를 인정하였다.

볼리바르는 베네수엘라, 에콰도르Ecuador, 페루Peru까지 원정하여 아르헨티나의 산 마르틴, 칠레Chile의 오이긴스Bernardo O'Higgins(1778-1842) 등의 협력을 얻었다. 페루를 마지막으로 스페인의 식민지는 모두 사라졌다.

볼리바르의 목표는 남아메리카의 스페인 식민지에서 미국과 같은 커다란 연방국가를 형성하는 것이었다. 1820년대에 베네수엘라·콜롬비아Colombia·에콰도르로 '대(大) 콜롬비아'(Gran Colombia) 공화국을 형성하고, 페루와 자신의 이름을 붙인 볼리비아Bolivia까지 합쳐 연방국가를 형성하려고 하였다.

그러나 1830년 정치적, 지역적 차이로 '대 콜롬비아'는 해체되었다. 이후 볼리바르는 스스로 유럽 망명을 택하고 도중에 폐병으로 죽었다.

브라질의 독립 포르투갈 영 브라질도 스페인 식민지들이 속속 독립하는 비슷한 시기에 독립을 하였다. 나폴레옹이 유럽 패권을 장악하던 시대에는 포르투갈 정부는 브라질에 망명한 바 있었다. 즉, 나폴레옹이 1807년 포르투갈을 침공하자 리스본에 중심을 두고 있던 왕조는 브라질로 가서 리우데자네이루

Rio de Janeiro에 망명정부를 수립하였다.

그러나 1821년 나폴레옹이 몰락하고 반동 복고주가 유럽을 휩쓸게 되자 본국으로 귀환한 포르투갈 왕은 브라질에 후안 6세의 왕자 페드루를 섭정으로 두었다. 다음해 브라질 토박이들이 독립을 요구하자 페드루는 요구를 받아들였다. 그는 리스본 귀환을 명하는 본국 왕의 명령에 복종하지 않고 그 대신 브라질 반란군을 주도하여 제정(帝政)을 수립하고 페드루 1세Dom Pedro Ⅰ(1798-1834, 재위: 1822-1834)로 즉위하였다.

브라질은 독립한 후에도 토박이들이 득세하여 독립의 과실을 독차지했으므로 사회는 기본적으로 예전보다 크게 달라진 것이 없었다. 이른바 '반도인'은 본국으로 돌아갔으나 브라질 사회는 혁명시대 이전과 같은 경직성을 면치 못하였다.

신생 독립 브라질은 강력한 군부에 의존하고 노예제를 계속하였다. 새로운 브라질에서 로마 가톨릭 교회의 권위와 부는 여전히 확고한 것이었다.

독립 후의 라틴 아메리카 라틴 아메리카의 정치 지도층은 유럽 계몽사상 시대의 공화주의 이념을 숭상했지만 그 이념을 정치에 적용시킬 수 있는 실제 경험이 없었다. 그 결과 라틴 아메리카의 신생국 지도자들은 정부기구를 창출할 때마다 헌법을 개정했기 때문에 정치적 불안이 더욱 더 커졌다.

토착 엘리트들은 독립 신생국의 지배세력으로 군림하였다. 라틴 아메리카 남자 인구의 5% 미만에 지나지 않는 토박이들이 정계를 좌우하였다. 그들은 여론을 충분히 정치에 반영하지 않았기 때문에 좌절을 겪은 사람들의 반란에 부딪칠 수밖에 없었다.

정치적 불안정이 더욱 악화된 것은 엘리트들의 내분때문이었다. 도시 상인층과 농촌 지주층, 자유주의자와 보수주의자, 중앙집권론자와 연방론자, 로마 가톨릭 신도와 비신도 사이의 대립이 사회적 불안정으로 연결되었다.

국론 분열 속에서도 모든 사람이 의견일치를 본 쟁점은 농업과 목축을 위한 토지 소유권 회복이었다. 가장 치열한 충돌은 농업경작자와 목축업자가 남아메리카의 '대평원'(pampas)을 차지하려고 한 아르헨티나와 칠레에서 전형적으로 나타났다.

19세기 중반 아르헨티나와 칠레의 군대가 남아메리카 원주민을 정복하기 위해 동원되었다. 1870년대에 이르러 식민주의자들은 가장 생산적인 토지를 차지한 후 원주민을 사회적으로 동화시키거나 경작이나 목축에 부적당한 땅으로 몰아냈다.

군벌정치 신생국가에서 일어난 분열과 불화는 '지역군벌'(caudillos)에게 집권을 허용하는 빌미를 제공하였다. 아르헨티나에서 독립전쟁이 10년 이상 계속됨에 따라 군부 지도자들이 정치무대에 등장하게 되었다. 그들은 인기에 영합하고 대중의 불만을 이용하였다.

가장 유명한 군벌은 목축업자 출신인 로사스Juan Manuel de Rosas(1793-1877)였다. 그는 1835-1852년 '대평원'의 목축업자들과 도시 엘리트층과의 불화를 이용하여 아르헨티나를 지배하였다.

로사스는 다른 군벌을 진압하고 부에노스아이레스를 장악하였다. 그는 연방당 당수로서 1829-1831년, 1835-1952년 두 차례에 걸쳐 부에노스아이레스 지사를 역임하였다. 그는 처음 지역적 대립을 완화시킬 목적으로 지방 자치를 요구했으나 중앙정부를 전복하고 다른 주(州)들을 통합한 후에는 실질적으로 최고권을 행사하여 중앙집권을 조직화하였다.

라틴 아메리카의 독립

군벌정치는 자유를 제한하고 공화주의 이상을 파괴하였다. 따라서 군벌정치에 종지부를 찍고 자유주의적 개혁을 목적으로 한 반대운동이 빈번히 일어났다.

그러나 로사스는 잔인한 방법으로 반란을 진압하였다. 비판자들은 그를 '대평원의 마키아벨리' 또는 '아르헨티나의 네로'라고 혹평하였다. 그는 반대파를 억누르기 위해 공포정치를 실시하여 수많은 사람들을 처형하였다.

로사스는 부에노스아이레스에 망명해온 우루과이Uruguay 대통령 오리베Manuel Oribe(1796-1857, 재임:1835-1838)와 연합하여 1842년 우루과이를 침공하였다. 3년간 전투를 벌였으나 우루과이의 남부 주 몬테비데오Montevideo를 함락시키지는 못하였다. 마침내 다른 아르헨티나 주들과 동맹한 브라질 혁명군이 1852년 로사스를 패퇴시켰고 그는 결국 영국으로 망명하였다.

목동문화 아르헨티나 역사에서 '목동'(gaucho)은 특별한 주목을 받는 존재였다. 일부에서는 목동을 라틴 아메리카의 상징으로 간주할 정도였다. 예를 들면 로사스는 목동 출신으로 국가권력을 장악한 인물이었다.

목동은 아르헨티나 대평원에서 두드러진 존재였다. 목동은 말에 의존하면서 자신의 기술에 따라 살았다. 그들은 내리닫이 바지, 망토(poncho), 장화를 신는 특이한 복장을 하였다. 목동에는 백인이나 흑인도 있었지만 대개는 혼혈아였다. 목동사회는 라틴 아메리카에서 보기 드문 인종적 평등주의 사회였다. 목동은 독립적이며 자족적 생활을 한 계층이었다. 목동의 용기와 기술, 사랑을 찬양하는 수많은 노래와 시가 라틴 아메리카 문학의 주류를 이루었다.

그러나 목동의 전통적 생활에도 변화가 왔다. 국가가 독립하고 군벌정치가 실시되어 대평원에 울타리가 쳐지게 됨에 따라 목동의 생활도 바뀔 수밖에 없었다. 목동은 점차 사회에서 사라져가는 존재가 되었다. 그럼에도 목동은 19세기말까지 라틴 아메리카의 상징으로 남아 있었다.

군벌정치와 개혁 독립한 멕시코는 민주주의에 대한 경험이 부족한 탓에 여러 정부형태를 거쳤다. 군주제에서 공화제로, 다시 군벌정치로 바뀌었으며 그 과정에서 자유주의적 개혁의 시도도 있었다.

멕시코는 미국과의 전쟁을 겪은 후 정치적 혼란이 일어나 군벌 지배의 시대가 왔다. 산타 아나Antonio López Santa Ana(1895-1876)는 1822년 이투르비데에 대한 반란, 1828년 아마도르 게레로Manuel Amador Guerrero(1833-1909)에 대한 반란, 1832년 부스타만테Carlos María de Bustamante(1774-1848)에 대한 반란 등을 주도하면서 군벌정치를 확립하였다. 그는 1833년 멕시코 대통령이 되어 1836년까지 재임하였다.

군벌정치 이후에는 자유주의적 개혁운동이 일어났다. 멕시코 원주민의 후손

멕시코-아메리카 전쟁

후아레스Benito Juárez(1806-1872) 대통령 주도하에 군부와 가톨릭 교회의 세력을 제한하려는 목적으로 1850년 '개혁' (La Reforma)이 시작되었다.

후아레스는 '토지와 자유' (tierra y libertad)를 구호로 멕시코인에게 삶의 수단을 제공하고 정치참여의 기회를 부여하였다. 1857년 헌법은 이러한 개혁 이념을 표현한 것이었다. 사제(司祭)와 군부의 특권은 제약되고 비옥한 국토의 거의 절반에 해당하는 교회 재산이 몰수되었다.

토지 재분배의 목적은 원주민의 토지 소유를 확장하여 대중 생활을 향상시키고자 한 것이었다. 그러나 토지 재분배의 혜택을 입은 사람은 원주민이 아니라 투기꾼과 대토지 소유자들이었다. 결국 토지개혁은 실패하고 말았다.

멕시코의 정치적 혼란 자유주의적 개혁은 멕시코 엘리트층의 보수주의에 대한 도전이었으나 성공을 거두지 못하였다. 그 휴유증으로 멕시코는 내전으로 치닫게 되었다.

후아레스 정부에 도전한 디아스Porfirio Diaz(1830-1915)는 1877년 정권을 장악하였다. 그의 정권은 외국자본을 도입하여 경제적으로 번영을 가져왔으나 가혹한 정치를 통해 농민 생활을 비참하게 만들었다.

그러므로 농민과 노동자들은 멕시코 혁명(1911-1920)을 일으키게 되었다. 혁명 주도층은 중산계급의 협력을 얻어 치열한 유혈충돌 끝에 1911년 디아스 독재 정권을 무너뜨리는데 성공하였다. 이 때 하층계급은 남쪽의 모렐로스Morelos 주에서 반란을 시작한 사파타Emiliano Zapata(1883-1919)나 비야Francisco Villa('Pancho', 1877-1923)를 추종하였다. 이 두사람은 농촌을 기반으로 한 카리스마적 반란 지도자로서 '토지와 자유'를 표방하고 1850년 대규모 전투병력을 편성하였다.

사파타와 비야의 군대는 대중의 인기는 얻었지만 정부군에 대항하기는 어려웠다. 그들은 한때 멕시코 시를 점령했으나 결국 1915년 패퇴하고 말았다.

멕시코 혁명은 1919년 사파타가 전사한 후 곧 끝나고 정부군이 전국을 장악하였다. 그러나 1917년 멕시코 헌법은 보통선거, 국가부담의 교육, 최소임금과 최대노동시간, 멕시코 재산의 외국인 취득 제한 등을 규정하여 혁명군의 의도를 어느 정도 반영하였다.

독립 신생 라틴 아메리카 여러 나라들은 분열과 반란, 군벌정치와 내전 등으로 19세기 전체를 통해 정치적 불안정과 경제적 혼란을 겪었다. 더욱이 국민 대다수는 온전한 교육을 받지 못하고 보수가 좋은 직업을 가질 기회가 많지 않았으며 국민 여론은 적절히 국가정책에 반영되지 않았다.

문화적 정체성 라틴 아메리카 지식인은 스스로를 유럽문화의 계승자로 자처하였다. 유럽과 동일시한 인물 중 대표적인 사람은 아르헨티나 대통령 사르미엔토Domingo Faustino Sarmiento(1811-1888)였다. 그는 독립 후 유럽적 가치관에 입각한 자유주의적 사회 발전을 위해 노력하였다. 그는 『파쿤도: 문명과 야만』(1845)이란 저서에서 부에노스아이레스가 무질서한 아르헨티나 농촌의 기율을 바로 세워야 한다고 역설하였다. 부에노스아이레스는 유럽 노동자들이 많이 이민해 살고 있는 매우 활기 넘친 수도였다. 그곳은 19세기 라틴 아메리카에서 가장 개방된 도시였다. 넓은 거리, 아담한 상점, 아름다운 건물 때문에 부에노스아이레스는 '아메리카의 파리' 라는 말을 들었다.

사르미엔토는 로사스 독재 시대인 1835-1852년 칠레에 망명해 있었으나 로사스가 물러난 후 1868년 대통령이 되어 5년간 재임하면서 아르헨티나 교육개혁에 힘썼다. 그는 계몽사상의 영향을 강하게 받았으며 저작물 · 사상 · 법 · 교육 · 예술 등이 모두 도시의 산물이라고 보고, 도시가 농촌지대를 지배할 때만이 사회적 안정과 참다운 자유가 실현될 것이라고 주장하였다.

3. 영국의 개혁

산업혁명은 영국의 경제 · 사회적 구조 및 인구분포를 급격하게 바꾸어 놓았다. 이와 같은 변화는 한편으로는 새로운 노동계급의 생계와 복지를 위협하고 다른 한편으로는 영국 대의제의 모순을 드러내게 되었다. 그러므로 1810-1830년대의 영국의 민주개혁은 노동조건의 개선과 선거구의 재조정으로 나타났다.

1820년대 중반까지 영국의 상황은 어떠하였는가? 유럽 해방전쟁 후 영국은 잉여 전쟁물자로 공장이 문을 닫고 많은 실업자를 내게 되었다. 더욱이 30만 군대를 군사동원에서 해제시킴으로써 실업자는 더욱 늘어났다.

특히 수공업 노동자는 극도로 비참한 처지에 놓이게 되었다. 기계 상품과 비슷했던 수공업 상품 가격이 1815년 후 급격히 떨어져 경쟁력을 잃었기 때문이었다. 그래서 일부 노동자는 복면을 하고 기계와 공장을 파괴하는 이른바 '러드 폭동' 을 일으켰다.

그러나 영국의 귀족은 빈곤한 실업자를 동정하기보다 도리어 프랑스 혁명의 자코뱅적 영향이라고 한탄하였다. 1815년 집권 토리당 정부는 하층계급의 집회를 강제로 해산시켰다. 1816년 런던의 대중대회나 1819년 보통선거를 요구하던 맨체스터 대회는 강제 해산 중에 수백 명의 사상자를 냈다.

A. 자유주의 입법

영국 정부는 하층계급의 움직임에 대해 처음에는 공포심을 품고 탄압적인 입법조치로 대응하였다. 공공집회는 금지되고 자유주의 성향의 신문은 탄압되었다. 반항적 문학작품에도 벌금형이 언도되었다. 1817년에는 인신보호법(*Habeas Corpus Act*)마저 정지되었다.

자유주의적 중산층은 하층 노동계급을 위해 항의를 하였다. 영국뿐 아니라 프랑스나 독일의 지식인들도 산업혁명이 초래한 비참한 사회상을 비판하였다. 특히 영국 문인들의 비판은 날카로웠다. 디킨즈Charles Dickens(1812-1870), 디즈레일리Benjamin Disraeli(1804-1881), 칼라일Thomas Carlyle(1795-1881), 러스킨John Ruskin(1819-1900) 등은 저술과 작품을 통해 산업주의의 폐해와 비참한 생활을 고발하였다. 예를 들면 1854년 디킨즈는 소설 『하드 타임즈』(*Hard Times*)에서 코우크타운Coketown 시민의 어려운 상황을 묘사하였다. 디킨즈와 동시대 소설가 개스켈Elizabeth Gaskell(1810-1865) 부인은 『매리 바튼』(*Mary Barton*, 1848)이라는 사회소설에서 심각한 사회상을 묘사하였다.

한편 1815년경 대의제는 영국민의 의사를 충실히 반영할 수 없는 제도적 결함을 갖고 있었다. 당시 약 5%의 성년 남자만이 투표할 수 있었으며 그것조차 대부분 정치단체의 조종을 받았다. 종교적으로 영국민은 국교파(國敎派), 세례파, 퀘이커파, 감리교파와 같은 프로테스탄트의 여러 종파(Non-conformists)를 비롯해 가톨릭 신도 및 유대교도 등으로 갈라져 있었는데 이 중 국교파만이 특권을 누리고 가톨릭 신도나 유대교도들은 불평등한 대우를 받고 있었다.

1820년 후반 나폴레옹 전쟁 후의 반동정치는 필Sir Robert Peel(1788-1850)이나 캐닝과 같은 토리당 내의 자유주의파가 주도하는 개혁이 실시됨으로써 끝났다. 영국 정부는 사형의 적용범위를 대폭 축소하고 런던 경찰을

검은 석탄 먼지속에서 일하는 어린이 노동자들

여가를 즐기는 상층 가정의 어린이들

창설하며 노동조합을 인정하기 시작하였다. 비국교도의 의원직 피선을 허용하고 가톨릭 신도에게 동등권을 주는 「가톨릭 해방법」(*Catholic Emancipation Bill*)을 제정하였다

공장법 1833년 영국 최초의 「공장법」(*Factory Act*)을 제정한 사람들은 토리당 내의 지주계층이었다. 그들은 벼락부자와 공장 소유자들의 비인간적인 처사에 분노한 인도주의 정신의 소유자들이었다. 토지 소유 계층인 젠트리가 중산층의 세력증대를 좋아하지 않았기 때문에 귀족계급은 노동자 계층과 손잡고 공장법 제정을 지지하였다.

극소수의 공장 소유자 중에도 오웬Robert Owen(1771-1858)이나 샤프츠베리 경Anthony Ashley Cooper('Lord Ashley', 1801-1885)과 같이 박애와 사회사업에 열성을 보인 사람도 있었다. 샤프츠베리는 '공장법 제정의 아버지'라는 말을 들었다. 10시간 노동법은 그의 제안이었다.

1833년 공장법은 무엇보다도 어린이 노동자와 여성 노동자의 과도한 노동시간에 제약을 가하였다. 물론 이미 1802년 법으로 식사시간을 제외한 하루 12시간 이상의 노동 일에는 어린이를 고용할 수 없도록 되어 있었고, 어린이의 야간작업도 금지되어 있었다.

그러나 사실상 감독권이 지방당국에 있었으며 공장법의 혜택은 노동자에게 거의 돌아가지 않았다. 1819년 또다른 법에 따라 9세 이하 어린이의 노동조건을 완화하고 9-16세의 소년·소녀의 노동시간을 1일 12시간으로 제한하였다. 이 법도 역시 시행세칙이 마련되지 않아 실효를 거두지 못하였다.

1833년 공장법은 방직공업 노동에 9세 이하 어린이의 채용을 금지하였다. 또 9-13세 어린이의 노동은 1주 48시간으로, 13-18세 어린이의 노동은 1주 68시간으로 제한되었다. 18세 미만의 노동자에게 야간작업을 시키는 것도 불법으로 규정되었다. 정부 파견 검사관이 이 법의 시행을 감독하기로 되어 있었다. 오늘날의 표준으로 보면 별로 대단한 의미는 없으나 당시 기준으로는 이 법은 방직업계 노동조건 개선에 기여한 바 컸다.

광산법 한편 광산업에서 6-7세 어린이가 12시간 동안 지하에서 중노동하는 것이 시급히 개선되어야 하였다. 1842년의 「광산법」(*Mines Act*)으로 광산에서 여성 노동 및 10세 이하의 어린이 고용이 금지되었다.

다시 1846년의 법은 방직공장에서 여성 및 어린이의 노동시간을 하루 10시간으로 제한하였다. 그후 계속된 법 제정으로 공장조건은 더욱 개선되었다. 공장 노동자, 철도관계 노동자들에게 건강진단과 공장 내의 안전성이 법으로 규정되었다.

다른 나라에서도 영국과 비슷한 조치를 취하게 되었다. 예컨대 1836년 미국에서 최초로 어린이 노동법이 매사추세츠Massachusetts 주에서 통과되었다.

노동조합법 노동법이나 공장법의 제정과 아울러 노동조합의 결성을 촉진하는 법이 제정되었다. 1824년 「조합 금지법」(*Combination Acts*)이 철폐되었다. 이로써 노동자는 조직에 대한 법적 권리를 가지게 되고 고용자측과 평화적으로 노동조건 개선을 교섭할 수 있게 되었다. 그럼에도 영국에서는 아직도 파업이 금지되고 노동조합 활동에는 제약이 많았다.

이와 대조적으로 프랑스에서는 1848년 혁명 후 노임 · 노동시간 · 노동조건의 개선을 위한 운동이 꾸준히 전개되었다. 마침내 1864년 프랑스에서는 파업을 허용하는 법이 제정되었다. 영국보다 산업혁명이 늦은 후발(後發) 국가, 예컨대 독일이나 미국 등에서도 1860년대를 통해 노동조합 운동이 커다란 진전을 보았다.

선거법 개정의 배경 이와 같은 사회 정의 실현을 향한 운동과 아울러 정치적 정의를 실현하기 위한 노력도 활발히 전개되었다. 1830년경까지 영국의 인구이동이 심해서 하원의원의 선출 단위가 되는 선거구가 다시 설정되어야 하였다. 산업혁명으로 많은 농촌 인구는 도시로 이동했으며 그 결과 인구가 감소된 '부패 선거구' (rotten borough)에서는 의원 입후보자가 쉽사리 뇌물로 유권자를 매수하는 경향이 있었다.

다른 한편 이른바 '독점 선거구' (pocket borough)에서는 지방 유력자인 지주가 입후보자를 지명하여 유권자들을 설득 혹은 위협하여 선거를 좌우하는 경우가 허다하였다. 또 당시의 제도는 공개 투표제였으므로 소작인이 지주가 반대하는 인물에 투표하면 화를 당할 수 있었다. 이러한 상황에서 하원은 일반 유권자의 이익보다 지배층의 이익을 대변하게 마련이었다.

18세기말부터 「선거개혁법안」(*Reform Bill*)에 대한 논의는 거듭되었으나 프랑스 혁명 발발과 나폴레옹 전쟁 때문에 성과를 거두지 못하였다. 도리어 영국의 민주적 개혁의 기운은 위축되었다.

그러나 1820년대말 보수 반동 추세가 후퇴하고 다시 개혁의 기운이 되살아났다. 그런데도 당시 내각은 시대의 추세를 파악하지 못하였다. 1830년 토리당 수상 웰링턴은 영국 헌법이 모든 필요를 충족시키고 있다는 연설을 하였다. 이 연설 때문에 오히려 강경한 반대여론이 일어났고 나폴레옹을 몰아낸 '철의 공작' (Iron Duke)도 별수 없이 사임하지 않을 수 없었다. 이로써 약 60년간 지속된 토리당의 집권이 끝났다.

휘그 개혁 1830년 프랑스 7월 혁명의 소식이 전해진 후 휘그당의 그레이 Charles Grey(2nd Earl Grey, 1764-1845) 후작이 수상이 되었다. 그는 의회제도 개선의 선구자였다. 그는 4년간 수상 재임 중 선거구 재조정과 선거권 확대 계획을 실천에 옮겼다.

농촌에 기반을 둔 토리당과 달리 도시의 중산층 · 상인 · 은행가 · 공장 소유자들을 배경 세력으로 한 휘그당은 이른바 부패 선거구의 모순을 바로잡고 선거권을 확대하려고 하였다. 맨체스터 · 셰필드Sheffield · 버밍엄Birmingham 등과 같은 신흥 상공업도시에서는 단 한 사람의 의원을 선출하지 못하는 실정이었다.

종래는 영국 인구의 4% 미만이 선거권을 가지고 있었다. 1년에 10파운드의 지대(地代)에 해당하는 집세를 내는 모든 세대주에게 선거권을 확대 적용하면 도시와 지방의 부르주아 계급 중 하층이 선거에 참가할 수 있게 될 것이었다. 결과적으로 유권자는 43만5천에서 65만6천으로 증가할 것으로 예상되었다. 물론 많은 도시 노동자와 농촌 노동자들은 여전히 선거권에서 제외되기 때문에 토리당과 마찬가지로 휘그당 역시 완전한 민주주의를 지향한 것이 아니었다.

그럼에도 휘그당 개혁은 도시 노동자의 열렬한 지지를 받았다. 벤섬Jeremy Bentham(1748-1832)이나 존 스튜어트 밀과 같은 저명한 지식인도 지지하였다. '최대다수의 최대행복' 을 정치 목적으로 내세우고 보통선거를 주장했던 벤섬 학파나 공리주의자들은 휘그당의 개혁을 만족스럽게 생각하지는 않았으나 올바른 방향으로 가는 하나의 과정이라고 보았다.

그레이 수상은 선거개혁법을 하원에 제출했으나 겨우 한 표 차로 통과되자 국민의 의사를 묻기 위해 다시 하원선거를 실시하였다. 그 결과 더 많은 휘그당 의원이 당선되었고 이에 고무된 휘그당은 두 번째 법안을 제출하였다.

1831년 이 법안은 하원에서 통과되었으나 상원에서는 거부되었다. 그러므로 1832년 하원은 또다시 세 번째 법안을 가결했는데 상원은 이번에도 부결시켰다. 일반여론은 비등하였다. 국민 의사를 무시한 상원의 처사는 혁명을 촉발시킬 위기를 초래하였다.

1832년 선거법개혁안 그레이는 항의하는 의미에서 사임하였다. 조지 4세 George IV(George Augustus Frederick, 재위: 1820-1830)를 계승한 윌리엄 4세William IV('Silly Billy', 재위: 1830-1837)는 강경한 보수적 태도를 취하고 웰링턴을 다시 수상으로 임명하였다.

그러나 자유주의적 개혁을 갈망하는 영국민의 여론을 무시할 수는 없었다. 어쩔 수 없이 왕은 그레이를 다시 수상직에 소환하였다. 왕은 상원이 선거법

영국의 주요개혁 연대

1828	비국교도 프로테스탄트에 대한 제한조항, 런던 경찰 창설	1833	노예제도 폐지, 9-13세 어린이의 노동시간을 하루 8시간으로 제한
1829	가톨릭 해방법으로 가톨릭 신자도 의회 의원으로 당선 가능	1834	구빈법
		1846	곡물법 폐지
1832	선거법 개혁	1847	1일(日) 10시간 노동

개정안을 통과시키지 않을 경우 통과에 필요한 만큼 새로운 상원의원을 임명하겠다고 약속하였다. 이러한 위협에 무릎을 꿇은 상원은 1832년 6월 4일 선거개혁안을 통과시켰다.

이 법안의 통과로 영국은 혁명 없는 혁명, 바꾸어 말해서 합헌적(合憲的) 절차에 의한 수단으로 선거 혁명을 달성한 셈이었다. 그러나 근본적으로는 1832년의 선거개혁안이 두드러지게 정치적 변화를 가져온 것은 아니었다. 단지 산업 귀족층을 토지 귀족층과 동격으로 만들어 두 집단이 정권을 동등하게 장악할 수 있도록 한 것에 불과하였다. 이 법안에 따라 상공업적 이해관계가 농업적 이해관계보다 우선되었다. 이 점은 수년 후 통과된 곡물법의 폐기에서도 예증되었다.

1832년 선거개혁법안이 선거권의 확대를 즉각적으로 가져오지는 않았다. 다만, 집권층이 일반여론과 압력에 민감하게 반응하여 민주화에 이르는 첫걸음을 내디뎠음을 의미하였다. 또한 이는 혁명적 방법을 통해 개혁을 이룩한 프랑스와 대조적으로 점진적 개혁을 지향하는 영국적 방식을 예증하였다. 이 선거법개정은 장래의 정치적 개혁, 예컨대 1867년의 제2차 선거개혁법과 1884년의 제3차 선거개혁법 제정의 기반이 되었다.

B. 차티스트 운동과 개혁

1832년의 선거개혁법은 그 제정동기나 경과가 어찌되었든, 민권신장과 대의제의 정상화에 기여하였다. 따라서 19세기를 통해 휘그당은 자유주의적 정당으로 알려지게 되었다.

휘그당은 1832년의 집권을 계기로 중산계층의 이상과 이익을 함께 반영하는 그 밖의 개혁을 서둘렀다. 물론 인도주의적 동기가 개혁을 자극한 것도 사실이었다. 선거법개정이 통과된 후 곧 1833년 노예 폐지법이 제정되었다. 이에 따라 영국 식민지의 노예 소유자에게 적절한 보상을 해주었으며 결국 노예제는 폐지되었다.

1834년 「구빈법」(救貧法: *Poor Law*)이 제정되어 납세자의 부담을 덜어 주었다. 튜더 왕조의 엘리자베스 여왕 이래 구빈법이 영국 입법에서 차지해 온 비중은 컸다. 그런데 이 구빈법은 역시 중산층의 이기심이 표현된 것으로 빈곤을 마치 범죄처럼 다루었다.

이러한 가운데 중산층의 이해관계를 두드러지게 반영한 법령들이 제정되었다. 1835년 나온 「자치시법」(*Municipal Corporation Act*)에 의해 종래 소수의 귀족들이 배타적으로 장악하고 있던 도시정부가 중산층의 지배 아래 들어가도록 개편되었다.

이 법으로 도시 행정은 일률적으로 시민이 선출한 관리들에 의해 집행되었다. 이 밖에 여러 개혁이 뒤따랐다. 관세는 인하되고 도로, 운하, 철도는 확장되었다. 우편제도 역시 개선되어 1840년 '페니 포스트' (penny post) 제도가 시작되었다. 그것은 편지 한 통에 1페니 우표를 붙이는 제도였다.

차티스트 운동 1832년의 선거개혁법을 비롯하여 많은 개혁이 이어졌으나 그 과정에서 노동계층의 복리는 거의 반영되지 않았다. 현실적으로는 그와 반대로 그들의 이익과 적대관계에 있는 부르주아 계급의 욕심을 채우기 위한 결과가 되었다.

실상 노동자의 권익을 위한 법, 예를 들면 공장법(1833)이나 광산법(1842) 등은 토리당의 제안 또는 지지에 따른 것이었다. 그러나 이러한 법령은 노동자의 복지증진에 별로 큰 도움이 되지 않았다. 그러므로 1830년대초부터 노동자들이 스스로의 권익을 주장하기 위한 운동인 '차티스트 운동' (Chartist Movement; Chartism)이 일어난 것은 당연하였다.

인민헌장 1838년 플레이스Francis Place(1771-1854) 등 노동운동 지도자들은 「인민헌장」(人民憲章: *People's Charter*)을 통해 6개 원칙을 제시하였다. (1) 성년 남자의 보통선거 (2) 무기명 비밀투표 (3) 의원의 매년 개선 (4) 동등한 선거구 설정 (5) 하원의원의 봉급지불 (6) 하원의원의 재산자격 철폐 등이 요구사항이었다.

1839년 노동자와 하층민의 광범한 지지를 받은 차티스트들은 런던의 회합에서 1백만 서명을 받은 청원서를 의회에 제출하였다. 성공했을 경우 이 운동은 영국을 순수한 민주주의 국가로 바꾸어 놓을 수 있었다.

그러나 인민헌장은 의회에 압력을 가하는 데 실패하였다. 일부 차티스트들 중 과격파 오코너Feargus O'Connor(1794-1855)는 잡지 『북쪽 별』(*Northern Star*)을 통해 무력혁명을 주장했으나 대부분은 이에 반대하였다.

1842년 다양한 분파가 결합하여 3km 이상에 달하는 행렬을 짓고 런던 시

「제2차 차티스트 청원서」

차티스트들은 모두 세 차례의 청원서를 제출했으나 1842년 제2차 청원서를 하원에 제출함으로써 차티스트 운동은 그 절정에 달하였다. 보통남자선거, 의회 매년 개회 등을 요구한 이 문서에 3백만이 서명하였다. 다음은 제2차 청원서의 주요내용이다.

존경하는 하원 의원님들에게

서명자들은 다음과 같이 청원하는 바입니다. 전국민에게 그 기원을 두고 있는 정부는 국민의 자유를 보호하고 행복을 증진하며 국민에게 책임을 지는 정부여야 합니다.

특정의 기관이 입법하고 통치하는 권한은 오직 국민에 의해 위임된 것입니다.

정부가 모든 국민의 복리와 보호를 목적으로 수립되었으며 전 국민의 복종과 지지를 받지 않으면 안 되는 바와 같이 누구나 평등하게 대의(代議)되어야 합니다.

국민은 정부를 유지하기 위한 납세를 해야 하며 정부가 정한 법을 준수합니다. 그런데 그 수립 목적을 실현하지 못하고 모든 국민을 완전하게 대의하지 못하는 정부는 위헌이며 폭정입니다. 따라서 바꾸어버리거나 저항의 대상이 됩니다.

현재 하원은 국민에 의해 선출되지 않았으며 무책임한 행동을 하고 있습니다. 지금까지 다수의 참상, 불만, 청원을 무시하고 오직 당파만을 대변하고 소수에게 이익이 돌아가도록 하고 있습니다. 하원은 국민의 분명한 의사표시에 반하는 법을 제정하고 위헌적 방법으로 준수를 강요하고 그로 인해 참을 수 없는 전제를 낳고 모욕적인 노예상태를 창출하고 있습니다….

현 상태에서 대의는 극히 제약되었고 부당할 뿐 아니라 불평등하게 선거구가 구분되고 있으며 지주와 유산 계급의 이해관계에 유리한 영향을 주고 동시에 소상인과 노동계급을 완전히 망하게 하는 것입니다.

뇌물 · 공갈 · 부패 · 위증 · 폭력은 모든 의회 선거에 팽배해 있으며 그 정도는 하원 의원 여러분이 잘 알고 있습니다.

이른바 국가채무의 이자 상환을 위해 굉장히 많은 세금을 내고 있다는 것이 청원인들의 불평입니다. 8억 파운드에 달하는 국가채무는 자유 탄압을 위한 잔인 · 고가의 전쟁에 소모된 막대한 액수의 일부에 불과합니다. 이는 국민에 의해 권한이 부여되지 않았고, 결과적으로는 후손에게 세금을 거두어들일 권리가 없는 사람들에 의해 사용된 돈입니다….

청원자들은 하원 의원들께서 수백만의 생산자 임금과 상대적으로 쓸모 있는지가 의심되는 사람들의 봉급 사이에 커다란 격차가 있다는 사실에 주목해 달라는 것입니다. 부와 사치는 지배층에 팽배하고 가난과 굶주림은 피지배층에 충만해 있습니다.

청원자들은 당연한 존경과 충성심으로 여왕 폐하의 매일 수입과 이 나라의 수천 노동자의 매일 수입을 비교해 보았습니다. 우리가 아는 바로는 여왕 폐하는 매일 164파운드 17실링 10펜스를 개인 용도로 사용하시는 것으로 알고 있습니다. 수천 노동자 가족은 매일 일인당 단지 3파운드 4분의 3실링만을 받고 있다는 것을 확인했습니다 ….

청원자들이 믿는 바에 따르면 모든 사람들은 각자의 양심에 따라 신을 숭배할 권리를 가지고 있으며 어떠한 입법도 인간과 창조주 사이를 훼방할 수 없다는 것입니다.

청원자들은 영국국토의 전통적인 관례에 입각하고 모든 법령으로 뒷받침된, 내재적이며 의심의 여지가 없는 헌법적 권리가 영국의 모든 남자 주민의 권리라는 것을 주장하는 바입니다. 건전한 정신을 가지고 범법 사실이 없으며 사법절차에 의해서도 감금된 바 없는 성년 남자는 의회 하원에 봉사할 의원 선택에서 선거권을 행사해야 한다고 주장하는 바입니다.

가를 누비면서 이번에는 3백만의 서명을 받은 두 번째 청원서를 제출하였다. 청원서는 하원에서 287 대 59로 거부되었으며 그 후 차티스트 운동은 일시 침체하였다.

1847-1848년 국내 경제가 어려워진데다 유럽 대륙에서 혁명이 일어났다. 이것이 계기가 되어 운동은 재개되고 런던에서 차티스트 대회가 소집되었다. 대대적인 행진이 계획되고 2백만 서명을 받은 세 번째의 청원서가 제출되었다. 영국 정부는 7만 명의 특별경찰을 동원하여 경계태세에 들어갔으나 청원서의 제출만은 허용되었다. 그러나 차티스트 운동의 목적은 달성되지 못하였다.

차티스트 운동은 노동계급의 정치의식과 의회민주주의의 명분에 대한 관심을 환기시켜 주었다는 데 그 의의가 있었다. 이 운동이 제시한 요구는 그로부터 70년 뒤 1918년 '의원의 매년 개선' 만을 제외한 전부가 입법에 반영되면서 현대 영국 민주주의의 기초가 되었다.

자유무역운동 1850년대 영국은 자유주의 경제정책 노선에 따라 상당한 번영을 누렸으며 그 결과 취업률이 증가하였다. 자유주의 경제는 1776년 아담 스미스의 『국민들의 부』가 출판된 이래로 주장된 것이었으나 그 완전한 실현을 보지 못하였다.

영국의 자유주의 경제가 우여곡절을 겪은 대표적인 예는 「곡물법」(穀物法: *Corn Laws*)이었다. 원래 스튜어트 왕조의 찰스 2세 때 제정된 곡물법은 수입곡물에 대해 고율 관세를 부과함으로써 국내 농업 젠트리의 이익을 보호하는 것이었다. 이 법은 곡물수출을 장려하고 지주층을 외국과의 경쟁에서 보호하고자 한 것이었다.

그러나 19세기 중반 영국 인구가 급증하여 곡물의 국내 생산만으로는 자급자족이 되지 않아 빵값이 급등하였다. 이 상황에서 공장주들은 1839년 맨체스터에서 '반(反)곡물법동맹' (Anti-Corn Law League)을 결성하였다.

코브던Richard Cobden(1804-1865)과 브라이트John Bright(1811-1889) 등이 주도한 이 동맹은 19세기 전반 가장 강력한 대중선동 운동이었다. 운동원과 우편물 또는 집회를 통해 이 운동은 계속되었다. 한편 코브던과 브라이트는 의회활동을 통해 곡물법 폐지를 관철시키고자 하였다.

곡물법 폐지 1845년 영국과 아일랜드에 흉작이 들었다. 특히 아일랜드에서는 주요 농산물인 감자가 나쁜 기후조건으로 썩어 커다란 기근이 일어났다. 1백만 이상의 아일랜드인이 영국으로 건너갔다. 당시 토리당의 필 내각은 한때 곡물법을 정지시키고 위기를 타개하려고 하였다. 필은 그 때문에 사임했으나 휘그당이 조각(組閣)을 거부했기 때문에 다시 복귀하였다.

필은 토리당 노선을 어기면서까지 곡물법 폐지와 자유무역을 주장하는 입장으로 선회하였다. 이에 토리당 지주층의 보호무역론자들이 그의 배신적인 곡물법 폐지론을 신랄하게 공격하였다. 그러나 필은 이에 굴하지 않고 1846년 6월 아예 곡물법 폐지안을 의회에 제출하여 통과시켰다.

곡물법이 폐지됨으로써 저렴한 곡물이 수입되고 대중의 식량난이 해소되었으므로 상대적으로 만족스러운 노동력이 공급되었다. 동시에 그것은 영국내의 자유방임경제를 주장해 온 중산층의 정치적 우월성이 확립되었음을 의미하였다. 한마디로 곡물법 폐지는 자유주의의 승리를 기록한 또 하나의 이정표였다.

4. 프랑스의 제2제정

나폴레옹 3세는 여러 가지 점에서 나폴레옹 1세를 닮은 데가 있었다. 평화와 전쟁을 병행하는 양면정책, 로마 가톨릭 교회와의 제휴, 식민제국 건설, 이탈리아와 러시아 원정 등에서 나폴레옹 1세의 실적과 비슷한 점이 있었다.

그러나 나폴레옹 3세는 나폴레옹 1세와는 다른 시대배경 속에 살고 있다는 사실을 망각하였다. 1848년의 이탈리아와 독일에서의 민족운동 및 새로운 경제조건하의 부르주아 계급과 노동자 계층의 존재는 나폴레옹 1세 시대에는 두드러지지 않은 요소들이었다.

나폴레옹 3세는 국내 정치에서나 국제관계에서 기대만큼의 성과를 거두지 못하고, 정치적으로 그 자신이 몰락했을 뿐 아니라 유럽 패권 국가로서 프랑스의 영광도 사라지게 하였다.

A. 제2제정의 성립

1851년의 쿠데타로 정권을 장악한 루이 나폴레옹은 다음 해 제2차 국민투표로 압도적인 지지를 얻어 제정을 수립하고 나폴레옹 3세로 즉위하였다. 이것이 프랑스의 제2제정이다.

프랑스 국민 다수가 제2제정에 찬성한 것은 옛 나폴레옹 시대의 영광을 상기했기 때문이었다. 농민은 나폴레옹 1세 때 토지를 얻고 세금이 줄었다는 사실을 잊지 않고 있었으며 중산층은 사회주의의 위협에 대항할 강력한 정부를 희망하였다.

나폴레옹 3세는 국민의 기대를 충족시키기 위해 철도 · 운하 · 항만의 건설 사업을 일으켜 실업자를 흡수하고 상업의 팽창과 농업의 촉진 및 프랑스 식민 제국 건설을 도모하였다. 그는 크림 전쟁과 오스트리아-이탈리아 전쟁에 성공하여 1860년대에는 유럽의 주인공이 되었다. 나폴레옹은 18년간 유럽의 다른 군주들 위에 군림하면서 프랑스의 영광과 번영, 질서와 안정을 다졌다.

그러나 그의 정치는 국민감정 속에 잠재해 있는 '나폴레옹 숭배심'(Bonapartism)을 이용한 독재에 불과하였다. 외형적인 업적 뒤에는 프랑스 국민의 자유가 희생되고 있었다. 정부구조가 겉으로는 의회체제를 유지하고 있었으나 거의 아무런 권한도 가지지 않은 입법부는 황제의 지지자들로 채워진 허수아비에 불과하였다. 비밀경찰이 위험분자를 색출하고 언론을 검열했으며 의회의 토의내용은 공개되지 않았다.

평화사업 나폴레옹 3세 시대의 프랑스인은 자유를 잃고 번영을 얻었다. 과학적 영농과 농민융자로 농업이 진흥되었다. 자본 축적과 산업화로 20년 만에 프랑스의 산업생산은 2배로 증가되었다. 1855년 개최된 세계 박람회는 프랑스 번영의 상징이었다. 그것은 루이 14세 이후 프랑스가 다시 한 번 기술 · 공업 · 예술 · 유행 · 외교의 중심임을 과시하는 것이었다.

1869년 프랑스는 수에즈 운하 건설을 지원했으며 프랑스 국내의 철도부설이 5배로 늘어났다. 수도 파리는 도로 정비와 광장 건조를 통해 근대화되었다. 이리하여 파리는 유럽에서 가장 아름다운 도시가 되었다. 거리는 넓혀졌고 반란이 일어날 경우 군대의 진입이 쉬워졌다.

AU NOM DU PEUPLE FRANÇAIS.

LE PRÉSIDENT DE LA RÉPUBLIQUE

DÉCRÈTE:

Art. 1.

L'Assemblée nationale est dissoute.

Art. 2.

Le Suffrage universel est rétabli. La loi du 31 mai est abrogée.

Art. 3.

Le Peuple français est convoqué dans ses comices à partir du 14 décembre jusqu'au 21 décembre suivant.

Art. 4.

L'état de siége est décrété dans l'étendue de la 1re division militaire.

Art. 5.

Le Conseil d'État est dissous.

Art. 6.

Le Ministre de l'intérieur est chargé de l'exécution du présent décret.

Fait au Palais de l'Élysée, le 2 décembre 1851.

LOUIS-NAPOLÉON BONAPARTE.

Le Ministre de l'Intérieur,

DE MORNY.

나폴레옹 3세의 공화정 폐지 선언문

프랑스 문학과 예술도 크게 진흥되었다. 플로베르Gustave Flaubert(1821-1880), 생트 뵈브Charles A. Sainte-Beuve(1804-1869), 메리메Prosper Mérimée · 소(少) 뒤마Alexandre Dumas, 위고Victor Hugo 등이 당시의 대표적인 프랑스 문인이었다.

독재의 완화 그러나 나폴레옹 3세는 독재체제를 강화하기 위해 각 계층간의 분열을 조장했으며 국민에게 자기 자신만이 문제 해결의 힘을 갖고 있다는 것을 알리려고 하였다. 그는 가톨릭 신도, 부르주아 계급, 농민과 노동자, 군부 등 모든 계층과 부분적으로 타협하고 그들의 이익을 균형 있게 보장하였다.

그러나 그는 지식인의 지지를 받지 못했으며 공화파와 사회주의파의 감정을 누그러뜨리지 못하였다. 그들은 나폴레옹 3세의 쿠데타 · 유혈사태 · 체포 · 추방 등을 결코 용서할 수 없었다. 관권에 의한 선거조작, 언론 탄압, 대학 교과과정에 대한 간섭 등은 반대자들의 세력을 무력하게 만드는 동시에 그들의 반감을 강화시키는 결과를 가져왔다.

몰락한 나폴레옹 3세에 대한 희화: BADINGUE는 정권을 잡기 전 나폴레옹 3세의 가명이다. 그 아래에 "조국을 팔아먹고 적국에 항복한 가치 없는 비겁자. 모든 정직한 시민은 그의 낯짝에 침을 뱉어야 한다…" 고 쓰여 있다.

시간이 지남에 따라 나폴레옹 3세는 저항요소와 타협하려고 시도하였다. 1860년 이후 그는 체제를 자유화하고 독재를 완화하였다. 그러므로 그의 통치 후반을 '자유주의적 제국' 의 시기라고 부를 수 있다. 그는 정치범을 석방하고 반대언론을 허용하였다. 중의원은 예산을 심의하고 공개토론을 하며 장관들을 비판할 수 있게 되었다. 이러한 자유화 정책은 계속되었으나 나폴레옹 3세의 반대파, 특히 공화주의파와 사회주의파의 비판은 그치지 않았다. 나폴레옹 3세는 자유주의적 요구를 계속 받아들였고 1870년 마침내 정치체제를 입헌군주제로 전환하였다.

그럼에도 반대파의 제정전복을 위한 주장은 근절되지 않았고 국내정국은 불안정하였다. 정국 불안정을 해결하고 위신을 회복하기 위해 그는 전쟁을 택하였다. 이렇게 프로이센과의 전쟁이 시작되었다.

B. 크림 전쟁과 제정 종말

중동지방의 기울어지는 오스만 제국이 앞으로 어떻게 될 것인가는 이른바 '근동문제' (Near Eastern Question)의 가장 중요한 대목이었다. 근동문제를 둘러싸고 강대국의 이해관계가 복잡하게 얽혀 있었다.

러시아는 18세기 후반 에카테리나 대제 이후로 영토를 확장하면서 발칸의 슬라브족과 그리스 정교를 옹호하고 나섰다. 그러나 러시아의 진정한 목적은 콘스탄티노플을 장악하고 보스포루스 해협을 통해 지중해로 나가는 길을 개척하는 것이었다.

러시아가 지중해로 진출하게 되는 날에는 영국은 인도 식민지로 가는 통로를 크게 위협받게 될 것이었다. 프랑스도 전통적으로 지중해의 동부 연안에 큰 관심을 기울이고 있었다. 이와 같은 열강의 이해관계 외에 근동문제를 더욱 복잡하게 한 것은 발칸반도에서 일어난 약소민족의 끊임없는 해방 운동이었다.

크림 전쟁 1853년 오스만 제국을 속국(屬國)으로 만들려고 러시아는 일부러 오스만 터키와 전쟁을 하게 되었다. 러시아의 지중해 진출 의도를 간파한 영국과 프랑스는 협동하여 러시아의 남하를 막으려고 하였다. 그러므로 1854년 봄 두 나라는 오스만 터키를 지원하는 의미에서 참전하였다. 이리하여 '크림 전쟁' (Crimean War, 1853-1856)이 시작되었다.

한편 오스트리아는 사태의 평화적 해결을 위해 러시아와 열강을 설득하려고 하였다. 그러나 일단 전쟁이 일어나자 오스트리아는 발칸 지방으로부터 러시아군 철수를 강력히 요구하였다. 이 요구가 관철되지 않을 경우 영국 · 프랑스와 함께 참전하겠다고 위협하였다. 이에 러시아는 발칸지방에서 철수하지 않을 수 없었다.

크림(지금 Ukraine의 Krym)에 원정한 영국과 프랑스 군대는 세바스토폴 Sevastopol을 포위하였다. 이 전쟁에서 동맹군과 러시아 양측은 다 같이 많은 사상자를 냈다. 마침내 러시아는 1855년 가을 세바스토폴에서 철수하였다. 러시아는 영국 · 프랑스 · 오스만 터키 및 사르디니아(1855년 참전)와 휴전하기로 합의하고 1856년 파리 조약을 체결하였다.

크림 전쟁

파리 조약 파리 조약은 (1) 어느 나라도 흑해 연안에 요새를 구축하거나 전함을 유지할 수 없다는 것, (2) 몰다비아Moldavia와 왈라키아Wallachia(지금의 루마니아)는 자치령이 된다는 것, (3) 도나우 강은 모든 나라의 상선 통행을 위해 개방된다는 것 등을 골자로 한 평화조약이었다.

오스만 제국은 파리 강화회의에서 역사상 처음으로 유럽 여러 나라와 동등한 지위에서 협상하였다. 이때 '파리 선언'(1856)이 채택되어 인도주의적 국제관례가 수립되었다는 것은 인류를 위한 큰 수확이었다. 그것은 중립적인 비전투원(非戰鬪員)의 권리와 전시의 재산보호를 규정한 것이었다. 크림 전쟁 당시 부상자들의 높은 사망률 때문에 각국은 군 병원 시설을 개선해야 할 필요를 절감하게 되었다. 이와 아울러 이 선언은 국제적십자사의 설립을 촉진시켰으며 장차 주네브 협정(1864)을 각국이 수락하도록 하는 계기가 되었다.

대외정책의 성공과 실패 집권 후 약 10년간 나폴레옹 3세의 대외정책은 성공적이었다. 프랑스는 크림 전쟁에서 러시아를 이겼을 뿐 아니라 평화회의에서 중재역을 맡아 유럽 외교의 주도권을 장악하였다.

나폴레옹 3세는 1859년 이탈리아를 지원하여 오스트리아에 대한 전쟁에서 승리하도록 하였다. 프랑스는 이 대가로 니스Nice와 사보아Savoy; Savoie를 차지하였다. 더욱이 이 기간에 프랑스는 해외 식민지를 확장하는 한편 영국과 협력하여 중국과의 전쟁에서 이겼다. 뿐만 아니라 나폴레옹 3세는 오스만 제국 지배하에 있는 시리아의 그리스도 교도들의 이익을 옹호하기 위해 개입하였다.

그러나 1861년 이후 나폴레옹 3세의 대외정책은 실패를 거듭하고 국내의 제반사정도 복잡하게 얽혔다. 대외적으로는 1863년 미국이 남북전쟁을 치르는 동안 나폴레옹 3세는 합스부르크계를 멕시코 왕으로 즉위시키려는 사건에 관련되었다. 그는 4만 군대를 동원하였으나 끝내 멕시코 원정에 실패하고 막대한 군사비만 허비한 셈이 되었다.

같은 해 나폴레옹 3세는 폴란드의 반(反)러시아 민족운동에 개입하여 역시 실패하였다. 더욱이 1865년 프랑스는 비스마르크와의 회담에서 파르츠 지방, 라인강 연안 일대, 룩셈부르크나 벨기에 혹은 스위스의 일부를 약속 받았다. 이러한 막연한 약속을 믿고 프랑스는 오스트리아-프로이센 전쟁에서 중립을 지켰다.

그러나 전후 프로이센은 나폴레옹 3세에게 아무런 보상을 하지 않았다. 뿐만 아니라 비스마르크는 프랑스와의 비밀협상 내용이 영국에서 공개되게 하여 영국민의 반(反)프랑스 감정을 부채질하였다. 그리하여 앞으로 다가올 프랑스-프로이센 전쟁에서 프랑스는 영국의 지원을 받지 못하게 되었다.

전후 비스마르크는 프랑스 사절이 약속이행을 촉구하자 일소에 붙였으나 거듭 요구를 해왔으므로 프랑스에 대한 보상으로 벨기에를 허용하는 대신 전(全) 독일 연방(聯邦)에 대한 프랑스의 승인을 요구하였다. 벨기에에 대한 조치는 영국의 국가적 이해관계와 직결되므로 이 조치는 영국의 감정을 도발하였다.

1863년의 폴란드 반란에 대한 개입으로 러시아와 멀어지고 1866년에는 오스트리아에게 불리한 평화조약을 맺게 했기 때문에 오스트리아의 반발을 사게 되었다. 이리하여 1860년대 말 프랑스는 국제적으로 고립되었다.

프랑스-프로이센 전쟁 나폴레옹 3세는 프로이센의 세력이 강대해지는 것을 프랑스에 대한 위협으로 간주하였다. 비스마르크 쪽에서도 프랑스가 강력하게 버티고 있는 한 독일 통일은 힘들 것이라고 생각했으므로 프랑스와의 전쟁을 환영하였다.

프랑스-프로이센 전쟁의 직접적인 원인은 스페인 왕위계승 문제였다. 1870년 7월 프랑스는 선전포고를 하였다. 프랑스군은 의기양양하게 전선으로 출격했으나 도저히 프로이센군의 상대가 되지 않았다. 프랑스는 계속된 반격을 받아 9월에는 파리의 관문이라 할 세당Sedan 성이 함락되었다. 황제는 항복하지 않으면 안 되었다. 프랑스의 제2제정은 이렇게 간단히 끝났다.

세당 성 함락 소식을 들은 파리 시민과 지도층은 공화국(제3공화정)을 수립하고 프로이센군에 대한 항전을 전개하였다. 그러나 4개월여에 걸친 용감

베르사유 궁전에서 대관식을 거행하는 독일 황제 빌헬름 1세

한 대항에도 불구하고 파리는 함락되고 말았다. 프랑스는 프랑크푸르트 조약에서 알자스 및 로렌의 일부를 프로이센에게 양도하게 되었을 뿐 아니라 막대한 배상금을 지불하지 않으면 안 되었다.

프로이센 왕은 친히 파리에 입성하여 베르사유 궁전에서 독일 황제임을 선포하였다.

5. 내셔널리즘의 승리

1815년 이후 유럽 각지에서 일기 시작한 자유주의가 1870년에는 뚜렷한 성과를 맺어 19세기 후반 유럽의 정치사는 민족의 생존, 국민국가의 형성, 외세지배로부터의 민족적 해방과 통일 등으로 특징지어졌다. 특히 1850년부터 1870년대까지의 역사는 내셔널리즘의 우세로 시작하여 내셔널리즘의 승리로 끝난 역사였다.

내셔널리즘은 한편으로 로만주의적인 문예창작활동에서 표현되었는가 하면 다른 한편으로는 '힘에 의한 정치(Realpolitik)를 통해 실천에 옮겨졌다. 1850년에서 1870년에 이르는 사이에 유럽은 6개의 주요전쟁을 치렀다. 모든 주요국가가 적어도 한 번 이상 전쟁에 참여했다는 사실은 이 시기 국제정치의 마키아벨리주의적 성격을 설명해 주는 것이다.

어쨌든 1870년대 내셔널리즘의 성과로 가장 주목되는 것은 이탈리아와 독일의 통일이었다. 이 두 나라의 통일과정에는 상당한 공통점이 있었다. 먼저 두 나라는 통일을 향한 강력한 구심점을 가지고 있었다. 즉, 이탈리아에는 사르디니아, 독일에는 프로이센이 있었다. 그리고 통일은 궁극적으로 로만주의적 시인이나 지식인에 의해서가 아니라 현실적 타산과 실제적 방법에 바탕을 두고 외교술을 구사한 정치가, 예를 들면 이탈리아의 카부르, 독일의 비스마르크에 의해 달성되었다.

두 나라의 통일을 다 함께 방해하는 요소는 오스트리아였다. 두 나라의 민족통일은 오스트리아의 전통적 지배에서 어떻게 벗어나는가에 달려 있었다. 그리고 결과적으로는 나폴레옹 3세의 대외정책이 두 나라의 해방을 도와준 셈이 되었다. 이러한 공통점이 있는 이탈리아와 독일은 각각 상이한 과정을 거쳐 통일을 완성하고 통일과 거의 동시에 유럽의 강대국으로 등장하였다. 19세기 후반을 통해서 발칸 반도 군소 민족의 해방운동이 있었다고는 하지만 독일과 이탈리아의 통일이야말로 19세기 내셔널리즘의 승리를 대변하는 것이다.

A. 이탈리아의 통일

한때 나폴레옹 1세 시대에 이탈리아인의 정열을 불붙여 놓은 민족해방이라는 국민적 여망은 1815년 빈 체제가 성립됨으로써 무산되었다. 이탈리아는 정통주의의 원칙에 따라 9개 부분으로 분리되어 외세의 지배를 감수해야 하였다.

그러나 1830년과 1848년의 혁명기를 통해 이탈리아 국민의 부흥운동(risorgimento)은 부단히 존재하였다. 특히 마치니 · 카부르 · 가리발디와 같은 지도자들의 영도 아래 해방 · 통일운동이 계속되었다.

이탈리아 통일의 근원지는 사르디니아Sardinia였다. 사르디니아는 사르디니아 섬과 본토의 피에드몬트Piedmont를 가진 작은 왕국이었다. 1848-1849년 오스트리아와의 전쟁에서 패배한 알베르토 왕이 퇴위한 후 아들이 1850년 비토리오 에마누엘레 2세Victor Emmanuel II(재위: 1861-1878)로 왕위를 계승하였다.

카부르의 정책 사르디니아는 1848-1849년의 좌절에도 불구하고 입헌군주제와 독립을 유지하였다. 카부르Camillo Benso di Cavour(1810-1861)와 같은 유능한 정치가는 이탈리아 통일 사업을 위해 반드시 필요한 인물이었다.

카부르는 귀족 출신으로 사관학교를 나와 사르디니아 군 장교로 임명되었다. 그러나 그는 자유주의 사상에 열중하여 투옥되고 군에서 파면되었다. 그 후 항상 정치문제에 관심을 가지면서도 기업을 운영하며 새로운 영농기술을 실험하였다.

카부르

1848년 사르디니아 왕이 헌법을 제정할 때부터 그는 정계에 투신하였다. 신설된 의회에 의원으로 선출된 그는 1850년 상공 농산부 장관으로 임명된 후 정치적 수완을 발휘하기 시작하였다. 1852년 수상이 된 카부르는 개혁을 통해 사르디니아의 번영과 근대화를 이루는 한편 냉철한 현실 외교를 통해 사르디니아의 국제적 지위를 확고히 다져 놓았다. 그는 강대국의 지원 없이는 이탈리아의 자유와 통일이 불가능함을 알고 우선 영국 및 프랑스와 우호관계를 수립하였다. 사르디니아는 러시아와 뚜렷한 이해관계를 갖고 있지 않았으나 영국-프랑스군을 지원하여 러시아와 싸웠다. 즉, 현실적 이득을 얻기 위해 크림 전쟁에 참가했던 것이다.

나폴레옹 3세가 이탈리아를 지원한 데는 인도주의적 고려와 정치적 야심 등 복잡한 이유가 있었다. 그는 젊을 때(1830년대) 이탈리아 애국운동가들과 함께 전투한 일이 있었다. 황제가 된 후에도 피압박 민족을 공공연히 동정하였다. 더욱이 그는 나폴레옹 1세처럼 이탈리아에서 오스트리아의 세력을 몰아내고 그 자리에 프랑스 지배를 확립하려고 하였다.

이탈리아에 대한 깊은 관심에도 불구하고 나폴레옹 3세는 현실적 조치를 전혀 취하지 않았으므로 이탈리아인의 감정은 좋지 않았다. 참을성 없는 이탈리아 애국 청년 오르시니Felice Orsini(1819-1858)는 그에게 폭탄을 던졌다. 오르시니는 혁명가이며 청년 이탈리아 당원으로 1848-1849년 혁명에서 적극적 역할을 하였다.

그러나 오르시니 사건은 도리어 나폴레옹 3세에게 이탈리아 원조를 상기시킨 사건이었다. 그는 좀더 적극적인 지원방법을 강구하기 위해 카부르와 플롱비에르Plombières 비밀회담을 가졌다. 이 회담에서 나폴레옹 3세는 이탈리아가 오스트리아로 하여금 전쟁을 일으키게 하면 프랑스가 지원해 줄 것이라고 카부르에게 약속하였다. 나폴레옹 3세는 2만의 병력을 동원하여 오스트리아군을 몰아낼 것이며 그 대가로 이탈리아는 사보아와 니스 시를 프랑스에게 양도할 것을 서로 합의하였다.

카부르는 사보아와 니스 같은 피에드몬트 령 일부를 희생하기 싫었으나 사보아 및 니스가 이탈리아보다 더 프랑스적인 지방인데다가 대가 없이는 프랑스의 도움을 기대하기 어렵다고 생각하였다. 한편 나폴레옹 3세는 이탈리아를 지원하게 되면 결국 오스트리아 대신 프랑스가 이탈리아를 지배할 수 있을 것으로 내다보았다.

나폴레옹 3세는 이탈리아가 강력한 독립 · 통일국가가 되는 것을 내심 바라지 않았으며 프랑스 지배하의 이탈리아 연방을 창설하려는 심산이었다. 그러므로 조카인 나폴레옹 공을 사르디니아 공주와 결혼시키기로 밀약(密約)도 맺었다.

오스트리아와의 전쟁 밀약을 맺은 지 1년도 안 되어 카부르의 계략에 걸린 오스트리아는 사르디니아에 선전 포고하였다. 오스트리아가 롬바르디아와 베네치아에서 징병소집했을 때 카부르가 기피자와 탈영자들에게 피난처를 제공했던 것이다.

프랑스는 2만 명의 군대를 동원했으며 롬바르디아 지방의 마젠타 Magenta 전투와 솔페리노Solferino 전투에서 오스트리아군에게 승리를 거두었다. 이에 자극 받은 이탈리아인은 토스카나 · 모데나 · 파르마 · 로마냐 지방에서 통일을 요구하는 혁명을 일으켰다.

그러나 전쟁이 아직 진행 중에 있었음에도 나폴레옹 3세는 일방적으로 오스트리아와 휴전하였다. 왜냐하면 그는 프랑스와 접경하고 있는 이탈리아에 강력한 통일국가가 수립되는 것을 원치 않았을 뿐 아니라 프로이센이 라인강 지방에 군사동원할 것을 우려했기 때문이었다. 더욱이 통일왕국이 이탈리아에 실현되어 로마가 이탈리아 수도가 되는 경우 이는 로마 교황령에 대한 위협이며 결과적으로 프랑스의 가톨릭 교도들이 나폴레옹 3세의 군사외교를 비난할 것이 예상된 때문도 있었다.

발라프랑카 조약 오스트리아는 발라프랑카Villafranca 조약으로 롬바르디아를 포기했지만 베네치아는 유지할 수 있었다. 나폴레옹 3세와 오스트리아 황제 프란츠 요제프Franz Joseph(재위: 1848-1916)는 교황 영도하의 이탈리아 연방 창설에 합의하였다. 이 결정으로 프랑스의 가톨릭 신도들은 만족할 것이며 동시에 오스트리아도 베네치아의 지배자로서 이탈리아 연방의 일원이 될 것이었다.

카부르가 전쟁의 단독 속행을 주장했으나 사르디니아 왕 비토리오 에마누엘레 2세는 롬바르디아를 합병하는 정도로 만족하였다.

나폴레옹 3세는 교황령의 일부인 로마냐가 사르디니아에 합병되는 것을 반대했으나 사보아와 니스를 양도받는다는 조건으로 찬성하였다. 1년 후 니스·사보아에서는 프랑스와의 합병에 관해서, 모데나·파르마·토스카나·로마냐에서는 사르디니아와의 합병에 관해서 각각 국민투표가 실시되었다. 통일을 열망한 모데나·파르마·토스카나·로마냐 지방은 사르디니아와의 통합을 찬성하였다. 합병은 1860년 토리노Torino; Turin 조약에 따라 승인되었다. 카부르는 다시 수상이 된 후 이러한 외교 절차를 능란하게 처리하였다.

가리발디와 적의대 니스 출신 가리발디Giuseppe Garibaldi(1807-1882)는 마치니 및 카부르와 함께 이탈리아 민족운동의 3대 기수였다.

그는 젊었을 때 청년 이탈리아당에 가입하여 독립운동에 투신했으나 1834년 잡혀서 사형 선고를 받았다. 그는 남아메리카로 도피하여 그곳의 자유주의 운동을 돕다가 1848년 이탈리아에 혁명운동이 재발하자 귀국하였다. 그는 마치니의 로마 공화제 운동을 옹호하다가 간신히 목숨만 건지고 또다시 망명의 길을 떠났다.

가리발디

1854년 되돌아온 가리발디는 1859년의 전쟁의 성과를 남이탈리아에까지 확대하기 위하여 1천 명으로 구성된 특공대인 '적의대'(赤衣隊)를 조직하였다. 1860년 5월 제노아를 떠난 적의대는 성공리에 시칠리아 섬을 침공하였다. 이어 공격을 계속하여 9월 7일, 5개월 만에 이탈리아 남부를 모두 정복하였다. 가리발디는 분리된 민주공화국을 수립하려고 시도하였다.

그러나 카부르가 나폴리에 군대를 파견함에 그는 사르디니아 왕 비토리오 에마누엘레 2세에게 나폴리를 헌납하였다. 1860년 11월 사르디니아는 나폴리 및 로마 시를 제외한 모든 교황령을 합병하였다.

1861년초 토리노에서 최초의 의회가 열리고 사르디니아 왕이 이탈리아 왕으로 선포되었다. 1848년 헌법은 통일왕국의 헌법으로 확정되었다. 1866년 이탈리아는 오스트리아-프로이센 전쟁에서 프로이센과 동맹하여 베네치아를 회복하였다.

로마의 통합은 카부르가 죽은 지 9년 후에 실현되었다. 1870년 프랑스-프로이센 전쟁이 발발하여 로마 주둔 프랑스군이 철수한 틈을 타서 이탈리아군

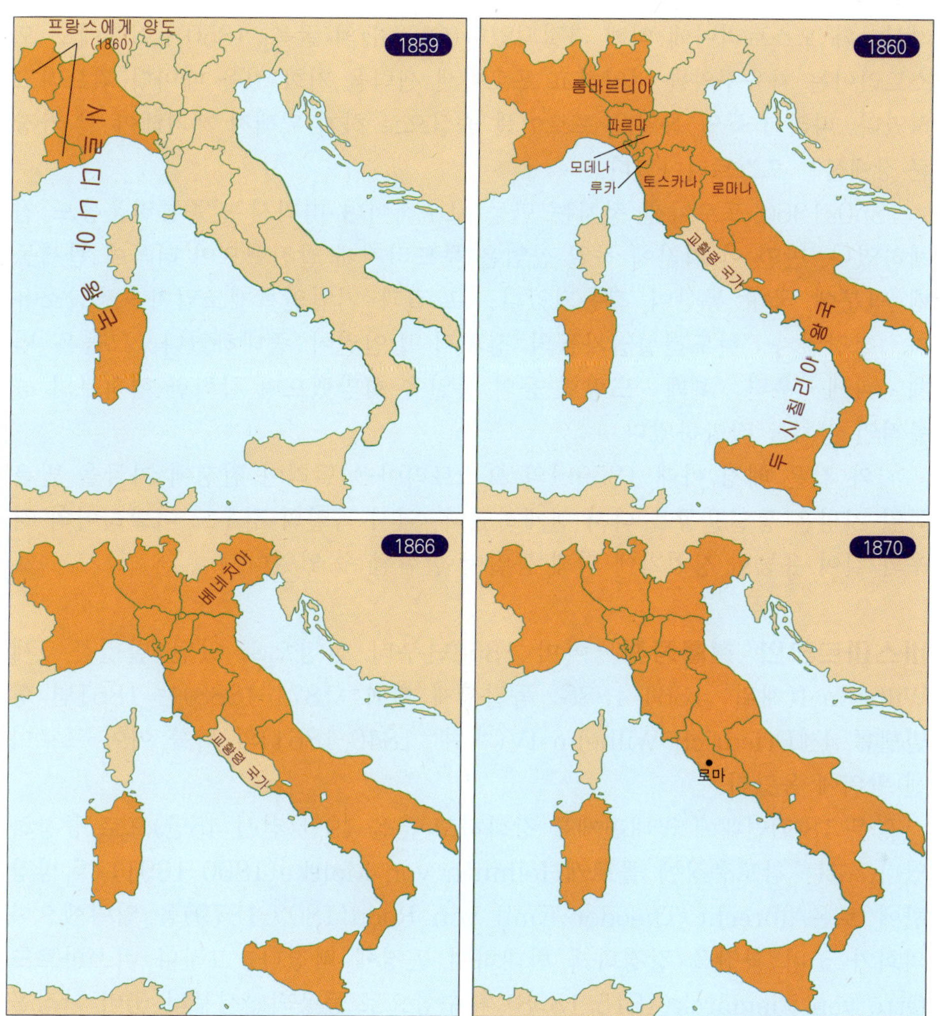

이탈리아의 통일 과정

이 9월 20일 로마에 입성하였다. 로마 시민은 압도적으로 이탈리아 왕국에 병합되는 것에 찬성하였다.

B. 독일 통일

1848-1849년 전 유럽에 걸친 혁명의 물결이 각국의 지배층을 떨게 하였다. 그러한 공포는 특히 독일 지방에서 더 뚜렷이 느끼고 있었다. 1849년 이탈리아와 헝가리에 대한 군사적 승리로 더 강해진 오스트리아 정부는 반란의 기운을 송두리째 없애버리려고 하였다.

한편 독일 지방의 지역 대표들로 구성된 프랑크푸르트 의회가 제시한 독일통일 방안은 오스트리아의 반대로 실패하였다. 프로이센 중심의 북독일 연방안도 러시아와 오스트리아에 의해 좌절되었다(Olmulz의 굴욕, 1850). 이후에도 오스트리아는 자유주의를 억압하고 프로이센 세력을 기회 있을 때마다 꺾으려고 하였다. 따라서 독일 통일을 프로이센 중심으로 하기 위해서 제거해야 할 가장 큰 장애물은 오스트리아였다.

1850-1860 프로이센 정치는 반동 보수적이며 따라서 민족통일운동도 침체하였다. 반면 이 기간에 독일 산업은 두드러지게 발전했으며 더욱이 관세동맹 덕분에 국내 통상이 진흥되었다. 그 결과 기업인 · 제조업자 · 광산소유자 · 철강업자 · 철도건설업자들의 정치적 발언권이 증대하였다. 그들은 법제 · 과세 · 우편 · 화폐 · 도량형 등의 통일을 희망했으며 강력한 행정부의 능률적인 정치를 갈망하였다

이와 같은 배경 아래 1859년의 오스트리아-이탈리아 전쟁에 자극을 받은 독일 지방은 통일운동을 다시 전개하였다. 역시 독일의 경우도 이탈리아의 경우와 같이 유능한 정치가에 의해 통일이 실현될 수 있었다.

비스마르크의 철혈정책 이미 1858년부터 섭정으로 있던 빌헬름 1세 Wilhelm I(재위: 1861-1888; 독일황제 재위: 1871-1888)는 1861년 형 빌헬름 4세Friedrich Wilhelm IV(재위: 1840-1861)의 뒤를 이어 프로이센 왕위에 올랐다.

왕은 1860년대에 군대편제를 강화하고 군을 19만(전시 45만)으로 증강하였다. 그는 참모총장에 몰트케Helmuth von Moltke(1800-1891), 국방장관에 로온Albrecht Theodor Emil von Roon(1803-1879)을 임명했으나 의회가 군비 확장을 강경하게 반대하여 곤경에 빠졌다. 그러나 비스마르크 Otto von Bismarck(1815-1898)가 수상으로 등용되면서부터 군비 확장을 달성하는 계기가 마련되었다.

비스마르크는 전형적인 토지귀족 융커Junker 계층 출신이었다. 그는 모든 자유주의 사상에 반대하고 국가와 왕에 대한 광신적인 지지자였다. 대학 졸업 후 한때 관리로 일했으나 그만두고 지방의 자기 영지에 내려가 있었다. 1847년부터 정계에 투신한 그는 1858년 러시아 대사로 부임하였다.

1862년 비스마르크가 수상이 되었을 때 왕은 군비 확장을 중심으로 의회와 의견충돌을 일으키고 있었다. 1862년부터 4년 동안은 독일사에서 가장 중요한 시기였다. 이때 비스마르크는 의회의 반대를 무릅쓰고 군비 확장을 단행하였다. 의회는 해산과 재선거를 거듭하는 가운데 비스마르크의 정책에 강력히 반대하였다.

비스마르크의 강경책은 군주제에 대한 확고한 신념과 왕의 확고한 지지로 관철될 수 있었다. 탄핵 운동이나 암살 기도에 직면했어도 그의 방침은 꺾이지 않았다. 커다란 당면 문제는 연설이나 다수결에 의해서가 아니라 오직 철

과 피로써 해결될 것이라고 그는 공언하였다. 이것이 이른바 '힘에 의한 정치'의 기반인 철혈정책(鐵血政策)이었다. 그는 독일 통일이 군대의 힘으로만 가능하다고 확신하고 있었다.

오스트리아-프로이센 전쟁 비스마르크의 철혈정책으로 프로이센은 6년 동안 3개의 전쟁을 겪게 되었다. 1864년 덴마크 전쟁, 1866년 오스트리아-프로이센 전쟁, 1870년 프랑스와의 전쟁이 그것이다.

덴마크 전쟁은 프로이센이 슐레스비히-홀슈타인 문제를 둘러싸고 오스트리아와 연합하여 덴마크에 대해 일으킨 전쟁이었다. 이 두 지방의 주민이 대부분 독일 인이었는데도 오랫동안 덴마크의 지배하에 있었다.

1864년 침공한 오스트리아-프로이센 연합군은 덴마크 왕 크리스티안 10세의 군대를 격퇴하였다. 이 결과 맺은 빈 조약(1864)으로 홀슈타인은 오스트리아에, 슐레스비히는 프로이센에 각각 귀속되었다.

비록 프로이센은 일시적으로 오스트리아와 동맹했으나 오스트리아가 독일 연방 국회를 장악하고 있는 한, 독일 통일은 실현 가능성이 없는 것임을 잘 알고 있었다. 이 상황에서 두 나라 사이의 전쟁은 궁극적으로 불가피하였다.

프로이센은 사르디니아와 동맹했으며 그 반면 오스트리아는 남독일 지역 영방(領邦)들의 지지를 기대하였다. 비스마르크는 나폴레옹 3세에게 국경지대의 땅을 확보하게 해주겠다는 막연한 약속을 하여 프랑스의 중립을 이끌어 냈다. 전후 나폴레옹 3세는 이 약속의 이행을 강요하다가 도리어 프로이센과 전쟁을 하게 되었다.

1866년 오스트리아-프로이센 전쟁이 발발하였다. 유럽 여러 나라들의 예상과 달리 프로이센군은 신속하고 효과적으로 전투를 승리로 장식했으며 전쟁은 불과 7주만에 끝났다. 이것이 '7주(週) 전쟁'이다.

대 전략가인 몰트케의 지휘와 신무기의 신속한 동원으로 프로이센군은 2주 내에 하노버 · 작센 · 카셀Cassel을 함락시켰다. 바바리아 · 뷔르템베르크 · 바덴 · 헤세-다름슈타트Hesse-Darmstadt 등 남독일 지역은 거의 전쟁 발발과 동시에 점령되었다. 1866년 7월 3일 프로이센군은 보헤미아에 있는 오스트리아군을 쾨니히그레츠Königgrätz(지금 체코의 Hradec Kralove) 전투에서 거의 전멸시켰다. 사실상 7주 아닌, 5주 안에 전쟁은 이미 끝나 있었다.

프라하 조약 비스마르크는 계속 오스트리아 수도 빈으로 진격하는 한편 오스트리아에게 온건한 휴전조건을 제시하였다. 이 때 그가 비교적 관대한 조건으로 휴전을 제의한 것은 후일 프랑스와의 전쟁을 예상한 타산적인 고려 때문이었다.

1866년 프라하 조약에 따라 오스트리아는 독일에서 프로이센의 우위를 인정하였다. 프로이센의 슐레스비히와 홀슈타인 합병과 프로이센 동맹국 사르디니아에게 베네치아를 양도한다는 사실이 이 조약에서 확인되었다. 독일 연방은 공식적으로 해체되었으며 이로써 프로이센의 독일 지배가 확립되었다. 프라하 조약을 끝으로 오스트리아는 독일과 이탈리아에서 지배권을 완전히 상실하고 말았다.

오스트리아는 이후 정치 개혁의 필요를 절감하고 자유화 정책을 실시하였다. 1867년 17 개 주(州) 헌법을 제정하고 간접선거에 따른 양원제 입법부를 창설하였다. 동시에 오스트리아 재상 보이스트Friedrich Ferdinand von Beust(1809-1886) 백작과 헝가리 지도자 데아크Ferencz Deák(1803-1876)가 1867년 두 나라의 관계를 재조정하는 협약(Ausgleich)을 맺음으로써 이른바 오스트리아-헝가리 이원(二元) 왕국이 성립되었다. 즉, 이 두 나라는 같은 통치자인 하나의 왕 아래 대외정책과 전쟁문제 등에 관해서만 공동으로 대처하고 각각 독립된 헌법과 의회를 두기로 하였다.

1867년 이후 이원왕국은 약 반세기 동안 존속했으나 제1차 세계대전 직전 발칸의 민족운동과 관련되어 다시 복잡한 운명에 놓이게 되었다.

북독일 연방 프라하 조약 이후 바바리아 · 뷔르템베르크 · 바덴 · 헤세-다름슈타트 등 남독일의 4영방만은 원하는 정치조직을 구성하도록 허용되었다.

독일 통일(1866-1871)

그리고 마인Main강 북쪽의 모든 지역은 프로이센에 병합되었다. 그 결과 프로이센은 2천4백만의 인구를 갖게 되고 독일 지방의 3분의 2와 독일 민족의 3분의 2를 소유하는 큰 나라가 되었다.

비스마르크는 북독일 지역의 21개 영방을 프로이센과 통합하도록 조치하여 '북독일 연방'(Norddeutscher Bund)을 만들었다. 각 영방의 지배자들과 보통선거로 선출된 대회의가 연방헌법을 인준하였다. 이에 따라 프로이센 왕이 새로운 북독일 연방의 대통령이 되었다. 북독일 연방은 민의원(民議院: Reichstag)과 연방의회(聯邦議會: Bundesrat)를 두었으나 군사문제나 외교정책에 관한 권한은 프로이센에게 있었다.

더욱이 각 영방을 대표하는, 상원격인 연방의회 대의원 37명 중 17명을 프로이센이 차지하고 있었던 만큼 연방 대통령격인 프로이센 왕은 연방의회도 지배하였다.

프로이센-프랑스 전쟁 1860년대부터 1870년대까지 비스마르크는 독일 통일의 길을 모색하기 위해 전념하였다. 그는 1866년 오스트리아와의 싸움에서 승리함으로써 통일에 더 접근하였다.

리슐리외 이래로 라인강 북쪽에 강력한 세력의 출현을 원치 않는 정책을 취해 온 프랑스가 독일 통일에 최후의 장애물로 남아 있는 셈이었다. 드디어 1870년대에 국내 정치의 난관을 대외문제를 통해 해결하고자 한 나폴레옹 3세와 비스마르크 사이에 전쟁의 구실이 생겼다. 그것이 스페인 왕위 계승문제였다.

1868년 스페인에 혁명이 일어났다. 여왕 이사벨 2세Isabella II(1833-1868)가 추방되고 왕위는 2년간 공위(空位)로 있었다. 새 왕을 맞아들인다면 왕당파와 공화파 간의 반목은 가라앉고 정치적 안정을 이루는 계기가 될 수 있었다.

이에 스페인 입법부는 독일 호헨촐러른 가계(家系)의 레오폴트Leopold (Hehenzollern-Simgmaringen, 1885-1905) 공에게 즉위를 요청하였다. 그러나 나폴레옹 3세는 스페인에 대한 독일의 발언권이 증대될 것을 우려하고 나아가서 스페인과 독일이 동맹하여 프랑스를 위협할 경우를 미리 짐작하여 이러한 스페인 왕위계승에 반대하였다. 레오폴트 공이 왕위를 사양함으로써 문제는 일단 마무리되었다. 그럼에도 프랑스는 장차 호헨촐러른가에서 스페인 왕위를 계승하지 않겠다는 확실한 보장을 받으려고 하였다.

당시 프로이센 왕은 엠스Ems에서 휴가를 취하고 있었다. 프랑스 대사는 그곳에 찾아가서 집요하게 장차 호헨촐러른가에서 스페인 왕위를 계승하지 않겠다는 보증을 받으려고 하였다. 왕은 이러한 무리한 요구를 거절하고 이 사정을 비스마르크에게 전문으로 알렸다.

비스마르크는 이 기회를 교묘하게 이용하였다. 프랑스 대사가 왕을 모욕하는 말을 한데 대해 프로이센 왕이 보복적으로 냉대한 것처럼 전문의 문맥을 바꾸어 비스마르크는 그 내용을 공개하였다. 이는 프로이센 국민과 프랑스 국민을 다같이 흥분시키기에 충분하였다. 결국 두 나라는 이 '엠스 전문 사건'(Ems Dispatch)으로 마침내 전쟁으로 돌입하였다.

프랑스의 패배 1870년 7월 전쟁이 시작된 이래 프로이센군은 오스트리아와의 전쟁에서 보여준 것과 같은 신속성으로 프랑스로 진격하여 불과 3주만에 세당 성을 함락시켰다. 진두 지휘하던 나폴레옹 3세는 8만6천 명의 프랑스군과 함께 프로이센군에 항복하였다. 메츠Metz에서도 프로이센군에 포위당한 1만7천5백 명의 프랑스군이 10월 27일 투항하였다. 1871년 나폴레옹 3세는 영국으로 먼저 가 있던 부인과 아들을 따라 망명하였다. 그는 거기서 1873년 사망하였다.

세당 함락 2일 후 파리에 국민방위정부가 수립되었으나 시민의 항전이 계속되었다. 그러나 파리는 포위되고 식량 부족으로 1871년 1월 부득이 항복하지 않을 수 없었다. 제2제정은 프로이센군의 공격 앞에 단 5주밖에 버티지 못한 것이다.

보르도Bordeaux에 소집된 프랑스 국민의회는 티에르Louis Adolphe Thiers(1797-1877)를 행정수반으로 선출하여 프로이센과 평화조약을 체결할 권한을 부여하였다.

프랑스는 1871년 5월 10일 프랑크푸르트 조약을 체결하였다. 프랑스는 프로이센에게 알자스-로렌을 양도하고 배상금 50억 프랑을 지불하게 되었다. 배상금을 완불할 때까지 프로이센군이 프랑스의 주요 요새를 점령한다는 것이 조건이었다.

독일제국의 성립 프랑스가 조약을 체결한 상대는 사실상 프로이센이 아니라 독일 제국이었다. 왜냐하면 조약이 체결되기 직전인 1871년 1월 18일 베르사유 궁전 '거울 방'에서 독일제국의 성립이 선포되었기 때문이다. 파리에서 11마일 떨어진 곳에서 시민들이 절망적인 항전(抗戰)을 벌이고 있는 가운데 빌헬름 1세는 독일 황제로 추대되었다.

프랑스-프로이센 전쟁에서 승리한 프로이센은 제국으로 통일되었으며 반면 패전한 프랑스는 공화국이 되었다. 또한 이탈리아는 프랑스군이 로마에서 철수한 틈에 수도를 탈환하여 통일을 완성하였다.

1848년부터 1871년에 이르는 시기에 가장 두드러진 역사적 발전은 독일과 이탈리아의 민족적 통일에서 실현된 내셔널리즘의 승리이다. 두 나라의 통일이 이루어지기까지 유럽에서는 평균 3년마다 한 번의 전쟁이 일어났으나 1871년 이후에는 약 40년간 유럽 역사상 가장 평화스러운 시기가 도래하였다.

6. 제정 러시아

피요트르 대제 이래 서양화의 시도와 영토확장 정책을 바탕으로 19세기에 러시아가 달성한 영토 확장은 서양 열강의 큰 주목을 끌었다. 비록 크림 전쟁에서 러시아의 지중해 남하정책이 프랑스와 영국에 의해 좌절되었다고는 하지만 러시아의 대외발전은 동쪽과 남쪽의 두 방향으로 계속되었다.

동쪽으로는 러시아가 1860년대까지 헤이룽장(黑龍江 ; Amur강) 이북 지방을 중국으로부터 얻어내고 블라디보스토크Vladivostok를 동아시아의 해상 진출 기점으로 삼았다. 남쪽으로는 몽고에 압력을 가하는 한편 투르케스탄 Turkestan을 유린했으며 아프가니스탄 · 페르시아와 접경하게 되었다.

그러나 19세기말 두드러지게 표면화된 사회적 모순은 점차 총체적인 불안정과 전국적 동요로 발전되어 갔다. 실패로 끝나긴 했으나 1825년 '12월파'의 거사로 시작된 혁명의 물결은 20세기초 러시아 제정을 무너뜨릴 때까지 끊임없이 이어졌다. 물론 개혁의 시도는 19세기 전반을 통해 지속되었으나 근본적인 해결에까지 이르지 못했으며, 1904-1905년 일본과의 전쟁에서 패배한 것이 러시아 제정의 종말을 재촉하였다.

A. 러시아의 개혁과 자유화

크림 전쟁의 패배는 니콜라이 1세 시대의 사회적 모순과 행정적 부패에 그 원인이 있었다. 그러므로 새로운 차르 알렉산드르 2세Alexander II(1855-1881)는 전반적인 개혁에 착수하였다. 그는 러시아의 제도를 어디까지나 전제정치의 테두리 안에서 개혁하려고 하였다. 알렉산드르 2세의 가장 주목할 만한 업적은 약 4천만에 이르는 농노의 해방이었다. 그것은 19세기 러시아사의 최대사건이었다.

러시아의 농업제도는 유럽에서 가장 후진적이며 가장 봉건적이었다. 19세기초 러시아 전토지의 10분의 9를 1만 명도 안 되는 귀족가문이 소유하고 있었다.

농노는 토지에 얽매여 있었고 가산(家産)과 함께 매매되었으며 지주의 가정노동에 동원되었다. 일부 지주는 관대했으나 대부분은 농노를 혹사하고 체벌(體罰)을 가하며 가정문제에까지 참견하였다. 따라서 농노제는 러시아 지식인층의 격렬한 비판을 받았다.

알렉산드르 2세

농노해방 알렉산드르 2세는 1861년 농노제 폐지령을 내고, 1863년과 1866년에 칙령을 포고하여 농노해방을 명하였다. 이 칙령으로 농노는 자유민이 되었으며 생계유지에 필요한 토지 · 가옥 · 농기구를 그대로 소유할 수 있게 되었다. 귀족들은 토지와 농노에 대한 보상을 받았으나 충분치 않다고 불평하였다.

농민측에서도 만족하지 않았다. 공동체인 미르Mir에 할당된 토지는 대개 불모지일 뿐 아니라 지주에 대한 보상을 위해 무거운 특별상환세(特別償還稅)를 지불하지 않으면 안 되었다. 농노는 토지와 자유를 얻는 대가로 49년간 연부(年賦)로 땅값을 상환해야 하였다.

그러나 농노해방의 효과는 농업생산을 비롯한 전반적인 경제 발전으로 나타났다. 곡물이 증산되고 경작지 면적이 증가하였다. 농민의 생활조건이 개선되고 상거래도 활발해졌다.

제도 개혁 농노해방을 단행한 알렉산드르 2세는 그 밖의 개혁에 착수하였다. 먼저 지방자치제를 위한 지방의회 젬스트보Zemstvo를 창설하였다. 각 젬스트보는 지주층 · 도시민 · 농민의 대표로 구성되며 각 지방의 도로 · 학교 · 교회 · 교도소 등의 유지를 책임졌다.

그러나 이 제도는 지방민의 정치적 · 행정적 훈련이 미숙한데다 중앙의 관리들이 간섭을 함으로써 많은 약점을 드러냈다.

또한 알렉산드르 2세는 사법제도를 개혁하였다. 1862년 칙령으로 유럽 사법제도를 모방한 지방법정 및 최고공소재판소를 만들고 배심원제도를 도입하였다. 그러나 이것도 실효를 거두기는 어려웠다. 이 밖에 알렉산드르 2세는 공립학교 설립, 출판검열 완화, 여행의 자유, 유대인에 대한 관대한 대우 등 개혁의 열의를 보였다.

당시 체제개혁의 주요인물은 '러시아 자유주의의 아버지'인 헤르첸Alexander Ivanovich Herzen(1812-1870)이었다. 그는 1855-1865년 망명지인 프랑스 · 독일 · 영국 등에서 러시아의 자유주의적 실험을 촉구하였다. 저서는 검열에도 불구하고 몰래 국내로 들어가 고급관리들을 비롯해서 알렉산드르 2세까지도 읽었다.

B. 러시아 제국의 쇠퇴

알렉산드르 2세의 개혁은 결국 사회 각층의 비판을 받았으며 대중의 반응이 없는 가운데 점차 시들해졌다. 1865년 이후에는 차르의 개혁 열의도 식고 정치는 도리어 보수적인 반동체제로 전환되었다.

전환의 계기는 1863년 폴란드 반란이었다. 강력한 러시아군은 폴란드인의 민족운동을 진압하였다. 알렉산드르 2세는 운동의 근절을 위해 반란 지도자들을 사형하거나 추방하고 재산을 몰수하였다. 러시아어는 폴란드의 공용어가 되고 가톨릭 교회는 토지재산의 몰수와 수도원의 탄압으로 약화되었다.

더욱이 1866년 알렉산드르 2세에 대한 암살음모로 인해 그의 개혁 의도가 완전히 위축되었을 뿐 아니라 과거의 개혁까지도 무로 돌려 놓게 되었다. 보수반동과 탄압이 시작되었다. 비밀경찰이 사회의 구석 구석을 감시하였다. 문호 톨스토이Lev Nikolaevich Tolstoi(Leo, 1828-1910)조차 아침에 일어날 때마다 시베리아 추방길에 있지 않은 자신을 발견하고 놀란다는 고백을 할 정도였다.

슬라브 민족주의와 서양화주의 러시아의 특이한 문화와 제도를 찬양하고 유럽적 개혁에 반대한 '슬라브 민족주의자들'(Slavophils)은 크림 전쟁 후 정치 활동을 전개하였다.

원래 슬라브 민족주의자들은 반동보수체제를 찬성하고 이른바 전제주의·정교(正教)주의·민족주의를 표방하였다. 그들의 주장에 따르면 러시아는 독특한 나라로서 습관·신앙·제도가 독자성을 띠고 있다는 것이었다. 유럽의 복장·관습·정치이념을 채택하는 것은 이러한 전통에 충실치 않기 때문이었다. 그들은 피요트르 대제 이래의 서양화를 굴욕적 모방이라고 비난하였다.

러시아의 개혁 방향에 관해 슬라브주의자들과 견해를 달리하는 집단은 '서양화론자들'(Westernizers)이었다. 그들은 알렉산드르 2세의 개혁이 실패한 이유가 바로 그의 미온적 태도 때문이라고 생각하였다. 좀더 철저한 개혁을 했다면 성공했을 것이라고 주장하였다.

서양화론자들은 알렉산드르 2세에게 개혁의 속행을 바랐으나 미약한 젬스트보나 반응 없는 청원 이외에는 개혁을 이끌 제도적 수단을 갖지 못하였다. 그러므로 그들은 일반대중의 무지와 미신 등을 타파하기 위해 대중 속에 파고드는 계몽운동에 나섰다.

슬라브 민족주의자들은 알렉산드르 2세의 제도개혁이 순조롭지 않게 되자 자유화 정책에 그 책임이 있다고 강변하였다. 그들은 별다른 대안이 없는 상황에서 막연하고 부정적인 고정관념에 집착하였다. 러시아 민족의 일체(一體) 의식에 대한 그들의 광신적 고집은 반동보수주의자, 민족주의자, 정교 성직자층 및 보수적인 일반대중의 추종을 받았다.

크림 전쟁 후에 주목을 받은 '범슬라브주의'(Pan-Slavism)는 러시아가 형제 슬라브 민족의 보호자이므로 모든 슬라브계 민족을 오스만 터키인의 지배에서 해방시킬 의무가 있다는 주장이었다. 범슬라브주의에 따르면 대(大)슬라브 제국 창설이야말로 러시아의 운명이라는 것이었다. 1856년 이후 슬라브 민족 문화의 교류 촉진을 목적으로 슬라브 민족 박애위원회가 발칸 지방에 창설되었다. 1860년대와 1870년대에 범슬라브주의는 발칸 지방의 반란을 충동질하면서 슬라브 민족의 단결을 호소하였다.

발칸 문제 발칸 반도의 민족 가운데 불가리아인은 오스만 제국과 그리스의 충돌로 가장 피해를 많이 받았다. 1830년대부터 그들은 높은 민족적 자각심을 가지고 교육, 출판, 언론 등에서 발전했으며 1870년대에 이르러 그들의 민족운동이 궤도에 올랐다.

이에 자극받은 발칸 반도의 다른 지역에서도 민족운동이 일어났다. 세르비아Serbia의 일부이면서도 오스만 제국의 지배를 받고 있던 보스니아Bosnia에서는 1875년 중과세(重課稅) 때문에 오스만 제국에 대한 농민반란이 일어났다. 이 반란을 계기로 세르비아와 몬테네그로Montenegro가 오스만 제국에 선전포고하였다.

때를 같이하여 불가리아에서도 반(反)터키 반란이 일어났다. 오스만 터키는 전세계의 이목을 끌 정도로 극히 잔인하게 불가리아인을 집단 학살하였다. 이것이 이른바 '불가리아 학살'이었다. 영국 여론은 터키의 잔인성을 규탄하고 당시 야당을 이끈 글래드스턴이 영국정부의 오스만 지원을 맹렬히 공격하였다.

러시아-터키 전쟁 유럽의 여론이 비등한 가운데 세르비아와 몬테네그로는 오스만 제국과 휴전하였다. 오스만 정부는 개혁을 통해 사태 개선을 약속하고 1876년 새 헌법을 내놓았다.

그러나 과거의 경험에 비추어 오스만 제국의 개혁이 실효를 거두지 못할 것을 우려한 러시아 정부는 개혁안 실시를 위한 유럽 국가들의 감시를 주장하였다.

이에 대해 오스만 제국측이 모호한 태도를 취하자 러시아는 선전포고하였다. 이것이 러시아-오스만 제국 전쟁(1877-1878)이다. 루마니아가 러시아를 지원하는 가운데 세르비아와 몬테네그로가 또다시 오스만 제국과 교전하였다.

홍차를 마시고 있는 19세기의 러시아 상인들: 전통적인 러시아 복장을 한 사람도 있고 유럽식 복장을 한 사람도 있다.

상 스테파노 조약 마침내 러시아군이 콘스탄티노플을 위협하게 되자 오스만 정부는 휴전을 제의하였다.

1878년 체결된 상 스테파노San Stefano 조약에서 가장 주목할 만한 점은 큰 영토를 가진 불가리아의 창설이었다. 불가리아는 도나우 강 남쪽의 발칸 지역 대부분을 차지하여 흑해 연안에서 몬테네그로에 이르는 광활한 국토를 갖게 되었다. 또 이 조약에 따라 세르비아와 루마니아는 완전히 독립하였다.

이러한 조치로 오스만 제국이 유럽에서 차지하는 영토는 매우 제한된 것이 되고 말았다. 이 조약은 발칸의 러시아 지배를 허용하는 것이 되었으므로 영국과 오스트리아는 정면으로 반대하였다.

베를린 회의 상 스테파노 조약을 조정하기 위해 체결 직후 같은 해(1878) 베를린 회의가 개최되었다. 그것은 세력균형을 위한 국제회의로서는 19세기의 마지막 회의였다. 이 회의에 러시아의 고르차코프Aleksandr Mikhailovich Gorchakov(1798-1883), 오스트리아-헝가리의 안드라시Gyula Andrassy(1823-1890), 영국의 디즈레일리Benjamin Disraeli (Lord Beaconsfield, 1804-1881) 등이 참석하였다.

관계 국가들의 이해관계를 정직하게 조정한다면서 중재역으로 독일의 비스마르크가 참여하였다. 디즈레일리는 불가리아에 대한 인도주의적 동정이 영국의 국가 이익을 해친다고 생각했으므로 오스트리아와 합세하여 러시아의 결정사항에 반대하였다.

러시아는 부득이 상 스테파노 조약으로 이루어진 불가리아의 영토를 부분적으로 내놓는 데 동의할 수밖에 없었다. 서남부를 오스만 제국에 반환하고 남부는 오스만 제국 점령하에 두었다. 그 결과 대폭 축소된 불가리아는 오스만 제국의 속령이 되어 조공을 바치게 되었다. 결국 영국과 오스트리아는 러시아의 영향력을 견제하고자 발칸 반도에 오스만 제국 세력을 유지시키려고 하였다.

베를린 회의는 이 밖에 1875년 반란의 발상지였던 보스니아와 헤르체고비나Herzegovina를 오스트리아의 관리하에 두기로 결정하였다. 세르비아와 루마니아의 독립은 승인되었다. 몬테네그로 · 세르비아 · 루마니아 간의 국경선은 조정되었으나 그리스 국경에는 아무런 변동이 없었다. 러시아는 흑해 연안에 약간의 영토를 얻고 영국은 키프로스(사이프러스) 섬을 영유하게 되었다.

베를린 회의는 빈 회의 이래로 열강의 '힘에 의한 국제정치'의 일면을 다시 한 번 예증하였다. 그것은 강대국이 자국의 이익을 먼저 생각하여 체결한 조약이었다. 러시아의 지중해 진출은 또다시 좌절되었으나 범슬라브주의 운동은 결코 후퇴하지 않았다. 그것은 두 차례의 세계대전을 통해 증명되었다.

■ 더 참고할 책 ■

제11장 자유주의와 내셔널리즘

Artz, F. B., *Reaction and Revolution, 1814-1832* (Torchbooks).

Binkley, R., *Realism and Nationalism* (Torchbooks).

Droz, Jacques, *Europe between Revolutions, 1815-1848* (Torchbooks).

Greenfield, Liah, *Nationalism: Five Roads to Modernity* (1992).

Hamerow, Theodore S., *The Birth of a New Europe: State and Society in the Nineteenth Century* (1983).

Rich, Norman, *Great Power Diplomacy, 1814-1917* (1992).

Sterns, P., *European Society in Upheaval: Social History since 1750* (Macmillan).

Weiss, John, *Conservatism in Europe, 1770-1945: Traditionalism, Reaction, and Counter-Revolution* (Meridian).

1. 자유주의의 확대

Alter, Peter, *Nationalism* (1989).

Davis, David B., *The Problem of Slavery in the Age of Revolutions* (Torchbooks).

Dubois, Ellen C., *Feminism and Suffrage: The Emergence of an Independent Women's Movement in America, 1848-1869* (1984).

Gellner, Ernest, *Nations and Nationalism* (1983).

Hobsbawm, Eric, *Nations and Nationalism Since 1780: Programme, Myth, and Reality*, 2nd ed. (1992).

Kohn, H., *The Idea of Nationalism* (Collier).

Mintz, Sidney W., *Sweetness and Power* (1985).

Mintz, Sidney W., and Richard Price, *The Birth of African-American Culture: An Anthropolotical Perspective* (1992).

Solow, Barbara I., ed., *Slavery and the Rise of the Atlantic System* (1991).

Norton, Mary Beth, *Liberty's Daughters: The Revolutionary Experience of American Women, 1750-1800* (1980).

Rich, Norman, *The Age of Nationalism and Reform, 1850-1890* (Norton).

2. 반동체제와 혁명

Agulhon, Maurice, *The Republican Experiment, 1848-1852*, tr. Janel Lloyd (1983).

Artz, F. B., *France Under the Bourbon Revolution of 1848* (Rand McNally).

Bernard, Jack F., *Talleyrand* (Putnam).

Breunig, Charles, *The Age of Revolution and Reaction, 1789-1850* (Norton).

Brogan, D. W., *The French Nation from Napoleon to Petain* (Colophon).

Bruun, Geoffrey, *Revolution and Reaction, 1848-1852* (Anvil).

Carr, Raymond, *Spain, 1808-1975* (1982).

Church, Clive H., *Europe in 1830: Revolution and Political Change* (1983).

Davies, Norman, *God's Playground: A History of Poland*, vol. 2: *From 1789 to the Present* (1981).

Donghi, Tulio Halperin, *The Contemporary History of Latin America*, tr. J. C. Chasteen (1993).

Duveau, G., *1848: The Making of a Revolution* (Vintage).

Fasel, G., *Europe in Upheaval: The Revolution of 1848* (Rand McNally).

Ferrero, Guglielmo, *The Reconstruction of Europe* (Norton).

Haber, Stephen F., *Industry and Underdevelopment: The Industrialization of Mexico, 1890-1940* (1989).

Hamerow, T. S., *Restoration, Revolution, Reaction* (Princeton U. P.).

Humpheys, R. A., and John Lynch, eds., *The Origins of the Latin American Revolutions, 1806-1826* (Knopf).

Kissinger, Henry A., *A World Restored: Metternich, Castlereagh and the Problems of Peace, 1812-1822* (Universal).

Knight, Alan, *The Mexican Revolution* (1986).

Kransberg, M., ed., *1848: A Turning Point?* (Heath).

Langer, William L., *Political and Social Upheaval, 1832-1852* (Torchbooks).

Lindemann, Albert S., *A History of European Socialism* (1984).

Macartney, C. A., *The Habsburg Empire, 1790-1918* (Meridian).

McConnell, Allen, *Tsar Alexander I* (Crowell).

Magraw, Roger, *France, 1815-1914: The Bourgeois Century* (1986).

Manuel, Frank, *The Prophets of Paris* (Torchbooks).

May, A. J., *The Age of Metternich*, rev. ed. (Holt).

Mazour, A. G., *The Frist Russian Revolution* (Stanford U. P.).

Namier, Lewis B., *1848: The Revolution of the Intellectuals* (Anchor).

Nicolson, Harold, *The Congress of Vienna: A Study in Allied Unity, 1812-1822* (Vikings).

Nipperdey, Thomas, *Germany from Napoleon to Bismarck, 1800-1866* (1996).

Perkins, D., *A History of the Monroe Doctrine*, rev. ed., (Little, Brown).

Robertson, Priscillia, *Revolutions of 1848: A Social History* (Princeton).

Salvemini, G., *Mazzini* (Collier).

Schwarz, H. F., ed., *Metternich, The Coachman of Europe: Statesman or Evil Genius?* (Heath).

Simpson, F. A., *Louis Napoleon and the Recovery of France, 1848-1856*, 3rd ed. (Greenwood).

Sperber, Jonathan, *The European Revolutions, 1848-1851* (1994).

Stearns, Peter N., *1848: The Revolutionary Tide in Europe* (Torchbooks).

Szporluk, Roman, *Communism and Nationalism: Karl Marx versus Friedrich List* (1988).

Talmon, J. L., *Romanticism and Revolt: Europe 1815-1848* (Norton).

Taylor, A. J. P., *The Habsburg Monarchy, 1809-1918* (Torchbooks).

Thompson, J. M., *Louis Napoleon and the Second Empire* (Norton).

Viereck, Peter, *Conservatism Revisited: The Revolt against Revolt, 1815-1949*, rev. enl. (Collier).

Wandycz, Piotr S., *The Lands of Partitioned Poland, 1795-1918* (Torchbooks).

▶ 자료

France and the European Alliance, 1816-1821: The Private Correspondence between Metternich and Talleyrand.

Marx, Karl, *The Class Struggles in France, 1848-1850.*

Memoirs and Correspondence of Viscount Castlereagh, 12 vols.

Memoirs of Prince Metternich, 5 vols.

Memoirs of the Prince of Talleyrand, 5 vols.

Trollope, Frances Milton, *Travels and Travellers*, 2 vols.

3. 영국의 개혁

Briggs, Asa, *The Making of Modern England, 1784-1867* (Penguin).

Colley, Linda, *Britons: Forging the Nation, 1707-1837* (1992).

Halévy, Eli, *The Growth of Philosophic Radicalism* (Beacon).

Langer, William L., *Political and Social Upheaval, 1832-1852* (Torchbooks).

Mosse, W. E., *Liberal Europe* (Harcourt Brace Jovanovich).

Poovey, Mary, *Making a Social Body: British Cultural Formation, 1830-1864* (Torchbooks).

Saville, John, *1848: The British State and the Chartist Movement* (1987).

Thomson, David, *England in the Nineteenth Century* (Penguin).

Thompson, Dorothy, *The Chartists: Popular Politics in the Industrial Revolution* (1984).

Woodward, Ernest L., *The Age of Reform, 1815-1870* (Oxford).

박영석 "영국 산업혁명기의 공장입법에 관한 일고"『역사학보』:97 (1983).

정신영 "Chartists의 성격"『역사교육』:27 (1980).

4. 프랑스의 제2제정

Anderson, M. S., *The Eastern Question, 1774-1923* (St. Martin's).

Brogan, D. W., *The French Nation from Napoleon to Pétain* (Colophon).

Gooch, B. D., *The Reign of Napoleon III* (Rand McNally).

Howard, Michael, *The Franco-Prussian War* (Meridian).

Pinkney, David H., *Napoleon III and the Rebuilding of Paris* (Rand McNally).

Plessis, Alain, *The Rise and Fall of the Second Empire, 1852-1871*, tr. Jonathan Mandelbaum (1985).

Rich, Norman, *Why the Crimean War? A Cautionary Tale* (1985).

Williams, Roger L., *Gaslight and Shadow:*

The World of Napoleon III, 1851-1870, rev. ed. (Free Press).

Zeldin, T., *The Political System of Napoleon III* (St. Martin's).

5. 내셔널리즘의 승리

Beales, Derek, *The Risorgimento and the Unification of Italy* (1982).

Binkley, R. C., *Realism and Nationalism, 1852-1871* (Torchbooks).

Eyck, Erich, *Bismarck and the German Empire* (Norton).

Hamerow, Theodore S., *The Social and Economic Foundations of German Unification, 1858-1871*, 2 vols. (Torchbooks).

Holborn, Hajo, *Germany and Europe: Historical Essays* (Doubleday).

Pflanze, O., *Bismarck and the Development of Germany: The Period of Unification 1815-1871* (Princeton).

Rich, Norman, *The Age of Nationalism and Reform, 1850-1890* (Norton).

Ruggiero, Guide de, *A History of European Liberalism* (Beacon).

Smith, Denis Mack, *Cavour* (1985).

Taylor, A. J. P., *Bismarck* (Hutchinson Grey Arrow).

Thomson, David, *Democracy in France: The Third and Fourth Republics*, 5th ed.(Oxford).

Whyte, A. J. B., *The Evolution of Modern Italy* (Norton).

▶ 자료

Bonnin, Georges, ed., *Bismarck and the Hohenzollern Candidature for the Spanish Throne: Documents in the German Diplomatic Archives.*

Smith, D. Mack, ed., *The Making of Italy, 1796-1870.*

Treitschke, Heinrich, *History of Germany in the Nineteenth Century.*

6. 제정 러시아

Graham, Stephen, *Tsar of Freedom: The Life and Reign of Alexander II* (1985).

Karpovich, M., *Imperial Russia. 1801-1917* (Berkshire Studies).

McCounell, Allen, *Tsar Alexander I* (Crowell).

Malia, Martin, *Alexander Herzen and the Birth of Russian Socialism* (Grosset and Dunlap).

Mosse, W. E., *Alexander II and the Modernization of Russia* (Macmillan).

Riasanovsky, Nicholas N., *Nicholas I and Official Nationality in Russia, 1825-1855* (California).

Robinson, G. T., *Rural Russia Under the Old Regime*, 6th ed. (California).

Stavrianos, L. S., *The Balkans, 1815-1914* (Berkshire Studies).

▶ 자료

Herzen, A., *My Past and Thoughts*, 6 vols.

※ 더 참고할 책의 최신 목록은 〈**blog.daum.net/chasworldhistory**〉 참조

제 12 장

19세기의 문화

도미에 「3등 열차」(1863-1865)

주 요 연 대

1770-1827	베토벤
1770-1831	헤겔
1797-1828	슈베르트
1800-1830	영국 로만주의 문학(Byron, Shelly, Keats, Scott)
1802	원자 및 분자 발견(Dalton, Avogadro)
1810-1849	쇼팽
1812-1870	디킨즈
1813-1883	바그너
1820-1902	스펜서
1821-1881	도스토예프스키
1825-1850	영국 공리주의(Bentham, Mill)
1825	최초의 철도
1830	라이엘『지질학 원리』
1830	현미경, 수반의 세포론
1840-1893	차이코프스키
1842-1892	마취제 에테르; 파스퇴르, 코흐(의학의 발전)
1843	줄, 헬름홀츠
1844	최초의 전신
1844-1900	니체
1848	마르크스 · 엥겔스「공산당 선언」
1850-1900	프랑스 사실주의(Hugo, Dumas, Maupassant)
1850-1900	독일 로만주의(Göethe, Schiller, Heine)
1859	다윈의『종의 기원』
1859	최초의 유전(油田)
1862-1869	톨스토이『전쟁과 평화』
1870-1890	인상주의
1876	내연기관 · 전화
1880-1890	건축에서의 기능주의
1883	니체『차라투스트라는 이렇게 말했다』
1885	졸라『제르미날』
1890	입센『헷다 가블러』
1892	디젤 엔진 특허
1895	X-선
1895	패러데이의 전기 연구
1895	파블로프의 조건반사
1898	라듐
1899	무선전신
1900	멘델 유전법칙; 프로이트『꿈의 해석』

빈 회의 이후의 19세기는 국제관계가 다양하게 전개되고 유럽 물질문명이 고도로 발달된 시기였다. 사상과 학문, 문학과 예술에서 수많은 천재들이 나왔으며 역사상 가장 생산적인 문화를 이룩한 시대중 하나였다.

이 시대에 이르러 연역적(演繹的) 합리주의의 전통은 거의 사라졌다. 합리주의적 사고의 쇠퇴는 상대적으로 철학의 중요성을 축소해 놓았다. 19세기 철학은 자연과학의 모방 또는 아류(亞流)에 불과하였다. 모든 학문 중에서 자연과학이야말로 궁극적 해답을 내릴 수 있을 뿐 아니라 타당성 있는 유일한 지식의 원천이라고 공인되었다.

18세기의 이성(理性) 숭배에 대한 반발로 19세기 전환기를 전후하여 영향력을 발휘하기 시작한 사조는 로만주의였다. 루소Jean-Jacques Rousseau (1712-1778)의 사상에서 싹튼 로만주의는 정서와 본능을 강조하는 사고방식이었다.

철학분야에서도 이성 중심의 사고에서 감성 중심의 사고로 옮겨갔다. 이러한 이행은 독일의 '로만주의적 관념론'(Romantic Idealism) 철학에서 잘 나타났다. 이 철학은 이성에서 유래하는 합리적 지식과 함께 직관적 지식의 타당성을 인정하며 적어도 부분적으로는 우주를 영적(靈的)인 의미에서 설명하려는 것이었다.

로만주의적 관념론자들은 개인을 사회의 유기적 부분으로 보고자 하였다. 그들에 따르면 개인의 자유란 집단의 이익과 일치시켜 생각하고 법과 전통을 존중할 때 비로소 가능하다는 것이었다.

대체로 19세기의 문화는 크게 1800-1850년과 1850-1900년 두 시기로 구분될 수 있다. 전자는 로만주의가 우세한 시기이며 후자는 리얼리즘이 우세한 시기였다.

1. 철학과 사상

18세기 계몽사상의 마지막 대변자이며 동시에 19세기 로만주의 철학을 받아들여 이 둘을 종합한 철학자는 칸트Immanuel Kant(1724-1804)였다. 그는 과학의 합리성, 인류를 향한 인도주의적 관심, 경건주의 등을 종합하여 자신의 철학체계를 수립하였다.

칸트는 프로이센의 쾨니히스베르크Königsberg(지금의 러시아 Kaliningrad)에서 태어나 일생동안 40마일 밖으로 여행해 본 적이 없는 매우 사색적인 철학자였다. 생애의 대부분을 쾨니히스베르크 대학에서만 교편을 잡은 칸트는 자기의 사상을 체계화하는 데 결코 서두르지 않았다.

가장 중요한 저서 『순수이성비판』(*Kritik der reinen Vernunft*, 1781)을 완성한 것은 그가 57세 되던 해였다. 이 책은 18세기 자연철학의 종점이자 19세기 관념론의 출발점을 알리는 것으로 그 후의 사상계에 중요한 영향을 끼쳤다.

A. 관념론 철학

칸트를 낳은 독일지방에서 먼저 근대적 형태의 관념철학이 나타나 피히테와 헤겔을 거쳐 19세기 후반까지 계속 번창하였다. 그것은 독일 이외의 지역에서도 지배적인 철학 조류가 되었다. 영국 옥스퍼드 학파의 그린Thomas Hill Green(1836-1882), 브래들리Francis Herbert Bradley(1846-1924), 보즌켓Bernard Bosanquet(1848-1923), 미국의 로이스Josiah Royce (1855-1916) 등이 관념론의 영향을 받았다.

피히테 칸트의 제자들은 일반적으로 칸트보다 더 추상적인 형이상학에 집중하는 경향이 있었다. 특히 피히테Johann Gottlieb Fichte(1762-1814)의 경우 그러하였다.

피히테는 정신계가 실재의 세계라고 주장했을 뿐 아니라 개체(個體)는 오직 우주의 목적과 조화됨으로써만 참다운 본성을 실현한다고 주장하였다. 인간의 마음은 최고 자아(自我)에 의해 인도될 때 이외에는 실체(實體)를 알 수 없다는 것이다. 개체는 직관에 의해 초자아(超自我)의 요청을 알아차리고 그 요청에 자신의 생활을 적응시킴으로써 감각의 노예상태에서 자신을 해방시키도록 해야 한다고 하였다.

피히테 철학은 일종의 영적인 범신론(汎神論) 형태로 전개되었다. 모든 생활과 활동에는 최고의 완성이라는 궁극적 목표를 향해 가도록 인도하는 '세계정신'이 있다는 것이다.

피히테는 정치사상에도 중요한 영향을 끼쳤다. 그는 독일에서 내셔널리즘을 주장한 인물 중 한 사람이었다. 그는 나폴레옹이 프로이센에 침공해 왔을 때 통일 독일의 이념을 제시하고 문명세계의 영도권을 장악해야 한다는 독일민족의 사명을 선언하였다. 그의 선언이 당시 프로이센 국민의 애국심과 유대의식을 강화시켰다.

헤겔

헤겔 독일의 로만주의적 관념론 철학자 중 가장 위대한 인물은 헤겔Georg Wilhelm Hegel(1770-1831)이다. 베를린 대학 철학교수를 지낸 헤겔은 많은 추종자를 두었을 뿐 아니라 그 후 유럽의 지적 형성에 커다란 영향을 끼쳤다.

헤겔 철학의 핵심은 합목적적(合目的的) 진화론이었다. 그에 따르면 우주는 모든 것이 반대물(反對物)을 향해 전환되어가는 변화의 상태에 있다는 것이다. 그러나 낡은 것 자체는 절대로 없어지지 않는다. 이리하여 신 · 구의 충돌 속에 융합되어 그 결과 생긴 새로운 유기체는 그 안에 신 · 구를 함께 보유하고 있다. 이와 같은 헤겔의 정(正) · 반(反) · 합(合)의 반복 · 발전과정은 기계론적인 것이 아니며 전 과정이 신이나 보편적 이성에 의해 인도되는 것이다. 헤겔의 변증법적 역사발전은 궁극적으로 완전국가를 향해 가는 것이며 이러한 국가에서는 모든 개인의 이해(利害)가 사회 전체의 이해와 결합되어 있다.

헤겔은 진정한 자유란 정치사회에 복종하는 데 있고 국가는 개인보다 우월한 권리를 갖는다고 주장하였다. 이러한 국가이성(國家理性)의 이론 때문에 비판자들은 헤겔을 어용학자라고 몰아붙였다.

로만주의적 관념철학은 보수주의자들에게 만족을 주는 것이었다. 헤겔은 피히테와 함께 내셔널리즘의 발전을 강화하는 동시에 궁극적으로는 20세기 파시즘의 형성에도 기여하였다.

쇼펜하우어 쇼펜하우어Arthur Schopenhauer(1788-1860)는 헤겔보다 젊은, 동시대 철학자였다.

쇼펜하우어

그는 모든 성장과 운동을 인도하는 보편적 힘의 관념에 입각하여 비관주의적 철학을 제시하였다. 이 힘을 그는 의지라고 생각하였다. 그것은 개인이나 종족이 삶을 갈망하는 맹목적이며 무의식적인 힘이다.

삶에 대한 의지는 모든 생물에게 있으며 강자가 약자를 삼키고 생존하기 때문에 이 세상은 최악의 세계이다. 이기심 · 고통 · 비참함은 생존에서 뗄 수 없는 것이므로 행복을 위한 유일한 길은 가능한 한 인생을 거부하는 데 있다는 것이다.

니체 전쟁을 합리화한 니체Friedrich Nietzsche(1844-1900)는 진화론의 결정적 영향을 받았다. 그는 어릴 때부터 허약하고 여러가지 병을 달고 살았는데 이는 도리어 그를 생존경쟁을 찬양하는 로만주의적 시인으로 만들어 놓았다.

니체 사상의 핵심은 자연도태가 인간의 경우에도 가차없이 적용되어야 한다는 것이다. 그에 따르면 살아남을 사람은 어떤 수단에 의해서든지 가리지 않고 권위를 장악하는 힘있는 자라는 것이다.

니체

그에게 이상적 지배자는 초인(超人: Übermensch)이었다. 초인은 용기 · 힘 · 이기심 · 거만 · 잔인 등의 특성을 가진 인물이다. 니체는 부적합한 사람을 끊임없이 추려낸다면 궁극에 가서는 초인인종(超人人種)이 만들어질 수 있다고 믿었다. 자연도태 과정이 시작되기 전에 장애물이 되는 종교는 제거되어야 한다. 왜냐하면 종교는 부적자(不適者)와 허약자를 옹호하기 때문이다. 민주주의나 사회주의도 역시 무가치한 자와 약자를 도와 강자를 방해하기 때문에 무시되어야 한다는 것이다.

니체의 반민주적인 독재숭배는 장차 전세계를 역사상 최악의 전쟁 속으로 몰고 간 나치즘의 이론적 기초가 되었다.

직관의 철학 19세기 철학은 심리학의 영향을 받으면서 점차 부조리의 세계와 직관의 영역에 관심을 갖게 되었다. 더욱이 헤겔이나 칸트의 이론도 여기에 크게 작용하였다.

이탈리아의 크로체Benedetto Croce(1866-1952), 영국의 브래들리, 미국의 로이스 등 '신관념론자들' 은 19세기 기계론과 유물론을 반대하였다. 그들에 따르면 과학은 다만 우주의 일면을 말할 뿐이며 직관에 의한 인식, 예를 들면 종교에 대한 믿음은 또다른 하나의 진리라고 생각하였다.

베르그송 직관적 인식을 주장한 프랑스의 베르그송 Henri Bergson(1859-1941)은 존재가 자연적 창조력, 즉 '생명에의 충동' (élan vital)에 귀착된다고 설명하였다.

베르그송에 따르면 아무 것도 고정된 것이 없으며 모든 것은 항상 끊임없이 변화한다는 것이다. 끊임없이 변하는 자연의 진정한 실재는 인간 지성에 의해 파악될 수 없으며 오직 예술가의 직관력에 의해서만 비로소 파악될 수 있다는 것이다.

베르그송의 생명주의(Vitalism) 철학은 제1차 세계대전 전의 사상계에 상당한 영향을 끼쳤다. 그것은 과학적 결정론에 대한 반발이었다. 베르그송은 진화에 대한 관념을 다윈의 생각에서 빌려 왔으나 진화가 단순히 생존경쟁이 아니라 창조적 진화라고 본 데에는 다윈과 다른 특이한 점이 있었다. 그는 정신작용이 기계론적으로 환원될 수 없다고 주장함으로써 20세기의 전환기에 많은 지식인에게 커다란 영향을 주었다.

실증주의 실증주의(實證主義:Positivism)는 콩트Auguste Comte(1798-1857)에 의해 제기되었다. 실증주의란 말은 가치 있는 유일한 지식이란 오직 '실증적인' (positive) 지식, 즉 과학에서 오는 지식이어야 한다는 콩트의 해석에서 온 것이다.

콩트의 실증주의는 공리주의와 같이 진리가 경험, 또는 자연계의 관찰에서 비롯된다고 하는 경험주의 철학에 속한다. 콩트는 형이상학을 전혀 무용한 것이라며 거부하고, 인간사회의 향상에 유익하고 실제적인 지식이란 현상에 관한 법칙을 알려주는 지식이라고 보았다.

콩트

미국의 실용주의 19세기말이 되면서 철학은 불확실해지고 혼돈 속을 방황하게 되었다. 자연과학이 찬란한 성과를 거두게 되면서 그 성과를 계속해서 편입하려는 경향에도 불구하고 기계론과 유물론에 강하게 반발하는 철학자들도 있었다.

새로운 철학 경향은 실용주의(Pragmatism)라 알려진 미국 철학이었다. 그것은 퍼스Charles Peirce(1839-1914)에 의해 시작되었다. 그 후 제임스William James(1842-1910)와 듀이John Dewey(1859-1952)는 실용주의를 광범하게 체계화하였다. 퍼스는 어떠한 지식이든 실용적인 테스트에 통과될 경우, 즉 실제적 결과를 낼 경우에만 진리로 인정되어야 한다고 주장하였다. 이 경우 그것은 경험과 모순이 되지 않아야 하지만 그렇다고 해서 절대적 진리일 수는 없다는 것이다.

제임스가 주도한 실용주의 철학은 정신과 물질을 구별하지 않았고 추상적 사고 자체를 높이 평가하지 않았다. 실용주의 철학자들은 형이상학이 쓸모 없는 것이라고 단정하였다. 그들은 지식이란 목적으로서가 아니라 현실생활의 개선을 위한 도구로서 탐구되어야 한다고 주장하였다. 그들은 모든 종류의 결정론을 부정하였다. 인간이란 단순히 운명의 자비로움에 맡겨진 존재가 아니라는 것이다.

실용주의는 한마디로 절대적 진리나 절대적 실재(實在)라는 관념을 부정하였다. 비록 그들이 철학을 추상적인 논리에서 끌어내려 좀더 구체적이며 과학적인 위치에 놓았다고 하지만 일부 실용주의자들은 유물론의 경향으로 쏠리게 되었다.

B. 사회주의의 대두

18세기말 영국에서 시작된 산업혁명이 가져온 주요변화 중 하나는 새로운 계급 대립과 빈부 격차였다. 경제적 불평등은 정치문제로 이슈화되어 유럽 각국에서 혁명과 개혁이 일어났다. 사회주의 이론이 강한 사회력으로 대두된 것은 이러한 시대적 배경에서였다.

사회주의는 생산이 개인의 수중을 떠나 사회적 기업에 의해 이뤄져야 한다는 주장으로 실제로는 국가가 주요기간 산업을 소유한다는 것을 의미하였다. 사회주의의 가장 완전한 형태는 공산주의로, 모든 사유재산을 폐지하고 토지를 포함한 모든 생산수단을 공유해야 한다는 이념이다. 사회주의와 공산주의는 이념적 차이점이 있음에도 19세기 중반에는 같은 뜻으로 사용되었다.

사회주의는 18세기 계몽사상 시대의 산물이며 19세기초에 이른바 '유토피아적 사회주의'란 이름으로 그 대변자들이 프랑스와 영국에서 나왔다. 그들은 산업경제의 문제를 이성적으로 해결하여 '유토피아'를 실현시킬 수 있다고 믿었다.

유토피아 사회주의 1830년대에 절정에 달한 유토피아 사회주의는 1770-1780년대의 프랑스 계몽사상가, 예컨대 마블리Gabriel Bonnet de Mably(1709-1785)의 이론에 힘입은 바가 컸다.

유토피아 사회주의는 도덕성을 강조하며 평등주의적 경향을 강하게 나타냈다. 경우에 따라서는 매우 급진적인 면도 없지 않았다. 예를 들면 프랑스 혁명 후기에 바뵈프François Émile "Gracchus" Babeuf(1760-1797)에 의해 주도된 '평등자의 모의(謀議)'라든지 1830년대의 혁명적인 블랑키Louis Auguste Blanqui(1805-1881)의 주장은 폭력을 합리화하고 경제적 평등을 요구하는 것이었다.

그러나 생시몽Claude Henri de Rouvroy(Comte de Saint-Simon, 1760-1825), 푸리에François Marie Charles Fourier(1772-1837), 오웬Robert Owen(1771-1858) 등의 주장은 좀더 온건했으며 많은 사람들에게 커다란 호소력을 가졌다.

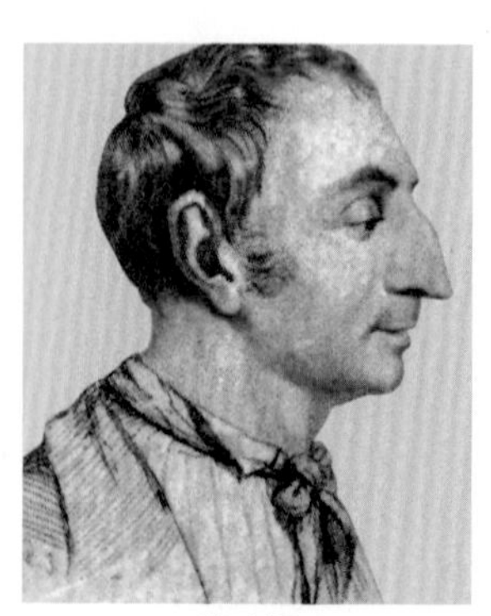
생 시몽

생시몽 프랑스 사회주의의 창시자로 간주되는 생시몽은 유서깊은 귀족 가문 출신이었다. 그는 계몽사상의 영향을 받아 프랑스 혁명 당시 귀족 작위를 포기하였다. 미국 독립전쟁 때 프랑스 지원군으로 미국인을 위해 참전까지 하였다. 귀국 후 그는 망명귀족 매각재산을 사서 큰돈을 벌기도 했으나 여러 가지 실험으로 탕진하고 말았다.

생시몽의 중심사상은 기성 사회의 결함을 과감히 개혁해야 한다는 것이다. 그의 사회이론에 따르면 최고 정치 권력은 산업가·예술가·철학자·과학자·수학자 등으로 구성된 기관에 부여되어야 한다. 개혁은 근본적으로 그리스도교 정신과 평화적 방법에 따라 빈민층의 사회복지를 목표로 해야 한다고 하였다.

그에 따르면 계몽사상은 낡은 질서를 파괴하는 데 도움이 되긴 했으나 사회의 재건을 위한 원리를 제시하지 못했다는 것이다. 그러나 그는 계몽사상시대의 과학숭상을 높이 평가하는 한편 로만주의적 정열을 통합하여 새로운 초월적 과학을 제창하였다. 한편 인류동포 사상에 입각한 유럽 국가 연방체제를 착상하기도 하였다.

생시몽의 표어는 조직 · 조화 · 산업이었다. 그는 이 세 가지 요소의 결합으로 사회의 주요 개혁이 달성될 것으로 믿었다. 그의 개혁적인 사회사상은 『산업론』(1817), 『산업제도』(1820-1823), 『새로운 그리스도교』(1825) 등 저술에서 표현되었다.

그의 이론은 사후 추종자들에게 계승되어 '생시몽 주의'라 부르게 되었다. 그의 사상은 광범한 것이어서 마치니와 같은 자유방임주의자로부터 러시아 혁명의 선구자인 헤르첸, 사회주의자 루이 블랑, 실증주의 철학자 콩트에 이르기까지 다양한 지적 영향을 끼쳤다.

푸리에 수학자로서 사회연구와 사회경제의 개선방법을 연구한 푸리에는 『4대운동론』(1808), 『가정 및 농업조합론』(1822), 『분할 산업의 허위』(1835-1836) 등의 저서를 통해 협동조직체의 구성을 제창하였다.

그는 인간의 자연적 욕구와 사회 현상(現狀) 간의 상충이 사회적 비참(悲慘)의 원인이라고 생각하였다. 사회를 재정비하여 인간의 욕구를 충족시켜야 한다고 믿었다. 생시몽이 대산업이나 도로망 건설을 통한 대규모 사회개혁을 목표로 한데 비해 푸리에는 당시 사회에서 충족될 수 없는 기본 욕구를 채우기 위한 소공동체 창설을 주장하였다.

이러한 공동체를 그는 '팔랑크스'(phalanges)라 칭하였다. 이 공동체는 각각 50만 평의 토지를 공유하는 약 1천6백 명으로 구성된 집단이다. 여기서 공동체 구성원은 하나의 큰 건물 팔랑크스 관(館)(phalanstere)에 집단으로 거주하며 강제성 없이 남녀가 각종 즐거움을 추구한다. 각자는 자기 관심에 따라 일에 종사하고 쾌락을 위한 물건을 생산할 수 있다. 돈과 물건은 평등하게 분배되는 것이 아니라 특수기술이나 책임자에게 응분의 보상을 한다. 예컨대 직접 일을 한 사람은 이윤의 12분의 5, 경영 · 관리하는 사람은 12분의 4, 자본을 댄 사람은 12분의 3을 분배받는다는 식이다. 푸리에의 생각에 따르면 이러한 분배가 인간의 자연적 본성에 알맞는 것이다. 비록 경영자와 자본가에게도 많은 이윤이 돌아가지만 노동자에게 최대이윤이 돌아가는 것을 전제로 한 그의 사상은 이 점에서 사회주의적 계획사회의 면모를 띤 것이었다.

자연계가 인력(引力)에 의해 움직이는 것처럼 인간사회도 개인들간의 '감정적 인력'에 따라 움직인다고 생각하였다. 그는 벤섬의 행복의 계산에서와 같은 쾌락의 목록을 작성하였다. 거기에는 성 · 우정 · 음식 · 사치 등 모두 810가지의 쾌락이 열거되어 있었다.

푸리에는 여성의 평등권을 지지하였다. 여성은 남성과 같은 직업의 선택권을 가져야 한다. 그러나 1부 1처제는 남녀의 성적 욕구를 충족시키지 못하는 제도라고 반대하였다. 인간은 남녀간에 직업이나 성적 상대를 바꿈으로써 단조롭고 지루한 생활에서 벗어날 수 있다고 생각하였다. 그는 가족제도를 정면으로 반대하지는 않았으나 이 제도의 소멸을 희망하였다. 남녀가 각자 성적 욕구를 충족하고 사회의 공공책임 아래 자녀를 양육함으로써 가족제도가 사라질 수 있다는 것이다.

푸리에주의는 많은 사람들에게 호소력을 가졌다. 그의 제안대로 공동체가 생기기도 하였다. 예컨대 1840년에 '브루크 농장'(Brook Farm)을 비롯해 약 29개의 푸리에식 집단이 미국에 생겼다.

오웬 웨일즈 출신 박애주의자 오웬은 산업협동의 선구자이며 가장 위대한 유토피아적 사회주의자 중 한 사람이다. 그의 개혁사상은 대체로 초기 저술『신사회론』(1813)에 표현되었으며 이 밖에『혁명론과 실천』(1849),『자서전』(1857-58) 등에서 제시되었다.

그는 정식교육을 제대로 받지 않은 자수성가한 실업가였다. 20대에 스코틀랜드의 뉴 라나크New Lanark의 면직공장을 인수하여 경영하였다. 오웬은 노동자들의 악조건과 비참한 생활에 충격을 받고 그들의 생활개선을 결심하게 되었다.

그는 노임을 인상하고 노동자에게 의식주를 싼 값으로 제공하였다. 10세 미만 어린이의 취업을 금함과 동시에 취학의 기회를 주었다. 노동자에게는 성인교육 프로그램을 제공하고 과음과 주정을 금하는 등 도덕과 기율을 정해 노동자의 삶을 통제하였다.

오웬은 노동자에게 인간적 대우를 한다고 해서 이윤과 상치되지 않음을 실제공장 운영을 통해 증명하였다. 즉, 더 좋은 대우를 받는 노동자가 더 많은 이윤을 낸다는 사실을 입증하였다. 그는 환경이 인격형성의 주요 요인이며 빈민층의 무지 · 알코올 중독 · 범죄가 오직 나쁜 생활조건 때문에 일어나는 것이라고 주장하였다.

공립교육의 혁신과 공장 개혁이야말로 가난한 시민을 향상시킬 수 있으며 그렇게 되기 위해서는 전체 사회의 조직이나 경제제도가 혁신되어야만 한다고 오웬은 확신하였다. 그리하여 1826년에 그는 새로운 사회 건설 모델로 실험적인 공동체를 미국 인디애나 주 뉴 하모니에 건설하였다.

오웬은 푸리에의 팔랑크스와 비슷한 공동체(parellelogram)를 착상하였다. 전통적인 결혼과 가족은 폐지되는 것이었다. 결국 그는 뉴 하모니의 건설에는 실패했으나 일생 사회개혁을 위해 헌신하였다.

마르크스와 과학적 사회주의 독일 관념론 특히 헤겔의 변증법의 영향을 많이 받은 마르크스Karl Marx(1818-1883)는 유물사관을 제시하였다. 마르크스는 헤겔과 같이 상반된 제도의 충돌을 통해 이루어지는 완전 사회를 궁극적 목표로 하는 진화론을 주장하였다.

그러나 헤겔이 역사적 진화를 세계정신 내지 보편이성의 전개로 본데 반하여 마르크스는 역사적 변화가 경제적 요인의 결과라고 주장하였다. 그들이 생각한 궁극적 사회의 모습도 서로 달랐다. 헤겔이 완전국가를 내세운 데 대해 마르크스는 공산주의를 주장하였다. 마르크스 철학은 19세기 중기 이후 사회주의에 큰 자극을 주었으며 그 이래로 노동자들의 폭력운동의 이론적 근거가 되었다.

마르크스

마르크스는 독일 라인란트의 트리에르Trier; Treves에서 태어나 그리스도교로 개종한 독일 유대인계 부모 아래서 성장하였다. 그는 고대 그리스의 유물론에 관한 연구로 박사학위를 받았다. 그러나 대학교수직을 얻지 못하고 언론인으로 취직하여 생계를 유지하였다.

그는 파리에서 부유한 공장주의 아들인 엥겔스Friedrich Engels(1820-1895)를 만나 일생에 걸쳐 우정을 나누면서 서로 협력하였다. 1845년 마르크스는 프랑스 정부당국에 의해 추방되었고 엥겔스와 함께 브뤼셀로 옮겨갔다.

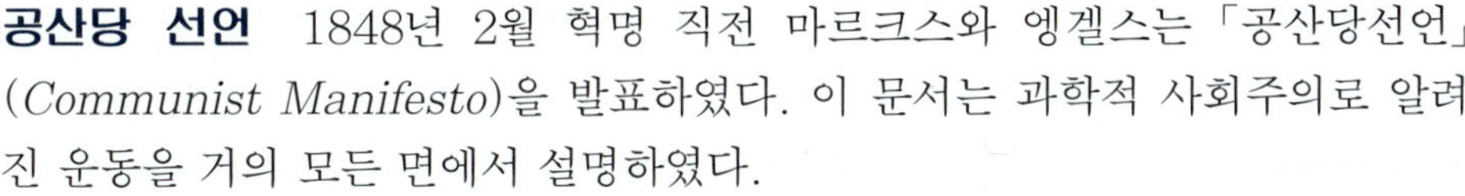

공산당 선언 1848년 2월 혁명 직전 마르크스와 엥겔스는 「공산당선언」(*Communist Manifesto*)을 발표하였다. 이 문서는 과학적 사회주의로 알려진 운동을 거의 모든 면에서 설명하였다.

당시 무명인사에 불과했던 마르크스는 비록 2월 혁명에 영향을 끼치지는 못했으나 혁명을 새 시대의 새벽이나 새 사회의 탄생이라고 환영하였다. 그는 독일로 가서 혁명을 도우려고 하다가 실패하자 다시 망명하였다. 이후 그는 죽을 때까지 영국 런던에서 매우 가난하게 살았으며 주로 엥겔스의 도움으로 생계를 유지하였다. 그의 일과는 영국박물관(British Museum)에서 저술을 위한 자료를 수집하는 것이었다.

마르크스는 자기 사상의 놀라운 전파를 직접 보지 못하고 죽었다. 그러나 생전에 국제노동자조직 제1인터내셔널(First International: 1873년 해체)에는 참여하였다. 그는 1864년 런던에서 모인 제1인터내셔널에서 다수파를 장악했으나 무정부주의자 바쿠닌Michail Aleksandrovich Bakunin(1814-1876)파와 의견충돌을 빚었다.

마르크스의 경제이론 마르크스를 어떻게 평가하든 『자본론』(資本論: *Das Kapital*)은 근대사에서 가장 영향력 있는 책 가운데 하나라 할 수 있다. 이 저서에 표현된 마르크스의 일부 주장은 헤겔 철학에 기초한 것이었다. 마르크스는 『자본

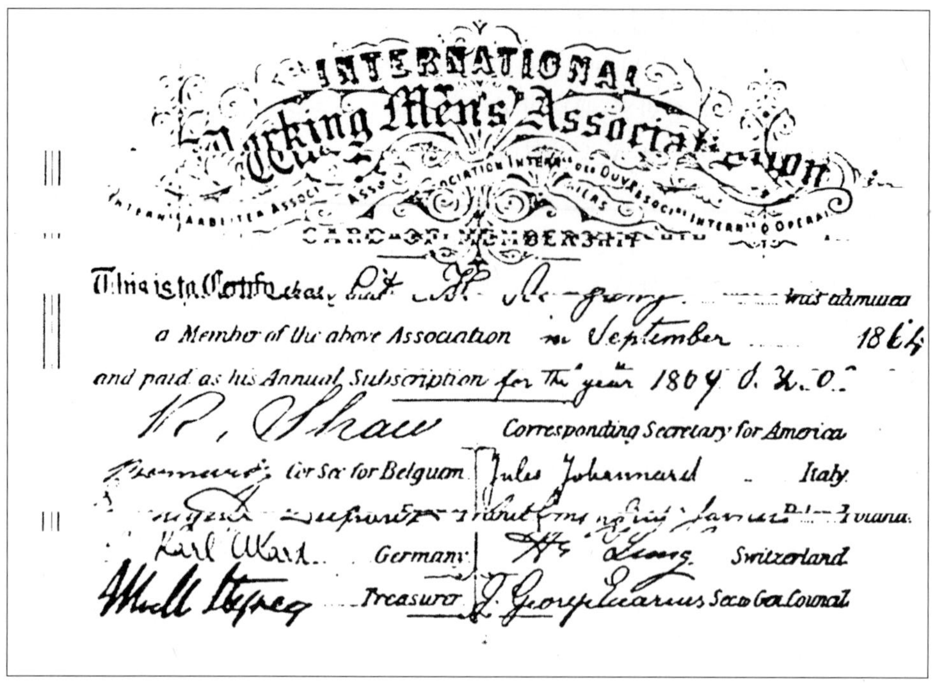
INTERNATIONAL Working Men's Association

CARD OF MEMBERSHIP

This is to Certify that ... was admitted a Member of the above Association in September 1864 and paid as his Annual Subscription for the year 1864 0. 2. 0.

R. Shaw Corresponding Secretary for America

... Cor Sec for Belgium | Jules Johannard — Italy

Karl Marx — Germany | ... Switzerland

... Treasurer | J. George Eccarius Sec to Gen Council

제1인터내셔널의 회원증

론』 제1권을 썼고 제2권과 제3권은 마르크스 사후 엥겔스가 편집 · 출판한 것이다.

『자본론』에서 마르크스는 몇 가지 기본 명제를 제시하였다. 첫째, 유물사관(唯物史觀)이나 경제적 결정론(決定論)이다. 마르크스는 역사상의 각 시기가 무엇보다도 경제적 요인에 따라 특징지어진다고 주장하였다. 경제력은 역사과정을 방향짓는 가장 본질적인 것이며 모든 그 밖의 요소, 예컨대 애국심 · 종교 · 예술 · 사상 등은 단순히 껍데기에 지나지 않는다는 것이다. 모든 역사는 그때 그때의 경제적 생산수단에 가장 잘 적응한 사회조직이라는 관점에서 설명될 수 있다. 경제조직이 달라지면 사회 · 이념적 구조도 거기에 알맞도록 달라져야 한다.

둘째, 변증법(辨證法)이다. 마르크스는 헤겔의 변화개념에 따라 역사를 사회계급간의 투쟁 과정으로 설명하려고 하였다. 역사는 착취계급과 피착취(被搾取)계급—예를 들면 고대 그리스의 노예와 주인, 로마의 평민과 귀족, 중세의 농노와 영주—이러한 계급간의 투쟁의 역사였다.

이제 상업조직과 산업혁명에 따라 새로운 도시 상공계층을 이룬 부르주아 계급이 산업 프롤레타리아와 반대되는 계급으로 대두하였다. 프롤레타리아는 궁극적으로 공동이익을 추구하며 부르주아 계급과의 투쟁에서 이기기 위해 뭉쳐야 한다고 그는 역설하였다.

셋째, 잉여가치(剩餘價値)설이다. 이에 관해 마르크스는 자유방임 경제학자들의 이론을 이용하였다. 그는 단지 인간의 노동만이 새로운 경제 가치를 창조할 수 있다고 생각하였다. 자본주의 경제체제에서 노동자는 그가 창출하는 모든 가치에 대한 보상을 제대로 받지 못한다. 예컨대 19세기의 노동자들은 자신의 필요를 충족시키기 위해 하루 6시간만 일하면 충분한데도 자본가는 12시간 일하게 하여 그러한 노동착취에서 생긴 잉여가치를 독차지했다는 것이다.

자본주의 체제에서 노동자들은 지배계급인 부르주아들의 복리를 위해 일하고 제도와 조직을 통해 노동의 결실을 빼앗겼다. 그들은 노동을 팔아 굶지 않을 정도의 노임을 받는 데 불과하였다. 그 결과 자본주의 제도에서 프롤레타리아는 더욱 착취당하고 더 빈곤해졌다.

넷째, 자본 집중에 관한 것이다. 마르크스에 따르면 경쟁은 자본주의의 법칙이므로 부르주아 계급 안에서 상대 경쟁자를 망하게 하여 가장 가치 없는 사람들만이 프롤레타리아의 신분으로 전락하게 만든다는 것이다. 더욱이 대중은 자신이 생산한 물품을 살 수 있는 구매력을 가지고 있지 않으므로 결과적으로 사회전반에 걸쳐 필연적으로 과잉생산과 실업이라는 경제적 위기가 오게 마련이라 하였다.

다섯째, 마르크스는 계급 없는 사회를 주장하였다. 궁극적으로 프롤레타리아가 봉기하여 사회의 생산수단을 점유한다는 것이다. 그 결과 기업소유자인 부르주아 계급은 소멸하여 계급 없는 사회가 실현될 것이다. 그런 사회에서는 사유재산이 폐지되고 마침내 계급간의 투쟁이 없어지는 천년왕국은 도래할 것이다. 노동자 대중과 부르주아 계급의 충돌을 통해 궁극적으로는 현대 산업화 시대의 사회조직인 계급 없는 사회가 출현할 것이라 하였다.

마르크스의 주장에 따르면 이 불가피한 역사적 과정은 교육이나 개인적 계몽이라는 점진적 방법을 통해 완성되는 것이 아니라 충돌과 투쟁으로 성취되어야 하였다.

마르크스는 부르주아 사회를 능가하는 사회형태에 관해서는 거의 관심을 두지 않았으며 다만 과도기로서 프롤레타리아 독재를 생각하였다. 프롤레타리아 독재 이후에는 궁극적으로 아무런 강제력이 없는 상태, 즉 국가의 소멸이 온다고 보았다.

이론적 모순 『자본론』 출판 후 그 약점과 모순은 곧 드러나기 시작하였다. 첫째, 유물사관에 따르면 변증법적 유물론이나 계급투쟁이 역사상의 모든 시대에 적용될 수 있어야 하였다. 이와 같은 지배적인 역사법칙이 공산주의 사회가 수립된 후에는 사라진다는 마르크스의 주장은 모순이었다. 변증법적 계급투쟁은 끝없이 계속되어야 함에도 역사가 끝난다는 것은 변증법적 논리의 자가당착이라 할 수 있다.

둘째, 마르크스의 과학적 사회주의라는 용어에는 '비(非)과학적'인 유토피아적 색채가 농후하였다. 과학적 사회주의란 '과학적으로' 관찰되고 설명된 필연적인 사회발전 법칙에 입각한 것이다. 그러나 강제력이나 착취가 없는 궁극적인 사회적 단계 또는 이상적 사회조직에 관해 마르크스는 실로 '비과학적인' 유토피아적 이상향을 말하고 있다.

셋째, 마르크스는 모든 역사적 사건을 단일(單一)원인의 결과로 설명하고자 하였다. 모든 사회 현상을 오직 경제와 계급투쟁의 관점에서만 설명하는 마르크스 이론은 지적·이념적 영향력의 중요성을 부정하였다.

그러나 문제는 마르크스주의 자체가 역사와 사회적 변화를 위한 '사상'이라는 것이다. 그것은 강력한 역사적 형성력으로 전환되어 이후의 유럽에 커다란 지적 영향력을 행사하였다. 사상의 힘이 결코 헛된 것이 아님을 증명하였다. 마르크스주의가 가진 커다란 역사적 형성력 자체가 마르크스 주장의 자가당착을 의미하였다.

넷째, 마르크스는 종교 무용론(無用論)을 주장하였다. 그러나 마르크스 자신이 하나의 새로운 종교를 내놓은 결과가 되었다. 전통적 종교가 행복한 사후세계에서 모든 지상의 부정·불의가 시정될 것이라고 설교하고 있는 것과 같이 마르크스주의 역시 지상천국이나 유토피아를 약속하였다. 마르크스주의는 신의 섭리에 비견되는 '필연적 역사과정'에 대한 믿음을 제시하였다.

마르크스에 따르면 사람은 필연적인 역사과정을 선택하는가, 아니면 스스로 멸망하는가—이 둘 중 하나만이 가능하였다. 열렬한 신앙인이 자기만이 진리를 가지고 있다고 믿는 것과 같이 마르크스주의 신봉자들은 마르크스주의만이 진리라고 믿고 있으므로 결국 마르크스주의 그 자체가 하나의 종교였다. 이 점에 종교를 부인한 마르크스의 모순이 있다.

실제적 모순 논리상의 결함과 모순 이외에도 마르크스의 과학적 사회주의는 실제와 맞지 않는 점들이 있었다.

무엇보다도 「공산당 선언」에서 예언한 프롤레타리아의 초(超)국가적인 연합이 실현되지 않았다. 대부분의 자본주의 국가의 노동자 계층은 스스로를 프롤레타리아라고 생각하지 않고 국민국가의 열렬한 지지자, 또는 자기가 소속된 각종 사회집단의 성원이라고 스스로를 간주하였다. 그러므로 노동자 스스로가 프롤레타리아라고 생각하지 않는 프롤레타리아는 현실 아닌 하나의 '신화적' 존재라고 볼 수밖에 없다.

다음으로 비록 자본주의 사회에서 여러 계층의 대중운동이 끊임없이 일어난 것은 사실이었으나 대중이 더욱더 빈곤해지고 기아선상에서 방황하게 될 것이라는 마르크스의 예언은 현실화되지 않았다. 그 대신 19세기의 많은 자본주의 국가에서는 효율적인 생산수단에 따른 증산 덕분에 노동자의 경제적 위상은 더 향상되었다.

또 개혁 입법이나 노동조합 운동에 의한 노임 인상, 노동조건의 개선 등으로 점차 노동자의 생활도 나아졌다. 자본주의의 진전에 따라 점차 더 많은 수의 노동자가 '중산층'의 생활수준으로 상승하였다. 그 결과 노동자는 피착취계급에 속한다고 주장하지 않을 뿐만 아니라 그러한 사회에 살고 있다는 생각을 하지 않게 되었다.

현대적 비판 19세기의 비판자들은 마르크스 이론이 독재에 의존하는 전제국가를 약속할 뿐이라고 반박하였다. 마르크스는 전통적인 민주주의 방식을 믿지 않았지만 사회민주주의자들은 마르크스주의를 민주적 방식으로 달성하려고 하였다. 그 결과 그들은 각국의 선거에서 어느 정도 성공을 거두었다.

이에 반해 독단적인 마르크스주의자들은 20세기에 러시아와 중국에서 집권하는 데 성공하였다. 그것은 핵심적인 소수 혁명가들의 무력 집권일 뿐 결코 다수의 동의를 얻어 이루어진 집권이 아니었다.

19세기말에서 20세기초에 걸쳐 마르크스주의가 극복하지 못한 것은 유럽 국가에서 나타난 노동자들의 애국심이었다. 제1차 세계대전의 경우와 같이 노동자가 국가 이익을 지지하는 일과 자본주의 사회의 계급투쟁에 관한 마르크스 이론을 지지하는 일 중 하나를 선택하지 않으면 안 되었을 때 대부분의 노동자들은 자신의 나라를 지지하였다.

러시아 혁명 이후에 생긴 공산주의 국가인 소련까지도 계급투쟁의 숙적 자본주의 국가들과 연합했던 사실에서 예증되는 바와 같이 국가이익이야말로 최우선적인 것이었다. 공산주의 국가들이 공동 적이라 낙인을 찍은 미국과 제휴하기에 여념이 없는 대외정책은 20세기를 통해 계속되었으며, 이는 공산주의 국가라 해도 이념보다는 국가 이익을 우선하고 있음을 단적으로 입증한 것이었다.

C. 새로운 사회이론

맬서스

독일에서 로만주의적 관념철학이 성행하고 있을 때 자유주의적 전통이 강한 영국에서는 부르주아 경제이론과 자유주의 철학이 나왔다.

경제적 자유주의에 따르면 개인은 제각기 자유선택권을 가지고 있으므로 근면·절검(節儉) 등을 통해 환경을 개선할 책임도 각자에게 있다는 것이다. 그러므로 개인의 빈부를 국가 책임으로 돌릴 수 없는 것이다. 아담 스미스가 제창한 경제적 자유주의는 18세기 전환기에 맬서스Thomas Robert Malthus(1766-1834)와 리카도David Ricardo(1772-1823)의 이론을 낳았다.

영국 성직자 출신 경제학자 맬서스가 쓴 『인구론』(1798)에 따르면 인구는

리카도

무한히 증가하며 결국은 자원(資源) 생산력을 능가하게 된다는 것이다. 출산율이 항상 식량 공급을 웃돌기 때문에 대중의 비참한 삶은 계속된다는 것이다.

한편 리카도는 '최저 임금론'을 주장하였다. 그에 따르면 노동자 수를 증감하지 않도록 하여 적어도 최저 생계가 유지되게 하는 노동의 '자연가격'(自然價格)이 있다는 것이다.

노동에는 자연가격과 시장가격이 있다. 노동의 시장가격은 노동 공급과 수요에 따라 결정된다. 노동력이 부족하고 수요가 클 때에는 시장가격이 자연가격을 능가하며 좋은 보수를 받을 수 있으나 노동력이 풍부할 때에는 그 반대가 될 것이다. 그런데 노동력은 자본보다 더 빨리 증가하므로 노임은 자연가격 수준으로 하락한다는 것이다.

벤섬과 공리주의 19세기 전반 영국의 주요 사상은 벤섬Jeremy Bentham(1748-1832)이 제창한 공리주의(功利主義: Utilitarianism)였다. 그의 주요 저술은『도덕과 입법의 제원리』(1789)였다.

공리주의는 모든 신념이나 제도를 검증해야 할 최상의 기준이 효용성에 있다는 주장이다. 공리주의의 목적은 한마디로 '최대다수의 최대행복'을 촉진하려는 데 있었다. 공리주의에 따르면 어떠한 사상 · 제도 · 정책도 이 원리에 맞지 않을 때에는 배격되어야 한다.

공리주의에는 사회적 성격이 강함에도 그 주장은 개인주의를 전제로 한 것이었다. 벤섬은 공동체 이익이 단순히 모든 개인성원의 이익 합산(合算)에 불과하다고 주장했을 뿐 아니라 개인의 행위동기가 즐거움을 얻고 고통을 피하려는 이기적인 것이라고 인정하였다. 따라서 사회는 그 성원에게 스스로의 이익을 추구하고 완전히 자유롭게 행동할 수 있도록 해야 한다는 것이다. 개인에게 행위의 재량을 줄수록 사회의 전체 복지는 증진되기 때문이다.

벤섬의 공리주의는 경제적 자유주의 혹은 '철학적 급진주의'(Philosohical Radicalism)를 합리화한 것이었다. 그것은 개인 이익이 결국 사회적 성격을 띠게 된다는 사실에 관심을 돌리게 하는 계기가 되었다.

존 스튜어트 밀 벤섬의 친구 제임스 밀James Mill(1773-1863)과 아들 존 스튜어트 밀John Stuart Mill(1806-1873)은 충실한 벤섬 학파였다. 밀은 공식 교육을 받지 않았으나 아버지의 치밀한 가르침을 받고 성장한 조숙한 천재였다.

존 스튜어트 밀의 주요저서 중에는『논리학』,『정치경제 제원리』,『자유론』,『대의정치론』등이 있다. 철학자로서 그는 로크 · 흄 · 벤섬 등이 시작한 주요사상을 거의 모두 종합하였다. 그는 궁극적 진리에 관해서는 회의적이었으며 자유주의적인 실천적 견해를 주장하기도 하였다.

존 스튜어트 밀

존 스튜어트 밀은 벤섬의 의견에 근본적으로 동조했지만 즐거움의 추구와 고통의 회피가 인간행위의 유일한 결정기준이라는 이론을 거부하였다. 개인은 흔히 단순한 습관이거나 동료가 하는 행동과 같은 것을 하고 싶은 욕망에서 행위하는 경우가 많다는 것이다.

만년에 존 스튜어트 밀은 벤섬의 개인주의를 대폭 수정하였다. 그는 사회주의가 개인의 자유를 파괴하기 때문에 거기에 찬성하지 않았으나 불행한 사람들의 복리를 위해서는 국가가 상당한 정도로 개입해야 한다고 주장하였다.

콩트의 사회이론 콩트는 개인의 행위가 전적으로 개인적 이익 때문에 행해진다는 벤섬 이론에 동조하지 않았다.

콩트에 따르면 행위는 오히려 이기심과 함께 애타심(愛他心) 때문에 이루어진다는 것이다. 그러므로 모든 사회에 대한 연구는 이기심을 극복하는 애타심을 증진하는 목적에서 행해져야 한다. 이러한 목적이 오직 사랑과 자기 희생의 감정을 통해 달성된다고 믿은 콩트는 자칭 '인간성 종교'를 주장하였다. 그는 이 종교로 모든 사람이 정의 · 박애 · 자선에 합심하여 헌신하게 될 것이라고 생각하였다.

2. 로만주의

철학과 예술의 운동으로서 로만주의(Romanticism)는 간단하게 정의되기 어렵다. 19세기 로만주의의 본질은 감정과 본능을 찬미하는 데 있었다. 그 밖에 로만주의는 자연에 대한 깊은 외경(畏敬), 형식주의에 대한 경멸, 대중에 대한 감상적인 사랑, 세상을 개조하려는 강렬한 욕구, 민족의 과거와 전설에 대한 향수, 극적 감정과 격렬한 운동감 등을 표현하려고 하였다.

18세기 계몽사상 시대에 이미 로만주의를 예고하는, 고전주의에 대한 반동이 있었다. 로만주의는 여러 면에서 고전주의와 대조적이었다. 절제(節制) · 중용 · 균형이란 형식과 법칙을 존중하고 합리성을 강조하는 고전주의를 반대하여 로만주의는 인간의 자연적 감정의 발산을 강조하였다. 고전주의자는 미적 표현에서 세련 · 대칭 · 질서를 이상적인 것이라 생각했는데 반해 로만주의자는 '자연적인 것', '야성적인 것', '제어(制御)되지 않는 것' 등을 더 중시하였다.

로만주의의 선구적 요소는 18세기 후반 독일 문학이나 루소 사상에서 이미 나타났다. 19세기가 시작되면서 로만주의는 독일 · 영국 · 프랑스에서 유행하기 시작하여 결국 미국에까지 파급되었다. 로만주의는 1830년대에 절정에 달하였다.

로만주의는 문학에 국한되지 않고 회화와 음악의 분야에까지 확대되었다. 19세기 중반에 이르러 로만주의는 한풀 꺾이지만 20세기의 창조성에까지 지속적인 영향력을 가진 사상이었다.

A. 문학

새로운 문예운동인 로만주의의 선구자 가운데는 그레이Thomas Gray (1716-1771), 골드스미스Oliver Goldsmith(1728-1774), 번즈Robert Burns(1759-1796), 쉴러Johann Christoph Friedrich von Schiller (1759-1805), 괴테Johann Wolfgang von Göethe(1749-1832) 등이 있었다. 그러나 누구보다도 앞선 선구자는 루소였다.

루소는 계몽사상가들 가운데 거의 유일하게 이성의 힘보다도 감정의 힘을 믿은 인물이었다. 그는 인간의 진정한 행복이란 자연으로 돌아갈 때만 되찾을 수 있는 것이라고 주장하여 이미 당대에 많은 사람의 주목을 끌었다.

로만주의의 대두에는 18세기 후반 독일의 문화 부흥운동과 관계가 있었다. 1770년대의 일부 작가들은 새로운 운동을 일으켰다. 그것은 '질풍노도'(疾風怒濤) 운동이었다. 정처 없이 방황하는 편력, 열망과 좌절과 같은 강렬한 정서를 표현하려는 질풍노도 운동은 19세기의 로만주의로 이어졌다. 이 운동의 명칭은 클링거Friedrich Maximileian von Klinger(1752-1831)의 극작 「질풍노도」(*Sturm und Drang,* 1776)에서 유래하였다. 괴테의 어릴적 친구인 그는 '질풍노도' 운동 시대의 대표적 극작가 · 소설가였다.

클링거는 오스트리아 군인으로 봉사하다가 다시 러시아군 장교가 된 사람이었다. 장군으로까지 진급하고 나중에 귀족칭호를 받았다. 작품으로는 극작 「심소네 그리살도」(*Simsone Grisaldo*: 1776), 「새로운 아리아」(*Die Neue Arria*: 1776) 및 소설 『파우스트의 삶 · 소행 · 지옥』(*Fausts Leben, Taten, und Höllenfahrt*: 1791) 등이 있다.

쉴러와 괴테 독일 국민문학을 대표하는 위대한 두 문인은 쉴러와 괴테이다. 쉴러는 폭정(暴政)과 압제에 대한 공공연한 비판자였다. 그의 유명한 희곡 「빌헬름 텔」(1804)은 스위스인의 국민적인 독립 투쟁과 압제에 대한 항거를 표현한 것이었다.

쉴러의 친구인 괴테는 18세기 고전주의에서 19세기 로만주의로 옮겨가는 이행기를 대변한 위대한 작가이다. 1773년 그는 중세 기사도에 관한 희곡을 발표하고, 1774년 자신의 경험을 토대로 한 작품 『젊은 베르테르의 슬픔』을 발표하였다. 그것은 젊은이의 감상적인 사랑에 관한 이야기로 고전주의의 차갑고 메마른 작품에 싫증을 느낀 사람들에게 커다란 공감을 느끼게 하는 굉장한 센세이션을 불러일으켰다.

괴테는 당시 독일의 지적 중심 바이마르Weimar에서 서정시 · 소설 · 희곡 등을 창작하였다. 가장 중요한 작품인 『파우스트』는 독일의 옛 전설에 바탕을 두고 창작한 산문 드라마였다. 제1부는 1808년, 제2부는 1832년에 각각 완성되었다. 그것은 주인공 파우스트 박사와 악마 메피스토펠레스Mephistopheles와의 사이에서 일어난 인간정신의 시련과 승리를 강조한 것이다.

영국 로만주의 문학적 로만주의는 영국에 그 기원을이 있는데, 19세기초의 두 위대한 선구자는 워즈워스와 콜러리지였다.

워즈워스William Wordsworth(1770-1850)는 신비적인 자연에 대한 사랑을 표현하는 작품을 창작하였다. 그는 자연의 표면적인 아름다움뿐 아니라 모든 생명을 결합시켜 보편 정신을 구현하는 자연(自然)을 찬양하였다.

워즈워스는 자연의 여러 양상을 명상하면 직관적으로 실재를 파악할 수 있게 된다고 믿었다. 이것은 후에 초절주의(超絶主義: Transcendentalism)로 알려진 철학으로 연결되었다. 이 철학은 칸트와 그의 추종자들이 발전시켰고 후에 미국의 에머슨Ralph Waldo Emerson(1803-1882)과 같은 문인과 지식인이 주창하게 되었다.

영국 로만주의의 또다른 선구자인 콜러리지Samuel Taylor Coleridge(1772-1834)는 신비적이며 환상적인 시를 지었으며 매우 상상력이 풍부한 작품을 썼다.

키츠와 셸리 가장 전형적인 로만주의 작가는 키츠John Keats(1795-1821), 셸리Percy Bysshe Shelley(1792-1822), 바이런Lord Byron(George Gordon, 1788-1824) 등이다.

키츠는 고대 그리스 작가들이 아름다움과 선(善)을 동일시한 것처럼 아름다움과 지(知)를 동일시하였다. 아름다움은 진리요, 진리는 아름다움이라고 한 『그리스 단지 송가(頌歌)』(*Ode on a Grecian Urn,* 1820)에서와 같이 그는 영속적(永續的)인 이상적 아름다움을 추구하였다.

셸리

셸리는 무신론자라는 이유로 옥스퍼드 대학에서 쫓겨나고 한때 무정부주의자인 고드윈William Godwin(1756-1836)의 제자가 되었다. 셸리는 젊을 때의 과격한 극단론을 궁극적으로는 수정하긴 했으나 불의를 미워하고 행복과 자유를 갈망한 데에는 일생 변함이 없었다. 그는 『사슬이 풀린 프로메테우스』(*Prometheus Unbound*, 1818-1819)에서 인간의 완성이 단지 사상과 행위의 완전한 자유를 통해서만 가능하다는 믿음을 나타냈다.

바이런

바이런 10세에 남작칭호를 이어받았지만 바이런은 셸리보다 더 진취적이었다. 그는 모험적인 시인으로 위선과 사회적 속박을 비웃은 인물이었다. 대표작 「돈 주언」(*Don Juan*, 1818-1824)에 나타나 있는 바와 같이 직선적이며 대담한 그의 시는 로만주의 정신을 가장 잘 표현하였다.

바이런은 1823년 그리스인이 오스만 터키에 대한 반란을 일으켰을 때 그리스 독립운동에 참가하기 위해 갔다가 결국 그리스에서 열병에 걸려 죽었다.

스콧 시와 산문에 다 같이 명성을 떨친 왕당파 스콧Sir Walter Scott (1771-1832)은 과거의 인물이나 전설 등을 소재로 소설을 써서 로만주의의 또다른 면을 보여 주었다. 그는 보수적인 정치적 견해를 가졌으며 문학에서도 다분히 골동품 수집가와 같은 특성을 드러냈다.

스콧은 스코틀랜드의 전설을 주제로 한 시와 산문을 창작하였다. 특히 중세 기사의 모험담인 『아이반호』(*Ivanhoe*, 1819)는 중세생활을 생생하게 재현함으로써 동시대인의 감흥을 일으킨 작품이었다.

하이네와 독일 로만주의 만일 쉴러와 괴테를 제외한다면 하이네Heinrich Heine(1797-1856)는 독일 로만주의를 대변한 거의 유일한 작가일 것이다. 그는 그리스도교로 개종한 유대인 부모 밑에서 성장하였다.

그리스에 있는 바이런

하이네도 바이런과 같은 반항아인 동시에 셸리와 같은 훌륭한 서정시인이었다. 개인주의를 표방한 하이네는 메테르니히 체제하의 보수주의를 맹렬히 비판했으며 전생애를 인류 해방의 명분을 위해 헌신하였다.

그의 아름다운 서정시(Lieder)는 비할 데 없는 부드러움과 우수(憂愁)를 담고 있으며 로만주의 음악가들이 그의 시를 작곡하였다. 그는 '볼테르의 가발 속에 둥지를 친 나이팅게일' 이라는 평을 들었다.

하이네

프랑스 로만주의 19세기 전반 프랑스를 지배한 것은 로만주의 문학이다. 프랑스 작가들은 영국의 경우와 같이 한편으로는 신비적인 비합리성을 주장하고 다른 한편으로는 개인적 자유와 사회개혁을 옹호하였다.

비합리적인 경향을 대표한 작가는 샤토브리앙Francois de Chateaubriand (1768-1848)였다. 그는 그리스도교의 신비와 대중의 순진성에서 우주의 존엄한 아름다움을 발견하였다.

샤토브리앙은 드 메스트르Joseph Marie de Maistre(1753-1821)와 함께 가톨릭 부흥의 예언자로 자처하였다. 그는 사람들을 신앙의 시대로 되돌아가게 함으로써 이성의 위험으로부터 구제하고자 하였다.

프랑스 로만주의의 자유분방한 면은 라마르틴Alphonse de Lamartine (1790-1869), 비니Alfred de Vigny(1797-1863), 뮈세Alfred de Musset (1810-1857), 상드George Sand(1804-1876), 위고Victor Hugo(1802-1885), 뒤마Aleaxndre Dumas(大, 1802-1870) 등의 작품에서 잘 표현되었다.

라마르틴은 시인이며 정치가로서 자유주의의 주창자였다. 그는 감상주의(感傷主義)와 더불어 섬세한 표현으로 주목을 끌었다. 「명상」(1820), 「새로운 명상」(1823) 등의 시가 있으나 대체로 사상이 피상적이며 독자성이 결여된 느낌이 있다. 비니는 프랑스 로만주의자 가운데 가장 이지적인 면이 강하였다. 그는 시 이외에 역사소설과 희곡 등을 썼다.

상드

뮈세와 상드 뮈세는 비니와 정반대로 감정과 기분을 마음대로 표출했으므로 프랑스의 바이런이라는 말을 들었다. 뮈세는 이미 어려서부터 시인으로서의 재능을 발휘했으며 위고로부터 격려를 받았다.

1833-1834년 뮈세는 여류소설가인 상드와 이탈리아로 도피여행을 떠났으나 그들의 사랑은 금방 끝나고 말았다. 뮈세는 그 후 수년 동안 「밤」이라는 일련의 아름다운 서정시를 썼다. 그것은 비록 바이런의 시와 같은 세부적인 정교함은 없었으나 풍부한 정서를 표현한 시였다.

상드의 본명은 오로르 뒤팽Aurore Dupin이었다. 그는 목가적인 아름다운 전원생활에 관한 소설을 써서 많은 독자를 매료시켰다. 상드는 농민이나 노동자를 소설의 주인공으로 한 최초의 작가 중 한 사람이다. 후에 그는 공화주의를 열렬히 옹호했으며 결혼의 관습에 얽매이지 않고 사랑을 할 수 있는 여성의 권리를 주장하였다.

위고

위고 더 많은 독자층을 상대로 프랑스 로만주의를 대변한 작가는 위고이다. 공공 문제에 강한 관심을 가진 위고는 정치적 자유와 사회정의에 대한 열렬한 옹호자였다.

그는 어릴 때부터 시인으로서의 재능을 인정받았다. 24세 때 책을 출판한 이래 시 · 드라마 · 소설 · 에세이 · 역사 등 많은 저작을 내놓았다. 1841년 프랑스 아카데미 회원으로 선출된 그는 1845년 정계에 투신하여 열렬한 민주주의자가 되었다. 루이 나폴레옹이 쿠데타를 일으켜 황제의 자리에 올랐을 때 이를 강력히 비판하다가 추방당하였다. 귀국하지 못한 위고는 1870년까지 소설을 쓰면서도 루이 나폴레옹을 '작은 나폴레옹'(Napoleon le petit)이라 부르고 공격하는 날카로운 풍자물을 짓기도 하였다. 그가 죽었을 때 성대한 장례식이 거행되었으며 그의 유해는 파리의 팡테옹Pantheon에 안치되었다.

위고의 민주주의와 사회정의는『레 미제라블』(*Les Misérables*, 1862)에서 가장 잘 표현되었다. 보통사람의 비참한 생활에 관한 이 작품에서 한 인간의 사소한 죄가 어떻게 영웅적인 인내로 보상되는가를 보여주고 사회의 냉혹함을 강하게 고발하였다.

뒤마 위고 다음에 온 위대한 로만주의 작가는 뒤마이다. 뒤마는 나폴레옹 휘하에서 장군을 지낸 아버지와 서인도 출신 흑인 어머니 사이에서 태어난 혼혈아였다. 나폴레옹은 뒤마 장군 사후 연금을 유족에게 주지 않았기 때문에 뒤마는 어려운 어린 시절을 보냈다.

뒤마는 역사소설의 명수였다. 그의 소설『3총사』,『20년후』,『몽테 크리스토백작』 등은 오늘날에도 널리 읽히고 있는 작품이다.

미국 로만주의 1830-1860년대는 미국문학에서 로만주의가 승리한 시기이다. 유럽에서 건너온 로만주의는 미국의 주요문인들이 택한 문학형식이 되었다.

『리프 밴 윙클』(*Rip Van Winkle*)을 낸 어빙Washington Irving(1783-1859)과 쿠퍼James Fenimore Cooper(1789-1851)는 유럽 로만주의의 영향을 받아들였다. 포Edgar Allan Poe(1809-1849), 호손Nathaniel Hawthorne(1804-1864), 멜빌Herman Melville(1819-1891) 등은 괴기하고 초자연적인 것에 대한 로만주의적 취향을 다양하게 나타낸 작가들이었다.

뉴잉글랜드 지방을 중심으로 한 문인들은 영국적 패턴을 미국적 환경에 맞게 고쳤다. 그 중에서도 천부적 재능을 가진 시인은 롱펠로Henry Wadsworth Longfellow(1807-1882)였다. 그를 비롯하여 에머슨, 소로Henry David Thoreau(1817-1862) 등은 초절주의(超絶主義) 철학에 호응한 작가들이었다.

로만주의의 한계 로만주의가 이성과 과학적 분석을 등한히 한 것은 인간 문제의 항구적 해결이라는 점에서 보면 심각한 결함이었다고 할 수 있었다. 로만주의 작가들에서 보이는 과장된 정서적 표현이나 지나친 감상은 자제를 잃고 올바른 판단을 저해하는 것이었다.

로만주의 작가들은 쉴러의 경우와 같이 대체로 내셔널리즘을 찬양했지만 워즈워스의 경우와 같이 반동적인 보수주의로 전향하기도 하였다. 그럼에도 로만주의는 문체의 자유로운 발전과 '보통사람'의 존엄성을 강조하는 데 큰 공헌을 하였다.

B. 미술

19세기초 20년간은 회화(繪畵)에서 고전주의가 부활하는 시기였다. 순수한 고전적 양식으로 되돌아가려는 경향은 새로운 질서가 가진 합리주의적 이상과 조화되었다. 특히 나폴레옹 제국이 건설한 법과 질서, 권위와 안정은 조화와 균형을 중시하는 고전주의적 미술 양식을 부활시켜 놓았다.

프랑스의 고전주의 회화는 다비드Jacques Louis David(1748-1825)와 앵그르Jean Auguste Ingres (1780-1867)에 이르러 그 절정에 달하였다. 두 화가의 작품은 질서와 절제를 강조하고 엄격하고 정확한 형식을 존중하며 그리스-로마 신화를 주제로 하는 특징을 가지고 있었다.

특히 다비드는 「레카미에 부인」(*Madame Récamier*)에서와 같이 고전주의에 전형적인 단순성과 엄격성을 보여 주는 그림을 그렸다. 고전주의의 충실한 세부 묘사는 맨발 · 흰 옷 · 램프 · 베개 · 얼굴 표정 등에 잘 나타나 있다.

다비드 「레카미에 부인의 초상」(1805년)

다비드는 정치적으로 활발한 활동을 했으며 파리 자코뱅 클럽 회장까지 지낸 국민공회 의원이었다. 또한 공포정치의 한 기관인 보안위원회 위원으로서 특히 1794년 6월 로베스피에르의 '최고존재'의 축제와 같은 큰 행사를 조직하였다. 그는 나폴레옹 1세의 궁정화가로 봉사했기 때문에 부르봉 왕정 복고 후에는 추방당하고 말았다.

고야François José de Goya y Lucientes(1746-1828)는 다비드와 동시대 화가였다. 나폴레옹의 스페인 점령(1803-1813)이 끝나고 왕정복고되었을 때 페르난도 7세가 즉위하면서 고야는 복권되었으나 정치적 견해를 이유로 스페인을 떠나 프랑스에 정착하였다.

이러한 경력에도 불구하고 고야는 전쟁화와 초상화를 통해 18세기 스페인 화풍을 대표한 대가였다. 그는 고전주의적 경향에서 벗어나 좀더 감정을 풍부히 표현하는 로만주의에 접근하였다.

로만주의 회화 나폴레옹이 몰락하자 이성과 고전주의의 시대는 끝나고 이어 로만주의의 반동이 왔다. 로만주의 화가는 주제와 화법(畵法)에서 고전주의 화가와 근본적으로 달랐다.

로만주의 화가는 형체보다 색채를 더 중요시하였으며 상상과 감정이 허용하는 한 자유로운 주제를 선택하였다. 옛 전설, 이국적 정서, 아름다운 경관 등은 그들이 즐겨 선택한 주제였다.

프랑스 로만주의의 가장 전형적인 화가는 들라크로아Eugéne Delacroix(1798-1863)였다. 그는 자유를 위한 투쟁과 같은 매우 극적인 장면 등을 그렸다. 그의 화풍은 1830년의 7월 혁명을 주제로 한「자유의 여신」이나「십자군의 콘스탄티노플 입성」등에서 전형적으로 나타나 있다.

들라크로아「키오스의 학살」: 1824년 오스만 터키군이 그리스 키오스 섬 주민을 학살한 것을 고발한 그림

들라크로아는 감정을 자유분방하게 발산하여 대담한 색채와 구도를 써서 극적으로 표현하는데 성공하였다. 그의 작품「키오스의 학살」(1824)은 키오스Khios; Chios; Scio 섬의 그리스도교도가 터키인에 의해 학살되었다는 소식을 듣고 그린 그림이었다. 이 그림을 두고 고전주의 화가들은 '회화의 학살'이라고 조롱하였다.

들라크로아가 자유분방하게 색칠하는 채색법은 풍경화가들의 호응을 받았다. 그 가운데 코로Camille Corot(1796-1875)는 로

콘스테이블「건초를 나르는 마차」(1821)

터너「노예선」(1840)

만주의적 풍경화가로서 파리 근처의 마을 이름을 딴 바르비종Barbizon파의 주도인물이었다.

콘스테이블과 터너 이와 같은 풍경화의 전통은 영국에서 더욱 발전되어 콘스테이블John Constable(1776-1837), 터너Joseph M. W. Turner(1775-1851)와 같은 위대한 풍경화가들을 배출하였다.

콘스테이블은 로만주의 문학작품으로부터 자연감상에 대한 영감을 얻었다. 그는 어느 의미에서는 근대적 풍경화파(派)의 창시자이다. 그는 자연을 직접 사생(寫生)해야 한다고 생각하고 혁명적인 채색법을 썼다. 당시의 통념으로는 자연풍경은 대체로 갈색으로 칠해야 한다는 것이었으나 콘스테이블은 녹색을 자유롭게 사용하였다.

커다란 센세이션을 일으킨 또다른 풍경화가는 터너였다. 생생한 색채 감각과 강한 상상력을 지닌 터너는 자연 속의 빛과 운동을 대담한 필치로 묘사하였다.

로만주의 풍경화가들은 들라크로아의 경우와 같이 자유분방한 감정을 마음껏 표현하였다. 그들은 숲 · 샘 · 산, · 하늘 · 대기 · 바다 등 대자연을 숭배하는 마음으로 그렸다.

로만주의 건축 로만주의의 영향을 가장 덜 받은 미술 분야는 건축이었다. 1830년경까지 유럽과 미국의 건축은 대체로 고전 작품을 모델로 한 것이었다. 예를 들면 나폴레옹 전쟁시대의 「개선문」은 로마의 개선문을, 마들레느Madeleine 교회는 고대 로마의 코린트식 신전을, 미국의 국회 의사당은 그리스 건축을 각각 모방한 것이었다.

그러나 1830년대에 로만주의의 영향이 나타나 중세 고딕 건축이 부활되었다. 그럼에도 건축에서의 고딕 부활은 상당히 제한된 것이었다. 많은 교회 건물에서 첨탑(尖塔)과 첨두(尖頭)아치가 채택되었으나 고딕 양식을 부분적으로 응용한 것에 불과하였다.

한편 영국에서는 고딕 양식 전통이 결코 사라지지 않았었다. 예컨대 17 · 18세기의 렌Christopher Wren(1632-1723)은 교회건축에 고딕 양식을 적용하였다. 1830년대 이후에는 중세를 주제로 한 스콧의 작품에 자극 받아 고딕 식 건축물이 부활하였다. 스콧 자신의 집(Abbotsford 소재)도 역시 스코틀랜드의 중세 건축을 모방하여 지은 것이었다.

한편 프랑스에서도 위고의 『파리의 노트르담』(*Notre Dame de Paris*, 1831)의 출판으로 자극 받아 중세적 건축이 만들어졌다.

그럼에도 로만주의 시대의 고딕 건축의 부흥은 상당히 온건하였다. 일반적으로 고전의 영향이 지속되었으며 그 결과 19세기의 대부분을 통해 바로크 양식 또는 그 변형이 많이 유행하였다. 1900년대에 이르러 비로소 새로운 20세기적 양식이 나오게 되었다.

C. 음악

회화와 문학에서와 같이 음악에서도 19세기초 30년간은 로만주의가 지배한 시기이다. 조용하고 가라앉은 음악이나 소규모 실내악은 프랑스 혁명이 가져온 정치적 격변, 저항적인 민족적 애국심의 소용돌이, 기계와 공장이 낳은 새로운 산업혁명의 활기 등을 표현하기에는 부적당하였다.

로만주의 음악은 4단계로 구분된다. (1) 이행기(1800-1830): 고전주의에서 로만주의로 넘어가는 과도기인 이 시기는 베버 및 슈베르트로 대표된다. (2) 초기 로만주의 음악(1830-1850): 이 시기의 대표적인 음악가로 파가니니 · 로시니 · 요한 슈트라우스 · 멘델스존 · 쇼팽 · 슈만 등이 있었다. (3) 성기 로만주의(1840-1880): 베를리오즈 · 리스트 · 바그너 · 베르디 등으로 대변되는 시기였다. (4) 후기 로만주의(1870-1900): 구노 · 오펜바하 · 프랑크 · 포스터 · 브람스 · 생상스 · 비제 · 무소르그스키 · 차이코프스키 · 드보르쟈크 · 그리크 · 림스키-코르사코프 등이 이 시기에 해당하였다.[6]

19세기 로만주의 음악 정신에는 18세기 고전주의의 엄격함에 대한 반항이 농후하였다. 거기에는 우아한 형식보다는 강렬한 감정을 추구하는 경향이 있었다.

로만주의 음악가는 본질적으로 음악을 아름다움의 객관화가 아니라 주로 내적 정서를 표현하는 수단으로 생각하였다. 그것은 단지 듣는 사람을 즐겁게 하는 데 그치지 않고 감동을 불러일으켜야 하였다. 자연의 모든 양상, 특히 인간의 감정과 정열을 소리로 나타내려는 노력이 두드러졌다. 시인과 같이 작곡가는 격동하는 내셔널리즘과 애국적 감정에 호응하였다.

이러한 특징은 로만주의 시대의 독일 오페라에서 잘 나타났다. 독일의 전통적 소재에 입각하여 영웅적 투쟁의 분위기 또는 조국에 대한 사랑을 고무하려고 하였다. 새로운 운동을 주도한 베버Karl Maria von Weber(1786-1826)는 오페라에 활기를 불어넣었다. 나폴레옹 점령하의 프로이센에서 산 경험이 있는 그는 강한 애국적 감정으로 「사수(射手)」(*Der Freischütz*, 1821)라는 오페라를 독일어로 작곡하였다.

---

6) Joseph Machlis, *The Enjoyment of Music*, rev. ed. (1963), 674~676.

그의 민족 음악을 계승한 바그너Richard Wagner(1813-1883)는 소설의 플로트, 시적 요소, 연극과 음악 등을 다 함께 통합하여 극적 통일을 이루는 데 성공하였다. 바그너는 플로트로서 독일의 민속담(民俗譚)과 옛 튜턴 신화를 다루었다. 그것은 신비적인 것과 초자연적인 것을 강조하는 로만주의적 특성을 함께 융합시킨 것이었다.

베토벤 고전주의의 형식을 빌어 로만주의 정신을 가장 적절하게 표현한 음악가는 베토벤이다. 네덜란드인의 후손인 베토벤Ludwig van Beethoven(1770-1827)은 서부 프로이센의 본Bonn에서 출생하였다.

베토벤은 유럽 음악의 수도 오스트리아의 빈에서 주로 활동하였다. 자연을 사랑하고 자유와 인권을 열렬히 옹호한 베토벤은 일찍이 음악에서 들을 수 없던 격정을 자유분방하게 표현하였다.

베토벤

그는 30세가 되기 전에 청각에 어려움을 느끼기 시작하여 그 후 완전히 귀머거리가 되었다. 탁월한 피아노 연주가로서 명성을 떨치기 시작한 베토벤은 청각장애때문에 연주를 포기하고 그 대신 실내악이나 교향곡의 작곡에 몰두하였다. 그는 고전적 요소와 열정적인 이상주의를 종합하였다.

베토벤은 1840년 완성한 격정적인 「제3교향곡」을 나폴레옹에게 바칠 생각이었다. 그러나 나폴레옹이 황제가 되려고 한다는 소식을 들은 그는 보나파르트의 이름이 쓰인 표지를 찢어버리고 곡 전체를 없애려고 하였다. 이 곡이 「영웅교향곡」(*Simfonia Eroica*)이라 불리는 것이다.

당시의 비판자들은 베토벤이 불협화음에 미친 음악가라고 비난했지만 베토벤은 음악을 생명 없는 형식에서 해방시키고 제약이 많은 귀족적 살롱에서 자유로운 세상 밖으로 끌어내려고 하였다.

슈베르트 로만주의 시대의 또다른 위대한 음악가는 슈베르트Franz Schubert(1797-1828)이다. 그는 오스트리아의 빈에서 태어나 거기서 거의 일생을 보냈다. 그는 짧은 삶을 살고 아름다운 멜로디를 작곡했다는 점에서 모차르트에 비교될 수 있다. 슈베르트는 베토벤의 경우처럼 고전 형식을 로만주의 음악의 수단으로 활용하여 가요(Lied)를 완성하였다.

그는 18세 때 처음으로 작곡한 이래 거의 쉴 새 없이 작곡하였다. 로만주의 음악의 정수를 파고든 슈베르트의 노래는 쾌활함 · 우수(憂愁) · 비통함 등 모든 종류의 감정을 풍부하게 표현하였다. 그는 짧은 생애와 가난한 삶에도 불구하고 오페라, 미사곡, 현악 사중주, 교향곡 등 여러 종류를 작곡하였다.

로만주의의 계속 베토벤이 시작한 로만주의 음악의 흐름은 19세기 전체를 통해 뚜렷하게 남아 있었다. 로만주의는 19세기 후반 문학이나 회화 분야에서 쇠퇴했으나 음악에서는 대체로 1890년대까지 계속되었다. 이 사실은 로만주의가 음악의 본질에 닿는 운동임을 의미하는 것이다.

19세기 후반의 로만주의 음악가들 가운데 최대의 교향곡 작곡가는 브람스이다. 그러나 이 밖에 탁월한 음악가들이 여러 나라에 있었다. 예를 들면 독일의 슈만 · 멘델스존 · 바그너, 프랑스의 베를리오즈 · 프랑크, 이탈리아의 로시니 · 베르디, 폴란드의 쇼팽, 헝가리의 리스트, 러시아의 글링카 · 림스키-코르사코프 · 무소르그스키 · 차이코프스키 등이다.

19세기는 로만주의적인 교향곡 · 교향 서곡 · 콘체르토 등을 홍수처럼 생산하였다. 이러한 곡들은 규모가 커진 오케스트라의 연주에 의해 최대의 효과를 거두었다. 음악의 정서적 내용은 열정적인 멜로디에 의해 고조되고 새로운 화음 편성으로 풍부하게 되었다. 한편 민족문화의 전통적 요소에 관한 관심 때문에 작곡가들은 자기 나라에 전래하는 민족적인 가무(歌舞)에서 작곡의 영감을 얻으려고 하였다.

독일 로만주의 슈베르트와 동시대인으로 인기 있는 음악가는 멘델스존Felix Mendelssohn-Bartholdy(1809-1847)이었다. 그는 슈베르트와 같이 고전적 형식을 사용해서 로만적 교향곡을 작곡하였다. 그의 음악은 싱싱하고 매력적인 감동을 주는 것이었다.

멘델스존은 17세 때 「한여름 밤 꿈의 서곡」을 작곡하여 큰 명성을 얻었다. 그는 짧은 생애에도 피아노 콘체르토 둘, 바이올린 콘체르토 하나를 비롯하여 오라토리오 셋, 교향곡 넷, 그 밖의 무수한 노래를 작곡하였다.

슈만Robert Schumann(1810-1856)은 작곡 · 지휘 · 음악평론 · 수필 등 다방면의 활동을 한 음악가였다. 그는 유명한 『신 음악잡지』*(Neue Zeitschrift für Musik)*를 창간하고 편집하였다. 그는 로만주의자였으나 형식을 존중하고 바흐를 스승으로 여겼다. 많은 성악과 특히 피아노 곡을 즐겨 작곡하였다.

브람스 슈만은 1853년 아직 무명이었던 젊은 브람스Johannes Brahms (1833-1897)가 찾아와 피아노를 연주했을 때 그를 격찬하였다. 그 때부터 브람스의 장래는 약속되었다. 슈만은 자신이 편집하는 잡지에 브람스야말로 베토벤을 계승할 사람이라고 대서특필하였다. 브람스는 슈만의 예언대로 대성하였다.

일부 비평가들은 음악사의 3대 천재를 바흐 · 베토벤 · 브람스로 손꼽는다. 브람스는 이른바 주제 전개법에 정통한 작곡가로 알려지고 있다.

프랑스의 로만주의 조숙한 천재인 베를리오즈Hector Berlioz(1803-1869)는 모든 종류의 전통적 관례를 깨뜨리려 하였다.

오케스트라의 독자적인 발전을 위해 기여한 그의 업적은 컸다. 그는 혁명적인 오케스트라 이론을 전개하였다. 로만주의 음악은 베를리오즈가 이상적인 오케스트라를 467개의 악기로 구성한다고 주장할 만큼 그 규모가 컸다. 가장 잘 알려진 그의 교향곡은 「로미오와 줄리엣」이다.

벨기에 태생으로 파리에 살았던 프랑크Cesar Franck(1822-1890)는 색다른 음악가이다. 그는 음악을 위해서 명예와 돈을 외면한 종교적 신비주의자였다. 소박한 생활에서 우러나는 진지함이 그의 작곡에 반영되었다. 그 자신이 오르간 연주자였던 만큼 오르간 작곡에서 탁월한 재능을 발휘하였다.

러시아 민족주의 음악 1812년 나폴레옹의 러시아 원정 실패는 19세기 러시아인에게 열렬한 애국심을 불붙여 놓았고 그들의 예술에까지 큰 영향을 끼쳤다. 음악은 정서(情緖) 중심적인 로만주의로 기울게 되었다. 당시의 작곡가들은 결정적으로 민족주의적인 경향을 띠게 되었다.

림스키-코르사코프Nikolay Rimsky-Korsakov(1844-1908)는 음악사에서 위대한 작곡가 중 하나였다. 교향곡과 오페라를 작곡하여 당대에 큰 성공을 거둔 그는 두드러지게 동양적인 면을 간직한 음악가였다.

풍부한 민속음악과 러시아의 전통적인 역사배경을 중심으로 작곡한 다섯 명의 음악가가 있었다. 그들은 힘찬 '5인파'(5人派)라는 말을 들었으나 그 이름에 적합한 음악가는 무소르그스키 한 사람 정도였다. 그만큼 무소르그스키의 음악은 힘에 넘친 것이었다.

발라키레프Mili A. Balakirev(1836-1910)는 이 그룹의 창시자였다. 그는 낡은 러시아 민요를 모으는 한편 피아노와 오케스트라곡을 작곡하였다. 프랑스인 후예 퀴César Cui(1835-1918)는 이 운동에 맨 처음 동조하고 글을 써서 옹호하였다. 문필활동을 활발하게 했던 그는 작곡가라기보다는 언론인이라 해야 옳을 것 같다. 보로딘Alexander Borodin(1834-1887)은 재간이 많은 음악가였다. 그는 직업이 군의(軍醫)이며 화학자였으나 저술가, 교육자, 사회사업가로도 활약하였다. 그의 작곡에는 피아노 곡, 노래, 교향시 및 교향곡, 오페라 「이고르Igor 공」을 작곡하였다.

'5인파' 중 가장 재능이 탁월한 무소르그스키Modest Musorgsky(1839-1881)는 「벼룩의 노래」를 지은 것으로 유명하다. 그는 많은 노래 · 교향곡 · 오페라를 작곡하였다. 그러나 무소르그스키의 명성을 후세까지 지속시킨 것은 음악극 「보리스 고두노프」(*Boris Godunov*)이다. 그것은 중세 러시아를 배경으로 야성적인 코사크 민속담과 감각적인 비잔틴 음악을 융합시킨 것이었다.

차이코프스키 러시아가 낳은 가장 위대한 작곡가는 차이코프스키Pëter llich Tchaikovsky(1840-1893)이다. 그는 '5인파'가 러시아적 주제와 기법에 의존한 것과 대조적으로 독일적인 방법을 따른 철두철미한 로만주의 작곡가였다.

그는 6개의 교향곡을 작곡했으며 대표작은 「1812년: 서곡」, 「슬라브 행진곡」, 교향시 「로미오와 줄리엣」 등이었다. 그 중 가장 유명한 것은 「비창」(悲愴: *Pathétique*) 교향곡이다.

쇼팽 누구보다도 피아노 작곡의 대가는 쇼팽Frédéric Chopin(1810-1849)이다. 폴란드에서 태어난 그는 22세 이후의 생애를 대부분 파리에서 보냈다. 그의 짧은 인생은 유명한 여류소설가 상드와의 불행한 연애를 제외하고는 별다른 사건이 없는 평탄한 것이었다.

혁명의 근원지 파리에서 로만주의가 극단으로 치닫는 시대에 쇼팽은 특이하게 개성있는 곡을 만들었다. 자신이 원하는 것 이외의 모든 것을 다 버린 그는 상냥하고 우아한 음악을 창작했으며 엄격한 기법을 구사하였다. 쇼팽이 음악사에 기여한 것은 악기로서 피아노가 가진 가능성을 최대한 발굴했다는 점이다.

쇼팽

오페라의 발달 19세기의 오페라는 성악, 관현악, 드라마적 제스츄어 등 여러 요소들을 포함하고 있으며 이 점은 바그너와 무소르그스키의 악극(樂劇)에서 예증되었다. 프랑스에서는 구노Charles Gounod(1818-1893), 생상스Camille Saint-Saëns(1835-1921), 비제Georges Bizet(1838-1875), 마스네Jules Massenet(1842-1912) 등에 의해 민족 오페라가 성장하였다.

감각적이지만 시적 감정의 매력을 가진 구노의 작품은 19세기 오페라의 본질적인 부분이 되었다. 구노의 걸작은 「파우스트」와 「로미오와 줄리엣」 등이다. 비제는 「카르멘」(*Carmen*)으로 유명하다. 그는 이 오페라가 파리에서 상연되고 난 3개월 후에 죽었다.

베르디

이탈리아 오페라는 로시니Gioachino Rossini(1792-1868)에 의해 촉진되었다. 그는 경쾌하고 희극적인 「세비야의 이발사」(1816)로 유명하다. 그러나 19세기의 위대한 오페라 작곡가는 베르디Giuseppe Verdi(1813-1901)이다.

베르디는 거의 80세가 되었을 때에도 여전히 최상의 작품을 내놓을 수 있는 정력적인 음악가였다. 그는 생애를 통해 「리골레토」(*Rigoletto*), 「일 트로바토레」(*Il Trovatore*), 「아이다」(*Aïda*), 「오셀로」(*Othello*) 등 많은 훌륭한 오페라를 작곡하였다. 베르디의 명성은 매우 다채로운 무대장치를 한 이집트의 로만적 비극 「아이다」(1871-1872)에서 절정에 달하였다.

아내, 친구들과 함께 있는 바그너

바그너 19세기에 가장 개성적인 음악가는 바그너 Richard Wagner(1813-1883)이다. 여러 가지 점에서 로만주의의 절정기를 대변하는 바그너는 작품을 통해 굉장한 감정적인 충동과 열정적인 민족감정을 표현하였다. 악극 분야를 크게 혁신한 그는 바흐 · 모차르트 · 베토벤 · 브람스에 비견될 수 있다.

매우 개성이 강한 그는 전통을 과감히 깬 반항아로 다년간 망명 생활을 하였다. 그는 철저한 민족주의자이면서도 니체의 '초인'을 전적으로 받아들였다. 따라서 후에 히틀러가 바그너의 열렬한 숭배자였다는 것은 쉽사리 이해될 수 있다.

바그너의 로만주의를 잘 나타낸 것은 「탄호이저」(*Tannhaüser*, 1843-1845)와 「로헨그린」(*Lohengrin*, 1846-1848) 등 로만주의적 오페라, 비극적인 사랑의 이야기를 단순 간결하게 표현한 「트리스탄과 이솔데」(*Tristan und Isolde*)이다.

옛 게르만의 서사시 「니벨룽겐의 노래」(*Nibelungenlied*)를 극화한 「니벨룽겐의 반지」(*Der Ring des Nibelungen*)는 그의 음악이론을 구체적으로 나타낸 것이었다. 이것은 그의 작품 중 각별히 강렬한 감정적 내용을 담은 가장 인기 있는 것이다.

3. 과학의 발달

1830-1900년대는 역사상 어느 때보다도 자연과학의 진보가 획기적으로 이루어진 시대이다. 이러한 과학발전의 요인은 산업혁명에 의한 자극, 생활수준의 향상, 안락함과 편리에 대한 욕망 등에 있었다.

17세기의 과학혁명 이래 현대과학의 본질은 일상적이며 실제적인 생활 개선에 있지 않았다. 차라리 그것은 지적인 논리체계이며 우주의 비밀을 발견하려는 탐구심의 표현이었다. 이에 대해 19세기 자연과학은 기술 개량을 위한 실제적인 면과 순수과학의 탐구라는 논리적인 면이 함께 발전하였다.

A. 진화론과 다윈

19세기 과학 가운데서 특히 생물과학과 의학이 특기할 만한 발전을 하였다. '진화론' (theory of evolution)은 본래 생물과학의 이론이었으나 과학 · 철학 · 종교에 걸쳐 큰 영향을 끼쳤다. 진화론이란 모든 살아있는 유기체가 자연적 원인의 작용으로 단순한 형태로부터 좀더 복잡한 형태로 발달해 간다는 이론이다. 이에 따르면 어떠한 종(種)의 생물이라 해도 고정 · 불변의 것은 있을 수 없다.

진화론의 지적 기원은 BC 6세기 고대 그리스 자연철학에 있었다. 아낙시만데로스가 변화를 인정했고 헤라클리토스는 성장과 변화가 우주과정의 본질이라고 주장하였다. 이와 같은 그리스의 변화론은 로마 학자들에게 수용되어 루크레티우스는 우주가 원자로 구성되었으며 자연도태과정에 의해 발전한다고 생각하게 되었다.

진화론의 선구 18세기에 돌바크 · 괴테 · 뷔퐁 · 린나에우스(린네) 등이 진화론적 사고를 했으나 명확하게 체계화시키는 단계에까지 이르지 못하였다.

18세기말에 이르러 진화과정에 대한 관찰결과가 축적되면서 본격적인 연구가 나왔다. 1785년 허턴James Hutton(1726-1797)은 지구의 발달을 초자연적인 원인이 아닌 자연적 원인에 의한 것이라고 주장하였다.

19세기초 스코틀랜드 출신 지질학자 라이엘Sir Charles Lyell(1797-1875)은 『지질학 원리』(*Principles of Geology*, 1830-1833)를 발표하여 지구표면이 지진, 화산 그 밖의 침식작용에 의해 형성된 것이라고 주장하였다. 영국 생리학자이며 시인인 에라즈머스 다윈Erasmus Darwin(1731-

1802)도 식물연구를 통해 진화론에 대한 견해를 제시하였다.

근대적인 진화론을 체계적으로 발전시킨 최초의 사람은 프랑스 생물학자 라마르크Jean Lamarck(1744-1829)이다. 1809년 발표한 라마르크 가설의 핵심은 후천적인 성격이 유전된다는 점에 있었다. 그는 에라즈머스 다윈의 의견을 동물학에 적용시켜 더욱 발전시켰다.

그는 동물이 환경의 변화 때문에 새로운 습관을 얻게 되며 다시 그 습관이 구조적으로 변화한다고 주장하였다. 신체구조에 생긴 이 변화는 후손에게 전달되어 결국 오랜 세대를 거친 후에는 새로운 종이 생긴다는 것이다. 비록 그의 주장을 뒷받침할 만한 증거가 발견되지 않았으나 라마르크의 가설은 그 이후 반세기 동안의 생물학 사상에 영향을 주었다.

다윈

다윈 유기체의 진화를 과학적으로 주장한 사람은 다윈Charles Darwin(1809-1882)이다. 작은 도시의 의사 아들로 태어난 다윈은 에든버러 대학에서 의학을 공부하고 케임브리지 대학에서 목사가 되기 위한 공부를 했으나 결국 '자연사'(自然史)를 연구하게 되었다.

1831년부터 5년간 과학탐험을 위한 세계여행에 나선 비글beagle호에 승선하여 각 지역의 표본수집으로 많은 견식을 쌓았다. 영국으로 돌아온 후 지질학회의 비서를 지내면서 라이엘과 가까이 하였다.

다윈은 라이엘의 『지질학 원리』와 맬서스의 『인구론』을 읽고 깊은 감명을 받았다. 특히 『인구론』에서 그는 식량보다 더 많은 인구가 생기는 현상을 자연계 전체에 적용시킬 경우 약한 자가 식량을 위한 투쟁에서 멸망할 수밖에 없다는 결론에 도달하였다.

다윈은 그 후 20년간 용의주도하고 광범하게 연구하여 1859년 마침내 『종의 기원』(種의 起源: *Origin of Species*)을 출판하였다. 그것은 단 한 권으로 현대사상에 가장 큰 영향을 끼친 책이 되었다.[2)]

다윈과 같은 의견을 내놓은 박물학자는 월리스Alfred R. Wallace(1823-1913)이다. 『종의 기원』이 출판되기 한 해 전 1858년 몰러커스Moluccas 열도에서 월리스는 이미 유명해져 있던 박물학자 다윈에게 에세이를 써 보냈다. 그는 맬서스의 『인구론』을 읽고 '적자생존'(適者生存)이란 결론에 도달했다고 말하였다. 두 사람은 우연하게도 같은 결론에 도달하였다.

『종의 기원』에서 전개한 다윈의 가설은 '자연도태'(natural selection)였다. 환경은 어떤 종이 살아남는가의 여부를 선택·결정한다는 것이다. 이에 따르면

2) 완전한 제목은 *On the Origin of Species by Means of Natural Selection, or the Preservation of Favored Races in the Struggle for Life*이다.

어떤 것은 강하게, 어떤 것은 약하게 태어나고, 어떤 것은 더 긴 뿔을, 어떤 것은 더 날카로운 발톱을 갖고 태어난다. 그리하여 더 유리하게 태어난 종의 성원(成員)이 생존경쟁에서 이기는 이른바 '적자생존' 현상이 일어난다는 것이다.

두 번째의 중요한 저술인 『인간의 유래』(*Descent of Man and Selection in Relation to Sex*, 1871)에서 다윈은 더욱 충격적인 결론을 발표하였다. 그것은 인간의 선조가 아마도 오랑우탄·침팬지·고릴라 등의 선조와 관계가 있는 원숭이와 같은 동물이었을 것이라는 결론이었다.

다윈 가설의 주요 골자는 다음과 같은 다섯 가지이다. 첫째, 모든 현존의 동식물은 원초적인 형태, 즉 상대적으로 미발달된 형태에서 전래되어 왔다. 둘째, 종의 변이(變異: variation)는 환경 및 기관을 자주 사용하는가의 여부에 따라 유전 구조의 변화를 초래한다는 것이다. 셋째, 어떤 변종(變種)은 자연발생적인 것이다. 넷째, 생존경쟁에서 적자(適者)가 살아남으며 환경에 가장 잘 적응한다. 다섯째, 종의 분화는 성적(性的) 선택을 어떻게 하는가에 따라 이루어진다는 것이다.

이상과 같은 다윈의 진화론에서 가장 충격적인 파장을 일으킨 것은 '적자생존'의 관념이다. 이는 사회이론에 적용되어 이른바 '사회적 진화론'에까지 이르렀다. 또한 인간의 선조에 관한 그의 학설은 종교계에 커다란 파문을 일으켰다.

유전학설과 다윈주의 수정 19세기말까지 많은 과학자들이 다윈 가설의 타당성을 실질적으로 인정하였다. 가장 두드러진 생물학상의 문제 중 하나는 유전의 문제였다.

1870년대에 바이스만August Weismann(1834-1914)은 세포설에 입각하여 두 종류의 세포를 구분하였다. 체세포(體細胞)와 생식세포는 전혀 다르고 전자의 변화가 후자에 영향을 주지 않는다는 실험을 하였다. 그리하여 그는 후천적 성격이란 단지 체세포에서만 얻어지는 것이므로 부모의 생식세포 안에 있는 성격만이 유전될 뿐, 따라서 후천적 성격의 유전이란 있을 수 없다고 주장하였다.

멘델의 유전법칙 오스트리아의 수도성직자 멘델Gregor Mendel(1822-1884)은 완두콩의 교배를 바탕으로 결정적인 유전법칙을 공식화하였다. 그러나 그의 연구결과는 1900년까지 알려지지 않았다.

1901년 폴란드의 식물학자 드 브레스Hugo De Vries(1848-1935)는 멘델의 유전법칙에 입각해서 유명한 돌연변이(突然變異)의 가설을 발표하였다.

드 브레스는 다윈이 주장한 것처럼 진화란 사소한 변이를 통해서는 일어나지 않으며 오히려 갑작스러운 변화, 즉 돌연변이에 의해 일어난다고 주장하였다. 돌연변이가 환경에 알맞을 때 개체는 생존경쟁에 이겨 그 결과 후손이 그 인자를 유전받게 된다는 것이었다. 드 브레스의 설은 다윈 이론의 약점을 보완하고 갑작스러운 진화가 가능하다는 생각을 뒷받침하였다.

다윈의 조카인 갈턴Sir Francis Galton(1822-1911)은 유전의 새 분야를 개척하였다. 그는 유전이 신체적인 면에서와 같이 정신적인 면에서도 가능하다고 생각하였다. 그는 지능 검사법을 고안하여 새로운 우생학(優生學) 분야를 창시하였다.

B. 과학과 기술

진화론에 다음가는 중요한 생물학의 발견은 세포설이다. 식물의 세포 구조에 관해서는 이미 17세기에 훅Robert Hooke(1635-1703)이 기술한 적이 있었다.

그러나 슈반Theodor Schwann(1810-1882)에 이르러 비로소 완전한 설명이 나오게 되었다. 그는 1835년경 주장하기를 모든 동식물은 세포로 구성되어 있을 뿐 아니라 어떠한 단순한 생물이라 해도 이 작은 구조적 단위의 분화·증식을 통해서만 성장한다고 하였다.

수년 후 몰Hugo von Mohl(1805-1872)은 모든 세포가 근본적으로는 같은 물질, 즉 원형질(原形質: protoplasm)로 구성되어 있다는 것을 발견하였다. 슈반의 연구나 몰의 발견은 세포학을 체계화하는 데 기여하였다.

면역학과 세균학 1842년 미국 의사 롱Crawford W. Long(1815-1878)이 수술에서 에테르ether를 사용한 이래 이 방법이 환자와 의사 양쪽에 다 같이 좋은 결과를 가져왔다.

1847년 헝가리 의사 제멜바이스Ignas Semmelweiss(1818-1865)는 임산부를 수술할 때 손을 소독한 결과 사망률을 5분의 4이상 감소시킬 수 있었다.

소독법이 모든 외과수술분야에 적용된 것은 1865년경 영국의사 리스터 Joseph Lister(1827-1912)에 의해서이다. 그는 상처와 수술 도구를 석탄산(石炭酸)으로 소독하여 두드러진 성과를 거두었다. 이 점에서 그는 현대 소독수술의 창시자이다.

19세기 후반의 괄목할 만한 발전은 병균설이다. 주로 파스퇴르Louis Pasteur(1822-1895)와 코흐Robert Koch(1843-1910)의 공헌에 의한 것이다.

1865년경 파스퇴르는 자연발생설을 반박하였다. 그때까지 일반적으로 박테리아나 세균은 물이나 부식하는 생물체에서 자연 발생하는 것으로 믿고 있었다. 파스퇴르는 아무리 작다고 해도 모든 살아있는 형체는 다만 생명체에 의해서만 생식된다는 이른바 생물속생설(生物續生說: biogenesis)을 주장하여 세균학의 기초를 세웠다.

그러나 파스퇴르가 화학자였으므로 의사들은 그의 말을 믿으려 하지 않았다. 이때 동프로이센 시골의사인 코흐는 소와 양의 탄저열(炭疽熱)이 피 속에 있는 작은 막대기 같은 생물 때문에 생겨난다는 것을 실험으로 증명하였다. 그는 1882-1883년 폐결핵과 콜레라 병균을 발견하였다. 1881년 파스퇴르도 탄저열의 병균을 소에게 종두(種痘)를 실시하여 마침내 자신의 이론이 옳다는 것을 입증하였다.

파스퇴르는 1885년 공수병(恐水病)의 예방법을 알아냈다. 그는 1886년 공수병이 있는 늑대에게 물린 러시아 농민을 치료했기 때문에 러시아 당국은 신설된 파스퇴르 연구소에 공수병 치료기금으로 10만 프랑을 기증하였다.

파스퇴르와 코흐의 업적은 각각 세균학과 면역학(免疫學)을 확립하는 데 공헌하였다.

화학과 생화학 화학의 근대적 기초는 영국 퀘이커파 교사였던 달턴John Dalton(1766-1844)의 원자론에 의해 확립되었다.

달턴은 모든 물질이 불가분의 작은 물질인 원자로 구성되어 있다고 주장하였다. 그는 비중이 서로 다른 원자들이 모여 물질이 형성된다고 믿었다.

비중에 따라 원자의 순서를 정하고 모든 원소를 비슷한 성질에 따라 분류하는 일은 러시아 화학자 멘델레프Dmitri Mendelyeev(1834-1907)에 의해 시작되었다.

멘델레프

멘델레프는 질량과 성질에 따라 모든 원소를 분류하는 주기표(週期表)를 만들었다. 그의 주기표에서는 미발견 원소들의 자리가 비어 있었으므로 장차 새로운 원소를 발견될 가능성이 있음을 시사하였다.

19세기 후반에는 단백질과 영양문제에 관해 상당한 연구가 진행되었다. 가장 주목할 만한 것은 비타민(Vitamins)의 발견이다. 1912년 영국 생화학자가 건강한 신체에는 함수탄소 · 지방 · 당분 · 단백질 이외에도 특정 식품에만 있는 추가적 요소가 필요하다는 것을 증명하였다. 이것이 비타민이라 명명되었다.

1915년 미국 과학자 맥컬럼Elmer V. McCollum(1879-1967)은 적어도 비타민A와 비타민B 등 두 종류의 비타민이 있다는 것을 입증하였다. 그 후의 연구를 통해 20여 종의 비타민이 더 존재한다는 사실이 밝혀졌다. 모든 비타민은 완전한 영양상태를 위해 필수적일 뿐 아니라 질병 예방에 필요하다는 사실도 알려졌다.

거의 때를 같이하여 내분비선(內分泌線)에 관한 연구도 시작되었다. 1901년 일본 과학자가 부신(副腎)에서 분비하는 아드레날린adrenalin을 분리시키는 데 성공함으로써 호르몬hormones 연구의 첫걸음이 시작되었다. 그것이 인체의 성장에 필수 불가결하다는 점이 밝혀지면서 내분비선 치료법이 급속히 발달하게 되었다.

독일 생화학자 에를리히Paul Ehrlich(1854-1915)는 인체에 해를 입히지 않고 세균만을 파괴하는 약에 관한 실험을 되풀이하였다. 그는 6백6회의 실험 끝에 1909년 '606호'를 발명하였다. 이것이 후에 살바르산 Salvarsan이라 명명된 매독 치료제이다. 이는 1905년 바서만August von Wassermann(1866-1925)이 매독균을 확인한 '바서만 검사법'이 실시된 후 실로 5년 만의 개가였다.

그 후 오스트리아의 병리학자이며 정신과의사인 바그너 폰 야우레크Julius Wagner von Jauregg(Wagner-Jauregg, 1857-1940)는 말라리아를 앓을 때 발생하는 고열이 매독과 같은 병의 진전을 막는 데 놀라운 효과를 나타낸다는 것을 알게 되었다. 그는 이 발견으로 1927년 노벨상을 수상하였다.

에를리히의 매독 치료제가 나온 이후 화학요법을 위한 연구가 더욱 진전되어 설파제와 페니실린penicillin 또는 그 밖의 항생제가 치료약으로 개발되었다.

화학분야에서 가장 놀라운 발명은 화합물이다. 프랑스나 독일에서 화합물에 대한 연구가 연이어 있었으며 1913년 질소의 대기 고정법이 완성되었다. 이 발견은 제1차 세계대전 중 독일의 화약공급에 지대한 기여를 하였다.

물리학의 발전 19세기를 통해 물리학의 발전은 두드러졌으며 특히 세기말 20여년간 그 비약적인 발전은 놀라운 것이었다.

19세기 전반 근대 물리학 발전에서 달턴, 헬름홀츠Hermann von Helmholtz(1821-1894), 켈빈William Thomson(Lord Kelvin, 1824-1907) 등의 공헌이 두드러졌다.

달턴은 1810년경 원자론을 주장하여 화학분야에서뿐 아니라 전 과학사상에 깊은 영향을 주었다. 헬름홀츠는 1847년 열역학 제1법칙(에너지 보존법칙)을 공식으로 나타냈다. 이 법칙에 따르면 우주 안의 에너지는 그 전량(全量)이 일정 불변하여 한 형태에서 다른 형태로 전환될 뿐이며 창조되거나 파괴되지 않는다는 것이다. 그 후 열역학 제2법칙(에너지 소모법칙)이 켈빈에 의해 제시되었다. 우주 안의 에너지의 전량은 일정불변하지만 가용(可用) 에너지의 양은 써버린 열로 인해 계속 감소된다는 것이었다.

1870년경부터 1914년까지 물리학은 혁명적 발전을 하여 코페르니쿠스 이래 가장 획기적 발견들이 나오게 되었다. 이 시기만큼 과학사를 통해 유례없을 만큼 많은 새 학설이 나오고 기존 학설이 전복된 적은 흔하지 않다.

먼저 빛 · 전기 · 에너지의 분야에서 낡은 학설이 도전을 받았다. 19세기 전반 가장 출중한 전기 학자는 패러데이Michael Faraday(1791-1867)이다. 그는 1831년 10년의 실험 끝에 발전기의 원리를 처음으로 생각해냈다. 이 간단한 발전기는 전동기(모터)의 발명을 비롯해서 전신 · 전화 · 전등의 사용을 가능케 하였다.

맥스웰과 전자유도 패러데이의 연구를 공식으로 나타낸 사람은 스코틀랜드 과학자 맥스웰James Clerk-Maxwell(1831-1879)이다. 그는 전자유도(電磁誘導) 원리를 설명하는 정확한 수학공식을 만드는 한편 빛이 전자파와 같은 성질의 것이라는 의견을 내놓았다.

맥스웰은 「전기와 자기에 관한 논문」(1873)에서 전기는 빛이나 방사열과 같은 파동(波動)하는 물질이라는 착상을 하였다. 그는 광학(光學)과 전기의 연구를 종합하여 빛 · 방사열 · 자외선 등이 모두 같은 전자(電磁) 현상이라고 주장하였다.

1887년 독일 물리학자 헤르츠Heinrich Hertz(1857-1894)는 빛의 속도와 성질을 가지고 공간에서 전파되는 고주파(高周波) 전파가 있다고 증명하였다. 후에 마르코니Guglielmo Marconi(1874-1937)의 무선전신의 발명을 가능케 한 이론적 기초가 바로 이 '헤르츠파(波)'(무선전파)의 발견을 계기로 마련되었다. 더욱이 이 헤르츠파의 광학적 성질을 연구하던 헤르츠는 광전기(光電氣)를 발견하여 후의 텔레비전 발달의 기초를 마련하였다.

방사선 연구 19세기말 뢴트겐과 퀴리 부부의 획기적 발견으로 전기분야의 연구에서 커다란 진전을 보았다. 1895년 뢴트겐Wilhelm Konrad von Röntgen(1845-1923)은 불투명체를 꿰뚫을 수 있는 광선을 발견하였다. 이 광선은 그 성질을 알 수 없는 것이었기 때문에 X-선이라고 명명되었다.

이를 계기로 과학자들은 자연 속에 유사한 광선이 있으리라고 추측했으며 다음해 우라늄uranium의 발견으로 확인되었다. 다시 2년 뒤 1898년 프랑스의 퀴리 부부(Pierre Curie, 1859-1906; Marja Skłodowska, 1867-1934)는 피치블렌드(瀝青우라늄鑛)에서 라듐을 추출해냈으며 이로써 방사능에 대한 인식이 높아졌다.

마르코니와 무선전기

새로운 원자론 영국 과학자 톰슨Sir Joseph John Thomson(1856-1940)은 전기가 원자의 구성요소인 부분 입자로 구성되어 있다는 결론에 도달하여 전자론의 근거를 수립하였다. 이를 계기로 원자구조에 관한 연구가 더욱 진행되어 '양자'(proton)가 발견되었다.

일찍이 1892년 로렌츠Hendrik A. Lorentz(1853-1928)는 고대 그리스인이나 달턴의 생각과는 달리 원자가 전기를 띤 작은 입자들로 되어 있다고 주장하였다.

1910년경 영국 과학자 러더포드Ernest Rutherford(1871-1937)와 덴마크의 보어Niels Bohr(1885-1962)는 각 원자가 양자를 갖고 있으며 하나의 원자가 태양계의 축소판과 같은 구조를 하고 있다고 주장하였다. 즉, 원자 속에서는 양전기를 띤 양자를 중심으로 음전기를 가진 전자(electron)들이 회전하고 있다는 것이다. 이 관념은 그 후 수정되긴 했으나 당시로서는 우주 안의 물질이 원자 에너지로 구성되어 있다는 새로운 물질관을 제시한 것이었다.

플랑크의 양자론 전통적인 물리학은 새로운 발견과 이론에 의해 여러 면에서 극복되었다. 이 점에서 주목받은 획기적인 물리학 이론은 독일 물리학자 플랑크Max Planck(1858-1947)의 양자론(quantum theory)이다.

태양의 복사열을 연구하던 플랑크는 그것이 빛(光)과 같은 성질의 것임을 확인하고 전통적인 이론으로는 설명되지 않음을 깨닫고 새로운 양자론을 제시하였다. 그의 양자론이 계기가 되어 현대 원자과학은 급속하게 발전하였으며 특히 20세기초 '상대성 이론'이 나오게 되었다.

과학적 발명 19세기에 인간의 환경조건을 개선하기 위한 수많은 발명과 기술혁신이 행해졌다. 전반기의 기술적 발전은 세기 후반에 이르러 산업발달과 함께 더욱 가속화되었다.

(왼쪽) 에디슨의 전등: 후버 대통령이 앉아있다.
(오른쪽) 벨과 전화

패러데이가 발전기를 발명한 45년 후 1876년 지멘스Ernst Werner von Siemens(1816-1892)는 발전기를 실용화하였다. 발전기에서 발생한 전기는 증기 대신 새로운 동력원이 되었으며 이제 세계는 전기시대로 들어섰다. 전기는 공장의 동력, 가정이나 가로의 조명을 가능케 하였다.

통신분야에도 혁명적 변화가 일어났다. 1844년 모스Samuel Finley Morse(1791-1872)가 전신을 발명한 지 약 30년 후인 1872년 에디슨Thomas Edison(1847-1931)은 하나의 전선으로 동시 송신을 할 수 있는 이중전신 방식을 개발하였다.

다시 4년 후 벨Alexander Graham Bell(1847-1922)은 전화를 발명하여 통신에 획기적 변화를 가져왔다. 그의 발명은 처음에는 비록 찬반의 엇갈린 반응을 얻었으나 얼마 되지 않아 1900년에는 미국에서만 80만대의 전화가 가설될 정도로 폭발적으로 확산되었다.

1895년 마르코니가 무선전신을 발명한 3년 후 영국 해협의 양편에서는 서로 통신할 수 있게 되었다. 6년 내에 무선전신방식은 미국과 유럽 대륙 간 대서양을 연결하였으며 이에 대한 군사적 가치가 인정되었다.

교통기관의 혁명 교통기관의 혁명은 1880년대 독일의 다임러Gottlieb Daimler(1834-1900)가 가솔린을 연료로 한 내연기관을 응용한 데서 시작되었다. 그는 자전거와 마차에 이 기관을 연결했는데 그것이 모터사이클과 자동차의 시작이다.

라이트 형제와 비행기

자동차를 산업화한 나라는 미국이다. 포드Henry Ford(1863-1947)는 1909년 '모델 T' 라는 자동차를 대량생산하였다. 이를 시작으로 1914년까지 미국에서 약 2백만대의 자동차가 등록되었다.

가솔린이 아닌 값싼 중유를 사용하는 또 다른 형태의 내연기관도 발명되었다. 이것이 독일의 디젤Rudolf Diesel(1858-1913)이 발명하여 1892년 특허를 얻은 디젤 엔진이다.

한편 공중 교통도 비행기의 실용화를 계기로 급속히 발달하였었다. 1903년 미국 노스 캐롤라이너 주에서 라이트 형제(Orvill and Wilbur Wright)는 내연기관을 부착한 비행기로 59초 동안 공중에 머무를 수 있었다. 1927년 항공우편 비행사인 린드버그Charles Lindbergh(1902-1974)는 대서양을 논스톱으로 횡단 비행하는 데 성공하여 유명해졌다.

취미에 관한 기술, 특히 사진술이 향상되었다. 이스트만George Eastman(1854-1932)은 1888년 필름(roll film)을 발명하고 그것을 사용하는 코다크Kodak 카메라도 발명하였다. 또 1876년 에디슨은 축음기와 영사기를 발명하였다. 이리하여 영화는 제1차 세계대전까지 일반대중의 주요 오락으로 등장하였다.

C. 사회과학

1830-1914년은 사회과학이 광범하게 발달한 시기이다. 사회과학은 자연과학의 영향을 받아 다양한 방법론을 발전시켰다. 전통적으로 인간과 사회의 연구는 역사 · 경제 · 정치 · 철학이 주를 이루었으나 이제는 새로운 사회과학이 성립하게 되었다.

사회학은 실증철학의 창시자인 콩트에서 시작되어 스펜서Herbert Spencer(1820-1903)가 이를 더욱 체계화시켰다. 인류학은 프리쳐드James Prichard(1786-1848)와 타일러Sir Edward Burnett Tylor(1832-1917)에 의해 창시되었다. 인류학은 인간의 자연적 진화, 선사문화, 원시제도, 관습 등을 대상으로 한 학문이다.

1870년경 심리학이 전통적인 철학과의 관계를 끊고 독립된 학문으로 출발하였다. 독일의 분트Wilhelm Wundt(1832-1920)가 시작한 현대 심리학은 미국의 제임스William James(1842-1910)와 홀G. Stanley Hall(1846-1924)에 의해 발전되었다.

파블로프와 심리학 심리학은 1890년대에 러시아의 파블로프Ivan Pavlov(1849-1936)의 저술에 의해 새로운 경지를 개척하게 되었다.

파블로프는 동물실험을 통해 조건반사(條件反射)의 원리를 알아냈다. 조건반사란 인위적인 자극을 받아 일어나는 본능에 따라 하는 행위 형태를 의미한다. 개에 대한 조건반사 연구는 실험으로 인간심리를 연구하는 계기가 되었다.

20세기가 되면서 많은 학파가 다양한 의견을 제시하였다. 특히 파블로프의 추종자들은 인간을 순전히 생리적 유기체로 간주하는 행태주의(行態主義: Behaviorism)를 제창하였다. 그것은 모든 인간의 행태를 일련의 신체적 반응으로 환원시켜 연구하려는 시도였다. 행태주의자들은 정신이나 의식과 같은 관념은 애매하고 무의미한 용어라 생각하고 심리학에서 추방하려 하였다. 그들에게는 근육 · 신경 · 분비선 · 내장 기관 등의 반응 이외에는 중요한 것이 아무 것도 없었다.

행태주의에 따르면 독립적인 정신적 행위는 없으며 신체적인 것뿐이다. 설사 복잡한 정서나 관념이라 해도 환경상의 어떤 자극으로 생긴 일련의 신체적인 반응에 불과하다. 이러한 기계론적인 행태주의는 심리학을 물리학이나 화학과 같은 객관적인 자연과학으로 만들고자 하는 사람들에 의해 아직도 신봉되고 있다.

사회 진화론 19세기 후반부터 20세기초에 걸친 유럽의 사상은 자연과학의 발달, 특히 다윈의 진화론으로부터 큰 영향을 받았다. 이에 속한 사상가들은 스펜서, 헉슬리Thomas Henry Huxley(1825-1895), 헤켈Ernst Heinrich Haeckel(1834-1919) 등이다.

헉슬리

근대의 가장 영향력 있는 인물 가운데 하나인 스펜서의 중요 저술은 『사회정태학』(社會靜態學: *Social Statics*, 1850)이다. 40세가 넘어 철학에 관심을 기울이기 시작한 스펜서는 76세에 『종합철학』(綜合哲學: *Synthetic Philosophy*, 3권)을 완성하였다.

그는 사회를 산 유기체로 보고 다윈의 적자생존이란 용어를 빌려 썼다. 그는 사회 속의 개인의 절대 자유를 주장하고 국가의 역할을 다만 개인의 자유를 유지시키는 기능에 한해서만 인정하였다. 스펜서는 무제한의 기업경쟁을 옹호하였다.

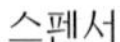

스펜서

한때 영국과 미국에서 스펜서의 인기는 다윈 다음으로 좋았다. 특히 미국은 남북전쟁 후 팽창기에 있었으므로 개인간의 자유경쟁과 약자 수탈이 자행되던 때였다. 스펜서는 자유경쟁과 적자생존의 원칙에 어긋나는 국가의 구빈(救貧) 사업을 반대하였다.

이와 같은 사회 진화론은 자유방임경제를 주장하는 쪽에서나 반대하는 쪽에서 다같이 찬성하는 바였다. 자유방임주의자는 스펜서가 말하는 거의 완전한 자유와 국가의 무간섭에 찬성하고, 반대자 특히 마르크스는 다윈이나 스펜서의 주장이 계급투쟁을 합리화한다고 생각하였다.

헉슬리와 헤켈은 스펜서 학설의 대부분을 인정하였다. 생물학자인 헉슬리는 논리와 과학적 사실에 의해 진화론을 옹호하였다. 그의 저서 『자연 속의 인간의 위치』는 다윈의 『종의 기원』만큼 강한 영향력을 행사하였다.

헉슬리가 주장한 것 중 흥미 있는 것은 불가지론(不可知論: agnosticism)이다. 그 내용이 무신론은 아니었으나 인간이 신의 본질 내지 우주의 궁극적 본질을 알 수 없다는 주장이었다.

원래 베를린의 의사인 헤켈은 동물학 교수로 유럽 대륙에서 주목할 만한 최초의 다윈주의자가 되었으나 무신론 · 유물론 · 기계론 등을 철학적 기반으로 하여 진화론을 옹호하였다. 헤켈에 따르면 본래 생물과 무생물의 구별이란 없으며 최초의 생물은 원형질과 같은 것에서 출발하여 점차 복잡한 종으로 진화되었다는 것이다.

헉슬리의 사회적 진화론

1893년 헉슬리가 옥스퍼드 대학에서 강연한 「진화와 윤리」는 사회 진화론이 무엇인가를 잘 설명하고 있다. 그 주요한 일부를 소개하면 다음과 같다.

동물로서 인간은 사실상 감각적 세계의 어려운 길을 걸어왔으며 생존투쟁에서 성공한 탓에 가장 우수한 동물이 되었다. 인간의 조직 조건에는 일정한 질서가 있기 때문에 우주에서 투쟁 경쟁 상대보다 더 잘 자기조정을 할 수 있었다. 인간의 경우 자기주장, 차지할 수 있는 모든 것을 거리낌없이 차지하는 것, 가질 수 있는 것을 악착 같이 갖는 것—생존투쟁의 핵심을 이루는 이런 것들은 보답을 받았다. 모든 야만상태에서 인간이 성공적으로 진보한 것은 인간이 대체로 원숭이와 호랑이가 가지고 있는 자질을 가지고 있기 때문이었다. 이는 인간의 비상한 신체조직, 교활함, 사회성, 호기심, 모방성, 방해물을 만났을 때 화나면 잔인 무도하게 파괴해버리는 성향 등의 자질을 말한다.

그러나 무정부상태에서 사회조직으로 옮아감에 따라, 문명이 고도로 발달함에 따라 이렇게 뿌리 깊이 박힌 유용한 인간의 자질은 결점으로 바뀌었다....사실 문명인은 원숭이나 호랑이가 가진 충동을 죄라는 이름으로 낙인 찍고 그러한 충동에서 비롯된 많은 행위를 범죄로 처벌하고 있다. 극단의 경우 인간은 이전에 도끼와 밧줄로 살았던 적자생존 원리에 종지부를 찍으려고 최선을 다하고 있다.

…문명의 역사는 우주 안에서 인위적 세계를 세우는 인간의 성공 단계를 자세히 기록하고 있다. 갈대와 같은 약한 인간은 파스칼이 말한 바와 같이 생각하는 갈대이다. 인간의 내부에는 지능의 작용에 대한 에너지 원천이 있다. 그것은 우주에 퍼져 있는 에너지와 비슷해서 우주의 변화과정에 영향을 주고 그것을 바꾸는 것도 가능하다.

…더욱이 대체로 우리를 유지하는데 반드시 필요한 우리의 생래적인 성질은 수백만 년의 혹독한 훈련을 겪은 결과이다. 몇 세기 동안에 족히 이 성질을 순전한 윤리적 목적으로 완전히 억제할 수 있다고 생각하는 것은 극히 어리석다. 인간의 윤리성은 세계가 계속되는 한 악착같은 강한 적을 청산하기 위해 기대해볼 만한 성질이다. 그러나 반면 인간의 지능과 의지가 건전한 연구 원리의 인도에 따라 공동노력을 통해 조직화된다면 과거의 역사보다 더 긴 기간 앞으로도 무한히 인간의 생존조건을 바꾸어 놓을 수 있다고 나는 생각한다. 물론 인간 자신의 성질을 바꾸는 데는 많은 노력이 필요할 것이다.

인종주의와 우월주의 사회 진화론이 파생시킨 가장 큰 논란은 아마도 인종주의와 전쟁 찬양일 것이다. 생물학 이론을 정치학에 적용하여 얻은 왜곡된 사회 진화론에 따르면 상대적으로 '우월한' 민족만이 생존하기에 적당하다는 것이다. 이렇게 일부 유럽 민족의 인종주의는 합리화되었다. 예컨대 앵글로-색슨 민족은 '백인의 짐'(white man's burden)을 강조하면서 인도, 남아프리카 혹은 아시아에서 제국주의적 사명을 실천하고 있다고 자랑하였다. 또 러시아 민족은 범슬라브주의를 제창하고 독일 민족은 범게르만주의를 내세웠다.

이러한 인종주의는 상대적으로 '열등한' 민족을 말살하려는 데까지 발전했으며 특히 전통적인 반유대주의(anti-Semitism)가 기세를 떨치도록 하였다. 1899년 영국인 체임벌린Houston Stewart Chamberlain(1855-1927)은 극단적인 반유대주의 음악가인 바그너의 사위였으며 그 자신도 저술을 통해 반유대인주의를 주장하였다.

독일에 귀화한 체임벌린에 따르면 서양문명은 유대인의 음모로 위협을 받고 있으나 세계를 지배할 운명에 놓여있는 게르만인에 의해 구제될 것이라고 하였다. 그의 저술은 예수 그리스도와 후기의 위인, 예컨대 레오나르도 다 빈치 같은 인물을 독일인으로 분류하였다. 그의 주장은 뒷날 나치에 의해 액면 그대로 받아들여졌고 또 실제로 적용되었다.

「백인의 짐」

노벨상을 받은 영국 문인 키플링은 어릴 때 6년간 북인도에서 살았다. 그는 힌두어를 말하면서 자랐고 인도인과 섞여 지냈다. 영국에서 사립학교를 다니고 1882년 인도로 돌아온 후 신문기자와 작가가 되었다. 그의 저서는 인도의 매력을 표현했으나 동시에 영국제국의 인도 지배에 대한 강한 확신을 드러냈다. 그는 「백인의 짐」(1899)이라는 시에서 미국에게 필리핀에 대한 식민지 지배를 권고하였다. 그는 식민지에 질서를 가져오는 것이 백인의 의무라고 다음과 같이 역설하였다.

백인의 짐을 지라—
당신의 가장 훌륭한 자손을 보내라—
포로들의 필요에 응해
당신의 아들을 외국 땅으로 보내라;
악마 반, 어린애 반의
몸부림치며 거칠게 대드는 사람들—
당신이 막 사로잡은 무뚝뚝한 사람들에게
중무장하고 시중하기 위해

백인의 짐을 지라—
참을성 있게 순종하며,
공포에 떠는 것을 감추고
자존심을 억누르기 위해;
자유롭고 소박하게 말하면서
곤백번이나 분명하게,
딴 사람의 이익을 위해,
딴 사람의 득이 되도록 일하자

백인의 짐을 지라—
평화를 위한 야만의 전쟁—
굶주림으로 입을 가득 채우고,
병이 사라지라고 빌기 위해;
다른 사람들이 추구하는 목적이
당신의 목표에 가까이 올 때
당신의 희망이 물거품이 되지 않도록
나태함과 어리석음을 감시하라

'우월한' 인종이 거론될 수 있다면 '우월한' 국가가 있을 수 있다. 사회 진화론은 이른바 최적(最適)의 국가가 생존하기 위한 무력 행사를 합리화하였다. 예컨대 프로이센의 국수주의자인 트라이츄케는 극단적인 반영국, 반가톨릭, 반유대주의 사상을 갖고 있었다. 그는 전쟁을 약하고 병든 국가를 치료하기 위한 하나의 방법이라고 보았다.

D. 근대적 역사학

근대적 역사학이 대두된 것은 18세기의 볼테르에서부터이다. 그는 초자연적 역사 또는 좁은 정치사나 전기적 연대기 등과 같은 무비판적인 역사서술에 반대하였다. 그 대신 여러 나라의 국민생활 · 시대정신 · 예술 · 과학 · 정치 · 풍습 등에 이르는 광범한 문화사적 서술을 시도하였다.

볼테르가 시작한 근대적 역사기술은 19세기가 되면서 민족적 전통을 탐구하는 국가사의 형태를 취하게 되었다. 그리하여 수많은 일급 역사가들이 속출하여 19세기는 이른바 '역사학의 세기' 라는 말을 들을 정도가 되었다. 미슐레 Jules Michelet(1798-1874), 밴크로프트George Bancroft(1800-1891), 칼라일Thomas Carlyle(1795-1881), 니버Barthold Georg Niebuhr(1776-1831), 트라이츄케Heinrich von Treitschke(1834-1896), 매콜리Thomas B. Macualay(1800-1859), 드로이젠Johann Gustav Droysen(1808-1884), 버클Thomas Buckle(1821-1862), 몸젠Theodor Mommsen(1817-1903), 쿨랑주N. D. Fustel de Coulanges(1830-1889) 등 대가들이 속출하였다.

사료편찬 이미 17 · 18세기에 프랑스와 이탈리아에서 사료 편찬작업이 시작되었다. 프랑스 베네딕토파 성 모르St Maur 수도원의 마비용Jean Mabillon(1632-1707)은 훌륭한 사료 편찬자였다. 그가 비판적으로 집대성한 프랑스사 관계 사료는 근대 문헌고증의 선구적 업적이었다.

그 후 이탈리아의 고증학자이며 역사가인 무라토리Lodovico Muratori (1672-1751)는 마비용의 예를 따라 이탈리아 사료를 수집 편찬하여 이탈리아사 서술의 기반을 다져 놓았다.

이러한 사료편찬 사업의 중심은 19세기에 프로이센으로 옮겨졌다. 1820년대부터 유명한 『독일 사료 집대성』(*Monumenta Germaniae Historica*)의 사업이 진행되어 역사 연구를 더욱 촉진시킬 수 있는 튼튼한 기반이 마련되었다.

사료의 중요성이 인식되면서 유럽 주요국가, 특히 프랑스나 영국의 정부문서 보존소의 소장문서는 역사가들의 관심 대상이 되었다.[3] 1834년 당시 교육부장관인 기조는 프랑스 정부의 막대한 예산으로 사료연구를 지원하였다. 5년 후 유명한 샤르트 학파École des Chartes가 성립하였다.

이리하여 역사가들은 점차 정부문서에 접근할 기회를 얻게 되었다. 1850년 바티칸 교황청도 문서보존소의 대부분을 개방하였다. 정부문서의 개방은 특히 정치 · 외교사 전문가들에게 큰 도움이 되었다.

각국사 연구 프랑스사가 미슐레는 19권에 달하는 『프랑스 사』를 저술하였다. 이 방대한 저서는 자유주의와 민족주의 사상을 반영했으며 보통사람의 역사적 역할을 강조하였다. 거의 같은 시기에 미국 역사가 밴크로프트는 이러한 시대적 경향에 맞추어 애국적 입장에서 미국사를 서술하였다.

19세기를 통해 영국에서도 탁월한 역사가가 많이 배출되었다. 정치가인 매콜리는 중산층의 자유주의를 반영한 『영국사』를 저술하였다. 그것은 문학적인 역사 서술의 모범을 보인 것으로 오늘날까지 읽히고 있다.

칼라일과 아놀드 일반적으로 19세기 역사가들은 인류사회에 관해 낙관적인 견해를 갖고 있었다. 그러나 일부 비판적인 역사가, 예컨대 칼라일은 이러한 시대적 추세에 반대하였다. 그는 자유방임 경제, 특히 공리주의 철학을 '돼지 철학' (Pig Philosophy)이라고 매도하였다.

칼라일은 아놀드Matthew Arnold(1822-1888)와 함께 빅토리아 여왕 시대의 사회비평가였다. 스코틀랜드 출신의 에세이 작가이며 역사가인 칼라일은 당시 중산층에 의해 지배된 산업사회의 폐단을 공격하였다. 또한 역사에서의 위인(偉人)의 역할을 강조한 영웅사관을 제시하였다.

19세기 로만주의 시대의 역사가들은 장점과 결함을 함께 노출시켰다. 그들은 한편으로는 민족의 전통과 특성을 파헤치려는 과거 지향성으로 사료집성과 고증(考證)작업을 촉진시켰으나 다른 한편으로는 흔히 공평성과 학자적 태도를 저버리고 민족의 과거를 예찬하는 데 몰두하는 편파적 서술 경향을 보였다.

랑케와 근대사학의 성립 19세기 후반에 이르러 역사학은 당시 자연과학의 비약적인 발전의 영향을 받아 객관적인 과학적 역사서술을 시도하게 되었다. 이러한 시도를 한 사학자 중 가장 주목할 만한 역사가는 랑케Leopold von

3) Fritz Stern, ed., *The Varieties of History from Voltaire to the Present*, 2nd ed.(1970), 19.

Ranke(1795-1886)이다. 당시까지 역사서술의 경향은 흔히 역사가들이 과거에 대해 도덕적 심판을 내리고 미래를 예측하는 것이었다.

랑케는 역사서술의 목적이 '단순히 일어난 그대로' 정확하게 설명하는 데 있다고 선언하였다. 그의 연구절차는 우선, 모든 가능한 증거를 철저하게 탐구하고 다음에 이 증거의 신빙성을 주의 깊게 검토했으며 마지막으로 그 증거로부터 논리적으로 끌어낼 수 있는 것에 한정시켜 결론을 내리는 것이었다.

역사적 사실을 있었던 그대로 순수하게 표출하고자 하는 객관적인 태도는 랑케 사학의 핵심이었다. 그는 사실에 대한 순수한 사랑을 역사가가 갖추어야 할 기본 자질이라고 강조하였다. 그는 이른바 "사실로 하여금 스스로 이야기하게 하도록" 역사가의 '자기소거(自己消去)'를 강조하였다.

랑케가 목표로 한 '순수과거(純粹過去)에의 몰입(沒入)' 문제는 그 후 역사학 연구에 방향을 제시해 놓았다. 즉, 랑케 이후 역사학의 주류는 주관성 · 다양성 · 상대성의 세 방향에 따라 전개되었다. 역사연구와 서술에서 역사가는 가장 완벽한 중립을 지킬 수 있는가, 역사가는 수많은 사실들 가운데서 불가피하게 특정한 사실만을 선택할 수밖에 없지 않은가, 그리고 역사서술은 복수적(複數的)인 관점을 인정하는 상대적인 것이 아닌가 등의 문제를 둘러싸고 현대 역사학은 발전하였다.

가능한 한 완전무결한 객관성에 접근하려고 하는 랑케의 비판적 방법은 그 후의 역사서술에 근본적인 영향을 행사하였다. 그의 사관은 많은 수정과 비판을 받았으나 그 기본은 역사 연구와 서술의 기초로서 오늘날까지 존중되고 있다.

4. 리얼리즘 문학

1830년대부터 20세기초까지 유럽의 지배적인 문학사조는 '리얼리즘' Realism이다. 고전주의는 이제 완전히 후퇴하고 로만주의도 19세기 후반에 이르러 그 기세가 두드러지게 꺾였다. 1870년경 작가들은 한편으로는 자연과학의 발전과 철학적 합리주의 경향에 호응하면서 다른 한편으로는 짙은 감상(感傷) 속에 빠진 로만주의에 반발하였다.

리얼리즘의 첫번째 특징은 로만주의의 지나친 감상에 반대했다는 점에 있다. 로만주의자는 자연의 신성함과 인간의 자연적 선을 믿었다. 그들은 현실을 도피하여 과거 속에서, 이국적 배경 속에서, 스스로의 상상 속에서 아름다움과 색깔, 위안과 흥분을 찾았던 것이다. 이에 반해 리얼리즘 작가는 실제로 본 것을 충실하게 묘사하며 사실을 미화하지 않고 인간의 경험을 정직하게 표현하려고 하였다.

다음으로 리얼리즘은 심리문제 또는 사회문제에 깊은 관심을 보였다. 작가들은 인간 행위의 상충하는 경향을 상세히 분석하였다. 환경의 좌절을 극복하기 위한 개인의 투쟁을 충실하게 묘사하였다. 문학작품은 이와 같은 깊은 사회의식을 지니게 됨으로써 일종의 고발 문학의 성격을 띠게 되었다.

마지막으로 리얼리즘 작가는 대부분 당시 유행하는 과학이론이나 철학이론의 영향을 받았다. 일부 작가는 인간이 환경과 유전의 희생물이라는 결정론의 입장을 취하는가 하면, 다른 일부는 인간 본성이 대체로 짐승과 같은 동물적 성질을 가지고 있다는 진화론에 동조하였다. 또다른 작가들은 사회개혁의 정열을 가지고 산업혁명이 초래한 사회악과 불평등을 규탄하는 작품을 썼다.

리얼리즘 문학의 새로운 징조는 프랑스에서 먼저 나타났다. 특히 발자크 Honoré de Balzac(1799-1850), 플로베르Gustave Flaubert(1821-1880), 졸라Émile Zola(1840-1902), 아나톨 프랑스Anatole France(Jacques Anatole François Thibault, 1844-1924), 모파상Guy de Maupassant (1850-1893) 등은 새로운 문학사조를 대변했으며 전세계적으로 광범한 영향력을 행사하였다.

A. 프랑스 자연주의

발자크는 『인간희극』(*Comédie Humaine*)에서 19세기 전반 프랑스의 도시와 시골생활을 그렸다. 거기서 그는 주로 남녀 부르주아 계급의 무식·탐욕·야비함을 적나라하게 폭로하였다. 그의 소설은 인간행위의 숨은 동기를 노출시키고 상류사회의 매끈한 외관 밑에 숨겨진 부패를 폭로하였다.

『으제니 그랑데』(*Eugénie Grandet*, 1833)에서는 주인공 으제니가 폭군 같은 아버지 때문에 희생당하는 것을 묘사하였다. 발자크 소설의 주제는 비록 일상적인 주변에서 주의 깊게 끄집어내 묘사된 것이라 하지만 그의 작품은 여전히 로만주의적 줄거리와 수사법에 의존하고 있었다.

리얼리즘의 전통을 가장 철저하게 대변한 최초의 작가는 플로베르이다. 그의 걸작 『보바리 부인』(*Madame Bovary*, 1856)은 인간 타락에 관한 냉철한 분석이다. 시골생활에 지루함을 느낀 보바리 부인이 들뜬 기분으로 간통하고 마침내 환멸을 느끼게 되는 과정을 묘사한 이 작품은 감상적인 꿈과 냉혹한 현실과의 괴리를 적시함으로써 로만주의적 생활철학의 부적당함을 비판한 작품이다.

비록 외설적이라는 비난을 받고 작가가 부도덕한 작품을 발표했다는 공격을 받긴 했으나 뒷날의 문학평론가는 플로베르의 이 작품을 근대문학상 가장 위대한 소설 중 하나로 손꼽고 있다.

졸라 리얼리즘은 졸라에 의해 자연주의(naturalism)라는 극단적인 형태로 발전되었다. 자연주의는 주제에 대해 과학적 객관성을 적용하고 소설 속의 주인공을 마치 실험실의 동물처럼 다루려는 것이었다. 인간의 동작 하나하나가 환경이나 유전에 의해 숙명적으로 결정되어 있다는 것이다. 자연주의 작가들은 당시의 과학 발전에서 깊은 영향을 받았다.

젊었을 때 가난에 쫓긴 생활을 한 졸라는 보통사람에 대한 깊은 동정과 사회정의에 대한 정열을 지니게 되었다. 그의 주제는 흔히 알코올 중독, 악성(惡性) 유전, 빈곤, 질병 등과 같은 사회 문제에 관한 것이었다.

그는 제3공화정에 대한 열렬한 옹호자였다. 그는 「나는 규탄한다」(*J'accuse*)라는 공개 서한을 통해 드레퓌스 사건의 허위를 밝히는 데 적극적 역할을 하였다. 그는 사회정의가 재판을 통해 실현되기를 바랬다.

『나나』(*Nana*, 1880), 『제르미날』(*Germinal*, 1885) 등의 작품에서 하층계급의 비참한 생활과 숙명적 인생을 묘사한 졸라는 『실험소설론』(*Le roman expérimental*, 1880)을 써서 자연주의 문학이론을 수립하였다. 졸라의 소설은 발자크의 소설처럼 19세기 프랑스의 생활을 상세히 묘사하였다.

이 밖에 졸라는 제2제정 때의 중산층 가정에 관한 사회학적 역사를 상세하게 묘사한 『루공-마카르 총서』(*Les Rougon-Macquart*, 1871-1893) 20권과 그 밖에 『세 도시 총서』(*Les troisvilles*, 1894-1898) 3권을 출판하였다.

모파상과 프랑스 졸라와 함께 자연주의 작가로 주목되는 인물은 모파상이다. 플로베르의 조카인 그는 3백 편 이상의 단편과 6편의 장편을 통해 인류의 미덕과 악덕을 다 함께 냉철하게 묘사하였다.

모파상은 인류에 대해 담담하고 냉소적인 태도를 지니면서 소설의 주인공을 풍자적인 기지(機智)로써 묘사하였다. 그는 칭찬이나 비난을 하지 않고 줄거리를 전개하면서 독자들로 하여금 결론을 내리도록 하는 수법을 썼다.

아나톨 프랑스

아나톨 프랑스는 프랑스 리얼리즘의 가장 대표적인 작가 중 한 사람이다. 본명이 자크 티보Jaccques Anatole Thibault인 아나톨 프랑스는 24세에 문단에 데뷔한 이래 결점 없는 문장을 구사한 가장 지적인 문인이었다. 철학자이기도 한 그는 숙명론을 체념적으로 받아들이면서 인간 드라마의 희비(喜悲)를 성찰하고 인간의 과오를 관용하려 했던 것이다.

드레퓌스 사건에서 졸라와 함께 나선 아나톨 프랑스는 결코 사회 부정의

(不正義)를 그냥 지나치려고 하지 않았다. 그는 만년에 현대 사회의 불의를 확신하고 스스로 사회주의자라고 표방하였다.

아나톨 프랑스는 소설 이외에도 에세이 · 단편 · 풍자작품을 많이 썼다. 그러나 가장 유명한 것은 『펭귄 섬』이다. 프랑스 사회의 종교적 · 예술적 · 도덕적 · 정치적 약점을 들추어낸 이 책의 결론은 한 사회가 불평등으로 망하고 소란스런 혁명이 일어나서 문명을 재건하는 과제에 직면한다는 사회상을 부각시키려는 것이었다.

B. 빅토리아 시대의 영국문학

빅토리아Victoria(Alexandrina Victoria, 1819-1901) 여왕은 1837년 즉위하여 1901년까지 재위하였다. 이 기간에 영국은 경제대국이 되었다. 부르주아 계급이 집권했으며 생활수준은 급속히 향상되고 과학기술이 획기적으로 발전하였다.

빅토리아 시대는 로만주의로 시작하여 리얼리즘으로 끝났다. 이 시대는 조지 4세나 윌리엄 4세의 시대와 비교해 도덕 윤리가 바로잡힌 시대였다. 이 시대를 풍미한 이른바 '빅토리아적 태도'는 고고한 도덕감, 유머의 결핍, 체면차리려는 고답적 태도 등을 의미하였다.

테니슨과 브라우닝 빅토리아 정신을 잘 요약한 시인은 테니슨Alfred, Lord Tennyson(1809-1892)이다. 그는 영국인의 생각과 사상을 공감적으로 이해했다는 점에서 계관(桂冠)시인으로서의 인기를 누릴 수 있었다. 그는 영국인의 감상, 형식의 존중, 깊은 진지함, 자의식 등을 잘 이해하였다. 그러나 오늘날에는 그의 시가 인위적 아름다움과 피상적인 사상을 나타낸다고 보는 비판이 없지 않다.

테니슨보다 더 심오한 사상가는 동시대 시인인 브라우닝Robert Browning(1812-1889)이다. 그는 테니슨만큼 시작법(詩作法)에 능한 사람이 아니었으나 인간 감정의 깊은 곳까지 파헤치는 날카로운 통찰력을 갖고 있었다.

키플링 인도에서 태어난 키플링Rudyard Kipling(1865-1936)은 시인이며 소설가로 노벨상을 수상한 작가이다. 그는 누구보다도 영국의 제국주의를 강력하게 주장하였다. 문명국인 영국에게 후진국을 개화시키는 사명이 있다고 노래한 시인이었다. 그는 전투적이며 피상적이었으나 그의 시는 큰 인기를 누렸다.

디킨즈와 새커리 빅토리아 시대의 주요 소설가는 디킨즈Charles Dickens (1812-1870)와 새커리William Makepeace Thackeray(1811-1863)이다.

빅토리아 시대에 가장 널리 읽힌 디킨즈의 대표적 작품에는 『올리버 트위스트』(*Oliver Twist*, 1837-1839), 『두 도시 이야기』(*A Tale of Two Cities*, 1859) 등이 있다. 디킨즈의 전 작품을 통해 사회비판 및 항거의 기풍이 흐르고 있다.

디킨즈

디킨즈는 중산층의 일상생활과 특히 산업팽창이 낳은 사회악과 사회불의에 항거하는 개인이나 가난한 사람들의 투쟁을 생생하게 묘사하였다. 디킨즈는 근본적인 낙관주의와 진보에 대한 신념을 가지면서도 현존의 산업제도에서 유래하는 빈민굴과 가난한 자의 비참한 생활을 생동감 있게 그렸다. 거기에는 로만주의적 요소와 리얼리즘적 요소가 혼합되어 있었다. 그의 작품세계로 인해 디킨즈는 영국 문학의 위대한 민주주의자로 알려지게 되었다.

새커리는 영국의 상층계급을 탁월한 기지와 세련으로 풍자하였다. 벼락부자가 생기고 체면을 차리는 유동적인 부르주아 사회상을 비판한 그의 대표작은 『허영의 시장』(*Vanity Fair*, 1848)였다.

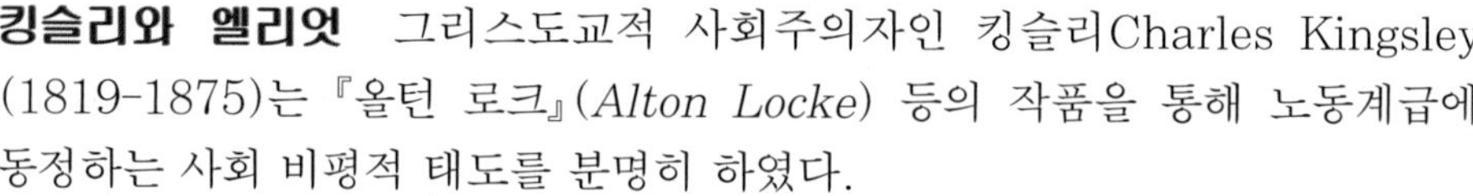

킹슬리와 엘리엇 그리스도교적 사회주의자인 킹슬리Charles Kingsley (1819-1875)는 『올턴 로크』(*Alton Locke*) 등의 작품을 통해 노동계급에 동정하는 사회 비평적 태도를 분명히 하였다.

재능이 출중한 여류작가인 조지 엘리엇George Eliot(본명 Mary Anne Evans: 1819-1880)은 인간감정 및 고통이 인간성에 미치는 효과 등을 꿰뚫는 관찰력을 발휘하였다. 그는 지방을 배경으로 한 소설을 썼으며 빅토리아 시대를 대표하는 작가 중 하나였다.

영국 리얼리즘 19세기말에 이르러 작가들은 점차 리얼리즘적 경향을 뚜렷이 나타냈다. 그 가운데서 가장 비관주의적인 소설가는 하디Thomas Hardy (1840-1928)이다. 아름다운 남영국의 시골에서 산 그는 긴 생애동안 일관성 있게 부정적인 인생관을 지녔다.

하디

하디의 소설은 많은 시골사람들과 전원생활에 대한 깊은 통찰력을 보이고 있으나 결국 인간이란 운명과 환경에 좌우되고 있음을 표현한 것이다.

비평가와 에세이 작가 빅토리아 시대에는 탁월한 사회비평가, 예술비평가 및 에세이 작가들이 나왔다. 예를 들면 아놀드 · 칼라일 · 러스킨John Ruskin(1819-1900) 등은 산업혁명으로 일어난 사회적 갈등과 불의에 대해 신랄하고 진지하게 비판을 가한 비평가들이었다.

아놀드는 당시의 귀족사회, 중산층 사회 및 하층민이 다같이 반(反)문명적임을 개탄하고, 빅토리아 시대 중반의 문화에 인간적 가치가 결핍되어 있다고 비판하였다. 아놀드는 고전 고대 문명이 보여준 인간 중심적 제가치가 부활되어야 하며 문화는 사회의 모든 계층이 접근할 수 있는 것이 되어야 한다고 강조하였다.

칼라일은 빅토리아 시대 중반 산업화의 악과 물질주의 사상의 해독을 말하고 인류는 영웅의 용감한 행위로 구제될 수 있다고 믿었다.

러스킨은 새로 일어난 공장도시와 건물들이 아름다움을 손상시킨다고 주장하였다. 그의 비판적인 항의는 '미학적 반항'(Esthetic Revolt)이라고 부를 수 있을 것이다. 그는 사회개혁과 광범한 교육의 실시를 주장하였다.

C. 튜턴 리얼리즘

독일 리얼리즘은 하우프트만Gerhart Hauptmann(1862-1946)의 드라마와 토마스 만Thomas Mann(1875-1955)의 소설에서 표현되었다.

하우프트만의 사회극은 노동계급이 빈곤과 싸우는 과정이라든지 고용자에 의해 혹사당하는 모습을 주제로 한 것이었다. 그는 또한 풍자극이나 심리적 갈등을 나타내는 상징적 희곡을 썼다.

토마스 만은 처녀작에서 강한 리얼리즘 경향을 보였는데 그 점은 후기 작품의 경우와 대조적이었다.

입센 튜턴계의 가장 탁월한 리얼리즘 작가는 노르웨이 출신 극작가인 입센Henrik Ibsen(1828-1906)이다.

입센

젊었을 때 겪은 가난과 고생은 입센의 생애에 깊은 자취를 남겼다. 22세가 되기까지 그에게 교육이란 오직 독학과 독서뿐이었다. 그의 희곡은 강력한 사회적 선언서라 할 수 있는 것으로 19세기말에 나온 '문제극'(problem plays)의 시초였다.

입센의 극은 하나의 주제, 특히 가정 문제를 추구하는 것이었다. 이것은 널리 알려진 「인형의 집」(1879)에서 잘 예증되었다. 가정에 충실한 아내가 끝내 남편의 예속을 벗어난다는 줄거리의 이 극은 당시의 중산층에 커다란 충격을 주었다. 왜냐하면 그의 극이 여권(女權)을 옹호했다는 점에서라기보다 사랑 없는 결혼의 부도덕성을 공격했기 때문이다.

19세기 북유럽의 주목할 만한 작가로는 덴마크의 안데르센Hans Christian Anderson(1805-1875), 스웨덴의 스트린베리Johan August Strindberg(1849-1912) 등이 있지만 그들은 리얼리즘의 주류와는 동떨어진 존재였다.

버나드 쇼 입센의 제자이며 부르주아 사회를 공격한 극작가는 아일랜드 출

버나드 쇼

신의 버나드 쇼George Bernard Shaw(1856-1950)이다. 쇼는 일찍이 사회주의자로 전향하여 페이비언 협회(Fabian Society)의 지도자로 활약하였다.

버나드 쇼는 이미 젊었을 때 리얼리즘 희곡을 써서 명성을 얻었다. 그는 매춘에서부터 군국주의, 구세군에서부터 창조적 진화 등 다양하게 사회문제를 다루었다.

버나드 쇼는 제2차 세계대전 후 핵실험 반대운동에 나선 것으로 유명해졌다. 그는 비록 20세기 중반까지 살았으나 그의 지적 영향력은 주로 제1차 세계대전 전에 이루어진 것이었다. 섬세한 풍자로써 부르주아 사회를 공격한 그의 극은 사회 · 종교 · 도덕문제를 다루어 현대 사회의 반성을 촉구하였다.

D. 미국과 러시아의 문학

미국 리얼리즘 문학은 19세기 중반 멜빌 Hermann Melville(1819-1891)의 소설에서 그 징조가 뚜렷하게 나타났다. 그의 걸작 『모비 딕』(*Moby Dick*)은 자연의 힘과 공포를 알리고 인간과 우주의 신비성을 표현하였다.

그 후 트웨인Mark Twain(1835-1910)은 『허클베리 핀』(*Huckleberry Fin*), 『톰 소여의 모험』(*The Adventure of Tom Sawyer*) 등을 통해 유머로써 사회의 위선을 벗기는 리얼리즘 기법을 보였다. 드라이저Theodore Dreiser(1871-1945)는 19세기말에서 20세기의 전환기를 전후하여 가장 전형적인 리얼리즘 소설을 썼다.

『여인의 초상』(*The Portrait of A Lady*, 1881)을 쓴 헨리 제임스Henry James(1843-1916)는 철학자 윌리엄 제임스의 동생으로 새로운 심리학의 영향을 깊이 받은 작가였다. 그의 소설은 인간 동기에 관한 상세한 분석을 함으로써 그의 말과 같이 '정신의 분위기'를 파악한 흔적을 보였다.

러시아 문학 19세기초 러시아 작가 푸슈킨Alexander Pushkin(1799-1837)은 러시아의 바이런이라 일컬어지는 로만주의 시인이다. 그는 러시아 풍경의 아름다움을 서정시로 묘사하고 또 민속담에서 시의 원천을 찾아내려 하였다. 일상생활을 주제로 시를 지은 푸슈킨은 대중의 사랑을 받았다.

푸슈킨은 사실상 러시아 최초의 소설을 썼으며 그의 희곡 작품 「보리스 고두노프」(*Boris Godunov*)는 무소르그스키에 의해 오페라로 작곡되었다.

푸슈킨보다 약간 더 젊은 고골리Nikolay Gogoli(1809-1852)는 러시아의 전원생활을 풍자한 『죽음의 신』이란 소설을 썼다. 그는 걸작 희곡인 「검찰관」을 통해 러시아 정부와 부패관리를 풍자 · 비판하였다.

투르게네프

토스토에프스키

톨스토이

투르게네프 위대한 러시아 문학은 19세기 중반 이후 투르게녜프Ivan Turgeniev(1818-1883), 도스토예프스키Feodor Dostoevski(1821-1881), 톨스토이Leo Tolstoi(1828-1910)에 의해 창조되었다. 이들의 작품경향은 리얼리즘이라 분명히 지칭할 수는 없다. 오히려 로만주의 · 리얼리즘 · 이상주의가 두루 섞여 있다고 보아야 옳을 것이다.

파리에서 대부분의 생애를 보낸 투르게녜프는 서양사회에 처음으로 알려진 최초의 러시아 소설가였다. 그의 대표작인 『아버지와 아들』은 강한 사회이념을 가진 젊은 세대와 현상유지를 원하는 낡은 세대의 갈등을 묘사한 것이다. 주인공은 이른바 '허무주의자'(nihilist)로 사회의 모든 질서가 전혀 보잘것 없는 것이라고 주장한다.

도스토예프스키 도스토예프스키는 심리소설의 대가였다. 28세에 혁명운동의 죄목으로 시베리아 탄광에서 6년간 중노동 생활을 체험하였다. 후에 그는 빈곤이나 가정불화 그리고 간질병 등으로 고생하였다.

그는 비참한 하층민의 생활을 리얼리즘 기법으로 묘사하는 동시에 인간 영혼이 고통으로 정화된다는 깊은 신비주의적 신념을 표현하였다. 『카라마조프 형제』(1880)와 『죄와 벌』(1866)과 같은 소설은 도스토예프스키에게 세계적인 명성을 얻게 하였다.

톨스토이 러시아의 가장 위대한 소설가가 누구인가의 문제는 도스토예프스키와 톨스토이의 두 사람 사이에서 판가름될 것이다.

톨스토이는 『전쟁과 평화』(1862-1869)라는 장편소설에서 1812년 나폴레옹의 모스크바 원정과 함께 러시아 사회를 묘사하였다. 그는 도스토예프스키에 비해 덜 운명론적이긴 하지만 역시 강력한 운명 앞에 인간이 약할 수 밖에 없다는 것을 전하고자 하였다.

공공연히 관습에 도전하는 두 연인의 비극을 그린 『안나 카레니나』(1875-1877)에서 톨스토이는 인간애의 신비스러움을 설득하고 있다. 공산적(共産的) 무정부주의자이며 소박한 생활을 예찬한 톨스토이는 그 밖의 작품, 예컨대 『크로이체르 소나타』나 『부활』에서는 더욱 사회복음적 설교를 하여 문명을 비난하고 단순 소박한 육체노동 생활을 높이 평가하고 있다.

리얼리즘 문학의 한계 리얼리즘은 지나친 감상에 대한 반발에서 출발했으나 결국 사회를 비판하며 비리를 고발하는 건전한 운동으로 성장하였다. 리얼리즘 작가들은 있는 그대로의 현실을 묘사하며 기계론적인 환경과 운명을 객관적으로 받아들이려고 하였다. 그러나 리얼리즘에도 한계가 있었다. 리얼리즘은 본질적으로 미추(美醜)에 대한 미학적 기준을 설정하지 않았을 뿐 아니라 표현방법의 세련도에 깊은 관심을 기울이지 않았다.

오스카 와일드

19세기 작가 가운데는 리얼리즘과 달리 자기 나름대로의 기준에 따라 작품을 쓴 작가들이 더러 있었다. 오스카 와일드Oscar Wilde(1854-1900)는 예술을 위한 예술을 내세워 도덕적 · 사회적 기준을 도외시한 순수한 아름다움을 추구하였다. 이와 같은 탐미주의(耽美主義) 경향과 달리 일부 문인들은 프로이트 등이 말하는 존재의 주관적 측면에서 새로운 돌파구를 찾으려고 하였다.

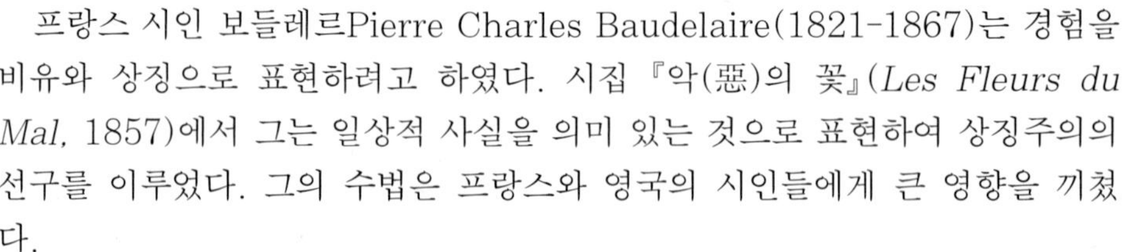
프랑스 시인 보들레르Pierre Charles Baudelaire(1821-1867)는 경험을 비유와 상징으로 표현하려고 하였다. 시집 『악(惡)의 꽃』(*Les Fleurs du Mal*, 1857)에서 그는 일상적 사실을 의미 있는 것으로 표현하여 상징주의의 선구를 이루었다. 그의 수법은 프랑스와 영국의 시인들에게 큰 영향을 끼쳤다.

보들레르와 같은 계열에 속하는 제3공화정 시대의 가장 탁월한 시인은 베를렌Paul Verlaine(1844-1896)이다. 그는 아름다운 음악적 시를 통해 우수와 발랄함을 표현하여 독자들을 매료시켰다.

5. 현대미술의 성립

리얼리즘은 19세기 후반의 미술계도 지배하였다. 즉, 과학 · 산업 · 기계의 특성을 반영한 리얼리즘 미술이 그 주류를 이루게 되었다. 그것은 본 대로 세계를 묘사하는 미술이었다. 아름다운 것은 아름답게, 추한 것은 추하게 있는 그대로, 대상의 세부를 충실하게 표현하는 것이 공통 특징이 되었다.

그러나 19세기말이 가까워지면서 극단적인 세부묘사에 반발하여 그 대신 주관적인 표현방식이 나오게 되었다. 이 경향을 대표하는 인상주의 운동은 1870년대에 시작되어 유럽 미술계를 지배하였다.

1890년대에는 주관성을 더욱 더 극단적으로 표현하는 후기 인상주의가 나왔다. 후기 인상주의는 현대미술의 기초라 할 수 있다. 왜냐하면 후기 인상주의의 이론과 실천방법은 그 후 20세기의 수많은 미술 유파(流派)를 가능케 하는 기본적인 틀을 제시해 놓았기 때문이다.

A. 리얼리즘과 인상주의

리얼리즘의 대두가 고전주의나 로만주의의 종말을 의미하지는 않았다. 진실을 표현하려는 리얼리즘은 이미 로만주의 미술에 잠재해 있던 수법이었다. 예를 들면 전(前) 라파엘로파에서 나타난 소박한 자연주의가 그것이다.

전 라파엘로파는 라파엘로에 이르기까지의 중세적 단순성을 부활하려고 했으며 중심인물은 이탈리아계 영국 시인 로세티Dante Gabriel Rossetti (1828-1882)이다. 그들의 주장에 따르면 아름다움은 생활과 직접적인 관련성을 가져야 하는 동시에 지적(知的)인 의미를 가져야 한다는 것이었다.

밀레 이 파의 가장 특이한 화가는 밀레Jean François Millet(1814-1875)이다. 밀레는 일반적으로 바르비종파에 속한 로만주의적 풍경화가로 분류될 수 있다. 그의 주요 관심은 가난이나 자연과 싸우는 비천한 일군들을 묘사하는 데 있었다.

프랑스 리얼리즘 쿠르베Gustav Courbet(1819-1877)와 도미에Honoré Daumier (1808-1870)는 19세기 리얼리즘 회화를 가장 잘 대변하는 미술가이다. 두 화가는 다같이 현실을 본 대로 적나라하게 때로는 풍자적인 기법으로 표현하였다.

그들은 회화가 갖는 사회적 의미를 인식하고 있었다. 도시

밀레「이삭줍는 사람들」

쿠르베 「오르낭의 장례식」

노동자와 하층민의 빈곤과 참상을 묘사하여 고전주의나 로만주의를 반대하였다. 쿠르베는 나폴레옹 3세가 주는 훈장 '레지옹 도뇌르'를 거부하여 일반대중의 큰 인기를 얻었다.

쿠르베는 그림에서 상상을 배제하려는 의욕이 강한 나머지 모든 상상적인 주제를 배제하였다. 그는 "나에게 천사를 보여 달라, 그러면 날개 달린 천사의 모습을 그리겠다"고 말했다고 한다.

'리얼리즘이 본질적으로 민주적 예술'이라는 쿠르베의 견해에 찬성한 풍자화가는 도미에였다. 그는 센 강가의 세탁하는 여인들의 모습에서부터 법정풍경에 이르기까지 다양한 주제를 다룬 확고한 사회비평가였다. 그는 관리의 부패와 부자의 위선 등을 풍자하였다.

쿠르베와 도미에는 문학에서 디킨즈와 졸라가 한 것처럼 탄압과 착취의 희생자를 열렬히 옹호하는 사회 고발적 그림을 그렸다.

인상주의 가장 새로운 의미의 미술운동은 인상주의(Impressionism)였다. 넓게 보아 인상주의는 리얼리즘에 속한 미술운동이다. 문학에서 졸라가 그러했던 것처럼 미술가는 자연상태에 있는 사물을 관찰함으로써 과학적 정확성을 기하려고 하였다. 인상주의를 따르는 화가를 인상파라 한다. 인상파 화가는 느낀대로 대상을 그리려고 했을 뿐 아니라 자연을 과학적으로 해석하려고 하였다.

인상주의 기법은 리얼리즘의 경우와 근본적으로 달랐다. 인상파 화가는 대상을 주의 깊은 분석과 연구를 통해 있는 그대로 묘사하는 것이 아니라 색채·광선·대기(大氣)의 미묘한 변화를 주의 깊게 관찰하면서 대상의 전체적 인상에 따라 그림을 그렸다. 결과적으로 인상파의 그림은 형체가 애매 모호하

도미에 「법정」

며 색과 빛이 밝고 화려한 것을 특징으로 삼게 되었다.

인상파 운동은 회화 기법상의 혁명을 초래하였다. 그것은 모든 대상이 화가의 주관적 해석과 표현에 따라 예술성 여부가 결정된다는 현대회화의 출발점을 이루었다. 현대의 다른 회화운동과 마찬가지로 인상파 운동도 프랑스에서 시작되었다.

마네와 모네 벨라스케스의 깊은 영향을 받은 마네Édouard Manet(1832-1883)는 1870년경 회화에서 인상주의 운동을 창시하고 그 운동을 주도하였다.

풍경화가 모네Clause Monet(1840-1926)는 가장 위대한 인상주의 화가 중 한 사람이며 주로 색과 빛으로 자연풍경을 그렸다. 그는 같은 그림을 수십 장의 캔버스 위에 그려, 시시각각으로 변하는 음영(陰影)을 묘사하였다.

모네는 전통적인 회화와는 달리 형체나 모양을 뚜렷하게 그리지 않았다. 그는 단지 깎아놓은 듯한 절벽이나 나무와 수풀 그리고 산과 언덕의 윤곽을 어렴풋이 암시하는 기법을 썼다.

드가Edgar Degas(1834-1917)는 인체에 비치는 빛과 음영의 교호작용을 묘사하여 운동 모습을 표현하였다. 무희들의 그림은 인상파의 수법과 선묘(線描)를 결합시킨 듯한 것이었다.

또다른 인상파의 대가인 르느와르Pierre Auguste Renoir(1841-1919)는 풍경 · 인물 · 오페라 등 여러 주제를 다루었다. 그의 나체화는 티치아노나 루벤스를 연상시키는 화려한 색채로 그려졌다.

마네「풀밭 위의 식사」

마네「베르제르에 있는 바」

모네「아르장티유의 빨간 보트」

드가 「무희들」

르느와르 「피아노 앞의 소녀들」

모네 「인상: 해돋이」

르느와르는 대상의 특정 부분을 더 밝게 부각시킴으로써 윤곽을 드러나게 했기 때문에 인상파 화가 중에서는 비교적 형체를 분명히 그린 화가였다. 그는 오늘날까지 가장 인기를 누리고 있는 인상파 화가이다.

후기 인상주의 1890년대에 시작된 '후기 인상주의'(Post-Impressionism)는 형체와 색채 문제를 종합적으로 해결하고 의미의 표현을 강조하였다.

후기 인상주의는 기본적으로 인상주의와 같은 철학과 기법에서 출발했으나 결과적으로 인상주의 회화와 상이한 그림을 그렸다. 순간적인 사물의 외관에만 집중하고 형체가 없는 작품을 그린 것을 비판한 후기 인상주의 화가들은 형체와 구조를 명확하게 표현할 것을 주장하였다.

후기 인상주의는 단순히 인상파에 대한 반발이라기보다 오히려 미술의 근본에까지 파고 든 운동이었다. 한마디로 후기 인상주의는 현대미술의 진정한 출발점이 되었다.

세잔 후기 인상주의의 출발점을 이룬 화가는 세잔Paul Cézanne (1839-1906)이다. 한때 리얼리즘에 몰두했고 졸라의 친구였던 세잔은 2차원의 화면에 조각과 같은 입체감과 깊이를 부여하고자 하였다.

세잔은 다년간의 실험을 통해 자연의 모든 대상물을 기하학적 구조로 단순화시킬 수 있다고 믿게 되었다. 그는 모든 물체가 원추 · 원통 · 구(球)에 해당한다고 말하였다. 이 이론에 따라 그는 과거 인상파가 도달하지 못한 대상의 구조 내부로 파고들어갔다.

그러나 동시에 세잔은 다양하고 독특한 색채를 써서 공간 속에 있는 물체

(왼쪽) 세잔 「정물」
(오른쪽) 세잔 「생 빅트와르 산」

고갱 「우리는 마리아 당신에게 인사합니다」

고갱 「시장」(1892)

상호간의 관계를 표현하려고 하였다. 미술사상 가장 위대한 화가의 한 사람인 세잔의 회화이론과 작품은 20세기 모든 회화의 출발점이 되었다.

고갱 세잔의 후기 인상주의를 강화시킨 화가들이 고갱과 반 고흐이다. 고갱 Paul Gauguin(1848-1903)은 페루계의 피를 받은 프랑스인이었다. 그의 그림과 생활은 세상의 관습을 파괴하는 그런 것이었다. 예술이 자연이나 과거의 속박을 벗어나야 한다고 선언한 그는 작품 속에 이국적(異國的)인 상징주의와 독특한 채색법을 도입하였다.

고갱의 목적은 자연에 감정을 불어넣고 예술가의 주관적 감정에 따라 세계

(왼쪽) 고갱 「자화상」(1888)
(오른쪽) 고흐 「자화상」(1888)

고흐 「가제트씨의 초상」

고흐 「저녁 카페」

를 묘사하는 것이었다. 문명의 복잡성과 인위성에 환멸을 느끼고 남태평양의 섬에서 원시적 생활을 하였다. 그는 20세기 원시주의 운동의 선구자였다.

고흐 고흐는 고갱과 친구였으나 둘 사이의 우정은 불화로 끝났다. 네덜란드 출신의 고흐Vincent van Gogh(1853-1890)는 가장 이색적이며 천재적인 그림들을 남긴 화가이다.

반 고흐의 그림을 지배하는 다이내믹한 에너지와 넘치는 격정은 유례없이 개성적인 것이었다. 강렬한 감정이 가리키는 대로 대상을 마음대로 왜곡하고 형체와 공간적인 관계를 무시한 그의 그림은 미술작품을 주관적 사고의 표현 수단이라고 보는 현대미술의 원천이 되었다.

C. 새로운 조각과 건축

조각의 역사를 보면 조각작품이 건축의 일부가 되어온 사실을 알 수 있다. 르네상스 시대에 이르러 이러한 예속성이 어느 정도 사라졌으나 조각은 여전히 정면 묘사를 중심으로 제작되었다.

19세기 후반에 이르러 특히 로댕에게서 비로소 '정면성'(正面性: frontality)이 극복되었으며 조각작품이 전후 좌우로 감상되기에 이르렀다.

로댕과 현대조각 로댕Auguste Rodin(1840-1917)은 그의 독창적인 조각 작품을 통해 현대조각의 기법을 확립하였다.

(왼쪽) 로댕「발자크 상」
(오른쪽) 로댕「입마춤」

미켈란젤로의 영향을 강하게 받은 로댕은 일차적으로 리얼리즘에 바탕을 두었으나 동시에 로만주의와 인상주의를 반영한 작가이다. 그는 심리분석에 깊은 관심을 가졌으며 인간의 동물적 성질이나 자연과의 투쟁을 표현하려고 하였다.

로댕의 작품에 관해서는 생애 동안 논쟁이 끊이지 않았으나 그럼에도 그는 조각에 상상력의 여지를 남겨, 미완성이 주는 친근감을 나타내려는 노력을 포기하지 않았다. 전통적인 세부묘사를 대담하게 생략하는 그의 기법은 20세기 조각의 추상성(抽象性)을 시사하는 것이었다.

현대건축 건축에도 조각의 경우와 같이 과거의 영향이 강하게 남아 있어서 거의 19세기말까지 고전주의와 고딕 건축의 범위를 벗어나지 못하였다.

공공 건축물이나 기념 건조물은 전세계를 통해 고전양식과 중세양식, 혹은 바로크 양식 · 중국 양식 · 이집트 양식 · 이슬람 양식이 뒤범벅된 것으로 독창성이 없었다.

기능주의 1880-1890년 유럽과 미국의 일부 건축가는 현대사회에 알맞은 건축물을 설계하려는 운동을 벌였다. 이 결과 기능주의(functionalism)라는 새로운 건축운동이 전개되었다. 독일의 바그너Otto Wagner(1841-1918) 및 미국의 설리반과 라이트 등은 기능주의의 선구자들이었다.

기능주의의 근본원칙은 건물 외관이 실제 용도와 목적에 일치해야 한다는

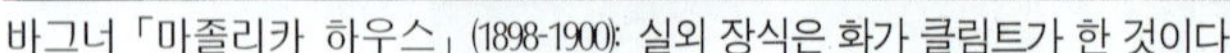
바그너 「마졸리카 하우스」(1898-1900): 실외 장식은 화가 클림트가 한 것이다.

리야르 「카우프만 하우스」(1936-1939)

데 있었다. 이전의 건축에서 보는 프리즘 · 열주(列柱) · 창살 모양 장식 등은 필요 없는 것으로 생각되었다. 참다운 아름다움은 실제 용도에 맞도록 재료를 사용함으로써 생긴다는 것이었다.

기능주의는 건축물이 현대문명의 특징을 직 · 간접으로 나타내야 한다고 주장하였다. 설리반Louis Sullivan(1856-1924)은 고층건물(skycraper)의 가치를 인정하고 섬세한 장식 대신 대담한 직선을 강조하였다. 설리반의 기능 중심 설계는 다른 사람들에게 중대한 영향을 끼쳤다.

라이트Frank Llyod Wright(1869-1959)는 설리반의 기능주의를 한층 더 발전시켰다. 집의 내부와 외부를 유기적으로 연관시킨 라이트의 건축은 지형의 특성에 맞게 설계되었다.

그로피우스와 메이어
「파구스 공장」(1911)

바우하우스 운동 20세기에 들어서면서 그로피우스Walter Gropius(1883-1969)를 중심으로 독일에서 바우하우스 Bauhaus운동이 일어났다.

그로피우스는 일차대전 후 미스Ludwig Mies van der Rohe(1886-1969)와 더불어 바우하우스 운동에 주도적 역할을 하여 본격적인 기능주의를 확립하였다. 기능주의는 현대건축 내지 국제적 양식이라는 명칭을 듣기도 하였다.

그것은 크로뮴 · 유리 · 강철 · 콘크리트 등의 현대적인 새 재료를 이용해 가장 효율적으로 표현한 건축양식이었다. 기능주의적 건축은 일부의 비판을 받기는 했지만 과학과 산업이 발달한 현대생활에 적합한 건축이었다.

■ 더 참고할 책 ■

제12장 19세기의 문화

Baumer, Franklin L., *Modern European Thought, Continuity and Change in Ideas: 1600-1950* (Macmillan).

Brinton, Crane, *The Shaping of Modern Thought* (Spectrum).

Chadwick, Owen, *The Secularization of the European Mind* (Paperbacks).

Comtes, W. H. , and H. V. White, *The Ordeal of Liberal Humanism* (McGraw-Hill).

Hayes, Carlton J. H., *A Generation of Materialism, 1871-1900* (Torchbooks).

Hemmings, F. W. J., *Culture and Society in France, 1789-1848* (1987).

Langer, William, *Political and Social Upheaval, 1832-1852* (Torchbooks).

McLeod, Hugh, *Religion and the People of Western Europe, 1789-1970* (1981).

Mosse, George L., *The Culture of Western Europe, The Nineteenth and Twentieth Centuries : An Introduction* (Rand McNally).

Stromberg. R. W. *European Intellectual History since 1789* (Appleton).

1. 철학과 사상

Allen. Gay Wilson, *William James* (Viking).

Avineri, S., *The Social and Political Thought of Karl Marx* (Cambridge).

Balinky, Alexander, *Marx' s Economics* (Heath).

Barzun, Jacques, *Darwin, Marx, and Wagner* (Paperbacks).

Berlin, Isaiah, *Karl Marx: His Life and Environment* (Oxford).

Brinton, Crane, *English Political Thought in the Nineteenth Century* (Torchbooks).

Brinton, Crane, *Political Ideas of the English Romanticists* (Ann Arbor).

Burn, W. L., *The Age of Equipose: A Study of the Mid-Victorian Generation* (Norton).

Fried, A., and Sanders, R., *Socialist Thought* (Anchor).

Halévy, Elie., *The Growth of Philosophic Radicalism* (Beacon).

Heilbroner, Robert, *The Worldly Philosophers* (Touchstone).

Hook, Sidney, *Marx and Marxists* (Anvil).

Hughes, H. Stuart, *Consciousness and Society: The Reorientation of European Social Thought, 1890-1930* (Torchbooks).

Kaufmann, Walter, *Nietzsche: Philosopher, Psychologist, Antichrist* (Vintage).

Kemp, John, *The Philosophy of Kant* (Oxford).

Laidler, H. W., *A History of Socialism* (Apollo).

Lichtheim, George, *Origins of Socialism* (Praeger).

Lichtheim, George, *Marxism,: An Historical and Critical Study,* 2nd ed. (Praeger).

Löwith, Karl, *From Hegel to Nietzsche:*

The Revolution in Nineteenth-Century Thought (Torchbooks).
McLellan, David, *Karl Marx. His Life and Thought* (Penguin).
Manuel, Frank E., *Prophets of Paris* (Torchbooks).
Mayo, H. B., *Introduction to Marxist Theory* (Oxford Paperback).
Sorel, Georges, *Reflections on Violence* (Collier).
Tucker, Robert C., *Philosophy and Myth in Karl Marx* (Cambridge U. Paperback).
정동호 『니체연구』(탐구당, 1983).
하명수 "니이체 : 니힐리즘의 대두" 『역사교육』: 22 (1980).

▶ 자료

Kaufmann, Walter, ed., *The Portable Nietzsche.*
Larrabee, Harold A., ed., *Selections from Bergson.*
Marx, Karl, and Friedrich Engels, *Basic Writings on Politics and Philosophy,* ed. L. S. Feuer.
Mill, John Stuart, *Autobiography.*
Mill, John Stuart, *On Liberty.*
Saint-Simon, Clause Henri de, *Social Organization, The Science of Man, and Other Writings.*

2. 로만주의

Babit, Irving, *Rousseau and Romanticism* (Meridian).
Barzun, Jacques, *Berlioz and His Century,* rev. ed. (Meridian).
Barzun, Jacques, *Classic, Romantic, and Modern* (Torchbooks).
Clark, K., *The Gothic Revival* (Penguin).
Gombrich, E. H., *The Story of Art* (Phaidon).
Grew, E. M., and S. Grew, *Bach* (Collier).
Grimsley, Ronald, *The Philosophy of Rousseau* (Oxford).
Latham, P., *Brahams* (Octagon).
Porter, Roy, and Mikul Teich, ed., *Romanticism in National Context* (1988).
Read, H., *A Concise History of Modern Painting,* rev. ed. (Praeger).
Reardon, B. M. G., *Religion in the Age of Romanticism: Studies in Early Nineteenth-Century Thought* (1985).
Riasanovsky, Nocholas V., *The Emergence of Romanticism* (1992).
Talmon, J. L., *Romanticism and Revolt* (Norton).
Valentin, E., *Beethoven* (Viking).
Young, G. M., *Victorian England : Portrait of an Age* (Anchor).

▶ 자료

Halsted, J. B., ed., *Romanticism.*
Hugo, H., ed., *The Romantic Reader.*

3. 과학의 발달

Barzun, Jacques, *Darwin, Marx, and Wagner* (Anchor).
Bentley, Eric, *A Century of Hero-Worship,* 2nd ed. (Beacon).

Bowler, P., *Evolution: The History of an Idea* (1989).

Brinton, Crane, *English Political Thought in the Nineteenth Century* (Torchbooks).

Broglie, Louis de, *Physics and Microphysics* (Torchbooks).

Clark, Ronald W., *The Survival of Charles Darwin* (1984).

Curie, E., *Madame Curie* (Pocket Books).

De Kruif, Paul, *Microbe Hunters* (Pocket Books).

Eddington, A. S., *The Nature of the Physical World* (Ann Arbor).

Eisely, Loren, *Darwin's Century* (Anchor).

Ghiselin, M. T., *The Triumph of the Darwinian Method* (California).

Gillispie, C. C., *Genesis and Geology: The Decades before Darwin* (Torchbooks).

Gillispie, C. C., *The Edge of Objectivity* (Princeton U. P.).

Green, J. C., *The Death of Adam* (Iowa S. U. Press).

Himmelfarb, Gertrude, *Darwin and the Darwinian Revolution* (Norton).

Hofstadter, Richard, *Social Darwinism in American Thought* (Beacon).

Irwin, Williams, *Apes, Angels, and Victorians* (Meridian).

Jeans, Sir James, *The New Background of Science* (Ann Arbor).

Masur, G., *Prophets of Yesterday: Studies in European Culture, 1890-1914* (Colophon).

Reichenbach, Hans, *The Rise of Scientific Philosophy* (Califonia).

White, Andrew D., *A History of the Warfare of Science with Theology in Christendom* (Free Press).

차하순 『랑케와 부르크하르트』(탐구당, 1984).

차하순 · 정동호 『부르크하르트와 니체』(서강대 출판부, 1986).

▶ **자료**

Darwin, Charles, *On the Origin of Species.*

Darwin, Charles, *Correspondence,* eds., F. Burckhardt and Sydney Smith, 8 vols.

Loewenberg, Bert J., ed., *Evolution and Natural Selection.*

4. 리얼리즘 문학

Benda, Julien, *The Betrayal of the Intellectuals* (Beacon).

Dupee, F. W., *Henry James* (Morrow).

Graña, C., *Modernity and Its Discontents* (Torchbooks).

Hayes, C. J. H., *A Generation of Materialism* (Torchbooks).

Hemmings, F. W., *Emile Zola* (Oxford).

Hough, Graham, *The Last Romantics* (Barnes & Noble).

Houghton, W. E., *The Victorian Frame of Mind,* 1830-1870 (Yale).

Hughes, H. Stuart, *Consciousness and Society* (Vintage).

Mirsky, D. S., *A History of Russian Literature, from Its Beginnings to 1900* (Vintage).

Symons, Arthur, *The Symbolist Movement*

in Literature (Everyman).

Steegmuller, F., *Flaubert and Madame Bovary: A Double Portrait*, rev. ed. (Noonday).

Troyat, Henri, *Pushkin* (Minerva).

Weber, Eugen, ed., *Paths to the Present: Aspects of European Thought from Romanticism to Existentialism* (Dodd, Mead).

Williams, Raymond, *Culture and Society, 1780-1950* (Anchor).

Wilson, Edmund, *Axel's Castle: A Study in the Imaginative Literature of 1870-1950* (Scribner's).

Young, G. M., *Victorian England: Portrait of an Age* (Anchor).

임영상 "도스토예프스키와 서구" 『서양사 연구』: 2 (1980).

5. 현대미술의 성립

Burchard, J. E., and A. Bush-Brown, *Architecture of America*, abr. ed.(Little, Brown).

Courthion. P., *Impressionism* (Abrams).

Hitchcock, H. R., *Architecture: The Nineteenth and Twentieth Centuries* (Penguin).

Morrison, H., *Louis Sullivan: Prophet of Modern Architecture* (Norton).

Novotiny, F., *Painting and Sculpture in Europe, 1780-1880* (Penguin).

Schmutzler, R., *Art Nouveau* (Abrams).

※ 더 참고할 책의 최신 목록은 〈**blog.daum.net/chasworldhistory**〉 참조

제
13
장

산업주의와 제국주의

1867년 파리 국제산업박람회에 전시된 대포

주 요 연 대

1867	마르크스 『자본론』
1969	수에즈 운하 개통
1870	이탈리아 통일; 전기 발전기의 상용화
1871	독일 통일; 파리 코뮨
1872	'문화투쟁'
1873	삼제동맹(三帝同盟)
1875	프랑스 제3공화국 헌법; 세균설
1876	제1인터내셔널의 종말
1878	베를린 회의
1879	아프리카 분할 시작; 에디슨 전구 발명
1882	영국의 이집트 침입
1882-1884	독일 사회복지 입법
1882-1914	삼국동맹
1885	제국주의에 관한 베를린 회의
1890	미국의 반(反)트러스트 법
1890-1914	범슬라브주의
1893	미술의 표현주의
1894-1899	드레퓌스 사건
1895-1914	범게르만주의
1898	미국-스페인 전쟁
1899-1902	보어 전쟁
1900-1914	대 세르비아 운동; 영국의 여성 선거권운동
1902	레닌 「무엇을 해야 하나」 발표
1904	파블로프 노벨상 수상; 프랑스 사회복지 입법(1904; 1910)
1904-1905	러시아-일본 전쟁
1904-1923	화친협상
1905	러시아 혁명; 베버 『프로테스탄트의 윤리와 자본주의 정신』 출판
1905-1910	아인슈타인의 상대성 이론
1906-1912	영국 사회복지 입법
1907-1917	삼국협상
1908	보스니아 위기; 터키 청년당 창설
1912-1913	발칸 전쟁
1914	프란츠 페르디난트 대공(大公) 피살
1914-1918	제1차 세계대전
1916	아일랜드의 부활절 반란
1917	미국의 참전; 러시아 혁명

1871-1914년은 비교적 평온한 국제관계를 유지하는 가운데 제국주의적 세력이 후진지역으로 파렴치하게 침략해 들어간 시기였다. 주로 이러한 침략은 산업발전에 수반된 시장 개척을 위한 것이었다. 그만큼 산업주의의 성장은 유럽 열강의 대외진출의 근본 동기가 되었고 동시에 국내문제를 복잡하게 만든 원인이 되기도 하였다.

과학 · 기술의 비약적 발전과 공업 발달은 자본가와 노동계급 간의 충돌을 더욱 심화시켰다. 1870년대 이후 산업주의와 제국주의는 대내적으로 사회적 갈등과 사회주의 정당을 등장시켰고 대외적으로는 식민시 쟁탈전, 특히 아프리카와 아시아에 대한 무자비한 진출을 합리화하였다.

18세기말 시작된 산업혁명이 유럽 각국에 파급되어 19세기 전반에는 산업생산과 교통운수 분야에서 놀라운 발전을 거듭하였다. 그리하여 19세기 후반에 커다란 사회적 변혁이 초래되었다. 이것이 제2차 산업혁명이다.

제2차 산업혁명은 다음의 네 가지 점에 그 특징이 있다. 첫째, 산업발전과 과학기술이 더욱 밀접하게 관련되면서 발달하였다. 둘째, '일관작업'에 의한 대량생산이 가능해졌다. 셋째, 새로운 화합물 예컨대 인공염료, 레이온rayon, 셀룰로이드celluloid 등이 생산되었다. 넷째, 새로운 동력원으로 전기와 석유가 실용화되었다.

이러한 기본특징을 가진 새로운 산업혁명의 물결이 세계 각지로 확산되었다. 특히 서유럽 · 미국 · 일본 등은 고도의 산업중심지로 발전하게 되었다. 서유럽에서 가장 산업화된 영국 · 프랑스 · 독일에서는 기계에 의한 대량 생산을 충족시킬 만큼 원료공급이 충분히 이루어지지 않았다.

선진 산업국가들이 식민지를 유지하고 제국주의적 침략을 정책화해야 할 또 다른 이유가 있었다. 국내산업에서 점차 고수익 재투자 기회가 적어졌기 때문에 당연히 해외투자에서 높은 이윤을 기대하게 되었다. 해외투자 대상지는 일반적으로 후진지역이었다. 산업자본가는 이러한 지역으로 진출하여 자연자원을 개발하고 도로 · 철도를 개설하여 높은 수익을 가져올 사업을 벌이게 되었다. 제국주의 국가는 자국의 투자 보호를 목적으로 흔히 그 지역을 보호령으로 만드는 수법을 썼다.

제국주의 국가는 경제적 발전을 배경으로 지구상의 후진지역을 침략하였다. 침략은 여러 명목으로 합리화되었다. 인도주의의 탈을 쓴 인종주의, 호전적인 국수주의, 후진지역의 문명화 등이 침략행위를 정당화시키는 이유가 되었다.

그리하여 19세기 후반의 제국주의는 유럽 세계가 경험한 과거 어느 시대의 식민주의 운동과도 다른 경제적 · 정치적 양상을 띠게 되었다. 제국주의 국가는 단순히 상품 교역에 만족하지 않고 후진적인 식민지에 진출하여 공장, 광산, 철도, 은행 등에 투자하였다.

그들은 식민지의 값싼 노동력을 착취하여 생산증대에 이용하였다. 투자 보장을 위해 식민지를 정치적으로 장악하였다. 이 목적으로 무력이나 그 밖의 악랄한 수단이 모두 동원되었다. 중국에 대한 유럽 열강의 함대 파견과 포격, 한국에 대한 일본의 무단정치, 미국의 필리핀 점령, 유럽의 아프리카 점유권 쟁탈전 등은 제국주의적 수법을 예증하는 것이다.

마침내 유럽 제국주의 국가들은 19세기말-20세기초 아프리카 대륙을 분할하고 아시아를 침략하였을 뿐 아니라 미증유의 세계대전을 촉발하였다.

1. 영국의 민주적 발전

1837-1865년은 '빅토리아 타협' (Victorian Compromise)의 시기였다. 휘그당의 파머스턴Lord Palmerston(Henry John Temple, 1784-1865)은 1855-1865년 10년간 수상을 지냈다. 이 시기는 영국이 내외로 안정과 번영을 누린 때였다. 국제관계에서 영국은 주도권을 유지했으며 국내 문제에서는 귀족계층과의 타협으로 온건한 개혁을 함으로써 중산층 중심의 정치를 하였다.

빅토리아 시대(1837-1901) 후기에 글래드스턴William Ewart Gladstone (1809-1898)과 디즈레일리Benjamin Disraeli(1804-1881)가 들어섬으로써 새로운 시기를 맞게 되었다. 두 정치지도자는 19세기말까지 교대로 수상을 맡으면서 영국 정치를 좌우하였기 때문에 이 시기의 영국사는 사실상 두 사람의 전기(傳記)와 같은 것이었다.

글래드스턴은 부유한 리버풀 상인의 아들로 처음에는 옥스퍼드에서 영국교회 목사가 되어 학구에 전념하고자 하였다. 그러나 그는 1833년 24세의 나이에 의원으로 당선되면서 정치가로 두각을 나타내기 시작하였다. 초기에는 보수(토리)당에 소속되었으나 점차 노선을 자유(휘그)당 쪽으로 바꾸어 1868년 수상이 되었다. 그리하여 1868-1874년, 1880-1885년, 1886년, 1892-1894년 등 네 차례에 걸쳐 수상을 지냈으며, 『교회와의 관계에서 본 국가』(*The State in its Relations to the Church*, 1838) 등 다수를 저술하였다.

글래드스턴은 강력한 자유방임 경제정책을 주장했지만 사회경제면의 개혁은 주장만큼 괄목할 만한 것이 없었다.

디즈레일리는 유대계 영국 국교도의 자손이었다. 그는 『비비언 그레이』(*Vivian Grey*, 1826)라는 소설로 유명해졌다. 그 밖에 『젊은 공작』(*The Young Duke*, 1831), 『헨리에타 템플』(*Henrietta Temple*, 1837), 『코닝

스비』(*Coningsby*, 1844), 『시빌』(*Sybil*, 1845), 『탱크리드』(*Tancred*, 1847), 『로테르』(*Lothair*, 1870), 『엔디미온』(*Endymion*, 1880) 등 여러 소설 및 『영국 헌법 변론』(*Vindication of the British Constitution*, 1835) 등을 출판하였다. 그의 정치철학은 자유주의와 보수주의를 왔다갔다 하는 것이었으나 결국은 보수당의 지도자가 되었다.

다년간 하원의원(1837-80)을 지낸 디즈레일리는 1868년 수상이 되었으나 그 해 연말의 총선거에서 패배하여 실각했으나 그 후 1874년 다시 수상이 되어 6년간 재임하였다.

A. 후기 빅토리아 시대

1865년에 이르러 '빅토리아의 타협'은 더 이상 지속되기 어렵게 되었다. 1848년 차티스트 운동은 실패로 돌아갔으나 시대의 민주화 추세는 무시할 수 없을 만큼 명백해졌다. 인권을 옹호하고 선거권을 일반인에게까지 확대해야 한다는 요구가 커졌다.

1866년 자유당의 글래드스턴이 온건한 선거개혁법을 의회에 제안하였다. 그러나 통과되지 않았고 그 결과 전국적으로 소요가 일어났다.

1867년 선거개혁법 그리하여 자유당 정부가 물러가고 보수당이 집권하였다. 보수당은 국민의 신임 기반을 넓히기 위해 1867년 선거개혁법을 제안하여 통과시켰다(제2차 선거개혁법).

이때 자유당에서도 이 법안의 통과를 도왔다. 제안한 보수당이나 지원한 자유당이나 다같이 국민의 지지를 받기 위한 정치적 포석으로 선거개혁법을 통과시켰다고 볼 수 있다.

1867년의 제2차 선거법 개정으로 영국의 유권자 수가 대폭 증가되었다. 인구의 88%가 선거권을 가지게 되어 유권자 수가 약 1백만 명이 더 늘었다.

비슷한 법이 1868년 스코틀랜드와 아일랜드에 적용되었다. 제2차 선거법 개정 때 보수진영에서 강한 반발이 없었던 것은 아니다. 영국 정치는 여전히 토지소유 계층이나 중산계급, 상층 출신 엘리트에 의해 좌우되었다.

당시 영국 정치는 내각책임제로 운영되고 있었다. 내각책임제는 민의(民意)를 대변하는 하원에 대해 내각이 전적인 책임을 지는 제도이다. 이 제도에 따르면 장관의 임무는 법안을 하원에 제출하여 통과시키는 일이었다. 만일 하원이 법안을 부결시키면 야당에게 내각 구성의 기회를 주거나, 의회를 해산하고 선거를 실시하여 민의의 향방을 묻는 것이었다.

내각책임제는 19세기말 영국에 정치적 안정을 가져오고 평화적으로 사회개혁을 단행할 수 있게 하였다.

글래드스턴의 명예내각 1868년 디즈레일리가 수상이 되었으나 연말 선거에서는 글래드스턴이 집권하여 1874년까지 재임하였다. 이것이 이른바 '명예내각' (Glorious Ministry)이다.

이 기간 중 가장 주목할 만한 개혁은 교육개혁이었다. 1860년대 영국에는 국민교육제도가 없었으며 교육은 교회와 사립학교의 수중에 있었다. 기묘한 것은 명문 사립학교, 예를 들면 이튼Eton이나 해로Harrow에 '공립학교' (Public School)란 명칭이 붙여졌다는 사실이다.

글래드스턴

도시 노동자층에게 선거권을 부여한 이후 그들의 자녀를 교육시키는 일이 급선무였다. 1870년의 「교육법」(*Education Act*)에 의해 공립학교 설립과 운영을 관할하는 학교재단을 구성하고 수업료를 징수하였다. 5세에서 13세까지 아동의 의무 취학이 실시되었다.

1891년 공립학교의 수업료가 폐지되었다. 교육상의 최저요건을 갖추기 위해 사립학교에도 국가보조금을 주기로 하였다. 이 교육법이 실시된 결과 10년 사이에 취학아동 수가 1백만 명에서 4배로 증가하여 4백만 명이 되었다.

다음으로 군대제도가 정비되었다. 크림 전쟁은 영국군의 약점을 드러냈고 그 결과 군 개혁이 이루어져 그 일환으로 국방부가 신설되었다. 복무상태 역시 개선되었으며 매질하는 처벌방식이 폐지되고 장교 임명장 매매가 금지되었다. 당시까지도 장교 계급은 고액 입찰자에게 파는 사유재산이었다. 그러므로 높은 계급은 재능보다 재산이 있다는 증거였다.

비밀투표법 1872년의 「비밀 투표법」(*Ballot Act*)은 민주주의 발전에 매우 의의 있는 것이었다. 제2차 선거개혁법(1867)이 실시되기 전까지 비밀투표 실시는 그다지 큰 의미가 없었다. 왜냐하면 부자만이 투표권이 있었고 부자를 위협하는 윗사람은 거의 없었기 때문이다.

그러나 노동자들에게까지 투표권이 부여된 후에는 고용주나 지주 혹은 그 밖의 사람들의 압력을 배제하기 위해 비밀투표가 절대로 필요하게 되었다.

디즈레일리의 집권 1870년대초 명예내각의 개혁열이 거의 식었다. 그러므로 디즈레일리는 토리적 민주주의를 주장하여 1874년 재집권할 수 있었다.

디즈레일리는 젠트리와 노동자층의 연합을 통해 1880년까지 중요한 사회입법과 개혁을 단행하였다. 1일 10시간 노동을 규정한 공장법, 평화시위의 합법화, 기본적 단체교섭권 등이 실현되었다. 또 장차 영국 위생제도의 기초가 될 공중위생법이 제정되었다. 요컨대 디즈레일리 내각시대의 사회입법을 통해 영국은 복지국가를 향한 첫 걸음을 내디딘 셈이었다.

디즈레일리

사회복지정책 디즈레일리 때 시작된 사회복지정책은 그 후 자유당에 의해서도 계속 추진되었다. 국가가 일부 재정지원을 하고 운영하는 강제보험을 통한 사회보장제, 무상 공교육(公敎育) 및 최저임금제 등의 복지정책이 확정되었다.

이러한 정책 전환에서 각별히 주목할 만한 것은 1909년의 '인민예산'(People's Budget)이었다. 이는 자유당 출신 재무장관 로이드 조지David Lloyd George(1863-1945)가 수립한 제도였다.

이에 따라 수입과 상속재산에 대한 누진과세가 실시되고 부자일수록 더 많은 세금을 내게 되었으며 그 결과 새로운 국민복지정책 실시가 가능하였다. 그것은 하나의 혁명적 조치로서 영국의 사회 · 경제적 구조를 바꾸어 놓는 계기가 되었다.

그러나 이러한 복지정책은 입법과정에서 많은 진통을 겪었다. 하원을 통과했으나 상원에서 부결되었기 때문이다. 따라서 1911년 선거에서 자유당이 또다시 승리하였다. 그 결과 법안이 통과되었을 뿐 아니라 상원의 입법 권한이 대폭 축소되었다.

사회입법에 관한 자유당의 계획은 새 왕 조지 5세George V(재위: 1910-1936)의 협력으로 쉽사리 실현되었다. 왕은 수상 애스퀴스Herbert Henry Asquith(1852-1928, 재임 1908-1916)에게 필요하다면 귀족을 대폭 늘려서라도 상원에서 의회법을 통과시키도록 하겠다고 약속하였다.

그 후 1911년 「의회법」(*Parliament Act*)의 통과로 모든 재정법안이 하원에서 법률화되기에 이르렀다. 의회법은 하원에서 통과된 재정 관계법이 1개월이 경과되면 상원의 인준 여부에 관계없이 법적 효력을 가지도록 하였다. 이것으로 상원의 전통적인 권한남용은 견제되었다.

영국의 평화와 대외정책 바텔로(워털루) 전투에서 웰링턴이 나폴레옹을 패퇴시킨 1815년부터 제1차 세계대전이 발발할 1914년까지 영국은 국내의 번영과 국제적 영도권을 향유하여 이른바 '영국의 평화'(Pax Britannica)를 이룩할 수 있었다.

19세기초 영국은 산업화에서 세계적 주도권을 잡아 1840년에는 세계무역의 3분의 1을 장악하였다. 특히 1850년부터 1875년까지 산업 · 조선 · 철도 · 건설 등에서 괄목할 만한 성장을 하였다.

국제관계에서도 영국의 역할은 매우 컸다. 영국 연방은 지구상 여러 곳에 방대한 식민지를 건설하여 이른바 '해가 지지 않는 나라'가 되었다. 정당간 파쟁(派爭)에도 불구하고 늘 견해의 일치를 본 분야는 대외정책이었다. 영국의 근본 정책은 유럽의 세력균형을 유지하면서 영국 해군의 우위를 견지하는 것이었다. 영국은 해외시장을 널리 확보하며 영국연방 체제를 유지하였다.

자유당은 보수당보다 더 유럽의 자유 민주주의 운동에 동조하였다. 19세기 중반 자유당의 파머스턴 내각은 이탈리아 통일운동을 지원하는 등 피압박 민족을 적극 지원하는 정책을 펴나갔다.

그러나 대체로 영국 정부는 세력균형이라는 전통적인 외교노선을 추구하였다. 크림 전쟁은 그 하나의 예였다. 영국은 프랑스와 합세하여 근동에서 러시아 세력을 견제하기 위하여 터키 제국을 지지하였다. 이로써 잠시나마 러시아의 진출을 저지할 수 있었다.

팽창정책 영국의 팽창정책에 관해 근본적으로 디즈레일리와 글래드스턴 사이의 견해차는 거의 없었다. 비록 보수당이 영국 제국의 위대함을 옹호하고 자유당이 제국주의 정책을 비판하긴 했으나 양단간의 실제 정책 수행에서는 본질적으로 차이가 없었다.

디즈레일리는 수에즈 운하의 이집트 지분(持分)을 매입하여 이집트에 대한 영국 지배를 확고히 하였다. 디즈레일리가 수상으로 있던 1876년 빅토리아 여왕이 인도제국의 황제가 되었다.

팽창주의 정책노선은 글래드스턴 시대에도 계속되었다. 아프가니스탄으로부터 영국군을 철수시키고(1880), 남아프리카의 보어 공화국에 실질적 독립을 허용(1881)하는 등 일견 제국주의로부터 후퇴하는 듯 보였다. 그럼에도 글래드스턴 내각은 인도 북서쪽 국경에 영국군을 주둔시켜 아프가니스탄을 견제했으며 1882년 알렉산드리아를 폭격하고 이집트를 보호령으로 만들었다.

빅토리아 여왕

제3차 선거개혁법 1880년 또다시 집권한 글래드스턴이 1884년 제3차 선거개혁법을 제안하였다. 이 법에 따라 약 2백만의 농업노동자에게 새로이 선거권이 부여되고 결과적으로 거의 모든 성년남자가 보통선거에 참여할 수 있는 단계에 이르렀다.

그후 1918년 선거법개혁에 의해 비로소 여성투표권도 실현되었다. 이 개혁으로 30세 이상의 여자에게 선거권이 부여되었고, 다시 다음해 남녀의 법적 평등이 허용되어 1928년 남녀에게 완전히 동등한 선거권이 부여되기에 이르렀다.

이로써 1838년의 차티스트 운동에서 요구한 6개항 가운데 가장 중요한 5개항이 1세기 안에 모두 실현되었다. 영국이 큰 유혈이나 혁명 없이 민주화를 성취한 것은 주목할 만한 일이다.

노동입법 1871년「노동조합법」(*Trade Union Act*)이 제정되고 20세기 전환기를 전후하여 노동조합운동이 한층 더 발전하게 되었다.

1899년 노동조합 총연합(Federation of Trade Unions)이 창립됨으로써 영국 노동운동의 기반은 확고해졌다. 1906년「노동자 보상법」(*Workingmen's Compensation Act*)에 따라 작업 중 상해에 관한 보상을 고용주가 하게 되었으며, 1911년「국민보험법」(*National Insurance Act*)으로 실업 보장이 이루어졌다.

노동당 노동자의 사회적 발언이 커지고 노동조합운동이 본격화되면서 노동계층을 대변하는 정당이 만들어졌다.

1893년 하디James Keir Hardie(1856-1915)가 노동당(Labor Party)을 창당하였다. 그는 스코틀랜드 출신 광부로 광부조합을 결성했으며 1888년 스코틀랜드 광부연맹의 서기가 되었다. 마침내 1892년 영국 의회에 진출했으며 1906년 최초의 노동당 당수가 되었다.

그 밖에 사회민주연맹(Social Democratic Federation)이 마르크스 사회주의를 표방하며 창설되었고 점진적 사회주의를 표방한 지식인들에 의해 페이비언 협회(Fabian Society)가 창립되었다.

이 협회에는 쇼George Bernard Shaw(1856-1950), 웰즈H. G. Wells(1866-1946), 웨브Sidney Webb(1859-1947) 부처 등 저명한 문인·학자들이 참여하였다.

이러한 집단이 강력한 사회운동을 전개했으므로 1906년 선거에서는 노동당이 하원의 29 석을 차지하여 영국 정국에 새로운 힘으로 등장하였다. 노동당이 기존의 자유당과 노선을 같이하는 경우가 많아졌으므로 자유당은 존재 이유를 상실하고 말았다.

B. 아일랜드 문제

1868년 글래드스턴이 집권하게 되면서부터 영국 정부는 아일랜드 문제 해결에 유화책을 폈다. 경제적인 면에서는 아일랜드 사태가 어느 정도 개선되었

1916년의 아일랜드 폭동

으나 아일랜드인의 자치에 대한 열망은 조금도 식지 않았고 아일랜드 자치당(Home Rulers)이나 아일랜드 국민당(Irish Nationalist Party)은 영국의회에 대표를 보내는 것보다 독자적인 의회를 갖기를 원하였다.

아일랜드 자치운동 1874년 하원 의원이 된 파넬Charles Stewart Parnell(1846-1891)은 아일랜드 독립운동사에서 오코넬Daniel O' Connell(1775-1847) 다음가는 지도자라 할 수 있다. 파넬의 영도 아래 85명의 아일랜드 출신 의원이 의사(議事) 방해작전을 벌여 효과를 보았다.

마침내 글래드스턴은 아일랜드 자치에 동의하였다. 1886년과 1893년 글래드스턴은 국방 · 외교 · 관세 등에 관한 사항을 제외하고 모든 문제를 아일랜드인의 자치에 맡기는 법안을 제출하였으나 의회에서 통과되지 못했고 1914년 세 번만에 제안 · 가결되었다.

그러나 이번에는 아일랜드 내에서 영국과의 분리를 반대하는 목소리가 나왔다. 18세기말 결성된 프로테스탄트 비밀결사인 오렌지당은 영국과의 분리를 원하지 않았다.

결국 자치법을 둘러싸고 두 파는 무력 충돌도 마다하지 않게 되었다. 내란의 위기가 일단 제1차 세계대전 발발로 모면할 수 있었으나 자치법은 실시되지 않았다. 결국 1921년 남아일랜드만 독립하여, 영국 연방의 지위를 얻게 되었다.

1901년 빅토리아 여왕의 죽음은 영국 제국주의 팽창 시대의 종말을 상징하는 것이었다. 여왕 사후 에드워드 6세의 짧은 치세(1901-1910)도 번영 · 진보 · 평화에 대한 자신감이 넘친 '에드워드 시대' 였다. 1910년 조지 5세(치세 1910-1936)의 즉위와 함께 새로운 사회충돌이 시작되었다.

2. 프랑스의 제3공화정

나폴레옹 3세는 베르덩에서 항복하고 독일군의 포로가 되었다. 전쟁이 끝났으나 프랑스의 저항은 계속되었다. 파리 국민방위군이 항복하기를 거부했으므로 독일군은 신속히 파리를 포위하였다. 그러나 가장 적극적인 공화론자인 강베타Léon Gambetta(1838-1882)는 기구(氣球)를 타고 대담하게 도피하여 파리 교외에 저항군 사령부를 설치하였다. 프랑스군은 새로이 농민을 징집하고 전투에서 다소 유리했으나 12월에는 후퇴하였다.

파리는 독일군에게 포위된 상태에서 4개월간 버텼다. 파리 시민은 가로수를 베어 땔감으로 하고 굶주림과 추위를 이기면서 맹렬히 저항하였다. 그러나 영웅주의와 애국심에도 한계가 있었다. 마침내 1871년 1월 파리가 함락되었다.

1871년 2월 소집된 국민의회는 군주론자들과 부르주아 계층이 주축을 이루었다. 국민의회는 불리한 조건으로 독일 제국과 강화조약을 체결하였다. 이에 따라 1871년 3월 1일 알자스 및 로렌의 주요부분을 독일에 양도하고 50억 프랑의 배상금을 지불하기로 하였다. 또 국민의회는 프로이센과의 전쟁 때 결성된 파리 국민방위군을 해체하기로 결정하였다.

A. 제3공화정의 성립과 위기

새로 선출된 의회는 군주론자와 공화론자 사이에서 정부형태에 관한 통일된 의견을 낼 수 없었다. 그래서 타협안이 나왔다. 그 결과 온건한 정치가이며 30년전 7월 왕정에서 두각을 나타낸 바 있는 티에르Louis Adolph Thiers(1797-1877)가 행정수반으로 지명되었다. 결국 왕정과 공화정 중 어느 것을 선택하는가는 연기된 셈이었다.

파리 코뮨 티에르는 정부가 반드시 파리를 장악해야 한다고 생각하고 첫 조치로 파리의 국민방위군을 해체하기로 결정하였다.

그러나 베르사유에서 온 군대가 대포들을 철거하려 하자 분노한 군중은 군대와 대치하게 되었다. 총포가 발사되고 이 통에 두 장군이 잡혀 죽었다. 티에르는 군대 철수를 명하고 혁명군을 고립시킨 후 굴복시키려고 하였다.

이에 파리 시의회는 '파리 코뮨' (Paris Commune)을 선포하고 전쟁을 준비하였다. 파리 코뮨은 나폴레옹 3세의 패배에서 오는 좌절감과 독일의 파리 포위전으로 인한 탈진감에서 구성된 것이었다고 할 수 있다.

파리 코뮨 가담자 대부분은 애국적인 공화론자이거나 과격한 반교회주의자들이었다. 그들 중 일부는 1차 인터내셔널(국제공산당)에 가입한 적이 있으나 사유재산의 폐지를 주장하지는 않았다.

코뮨이 내세운 강령은 민주주의와 연방주의였고 그 밖에 특별한 구체적인 내용은 제시되지 않았다. 마르크스는 『프랑스의 내란』(1871)에서 코뮨을 노동계급의 해방을 위한 고도의 정부형태라고 규정했으며 사회주의자들은 1871년의 파리 코뮨을 최초의 사회주의 혁명이라고 신성시하지만 이는 모두 사실과 다르다.

내란 파리 코뮨의 혁명적 성격 때문에 프랑스의 다른 지역에도 심리적 충격이 파급되었다. 코뮨은 강화조약을 거부하였다. 이는 국민의회에 대한 심각한 도전이었다.

보수적 국민의회가 파리 코뮨을 진압하기 위해 군대를 파견했기 때문에 상호간의 증오심은 상승작용하였다. 두 진영은 분노와 증오로 싸웠으며 인질이나 포로를 가차없이 살해하였다. 반란을 진압하려는 정부군과 코뮨 사이에 끼어 수많은 시민이 학살되었다.

코뮨은 인질로 잡은 파리 대주교를 비롯해 60여명을 학살하였다. 정부군이 5월 파리 시에 진입하기까지 거의 2개월 간 유혈이 낭자하였다. 베르사유에 소집된 군대는 '파리로 진격하였다. 피의 일주일' (5월 21일-28일)동안 정부군은 2만 명의 시민을 학살하였다.

필사적인 시가전 끝에 파리를 점령한 정부군은 반란도 26명을 군법회의를 거쳐 처형하였다. 또 정부는 코뮨 지지자들(Communards) 수천 명을 색출하여 투옥 또는 추방하였다. 그 희생자의 수는 1848년 2월 혁명을 능가하였다.

정부군이 파리에 진입한 뒤에도 여전히 싸움은 계속되고 노동계급 거주지역에는 바리케이드가 쌓여 있었다. 무정부주의 여성 선동가인 미셸Clémence Louise Michel(1830-1905)이 지휘한 이 지역은 마지막까지 격렬한 저항을 하였다. 수백 명의 전투적인 여성 시민(citoyennes) 중 가장 유명했던 미셸은 잡혔을 때 "나는 전적으로 사회 혁명에 속한다"고 말한 것으로 알려져 있다. 시민은 과도한 혁명의 결과에 치를 떨었으며 특히 여성의 용맹함에 두려움을 느꼈다.

그러나 승리한 정부군이 더 잔인하였다. 파리 시민 수만 명이 거리에서 죽었으며 즉석 군사재판을 통해 사형 · 투옥 · 해외추방형에 처해졌다.

유럽 전역에 걸쳐 코뮨은 혁명의 망령을 되살려 놓았다. 비록 마르크스가 파리 코뮨을 혁명적 대담성이 없고 재산과 법을 존중했다는 이유로 비난했으나 마르크스주의자들은 새 시대의 여명을 여는 프롤레타리아 봉기로서 칭찬

코뮨 지지자들에 대한 재판

하였다. 유럽 노동계급 운동가들은 코뮨 희생자를 부르주아 지배의 이기적 잔인성의 증거라고 강조하였다. 그러나 실제로 파리 코뮨에는 사회주의나 공산주의의 요소는 없었다.

그럼에도 1871년 코뮨 이후에는 보수진영이나 진보진영이 다같이 프롤레타리아 혁명의 가능성을 인정하였다.

제3공화정의 확립 질서를 회복한 국민의회는 항구적인 정부 수립에 착수하였다. 그러나 군주제와 공화제 중 쉽사리 택일하지는 못하였다. 티에르는 의회의 압도적 다수를 차지한 군주론자들에 의해 대통령으로 임명되었음에도 불구하고 공화제를 끝까지 고수하려 하였다. 1873년에는 의회가 확고한 군주론자들이 차지하고 있는 실정이었다.

그러자 공화론이 강력하게 되살아났다. 특히 강베타의 주장이 주효하여 1875년 의회는 공화제를 정식으로 선포하지 않을 수 없게 되었다. 점차 군주론 세력은 꺾이고 1879년 선거에서 공화파는 상원(元老院)과 하원(衆議院)에서 과반수의 의석을 차지하였다. 이로써 제3공화정은 19세기 프랑스의 가장 안정된 정치체제를 확립할 수 있게 되었다.

이 시기의 의회는 도(départements)에서 선출·조직된 선거인단이 선출한 원로원과 성년남자의 보통선거에서 선출된 중의원으로 구성되었다. 양원합동으로 뽑은 임기 7년의 대통령은 최소한의 행정권만을 장악하고 실권은 내각에 귀속되었다.

그러나 내각이 중의원에 대해 책임지기로 되어 있기 때문에 영국의 경우와 같이 프랑스도 이때 민주화의 터전을 닦을 수 있었다. 어쨌든 1879-1914년에 중의원과 내각을 장악한 연립정부는 온건한 공화주의적 견해에 입각하여 정치를 하였다. 제3공화정을 뒷받침한 중산층은 프랑스 정치에서 부르주아적 원칙을 지키려고 하였다.

1875년의 헌법은 제2차 세계대전 때 제3공화정이 전복될 때까지 프랑스 정부의 기본이 되었다. 더욱이 1880년까지 제 3공화정은 정치적 성공을 거두어 막대한 배상금을 독일에 완불했을 뿐 아니라 그 밖의 건설 사업을 일으켰다. 광범한 토목사업을 시작하고 의무 초등교육을 무상으로 실시하였다. 대외적으로도 식민지 확장운동이 많이 진척되었다. 프랑스는 국제적 신인도(信認度)를 회복하여 1878년 베를린 회의에 가입할 수 있게 되었다.

제3공화정의 위기 이러한 성과가 매우 고무적인 것이었음에도 1880년대 중기 약 10년간에는 일련의 정치적 추문이 계속일어나 공화제의 존립을 위협하였다.

첫 번째가 불랑제 사건이었다. 1880년대 프랑스의 부르주아 지배를 반대한 왕당파 세력은 독일에 대한 복수를 희망하고 있었다. 1886-1889년 국방장관을 지낸 불랑제Georges Boulanger(1837-1891) 장군은 "알자스에서 독일군이 프랑스군을 기다리고 있다"는 슬로건을 내걸고 독일에 대한 적개심을 부채질하여 국민적 영웅이 되었다.

왕당파는 불랑제가 1851년 루이 나폴레옹이 한 것 같은 쿠데타를 일으키기를 바랐다. 그러자 정부가 그의 활동을 강력하게 제지했으므로 불랑제는 망명한 후 자살하였다.

두 번째 사건은 대통령 사위의 부정이었다. 프랑스의 국가 최고훈장인 '레지옹 도뇌르'를 매매한 부정사건이 폭로되자 대통령은 사임하지 않을 수 없게 되었다.

세 번째는 파나마Panama 운하회사의 부정이었다. 수에즈 운하를 건설했던 레셉스Ferdinand Marie de Lesseps(1805-1894)가 책임자로 있는 파나마 운하회사가 1888년 부정부패와 직무유기로 파산하고 정치가들이 자살했으며 금융가들은 해외로 도피하는 소동을 빚었다.

드레퓌스 사건 1894년에는 정치적으로 제3공화정을 심각한 파국으로 몰아넣은 드레퓌스 사건이 일어났다. 이 사건으로 프랑스의 여론은 분열과 혼란에 빠져들었다.

드레퓌스Alfred Dreyfus(1859-1935) 대위는 정보장교였는데 1894년 간첩죄로 군법회의에서 종신형을 선고받았다. 그는 유대인이었기 때문에 귀족 출신 동료장교들로부터 호감을 얻지 못하였고 프랑스령 기니아Guinea 해안에서 떨어진 중범수용소에 감금되어 거의 미친 사람이 되고 말았다.

군법정을 떠나는 드레퓌스

드레퓌스 일가는 당국에 탄원하였고 작가 졸라 Émile Zola(1840-1902)를 비롯하여 그의 무죄를 믿는 많은 지식인이 재심을 요구하였다. 특히 졸라는 그의 열렬한 옹호자로서 「나는 규탄한다」라는 공개서간을 발표하였다.

그러나 군 고위층과 왕당파는 드레퓌스의 유죄를 의심치 않았다. 그들은 드레퓌스를 공화정의 부패, 배신, 상업주의의 상징으로 보고 그 사건을 계기로 공화론을 맹렬히 공격하였다.

드레퓌스가 감금된 후에도 군기밀은 계속 누설되었다. 마침내 낭비벽이 심한 에스테라지Marie Charles F. W. Esterhazy(1847-1923) 소령이 기밀을 누설한 것이 드러났다.

그리하여 드레퓌스는 수용되어 있던 '악마의 섬'에서 프랑스로 압송되어 다시 재판에 회부되었다. 이번에도 그를 좋지 않게 본 재판관은 유죄를 선고하였다(1899). 왕당파 기질이 농후한 군 고위층은 군의 위신이 추락되기를 바라지 않았다.

그러나 루베 Émile Loubet(1838-1929) 대통령은 '드레퓌스파'(Dreyfusards)에게 동정적이었으며 드레퓌스를 사면하였다. 마침내 1906년 프랑스 최고재판소에서 드레퓌스의 무죄가 판명되었다.

에밀 졸라: 졸라는 공정하지 못한 군부와 재판관들을 비판하였다. 그리고 당시 미술계에서 비판받고 있던 마네의 그림 「올랭피아」를 진실을 추구한 그림이라며 옹호하였다.

졸라는 군법회의에서 드레퓌스의 무죄를 알면서도 고의로 유죄를 선고했다고 재판관들을 비난했기 때문에 무고죄로 기소되었다. 졸라는 영국으로 도피해 투옥을 면했는데 루베 대통령은 졸라에게도 특사를 내렸다. 어쨌든 드레퓌스의 무죄는 유죄를 주장했던 군부측에 대한 비군부측의 권위를 회복시켜 준 셈이었다.

국가와 교회의 분리 드레퓌스 사건의 종결을 계기로 제3공화정이 취한 첫 번째 조치는 군부의 숙청이었다. 군부에는 보수적인 반(反)공화파 세력이 강했으므로 1899년 프랑스 정부는 군부를 행정부에 예속시키는 개혁을 단행하였다.

정부가 취한 두 번째의 개혁조치는 교회와 성직자 계층의 세력을 삭감하는 일이었다. 19세기 후반 교회가 교육을 담당한데 대해 큰 논의가 벌어졌다. 그리하여 1901년 새로운 법에 의해 교회학교는 폐쇄되고, 교육과 자선에 관계하는 거의 대부분의 수도회가 해체되었으며 학교의 종교교육은 금지되었다.

더욱이 프랑스 교회는 「협약」(*Concordat*, 1801)의 철회로 큰 타격을 입었다. 일찍이 19세기초 나폴레옹 보나파르트와 교황청이 맺은 협약은 정부에 의한 주교 임명과 성직자에 대한 국가봉급의 지출을 규정한 것이었다. 그러나 1905년 「분리법」 제정으로 가톨릭 교회는 국가로부터 완전히 분리되어 전적으로 다른 교파와 조금도 다를 바 없이 되고 말았다.

B. 프랑스의 노동운동

1879-1914년 제3공화정은 불랑제 사건, 드레퓌스 사건, 교회와 국가의 분리 등 만성적이며 계속된 정치적 위기에 직면하였다. 그럼에도 제1차 세계대전이 발발하기까지 프랑스 정부는 공화파가 확고하게 장악하고 있었다.

공화파는 사회입법에 대해 신중한 태도를 취했음에도 불구하고 스스로를 급진당이라 불렀다. 그들은 공화제에 공개적으로 반대하는 군을 숙청하고 1905년 이후에는 가톨릭 교회를 공격했으며, 그 대신 소기업과 농민의 강력한 지지를 얻을 수 있었다. 제3공화국의 업적은 급진적인 정파들과 타협했다는데 있다. 예컨대 사회주의자조차 드레퓌스 사건 이후에는 내각에 참여하였다.

한때 과격한 좌파로 간주되었던 클레망소는 1906년부터 1909년까지 수상을 지내면서 개혁과 타협을 번갈아 지혜롭게 활용하였다. 그는 강한 신념으로 공화제를 지키면서 프랑스의 번영과 안정을 추구하였다.

클레망소 영국의 로이드 조지가 20세기초 사회주의적 개혁을 주도한 것처럼 클레망소Georges Clemenceau(1841-1929)는 프랑스의 급진적 개혁을 주도하였다. 그는 드레퓌스 사건으로 거의 영웅시되었으며 그로 인해 1906년 수상에 오를 수 있었다. 그의 정부는 사회보험, 노동조합의 자유화, 8시간 노동제, 소득세 등의 개혁을 단행하였다.

클레망소는 교회와 대립하고 조레스Jean Léon Jaurès(1859-1914)가 이끄는 유토피아적 사회주의자들을 탄압하였다. 또 파업 노동자들을 무책임한 선동자들이라고 비난하였다.

조레스

결과적으로 프랑스의 좌익 세력은 양분되고 1912년 선거에서 정권은 우익에게 넘어갔다. 우익정부 아래에서 프랑스 정계에는 스캔들이 연이어 일어났다. 예컨대 1913년에는 『피가로』(*Le Figaro*) 편집인이 전 수상부인에 의해 살해되는 사건이 일어났다.

제1차 세계대전에 이르기까지의 프랑스 정국은 결코 순탄치 않았으나 그런대로 유럽 강국의 대열에서 국제적 영향력을 행사할 수 있었다.

공화주의의 승리 프로이센과의 전쟁을 치른 후 매우 불안정한 상태에서 탄생한 프랑스 제3공화정은 19세기말부터 20세기 전환기에 걸쳐 확고한 세력

영국과 프랑스의 노동운동

1차 대전까지 일어난 영국과 프랑스의 노동운동에는 대조적인 면이 없지 않다.

프랑스	영국
1791: 샤플리에Chapelier법 (노동조합 · 파업 금지)	1799-1800: 조합법(Combination Acts);조합권 금지
1803-1810: 나폴레옹에 의한 조합 금지	1810: 조합 참여 노동자에게 2년 실형
1815-1864: 노동조합 생김	1824: 조합법 철회
1848: 국립 공장	1832: 1차 선거법개정, 노동자 투표권 거부
1850-1870: 노동조합의 성장	1833: 오웬의 전국노동조합
1864: 나폴레옹 3세, 파업 합법화	1839-1848: 차티스트 운동
1868: 노동조합 인정	1867: 2차 선거법 개정
1871: 파리 코뮨	1871: 노동조합 합법화
1872: 노동조합, 파업 요구하면 불법화	1874: 평화적 시위 합법화
1884: 노동조합(생디카)의 합법화	1889: 런던 도크 파업
1895: 전국노동조합연맹(C.G.T.) 결성	1901: 태프 베일 판결
	1906: 태프 베일 판결 철회
1909: 우편종사자 파업	1909: 오즈본Osborne 법˙
1910:전국철도 파업	1913: 노동조합법(Trade Union Act)
1914: 약 100만 미만의 노동조합원	1914: 약 400만의 노동조합원
	※ 오즈본 법 ① 의회내 노동자 대표에 대한 지지비용의 조합 염출 금지 ② 정치적 목적을 위한 자금 사용의 불법화

을 구축하고 광범한 대중의 지지를 얻었다. 그리하여 1914년 프랑스는 유럽 대륙에서 가장 중요한 민주국가가 되었을 뿐 아니라 강대국으로서 국제적 기반을 굳혔다.

프랑스 국민은 대체로 공화주의를 선호하였다. 그들은 보통선거권, 언론출판의 자유, 법 앞의 평등과 같은 기본적인 인권을 향유하였다. 개인주의적인 성향이 강하여 정부의 간섭을 좋아하지 않았다.

1910년의 철도파업 1871년 파리 코뮨에 대한 유혈 탄압으로 프랑스의 사회주의 정당은 19세기말까지 재기할 수 없었다. 그러나 노동자들에게는 단체교섭권이 있었다. 1876년 프랑스 전국을 대표하는 조합으로 생디카syndicat가 결성되었으며 1884년 정부는 이를 법적으로 인정하였다. 다시 1895년에는 전국노동조합연맹(confédération générale du travail: 약칭 C. G T.)이 결성되었다.

1900-1910년 생디카는 여러 차례 파업을 단행하여 그 때마다 양보를 얻어냈으나 총괄적인 것이 되지는 못하였다. 1910년 철도파업에서 당시 수상인 브리앙Aristide Briand(1862-1932)은 한때 자신이 사회주의자였음에도 전국적으로 국가긴급사태를 선포하고 군의 지원 아래 철도 운행을 강행하여 노동조합의 파업운동이 수포로 돌아가게 하였다.

1910년 철도파업의 실패를 고비로 프랑스의 노동조합운동은 직접적인 교섭보다 입법활동을 통한 방식을 택하게 되었다. 정치활동의 강화로 1910년에 사회당은 중의원의 105석을 차지하게 되었다. 사회당의 지도층에는 후에 대통령이 된 미옐랑Alexandre Millerand(1859-1943) 및 사회주의 사상가 조레스 등이 있었다.

제3공화정의 사회정책 제3공화정은 반대 요소를 흡수하여 정책에 반영하였다. 예컨대 정부는 사회당과 협동하여 20세기초에 노년보험제, 의무연금법, 상해보험제 등을 실시하게 되었다. 특히 의무연금법은 60세에 달한 모든 남녀노동자에게 퇴직수당과 연금을 지급하도록 하는 것이었다.

1905-1910년 노동자의 사회조건은 개선되었다. 프랑스의 가톨릭 교회가 여기에 가세하였다. 1892년 교황 레오 13세의 권유에 따라 프랑스 가톨릭 정당의 일부는 공화론자들과 합류하여 이른바 합당파(Ralliés)를 만들었다. 그 후 1901년 그들은 '자유행동당' (Parti d' action libéral)을 창당하여 과거의 왕당파와 달리 공화제를 인정하고 프랑스의 가톨릭 신앙을 지키며 노동자 계층에게 유리한 입법을 촉구하는 목적을 내세웠다. 이 당의 지도층은 자본가 계급과 노동자 계급 사이의 대립과 긴장이 완화될 경우 사회주의의 세력이 더

이상 확대되지 않을 것이라고 믿었다.

어쨌든 영국에서와 같이 프랑스에서 노동자들의 영향력이 커졌다는 것은 제1차 세계대전 전의 가장 두드러진 정치적 발전 중의 하나였다. 사회주의자들은 산업적 이익을 노동자들에게도 분배해야 한다는 신념과 아울러 날로 격화되는 국제적인 무역경쟁에서 오는 위기를 극복하려는 목적에서 활동을 전개하였다.

3. 독일제국의 팽창

빌헬름 1세

1871년 1월 프로이센은 베르사유 궁전에서 신생 독일제국의 성립을 선포하였다. 프로이센 왕 빌헬름 1세(1797-1888)는 제1대 황제(Kaiser)로 즉위하였다. 3개월 후 4월에는 새로운 제국헌법이 공포되었다.

독일제국은 독특한 연방 성격을 가진 복합국가였다. 1871년 독일은 약 4천만 인구에 4왕국, 6대공국, 5공국 및 그 밖의 국가를 합친 26개국으로 구성되어 있었는데, 4왕국이란 프로이센 · 바바리아 · 작센 · 뷔르템베르크 등이며, 26개의 국가는 22군주국, 3자유시 및 1제국령(帝國領: Alsace-Lorraine)으로 구성되어 있었다. 제국령은 1911년까지 연방의회에 대표를 파견하지 못하였다.

프로이센 왕은 독일 황제와 연방의회 의장을 겸하였다. 프로이센 수상 역시 제국재상(帝國宰相: Reichskanzler)을 겸직하였다. 황제의 보좌관인 재상은 최고 행정기관으로서 다만 황제에 대해서만 책임을 지게 되어 있었다. 그는 의회에 대한 책임을 지지 않았기 때문에 근대적 의미의 책임내각의 조직자는 아니었다.

A. 비스마르크 시대

독일제국은 대의제에 의한 입헌국가였으나 보수적인 군주국가의 범위를 벗어나지 못하였다. 군주권을 견제할 수 있는 의회의 기능조차 극히 제한된 것에 불과하였다.

독일제국의 의회는 양원제였다. 상원에 해당하는 연방의회(Bundesrat)는 각 국가의 왕실이나 정부를 대표했으며 하원에 해당하는 제국의회(Reichstag)는 독일의 일반 국민을 대변하였다.

연방의회와 제국의회 연방의회는 비밀리에 입법을 준비하고 그 후 제국의회로 이송하였다. 또 국방 · 외교 · 과세 · 행정 분야의 권한을 가지고 있었다. 4명의 왕은 각각 지분에 따라 대표를 연방의회에 파견할 수 있었다. 예컨대 프로이센 왕은 17명, 뷔르템베르크 왕과 작센 왕이 각각 4명, 바바리아 왕은 6명의 대표를 연방의회로 파견할 수 있었으며 그 밖의 통치자들은 1명의 대표를 각각 파견하였다. 이와 같이 파견된 61명의 연방의회 의원은 오로지 자기나라 왕이나 통치자의 훈령에 따라 움직였다.

제국의회 의원 397명은 25세 이상 성년남자의 보통선거에 의해 선출되었다. 민의를 대변하는 제국의회는 법안을 '심의' 하는 정도의 권한밖에 가지지 않았으며 일종의 자문기관에 불과하였다.

제국의회는 단순히 '산울림의 전당'이요, '절대주의의 벌거숭이를 가리는 무화과 잎새'에 불과하다는 혹평을 들을 정도였다. 독일제국은 입헌주의를 가장한 전제 군주국이었다.

독일제국 체제에서 주목되는 점은 프로이센 우월주의이다. 황제인 프로이센 왕이 연방의회의 의장을 겸하고 있을 뿐 아니라 17명의 의원을 대표로 파견하고 있기 때문에 헌법수정을 획책하는 어떠한 시도라도 막을 수 있는 충분한 세력을 가진 위치에 있었다. 독일제국 헌법은 연방의회에서 14명 이상의 대표가 반대하면 수정하지 못하도록 되어 있었다. 그러므로 프로이센의 의원은 군비를 삭감하려는 어떠한 법안도 봉쇄할 수 있었고 또 연방의회의 분과위원장을 독점하고 있었다.

1871년의 독일 사람들은 의회민주주의의 습관이 전혀 익숙하지 못하였다. 제1차 세계대전이 시작된 1914년까지도 독일에서는 민주주의 성립의 아무런 징조도 보이지 않았다.

획일화와 산업화 독일제국의 각 구성국가는 예산 · 종교 · 교육 · 행정에 관한 독자적인 권한을 가지고 있었다. 그럼에도 경제 · 교통 · 통신 등에서는 제국 전체에 공통되는 통일된 제도가 실행되었다.

1871년 화폐가 발행되고 1873년 제국은행이 설립되어 은행제도가 완전히 개편되었다. 제국의 철도국 및 체신제도가 생겨서 교통망과 우편통신 시설이 전국적으로 연결되었다. 법령도 통일되었다. 독일의 경제력 증진을 위해 1879년 보호관세법이 제정되었다.

독일제국은 획일적 체제를 갖추면서 거의 같은 시기에 본격적으로 산업화를 진행하였다. 영국보다 약 1세기, 프랑스보다 약 30여년 늦은 독일의 산업발전은 놀라운 속도로 진전되었다. 영국과 프랑스의 패턴을 본떠 독일 산업가들은 1870년대의 발명들을 활용하면서 선진국 산업을 뒤쫓아갔다. 이러한 독일의

비스마르크의 사회입법

1883-1887년 독일 의회는 사회입법에 관한 새로운 모델을 제시하는 법령 셋을 통과시켰다. 비스마르크는 이 중 상해보험을 규정하는 첫 번째 법을 1881년 4월에 제안하였다. 다음은 제안 연설이며 여기서 그의 인품과 논리, 그리고 편견이 잘 나타나 있다.

과거 50년간 우리는 사회문제를 논해왔습니다. 사회입법이 통과된 이래 나는 사회주의의 원인을 제거하기 위해 무엇인가 적극적인 대책이 있어야 한다는 약속을 여러 번 되풀이한 바 있습니다…. 나는 궁극적으로 그 문제를 해결할 힘이 우리의 후손에게 있다고 믿지 않습니다. 참으로 정치문제는 마치 기업에서 수지가 맞도록 장부를 작성하는 것처럼 수학적으로 해결될 수 없습니다…. 나는 이 문제들을 당파적 감정이나 흥분 없이 다루어야 한다고 생각합니다. 왜냐하면 제국 정부가 나서지 않는다면 이 문제를 해결할 사람이 없기 때문입니다.

…여러분, 국가는 수행하지 못한 것에 책임을 져야 한다고 나는 생각합니다. 나는 '자유방임주의,' '순수한 맨체스터 정책,' '각자가 스스로를 책임진다,' '약자는 반드시 진다,' '가진 자에게 주라,' '가지지 않은 자로부터는 가진 것은 무엇이나 빼앗으라' 등은 군주국가에서, 특히 가부장적 통치를 받는 국가에서 실천될 수 있다고 생각지 않습니다. …

우리가 하고자 하는 계획에 대한 적절한 명칭은 실용적 그리스도교일 것입니다. 그러나 우리는 가난한 사람들을 말뿐인 숫자로서 먹이려 하는 것이 아니고 무엇인가 확실한 것을 주려는 것입니다. … 당신들이 빈둥거리고 국가예산을 낭비하지 않는다 해서 좋은 일을 한다고 할 수는 없습니다. 문제 전체를 열심히 다루기 위해 우리가 어떤 부담을 져야 할지 모르겠습니다.

산업화를 원활하게 한 것은 무엇보다도 제국의 정치적인 결속 때문이었다.

사회주의 탄압 사회민주당이 전제 군주주의와 프로이센 군국주의에 반대하고 진정한 의회민주주의뿐 아니라 철저한 사회 입법을 요구했으므로 비스마르크는 이 정당이 장차 더 큰 위협으로 커지기 전에 분쇄하기로 작정하였다.

1878년 황제를 암살하려는 사건이 두 번 발생하자 이를 빙자하여 비스마르크는 아무런 관련이 없는 사회주의자들에게 책임을 뒤집어씌우려고 하였다. 약 2백 개의 사회주의 단체가 해체되었으며 250개의 간행물이 탄압되었다. 약 5백 명이 투옥되고 서적의 검열과 금서(禁書)조치가 취해졌다.

이러한 과격한 조치에도 사회주의자들의 세력은 쇠퇴하지 않고 오히려 확장되었다. 그래서 비스마르크는 전략을 바꾸었다. 그는 독일 노동자들을 사회주의로부터 멀어지게 하기 위해 사회입법을 시도하였다. 질병보험법(1883), 노령보험법(1889) 등과 같은 일련의 노동복지 관련법이 이렇게 제정되었다.

그러나 비스마르크의 희망과는 달리 사회민주당의 규모와 세력은 더욱 커졌다. 선거 때마다 사회민주당에 대한 지지표는 늘어났다. 사회민주당은 1881년 30여만 표, 1887년 76만 표, 1890년 150만 표를 얻는 등 그 세력을 증대해 갔다. 1890년 이후에는 법적 지위까지 획득하고 급속히 발전하였다.

국민자유당 비스마르크는 헌법상 자신이 제국의회의 영향을 받지 않는 것으로 되어 있음에도 실제 정치에서 배경세력이 될 강력한 정당이 필요하다고 느꼈다.

1871년부터 1879년에 이르는 동안 그는 독일제국의 획일화와 결속에 힘을 기울이는 한편 '국민자유당' (Nationalliberale Partei)과 제휴하기로 하였다. 국민자유당의 사회적 기반은 대자본가계급인 부유한 실업가와 상인 및 상층의 중산계층인 고급관리 · 법률가 · 학자 · 문인 등이었다. 이 당은 자유무역과 책임의회정치를 표방했으며 중앙정부의 권력 강화를 주장하였다. 비스마르크를 지지한 '보수당' (Konservative Partei)은 주로 프로이센인의 정당이며 비스마르크와 같은 지주귀족 융커 계급을 기반으로 하고 있었다.

문화투쟁 독일의 가톨릭 신자는 제국 내에서 소수파였으므로 스스로를 지키기 위해 1871년 '중앙당' (Zentrumspartei)을 조직하였다. 이 당은 지역적으로는 서남 독일을 기반으로 했으며 대체로 중소농민층의 지지를 받았다. 중앙당은 프로이센 중심의 제국통일정책에 반대해 분립주의를 옹호하였다.

그런데 가톨릭 신자들은 서로 이견을 노출시키고 대립하였다. 1871년 제국의회에 선출된 가톨릭계 의원들은 교황 비오 9세Pius IX(재위: 1846-1878)가 공포한 교황의 '불가오류론' (1864)을 지지하였다. 그것은 교회와 국가의 완전 분리를 주장하고 이혼과 양심의 자유를 부인한 것이었다. 그러나 독일내 일부 성직자와 가톨릭 신자들이 반대했으므로 교황은 그들을 파문에 처하였다.

비오 9세

이에 비스마르크는 구 성직자층을 옹호하여 가톨릭 신도의 분열을 조장하였다. 이러한 비스마르크의 정책에 '문화투쟁' (Kulturkampf)이라는 거창한 명칭이 붙여졌다. 정부는 성직자가 정부 비판을 못하게 하고 가톨릭 수도회들의 교육활동을 금지시켰다.

마침내 1872년 예수회원이 독일에서 추방되고 독일과 교황청의 외교관계가 단절되었다. 독일 정부는 1873년과 1875년 사이에 더 가혹한 조치를 취하였다. 즉, 「5월 법」에 따라 독일의 고등학교와 대학에서 수학한 독일인만이 가톨릭 성직자로 임명되었다. 또 성직자는 정부의 인준을 받게 하였다.

가톨릭교회의 대응 교황 비오 9세는 이러한 탄압 조치가 무효임을 선언하고 독일의 모든 신도에게 이에 따르지 말 것을 호소하였다. 독일 정부의 조치에 반대한 성직자는 추방되거나 체포되었다. 수년 안에 독일의 주교 3분의 2가 쫓겨나고 사제 없는 교구가 4백 개나 생겼다. 한 동안 1천 곳 이상의 교구에서 종교의식이 중단되었다.

그러나 이와 같은 탄압에도 가톨릭 신도는 더욱 단결하여 더 많은 중앙당

대표를 제국의회에 보냈다. 이에 비스마르크는 전략을 바꾸어 가톨릭과 타협하기로 결심하고 1878-1887년 탄압적 법령 대부분을 철회하였다. 마침내 문화투쟁은 끝났다.

비스마르크가 후퇴한 이유는 사회주의자와의 싸움을 효과적으로 하려는 데 있었다. 1878년 이후 비스마르크의 주요정책은 사회민주당을 탄압하고 노동자들의 환심을 사는 사회입법을 제정하여 사회주의를 무력화하는 것이었다. 그는 또 고율 관세를 실시하여 중앙정부의 재정을 튼튼히 하는데 노력을 집중시켰다.

이러한 새 정책은 고율 관세에 반대하는 국민자유당과의 결별을 의미하였다. 그 대신 비스마르크는 중앙당 및 고율 관세로 이익을 본 제조업자와 지주층의 지지를 기대하였다.

B. 빌헬름 2세와 독일제국

비스마르크의 명성은 1880년대에 절정에 달했으며 그는 1890년까지 누구보다도 독일을 권위주의적으로 지배하였다. 그는 많은 적을 만들긴 했으나 1888년 빌헬름 2세가 즉위하기까지는 확고부동한 지위를 누렸다.

1888년 빌헬름 1세 사후 29세의 나이에 새 카이저가 된 빌헬름 2세 Wilhelm II(1888-1918)는 강력한 친정체제를 구축하려 하였다. 그는 비스마르크의 대외정책에 대부분 찬성하지 않았으며 특히 반(反)사회주의 입법을 반대하였다.

빌헬름 2세는 비스마르크와 약 2년간 긴장 상태를 지속한 끝에 마침내 1890년 비스마르크를 해임하였다. 실망한 비스마르크는 동프로이센의 영지에 은거하여 회고록을 기술하면서 소일하였다. 그는 가끔 신문 칼럼에서 정부 시책을 공격하였다.

빌헬름 2세 빌헬름 2세는 매우 다양한 재능을 가진 인물이었으나 정서적으로 불안정하였다. 군국주의를 숭상한 그의 신념은 왕권신수설이었다. 비스마르크의 뒤를 이어 1917년까지 카프리비Leo von Caprivi(재임: 1890-1894), 뷜로Bernhard von Bülow(재임: 1900-1909), 베트만-홀베크Theobald von Bethmann-Hollweg(재임: 1909-1917) 등이 제국 재상으로 임명되었다. 그러나 그들은 다만 황제의 지시에 따라 움직이는 데 불과하였다.

사회주의에 대한 방침도 달라졌다. 비스마르크 해임 이후 빌헬름 2세는 사회주의자들에 대한 탄압정책을 완화하였다. 그는 사회보장, 노동중재, 노동시간 규제, 노동안정 규정 등을 지지했기 때문에 '노동황제'라는 찬사를 받았다.

빌헬름 2세

사회민주당의 회합(1870)

사회민주당 사회민주당은 1890년대를 통해 계속 세력을 확장하여 제국의회의 의석을 더 많이 차지하였다. 1878년의 9석에서 1890년 35석으로 늘고 다시 1903년에는 81석으로 급증했으며 1912년에 이르러서는 100석이 되어 독일의 최대 정당이 되었다. 동시에 유럽에서 가장 강력한 사회주의 정당이 되었다.

사회민주당은 1912년 2천5백만의 조합원을 가진 강력한 독일 노동조합을 지배했으며 자체의 신문, 도서관, 레크리에이션 센터 등을 소유하는 영향력 있는 기층문화를 이룩하였다.

사회민주당은 베른슈타인Eduard Bernstein(1850-1932)의 수정주의를 공식적으로 거부한 확고한 마르크스주의적 혁명가 집단이었다. 베른슈타인은 그의 책 『진화론적 사회주의』(1897)에서 경제적 결정론이나 혁명을 덜 강조하고 그 대신 노동조건 개선과 민주주의 촉진에 더 초점을 맞추었다. 국제적 논쟁을 불러일으킨 마르크스에 대한 베른슈타인의 비판과 그의 대체이론은 전투적 요소가 약한 사회주의를 의미했으며, 다른 민주주의 정당과의 협력도 강조하는 것이었다.

독일의 사회민주당이 베른슈타인의 수정주의를 거부하고 공식노선으로 강력한 마르크스주의를 선택한 것은 사회주의 역사의 중요한 분수령이 되었다.

국제적 관련 독일은 빌헬름 2세 친정체제 후반기에 국제적 사건에 관련되고 외교적 위기에 휩쓸리기도 하였다. 1908년 『데일리 텔리그라프』*Daily*

Telegraph 사건이라든지 1912년 알자스-로렌 문제가 그것이다.

1905년 런던『데일리 텔리그라프』는 빌헬름 2세와의 인터뷰 기사를 실었다. 그 내용에 따르면 남아프리카의 보어Boer 전쟁에서 영국이 승리한 것은 카이저 자신이 영국 장군에게 전략을 지시해 주었기 때문이라는 것이었다. 또 급속히 팽창하는 독일 해군력에 대해서는 영국이 걱정하지 않아도 된다고 장담하였다. 그 이유는 독일이 영국을 상대로 하지 않고 일본(당시 영국의 동맹국)을 상대로 할 것이기 때문이란 것이었다. 이와 같은 신중하지 못한 인터뷰는 독일 제국의회에서 큰 물의를 일으켰다.

또 황제는 알자스-로렌 지방이 충성을 다하지 않는 것에 대해 기분이 상해 있었다. 그는 1912년 공개적으로 이 지방 자치를 철회하고 독일령(領)으로 만들겠다고 위협하였다. 이와 같은 카이저의 부주의와 거만은 독일 전제 군주주의가 낳은 당연한 소산이기도 하였다.

비민주적 경향 독일에서는 19세기 후반 산업 · 문화 · 학문이 급속히 발전했음에도 민주적인 정치의식은 거의 성장하지 못하였다. 프로이센의 지주귀족층인 융커를 중심으로 한 군국주의 전통이 강하게 남아 있었다. 독일 통일 자체가 철혈정책이라는 군사적 수단으로 달성되었을 뿐 아니라 국내의 자유주의 운동이 무력으로 탄압된 상태에 있었다.

최초의 부르주아 출신으로 평화시의 마지막 재상인 베트만-홀베크는 1909년 취임했는데 그는 매우 신중한 관리였다. 그는 의회를 달래는 한편, 과격파를 누르기 위해 툭하면 군대를 들먹이는 왕실에 제동을 가하려고 애썼다.

그러나 정치개혁을 위한 그의 온건노선은 아무런 성과를 올리지 못하였다. 유럽 대륙 최강의 독일제국은 프로이센 왕의 강력한 영향 아래에 있었으며 독일 재상은 제국의회보다도 황제에게 책임지는 존재로 남게 되었다.

독일에는 국가 지상주의의 전통이 강하였다. 국가가 정책수립과 집행을 주도한다는 것은 많은 독일인에게 극히 당연하게 받아들여졌고 헤겔이나 트라이츄케 같은 사상가들에 의해 합리화되었다. 더욱이 독일 국민은 충성심이 강하였다. 그들은 정부의 건설사업 · 입법 · 행정이 능률적이며 그 대가가 싸기 때문에 환영하였다. 국민교육은 충성스러운 국민의 복종심을 기르는 방향으로 실시되었다.

이와 같은 독일의 전통이 결과적으로 전제주의를 쉽게 받아들이게 하는 풍토를 만들었다. 그럼에도 19세기말에서 20세기초에 걸쳐 사회민주당의 세력은 더욱 커지고 제1차 세계대전 직전에는 모든 독일 유권자의 지지를 얻었다고 주장할 정도로 팽창하였다. 그러나 제1차 세계대전의 발발로 독일의 민주주의로 향한 길은 봉쇄되고 말았다.

4. 미국의 발전

19세기를 통해 미국은 영토 · 인구 · 경제 · 문화 분야에서 급속한 발전을 하였다. 미국은 독립 후 독자적인 역사발전을 하고 독특한 문화권을 형성하였다. 서부의 많은 미개척지, 유럽에서 유입되는 이민, 농업에서 공업으로의 전환, 새로운 정치적 실험 등 미국은 많은 과제를 안은 채 서서히 독특한 문명을 이룩하였다.

1783년 주권국가가 되었을 당시의 미국(아메리카 합중국)은 진정한 민주주의 체제를 갖추었다고 보기 어려웠다. 1789년의 제1대 대통령 선거 때에는 성인남자 7명 중 1명만이 선거권을 행사할 수 있었다. 즉, 종교적 규정과 재산제한 때문에 많은 사람이 선거권을 갖지 못하였다. 1790년 실시한 최초의 국세조사에서 미국 인구는 390만에 불과하였다.

약 반세기가 지난 후 미국은 '서진운동'(西進運動)의 결과로 비로소 거의 완전한 보통선거제도를 달성하게 되었다. 서부는 사회적 고정관념이 뿌리 내리지 않은 지역으로 새롭고 자유로운 정신이 지배하는 곳이었다.

이리하여 미국 민주주의는 1812년 전쟁이 일어나기까지 서서히 성장하였다. 1791년에 버몬트Vermont주, 1792년에 켄터키Kentucky주가 각각 보통 선거제를 채택하였다. 이에 반해 테네시Tennessee주, 오하이오Ohio주, 루이지애나Louisiana주 등은 여전히 선거권을 재산소유 규모에 결부시켰다.

북으로 이동하는
텍사스의 카우보이들

A. 영토 확장

독립 후 미국은 동부에서 아팔라치아 산맥을 넘어 서부로 향해 팽창하였다. 진취적인 미국민은 서부로 확장해 나가는 것을 '명백한 운명'(manifest destiny)으로 받아들이면서 서진운동을 계속하였다. 마침내 19세기 중반에 이르러 미국은 광대한 영토를 차지하여 대국으로 성장하는 기반을 확립하였다.

한편 1830년대를 전후하여 미국의 민주주의 발전은 두드러졌다. 1828년 제7대 대통령으로 당선된 잭슨Andrew Jackson(1767-1845)은 초대 대통령 워싱턴을 제외하고는 대학교육을 받지 않은 유일한 대통령이었다. 그는 가난 속에서 성장한 서부인으로 순전히 민중의 뜻에 따라 대통령이 된 사람이었다. 그의 선거표어는 "귀족계급을 타도하라"였다.

1830년대에 수립된 민주주의의 전통은 미국이 자유와 기회의 나라임을 입증한 것이었다. 교육의 기회는 공립학교제도의 발달과 함께 확대되었으며 정부는 평범한 보통사람들의 요구에 민감하게 대응하였다. 1830년대의 민주주의는 오늘날까지 지속되는 미국 정치제도의 승리였다. 요컨대 19세기 중반까지 미국은 영토확장과 민주주의 신장에서 매우 성공적인 성과를 거둔 셈이었다.

서진운동 영국으로부터 독립을 쟁취할 당시 미국의 영토는 대서양 연안의 동부 13주를 비롯해 미시시피 강에 이르는 지역에 국한되어 있었다.

그러나 미국은 1800년부터 1860년까지 서진운동을 급속도로 추진했으며 그 결과 영토가 대폭 확장되었다. 미국은 독립한 직후 영국으로부터 아팔라치아 산맥과 미시시피 강 사이의 땅을 양도받아 식민지시대에 비해 영토가 2배로 늘어났다. 더욱이 1803년 나폴레옹이 전쟁자금 때문에 팔아버린 루이지애나를 구입한 미국은 미시시피에서 로키 산맥으로 확장하여 또다시 영토를 두 배로 늘렸다.

1804-1806년 싼 경작지를 구하기 위해 많은 이주민이 서부로 이동·정착하였다. 그리하여 1840년대에는 서진운동이 더욱 더 진행되어 대서양에서 태평양에 이르는 북아메리카 전체를 차지하는 것게 되었다. 1810-1819년에는 스페인으로부터 플로리다를 구입하였다.

서부의 넓은 농토를 찾아 이사하는 사람들

토착민과의 충돌 서진운동 과정에서 이주 정착민은 원주민과 충돌하는 일이 많아졌다. 선조 대대로 전해오는 땅을 잃게 된 원주민은 상호 유대를 맺거나 캐나다의 영국 식민지 관리들에게 호소하였다. 아메리카 원주민은 체로키족(Cherokees)을 비롯 시우Sioux, 코만치Comanche, 포니Pawnee, 아파치Apache 등 인디언이었다.

1840년경 미국 군대와 정부는 미시시피 강 동쪽 모든 영토를 장악하게 되었다. 그들은 원주민 일부를 플로리다나 서부의 불모지대인 변경으로 몰아냈다. 미국 정부 당국이 강제로 원주민을 몰아내는 가운데 대규모의 살상과 비인도적 행위가 자주 있었다. 미국사상 최후의 큰 규모의 충돌은 1890년 남다코타South Dakota의 운디드 니Wounded Knee에서 일어났다. 이 때 미국군은 기관총으로 2백 명 이상의 시우족을 학살하였다.

멕시코-미국 전쟁 서진운동으로 미국과 멕시코 사이에 긴장이 고조되었다. 1820년대와 1830년대에 많은 미국인이 멕시코 지방으로 진출하였다. 당시 멕시코는 텍사스Texas, 캘리포니아California, 뉴멕시코New Mexico 등을 포함한 지역이었다.

미국에서 이주한 정착민이 많이 살고 있던 텍사스는 1836년 멕시코의 지배를 벗어나 독립을 선언하였다. 1845년 멕시코의 강력한 항의에도 불구하고 미국은 텍사스를 합병하였다.

이 조치로 양국 관계는 악화되고 미국은 마침내 1846년 멕시코와 전쟁을 하게 되었다. 이것이 멕시코-미국 전쟁(1845-1848)이다. 미국군의 압도적 승리로 2년 후 강화조약(Guadalupe Hidalgo 조약)이 체결되고 미국은 리우 그란데Rio Grande 북쪽의 텍사스, 캘리포니아, 뉴멕시코 등 지역을 양도

평화로운 모습의 시우족

미국영토(1810)

받고 그 대가로 1천5백만 달러를 지불하였다. 1846년에는 오레곤Oregon까지 합친 광활한 지역이 미국 영토가 되었다.

이와 같은 확장 결과 1860년까지 미국 영토는 1840년보다 약 3분의 2 가량 증가하였다. 이와 함께 인구도 늘어나 1783년의 13주의 인구 약 350만이 1790년에는 390만으로, 1860년에는 33주의 인구 약 3천1백만으로 증가되었으며 세계 제4위의 인구 보유국이 되었다.

B. 남북전쟁과 재건

서진운동은 지역간 긴장과 충돌을 가속화시키는 결과를 낳았다. 1860년대에 이르러 지역발전에 따른 이해관계의 충돌이 극도에 달하였다. 당시 가장 강력한 사회계급은 남부의 대농장주들이었으며 미국의 정치계를 장악하고 있었다. 당시까지 16명의 역대 대통령 가운데 9명이 남부 출신이었다. 또 24명의 역대 국무장관 가운데 14명, 26명의 역대 하원의장 가운데 15명, 35명의 대법관 가운데 21명이 남부 출신이었다.

남부의 대농장주는 비록 유럽에서와 같은 세습 귀족이 아니지만 실질적으로 소유토지의 규모 · 권세 · 생활방식에서는 유럽의 귀족계급과 다름없었다. 독립 후 1세기 이내에 미국사회에는 급격한 변화가 왔는데 이 변화의 계기는 남북전쟁(Civil War, 1861-1865)이었다. 이 전쟁은 '남북분리전쟁'(War of Secession), 또는 '제주(諸州)전쟁'(War Between the States)이라 칭하기도 한다.

남북전쟁의 원인 남북전쟁의 원인은 여러 가지 있으나 그 가운데 가장 분명한 것은 노예 문제였다. 1619년 아프리카 흑인노예가 버지니아Virginia에 처음으로 끌려온 후 노예 수는 증가하였다. 그러나 18세기말경 노예의 필요성이 줄어들어 노예해방의 기운은 남부에까지 번졌다. 그럼에도 1793년 면화씨를 분리시키는 조면기(繰綿機: cotton gin) 발명을 계기로 면 생산이 증가했으므로 노예노동은 남부의 대농장제에 필수 불가결한 것이 되었다.

노예제 폐지론만이 전쟁의 원인은 아니었다. 사실상 북부에서도 노예 유지를 찬성하는 사람들이 있었으며 오히려 노예 폐지론자가 수난을 당하는 경우도 잇었다. 예를 들면 1835년 폐지론자인 개리슨William Lloyd Garrison (1805-1879)은 목을 밧줄에 묶인 채로 보스턴 시가를 끌려다녔다. 또 1837년에는 폐지론을 주장한 언론인 러브조이Elijah P. Lovejoy(1802-1837)가 일리노이Illinois주에서 폭도에게 린치를 당하였다.

지역적 이해의 차이 남북간의 충돌의 또다른 원인은 지역적 이해관계의 차이에 있었다. 노예제를 서부의 준주(準州: territory)에 확대 적용할 것인가 여부는 하원의석 수와 관계가 있었다. 이것은 남북간에 긴장을 자아내는 뜨거운 쟁점이 되었다. 노예제를 준주 지역에서 배제할 목적으로 1848년 '자유토지당' (Free Soil Party)이 구성되었다. 1854-1856년 뉴잉글랜드에서 이주해 온 반(反)노예제론자들과 미주리 Missouri에서 주 경계를 넘어 온 노예제 유지론자들 간의 유혈사건이 캔자스Kansas에서 일어났다.

이 밖에도 보호무역주의(Protectionism)가 또다른 쟁점이었다. 공업 중심의 북부는 성장하는 상공업을 위해 보호관세가 필요하였고 농업생산자의 입장에 있는 남부는 자유무역에 찬성하였다.

남북전쟁 당시의 미국

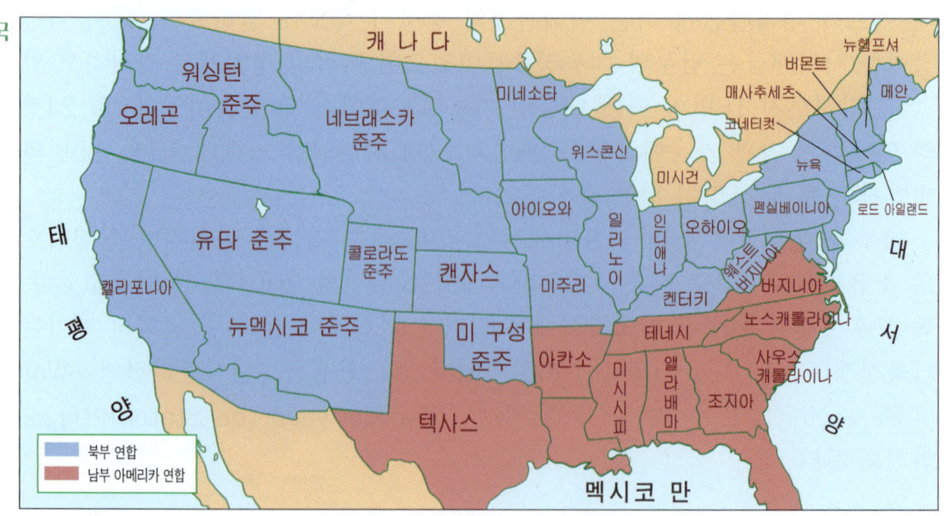

정치적 이념의 차이 정치적으로도 남북간에 견해 차이가 있었다. 북부의 관점에서는 강력한 중앙정부가 국내 안정과 번영을 위해 필요했으나 남부 여러 주는 각각 독자적인 제도를 운영하고 있었으므로 중앙 연방정부의 권한을 최소한으로 줄이기를 희망하였다. 이러한 '지역주의'(sectionalism)와 주권론(州權論) 문제가 시간이 경과함에 따라 노예문제와 얽히게 되었다.

1857년 남부측 주장을 뒷받침해 주는 대법원 판결인 스코트 판례(Scott vs. Sandford)가 나왔다. 군의관의 노예 스코트Dred Scott(1795-1858)는 '미주리 타협'(Missouri Compromise)의 결과로 노예제도가 금지되고 있는 미네소타 준주에 노예로 끌려갔다가 본래 출발지였던 일리노이로 되돌아왔다. 어쨌든 그는 두 번이나 자유지역(Free Soil)에 살았던 적이 있기 때문에 이 점을 이유로 자유를 주장하였다.

스코트 판례는 노예가 대법원에 고소할 수 있는 권리를 부인한 것이었다. 또 이 판례는 노예제를 금지하는 미국의회의 입법이 위헌이라고 선고하였다. 따라서 이 판례는 북부 여러 주를 격분케 하여 전쟁을 불가피하게 만들었다.

남북전쟁 발발 남북전쟁의 직접적인 원인은 1860년 노예제 확장에 찬성하지 않는 링컨Abraham Lincoln(1809-1865)이 대통령에 당선된 데 있었다.

링컨이 당선되자 사우스캐롤라이나South Carolina를 시작으로 남부 주들이 속속 합중국 정부로부터 이탈할 것을 선언하였다. 그리고 이탈한 주들이 모여 1861년 2월 '아메리카 연방'(Confederate States of America)을 창설하였다. 아메리카 연방은 데이비스Jefferson Davis를 대통령으로 선출하고 새 헌법을 채택하였다.

전쟁의 결과 남북전쟁은 1861년 4월 포트 섬터Fort Sumter의 공격으로 시작되어 1865년 봄 아포마톡스Appomattox 전투로 끝났다. 이 전투에서 남군 사령관 리Robert E. Lee(1807-1870)는 항복하였다.

링컨

남북전쟁으로 20만의 전사자를 포함한 40만 이상의 인명 피해가 있었다. 전쟁이 종결되기 직전 헌법 수정 13조가 채택되어 노예제가 항구적으로 폐지되었다. 그 후 헌법 수정 14조는 해방노예에게 시민권을 부여하였고, 15조는 인종차별에 따른 선거권의 거부를 금지하였다. 남북전쟁의 패배로 남부는 정치면에서뿐 아니라 경제면에서도 큰 타격을 입었다.

1860년의 전쟁을 고비로 서부의 자유농과 동부 산업자본가의 사회적 영향력이 커졌다. 북부인은 남부인의 희생을 바탕으로 토지투기 · 철도부설 · 광산개발 등을 통해 막대한 경제적 이익을 거두었을 뿐 아니라 정치적 권력을 독점하다시피 하였다.

전선을 시찰하는 링컨

그러나 남북전쟁을 겪은 미국은 국가적 결속을 일층 강화하고 여러 가지 유리한 여건 아래에서 세계적인 강대국으로 발돋움하게 되었다.

미국이 세계세력으로 발전하게 된 데는 유럽 대륙의 정치정세 변동에 영향받지 않는 고립주의적 대외정책을 추구할 수 있었다는 것에도 그 이유가 있다. 더욱이 넓은 국토가 철도 · 기선 · 전신의 발달로 연결될 수 있었고, 미국 정치인들은 새로운 사태에 직면할 때마다 구체적 방안을 착상하고 실천에 옮겨 실리를 취하였다.

산업발전 19세기말 '서부변경'(프론티어: Frontier)이 개척됨에 따라 미국의 경제 번영은 한층 신속하게 이루어졌다. 남북전쟁 중 중요한 역할을 했던 철도는 많은 인구를 서부로 이동시키는 적절한 수단이 되었다.

서부 개발을 위한 입법이 있었다. 1862년의 「자작농지법」(*Homestead Act*)은 5년간 거주한 사람에게는 160에이커(약 20만 평)의 토지를 소유할 수 있게 하였다. 공유지(公有地)를 불하받은 철도회사가 철도 주변의 땅을 싸게 팔아서 서부 이주를 더욱 촉진시켰다.

19세기를 통해 미국사회의 물질적 번영이 계속되고 국민의 생활수준은 향상되었다. 미국의 산업발전은 19세기말 국가적 부의 주요원천이 되었다. 1914년까지 도시인구가 생산업에서 얻는 국민소득은 농촌인구의 소득을 훨씬 능가하였다. 미국의 발명가나 기술자들은 대량 생산 방식, 기계기구의 개선, 교체 부품의 표준화, 일관작업 등에 커다란 기여를 하였다.

그 결과 풍부한 철과 석탄 등의 자원을 가진 미국은 이윽고 유럽 열강을 능가하는 강대국이 되었다. 1871년에는 영국이 석탄과 철의 생산에서 세계 1위였으나 1890년에 이르러 미국은 영국과 같은 위치에 올랐다. 1914년에 미국은 영국 · 프랑스 · 독일 세 나라의 총량을 합친 것보다 더 많은 철과 석탄을 생산하게 되었다.

미국의 제국주의 미국은 자체 안에 시장과 투자대상을 소유하고 있었기 때문에 1871년에서 1914년에 이르기까지는 유럽 강대국과는 달리 아프리카나 아시아를 침략할 필요를 느끼지 않았다.

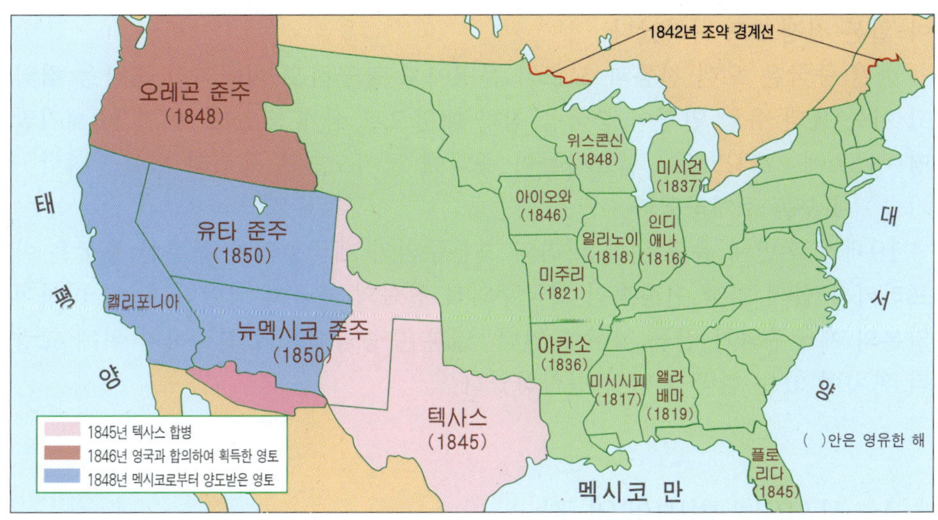

1850년의 미국영토

그럼에도 미국은 '명백한 운명'이란 서부 개척시의 표어를 계속 내걸고 영토팽창에 강한 의욕을 보였다. 서쪽으로 태평양 연안까지 국토를 통합한 미국은 1898년 스페인과의 전쟁을 통해 카리브 해와 쿠바, 태평양의 괌 도(島)와 필리핀 제도(諸島)를 병합하였다.

그러나 미국이 정작 세계적인 관점에서 국제정치를 다루게 된 것은 20세기에 이르러서였다. 미국의 세계 패권은 특히 1898년 이후 미국 해군이 급속히 확장함으로써 현실로 다가왔다. 확장 일로의 미국 함대는 1914년 세계 3위로 성장했으며 같은 해 파나마 운하의 개통으로 미국은 태평양과 대서양을 누빌 수 있는 해군력을 보유하게 되었다.

이리하여 제1차 세계대전이 발발하기 이전에 미국은 사실상 세계열강의 대열에 끼게 되었다. 미국은 전통적인 고립주의적 대외정책 기본노선을 지키면서도 동시에 유럽의 경제 및 정치와 긴밀한 관련을 갖게 되었다.

5. 러시아·일본·중국

19세기말 러시아는 심각한 내부 모순에 허덕이게 되었다. 그럼에도 아시아 진출 의욕은 꺾이지 않았다. 크림 전쟁에서 지중해로 나가려는 시도가 실패한 후 러시아의 부동항(不凍港) 획득정책은 그 방향을 아시아로 돌렸다.

그러나 이때 일본은 급속한 서양화에 성공하여 근대적인 산업자본국가로 성장한 때였으므로 러시아의 아시아 진출과 충돌하게 되었다. 그 결과가 러시아-일본 전쟁으로 나타났다.

한편 중국은 오랜 전통과 고도의 문명에도 불구하고 대내적인 혼란을 겪었고 이를 틈타 유럽 열강이 중국을 침략 대상으로 삼게 되었다. 이미 16세기말 명(明)조에 그리스도교 선교사들이 중국에 들어오면서 유럽의 학문 · 과학 · 기술 · 예술을 소개하였다.

19세기 후반에 유럽 여러 나라의 자본주의와 제국주의가 침투한 중국은 아프리카와 함께 가장 전형적인 제국주의적 침략의 제물이 되었다. 이에 더하여 일본의 제국주의가 한몫 끼어 들었다. 일본은 중국대륙에 진출하기 위해 교량적 위치에 있는 한국을 먼저 침략하였다.

A. 러시아: 혁명에의 길

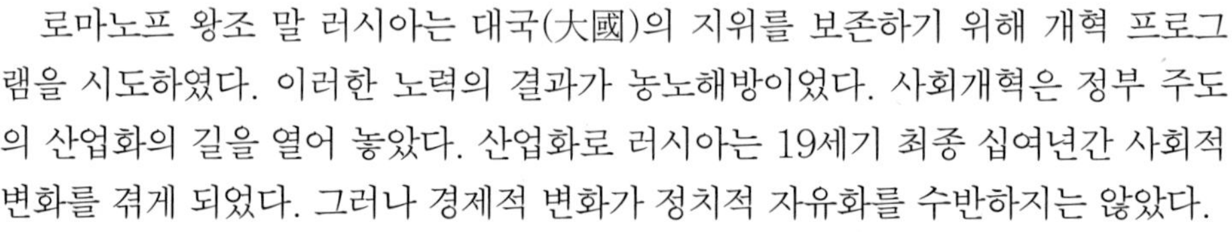

로마노프 왕조 말 러시아는 대국(大國)의 지위를 보존하기 위해 개혁 프로그램을 시도하였다. 이러한 노력의 결과가 농노해방이었다. 사회개혁은 정부 주도의 산업화의 길을 열어 놓았다. 산업화로 러시아는 19세기 최종 십여년간 사회적 변화를 겪게 되었다. 그러나 경제적 변화가 정치적 자유화를 수반하지는 않았다.

알렉산드르 3세

마침내 국내에서는 알렉산드르 2세의 개혁열이 식었으며 1863년 폴란드 반란을 계기로 러시아는 보수주의로 회귀하였다. 나로드니키('인민 속으로' : Narodnik) 운동은 일반대중의 호응을 얻지 못했을 뿐 아니라 정부의 탄압으로 좌절되고 말았다. 그러자 과격한 허무주의자들이 테러를 시작하여 정의의 이름으로 정치적 암살을 자행하였다. 결국 1881년 알렉산드르 2세는 암살되었다.

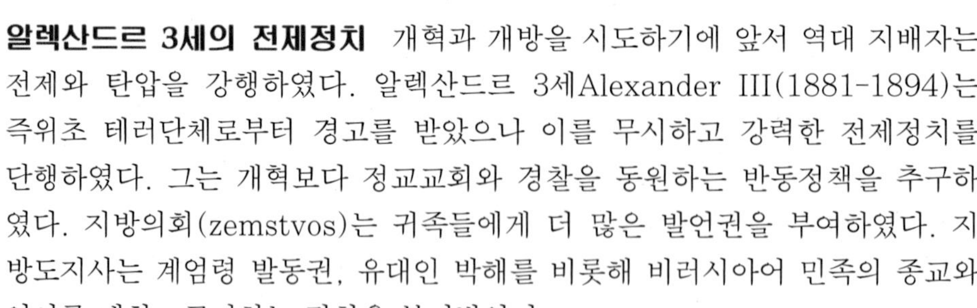

알렉산드르 3세의 전제정치 개혁과 개방을 시도하기에 앞서 역대 지배자는 전제와 탄압을 강행하였다. 알렉산드르 3세Alexander III(1881-1894)는 즉위초 테러단체로부터 경고를 받았으나 이를 무시하고 강력한 전제정치를 단행하였다. 그는 개혁보다 정교교회와 경찰을 동원하는 반동정책을 추구하였다. 지방의회(zemstvos)는 귀족들에게 더 많은 발언권을 부여하였다. 지방도지사는 계엄령 발동권, 유대인 박해를 비롯해 비러시아어 민족의 종교와 언어를 제한 · 금지하는 권한을 부여받았다.

알렉산드르 3세는 러시아의 정치적 혼란을 막는 길은 오직 러시아를 유럽 민주주의 및 자유주의의 유입을 차단하는 것이라고 확신하였다. 그래서 검열을 실시하고 각급 학교에서 위험사상을 가르치지 않도록 교육을 통제하였다. 그는 유럽의 영향을 배척하고 슬라브 민족의 독자성을 강조하는 범(汎)슬라브 민족주의를 표방하였다.

니콜라이 2세

알렉산드르 3세에게 가장 큰 영향을 끼친 사람은 포비예도노스체프Konstantin Petrovich Pobyedonostzev(1827-1907)였다. 저명한 법률학자인 그는 사법개혁을 추진한 인물들 중 하나였다. 알렉산드르 3세의 자문(諮問)이며 왕자(후의 니콜라이 2세)의 교사였던 포비예도노스체프는 민주주의, 헌법, 의회제를 혐오하도록 가르쳤다.

그는 저서 『한 러시아 정치인의 회상』에서 의회란 단순히 의원들의 허영과 정치적 야망을 충족시키는 단체에 불과하다고 강변하였다. 포비예도노스체프는 테러리스트들을 색출하고 강력한 러시아화(化) 정책, 즉 하나의 민속, 하나의 언어, 하나의 교회, 하나의 정부를 표방하는 정책을 추진하였다.

혁명운동의 재발 1894년 알렉산드르 3세의 뒤를 이은 니콜라이 2세Nicholas II(1894-1917)는 지적 능력이 떨어지고 의지가 약한 인물이었다. 그는 전통적인 전제정치와 알렉산드르 3세의 정책을 거의 그대로 답습했을 뿐이었다.

니콜라이 2세는 산업혁명의 영향을 받은 19세기말의 러시아 사회 변화와 현실을 올바르게 인식하지 못하였다. 당시에는 도시노동자들이 자주 파업하였고 혁명단체들이 결성되었다. 개혁을 주장하는 소리가 사방에서 일어났다.

그러나 러시아 정부는 경찰과 군부를 동원하여 반정부운동을 강력하게 탄압하였다. 그 때까지 각종 개혁을 주장하는 당파들이 여럿 있었다. 먼저 기업가와 귀족 중 진보적인 인사들로 구성된 '입헌민주당' (Kadet)이 있었다. 그들은 입헌군주제에 입각한 평화로운 개혁을 주장하였다.

이에 대해 '사회혁명당' (S-R)은 나로드니키의 전통을 따르는 정당으로서 도시나 노동자보다 농촌과 농민을 더 중요시하였다. 그들의 목적은 농민에게 더 많은 토지를 분배하는 것이었다. 끝으로 마르크스주의자들이 구성한 '사회민주당' (S-D)이 있었다. 그들은 과격한 지식인과 도시 노동자들을 배경으로 하고 정치 · 사회 · 경제 측면에서 철저한 혁명을 희망하였다.

멘셰비키와 볼셰비키 사회민주당은 1903년 브뤼셀 대회에서 온건한 멘셰비키파(Mensheviks)와 과격한 볼셰비키파(Bolsheviks)로 분열되었다. 멘셰비키파는 플레하노프Georgi Plekhanov(1857-1918)의 영도 아래 입헌체제를 토대로 점진적 방법에 따른 사회주의를 건설하고자 하였다. 마르크스가 죽은 1883년 주네브에 망명한 그는 최초로 러시아 마르크스주의 당을 창설한 바 있었다.

반면 볼셰비키파는 레닌V.I. Lenin(1870-1924)의 영도 아래 소수의 전문적인 혁명분자의 조직을 주장하고 무력에 의한 정권탈취를 목표로 하였다.

청년시대의 레닌

레닌의 본명은 울리야노프Vladimir Ilich Ulyanov였다. 그는 물리학 교수인 아버지 아래 소위 부르주아적 생활환경에서 자라났다. 1887년 형이 21세에 황제 암살음모에 가담했다는 혐의로 사형된 직후 형이 가지고 있던 『자본론』을 읽고 마르크스주의 비밀결사에 동참하였다. 그는 1895년 체포되어 재판 없이 1년간 투옥된 후 3년의 시베리아 유형이 선고되었다. 1900년에 석방된 후 부인과 함께 스위스로 망명하여 사회주의 잡지 『불꽃』(*Iskra*)을 간행하였다.

1905년 소수파 멘셰비키파와 다수파 볼셰비키파는 각각 따로 회의를 했으며 1917년까지 분파는 계속되었다. 그러나 런던에서 열린 제2차 대회에서 레닌의 의견이 다수의 지지를 얻었다. 이후 레닌은 볼셰비키 공산당의 주도권을 장악하였다.

러시아-일본 전쟁 러시아는 1898년 중국으로부터 요동반도를 조차(租借)한 후 뤼순(旅順: Port Arthur)에 기지를 구축하여 동아시아 진출과 만주점령의 기반으로 삼고 있었다. 러시아의 만주지배는 한반도(韓半島)의 안전보장을 위협할 뿐 아니라 일본의 대륙진출의 길목을 막는 것이었다.

이리하여 러시아의 동아시아 진출은 일본의 세력과 충돌하였다. 특히 만주와 한국에 세력을 침투시키려는 러시아의 시도는 중국대륙에 제국주의적인 침략을 감행하려던 일본의 북상세력과 충돌하였다.

그 동안 일본의 팽창된 국력을 충분히 파악하지 못한 러시아는 1904년 발트 함대를 아시아로 원정 보냈으나 결과는 러시아의 완패로 끝났다. 만주 지방의 육전에서 패배하고 뤼순이 함락되자 러시아 정부는 1905년 전쟁을 끝내지 않을 수 없었다. 패전으로 러시아 정부의 부패와 무능이 드러났으며 차르의 전제정치는 비판의 대상이 되었다.

위테의 개혁 시도 위테Sergei Witte(1849-1915)는 1892년부터 1903년까지 재무장관을 지내면서 쇠퇴하는 러시아 제국의 회복을 위해 일련의 개혁을 단행하였다. 위테는 러시아-일본 전쟁을 수습하는 포츠머스Portsmouth 조약을 체결한 공로로 백작에 봉해졌다.

그는 시베리아 철도를 부설하고 금본위 화폐제도를 실시하여 외국 투자를 유치하려고 하였다. 자본가 계층을 위해 고율 관세를 실시하고 노동자를 위한 사회입법을 하였다. 그러나 마르크스주의 세력이 점차 커졌고 결국 그는 1903년 재무장관을 사임하였다.

1905년 혁명과 피의 일요일 일본과의 전쟁에 패배한 러시아는 1904년말 전국적인 시위를 겪게 되었다. 지방과 도시에서 혼란이 일자 정부내의 인사들도 탄압 이외의 다른 방법을 찾으려고 하였다.

1891년 대규모의 기근으로 농민의 불안은 고조되었다. 비러시아계 민족이 비밀결사를 구성하고 상트 페체르부르크에서 모스크바에 이르기까지 노동자들의 조합이 조직되었다. 인민주의와 공포정치의 전통을 이은 사회혁명당은 더욱 활발해졌다. 망명지에서 조직된 마르크스 사회민주당은 러시아 국내와의 유대를 강화하였다.

이런 분위기에서 지방의회 젬스트보 내의 자유주의적 의원들은 정부에서 금지한 국민회의를 1904년 개최하고 시민의 자유와 권리를 주장하였다. 이에 1905년 1월 하순 '피의 일요일' 로 알려진 비극적 사건이 일어났다.

한 신부(神父)가 주도하여 파업 노동자들과 수많은 군중이 상트 페체르부르크의 '겨울 궁전' 으로 행진하여 차르에게 국민헌법 제정과 노동조합 인정을 위한 진정서를 제출하였다. 그것은 도시노동자의 빈곤을 호소하고 나아가 자의적 전제정치와 부패 관리들을 비판하는 진정서였다. 행렬이 겨울 궁전에 도착했을 때 코사크 기병이 무방비 상태의 군중에게 발포하여 수백 명을 살상하였다.

이 학살은 세계적으로 충격을 안겨주었다. 후에 이 때 행진을 주도한 신부는 비밀요원과 연관됨이 밝혀졌고 결국 핀란드까지 좇아간 혁명지도자들에게 살해되었다. '피의 일요일' 사건은 전국적으로 확산되어 3월 차르는 '명사회' 소집을 약속하고 종교적 관용, 유대인과 비러시아계 민족에 대한 제약 축소, 토지대 상환금의 일부 탕감 등 개혁안을 즉각 발표하였다.

그럼에도 노동자들은 흥분했으며 철도부문에서 시작된 일제 파업이 전 산업에까지 파급되었다. 제헌의회의 구성, 시민적 자유, 8시간 노동 등을 주장

피의 일요일: 정부군이 시민에게 발포하고 있다.

한 대중의 요구가 전국적으로 확대되었다. 대중은 민주공화제, 정치범의 석방, 경찰의 해체 등의 구호를 외쳤다. 반란은 육 · 해군에게까지 확산되었다.

노동자들로 구성된 회의체 소비에트(Soviets)가 혁명운동을 지휘하였다. 상트 페체르부르크 소비예트에서 레닌과 트로츠키 등이 활동하였다. 대도시에서는 군중이 적기(赤旗)를 들고 다녔다. 가스 · 전기 · 수도가 나오지 않고 산업조직과 정부기관은 폐쇄되고 모든 생활이 마비되었다.

1905년 혁명의 결과 마침내 니콜라이 2세는 헌법을 부여하는 '10월 선언'을 공포하고 입법기관인 두마Duma를 즉각 소집하였다. 인신(人身) · 양심 · 언론 · 집회 · 결사의 자유도 약속되었다. 개혁 주도자 위테가 수상으로 임명되었다.

10월 선언이 나오자 거리의 군중이 춤추고 좋아했으나 여론은 변화 방향을 놓고 두 갈래로 갈라졌다. 언론과 결사의 자유를 허용한 헌법을 존중하려는 측은 '10월파' (Octobrists)로 알려진 온건한 자유주의자들이었다. 제헌의회와 광범한 자유보장을 찬성한 자유주의자들은 입헌민주당을 조직했으며 간단하게 '카데츠' (Cadets)라고 자칭하였다.

이에 반해 막연한 자유의 약속에 만족하지 않은 사회주의자들은 반발하였다. 사회주의자와 혁명가들은 타협을 거부하고, 노동조합지도층과 사회주의자들의 위원회인 페체르부르크 소비예트가 새로운 파업을 결행하려고 하였다.

그러나 모스크바에서 노동자들이 봉기를 일으켰을 때 온건한 개혁파들은 정부를 지지하였다. 12월에 정부는 소비예트 지도자들을 체포하고 항의하는 모스크바 노동자들의 봉기를 무자비하게 진압하였다. 그리하여 1905년말에는 니콜라이 2세의 권위가 어느 정도 회복되었다.

1906년 5월 선포된 기본법은 차르가 할 수 있는 양보의 한계를 명시한 것이었다. 이에 따르면 차르는 거부권, 각료임명권, 행정부와 사법부 및 군의 통솔권을 보유한다는 것이었다. 국민의회는 두마와 함께 상원을 두게 되었는데 그 절반의 의원을 차르가 임명하도록 하였다.

1906년 봄 소집된 첫 두마에서 대다수 의석을 차지한 카데츠는 대의정치체제를 요구하였다. 두마는 러시아-일본 전쟁의 책임을 따졌을 뿐 아니라 폴란드와 핀란드의 자치를 주장하고 정치범의 석방도 요구하였다.

그 해 여름 니콜라이 2세는 두마를 해체하고 보수적인 스톨리핀Piotr Arkadevich Stolypin(1863-1911)을 수상으로 임명하였다. 그러나 새로운 선거에서 더 과격한 의회가 구성되자 의회는 또 해산되었다. 유산계급에게 유리한 새 선거법은 그 후의 의회에서 보수 다수당을 확보할 수 있게 하였다. 체포와 처형 등을 자행하는 탄압은 계속되고 보수화된 두마가 이를 지지하였다.

그럼에도 1905년 혁명은 중요한 변화를 가져왔다. 러시아는 이제 의회제도와 정당을 가지게 되고 귀족계급의 힘은 크게 후퇴하였다. 러시아 역사는 새로운 과정을 밟게 되었다. 1906년부터 1911년까지 수상을 지낸 스톨리핀은 교육과 행정 개혁, 시베리아 개발, 미르mir 공동경작제도에서 토지 사유제 실시 및 농민 지위 향상에 이르기까지 온건하고 점진적인 개혁을 시도하였다.

그러나 결국 1905년 혁명은 러시아를 진정한 입헌국가로 전환시키는 데는 실패하였다. 심화된 노동자와 농민의 불만이 억눌리고 과격파 운동이 탄압됨으로써 10년 후 새로운 혁명으로 국민감정이 분출될 소지가 남게 되었다.

B. 일본 제국주의의 대륙진출

일본이 서양 학술과 종교에 접한 것은 16세기말이었다. 그러나 19세기 중기가 지나서야 비로소 일본은 유럽 국가와 본격적인 교섭관계를 맺었다. 1853년 미국 함대는 도쿄(東京)에 와서 개항을 요구하여 성공하였다. 이를 계기로 일본은 영국 · 프랑스 · 네덜란드 · 러시아 등과 차례로 조약을 체결하게 되었다.

일본인은 처음에는 외국에 대한 적대감정을 갖고 있었다. 그러나 1864년 시모노세키(下關)가 포격당한 이후 서양 문화를 빨리 받아들이는 것만이 스스로를 보호하는 길이라고 믿게 되었다.

그리하여 일본은 서양의 학문과 제도, 기술과 지식을 재빨리 수용하여 근대화했을 뿐 아니라 유럽 제국주의 열강의 대열에 끼어 중국을 침략하였다. 이에 앞서 교량적 위치에 있는 한국을 먼저 강점하였다.

메이지유신 일본 황제 메이지(明治, 재위: 1867-1912)는 이른바 '메이지이신'(明治維新)을 통해 서양화에 착수하였다. 그 결과는 실로 놀라운 것이었

유럽 악기 연주법을 배우는 메이지 시대의 일본 여성

1891년의 일본 의회

다. 일본은 신속히 유럽 제도를 모방하여 일본 사정에 알맞도록 정착시켰다. 프로이센을 모방하여 육군을 개편하고 영국을 본 따 해군을 창설하였다. 형법(刑法)은 프랑스, 은행은 미국의 것을 각각 모방하였다. 교육제도는 유럽 각국의 것을 절충적으로 따왔다.

약 30년 사이에 일본의 봉건적인 모습은 완전히 바뀌었다. 특히 산업발전은 괄목할 만하였다. 1914년까지 일본 상선(商船) 수는 세계 6위의 규모로 증대했으며 무역량은 반세기 동안 1백 배로 늘어났다.

일본 제국주의와 한국 침략 일본은 메이지 시대에 급속한 산업화를 통해 19세기말 서양 제국주의 세력에 합류하였다. 일본 지도층은 1860년대에 미국이나 유럽국가들이 일본에 강요하여 체결한 불평등조약에 강한 반발을 나타냈다. 그들은 이러한 조약으로 강요된 외교적 난점을 없애고 일본의 이미지를 세계적으로 제고하려고 하였다. 일본은 정치적으로 대의제를 수립하여 미국이나 유럽의 신용을 얻음과 동시에 제국주의적 팽창을 시도함으로써 그들과 나란히 세계세력으로 부상하였다.

일본의 제국주의 침략은 일본열도 주변 남북의 섬들을 점유함으로써 시작되었다. 1870년대에 일본은 북쪽의 호카이도(北海道)와 쿠릴Kurile 제도에 대한 지배권을 강화하고 러시아의 팽창에 대항하기 위해 일본인 이민을 적극 장려하였다. 또 남쪽으로는 1879년 오키나와(沖繩)와 류큐(琉球) 열도 지배권을 확립하였다.

일본은 영국으로부터 현대적 군함을 사들여 해군을 강화한 후 한반도 침략에 착수하였다. 1875년 일본군함 운양호(雲揚號)가 강화(江華) 앞바다에 나타나자 조선의 수비병이 발포하였다. 일본은 이 사건을 구실로 군함을 파견하여 조선의 지도층을 굴복시켰다. 1876년 일본은 미국과 유럽 국가와 맺은 대로 불평등조약(강화도조약)을 한국에 강요하였다. 이런 일본의 급속한 발전과 무력에 의한 침략은 세계 각국의 경각심을 불러일으키기에 충분하였다.

청 · 일전쟁 1894년 조선의 지위를 놓고 중국과 일본이 충돌하는 청 · 일 전쟁이 일어났다. 1876년의 불평등조약을 이용하여 일본 기업가들은 한국에서 실질적인 이익을 챙겼다. 1893년 조선에서 반(反)외세 반란인 동학(東學) 농민군의 항쟁이 일어났을 때 일본은 이를 조선에서 세력확장을 위한 좋은 기회로 보았다.

이 때 청(淸)은 한반도에 파병하여 중국의 종주권을 주장하였다. 그러자 자국의 경제적 이익을 보호하기 위해 일본은 청에 대해 1894년 전쟁을 선포하였다. 청 · 일전쟁(1894-1895)으로 일본은 아시아의 전통적인 거대국가 중국을 굴복시켰다. 일본군은 신속히 서해(西海)를 장악하고 신속한 해전으로 청군을 격파하였다. 전쟁에 패한 청 나라는 한반도에서 철수하고 1895년 조약(下關條約)을 맺고 조선이 자주 독립국가임을 인정하였다.

뿐만 아니라 랴오둥(遼東)반도, 펑후(澎湖)제도(Pescadores Islands)와 타이완(臺灣) 등을 일본에 양도하였다. 이는 동아시아 해역에서 일본 세력의 강화를 의미하였다.

이와 같은 결과에 놀란 러시아는 독일 · 프랑스와 함께 공동으로 일본에 압력을 가하여 랴오둥 반도를 청에 반환하도록 강요하였다. 러시아는 일본의 중국대륙 진출을 막는 한편, 1898년에는 랴오둥 반도를 조차(租借)하는 데 성공하였다. 러시아는 만주와 한반도에 대한 야심을 가지고 있었다.

일본은 동아시아에서 증대하는 러시아 세력에 대항하기 위해 1902년 영국과 동맹을 맺었다. 이 동맹으로 일본은 강화된 해군력으로 아시아로 진출하려는 러시아를 막기로 하고 그 대신 영국은 독일 해군을 감시하는 데 전념할 수 있게 되었다. 유럽의 세력균형에 더 큰 관심을 가지고 있던 미국은 러시아의 중국침략에 대한 대항세력으로서 일본의 강화를 환영하였다.

러시아-일본 전쟁 러시아는 랴오둥 반도를 조차한 후 뤼순 기지를 구축하여 만주점령의 기반을 확대하고 있었다. 러시아가 만주를 지배한다면 그것은 한국의 안전보장을 위협하는 동시에 결국 일본의 대륙 진출을 막는 것이었다.

그러므로 일본은 전쟁의 모험을 감행하였다. 1904년 2월초 일본해군이 뤼순 항에 정박중인 러시아 함대를 기습하였다. 러시아는 신설 시베리아 철도를 통한 4천 마일 원거리 수송에 따르는 난점과 국내의 혁명적 혼란이라는 두 가지 불리한 조건에 놓여 있었다. 따라서 전쟁을 수행하긴 했으나 육전에서 계속 일본에게 패배하였다.

러시아는 전세를 만회하기 위해 발트 함대를 태평양으로 이동시켰다. 1905년 5월말 발트 함대는 일본 함대의 공격을 받고 대파되고 말았다. 미국의 로우즈벨트Theodore Roosevelt 대통령(재임: 1901-1909)의 주선으로 미국 뉴햄프셔 주 포츠머스에서 러시아와 일본이 강화조약을 체결하였다.

이 조약으로 러시아는 뤼순을 포함한 요동반도의 조차를 포기하고 만주를 중국에 반환하였다. 또 일본은 한반도에 대한 특별한 권익을 인정받았으며 사할린(Sakhalin: 樺太)의 남반부를 양도받았다. 일본이 역사상 처음으로 유럽 강대국에게 승리했다는 사실은 일본인에게 자만과 자신을 주었다. 일본에게 불행한 것은 단지 단기전(短期戰)에서 승리한 것임에도 모든 기습공격에 대한 자신을 가지게 되었다는 점이다.

그 후 일본은 군대를 동원하여 공포분위기를 조성하는 가운데 왕과 고위관료를 협박하여 1910년 한국을 강점하는 조약을 체결하였다.

C. 열강의 중국 진출

19세기는 중국이 꾸준히 쇠망의 과정을 밟는 시기였다. 청 왕조(1644-1912)는 18세기에 전성을 이루었으며 그 세력이 만주 · 몽고 · 투르케스탄 · 티베트 · 타이완 · 한국 등에까지 미쳤다.

그러나 징세 제도의 부패, 관리들의 비능률 등이 청의 몰락을 재촉하였고, 유럽 제국주의 세력에 군사적 패배를 겪은 후 청은 치욕적인 조약을 체결하였다. 태평천국(太平天國)의 난에서 홍슈취안(洪秀全: 1813-1864) 휘하의 반란군이 난징(南京)까지 점령하자 중국의 혼란은 극에 달하였다. 이를 틈타 유럽 열강은 중국에 대해 통상특혜와 개항조약을 강요하였다.

19세기 중반 아편전쟁(1840-1842)을 치른 청은 난징 조약으로 영국에게 광둥(廣東) 등 5개 항구를 개방하고 자유무역을 허용하였다. 그 후 1856년 애로우Arrow호 사건으로 전쟁이 일어나 같은 해에 톈진(天津) 조약을 체결하고 새로이 11개 항구를 개항하였다. 뿐만 아니라 중국은 공사관의 설치, 그리스도교의 선교 및 외국인의 중국 내지(內地) 여행을 허용하게 되었다.

그러나 청은 톈진 조약의 인준을 거부했으므로 영국과 프랑스의 연합군이 톈진과 베이징(北京)을 함락시켰다. 청은 베이징 조약을 맺어 다시 톈진 조약을 인정했을 뿐만 아니라 영국에 캬우룽(九龍) 반도를 할양하였다. 영국과 합세한 프랑스도 역시 조차지(租借地)를 얻었다.

거의 같은 시기(1858-1860)에 러시아는 헤이룽장(黑龍江) 지역을 얻었으며 블라디보스토크Vladivostok 항을 건설하였다. 또 러시아는 중앙 아시아의 투르케스탄 대부분에 대한 지배권을 획득하였다. 영국은 인도를 위협하는 러시아의 아시아 진출을 경계하여 티베트를 보호령으로 만들었다.

아편전쟁 18세기까지 중국산 차 · 도자기 · 비단 등의 수요가 유럽에서 급증한 반면 면제품 · 피혁제품 · 기계제품 등 유럽 상품에 대한 중국인의 수요가 늘지 않았기 때문에 유럽측은 심각한 무역수지 불균형에 직면하게 되었다. 유럽에서는 주로 은으로 중국 상품의 대금을 지불했는데 이러한 은의 유입은 건륭(乾隆) 연간에 중국이 번영할 수 있었던 요인 가운데 하나였다.

그리하여 18세기말 영국 동인도 회사 간부가 중국에 팔 품목을 개발했는데 그것이 아편이었다. 아편 수입은 점차 늘어나 1820년대 중국으로 유입된 아편은 약 1백만 명의 중독자를 만들기에 충분하였다.[1]

동인도회사는 오스만 제국과 페르시아 기술자를 이용하여 인도의 아편 생산을 늘려 중국으로 수출하였다. 중국의 은이 영국 지배하의 캘커타Calcutta와 런던으로 역류하고 회사 소속 상인들은 그것으로 광저우(廣州)에서 중국 상품을 샀다. 아편무역은 불법이었으나 중국 정부당국이 법 시행을 엄격히 하지 않았기 때문에 그대로 방치되다시피 하였다. 흔히 부패관리들이 불법 아편

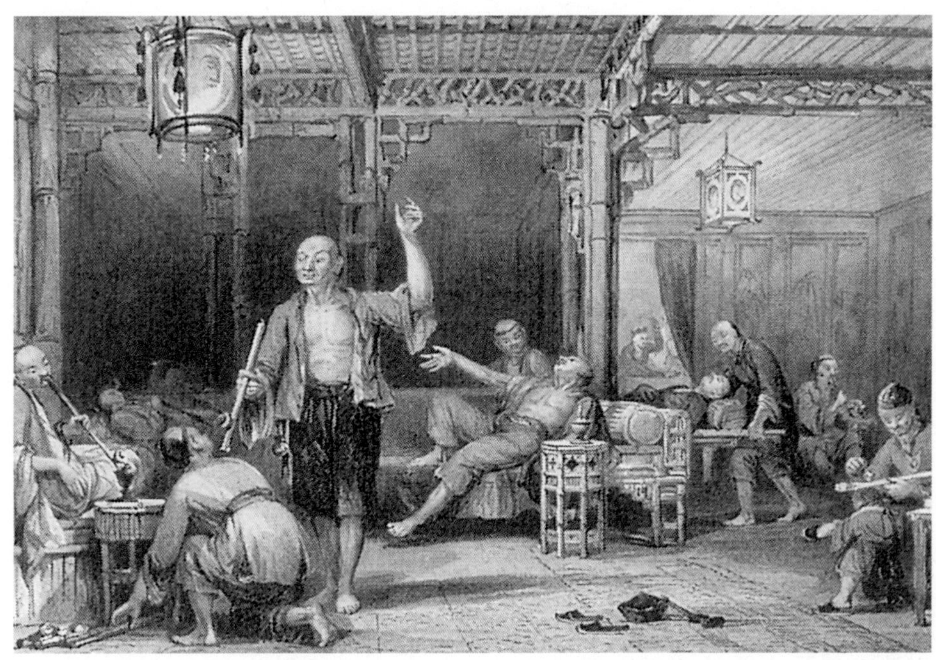

아편 흡연자들: 아편 수입을 중지시키려는 중국 정부의 노력은 아편전쟁을 불러일으켰다.

---

1) Jonathan D. Spence, *The Search for Modern China*, Vol. I, (1990), 국역 『현대중국을 찾아서 1』, 167.

무역을 허용하고 착복하였다.

그러나 1830년대에 이르러 중국 당국은 비로소 아편무역의 심각성을 깨달았다. 아편무역이 중국 은의 막대한 유출의 근원일 뿐 아니라 남중국 지방의 사회문제가 되었다. 중국이 1838년 아편무역에 제약을 가하는 조치를 취하자 영국 상인은 손해를 보기 시작하였다. 그러므로 1838년 중국 도광제(道光帝, 재위: 1821-1850)는 측근의 의견을 들은 후 아편무역이 중단되어야 한다는 결단을 내렸다.

이 칙령을 집행하기 위해 황제는 광저우 출신 린쩌쉬(林則徐)를 특사격인 흠차대신(欽差大臣)으로 임명하고 아편무역을 종식시키라는 명령을 내렸다. 린쩌쉬는 재빨리 행동을 취하여 약 2만 상자의 아편을 몰수 소각하였다. 그러나 린쩌쉬의 타협 없는 정책이 전쟁을 촉발하게 되었다.

중국측 조치에 분개한 영국상인협회는 영국정부에 아편무역 재개를 위해 군사 보복을 하도록 압력을 가하였다. 이 결과 일어난 아편전쟁(1839-1842)은 중국과 유럽의 군사력 차이를 분명히 드러냈다.

전쟁 초기에 영국 해군이 해상에서 명백한 우세를 나타냈고 중국 해안도시들은 칼과 창 또는 소총으로 무장했을 따름이었다. 그들은 영국 보병의 상대가 되지 못하였다. 그러나 중국은 굴복하지 않았다.

불평등조약 체결 영국군은 중국의 대동맥이라 할 양쯔장(楊子江)과 황허(黃河)를 연결하는 대운하 지대를 공격하여 사태를 타개하고자 하였다. 영국 군함은 강을 왔다 갔다 하면서 군사적 우월성을 과시하였다.

1842년 5월 70척으로 편성된 영국 함대가 양쯔장으로 진격하였다. 영국 함대는 거의 저항을 받지 않고 대운하의 교차점에 도달하였다. 중국정부는 마침내 굴복하였다. 이후 체결한 조약들은 모두 불평등 조약이었다.

아편전쟁 후에도 중국은 영국과 프랑스 연합군과의 전쟁(1856-1858), 프랑스군과의 전쟁(1884-1885), 일본군과의 전쟁(1894-1895) 등 전쟁에서 연속 패전을 하였다.

중국은 1842년 난징조약을 맺고 아편전쟁을 끝냈다. 이 조약에 따라 베트남이나 버마는 중국의 지배권에서 이탈하였다. 홍콩은 영국 관할권 내에 들어가고 통상을 위해 중국 항구들이 개방되었고 아편무역이 합법화되었다. 또 중국 전역에서 그리스도교 선교사업이 허용되고 영국에 최혜국 지위가 부여되었을 뿐 아니라 중국을 방문하는 영국인의 치외법권이 인정되었다. 또 중국정부는 영국 상품의 수입에 관세를 부과할 수 없게 되었다.

난징조약은 영국과 중국의 관계를 규정한 것이었으나 프랑스 · 독일 · 덴마크 · 네덜란드 · 스페인 · 벨기에 · 오스트리아-헝가리 · 미국 등이 이를 모델로 비슷한 조약을 중국과 맺었다. 1900년까지 90개 항구가 외국세력의 실질적 지배하에 들어갔다.

태평천국 난 1800년부터 1900년에 이르는 기간 중국 인구는 50% 이상 늘어나 3억3천만에서 4억7천5백만이 되었다. 인구 증가는 자원 부족으로 이어졌으며 일부 계층의 토지 집중은 농민의 불만을 고조시켰다. 19세기 후반의 대규모 반란은 중국 농민층의 빈곤과 불만을 반영한 것이었다.

1850년 이후 반란이 전국적으로 일어났다. 동북의 염군(捻軍) 반란(1851-1868), 남서의 이슬람교도 반란(1855-1873) 등이 일어났는데 가장 위협적인 것은 태평천국의 난(1850-1864)이었다. 광시성(廣西省) 동부의 가난한 농촌지역에서 시작된 태평천국의 난은 중국 역사상 가장 치명적이고 장기적인 반란이었다. 이 난은 사회 · 경제적 변화가 주요 원인이었지만 이 운동에 특징을 부여한 것은 홍슈취안 개인의 일대기(一代記)와 정신세계였다.

그리스도 교리에 접할 기회를 가졌던 홍슈취안은 마을의 교사였다. 그는 카리스마적 태도와 강력한 종교적 확신을 통해 그의 영적 세력 안으로 사람들을 끌어모을 수 있었다.[2] 그의 운동은 퍼져나갔고 개종자들이 늘어나 1849년에는 1만 명이나 되었다. 그의 사상에는 새로운 그리스도교 공동체의 형성과 함께 1644년 이래 만주족의 중국 지배에 대한 비난도 포함되어 있었다.

태평천국난을 진압하는 청군

2) Spence I, 212.

태평천국 운동은 사유재산 폐지, 필요에 따른 공동재산 분배, 전족(纏足)과 축첩 금지를 비롯해 무상 공교육, 문자의 간소화 등 대중에게 호소력이 있는 강령을 내세웠다. 그 후 이 운동의 지도자들은 민주적 정치제도 수립과 산업사회 건설을 주장하였다. 태평천국 운동은 추종자들에게 부부 사이라 해도 성적 교섭을 금지했으나 홍슈취안 자신과 다른 지도자들은 많은 궁녀를 거느리고 있었다.

태평천국의 난은 동남 중국을 휩쓸었고 1853년에는 난징을 점령하여 수도로 정하기까지 하였다. 난징에서 중국 전체로 원정의 범위를 넓혔고 반란군이 지나가는 곳마다 합류하는 대중이 늘어났다.

1855년 태평천국 군이 베이징을 공격하려고 할 때 청군이 이를 패퇴시켰다. 그럼에도 태평천국 군은 양쯔장 계곡에 확고히 자리잡고 상하이(上海)를 위협하는 세력이 되었다.

태평천국 운동이 표방한 과격한 프로그램은 도리어 중국 사대부층의 반발을 사게 되었으며 청조는 한족으로 구성된 군대를 편성하고 유럽 국가에서 무기 지원을 받아 점차 반란의 기세를 꺾을 수 있었다. 홍슈취안은 마침내 1864년 자살하였다.

이어 난징이 정부군에게 함락되고 수만 명의 반도가 학살되었다. 1864년 말 반란은 마침내 종식되었다. 태평천국의 난은 많은 인명 손실, 농업생산 저하, 대규모 기아 등으로 연결되어 중국 사회에 끼친 영향은 상당히 지속되었다. 그 후 청조는 태평천국의 난을 계기로 변화의 필요를 느끼고 자강(自强) 운동을 전개하였다.

의화단사건 청일전쟁의 패배로 '잠자는 사자'의 정체가 드러나자 유럽 열강은 앞을 다투어 중국으로 제국주의적 침략의 손길을 뻗었다. 1898년 독일은 자오저우만(膠州灣), 러시아는 뤼순과 대롄(大連), 프랑스는 광저우(廣州)만, 영국은 웨이하이웨이(威海衛)를 각각 조차하고 세력 범위를 넓히는 데 광분하였다. 이와 같은 외세 진출은 청의 존립에 큰 위협일 뿐 아니라 중국인의 배외(排外)감정을 크게 자극하였다.

중국 산둥성(山東省)을 근거지로 한 백련교 계통의 비밀결사가 조직되었다. 주문을 외우는 등의 종교적 의식과 권법이나 봉술의 연습을 통한 호신을 주장하며 이 무술을 의화권(義和拳)이라 칭하였다. 이들은 자오저우만 점령 후 독일의 산둥 진출과 그리스도교에 대한 반감을 계기로 허베이(河北) 일대의 빈농 · 유민 · 하층 노동자들을 포섭하여 급속히 세력을 확장하였다. 그리고 1898-1900년 구교(仇敎) 운동을 틈타 배외적인 입장을 취하며 '부청멸양'(扶清滅洋)을 표방하고 무장 봉기하였다.

1900년 의화단(義和團)은 교회와 철도를 닥치는 대로 파괴하고 외국 공사관을 공격했으며 많은 외국인을 살해하였다. 청의 조정은 이를 묵인하는 태도를 취하였다. 의화단 사건(拳匪亂: Boxer Rebellion)은 산둥에서 시작되어 톈진과 베이징까지 파급되었다.

영국 · 독일 · 프랑스 · 러시아 · 일본 · 미국 · 오스트리아 · 이탈리아 등 전 세계의 제국주의 국가들은 자국의 이익을 위해 군대를 파견하였다. 그들은 베이징을 약탈했으며 1901년의 의화단 의정서(議定書)에서 막대한 배상금을 받기로 약속 받았다. 즉, 중국은 4억5천만냥(3억 3천 200만 달러)의 배상금을 39년 연부(年賦)로 지불하기로 결정하였다. 이로써 청은 거의 멸망의 위기에 직면하게 되었다.

신해혁명 1908년 보수파이며 외세 배척에 앞장섰던 서태후(西太后)가 죽자 당시 3세였던 선통제(宣統帝: 溥儀)가 즉위하였다. 청조가 근대화를 수행할 능력을 잃고 외세 침략에 굴복하자 중국인 사이에는 혁명의 기운이 무르익어 갔다. 학자이며 정치개혁자인 쑨원(孫文; 逸仙, 1866-1925)은 삼민주의(三民主義)를 표방하고 1905년 일본 도쿄에서 중국 혁명동맹회를 조직하였다. 그는 후에 국민당(國民黨)의 영수가 되었다.

1911년 혁명이 일어나자 청 정부는 군대를 파견하여 진압하려 하였다. 그러나 도리어 10월 10일 후베이(湖北)에서 무장 봉기가 일어나 이튿날 우창(武昌)이 점령되었다. 그리하여 혁명은 전국에 확대되었다. 이것이 신해(辛亥)혁명이다. 혁명군은 리위안훙(黎元洪)을 내세워 후베이 성의 독립을 선언하고 13일까지 우한(武漢)의 3진(우창 · 한양 · 한커우)을 점령하였다.

우창 봉기 후 차례로 독립을 선언한 각 성이 난징에서 대표자 회의를 개최하고 1912년 1월 1일 쑨원을 임시 총통으로 하는 임시정부를 조직하여 중화민국(中華民國)의 성립을 선언하였다.

그러자 군벌(軍閥) 위안스카이(袁世凱, 1859-1916)가 청의 멸망을 주도한다는 조건으로 중화민국 총통이 되었다. 그는 원래 서태후에게 충성했으며 후에 1912년 청조 황제를 퇴위시켰다. 위안스카이의 군사력 때문에 쑨원은 그에게 새 공화국의 총통직을 내주었으나 위안스카이는 독재정치를 하여 직권을 남용하고 의회를 해산했으며 1915년 스스로 황제라 칭하였다.

이 상황에서 1871-1914년 제국주의 세력은 비단 중국뿐 아니라 동남 아시아 지역에도 침입하였다. 제국주의는 19세기말 이후 온 지구를 덮는 불길한 먹구름이었으며 이 먹구름에서 역사상 최초로 세계대전의 번갯불이 번쩍였다.

6. 열강의 식민지 쟁탈전

19세기에 제국주의는 거의 모든 강대국에서 정치의 주요부분이 되었다. 국가적 이익을 우위에 둔 제국주의적 노선은 힘에 의한 침략과 식민경쟁을 특징으로 하였다. 1900년대 이후 유럽 주요국가를 비롯하여 미국 그리고 일본까지도 종래의 지배적 추세인 자유주의, 보수주의 또는 사회주의보다도 제국주의를 국가 최고의 목표로 했으므로 적어도 제1차 세계대전에 이르는 약 반세기는 실로 제국주의 시대였다.

일찍이 지리상 발견 시대부터 시작된 유럽의 식민지 경영은 1871년대에 이르러 새로운 양상을 띠게 되었다. 유럽 강대국은 지구상의 거의 모든 후진 국가를 포함한 광범한 지역을 제국주의적 진출의 대상으로 삼았다.

근대가 시작된 이래 유럽 주요세력이 이처럼 해외진출에 광분한 적은 일찍이 없었다. 오랜 역사와 고도의 정신문명을 자랑하던 거대국가 중국은 열강의 각축장이 되었다. 뿐만 아니라 지금까지 알려지지 않은 바다 가운데 외딴 섬까지도 해군기지나 무선통신소로 점령되었다. 특히 아프리카는 유럽 제국주의의 마지막 제물이 되었다. 1880년대까지 아프리카는 거의 알려져 있지 않은 이른바 '암흑의 대륙' 이었으나 불과 10년 동안에 유럽 열강에 의해 무자비하게 분할되었다.

유럽의 식민주의 경쟁은 단계적으로 확대되어 무력충돌까지 서슴지 않는 상황으로 치달았다. 이미 존재한 긴장은 호전(好戰)주의, 시장개척, 상업경쟁 등으로 한층 더 팽팽해졌다. 상호 군비경쟁은 공포와 불신을 낳았다. 국제적 경쟁의 결과는 불가피하게 대규모의 세계전쟁으로 이어졌다.

A. 제국주의

19세기 제국주의 옹호론자는 여러 종류의 정치 · 경제 · 문화적 명분으로 정복과 지배를 합리화하였다. 유럽의 선진 기술과 산업은 제국주의적 침략을 가능케 하였다.

물론 제국 건설의 역사는 고대로 소급되며 중세 말까지 거슬러 올라간다. 페르시아 전쟁 후의 아테네 제국, 알렉산드로스의 헬레니즘 세계, 로마제국, 그리고 중세의 신성로마 제국이 대표적인 예였다.

그러나 19세기 제국주의의 경우는 이러한 역사적 선례와 사뭇 달랐다. 19세기 제국주의는 선진 과학기술과 고도의 산업으로 뒷받침되었다. 영국과 프랑스를 선두로 벨기에 · 네덜란드 · 독일 · 이탈리아 등 거의 모든 서유럽 국가들이 아프리카와 아시아에 대해 감행한 제국주의적 침략은 19세기 서양문명의 특성이라 할 수 있다.

현대 제국주의 19세기 중반 '제국주의'(imperialism)란 용어가 나오기 시작하여 1880년대에는 일반 연설이나 저술에서도 자주 사용되었다.

제국주의는 식민주의와 동의어(同義語)이다. 현대 식민주의는 고대 식민주의와 달리 단지 새로운 땅에 이민을 정착시키는 운동을 의미할 뿐 아니라 그 지역의 정치 · 사회 · 경제 · 문화적 구조를 근본적으로 개조하는 것을 의미한다. 유럽 국가의 정부관리나 기업가들은 식민지의 대내외 정책을 지배하고 지역경제를 세계 자본주의 조직 속에 편입시켰다. 또 그들은 식민지에 유럽의 기업기술을 전래하고 유럽적 기준에 따라 교육제도를 바꾸었으며 유럽 문화를 이식하였다.

식민지의 효용성 유럽 제국주의에는 무엇보다도 경제적 동기가 있었다. 해외 식민지의 존재는 본국 경제를 촉진하는 데 그 의미가 있었다. 식민지는 유럽에서 얻지 못하는 산업 원료와 원자재의 공급원(供給源)인 동시에 유럽 산업 제품의 판매 시장이었다.

유럽에는 제조산업에 필요한 고무 · 주석 · 동 · 석유가 거의 없었다. 이러한 자원은 필요에 따라 세계 각지에서 조달되었다. 아마존 강 지역에서 자라는 고무를 콩고 강 지역이나 말라야Malaya 농장에 이식 · 재배하였다. 주석은 동남 아시아에서 공급되었으며 동(銅)은 중앙 아프리카에서 왔다. 서남 아시아의 유전(油田)은 제국주의자의 침략 대상이었다.

또한 제국주의 국가에게 해외 식민지는 지정학적 중요성이 있었다. 일부 식민지는 해상 교통 요지, 전략적 가치가 높은 지점, 또는 항해의 중간 보급기지로서 중요성을 갖고 있었다.

제국주의적 침략은 국내 정치의 긴장을 외부로 배출하며 국민의 관심을 외국문제로 돌리고 애국심을 일으키는 명분이 되었다. 19세기는 산업계의 마찰과 사회적 긴장이 늘 있는 시대였다. 따라서 제국주의적 진출은 국민의 관심을 밖으로 돌릴 수 있는 적절한 기회를 마련하였다.

문화적 제국주의 16세기 말부터 예수회 선교사가 아프리카와 아시아에 진출한 것은 그리스도교 개종운동을 위해서였다. 그들은 흔히 제국주의적 침략에는 반대했지만 선교활동이 실제로는 제국주의를 종교적으로 합리화하는 결과를 가져왔다.

선교사는 제국주의자와 식민지인 사이의 교량 역할을 하여 의사 소통을 도왔으며 본국 관리에게 필요한 정보를 제공하는 경우가 많았다. 그들의 체류 장소는 해외활동을 하는 본국인의 회합장소로 이용되었으며 때에 따라서는 유럽 제품의 유통거점이 되었다. 선교사는 선교사업뿐 아니라 현지인에게 교육을 통해 서양문물을 전하고 서양 학문과 사상에 접하는 기회를 제공하였다. 그러므로 그들은 자신의 본래 의도가 어떻든 간에 그와 상관없이 식민지에 서양적 사고방식과 가치관을 이식한 셈이었다.

서양문화는 정치 질서와 사회 안정이라는 명목으로 소개되었다. 프랑스 제국주의자들은 상투적으로 '교화(敎化)의 사명' (mission civilisatrice)을 내세워 아프리카와 아시아에 진출하였다. 일부 역사가 · 정치가 · 문인들은 제국주의 침략을 미화하였다. 이 점은 유명한 영국 문인 키플링의 '백인의 짐' 에 잘 나타나 있다.

군사기술의 발달 19세기 제국주의는 군사과학기술의 발달로 가능하였다. 특히 군함은 제국주의 침략을 위한 새로운 무기였다. 1830년대에 영국 해군은 철제 선박에 총포로 무장한 증기 군함을 개발하였다. 증기력을 이용한 군함은 종래의 범선에 비해 속도, 항속(航續)거리, 전천후 항해 등에서 월등히 우수하였다. 군함은 풍향에 상관없이 강을 거슬러 올라가는 힘이 있었기 때문에 내륙 깊숙이 침투할 수 있었다. 예컨대 1842년 영국 군함은 양쯔장을 거슬러 올라가 아편전쟁을 끝내게 하는 데 결정적인 역할을 하였다.

군함의 이동을 신속하게 하고 대양을 단거리로 연결해주는 운하는 매우 중요하였다. 예를 들면 수에즈 운하(1859-1869년 건설)와 파나마 운하(1904-1914년 건설)는 대서양과 인도양, 대서양과 태평양을 연결해 주었다. 영국과 미국은 각각 이 운하를 소유함으로써 경제적으로 무역경비를 절감했을 뿐 아니라 전략적으로 세계 제패에 유리한 위치에 서게 되었다. 런던-뭄바이 왕복에 2년이 걸리던 1830년대에 비해 증기선이 나온 1850년대에는 4개월로 단축되고 다시 1869년 수에즈 운하가 개통됨으로써 2주 미만으로 대폭 단축되었다.

통신 · 교통의 발달 역시 제국주의 지배를 원활하게 만든 수단이었다. 1870년 영국과 인도는 5시간 만에 교신(交信)이 가능하게 되었으며 1902년 전세계의 영국 식민지가 케이블로 연결되었다. 제국주의자들은 경제적 착취와 정치적 지배를 용이하게 하기 위해 식민지의 철도 부설권이나 도로 건설권을 획득하였다. 식민지의 원자재를 신속히 반출하고 유럽 제품을 판매하기 위해서는 도로 · 철도 · 항만은 매우 긴요하였다.

제국주의적 침략으로 시작되는 전쟁은 최신무기 때문에 항상 유럽측에 유리하게 전개되었다. 1870년까지 실험단계를 거친 기관총은 1880년대에 실전에 사용되었다. 이 때 사용된 맥심Maxim 기관총은 초당 11발을 발사하는 가볍고 강력한 연발총이었다. 정확한 소총의 출현과 함께 기관총의 사용으로 제국주의

1869년 수에즈 운하 개통식

국가들은 아프리카와 아시아 지역 주민의 저항을 간단히 제압할 수 있었다.

그러므로 제국주의는 유럽 군사기술과 최신무기의 승리였다. 그것은 산업혁명과 과학기술을 기반으로 한 유럽문명의 세계화의 한 측면이었다.

B. 아프리카 분할

19세기 중반까지 아프리카는 유럽인에게 그다지 큰 매력을 주지 못한 지역이었다. 남아프리카의 영국 항구 케이프타운Cape Town에는 소수의 유럽인이 살고 있을 뿐이었다. 그러나 1866년 다이아몬드가 발견되고 1886년 풍부한 금광이 발굴됨으로써 이 지역은 유럽 열강의 갑작스런 주목을 받아 큰 변화를 겪게 되었다.

1870년대에 영국이 이집트를 점령하고 벨기에가 콩고를 영유하게 되자 아프리카 분할 경쟁이 일어나 프랑스 · 독일 · 이탈리아 등 유럽 강대국은 아프리카에서 자기 몫을 차지하기 위해 무력행사도 서슴지 않았다.

아프리카 진출을 둘러싸고 외교적 절충의 필요를 느낀 유럽 열강은 1884년 비스마르크가 소집한 베를린 회의에서 아프리카 문제를 논의하였다. 각국은 표면상 인도주의를 내세웠으나 그것은 단지 구실일 뿐, 마음속으로는 아프리카 분할의 규칙을 정하려고 한 데 불과하였다.

이집트 제국주의적 성향을 가진 영국 수상 디즈레일리는 인도로 가는 길목인 수에즈 운하에 대한 지배력을 더욱 확고히 하고자 이집트에 더 큰 세력을 유지하려 하였다.

열강의 아프리카 분할 (1914)

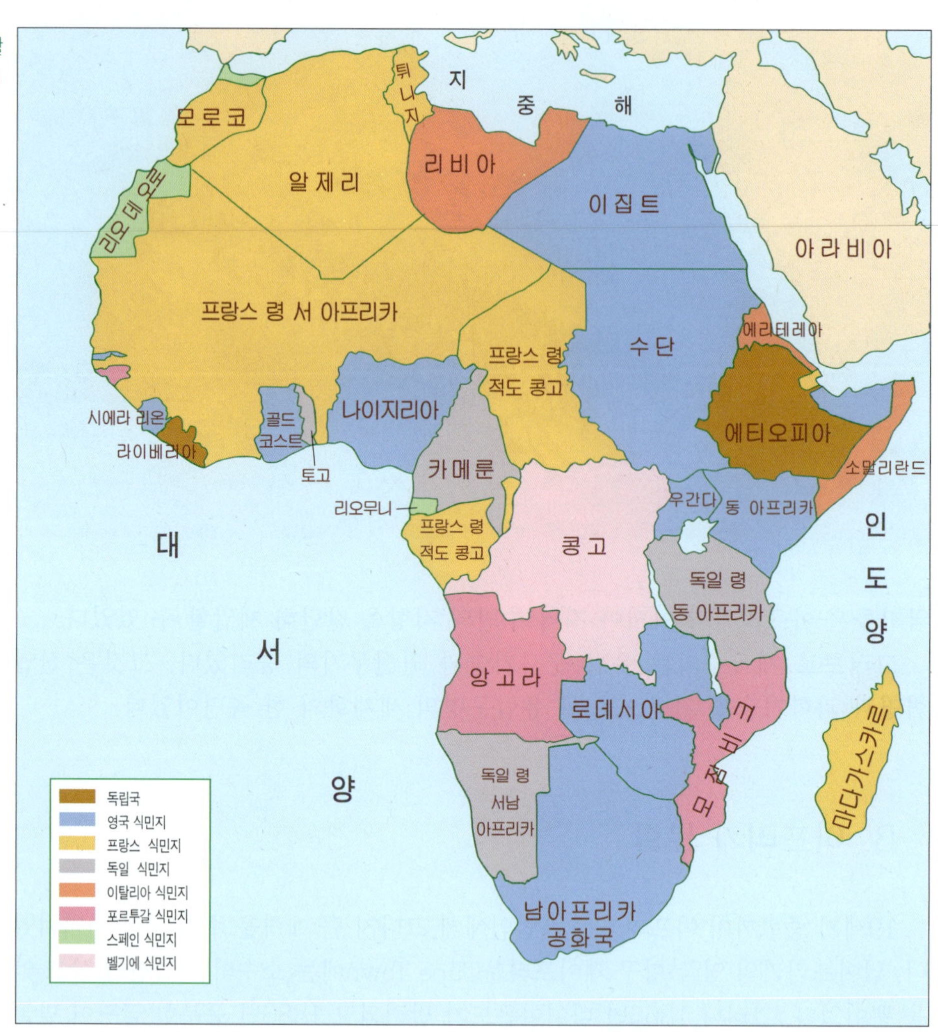

이를 위해 영국은 프랑스와 합동으로 1882년 이집트의 반란을 진압하고 이집트를 실질상 보호령으로 만들었다. 그 후 다시 1900년 수단Sudan의 이슬람 부족을 정복하여 상(上) 이집트를 영국 지배하에 두었다.

보어 전쟁 1806년 이래 영국은 케이프타운을 점령하고 이를 인도항로의 중간 기착지로 이용하였다. 이미 보어인(Boers)이라 불리는 네덜란드 정착민은 아프리카 내륙으로 이동하여 오렌지 자유국과 트란스발Transvaal 공화국을 건설하고 있었다.

1866-1886년 수많은 영국인이 남아프리카 내륙으로 이동해 들어갔다. 이 이동으로 정착민과 마찰을 빚게 되었고 마침내 1899년 보어 전쟁(1899-1902)이 일어났다. 보어인들은 3년간의 끈질긴 항전 끝에 영국에 굴복하였다.

그러나 세계 여론을 의식한 영국은 보어인들에게 많은 보상액을 지불하지 않을 수 없었다. 영국은 7년 후 케이프 식민지, 오렌지 자유국, 트란스발 공화국 등을 통합하여 1909년 남아프리카 연방(Union of South Africa)을 창설하였다.

로데시아 영국은 케이프 식민지를 기점으로 북으로 뻗어 적도에까지 세력을 미쳤으나 이집트까지는 연결하지 못하였다. 트란스발의 금광과 다이아몬드 광으로 거부가 된 로즈Cecil J. Rhodes(1853-1902)는 1885년 로데시아 Rhodesia를 건설하였다.

로즈는 18세의 옥스퍼드 대학생으로 폐결핵을 치료하기 위해 남아프리카에 갔다. 그는 끈기 있고 조직적이며 야심에 찬 인물이었다. 그는 다이아몬드 광산을 사들이기 시작하여 남아프리카의 다이아몬드 광을 거의 독점하고 마침내 세계 다이아몬드 생산의 90%를 지배하게 되었다. 돈을 번 로즈는 정계에 입문하여 1890년부터 1896년까지 영국령 케이프 식민지의 수상이 되었다.

로즈의 원대한 꿈은 기업과 지방정치를 넘어 케이프에서 카이로까지 남북 아프리카를 연결하는 것이었다. 그의 지시로 1885년 케이프 식민지는 베추아나랜드Bechuanaland(지금의 Botswana)를 얻었으며 1895년 로데시아(지금의 Zambia와 Zimbabwe)를 영토로 추가하였다. 그는 아프리카뿐 아니라 전세계를 영국 영유로 만들려고 한 진짜 제국주의자였다.

그러나 그의 꿈은 한낱 환상에 불과하였다. 아프리카를 분할하려는 다른 제국주의 세력과의 각축이 일어났다. 남북 아프리카를 연결하려는 계획은 독일이 동아프리카 쪽에서 쐐기를 박는 잔지바르Zanzibar 보호령을 만들었기 때문에(1890) 실현되지 못하였다.

다이아몬드 광산 개발에 헌신한 로즈

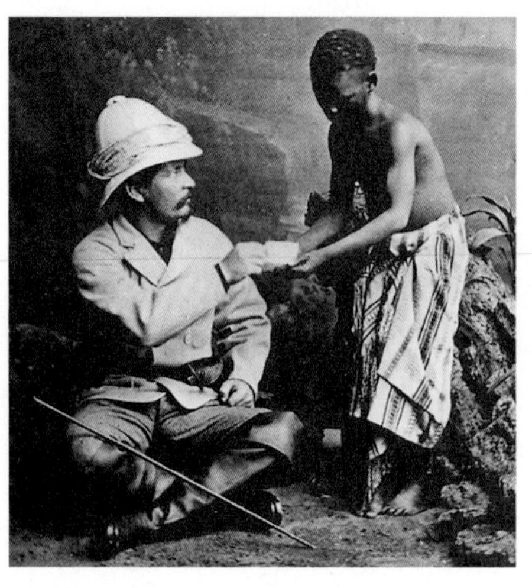
아프리카인과 친교를 맺는 스탠리

벨기에와 콩고 '암흑의 대륙' 아프리카가 주목을 끌게 된 것은 전적으로 리빙스턴David Livingstone(1813-1873)과 스탠리Henry M. Stanley(1841-1904) 덕분이었다. 리빙스턴은 스코틀랜드 출신 선교사로 1853년부터 20년간 희망봉부터 시작하여 적도로 거슬러 올라가는 탐험을 하였다.

리빙스턴의 향방을 알아보기 위해 아프리카에 간 미국 신문사 탐험대 소속 스탠리는 리빙스턴을 찾는 데 성공했을 뿐 아니라 내륙으로 들어가는 탐험을 계속하였다.

19세기말 아프리카는 더 이상 '암흑의 대륙'이 아닐 정도로 유럽인에게 알려졌다. 스탠리의 의견에 따라 벨기에 왕 레오폴드 2세Leopold II(재위: 1865-1909)는 1876년 '국제 아프리카협회'를 결성하였다. 원래의 목적을 인도주의에 두고 있던 이 단체를 이용하여 벨기에는 콩고Congo의 방대한 땅을 얻었다.

프랑스의 진출 1830년 프랑스는 다수의 알제리Algeria 항구를 장악한 후 곧 알제리 전체를 합병하였다. 그 후 프랑스는 다년간 경제력과 군사력을 동원하여 방대한 사하라Sahara 사막을 정복하고 1881년 튀니지Tunisia를 보호령으로 만들었다.

프랑스는 아프리카 내 남북에 있는 자국 영토를 하나로 연결하는 성과를 거두었다. 1885년 프랑스는 적도 아프리카와 서아프리카를 연결하였다. 또한 1912년에 아프리카 서북부의 일부를 떼어 모로코Morocco 보호령을 만들었다.

프랑스는 1896년 아프리카 동부에 있는 큰 섬 마다가스카르Madagascar를 식민지로 만들어 제1차 세계대전 발발 전까지 영국 못지 않게 넓은 식민지를 아프리카에 소유하게 되었다.

이탈리아의 아프리카 경영 1860-1870년대에 통일을 완성한 이탈리아는 국내 문제 해결 때문에 거의 식민지 획득 경쟁에 나설 겨를이 없었다. 이탈리아가 아프리카에 큰 관심을 가지게 된 것은 1880년대 이후의 일이었다. 그러나 프랑스가 튀니지를 보호령으로 만들자 크게 실망하였다. 튀니지 진출이 좌절된 것이 이탈리아가 프랑스에 대해 두고두고 깊은 적대감을 품게 되는 원인이 되었다.

이탈리아는 1885년 홍해 연안 마사와Massaua에 식민지를 건설한 후 아비시니아Abyssinia(지금의 Ethiopia)를 장악하려 했으나 도리어 아두와Adua;Adwa 전투에서 에티오피아군에게 참패하였다. 메넬리크 2세Menelik II(Negus Negusti: '왕중 왕', 재위: 1844-1913) 통치하의 아비시니아는 아프리카에서 유럽 세력의 침투를 물리친 유일한 국가였다.

그 대신 이탈리아는 홍해 연안의 에리트레아Eritrea와 인도양을 향한 아프리카 동부의 소말릴란드Somaliland를 차지하였다.그 후 이탈리아는 지중해 맞은 편에 있는 북아프리카로 관심을 돌렸다. 당시 트리폴리Tripoli와 키레나이카 지방은 터키의 지배 아래 있었다. 이탈리아는 터키-이탈리아 전쟁(1911-1912)을 치르고 이 지방을 획득했으며 리비아Libya라 개칭하였다.

독일의 아프리카 식민지 1871년 통일을 달성한 독일은 1880년대에 이르러 비로소 아프리카에 진출하기 시작하였다.

1882년 독일은 광대한 서남 아프리카의 땅을 얻어 2년 후 보호령으로 선포하였다. 이 곳은 기니아Guinea만 일대와 합쳐 독일령 카메룬Kamerun; Cameroon이 되었다. 독일은 역시 1885년 동아프리카를 획득하여 5년 후 보호령으로 만들었다.

독일의 식민지 확장 정책은 국제 경쟁에서 약간 뒤떨어졌으나 그럼에도 독일의 아프리카 식민지는 크기와 자원에서 결코 무시하지 못할 것이 되었다.

C. 열강의 아시아 진출

유럽의 아시아 진출은 아프리카의 경우에 비해 그 역사가 훨씬 오래된 것이었다. 이미 18세기에 프랑스와 영국이 인도를 식민지화하였다. 19세기 전기에는 영국이 중국으로 진출했고 프랑스가 인도차이나를 정복했으며 19세기 말 미국은 필리핀을 합병하였다. 이러한 서양의 제국주의 세력에 끼어 일본도 한국을 침략하였다. 이리하여 19세기말부터 20세기에 걸쳐 아시아는 아프리카와 같이 수난의 길을 밟게 되었다

가장 광범하게 아시아에 진출한 나라는 영국이었다. 이미 1840년대에 영국은 중국과 아편전쟁(1840-1842)을 치른 후 난징 조약을 통해 광둥(廣東) 등 5개항을 열게 하고 홍콩(香港: Hong Kong)을 조차(租借)하였다.

영국은 중국 정부의 반대에도 불구하고 인도산 아편을 중국인에게 팔아 막대한 이익을 보았다. 제2차 아편전쟁(1856-1860)이 애로우호 사건을 계기

아시아에서의 제국주의 (1914)

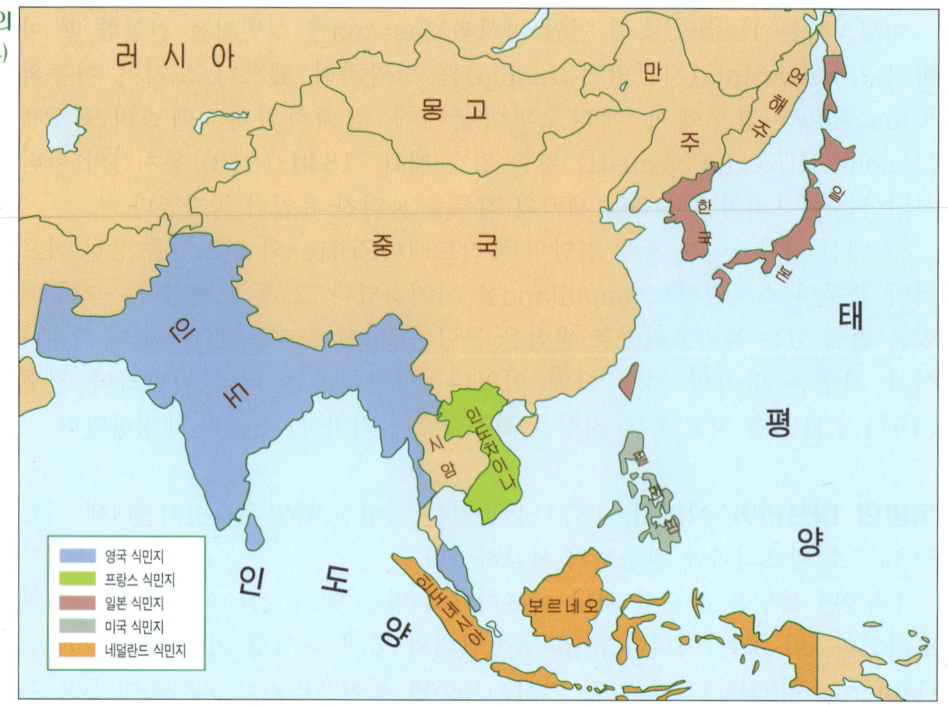

로 발발하였다. 그 결과 맺은 톈진 조약으로 영국은 새로 11개 항구의 개항과 공사관의 설치, 그리스도교 선교, 내지 여행 허용 등을 요구하였다.

그러나 청은 톈진 조약의 인준을 거부했으므로 영국과 프랑스 연합군이 톈진과 베이징을 함락시켰다. 청은 베이징 조약을 맺어 부득이 톈진 조약을 인정했을 뿐 아니라 영국에게 카오룽 반도를 할양하였다.

러시아와 영국 19세기 전체를 통해 아시아에서 제국주의적 경쟁은 주로 영국과 러시아 간에 이루어졌다.

1813년 페르시아와의 전쟁에서 그루지아를 얻은 러시아는 팽창을 계속하여 투르케스탄Turkestan · 몽고 · 만주로 진출하였다. 1858-1860년 러시아는 헤이룽장 지대를 얻어 블라디보스토크를 건설하였다. 또 중앙 아시아의 투르케스탄의 지배권을 획득하였다.

이에 대해 영국은 인도제국을 강화하는 한편 근동과 중동에서 러시아에 대항하였다. 19세기 중기 크림 전쟁에 참전한 영국은 베를린 회의에서 오스만 제국에 대한 러시아의 요구를 거절하였다.

동아시아에서 영국과 러시아는 직접 충돌하지 않고 중국에서의 세력권을 각각 분할 형성하였다. 영국은 티베트와 양쯔장 유역에서 권익을 획득하였다.

또 영국은 인도를 위협하는 러시아의 아시아 진출을 견제하기 위해 티베트를 보호령으로 만들고 인두스 강 연안 일대를 확보하였다. 1871년 후 영국의 아시아 경영 전략은 주로 인도를 확장 또는 강화하는 것이었다.

영국은 1876년 페르시아와 인도 경계에 있는 발루치스탄Baluchistan을 점령했으며 아프가니스탄Afghanistan을 일종의 완충국(緩衝國)으로 만들었다. 페르시아에 관한 러시아와 영국간의 타협은 1905년 후 양국간 우호를 다지려는 정책의 소산이었다.

1904년에는 티베트Tibet의 중국 변경 역시 영국의 세력권에 들어갔다. 1907년 페르시아는 북쪽의 러시아 지구, 중간의 중립지구, 남쪽의 영국 지구로 3분되었다. 영국은 버마(지금의 미얀마)를 1886년에 인도로 편입하였다. 그 밖에 영국은 말레이시아, 보르네오Borneo 북부까지를 소유하여 동남 아시아의 광대한 지역을 지배하게 되었다.

프랑스 한편 프랑스는 17세기에 영국, 네덜란드와 함께 동인도 회사를 세웠으나 19세기 중기까지 아시아에 그다지 큰 식민지를 소유하지 못하였다.

그러나 1858년 나폴레옹 3세는 프랑스인 선교사 살해 사건을 구실로 형식상 중국 영토로 되어 있는 코친 차이나(交趾支那: Cochin China)에 군대를 파견하고 5년 후 보호령으로 만들었다(인도차이나). 그 후 프랑스는 20-30년 동안 전쟁과 외교를 통해 안남(安南), 통킹(東京), 캄보디아Cambodia 일부를 장악하게 되었다.

이리하여 20세기초까지 프랑스는 아시아에서만도 본국의 반쯤 되는 인구를 지배하게 되었다. 프랑스는 영국과 절충하여 영국령 버마와 프랑스령 인도차이나Indochina 사이에 독립국가인 시암(Siam, 泰國)을 완충국으로 만들어 놓기로 합의하였다.

중국 진출의 대열에 낀 독일은 1897년 독일인 선교사 살해사건을 계기로 중국 정부에 압력을 가해 자오저우만 일대를 조차하는 데 성공하였다.

열강의 아시아 진출은 피침략 민족들의 강한 저항을 유발하였으나 저항은 무력으로 진압되고 단지 잠재적인 것으로 가라앉았다. 다만 침략국가들 상호간에 대립된 이해관계로 생긴 충돌이 흔히 긴장에서 전쟁으로까지 확대될 뿐이었다.

D. 아프리카에서의 충돌

유럽 열강의 식민지 경쟁, 특히 아프리카 분할은 유럽을 자주 전쟁 직전의 위기로 몰아갔다. 1880-1914년 아프리카 문제를 놓고 외교적 충돌이나 위기 없이 조용히 넘긴 시기는 고작 1년 정도에 불과하였다.

그러나 분쟁은 보통 타협과 절충으로 결말이 났다. 아프리카에 아무런 영토도 가지지 않은 러시아와 오스트리아는 동맹국의 식민지 쟁탈 문제로 전쟁에 휘말리고 싶어하지 않았다. 그럼에도 아프리카에서의 세력각축은 관련 국가들을 상호 반목과 적대적 대립을 계속하게 하였다.

이탈리아의 진출 1881년 프랑스가 튀니지를 보호령으로 만들자 좌절감을 느낀 이탈리아는 다음해 독일, 오스트리아와 삼국동맹을 체결하였다. 이에 만족하지 않고 5년 후 영국과 상호간에 지중해의 권익을 존중하기로 합의하였다.

또 이탈리아는 1901년부터 트리폴리를 세력 범위에 포함시키기로 하고 그 대신 프랑스의 모로코 기득권을 인정하는 것으로 프랑스와 타협하였다.

파쇼다 사건 아프리카 분할의 선두 주자였던 영국과 프랑스는 그만큼 첨예한 대립을 하게 되었다. 영국은 아프리카를 남북으로 연결하려고 했고 프랑스는 사하라 사막에서부터 동진(東進)하는 정책을 취하였다.

당연히 두 나라는 나일강 상류에서 맞서게 되었다. 1898년 영국군 키치너 Herbert Kitchener(1850-1916) 장군은 프랑스군 마르샹Jean Baptiste Marchand(1863-1934) 대위가 나일강 상류 백 나일(White Nile) 지역 파쇼다Fashoda를 점령했음을 알게 되었다. 프랑스군은 1899년 5월까지 에티오피아를 거쳐 지부티Djibouti까지 계속 진격하였다. 이 사건으로 양국은 전쟁에 돌입할 위기를 맞게 되었다.

그러나 프랑스가 마르샹 대위를 소환함으로써 위기는 지나갔다. 파쇼다 사건은 이후 프랑스와 영국이 아프리카에서의 위기 해결을 위해 관계개선에 힘쓰는 계기가 되었다.

모로코 문제 1884년 독일은 베를린 회의를 개최하여 아프리카 분할을 중재하려고 하였다. 거의 같은 시기에(1884-1885) 독일은 토골란드Togoland와 카메룬을 점유하여 영국을 긴장시켰다. 그 후 독일은 동아프리카에서 내륙으로 들어가 탕가니카 호까지 세력을 뻗어 로데시아와 우간다Uganda를 연결하려는 영국의 야망에 쐐기를 박았다. 이에 영국과 독일은 타협과 절충을 통해 상호 권익을 인정하였다.

한편 모로코 문제 때문에 독일과 프랑스는 1905년 거의 전쟁상태로 돌입할 뻔하였다. 프랑스는 이탈리아 · 스페인 · 영국 등의 묵인 아래 모로코에 세력을 침투시킨 바 있었다. 그러나 이에 대해 독일은 모로코의 독립을 지원하면서 프랑스의 시도를 강력히 저지하였다.

모로코 문제를 둘러싸고 1905-1911년 오스트리아의 지지를 얻은 독일, 영국과 러시아의 지지를 얻은 프랑스 사이에 외교적 위기가 세 차례 일어났다. 이것이 이른바 '모로코 문제'(1911-1912)이다. 이 위기는 프랑스가 광대한 콩고를 내주는 대신 독일이 모로코의 10분의 9를 프랑스의 보호령으로, 또 10분의 1을 스페인 소유로 인정함에 따라 해결되었다.

7. 세력균형과 국제적 위기

1870-1871년 프랑스 제2제정의 몰락은 결과적으로 독일을 중심세력으로 등장시킴으로써 유럽의 세력균형의 판도를 바꾸어 놓았다. 루이 14세 이래의 전통적인 우월성을 잃어버린 프랑스는 다른 나라와 제휴하여 저지세력을 형성하였다. 영국 · 러시아 · 오스트리아 등도 이 두 나라 중 어느 한쪽에 가세하면서 유럽의 세력균형을 유지하려고 하였다.

한편으로는 1914년 전까지 유럽의 주요국가는 상호간에 동맹체를 형성하고 다른 한편으로는 앞 다투어 군비를 증강했으므로 유럽은 단지 외관상 평화를 유지하는 데 불과하였다.

모든 동유럽 국가, 예컨대 오스트리아-헝가리 · 러시아 · 오스만 제국은 구성민족의 희망과 이익을 충족시키지 못하고 있는 실정이었다. 단지 수많은 민족이 잡다하게 섞여 사는 왕조국가의 지배체제가 유지되고 있을 뿐이었다. 이러한 피압박 민족은 항상 폭발할 가능성을 안고 있었다.

그러므로 민족 해방운동이 낡은 국가체제의 붕괴와 새로운 민족국가의 탄생을 예고하고 있었다. 헝가리 안에는 슬라브 민족 · 헝가리 민족 · 루마니아 민족이 함께 살고 마케도니아 쪽에는 세르비아인 · 그리스인 · 불가리아인이 섞여 살고 있었다. 동방문제는 유럽의 문제가 되고 결국 1918년 제1차 세계대전 발발로 연결되었다.

A. 오스트리아-헝가리 이원제국

유럽 국가 중 대내적으로 소수민족을 가장 많이 보유한 나라는 러시아와 오스트리아였다. 러시아와 오스트리아는 다같이 불만과 반란의 근원이 되는 소수민족들을 국내에 갖고 있었다. 특히 헝가리의 자치체제 수립은 제국의 나머지 부분과의 마찰을 가져왔다. 이러한 민족주의적 쟁점은 농업지역과 산업지역 간의 상이한 경제적 이익의 차이 때문에 더 첨예하게 되었다. 보수적 궁정 · 귀족계급 · 관료제도 모두 개혁의 걸림돌이 되었다.

이원군주제의 성립 1867년 프로이센과의 전쟁에서 패배한 후 독일 연방에서 손을 뗀 오스트리아는 이원(二元)군주제로 개편되었다. 즉, 오스트리아는 라이트Leith강 서쪽의 오스트리아 제국과 동쪽의 헝가리 왕국으로 양분되고 한 사람의 군주가 오스트리아 황제와 헝가리 왕을 겸하게 되었다. 또 두 나라의 장관들도 겸직하였다. 황제 요제프Franz Joseph(1848-1916)는 오스트리아-헝가리의 군사 및 외교권을 장악하고 일종의 통합국회를 갖고 있었다.

이원제국의 주요 목적은 국내의 민족적 분열을 막으려는 것이었다. 원래 합스부르크가는 뚜렷한 민족주의적 지배철학을 가지고 있지 않았으며 국민에게도 획일적인 문화를 강요하지는 않았다.

소수민족의 문제 오스트리아-헝거리 이원제국에서 지배적 위치에 있는 민족은 독일인과 마자르인이었다. 비교적 상당수를 차지하는 슬라브 민족은 정치참여에서 제외되었으며 루텐인(Ruthenians)과 슬로벤인(Slovens)은 탄압받았다. 크로아트인이나 체코인 등은 동등한 대우를 받지 못한 반면 폴란드인은 과거 러시아나 독일의 지배를 받던 시대보다 우대받았다. 이 밖에 소수민족으로는 라틴계의 루마니아인과 이탈리아인도 있었다.

간단히 말해 오스트리아는 다수민족인 독일인과 마자르인을 제외하면 여러 군소 민족들이 모인 집단인 셈이었다. 전부 3천만이 넘은 체코인과 슬라브계 민족은 이에 이질감을 느꼈으며 오스트리아의 정책에 반대했으나 아무런 해결책도 마련하지는 못하였다.

1907년 보통 선거가 실시되었으나 마자르인은 슬라브 민족의 세력증대를 우려하여 그들에게 선거권 부여를 반대하였다.

이원제국의 말기에 헝가리의 소수민족들이 과격한 민족주의 운동을 일으켰다. 먼저 체코인들이 민족운동을 일으켰다. 그 뒤를 이어 세르비아의 슬로벤인과 크로아트인이 해방운동을 일으켰고 이에 자극 받아 오스트리아 내에서도 민족감정이 고조되고 민족운동이 점차 치열해졌다.

해결책은 각 민족에게 자치를 허용하는 것이었다. 오스트리아-헝가리 이원제국의 소수민족 문제, 특히 슬라브계 민족의 민족감정은 대외적 문제로 확대되었다. 결국 오스트리아-헝가리 이원제국의 민족문제는 유럽의 국제정치에 어두운 그늘을 드리우게 되었다.

헝가리와 오스트리아의 공존 헝가리에서는 마자르인이 다른 민족보다 우세를 유지하였다. 정부와 학교에서는 반드시 마자르어를 사용하도록 하였고 마자르인이 선거제도를 장악하였다.

그러나 1903년 헝가리군이 요구한 자치는 오스트리아 정부가 받아들일 수 없는 것이었다. 프란츠 요제프는 헝가리 헌법을 정지시키고 의회 없는 통치를 하였다.

상호 생존을 위해 오스트리아와 헝가리의 지도자들은 변화라는 모험을 피하려고 했으며 제국주의적 대외정책에 의존하면서 전통적 방식으로 국내 정치제도를 강화하려고 하였다.

B. 터키의 쇠퇴와 근동문제

18세기에 터키의 오스만 제국은 밖으로 대외 전쟁에서 패배하고 안으로는 저항운동에 부딪히게 되었다. 오스만 제국은 19세기초 유럽 열강의 경제적 침투를 더 이상 막아내지 못하고 영토의 해체를 막기 어렵게 되었다. 특히 1829년 이후 오스만 제국의 발칸 지역에 대한 지배력이 두드러지게 후퇴하고 있었다.

이집트와 기타 북아프리카의 오스만 제국 속주들이 독립을 선언하고 유럽 국가들은 터키의 북부와 서부 영토를 침식하였다. 거의 때를 같이하여 국내에서 인종적 · 종교적 집단들이 제국의 분열을 재촉하는 저항운동을 하였다.

19세기 중반부터 오스만 제국은 걷잡기 어려운 쇠망의 길에 들어섰다. 그 이유로 외부로부터 러시아와 오스트리아의 침략이 있었고 안으로 제국 내 그리스도교들의 끊임없는 반란이 있었다.

군사적 약화 17세기 후반 오스만 제국은 국력의 한계에 부딪혔다. 오스만 제국군은 전략 · 전술 · 무기 · 훈련에서 유럽의 상대가 되지 않았으며 오스트리아와 러시아에게 치욕적인 패배를 당하였다.

더욱이 15세기 이래 오스만 제국군의 엘리트인 근위대(janissary)의 기율이 문란해졌다. 근위대는 군사훈련을 등한히 하고 무기제조기술의 진보를 외면하였다. 군사력이 떨어짐에 따라 오스만 제국 영토는 강력한 인접국가의 침범에 노출되었다.

군사력 쇠퇴로 중앙정부는 행정 효율이 떨어졌을 뿐 아니라 지방 관리에 대한 통제력을 상실하였다. 19세기초 반(半)독립적인 지사와 지방 호족들이 개인적으로 용병대를 거느리고 자치를 모색하고 있었다. 그들은 예산과 국세를 자신의 이익을 위해 전용하였다.

발칸 문제와 산 스테파노 조약 드디어 1829년 오스만 제국은 러시아와의 강화조약으로 그리스의 독립, 세르비아의 자치, 루마니아 일부지역의 자치 등을 허용하게 되었다.

이것이 계기가 되어 발칸 지역의 다른 곳에서도 반(反)터키 운동이 일어나고 1875-1876년 보스니아 · 헤르체고비나 · 불가리아에서 폭동이 일어났다.

새 술탄 하미드 2세Abdul Hamid II(1876-1909)는 보수반동적인 전통주의자로서 반터키 세력을 가차없이 탄압하였다. 약 1천2백 명을 학살하고 그리스도 교도들을 잔인하게 탄압한 행위는 러시아가 발칸 문제에 개입하는 구실이 되었다.

그 결과 일어난 제2차 러시아-터키 전쟁(1877-1878)에서 러시아는 압도적 승리를 거두었다. 오스만 제국은 산 스테파노San Stefano 조약에 따라 콘스탄티노플 주변을 제외한, 모든 발칸 반도 안의 영토를 상실하였다.

열강의 개입 그러자 오스트리아와 영국 등 열강은 근동에서의 러시아의 광범한 영향력 행사를 우려하여 산 스테파노 조약에 반대하였다.

1878년 비스마르크가 주선하여 강대국들이 베를린 회의에 모였다. 이 회의에서 러시아는 베사라비아Bessarabia, 그리스는 테살리아Thessaly, 오스트리아는 보스니아와 헤르체고비나를 각각 행정 관리하도록 결정하였다. 이 조치는 러시아의 세력을 견제하면서 유럽의 세력균형을 유지하는 가운데 전쟁을 피하고자 한 것이었다.

베를린 회의에서 어느 정도의 자치가 허용된 불가리아인은 7년 후 오스만 제국으로부터 동루멜리아Rumelia를 얻어 1908년 독립 불가리아 왕국을 수립하였다.

오스만 제국의 쇠퇴

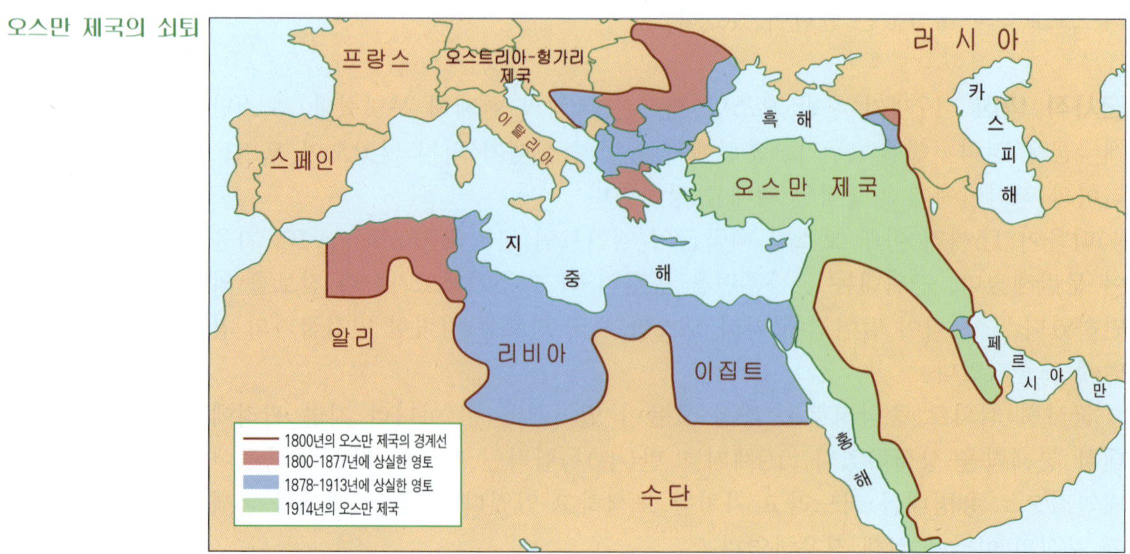

오스만 제국의 쇠퇴 19세기초부터 오스만 제국은 변경의 영토를 연이어 잃게 되었다. 1800년부터 1877년에 이르는 동안 이미 루마니아 · 세르비아 · 그리스 · 알제리 등을 상실하였다.

발칸 반도에서 민족주의적 반란이 일어나 부득이 터키는 1830년 그리스의 독립 및 1867년 세르비아의 독립을 인정하게 되었다. 러시아는 코카서스 지방과 중앙 아시아의 터키 영토를 점령했으며 오스트리아 제국은 서부 국경지대를 빼앗았다. 또 다시 터키는 1878-1913년 튀니지 · 리비아 · 이집트 · 불가리아 · 알바니아 · 보스니아-헤르체고비나 등을 상실하였다.

이집트의 위협 19세기 전환기의 폭동사태 이후 이집트의 권력자로 부상한 인물은 무함마드 알리Mehemet Ali(Muhammad Ali, 1769-1849)이다. 일찍이 나폴레옹과 싸운 경력이 있는 그는 유럽군을 모델로 강력한 군대를 양성하고 1805년부터 1848년까지 이집트를 지배하였다. 그는 농민을 보병으로 징병하고 프랑스와 이탈리아의 장교들을 고용하여 군대훈련을 담당케 하였다.

또 무함마드 알리는 산업화 계획을 진행시켜 면직공업과 무기제조를 집중적으로 시도하였다. 1820년 그는 오스만 제국에 대한 명목상 복속을 버리고 이집트의 지배자로 자립하여 이집트를 당시 이슬람 세계 최강의 국가로 발전시켰다.

1831-1833년 무함마드 알리는 시리아와 아나톨리아에 침입하여 이스탄불을 위협하였다. 이 때 오스만 제국의 몰락이 러시아 세력의 지중해 진출을 유발하지 않을까 우려한 영국의 개입이 없었다면 오스만 제국은 살아남기 어려웠을 것이다.

경제적 난관 경제적 난관이 오스만 제국의 국운을 더욱 악화시켰다. 터키를 통과하는 교역량은 17세기 후반에서 18세기에 감소하기 시작하였다. 18세기에 이르러 유럽무역의 중심무대가 대서양으로 옮겨졌기 때문에 터키의 상권은 크게 축소되었다.

이러한 상권의 축소와 함께 공업생산에서 뒤떨어졌다. 유럽제품이 값싸고 품질이 좋았기 때문에 터키의 수공업자들이 타격을 받았다. 그 결과 외국상품을 배격하는 도시 폭동이 자주 일어났다.

터키의 수출은 대체로 곡물 · 원면(原綿) · 마(麻) · 인디고Indigo 염료 · 아편 등이었으며 점차 재정적자가 늘어났다. 19세기 중반 이후 터키는 외국차관에 크게 의존했으며 유럽자본으로 철도 · 수도 · 전기 등의 비용을 충당하였다. 그 결과 국가 예산의 절반 이상이 이자 지불로 지출되는 지경이 되었다. 드디어 1882년 터키는 차관이자 지불 불능 상태에 빠지고 채무의 외국관리를 수락하지 않을 수 없게 되었다.

터키의 개혁 이와 같은 군사 · 정치 · 경제의 난관에 봉착한 터키는 국력 회복과 강화를 위한 개혁에 착수하였다.

18세기말 술탄 셀림 3세Selim III(재위: 1789-1807)는 유럽을 모델로 군대개혁에 착수하였다. 그러나 새로운 전투병력 편성, 유럽 장교들에 의한 훈련, 근대적 무기에 의한 무장 계획은 전통적인 엘리트 근위대의 반발을 사서 대대적인 폭동이 일어났다. 많은 신식 군인이 살해되고 술탄이 감금되는 사태가 벌어졌다.

셀림 3세의 후계자가 새로운 군대조직을 부활하려고 시도하자 또다시 근위대는 모든 왕족을 살해하였다. 단 하나 남은 왕족이 마무드 2세Mahmud II(재위: 1808-1839)로 즉위하여 오스만 제국은 명맥을 이을 수 있었다.

마무드 2세 마무드 2세 자신도 개혁을 추진할 확고한 의지를 가지고 있었다. 그러나 1826년 유럽식 군 편성은 근위대의 강력한 반발을 사게 되었다. 근위대가 반란을 일으켰을 때 마무드 2세는 이를 단호하게 진압하였다. 이 진압으로 왕의 나머지 통치 13년간 전개된 개혁의 길은 열렸다.

개혁의 1차 과제는 군대개혁이었다. 마무드 2세는 유럽 식 복장과 훈련, 무기와 전술을 도입하였고, 군사학교와 공병학교의 교과과정은 유럽식으로 바꾸었다. 군사개혁과 아울러 교육개혁이 진행되었다. 모스크 학교의 초등교육을 마친 후 과학고교 · 공업고교 · 군사고교 등에 진학하는 중 · 고등학교 교육제도를 개선하였다.

그 밖에 마무드 2세는 유럽식 관료제도를 수립하여 중앙집권체제를 단단히 하고 지방 지주에게 과세하며 이슬람교의 국정 개입을 억제하는 조치를 취하였다. 그는 도로를 건설하고 전신시설을 확장하며 우편제도를 도입하였다.

이러한 개혁으로 비록 영토는 상당히 축소되었으나 터키는 마무드 2세가 죽은 1839년에 이르러 어느 정도 국세(國勢)를 회복할 수 있었다.

탄지마트 시대 연이은 군사적 패배와 각 민족의 분리독립 운동은 터키의 지배계급에게 경종을 울렸다. 1839-1876년 이른바 '탄지마트' (Tanzimat: 구조조정) 시대에 개혁은 한층 더 박차를 가하게 되었다.

국제적으로 수용될 수 있는 법제 개혁이 단행되었다. 그 결과 프랑스 법제를 지침으로 삼아 제정된 상법(1850) · 형법(1858) · 해상법(1863) · 민법(1870-1876)이 공포되었다. 또 백성의 기본권 보장을 위해 공개재판, 사생활 보장, 법 앞의 평등을 위한 조치를 취하였다. 평등은 이슬람이든 아니든 국민 모두에게 보장된 것이었다. 모든 법적 절차와 재판은 국가 법정에서 행해지게 되었으므로 법제 개혁은 결국 이슬람교의 절대권에 제약을 가하고 동시에 국가적 권위를 고양하는 계기가 되었다.

1846년 도입된 교육개혁으로 초등학교, 중·고등학교에서 대학 교육에 이르기까지 광범하게 교육제도가 달라졌다. 모든 교육은 정부의 교육장관 관할 아래 놓이게 되었다. 그 후 1869년부터는 초등학교 무상 의무교육이 실시되었다.

술탄 압드 알 하미드 2세

그러나 '탄지마트'는 적지 않은 저항에 부딪혔다. 종교적 보수주의자들의 반대가 가장 심하였다. 개혁은 이슬람의 기본을 위태롭게 하는 것이라는 비판이 나왔다. 특히 유대인이나 그리스도교도들에게도 법적 평등을 부여하는 것은 이슬람 법의 기본정신에 위배된다는 비난을 받았다.

반동정치 한편 과격파는 영국과 같은 입헌 정부의 수립을 주장하였다. 가장 큰 비판이 관료계급에서 나왔다. 1876년 과격한 관리들은 쿠데타를 일으켜 압드 알-하미드 2세Abd al-Hamid; Abdul-Hamid II(재위: 1876-1909)를 술탄으로 영입하였다. 그들은 술탄의 권한을 견제하고 대의제를 규정한 헌법을 수락하게 하였다.

그러나 1년이 채 안 되어 술탄은 헌법을 정지하고 의회를 해산했으며 자유주의자들을 추방 또는 처형하였다. 그 후 30년간 그는 전제정치를 실시하고 유럽세력의 침투를 막으려고 애썼다. 그는 '탄지마트' 원칙에 따라 계속 군과 행정을 발전시키고 경찰의 창설·교육개혁·경제발전·철도 건설 등을 추진하였다.

그러나 압드 알-하미드 2세의 전제정치는 자유주의자들의 저항을 불러 일으켰다. 관료와 군 장교들은 유럽식 교과과정에 따라 교육을 받았으며 현대과학과 기술을 배웠을 뿐 아니라 유럽의 자유주의 사상에도 친숙하게 되었다. 교육받은 계층은 정치문제가 제국의 최대문제임을 인식하고 정치개혁과 성문헌법의 필요성을 역설하였다.

따라서 왕의 전제정치에 대한 자유주의적 저항은 주로 해외 망명생활을 오래한 관료들이 주동한 것이었다.

터키 청년당

'터키 청년당' 은 수년간의 활동 후 의회정치와 헌법의 부활을 위해 1908년 쿠데타를 일으켜 술탄에게 압력을 가할 당시 건설계획을 다음과 같이 발표하였다.

1. 헌법의 기초는 국민의지의 우월성을 존중하는 데 있다. 이 원칙에 따라 지체없이 의회에 대한 장관의 책임을 묻는 것이 될 것이며 결과적으로 장관이 의회 다수표를 얻지 못하는 경우 사임해야 함을 의미한다.
2. 상원 의원수가 하원 의원수의 3분의 1을 초과하지 않을 경우 상원은 다음과 같이 지명되어야 한다…. 술탄이 3분의 1, 국민이 3분의 2를 지명하고 의원의 임기는 한정된다.
3. 모든 오스만 제국 백성은 20세에 도달하면 재산 소유에 상관없이 투표권을 가진다. 시민권을 상실한 자는 당연히 이 권리가 박탈된다.
7. 터키어는 국가 공용어이다. 공문서와 토의는 터키어로 행해져야 한다….
9. 모든 시민은 국적이나 종교에 상관없이 완전한 자유와 평등을 향유하며 동등한 의무를 다해야 한다. 모든 오스만인은 국가에 대한 권리의무에 관해 법 앞에 평등하며 개인의 능력과 교육에 따라 정부 공무원에 취임할 자격이 있다. 비이슬람교도는 군사 관련법을 똑같이 준수해야 할 것이다.
10. 다른 국적민에게 부여된 종교적 특권의 행사는 침해되지 않을 것이다.
14. 지주의 재산권은 침해되지 않는다는 전제 아래(왜냐하면 법에 따라 이 권리는 존중되어야 하고 간여되지 말아야 하기 때문에) 농민의 토지 소유가 허용되어야 하며 적절한 이율(利率)로 돈을 빌릴 수 있는 수단이 부여되어야 한다고 제안하는 바이다.
16. 교육은 무상이 될 것이다. 모든 오스만 시민은 헌법규정 범위 안에서 특별법에 따라 사립학교를 운영할 수 있다.
17. 모든 학교는 국가 감독 아래 운영될 것이다. 오스만 시민이 동질적이며 획일적인 교육을 받기 위해 공립학교는 개방되고 교육은 무상이며 모든 국적민도 입학이 허용될 것이다. 터키어로 된 교습은 공립학교에서 의무적이며 공립학교에서 공교육은 무상이 될 것이다.

    중 · 고등교육은 상기 규정에 따라 공립학교에서 행해질 것이다. 기본적으로 터키어가 사용되어야 한다…. 상업학교, 농업학교, 공업학교는 국가자원 개발의 목표에 따라 운영될 것이다.

민족운동과 터키 청년당 많은 영토를 상실하여 국가적 쇠퇴가 현저해진 오스만 제국에서 민족주의 운동이 시작되었다. 교육받은 시민은 술탄 정부의 약체와 무능을 크게 비판하였다. 특히 유럽 대학 출신 계층은 국가 부흥이 오직 서양의 학문, 과학과 기술을 도입하고 민주주의를 실천함으로써만 가능하다고 믿었다.

개혁을 목표로 가장 적극적 활동을 한 단체는 '통합과 진보를 위한 오스만 협회' 였는데 보통 '터키 청년당' 으로 알려져 있었다. 1889년 망명한 오스만 제국 관료들이 파리에서 조직한 터키 청년당은 그 이름과는 달리 많은 구성원들이 젊지 않았고 또 터키인도 아니었다. 터키 청년당은 보통선거, 법 앞의 평등, 종교의 자유, 무상 공교육, 국가의 세속화, 여성 해방 등을 요구하였다.

1908년 터키 청년당이 주도하여 혁명을 일으키고 술탄 압드 알-하미드에게 의회와 「1876년의 헌법」을 회복시키게 하였다. 다음해 술탄은 폐위되고 무하마드 5세Mohammed V(재위: 1909-1918)가 새로이 즉위했으나 터키 청년당 시대(1909-1918)에는 명목상 국가원수일 뿐 정치의 실권은 내각에 있었다.

이러한 혁명운동이 오스만 제국 국내 비터키 민족들의 자유를 허용한 것은 아니었다. 반대로 터키 청년당은 그리스도 교도의 터키화(化)를 강력히 요구했으며 국민 다수가 아랍어나 슬라브어를 사용하는데도 터키어를 공용어로 정하려고 하였다.

청년 터키당의 정책은 터키인 지배층과 아나톨리아 중심부 이외의 나른 지역에 사는 국민 사이의 긴장을 조성하였다. 특히 시리아와 이라크는 오스만 제국 통치에 대한 저항이 활발한 지역이었다.

터키 청년당의 혁명(1908)

개혁의 시도에도 불구하고 터키군은 계속 전쟁에 패하고 각 민족은 자치나 독립의 기회를 엿보고 있었다. 20세기초까지 오스만 제국이 살아남은 것은 오로지 유럽 열강이 세력균형을 해치지 않고 어떻게 오스만 제국을 처리할 것인가에 대한 합의를 보지 못하고 표류하고 있었기 때문이었다.

외부세력의 개입 국내정치의 소용돌이는 외부세력의 개입을 더욱 조장하는 셈이 되었다. 1908년 터키 청년당이 주도한 혁명을 계기로 오스트리아는 베를린 회의에서 결정한 바와 같이 보스니아-헤르체고비나를 행정관리를 하는 대신 실질적으로 합병해 버리고 말았다. 결과적으로 오스만 제국은 1세기도 안 되어 유럽의 대부분 영토를 상실했으며 튀니지와 모로코를 프랑스에게 넘겨주고 이집트를 영국에게 내주었다.

발칸 위기 베를린 회의 3년 후 발칸에 국제적 위기가 닥쳐왔다. 이탈리아가 트리폴리를 영유할 목적으로 1911년 터키와 전쟁을 치르게 되었다. 트리폴리 전쟁(1911-1912)을 계기로 터키의 약체가 또다시 드러났다.

오스만 제국 세력을 발칸으로부터 몰아내려는 운동이 일어났다. 1912년 그리스의 주도하에 몬테네그로Montenegro · 그리스 · 세르비아 · 불가리아 등 발칸 군소 국가들이 동맹을 체결하고 알바니아Albania, 마케도니아Macedonia, 트라케Thrace 등의 지역에서 오스만 제국 세력을 몰아내고자 하였다.

제1차 발칸 전쟁 이렇게 시작된 1912년의 제1차 발칸 전쟁은 터키의 비참한 패배로 끝났다. 그러나 전쟁 후의 점령지 분할에서 발칸의 나라들은 의견대립을 보게 되었다. 특히 불가리아가 각별한 불만을 품고 동맹군을 공격함으로써 제2차 발칸 전쟁이 일어났다. 종래 중립을 지키던 루마니아Romania와 터키까지 참전한 이 전쟁에서 불가리아는 참패하고 기왕에 얻은 영토마저 대부분 잃고 말았다.

강화교섭이 진행되는 동안 오스트리아는 세르비아의 알바니아 합병을 막아 아드리아 해에 대한 진출을 봉쇄해야 한다고 강경하게 주장하였다. 그리하여 런던 회의에서는 이탈리아의 지지를 받은 오스트리아의 주장이 관철되고, 세르비아는 봉쇄된 내륙국가로 남게 될 처지를 감수하지 않을 수 없게 되었다.

바그다드 철도 터키의 정치 상황은 러시아의 전통적인 남하정책과 영국의 근동 진출의 교차로에서 빚어진 국제적 비극이었다.

부동항 확보와 지중해 진출을 원했던 러시아에게 터키 국내 그리스 정교도 문제는 좋은 구실이 되었다. 이에 영국은 러시아의 남하를 저지하고 인도로 가는 길목을 지키기 위해 터키를 지원하였다.

영국과 러시아 사이의 전통적인 대립은 20세기 전환기에 이르러 영국과 독일의 대립으로 바뀌었다. 독일은 중앙 터키에서 바그다드까지 철도를 부설하고 나아가서 유프라테스 강과 페르시아만을 연결하려고 계획하였다. 그 계획이 터키를 유럽 시장과 연결시켜 줄 것이기 때문에 오스만 제국 정부는 크게 환영하고 적극적으로 지원하려고 하였다.

바그다드 철도는 중국의 철도나 수에즈 운하의 경우와 같이 99년간의 조차가 끝난 후 터키의 소유가 될 예정이었다. 그러나 영국 정부는 바그다드 철도에 대한 투자를 금하고 이 지역에 독일의 영향력이 증대하는 것을 극력 경계하였다. 영국은 불가피하게 독일과 불편한 관계에 놓이게 되었다.

C. 통일 이탈리아의 문제

1860-1870년대에 통일을 달성한 이탈리아는 고대 로마의 영광, 중세 교황권의 전성, 르네상스의 창의적인 문화를 전통으로 이어 받은 지역이므로 국민의 민족의식은 그만큼 높았다.

그러나 과거 이탈리아 국민의 영광만큼 현실적 좌절은 컸다. 무엇보다도 이탈리아 반도의 자원부족은 산업혁명 시대에 커다란 타격이었다. 늪지와 구릉(丘陵) 지대의 농지화 계획은 막대한 재원이 필요하였다. 중공업 투자 자본으로 전환하기 위한 잉여농산물의 수출은 기대하기 어려웠다.

계몽 군주제는 이탈리아의 근대화를 목표로 하여 꾸준히 개혁을 실시하였다. 그러나 부유층만이 선거권을 갖는 정치제도와 정부가 정치적 이권으로 의회의 다수파를 유지하는 정치관행은 대중의 지지를 얻기 어려웠다.

새로운 의회제도가 뿌리 내리지 않은 가운데 금융가와 정부 고위관료 간의 정경유착과 부패가 노출되어 1892-1893년 커다란 스캔들이 일어났다.

1890년대의 위기 통일 후의 이탈리아 정국은 순탄하지 않았다. 아탈리아 통일의 영웅이며 이전의 과격파인 크리스피Francesco Crispi(1819-1901)는 1880년대와 1890년대의 수상이었다. 그의 정책에는 반교권주의(反敎權主義), 프랑스와의 무역전쟁, 제국주의적 국가팽창 등이 포함되어 있었다.

시칠리아 농민의 저항운동을 종식시키기 위해 크리스피는 계엄령을 선포하였다. 1894년 에티오피아를 침략하여 보호령을 설치하였다. 2년 후 에티오피아의 아두와Adua 전투에서 2만5천 명의 이탈리아군이 4배나 되는 에티오피아군의 공격을 받고 거의 전멸하자 그는 사임하였다.

1890년대에 이탈리아 사회에 위기가 왔다. 지역에 따른 전통과 생활 감정의 차이로 여론이 여러 갈래로 분열되었다. 급속히 산업화된 북쪽과 빈곤한 농업 중심의 남쪽은 오랜 역사를 거치면서 크게 차이가 났다. 무정부주의자들의 폭탄 투척, 사회주의자들의 시위, 끊임없는 파업 등이 이어졌고 사회적 불안정은 1898년 밀라노 폭동으로 그 정점에 달하였다.

이탈리아에서는 거의 같은 시기의 프랑스와 같이 우익 주장이 의회와 일반 여론에 밀려 패배하였다. 보수주의 · 자유주의 · 사회주의의 상호 대립은 심화되고 의회제도는 빈번한 내각 경질을 초래하였다. 그리하여 의회제도의 비효율과 부패는 커다란 비판 대상이 되었다.

제한된 자유주의 1882년의 선거법 개정으로 이탈리아 민주주의는 상당한 진척을 보였으나 선거법의 독소조항으로 가난한 대중에게 선거권이 부여되지 않았다.

따라서 1912년에 이르기까지 완전한 민주화는 이루어지지 않았다. 문맹률은 1870년 이후 계속 감소 추세에 있었으나 그래도 1910년에 38%에 이르는 높은 문맹률이었다. 파업과 노동쟁의는 심화되고 하층계급에 사회주의나 무정부주의가 팽배하였다.

그럼에도 1899-1914년 이탈리아는 어느 정도 정차적 안정을 찾았다. 1903년부터 1914년까지 수상을 지낸 지올리티Giovanni Giolitti(1842-1928)는 광범한 지지기반을 얻었다.

비록 남쪽 농업지역의 경제문제가 심각하고 더욱 많은 호전적인 노동자들의 불만이 진정되지 못한 가운데 이탈리아 경제가 선진 산업국가보다 뒤지긴 했으나 1914년까지 10년간 유럽에서 가장 성장속도가 빠른 산업발전을 할 수 있었다.

지올리티는 파업권을 인정하고 철도를 국유화했으며 생명보험과 공중위생을 국가적으로 지원하였다. 1911년 남자 보통 선거권을 실시했고 1870년 이래 거부해온 가톨릭교도의 정치참여를 허용하였다. 대외정책은 침략주의를 용인하는 것으로, 1912년 이탈리아는 오스만 제국과 전쟁을 하여 로도스 섬과 도데카니소스 제도(Dhodhekánisos; Dodecanese) 및 리비아의 트리폴리를 양도받았다.

실지 회복 운동 20세기초 이탈리아는 '실지(失地) 회복운동' (risorgimento)으로 대외관계의 돌파구를 찾으려 하였다. 실지 회복이란 오스만 제국 또는 오스트리아에 있는 이탈리아 연고지에 대한 권리 주장이었고 따라서 이탈리아의 실지 회복 운동은 전쟁으로 이어질 가능성을 배제할 수 없었다. 예컨대 1911년 터키와 리비아 전쟁을 하게 되었으며 3년 후에는 결국 제1차 세계대전으로까지 확대되었다.

티롤Tyrol 지역과 달마티아Dalmatia 연안 지역의 이탈리아 이전 영토는 오스트리아가 영유하고 있었으므로 이것이 이탈리아인에게 오스트리아에 대한 적개심을 일으켰다. 형식적으로 이탈리아는 독일 비스마르크의 외교적 조정으로 독일뿐 아니라 오스트리아와 동맹관계에 있었다. 따라서 티롤이나 달마티아의 실지 회복 주장은 앞으로 해결되어야 할 민족적 과제로 남아 있었다.

D. 삼국동맹과 삼국협상

국가적 이익과 자국의 안보를 우선하는 국가간 경쟁은 소수민족의 이해관계와 얽혀 국제질서를 복잡하게 만들었다. 유럽 주요국가들은 두 편으로 갈라져 동맹체계를 형성하였다. 동맹체계가 규정한 복잡한 조약 의무사항은 전쟁 발발시 상호 지원한다는 뜻을 담고 있었다. 그러므로 대규모 전쟁은 언제 터질지 모르는 시한폭탄과 같은 것이었다. 작은 국제적 사건이라도 즉시 세계전쟁으로 확대될 가능성이 있었다. 영국 · 프랑스 · 러시아 · 독일 · 오스트리아 · 이탈리아 등이 상호 동맹을 체결하는 주도 세력이었다.

유럽의 동맹 체결의 관례는 프랑스-프로이센 전쟁에까지 소급되는 것이었다. 1871년 프랑스를 이긴 독일은 그 성과를 지속시키면서 프랑스를 외교적으로 고립시키려고 하였다. 그 첫 단계로 1873년 독일은 러시아 및 오스트리아와 함께 이른바 삼제동맹(三帝同盟)을 체결하였다. 실상 세 나라는 여러 가지 공통점을 가지고 있었다. 세 나라가 모두 폴란드를 분할 소유하고 있었고 다같이 절대군주제 아래 공화주의 사상에 반대하였다.

오스트리아의 프란츠 요제프, 독일의 빌헬름 1세, 러시아의 알렉산드르 2

세 사이에 맺은 삼제동맹은 전쟁 위협에 직면하는 경우 공동행동을 취하기로 합의한 것이었다. 독일과 러시아는 공격이 있을 경우 상호지원을 약속하였다.

그러나 비스마르크의 희망에도 불구하고 삼제동맹은 곧 해체되었다. 오스트리아와 러시아는 1877년 발칸 지역에서 근동 문제로 인한 분쟁에 휘말리게 되었다. 그 해결을 위해 베를린 회의(1878)가 개최되었다. 비스마르크는 중립을 유지하려고 했으나 문제 해결 과정에서 오스트리아 편을 들었으므로 독일-러시아 관계는 냉담해졌다.

삼국동맹 1879년 비스마르크는 오스트리아 정부와 합의하여 '양국동맹'(Dual Alliance)을 맺었다. 이는 러시아의 공격을 받을 때 공동전선을 편다는 공수동맹(攻守同盟)이었다.

독일은 적대적인 프랑스를 우려하여 동맹에 참가했고 오스트리아는 러시아의 개입을 배제하고 발칸 문제를 재량대로 해결하기 위해 동참하게 되었다. 3년 후 1882년 프랑스를 두려워한 이탈리아를 새 동맹국으로 참가시켜 '삼국동맹'(Triple Alliance)이 결성되었다. 강대국과의 동맹을 통해 국제적 지위를 확고히 하려는 이탈리아는 특히 프랑스의 튀니지 병합문제를 둘러싸고 독일의 지지를 필요로 하였다.

이 동맹의 규정에 따르면 첫째, 삼국은 절대로 동맹국의 이익에 배치되는 어떠한 다른 동맹에도 가입하지 않는다는 것이었다. 둘째, 이탈리아 혹은 독일이 프랑스의 공격을 받을 경우 양국은 함께 프랑스에 선전포고하기로 합의

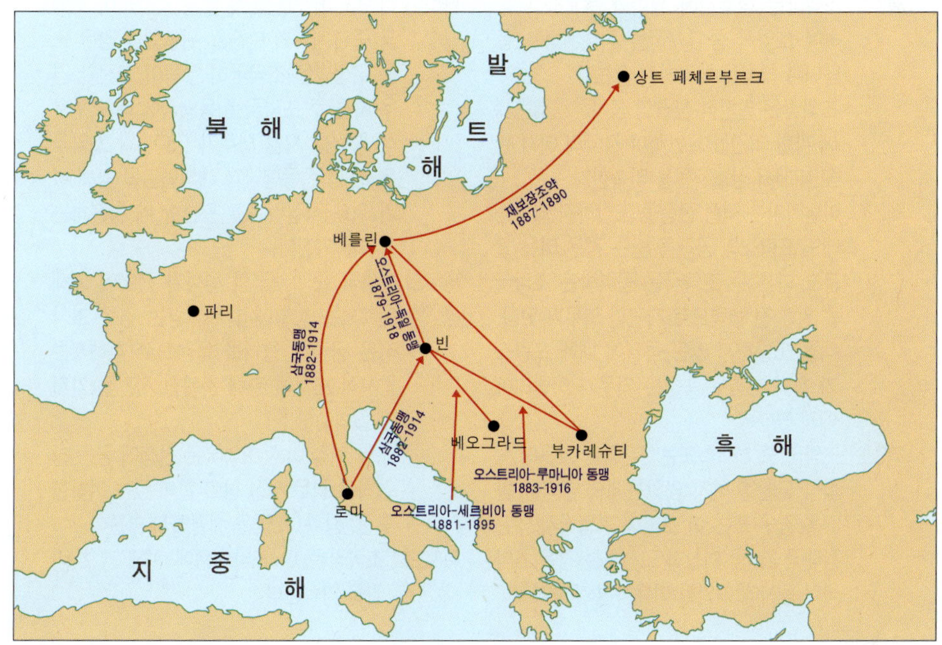

독일 제국의 동맹 관계

하였다. 셋째, 삼국 중 어느 한 나라가 둘 또는 그 이상의 나라로부터 공격을 받는 경우 삼국은 함께 상호지원을 한다는 것이었다. 이 조약은 5년 후 갱신하기로 하고 그 내용은 비밀에 붙이기로 하였다. 이탈리아측은 이 동맹조약 내용이 영국을 대상으로 하지 않는다는 단서를 붙였다.

비스마르크는 1881년 갱신한 삼제동맹이 발칸 문제로 와해되자 이번에는 1887년 러시아와 단독으로 '재보장조약'(再保障條約: Reinsurance Treaty)을 비밀리에 체결하였다. 이 조약에 의해 양국 중 어느 하나가 강대국에 의해 공격을 받을 경우 중립을 지키기로 합의하였다.

비스마르크는 능란한 수완으로 러시아 · 오스트리아 · 이탈리아 등과 동맹을 맺고 만일의 경우 프랑스가 전쟁을 일으킨다고 하더라도 프랑스를 완전한 고립 상태에 빠지도록 계획하였다. 이와 같이 국제 관계를 조정함으로써 독일은 1871년부터 1890년까지 유럽 국제정치에서 우월적 위상을 차지할 수 있었다.

삼국동맹

오스트리아-헝가리 · 독일 · 이탈리아는 1882년 삼국동맹을 체결한 이래 여러 차례 갱신하였다. 다음은 1912년 다섯 번째 갱신한 조약의 일부이다. 이 조약은 발칸문제, 오스만 제국의 영토, 이집트와 북아프리카를 다룬 6조에서 9조를 제외하고는 이전과 동일하다. 이 지역에 관해 동맹국은 상호간에 현상유지를 재차 다짐하였다. 다만, 오스트리아-헝가리 혹은 이탈리아가 일시적으로 발칸의 영토를 점령하는 경우 혹은 이탈리아가 북아프리카에서 프랑스의 팽창을 막는 조치를 취하는 경우 상호이해 또는 지원을 약속하였다. 동맹의 주요내용은 다음과 같다.

제1조: 조약국은 상호간에 평화와 우호를 약속하며 조약국 중 1개국을 적대시하는 동맹이나 협정은 체결하지 않는다.
조약국은 일반적 성격의 정치 · 경제문제에 관한 의견을 교환하며 자국의 이익 한도 내에서 상호지원을 약속한다.

제2조: 이탈리아는 직접 전쟁을 도발하지 않았는데도 프랑스의 공격을 받는 경우 이유 불문코 다른 두 조약국은 공격받은 조약국을 위해 전 병력으로 지원할 의무가 있다.
직접 도발하지 않은 독일에 대해 프랑스가 침략한 경우 똑같은 의무가 이탈리아에게 있다.

제3조: 조약국 중 1개국 또는 2개국은 그들이 직접적 도발을 하지 않았는데도 공격을 받았을 경우 또는 이 조약에 가입하지 않은 강대국 2개국 이상과 교전하는 경우 조약국이 동시에 개입할 이유가 발생한다.

제4조: 이 조약에 가입하지 않은 강대국이 조약국 중 1개국의 안전을 위협했을 경우 또는 위협받은 조약국이 부득이 교전할 경우 다른 두 조약국은 동맹국에 대해 우호적 중립을 지킬 의무가 있다. 각 조약국은 이 경우 동맹국과 대의명분을 함께 하기 위해 적절하다고 판단할 때 참전하는 권리를 가진다.

제5조: 조약국 중 1개국의 평화가 전조에 의해 예측되는 상황에서 위협받는 경우 조약국은 궁극적 협력을 목적으로 취해지는 군사적 조치에 관해 충분한 시간을 가지고 협의해야 한다.
조약 체결 이후 조약국은 전쟁에 공동 참전하는 경우 사전 상호 합의 없는 여하한 휴전, 강화, 조약을 체결하지 않는다.

제12조: 조약국은 이 조약내용에 관해 상호 비밀을 약속한다.

1890년 친정체제로 들어간 독일의 빌헬름 2세는 비스마르크를 해임하고 경솔하게도 러시아와의 재보장조약을 갱신하지 않았다. 따라서 러시아는 새로운 동맹국을 찾게 되었다.

프랑스의 외교활동 삼국동맹은 유럽의 현상유지와 평화를 주장했으나 다른 나라들은 이에 대해 회의적이었다. 특히 1870-1871년 프랑스-프로이센 전쟁에 패배한 프랑스는 커지는 독일 세력을 저지하기 위해 온 힘을 다하였다.

러시아도 독일이 주도하는 삼국동맹을 단순하게 받아들이지 않았으며 유럽대륙의 세력균형 파괴를 항상 피하려는 영국의 경우도 마찬가지였다. 그러므로 가능성이 희박해 보이는 나라끼리 동맹을 맺게 되었다.

프랑스는 1891년부터 3년 간 제3공화정의 기반을 다진 후 러시아와 동맹관계를 맺게 되었다. 러시아는 당시 철도부설과 그 밖의 산업자본이 필요했는데 프랑스 정부와 금융계가 호의적인 반응을 보였다.

1894년 프랑스와 러시아 사이에 비밀리에 체결된 조약은 다음과 같은 내용을 규정하였다. 첫째, 프랑스가 독일의 공격을 받는 경우, 혹은 독일의 지원을 받은 이탈리아의 공격을 받는 경우, 러시아는 모든 가능한 병력을 다 동원하여 독일에 대항하며 둘째, 러시아가 독일의 공격을 받는 경우, 혹은 독일이 지원하는 이탈리아의 공격을 받는 경우, 프랑스는 가능한 모든 병력을 동원하여 독일을 공격한다는 것이었다. 굳게 비밀이 지켜지는 가운데 이 조약은 삼국동맹이 유효한 한, 지속된다고 규정되었다.

화친협상 1898년 비스마르크가 죽은 해에 프랑스 외무장관이 된 델카세 Théophile Delcassé(1852-1923)는 재임 중(1898-1905) 비스마르크가 애써 쌓은 독일의 외교관계를 거의 무로 돌리는 데 성공하였다. 그리고 파쇼다 사건으로 극도로 악화된 영국과의 외교관계를 정상화하려고 힘썼다. 더욱이 친 프랑스적이며 델카세를 존경하는 에드워드 7세Edward VII(1901-1910)가 영국왕으로 즉위함으로써 양국간에는 우호 분위기가 조성되었다. 마침내 1904년 영국과 프랑스 두 나라는 '화친협상'(和親協商: Entente Cordiale)을 체결하였다.

이 협상으로 프랑스는 영국에 대해 이집트 철수 요구를 철회하고 그 대신 영국은 모로코에 대한 프랑스의 최우선권을 인정하였다. 두 나라는 북아프리카에 관한 모든 분쟁에 대하여 상호간의 외교적 협조를 비밀리에 약속하였다.

동맹이란 말 대신에 '협상'(entente)이란 용어를 쓴 두 나라 사이의 약속은 일단 유럽의 세력균형에서 영국의 필요성을 인정한 것이었다. 그러나 1900년대초 영국의 외교적 고립주의는 여전히 분명하였다. 영국은 독일과 충돌하기 전에는 프랑스와 강한 유대를 맺지 않으려고 하였다.

영국과 독일의 경쟁 1900년대가 되면서 영국의 '영광스러운 고립'(Splendid Isolation)은 독일의 급속한 팽창때문에 무의미하게 되는 듯하였다. 독일은 영국의 통상활동을 압도하기 시작하였다. 더욱이 프랑스와 미국이 산업화정책을 추진함에 따라 영국이 국제무역을 독점하던 시대는 완전히 지나간 느낌이었다.

독일이 철강생산에서 영국을 능가하고 독일 상선이 수출하는 독일 제품이 영국 제품보다 영국 식민지에서조차 더 많이 팔리게 되었다. 이 마당에 영국은 페어 플레이만을 내세울 수 없게 되었다.

1898년 이후 독일 황제 빌헬름 2세가 세계 일급의 해군을 건설하여 독일 무역을 보호하겠다고 공언하면서 두 나라 사이에는 해군증강 경쟁이 벌어졌다. 영국 국민은 정부의 해군증강을 위한 필사적 노력으로 인해 무거운 과세를 요구받았으나 해상세력에 의존한 국방상의 안전을 위해 부득이한 것으로 받아들였다.

1900-1914년 영국 해군은 독일의 위협에 대비하기 위해 병력을 북해에 집중시켰다. 뿐만 아니라 영국은 통상보호를 위해 해군을 세계 각처에 재배치하였다. 그리하여 1902년 일본과 동맹하여 태평양에 있는 함대의 일부를 철수하고 태평양 지역의 권익에 대해 일본의 보장을 받았다.

1904년 프랑스와 화친협상으로 영국은 지중해 문제를 프랑스에 맡기고 해군을 북해에 파견 강화하였다. 이러한 영국 해군의 재배치는 유럽의 긴장을 고조시키고 모든 유럽 국가들을 두 진영으로 분열 · 대립시키는 결과를 초래하였다.

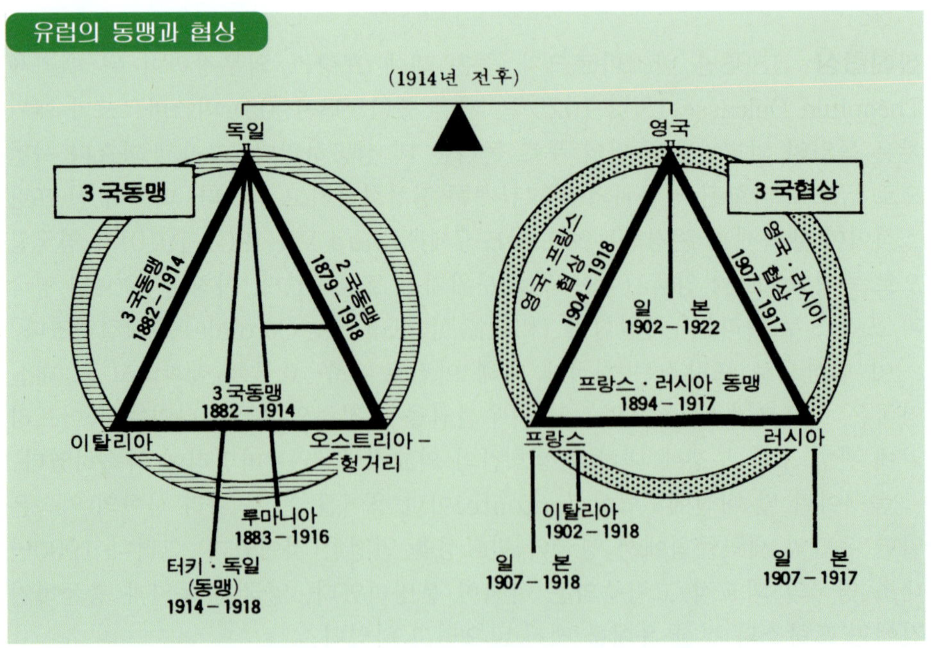

삼국협상 러시아는 일본과의 패전을 계기로 '삼국협상'(Triple Entente) 체결을 서둘렀다. 러시아는 국력의 약체가 드러남에 따라 프랑스와 더 확고한 동맹관계를 맺을 필요를 느끼게 되었다. 그리고 프랑스의 중개를 통해 영국과 접근하였다.

1907년 영국과 러시아는 협상을 체결하여 페르시아와 인도에서 양국의 세력권을 조정하였다. 1908년 영국의 에드워드 7세와 러시아의 니콜라이 2세는 러시아 해군기지 레발Reval에서 회동하고 양국간의 이해를 증진하였다.

이 같은 경로에 따라 삼국협상이 성립되었다. 삼국협상은 표면상 대단히 애매한 조약이긴 했으나 독일과 오스트리아를 둘러싼 세력으로서 독일의 팽창을 저지하는 역할을 하였다. 이리하여 1906년부터 1914년까지 삼국동맹 국가들과 삼국협상 국가들간에 사소한 문제로 10여 차례 충돌을 빚게 되었으며 점차 제1차 세계대전에 이르는 국제적 위기가 고조되어갔다.

E. 유럽의 사회주의 운동

자본주의 사회의 주기적 위기와 노동계급의 불안정은 노동계급이 저항운동을 일으키는 원인이 되었다. 1850년대 이후 마르크스와 엥겔스의 유물사관에 바탕을 둔 공산주의는 20세기의 전환기를 전후하여 국제적 운동으로 발전하였다.

마르크스는 1867년『자본론』제1권을 출판한 이래 점차 국제적 영향력을 발휘하기 시작하였다. 동시에 국제노동자 연맹체를 결성하는 데 주도적 역할을 하였다. 1870년대를 전후하여 영국이나 독일의 사회주의 운동에 대한 마르크스의 영향이 구체화되었다.

1889년 국제 사회주의는 제2인터내셔널을 조직할 만큼 성장하였다. 때를 같이하여 각국에서는 노동당이나 사회당이 활발한 정당활동을 벌이게 되었다. 대부분의 유럽 사회주의 정당은 의회제를 인정하고 민주 절차에 따른 사회주의의 달성을 믿었다.

일반적으로 유럽 사회주의는 자본주의적 사회악에 대해 민주적이며 윤리적으로 저항하는 데에 그 전통이 있다. 그들은 비록 마르크스주의 노선을 따른다 해도 독단적이기보다 타협적인 면을 가지고 있었다.

의회 민주주의 1914년까지 유럽과 미국에서는 민주주의가 정착되었다. 1900년에는 프랑스가 거의 유일한 민주주의 국가였으나 제1차 세계대전 발발에 즈음하여 그 밖의 주요국가들도 의회 민주주의를 완성하는 데 성공하였다.

미국 민주주의는 행정과 입법이 분리된 권력분립을 원칙으로 하고 있기 때문에 소속정당이 다수당이 아니라 해도 대통령은 임기를 수행할 수 있었다. 그러나 이러한 대통령제는 유럽에서는 인기가 없었다. 1914년 당시 가장 오랜 공화정 전통을 가진 스위스 연방만이 대통령제와 비슷한 제도로 움직이는 국가일 뿐이며 그 밖의 유럽 주요국가들은 의회 민주주의를 실시하고 있었다.

의회 민주주의는 18세기 영국과 19세기초 프랑스에서 실시한 제도로 행정부는 입법부의 한 위원회에 불과하였다. 명목상의 국가원수는 왕이거나 대통령이지만 단지 의전적(儀典的)인 존재일 따름이었다.

국가원수의 주요 임무는 국사(國事)의 실무를 담당하는 수상을 임명하는 것이었으나 이러한 재량권 행사에는 한계가 있었다. 중요한 것은 수상이 하원이나 중의원(衆議院)에서 다수당을 유지할 수 있는가 하는 것이기 때문이었다. 다수당을 유지할 수 없는 경우 수상과 내각은 자동으로 사임하게 되어 있었다.

의회 민주주의에는 대체로 영국형과 대륙형 두 가지 형태가 있었다. 2-3개의 안정된 정당을 가진 영국에서는 의회보다는 내각이 주도권을 장악하였다. 수상은 하원 다수당 지도자이기 때문에 전복되는 일이 드물었다.

이에 반해 대륙형 의회 민주주의를 대표하는 프랑스와 이탈리아에서는 상황이 달랐다. 여기서는 의회가 최고 위상을 차지하였다. 정당이 난립했기 때문에 내각은 보통 하나 이상의 정당을 대표하게 마련이었다.

프랑스의 경우 내각 임기가 길어야 3년이었으며 보통은 그보다 더 짧은 기간에 끝났다. 그럼에도 의회 민주주의는 20세기 유럽에서 가장 널리 채택된 제도로 1914년에는 심지어 사회주의자들도 의회 민주주의의 틀 속에 안주하게 되었다.

민주주의의 급진화 민주주의 성장은 정치를 대중화시켰고 그 결과 급진적 개혁세력이 결합하게 되었다. 이리하여 20세기초 10여년간은 급진주의의 절정기였다. 예컨대 '드레퓌스 사건'을 계기로 민주 개혁이 급진전을 보아 1902년과 1906년의 프랑스 선거에서 급진주의가 대승하였다.

1885년까지 남자 보통선거권을 실현시킨 영국에서도 완전한 민주화 달성을 위해서는 20세기를 기다리지 않으면 안 되었다. 1906년 자유당 집권과 함께 로이드 조지David Lloyd George(1863-1945) 주도하에 민주개혁이 계속되어 제1차 세계대전이 발발할 당시에는 프랑스와 마찬가지로 민주주의를 거의 완벽하게 실현하였다.

그 밖에 북유럽의 노르웨이 · 스웨덴 · 덴마크와 서유럽의 벨기에 · 네덜란드와 같은 나라에서도 대부분 군주제를 유지하는 가운데 의회 민주주의를 향한 발전을 계속했으며 민주화는 일상생활에 반영되어 있었다.

그러나 이탈리아와 독일을 비롯한 그밖의 유럽 국가들은 민주주의를 향한 행진을 계속하지 않으면 안 되었다. 이탈리아는 1913년 선거를 계기로 혁신을 시도했으나 가시적인 민주화를 위해서는 아직도 20년을 더 기다려야 하였다. 이베리아 반도의 포르투갈과 스페인, 발칸 반도의 그리스 · 불가리아 · 세르비아 · 몬테네그로 · 루마니아 등은 유럽 민주화 과정에서 예외로 남아 있었다.

1871년의 통일헌법으로 독일은 형식적으로는 민주주의였으나 실질적으로는 재상 권한이 강하고 상대적으로 입법부는 약화되어 있었다. 그 밖에 오스트리아-헝가리는 특히 1867년 이후 귀족체제의 통제를 받고 있었다. 러시아는 1905년 이후 헌법을 제정하고 의회(Duma)를 소집했으나 아직도 민주주의와는 상당한 거리가 있었다.

영국의 사회입법 19세기말에 이르기까지 거의 모든 유럽 국가가 의회주의를 채택했으며 그 모델은 영국이었다. 영국의 의회는 긴급한 사회적 쟁점을 다루고 점차 법적 불평등을 줄이는 방향으로 개혁을 추진하였다. 시험에 의한 공무원 충원제도를 채택하며 유대인에 대한 법적 제약을 없애고 영국교회에 대한 특별세를 폐지하였다. 영국은 개혁과 함께 법에 대한 존중과 종교적 관용을 통해 질서를 유지하였다. 이 모든 개혁 조치가 의회 중심으로 행해졌다.

영국의 제국주의적 세력이 세계 도처에 진출함과 동시에 보수당 정부는 국내정치에 주력하였다. 1888년과 1894년에 보수당 정부는 귀족계급의 정치 권력의 원천이던 지방정부를 개편하고 지방의회를 선거제로 하는 민주 개혁을 단행하였다.

나아가 영국은 '공무원 법'을 고치고 1902년에는 중등교육을 의무화하는 국민교육 체제를 수립하였다. 그러나 이러한 중요한 변화과정에서 노동계급의 요구가 충족되지 못했으므로 그들의 불만은 1888년 런던 성냥공장 여성노동자 파업과 1889년 도크 노동자 파업으로 나타났다. 일반 사회의 동정을 산 이러한 파업은 비숙련 노동자들까지 더 적극적인 노동운동에 참여케 한 '신조합주의'(new unionism) 운동의 일부였다. 이리하여 사회적 갈등은 전에 없이 격화되었다.

영국 노동당 이러한 갈등의 결과로 드디어 노동당이 1893년에 결성되었다. 영국 사회주의 정당인 노동당의 기원은 1880년대에 있었으나 그 본격적인 활동은 20세기에 들어서면서 시작되었다. 영국 노동당은 마르크스주의보다 오웬주의, 그리스도교 사회주의, 차티즘 및 그 밖의 빅토리아 시대의 사상운동에 그 지적 기반을 두고 있었다.

그 동안 영국에서 사회주의 정당이 발달되지 않은 것은 영국의 양당, 특히 자유당이 신축성 있는 정책을 취해 다분히 사회주의적 강령을 실행에 옮겼기 때문이기도 하였다. 예컨대 1906년과 1910년의 선거에서 자유당이 승리한 것은 노동당과 제휴한 결과였다. 사실상 강력하고 큰 노동조합들이 오랫동안 자유당에 소속되어 있었다.

자유당은 노동자보상 제도, 공익사업 시유화(市有化), 노령연금, 도시계획 등 사회 개혁을 단행하였다. 늘어나는 군비경쟁과 함께 새로운 조치와 재원이 필요했으며 1909년 재무장관 로이드 조지는 이른바 '인민예산'을 제안하였다.

영국 상원의 개혁 그러나 상원은 로이드 조지의 예산안을 거부하였다. 이러한 전례 없는 행위는 헌법적 위기를 초래하고 새로운 선거가 실시되도록 하였다. 국왕이 상원의원 수백 명을 추가로 임명하겠다고 위협하자 마침내 상원은 예산안을 승인하였다. 헌법이 수정되어 상원은 재정관계 법안과 세 번 이상 하원에서 통과된 법안을 더 이상 거부하지 못하게 되었다.

이러한 상원의 개혁은 상원의 신중하지 않은 반발이 대가를 치른 결과였다. 그러나 진정한 이유는 사회적 긴장이 고조되었다는 사실에 있었다. 1910년부터 1914년에 이르기까지 파업의 빈도·규모·폭력성은 날로 심해졌다. 총파업이 자주 일어났다. 여성 유권 운동가들은 공공집회를 방해하고 의회에 침입하며 유리창을 부수거나 폭탄 세례를 퍼부었다. 체포된 운동권 출신 여성은 감옥에서 석방될 때까지 단식투쟁을 벌였다.

페이비언 협회 한편 영국 지식인들은 페이비언 협회(Fabian Society)를 창립하여 점진적인 사회주의 실현을 주장하였다. 그들은 논문이나 저술을 통해 개혁을 요구하고 기존 사회에 날카로운 비판을 가하긴 했으나 마르크스주의를 곧이곧대로 신봉하지는 않았다.

페이비언 운동과 함께 1880년대에는 옥스퍼드 대학 교수이며 헤겔 사회철학을 강의하던 그린Thomas Hill Green(1836-1882)이 자유와 개인적 권리에 대한 사회적 의미를 강조하는 이른바 신자유주의 또는 사회적 자유주의 운동을 전개하였다.

프랑스 사회주의 운동 프랑스 사회주의 운동의 지도자인 조레스는 베른슈타인 수정주의 노선을 따른 정치가였다. 그는 의회활동을 통해 민주주의적 개혁을 추진할 것을 주장하였다.

프랑스의 사회개혁을 위한 입법에 더 큰 영향을 끼친 사람은 부르주아Léon Victor Auguste Bourgeois(1851-1925)였다. 그는 파리 출신의 정치가로 프랑스 수상(1895-1896)을 지냈으며 1899년과 1907년 두 차례 헤이그 평화회의에 프랑스 대표단을 인솔하고 갔다. 헤이그 국제재판소 법관을 지냈으며 1919년 국제연맹 규약의 초안 작성자 중 한 사람이었고 1920년 노벨 평화상을 수상하였다. 그가 주장한 '솔리다리즘'(solidarisme)은 생활법칙으로서 철저한 경쟁보다 협동과 분업을 강조한 사회철학이었다.

프랑스 사회주의 정당은 사회주의적 노선의 영향력을 총집결하여 1914년 중의원에서 130석을 확보하였다. 이 가운데 통일사회당(Parti socialiste unifé) 소속이 102석이었다. 사회주의 정당으로는 그 외에 '급진사회당'(Socialistes radicals)이 있었다. 그 밖의 프랑스 주요정당은 '자유행동당'과 '공화민주동맹' 등이었다.

독일 사회민주당 영국이나 프랑스와 같이 독일에서도 공장제 발달이 계기가 되어 노동계급이 생기고 사회주의 정당이 나오게 되었다.

라살레

1863년 사회철학자 라살레Ferdinand Lassalle(1825-1864)가 전국노동자연맹을 창설하였다. 하층의 중산계급 및 노동자계급을 배경으로 한 '진보당'(Fortschrittspartei)은 자유민주주의적 개혁을 지향하고 정부에 반대하는 입장을 취하였다.

1875년경부터 마르크스의 영향을 받은 당파가 상호 통합하여 사회민주노동당(Sozialdemokratische Arbeiterpartei)을 구성하였다. 리프크네히트 Wilhelm Liebknecht(1826-1900), 베벨August Bebel(1840-1913), 카우츠키, 베른슈타인 등이 그 지도자들이었다.

라살레의 사상적 영향을 받아 1869년 창설된 독일 사회민주당은 비교적 온건한 노선을 추구하였다. 그러나 독일 사회민주당은 베른슈타인의 수정노선을 거부하고 마르크스 노선을 고수하였다. 이 당은 마르크스적 사회주의의 평화적 달성을 믿고 혁명적 수단보다 투표에 의한 방법을 택하였다. 독일 사회민주당은 한때 비스마르크 시대에 불법단체로 규정되어 탄압 받았으나 1890년 이후 다시 법적 지위를 획득하고 급속히 발전하였다.

유럽의 무정부 운동 동유럽과 남유럽에서는 서유럽과 달리 마르크스주의보다 더 극단적인 무정부주의가 강세를 보였다.

베벨

무정부주의자들은 어떠한 종류의 강제적 국가도 거부할 뿐만 아니라 또한 국가의 말살를 주장하였다. 무정부주의를 처음으로 주장한 사람은 영국의 소설가이며 정치철학자 고드윈William Godwin(1756-1836)이었다. 그러나 1860년대에서 1890년대에 이르기까지 유럽에 풍미한 무정부운동의 주동자는 러시아의 바쿠닌Mikhail Bakunin이었다. 그는 1차 인터내셔널의 세력 다툼에서 마르크스와 엥겔스의 적수였다. 그의 사상 중 일부는 프루동에서 온 것이었다.

무정부주의는 감상적이며 단순한 교리로 현실성이 희박한 것이었으나 고도의 이상주의를 내세워 노동자 계급에게 국제적 동포정신을 고취시키고 착취자들을 공격하였다. 그것은 노동자 계급에게 영광을 가져다준다는 신화를 대변한 것이

바쿠닌의 무정부론

전문적인 혁명가인 바쿠닌은 1863년 폴란드 혁명에 가담했으며 다음 6년간 이탈리아에서 노동운동 조직을 위해 일했다. 1870년 그는 파리 코뮨과 같은 체제를 수립할 목적으로 리옹에서 폭동을 일으켰다. 무정부주의를 주장한 그는 마르크스와 충돌하여 1872년 축출될 때까지 국제노동자연맹의 중요한 인물이었다. 그는 무정부주의에 관해 다음과 같이 말하였다.

노동대중 및 부르주아 계급의 일부에 대한 파멸과 탄압은 군주제, 귀족제, 관료제, 군사국가의 위대함, 힘, 위세를 명분 또는 천명된 목표로 내세웠다. 국가는 교회의 자리를 빼앗고 신성한 기관임을 천명하였다. 따라서 국가의 도덕성은 개인의 도덕성과 전적으로 다른, 전혀 반대 형태가 되었다. 개인의 도덕성은 종교적 교리에 어긋나지 않는 한 모든 인간사회에서 다소간에 인정받고 이해되며 수용되고 달성된 항구적인 기반을 가지고 있는 것이다. 이 기반은 인간존중, 인간존엄성에 대한 존중, 모든 개인의 권리와 자유에 대한 존중 이외에 다름 아니다. (이 원칙을) 존중하는 것은 하나의 덕성이다. 반대로 그 위반은 하나의 범죄이다. 국가의 도덕성은 전적으로 이러한 인간 도덕성에 반하는 것이다. 국가는 백성에게 최고목표로 제시되고 있다….국가의 힘과 성장에 기여하는 것이 좋기 때문에 심지어 인간적 관점에서 가장 고귀하고 가장 덕성스러운 행위조차 그것에 반하는 것은 나쁘다고 되어 있다.

…모순은 바로 국가의 개념에 있다. 세계 국가는 결코 실현된 적이 없기 때문에 모든 국가는 한정된 영토와 제한된 수의 백성으로 구성된 한정된 실체이다.

…이것은 우리가 특정 국가뿐 아니라 모든 국가에 열렬히 반대하는 이유이다. 국가가 존재하는 한, 인류공동체는 없을 것이다. 국가가 존재하는 한, 전쟁과 무서운 범죄와 그 불가피한 결과, 파괴와 인민의 전반적 참상은 결코 끝나지 않을 것이다.

국가가 존재하는 한, 인민대중은 가장 민주적 국가에서조차 사실상 노예가 될 것이다. 왜냐하면 그들 자신의 행복과 부를 위해서보다도 국가의 힘과 부를 위해 일할 것이기 때문이다. 국가란 무엇인가? 그것은 공동선, 보편적 권리, 자유의 표현이며 실현이라고 사람들은 주장한다. 그렇게 주장하는 자는 전능한 신이 만인의 보호자라고 주장하는 사람이 거짓말하는 것과 똑같은 거짓말을 하고 있는 것이다. 신성한 존재에 대한 환상이 사람들의 상상 속에 자리잡은 이래 신—모든 신, 특히 그리스도교도의 신—은 항상 무지하고 가난한 대중보다는 강하고 부유한 자의 편을 들어왔다. 신은 자신의 사제를 통해 가장 혐오할 만한 특권, 가장 천한 탄압과 착취를 축복하였다.

국가는 모든 착취의 보증인 이외에 아무 것도 아니다. 일반대중의 손해를 무릅쓰고 소수의 부유하고 특권 있는 사람들에게 이익을 보증하고 있다. 복지, 번영, 일부 사람의 특권을 보장하기 위해 그것은 모든 사람들의 집단적 힘과 노동을 활용하고 모든 사람의 인권을 손상시키고 있다. 이러한 조직에서 소수는 망치 역할을 하고 다수가 모루 역할을 하는 것이다.

었다. 거기에는 러시아의 허무주의와 정신적으로 일맥상통하는 점도 있었다.

무정부주의는 특히 남이탈리아와 스페인에서 강세를 보였다. 1880년대와 1890년대에 무정부주의자는 시카고와 런던에서 폭탄을 터뜨리고 러시아의 차르 · 미국 대통령 · 이탈리아 왕의 암살을 기도했으므로 각국 정부에는 위험한 존재였다.

세기 전환기의 평화운동 평화에 대한 낙관적 기대는 19세기말 이래 지속된 것이었다. 20세기를 전후하여 서유럽에서는 전쟁을 모르고 성장하는 세대가 나온, 평화의 세월을 경험하였다. 1870년 프랑스와 프로이센이 싸운 것을 끝으로 40년 이상 유럽 강대 세력 사이에는 큰 전쟁이 없었다. 따라서 1870년에서 제1차 세계대전이 일어나는 1914년까지는 유럽 근대사상 가장 긴 평화의 시기였다. 1870년 이래 충돌은 발칸 반도에 국한된 것이었으며 유럽 대륙 안에서는 일어나지 않았다. 다만 유럽 이외의 지역, 예컨대 아메리카에서의 스페인-미국 전쟁, 아시아에서의 러시아-일본 전쟁, 아프리카에서의 보어 전쟁 등이 있을 뿐이었다.

오랫동안 계속된 평화는 전쟁이 재발하지 않을 것이라는 환상을 낳았다. 이러한 정서는 19세기 마지막 20-30년간 평화운동에서 구체화되었다. 독일을 제외한 거의 모든 서유럽 국가, 예컨대 프랑스와 영국, 스위스와 스칸디나비아는 평화 운동을 지지하였다. 그것은 이익의 독점과 유지를 위해서도 전쟁의 재발이 방지되어야 한다고 생각한 금융 · 조선 · 섬유 · 화학공업 등 세계화된 다국적 기업에 의해 뒷받침되었다.

그러나 평화운동의 성과는 미미하였다. 국제회의가 소집되었으나 성취한 바는 거의 없었다. 군비축소를 목적으로 제정 러시아의 제창으로 소집된 1899년의 헤이그 회의는 진정한 군비축소를 반대하는 독일의 완강한 반대에 부딪혔다.

회의는 단지 전쟁에 관한 전통적 규칙에 몇 가지 단서를 다는 것과 분쟁을 조정하는 중재재판소를 설치하는 것을 규정하는 정도에 그쳤다. 8년 후에 개최된 또다른 헤이그 회의에서는 아무런 성과를 거두지 못하였다.

20세기초의 진보관 19세기말에 문화적으로 절망과 좌절을 표현한 '세기말'(fin de siécle) 현상이 있었음에도 20세기는 낙관주의적 분위기 속에서 개막되었다. 19세기 후반의 대세를 이룬 평화 · 번영 · 민주화는 새로운 세기에도 지속될 것으로 기대되었다.

낙관적 요인은 기술과 과학의 발달, 인간복지의 향상, 평화운동의 전개에서 발견될 수 있었다. 1900년 파리 박람회는 이러한 새로운 시대에 대한 기대를 상징하였다. 그것은 19세기 마지막 '4반세기의 절정'이며 '새 세기의 출발'로서 근대 유럽인이 이룩한 주요 근대 과학과 기술의 승리를 상징하는 것이었다.

19세기말이 가까워지자 프랑스 혁명 이래의 보수주의는 이데올로기적 힘을 잃게 되고 중도 자유주의와 좌파 사회주의가 이를 대신하였다. 이러한 좌우의 이데올로기는 각각 의회 민주주의의 실현과 공산주의 혁명을 통해 미래에 대한 비전을 찾고자 하였다. 세기 전환기의 낙관적 세계관은 18세기의 계몽사상시대에 그랬던 것과 같이 바로 '진보 이데올로기'였다.

■ 더 참고할 책 ■

제13장 산업주의와 제국주의

Clapham, J., *Economic Development of France and Germany, 1815-1914* (Cambrdige U. P.).

Feis, Herbert, *Europe the World's Banker, 1870-1914* (Norton).

Fieldhouse, D. K., *The Colonial Empires: A Comparative Study from the Eighteenth Century* (1982).

Gillis, John R., *Youth and History: Tradition and Change in European Age Relations, 1770 to the Present* (1981).

Hayes, Carlton J. H., *A Generation of Materialism: 1871-1900* (Torchbooks).

Henderson, W. O., *The Industrial Revolution in Europe, 1815-1914* (Quadrangle).

Hobsbawm, Eric, *The Age of Empire, 1875-1914* (1987).

Kiernan, V. G., *European Empires from Conquest to Collapse, 1815-1960* (1981).

Reddy, William M., *Money and Liberty in Modern Europe: A Critique of Historical Understanding* (1987).

박지향 『제국주의: 신화와 현실』(2000).

1. 영국의 민주적 발전

Blake, Robert, *Disraeli* (Anchor).

Briggs, Asa, *The Making of Modern England* (Torchbooks).

Clark, G. Kitson, *The Making of Victorian England* (Atheneum).

Dangerfield, George, *The Strange Death of Liberal England* (Putnam).

Gay, Peter, *The Education of the Senses* (1984).

Gilbert, M., ed., *Lloyd George* (Spectrum).

Jenkins, Roy, *Asquith* (Dutton).

Judd, D., *The Victorian Empire* (Praeger).

Longford, E., *Queen Victoria* (Pyramid).

Magnus, P., *Gladstone* (Dutton).

Moorehead, Alan, *The White Nile* (Dell).

Morris, J., *Pax Britannica* (1980).

Pugh, Martin, *The Tories and the People, 1880-1935* (1985).

Thomson, David, *England in the Nineteenth Century, 1815-1914* (Penguin).

Young, G. M., *Victorian England: Portrait of an Age*, 2nd ed. (Galaxy).

2. 프랑스의 제3공화정

Berlanstein, Leonard R., *The Working People of Paris, 1871-1914* (1984).

Brogan, D. W., *The French Nation from Napoleon to Petain* (Colophon).

Gullickson, Gay L., *Unruly Women of Paris: Images of the Commune* (1997).

Jackson, J. H., *Clemenceau and the Third Republic* (Collier).

Lichtheim, G., *A Short History of Socialism* (Praeger).

Mayeur, Jean-Marie, and Madeleine Rebérioux, *The Third Republic from Its Origins to the Great War, 1871-1914*, tr. J. R. Foster (1984).

Miller, Michael, *The Bon Marché: Bourgeois Culture and the Development of the Department Store* (1981).

Moses, Claire, *French Feminism in the Nineteenth Century* (1984).

Thomson, David, *Democracy in France since 1870*, 5th ed. (Oxford U. P.).

Weber, Eugen, *Peasants into Frenchmen: The Modernization of Rural France, 1880-1914* (Torchbooks).

Williams, Roger L., *The French Revolution of 1870-1871* (Torchbooks).

Zeldin, T., *France: 1848-1945*, 2 vols. (Meridian).

▶ 자료

Snyder, Louis L., *The Dreyfus Case: A Documentary History.*

3. 독일제국의 팽창

Berghahn, Voker R., *Germany, 1871-1914: Economy, Society, Culture, and Politics* (1993).

Canning, Kathleen, *Languages of Labor and Gender: Female Factory Work in Germany, 1850-1914* (1996).

Evans, Richard J., *The Feminist Movement in Germany, 1894-1933* (Meridian).

Laqueur, Walter, *Young Germany, A History of the German Youth Movement* (Basic Books).

Rosenberg, A., *Imperial Germany, the Birth of the German Republic, 1871-1918* (Beacon).

Stern, Fritz, *The Politics of Cultural Despair* (Anchor).

Stern, Fritz, *Gold and Iron* (Vintage).

Wehler, Hans-Ulrich, *The German Empire, 1871-1918*, tr. Kim Traynor (1985).

신일범 "비스마르크와 文化推進政策" 『사학지』: 14 (1980).

오영옥 "初期 勞動運動과 Lassalle" 『梨大史苑』: 17 (1980).

▶ 자료

MacDougall, H. A., ed., *Lord Acton on Papal Power.*

4. 미국의 발전

Craven, A., *The Coming of the Civil War* (Phoenix).

Cronon, William, *Nature's Metropolis: Chicago and the Great West* (1991).

Hartz, L., *The Liberal Tradition in America* (Harvest).

Hofstadter, Richard, *The American Political Tradition* (Vintage).

Jordan, Winthrop D., *White Over Black* (Penguin).

Limerick, Patricia Nelson, *The Legacy of Conquest: The Unbroken Past of the American West* (1987).

Logan, R. W., *The Negro in the United States* (Anvil).

McPherson, James M., *Battle Cry of Freedom: The Civil War Era* (1988).

Rossiter, C., *Conservatism in America* (Vintage).

Sandburg, Carl, *Abraham Lincoln: The Prairie Years and the War Years*, 3 vols. (Dell).

Schlesinger, A. M., Jr., *The Age of*

Jackson (Mentor).

Tocqueville, Alexis de, *Democracy in America*, 2 vols. (Vintage).

Woodward, C. Vann, *The Strange Career of Jim Crow* (Oxford).

권상선 "미국 남북전쟁에 대한 소고" 『부산사학』:4 (1980).

김종길 "A. Jackson과 연방은행" 『대구사학』:18 (1980).

오주환 "Jacksonian Democracy와 노예제도" 『경북사학』:2 (1980).

5. 러시아 · 일본 · 중국

Avrich, Paul, *The Russian Anarchists* (Norton).

Beasley, W. B., *The Modern History of Japan* (Holt, Rinehart & Winston).

Beasley, W. G., *Japanese Imperialism, 1894-1945* (1987).

Blackwell, William I., *The Industrialization of Russia: An Historical Perspective* (1982).

Charques, R., *The Twilight of Imperial Russia* (Oxford).

Fairbank, John K., *The United States and China*, rev. ed. (Compass).

Fay, P. W., *The Opium War* (Norton).

Jansen, Marius B., and Gilbert Rozman, eds., *Japan in Transition: From Tokugawa to Meiji* (1986).

Hodgart, Alan, *The Economics of European Imperialism* (Norton).

Kohn, Hans, *Pan-Slavism : Its History and Ideology* (Vintage).

Kolchin, Peter, *Unfree Labor: American Slavery and Russian Serfdom* (1987).

Latourette, K. S., *China* (Spectrum).

Lichtheim, George, *Imperialism* (Praeger).

Najita, Tetsuo, and J. Victor Koschmann, ed., *Conflict in Modern Japanese History: The Neglected Tradition* (1982).

Polachek, James M., *The Inner Opium War* (1992).

Pringle, H. F., *Theodore Roosevelt* (Harvest).

Reischauer, Edwin O., *Japan: Past and Present*, 4th ed. (Knopf).

Rogger, Hans, *Russia in the Age of Modernisation and Revolution, 1881-1917* (1983).

Sansom, George B., *The Western World and Japan, A Study in the Interaction of European and Asiatic Cultures* (Vintage).

Seton-Watson, Hugh, *The Decline of Imperial Russia, 1855-1914* (Praeger).

Slatier, 0., *Japanese Inn* (Jove).

Spence, Jonathan D., *The Search for Modern China*, 2 vols. (1990).

Totman, Conrad D., *The Collapse of the Tokugawa Bakufu, 1862-1868* (1980).

Treadgold, D. W., *Lenin and His Rivals* (Praeger).

Wcislo, Francis William, *Reforming Rural Russia: State, Local Society, and National Policies, 1855-1914* (1990).

Wilson, Edmund, *To The Finland Station* (Anchor).

Wolfe, G. D., *Three Who Made a Revolution* (Beacon).

Wortman, Richard, *Scenario of Power: Myth and Ceremony in the Russian*

Monarchy (1995).

Yarmolinski, A., *The Road to Revolution* (Collier).

▶ 자료

Fukuzawa, Yukichi, *The Autobiography of Yukichi Fukuzawa*, tr. E. Kiyoda.

Teng Ssu-Yu, *China's Response to the West: A Documentary Survey, 1893-1923.*

Waley, Arthur, *The Opium War through Chinese Eyes.*

Witte, Sergei, *Memoirs.*

6. 열강의 식민지 쟁탈전

Adas, Michael, *Prophets of Rebellion: Millenarian Protest Movements against the European Colonial Order* (1987).

Adas, Michael, *Machines as the Measure of Men: Science, Technology, and Ideologies of Western Dominance* (1988).

Belts, R. F., ed., *The Scramble of Africa* (Heath).

Boachen, A. Adu, *African Perspectives on Colonialism* (1987).

Carrington, C. E., *The British Overseas: Exploits of a Nation of Shakespeare*, rev. ed. (Cambridge U. P.).

Chaudhuri, Nupur, and Margaret Strobel, eds., *Western Women and Imperialism: Complicity and Resistance* (1992).

Cohn, Bernard S., *Colonialism and its Forms of Knowledge: The British in India* (1996).

De Kiewiet, C. W., *A History of South Africa, Social and Economic* (Oxford).

Duffy, James, *Portugal in Africa* (Penguin).

Duignan, P., and L. H. Gann, *Burden of Empire* (Hoover Institution).

Edwards, M., *The West in Asia, 1815-1914* (Putnam).

Fage, J. D., *History of West Africa*, 4th ed. (Cambridge).

Gallagher, John, *The Decline, Revival and Fall of the British Empire*, ed. Anil Seal (1982).

Geiger, T., *The Conflicted Relationship* (McGraw-Hill).

Gollwitzer, Heinz, *Europe in the Age of Imperialism, 1880-1914* (Norton).

Grattan, C. Hartley, *The Southwest Pacific since 1900* (Michigan).

Hall, D. G. E., *A History of Southeast Asia* (St. Martin's).

Hancock, W. K., *Smuts: Study for a Portrait* (Cambridge U. P.).

Headrick, Daniel R., *The Tools of Empire: Technology and European Imperialism in the Nineteenth Century* (1981).

Headrick, Daniel R., *The Tentacles of Progress: Technology Transfer in the Age of Imperialism, 1850-1940* (1988).

Hobson, J. A., *Imperialism: A Study*, 3rd ed. (Ann Arbor).

Hodgard, Alan, *The Economics of European Imperialism* (Norton).

Hopkirk, Peter, *The Great Game: The Struggle for Empire in Central Asia* (1992).

Kiewiet, C. W. de, *A History of South Africa, Social and Economic* (Oxford U. P.).

Kingsnorth, G. W., *An Introduction to the History of East Africa* (Cambridge).

Koebner, R., and Schmidt, H. D., *Imperialism: The Story and Significance of a Political World, 1840-1960* (Cambridge).

Landes, David S., *Bankers and Pashas* (Torchbooks).

Langer, W. L., *The Diplomacy of Imperialism, 1890-1902,* 2nd ed. (Torchbooks).

Lenin, V. I., *Imperialism: The Highest Stage of Capitalism* (International).

Lichtheim, George, *Imperialism* (Praeger).

Mommsen, Wolfgang J., *Theories of Imperialism,* tr. P. S. Falla (Paperbacks).

Moorhead, A., *The White Nile* (Torchbooks).

Moorhead, A., *The Blue Nile* (Dell).

Munholland, J., *Origins of Contemporary Europe, 1890-1914* (Harcourt Brace Jovanovich).

Northrup, David, *Indentured Labor in the Age of Imperialism, 1834-1922* (1995).

Owen, Roger, and Bob Sutcliffe, eds., *Studies in the Theory of Imperialism* (Paperbacks).

Pakenham, Thomas, *The Scramble for Africa, 1876-1912* (1991).

Robinson, Ronald, and John Gallagher, *Africa and the Victorians* (Anchor).

Robinson, Ronald, John Gallagher, and Alice Denny, *Africa and the Victorians: The Climax of Imperialism* (Anchor).

Rotberg, Robert I., *The Founder: Cecil Rhodes and the Pursuit of Power* (1988).

Schumpeter, J. A., *Imperialism and Social Class* (Meridian).

Seal, A., *The Emergence of Indian Nationalism* (Cambridge).

Simmel, Bernard, *The Liberal Ideal and the Demons of Empire* (1993).

Spate, 0. H. K., *Australia* (Praeger).

Thornton, A. P., *The Imperial Idea and Its Enemies: A Study in British Power* (Torchbooks).

Thornton, A. R., *Doctrines of Imperialism* (Wiley).

조길태 "영국의 인도통일정책" 『아세아연구』:63 (1980).

▶ 자료

Guha, Ranajit, and Gayatri Chakravorty Spivak, eds., *Selected Subaltern Studies.*

7. 세력균형과 국제적 위기

Albrecht-Carrié, R., *Italy from Napoleon to Mussolini* (Columbia).

Dangerfield, George, *The Strange Death of Liberal England* (Penguin).

Davidson, R. H., *Turkey* (Spectrum).

Derfler, Leslie, *Socialism since Marx: A Century of the European Left* (Meridian).

Fay, S. B., *Origins of the World War,* 2 vols. (Free Press).

Findley, Carter V., *Bureaucratic Reform in the Ottoman Empire: The Sublime Porte, 1789-1922* (1980).

Fremantle, Anne, *This Little Band of Prophets* (New American Library).

Hale, O. J., *The Great Illusion, 1900-1914* (Torchbooks).

Jaszi, Oscar, *The Dissolution of the Hapsburg Monarchy* (Phoenix).

Jelavich, Barbara, *History of the Balkans*, 2 vols. (1983).

Joll, James, *The Second International, 1889-1914* (Torchbooks).

Joll, James, *The Anarchists* (Praeger).

Langer William L., *European Alliances and Alignments*, 2nd ed. (Vintage).

Laqueur, Walter, *Russia and Germany: A Century of Conflict* (Little, Brown).

Lewis, G., *The Emergence of Modern Turkey*, rev. ed. (Oxford U. P.).

Lidtke, Vernon, *The Alternative Culture: Socialist Labor in Imperial Germany* (1985).

Pamuk, Sevket, *The Ottoman Empire and European Capitalism, 1820-1913: Trade, Investment, and Production* (1987).

Remak, J., *Origins of World War I* (Holt).

Schorske, Carl E., *Fin-de-Siècle Vienna: Politics and Culture* (1980).

Sontag, R. J., *Germany and England: Background of Conflict, 1848-1894* (Norton).

Stone, Norman, *Europe Transformed, 1878-1919* (1984).

Taylor, A. J. P., *The Struggle for the Mastery of Europe, 1848-1914* (Oxford).

▶ **자료**

Bernstein, Eduard, *Evolutionary Socialism.*

Shaw, George Bernard, ed., *Fabian Essays in Socialism.*

※ 더 참고할 책의 최신 목록은 〈**blog.daum.net/chasworldhistory**〉 참조

제 14 장

전쟁과 평화

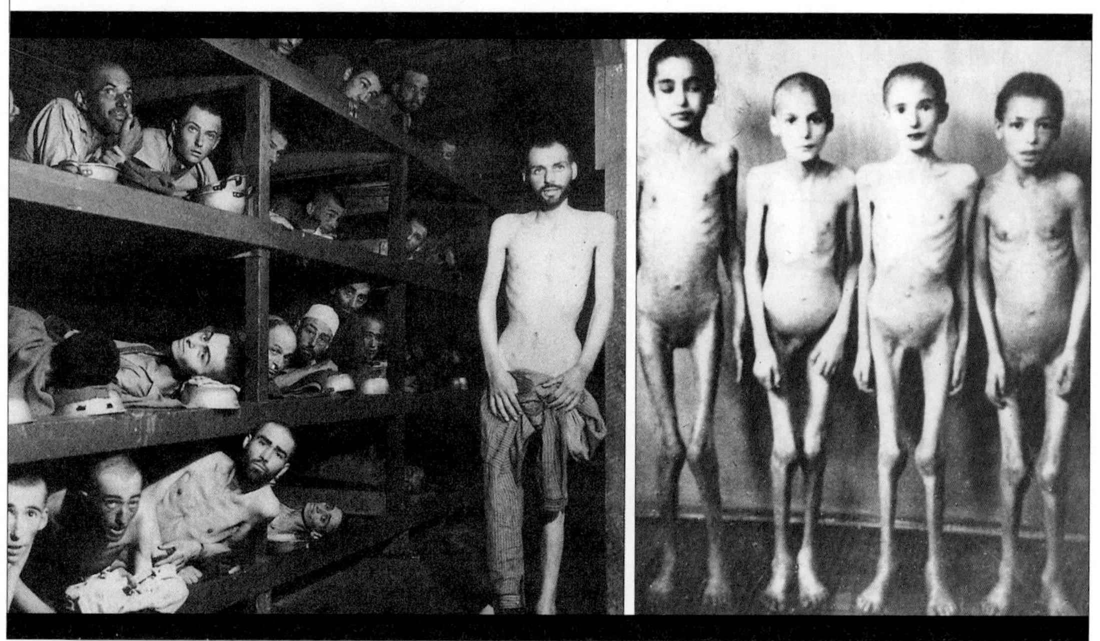

(왼쪽) 나치의 강제 수용소: 1945년 연합군에 의해 해방된 후 수용소에 살아남아 있던 유대인.
(오른쪽) 아우슈비츠 수용소: 같은 해 소련군에 의해 해방될 당시 발견된 유대인 어린이.

주 요 연 대

1912-1913	발칸 전쟁
1914	프란츠 페르디난트 대공(大公) 암살
1914-1918	제1차 세계대전
1917	러시아 차르 폐위
1917	볼셰비키 혁명; 미국의 참전
1918	음악의 인상주의, 미술의 초현실주의
1918	독일 혁명
1918	슈펭글러 『서양의 몰락』
1919	베르사유 조약; 국제연맹(1919-1939)
1919-1933	바이마르 공화국
1920	듀이 『철학의 재건』
1921-1929	러시아의 신경제정책(NEP)
1922	이탈리아 파시스트 혁명; 미국에서 인슐린 발견
1923	프랑스, 루르 지대 침입
1924	영국 제1차 노동당 정부
1924-1953	스탈린 독재; 레닌의 죽음(1924)
1924	토마스 만 『마(魔)의 산』
1925	로카르노 협정
1928	파리 협정
1928	영국 과학자 플레밍, 페니실린 발견
1929-1931	영국 제2차 노동당 정부
1929-1934	미국의 대공황
1929-1933	러시아의 제1차 5개년계획
1931	일본의 만주침략; 영국 금본위 폐지; 스페인 군주제 전복
1932-1934	주네브 군축회의
1932	영국에서 중성자 발견
1933	세계경제회의; 미국 금본위 폐지
1933	독일 나치 혁명
1933-1939	미국의 뉴딜; NRA(1933-1935)
1935	영 · 독 해군협정; 프랑스-소련 동맹
1935-1936	이탈리아, 에티오피아 침략
1936	히틀러, 라인란트 재무장
1936-1939	스페인 내란, 프랑코 체제 수립
1938	독일의 오스트리아 합병
1939	원자 분열 실험 성공
1939	독일-소련 조약
1939-1945	제2차 세계대전
1941	대서양 헌장; 일본의 진주만 기습

20세기사는 1914년 제1차 세계대전에서 1960년대 세계적인 뉴 레프트 운동에 이르기까지, 1939년 제2차 세계대전에서 1999년 앙골라 내전에 이르기까지 '폭력의 역사' 였다. 그것은 전란과 폭동으로 점철되는 파국의 시대였다.

제2차 세계대전이 종결된 이후에도 전쟁은 세계 각지에서 간간이 일어났다. 1949년 중국공산당의 본토 석권, 1956년 헝가리의 반란, 1962년 쿠바 위기 등은 현대 세계의 소란과 불안정을 가리키는 전형적인 예이다. 이렇게 볼 때 20세기는 '전지구적 전쟁과 혁명의 시대' 라 규정될 수 있을 것이다.[1]

폭력은 파국과 전쟁, 혁명과 독재, 그리고 냉전과 국지전이 거듭되는 가운데 행사되었다. 현대는 끊임없는 전쟁과 혁명의 반복 과정이었으며, 역설적으로 그만큼 평화에 대한 희망과 기대가 큰 시대였다.

20세기가 겪은 전쟁 중에서도 두 차례의 세계대전은 역사상 유례가 없는 규모의 것이었으며 그 영향도 컸다. 대전은 참전국가들이 경제 · 사회 · 정치 · 군사 · 문화에 걸쳐 국력을 총동원했기 때문에 '전면전' (total war)이라 말할 수 있다. 두 차례의 대전이 치러진 것은 결코 짧은 기간이 아니었고 전쟁으로 인한 희생과 파괴, 심리적 충격이 컸던 만큼 전후에는 평화 유지를 위한 운동도 상대적으로 강하게 일어났다. 평화를 추구하려는 노력은 주로 집단안전보장을 제도화하는 데 집중되었으며 그것은 각각 제1차 세계대전 후의 국제연맹과 제2차 세계대전 후의 국제연합(유엔)으로 구체화되었다.

20세기사의 특성을 요약하면, 첫째로 유럽의 역할이 축소된 가운데 전지구가 하나로 된 국제질서를 들 수 있다. 둘째로 국민 총력전의 양상을 띤 두 차례의 세계대전을 지적할 수 있다. 셋째로 산업사회의 발달로 인한 대중적 민주주의 발달과 거기에 상응한 전체주의 대두를 말할 수 있을 것이다. 그 중에서도 특히 전체주의 대두는 20세기에서만 나타난 특이한 현상이었다.

20세기의 가속적 변화는 1914년부터 1945년에 이르는 시기에 이루어졌다. 이 시기는 역사상 가장 큰 변화와 소란이 많은 시기 중 하나였다. 두 차례 세계대전을 겪으면서 인류사회는 심한 고통에 직면하고 거의 모든 나라가 정치체제의 변화를 경험하였다. 20세기사는 우리와 가장 가까운 시대의 역사일 뿐 아니라 우리가 가장 많은 변화를 체험한 역사이기도 하다.

---

1) Daniel R. Brower, *The World in the Twentieth Century: The Age of Global War and Revolution*, 2nd ed.(1988).

1. 제1차 세계대전

제1차 세계대전은 20세기의 시작을 알리는 우울한 지표였다. 1914년 유럽에서 시작된 전쟁이 궁극적으로 세계의 거의 모든 나라가 참전하는 대규모 전쟁으로 확대되었다.

제1차 세계대전은 19세기 후반 유럽의 국제 질서가 가져온 필연적인 충돌이었다. 그것은 본질적으로 유럽대전이었다. 즉, 유럽에서 시작된, 유럽 국가들의 전쟁이었다. 프랑스와 독일의 전통적인 갈등, 영국의 대륙과의 관계, 러시아의 범슬라브주의, 독일의 세계제패 야망, 강대국 사이에 끼어 있는 군소국가의 민족적 목표 등과 같은 국제 정치적 요인, 세기말 사상, 사회적 진화론, 인종 우월주의와 같은 사상적 요인, 자본주의의 발달, 시장 확보를 위한 식민지 쟁탈과 같은 경제적 요인 등—이러한 유럽사의 요인들이 얽혀 세계적 규모의 전쟁이 초래되었다.

제1차 세계대전에 대해 각국 지도자들은 일종의 사명감을 느끼고 있었으며 참전 군인들은 영웅심에 불타 있었다. 그들은 영광과 명예를 꿈꾸었으며 신이 자기편에 있음을 확신하였다. '신은 우리와 함께 있다' 고 독일 병사가 혁대 버클에 새긴 말, '신과 차르' 를 위해 싸운다는 러시아 병사의 사명감, '신과 왕과 나라를 위해서' 싸움터에 나간다는 영국 군인의 정서는 모두 신이 자기 편에 있음을 확인하려는 것이었다. 수년 후 미국이 참전하게 되었을 때 '세계의 민주화를 위해서' 라는 미국의 구호 역시 비슷한 정서를 표현한 것이었다.

제1차 세계대전이 현실로 다가옴에 따라 유럽인은 전쟁이 일어날 것이라고 예상했을 뿐 아니라 실제로 전쟁을 환영하였다. 철학자 러셀Bertrand Russel(1872-1970)이 말하기를 영국의 보통 사람들은 전쟁을 적극 원하고 있다고 했으며 프랑스 작가 알랭-푸르니에Alain-Fournier(Henri Alban Fournier: 1886-1914)는 이 전쟁이 훌륭하고 정당하며 위대하다고 논평하였다. 유럽 주요국가 수도에서 사람들은 자기 나라 정부가 선전 포고했을 때 거리에서 춤추고 좋아하였다. 군중은 전선으로 향해 출발하는 군인들에게 꽃을 던지고 환호하면서 전쟁에 이기고 얼마 안 가 곧 돌아오리라 기대하였다.

그러나 제1차 세계대전은 기대와 달리 4년이란 긴 세월이 걸렸으며 수많은 인명과 막대한 재산 피해를 냈다. 승전국이나 패전국 할 것 없이 다같이 막대한 손실을 입었으며 대전 후의 결과는 참담한 것이었다. 더욱이 전화(戰禍)에서 겨우 벗어나자 세계가 직면한 것은 정치적 불안정과 경제적 혼란이었다.

A. 파국으로 이르는 길

이미 1910년대에 전 유럽에 걸쳐 불안한 기운이 감돌고 충돌의 조짐이 보였다. 위험을 알리는 신호는 바로 제국주의였다. 1880년부터 불과 한 세대 안에 제국주의의 절정기가 왔다. 이 시기에 서유럽 국가들이 직접적으로는 식민지 영유를 통해서나 간접적으로는 경제 · 외교적 압력을 가하여 전 세계를 제패하려 하였다. 그 중에서도 쇠퇴일로의 거대국가 오스만 제국과 중국은 유럽제국의 침략 대상으로 알맞은 지역이었다. 근동과 동북아시아의 독립주권국가는 유럽 열강의 제물이 되었다.

또한 아프리카의 대부분이 유럽 열강의 식민지나 보호령이 되었다. 식민지를 제일 많이 가진 나라는 영국과 프랑스였다. 영국은 아프리카의 남쪽과 동쪽, 프랑스는 북쪽과 서쪽을 차지하였다. 독일과 이탈리아는 식민지 쟁탈전에 뒤늦게 참가했으나 비교적 수익성이 높은 지역을 차지했으며 벨기에는 콩고와 같은 막대한 부존자원이 있는 곳을 얻었다.

그리하여 1902년까지 아프리카에는 단지 모로코 · 이집트 · 에티오피아 · 라이베리아의 4개 지역만이 독립을 유지하고 있을 따름이었다. 그러나 얼마 안 가서 이 지역조차 프랑스 · 영국 · 이탈리아 · 미국 등의 침략대상이 되었거나 이미 침략을 받은 것이나 다름없는 상황이 되었다.

제국주의적 침략과 잔인한 식민정책을 시행한 나라는 유럽에서 가장 민주주의적 제도를 채택하고 있던 나라들이었다. 제국주의와 식민정책이 만인의 평등을 주장하는 민주주의의 원리에 어긋나는 것이었으나 유럽 제국주의 국가는 국내정치와 식민지 통치에 이중적 기준을 적용하였다.

아프리카를 목표로 한 제국주의적 진출에서 중앙 유럽이나 동유럽 국가들은 상대적으로 소극적이었다. 예컨대 오스트리아-헝가리는 전혀 식민지를 가지지 않았으며 독일은 뒤늦게 제국주의적 경쟁에 뛰어들었고 러시아는 시베리아 · 중앙 아시아 · 코카서스 등에 침투하려고 하였다. 그러므로 이 세 나라에서 민주주의와 식민정책간의 격차는 서유럽의 경우처럼 선명하게 대조되는 것은 아니었다.

독일과 러시아는 억압적인 국내정치를 하고 있었다. 그 대신 인종주의가 강한 범슬라브주의 또는 범게르만주의를 표방했기 때문에 같은 언어 집단을 강권으로 지배하려는 불관용이란 점에서는 식민주의와 일맥상통하였다.

군비경쟁 제국주의적 경쟁과 함께 위기를 조성한 것은 서유럽 국가 상호간의 군비경쟁이었다. 제1차 세계대전의 한 원인은 영국과 독일간의 군비경쟁, 특히 해군 확장이었다. 독일은 내륙국가이기 때문에 원칙적으로 방대한 해군력을 필요로 하지 않았다. 1897-1914년 독일의 해군 증강은 다만 영국의 해군력 견제를 목표로 하고 있었다. 따라서 해군 증강은 영국과 독일의 관계를 악화시키는 요인이 되었다.

삼국동맹과 삼국협상이라는 두 동맹체의 긴장이 더욱 고조되는 1905년에서 1914년 사이에 일련의 외교 사건들이 돌발하여 세계대전 전야의 먹구름이 짙게 깔리게 되었다. 외교적 충격이 먼저 모로코 사건에서 나타났고 다음으로 발칸 문제로 파급되었다.

일찍이 1900년 프랑스와 이탈리아 양국 정부는 비밀조약을 체결하여 상호간의 권익을 존중하기로 하였다. 프랑스는 이탈리아가 트리폴리Tripoli(지금의 Libya)에 세력을 침투시키는 것을 인정하고 대신 이탈리아는 프랑스가 튀니지와 모로코에 세력을 부식하는 것을 인정하였다. 2년 후 프랑스 외무장관델카세는 프랑스가 감행하는 침략전쟁에 이탈리아가 가담하지 않겠다는 비밀약속을 받아내는 데 성공하였다. 1904년 프랑스는 스페인과 협약을 체결하여 모로코에서의 세력 범위를 정하고 영국의 승인을 이끌어냈다.

모로코 사건 독일제국의 카이저 빌헬름 2세는 모로코 문제에 간섭하기로 작정하였다. 그는 1905년 갑자기 탕히에Tangier 항을 방문하고 모든 나라가 모로코의 독립을 존중해야 한다고 선언하였다. 프랑스 정부는 독일의 요구를 받아들여 모로코 문제를 협의하기 위한 국제회의 개최에 찬성하였다. 이 때 프랑스는 독일 정부의 암시에 따라 델카세 외무장관을 경질하여 긴장을 해소시키려고 하였다.

1906년 스페인 알제시라스Algeciras 회의에서 각국 대표는 모로코의 독립 주권에 관해 합의하였다. 이 결과 프랑스는 모로코를 보호령으로 만들려는 당초 계획을 포기해야 하였다. 다만 프랑스는 스페인과 함께 외국인을 보호하고 질서를 유지한다는 명목으로 모로코의 경찰권을 보유하였다.

프랑스는 1907년 질서 유지 필요상 군대를 파견하고 1908년 '외인부대' 의 탈영병을 수색한다는 명목 아래 카사블랑카Casablanca의 독일 영사관에 침입하였다. 이 사건에 관해 독일은 1899년 신설된 헤이그의 국제중재재판소에 제소하였다. 이에 독일과 프랑스는 타협하였다. 독일은 모로코에 대한 관심이 정치적인 것이 아니라 경제적이란 점을 공언했으므로 프랑스 정부는 특정 국가에 무역특혜를 허용할 의사가 없다고 밝혔다.

1911년 제2차 모로코 사건이 일어나서 또다시 전쟁위기는 고조되었다. 그 해 프랑스는 분쟁지역의 공안유지를 명목으로 군을 파견하여 페스Fès; Fez를 점령하였다. 이에 독일은 전함 판터Panther호를 아가디르Agadir항에 급파하였다. 영국은 프랑스와의 협상을 준수하여 프랑스에 대한 지지를 명백히 했기 때문에 독일은 굴복하고 말았다. 이 결과 프랑스는 독일에게 '적도(赤道) 아프리카' 를 양도하고 모로코에서의 자유재량권을 인정받게 되었다.

소수민족 문제와 발칸 그러나 제1차 세계대전의 불씨는 발칸에 있었다. 중앙 유럽과 동유럽에 있는 소수민족의 희망과 강대국의 동맹체제 구축이라는 두 요인이 합쳐져 전쟁 가능성은 더욱 높아졌다. 예를 들면 오스트리아-헝가리는 심각한 소수민족 문제를 안고 있었다. 체코인과 유고슬라비아인은 러시아에 의존하려 했으며 오스트리아의 붕괴를 바라고 있었다. 보헤미아와 모라비아에 사는 체코인은 오래 전부터 민족독립을 원하였다.

소수민족 문제는 특히 발칸 반도를 중심으로 급진전되었다. 1903년 세르비아는 친러시아적인 카라게오르게비치Karageorgevich 왕조로 복고하여 반(反) 오스트리아 정책을 취하고 남슬라브 민족을 위한 주도적 역할을 원하였다. 그리하여 오스트리아의 지배를 받고 있던 크로아티아인이나 슬로베니아인에게 해방을 약속하였다. 오스트리아가 오스만 제국의 종주권 아래에 있던 보스니아 Bosnia와 헤르체고비나Herzegovina 등 남슬라브의 주(州)들을 합병하게 되는 1908년 당시 이와 같은 약속은 대단히 위험한 것이었다. 1908년 보스니아 위기는 전쟁 분위기를 더욱 고조시켰다.

발칸 전쟁 1910년대에 발칸 반도의 약소민족은 5백년 이상 계속된 오스만 제국의 지배에서 벗어남과 동시에 영토 재분할을 위해 전쟁에 휩쓸리게 되었다. 이미 19세기말에 시작된 민족해방전쟁은 1912-1913년 드디어 발칸 전쟁으로 번졌다.

1913년 오스만 제국 지배를 벗어난 민족들이 전후 국경선 결정을 둘러싸고 서로 불화를 거듭하였다. 각 민족은 상대방의 영토 안에 섞여 살고 있었기 때문에 국경을 확연하게 구획 짓기가 쉽지 않았다.

이 결과 일어난 제2차 발칸 전쟁에서 불가리아가 패배하였다. 그러나 영토문제는 여전히 해결되지 않았다. 그리스는 불가리아와 터키 해안에 걸친 땅을 탐내고 있었으며 루마니아는 트란실바니아Transylvania를 헝가리의 지배로부터 해방시키고자 하였다. 가장 야심적인 세르비아는 영토 안에 불가리아 소수민족 문제를 안고 있으면서도 북쪽과 서쪽에 대한 야망을 버리지 않았다. 이 상황에서 1913년의 해결은 단지 불안한 휴전에 불과하였다.

범슬라브주의 프랑스와 독일이 모로코에서 다투고 있을 즈음 러시아와 오스트리아는 발칸 반도에서 각축을 벌이고 있었다.

독일과 오스트리아는 다 같이 러시아의 범슬라브 민족주의에 반대하였다. 독일의 이유는 대체로 경제적인 것이었다. 산업화된 독일은 그 경제권을 발트 해에서부터 페르시아 만까지 확대하려 하였다. 더욱이 오스만 제국의 경제적 이용도를 중시하여 1902년 콘스탄티노플에서 바그다드까지, 그리고 다시 페르시아만의 바스라Basra까지 연결하는 '바그다드 철도'를 부설하였다.

이에 반해 오스트리아의 동기는 주로 정치적인 것이었다. 복합민족 국가인 오스트리아-헝가리 이원제국은 수백만의 슬라브 민족을 포함하고 있었으므로 만일 러시아가 지원하는 세르비아Serbia 부흥운동이 성공한다면 많은 인구를 잃게 될 판이었다.

세르비아는 인구구성에서 슬라브 민족이 압도적으로 많았으므로 러시아를 '큰 형의 나라'로 생각하고 있었다. 세르비아 애국자들의 꿈은 오스트리아의 지배하에 있는 보스니아나 헤르체고비나를 통합하여 '대(大) 세르비아'를 건설하는 것이었다. 이 꿈이 실현된다면 오스트리아 제국이 붕괴할 것은 자명하였다. 이리하여 주로 자체방위 목적을 내세운 오스트리아측은 러시아의 범슬라브주의가 더 위험한 정도로 성장하기 전에 저지해야 한다고 확신하게 되었다.

유럽의 화약고 한편 오스트리아는 발칸 반도에 있는 슬라브 민족의 불만과 러시아의 지지를 경계하였다. 오스트리아-헝가리 이원제국 안의 소수민족이 독립하는 경우 제국의 붕괴가 불 보듯 뻔했기 때문이다.

그러므로 세르비아의 민족주의를 가능한 한 제압하는 것이 오스트리아의 과제였다. 이에 반해 러시아는 발칸의 범슬라브 민족주의 운동을 배경으로 오스트리아를 막고 숙원인 지중해 진출의 기회를 노리고 있었다. 다른 한편 프랑스와 영국은 발칸의 세력균형 유지를 원했으며 러시아와 오스트리아의 근동 진출을 저지하고자 하였다.

이와 같이 여러 상충 요인들이 발칸 문제를 복잡하게 만들었다. 각국마다 자국의 이익을 위해 이 지역에 개입하여 지역간의 적대행위를 이용하려고 했다. 발칸의 정세는 한층 더 복잡해지고 위기가 더욱 고조되어 갔으므로 당시 발칸을 유럽의 화약고라 부른 것은 당연하였다. 이 화약고에 불꽃이 튈 경우 전 유럽적인 규모의 전쟁이 일어나는 것은 불가피해 보였다.

최초의 불꽃 운명적인 불꽃은 처음으로 1914년 6월 28일 보스니아의 수도 사라예보Sarajevo에서 일어났다. 오스트리아의 제위 계승자인 페르디난트 Franz Ferdinand 대공(大公) 부처가 '대 세르비아' 운동을 지지하는 보스니아 청년의 총에 암살되고 말았다.

암살자는 젊은 보스니아인 프린치프Gavrilo Princip(1895-1918)였다. 오스트리아 당국은 '검은 손'이라는 테러 단체가 배후에 있다고 단정하였다. 이웃 나라 세르비아에 중심을 둔 이 조직은 남슬라브족, 즉 유고슬라브 민족을 통합하여 대 세르비아를 형성하려는 목표를 가진 단체였다. 세르비아 민족주의자들에게 슬라브 민족 통합의 주요 장애물은 오스트리아-헝가리 제국이었으며 따라서 그 후계자는 암살 대상이 되었다.

암살 직전의 페르디난트

페르디난트 대공 암살 사건은 유럽 정치가들을 경악케 하였다. 당시의 세르비아와 오스트리아-헝가리의 긴장된 관계로 보아 이 사건이 곧 커다란 폭발로 이어지리라는 것을 짐작할 수 있었다.

사실 세르비아는 단지 간접적으로 이 사건에 연루되었을 뿐이었다. 오스트리아 정부의 주장처럼 암살범이 세르비아 정부의 앞잡이는 아니었다. 더욱이 오스트리아 정부가 암살 사건에 관해 최후통첩을 보냈을 때 세르비아는 그 조건을 거의 모두 수락하였다. 그러므로 충돌의 주된 책임은 요구조건을 충족시키기 어렵게 만든 오스트리아에 있었다. 다음으로 책임질 나라는 독일이었다. 독일은 전쟁을 국지화(局地化)한다는 전제에서 오스트리아를 절대적으로 지지하기로 무조건 약속했던 것이다.

오스트리아 외무장관 베르흐톨트Leopold von Berchtold(1863-1942) 백작은 독일황제 빌헬름 2세와의 긴밀한 연락을 취하면서 7월 23일 최후통첩을 발송하였다. 독일황제는 오스트리아의 세르비아 제재를 무조건 승인했으나 베트만-홀베크Theobald von Bethmann-Hollweg 재상(1856-1921, 재임: 1909-1917)은 오스트리아가 신중하게 러시아와 직접 교섭해야 한다고 주장하였다.

최후통첩 오스트리아는 최후 통첩에서 다음 두 가지를 요구하였다. 첫째, 세르비아 정부는 세르비아 내의 모든 반(反)오스트리아 활동을 억제하고 이 활동을 조성하는 관리들을 모두 해임할 것, 둘째, 파견되는 오스트리아 관리들이 이 작업을 도울 것이며 대공의 암살음모에 가담한 자들의 처벌에 협력해야 한다는 것이었다.

세르비아 정부는 최후통첩의 요구사항 중 대부분을 수락하였다. 그럼에도 오스트리아 정부는 회답이 모호하고 불만스럽다고 보고 7월 28일 세르비아에 선전포고하였다.

두 나라의 전쟁은 국지전으로 끝나리라는 예상과 달리 유럽 전체로 확대되었다. 러시아와 독일이 즉각 참전하고 나아가 아시아 나라들까지도 참전하는 인류 역사상 최초의 세계전쟁이 시작되었다.

전쟁의 확대 유럽 전역으로 전쟁이 확대된 것은 1차적 책임이 러시아에 있었다. 러시아의 세르비아 지원은 불가피하게 독일과의 충돌을 가져올 것이었다. 독일은 러시아의 세르비아 지원을 큰 위협으로 간주하였다. 결과적으로 러시아는 때이른 동원령을 내려 전쟁을 확대시킨 반면 독일은 프랑스와 러시아에 선전포고함으로써 전쟁을 촉발시켰다.

맹방(盟邦)인 러시아를 견제하는 데 전력을 다하지 않은 프랑스에게도 책임이 있었다. 1914년 7월 프랑스 대통령 포앙카레Raymond Poincaré(1860-1934)가 상트 페체르부르크를 방문했을 때 러시아 외무장관 사조노프Sergei Sazonov(1866-1927)에게 프랑스와 러시아간의 확고한 유대를 약속하였다. 지원에 대한 프랑스 정부의 확실한 언질을 받은 러시아는 총동원령을 내렸다.

7월 25일 이미 총동원이 시작되었는데 29일이 되어서야 비로소 공식적으로 발표되었다. 러시아는 모든 행위를 비밀에 붙였고 동원령을 철저히 감추고 있었기 때문에 프랑스의 영향력 행사에는 한계가 있었다. 영국도 전쟁 책임에서 완전히 벗어날 수는 없었다. 왜냐하면 영국은 전쟁개입에 대해 모호한 태도를 취함으로써 독일에게 자신감을 불어넣었기 때문이다.

이리하여 연쇄반응이 일어났다. 오스트리아-헝가리는 세르비아를 위협하고 러시아는 세르비아를 지지하였다. 독일은 오스트리아를 지지하고 프랑스가 러시아를 지지했으며 영국이 프랑스를 지지하였다. 유럽 주요국가 중 단지 이탈리아만이 중립을 지켰을 뿐이었다.

B. 대전의 진행

오스트리아가 세르비아에 최후통첩을 보내자 독일이나 영국은 전쟁을 회피하고자 외교적 절충을 벌였으나 실패하고 말았다.

독일의 카이저 빌헬름 2세는 러시아의 차르 니콜라이 2세에게 전보를 보내 동원령의 취소를 종용하였다. 차르는 일단 취소했으나 신하들의 간청으로 다음날 7월 30일 이를 다시 발동하였다. 러시아의 재고를 종용하던 독일측도 마침내 8월 1일 전쟁상태를 선포하고 프랑스에 8월 3일 선전포고를 하였다.

영국 외무장관 그레이Sir Edward Grey(1862-1933)는 오스트리아가 세르비아에게 최후통첩하기 전에 사태를 평화적으로 해결하기 위해 애썼다. 그러나 러시아와 오스트리아 사이의 직접적 타결 또는 영국 · 프랑스 · 독일 · 이탈리아 4국 중재에 관한 그의 제안이 모두 실패로 돌아갔다.

이와 같이 전쟁을 회피하려는 독일과 영국의 일시적 노력이 있었으나 결국 전쟁은 확산되고 말았다. 독일은 프랑스 공격을 위한 독일군 진주를 8월 2일 벨기에 정부에 요구했으나 거절당했으므로 벨기에 침공을 단행하였다. 8월 4일 영국은 벨기에의 중립을 존중해 줄 것을 독일에 요구했으나 아무런 회답을 얻어내지 못하였으므로 마침내 전쟁에 개입하게 되었다.

이리하여 1주일이 채 못되어 5대국이 전쟁에 휘말려드는 사태가 벌어졌다. 이탈리아는 오스트리아가 사전에 협의를 거치지 않았다는 이유로 삼국동맹을 파기하고 중립을 선포하였다. 일본은 영국과의 동맹을 이유로 8월 23일 독일에 선전포고하였다. 오스만 제국은 독일측에 가담하였다. 이리하여 1914년부터 1918년까지 계속된 제1차 세계대전에 참전한 국가는 모두 27개국에 달하였다.

독일 · 오스트리아 · 불가리아 · 오스만 제국 등 독일 측은 2천만 이상 병력을 동원하고 연합국측은 1천2백만의 러시아군을 포함하여 4천만에 달하는 군을 동원하였다. 연합군은 세계 최강의 해군력을 가지고 있었고 일반적으로 수적인 면에서나 자원 면에서 우세했으나 훈련 · 장비 · 지휘 계통 등에서는 독일측이 우월하였다.

독일의 전략 독일군의 전략은 참모총장 슐리펜Alfred von Schlieffen 백작(1833-1913)이 이미 1905년 착상해 둔 계획에 입각한 것이었다. '자동문 작전'이라 불리는 슐리펜 안은 북쪽과 남쪽의 군을 중앙 축으로 하여 번갈아 프랑스를 공격한다는 계획이었다.

이 안에 따라 대전 발발과 동시에 독일군 사령관 몰트케Helmuth von Moltke(1848-1916)는 러시아군이 동부에 병력을 집중시키기 전에 서부전선에서 프랑스를 측면 공격하였다.

독일의 작전은 처음에는 순조롭게 진행되는 듯하였다. 150만으로 구성된 독일 7개 군은 벨기에 진격을 시간표와 같이 진행하여 리에쥬Liège를 함락시켰다. 독일군은 1914년 8월 20일 브뤼셀에 입성했으며 9월 5일에 일부는 예정보다 빨리 파리 48km 전방으로 다가섰다.

그러나 이때 독일군은 러시아군을 맞아 싸우기 위해 동프로이센 쪽으로 일부 병력을 파견하는 작전 변경 때문에 파리를 목전에 두고도 점령할 수 없었다.

1914년 벨기에의 영웅: 이 포스터는 독일의 벨기에 침공을 비난하고 있다.

서부전선 한편 영국군은 프렌치Sir John French(1852-1925)의 지휘 아래 르아브르Le Havre에 상륙하였다. 10만에 불과한 영국군은 고도의 훈련을 받은

참호와 철조망으로 얼룩진 서부전선

직업군인이었다.

이 때 프랑스군은 무모한 작전으로 크게 패해 전체병력 4분의 1에 가까운 30만의 손실을 보았다. 대대적인 철수가 시작되어 샤를로아Charleroi 전투(8월 21일-24일) 이후 12일간 베르덩Verdun 서쪽의 전선이 완전히 무너졌다.

그러나 프랑스군 총사령관 조프르Joseph Jacques Joffre(1852-1931)는 독일군의 실수를 틈타 대담한 반격작전을 개시하였다. 9월 6일-12일까지 5일간의 치열한 마른Marne 전투에서 독일군을 후퇴시켰다. 4일간의 반격 끝에 9월 13일 프랑스군은 엔Aisne 강에서 일단 정지하였다(엔 전투: 9월 13일-21일).

조프르는 승리했으나 아직 독일군을 프랑스 땅에서 완전히 몰아내지는 못하였다. 독일군은 곧 참호작전으로 들어갔고 전쟁은 장기화되었다.

해안지대의 확보 독일군은 프랑스와 영국의 교통을 두절시키기 위해 항구를 점령하려 하였다. 1914년 10월과 11월에는 양측이 다같이 서쪽으로 '바다로 향한 경쟁'을 벌였다.

이미 9월 9일 안트베르펜Antwerp은 함락되었고 그 직후 거의 벨기에 전역이 독일군의 수중에 떨어지고 말았다. 르아브르에 망명 본부를 둔 벨기에 정부는 일부 연안지대만을 유지하는 데 불과하였다.

'바다로 향한 경쟁'의 요충지는 릴Lille과 이프르Ieper;Ypres였다. 이 곳에서는 매우 격렬한 전투가 벌어졌다. 11월 한달 내내 영국군은 이프르에서 독일군과 몇 차례 교전했으며 많은 병력을 상실하였다.

서부전선의 교착상태 1914년 11월 말 겨울이 다가옴에 따라 전투는 소강상태에 돌입했다. 영국해협에서 스위스에 이르는 전선은 이후 3년간 거의 답보상태에 들어갔다. 그것은 주로 새로운 전쟁 과학기술의 발달 때문이었다. 예를 들면 철조망·기관총·독가스 등이 새로운 무기로 등장하였다. 본래 미국

서부 대평원의 목장에서 사용된 철조망은 제1차 세계대전 참호전에서 중간지대에 설치하여 적의 침투를 막는 데 큰 효과를 거두었다.

480km 이상의 서부전선은 대체로 숲이 많고 험한 지형을 하고 있기 때문에 대규모의 전투가 행해지기에는 적당하지 않았다. 이후 요새화된 서부 전선은 전진 후퇴가 거의 없는 참호전으로 일관하게 되었다.

대치하고 있는 양측 사이는 어떤 경우 8km까지 떨어졌으나 어떤 경우에는 서로 큰 소리로 이야기를 주고받을 만큼 가까웠다. 전쟁 첫해 크리스마스에는 자연발생적인 비공식적 휴전이 이루어져 양측 군인들이 스스럼 없이 중간지점으로 나가 서로 선물까지 교환하는 일도 있었다.

참호전과 지구전 참호전이 오래감에 따라 공격은 없고 방어만이 있을 뿐이었다. 처음에 참호는 임시적인 것이며 조잡한 형태였으나 1914-1915년의 겨울이 지나면서 철조망을 두르고 기관총을 설치하며 참호와 참호 사이에 통로를 만들어 점차 복잡하고 정교하게 만들어졌다. 철조망과 기관총 앞에서 재래식 기병이나 보병은 거의 속수무책이었다.

1915년 3월 영국군은 집중 포격을 가한 끝에 느브-샤펠Neuve-Chapelle 전선에서 약 2km 진격할 수 있었다. 이 전투에서 영국은 1만3천 명의 전사자를 냈다.

1915년 팔켄하인Erich von Falkenhayn(1861-1922)은 4월과 5월에 총공세를 폈다. 독일군은 이프르 항의 영국군 기지를 공격했으나 실패하였다. 이 전투에서 처음으로 독일군이 독가스를 사용하여 세계를 놀라게 했으나 효과를 거두지 못한 채 비인도적이라는 비난만을 받았다.

이후부터 서부전선의 군사적 선제권은 영국과 프랑스에게 넘어갔다. 조프르 장군은 부분적 공격을 반복함으로써 적군의 힘을 소모시키는 이른바 '지구전'(持久戰)으로 나갔다.

동부전선 동부전선에서는 서부전선보다 비교적 치열한 전투가 벌어졌다. 동부전선의 주역은 러시아군이었으며 전투는 동프로이센에서 시작되었다.

빌헬름 2세는 대전 발발과 함께 67세의 힌덴부르크Paul von Hindenburg

가스 마스크를 착용한 독일 병사.

1934년 8월 2일 86세로 죽기 직전 군복을 입은 힌덴부르크 대통령. 뒤에 히틀러의 모습이 보인다.

(1847-1934) 장군을 소환하여 동프로이센 전선의 지휘를 맡겼다. 그는 루덴도르프Erich Ludendorff(1865-1937)와 함께 탁월한 지휘 능력을 발휘하여 삼소노프Aleksandr Samsonov(1859-1914)가 지휘하는 러시아군에 막대한 손실을 입혔다. 1914년 8월 말 삼소노프는 함정에 빠졌으며 탈진한 러시아군은 집단적으로 항복하고 말았다. 20만 중 12만이 항복했으며 사령관은 전사하였다.

독일군은 타넨베르크Tannenberg 전투에서 결정적인 승리를 거두었다. 마른Marne 전투 1주 전에 있었던 타넨베르크의 승리는 독일에게 커다란 위안이 되었다.

오스트리아의 전세 타넨베르크 전투에서 패전한 러시아 군은 오스트리아 공격에서는 성공을 거두었다. 1914년 9월 러시아군은 갈리키아Galicia 지방을 점령하여 오스트리아군 약 10만을 포로로 하였다. 한달 만에 갈리키아 수도 렘베르크Lemberg가 함락되었다.

그러나 독일군은 두 달 동안 병력을 집결시킨 후 전격작전으로 유명한 마켄젠August von Mackensen(1849-1945)으로 하여금 오스트리아를 지원케 하였다. 이 지원은 폴란드 방향에서 시작되었다.

1915년 마켄젠은 폴란드를 공격하여 대승을 거두었다. 러시아군은 1915년 5월에서 9월 사이에 갈리키아와 폴란드에서 밀려났다. 러시아군은 자국 영토 안으로 깊숙이 후퇴하였다.

독일과 오스트리아는 신속하게 진격해 들어가 폴란드를 점령하였다. 이 전투에서 약 1백만의 포로와 1백만의 전사자가 발생하였다.

발칸 지역 1914년 11월에 오스만 제국, 1915년 가을에 불가리아가 각각 추축국 편에 가담하였다. 독일이 경제적으로나 군사적으로 오스만 제국에 작용한 영향력으로 보아 이것은 예상된 일이었다. 불가리아는 1915년 9월 독일과 오스트리아와 군사동맹을 체결하고 세르비아의 땅을 보장받았다. 불가리아는 제2차 발칸 전쟁에서 당한 치욕으로 세르비아에 대해 격한 적개심을 갖고 있었다.

1915년 10월초 독일 · 불가리아 · 오스만 제국군이 일시에 세르비아를 공격하였다. 세르비아는 필사적으로 대항했으나 수적으로 열세였고 6주안에 실질적으로 싸움은 끝났다. 1915년 11월 중순 후퇴하던 세르비아군이 아드리아 해안에 도달하였다. 여기서 세르비아군은 영국 해군과 이탈리아 해군에 구조되어 코르푸Corfu 섬으로 무사히 후송되었다.

1915년말까지 오스트리아와 독일의 군대는 발칸 지역을 장악하고 터키와 직접 교통할 수 있게 되었다.

동유럽의 전황 1916년 6월 브루실로프Aleksei Brussilov(1853-1926)가 지휘하는 러시아군이 새로운 전술로 전진하였다. 처음에는 성공을 거두는 듯 했으나 결국은 참패하였다. 러시아군은 1백만 이상의 병력을 상실하고 1백만이 이탈했으며 군 사기는 극도로 저하되었다.

이 때 루마니아가 참전하였다. 루마니아는 헝가리의 일부가 된 트란실바니아를 차지할 목적으로 삼국협상 편에 가담하여 1916년 8월 28일 참전하였다. 루마니아군은 아무런 저항을 받지 않고 트란실바니아 안으로 80km나 진격했으나 마켄젠이 지휘하는 3개국 군이 결국 루마니아군을 유린하였다. 결국 루마니아는 1916년말 국토의 4분의 3을 잃고 말았다.

그러므로 1916년말에 이르러 독일과 오스트리아는 서부전선에서 벨기에, 프랑스의 동북부, 동부전선에서 폴란드 · 세르비아 · 몬테네그로 · 루마니아의 대부분을 차지하여 승리한 것 같이 보였다.

그리스의 참전 발칸 반도의 나라로 그리스가 마지막으로 제1차 세계대전에 참전하게 된 것은 복잡한 과정을 거쳐서였다.

그 때까지 그리스 지도층은 삼국동맹측과 삼국협상측 어느 편에 가담할 것인가에 관해 분열되어 있었다. 독일인 출신의 왕비를 둔 콘스탄틴 1세 Constantine I(1868-1923)는 추축국으로 마음이 기울었고 베니젤로스 Eleutherios Venizelos(1864-1936) 수상은 협상국쪽이었다.

베니젤로스 수상은 장차 그리스가 합병하려는 땅이 독일의 새 맹방인 오스만 제국과 불가리아에 속해 있다는 점을 명확히 인식하고 있었다. 더욱이 삼국협상측은 지중해의 해군력을 장악하고 있었기 때문에 그리스를 위해서는 독일과 오스트리아보다 더 나은 입장에 있었다.

2년간 영국과 프랑스는 점차 그리스를 자기편으로 끌어들이는 공작을 폈다. 살로니카Salonika 근방에 거대한 요새를 구축하는 한편 반왕(反王) 음모를 꾸미는 베니젤로스를 지원하였다. 또 영국-프랑스 해군이 아테네 해안에서 무력시위를 벌였다.

협상국측에 가담하고자 하는 파는 폭동을 일으켰으며 1917년 왕에게 퇴위를 강요하였다. 1917년 6월 다시 수상이 된 베니젤로스는 마침내 공식적으로 삼국협상측과 함께 참전하였다.

다다넬즈 원정 그리스의 참전으로 제1차 세계대전은 새로운 국면으로 접어들었다. 서부전선의 교착에 따라 당시 영국 해군본부의 해군경(海軍卿) 처칠은 다다넬즈를 봉쇄한 터키에 대한 공격을 착상하였기 때문이다.

오스트리아-독일군은 발트 해와 흑해를 봉쇄함으로써 러시아에 대한 삼국

갈리폴리 해안에 상륙한 연합군

협상측의 보급로를 차단하였다. 따라서 다다넬즈Dardanelles; Çanakale Boğazi 해협은 러시아에 대한 보급로라는 점에서 매우 중요한 의미를 지니고 있었다. 다다넬즈 해협의 확보는 또한 이집트와 수에즈를 적의 공격으로부터 보호하는 동시에 오스만 제국을 고립시키려는 것을 목표로 한 것이었다.

따라서 삼국협상측, 특히 영국은 해군장관 처칠의 지휘로 다다넬즈 원정계획을 세웠다. 애당초에는 다다넬즈 해협 갈리폴리Gallipoli; Gelibolu 반도를 점령하여 흑해와 지중해를 연결하는 오스만 제국의 전략요충지를 장악할 작정이었다. 처음에 해군만을 동원했으나 후에 육군병력을 추가했으며 특히 오스트레일리아와 뉴질랜드의 지원병력을 배치하였다.

그러나 이 원정은 실패로 돌아갔다. 1915년 3월 공격을 개시했으나 전함 3척이 침몰당하였다. 오스트레일리아와 뉴질랜드군도 갈리폴리 반도의 절벽으로 상륙하려고 했으나 기관총 소사로 격퇴당하였다. 1년 가까운 시도 끝에 1915년 12월 탈진한 영국군은 철수하고 다다넬즈 공격 계획을 포기할 수밖에 없었다.

아라비아 작전 1915년 영국이 또다른 작전개시를 한 지역은 아랍세계였다. 갈리폴리에서 실패한 영국군은 여기서는 빛나는 성공을 거두었다. 처음에는 메소포타미아에서, 나중에는 팔레스티나에서, 마지막으로는 아랍 유목민의 땅에서 영국군은 승전을 통해 아랍인의 동정을 샀다.

특히 고고학자이자 작가이며 거의 전설적 인물인 '아라비아의 로렌스'

Thomas E. Lawrence(1888-1935)가 성전(聖戰)을 방불케 하는 기운을 아랍사회에 북돋아 놓았다. 궁극적으로 영국군은 전아랍 세계를 터키 민족의 지배에서 해방시키는 데 성공했으며 오스만 제국은 간단히 항복하고 말았다.

이탈리아의 참전 전쟁초인 1914년 8월 이탈리아의 살란드라Antonio Salandra(1853-1931) 수상은 중립을 선언하였다. 이런 이탈리아를 독일측에서나 삼국협상측에서 서로 자기편으로 끌어들이려고 애썼다.

오스트리아는 이탈리아가 중립을 지킨다는 전제 아래 미수복지의 큰 부분을 차지한 트렌티노Trentino를 반환하고 트리에스테Trieste 항의 자치권을 인정한다고 약속하였다. 그러나 오스트리아의 제안은 때늦은 감이 있었다. 이에 비해 프랑스와 영국의 제안은 더 유리하였다. 비이탈리아인이 거주하는 오스트리아 땅과 오스만 제국 땅 일부가 이탈리아에게 보장되었다.

이탈리아 여론이 중립을 선호했으나 정권 핵심인물들은 협상국 편을 지지하였다. 가장 보수적인 민족주의자 살란드라 수상과 단테 학자로서 영국인의 피가 섞인 손니노Sidney Sonnino(1847-1921) 외무장관(재임: 1914-1919) 등은 협상국 편에 가담할 것을 요구하는 민족주의자와 군부지도자들의 압력에 호응하였다. 때마침 시인이며 열렬한 애국자인 다눈치오Gabriele D' Anunzio(1863-1938)가 주도한 참전 요구 시위는 중립을 선호하는 의회의 태도를 바꾸어 놓았다.

마침내 1915년 5월 하순 이탈리아는 오스트리아에 선전 포고하였다. 참전 대가로 숙원이었던 아드리아 해 연안의 '미수복지'를 차지하려는 생각이었다.

그러나 실제로 이탈리아 참전은 전쟁과정을 크게 바꾸어 놓지는 못하였다. 산악지대인 이손초Isonzo 전선에서 전투가 연속적으로 벌어졌으나 이탈리아군은 20km 이상 진격하지 못하였다.

유틀란트 해전 제1차 세계대전에서 독일함대가 영국함대와 정면으로 싸운 일은 단 한 번 있었다. 그것이 유틀란트Jutland 해전이다. 전쟁 초기에는 영국 해군이 단연 우세했으나 1914년말부터 점차 독일 해군이 기술적 효율성을 제고하여 1915년부터 빈번히 승리하였다.

1916년 5월 마지막 날 영국과 독일 해군이 유틀란트 앞 북해에서 대규모 교전을 하였다. 젤리코John Rushworth Jellicoe(1859-1935) 제독이 지휘하는 영국 함대와 셰르Reinhard Scheer(1863-1928)가 지휘하는 독일 함대가 격돌하여 혼전을 거듭하였다. 양측은 다같이 큰 피해를 입었으나 서로 승리를 주장하였다.

넓은 의미에서 전투는 영국 해군의 승리로 끝났다. 영국 해군이 독일 해군

1차대전 중의 유럽

을 철수하게 만들었기 때문이다. 그 후 독일 해군이 다시는 힘을 발휘하지 못하고 독일은 주로 잠수함 작전에 의존하게 되었다.

베르덩 전투 동부전선이나 다다넬즈 작전 또는 유틀란트 해전에도 불구하고 대전의 분기점이 된 것은 아무래도 서부전선이었다.

1916년 대전 세 번째 해로 접어들어 독일군은 또다시 서부전선으로 관심을 돌려 프랑스군에 결정타를 가하려고 하였다. 팔켄하인은 프랑스인의 심리를 감안하여 당면 목표를 베르덩으로 정하였다.

1916년 2월 21일 독일군의 공격이 시작되었는데 그에 앞서 베르덩 및 그 주변 요새에 약 2백만 개의 폭탄을 퍼붓는 유례없이 격렬한 포격이 있었다. 독일 황태자가 직접 지휘한 독일군이 4일 후 베르덩 시 북동쪽의 중요한 두오몽Douaumont 요새를 점령했기 때문에 베르덩 함락은 시간 문제였다.

그러나 페탕Henri Philippe Pétain(1856-1951) 장군이 지휘하는 프랑스군의 저항은 만만치 않았다. 그는 대전이 발발했을 때에는 고참 대령에 불과했으나 능력을 인정받아 빠른 승진을 거듭하였다. 그는 냉철하면서도 인간미 있는 지휘관이었다. 프랑스는 방어자세로 독일군의 파상(波狀)공격을 견디어 냈다. 페탕은 4월 10일 '용기를 내라, 우리는 얻으리라'는 유명한 명령을 내렸다.

6월초 독일군 최후의 대공격이 시작되었다. 1주간의 필사적 전투 끝에 그들은 베르덩 시의 두 번째 방어진지인 보Vaux 요새를 점령하였다. 또다시 베르덩은 함락을 눈앞에 두게 되었다. 그러나 영국군은 베르덩을 사수하기로 결정하였다. 7월 중순에 이르러 위기는 지나가고 독일군이 오히려 전면적인 방어태세에 들어갔다. 베르덩 전투에서 공수 쌍방이 모두 막대한 피해를 냈다. 결국 팔켄하인은 베르덩 전투의 실패에 대한 비난을 받게 되었다.

솜 대공세를 준비하고 있는 영국측의 인도 병사들

솜 대공세 솜Somme 강을 따라 행한 대공격은 영국군이 지난 2년간 기다려 온 최고의 순간이 되었다. 1915년 12월 프렌치를 계승한 새 야전사령관 헤이그Sir Douglas Haig(1861-1928)의 지휘로 영국군은 발군의 실력을 발휘하였다.

본래 솜 대공세는 영국과 프랑스의 협동작전으로 진행되기로 한 것이었으나 베르덩 방어로 계획이 지연되었다. 결과적으로 솜 대공세는 영국군의 독무대가 되었다.

1주간의 대대적인 포격을 가한 후 1916년 7월 1일 영국군은 총공격을 시작하였다. 그러나 첫날 공격은 실패로 돌아가고 영국군 6만이`희생되었다. 이는 제1차 세계대전 전체를 통해 하룻만의 것으로는 최대의 희생이었다.

전체적으로 솜 대공세에서 독일군이 약 50만, 영국군은 41만, 프랑스군은 19만의 희생을 치렀다. 이러한 막대한 인명 손실을 내고서도 전투의 성과는 거의 없었다.

1916년의 실패는 양측의 지휘계통에 변화를 가져왔다. 가장 전투가 저조했던 8월 말 동부전선의 힌덴부르크와 루덴도르프가 팔켄하인으로 교체되었다. 그로부터 4개월후 마른의 영웅 조프르도 유례없는 원수(元帥)라는 칭호를 받고 물러났다. 니벨Robert Nivelle(1856-1924)이 조프르 후임으로 총사령관이 되었다.

'무 겨울' 1916-1917년 혹한이 닥치는 겨울, 일선 군인의 사기는 떨어졌고 일반시민의 고통도 뒤따랐다. 전쟁 그 자체에 대해 회의적인 말이 나오기 시작하였다.

유럽, 특히 독일은 농작물의 피해가 커서 이른바 '무 겨울'을 맞게 되었다. 독일에서는 일찍 서리가 내려 감자 수확을 망쳤고 사람들은 무를 먹으면서 허기를 채웠다. 운하는 얼어붙어 수송이 막혔고 석탄은 부족하였다.

절망과 좌절이 독일 국민 사이에 퍼졌다. 프랑스인은 이에 비해 좀 나은 편이었으나 그래도 많은 인명 손실이 그들의 마음을 무겁게 만들었다. 그리하여 베르덩 전투와 솜 대공세는 제1차 세계대전의 한 단계를 마무리하는 계기가 되었다.

평화론 대두 전쟁의 교착상태는 평화를 위한 타협 전망을 밝게 하였다. 1916년말부터 1917년에 걸쳐 평화에 대한 요구가 공론화되기 시작하였다. 일시적이나마 평화를 원하는 목소리가 여러 나라에서 드세게 일어났다.

1917년 여름 영국 · 독일 · 프랑스 국민들의 마음은 전쟁이 빨리 끝났으면 하는 바람에서 일치하는 것 같았다. 승리 없는 평화, 합병이나 보상 없는 평화는 하나의 표어가 되었다. 전쟁의 지루함을 호소하고 심지어 패배주의 분위기가 감도는 분위기가 프랑스인 사이에 퍼져 나갔으며 사회주의 성향의 의회 의원들이 공공연하게 평화를 주장하였다.

똑같은 정서가 영국 국민에게도 퍼져 있었고, 특히 노동당 좌파에서 볼 수 있었다. 심지어 보수당 일각에서도 평화의 목소리가 일어났다. 노 정치가 랜즈다운Henry Charles, 5th Marquis of Lansdowne(1845-1927)이 일간지 『데일리 텔리그라프』(*Daily Telegraph*)에 공개서한을 보냄으로써 이러한 정서를 표출하였다.

독일에서도 타협적인 평화 주창자들이 한때 제국의회의 다수를 확보했으며 자신들의 뜻을 제국 정부에 강요하려고 하였다. 1917년 7월 제국의회에서는 승자 없는 전쟁 종식, 합병 없는 평화를 요구하는 결의가 있었다. 이 결의는 독일국민 대다수가 갈망하는 평화의 목소리를 대변하는 것이 틀림없었다.

그러나 제국의회는 실권이 없었다. 새로운 재상인 루덴도르프가 평화결의를 나름대로 받아들인다고 선언했을 때 그의 진정한 의도는 결의를 받아들이지 않겠다는 것이었다. 민주주의 및 평화적 타협에 대한 확고한 반대자였던 루덴도르프는 의회 대다수 의원의 뜻과는 반대로 움직였으며 평화결의를 묵살하였다.

평화교섭과 실패 평화를 바라는 일반시민의 정서에 호응하여 외교적 교섭도 활발하게 이루어졌다. 1916년말과 1917년초에 관련 인사들이 유럽 외교계를 공식 또는 반공식적으로 헤집고 다니면서 교전국측과 접촉을 시도하였다.

각국 정상들 역시 나름대로 평화에 대한 노력을 기울였다. 독일 정부는 1916년 12월 상순 강화를 제의했으나 삼국협상측은 그 제안이 불성실하다고 거부하였다. 같은 달 미국 대통령 윌슨Woodrow Wilson(1856-1924)은 교전국 간에 전쟁목적을 분명히 밝히고 협상을 어디서부터 시작할 것인지에 관해 상호 의견을 교환할 것을 촉구하였다. 이에 대해 독일측은 대체로 동의하였다.

그러나 연합국측은 독일측 점령지역의 반환, 독일군 철군, 피압박 민족 해방 등을 주장하고 동시에 배상금 지불과 유럽 평화 보장을 요구하였다. 이러한 요구는 독일측이 결정적으로 완패하기 전에는 불가능한 것이었다.

1917년 2-6월 젊은 오스트리아 황제는 조기 평화만이 자신의 제위를 유지할 수 있다는 신념으로 프랑스 정부 및 영국 정부와 비밀리에 접촉하였다. 평화를 끊임없이 호소해 온 로마 교황은 8월에 각국간의 타협을 권고하였다. 그는 특히 가톨릭 오스트리아의 보존에 관심을 갖고 있었다.

그러나 어떠한 평화를 위한 시도도 성공과는 거리가 멀었다. 평화를 주선하는 인사들은 각국 지도층의 회피적이며 애매한 대답을 들었을 뿐이었다.

1917년 가을에 이르러 전쟁이 계속되리라는 사실은 명백해졌으며 교전국은 상호간에 전투에 대한 새로운 각오를 다졌다. 결국 평화를 갈망하는 정서는 1년간 표류하다가 아무런 성과를 거두지 못하였다.

로이드 조지와 클레망소 1916-1917년에 걸쳐 프랑스와 영국은 거의 1년의 간격을 두고 수상을 교체하면서 전쟁 수행에 대한 의지를 다지고 확고한 지도력을 발휘하였다.

영국이 전쟁을 시작할 때 자유당 애스퀴스Herbert H. Asquith(1852-1928)가 수상(재임: 1908-1916)이었다. 애스퀴스는 개인적으로는 전쟁을 혐오하는 인물이었으므로 전쟁의 장기화가 예상되는 시기에 정부지도자로서는 적당하지 않았다.

이리하여 보수당 로이드 조지David Lloyd George(1863-1945)가 1916년말 새로운 수상(재임: 1916-1922)으로 취임하게 되었다. 정부는 거의 보수당 각료 일색으로 구성되었으며 로이드 조지 자신은 전쟁을 신속히 효과적으로 수행하는 데 큰 관심을 나타내고 있었다.

로이드 조지

한편 프랑스는 온건 좌파의 비비아니René Viviani(1863-1925)가 수상겸 외무장관(재임: 1914-1915)으로 있을 때 제1차 세계대전을 시작했으나 1917년 여름 전쟁의 장기화가 확실해지자 보수주의자들은 전쟁을 효과적으로 수행하기 위한 새로운 내각을 조직하였다.

그 결과 1917년 11월 자코뱅파의 전력(前歷)이 있는 클레망소Georges Clemenceau(1841-1929)가 수상(재임: 1906-1909; 1917)으로 취임하여 정부의 기본노선을 바꾸어 놓았다. 그는 독단적인 정치를 하여 일부 패배주의자들을 투옥하고 반대여론을 묵살하였다.

영국의 로이드 조지와 프랑스의 클레망소에게는 공통점이 있었다. 두 사람 모두 이전에 급진파였으며 반독재적이며 반대파에 대해서는 참을성이 없었다. 다같이 보수주의자들과 군대의 지지에 의존하였다. 그러나 무엇보다도 영국과 프랑스의 지도층은 정확히 국민이 무엇을 요구하는가를 파악하고 있었다. 그들은 국가 목표인 승리를 쟁취하는 데 온 힘을 다하였다.

C. 러시아 혁명

1917년에 제1차 세계대전의 향방을 바꾸어 놓은 사건 중 하나가 러시아에서 일어났다. 이것이 러시아 혁명이다.

러시아는 20세기 전환기에 산업화 과정을 거쳤으나 여전히 농업 중심 사회였다. 알렉산드르 3세와 니콜라이 2세의 정치는 농업사회로부터 산업사회로 전환하는 과도기를 극복하는 데 아무런 도움이 되지 못하였다.

마르크스 자신은 러시아에 기대를 가지지 않았으나 1872년 그의 『자본론』이 러시아어로 번역된 데 놀라움과 기쁨을 감추지 못하였다. 마침내 1898년에는 러시아에서 마르크스 정당이 조직되었다.

제1차 세계대전에 참전한 러시아는 막대한 전쟁비용을 지출하게 된 부담으로 커다란 사회적 변화를 겪게 되었다. 1915년 중반까지 수백만의 인명손실 및 식량과 연료 부족이 러시아인의 사기를 떨어뜨렸다. 1916년에는 공장노동자의 파업이 늘어났고 전쟁 때문에 희생을 치른 농민의 불만도 점차 커져갔다.

제1차 세계대전의 경과 중 러시아가 입은 인명 손실, 물자-식량 부족, 패전의 좌절감 등은 군대와 일반민중에게 마침내 반정부 혁명을 일으키게 하였다.

1905년 혁명 20세기 벽두 러시아에서는 몇차례 혁명의 시도가 있었다. 최초의 혁명이 1905년 일어났다. 1905년의 러시아 혁명은 판에 박은 관료주의와 비밀경찰에 의해 지배된 러시아 제정의 모순 때문에 일어났다.

니콜라이 2세는 의지가 약하고 완고했으며 반동적인 신하들과 미신적인 독일 출신 왕비에게 둘러싸여 있었다. 1904년 일본과의 전쟁에서 패하게 되자 촉발된 일련의 파업과 주요도시에서 일어난 민중폭동으로 황제는 민중의 불평불만에 잠시나마 귀를 기울이지 않을 수 없게 되었다.

이 짤막한 혁명은 러시아 현실이 당면한 약점을 노출하였다. 신속히 진행된 산업화를 계기로 초래된 프롤레타리아 계급의 참담한 생활상이 드러났다. 그러나 혁명의 이익을 본 것은 이 새로운 산업계급이 아니라 중산층이었다.

1905년의 '10월 선언' 은 진정한 의회민주주의, 남자의 보통선거권, 내각책임제, 개인의 자유 등을 약속하였다. 그러나 5월 제정된 헌법에서는 내각책임제가 빠지고 1년 후 간접 투표제가 평등한 보통선거권으로 대체되었다. 대의기구인 두마Duma는 보수집단으로 빈곤층을 대변하지 못하였다.

니콜라이 2세와 왕비 알렉산드라, 그리고 5명의 자녀

그러나 1907-1911년 두마는 약간의 건설적인 성과를 거두었다. 도시와 농촌의 격차를 좁히려는 조치가 취해졌다. 수상 스톨리핀Pëter Stolypin(1863-1911)은 러시아 농업의 근대화를 추진하였다. 농민은 공동농장 미르mir를 떠나 자신의 농장을 소유할 수 있게 되었다. 그 결과 1907년부터 1911년까지 약 2백만 농민이 자작농이 될 기회를 얻었다.

그러나 개혁의 시대는 1911년 스톨리핀의 암살로 끝나고 제1차 세계대전이 일어나기 전 3년간 일종의 표류 시기가 왔다.

사회혁명파 당시 러시아는 낡은 전통적 질서가 유효한 한편 산업화에 의한 새로운 질서가 공존하고 있었다. 자유주의적 자본주의 기업의 존립 여지는 거의 없었다. 두마를 주도한 온건한 10월파와 과격한 입헌 민주주의파 이외에 사회혁명파가 1917년 당시 러시아의 가장 강력한 정당이었다.

사회혁명파 운동은 전적으로 러시아적 현상이며 서유럽에는 이와 비슷한 것이 없었다. 사회혁명파는 1901년 조직되었으나 그 기원은 1870년대의 이상주의적 인텔리겐차 나로드니키narodniki와 1880년대의 테러리스트들로 거슬러 올라간다. 헤르첸Alexandr Ivanovich Herzen(1812-1870)의 저술의 영향을 받은 나로드니키는 민중 속으로 들어감으로써 농민과 운명을 함께하고 그들의 생활을 개선할 수 있기를 희망하였다. 사회혁명파는 농촌 대중을 대변하려 하였다. 그러나 '농민에게 땅을'이라는 목표를 표방했음에도 조직은 엉성하고 강령에는 일관성이 없었다.

사회민주당 또다른 주목할 만한 정당은 러시아 사회민주당이었다. 이것은 유럽 마르크스 사회주의 정당이었으나 러시아 나름대로의 사정으로 특수한 발전과정을 밟게 되었다.

1903년 브뤼셀과 런던에서 개최된 러시아 사회민주당 회의에서 레닌은 잠시나마 자신의 견해에 동조하는 다수의 뒷받침을 받았다. 이 때 레닌과 동조자들은 이후부터 다수를 의미하는 러시아어로 볼셰비키Bolsheviki라고 자칭하였다. 반대파는 소수파를 의미하는 멘셰비키Mensheviki라 칭하였으나 실제 상황은 곧 뒤바뀌어 멘셰비키가 회의의 다수를 차지하게 되었다. 그럼에도 제1차 세계대전이 일어나기까지 소수파에 불과한 볼셰비키는 레닌의 고집으로 그 명칭을 포기하지 않았다.

라스푸친

2월 혁명 국가가 위급한 사태에 직면하자 러시아 정부의 정치적 영도력이 약화되었다. 왕비 알렉산드라는 '미친 사제(司祭)'로 알려진 신비주의자 라스푸친 Grigori Rasputin(1872-1916)의 영향을 받았다. 왕비는 니콜라이 2세가 일선에서 전투지휘를 하는 동안 궁중에서 장군이나 장관을 함부로 경질하여 국정을 문란케 하였다. 결국 라스푸친은 강경 보수주의자들에 의해 암살되었다. 전쟁을 수행해야 하는 부담 때문에 러시아 경제와 정치 기반은 계속 붕괴되어갔다.

1917년 혁명의 원인은 제1차 세계대전에 대한 염증과 정부와 궁중의 친독파(親獨派)에 대한 불신이었다. 그러나 더 직접적으로 러시아 제국의 붕괴에 작용한 것은 상트 페체르부르크의 파업과 폭동이었으며 이는 수도 주둔군의 반란으로 절정에 달하였다.

1917년 2월말 상트 페체르부르크의 한 공장에서 파업이 시작되었고 2월 23일(新曆 3월 8일)에 이르러서는 모든 도시가 실질적으로 마비되었다. 식량이 크게 부족했으므로 많은 시민이 거리로 나왔으며 간간이 파업자들과 경찰 사이에 시가전이 벌어졌다.

니콜라이 2세는 2월 26일 두마를 해산하고 노동자들에게 일자리로 돌아가라고 명령하였다. 이 명령에 두마나 노동자들이 다같이 불복하고 공개적인 항의를 함으로써 혁명적 사태가 발생하였다. 다음날 군대와 경찰이 공공연하게 노동자들에 가담했으므로 혁명은 전국적으로 확산되었다.

1917년 2월 27일에서 3월 2일에 걸쳐 일어난 일련의 사건으로 구체제가 종말을 고하는 혁명적 변화가 일어났다. 우선 2월 27일 두마는 임시위원회(3월 2일 임시정부로 개칭)의 수립을 선포하였다. 결국 4일 후 차르의 폐위로 로마노프 왕조는 사라졌다. 군주제가 폐지되고 러시아에는 입헌의회가 구성되었다.

같은 날 마르크스주의자들은 상트 페체르부르크에서 노동자와 군인들로 구성된 소비에트Soviet를 조직하였다.[2)] 사태가 이에 이르자 3월 15일 니콜라이 2세는 임시정부 수립을 위해 동생 미하일Michael Alexandrovich 대공(大公)에게 양위하였다.

이렇게 1917년 2월 혁명은 끝났다.[3] 2월 혁명은 일관성이 없었을 뿐 아니라 미완(未完)의 혁명이었다. 8개월간 임시정부는 정치 안정을 회복하기 위해 노력했으나 결국 1917년 10월 볼셰비키에 의해 전복되고 말았다.

레닌의 출현 마르크스 이론을 러시아의 조건에 맞도록 실천에 옮긴 사람은 바로 레닌Nikolai Lenin(1870-1924)이었다.

니콜라이 2세 암살음모사건에 관련되어 1887년에 형이 처형된 후 레닌은 마르크스의 저서를 탐독하면서 마르크스주의 혁명을 준비하였다. 1893년 이후 그는 혁명의 전략·전술에 관해 저술하여 20세기의 혁명이론을 수립하였다. 1895년 정치활동으로 인해 투옥되어 시베리아로 유형(流刑)되었으나 거기서 비교적 한가하고 안락한 생활을 하였다. 1900년 유형생활을 끝낸 레닌은 스위스로 가서 『이스크라』(*Iskra*:불꽃)라는 사회주의 기관지를 창간하는 데 참여하였다.

레닌은 처음부터 임시정부가 충족시키지 못한 국민의 요구, 즉 전쟁의 종결과 농민의 토지 요구 같은 두 가지 중요한 문제를 파악하고 있었다. 1917년 4월 해외에서 귀국한 레닌은 상트 페체르부르크의 핀란드 역에서 도착연설을 통해 그의 '4월문제' 즉, 즉각 정전할 것, 토지를 국유화할 것, 그리고 노동자 대표로 구성된 소비에트들에게 전권을 부여할 것을 선언하였다. 소비에트는 러시아 혁명의 새로운 요소였다. 그것은 러시아어로 평의회라는 뜻이며 도시 노동자, 농민과 군대를 대변하는 공식적인 조직체였다.

마르크스주의를 러시아 사회에 적용시킬 때 레닌의 방식은 마르크스와 달랐을 뿐 아니라 그 밖의 사회주의자들과도 상이하였다. 레닌은 프롤레타리아의 전위(前衛)로서 소수의 전문적인 엘리트로 혁명운동을 조직해야 한다고 주장하였다. 엄격한 당의 훈련을 받은 이러한 전문

모스크바 군중 앞에서 연설하는 레닌. 오른쪽에 트로츠키가 서 있다.

2) 상트 페체르부르크St Petersburg의 도시명은 그 후 여러 번 바뀌었다. 이 도시는 1703-1914년까지 상트 페체르부르크였으나 1914년에는 페트로그라드Petrograd로 개명되었다. 그 후 1924년 다시 레닌그라드Leningrad로 개칭되었다. 그러나 1989년 소련 공산주의가 붕괴되면서 다시 상트 페체르부르크로 회복되어 현재에 이르고 있다.

3) 당시 러시아에서 사용하고 있던 율리우스 달력(舊曆)에 따르면 2월 하순에 해당되므로 2월 혁명이라 한다. 구력과 신력의 차이는 13일이었다.

케렌스키와 그의 동지 (오른쪽에서 두번째가 케렌스키)

가들이야말로 프롤레타리아를 영도하며 마르크스가 지시한 역사적 과정을 가속화할 수 있다고 믿었다. 1917년 신속한 정권 장악을 주장한 레닌은 온건한 멘셰비키와 대립하여 그들과 결정적으로 갈라섰다.

볼셰비키 독재 2월 혁명 이후 6개월간 러시아는 임시정부와 소비에트라는 두 권력기관을 둔 2원체제하에 있었다. 임시정부는 시민의 권리와 자유에 관한 안을 내놓았으나 제헌의회의 구성에 기대를 걸고 결정적인 조치를 취하지 못하였다. 소비에트가 러시아 마르크스주의자들 중 온건한 멘셰비키에 의해 지배되고 있었던 것이다.

1917년 7월 임정수반인 르포프Lvov공이 사임하고 사회혁명당의 케렌스키 Aleksandr Kerenski(1881-1970)가 뒤를 이어 볼셰비키와 상이한 노선을 취하였다. 그러나 케렌스키가 갈리키아 전선에서 패전하고 임시정부는 서서히 몰락하기 시작하였다.

볼셰비키는 트로츠키의 지지를 얻어 강화되었고, 집권을 위한 레닌의 혁명 프로그램을 착착 진행시켜 나갔다. 1917년 10월 볼셰비키는 마침내 상트 페체르부르크 소비에트의 다수를 차지했으며 트로츠키가 새 의장으로 선출되었다.

10월 혁명 한편 일부 과격한 마르크스주의자는 레닌의 지휘 아래 혁명조직인 소비에트를 강화·확대해 나갔다. 레닌의 지시를 받은 소비에트들이 정부를 장악하자 케렌스키는 망명하였다. 거의 무혈혁명이었다. 10월말 볼셰비키는 다가올 봉기를 주도하기 위해 군사혁명위원회를 조직하였다.

거사일인 1917년 10월 25일(신력 11월 7일) 아침 일찍 군인·선원·적위대(赤衛隊) 등 혁명군은 신속하고 정확하게 맡은 임무를 수행하였다. 수도의 주요지점을 점령한 혁명군은 임시정부 요인들을 투옥하였다. 혁명에 성공한 볼셰비키는 전(全) 러시아 소비에트 회의를 주도하여 평화령과 토지령을 공포하고 국정을 다스리기 위한 인민위원회를 임명하였다. 좌파 사회혁명당과 제휴했으나 실제로는 레닌과 트로츠키 그리고 당 간부들이 최종 권한을 장악하였다. 이것이 10월 혁명이다.

볼셰비키 혁명 2주 후에 선출된 입헌의회에서 레닌파는 선거에서 25% 미만의 지지표를 얻는 소수를 차지하게 되었다. 볼셰비키는 1918년 1월에 모인 의회가 볼셰비키의 단순한 수족 노릇하기를 거부하자 적군(赤軍)을 동원하여 이를 해체하였다.

볼셰비키는 1918년 공산당으로 이름을 바꾸었다. 레닌은 용의주도한 조직력과 선전술로 약 3만 명의 당원으로 1억7천만 인구를 지배하게 되었다. 그들이 다수를 차지한 제3차 전 러시아 소비에트 회의로 하여금 입헌의회의 기능을 대신하게 한 것이다. 이로써 볼셰비키 독재가 시작되었다.

혁명정부의 당면문제 혁명정부는 가장 다루기 쉬운 평화와 토지개혁이라는 두 가지 문제를 해결하였다. 국내에서 반혁명 세력이 레닌에게 강력히 저항하자 레닌은 1918년 3월 독일과 브레스트-리토프스크Brest-Litovsk 조약을 황급히 체결하지 않을 수 없었다. 이미 전 러시아 소비에트 회의 법령이 기본노선을 제시한 것을 토대로 레닌은 굴욕적인 브레스트-리토프스크 조약에 서명하였다.

한편 레닌은 모든 토지와 산업의 국유화를 계획하였다. 토지문제는 애당초 사유재산 폐지를 규정했으나 사실상 지주로부터 땅을 빼앗아 농민에 분배하였다. 그러나 그 밖의 경제분야에서 볼셰비키는 일부 국유화를 제외하고는 별다른 진전을 보지 못하였다.

새 체제에 대한 저항 볼셰비키는 1920년 11월까지 3년간 살아 남기 위해 필사적으로 싸움을 하지 않으면 안 되었다. 러시아 국민은 하룻밤 사이에 자본주의에서 사회주의로 비약할 수 없었고 더욱이 혁명이 약속한 새로운 변화는 각 분야에서 거의 찾아보기 어려웠다.

일부 제정 러시아 군부가 새 체제에 저항을 시작하였다. 이 저항은 남러시아, 발트 지역, 우랄 지역 등을 중심으로 상당한 세력을 형성하였다. 3년간 볼셰비키 정부는 저항세력을 진압하려고 했으나 때로는 내란이 중앙정부의 존립을 위협하기까지 하였다.

탄압 강화 내란은 당의 독재를 강화시키는 결과를 가져왔다. 1917년 12월 20일 내전이 일어난 지 10일쯤 지난 후 인민위원회는 반혁명세력과 싸우기 위해 체

국가와 혁명

레닌은 큰 전쟁이야말로 프롤레타리아 혁명에 이르는 혁명적 위기를 초래한다고 믿었다. 1917년 가을 핀란드에 숨어 지내면서 레닌은 볼셰비키 정치이론을 담은 책을 저술하고 1918년 『국가와 혁명』이라는 제목으로 출판하였다. 레닌은 공산주의가 실현되기 위해서는 자본주의 국가가 프롤레타리아 계급 독재에 의해 완전히 파괴되어야 한다고 주장하였다. 이 책은 볼셰비키가 집권한 후에 출판되었으며 레닌은 후기(後記)에서 "혁명에 관해 쓰기보다 혁명을 경험하는 것이 더 즐겁고 쓸모 있는 일이다"라고 썼다. 그가 말한 민주주의가 어떤 것인가는 다음의 글에서 알 수 있다.

자본주의 사회가 가장 좋은 조건에서 발달한다고 가정할 때 민주공화국에서 다소간에 완벽한 민주주의는 달성될 수 있다. 그러나 이 민주주의는 항상 자본가의 착취로 제약을 받게 되며 결과적으로 항상 현실에 있어서는 소수를 위한 민주주의, 단지 유산계급을 위한 민주주의, 부유층만을 위한 민주주의로 존속한다. 자본주의 사회에서 자유는 항상 고대 그리스 공화국에서와 같은 자유, 즉 노예소유자를 위한 자유가 되어버린다. 자본가의 착취 조건으로 인해 현대 임금노예는 부족과 가난으로 짓밟힌 결과 그들은 민주주의에 관심을 가질 수 없거나 정치에 관심을 가질 수 없으며, 보통의 평화적인 사건과정에서도 대다수 주민은 공공 정치생활에 참여치 못하도록 되어 있는 것이다.

그러나 이러한 자본주의적 민주주의—즉, 은근히 가난한 자들을 옆으로 제쳐놓고 결과적으로 그 핵심이 위선적이며 허위로 가득 찬—는 자유주의적 대학교수와 소부르주아 기회주의자들이 설교하는 바와 같이 단순하게 직선적으로 원활하게 "좀더 위대한 민주주의"를 향해 발전할 수 없는 것이다. 앞으로 향한 발전적 공산주의를 향한 전진은 프롤레타리아 계급 독재를 통해 이루어질 것이다. 그렇지 않으면 자본가 착취자들의 저항은 어떤 다른 세력 또는 어떤 다른 방식으로도 파괴될 수 없기 때문이다.

…프롤레타리아 계급 독재는 탄압자들, 착취자들, 자본가들의 자유를 제약하는 것이다. 우리는 인류를 임금노예제에서 해방시키기 위해 그들을 억압해야 한다. 그들의 저항은 반드시 힘으로 쳐부수어야 한다….

자본가의 저항이 완전히 파괴되었을 때, 자본가들이 사라졌을 때, 계급이 전혀 없을 때 (즉, 사회적 생산수단과의 관계에서 사회성원 간에 아무런 차별이 없을 때) 공산주의 사회에서는 국가가 더 이상 존재하지 않게 된다. 그 때가 되어서만이 완전한 민주주의, 전혀 예외가 없는 민주주의가 가능하며 또 실현될 것이다.

카Cheka(후의 GPU)라는 독립기구를 세웠다. 이는 이후 소련 역사에서 괄목할 만한 역할을 하게 되는 비밀경찰의 시초이자 소련의 대숙청과 공포정치의 시작을 알리는 것이었다. 멘셰비키는 물론이거니와 좌파 사회혁명당원도 테러와 반역의 죄목으로 체포되고 기관지는 탄압되었다. 트로츠키Leon Trotsky(1879-1940)가 지휘하는 적군(赤軍)은 1918년 7월 니콜라이 2세와 그 가족을 총살하였다.

1918년 8월 레닌은 직접 '가차없는 대중 테러'를 명령하였다. 1920년까지 반혁명 백계(白系) 러시아인을 탄압했으며 이 결과 약 1백만의 백계 러시아인이 국외로 망명하였다. 경제분야에서도 마찬가지였다. 내전에서 이기기 위해 집단농장화와 독재적 관리가 강화되었다. 도시 노동자는 노동대(勞動隊)에 편입되는 '군사화 정책'에 따라야 하였고 농민은 강제 징용되었다. 이것이 이른바 '전시 공산주의'이다.

트로츠키가 전쟁수행 능력을 발휘했고 반란군은 상호간 연결이 안 되었기 때문에 볼셰비키는 드디어 1920년 11월 내전에서 승리할 수 있었다. 볼셰비키 정부체제를 싫어한 독일 · 일본 · 영국은 반란군에게 물자 또는 도덕적인 지원을 했으나 실패로 돌아갔다. 이 때문에 러시아인의 외국 혐오증이 강화되고 볼셰비키는 조국을 지킨 애국적인 수호자라는 칭찬을 듣게 되었다.

내전이 종식된 후 레닌은 새로운 경제정책을 다시 시작할 수밖에 없었다. 3년간의 내전은 거의 같은 기간의 국제전보다 더 나쁜 결과를 가져왔다. 토지가 황폐해졌고 통신은 두절되었다. 산업생산은 1912년 수준의 16%로 떨어졌다. 도시 노동자 수는 감소하고 무역은 거의 정지되었다. 한마디로 러시아 경제는 최악의 상황에 이르렀다.

신경제정책 경제 난국을 타개하기 위한 긴급조치가 필요하였다. 1921년의 두 사건은 이 필요성을 가일층 절실하게 하였다. 3월 페트로그라드 근처 크론스타트Kronstadt 해군기지 선원의 반란과 봄 · 여름에 걸친 볼가Volga 분지(盆地)의 한발이 그것이다. 그 후 2년간 동러시아와 남러시아는 대규모 기근(饑饉)으로 약 3백만이 죽었다.

점차 농민이 주요관건이라는 사실이 뚜렷해졌다. 마르크스 이론에서 도외시된 농민문제는 러시아의 현상을 타개할 수 있는 유일한 힘이었다. 레닌은 공산당 10차 회의에서 "농민과의 합의만이 러시아의 사회주의 혁명을 구할 수 있을 것이다"라고 하였다.

이리하여 1921년 3월 레닌이 시작한 '신경제정책'(NEP)의 핵심은 농민과의 타협을 시도하는 것이었다. 농민이 곡물을 시장에 가지고 나오도록 유도함으로써 경제를 활성화하고자 하였다. 이렇게 함으로써 자본주의 경제체제 양상이 많이 회복되지 않을 수 없게 되었다.

농민은 잉여농산물을 원하는 대로 처분하고 수익을 챙길 수 있었다. 1922년 5월의 기본법은 농민의 토지경작을 보장하였다. 즉, 사유토지 재산이나 낡은 마을 공동체 '미르'는 공식적인 승인을 받았다. 더욱이 농민은 땅을 팔거나 빌려줄 수 있게 되고 마음대로 노동자를 고용할 수 있게 되었다.

상공업 분야에서도 비슷한 조치가 취해졌다. 개인이 하는 장사가 공식 승인되었고 암시장이 이제는 합법적인 시장이 되었다. 산업에서도 사기업이 자유롭게 활동할 수 있게 되었다. 15-20명을 고용하는 작은 공장은 사기업으로 허용하고 외국인의 투자와 상업이 부활되었다. 금융분야에서도 자본주의 원칙이 도입되어 금융관례에서의 정통성이 회복되었다.

그러나 이러한 사회주의의 후퇴는 일시적인 것에 불과하였다. 레닌은 혁명의 경제 구조를 그대로 유지하기를 원했으며 중공업 · 수송체계 · 대외무역 등은 국가에서 관리하였다.

러시아 혁명의 의의 20세기 혁명의 원조는 세기초 러시아의 두 혁명이었다. 1905년 러시아 혁명은 유럽 세계에는 거의 영향을 끼치지 않았으나 아시아에는 전제주의로부터의 해방으로 간주되고 프랑스 혁명에 비교되면서 상당한 반응을 나타냈다.

러시아 혁명의 여파는 1906년의 페르시아 혁명, 1908년의 터키(오스만 제국) 혁명, 1911년의 중국 혁명에까지 파급되었다. 그 결과 1914년까지 거의 모든 아시아와 아랍세계에서는 아프리카를 제외하고 유럽 세력들이 서로 충돌하는 사이에 민족주의적 해방을 성취하려는 과격한 혁명 집단이 생기게 되었다. 예컨대 1919년 중국의 5 · 4운동, 한국의 3 · 1운동은 제국주의 침략에 대한 혁명운동이었다.

D. 전쟁의 세계화와 미국 참전

일종의 유럽 '내전' 으로 시작된 제1차 세계대전은 전쟁초 일본이 동아시아 평화를 위한다는 명분으로 참전하고 최종국면에 접어든 1917년 미국이 참전함으로써 세계적 규모의 전쟁으로 확대되었다. 더욱이 연합국이 아프리카의 독일 식민지까지 공격목표로 설정함에 따라 지리적으로 확대되었다.

전쟁이 확대된 데에는 세 가지 이유가 있었다. 첫째, 유럽 각국 정부는 적대행위를 식민지, 특히 아프리카 식민지에까지 연장하였다. 둘째, 영국과 프랑스는 유럽의 인적자원이 전쟁 수행에 충분하지 않았기 때문에 식민지에서 인력 보충을 하였다. 수백만의 아프리카인과 아시아인이 전쟁에 투입되었다. 프랑스의 경우 알제리인 · 중국인 · 인도차이나인을 노동력으로 사용했고 영국의 경우 인도인과 아프리카인을 전투인력으로 활용하였다. 영국은 특히 오스트레일리아 · 뉴질랜드 · 캐나다 · 남아프리카 등에서 병력을 보충하였다. 셋째, 제1차 세계대전은 유럽에서 터진 사건, 예컨대 사라예보의 암살사건과 같은 쟁점과는 관계가 없는 일본과 미국 또는 오스만 제국이 참전함으로써 전쟁 범위가 확대되었다.

애당초 미국은 유럽사태에서 먼로주의와 같은 전통적인 중립정책을 시행하려고 하였다. 그러나 러시아 혁명으로 인한 국면전환과 독일의 무제한 잠수함작전 때문에 중립을 끝까지 지킬 수 없게 되었다.

1917년 4월 6일 미국은 독일측에 선전포고하였다. 미국의 참전과 함께 영국이나 프랑스는 이제 연합국이라는 명칭을 사용하기 시작하였다. 미국 참전은 영국과 프랑스 두 나라와 미국을 연결시키는 민주주의적 정서라는 공통적인 유대, 막대한 전시 국채를 안고 있다는 경제적 이해관계 등과 같은 요인들이 작용하였다. 그러나 무엇보다도 독일의 무제한 잠수함작전이 미국 참전의 명분이 되었다.

일본의 참전 1914년 8월 15일 일본정부는 독일에 최후통첩을 보내고 중국 동북부의 독일 조차지를 일본에 인계해 줄 것과 독일군함이 일본 영해와 중국 영해에서 무조건 철수할 것을 요구하였다. 독일이 이에 응하지 않자 일본은 8월 23일 연합국측에 가담하여 참전하였다.

1914년 11월 일본군은 독일령 항구인 산둥(山東)반도의 칭다오(青島)를 점령하였다. 일본은 9월부터 11월까지 마셜Marshall 군도, 마리나Marina 군도, 팔라우Palau, 캐롤라인Carolines 제도 등을 점령하였다. 1914년 8월 뉴질랜드와 오스트레일리아의 군대 역시 일본과 마찬가지로 태평양에 위치한 독일령 섬들인 사모아, 비스마르크 군도, 뉴기니아 등을 점유하였다.

산둥 반도와 태평양 제도의 독일 기지를 점령한 일본은 연합국의 지지를 배경으로 중국에서의 제국주의적 이익을 챙기는 데 급급하였다. 1915년 1월 일본은 중국에 21개조를 비밀리에 요구하였다. 이는 한마디로 중국을 일본의 보호령으로 하겠다는 내용이었다. 구체적으로는 일본의 산둥 점령 확인, 중국 중앙 지대 공업에 대한 일본 독점권, 정부 요직에 일본인 감독관 배치, 중국 경찰에 대한 공동 관리, 일본제 무기 매입 및 일본정부의 사전 승인 등을 규정한 것이었다.

중국은 21개조의 수용을 부분적으로 거부하고 이 내용을 영국정부에 흘려 개입을 유도하였다. 21개조 요구는 일본의 중국 지배의 야심을 노골적으로 드러낸 것이며 이는 전적으로 유럽에서 시작된 제1차 세계대전과는 무관한 것이었다.

아프리카 전투 1914년 제1차 세계대전이 발발할 당시에는 에티오피아와 라이베리아를 제외한 사하라 이남 아프리카에서 토골란드Togoland, 카메룬, 독일령 서남 아프리카, 독일령 동아프리카 등 네 지역을 독일이 차지하고 있었다.

연합군이 거리상 서로 떨어져 있는 이들 독일 식민지를 점령하는 것은 쉽지 않았다. 다만, 토골란드는 3주간에 걸친 전투로 영국-프랑스 연합군에 점령되었다. 그 밖의 지역에서는 영국 · 프랑스 · 벨기에 등 연합군이 바다와 육지 또는 하늘 · 호수 · 강 · 사막 · 밀림 · 습지에서 독일군과 혈투를 벌였다. 수만 명의 연합군과 노동자들은 치명적인 열대병으로 사망하였다.

이러한 악전고투에도 불구하고 1918년 11월 휴전이 있기까지 연합군이 실질적으로 독일군을 아프리카에서 굴복시키지는 못하였다.

독일의 잠수함 작전 1917년 1월 독일은 무제한 잠수함 작전 결정을 내렸다. 본래 독일의 잠수함(Unterseeboot: U-보트) 작전은 독일 일반시민이 연료 · 면(棉), 식료품 등에 심한 타격을 준 영국의 해상봉쇄에 대한 대응조치였다.

그러나 영국의 해상 봉쇄는 무역을 방해하긴 했으나 인명에 대한 손실을 피한 반면 독일의 잠수함 작전은 필요에 따라 인명 살상을 불사한다는 무차별 전술이었다.

1915년초 독일은 영국의 주변 해역을 교전수역(交戰水域)으로 규정하고 연합국의 비전투용 상선이라도 사전 경고 없는 어뢰공격을 받을 것이라고 선언하였다. 전쟁물자 운송 선박은 적의 선박이든, 중립국 선박이든 무조건 공격 대상이 되었다.

이 행위는 중립국들을 격분케 하기에 충분하였다. 따라서 중립국을 대표하여 미국 대통령 윌슨은 강력히 독일에 항의하였다.

독일의 잠수함 작전은 처음에는 매우 성공적이었다. 영국 함선이 격침되었을 뿐 아니라 중립국가의 시민이 피해를 입었다. 1915년 5월 1일 건플라이트Gunflight호가 어뢰로 침몰되었을 때 많은 미국인 선원이 죽었다. 곧이어 7일에는 영국 상선 루시테이니아Lusitania호가 사전경고 없이 아일랜드 해안에서 어뢰 공격을 받아 침몰했으며 약 1천2백 명의 사망자 중 미국인 여객 1백 명 이상이 죽는 참사가 일어났다.

이 사건은 전미국 사회에 분노를 일으켰다. 미국이 독일에 강력한 항의를 제기했고 윌슨 대통령은 사전경고 없이 상선 공격을 않겠다는 독일의 약속을 받아냈다. 그러나 독일의 약속은 예외조항을 포함하고 있었다. 영국이 동일한 규칙을 고수하도록 미국이 영향력을 행사하지 않을 때에는 이 약속에 전혀 구애받지 않겠다는 것이었다.

1917년초에 독일정부는 무제한 잠수함 작전을 선언하였다. 이에 따르면 영국 · 프랑스 · 이탈리아 주변의 이른바 '위험 수역'에 들어오는 선박은 적국의 것이든, 중립국의 것이든 사전 경고 없이 격침하겠다는 것이었다.

그러나 독일의 무제한 잠수함 작전은 연합국의 상선 활동을 완전히 봉쇄하

루시테이니아호 : 1915년 5월 7일 1,198명의 승객 중 128명의 미국인이 타고 있던 루시테이니아호가 독일군에 격침되었다.

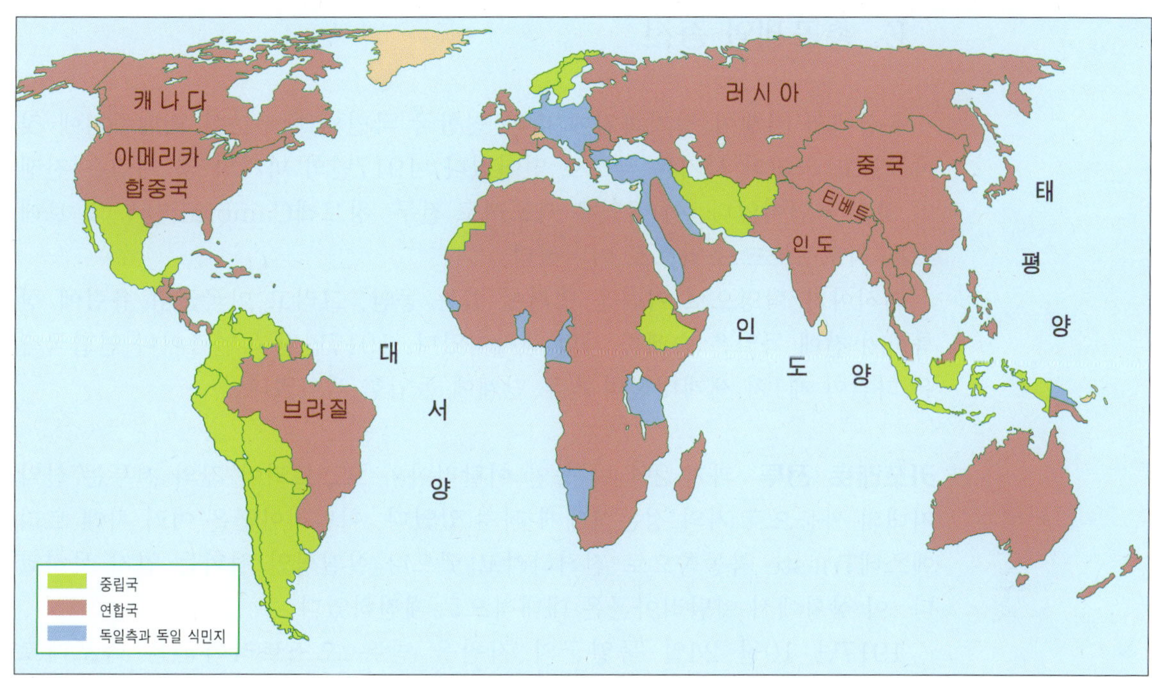

1차대전 후기의 협력체제

지 못하였다. 독일은 매월 선박 1백만 톤을 격침하겠다는 당초의 목표를 달성하지 못했을 뿐 아니라 중립국의 강력한 반발을 샀고 오히려 미국을 연합국에 가담시키는 결과만을 초래했을 뿐이다.

미국의 대응 독일측의 무제한 잠수함 작전으로 미국이 인명 피해를 입게 되자 미국 여론은 연합국측에 가담하는 방향으로 기울었다. 더욱이 미국의 금융계가 연합국에게 15억 달러를 대부한 사실이 전쟁 개입의 여론을 굳히는 데 작용하였다.

1916년 3월 프랑스의 서섹스Sussex호가 경고 없이 독일 잠수함에 의해 침몰되면서 또다시 많은 미국인이 죽었다. 이 사건 후 미국은 독일에 최후통첩을 보냈다. 이에 독일은 장차 상선에 대해서는 사전경고 없이 격침하지 않을 것이며 선객과 선원의 안전에 대한 규정을 만들 것을 약속함으로써 윌슨 정부는 외교적 승리를 거둔 듯하였다.

1916년 말 윌슨은 참전하지 않는다는 선거유세로 대통령에 재선되었으나 그 약속은 지켜질 수 없게 되었다. 드디어 1917년 2월 3일 미국 정부는 독일과 외교관계를 단절하고 4월 6일 미국 의회가 독일에 대해 선전포고하였다. 1917년 12월 7일에 이르러서는 오스트리아-헝가리에 대해서도 선전포고하였다.

미국의 참전은 프랑스 · 영국 · 이탈리아에게 막대한 자금, 산업시설 · 자원 · 인력을 공급해 줄 수 있음을 의미하였다.

E. 총공세와 종전

유럽에서 전쟁이 장기화됨에 따라 연합국 국민의 대부분이 패배주의에 젖어들었고 군대의 사기는 극도로 떨어졌다. 1917년의 마지막 몇 개월은 전쟁의 최후 국면이었다. 이 국면은 카포레토 전투, 캉브레Cambrai 전투 및 브레스트-리토프스크 조약으로 이어졌다.

러시아가 혁명으로 어려운 형편에 있는 동안, 그리고 미국군이 유럽에 상륙하기 전에 독일은 승패를 가릴 생각이었다. 1917년말 독일측이나 연합국측은 다같이 제1차 세계대전의 최후 단계에 돌입한 셈이었다.

카포레토 전투 과거 2년 반 동안 이탈리아와 오스트리아 간의 전투는 산악지대의 싸움으로 거의 정돈상태에 빠져 있었다. 이탈리아군은 여러 차례 트리에스테Trieste 북동쪽으로 진격하려고 했으나 실질적인 성과는 얻지 못하였다. 이 상황에서 이탈리아군은 대대적으로 패전하였다.

1917년 10월 24일 독일군의 지원을 받은 오스트리아군은 카포레토Caporetto에서 구름이 깔린 날씨를 이용하여 일대공격을 감행하여 이탈리아군을 대파하였다. 이탈리아군이 차지하고 있던 산악 진지는 마구 유린당하고 혼란스러운 후퇴 속에 이탈리아군 수만이 이탈하였다. 결국 약 75만의 인명손실을 입은 이탈리아는 국가적 붕괴 직전에 놓이게 되었다. 헤밍웨이Ernest Hemingway(1899-1961)는 『무기여 잘 있거라』(*A Farewell to Arms*, 1929)라는 소설에서 이 전투를 생동감 있게 묘사하였다.

이탈리아 군사령부는 안간힘으로 후퇴를 막으려고 애썼고 베네치아에서 약 30km 떨어진 피아베Piave에서 겨우 전선을 다시 구축할 수 있었다.

브레스트-리토프스크 조약 1917년 러시아 혁명은 제1차 세계대전의 하나의 전환점이 되었다. 5월 임시정부의 국방장관 케렌스키는 20만의 병력을 동원하여 갈리키아의 오스트리아군을 공격했는데 그 결과는 참담한 패배였다.

이제 독일군은 거의 아무런 저항 없이 러시아 깊숙이 침공하였다. 독일군은 페트로그라드(지금의 상트 페체르부르크)를 목표로 진격하여 8월에는 리가Riga 강에 도달하였다. 루덴도르프는 계속 러시아군을 밀어붙였고 1917년 11월 7일 정권을 장악한 볼셰비키는 첫 조치로 평화에 대한 제의를 하였다.

그리하여 동부전선에서 12월 15일 휴전이 되었고 브레스트-리토프스크에서 평화협상이 이루어졌다. 독일이 조건을 제시했을 때 볼셰비키들은 깜짝놀랐다. 독일은 러시아의 모든 서쪽 주의 합병을 요구하였다. 볼셰비키는 조건을 유리하게 바꾸려고 애썼으나 효과를 보지 못하였다. 2월에는 휴전협상이 중단되었다.

독일은 전투를 다시 개시하여 페트로그라드 1백60km까지 진격하였다. 참혹한 현실에 직면한 러시아 지도층은 어떠한 대가를 치르는 한이 있어도 강화하지 않을 수 없다는 레닌의 논리를 받아들였다. 결국 1918년 3월 3일 체결된 브레스트-리토프스크 조약의 최종 조건은 본래 제안된 것보다 더 심한 것이었다.

연합군의 반격 연합군은 1918년 7월 15일에서 8월 2일 사이에 벌어진 서부진선 마른 전투에서 포슈Ferdinand Foch(1851-1929) 장군의 지휘 아래 강력한 반격을 가하였다.

포슈 장군은 영국의 헤이그 장군과 미국의 퍼싱John J. Pershing(1860-1948) 장군에게 지시를 내려 모든 전선에서 독일군에 대한 일제공격을 개시하였다. 이제 수적 열세에 몰린 독일군이 서서히 후퇴하기 시작하였다.

연합군에 의해 퇴로를 차단당하고 빈번한 공격을 받은 독일군은 9월까지 50만의 인명 손실을 입게 되었다. 힌덴부르크 라인으로 후퇴한 독일군은 참호작전으로 연합군을 저지하려고 하였다.

그러나 1917년 11월 20일 영국군은 신무기 탱크(戰車)를 대량 투입하여 북 프랑스의 캉브레에서 독일군을 격파하였다. 탱크는 이미 1년 전 솜 전투에서 영국군이 실험적으로 사용했으나 집중적으로 개발하지 않은 채 방치해 둔 것이었다. 그동안 영국은 비밀리에 탱크를 개발, 1916년 9월부터 활용하여 독일군을 놀라게 하였다. 기밀을 지키기 위해 물탱크로 가장했기 때문에 결국 탱크(tank)라는 이름이 붙여졌다.

캉브레 전투의 승리는 극히 국지적인 것이었음에도 이를 계기로 전쟁은 새로운 방향으로 전개되었다.

독가스와 비행기 제1차 세계대전 중에는 여러 가지 무기가 발명되어 인명살상에 사용되었다. 탱크 이외에도 독가스·비행기와 같은 전략적 가치가 있는 새로운 무기가 나왔다.

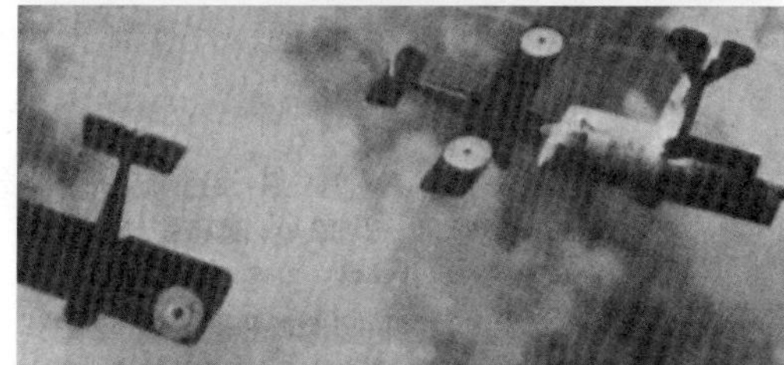

1차대전에 사용된 신무기: 탱크, 비행기, 잠수함

대전 중 발명된 신무기 중 '독가스'만이 기대만큼 효과를 거두지 못하였다. 독일군이 사용한 독가스는 곧이어 나온 가스 마스크 때문에 효력을 발휘하지 못하였다. 더욱이 바람 방향이 독일군에게 불리하게 부는 때가 많아 독가스 사용은 중지된 상태였다.

비행기는 양측에서 다같이 신속하게 개발했으며 정찰, 기총소사(機銃掃射), 포격 유도 등 여러 가지 전쟁목적으로 활용되었다. 독일 비행기는 가공할 만한 효력을 발휘하였다. 대도시 폭격은 후에 제2차 세계대전의 주요전략이 된 것이지만 제1차 세계대전 말에 이미 독일이 시작한 것이었다. 1917년 9월 독일 공군은 일주일 동안 밤낮으로 계속 런던을 공습하였다. 파리는 런던보다 덜했으나 간헐적 공습으로 큰 피해를 입었다. 연합군 역시 비행기 폭격을 감행하였다.

독일의 마지막 공격 러시아와 강화조약을 체결한 독일은 동부전선의 군대를 급히 서부전선으로 이동시켰다. 1918년 3월 초순 이동을 끝마친 독일군은 서부전선에서 세 방향으로 마지막 총공격을 개시하였다.

공격의 첫 번째 대상은 영국군이었다. 3월 21일 공격이 북 프랑스 아미앙Amiens을 향해 시작되어 영국군을 65km 가량 후퇴시키는 데 성공하였다.

프랑스군과 영국군은 포앙카레Raymond Poincaré(1860-1934) 프랑스 대통령 주재하에 회의를 열었으나 헤이그와 페탕은 책임을 상대방에게 전가하면서 서로 강한 불신을 나타냈다.

이에 연합군 수뇌부는 합동작전의 비효율성을 깨닫고 단일 지휘 계통을 수립하는 데 합의하였다. 그리하여 일찍이 칼레Calais 전투에서 독일군을 막아낸 포슈가 연합군 총사령관으로 임명되었다. 그는 필사적으로 아미앙을 고수했으나 많은 병사가 적군의 포로가 되고 말았다.

두 번째 독일군 공격은 릴Lille의 영국군에게 가해졌다. 4월에는 이프르Ypre로 공격의 화살을 돌렸으나 영국군의 방어선을 뚫지는 못하였다.

세 번째 독일군 공격은 동쪽으로 방향을 바꾸어 프랑스군에게 행해진 것이었다. 독일군은 5월 29일 솨송Soissons을 함락시키는 데 성공하였다. 다음날 독일군이 대전 초기에서와 같이 파리에 접근하려고 하였다. 파리에서 불과 60km밖에 떨어지지 않은 마른강에 따라 공격이 가해졌으므로 파리의 소개(疏開)가 시작되었다.

그러나 이 때쯤 독일군의 자원은 바닥을 드러냈고 프랑스군과 영국군은 미국의 지원군 도착으로 크게 보강되었다. 미국군은 6월 4일 마른 강에 포진한 프랑스군을 지원하면서 최초의 군사행동에 들어갔다. 프랑스군의 사기는 충천하였다.

연합국의 반격 포슈 · 페탕 · 헤이그와 새로운 미군 사령관 퍼싱은 승리를 위한 최종 공격을 계획하고 있었다. 루덴도르프가 마른 강을 따라 랑스Rheims 서쪽을 공격해 왔을 때 포슈는 그를 기다리고 있었다. 독일군이 간단히 강을 건넜으나 그것이 그들의 최후가 되었다.

마른 강의 제2전투는 4년 전의 제1전투와 같이 연합군의 위대한 승리였다. 이후 포슈는 결코 주도권을 잃지 않고 독일군에게 '암담한 날'인 1918년 8월 8일 모든 전선에 걸쳐 독일군을 무찌르기 시작하였다.

연합군의 승리는 다가왔으나 정확히 언제 전투가 끝날지는 아무도 예측하기 어려웠다. 포슈는 도주하는 독일군에 대한 공격의 고삐를 늦추지 않았다. 영국군 · 미국군 · 프랑스군이 전선을 각각 분담하여 독일군을 밀어붙였다. 대량으로 공급된 탱크와 매월 25만씩 증파(增派)된 미국군은 큰 힘이 되었다.

9월 중순까지 독일군은 이른바 힌덴부르크 선까지 후퇴하였다. 이러한 절망적인 상황에서 서부전선의 독일군은 버티기 어렵게 되었다. 독일군부는 더 이상 패전을 숨기지 못하고 연합군에게 1918년 9월 28일 휴전을 제의하였다.

독일의 패배 9월 29일 루덴도르프는 드디어 패배를 인정하고 황제에게 즉

서부전선(1914-1918) 일지

1914.8.4	독일군이 벨기에 국경을 넘음
8.14-8.25	프랑스군의 로렌 진격이 저지됨
8.23-9.3	독일군 파리를 향해 진격
9.5-9.12	마른 전투, 교착상태
12.14-12.24	영국, 프랑스측, 지지부진
1915.2.16-3.30	샹파뉴 전투
4.22-5.25	두 번째 이프르 전투, 독일군 독가스 사용
5.9-6.18	두 번째 아르토아 전투
9.22-10.15	두 번째 샹파뉴 전투, 세 번째 아르토아 전투
1916.2.21-7.11	베르덩 전투, 양측 35만 피해
8.29	팔켄하인 물러가고 힌덴부르크와 루덴도르프 새 지휘관이 됨
7.1-11.18	솜 전투, 피해는 영국군 약 40만, 프랑스군 20만, 독일군 약 50만
12.12	니벨이 물러나고 조프르, 프랑스군 사령관이 됨
1917.4.6	미국 참전
4.9-4.20	아라스 전투, 두 번째 엔 전투, 세 번째 샹파뉴 전투
5.15	프랑스 군 항명으로 니벨이 물러나고 페탕, 새 지휘관이 됨
7.31-11.10	세 번째 이프르 전투. 영국군 40만 피해
1918.3.21-4.5	독일군의 총공세
3.26	포슈, 프랑스의 연합군 총사령관으로 임명됨
5.17-6.6	세 번째 엔 전투. 최초의 미국 군 주요전투
7.15-8.7	두 번째 마른 전투. 독일군 공세에 연합군 반격
9.26-10.15	아르고느 전투, 네 번째 이프르 전투
11.11	휴전

각적 휴전만이 독일을 구하는 길이라고 진언하였다. 독일 재상 헌덴부르크는 10월 1일 카이저에게 강화의 필연성을 설명하고 3일 후 윌슨 미국 대통령에게 전쟁행위의 중지를 요청하였다. 그러나 윌슨은 독일 전제정치의 종식이 없는 한 평화가 불가능하다고 역설하였다.

10월 4일 카이저 빌헬름 2세는 자유주의적인 막스Maximilian Alexander Friedrich Wilhelm; Max von Baden(1867-1929) 공(公)을 재상으로 임명하고 위로부터의 개혁과 독일제국의 민주화를 시작하였다. 때를 같이 하여 전선으로부터의 소식은 독일국민의 사기를 떨어뜨리는 것이었다.

루덴도르프는 10월 말 사임하고 독일은 미국 대통령 윌슨의 14개조에 따른 휴전을 요청하였다. 그러나 윌슨은 점령지역으로부터 독일군이 철수할 것을 요구하고 독일의 새로운 민주정부와 협상할 것임을 분명히 하였다.

불가리아와 오스트리아의 항복 몇년 동안 활동이 저조했던 그리스 소재 연합군은 9월 중순 데페레이Louis Franchet d'Espérey(1856-1942)의 지휘 아래 활기를 띠면서 불가리아를 공격하였다. 그들은 세르비아를 해방시키고 헝가리를 후방으로부터 위협하였다.

1918년 9월 30일 불가리아는 단독 휴전을 체결했으며 1개월 후 오스만 제국이 그 뒤를 따랐다. 데페레이는 승승장구 도나우 강으로 진격하였다. 이리하여 중앙 유럽세력이 발칸에서 차지했던 위치가 무너졌다.

이 때 최후의 결정타가 가해졌다. 1918년 10월 이탈리아군이 전력을 다해 카포레토 패전을 설욕하려고 하였다. 이탈리아군은 베네토Veneto에서 오스트리아군을 패배시켰으며 이로부터 각종 민족들로 구성된 오스트리아-헝가리군의 붕괴가 시작되었다.

1918년 11월 4일 오스트리아는 항복하고 칼 1세Karl I(1916-1918)는 퇴위하여 스위스로 망명하였다. 오스트리아의 항복으로 연합군이 독일로 침입하는 길은 열리게 되었다.

독일의 항복 독일군은 10월말 아직도 프랑스 땅에 있긴 했지만 전체적으로 수적 열세에 놓이게 되었다. 3개월만에 독일군 약 30만이 포로가 되었고 나머지 병력은 사기가 극도로 떨어지고 지리멸렬한 상태에 있었다.

독일 국내에 혁명 기운이 짙게 감돌았다. 허무한 패전에 독일 국민은 놀라고 격분하여 뮌헨과 베를린 등에서 혁명을 일으켰다. 막스 공은 빌헬름 2세의 퇴위를 요청하였다.

1918년 11월 3일 킬Kiel 항의 독일 함대가 반란을 일으켜 도시를 점령하였다. 반란은 다른 곳으로 번져갔으며 4일 후 바바리아에서 혁명이 발발하였다. 카이저 빌헬름 2세는 11월 9일 퇴위를 선언하고 10일 네덜란드로 도망하였다.

정권은 사회민주당의 에베르트Friedrich Ebert(1871-1925)에게 이양되었다. 독일 공화국이 선포되고 에베르트는 바이마르Weimar 공화국 초대 대통령(재임: 1919-1925)이 되었다. 정전회의 대표단이 포슈와 회합하기 위해 파견되었다. 드디어 1918년 11월 11일 아침 11시에 제1차 세계대전은 공식적으로 끝났다.

2. 베르사유 체제

종전과 함께 독일은 알자스-로렌, 룩셈부르크, 벨기에와 프랑스 북부에서 철수하였다. 1개월 내에 연합군은 라인강 서쪽의 독일 영토를 점령하였다. 연합군은 독일의 함선 · 기관차 · 트럭 및 그 밖의 장비를 인수하고 독일은 연합군의 포로를 모두 석방하기로 하였다. 이러한 조치가 진행되는 동안 1919년 각국 대표는 강화조약을 위해 파리에 모였다.

전후에는 승전국이나 패전국이 다 같이 좌절을 느끼는 비슷한 체험을 하였다. 전후 질서 재편성을 둘러싸고 참전국간에는 미묘한 의견 차이가 있었다. 미국의 참전은 영토나 물질적 보상을 바라지 않는 '인류의 권리 옹호'라는 동기에서였다.

그러나 같은 참전국인 영국 · 프랑스 · 이탈리아가 민족자결원칙이나 군비증강에 관해 동일한 의견을 가진 것은 아니었다. 모든 피압박민족의 자결원칙의 보장, 군비증강과 군국주의에 대한 반대, 세계평화를 위한 국제연맹의 조직 등이 새로운 쟁점이 되었다.

영국 수상 로이드 조지와 프랑스 수상 클레망소는 윌슨의 평화 안에 찬성하고 그에게 연합국측의 대변인 역할을 해 줄 것을 요구하였다.

베르사유 체제의 주역: 제1차대전을 마무리 짓는 조약이 베르사유 궁전 '거울방'에서 이루어졌다. 왼쪽부터 영국 수상 로이드 조지, 이탈리아 수상 올란도, 프랑스 수상 클레망소, 미국 대통령 윌슨

A. 제1차 세계대전의 영향

4년간 계속된 제1차 세계대전은 막대한 인명과 재산 피해를 냈다. 4년 3개월간 계속된 대규모의 전쟁으로 동원된 6천5백만 군인 중 1천만-1천3백만이 죽고 2천만이 부상하였다. 희생자의 3분의 1은 민간인이었다. 주요국가만 해도 독일 2백만, 러시아 1백75만, 프랑스 1백40만, 영국이 90만을 약간 밑도는 수의 인명 피해를 입었다. 오스만 제국은 70만, 이탈리아는 60만, 미국은 10만 정도의 희생을 치렀다.

참전 각국의 상층 엘리트 계급은 실질적으로 소멸된 셈이었다. 노령인구와 산아율이 낮은 프랑스에게 제1차 세계대전은 한 세대 전체가 서부전선에서 사라지는 인구학적 비극이었다. 유럽 전체를 통해 전면전쟁의 비극을 묵묵히 증언하는 것처럼 팔 하나, 다리 하나의 장애자 또는 실명한 사람이 많았다. 현대 전면전쟁의 치열한 공방과 살상규모는 일찍이 유례가 없는 것이었다.

대전과 시민생활 제1차 세계대전은 처음에는 일반시민의 생활에 영향을 미치지 않은 것 같았다. 시민의 경제 생활은 전쟁과 상관없이 정상적으로 진행되었다.

그러나 1914년말부터 제1차 세계대전이 일반시민의 생활에까지 심각한 영향을 끼친다는 사실이 분명해졌다. 두 번째와 세 번째 해가 되자 삶은 우울하고 지루한 것이 되었다. 전사자 명단이 계속 발표되자 시민의 마음은 무겁게 가라앉았고 물품과 인력이 현저히 부족하게 되었다.

주요 교전국 중에서도 프랑스는 통제가 제일 심하지 않은 나라였다. 프랑스는 산업과 농업간의 균형을 맞추었으며 국가적인 자급자족이 되는 형편이었다. 그러나 프랑스 역시 전투병력이 부족했으며 대부분의 산업자원도 적군관리하에 있었다. 그럼에도 프랑스는 영국, 후에는 미국으로부터 꾸준히 산업제품의 공급을 받았으며 여성·외국인·죄수들로 노동력을 메울 수 있었다.

영국은 프랑스보다 식량배급이나 인력배치면에서 더 엄격하게 통제했으나 독일과 같은 정도는 아니었다. 독일은 상당히 어려운 경제사정에서 전쟁을 시작한 만큼 전시통제를 매우 엄격히 시행하였다. 독일은 강대국 중 가장 전쟁준비를 많이 한 편이었으나 경제적 비축을 하지 않았다. 따라서 영국의 봉쇄작전이 시작되면서 곧 모든 분야에서 부족현상이 나타났다.

그러나 독일은 경제적 부족을 다른 비상수단으로 메우려고 하였다. 위험이 닥쳐오자 독일인은 놀라울 정도의 힘과 상상력으로 맞섰다. 독일 전기회사 A.E.G.(Allgemeine Elektrizitäts-Gesellschaft) 창업자의 아들로 유능하고 비전이 있는 기업가 라테나우Walther Rathenau(1867-1922)는 독일

산업의 구조조정과 재편성을 책임지게 되었다. 그는 공기업과 사기업을 혼합한 강제적인 연합체인 카르텔을 조직하여 좋은 결과를 얻었다.

라테나우의 후계자들은 비경제적인 중소기업을 구조조정으로 통합하여 중립국으로부터 집단 구매하는 제도를 수립하였다. 이전에 해외 수입에 의존했던 필수품을 대체하기 위해 독일 화학자들은 합성물질과 모든 종류의 대체물, 특히 비료와 식품 부문에서 대체물을 개발하였다.

이와 동시에 인력 통제가 실시되었고 1916년말 보조 노동법에서는 17세부터 60세까지의 모든 남자가 규복무를 하는 것으로 규정하였다. 이러한 새 법의 공포와 동시에 힌덴부르크와 루덴도르프의 집단독재가 시작되었다. 더욱이 1916년 20년 만에 가장 추운 겨울이 닥쳐 당시 교전 중인 모든 나라 국민은 다같이 어려운 생활을 하게 되었다.

전쟁과 대중심리 1916-1917년 제1차 세계대전이 교착상태에 빠졌을 때 후방에서나 일선 참호에서나 고통과 절망 앞에 모든 사람이 '평등감'을 느꼈다. 전쟁 중에 함께 고통을 받으며 함께 우울하고 지루한 싸움을 견디는 심리는 사람들을 평준화하였다. 고통의 평등이 만인을 민주화한 반면 그만큼 불만도 고조시켜 놓았다. 평등해질수록 사회에 남아 있는 부정과 부조리가 더 두드러지게 나타났다. 한마디로 평등화가 진행될수록 환멸이 뒤따랐다.

영국 · 프랑스 · 이탈리아의 의회 정치는 모두 전쟁 지도력의 무능을 증명하였다. 정부 지도층은 잘못을 감추기 위해 거짓말을 하였다. 이러한 속임수는 이른바 전시의 '민주주의 퇴폐'의 원인이었다. 각국 정부는 검열을 강화하였다. 전쟁의 실패를 호도하기 위해 인명손실을 은폐하고 거짓 성명을 발표하였다.

경제적 영향 막대한 인명 손실과 함께 사회경제 분야에 끼친 제1차 세계대전의 영향은 결코 적지 않았다. 유럽의 많은 건물과 토지와 자원은 큰 피해를 입었다. 1천5백억 달러에 이르는 각종 재산이 파괴되었으며 전쟁비용은 1천8백60억 달러에 달하였다.

프랑스의 농경지는 거의 황폐화되었다. 제1차 세계대전 중 프랑스는 약 1백만의 건물과 9천의 공장이 파괴되고 대부분의 석탄광과 철광이 황폐해졌으며 6천 개의 교량이 없어지고 1천6백km의 철도가 사용 불가능하게 되었다.

다른 한편 군사적 필요 때문에 특정분야의 과학기술이 발달하였다. 인류사상 최초의 세계대전은 독가스 · 탱크 · 비행기 · 잠수함 등 신무기를 출현시켰다. 제1차 세계대전 전에는 기병대가 모든 군의 주요 구성요소이며 마차는 주요 운송 수단이었다. 그러나 전쟁이 끝날 때 쯤에는 자동차 · 비행기 · 라디오 · 화학공업의 중요성이 분명해졌다. 공장제 산업생산의 가속화는 작업의 성격을 바꾸어 놓았으며 작업의 효율성과 비인간성은 증대하였다.

특정분야의 경제가 전시에 발달한 반면 전반적으로 경제가 입은 손실은 막대하였다. 세계무역은 중단되다시피 했고 그 점에서 유럽의 위상도 바뀌었다. 1914년 유럽은 세계 최대 채권자였으나 1918년에는 채무자의 입장이 되었다.

재산 파괴, 전시물자 손실에서는 벨기에와 프랑스가 가장 심했다. 프랑스의 수천의 교량과 공장, 수백만의 건물이 파괴되었다. 1920년대의 유럽 전체의 생산이 1913년 수준 이하로 떨어졌다. 빈 또는 베를린을 비롯한 독일과 오스트리아의 수많은 도시에서 기아가 극에 달하였다. 동유럽에서는 수백만 시민이 독감 · 티푸스 · 콜레라 등으로 죽어갔다.

사회적 영향 전시생활은 사회계급에 영향을 미쳤다. 혁명이 일어나지 않은 곳에서도 전반적인 민주화 추세 때문에 귀족계급과 전통 엘리트는 약화되었다. 인플레이션, 토지가격 하락, 증세 등으로 구매력이 크게 떨어졌다. 전쟁 초에 낙관적 태도를 보인 중산계층의 저축이 전후에는 바닥났다. 봉급자는 물가상승으로 소득이 줄어 생활의 불안을 느끼게 되었다.

중산층과 상류층에 비해 상대적으로 노동자와 농민은 살림살이가 괜찮았다. 숙련노동자들은 완전고용이 되었으며 여성의 고용도 늘어나 가계(家計)는 좋아졌다. 농민은 수적으로 줄었으나 인플레이션이 그들의 채무상환을 상대적으로 가볍게 하였다.

노동자의 사회적 지위도 격상되었다. 도시로 옮긴 노동자는 마르크스주의적 의미의 프롤레타리아가 아닌 중산층화된 도시 노동자였다. 그들은 복장이나 생활양식에서 프롤레타리아라기보다 부르주아로 행세하였다.

또 전후의 생활양식이 크게 바뀌었으며 예법이나 의상에도 변화가 일어났다. 전통적인 까다로운 예법은 누그러지고 사회적 관행에서 경직성이 없어지고 형식적인 겉치레가 사라지게 되었다.

이른바 '빅토리아적' 중산층 윤리에 대한 반항이 시작되었다. 19세기 중기의 무거운 장식적인 가구는 가볍고 단순한 양식으로 바뀌었다. 신사들이 공공교통을 이용하게 되면서 실크 모자를 쓰지 않게 되고 여성은 간편한 옷과 짧은 치마를 입게 되었다. 댄스 홀의 인기가 높아지고 성도덕이 문란해지며 사생아 출산이 증가하였다.

사회복지 분야의 전망은 밝은 편이었다. 빈곤의 감소와 질병 퇴치에서 상당한 진전을 보았으며 외과수술과 마취의 개선 등 의료와 위생 분야의 발달로 유아 사망률이 줄고 건강과 영양이 향상되었다.

인구의 이동과 증가 제1차 세계대전은 대규모 인구 이동과 난민의 사회적 적응에서 발생하는 문제를 안게 되었다. 대전 중 민간인의 인구이동은 더 말할 것도 없고 중앙 유럽과 동유럽에서는 사회혁명이나 전후 국경선 재조정 결과 수백만 주민이 이동하게 되었다.

특히 볼셰비키 혁명은 가장 극적인 인구 이동을 초래하였다. 혁명 후 약 1백75만의 러시아인이 고향을 떠나 유럽 각지에 분산되었다. 특히 각지에서 파리로 유입해 들어왔으며 파리에 온 러시아 지식인은 예술과 연극의 발달을 자극하였다.

1918년 종전 당시 프랑스에 있던 독일 죄수들

베르사유 조약 이후 국경선이 조정됨으로써 이전의 독일령 지역에 살던 많은 사람들은 거주지를 떠나 독일로 되돌아왔다. 폴란드로 편입된 지역의 약 75만과 알자스-로렌 지방의 10만 이상의 독일인이 귀국하였다.

대부분의 지역에서 전후 난민을 새 정착지에서 받아들이지 않았기 때문에 난민문제는 법적 지위와 관련해서 사회적 쟁점이 되었다. 1920년대는 국적이나 여권 없는 난민과 외국 땅에서 추방당할지도 모르는 불안정한 사람이 많이 생기게 되었다. 1913년 약 2백만의 유럽인이 해외로 이민하였고 그 상당 부분이 미국으로 갔다. 전쟁 중 미국 정부가 제한을 철폐하면서 80만이 더 미국으로 유입되었다. 이 상황에 놀란 미국 의회는 1924년 쿼터제를 법제화하여 이민을 제한하였다.

전쟁으로 인한 인명손실이 컸음에도 제1차 세계대전 후 유럽 인구는 급증하였다. 인구 증가는 의료와 위생의 발달과 상관이 있었으며 평균 수명이 연장된 탓도 없지 않았다. 1913년 5억 미만이었던 유럽 인구는 약 3천5백만 증가하여 1923년에는 5억3천만 이상이 되었다.

물론 인구 증가는 국가별로 많은 차이가 있었다. 독일은 실질적으로 증가했으나 영국과 프랑스는 거의 증가하지 않았다. 가장 인구가 많이 증가한 곳은 이탈리아를 비롯해 동유럽 및 중앙 유럽의 농촌지역이었다.

여권 신장 1920년대를 전후하여 여성해방운동은 시대 변화를 가장 극적으로 상징하는 것이었다. 제1차 세계대전 중 인력부족으로 여성이 경제 활동을 하게 되었으며 그 결과 남녀 평등이 촉진되었다. 대전 전에는 남성에게만 허용된 전문직이 여성에게 개방되어 여성 법률가 · 의사 · 국회의원 · 각료가 나타나기 시작하였다.

(왼쪽) 참전하는 여성: 영국 여성을 무기 공장으로 이끄는 선전 문구
(오른쪽) 에센에 있는 무기 공장에서 일하는 여성: 남성이 전쟁터로 나가자 여성이 군수품 생산을 담당하게 되었다.

제1차 세계대전을 전후하여 유럽 주요 국가에서는 여성에게 참정권을 부여하였다. 특히 스칸디나비아 반도의 국가들은 이 점에서 가장 적극적이었다. 핀란드는 1906년, 노르웨이는 1907년, 덴마크는 1917년, 스웨덴은 1919년 각각 여성 참정권을 인정하였다.

제1차 세계대전이 끝나면서 더 많은 나라가 여성참정권을 실현하였다. 먼저 독일이 1919년 바이마르 공화국 헌법에서 여성투표권을 허용하고 오스트리아가 그 뒤를 이었다. 영국은 1918년 이미 의회 입법으로 여성 참정권을 제한적으로 확대 적용하고 1928년에 이르러 전여성에게 투표권을 허용하였다.

이에 반하여 라틴 국가들에서는 여성 참정권에서 아무런 진척을 보이지 않았으며 전통적으로 열등한 여성의 지위는 계속되었다. 민주적인 프랑스에서조차 여전히 처와 딸에 대한 가장의 민법상 우월권을 부여하고 있었다. 프랑스와 이탈리아에서는 한 세대가 지나서야 비로소 여성 선거권이 허용되기에 이르렀다.

그러나 유럽 각 지역에서 여성에 대한 차별은 점차 소멸되는 경향이 뚜렷해졌다. 예컨대 남유럽에서는 여성 교육이 보편화됨에 따라 여성 권리도 신장하였다. 여성의 취업기회도 증대하였다. 미혼여성은 특히 전전보다 더 많은 취업기회를 갖게 되었지만 결혼 후에는 직장을 떠나는 경향이 여전히 강하였다. 여성교육 연한도 늘어나 전쟁 전보다 여성은 더 오래 교육을 받게 되었다.

B. 유럽의 평화

제1차 세계대전후 초래된 경제·사회적 변화에도 불구하고 전승국 지도자들은 유럽 평화와 세계 질서 재건을 위해 회의를 거듭하였다. 정치적 참여와 만인에 대한 기회균등을 의미하는 민주주의는 전후 평화와 국제 질서의 지침이었다. 이리하여 베르사유 체제로 알려진 새로운 질서가 태동하였다.

윌슨이 내놓은 '14개조'(Fourteen Points)는 승전국이나 패전국으로부터 다 같이 좋은 반응을 얻었다. 그것은 일반적 내용을 담은 5개조와 특수 문제를 다룬 9개조 및 국제연맹 조직을 위한 마지막 1개조로 되어 있었다.

윌슨의 14개조는 국제도의와 정의에 입각하여 제안된 것이었으나 현실과는 차이가 있었다. 따라서 14개조는 부분적으로밖에 실현되지 않았다. 세계 평화를 위한 국제기구로서 국제연맹의 창설은 윌슨의 가장 중요한 제안이었으나 정작 미국 상원의 승인은 받지 못하였다.

전후의 영토 처리에 관해 각국은 자국 이익 중심으로 비밀리에 서로 협정을 맺었다. 영국 · 프랑스 · 이탈리아 · 그리스 · 루마니아 등은 라인강 유역, 아드리아 연안 일대, 터키, 독일령 식민지 등에 관해 비밀리에 합의하였다. 영국과 일본은 1918년까지 태평양의 섬들을 비롯한 독일 식민지를 모두 점령하였다.

베르사유 조약 그러나 공식적인 강화회의는 1919년 개최되었다. 32개국 대표들이 1919년 1월 18일 베르사유에서 독일과의 강화회의를 위해 회동하였다. 이 날은 독일 제국 수립기념일이었으며 장소도 같은 베르사유 궁전이었다는 사실은 역사의 아이러니라 하지 않을 수 없다.

윌슨의 14개조

14개조 원칙은 윌슨이 1918년 1월 국회교서에서 천명한 것이었으나 사실상 전세계를 향해 선포한 것이었다. 모든 조항이 제대로 실천에 옮겨진 것은 아니었다. 예를 들면 7 · 8 · 11 · 13조는 그 후의 강화조약을 통해 거의 완전히 실현되었으나 9 · 10 · 12조는 조건부로 실시되었다. 개략적 내용은 다음과 같다.

(1) 공개리에 합의하는 공개적인 평화회의 개최
(2) 평시나 전시를 막론하고 항해(航海) 자유 보장
(3) 가능한 한 모든 경제적 장애물의 제거 및 모든 국가의 동등한 통상조건 수립
(4) 국내 질서 유지에 필요한 최소한의 군비를 제외한 군비 축소 상호보장
(5) 자유롭고 공평무사한 식민지의 재조정 및 식민지인들에 대한 동등한 선택권 부여
(6) 러시아 영토에서의 철수 및 그 지역에 대한 러시아 정부의 자주적 정책 수립
(7) 벨기에로부터 철수
(8) 모든 프랑스 영토의 회복 및 알자스-로렌의 반환
(9) 분명히 인정될 수 있는 민족적 경계선에 따른 이탈리아 국경의 재조정
(10) 오스트리아-헝가리 인민의 자결권 인정
(11) 루마니아, 세르비아, 몬테네그로로부터 철수 및 세르비아의 접해권(接海權) 인정
(12) 오스만 제국 지배 아래에 있는 인민들에게 자결권 부여 및 다다넬즈 통행의 자유화
(13) 폴란드의 독립 허용 및 접해권 국제적 보장
(14) 크고 작은 모든 국가들의 정치적 독립과 영토보전을 상호보장할 목적을 지닌 전체 국가 연맹체 결성

영국 · 프랑스 · 이탈리아 · 미국 등 4대국이 실질적으로 강화회의를 지배하였다. 일찍이 빈 회의가 그러했듯이 유럽의 기라성 같은 정치가들이 모였다. 로이드 조지는 능란한 외교술을 구사하는 현명한 정치가이자 영국민의 우상이었다. 클레망소는 1871년 독일에 의해 알자스-로렌이 탈취당하는 것을 체험한 노정치가였다.

오를란도Vittorio Orlando(1860-1952)는 이탈리아 수상으로 참석했으나 피우메 할양 문제가 마음대로 되지 않자 철수해 버렸다. 그러므로 실질적으로 회의를 지배한 인물들은 로이드 조지, 클레망소, 윌슨 세 사람이었다. 윌슨은 학자 출신의 이상주의자로 재임시 유럽을 방문한 최초의 미국 대통령이었다. 그는 확고한 신념을 가진 인물이었다.

1919년 5월 대독 강화조약이 기초되었다. 독일 대표단이 지나치게 가혹한 강화조건에 항의를 제기했으며 이에 연합국측은 약간의 수정을 가하였다. 마침내 6월 28일 독일측은 베르사이유 조약 231조에서 전쟁의 책임을 인정하면서 48년 전 독일 제국 성립을 선포한 바 있는 '거울 방'에서 강화조약에 서명하였다. 베르사유 조약에 따라 독일측은 연합국측에게 재산상 피해를 보상할 뿐 아니라 막대한 물자 및 장비를 인계하였다. 독일 제국은 해외 식민지를 비롯한 영토 양도로 인해 인구와 영토의 상당 부분을 상실하게 되었다. 알자스-로렌은 프랑스에 반환되고 오이펜Eupen, 말레디Malédy 등은 벨기에에 양도되었다. 석탄자원이 풍부한 자알Saal 지대는 15년간 국제연맹의 위임통치하에 둔 후 프랑스와 독일 중 택일하거나 혹은 독립을 위한 주민투표를 실시하도록 하였다.

1차 대전 후 유럽

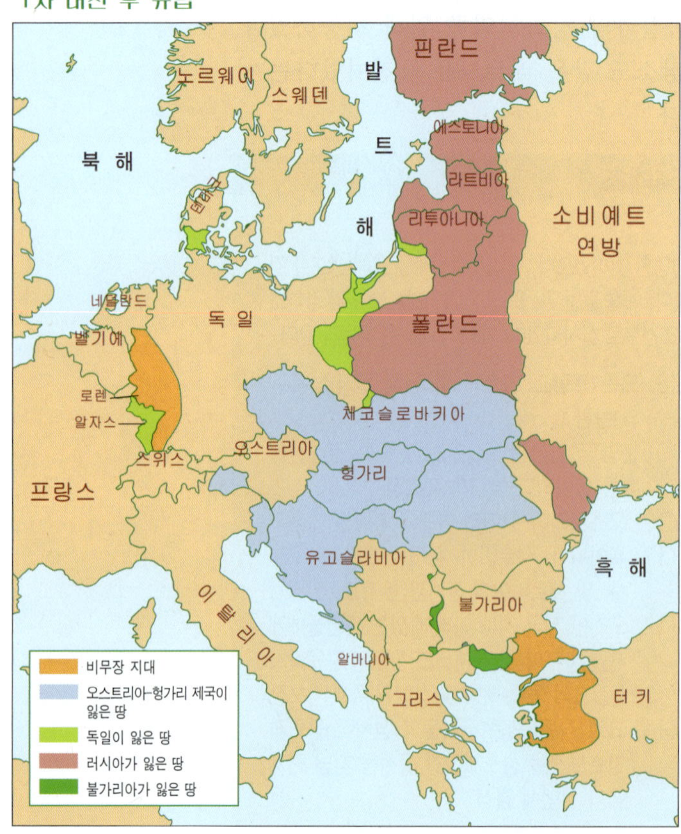

독일이 점령했던 폴란드는 독립했을 뿐만 아니라 발트 해로 나가는 이른바 '폴란드 회랑(回廊)' 및 대다수가 독일 인구로 구성된 상(上)실레지아 지방을 차지하게 되었다. 또 단치히Danzig는 자유시로서 폴란드의 관세제도 관할 아래에 들어갔다. 슐레스비히Schleswig 일부는 국민투표 결과에 따라 덴마크로 되돌려졌다.

독일은 베르사유 조약 119조에 따

라 모든 식민지를 포기하였다. 그 결과 일본은 중국과 태평양에 있는 독일 식민지의 권익을 차지하게 되었다. 영국은 나머지 태평양 지역의 독일 식민지 및 동아프리카와 서남 아프리카를 인수하였다. 프랑스는 카메룬을 양도받아 프랑스령 적도 아프리카에 편입시켰다.

배상과 군비축소 배상금 지불에 관해서는 독일이 전쟁 중 모든 나라의 국민에게 끼친 피해를 보상하도록 규정하였다. 1921년 배상위원회는 역사상 전례가 없는 막대한 배상액 330억 달러를 책정하였다. 그후 10년간 전세계적인 경제불황으로 연합국은 현실성이 있는 액수로 배상금을 줄이려고 하였다.

휴전조약에 따라 함선을 영국에 양도하고 그 밖의 군사적 요지를 연합국측에 내놓은 독일은 베르사유 조약을 체결함에 따라 군비를 한층 더 감축시켜 육군을 10만 이하로 줄이게 되었다. 독일 해군은 극소수 노후선(老朽船)만을 유지하는 정도로 감축하고 잠수함과 비행기는 전혀 보유하지 못하게 되었다.

독일은 연합국측의 점령 지역과 라인 강 동쪽 50km 선까지 요새 구축이 허용되지 않았다. 연합국은 15년 이내에 점령지역을 점차 철수하기로 하면서도 평화 보장을 위해 필요한 경우 언제나 재점령할 수 있도록 규정하였다.

C. 동유럽과 중동

연합국은 1919년 9월 10일 생 제르맹Saint-Germain 조약에 따라 오스트리아의 영토를 이전의 10분의 1 정도로 줄이기로 하였다. 이와 같이 작은 지역에 6백50만의 오스트리아계 독일인이 살게 되면서 생기는 경제적 난관 때문에 오스트리아는 차라리 독일에 합병되기를 원하였다. 그러나 프랑스는 독일의 확장을 좋아하지 않았으므로 각별히 이를 금지하는 조항을 조약에 삽입하였다.

헝가리도 1920년 트리아농Trianon 조약에 따라 비슷한 운명을 당하였다. 좁은 땅에 많은 인구를 갖게 되고 더욱이 오스트리아의 경우와 같이 배상금을 함께 부담하기로 되어 있었다. 연합국측은 합스부르크 가계(家系)가 헝가리 왕으로 즉위하지 못하게 했으므로 헝가리는 이후 왕 없는 왕국으로 남게 되었다.

오스트리아-헝가리 2원제국 내의 약소민족은 통합을 거쳐 신생국가가 되거나 그 밖의 기존 국가에 합병되었다. 그 결과 체코족(Czechs)과 슬로바크족(Slovaks)을 주축으로 한 체코슬로바키아Czechoslovakia가 창설되었다.

체코슬로바키아의 북쪽에 있는 갈리키아는 폴란드에 이양되었으며 루마니아는 연합국에 가담한 대가로 트란실바니아와 바나트Banat 일부를 차지하였다. 바나트의 나머지 부분과 헝가리의 남쪽 그리고 보스니아 및 헤르체고비나 등은 세르비아와 몬테네그로 합병으로 구성된 유고슬라비아Yugoslavia 왕국에 흡수되었다.

이탈리아와 불가리아 이탈리아는 트렌티노 지역을 받았으나 이에 만족하지 않고 트리에스테시와 피우메Fiume시 등을 포함한 이스트리아Istria 반도에 대한 권리를 주장하였다. 이러한 주장은 이탈리아가 연합국에 가담할 때의 비밀조약에 따른 것이었다. 그러나 윌슨 대통령이 피우메의 할양(割讓)을 거부했으므로 이탈리아 수상 오를란도는 파리 강화회의에서 철수하였다.

이탈리아와 유고슬라비아는 단독 비밀조약(Rapallo조약, 1920)에서 분쟁지역을 분할하고 결국 이탈리아는 피우메를 자유시로 만들었다.

불가리아는 독일측에 가담했으므로 발칸 전쟁에서 얻은 땅과 그 후에 얻은 영토를 모두 내놓게 되었다(Neuilly조약, 1919). 그리스와 유고슬라비아(세르비아)가 각각 그 영토를 할양, 인수하였다.

오스만 제국 패전한 4개국 중 오스만 제국은 가장 먼저 붕괴될 운명에 놓여 있었다. 1920년의 세브르Sevres 조약에서 연합국은 오스만 제국을 분할하여 보호령으로 하기로 규정했으나 실현되지 않았다.

1차 대전 후 유럽

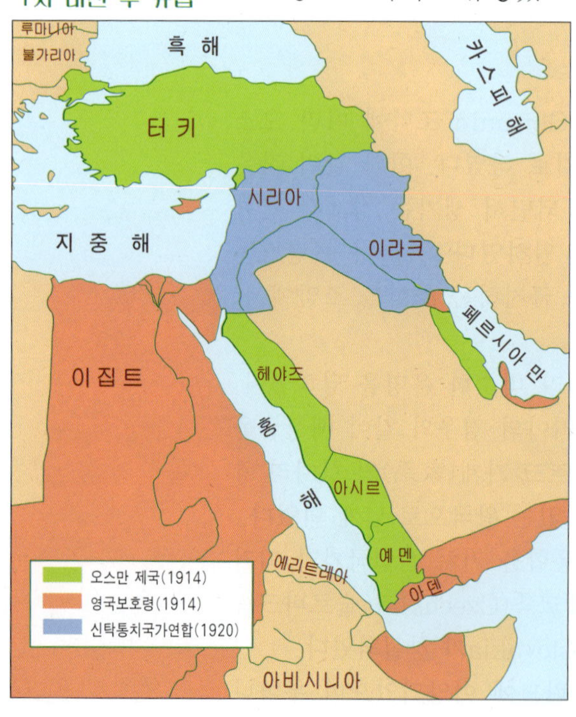

그러나 오스만 제국은 연합국측인 영국과 프랑스 간 의견대립 때문에 도리어 유리한 조건으로 1923년 7월 로잔 조약을 맺을 수 있었다. 이 조약에 따라 오스만 제국 영토는 아나톨리아Anatolia 반도와 유럽쪽 일부지역으로 한정되었다. 오스만 제국은 새 수도를 앙카라Ankara로 정하고 케말 파샤Mustafa Kemal Pasha(Kemal Atatürk, 1881-1938)의 강력한 영도 아래 크게 변모해갔다. 1921년 헌법을 채택하고 1923년 공식적으로 터키 공화국이 선포되었다.

오스만 제국이 지배했던 아라비아 반도에서 영국과 프랑스가 속령 통치를 확립하였다. 민족자결주의라는 명분 아래 프랑스는 시리아와 레바논을, 영국은 팔레스티나와 이라크를 각각 위임 통치하였다. 트란스요르다니아Transjordania와 아덴Aden에서 페르시아만에 이르는 오지(奧地)는 영국의 감독과 보호 아래 놓이게 되었다.

위임통치령 위임통치령(Mandates)이란 제국주의적 합병의 위장에 불과하였다. 독일이 소유했던 해외식민지는 국제연맹이 인계하되 그것을 다시 특정국가에 위임 통치한다는 것이었다. 위임통치 당사국은 국제연맹의 영구위임통치위원회에 연 1회 행정보고를 내도록 되었다. 위임통치 지역은 A, B, C 3종류로 나누어졌다.

어느 정도 단시일에 국가로 인정받을 가능성이 있는 시리아 · 팔레스티나 · 이라크는 A급, 문명도가 낮아 국가로 오랫동안 인정받기 어려운 중앙 아프리카는 B급, 크기나 문명도에서 위임통치령과 격차가 심해 다른 나라의 보호가 원주민의 복지에 더 도움이 된다고 간주된 C급으로 구분되었다.

D. 국제연맹

1919년 창안된 국제연맹은 모든 주권국가 상호 평등의 원칙과 강대국이 우월한 지배력을 행사하는 현실 사이의 균형을 유지해야 하였다. 본래 연맹회원국은 베르사유 조약 서명국가로 구성되기는 했으나 총회의 3분의 2 이상 찬성으로 다른 나라들도 가입할 수 있었다. 연맹 가입은 점차 거의 모든 주권국가들에까지 확대되었다. 국제연맹 창설 초기에 소련 · 독일 · 미국 3개국은 연맹에 가입하지 않았다.

국제연맹 규약 1919년 1월 18일 파리 강화회의 첫번째 본회의에서 각국 대표가 직면한 난관은 '국제연맹' (League of Nations)의 창설에 관한 것이었다. 윌슨은 강화회의의 선결사업으로 강화조약의 일부분인 국제연맹 규약에 관해 합의할 것을 강력히 주장하였다. 갑론을박 끝에 연맹규약(League Covenant)이 1919년 4월 전체회의에서 인준되었다.

연맹규약은 국제협력의 보장 및 국제평화와 안전의 확보를 그 목적으로 정하였다. 국제연맹은 이 목적을 이행하기 위해 가장 핵심적인 제10조를 두었다. 이에 따르면 "연맹의 회원국은 모든 회원국에 관해 외부의 침략으로부터 영토 보전 및 기존의 정치적 독립을 존중하고 유지하고자 한다. 침략이 있을 경우, 또는 침략의 위험이 있을 경우 이사회는 이 의무가 수행되도록 수단을 강구해야 할 것이다"고 규정하였다. 국제연맹 규약에 따라 회원국은 공개적이며 정정당당하고도 명예로운 상호관계를 준수하고 상호교섭에서 조약 내용을 지키기로 서약하였다.

성립 당시의 회원국은 42개국이었으나 후에 60개국으로 증가하였다. 자치국가는 모두 가입자격이 있었으며 탈퇴국가는 2년 전에 탈퇴의사를 밝히도록 하였다. 국제연맹의 행정비는 회원국이 자기나라의 국가예산에 비례하여 납부하며 스위스 주네브가 국제연맹의 항구적 소재지로 선택되었다.

국제연맹 기구 국제연맹의 기구로 총회 · 이사회 · 사무국 · 국제재판소 등이 설치되었다. 총회는 모든 회원국의 대표로 구성되고 한 나라가 한 표의 표결권을 갖기로 하였다. 이사회는 영국 · 프랑스 · 이탈리아 · 일본 대표 각 1명과 4개 군소 국가의 대표 각 1명으로 구성되었다.

이사회와 총회는 스위스 주네브에서 개최되었다. 연맹의 주요 업무로는 국제통신의 관리와 마약거래 통제 같은 통상적인 업무 이외에 국제평화의 유지가 있었다. 국제연맹의 효율성은 중요한 쟁점이 제기되는 경우 회원국이 얼마나 연맹의 결정에 따르는가 하는 데 달려 있었다.

미국이 연맹에 가입하지 않았고 소련이 공식 인준을 하지 않고 있었으므로 두 이사국의 자리가 비어 있었다. 독일은 1926년 영구이사국이 되었다. 그러나 1933년 독일과 일본이 탈퇴의사를 표명했으며 반면 소련은 1934년 영구이사국이 되었다.

월 1회 모이는 이사회 결정은 총회의 경우와 같이 만장일치에 의해서만 이루어지도록 하였다. 항구적인 기구인 사무국은 통신, 분쟁 조사, 조약 등록 등 일반사무를 관장하였다. 사무총장은 총회에서 선출하였다. 사무국과 별도로

국제연맹: 1935년 이탈리아의 에티오피아 침략이 비난 받게 되자 이탈리아 대표가 퇴장. 1935년경부터 국제연맹의 권위는 유명무실해졌다.

각종 위원회(commissions)가 임명되어 국제범죄 · 위생 · 문화협력 · 국제법 · 국제복지 등에 관한 일반 사무를 맡아보았다. 국제재판소는 1921년 창설되어 국제 분쟁에 관한 판결을 내렸다.

국제연맹의 한계 국제연맹이 중요한 국제적 쟁점을 해결할 수 없으리라는 의구심은 두 가지 근거에서 비롯되었다. 첫째, 연맹 결정의 시행을 보장하는 장치가 결여되어 있었다. "각 회원국은 외부 침략에 대항하여 영토보전과 정치적 독립을 존중하고 보존한다"는 규약 제10조가 적용되기 위해서는 총회의 만장일치와 회원국들의 확고한 의지가 필요하였다. 결과적으로 침략자에 대한 '제재'를 이사회가 제안하고 이를 총회에서 가결하는 과정은 회의적이며 거추장스러운 과정이 되고 말았다.

둘째, 연맹의 영향권은 거의 전적으로 유럽에 한정된 것이었다. 미국과 소련이 회원국이 아니고 일본이 무관심한 상황에서 연맹의 효과적인 주도권은 이전의 연합국인 영국 · 프랑스 · 이탈리아에 돌아갈 수밖에 없었다. 연맹의 영향력이 어느 정도 행사된 1920년대 후반에 국제연맹은 주로 유럽 문제에 집중하였다. 따라서 1931년 일본의 만주 침입과 같은 비유럽적 사태에 대해서는 전혀 맥을 추지 못하였다.

한마디로 국제연맹이 아무런 무력을 갖지 않고 있었으므로 침략자에 대한 처벌능력은 의심스러웠다. 그럼에도 15년 동안 국제연맹은 국가 간의 분쟁을 공평하게 다루어 전쟁행위를 방지하는 데 노력하였다.

그러나 강대국간 분쟁의 경우 국제연맹의 무기력함은 너무도 명백한 비극이었다. 그러한 무기력함으로 인해 온 세계는 또다른 세계대전을 맞게 될 운명을 피하기 어렵게 되었다.

3. 전후의 민주국가

제1차 세계대전이 끝난 후 영국과 프랑스는 수년간 전전(戰前)체제를 유지하는 유일한 국가로 남아 있었다. 두 나라는 비록 군주제와 공화제라는 차이는 있었으나 다같이 민주주의를 존속시켜 1920년대와 1930년대의 커다란 시련을 극복할 수 있었다.

경제적으로는 1920년 중반 이후 좋지 않은 조짐이 나타났다. 제1차 세계대전이 끝난 직후 경제적 붐은 오래가지 않았고 불경기가 다가왔다. 1920년대 사회의 어두운 특징 중 하나는 노동계급과 화이트 컬러 계급이 다같이 심각한 경제적 불만을 품고 있었다는 사실이었다.

승전국과 패전국은 각각 나름대로 경제적 난관에 직면하였다. 승전국은 막대한 보상금을 받지 못하게 되었고 오스트리아 · 헝가리 · 독일 등 패전국은 심각한 인플레이션을 겪어야 하였다. 1920년대말 모든 서방 국가는 통화가치 하락, 생산의 정체, 대량실업이라는 공동 문제에 직면했으며 특히 중간계급이 빈민화하였다.

이에 반해 1920년대에 정치적으로는 안정기가 도래하였다. 적어도 1923년말 루르Ruhr 위기 해결과 대공황이 시작되는 1930년 사이의 시기는 정치적으로 분명히 안정기였다. 1920년대 중반 이후 유럽 평화는 마침내 현실이 되었으며 사회의 안정화는 적어도 단기적 계획의 기반을 마련해 주었다. 국제정치 차원에서는 국제연맹이 점차 권위를 찾음에 따라 자발적인 조약이 체결되었다.

물론 한때 긴장이 고조되는 위기가 없었던 것은 아니다. 전후 독일의 배상문제를 둘러싸고 많은 논의가 이루어졌으나 뚜렷한 결론이 도출되지 않았으므로 1923년 프랑스는 배상을 강요할 목적으로 폴란드 · 체코슬로바키아와 함께 루르 지역을 점령하였다. 이로 인해 영국과의 관계가 극도로 악화되었다.

1920년대 중반까지 유럽과 미국은 경제적으로 제1차 세계대전의 상처를 극복할 수 있었다. 서유럽과 중앙유럽의 주요국가의 국민소득은 전쟁 전 수준을 회복했으며 다음 4년간 이 수치는 평균 30%로 상승하였다. 물론 이러한 증가는 불충분했고 세계적 경쟁에 뒤따라갈 수 없었다. 미국이나 일본은 훨씬 앞으로 나아가고 있었다.

외교와 국내문제에서 1920년대 후반은 특정 개인 정치가에 의해 각 국가의 정치가 좌우되는 시대였다. 예를 들면영국 수상 볼드윈Stanley Baldwin (1867-1947), 프랑스의 포앙카레, 독일의 슈트레제만Gustav Stresemann (1878-1929) 등은 국내정치의 안정과 국제평화라는 기치 아래 시대의 추세를 주도한 인물들이었다. 그들은 다같이 보수주의 노선을 택했다는 공통점을 가지고 있었다.

A. 미국의 번영

미국은 제1차 세계대전의 종결과 승리에 중요한 역할을 담당함으로써 국제협조를 모색했으나 전후에는 강화조약을 거부하고 국제연맹에 가입하지 않음으로써 또다시 고립주의로 되돌아갔다. 국제무대에서 중심적 역할이 기대되었음에도 미국은 국제주의를 외면했으므로 일찍이 윌슨에 의해 제창된 국제 협조에 대한 이상은 사라지고 말았다.

그러나 미국이 행사하는 국제적 영향력으로 인하여 더 이상 19세기적인 고립은 있을 수 없었으며 당연히 서방세계의 중심은 미국으로 옮겨진 듯 하였다.

산업 확장 전시 산업의 확장으로 1919년 미국은 세계경제에서 막강한 지위를 차지하고 번영을 누렸다. 1921년 하딩Warren G. Harding(1865-1923)이 대통령으로 취임하면서 공화당이 우세한 시대가 시작되었다.

하딩

하딩이 제시한 '정상으로의 복귀' 라는 구호는 저율관세, 반(反)트러스트와 같은 진보적인 조치에 반대하는 것을 의미하였다. 1923년 행정부의 광범한 부패가 드러날 즈음 그는 갑자기 죽었다. 가장 심한 부패 사례는 와이오밍 주 정부 소유 유전을 내무장관이 40만 달러로 대여한 사건이었다.

대통령직을 승계한 부통령 쿨리지Calvin Coolidge(1872-1933)는 고율관세와 과세의 인하를 주장하여 1924년 선거에서 쉽사리 대통령으로 당선되었다. 그는 농업부문에서 일어난 어려운 문제를 해결하지는 못했으나 그 밖의 산업부문에서 번영을 촉진시킬 수 있었다. 그리하여 미국에서는 자동차 · 라디오 · 냉장고 생산량이 크게 늘고 주식 투기열이 고조되었다.

대외정책의 변화 1928년 대통령 선거에서는 공화당의 후버Herbert Hoover(1874-1964)가 당선되었다. 그는 공화당 의회의 지지와 미증유의 산업적 번영을 누리는 국민의 지지를 받아 1929년 집권하였다.

후버

이 시기의 미국 외교정책은 국제 문제에 폭넓은 관심을 갖는 것으로 전환되었다. 비록 전통적인 고립주의 외교노선에 근본적 변화가 있었던 것은 아니나 미국은 국제연맹에 비공식 옵서버를 파견한다든지 '도즈 안' 이나 '영 안' 등을 통해서 미국의 금융전문가들이 대독 배상문제에 참여시키는 것과 같은 외교활동을 광범하게 전개하였다.

더욱이 1927년 주네브 군축회의 참가, 1928년 켈로그-브리앙 협정Kellogg-Briand Pact(파리 협정)의 서명 및 1930년 런던의 해군회의 참석 등은 국제정치에 대한 미국의 깊은 관심을 나타낸 증거였다.

'잃어버린 세대' 의식면에서 볼 때 미국의 1920년대는 물질적 번영을 배경으로 낭비와 쾌락을 추구한 시대였다. 그것은 국제적 책임을 외면하고 온 국민이 도덕적으로 해이해져 들떠 있던 시기였다. 정치적 방향감각의 상실은 문학 · 예술 · 사상에서도 나타났다. 이른바 '잃어버린 세대' (Lost Generation)

에 속한 지식인은 사회와 시대에 깊은 회의를 품고 있었다.

전후 정치 발전으로서는 1920년의 헌법 수정 18조에 대한 인준이 주목할 만한 것이었다. 그것은 주류 판매와 소유를 금지하는 조항이었다. 많은 미국인은 애당초 입법할 때와 달리 이 조항을 후회하게 되었다. 금주 후에 도리어 주류 비밀거래를 중심으로 사기 · 부패 · 폭력이 난무하였다.

한편 이민, 가톨릭 신도, 유대인 등에 대해 테러가 성행하였다. 어떤 지방에서는 쿠 클럭스 클랜Ku Klux Klan이 온 마을과 주 정부를 장악하는 일까지 벌어졌다. 이 테러 단체의 회원 수는 1924년 최고 4백만 이상에 달하였다. 진보적인 언론인, 성직자 및 정치인들은 일반여론을 움직여 반민주적이며 반미국적인 이 단체를 비난했으며 그후 테러 세력은 줄어들었다.

B. 영국의 복지체제

영국은 휴전 직후부터 심각한 경제난에 직면하였다. 대외무역은 저조하고 실업자는 급증하였다. 1921년 실업자 2백만을 포함한 약 3백만이 연금 혜택을 받았으며 그외 3백만이 각종 구제 사업과 사회복지의 대상이 되었다. 복지예산은 점차 증가하여 1931년에는 그 총액이 20억 달러에 달하였다.

노동당 집권 1922년 로이드 조지의 전시연립 내각이 물러났다. 1923년 선거에서 보수당이 하원의 과반수 의석을 차지했으나 자유당이 노동당에 합세함으로써 영국 역사상 최초의 노동당 출신 수상이 나오게 되었다.

맥도널드James Ramsay MacDonald(1866-1937) 수상이 이끄는 노동당 내각은 점진적인 사회주의를 실현시키고자 하였다. 노동당 정부의 대외정책은 전후 유럽재건에서 국제협조를 강조하는 것이었다. 맥도널드 수상은 원조에 의한 독일의 회복이 최선이라고 믿고 도즈 안을 지지하고 독일의 국제연맹 가입을 촉구하였다.

그러나 노동당 내각은 국내 경제사정을 호전시키지 못했다는 것 때문에 1924년 10월 실각하고 말았다. 그후 5년간 볼드윈 영도하의 보수당이 집권했으나 악화되는 경제를 바로잡지는 못하였다.

경제적 위기 영국의 경제 위기는 마침내 전면적인 파탄으로 이어졌다. 물가고와 파업으로 위기가 더욱 증폭되었다. 석탄산업에서 시작된 파업은 곧 다른 부문으로 파급되고 신문 발행까지 정지되는 소동이 벌어졌다. 1926년에 이르러 비로소 광부들은 다시 일하고 사태가 정상화되었다. 2년 후 20-30%의 노동력이 주요 산업부문에서 실업상태에 있었으나 보수당 정부는 적절한 해결책을 마련하지 못했으므로 1929년 노동당이 다시 집권하였다.

그러나 1929년 세계적 경제불황이 시작되고 영국은 부득이 금본위 통화제도를 버렸다. 실업자가 더욱 늘어났기 때문에 1931년 노동당 정부는 실각하였다.

이와 같이 종전 후 10년간 유능한 지도적 인물을 배출하지 못한 영국은 경제개혁에 대한 장기계획을 수립하지 못했고 영국의 전후경제는 심각한 난관에 봉착하였다.

영국연방 영국 지배하의 캐나다 · 오스트레일리아 · 뉴질랜드 · 남아프리카 등은 제1차 세계대전에 대한 기여도가 컸다. 이런 저런 요인으로 1926년 영국은 제국 내에서 자치령(dominions)의 완전한 상호평등을 인정하였다.

5년 후 영국의회는 '웨스트민스터 법'(Statute of Westminster)을 제정하여 영국연방(British Commonwealth of Nations)의 성립을 선포하였다. 이후 영국 본국과 연방은 단지 영국왕에 대한 공통의 충성 및 공통의 언어 · 법 · 전통 · 경제적 이익에 대해서만 결합하고 그 밖의 문제에서는 독립이 허용되었다. 이로써 영국의 자치령에 관한 문제는 비교적 간단히 해결되었다.

아일랜드 문제 그러나 그 밖의 식민지 문제는 영국의 이해와 원주민의 이해가 상충되어 쉽게 풀리지 않았다. 종전 후 1919-1939년 영국은 제국 내의 식민지인들과 많은 충돌을 겪었다. 예컨대 인도의 자치(home rule) 문제, 실론Ceylon(지금의 스리랑카)과 버마Burma(지금의 미얀마)의 자치 요구, 수에즈 운하의 영국 지배에 대한 이집트인의 불만 등이 문제였다. 그 밖에 아프리카 원주민의 불만이나 팔레스티나 문제가 있었다. 특히 팔레스티나의 아랍 주민은 유대 이민이 지배권을 장악하지 못하도록 단단히 결속했으며 유대인은 고대로부터의 전통적 연고지인 팔레스티나를 정착지로 고집하였다.

그러나 영국사상 가장 치열한 갈등은 아일랜드 문제에서 일어났다. 제1차 세계대전 종전후 신 페인Sinn Fein당은 아일랜드의 완전독립을 요구하고 영국과의 전쟁상태를 선포하였다. 신 페인은 '우리 자신'이란 뜻이다.

1921년 영국은 '아일랜드 자유국'(Irish Free State) 수립에 동의하였다. 그러나 얼스터Ulster 지방의 북부 6주를 제외한 남부만이 자치령의 지위를 부여받았으므로 이러한 결정에 관해 같은 아일랜드인 사이에는 내란이 일어났다.

그러자 더블린Dublin을 수도로 한 아일랜드 정부는 반란을 진압하고

드발레라

1923년 아일랜드 자유국으로 국제연맹에 가입하였다. 아일랜드 자유국 의회 하원(Dail Eireann) 의원은 영국 왕에 대한 충성을 서약하고 자유국의 군사·외교 문제는 영국 정부가 관장하기로 하였다. 이에 대해 얼스터 북부 6주는 아일랜드 자유국에 편입되기를 원치 않았으므로 벨파스트Belfast를 수도로 한 북아일랜드로 독립 정부를 두고 영국에 소속되었다.

1932년 선거에서 드발레라Eamon DeValera(1882-1975)가 당선되어 코스그레이브William T. Cosgrave(재임: 1922-1932)에 이어 아일랜드 자유국 수상이 되었다. 그의 공식명칭은 수상이라기보다 행정부 의장(President of Executive Council)이었다.

드발레라는 영국 왕에 대한 충성을 다짐하는 의원 선서를 철폐하고 코스그레이브 정부 아래에서 영국과 맺은 재정협정을 파기하였다. 그 결과 영국과 아일랜드는 상대국의 물품수입에 관세를 부과하면서 맞섰다.

아일랜드는 1937년 새 헌법을 채택하고 에이레Eire라고 국명을 개칭하여 독립주권의 민주국가가 되었다. 1939년 에이레는 영국이 독일과 제2차 세계대전을 치를 때에도 중립을 선포하여 자유 독립국임을 과시하였다.

C. 프랑스의 문제

제1차 세계대전에서 프랑스만큼 큰 손실을 입은 연합국은 없었다. 약 1백35만명이 죽고 막대한 재산 피해를 보았으며 프랑스의 주요산업지역이 황폐해졌다.

그러나 폐허가 된 도시와 피폐해진 농촌에 대한 전후 프랑스의 재건 노력은 매우 인상적이었다. 프랑스는 대전으로 인해 입은 물적 손실을 신속히 복구했으며 알자스-로렌을 다시 차지하여 경제부흥을 촉진하였다. 알자스-로렌은 세계 최상급의 철광 소재지였으므로 프랑스는 일약 유럽 일급의 철 생산국이 되었다.

포앙카레

포앙카레 프랑스의 전후 재건에는 막대한 재원이 필요했으므로 프랑스 정부의 최대관심은 대독 배상문제에 있었다. 1921년 국제연맹의 배상위원회에 보고된 3백30억 달러의 52%가 프랑스 몫이었다. 그러나 이처럼 막대한 배상을 받게 되어 있음에도 불구하고 프랑스는 독일의 배상능력의 한계 때문에 해당년도에 지정된 액수를 다 상환받지 못하였다.

1919년 프랑스 수상이 된 보수적인 포앙카레는 상환이행을 하지 않는 독일을 처벌할 것을 강력히 주장하였다. 그러므로 그는 독일이 1923년 배상지불을 정지했을 때 프랑스군에게 독일 루르 지방 점령을 명령하였다. 그 결과 영국과의 관계가 극도로 나빠지고 독일의 인플레이션은 더욱 더 악화되었다.

도즈 안 그러나 곧 프랑스와 영국과의 관계가 개선되었다. 1923년 가을 프랑스와 독일은 보상을 구체적으로 논의할 국제위원회를 만들기로 합의하였다.

연합국측은 독일의 안정만이 배상금 지불이 가능하다는데 인식을 같이 하였다. 독일의 경제적 재건이 선행되어야 하였다. 이에 미국 은행가 도즈Charles Dawes(1865-1951)가 위원장이 된 국제위원회는 배상 원칙으로 도즈 안(Dawes Plan)을 제시하였다. 이는 독일이 제1차 세계대전에 대한 보상을 국제차관으로 지불토록 한다는 것이었다. 도즈는 1925년 노벨상을 수상했으며 미국 부통령(재임: 1925-1929)과 영국대사(재임: 1929-1932)를 역임하였다.

도즈 안은 독일 부흥을 돕는 한편 독일이 1924-1929년간 약 19억 달러의 배상금을 연합국에 지불하면 되도록 하였다. 1924년 가을부터 독일은 해마다 2억5천만 달러를 보상금으로 지불하며 점차 5년간에 걸쳐 증액하여 청산의 마지막 단계에서는 2배로 보상금을 올린다는 것이었다. 이와 동시에 연간 보상금에 해당하는 외국차관을 독일에 제공함으로써 마르크를 안정시킨다는 것이었다. 외국차관의 반 이상이 미국 금융계에서 나오는 것이었기 때문에 결과적으로 독일은 미국자본에 의존하게 된 셈이었다.

영 안 1929년 도즈 안에 대한 보완을 위해 미국 은행가 영Owen D. Young(1874-1962)의 제안으로 다시 배상액과 기간이 조정되었다. 보상 기간은 59년으로 제한되고 더 유리한 분할배상이 가능해졌다.

그러나 이 안이 독일내에서 커다란 반발을 일으켰고 그 결과 독일 외무장관 슈트레제만은 정치적 타격을 입고 사망하였다. 그 후 영 안(Young Plan)은 조약 형식으로 확정되었다. 결국 독일은 이 안을 수락했으며 이에 따라 연합국 점령군은 라인란트에서 철수하였다.

그후 세계불황의 여파를 고려하여 연합국은 1932년 '로잔 협정'(Lausanne Settlement)을 체결하고 배상액을 더욱 과감하게 축소하였다. 이 협정에서 주목되는 것은 독일이 연합국측에 배상을 한다면 연합국측 역시 미국에 대한 채무를 갚는다는 내용이었다. 결과적으로 미국의 채권은 대독 배상액의 감소에 비례해서 줄어드는 셈이었다. 그러나 그 후 독일은 로잔 협정에서 규정한 배상액조차 지불하지 않았다.

프랑의 위기 전후 프랑스에는 실질적으로 실업이 없었으며 1922년까지 대외무역도 대전 전의 수준을 능가하였다. 그러나 프랑franc화의 가치는 인플레이션 때문에 폭락하였다.

이 사태를 타개하기 위해 1926년 포앙카레가 다시 수상에 임명되었고 마침내 프랑 화(貨)는 안정되었다. 프랑스는 1927년 산업은 활기를 띠고 농산물이 많이 생산되어 안정과 번영을 회복한 듯하였다.

1925년을 기준으로 할 때 유럽 주요국가들의 국민소득은 제1차 세계대전 전의 수준을 회복하였다. 다음의 4년간 이 수치는 평균 30% 상승하였다. 그러나 1920년대 후반의 상황에서 이러한 증가로는 충분하지 않았다. 그것은 미국이나 일본과 같은 새로운 나라들이 훨씬 더 급속하게 발전하고 있었기 때문에 세계적 경쟁을 따라잡기에는 미흡하였다.

대외관계 프랑스는 출산률이 낮고 병력을 충당할 인구는 거의 증가하지 않았다. 따라서 항상 독일의 재침이 있을 경우를 대비하고자 안전보장에 만전을 기하였다. 프랑스는 1920년 벨기에와 방위조약을 비밀리에 체결하여 이해(利害)를 함께 하려고 하였다. 새로 회복된 폴란드도 역시 독일의 부흥을 꺼려 1921년 프랑스와 조약을 체결하였다.

노벨 평화상 수상자인 브리앙Aristide Briand(1862-1932)은 1924-1931년 외무장관으로 있으면서 유럽 여러 나라와 우호관계를 유지하려고 노력하고 항상 프랑스의 국가적 안전보장을 중시하였다.

한편 오스트리아-헝가리 2원제국의 해체에서 가장 큰 이익을 본 체코슬로바키아 · 루마니아 · 유고슬라비아 등 세 나라는 2원제국의 부흥을 경계하였다. 그 점에서 이 나라들은 1920년 '소협상'(小協商: Little Entente)을 형성했으며 폴란드가 곧 참여하였다.

이러한 중앙 유럽의 상황에 따라 프랑스는 체코슬로바키아(1924) 및 유고슬라비아(1927)와 각각 동맹조약을 맺고 소협상 국가에 대해 자금 대여와 군 편제를 지원하는 등 깊은 유대를 유지함으로써 독일에 대한 경계를 게을리 하지 않았다.

1920년대 중반 이후 프랑스는 국제 문제 해결을 위한 국제연맹의 중재역할을 지지하였다. 1924년 국제분쟁의 평화적 해결을 위한 '주네브 의정서'(Geneva Protocol)를 영국과 함께 작성하였다.

군축회의 1920년대 국제문제의 중심에는 군축문제가 있었다. 프랑스는 독일의 부흥과 재무장을 경계하는 한편 현상유지와 평화를 위한 국제협조를 희망하였다. 1921-1922년 워싱턴 군축회의는 주로 전함건조를 제한하는데 실질적인 성공을 거두었으며 이는 다른 부문의 군축에도 희망을 주었다.

이러한 희망에도 불구하고 1927년 영국 · 미국 · 일본 3대 주요 해군보유국 회의는 어떠한 합의에도 도달하지 못하였다. 3년 후 프랑스와 이탈리아를 포함한 확대 회의에서는 약간의 진전이 있었으나 거의 실효를 거두기 어렵게

워싱턴 군축회담
(1921. 11. 12~1922. 2. 6)

되었다. 왜냐하면 자국의 필요에 따라 군축의 적용을 받지 않는다는 예외적인 조항이 있었기 때문이다.

1930년말 전반적인 군축을 위해 국제연맹의 준비위원회가 채택한 초안조차 아무런 합의를 도출해내지 못하였다. 그후 14개월간에 개최된 주요 군축회의는 각국간에 심각한 이견을 드러냈을 뿐이었다.

로카르노 협정 프랑스와 독일 간의 화해는 로카르노 협정 체결에서 이루어졌다. 1925년 10월 영국 외무장관 체임벌린Sir Austen Chamberlain(1863-1937)의 중재 아래 프랑스 외무장관 브리앙과 독일 외무장관 슈트레제만은 스위스 로카르노에서 회의를 하였다.

그 결과 맺어진 '로카르노 협정'(Locarno Pact)은 프랑스-독일 국경과 독일-벨기에 국경을 확정하고 상호 보장하였다. 이 협정은 사실상 독일이 베르사유 조약의 일부를 받아들였음을 의미하였다. 독일은 새로운 서부 국경을 최종적인 것으로 인정하고 알자스-로렌 지역의 재획득에 대한 욕심을 포기하였다.

관계 3국 이외에 영국과 이탈리아까지 서명한 로카르노 협정은 유럽에 새 역사의 장을 열었다. 이 협정의 후속조치로 1926년 독일은 국제연맹에 가입하였다. 뿐만 아니라 강대국으로서의 지위가 인정되어 이사회에 참석하는 권리가 부여되었다. 이로써 전쟁의 상처는 아물고 평화가 정착하는 듯하였다.

그러나 1926년 이후의 경과는 평화정착이 실현되기 어려움을 입증하였다. 이는 1928년 8월 체결된 파리 조약이나 겉치레뿐인 켈로그-브리앙 협정에서 잘 예시되었다. 켈로그-브리앙 협정은 전쟁수단의 포기를 선언하고 침략을 배격했으나 이를 보장하기 위한 강제적 장치는 전혀 규정되지 않았다. 서명한

15개국 대표 중 아무도 이의를 제기하지 않았으며 협정 서명국가는 그후 곧 50개국으로 늘어났으나 그것은 단지 평화에 대한 막연한 희망을 나타낸 데 불과하였다.

이와 같이 각국은 평화유지를 희망했음에도 1920년부터 30년대 유럽의 주요국가, 특히 영국 · 프랑스 · 이탈리아 등은 더욱 많은 예산을 들여 군비를 증강하였다.

프랑스는 새로운 동맹체의 형성에 주력했을 뿐 아니라 군비확장에도 힘을 기울였다. 전후 프랑스의 육군은 세계최강의 군대였으며 공군은 가장 좋은 장비를 갖추고 있었다. 프랑스의 군자금 지출은 대전 전에 비해 더 많이 늘어났다. 프랑스는 독일과의 국경 방위선으로서 마지노 선(Maginot Line)을 구축하고 1930년 후에는 이탈리아와의 국경에도 요새를 만들었다.

D. 유럽의 사상적 위기

19세기말 한때 절망과 좌절이 팽배한 '세기말' (fin de siècle) 현상이 있었음에도 20세기는 낙관주의적 분위기 속에 개막되고 세기초 10여년간 '새로운 희망의 시기' 를 맞았다. 19세기 역사의 기조(基調)를 이룬 평화 · 번영 · 민주화는 다가오는 새로운 세기에도 지속될 것이라는 기대가 팽배하였다. 과학기술의 발달, 인간복지의 향상, 평화운동의 전개 등이 낙관주의의 근거였다.

1900년 파리 박람회는 이러한 새로운 시대에 대한 기대를 상징하였다. 그것은 19세기 마지막 '4반세기의 절정' 이며 '새 세기의 출발' [4]로서 근대 유럽인의 업적인 과학기술의 승리를 표현한 것이었다.

낙관주의는 잠시 동안 지속된 데 불과하였다. 사실상 낙관주의와 함께 불신과 불안 그리고 환멸이 공존하였다. 1920년대에 이르러 제1차 세계대전이 남긴 상처는 깊어 기존의 정치 사회제도를 불신케 하고 유럽의 우월성에 대한 믿음에 금이 가게 하였다. 작가 · 사상가 · 지식인은 다같이 유럽사회의 쇠퇴를 한탄하였다. 후기 인상파 화가들과 친했던 여류작가 스타인Gertrude Stein (1874-1946)이 헤밍웨이에게 '당신들은 모두 잃어버린 세대(lost generation)입니다' 라고 말했을 때 이 세대는 전후 미국 지식인과 문인들을 가리킨 것이었다.

이 '잃어버린 세대' 의 작가들은 시와 소설을 통해 제1차 세계대전 후의 유

4) S. Stuart Hughes, *Contemporary Europe: A History*, 2nd ed.(1966), 7.

럽과 미국의 특징인 불안심리, 그리고 환멸을 표현하였다. 이 기풍은 1920년대에서 1930년대에 헤밍웨이의 『무기여 잘 있거라』(1929), 레마르크의 『서부전선 이상 없다』(1929), 독일 역사철학자 슈펭글러Oswald Spengler(1880-1936)의 『서양의 몰락』(1918-1922)에서 잘 나타났다.

유럽 문명의 미래를 회의하는 경향은 1930년대 전환기를 전후하여 더욱 분명해졌다. 1920년 후반부터 1930년대 후반에 이르기까지 유럽문명은 사상적으로 위기를 맞이하였다. 1914년에 앞선 몇 해 동안의 이른바 세기말 현상이 유럽문명의 1차적 위기였다면 1935-1939년의 위기는 2차적 위기였다.

1930년말 과학 · 철학 · 종교 등의 분야에서 불확실성과 새로움이 교차하였다. 1930년대에 소련이 아래에서 위로의 혁신을 계획하고 있을 때 서방 세계의 사회와 경제는 쇠퇴해갔다. 영국과 프랑스 같은 나라는 불경기와 전쟁의 공포에 사로잡혀 거의 과학기술의 발전을 보지 못하였다. 두 나라는 1세기 이상 계속되었던 변화의 관성을 잃고 말았다. 국민생활의 많은 분야에서 전 세대로부터 이어받은 유산 이상의 것을 성취하지는 못하였다. 불경기의 기간은 경제적으로나 과학 기술적으로 근대화의 정지시기였다.

사회적 정체 사회적 발전이 정지되었다는 분명한 지표는 출생률의 감소였다. 1930년대에 서유럽은 역사상 가장 저조한 출생률을 기록하였다. 경제적 곤란과 불확실성 때문에 젊은이들은 결혼이나 아이 낳는 것을 미루려 하였고 피임이 보편화되었다. 북유럽과 서유럽의 민주국가 중 네덜란드에서만 출생률이 사망률보다 높았고 기타 국가에서는 노화현상이 두드러졌다.

파시스트 국가에서는 예상했던 대로 강력한 대책을 강구하였다. 이탈리아와 독일에서는 조세감면이나 특별수당을 통해 대가족제도를 장려하였다. 이런 요인이 작용해서인지 두 나라에서는 비교적 인구가 증가하였다.

사회적 정체의 다른 징조는 노동력 감소와 실업 증가였다. 각국은 자국민의 노동력을 보호하기 위해 타국민의 취업을 막으려 하였다. 프랑스와 같이 전통적으로 외국이민을 환영한 나라도 이민을 제한하기 시작하였다. 1934년에는 1930년에 비해 3분의 1만을 허용하였다.

그러나 한편 정치적 망명을 요청하는 이민수가 증가하였다. 특히 1930년대 후반부터 약 40만 독일인이 정치적, 인종적 박해를 피해 해외로 망명하였다. 나치를 모방하여 유대인의 박해를 제도화한 이탈리아에서 1938년 갑자기 출국하는 해외이민이 증가하여 다음 해에는 약 50만의 이탈리아인이 프랑스로 이민하였다.

1930년대 대량 해외이민은 대체로 엘리트층이 주류를 이루었으며 그 점에서 사회 · 문화적 의미가 컸다. 이탈리아나 독일을 떠난 사람들은 특정 분야의 지도층인 지식인이나 금융인들이었다. 이탈리아인이 가장 평안한 마음으로 지낼 수 있는 곳은 프랑스였고 다음이 미국이었다.

지식인이 대대적으로 해외 이민을 했기 때문에 독일은 두뇌집단을 상실하였다. 방출국(放出國)인 이탈리아와 독일은 문화적 · 지적 손실을 입었고 이민을 받아들인 수용국(受容國)의 문화수준은 높아졌다.

지적 위기 1930년대 지성계에 가장 커다란 영향을 준 것은 경제 대공황과 정치적인 파시즘이다. 문인들은 더 이상 무관심이나 객관성을 내세울 수 없었다. 조만간 그들은 사회적 현실에 직면하지 않을 수 없었고 문학적 주제는 사회정의와 이상적 사회 형태와 관련성을 가지게 되었다. 한때 19세기 사상계를 지배했던 유토피아 사상이 부활하여 진보의 이데올로기가 새로운 시각으로 조명되었다.

이 점에서 1930년대는 19세기 잔영(殘影)의 시기였다. 이데올로기의 발견은 전세대 지식인에서 이미 볼 수 있었다. 프랑스 철학자 방다Julien Benda(1867-1956)는 1927년 '지식인의 배반' 이라는 영향력 있는 글을 발표하여 논쟁을 일으킨 바 있었다.

1930년대의 사회참여 지식인은 다양한 사상적 색깔을 가진 사람들이었다. 그러나 관심의 공통점은 문화적 혁신보다는 사회 부조리와 정치 탄압이 사라진 이상(理想) 사회에 대한 비전에 있었다.

역사철학적 성찰 제1차 세계대전이 준 심리적 손상과 함께 불경기와 파시즘의 충격으로 사람들은 역사 사상에서 해답을 기대하였다. 과연 현대사회가 어떠한 역사적 방향으로 나아가고 있는가를 묻게 된 것이었다.

제1차 세계대전이 막 끝날 무렵 나온 슈펭글러의 『서양의 몰락』은 커다란 호응을 얻었다. 그는 서양문명이 하나의 전체로서 쇠퇴기에 들어섰다고 주장하였다. 쇠퇴의 주요 원인은 제국주의와 전쟁이며, 서양문명의 생활주기를 다른 문명과 비교해 볼 때 문명의 절정기를 지나 퇴화를 시작하는 단계에 접어들었다는 것이다.

슈펭글러보다 젊은 동시대인인 영국 역사가 토인비Arnold J. Toynbee(1889-1975)도 각 문명권이 어떻게 발전해 왔는가에 관한 세계 문명사를 쓰기로 작정하였다. 그는 1934년부터 방대한 『역사의 한 연구』를 출판하기 시작하였다. 슈펭글러와 같이 토인비 역시 여러 문명의 과정을 비교하여 미래를 예단(豫斷)하려고 하였다.

그러나 슈펭글러와 달리 토인비는 절망을 거부하였다. 그는 엄격한 결정론에 반대하고 서양문명이 창의성을 다시 발휘할 수 있는 힘을 가지고 있다고 보았으며, 윤리성과 종교성으로 회귀할 것을 강조하였다.

1930년대의 또다른 위대한 철학자 크로체Benedetto Croce(1866-1952)는 파시즘에 대한 저항과 자신의 역사해석을 융합하여 인류 문명사에 대한 관점을 세웠다. 72세가 되는 1938년에 출판한 『자유의 이야기로서의 역사』는 그의 마지막 중요한 저서이며, 여기서 그는 모든 참다운 역사는 필연적으로 '자유주의'를 향할 수밖에 없다는 신념을 표명하였다. 탄압과 폭정은 단지 역사의 막간극에 불과하며 아무리 희미하다 하더라도 자유는 역사의 등대불로 남아 있다는 것이다.

크로체의 우호적 경쟁자인 마이네케Friedrich Meinecke(1862-1954)는 독일의 영향력 있는 역사가였으나 나치에 의해 대학 교수직을 박탈당하였다. 초기에 강력한 민족주의적 색채가 농후했던 마이네케는 역사적 사고가 원숙해진 후기의 저술에서 분명히 히틀러와 그 일당을 독일적 사상전통의 파괴자로 비난하였다. 전쟁 중 80대가 된 그는 19세기 독일 내셔널리즘이 나타낸 거의 모든 나쁜 면을 비판하기에 이르렀다.

1939년 봉건사회에 대한 저술에서 과거의 사실을 재편성하여 하나의 모델을 제시한 프랑스의 블로크Marc Bloch(1886-1944)는 이데올로기 투쟁에 적극 참여한 현실참여적 지식인이었다. 프랑스가 독일에 점령된 시기에 프랑스 레지스탕스에 가담한 그는 결국 1944년 나치에 의해 처형되었다.

진보관에 대한 회의 제1차 세계대전은 계몽사상시대 이래 팽배했던 인류진보에 대한 낙관주의를 무너뜨렸다. 19세기의 진보관, 특히 과학기술은 맹렬한 공격의 대상이 되었다. 자연정복을 표방한 과학기술이 전쟁과 파괴를 위한 무기를 만들었기 때문이다.

가장 저명한 현대 그리스도교 신학자 중 하나인 바르트Karl Barth(1886-1968)는 1919년 『로마인 서간』을 통해 놀라운 선언을 하였다. 여기서 그는 인류의 끝없는 진보가 신의 섭리의 실현이라고 주장하는 자유주의 신학을 공격하였다. 러시아 정교 신학자 베르자에프Nokolai Berdiaev(1874-1948) 역시 인간의 역사경험이 실패했다고 비판하였다.

민주주의 역시 비판의 도마 위에 올랐다. 제1차 세계대전을 전후하여 인권신장, 여성 참정권 및 교육 기회가 꾸준히 확대되었음에도 비효율적 정당 정치와 우민정치에 대한 우려의 목소리가 높아졌다. 스페인 철학자 오르테가 이 가세트José Ortega y Gasset(1883-1955)는 『대중의 반역』(1930)을 통해 서방사회의 고급문화를 파괴하는 '몽매한' 대중에 관해 경고하였다. 자유의 확대가 가져오는 위험은 다른 분야에서도 제시되었다.

4. 전체주의 대두

제1차 세계대전 중 제정 러시아가 붕괴되고 볼셰비키에 의한 공산당 독재 체제가 수립되었다. 1930년대에 프롤레타리아 계급의 이름으로 행해지는 독재가 러시아에 정착되었다.

한편 이탈리아와 독일은 각각 제1차 세계대전의 승전국과 패전국이면서도 경제 · 사회 · 심리적으로 공통점을 가지고 있었다. 특히 전쟁의 상흔이 가시지 않은 혼란 속에서 파시즘Fascism이라는 새로운 정치 이념이 대두하였다.

궁극적으로 서방 민주국가들은 극좌의 공산주의와 극우의 파시즘 국가들과 이념적 충돌을 일으킬 운명에 놓이게 되었다. 더욱이 1930년대초 전세계를 휩쓴 경제공황이 전체주의적 추세를 한층 더 촉진시켰다.

A. 소련의 성립

1923년 7월 6일 잠정적으로 채택되어 1924년 1월 31일 확정된 헌법에 따라 소비에트 공화국 연합체로 '소비에트 사회주의 공화국연방'(Union of Soviet Socialist Republics: USSR; 소련)이 공식적으로 성립하였다. 수도는 모스크바Moscow로 정해졌다.

볼셰비키 지도자들은 6년간의 집권 후에도 기대만큼 외국의 지지를 얻지 못했으며 혁명이념을 더 이상 전파하지도 못하였다. 그러나 레닌이 죽은 1924년경 공산당 세력이 러시아에 깊숙이 뿌리를 내렸으며 동시에 세계적으로 공산주의가 확산되어갔다. 1936년 소련은 수정헌법을 채택하여 외관상 민주적으로 보이는 형식을 갖추었다.

소련정부의 구조 새 소련 헌법에 따라 양원제 입법부가 구성되었다. 하나는 약 30만의 주민대표가 선출한 대의원 5백70명으로 구성된 '최고회의'이며 다른 하나는 각 공화국에서 선출한 대의원 5백71명으로 구성된 '민족회의'였다.

행정부의 기능은 양원에서 선출된 소수의 '간부회'(Presidium)에 위임되었다. 간부회는 다시 '인민위원회'에 그 권한을 맡겼다. 인민위원은 자연자원 · 철도 · 우정사무 · 전신전화 등의 문제를 관장하였다. 모든 사업이 국영으로 되어 있는 만큼 사무를 통괄하는 인민위원의 권한은 거의 무제한의 것이었다. 국가가 기업을 소유 · 운영하는 제도에서는 사기업이 거의 완전히 소멸되었다.

공산당의 실권 소련 정치체제에는 주목할 만한 사실이 두 가지 있었다. 첫째, 입법 · 행정 · 사법의 전권(全權)이 간부회와 인민위원회에 집중되어 있었다. 소련에는 권력이 분립되어 있지 않았다.

둘째, 거의 아무런 헌법적 근거도 갖지 않은 공산당이 실질적으로 소련정부를 움직였다. 약 3백만 당원을 가진 공산당이 중앙위원회에 의해 장악되어 있고 이 위원회는 '정치국'(Politburo)을 임명하였다. 정치국이 너무나 강력한 영향력을 행사했기 때문에 공산당 서기장 스탈린은 중요한 행정직을 맡아본 적이 없었음에도 1920-1930년대에 강력한 독재체제를 구축할 수 있었다.

스탈린 체제 스탈린Joseph Stalin(1879-1953)의 본명은 주가쉬빌리 Joseph V. Dzugashvili이며 그루지아Georgia 공화국 출신이었다.[5] 1922년 소련의 언론 프라우다Pravda는 스탈린이 서기장에 취임한 사실을 짤막하게 공고하였다. 그는 반대당이나 견제세력이 전혀 허용되지 않는 일당독재하에서 산업발전을 강력히 추진하였다.

소련 정부는 1920년대말에서 1930대말에 이르기까지 두 차례의 계획경제를 실시하였다. 1928년 스탈린은 신경제정책(NEP)을 대체하는 제1차 5개년 계획을 세워 2백억 달러 이상의 예산으로 상공업 촉진, 전력 개발, 광산생산의 배가(倍加) 및 각종 새로운 기계공장의 건설을 결정하였다.

제1차 5개년계획의 일부로 러시아 정부는 국립농장을 통해 농업을 증진하였다. 산업증산을 강제하고 노동자들의 열성을 강요한 결과 5년 안에 목표를 133% 초과 달성하였다. 제2차 세계대전 직전까지 소련 경작지의 90%가 소프호즈 sovkhoz거나 콜호즈kolkhoz였다.

레닌과 스탈린

소프호즈는 임금 노동자에 의해 운영되는 정부 소유 국립농장이며, 콜호즈는 자기 소유의 토지를 합병하라는 정부 명령을 수락한 농민의 토지와 부농인 쿨라크 계층(Kulaks)에게서 빼앗은 토지로 구성된 집단농장이었다. 콜호즈 농민은 감독위원회의 경영지도하에 경작노동을 하였다. 1년 수확의 순이익은 현금과 현물로 산출하여 농민이 일한 기간을

5) 그루지아는 1991년 소련 해체 후 독립 공화국이 되었으며 초대 대통령은 전 소련 외무장관 세바르드나제였다.

근거로 지불되었다.

제1차 5개년계획은 비현실적으로 높은 생산목표를 설정하고 4년 내에 완성할 것을 장담하였다. 소련이 스탈린 지배 아래 산업화를 이룩한 것은 사실이다. 그러나 중공업 우선 정책으로 철강공장과 수력발전소가 건축되고 냉장고·라디오·자동차의 생산은 뒷전에 밀려 일반 시민은 산업화의 혜택을 입을 수 없었다. 물론 완전 고용, 낮은 비용의 에너지, 싼 주택과 식량 공급 등이 이를 보상한 셈이었다.

그럼에도 1차 5개년계획은 1934년 제17차 회의에서 논란의 대상이 되었다. 집단화의 참상과 그 집행의 가혹함으로 인해 스탈린 행정에 대해 의혹이 제기되었다. 그러자 스탈린은 1935-1938년 대대적인 숙청으로 이러한 비판을 탄압하였다. 1939년에는 8백만 소련 시민이 강제노동수용소에 수용되었고 3백만이 이미 숙청으로 죽었다.

공산주의의 확산 한편 제1차 세계대전 발발과 함께 제2인터내셔널은 무너졌고 구성요소인 각국의 사회당은 제각기 갈 길을 찾았다.

그러나 1918년 11월 제1차 세계대전이 종결되었을 때 유럽 대부분 지역은 혁명을 위해 준비를 마친 것처럼 보였다. 볼셰비키 혁명의 성공은 도처에서 상상력을 불태웠다. 유럽의 노동자들은 도전적인 분위기에 휘말리게 되었으며 프롤레타리아 지도층은 자본주의 사회의 모든 구조를 파괴할 준비를 하고 있었다.

이탈리아와 중앙 유럽 전후 불만요인이 많았던 이탈리아에 혁명적 기운이 짙게 깔렸다. 1919년 최초의 남자 보통선거에서 이탈리아 사회당이 제1당으로 부상하였다.

이탈리아 사회당 노선은 볼셰비키 혁명에 공감하긴 했지만 결코 레닌의 공산주의를 추구한 것이 아니었다. '극대주의당'이라 자칭한 이탈리아 사회당은 즉각적으로 사회화 정책을 극대화하려는 노선을 취했으나 명백한 방향이나 구체적인 변화내용을 실천하기보다는 무조건 혁명을 주장하였다. 극대주의당은 1920년 가을 북이탈리아의 공장들을 접수했으나 이를 고비로 그 후 2년간 쇠퇴의 길에 들어섰다.

중앙 유럽에는 혁명의 기회가 왔다. 이곳은 볼셰비키가 가장 큰 관심을 갖는 지역이었다. 1918년말 독일제국과 오스트리아-헝가리 지역은 패전의 후유증과 더불어 기아상태가 발생함에 따라 사회적 반발 등 혁명의 조짐이 보였다. 낡은 질서는 실패하고 새 질서는 아직 수립되어 있지 않았다.

그러므로 볼셰비키가 단기간이나마 성공을 거둔 두 지역은 모두 중앙 유럽에 있었다. 헝가리에서는 1919년 벨라 쿤Béla Kun(1886-1939)이 영도하는 소비에트 공화국이 수립되어 봄부터 여름까지 4개월간 지속되었다. 남쪽으로 바바리아Bavaria; Bayern에서도 비슷한 체제가 수립되었다. 쿤은 반혁명운동으로 실각하고 모스크바에 정착하였다. 그는 다시 1928년 헝가리에 돌아와 혁명을 시도했으나 실패하였다.

독일 공산주의 그러나 무엇보다도 볼셰비키 국제화의 성패가 걸려 있는 곳은 베를린이었다.

좌파 선동자들이 소비에트 공화국을 외쳤으나 온건한 사회민주주의자들은 입헌공화국을 선포하였다. 이렇게 성립된 바이마르 공화국은 중산층을 토대로 하여 1924년부터 1930년까지 6년간 영국과 프랑스를 모델로 한 제도하에서 균형을 유지할 수 있었다.

1919-1923년 독일 공산주의자들은 여러 차례 정권 장악을 시도했으나 모두 실패하고 말았다. 첫 번째는 전후 2개월쯤인 1919년 1월 베를린 거리에서 일어난 방대한 규모의 '스파르타쿠스 연맹' 폭동이었다. 레닌보다 훨씬 더 자유주의적이고 유능한 독일 좌파지도자 로자 룩셈부르크Rosa Luxemburg (1871-1919)가 폭동 와중에서 죽었다. 그는 리프크네히트Karl Liebknecht (1871-1919)와 함께 독일 최초의 공산당을 조직하고 『적기』(赤旗)란 잡지를 편집한 바 있었다.

마지막 시도는 1923년 가을 작센 지방과 함부르크에서 있었다. 그것은 히틀러가 처음으로 집권하려고 한 때보다 꼭 한 달 전의 일이었다. 1919년 폭동과 1923년 폭동사이에도 여러차례 집권 기도가 있었으나 폭동의 성격은 점차 바뀌었다. 처음에는 순전히 민중 봉기로 시작하고 전혀 당의 공식적 지시 없이 이루어졌으나 해가 지남에 따라 더욱 의도적으로 사전 공작을 하게 되었다. 공산당 관료가 모스크바의 지시로 전체 혁명노선을 따르려고 했으나 결국 성공하지는 못하였다.

제3인터내셔널(코민테른) 짐머발트Zimmerwald나 스톡홀름Stockholm에서 개최된 국제 사회주의 회의는 처음에는 볼셰비키 지도자들이 장악하였다. 그들은 평화에 대한 체계적인 호소를 함으로써 혁명이 전 유럽에 퍼지기를 희망하였다. 그들은 혁명을 러시아에 국한시키지 않고 국제적 운동으로 확산되기를 원하였다.

볼셰비키 혁명을 공감한 유럽 사회주의자들만이 1919년 3월 모스크바에서 제3인터내셔널(코민테른: Comintern; Communist International)을 결성하였다. 전세계 자본주의 국가의 전복을 목적으로 한 것이었다. 그들은 주요국가에 공산당을 창설하고 각국의 노동조합을 장악하려고 하였다.

1919-1923년 국제 공산당의 시도는 독일 혁명의 실패를 계기로 좌절되고

말았다. 1920년 여름 코민테른 제2차 회의는 구성 정당에 대해 철통 같은 기율을 요구하였다. 제3인터내셔널에 가입하려면 '21개 조건'에 무조건 복종해야 하였다.

이는 전통적인 자유주의 성향의 사회주의자들이 받아들이기 어려운 것이었다. 결과적으로 유럽 사회주의 정당은 양분되었다. 그 하나는 다수파로 준법적이며 민주주의 원칙을 고수하는 사회주의당·사회민주주의당·노동당 등이었고 다른 하나는 소수파로 제3인터내셔널에 가입한 공산당이었다.

국제 공산주의의 실패 국제 공산주의 운동이 쇠퇴한 데는 경제적 요인도 작용하였다. 종전 후 경기가 좋았던 2년간 노동력이 부족해졌으므로 이를 계기로 노동조합은 요구를 관철시키는 데 강한 자신감을 갖게 되었다.

그러나 1920년말 상황이 바뀌었다. 경제조건은 갑자기 노동계급에 불리하게 바뀌었다. 불경기로 노동자 수만 명이 실직하였다. 실업과 노동력 잉여로 위협을 느낀 유럽 노동자 계급은 호전성을 유지할 수 없게 되었다. 동시에 대전 직후 압도적 영향력을 행사했던 보수적인 지도자들이 다시 옛 지배력을 회복하기 시작하였다.

사회주의 정당도 새로운 결집력을 발휘하게 되었다. 중산층까지 당원으로 추가한 유럽 사회주의당은 1921년과 1922년에 다시 세력을 규합할 수 있었다. 그리하여 불만에 찬 노동자들을 껴안게 된 사회주의 정당이 서유럽과 중앙 유럽에서 질서와 안정을 위한 커다란 세력으로 대두하게 되었다.

유럽 좌파 노선은 사회당과 공산당으로 뚜렷하게 양분되었다. 중간노선의 대표적 정당인 독일 독립사회민주당은 1920년 분열되고 일부는 사회민주당으로 일부는 공산당으로 갔다. 공산당 진영에서는 모스크바가 정한 기율이 지배하였다.

독일 혁명의 실패와 3개월 후 레닌의 죽음으로 국제 공산주의 정신은 코민테른에서 사라지고 말았다. 각국 공산당은 그후 소련의 지시에 따라 움직이고 소련 대외정책의 도구가 되었다.

국제 공산주의는 모스크바의 관료적 지배에 굴복하고 말았다. 1930년대에 이르러 파시즘과 대공황이라는 새로운 상황에서 비로소 공산주의는 이데올로기적인 신축성을 어느 정도 회복하였다.

소련의 대외관계 1917년의 혁명 이후 약 10년간 소련은 국제사회에서 거의 고립된 처지에 놓여 있었다. 혁명 초기에 연합국 특히 영국이나 미국의 군대가 백계 러시아인의 반정부운동을 지원했으므로 소련과 그 밖의 서방 민주국가와의 외교관계는 그다지 좋지 않았다. 연합국측 역시 소련이 외국인 재산을 몰수하고 모든 외국 차관을 무효화시킨 것을 좋지 않게 생각하였다.

국제적 고립을 면하기 위해 소련은 1922년 독일과 라팔로 조약을 체결했으며 그 후 수년 동안 차례로 터키 · 이란 · 아프가니스탄 · 리투아니아 등과 불가침협정을 맺었다.

소련 정부는 통상협정을 맺기에 앞서 우선 주요 국가들의 승인이 필요하였다. 1922년 독일이 제일 먼저 소련을 승인하고 그 다음에 1924년 영국이 승인하였다. 소련은 14개국과 불가침에 관한 합의를 보았고 1928년 켈로그-브리앙 협정을 인준하였다. 1933년 미국이 소련과의 공식적 외교관계를 수립하자 소련의 대외관계는 정상화되었다. 마침내 1934년 소련은 국제연맹에 가입하고 이사국이 되었다.

B. 이탈리아 파시즘

1861년 통일 후 이탈리아는 대체로 유럽 열강의 대열에서 낙후되고 있었다. 심지어 아프리카에서는 후진적인 에티오피아에 패배하고 아프리카 분할에서는 극히 적은 영토밖에 차지하지 못하였다. 더욱이 제1차 세계대전 때 이탈리아군은 독일측에 의해 큰 타격을 입었지만, 전후 강화조약에서 대단치 않은 몫을 차지한 데 불과하였다.

많은 이탈리아 국민은 전후 이탈리아의 몫에 대해 불만이었다. 생 제르맹 조약에서 티롤, 트리에스테 및 이스트리아 반도를 얻기는 했으나 시인 다눈치오와 같은 열렬한 민족주의자들은 이에 만족하지 않고 피우메 항과 달마티아 Dalmatia 연안 일대를 추가로 원하였다. 더욱이 아프리카의 독일령 식민지 재분할에서 이탈리아의 권리가 무시된 데 불만을 품고 있었다.

다눈치오 다눈치오는 1919년 9월 일파를 거느리고 아직 베르사유 강화회의에서 논의 중에 있던 피우메 시를 점령하고 약 15개월 동안 피우메를 장악하였다. 그는 일약 민중의 영웅이 되었다. 검은 셔츠를 입은 그는 발코니에서 열변을 토하였다.

그러나 1920년 이탈리아와 유고슬라비아 사이에 피우메 문제가 평화적으로 해결됨에 따라 다눈치오는 설 땅을 잃어버렸다. 당시 다눈치오의 광신적인 민중선동과 국수주의는 후의 파시스트 출현을 예고하고 있었다.

이탈리아 경제의 악화 제1차 세계대전은 이탈리아 경제의 약점을 더욱 분명하게 노출시켰다. 전후 리라lira화(貨)의 가치는 전전의 3분의 1로 하락하였다. 실업이 늘고 식량부족은 점점 악화되어갔다. 파업이 늘어나고 노동자는 공장을 점거하였다.

이탈리아의 경제난은 극우 · 극좌 양쪽의 선동사태를 초래하였다. 폭동 · 무질서 · 소란 속에 이탈리아 정국은 혼란해졌다. 1920년 파업이 금속공업을 마비시키고 공산주의 선동에 휘말린 농민들이 토지를 점유 · 분할하게 됨에 이르러서는 온건한 중산층 시민과 사유재산 소유계층이 공산주의의 위협에서 스스로를 보호하고자 하였다.

파시즘의 대두와 무솔리니 국가적 혼란을 배경으로 파시스트가 새로운 정치세력으로 대두하였다. 이탈리아 국민은 공산주의를 막고 산업의 평화적 재건을 담당하며 국가의 번영과 민족적 여망을 충족시킬 수 있는 확고하고도 효율적인 정부를 원하고 있었다. 전후 4년간의 혼란이 마침내 1922년 무솔리니 Benito Mussolini(1883-1945)를 정계에 등장케 하였다.

무솔리니는 북이탈리아에서 대장장이의 아들로 태어났다. 그의 이름 베니토Benito는 멕시코의 혁명영웅 베니토 후아레스Benito Pablo Juarez(1806-1872)의 이름을 딴 것이었다. 그는 일하고 절약하여 자수성가하였다. 스위스의 로잔 대학에 입학했으나 1904년 마르크스주의자라 하여 스위스에서 추방되었다. 제1차 세계대전 발발 당시 그는 사회당 기관지 『아반티』 *Avanti*(前進)의 편집장을 하고 있었다.

제1차 세계대전이 발발했을 때 무솔리니는 이탈리아의 참전을 적극 주장했기 때문에 소속정당인 사회당에서 쫓겨났다. 그러나 그는 『이탈리아 인민』(*Il Popolo d' Italia*)이라는 신문을 창설하여 계속 자신의 주장을 펴나가는 동시에 청년들을 모아 '파스키' Fasci라는 단체를 조직하였다.

(왼쪽) 파시스트 이탈리아: 어린이의 무장
(오른쪽) 파시스트 청년 당원의 행진을 바라보고 있는 무솔리니

'파스키'는 고대 로마시대 권위의 상징인 도끼에 막대기를 얽어맨 '파스케스' Fasces에서 유래한 말이다. 이탈리아가 참전하자 무솔리니는 자원 입대하여 일선에서 부상을 입었다. 그는 1917년 제대 후 파스키를 '전투연맹'(Fasco di Combattimento)으로 재편성하여 퇴역군인들을 끌어들였다. 이 집단의 궁극적 목표는 정권장악에 있었다.

이탈리아 전국을 휩쓴 경제적인 곤란은 사회당의 인기를 높였으며 1919년 선거에서 사회당이 다수당이 되었다. 파시스트는 이때 단 하나의 의석도 차지하지 못했으나 마르크스주의를 무서워하는 산업자본가층의 지원을 받는 데는 성공하였다. 무솔리니의 흑의대(黑衣隊)는 공산당을 공격하고 폭력으로 그들의 집회를 방해하고 출판시설을 파괴하였다. 또한 노동자들의 파업을 훼방하려

파시즘 철학

무솔리니는 1932년『이탈리아 백과사전』(*Encyclopedia Italiana*)에 쓴 '파시즘 사상과 제도'라는 글에서 파시즘에 대한 정의를 내렸다. 실제로 이 글의 대부분은 파시즘을 지지한 철학자 젠틸레 Giovanni Gentile(1875-1944)가 쓴 것으로 알려져 있다.

파시즘은 국가가 인민의 양심과 의지를 표현하게 되었을 때 역사적 기능을 다한, 절대주의에 대한 반동으로 일어난 고전적 자유주의와 반대되는 것이다. 자유주의는 개인의 이름으로 국가를 부정하였다. 파시즘은 진정한 개인의 본질을 표현하는 국가의 권한을 다시 주장하는 바이다…. 파시스트 국가관은 모두를 포용하는 것이다. 국가관을 떠나서는 아무런 인간적이거나 정신적 가치가 존재할 수 없으며 이보다 더 가치있는 것은 많지 않다. 이렇게 이해될 때 파시즘은 전체주의적이며—가치의 종합이며 모든 가치를 포함하는 하나의 단위인— 파시즘 국가는 인민의 전체 삶을 해석하고 발전시키며 힘을 더하게 하는 것이다.

…첫째로 미래의 인류발전에 관하여…그리고 현재의 정치적 고려를 떠나 일반적으로 말해 파시즘은 영구 평화의 가능성이나 효용을 믿지 않는다. 그러므로 파시즘은 자기 희생과 크게 대조되는, 비겁할 정도로 게으른 체념을 가장한 평화를 포기하는 것이다. 전쟁만이 모든 인간 에너지를 최고도로 발휘하게 하여 전쟁에 직면한 사람들의 숭고함을 보증한다….

파시즘은 유물론적 행복관을 배격한다….이것은 파시즘이 복지가 곧 행복이라는 공식을 거부하는 것을 의미한다. 이 공식에 따르면 인간을 단순한 동물로 보고 그들이 먹고 살지게 하여, 결국 순수하고 단순한 식물과 같은 존재로 환원되는 것에 만족하는 것이다.

사회주의 이후에는 파시즘이야말로 민주주의 이데올로기 진영에 대해 총을 겨누고 그 전제와 실제적용 및 실천을 배격하고 있다. 파시즘은 수(數) 자체가 인간사회의 결정적 요인이 될 수 있다는 것을 부정한다. 파시즘은 주기적 의논을 통해 통치하는 다수의 권리를 거부한다. 파시즘은 결실과 혜택이 많은, 고칠 수 없는 인간 불평등을 주장하는 바이다. 인간이란 보통선거와 같은 기계적이며 외형적인 수단에 의해 결코 평준화될 수 없다.

…파시즘이 착상하고 실현하는 국가는 민족의 정치적 · 법적 · 경제적 조직을 확보하는 정신적이며 윤리적 실체이다. 이는 그 발생과 성장과정에서 혼을 표현하는 조직이다. 국가는 나라의 내적 · 외적 안전을 보장할 뿐 아니라 인민의 혼을 지키며 전달한다. 이 혼은 여러 시대를 통해 언어 · 관습 · 신앙 속에서 다듬어진 것이다. 국가는 현재일 뿐 아니라 과거이며 특히 미래이다. 국가는 개인의 짧은 삶을 초월하여 민족의 내재적인 양심으로 존재해 있다.

는 공작을 꾸몄다. 1922년 공장을 점거하고 소비예트를 세우려는 노동자들의 시도가 실패로 돌아갔다. 이 때 무솔리니는 노동자의 집권, 나아가 공산주의의 지배로부터 이탈리아를 구제하는 과업이 파시스트에게 있다고 주장하였다.

무솔리니의 흑의대는 무능한 정부를 비난하고 정권인수 태세를 선언하였다. 1921년 5월 선거는 자유 민주주의 정당의 승리로 돌아갔으며 공산당원은 소수밖에 당선되지 않았다. 이 때 파시스트들은 무솔리니를 포함한 35명의 의원을 당선시켰다. 그는 1921년 11월 '국민파시스트당' 을 결성하였다.

로마행진 1922년 당시 이탈리아 정부는 무기력하였다. 무솔리니는 사회주의자들이 반목을 거듭하는 틈을 타서 나폴리에서 대회를 연 후 로마까지 행진을 시작하였다. 1922년 10월 24일 약 5만의 파시스트 당원들이 로마로 진격해 왔을 때 왕(Victor Emmanuel III, 1869-1947)은 무솔리니를 수상에 임명하였다.

1923년 무솔리니는 독재권을 부여받는 법이 의회에서 통과되도록 하고 강력한 경제정책의 추진을 선포하였다. 그 자신이 외무장관과 내무장관을 겸직했으며 후에는 그 밖의 5개부 장관을 겸임하였다. 그는 반정부 세력과 모든 정당을 해체하고 파시스트당을 유일 정당으로 만들었다.

새 선거법이 1923년 의회를 통과했고 그에 따라 1924년 선거를 실시한 결과 관권을 동원한 파시스트당이 압도적 다수를 차지하였다. 소수파인 사회당이 계속 파시스트 독재를 반대하고 사회당 의원 마테오티Giacomo Matteotti (1885-1924)가 파시스트 수법을 폭로하겠다고 위협하다가 암살당하였다.

파시스트의 탄압정책 파시스트 국가는 당의 엘리트를 통해 지배하였다. 모든 자유로운 의사표현이 무자비하게 탄압되었다. 체제 비판자들은 체포되어 시칠리아 해안에서 떨어진 리파리Lipari 제도에 수용되었다. 출판은 검열을 받았고 국가보위재판소가 설치되어 반정부인사를 처벌하였다.

신문은 굴종하는 한, 존속할 수 있었다. 각급 학교 교사는 파시스트 이론을 학생에게 주입시킨다는 선서를 해야 했고 그렇지 않으면 파면당하였다. 비판자들은 해외로 망명한 경우 재산을 몰수당하였다.

무솔리니는 오직 왕에게만 책임을 지는 독재자였다. 그는 의회를 무시하고 법령을 만들 수 있었다. 각 지방 도시의 시장(Podeste) 역시 무솔리니의 명령을 받고 움직이는 작은 독재자였다. 1925-1926년 이탈리아 도시들은 자치권을 상실하였다. 파시즘이 '하나의 단위' 라고 선언한 무솔리니는 개인이나 집단은 상대적인 존재이며 국가는 절대적 존재라고 강조하였다.

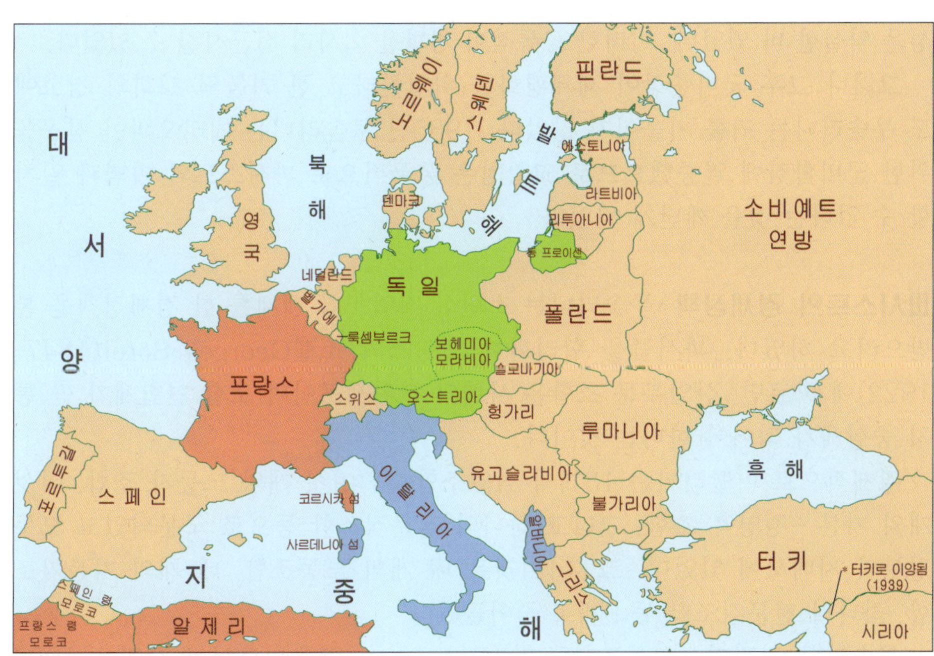

1930-1939년의 유럽

라테라노 조약 1870년 교황 비오 9세 이래로 끊이지 않는, 이탈리아 정부와 교황청과의 불화는 1922년 파시스트 집권 이래 더욱 악화되었다. 1927년 교황 비오 11세Pius XI(1922-1939)는 파시스트 국가관을 비난하였다.

그러나 이탈리아 정부와 타협하기를 거부하던 교황청도 60년만에 협상을 재개하였다. 1927년부터 2년 동안 협상한 끝에 1929년 라테라노 조약(Lateran Treaty)이 체결되었다.

이 조약에 따라 약 12만 평의 영토를 가진 독립 주권국가로서 바티칸 시국(市國)이 탄생하였다. 파시스트 정부는 교황청이 통치하던 과거의 영토에 대한 보상으로 17억5천만 리라(9천2백만 달러)를 바티칸에 주기로 하였다.

교황청은 바티칸 시국의 영토에 대한 주권뿐 아니라 국제법상 독립국가로서 전세계의 가톨릭 교회를 대표하였다. 바티칸은 독자적인 화폐나 우표도 발행하고 신문사와 방송국 등을 운영하며 각국과 외교사절을 교환하게 되었다.

이탈리아의 가톨릭 이탈리아는 국교로서 가톨릭을 공식 채택하였다. 각급 학교에서 종교 교육을 실시하며 전 이탈리아에 걸쳐 캐논법을 시행하기로 하였다. 로마 교황청은 그 대신 수도를 로마로 하는 이탈리아 왕국을 공식으로 승인하였다. 이리하여 1929년의 라테라노 조약을 끝으로 반세기가 넘은 쌍방간의 불화가 끝났다.

교황청이 전체주의 정권과 협상한 것은 그만한 이유가 있었다. 가톨릭 교회는 파시스트와 같이 공산주의를 반대했으며 비오 11세도 역시 사유재산의 존엄성을 역설한 바 있었다. 이러한 공통점이 쌍방을 쉽사리 접근시킬 수 있었다.

그러나 그후 군비증강이 세계평화를 위협한다고 한 가톨릭 교회의 경고에도 무솔리니는 귀를 기울이지 않았다. 1935년 무솔리니는 에티오피아 침공을 위한 군비확장에 열중했으므로 교황청은 궁극적으로 파시스트의 이념과 일치할 수 없다는 것을 깨닫게 되었다.

소렐

파시스트의 경제정책 무솔리니는 소련식 직업조합 체제를 한 경제정책을 본받으려고 하였다. 파시즘을 합리화한 프랑스의 소렐Georges Sorel(1847-1922)에 따르면, 산업부문 조합은 사회의 단위세포이며 조합 연합체가 곧 통치 중심체가 되어야 한다는 것이다.

경제적으로 이탈리아는 13개의 직업조합, 즉 여섯 개의 노동자 조합, 여섯 개의 자본 · 경영측 조합, 그리고 하나의 전문직조합 등으로 구분되었고 모두 정부의 지배하에 있었다. 그 후 이것은 네 개의 노동조합, 네 개의 자본가조합, 하나의 전문직조합 등 9개로 줄어들었다.

무솔리니 정권의 '협동조합국가'(Corporate State)로서의 성격은 1934년 시작된 조직 변화에서 구체화되었다. 전국적으로 22개의 협동조합을 두고 각 조합이 파시스트 당원, 기술적 전문가, 직업조합(syndicates) 대표로 구성되도록 하였다.

이러한 협동조합 회의체는 조합장관을 정점으로 하는 국가회의로 통합되었으며 무솔리니 자신이 조합장관이 되었다. 협동조합의 기능은 생산을 계획하고 전국의 경제 활동을 생산주기로 구분하여 주기별로 가격을 고정시키는 것이었다.

협동조합국가의 최종단계는 1939년 중의원이 '파스케스 및 협동조합의 의회'로 대치되자 완성되었다. 이 의회는 파시스트 당직자와 협동조합국가 회의체로 구성되었다.

선거권은 오직 '활동적이며 생산적인 사람들'에게만 부여되었다. 보통선거는 정지되고 선거권은 조합에 소속된 자 및 100리라 이상의 납세자에게만 부여되었다. 이 때문에 1천2백만 유권자 중 약 2백만이 선거권을 상실하였다. 그마저 유권자들은 1천 명의 후보 가운데 파시스트 대회의가 선택한 4백 명의 지명자 명단에 대해 일괄적으로 그 찬반을 결정하는 데 불과하였다.

파시즘의 주요한 경제적 목표 중 하나는 가능한 한 이탈리아의 자급자족(autarky)을 성취한다는 것이었다. 이 목표는 커다란 희생을 치르면서 달성되었다.

파시즘 국가관 무솔리니는 최대한 경제적 자립을 신속하게 달성하기 위해 전쟁이 불가피하다고 공언하였다. 국가 지상주의와 함께 이러한 전쟁 불가피론은 다른 나라의 희생을 전제로 한 국수주의로 이어졌다.

그리하여 무솔리니는 1923년 코르푸를 폭격하여 그리스를 모욕함으로써 세계평화를 위협하고 국제연맹에 도전하였다. 무솔리니는 이탈리아가 팽창하지 않는다면 폭발할 것이라고 장담하였다. 높은 산아율과 제한된 가용자원은 이탈리아로 하여금 제국주의를 향해 치닫게 하는 요인이었다.

이탈리아 파시스트 국가에서 개인은 국가성원이라는 사실 이외에는 아무런 존재 의의가 없었다. 파시스트는 "믿고 복종하고 싸우라"고 교육받았다. 파시스트 이념은 전 교육과정을 지배하였다. 어릴 때부터 대학에 이르기까지 학생은 국기경례를 배우고 이탈리아 만세를 외치면서 고대 로마의 영광을 되새기도록 교육받았다.

이탈리아 파시스트 체제의 외관상 성공은 유럽의 다른 나라들을 자극하였다. 전후의 경제 침체와 정치가들의 무능 때문에 사람들은 좀더 효과적인 정권 수립을 원하게 되었다. 파시스트 이론은 특히 공산주의를 싫어하는 사람들에게 호소력을 가졌다. 이탈리아는 러시아와 같이 전후 세계에 공격적이며 적대적인 정치이념을 도입한 것이다.

C. 독일 나치즘

제1차 세계대전 후 세계가 잠시 누렸던 낙관적 분위기가 1920년대에는 사라지고 불안한 기운이 나타났다. 경제적으로는 대공황을 정점으로 세계적 경기침체가 왔으며 정치적으로는 이탈리아와 독일의 전체주의 정권과 소련의 스탈린 독재가 실시되었다.

1920년대 전반까지 실현된 새로운 번영은 기본적으로 불안정한 것이었다. 낙관은 피상적인 것이며 번영의 지속성은 의문시되었다. 특히 독일의 번영은 그 기반이 취약하고 주로 미국의 재정지원에 의존한 것이었다.

1920년대 서방세계의 경제체제는 복잡하게 얽힌 구조를 가진 자본주의였다. 이 체제는 만일 어느 부분이 붕괴되면 그 결과가 곧 전체에 파급되는 성질의 것이었다. 기본물자의 가격은 세계시장의 수요와 공급에 따라 자유롭게 결정되었으며 생산은 대체로 지역적 또는 국제적인 규모에서 거의 신용거래를 통해 행해졌다.

이러한 제도는 농업과 산업 등 모든 생산부문에서 일종의 연쇄과정에 따라 운영되었다. 따라서 이러한 메커니즘에서는 1929년에 시작된 경제불황이 세계적으로 연쇄반응을 일으킨 것은 거의 필연이었다. 1929년에 시작된 대공황은 1940년대까지 영향을 끼쳤다.

경제불황의 연쇄반응은 좌익의 공산주주의와 우익의 파시즘의 형태로 국제적인 긴장을 고조시켰다. 이는 침략을 감행하게 된 배경이 되었다. 1931년부터 1939년에 아시아에서는 일본이 만주를 침략하고 유럽에서는 전체주의 국가들이 국민을 강력히 통제하는 한편 대외 팽창을 서둘렀다.

제1차 세계대전은 그 기원이 극히 복잡하고 전쟁 책임이 많은 나라에 분산된 데 비해 제2차 세계대전은 히틀러 한 사람의 행동이 낳은 결과였다해도 과언이 아닐 것이다. 히틀러는 부단한 팽창과 유럽 패권이 나치즘의 활성화를 위해 필수적임을 공언하였다. 초기의 도박이 성공하자 그는 장차 전쟁도 마다하지 않음을 공공연히 떠들어댔다.

서방국가들은 무능하고 우유부단한 외교로 5년을 허송한 후 비로소 히틀러의 야망을 저지하려고 시도하게 되었다. 한마디로 제2차 세계대전의 주원인은 독일의 계속적인 팽창에 있었다.

그러나 제2차 세계대전이라는 파국에 이르는 길은 오래 전부터 준비된 것이었다. 그 기운은 바이마르 공화국의 취약한 구조에서 이미 나타나 있었다.

바이마르 공화국 독일 임시정부는 1918년 휴전조약 서명에 때맞추어 탄생하였다. 카이저 빌헬름 2세가 네덜란드로 도망한 후 다수당인 사회민주당수 에베르트Friedrich Ebert(1871-1925)에게 정권이 이양되었고 공식적으로 공화정이 선포되었다. '독일 11월혁명'은 민주주의, 언론자유, 8시간 노동제, 사회보장제 개선 등을 표방하였다.

공산주의 혁명을 우려한 정부는 재빨리 군과 타협하였다. 힌덴부르크의 참모차장 루덴도르프 후임인 그뢰너Wilhelm Groener(1867-1939) 장군은 정부가 군에 참견하지 않는 한 정부를 지원할 것을 약속하였다.

에베르트는 이 조건을 수락하였다. 1919년 1월 마르크스주의자들의 모임인 스파르타쿠스 연맹파가 봉기를 일으키고 베를린을 대부분 장악하자 군은 이 봉기를 철저하게 진압하고 지도자들을 총살하였다. 당시 살해된 사람 중에는 비폭력 프롤레타리아 혁명을 호소하고 스파르타쿠스 연맹파 강령을 기초한 로자 룩셈부르크도 있었다. 이로써 독일에서 공산주의 혁명에 대한 레닌의 희망은 사라졌다.

1919-1933년 독일을 통치한 공화정부를 보통 바이마르 공화국이라 칭한다. 공화국의 명칭은 의회가 소집된 바이마르 시의 이름에서 딴 것이다. 1919년 여름에 바이마르 의회는 헌법을 제정하였다. 그것은 보통선거 비례대표제에 의한 민주 공화제 헌법이었다.

바이마르 의회는 연합국에 의해 만들어진 강화조약을 승인하고 독일 정부를 조직하였다. 직선제에 의한 임기 7년의 대통령은 제국의회에 대해 책임을 지게 될 재상(宰相: Kanzler)을 지명하였다. 양원제 입법부는 보통선거로 선출된 의원 5백 명으로 구성된 상원격인 '제국의회'(Reichstag)와 18개 영방(領邦) 대표 70명으로 구성된 하원격인 '연방의회'(Reichsrat)로 구성되었다.

바이마르 헌법은 모든 시민에게 언론출판의 자유를 보장하고 법 앞의 평등을 약속하였다. 노동의 권리 보장과 18세까지 의무교육 실시를 규정하였다. 귀족계급은 정치적 특권을 가질 수 없게 되고 시민의 권리와 사유재산권도 보장되었으며 여성 투표권이 인정되었다.

바이마르 헌법의 약점 바이마르 헌법은 민주 공화제를 채택했음에도 정부 기능을 수행하기에는 근본적인 약점이 있었다. 첫째, 비례대표제 원칙은 무수한 군소 정당을 난립케 하였다. 그 결과 정부 기능이 원활하게 수행되기 어려웠다. 둘째, 정당 난립으로 의회가 정상화되지 않을 경우 대통령에게 부여된 긴급령 발동권이 남용될 가능성이 있었다. 즉, 민중의 인기를 얻은 독재자가 출현할 수 있는 길이 열려 있는 셈이었다.

초대 대통령 에베르트와 초대 재상 샤이데만Philipp Scheidemann(1865-1939)이 이끈 바이마르 정부는 공산당과 군주론자들의 반대를 극복하면서 정치적 안정의 회복과 심각한 경제 문제 해결이라는 당면문제를 안고 있었다. 에베르트는 대체로 온건한 사회주의 노선을 취하였다.

독일 인플레이션

1923년 독일 통계 당국은 물가상승과 중산층의 불안정에 관해 다음과 같은 발표를 하였다. 특히 독일 인플레이션의 심각성이 외국인에게는 충분히 납득되지 않을 것이라고 보고 있었다.

독일 국민 대부분은 예전보다 훨씬 밑도는 수준, 특히 중요한 생활필수품에 관해서 훨씬 미달된 수준의 삶을 강요당하고 있다.

…오늘의 1백 마르크가 내일의 50 마르크가 될 것이다. 예컨대 전전(戰前)에 5천5백 마르크를 저축한 두 아이를 가진 부부는 그 돈으로 의복과 더불어 방 셋 달린 아파트용 가구를 살 수 있었다. (달러 환율 27,819 마르크인)1923년 2월, 이 사람이 똑같은 물품을 사기 위해서는 2천6백30만 마르크를 지불해야 한다. 5천5백 마르크를 쓰지 않고, 이자 때문에 저축한 사람은 오늘날 약 7천 마르크를 찾게 될 것이지만 그 돈으로는 내의 한 벌을 사기도 어려운 실정이다. 이 상황에서 누가 '저축'하려고 하겠는가? 더구나 독일 돈의 급격한 평가절하로 수많은 독일인에게는 저축이 무의미하다는 것을 외국인이 알게 될까? 예전에 잘 살던 중산층 남녀들이 오늘날 물리적 삶을 조금이라도 연장시키기 위해 무거운 가슴을 안고 전당포로 발길을 옮기는 것이 외국인의 눈에 띄겠는가? 전전에 1백만 마르크의 이자를 쓸 수 있는 사람은 부자였다. 심지어 1919년까지도 그 이자로 적당히 평안하게 살 수 있었다. 오늘날 그는 가난뱅이다. 5만 마르크의 이자로 일주간 혼자 쓰는 생활필수품을 겨우 살 수 있을 뿐이기 때문이다. 상류 계층 여성이 취업하여 보잘것없는 임금을 받고 가족의 수입에 보탬이 되어야 하는 처지를 외국인은 알 수 있을까? 1백50만 상이용사들에게는 국가 연금이 전혀 쓸모 없기 때문에 생계 유지를 위해 필사적인 투쟁을 하는 것이 외국인에게는 보일까?

(위) 5백만 마르크 짜리 지폐: 1924년부터 1948년까지 이 지폐는 독일 화폐의 가치하락을 방지하기 위해 사용되었다.
(아래) 짐이 되어버린 마르크화. 한 독일인이 마르크를 상자째 운반하고 있다.

인플레이션 1923년의 위기는 독일 사회를 뒤흔들어 놓았다. 그것은 1918년 단기간의 정치혁명보다도 훨씬 더 심각하게 낡은 것과 새것을 갈라놓는 혁명을 일으켰다.

1920-1923년 독일 정부가 예산편성을 증세(增稅)보다 돈을 찍어내는 손쉬운 방법에 의존했기 때문에 당연히 정부지출은 증가하였다. 1923년 프랑스와 벨기에 군대가 배상문제 때문에 루르 지방을 점령했을 때 마르크Mark 가치는 천문학적으로 폭락하였다. 그 결과 독일 마르크화는 거의 무용지물이 되었다.

독일 마르크에 대한 평가는 1914년 미국 달러와 4:1의 환율이었으나 1919년 9:1, 1922년에는 500:1로 급락하였다. 그 후 마르크의 급락은 가히 천문학적인 것으로 1923년 상반기에 200배 이상 떨어졌다. 물가는 몇 시간 안에 바뀌고 껑충 뛰었다. 1923년 11월 신문값은 1천억 마르크나 되었다.

이 상황에서 정상적인 경제는 불가능하였다. 계획경제는 말할 것도 없고 거래와 생산은 가장 원시적인 물물교환으로 바뀌었다.

1923년 11월 바이마르 정부의 슈트레제만 수장은 화폐개혁을 단행하여 1조 마르크를 1 마르크로 평가절하였다. 이 조치로 모든 유가증권 · 채권 · 연금 · 저축이 하루 아침에 날아가 버렸다.

저축이 없는 노동계급은 비교적 피해를 입지 않았으나 8시간 노동제가 폐지됨으로써 노동조합은 무력해졌다. 가장 피해가 큰 계급은 중간계급이었다. 인플레이션의 결과 중산층의 저축은 수포로 돌아가고 산업 노동자들보다 더 못한 빈민으로 추락하였다.

정치적 반동 다른 한편 1920년대 중반 독일에서는 패전을 민족적 수치로 여기는 내셔널리즘이 대두하였다. 공산주의자나 국수주의자들은 반정부 쿠데타 또는 암살을 시도하였다. 실제로 민족주의자들의 미움을 받은 에르츠베르거Matthias Erzberger(1875-1921)와 라테나우가 암살당하였다.

1920년 루덴도르프 장군의 주도로 일부 군인이 베를린으로 행진하는 사건이 일어났고 1923년에 히틀러는 이른바 '뮌헨 비어홀 음모'(Beer Hall Putsch)를 결행하려고 하였다. 이러한 쿠데타들은 모두 실패하고 주동자들은 체포 · 투옥되었다.

히틀러의 등장 민족주의적 호소력이 독일인에게 큰 효과를 나타낸 가장 대표적인 예는 융커 출신으로 제1차 세계대전의 영웅인 힌덴부르크 원수였다. 그는 1925년 대통령으로 당선되었다.

그런데 힌덴부르크가 1932년 재선될 때 최대 강적은 히틀러Adolf

히틀러

Hitler(1889-1945)였다. 오스트리아 출신의 히틀러는 제1차 세계대전 때 독일군에 복무하다가 제대 후에는 정치 활동을 하였다. 1923년에는 공화정 전복 쿠데타를 시도했다가 실패하여 투옥되었다. 단기 복역 후 출옥한 히틀러는 이탈리아 파시스트당을 본뜬 정당 조직에 착수하였다.

나치의 성립 히틀러는 일찍이 독일 노동자당에 가입하였다. 이 당은 열렬한 민족주의 이념을 내세우는 동시에 반(反)민주 · 반자본 · 반공산 · 반유대(anti-Semitic) 노선을 표방하였다. 그 후 얼마 안 되어 '민족사회주의 독일 노동자당'(NSDAP)이라 개칭한 이 정당은 앞부분의 '민족사회주의'(Nationalsozialist)를 따서 나치Nazi라 약칭하였다.

1920년 나치는 기관지를 내고 곧 돌격대(Sturmabteilung, 약칭 SA)를 편성하였다. 독일인의 혈통사회를 의미하는 빨간 바탕에 卍자(Swastika-kreuz)를 적어 나치당의 상징으로 채택하였다.

1924년 출옥하기 전에 히틀러는 『나의 투쟁』(*Mein Kampf*)을 집필하기 시작하였다. 그것은 자서전이면서 동시에 나치당의 목표를 선전한 것이었다. 이 책에서 히틀러는 역사가 위대한 인종인 아리아 민족에 의해 형성된다고 주장하였다. 또 아리아 민족 중에서도 가장 우수한 독일인은 세계를 지배할 운명을 타고 났다고 강조하였다. 히틀러는 유대인이 가장 증오해야 할 적이라고 역설하는 동시에 민주주의와 공산주의를 다 같이 배격하였다.

나치당의 폭력 · 테러 · 암살 행위가 독일 외의 사람들에게는 큰 공포의 대상이 되었음에도 나치당이 독일 내부에서 잘 받아들여졌다는 사실은 그 후 선거에서 여실히 입증되었다. 1928년 나치는 제국의회에서 단지 12석을 차지했을 뿐이었으나 1930년 선거에서는 107석을 차지하였다. 2년 후에는 2배 이상인 230석을 차지하여 최대정당으로 성장하였다.

힌덴부르크는 선동가인 히틀러를 믿지 않고 재상으로 임명하지 않으려 했으나 1933년 1월 마침내 히틀러의 압력에 굴복하지 않을 수 없었다.

나치의 선전과 교육 나치는 모든 대중매체를 지배하였다. 문화부가 설치되어 문학사상 · 언론출판 · 신문방송 · 연극 · 음악 · 영화 · 미술에 대해 획일적인 통제를 가하였다. 판금서적은 압수 소각되고 제3제국의 노선에 맞지 않는 영화는 엄격한 검열로 탄압되었다. 사상통제와 선전은 문화부장관 굅벨스 Joseph Goebbels(1897-1945)에 의해 능란하게 조정되었다.

전국민은 대중교육을 통해 세뇌되었다. 학교제도는 독일 청소년 운동과 일치된 것으로 10-14세의 소년 소녀는 군대식 훈련을 받았다. 한때 학문의 자유로 유명했던 독일 대학은 나치즘의 인종주의를 선전하는 도구로 전락하였

『나의 투쟁』

히틀러는 자신의 정치관을 『나의 투쟁』에서 표현하였다. 이 책은 나치 운동의 성경으로 제3제국의 청사진이 되었다. 히틀러의 기본주제는 인종주의였다. 그는 우월한 아리아인과 열등한 비아리아인, 특히 유대인 사이의 거대한 투쟁이 역사과정을 결정한다고 믿었다. 히틀러의 인종차별 또는 아리아 인종의 우월성에 대한 주장은 『나의 투쟁』 중 다음의 글에 잘 나타나 있다.

인류는 대자연의 마당을 무수히 헤매고 다니기 때문에 그들은 모든 것을 알고 이해하지만 예외적으로 일부 사람들은 모든 지구 생물이 내재적으로 종(種)의 분리가 되었다는 대자연의 기본원리에 무지하였다.

완전히 동등하지 않은 두 종 사이의 혼혈은 부모의 중간 정도 수준밖에 되지 않는 아이를 낳을 것이다. 그것은 그들이 낳은 아이가 생물학적으로 수준 낮은 부모보다는 우수하지만 수준 높은 부모보다 열등하다는 것을 의미한다. 이것은 그들이 낳은 아이가 수준 높은 자들에 대한 생존경쟁에서 정복당하고 만다는 것을 의미한다. 이러한 짝짓기는 생명의 고급 종자를 생산하려는 대자연의 뜻에 반한다.

대자연이 고급한 개체와 저급한 개체의 짝짓기를 승인하지 않는 것처럼 고급인종과 저급인종의 혼혈을 승인하지 않는다. 왜냐하면 그렇지 않을 경우 수만년 동안 지속되어 온 고급단계를 향한 대자연의 발전이 단번에 수포로 돌아가기 때문이다. 그렇지 않으면 진화적 발전은 정지하고 퇴보하기까지 할 것이다…. 피의 오염이 퇴보의 원인이 되었기 때문에 과거의 모든 위대한 문명은 사라졌다.

…오늘날 모든 예술, 과학, 기술의 소산물 등 인간 문화는 거의 아리아인의 독창적 산물이다. 이 사실 하나만으로도 아리아인만이 인류의 고급형 인간의 창시자이며 더 나아가 아리아인이 인간의 원형을 대표한다는 타당한 결론에 도달할 수 있다.

유대인은 아리아인과 매우 대조를 이룬다.

내가 잠시 뒤에 말하는 이유 때문에 유대인은 자신들의 문명을 전혀 가진 바 없으며 다른 민족은 항상 그들의 지적 작업의 기반을 제공해 왔다는 것이다. 유대인의 지능은 항상 자기 주변에서 이용할 수 있는 문화적 업적을 활용함으로써 발전되어 온 것이다. 그 반대는 결코 있었던 적이 없다.

유대인은 무슨 일에도 망설이지 않으며 그의 야비함은 너무 악독해서 유대인의 혐오스러운 모습이 악마의 탈을 쓴 인간이라거나 악의 상징물이라 해도 우리 가운데 전혀 놀랄 사람이 없을 정도이다.

다. 대학에서 학습의 자유와 대학교수의 권위는 유린되었으며 협력하지 않는 교수들은 대학에서 추방되었다.

종교 역시 나치의 도구가 되었다. 나치는 종교를 히틀러 체제에 예속시켰으며 특히 프로테스탄트 교회를 박해하고 비판적인 목사들을 투옥하였다. 1930년대 말에는 가톨릭 교회도 나치의 공격 대상이 되었다.

나치의 경제정책 파시스트 이탈리아의 경우와 같이 독일의 경제정책도 국가자본주의를 지향하였다. 이론적으로 나치는 자본주의와 사유재산제를 유지한다고 주장했지만 실제로는 국가가 기업과 노동을 완전히 장악하고 있었다.

노동조합이 해산되고 노사(勞使)는 다같이 국가조직 아래 편성되었다. 노동 3권은 존재하지도 않았다. 나치의 궁극적 목표는 자급자족이었으며 이 목표달성을 위하여 대규모의 철저한 국가경제체제를 편성하였다.

나치의 행진

정부는 유대인의 재산을 몰수했을 뿐 아니라 중간계급에 대해 중과세하였다. 실업자를 위한다는 구실 아래 국채를 대량 발행하였다. 실업구제를 위해 1933년 제1차 4개년계획을 수립하여 고속도로 · 주택 · 관청 건설 등 대대적인 건설공사와 간척사업을 비롯해 무기생산을 개시하였다.

제1차 4개년계획과 중복된 제2차 4개년계획이 1936년 수립되어 그 목표로 자급자족을 내세웠다. 자급자족을 달성하는 과정에서 국민은 질이 나쁘고 비싼 대용품을 사용하였다. 독일 경제는 68%의 국민생산 증가를 가져왔으나 지폐 남발로 마르크의 가치가 1945년에는 1933년의 1% 수준으로 폭락하였다.

나치의 독재 1933년 3월 새로운 선거에서 나치 의석은 288석으로 늘어났다. 히틀러 정권은 선거 전야에 일어난 제국의회 의사당 화재에 대한 혐의를 공산당에게 뒤집어씌웠다. 정부는 바이마르 헌법에 규정된 긴급조항을 적용하여 시민의 자유를 억제하고 신문을 탄압하였다.

공산당은 의사당 화재를 나치 음모라고 비난하고 그 책임을 부인하였다. 그럼에도 히틀러는 공산당 지도자들을 투옥하고 당을 해산하였다. 같은 해 6월 118개의 의석을 가진 사회민주당도 똑같이 탄압되고 의원들은 의원직을 박탈당하였다. 그 후 모든 정당은 나치에 흡수되거나 자진 해산하여 독일에서는 나치만이 유일 정당으로서 정권을 좌우하였다.

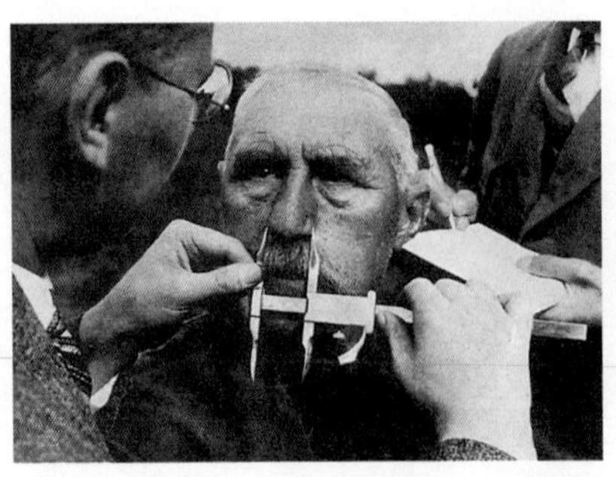
순수 독일인을 찾는 나치당원

1933년 3월 선거에서 나치가 승리한 후 제국의회는 히틀러에게 4년간의 독재권을 부여하였다. 전통적인 영방 권한은 없어지고 독일은 강력한 중앙집권적 정부를 가지게 되었다. 제국군(Reichswehr)을 완전 장악한 나치 정치체제는 노동조합이나 교회까지도 국가통제하에 두었다. 전반적으로 독일국민은 나치의 정책을 열렬히 지지하였다.

5. 공황과 국제적 긴장

1929년 미국에서 시작된 금융 위기는 전세계를 경제불황 속으로 몰고 갔다. 모든 나라가 차례로 생산침체, 은행파산, 상거래의 정체 등 불경기로 큰 타격을 받았다. 사람들은 생활수준을 낮추고 실업과 기아의 고통을 참아야 하였다. 서방 세계에서는 1920년대의 번영과 낙관이 사라지고 절망이 팽배하였다.

각국은 필사적으로 고율 관세나 수입 쿼터 등의 제한조치를 취하고 새로운 경제정책을 실시해 사태 개선을 시도하였다. 미국은 뉴딜 정책을 채택하고 영국은 계획경제를 실시하였다.

1930년대의 경제불황은 독재자들에게 좋은 기회를 부여하였다. 정권을 장악한 히틀러는 국제적으로 일련의 사건을 일으켜 제3국의 영토를 침식해 들어갔다. 일본에서는 군부가 집권하여 1931년 만주를 침략하였다. 같은 시기에 이탈리아는 에티오피아를 정복하였다. 스페인 내란의 결과 1939년 프랑코 Francisco Franco(1892-1975)의 파시즘이 대두하였다.

독일·이탈리아·일본 등의 호전적 침략에 직면한 영국과 프랑스는 집단안전보장과 국제연맹을 포기하고 '유화정책'(Appeasement)을 쓰게 되었다. 소련은 국내 재건에 주력하고 미국은 전통적인 고립주의 노선에 따라 국제정치에 초연한 입장을 취하였다.

이러한 상황에서 추축국(樞軸國)의 침략이 극도에 달하자 마침내 유럽의 민주주의 국가들을 비롯해 소련과 미국은 군사력으로 국가의 존립을 지키지 않을 수 없게 되었다.

A. 세계적 공황

이미 1929년 9월부터 하락하던 주가가 10월 24일 '검은 목요일'에 크게 폭락하였다. 뉴욕 시 월스트리트Wall Street의 주식시장에는 주식을 팔고자 하는 수많은 군중이 운집하여 대혼란을 빚었다. 수주 내에 주가는 40% 폭락하고 기업의 신용은 완전히 떨어졌다. 미국 산업계에 나타난 마비현상은 전세계로 퍼져나갔다. 세계적으로 경제적 불황이 닥쳐왔는데 이를 대공황(Great Depression)이라 한다.

이러한 경제적 불황이 전혀 예상되지 않은 것은 아니었다. 여러 복잡한 원인들 가운데 첫째로 1929년까지 세계적으로 생산, 특히 농업부문과 건설업계에서의 생산이 과잉상태를 빚었다. 둘째로 각국이 국민에게 마음놓고 소비를 하도록 조장한 이른바 번영의 대부분은 거품에 불과하였다. 주식이나 채권 가격이 2-3배 뛴 것을 보고 투자자들은 실질적으로 부유해진 것 같이 생각하였다. 셋째로 자본, 특히 미국 자본이 더 이상 수출되지 않았으므로 채무국, 특히 독일은 지불과 구매를 중지하였다. 다른 나라들도 재정적 의무를 수행할 수 없다고 주장하면서 같은 과정을 밟았다.

1920년대를 지나는 동안 이러한 요인이 쌓여 마침내 미국 주식시장의 파탄을 가져왔고 그 여파는 전세계적인 경제 불황으로 확산되었다.

미국의 공황 이러한 세계적인 경제불황으로 배상과 전쟁채무는 거의 이행되지 못하고 국제재정은 지불불능 상태에 빠지고 말았다. 그러므로 1931년 미국의 후버 대통령은 모든 정부간 채무의 1년간 지불 유예를 제안하였으며 각

대공황 때 식량을 기다리는 미국인 행렬

국의 동의를 받았다.

뿐만 아니라 1932년 로잔 회의에서는 독일의 배상의무에 대한 실질적 말소를 합의하였다. 유럽 각국은 미국이 채권을 감축하리라는 희망에서 이러한 조치를 취했지만 미국은 배상과 전쟁채무 사이에는 상관 관계가 없다며 그 제의를 거부하였다.

불황이 심화되어가자 채무국은 채무상환을 더 이상 이행할 수 없었다. 프랑스는 1932년 채무 상환을 거부하였다. 영국과 그 밖의 네 나라는 명목상 상환을 하다가 1934년 완전히 중지해버렸다. 핀란드만이 채무상환을 예정대로 계속할 뿐이었다.

뉴딜 미국은 1933년 로우즈벨트Franklin D. Roosevelt(1882-1945)가 대통령에 취임하면서 '뉴딜 정책'(New Deal)을 채택하여 불황을 극복하고자 시도하였다.

그는 화폐 유통을 원활히 촉진하고 실업자의 구제를 위해 광범한 토목공사와 건설계획을 추진하였다. 예를 들면 TVA(Tennessee Valley Authority)를 창설하여 지역개발을 하는 동시에 전력을 증산하여 농촌에 전기를 공급하였다.

1935년 사회보장법(Social Security Act)을 채택하여 실업자 · 노령자 · 불구자를 돕는 한편 불황의 여파를 최소한으로 줄이려고 하였다. 뉴딜 정책은 한마디로 말해 자본주의체제에 대한 수정으로서 공공복지와 사회적 이익을 앞세운 정부 통제정책을 의미하였다.

(왼쪽) 로우즈벨트
(오른쪽) 농민들과 악수하는 로우즈벨트

B. 국제관계

경제불황의 충격은 세계적으로 심각한 것이었다. 각국 정부는 예산상의 수지를 맞추지 못하였다. 공장이 폐쇄되고 농산물은 밭에서 썩었다. 밀(小麥) 가격은 3백년만에 최저가로 떨어졌다. 아프리카 황금해안의 카카오cacao 생산자, 브라질의 커피 생산자, 네덜란드령 동인도 제도의 코프라copra 농장 노동자, 미국의 피츠버그 공장 노동자도 생기 없는 생활을 하기는 마찬가지였다.

각국의 가게 · 호텔 · 극장 · 레스토랑이 개점 휴업상태였다. 기계공 · 농장 노동자 · 사무원 · 건설 노동자들은 줄줄이 해고되었다. 실업자의 증가는 구매력을 떨어뜨렸고, 결과적으로 더욱 더 심한 불황을 초래하였다.

이러한 사태에 직면하여 각국마다 비상수단을 다 동원하였다. 즉 고율 관세 · 수입삭감 · 화폐 평가절하 등 여러 가지 방법을 강구하였다. 영국에서는 새로 들어선 연립내각이 금본위제를 폐지하고 보호무역주의로 되돌아갔다. 그러나 프랑스의 약체 내각은 경제적 불황에 대해 별다른 대책을 세우지 못하였다. 독일에서는 대공황이 온건한 개혁파를 몰락시키고 히틀러의 나치당을 일어서게 하였다. 이미 파시스트 체제로 들어간 이탈리아는 협동조합국가 건설의 최종단계에 돌입하였다.

소련은 대체로 자체 내에서 해결하는 경제체제였으므로 5개년계획의 진척에 큰 차질을 보지 않은 것 같았다. 그러나 소련의 국제무역은 감소되고 외자유치가 적어짐에 따라 재정적 곤란은 커졌다. 소련은 1929-1939년 스탈린 독재하에 두 차례의 5개년계획을 수행하여 중공업의 진흥과 농업 집산주의(集産主義)를 통해 신속하게 국가의 부를 축적하는 데 성공하였다.

일본의 군국주의 경제불황은 일본에도 닥쳐와 커다란 충격을 안겨주었다. 1929-1931년 일본의 수출은 거의 반으로 줄었다. 수출의 약 40%를 차지하던 비단 수출은 미국이 구매량을 격감시킴에 따라 크게 줄었다. 실업 · 저임

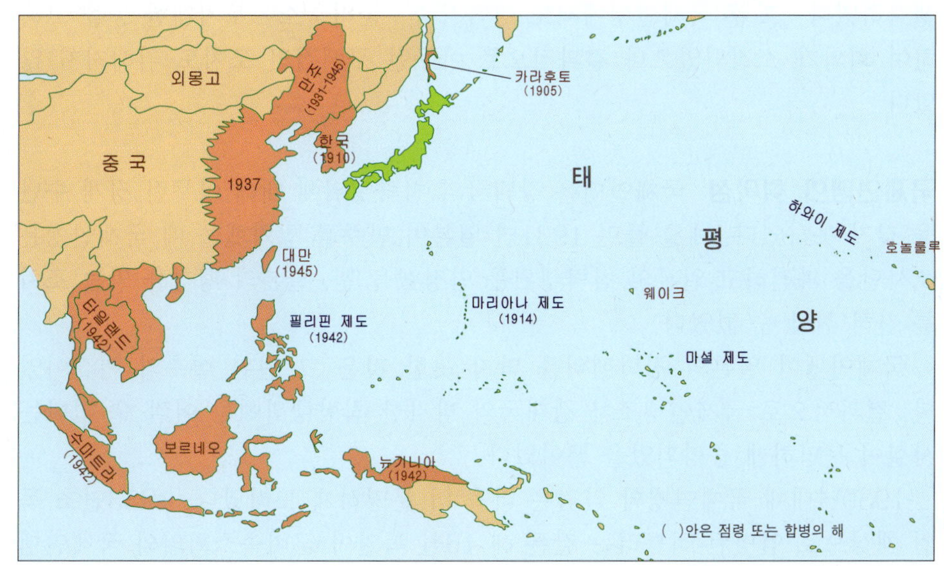

일본의 팽창 (1875-1945)

금 · 파업은 다반사가 되었다. 일본 사회에는 좌절감이 널리 퍼졌다.

1929년 일본의 자유주의 내각은 군부의 심각한 도전에 직면하였다. 중국과의 화해를 시도하고 군비축소를 생각하고 있던 하마구치 유코(濱口雄幸, 1870-1931) 수상은 1930년 11월 총에 맞아 다음 해 봄에 죽었다. 이 암살로 일본의 자유주의는 큰 타격을 받아 다시는 소생하기 어렵게 되었다.

그후 일부 호전적인 군부가 집권했으며 독일이나 이탈리아의 개인독재와 달리 일본은 군부의 지배를 받게 되었다. 군부는 중국대륙뿐 아니라 모든 아시아를 장악하는 이른바 '대동아 공영권'이라는 식민제국을 건설하려는 야욕을 품고 있었다.

일본은 1931년 만주를 침략했으며 6년 후 이 행위는 중국 전체에 대한 포고 없는 전쟁으로 확대되었다. 국제연맹은 속수무책이었으며 일본의 침략은 더욱 더 대담해졌다. 일본의 만주침략은 그후 제2차 세계대전의 한 부분인 태평양전쟁으로 확산되는 출발점이었다.

국제평화의 위기 타협적인 협약과 반(反)침략 보장을 통해 평화를 유지하려던 유럽 각국의 시도는 1930년대에 이르러 무너졌다. 평화조약은 한낱 종이조각에 불과하였다.

가장 중요한 것은 군비축소 내지 비무장에 관한 상호협정을 체결함으로써 전쟁을 포기하는 일이었다. 베르사유 조약에서 독일의 비무장이 규정되고 프랑스 · 영국 · 이탈리아의 군비축소가 제안되었으나 실현되지 않았다.

미국과 일본은 1922년 '위싱턴 해군회의'(Washington Naval Conference)에 참가했으나 프랑스는 군비축소가 국가안보에 위협이 된다고 생각하였다. 그 후 국제연맹에서도 병력감축 · 군비축소 · 무기제한 등을 고려하여 회의가 소집되었으나 결과적으로 아무런 구체적인 조치도 취해지지 않았다.

국제연맹의 취약성 국제연맹은 강대국의 침략행위에 대해 아무런 징계 수단을 갖지 못하였다. 예를 들면 1931년 일본이 만주를 침략했을 때 국제연맹은 조사단을 파견하고 일본의 침략행위를 인정했을 뿐, 일본의 팽창을 막는 조치를 전혀 취할 수 없었다.

국제연맹이 일본의 침략행위를 막지 못한 것은 그 권위 실추의 시작이었다. 결과적으로 국제연맹조차 강대국의 방자한 침략행위에는 어쩔 수 없다는 사실이 분명하게 증명되었을 뿐이었다.

1930년대에 국제연맹의 약점은 더욱 더 분명하게 드러났다. 1933년초 독일 재상으로 임명된 히틀러는 같은 해 10월 독일이 군비축소회의와 국제연맹으로부터 탈퇴한다고 선언하였다. 이 탈퇴선언은 유럽에 충격을 안겨주었다.

그럼에도 아직은 집단행위를 통해 유럽 평화가 유지될 수 있었다. 1933-1934년 두 개의 파시스트 세력은 서로 거리를 두고 있었고 나치의 팽창 야욕은 아직 노골적으로 드러나지 않고 있었다.

프랑스와 소련 프랑스 외무장관 바르투Jean Louis Barthou(1862-1934)는 동유럽과 중앙 유럽에서 동맹을 강화함으로써 나치 팽창에 대한 장벽을 쌓는 정책을 썼다. 그는 폴란드와 '소협상' 회원국들을 더욱 공고히 결속시킴으로써 히틀러에게 침략이 무가치함을 깨닫게 하려고 하였다.

그러나 그는 동맹체제를 완결하지 못한 채 1934년 10월 유탄에 맞아 죽었다. 그의 죽음으로 동맹체제에는 금이 가고 플랑댕Eugéne Napoléon Flandin(1809-1876) 수상과 라발Pierre Laval(1883-1945) 외무장관 시대에 이르러 히틀러에 대한 저항이 약화되었다.

소련은 독일의 국제연맹 탈퇴를 자국의 국제적 지위를 강화할 수 있는 좋은 기회로 여겼다. 독일이 탈퇴한 1년 후 1934년 9월 바르투의 설득이 효과가 있어서 소련은 국제연맹에 가입하였다. 국제연맹에서 소련 대표 리트비노프Maxim Litvinov(1876-1951)는 집단 안전보장체제를 강력히 주장했으며 그로 인해 1934-1936년 소련은 유럽 민주국가들에게 호감을 사게 되었다.

독일의 재무장 1935년 3월 히틀러는 베르사유 조약을 파기하고 재무장을 선언하였다. 그는 독일이 1918년까지 채택했던 평화시 징집제도를 부활하였다. 사실상 징집제도는 프랑스·이탈리아·소련 등 주요 국가에서 채택된 특징 있는 제도였다. 따라서 독일이 기타 유럽 국가들과 동등한 지위를 확보해야겠다는 히틀러의 주장에는 일관성이 있었다. 다른 나라들이 군비를 축소하지 않기 때문에 독일은 재무장이 불가피하다는 것이었다.

히틀러가 집권하기 전 독일의 재무장 시도는 수년간 비밀리에 진행되어왔다. 1935년의 히틀러의 주장에 새로운 점이 있었다면 징집을 다시 제도화한다는 것이었다. 국제연맹이 독일의 재무장을 비난했으나 유럽 주요국가들은 비교적 부드러운 반응을 나타냈다. 연맹 회의가 소집되기 1주 전에 프랑스·영국·이탈리아의 대표들이 스트레사Stresa 호숫가의 휴양지에 모여 독일의 위협에 공동 대처할 것을 합의하였다.

스트레사 합의 1주 후 각국의 행보는 제각기 달랐다. 프랑스는 소련과 군사동맹을 체결했으나 영국은 타협적 제스처로 독일과 해군협정을 단독 체결하였다. 이 협정으로 독일은 영국 해군의 35%에 해당하는 해군력을 증강할 수 있게 되었고 따라서 프랑스가 배신감을 느낀 것은 당연하였다.

라인란트 침공 국제연맹의 결의가 현실성 없는 한낱 압력에 불과하다는 것을 파악한 히틀러는 1936년 3월 라인란트의 여러 도시에 독일군을 파병하였다. 라인란트에 군대를 진주시켜 비군사지대인 그곳을 요새화하기 시작하였다. 라인란트의 군사화는 프랑스의 국가적 안전보장에 치명적인 타격을 가한 셈이 되었다

그러나 예상된 프랑스군의 개입은 없었다. 프랑스는 5월 선거를 준비하고 있었으므로 라인란트에 대해 관심을 기울일 여유가 없었기 때문이었다. 국제사회는 독일의 라인란트 침공에 대해 항의의 목소리를 냈으나 실효를 거두지 못하였다. 이로써 히틀러의 침략을 싹부터 자를 수 있는 절호의 기회는 사라졌다.

이탈리아의 에티오피아 침략 이탈리아는 오랫 동안 동아프리카의 에티오피아를 탐내고 있었으나 얻은 것이 거의 없었다. 1896년 에티오피아 황제군에 의해 격퇴된 이탈리아군은 동아프리카 연안의 불모지대 두 곳과 1911년 추가로 얻은 리비아Libya를 차지하는 것으로 만족하지 않으면 안 되었다. 1912년 모로코가 프랑스의 식민지가 된 이후로 에티오피아는 식민정복에 굴하지 않은 아프리카 유일의 국가였다.

집권 초기부터 침략 의도를 감추지 않고 있던 무솔리니는 마침내 노골적인 정복행위를 감행하였다. 1932년경부터 인접한 이탈리아령 식민지에 군대를 집결시킨 이탈리아는 1934년말 국경충돌 사건에 개입하였다. 무솔리니는 이탈리아가 에티오피아에 대해 자유로운 행동을 취하기로 1935년 1월 프랑스 외무장관(이며 곧 수상이 될) 라발과 합의하였다.

1935년 여름 이탈리아의 전쟁준비가 분명해짐에 따라 경각심을 가진 영국

이탈리아 침략에 맞서 구식 무기로 훈련받는 에티오피아 병사들

은 에티오피아를 지원하려고 하였다. 9월 영국대표는 국제연맹 전체회의에서 이탈리아의 침략행위에 저항하는 세력에 대한 지원을 공식 선언하였다.

1935년 가을 스트레사 합의는 무의미해졌다. 프랑스와 영국의 저지에도 불구하고 1935-1936년 무솔리니는 나치 독일과 손을 잡았다. 이탈리아군은 1935년 가을 에티오피아를 간단히 유린하고 1936년 5월 합병하고 말았다.

에티오피아 황제 하일레 셀라시에Haile Selassie;Ras Tafari(1892-1975)의 제소에 따라 국제연맹은 이탈리아를 침략자로 규정하였다. 연맹의 기본정신을 준수하려는 국가들은 물품판매를 거부함으로써 이탈리아를 제재하고자 하였다. 그러나 석유와 같은 가장 중요한 전략물자는 여전히 이탈리아에 공급되고 수에즈 운하가 이탈리아 선박의 통행을 허용했기 때문에 아무런 효과를 거두지 못하였다.

스페인의 1931년 혁명 일본 · 이탈리아 · 독일의 침략 행위가 국제평화를 크게 교란시키고 있을 때 스페인 내란이 유럽 평화를 위협하는 또다른 문제로 등장하였다.

20세기 스페인 문제는 1898년 미국과의 전쟁에서 패배함으로써 시작되었다. 스페인은 거의 모든 식민지를 상실하고 강대국으로서의 위상을 잃고 말았다.

미국과의 전쟁으로 촉진된 스페인 혁명운동은 세 방향에서 진행되었다. 우선 스페인에서는 프랑스나 이탈리아보다 늦게나마 노동계급운동이 시작되고 있었다. 다음에는 언어와 전통이 다른 지역, 특히 프랑스 접경 서쪽의 바스크Basque 지방과 동쪽의 카탈로니아 지방에서 자치운동이 일어났다. 마지막으로 교회의 막대한 부에 대해 공격하는 반(反)가톨릭 운동이 있었다.

이러한 세 갈래 운동은 카탈로니아 주 수도 바르셀로나에서 합류하여 폭력화되었다. 1909년 5일간의 폭동은 자치주의, 반교회주의, 노동계급의 저항이라는 앞으로 다가올 스페인 내란의 공식을 보여준 것이었다.

스페인은 제1차 세계대전에 참전하지는 않았으나 국내적인 어려움이 가중되었다. 군대의 발언권이 1921년의 모로코 반란을 계기로 한층 더 강해졌다. 반란은 프랑스군이 스페인을 지원함으로써 1926년 진압되었다. 군부는 군주제를 꿈꾸는 왕 알폰소 13세Alfonso XIII(1886-1941, 재위:1902-1931)의 후원 아래 쿠데타를 일으켜 결국 1923년 리베라Miguel Primo de Rivera(1870-1930) 장군이 집권하게 되었다.

그러나 리베라는 왕을 돕기보다는 자신이 스페인을 통치할 생각이었다. 정치적 식견과 뚜렷한 목표를 설정하지 못한 리베라의 군사독재는 무정부상태를 초래하였다. 마침내 왕은 1930년 그를 해임하고 다른 장군을 통해 지배를 강화하려고 했으나 실패하였다.

1931년 왕은 헌법 회복을 선포하고 시의원 선거를 실시하였다. 왕정에 대한 국민 감정이 나빠졌고 결과적으로 선거는 왕정에 대한 국민투표와 같은 것이 되었다. 일반적으로 군주론이 우세한 농촌과는 달리 도시에서는 대체로 공화론이 승리하였다.

그 결과 스페인 왕 알폰소 13세는 해외로 망명하고 1931년 4월 공화정이 선포되었다. 제헌의회(Cortes)가 7월 소집되었으나 국민여론은 여러 갈래로 분열되었다. 사회혁명을 원하는 좌파, 공화론자인 중도 좌파, 혁명의 기본이념에 충실한 자유 온건파, 성직자계층인 우파 등이 있었다.

처음 2년간은 자유 온건파인 아사냐Manuel Azana(1880-1940)의 영도 아래 어느 정도의 정치적 발전을 보았다. 군대의 힘을 억제하며 카탈로니아 및 바스크 지방의 자치를 허용하고 대중 교육을 활성화하였다.

그러나 1932-1933년의 개혁은 진전이 더뎠고 군부의 저항에 부딪혔다. 1932년 8월 고급장교들이 일으킨 폭동은 비록 진압되었으나 4년 후에 다가올 사태를 예고하는 것이었다.

1933년말 제헌의회의 해산과 함께 정규 의회가 선출되어 보수파가 다수당이 되었다. 그리하여 이전의 개혁은 무위로 돌아가고 당시 포르투갈이나 오스트리아에서와 같은 준(準) 파시즘 체제가 되었다.

스페인 내란 이러한 보수반동체제에 좌파가 결속하여 프랑스에서와 같은 민중전선을 형성하였다. 1936년 2월 선거에서 민중전선을 중심으로 한 연합이 승리하여 아사냐 일파가 다시 집권하였다. 이 때 군의 일부 장교들이 쿠데타

피카소 「게르니카」(1937): 1936년 2월에 일어난 스페인 내란을 그린 것이다.

를 일으켰다.

쿠데타는 프랑코가 지휘하는 스페인령 모로코 주둔군의 반란으로 시작되었다. 반란군은 민족주의적 명분을 내세우며 급속히 세력을 뻗어 스페인 서쪽과 남쪽을 차지하였다. 프랑코는 지휘관으로서 능력을 발휘하여 이질적 요소들을 융합하였다. 대부분의 추종자는 왕당파나 지주층 및 유산계층이었다. 반란군은 정규군의 가세를 얻어 많은 지역을 점령하였다.

정부군은 마드리드-발렌시아-바르셀로나와 같은 산업지역을 근거로 방위태세에 들어갔다. 싸움이 소강상태를 유지하고 외부 세력이 개입하자 스페인 내란의 성격이 바뀌게 되었다.

외세의 개입 스페인 쿠데타를 처음부터 도운 것은 독일과 이탈리아였다. 내란의 발발과 함께 이탈리아와 독일의 파시스트 정권은 프랑코의 민족주의적 반란군을 지원하였다. 프랑코는 두 나라로부터 병력 및 무기 · 비행기 · 대포 등을 공급받았다.

이에 반해 프랑스의 블렁 정부는 스페인의 민중전선을 지원하여 스페인 공화국 정부에 비밀리에 전쟁물자를 수송하였다.

영국은 독일과 이탈리아의 공공연한 반란군 지원에 강력히 항의하였다. 영국은 보수당 정부 아래에서 엄격한 중립을 유지하고 주요국가 간의 불간섭 합의를 도출하고자 하였다.

한편 프랑스는 국내여론의 분열로 스페인 공화국 정부군을 지원하기 어렵게 되었다. 프랑스가 빠진 자리를 메운 것은 소련이었다. 독일의 재무장을 경계한 소련은 이 내란에서 스페인 공화파를 원조하였다. 소련은 각종 전쟁 물자와 기술인력을 지원하였다. 특히 소련공산당이나 유럽 공산당의 고위인사들을 파견함으로써 스페인 공화국에 이념적 영향력을 행사하고자 하였다.

1937년 스페인 내전 동안 마드리드 폭격에 반대하는 선전문

이데올로기의 대립 외세 개입은 내전 주동자의 성향을 바꾸어 놓게 되었다. 프랑코는 무솔리니와 히틀러의 도움을 받아 파시즘과 가까워졌다. 그러나 프랑코는 이탈리아와 독일에 의존했음에도 본질적으로 스페인 민족주의운동의 입장을 확고하게 유지하였다.

스페인 공화국 정부측은 소련의 압력에 견디기 어렵게 되었다. 소련에 대한 의존도가 커짐에 따라 거의 스페인 민족주의의 독자성이 사라지고 말았다. 스페인 공화국에 대한 스탈린의 원조는 내란 초에는 전혀 없던 공산주의적 색채를 드러나게 하였다.

스페인 내란에 대한 지원을 둘러싸고 파시스트 국가와 공산주의 국가는 상호간에 국제여론에 호소하였다. 결과적으로 스페인은 파시스트와 소련이 힘

1938년 독일의 국민투표에서 히틀러를 지지할 것을 호소하는 선전문

겨루는 각축장같이 되어 버렸다.

스페인을 지원하기 위한 다른 서방 국가들의 참여가 더 이상 없게 되자 소련은 1938년 중반 스페인 공화국을 포기하기로 작정하였다. 이는 프랑코의 승리를 위한 전환점이 되었다. 프랑코는 1938년 12월 카탈로니아에 대한 총공세를 펴고 다음해 바르셀로나를 함락시켰다. 1939년 3월 마드리드와 발렌시아 역시 함락되었다.

스페인 내란은 75만의 희생자를 내고 끝났다. 내란 후 독일과 이탈리아의 군대는 철수하였다. 결국 프랑코의 파시스트 정부는 프랑스 · 영국 · 미국 등 서방 국가들의 승인을 받았다.

스페인 내란의 의의 스페인 내란은 부유층이 빈곤층을 패배시킨 계급투쟁이며 대부분의 국민은 방관하는 입장에 있었다. 사실상 스페인 공화국이 프랑코 정권보다 더 국민의 지지를 받은 것은 분명하였다. 정규군의 가세와 무솔리니와 히틀러의 대규모 지원을 받았음에도 프랑코 정권은 승리하는 데 거의 3년이나 걸렸다.

프랑코의 승리는 민주주의적 가치관의 패배를 의미하였다. 유럽 민주주의 국가들이 나약하고 불분명한 태도를 보이는 사이에 파시스트 국가들은 힘을 합쳐 강하게 대처하였다. 이 사실은 다음에 오는 국제적 위기, 즉 스페인 내란이 끝나고 반년쯤 지났을 무렵 일어난 독일의 오스트리아 합병에서 또다시 입증되었다.

결국 스페인 내란은 스페인 자체의 내란이라는 점 이외에 국제적 세력 충돌과 이데올로기의 싸움이라는 성격을 띠고 있었다. 결국 스페인 내란은 장차 다가올 세계대전을 예고하는 사건이었다.

C. 침략과 군사적 대결

1930년대 유럽과 아시아의 국제적 긴장은 점차 고조되었다. 먼저 1931년 만주 정복에 착수한 일본의 중국 공격은 사실상 세계전쟁의 시작을 알리는 것이었다. 1931년 만주사변으로 중국대륙에 대한 침략을 개시한 일본은 중국 정복을 계속하였다. 침략에 항의하는 의미에서 중국이 전국적으로 일본 상품을 거부하자 일본군은 상하이(上海)를 공격하고 1933년초 북중국 깊숙이 진군하였다. 중국은 일본의 침략 기세를 잠시 늦추게 하고 장기적 항전을 준비하기 위해서 휴전하였다.

이 휴전에서 중국은 일본의 만주 및 북중국에 대한 기득권을 인정하지 않을 수 없었다. 휴전이 계속되는 4년간 일본은 정복지를 행정적으로 강화하였다.

한편 유럽에서는 히틀러가 영토에 대한 일련의 요구를 하자 국제적 긴장이 고조되었다. 1930년대 후반 유럽의 국제정세는 1939년 9월 제2차 세계대전 발발에 이르는 수순을 밟고 있었다.

일본의 만주침략 제1차 세계대전 후 일본은 세계적 강대국의 위상을 차지하였다. 일본 정치지도자들은 일본의 산업자본주의 체제에 따른 국제적 역할을 지지하고 특히 동아시아 진출을 환영하였다.

만주는 역사적으로 중국영토였으나 일본이 1906년 건설한 만주철도를 유지하고 일본군이 주둔하면서 일본 세력권 안에 들어가게 되었다. 1931년 일본은 이 지역의 지배권을 주장하기 위한 군사행동을 취하였다.

1931년 9월 일본군은 남만주 철도 선양(瀋陽: Mukden) 북쪽 교량을 폭파하고 이 사건의 책임을 중국에게 뒤집어씌웠다. 선양 사건은 중 · 일 전쟁의 구실이었다. 당시 일본정부는 이러한 군사행동을 억제하려고 했으나 군부는 이에 개의치 않고 1932년 만주를 장악하였다. 괴뢰정권 만주국을 수립한 일본은 실질적으로 전쟁을 시작한 셈이었다.

1933년 일본은 국제연맹이 만주침략을 비난하자 국제연맹에서 탈퇴하였다.

국공합작과 일본의 공격 1930년대 중국은 일본 침략에 노출된 가운데 내분으로 곤란을 겪었다. 장제스(蔣介石, 1887-1975)의 국민당 정부는 일본과 싸우는 한편 마오쩌둥(毛澤東, 1893-1976)의 공산당 세력과 다투지 않으면 안 되었다.

중국 공산당은 1931년부터 3년 동안 그 세력을 남부 중국으로 크게 확대하여 많은 중국인을 지배하는 데 성공하였다. 같은 시기에 국민당 정부는 공산당에 대한 대대적인 공세를 펴서 공산당을 곤경으로 몰아넣었다. 그러나 국민당과 공산당은 공동의 적을 앞에 두고 1936년말 마침내 국공합작(國共合作)이라는 항일 통일전선을 형성하였다.

영토 확장이 일본의 국가적 보존에 절대필수임을 믿은 일본은 1937년 중국에 대한 대규모 공격에 착수하였다. 일본군은 베이징에서 시작하여 남쪽으로 진격하고 양쯔장(楊子江)을 따라 신속하게 난징으로 쳐들어갔다.

1937년 7월 베이징의 루거우교(盧溝橋: Marco Polo Bridge)에서 일어난 중국군과 일본군의 충돌은 중국에 대한 선전포고 없는 전쟁이었다. 일본 해군과 공군은 상하이를 폭격하여 민간인 수천 명을 살해하고 난징 공격의 거점으로 삼았다. 이리하여 중국의 북부와 동부가 일본군의 점령 아래 놓이게 되었다.

일본의 중국 침략은 국제사회의 강력한 항의를 받았으나 일본은 개의치 않고 또다른 도전을 시도하였다. 당시 유럽 열강은 유럽 자체의 문제에 집중한 나머지 미처 아시아 사태에 대해 개입할 여지가 없었다.

중국 침략에 성공을 거둔 일본은 1938년 '대동아공영권'(大東亞共榮圈) 수립을 선포하고 더욱 침략을 노골화하였다. 일본은 서양 제국주의로부터 아시아의 독립을 지키는 '아시아인의 아시아'를 표방했으나 일본의 정복과 지배의 가혹함은 곧 이 표방이 허구이며 '일본을 위한 아시아'를 만들 속셈을 드러냈다.

일본은 마침내 1940년 9월 독일 · 이탈리아와 군사 및 경제에 관한 삼국동맹을 체결하였다. 더욱이 배후의 러시아의 위협을 줄이기 위해 1941년 러시아와 불가침 조약을 체결하여 장차 미국과의 충돌에 대비하였다.

추축국과 연합국 형성 일본이 아시아 침략을 감행한 1930년대 중반을 전후하여 유럽의 국제관계에도 점차 긴장이 고조되어갔다. 영국 · 프랑스 · 이탈리아가 독일에 대해 연합전선을 펴고 있었기 때문에 1935년까지 독일은 대체로 외교적으로 고립되어 있었다. 그러나 전반적인 평온 상태를 깬 것은 이탈리아였다.

에티오피아 합병을 계기로 이탈리아는 독일측과 우호관계를 맺고 1936년 로마-베를린 추축(Rome-Berlin Axis)을 형성하였다. 1년 후 이탈리아는 독일의 뒤를 따라 국제연맹을 탈퇴하였다. 추축국(樞軸: Axis Powers)의 제3국으로서 일본은 독일과 1936년 반(反)코민테른 협정을 맺었고 1년 후 이탈리아가 여기에 가담하였다. 이 협정은 표면상 러시아를 겨냥한 것 같았으나 사실상 로마-베를린-도쿄 추축은 침략과 팽창이라는 공동 목적을 두고 형성된 것이었다.

추축국은 제1차 세계대전 후 체결된 강화조약에 불만을 품고 이에 대한 수정을 요구했기 때문에 수정주의 국가라는 말을 들었다. 이 나라들은 재무장을 서두르고 국가적 필요와 제국주의적 지배권 확장에 필요하다고 생각되는 영토를 점령하는 것을 서슴지 않았다.

무솔리니를 방문한 히틀러(1938. 5)

이에 대해 연합국측에서는 프랑스와 영국이 중심이 되었다. 거기에 영연방 캐나다 · 오스트레일리아 · 뉴질랜드 등이 가담하였다. 또 소련 · 중국 · 미국이 동참하고 라틴 아메리카의 여러 나라가 가세하였다.

이러한 두 개의 커다란 세계적 동맹체의 형성은 1930년대와 1940년대를 통해 이루어졌다. 연합국측은 추축국측의 초기 침략행위를 묵인했으나 결국 1930년대말과 1940년초에 이르러 추축국측과 전쟁을 피하기 어렵게 되었음을 깨닫게 되었다.

독일의 오스트리아 합병 1936년 봄 라인 지역을 군사기지로 만들 때 히틀러는 유럽에서 영토 확장을 할 의도가 없다고 공언하였다. 그러나 그 후 이 공언이 허위임이 드러났다. 독일은 과거 15년간 국제연맹의 감독 아래 있던 자르Saar 지대를 1937년 합병하였다. 한 걸음 더 나아가 독일계 민족의 결속과 통합을 시도하고 그 방향으로 대독일제국을 건설하려고 하였다.

일찍이 1934년 히틀러는 오스트리아를 합병하려다가 이탈리아의 반대로 좌절되었으나 4년 후 1938년 이탈리아가 독일의 동맹국이 되었을 때 다시 합병을 시도하게 되었다. 1938년초 스페인 내란의 결과가 아직 불확실한 점을 기화로 히틀러는 오스트리아에 압력을 가하기 시작하였다.

1938년 2월 베르흐테스가덴Berchtesgaden에서 휴양하고 있던 히틀러 총통(Führer)에게 불려간 오스트리아 재상 슈슈니히Kurt von Schuschnigg (1897-1977)는 굴욕적인 제안을 승낙하지 않을 수 없었다. 그는 투옥 중의 오스트리아 나치를 사면하고 나치파의 입각을 강요당하였다.

그러나 빈으로 돌아온 슈슈니히는 한 사람의 나치만을 내무장관으로 임명하고 그 이상의 조치는 취하지 않았다. 그는 오스트리아의 독립을 유지하기로 작정하고 국민투표에 회부하였다. 이에 히틀러는 격분하여 국민투표의 연기를 요구하는 최후통첩을 보냈다.

이것이 거절되자 히틀러는 국경에 군대를 집결시키기 시작하였다. 마침내 1938년 3월 11일 슈슈니히는 사임하고 정권을 맡은 나치 장관이 오스트리아로 진격해 오는 독일군을 받아들였다. 독일군 탱크부대는 국경을 넘어 12일 오스트리아 전국을 점령하였다.

결국 오스트리아는 전투 없이 굴복하였다. 다음날 오스트리아는 공식적으로 독일제국에 합병되었다. 1938년 4월 실시된 국민투표에서 99.75%의 오스트리아인이 '독일과의 합병'(Anschluss)을 찬성하였다.

합병 배경 독일이 오스트리아를 별탈 없이 합병하게 된 배경에는 오스트리아의 국내 사정과 당시 유럽 국제관계가 작용하였다. 우선 합병이 별다른 저항에 부딪히지 않은 것은 오스트리아인의 태도와 관계가 있었다. 비록 히틀러의 국민투표가 공갈과 테러를 사용한 불법적인 것이었기는 하지만 합병 전 수년간 오스트리아 국내에서 친독일적 정서가 점차 커진 것도 사실이었다.

독일의 팽창(1936-1939)

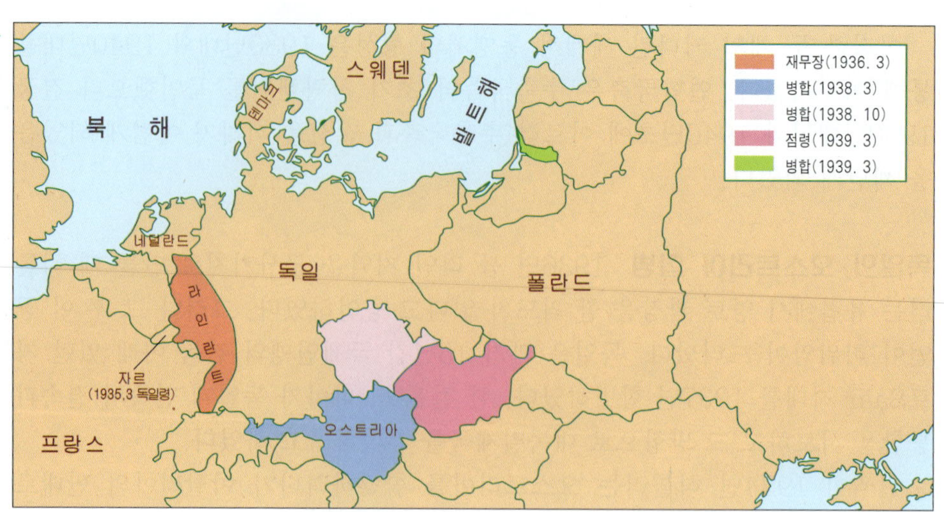

1933년 히틀러가 집권하기 이전에 오스트리아인은 언어와 전통이 같은 독일제국과의 통합을 거의 이구동성으로 찬성하였다. 비록 5년이 지난 1938년 당시 민족의식이 상당히 고조되어 있었지만 오스트리아 국민 대부분은 정치적 불감증에 빠져 있었다. 합병이 되었을 때 일부 오스트리아인은 열렬히 환영했으며 대다수는 체념한 상태에 있었다.

더욱이 국제적으로 볼 때 유럽의 다른 나라들은 오스트리아의 독립을 보호하는 데 나서지 않았으며 또 그럴 여력도 없었다. 독일의 오스트리아 합병 조치는 분명히 1919년의 베르사유 조약을 위반한 것이었으나 영국이나 프랑스는 뚜렷한 항의를 하지 않았다.

이미 1936년 가을 로마-베를린 추축 형성에 동의한 파시스트 이탈리아는 독일의 오스트리아 합병을 축하하였다. 영국의 이든Robert Anthony Eden(1897-1977) 외무장관은 파시스트 침략에 저항한 주요 인사였으나 합병 한달 전에 체임벌린 내각에서 물러나 있었다.

체임벌린Neville Chamberlain(1869-1940)이 이끄는 영국정부는 무솔리니와 히틀러와의 타협을 모색하는 이른바 '유화정책' 방향으로 나가고 있는 중이었다. 독일이 오스트리아를 공격하기 훨씬 이전부터 체임벌린 정부는 오스트리아의 독일합병을 수용하고 있었던 것이다.

프랑스의 사정은 2년 전 히틀러의 라인란트 재무장 때와 흡사하였다. 프랑스 정부는 나약하고 무력하였다. 블렁의 뒤를 이은 달라디에Édouard Daladier(1884-1970)는 인기가 없었으나 개성이 강한 인물이었다. 자신이 직접 국방장관을 겸임하면서 그는 독일과의 전쟁준비에 1차적 중요성을 부여하였다. 그러나 히틀러와의 실제 대결에서 어느 정도 타개 능력을 발휘할는지는 미지수였다.

체코슬로바키아 침략 오스트리아를 합병한 2주 후 히틀러는 체코슬로바키아를 공략하였다. 그는 독일 접경지대에 있는, 독일어 사용 인구가 대다수인 주데텐란트Sudetenland 합병을 계획하였다. 1938년의 한 연설에서 히틀러는 주데텐란트 주민이 비인도적인 처지에 놓여 있으므로 해방되어야 한다고 주장하였다.

인구가 많고 산업이 번성한 체코슬로바키아는 오스트리아보다는 강한 나라였다. 강한 군대와 효과적인 요새를 가진 체코슬로바키아는 프랑스 · 러시아와 상호지원조약을 맺고 있었다. 또 건국 초대 대통령 마사리크Thomas G. Masaryk(1850-1937)를 계승한 베네슈Eduard Beneš(1884-1948) 대통령과 같은 유능한 정치가가 있었다. 파리 강화회의의 결정에 따라 체코슬로바키아는 약 3백만의 독일어 사용 인구가 살고 있는 주데텐란트를 영유하게 되었다. 그 이후 15년간 주데텐란트의 독일계 주민은 동유럽이나 중앙 유럽의 소수민족의 경우보다 더 좋은 대우를 받았으며 따라서 비교적 불만도 적은 편이었다.

그러나 히틀러가 집권하게 되자 불평은 갑자기 고조되었다. 오스트리아에서와 같이 나치 앞잡이들이 활동을 시작하여 독일인을 선동하는 데 성공하였다. 특히 여기에는 독일과의 합병을 반대하는 다른 소수민족도 없었다.

오스트리아를 성공적으로 합병한 히틀러는 주데텐란트인의 불평을 부추기고 주데텐란트의 자치를 요구하였다. 그러나 그의 진심은 주데텐란트의 합병에 있었다. 그러므로 베네슈 대통령은 히틀러의 의도를 간파하고 전쟁을 마다 않는 저항을 시도하였다.

상황이 이렇게 되자 영국과 프랑스는 주데텐란트 문제를 상의했으나 이미 두 나라는 유화정책을 방침으로 정한 바 있었다. 프랑스는 파리 강화조약을 존중하여 체코슬로바키아를 옹호할 의무가 있다고 주장했으나 실제에서는 프랑스군의 전투력을 감안하여 거의 열의를 보이지 않았다. 영국은 프랑스와 달리 조약에 얽매일 생각을 갖지 않을 뿐 아니라 싸울 의욕도 없었다. 결국 영국이 주도하고 프랑스가 따라가는 식으로 두 나라 사이에 묵계가 이루어졌다.

1937년 영국수상이 된 체임벌린은 유화정책으로 국민의 지지를 받았다. 그는 나치도 세계전쟁을 원치 않으리라고 믿고 양보함으로써만이 히틀러를 달랠 수 있다고 생각하였다. 그는 국제긴장을 해소하기 위해 모든 가능한 방법으로 독재자와 타협하고 화해하려고 하였다. 그의 국제정치관은 프랑스와 영국의 정치가들이 오직 힘에 의해서만 독일을 막을 수 있다고 생각한 것과는 상당한 거리가 있었다.

1938년 여름과 가을에 걸쳐 영국의 입장은 분명해졌다. 체임벌린 정부의 외교정책은 점차 친(親)독일 노선으로 선회하였다. 체임벌린은 히틀러와 회담했으나 히틀러는 주데텐란트의 자결권을 내세워 고집하였다. 체임벌린은

(왼쪽) 히틀러와 타협을 모색하는 체임벌린
(오른쪽) 1938년 뮌헨 협정을 마치고 돌아와 연설하는 체임벌린

평화를 유지하기 위해서라면 히틀러가 요구하는 것을 주는 편이 낫다고 생각하였다. 이에 그는 프랑스 수상 달라디에에게 유럽 평화를 위해 체코슬로바키아측을 희생시켜야 한다고 설득하였다.

체임벌린은 독일계 주데텐란트 주민의 자결권 부여를 주장하고 체코슬로바키아에게 압력을 가하여 양보를 요구하였다. 9월 베네슈 역시 이에 굴복하였다. 이로써 위기는 지나간 것 같았다.

그러나 히틀러는 주데텐란트에 무력으로 침입하여 즉각적 합병을 강행하려고 하였다. 사태가 이에 이르자 체임벌린도 여기에는 반대하고 프랑스와 함께 공동조치를 취할 것에 합의하였다. 소련도 이에 동의했고 더욱이 미국과 이탈리아까지도 히틀러에게 압력을 가하였다. 이러한 조치는 때늦은 감이 없지 않았다.

뮌헨 협정 무솔리니의 제의에 따라 1938년 9월 29일 뮌헨München; Munich에서 4국회의가 개최되었다. 체코슬로바키아 대표 및 그 동맹국인 러시아가 참가하지 않은 가운데 결국 이 회의에서는 히틀러의 요구를 최대한 받아들이게 되었다. 주데텐란트 합병이 승인되었으며 그 대신 국제위원회에서 새로 조정한 국경선이 존중된다는 데 합의하였다. 이리하여 유럽의 평화는 1년 더 연장되었다.

'뮌헨 협정' (Munich Pact)에 따라 유럽의 평화는 일시나마 유지되고 대규모 전쟁을 피했다고는 하지만 결코 평화에 대한 위협이 사라진 것은 아니었다. 오랫동안 프랑스와 영국의 지도자들이 우려했던 일이 1939년 현실로 나타났다.

1939년 3월초 독일 신문들이 체코슬로바키아 정부를 신랄하게 공격하였다. 히틀러는 중순경 체코슬로바키아 대통령과 외무장관을 베를린에 초치(招致)하여 독일의 체코슬로바키아 합병에 서명할 것을 강요하였다. 결국 체코슬로바키아 대통령 하카Emil Hácha(1872-1945)의 서명은 단순한 형식에 불과하였다. 이미 독일군은 국경을 넘고 있었고 이윽고 체코슬로바키아의 거의 모든 땅을 점령하였다. 독일은 공포에 질린 리투아니아 국민으로부터 메멜Memel 항도 빼앗아 합병하고 말았다.

뮌헨협정(1938) 때의 네 나라 대표. 히틀러의 모습이 보인다.

히틀러의 성공에 힘을 얻은 무솔리니도 4월 프랑스에서부터 니스Nice와 코르시카Corsica를 얻으려는 움직임을 보이고 1939년 여름에는 알바니아 Albania를 침공하여 합병하였다. 두 독재자는 군사협정, 이른바 '철의 협정'을 체결하면서 자신들의 침략을 자축하였다.

미국의 고립주의 히틀러의 체코슬로바키아 정복 및 뮌헨 협정 위반에 충격을 받은 프랑스와 영국 정부는 유화정책을 버리기로 결정하였다. 영국은 역사상 최초의 평시 징집을 실시하였다. 하루 5백만 달러를 쓰는 방대한 군사계획이 추진되기 시작하였다. 프랑스에서도 달라디에 수상이 국가방위를 위한 비상권(非常權)을 부여받았다.

이러한 유럽의 긴박한 정세에도 미국은 고립주의를 지켰다. 세계평화를 위한 제1차 세계대전의 결과에 실망한 미국은 전후에 국제분쟁의 잠재적 원인이 될 사건에는 초연한 입장을 취하려고 하였다. 미국 의회는 1935년부터 1937년 사이에 일련의 중립주의를 지향하는 입법을 통해 어떠한 교전국에 대해서도 미국 정부가 군수품을 공급하는 것을 불법으로 규정하였다.

비록 1930년대 후기에 나치와 파시스트의 위협이 매우 분명해졌을 때 로우즈벨트 대통령이 여러 차례 경고한 바 있으나 그럼에도 미국의 고립주의 정책에는 큰 변화가 일어나지 않았다.

6. 제2차 세계대전

히틀러는 초기의 도박이 성공하자 장차 전쟁도 마다하지 않을 것임을 공언하였다. 서방국가들은 우유부단한 외교로 5년을 허송한 후 비로소 히틀러의 위험한 불장난을 막아보려고 시도했으나 때는 이미 늦었다.

이리하여 일어난 제2차 세계대전은 제1차 세계대전에 비해 더욱 더 큰 세계적 규모로 확대된 전쟁이었다. 추운 알류션 열도(Aleutians)나 러시아의 스테프 지방, 뉴 기니New Guinea 밀림이나 사하라의 열사(熱沙)할 것 없이 지구의 구석구석에서 전투가 벌어졌다. 인종과 민족을 가리지 않고 전략상 협동작전이 행해졌다. 미국 로우즈벨트 대통령이 미국 참전 2개월 후 유명한 노변 담화에서 "이 전쟁은 새로운 종류의 전쟁이며 그것은 모든 대륙, 모든 섬, 모든 바다, 모든 하늘에서 일어나는 전쟁이다"고 한 말은 제2차 세계대전의 전면성을 단적으로 표현한 것이었다.

제2차 세계대전은 제1차 세계대전보다 더 가공할 새로운 무기가 사용되고 그만큼 인류문명의 파괴는 심각하였다. 제2차 세계대전은 역사상 유례가 없는 광범위한 '전면전쟁' (total war)이었다.

A. 추축국의 선제공격

일본이 중국과 8년째 전쟁하고 있을 때 유럽 국가들도 전쟁의 소용돌이에 휘말리게 되었다. 1939년에서 1941년 사이에 유럽 대륙의 안과 밖에서 충돌이 일어났다.

스페인 내란은 국제적 적대관계를 선명하게 드러냈다. 독일과 이탈리아는 서로 동맹하고 재무장했으며 노골적으로 침략주의를 내세웠다. 그 동안 소련은 수수께끼로 남아 있었다. 소련이 궁극적으로 어느 편에 가담할 것인가는 전혀 예측할 수 없었다. 영국 · 프랑스측과 독일측 양쪽으로부터 동맹 제의를 받은 소련은 결국 독일과 손을 잡았다. 뮌헨 협정 때 제외된 소련을 끌어들이기 위해 영국과 프랑스 외교관들이 교섭을 벌이고 있는 동안 소련과 독일은 비밀리에 합의내용을 세부적으로 작성하고 있었다.

유럽에서 전쟁이 일어나게 된 것은 무엇보다도 폴란드 문제 때문이었다. 독일이 오스트리아를 합병할 때부터 유럽에는 전쟁의 암운이 드리우고 있었으나 그래도 영국과 프랑스는 자중하고 상호 제휴하면서 전쟁을 피하기 위해 다각도로 노력하였다. 일단 독일이 폴란드를 유린하자 영국과 프랑스는 강경 대응하였으며 드디어 제2차 세계대전이 발발하였다.

폴란드 문제 '폴란드 회랑(回廊)' 인 서프로이센은 베르사유 조약으로 폴란드에 이양된 바 있었다. 이 회랑 지대의 주민 90%가 폴란드인인 반면 단치히 자유항의 주민은 거의 독일인이었다.

1939년 3월 히틀러는 베르사유 조약에 따라 자유항이 된 이 도시가 조국의 품으로 돌아가야 한다고 선언하였다. 그는 단치히의 할양뿐 아니라 독일과 동프로이센을 연결하는 지역을 폴란드에 요구하였다.

이에 프랑스와의 합의하에 영국 수상 체임벌린은 나치 정부가 폴란드 독립을 침해할 경우 폴란드를 지원할 것이라고 경고하였다. 독일은 베르사유 조약에 따라 설정된 국경선이 부당하다고 비난하면서 폴란드 회랑 지대에 사는 독일 사람들이 박해받고 있다고 강변하였다.

1935년 이래로 소련은 군비축소를 제창하고 국제연맹을 지지했으며 체코슬로바키아에 대한 지원을 제안한 바 있었다. 그러나 1939년 5월 스탈린은 친서방 정책 대변자인 리트비노프를 해임하고 강경한 몰로토프Vyacheslav Molotov(1890-1978)를 새 외무장관으로 임명하였다.

히틀러는 소련에게 핀란드 · 에스토니아 · 라트비아 · 리투아니아 · 동폴란드 · 루마니아 일부에 대한 재량권을 인정했는데 이는 장차 폴란드에 대한 요구를 관철시킬 때를 대비한 것이었다.

독일-소련 협정 1939년 8일 독일-소련 불가침조약이 체결되었다. 그것은 역사상 유례가 드문 적대국끼리의 제휴였다. 이 조약은 전체주의 국가의 대외정책이 얼마나 신축성이 있는가를 보여주는 전형적인 예였다. 독일은 확고한 코민테른의 반대자였으며 소련은 반(反)파시스트 최전방에 나선 국가였기 때문이다.

소련은 발트해와 흑해 사이의 모든 국가의 영토보전이 보장되어야 한다고 주장하였다. 서방국가들은 공산주의의 영향권 확대를 경계했으나 소련에 대한 대응은 극히 소극적이었다. 독일-소련 불가침조약은 소련이 히틀러에게 폴란드 문제에 대한 재량권을 부여했으며 독일에게 영국과 프랑스를 상대로 전쟁을 할 수 있도록 여지를 마련해 준 것이었다.

이와 같은 제휴를 통해 소련은 코민테른의 쇠퇴를 원하는 공동적(共同敵)들이 서로 싸워 약화되기를 원하였다. 히틀러는 폴란드 침략에 앞서 소련 개입을 미연에 방지했기 때문에 영국과 프랑스의 반대를 대수롭지 않게 생각하였다.

그러나 영국과 프랑스는 더 이상 독일의 팽창과 침략을 방치할 수 없었다. 교황청 · 벨기에 · 미국 등은 평화를 호소했으나 전쟁은 불가피해 보였다.

드디어 독일이 1939년 9월 1일 폴란드 국경을 넘어 침공하였다. 이틀 후 9월 3일 아침 영국은 독일에 최후통첩을 보냈다. 영국의 선전포고에 이어 프랑스도 같은 조치를 취하였다. 이리하여 제1차 세계대전이 끝난 지 21년 만에 다시 세계대전이 발발하였다.

독일의 전격전 제2차 세계대전 침략국가들의 공통점은 선전포고없이 전쟁을 시작했다는 점이다. 전쟁은 기습공격에 의존하였다. 나치군은 폴란드에서 기습 전술의 이점을 십분 활용하였다.

독일군은 용의주도한 계획 아래 침략을 준비해왔고 독일 기갑사단(Panzer)이 1939년 9월 예고없이 '전격전'(電擊戰: Blitzkrieg)을 개시하여 순식간에 폴란드 육군을 유린하였다. 폴란드 공군은 매우 불리한 상황에서 독일 공군(Luftwaffe)에 의해 크게 파괴되었다. 독일군은 폴란드 서부를 함락시키고 불과 1개월 만에 전투를 끝냈으며 소련은 독일과의 협정에 따라 동쪽 부분을 점령하였다. 독일의 전격전과 돌연한 승리에 프랑스와 영국은 깜짝 놀랐다.

장기전 그러나 독일의 기대와 달리 1939년 겨울에는 전쟁이 '장기전'(Phony War; Sitzkrieg)에 돌입하게 되었다. 서방국가들은 제1차 세계대전의 경험에 비추어 쓸데없는 희생을 치르지 않으려고 애썼다. 독일군이나 영국 · 프랑스군은 각각 마지노 선(Maginot Line)과 지크프리트 선(Siegfried Line)이 난공불락이라 믿고 본격적인 전투를 하지 않았다.

이 기간 중에 활발히 전투가 벌어진 곳은 핀란드 방면이었다. 핀란드는 공군과 해군을 위한 기지를 러시아가 요구하였을 때 강경히 거부했으므로 1939년 11월 러시아의 공격을 받게 되었다. 핀란드는 다음 해 3월까지 놀라운 끈기와 맹렬한 저항으로 버티었으나 끝내는 영토를 할양하고 주요 전략기지를 소련에게 조차(租借)하고 말았다.

처칠

덴마크와 노르웨이 달라디에 후임으로 정력적인 레이노Paul Reynaud(1878-1966)가 프랑스 수상으로 취임한 것을 계기로 연합군은 노르웨이 방어를 결심하게 되었다.

그러나 이러한 결심과는 다르게 사태가 진전되었다. 독일-프랑스 국경선에서 장기전이 계속되고 있는 동안 1940년 4월 히틀러는 중립국 덴마크를 침공하여 하루만에 굴복시키고, 이어 노르웨이의 중요 전략기지를 간단히 점령하였다. 이 기지들은 독일군이 영국 주요 도시를 공격하기 위한 거점으로 활용하였다.

노르웨이 왕은 런던에 망명정부를 수립하

였다. 영국과 프랑스의 원정군이 노르웨이에서 오래 버티지 못했으므로 영국 수상 체임벌린은 5월 사임하였다. 그의 뒤를 이어 처칠Sir Winston Churchill(1874-1965)이 전쟁의 난관을 헤쳐나갈 중책을 맡고 초당 거국 내각의 수상으로 취임하였다. 영국 제국의 영광을 확신하는 보수주의자 처칠은 국가적 위기 속에 등장한 정치가였다.

벨기에와 네덜란드 독일군은 서부전선에서 공격을 재개하여 1940년 5월 10일 사전 경고 없이 중립국인 네덜란드 · 벨기에 및 룩셈부르크를 공격하였다. 네덜란드는 주로 공수부내의 공격을 받아 불과 1주도 안 되어 항복하였다. 벨기에는 일부 영국군과 프랑스군의 지원을 받았으나 18일 만에 역시 항복하고 말았다.

네덜란드와 벨기에가 함락됨으로써 마지노 선은 세당Sedan 지역에서 뚫렸다. 1940년 5월 14일 독일군은 아르덴Ardennes 삼림 지대를 뚫고 북프랑스에 쳐들어가 세당에 도달하였다.

5월 중순 독일 공군의 폭격 속에서 프랑스와 영국 군대는 대패하고 남은 영국군은 덩케르크Dunkerque; Dunkirk 해안에 집결하는 수밖에 없었다. 영국군은 공군의 엄호 아래 수백 척의 함선으로 필사적인 탈출을 하였다. 수많은 패잔병을 기적적으로 구출하는 데 성공한 덩케르크 후퇴작전은 연합군의 자랑할 만한 업적이었다.

프랑스 함락 덩케르크 철수 이후 프랑스의 몰락은 불가피해 보였다. 프랑스를 방어하려는 연합군의 노력은 실패하였다. 독일군은 6월 5일 공격을 재개하여 1주 이내에 파리를 함락시켰다.

무솔리니는 6월 10일 영국과 프랑스에 선전포고하고 남프랑스에 침입하였다. 드디어 6월 16일 프랑스는 항복하였다. 휴전조약은 1918년 독일이 항복할 때 사용된 열차 칸에서 1940년 6월 22일 체결되었다. 더욱 아이러니칼한 것은 제1차 세계대전 때 베르덩 전투의 영웅이었던 84세의 페탕이 이번에는 휴전조약에 서명한 당사자가 되었다는 사실이다.

페탕과 비쉬 정부 페탕은 항복조건을 받아들였다. 이로써 프랑스 국토의 5분의 3은 나치 점령하에 들어갔으며 프랑스군 포로는 독일에 그대로 수용되었다. 프랑스는 점령지역과 비점령지역으로 구분되었다. 비점령지역인 동남프랑스 지방 비쉬Vichy에 프랑스 정부가 들어섰다.

페탕의 비쉬정부는 파시스트와 전통 우익이 결합한 연립정부로서 1942년 11월 독일이 프랑스 전체를 점령할 때까지 나치의 괴뢰가 되었다. 어쨌든 비

독일의 공습을 받은 런던 (1940)

쉬 정부 수립으로 프랑스 제3공화국은 종지부를 찍었다.

한편 드골Charles de Gaulle(1890-1972)은 런던으로 망명하여 자유 프랑스 정부를 수립하고 연합국에 가세하였다. 망명 드골 정부의 상징은 수세기 전 프랑스를 해방시키려는 전투에서 잔다르크가 사용했던 로렌(Lorraine) 적십자였다.

영국의 대항 1940년 6월말 유럽에 군림하는 히틀러에 대해 외로이 대항한 나라는 영국이었다. 히틀러는 19세기초 나폴레옹이 그랬던 것처럼 영국을 정복하려고 하였다. 독일은 1940년 6월부터 공습을 감행하는 동시에 직접 영국에 침공할 것도 계획하였다. 그러나 9월로 계획한 침공이 연기되고 다음해 봄에는 공습조차 중단되고 말았다.

유럽 대륙의 해안선은 노르웨이에서 스페인에 이르기까지 독일의 수중에 들어갔다. 그 결과 영국의 보급로인 런던 · 리버풀 · 글라스고 등이 위험에 직접 노출되었다. 존망의 위기에서 전시 연립내각 수상 처칠은 불굴의 용기와 강력한 영도력을 발휘하였다.

영국에게는 몇 가지 유리한 여건이 있었다. 첫째, 프랑스가 항복한 이후의 가장 좋은 시기에도 독일은 영국에 즉각 침공할 채비를 못하고 있었다. 둘째, 독일 잠수함 수는 제한되어 있어 영국 함선을 파멸로 몰고 갈 정도는 아니었다. 셋째, 우수한 독일 공군은 주로 지상군과의 협동작전을 위해 개발되었으며 단독적인 전략을 위해서는 덜 효과적이었다.

레이더의 출현 프랑스가 함락된 6주 후 독일 공군은 영국에 대한 대대적인 공습을 시작하여 주요 산업시설을 파괴하였다. 8-10월 영국 일반시민의 사기를 꺾기 위해 도시를 중점적인 폭격 대상으로 삼았다.

그러나 영국은 새로운 비행기 설계 및 전파탐지기 레이더radar의 개발로 영국을 직접 공습한 수많은 독일 비행기를 추락시킬 수 있었다. 영국은 새로운 방공기술을 개발하였다. 독일은 항만, 공항을 비롯해 런던 등 도시들을 폭격했으나 영국민의 사기를 꺽을 수는 없었다. 그 결과 독일은 곧 공습을 그만두고 야간 폭격에만 의존하였다. 독일의 공습은 항만 · 조선소 · 비행장 · 도시 등 목표물을 빈번히 바꾸었고 따라서 폭격의 군사적 · 경제적 효과는 분산되었다.

오히려 공습은 영국민의 사기를 진작시켰다. 1940년부터 1941년 6월에 이르기까지 단지 살아남는다는 것 자체가 처칠의 말대로 이른바 '최고의 순간' (finest hour)에서의 승리였다.

이탈리아의 실패 무솔리니는 1940년 10월 그리스에 침략했으나 이탈리아군의 비효율과 약체 때문에 실패하였다. 아프리카에서의 전투도 역시 실패였다.

이탈리아군이 영국령 소말릴란드를 정복하고 이집트에 침공했을 때 우세한 영국군은 반격을 가하고 대승하였다. 뿐만 아니라 영국군은 계속 공격하여 소말릴란드를 탈환하고 에리트레아까지 진격하였다. 1941년 5월 영국군이 에티오피아를 점령했으며 이를 계기로 이탈리아를 역공(逆攻)하기 시작하였다.

독일의 발칸 반도 정복 1940년 4월 나치군은 그리스와 유고슬라비아를 동시에 공격하여 쉽사리 정복하였다. 나치군은 공수부대를 투하하여 크레타 섬을 점령하였다. 1941년 봄까지 유럽의 거의 모든 나라가 제3제국에 굴복하고 말았다.

루마니아 · 불가리아 · 헝가리 세 나라는 1940년 3월 독일군의 진주를 환영하였다. 뿐만 아니라 오랫동안 추축국에 동참하기를 망설이던 유고슬라비아에 대한 공격과 무솔리니가 실패한 그리스 공략을 위해 협력하였다.

1940년 6월 소련은 독일과의 협정조건을 내세워 루마니아로부터 베사라비아Bessarabia를 획득하였다. 프랑스가 함몰된 직후 히틀러는 루마니아를 위성국가로 만들어 버렸다. 루마니아 일부를 영유했던 불가리아와 헝가리도 1941년초 역시 독일의 괴뢰국이 되고 말았다.

침공은 1940년 4월 시작되었으며 1개월 이내에 유고슬라비아와 그리스가 유린되었다. 그리스군과 영국군은 크레타 섬으로 후퇴했으나 그마저 독일 글라이더 부대와 낙하산 부대의 공격을 받고 철수하지 않을 수 없었다. 연합군은 이집트로 후퇴하여 리비아와 교전중인 영국군과 합류하였다. 이로써 추축군은 지중해 전체를 장악하게 되었다.

소련의 영토 확장

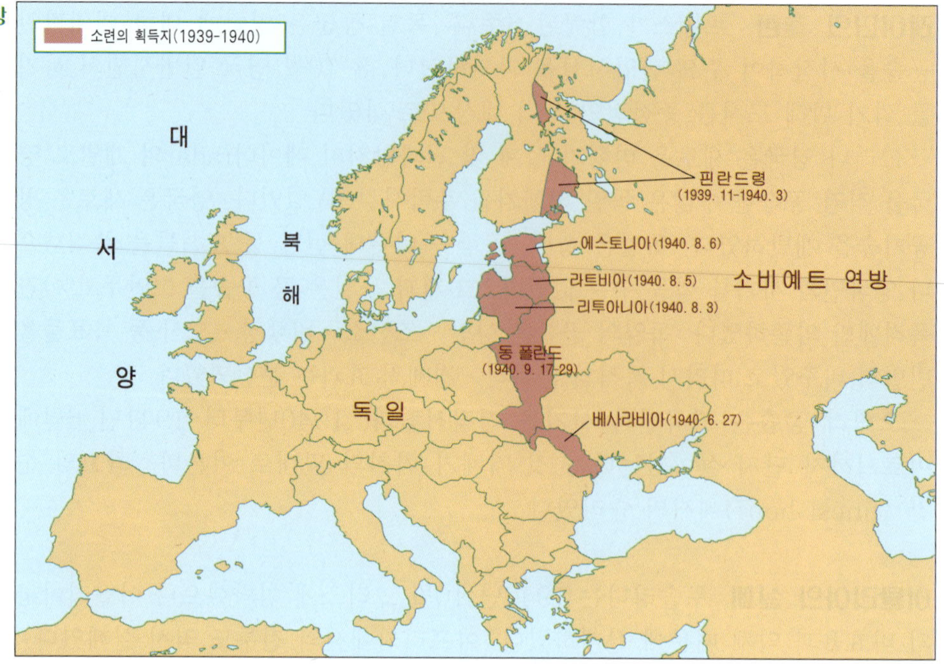

소련 침공의 배경 소련은 독일과의 협정(1939)을 계기로 폴란드 진격(1939. 9), 핀란드 일부 합병(1940. 3), 에스토니아Estonia · 라트비아Latvia · 리투아니아Lithuania 편입(1940. 8), 베사라비아 및 북 부코비나Bukovina 합병(1940. 6) 등의 성과를 거두었다.

그러나 영국 해군에 의해 봉쇄당한 독일로서는 소련이 소유한 막대한 자연자원이 탐나지 않을 수 없었다. 우크라이나의 철, 코카서스의 석유 및 그 밖의 목재 · 석탄 · 광물 · 소맥 등이 독일에게는 큰 유혹거리였다. 스탈린도 나치와의 협정이 오래 계속되리라고 기대하지는 않고 있었다. 그러므로 독일과 소련의 충돌은 시간문제였다.

한편 소련은 배후로부터 공격당할 가능성이 있는 일본에 대한 걱정을 덜기 위해 1941년 4월 일본과 불가침조약을 체결하였다. 일본도 마찬가지로 미국과 싸울 경우 배후세력인 러시아의 공격을 미연에 방지할 심산이었다.

프랑스의 함몰 직후 그리스와 유고슬라비아를 정복한 히틀러는 대륙 전체에 대한 지배를 확립하고자 하였다. 여기서 독일은 러시아 팽창세력의 저지를 우선 과제로 삼았고 마침내 두 나라는 충돌하게 되었다.

1941년 봄 독일과 러시아 사이에 맺어진 불가침협정은 아무런 소용이 없게 되었다. 19세기의 나폴레옹에게 그러했던 바와 같이 20세기의 히틀러에게도 러시아는 정복되어야 할 유럽 대륙의 마지막 부분이었다.

1941-1942년 제3제국의 세력은 절정에 달했다. 독일은 7백만-1천만의

군대와 공군, 1백50척의 잠수함을 보유하는 해군을 유지하고 있었다. 1942년 여름 독일 잠수함은 약 4백 척의 연합군 함선을 침몰시켰다. 전세는 압도적으로 독일에게 유리한 것 같이 보였다. 지리적 여건 때문에 단지 스웨덴·스위스·에이레만이 중립을 지키고 있었으며 스페인과 포르투갈은 중립이라 하지만 독일에 우호적인 독재국가였다.

독일과 소련의 전쟁 1941년 6월 22일 독일군은 선전포고 없이 발트해 연안과 흑해 연안에서 소련 국경을 넘어 침공하였다. 과거의 소련 위성국가인 핀란드·헝가리·불가리아·루마니아 등은 이제 독일의 위성국가로서 독일군(Wehrmacht)에 전쟁물자를 보급해야 하는 처지에 있었다.

소련 영토 내에 파죽지세(破竹之勢)로 들어간 독일군은 수많은 소련군을 포로로 하였다. 독일군은 스몰렌스크Smolensk·키예프Kiev·오데사Odessa·카르코프Kharkov·로스토프Rostov 등 주요 도시를 점령하면서 모스크바에 육박하였다. 소련 침공으로 독일은 러시아의 석탄·철·강철·알루미늄의 생산고 약 3분의 2와 곡물과 가축의 40%를 차지하게 되었다.

그러나 몰락 직전의 소련은 굴하지 않고 강력한 항전을 계속하였다. 소련군은 추위와 눈 때문에 보급로가 끊긴 독일군에게 반격을 가하였다. 1942년 8월부터 1943년 2월까지의 스탈린그라드(지금의 볼고그라드)전투를 끝으로 전세는 역전되었다. 그 이후로 러시아군은 높은 사기와 끈질긴 전투로 상당한 지역을 독일군으로부터 재탈환하였다. 소련은 우랄Ural 지대로 철수시켰던 대부분의 공장시설과 기계류를 다시 가동하였다.

일찍이 나폴레옹이 영국과 러시아를 '커다란 수수께끼' 라고 말했는데 이제 히틀러도 그 뜻을 알게 되었다. 나폴레옹과 마찬가지로 히틀러에게도 영국은 해협 때문에, 소련은 넓은 땅 때문에 풀기 어려운 수수께끼였다.

B. 전쟁의 세계화: 1942-1945

1939년 나치의 폴란드 침공으로 시작된 유럽전쟁은 1942년경부터 북아프리카, 아시아에까지 확대되었으며 미국 참전으로 참다운 의미의 세계전쟁이 되었다.

1930년대 이래 파시스트 세력은 정치·국제관계·전쟁에서 선제권을 장악하고 있었다. 독일의 소련 침공은 전쟁을 유럽에서 아시아로 확대시켰다. 더욱이 1941년 일본의 미국 기습은 전장을 태평양에까지 번지게 하였다. 그리하여 제2차 세계대전은 중동과 발칸, 북아프리카와 아시아를 포괄하는 세계적인 규모가 되었다.

2차대전의 주요연대

1938.3	오스트리아 합병(Anschluss)	12	일본, 진주만 기습
9	뮌헨 협정, 독일, 주데텐란트 점령	1942.8	스탈린그라드 전투 시작(1943.2까지)
1939.5	독일-소련 협정	11	연합군 북아프리카 상륙
9	독일의 폴란드 침공, 2차대전 발발	1943.1	카사블랑카 회담
1940.4	독일, 덴마크 · 노르웨이 침공	7	연합군 시실리아 상륙, 무솔리니 추방됨
5	독일, 벨기에 · 프랑스 · 네덜란드 침공	11-12	테헤란 회담
6	프랑스 항복	1944.6	연합군 노르망디 상륙
10	이탈리아, 알바니아 · 그리스 침공	1945.2	얄타 회담
1941.4	루마니아 · 불가리아 · 헝가리 · 독일, 유고슬라비아 침공	5	독일 항복
6	독일, 소련 침공	7-8	포츠담 회담
8	대서양 헌장		

전쟁의 세계화에는 미국의 역할이 크게 작용하였다. 프랑스의 함몰과 영국의 덩케르크 철수 이후 미국의 고립주의 정책은 점차 퇴색하였다. 덩케르크 철수 이후 미국은 영국에 무기를 수송하는 한편 징병제를 실시하여 유사시에 대비하였다.

발트 해와 흑해에서 독일 해군이 증강됨에 따라 연합국의 러시아 보급지원은 간접적인 경로를 통해서만 가능하였다. 1941년 3월 미국 의회는 무기대여법(Lend-Lease Act)를 통과시켜 영국 등에 전쟁물자를 제공하였다.

드디어 미국은 1941년 로우즈벨트 대통령의 말과 같이 '민주주의의 아성'임을 공식적으로 선언하고 영국과 소련에 차관(借款)을 제공하기 시작하였다.

대서양 헌장과 미국의 참전 1941년 8월 전쟁의 도덕적 목적을 밝히기 위하여 처칠과 로우즈벨트는 '대서양 헌장'(Atlantic Charter)을 기초하였다. 헌장이 발표될 당시 미국은 형식상 아직도 교전국이 아니었으나 실질적으로는 교전하고 있는 셈이었다.

1941년 3월 미국의회는 '대차법'(Lend-Lease Act)을 통과시켜 반추축(反樞軸) 전쟁을 하는 국가들에게 부족한 전쟁물자를 대여할 수 있는 권한을 행정부에 부여한 바 있었으므로 이러한 조치는 히틀러의 심정을 건드렸을 것이 분명하였다.

따라서 1941년 여름 미국 해군과 독일 잠수함 사이에 선전포고 없는 전쟁이 일어난 것은 당연하였다. 독일 잠수함이 1941년 6월 남아프리카로 향하던 강철 레일과 자동차를 적재한 미국 선박 로빈 무어Robin Moor호를 침몰시켰

대서양 헌장

1941년 8월 영국과 미국의 수뇌가 기초한 대서양 헌장의 원칙은 대체로 다음과 같이 간추릴 수 있다.

첫째, 영국과 미국은 아무런 영토상의 팽창을 추구하지 않는다. 둘째, 관련 민족의 자유의사에 의하지 않는 영토상의 변화는 있을 수 없다. 셋째, 모든 인민은 정부형태를 선택할 자유가 있다. 넷째, 모든 국가는 크고 작고간에 또 승패에 상관없이 동등한 조건으로 통상권과 자원이용권을 가진다. 다섯째, 노동기준의 향상, 경제적 발전, 사회보장을 증진시키기 위해 모든 국가간에 협동이 이루어져야 한다. 여섯째, 평화가 수립된 후 각 국민은 자국 영토 내에서 거주 안전을 위한 수단이 허용되며 공포와 가난으로부터 해방된 생활이 보장되어야 한다. 일곱째, 자유로운 공해항행(公海航行)이 보장되어야 한다. 여덟째, 안전보장에 관한 항구적 제도가 수립될 때까지 침략 가능성이 있는 모든 국가는 무장 해제되어야 한다.

다. 또 1941년 10월 17일 미국 구축함 커어니Kearny호가 아이슬란드 연안에서 어뢰공격을 받았다. 2주 후 또다른 미국 구축함 류벤 제임즈Reuben James호가 침몰되고 1백 명의 인명 손실이 있었다.

드디어 로우즈벨트 대통령은 1941년 9월 1일 하이드파크Hyde Park 연설에서 히틀러와 나치 세력을 쳐부수는 데 전력을 다하겠다고 분명한 어조로 선언하였다. 10월 27일 해군기념일(Navy Day)에는 벌써 총격전이 개시되었다.

일본의 진주만 기습 1941년 후반 아시아에서도 태평양전쟁이 시작되었다. 1941년 12월 7일 일본의 진주만(Pearl Harbor) 기습은 미국을 제2차 세계대전으로 끌어들인 결정적인 사건이 되었다.

1931-1941년 10년간 일본은 꾸준히 아시아 침략을 계속하였다. 1931년 만주 공격, 1937년 중국과의 전쟁, 1941년 프랑스령 인도차이나 점령 등이 일본의 침략행위의 이정표였다. 마침내 일본은 1941년 10월 팽창주의자 토죠 히데키(東條英機, 1884-1948)를 내각총리로 임명하여 대동아 공영권의 실현을 강행하고자 하였다.

그 동안 침략행위가 있을 적마다 일본은 미국과 마찰을 빚었었다. 일본사절이 워싱턴에서 양국의 관계개선을 절충하고 있는 가운데 1941년 12월초 일본 비행기는 진주만에 정박중인 미국 함선을 기습·대파하였다. 이것이 태평양전쟁의 시작이었다. 진주만 공격 3일 후 독일과 이탈리아는 미국에 선전포고하였다.

영국 및 그 연방국가들과 남아메리카 여러 나라는 미국과 함께 일본에 선전포고하였다. 26개국이 독일·이탈리아·일본에 대항하는 연합전선을 펴게 되었다. 연합국은 1942년 1월 대서양 헌장의 준수를 서약하고 스스로를 국제

일본의 진주만 기습

연합(United Nations; UN)이라 칭하였다.

일본의 성공과 실패 일본군은 주로 태평양의 섬들을 하나씩 점령하였다. 일본은 불과 1개월 내에 필리핀의 마닐라, 웨이크Wake, 괌Guam, 홍콩 등을 점령하였다. 1942년 태평양에 있는 영국과 미국 기지들은 거의 모두 일본군의 수중에 들어갔다.

일본군은 싱가포르Singapore, 네덜란드령 동인도, 말레이야Malaya, 버마(지금의 미얀마) 등을 점령하고 오스트레일리아를 침공할 태세를 취하였다. 일본은 적절한 석탄 공급지를 획득한 반면 미국은 고무와 주석(錫)을 거의 수입하지 못하게 되었다.

그러나 일본의 성공이 1942년 봄에는 한계점에 달하였다. 미국은 1942년 여름부터 해·공군을 증강하여 태평양 지역에서 공세를 취하였다. 미국은 과달카날Guadalcanal(1942. 8)에서 길버트 제도Gilbert Islands(1943. 11)에 이르기까지, 마셜 군도Marshall Islands(1944. 1)에서 마리아나 열도Marianas(1944. 6)에 이르기까지 광범위하게 공격하여 성공하였다.

미국 공군은 인구가 밀집된 일본 도시들을 폭격하였다. 시간이 경과할수록 일본의 약점은 드러났다. 미국 공군의 맹폭(猛爆) 앞에 일본제국은 붕괴 직전에 놓이게 되었다.

스탈린그라드 전투 1942년 여름 독일군은 소련에 대한 공격을 재개하여 남러시아 유전지대를 점령하려고 하였다. 세바스토폴Sevastopol과 로스토프는 독일군 수중에 들어갔다. 1941년 6월 이래 독일군은 레닌그라드를 포위하고 모스크바를 공격했으며, 1942년 여름 러시아 남부에 깊숙히 침투하고 세바스토폴을 점령했음에도 소련의 항복을 받아내지는 못하였다.

상당한 손실을 입었는데도 소련의 적군(赤軍)은 기본적으로 큰 타격을 받지 않았다. 지상의 것들을 불 질러 태우는 소련의 초토(焦土)작전은 나폴레옹 전쟁 때 그러했던 것처럼 독일군의 보급로를 단절해버렸다.

동부전선의 싸움에서 갈림 길이 된 중요한 전투가 스탈린그라드(지금의 Volgograd)에서 있었다. 그곳은 볼가 강으로 나가는 수송 요충지이며 남러시아 유전지대로 가는 통로였다. 1942년 8월 스탈린그라드 전투는 소련군의 적극적 방어로 수개월간 계속되었다. 9월이 되자 독일군은 스탈린그라드 시에 침투하여 시가전을 벌였다. 소련군의 영웅적인 저항이 계속되었으며 그 사이 독일군의 보급은 줄어들었다.

다가온 겨울철 때문에 독일군의 사기가 침체해진 사이에 소련군은 맹렬한 반격을 개시하였다. 히틀러가 스탈린그라드의 사수를 강경하게 명령했으나 독일군은 상당수 이탈하였다.

1943년 2월 항복했을 때 독일군 30만 가운데 3분의 1 가량이 이탈해버린 상태였다. 독일은 이제 자기나라 국경을 지키는 데 급급한 상황으로까지 전세가 뒤집어졌다. 독일군은 약 50만의 피해를 입었다. 스탈린그라드 전투는 동부전선에서의 전환점이 되었다.

서부전선에서의 공습작전 일본의 진주만 공격이 있은 직후 로우즈벨트와 처칠은 유럽에서의 전쟁수행에 우선 순위를 부여하기로 합의하였다. 이 결정은 소련이 대규모 지원 없이는 살아남기 어렵다는 판단에 근거했을 뿐 아니라 유럽의 산업 생산력과 서양문명의 중요성을 인식한 때문이었다.

서부전선에서도 추축국의 입장은 약화되었다. 연합국 공군은 독일에 비해 월등히 우세했고 1942년 내내 독일에 수천톤의 폭탄을 투하했으며 1943년에는 폭격을 5배로 늘렸다. 미국 공군은 주간에 전략기지에 폭격을 가하고 영국 공군은 도시에 야간공습을 감행하였다. 1943년 함부르크 폭격과 1945년 드레스덴 폭격은 그 규모와 타격에서 실로 가공할 만한 효과를 거두었다.

북아프리카 전투 히틀러의 휘하 장군 가운데 가장 뛰어나고 '사막의 여우'라는 별명을 가진 롬멜Erwin Rommel(1891-1944)은 1942년 리비아Lybia에서 결정적 승리를 거두었다. 이 결과 영국 제8군은 이집트 알렉산드리아 근처까지 후퇴하게 되었다.

그러나 1942년 10월 독일 '아프리카 군단'(Afrikakorps)은 이집트 알렉산드리아 서쪽 약 100km 지점의 엘 알라메인El Alamein에서 영국의 몽고메리Bernard Montgomery(1887-1976) 장군과 교전한 끝에 패퇴하고 결국 이탈리아 · 독일군은 튀니지까지 후퇴하였다.

1942년 11월 아이젠하워Dwight D. Eisenhower(1890-1969) 장군의 총지휘로 대규모의 수륙 양면작전을 전개한 영국-미국 합동군은 모로코와 알제리에 상륙하여 독일의 아프리카 군단을 서쪽에서 공격하였다. 튀니지의 추축군은 치열한 항전 끝에 1943년 투항하였다. 북아프리카의 전투에서 독일과 이탈리아는 모두 1백만 가까운 사상자와 포로를 냈다.

북아프리카에서 추축군의 패배는 러시아에서의 패퇴와 거의 동시였다. 연합국은 북아프리카에서 승리함으로써 이제 이탈리아 공격에 착수할 수 있게 되었다.

C. 대전 중의 각국 사회

제2차 세계대전과 같은 대규모의 전쟁 수행에는 국가적으로 경제 전체와 사회 전분야의 협력이 필요하였다. 영국과 미국은 전쟁이 진행됨에 따라 이 문제를 해결할 수 있었다. 소련의 경우는 기대보다 더 저력을 발휘하였다. 독일은 가장 호전적이며 군사적 독재체제를 구축했음에도 국내 문제의 난관에 부딪혔다.

제2차 세계대전중 군인보다 민간인의 희생이 더 컸다. 전술상 폭격, 점령군의 잔학행위, 강제노동, 수용소 생활 등으로 민간인의 고통은 상상을 초월한 것이었다. 남녀노소 가릴 것 없이 전쟁에 동원되었다. 전선에 있는 병사들의 고통과는 다른 차원에서 민간인의 전시생활에도 많은 어려움이 따랐다.

연합국 사회 연합국 국민은 거의 공통적으로 전쟁수행에서 인내심과 애국심을 발휘하였다. 영국민은 독일 공습이 심해질수록 강한 애국심을 나타냈고 어느 나라 국민보다도 국민적 합의를 도출하는 데 성공하였다. 일반 시민은 희생을 감수하고 실업을 견디어냈다. 정부는 국가 자원 동원에 총력을 다했으며 국민은 자발적으로 협력하였다.

미국은 보유 자원을 총동원했으며 1942년말까지 적국의 생산량 총계를 능가하는 전쟁물자를 생산하였다. 미국은 선박 · 비행기 · 무기 · 탄약 · 식량을 영국과 소련을 비롯한 연합군을 지원하였다.

영국과 미국에서는 여성이 그 어느 때보다 더 많이 산업생산에 종사하였다. 남녀노소 할 것 없이 모두 자원봉사활동을 통해 전쟁수행을 도왔다.

소련은 1939년 이전부터 전시체제를 취하고 산업화정책을 강행하였다. 소련 국경에서 상당한 거리가 있는 우랄 산맥 동쪽 지역과 같은 후방을 산업화하는 정책을 취하였다. 1941년 히틀러 공격 수개월 전부터 수많은 공장이 이 지역으로 하나씩 이전하였다. 그리하여 소련은 전쟁물자 대부분을 자체 생산할 수 있었다.

중앙집중인 계획수립, 식량배급, 군대훈련, 여성 취업 등은 공산주의 체제에서는 그다지 획기적 변화는 아니었다. 그럼에도 식량배급, 노동시간 연장, 가옥파괴, 친인척의 죽음, 남성인력의 손실, 영토상실 등은 일종의 부르주아적 애국심을 요구하는 것이었다. 요컨대 애국심은 소련 공공생활의 주요 주제가 되었다.

민간인에 대한 공습 독일이 영국에 대한 직접 공격을 단념하고 그 대신 민간인에게 공포감을 주는 공습작전에 의존하였다. 1940년 9월에서 1941년 5월 사이에 독일 공군의 대대적인 폭격으로 수만 명의 영국 민간인이 희생되었다. 런던 시민은 지하철이나 모래 부대를 쌓은 지하호 속에 피난하였다. 무너진 건물의 잿더미 속에서 시체를 끄집어내는 일이 다반사가 되었다.

독일은 비행기를 사용한 폭격 대신에 새로 발명한 로켓탄을 영국으로 발사하였다. V-1과 V-2로 명명된 '나는 폭탄'이 독일 점령하의 프랑스에서 발사되어 영국에 떨어졌다. 비행기 공습과 달리 아무런 사전 경고 없이 날아오는 로켓탄은 실로 가공할 만한 심리적 효과를 거두었다.

도시를 폭격대상으로 삼은 것은 산업시설에 대한 파괴와 민간인에 대한 심리적 압박을 위해서였다. 물론 공습은 독일군의 전유물이 아니었다. 영국 공군도 역시 독일에 대해 대규모 공습을 감행했으며 미국은 일본을 폭격하여 수 많은 민간인을 살상하였다. 1945년 2월 영국 공군은 독일 드레스덴 폭격으로 13만 명 이상을 죽였고 1945년 3월 미 공군의 일본 도쿄 폭격으로 도시의 4분의 1을 파괴하고 10만 이상의 민간인을 죽였다. 공습은 심리적 혼란과 공포를 자아냈다.

공습작전의 절정은 1945년 8월 일본에 대한 원자탄 투하였다. 수천의 태양을 합친 것보다 더 밝게 빛나는 원자탄 폭발은 일본 히로시마(廣島)와 나가사키(長崎)를 폐허로 만들고 핵 낙진은 수많은 사람들에게 후유증을 남겼다.

나치 사회 1943년까지 독일 시민은 소련인이나 영국인이 겪은 고생이나 삶의 어려움을 경험하지 않았다. 독일의 생산고가 전쟁초보다 결코 큰 것은 아니었으나 1943년 중반부터는 산학협동으로 점차 나아졌다. 1943년 7월 독일의 생산량은 연합군 폭격에도 불구하고 1939년보다 2배가 되었으며 1년 후에는 전쟁 이전 수준의 3배가 되었다.

대전 발발을 전후하여 독일이 획득한 방대한 영토는 자원 · 산업 · 인력을 풍부하게 공급해 주었다. 그러나 나치는 정복지 인력을 강제노동에 충당하는 가운데서도 인종 차별하였다. 처음에 우크라이나인은 소련으로부터 해방시켜 주는 해방군으로 독일군을 환영했으나 나치의 인종차별을 당한 후로는 자발적인 협력을 거부하였다. 나치 지배는 같은 아리아 인종이 사는 북유럽에 대해 덜 가혹했으나 동유럽에 대해서는 상대적으로 혹독하였다.

나치는 외국인을 강제 사역하고 노예노동을 합리화하였다. 약 1백만 명의 프랑스인과 5백만 명의 슬라브인이 독일에서 노동하기 위해 가축처럼 운송되었다. 1944년까지 8백만 명의 외국노동자가 강제 사역되었는데 이는 독일 노동인력의 5분의 1에 해당하는 수였다.

잔학행위와 인종학살 전쟁 중 피정복지의 끈질긴 레지스탕스 운동과 이에 대한 독일의 잔인한 보복은 상승작용을 하였다. 1942년 5월 체코슬로바키아 저항단체가 '교수형 집행인'이라는 별명을 가진 나치 게슈타포 책임자 하이드리히Reinhard Heydrich(1904-1942)를 암살했을 때 나치는 이에 대한 보복으로 리디체Lidice 마을 전체 주민을 학살하였다. 나치는 179명의 남자들을 즉석에서 사살하고 온 마을을 불태워 버렸다. 살아 남은 어린이 90명은 신체검사 후 '순종'이라 하여 강제로 독일로 이송·양육하였다. 이 상황에서도 레지스탕스 운동은 더욱 더 집요하게 계속되었다.

잔학행위는 징용된 노동인력의 경우에도 나타났다. 같은 노동인력이라도 인종에 따라 식량배급을 달리하는 차별대우를 하였다. 굶주린 노동인력은 효율적일 수 없었고 수백만이 강제노동에서 죽었다. 3백만 명의 소련 전쟁포로가 살해되고 점령지역에서는 수백만이 굶어죽었을 것으로 추정된다.

이러한 가혹한 대우와 집단적 잔인성은 나치의 인종말살정책과 부합된 것이었다. 나치는 유대인, 슬라브족, 집시, 동성애자, 여호와 증인, 공산당원 및

수레에 실려 화장터로 이동되는 나치 수용소 가스실 희생자들

그 밖의 바람직하지 않다고 판단한 대상을 색출하여 수용소에 가두고 잔인하게 살해하였다.

유대인 대량 학살 특히 유대인은 인종말살정책의 주요 대상이었다. 1941년 가을 친위대(SS: Schutzstaffel)가 동부전선을 순찰하면서 유대인을 색출 · 체포 · 살해하였다. 남녀노소 할 것 없이 모두 나체로 나란히 서서 뒤로부터 총격을 받고 파놓은 구덩이 속에 처박혔다. 나치 독일에 의해 유럽 유대인 대다수가 학살된 이런 '대량학살'(Holocaust)은 일찍이 역사상 유례가 없는 인류의 참사였다.

사실상 유럽에서 유대인 박해의 역사는 오래 되었다. 유대인은 중세 그리스도교 사회에서 '문제아'로 낙인찍혀 수세기 동안 박해를 받았다. 그러나 1940년대의 유대인 학살과 같은 조직적인 박해는 없었다. 나치가 집권한 1933년부터 유럽에 반유대주의가 강화되었다. 처음 나치는 독일과 오스트리아에서 유대인을 몰아내는 해외이주를 장려했으나 주변국가에서는 유대인 난민을 환영하지 않았다. 더욱이 독일이 유럽 국가들을 차례로 정복함에 따라 유대 난민의 수는 증가하였다.

독일이 1939년 폴란드를 점령하고 1941년 소련을 침공함에 따라 나치는 유대인 문제에 대한 최종 해결안을 구체화하게 되었다. 1941년 6월 독일군이 소련 점령지에 3천 명의 특수부대를 파견하여 유대인 · 집시 · 슬라브족을 집단 살륙하였다.

1942년 1월 인종말살정책은 더욱 더 조직적으로 행해졌다. 1월 20일 베를린 교외 반제Wannsee 비밀회의에 모인 독일 고위 관리들은 '유대인 문제의 최종해결책'으로 유대인 말살에 합의하였다. 즉, 유럽의 모든 유대인을 동폴란드의 수용소에 가두고 강제노동을 시키거나 학살하는 것이었다.

1945년까지 약 6백만 명의 유대인과 그 밖에 다른 민족, 특히 폴란드인 · 집시 · 마자르인이 쿨름Kulm(Chelmno), 부헨발트Buchenwald, 다카우Dachau, 아우슈비츠Auschwitz 등 수용소에서 죽었다. 수용소 중 일부는 크루프Krupp 무기공장이나 파르벤I. G. Farben 화학공장과 같은 생산공장이었다. 아우슈비츠의 일부는 석탄광산이었다. 무엇보다도 아우슈비츠의 주요생산물은 시체이며 하루 1만2천 구의 시체가 나왔다. 이것은 최대규모의 수용소로서 여기서 최소한 1백만 명의 유대인이 살해되었다.

대량학살 대상은 처음에 주로 동유럽 정복지의 슬라브 민족과 유대민족이었다. 다음에는 서유럽에서도 유대인이 색출되고 열차 화물칸에 실려 굶주림과 공포 속에 수용소에 끌려갔다. 유대인 학살은 조직적이고 기술적으로 고안된 절차에 따라 집행되었다.

수용소에 온 직후 허약자 · 노인 · 어린아이 · 여자는 무용지물로 보고 제일 먼저 가스실에서 살해되었다. 건강한 자는 제복을 입고 강제노동을 하였다. 그들은 죽도록 일하고 일하지 못하게 되면 살해되었다. 살아 있는 사람들도 매맞고 굶주리고 학대를 받았다.

독일 관리는 수용자들의 성명 · 소지품 · 신체에 관해 세밀하게 기록하였다. 금이빨 · 머리카락 · 빗 · 신발 · 지팡이 · 가방 등은 모두 재활용하고 시체를 화장한 후 재는 비료로 사용하였다. 체지방으로 비누를 만들고 머리카락으로 융단을 짰다.

아우슈비츠 수용소에서 가장 효과적인 살해 방식은 샤워실로 알려진 가스실에 치클론Zyklon B라는 결정체로 된 가스를 투입하여 집단적으로 죽이는 것이었다. 또 증거를 없앨 목적으로 특수 소각장치를 고안하여 질식사한 시체를 태웠다. 이와 같은 조직적인 유대인 학살은 후에 전범재판소에서 '전인류에 대한 범죄'로 규정되었다.

레지스탕스 수백만 명의 유럽인은 각 지역마다 영국 BBC 방송의 뉴스를 들으면서 저항운동을 전개하였다. 점차 이 저항이 조직화되었다. 특히 덴마크 · 노르웨이 · 네덜란드 · 프랑스 · 유고슬라비아 등에서는 소수정예로 편성된 집요한 저항운동이 전개되었다. 이 중 많은 저항운동가들은 드골이 이끄는 런던의 프랑스 망명정부 지원을 받았다.

나치의 레지스탕스 탄압은 가공할만한 것이었으나 그럼에도 지하운동은 계속되었으며 그 세력도 커졌다. 프랑스에서 파르티잔 활동은 처음에는 연합군 공군병사들의 탈출, 교량폭파, 독일 장교 습격 등에 국한되어 있었으나 점차 활동범위와 차원을 넓혔으며 런던 본부와의 긴밀한 연락 아래 대규모 작전을 수행하였다.

특히 노르웨이에서는 레지스탕스 운동이 심했기 때문에 독일군 30만이 전선에 투입되지 못하고 노르웨이 현지에 주둔해야 하였다. 영국이 유고슬라비아에서 티토가 이끄는 파르티잔 운동을 지원한 것은 전후에 티토가 국가적 지도자가 되는 배경이 되었다. 심지어 독일에서도 군의 일부와 옛 귀족들이 히틀러 살해 음모를 꾸밀 정도였다. 1944년 7월 회의실 테이블 아래에 장치된 폭탄이 터졌으나 히틀러는 가까스로 죽음을 모면하였다.

이러한 파르티잔 운동은 전쟁에 직접 영향을 끼친 것 이상으로 중요한 의미를 지녔다. 나치 핍박에 굴종하고 있던 프랑스 · 이탈리아 · 노르웨이와 같은 나라에서 저항운동은 진정한 민중의 소리를 대변한 것이었다. 사실상 전후 많은 정당이 레지스탕스 운동의 와중에 결성된 것이었으며 그들이 강조한 민주주의 · 자유 · 평등은 후에 헌법이나 정당강령에 반영되었다. 대부분의

인종학살 논쟁

1980년대에 이르러 행해진 인종학살에 관한 열띤 논쟁, 이른바 '역사 논쟁'(Historikerstreit)의 주요쟁점은 인종주의의 역할, 주동자, 독일전통과의 관계 등에 관한 것이었다. 몇몇 역사가들의 견해는 대체로 다음과 같은 것이었다.

1. 인종 불평등 이데올로기의 정책화

나치 인종학살을 연구하는 역사가들은 누가 대량학살 명령을 내렸으며 언제 명령했는가, 어떻게 전달되었는가에 관해 오랫동안 토론해왔다….이러한 특정 인종집단에 대한 공격은 50년 이상 인간 평등론에 대한 적대적인 정치적, 과학적 논의에서 유래하는 것이다. 세기 전환기 이래로 고등교육을 받은 전문직 계층인 독일 엘리트는 점차 인간불평등에 근거한 이념을 받아들이게 되었다. 유전학자들, 인류학자들, 정신분석학자들은 인종에 근거한 민족이라는 정치적 이데올로기를 형성하는 민족주의적 인종주의와 결합하는 인간 유전이론을 발전시켜왔다. 나치 운동은 이 이데올로기를 흡수 발전시켰다. 1933년 이후 학자들은 불평등 이데올로기가 배타주의로 전환 가능토록 하는 정치 구조를 만들어 놓았다. 독일의 관료, 전문직, 과학자들은 이 정책을 원활히 수행하는 데 필요한 합법성을 정권에 마련해 주었다(Henry Friedlander, 1994).

2. 소련 인종 말살주의의 재현

아우슈비츠는 1차적으로 전통적 반유대주의의 결과가 아니며, 또 그 근본에 있어 단순한 '인종학살'이 아니었다. 그것은 무엇보다 러시아 혁명기간 발생한 인종말살정책에 대한 반동이었다. 그것은 공포심에서 나온 것이었다. 나치의 인종학살은 러시아의 인종학살보다 더 비이성적(非理性的)이었다(왜냐하면 그것은 단순히 '유대인'이 독일 부르주아 계급이나 독일인을 말살해 버리려고 할지 모른다는 어리석은 생각이었기 때문이다). 또 도착된 정서의 결과라고 해버리기도 어렵다. 나치 학살은 러시아판(版)보다 더 가공할 만한 것이었다. 준산업적 방식으로 인간을 말살했기 때문이다. 그것은 러시아판보다 더 불쾌하다. 단순한 가상(假想)에서 출발했기 때문이다(Ernst Nolte, 1988).

3. 놀테에 대한 반론

놀테는 마르크스, 러시아 혁명, 볼셰비키의 말살정책에 대한 '원초적인 역사적 죄의식' 등에 비추어 이러한 사실입각의 해석을 저해하였다. 나는 다음 반대의견을 제시하려는 것이다.…

—세속적 인종주의적 형태의 사회진화론은 1917년 이전에 히틀러와 기타 나치들의 고도의 이념적 '세계관'을 추진시키는 가장 강한 힘 중 하나였다.

—나치는 힘들이지 않고 1917-1918년 전에 독일 우익이 이미 완전히 발전시킨 바 있는, 널리 퍼져 있는 반민주주의적, 반자유주의적, 반의회주의적 정치이념을 채택하였다.

특히 독일 과거의 전통과 부담이 나치의 전개과정에 영향을 주었다. 이러한 것들이 확인된 후에 비로소 역사가들은 광범하게 유럽적이며 세계사적 맥락의 영향을 분석해야 마땅하다(Hans-Ulrich Wehler, 1990).

레지스탕스 투사들은 젊은 남자들이었으나 그 가운데는 상당수의 여성도 있었다.

여성의 전시동원 제2차 세계대전은 제1차 세계대전 때보다 더 국민 총동원 성격이 강한 전쟁이었다. 추축국이나 연합국은 다같이 온 국민이 승리를 위해 결사적으로 합심하였다. 여기서 여성도 예외일 수는 없었다. 영국이나 미국에서 여성은 군에 입영하거나 산업현장에서 근무하였다. 소련이나 중국에서 여성도 무장하거나 레지스탕스 운동에 참여하였다. 일본 여성은 특수한 간편복(몬페)을 입고 후방, 즉 군수품 공장이나 병원, 관청에서 남자와 함께 일하였다.

그 결과 여성은 전투경험이나 산업노동을 통해 자신감과 독립심을 갖게 되었다. 또 가장이 전사하거나 전선에 나가 있는 동안 집안의 기둥 역할을 하였다. 이러한 전시 체험은 제1차 세계대전의 경우에서와 같이 여성운동을 촉진했을 뿐 아니라 여권을 신장시키는 계기가 되었다. 특히 영국 여성은 비전투원으로 구급차나 수송차 운전을 하거나 식품공장에서 군량 제조에 참여하였다. 50만 이상의 영국 여성과 35만의 미국 여성이 군에 복무하였다.

군 위안부 전쟁 중 여성의 역할이 반드시 고상한 것만은 아니었다. 특히 일본은 식민지 여성을 군인들의 성적 해결 수단으로 강제 동원하였다. 일본군은 14세에서 20세의 여성 약 30만을 징발하여 '위안부'로 일본군의 성적 상대가 되게 강요하였다.[6)]

일본 군부는 강점한 식민지 한국·타이완·만주를 비롯해 베트남·필리핀·인도네시아 등 점령지에서 젊은 여성을 징발하여 일본 황제의 선물로 병사들에게 하사(下賜)하였다. 특히 이 가운데 5분의 4가 한국 여성이었다.

군 위안부는 하루에 일본군인 수십명에게 몸을 맡기는 가혹행위에 시달려야 하였다. 그들은 목숨을 잃거나 성병에 걸려 고통을 받았다. 더욱이 전쟁 말기에 일본군은 군 위안부를 집단 학살하여 그 증거를 없애려고 하였다.

살아남은 군 위안부는 가족에게 외면당하고 과거를 부끄럽게 여기고 숨어사는 불행한 일생을 보냈다. 전후 일본정부는 이러한 여성 학대행위에 관해 반성하지 않을 뿐 아니라 정당한 보상을 회피하고 국제적 책임을 다하지 않았다. 일본군의 행위는 나치에게서도 볼 수 없는 가혹행위로 현대 일본의 국제적 위상을 손상시키는 역사적 오점으로 남아 있다고 할 수 있다.

D. 승리의 길

1943년까지 독일은 방어적 입장에 있었으나 상당범위의 영토와 효율적인 보급로를 확보하고 있었다. 그러므로 1943년 후반 이탈리아와 북아프리카에서 불리했음에도 히틀러는 여전히 승리를 자신하였다.

연합군은 '히틀러의 유럽'을 어떻게 공략할 것인가에 대한 의견의 일치를

6) Jerry H. Bentley and Herbert F. Ziegler, *Traditions and Encounters: A Global Perspective On the Past*, vol. Ⅱ (2000), 964.

보지 못하고 있었다. 소련은 과거 2년 동안 동부전선의 압력을 줄이기 위해 서부전선으로 싸움터를 옮기는 제2전선 형성을 주장하였다. 이에 미국 군사 전문가들 대부분은 유럽에 직접 상륙하는 전략에 찬성했으나 영국만은 희생이 크다는 이유로 반대하였다.

한편 연합군은 북아프리카 전투를 성공적으로 이끌어 이집트까지 도달하려는 작전을 마무리지을 수 있었다. 영국은 독일 봉쇄를 강화하고 동지중해를 공격함과 동시에 처칠이 남유럽의 '부드러운 아랫배'라 부른 터키 지역을 공격할 것을 주장하였다.

이러한 의견 분열을 틈타 스탈린은 1939년 잃은 폴란드 영토를 다시 획득하기를 기대하였다. 처칠은 이러한 소련의 의도를 받아들일 수 없다고 단호하게 경고하는 한편 영국과 미국 군대의 폴란드 진주를 통해 전후 동유럽 처리에 발언권을 가지기를 희망하였다.

카사블랑카 회담 1943년 1월 로우즈벨트와 처칠은 모로코의 카사블랑카에서 회담하였다. 이 회담에서 두 지도자는 추축국의 무조건 항복을 얻는 것을 전쟁의 궁극적 목표로 다짐하였다. 이는 파시스트 체제에 대한 도덕적 분노를 전 세계에 천명한 것으로 소련이나 서방 연합국이 추축국과 개별적 목적으로 강화교섭하는 것을 방지하려는 의지를 나타낸 것이었다.

이탈리아 침공 또 카사블랑카 회담에서 처칠과 로우즈벨트는 유럽 공략과 관련해 시칠리아 상륙작전에 합의하였다. 드디어 1943년 7월 연합군은 시칠리아에 상륙하였다. 연합군의 침공이 임박해짐에 따라 이탈리아 파시스트 대회의는 무솔리니의 사임을 요구하였다. 결국 무솔리니는 체포되고 에티오피아 전쟁 영웅이며 파시스트인 바돌리오Pietro Badoglio(1871-1956) 장군이 수상으로 임명되었다.

군주론자들과 온건한 파시스트들이 연합하여 휴전을 모색하였다. 그러나 이탈리아 전역에서 반파시스트 자유주의자와 공산주의자들로 결성된 민족해방위원회는 바돌리오 및 20년 이상 무솔리니에 순종한 국왕과 관계를 끊으려고 하였다.

1943년 9월 몽고메리가 지휘하는 영국 제8군이 이탈리아 남단 나폴리에 상륙하던 날 이탈리아 정부는 연합국과 휴전을 맺었다. 연합군은 서서히 이탈리아 반도로 북상하여 5개월간의 전투 끝에 안치오Anzio에 도달하였다. 이에 앞서 1944년 1월 연합군은 수륙양면작전(쉰글 작전)으로 안치오에 상륙한 바 있다.

1943년 12월 비토리오 에마누엘레 3세Victor Emmanuel III(1869-1947)는 왕자(Humbert II)에게 양위할 것을 약속하였다. 새로운 내각은 민족해방위원회 위원들로 구성되었다. 이탈리아는 공식적으로 연합국에 가담하였다.

2차대전 중의 유럽

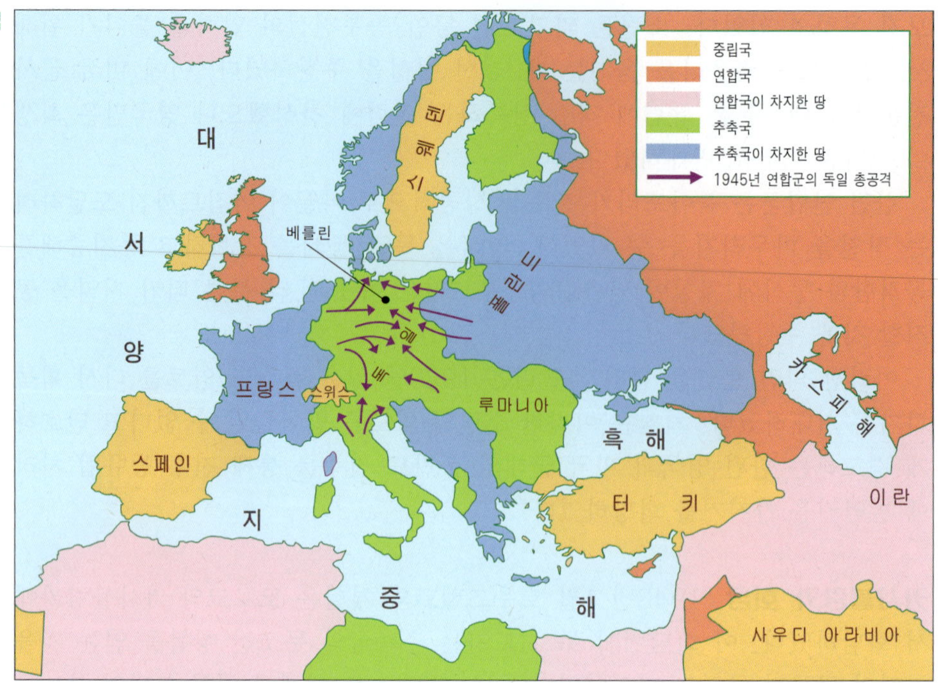

한편 북이탈리아에서 독일의 저항은 전쟁이 끝날 때까지 계속되었다. 독일 낙하산 부대는 감금 중의 무솔리니를 대담하게 구출하여 북이탈리아 괴뢰정권의 우두머리로 내세웠다.

클라크Mark Clark(1896-1989) 장군이 지휘하는 미국 제5군은 중부 이탈리아에서의 독일군의 증강을 저지하기 위해 1943년 9월 살레르노Salerno에 상륙하여 맹렬한 공세를 폈다(애벌란치 작전). 그러나 역부족으로 해변까지 밀렸으나 영국 제8군의 지원을 받아 현상유지는 할 수 있었다.

한편 독일군이 참호전으로 완강히 저항했으며 연합군은 더디면서도 고통스러운 북진을 계속하였다. 1944년 5월 연합군은 격렬한 폭격을 가한 끝에 독일군의 근거지 몬테카시노Monte Cassino의 베네딕토 수도원을 점령하였다. 드디어 1944년 6월 유럽 수도로는 처음으로 로마가 해방되었다.

독일군의 저항은 이른바 피사Pisa에서 리미니Rimini에 이르는 '고딕 선'(Gothic Line)에서 집중적으로 이루어지고 있었다. 연합군은 1944년 9월이 되어서야 비로소 고딕 선을 돌파하여 12월에 라벤나를 점령했으며 1945년 4월까지 볼로냐 · 베로나 · 제노아 등을 차례로 점령하였다. 이로써 이탈리아에서 독일군의 저항은 사라졌다.

프랑스 문제 북아프리카 침공이 있는 순간 비쉬 정부의 전 부수상 달랑Jean François Darlan(1881-1942) 제독은 알지에Algiers에 있었다. 아이젠하위의 보좌관들은 달랑의 군대가 연합군 침공에 저항하지 않을 경우 그를 프랑스령 아프리카 총독으로 임명할 것을 제안하였다. 이 제안에 대해 드골은 격분하였다. 드골은 자신이 빠진 전후 프랑스를 생각할 수 없었다. 그는 1940년 이래 런던에서 연합군과 함께 싸운 프랑스군이 조직적으로 저항해 온 내력을 지적하면서 자기야말로 자유 프랑스를 대변한다고 주장하였다.

그는 연합국 정책에 발언권을 완강하게 요구하였다. 드골이 프랑스령 식민지에서 상당한 지지를 얻고 있었기 때문에 영국과 미국은 그를 존중하지 않을 수 없었다. 때마침 1942년 12월 달랑이 암살됨으로써 이 문제는 해결되었다.

E. 전후 문제

제2차 세계대전은 서서히 연합국의 승리로 끝나가고 있었다. 승리의 징조는 1943년경 이탈리아 침공이 성공함과 함께 동부전선에서 먼저 나타나기 시작하였다.

소련과 동유럽에서의 상황도 연합국측에게 호전되었다. 1943년 2월 스탈린그라드(지금의 Volgograd)를 독일군으로부터 다시 빼앗은 이래로 소련의 성공은 눈부신 것이었다. 1943년 봄에도 독일군은 공세를 취했으나 상당히 약화되었으며 7월 이후 소련군은 꾸준히 전진을 계속할 수 있었다. 병력과 보급에서 우세한 소련군은 1943년 11월 드네프르 강가의 키예프에 도달했으며 1944년 2월에는 폴란드 국경에 접근하였다.

1944년 봄 소련군은 크림을 다시 점령하고 8월에 루마니아를 항복시켰다. 그로부터 몇 주 안에 핀란드와 불가리아가 함락되었다.

카이로 선언 제1차 세계대전이 진행됨에 따라 연합국은 1943년말부터 승리를 이끌어낼 전략과 함께 전후세계에 대한 구상을 하고 있었다. 그것은 카이로에서 포츠담에 이르기까지 일련의 회담에서 밝혀졌다.

중요한 의의가 있는 첫 번째의 협약은 1943년 11월 '카이로 선언'(Cairo Declaration)이다. 카이로 회담에서 로우즈벨트 · 처칠 · 장제스 등은 일본의 운명에 관해 논의하였다. 그 합의 내용에 따르면 일본이 중국에서 빼앗은 영토는 한국을 제외하고 모두 중국에 반환한다는 것이었다. 다만, 한국은 '적절한 시기에' 자유와 독립을 얻게 된다고 규정하였다. '적절한 시기에'(in due course)란 말은 매우 애매모호하였다. 문자 그대로 '일이 순조롭게 진행되면,' '그 사이,' '머지 않아' 등의 뜻이 담긴 이 말은 문제를 복잡하게 만들 수 있는 용어였다. 아니나 다를까, 그 뒤의 한국 사태는 복잡하게 진행되었다.

또 1914년 이래 일본이 획득한 모든 태평양의 섬들 및 무력과 탐욕에 의해 점령한 모든 지역을 상실하게 된다는 데 합의하였다. 그러나 일본의 과거 식민지를 어떻게 처리한다는 내용은 구체적으로 제시되지 않았다. 다만 이 회담에서는 세 나라가 아무런 이득이나 영토 확장에 대한 욕심이 없다고 선언하였다.

테헤란 회담 유럽 문제는 테헤란 회담에서 논의되었다. 1943년 11월말 처칠 · 로우즈벨트 · 스탈린은 이란 수도 테헤란Teheran에서 회담을 개최하고 어려운 문제는 일단 접어두고 전쟁 수행을 강력하게 추진할 것을 다짐하였다.

영국 · 소련 · 미국 세 나라는 전시와 평시에 다같이 협동해야 한다는 데 결의를 새로이 하였다. 여기서는 아무런 구체적 내용이 결정된 것이 없었으나 평화를 증진 · 유지하는 국가만이 세계의 다른 나라들의 선의에 부응할 수 있다는 것을 천명하였다.

해방 폴란드의 정부형태는 숙제로 남겨둔 채 1919년의 경우와 비슷한 폴란드 국경을 소련이 수용한다는 데 잠정적인 합의를 보았다. 스탈린은 독일이 항복하는 즉시 대일(對日) 선전포고를 약속하였다. 처칠의 다다넬즈 침공 안은 거부되으나 그 대신 영국과 미국은 다음 해 프랑스에 상륙할 것에 합의하였다.

노르망디 상륙작전 테헤란 회담에서 처칠은 영국 · 미국의 합동작전으로 발칸에 침공할 것을 제안했으나 스탈린은 서부전선의 구축을 고집했고 로우즈벨트 역시 이에 동의하였다. 연합군이 발칸을 침공하는 대신 영국해협을 건너 유럽 대륙으로 들어간 사실은 제1차 세계대전이 끝난 후 발칸에서 소련 세력권이 형성된 것과 무관하지 않다.

독일은 수개월 동안 서부전선을 폭격했으나 연합군의 유럽 상륙이 임박했다는 사실을 깨닫고 있었다. 영국에서 가장 가까운 바닷가 칼레Calais 근처에 상륙하리라는 것이 독일군부의 예상이었다.

이러한 독일군의 예상을 깨고 1944년 여름 연합군은 노르망디Normandy해안에 상륙하였다. 6월 6일이 D-데이였다(D-데이는 day의 머리 글자를 딴 군사용어로 계획된 공격 개시일을 뜻한다). 이는 역사상 최대규모의 수륙 양면작전이었다. 4천 척의 수송선, 8백 척의 군함이 1만1천 대의 비행기 엄호와 1천5백 대 탱크의 지원을 받으면서 이틀 사이에 약 15만 병력이 성공리에 상륙을 마쳤다.

아이젠하워가 지휘하는 연합군은 프랑스 해안으로 파도처럼 밀려들었다. 독일의 방어가 시원치 않았는데도 연합군이 입은 인명손실은 막대하였다. 몇 개월 사이에 1백만 이상의 군대가 투입되었다. 1944년 7월 연합군은 독일의 방어선을 뚫고 재빨리 프랑스로 진격하였다.

두 번째 수륙 양면작전이 8월 중순 남프랑스에서 있었다. 연합군은 프랑스 레지스탕스 운동의 조직적 지원을 받으면서 신속히 프랑스 내륙으로 돌진하였다. 이에 8월 24일 파리시민 지하단체가 일제히 봉기했으며 드골 장군의 지휘를 받은 프랑스군이 파리에 입성하였다. 이어 브뤼셀이 1주 후에 회복되고 그로부터 10일 후 미국군은 독일 국경을 넘어 진격하였다.

독일군은 무인 비행기와 V-2 로켓 등의 신형무기로 대항했으나 무위로 돌아갔다. 1944년 12월 아르덴Ardennes에서 독일군은 연합군에 대한 필사적 반격을 가했으며 최후의 방어전을 치렀다. 이 때 양측은 약 7만의 인명 손실을 보았으며 1945년 1월 연합군은 비로소 우세를 회복하였다.

얄타회담 연합국 지도자들이 마지막으로 전시(戰時)회의를 한 것은 크림 반도의 휴양도시 얄타Yalta에서이다. 회담장소는 옛 러시아 황제 니콜라이 2세의 호사스러운 궁전이었다. 1945년 2월 얄타회담을 하고 있는 중에 소련은 체코슬로바키아 일부를 점령하고 독일의 폴란드 국경에 접근하고 있었다.

로우즈벨트 · 처칠 · 스탈린 삼거두(三巨頭) 회담은 당시 널리 칭찬을 받았으나 전후에는 제2차 세계대전의 일 중 가장 큰 논쟁대상이 되었다. 급히 서두른 이 회담의 결과 체결한 얄타 협정(Yalta Agreement)에서 5대국이 거부권을 가진 유엔기구의 수립방안, 추축국과 그 위성국가의 전후 처리방안, 독일의 무조건항복 등에 대해 합의가 이루어졌다.

첫째, 유엔(UN: United Nations Organization) 창설에 합의하였다. 소

얄타회담의 주역(왼쪽부터 처칠, 로우즈벨트, 스탈린) : 1945년 2월 처칠, 로우즈벨트, 스탈린 등 삼거두가 러시아의 얄타에서 독일과 일본에 대한 전후 처리를 논의하였다.

련은 영연방과 라틴 아메리카의 표수에 대결하기 위해 구성 공화국 수에 따른 16개 표결권을 요구하였다. 그러나 소련의 표결권은 3개로 줄어들었고 그 대신 거부권을 행사할 수 있게 하였다.

둘째, 동유럽에서 소련의 우세가 주요쟁점으로 부상하였다. 특히 해방지역에서의 새 정부 수립 문제는 소련과 서방국가들 사이에 기본적으로 인식의 차이가 있었으나 더 연기될 수 있는 문제가 아니었다. 소련은 점령 지역 대부분에서 광범한 연립정부를 허용하고 서방국가들의 역할을 인정하지 않으려고 하였다. 그러나 대체로 해방국가들에 관한 정책수립에서 공동보조를 취할 것을 약속하였다.

처칠이 이 회담 4개월 전 모스크바 방문에서 스탈린과 합의한 바에 따르면 영국과 소련 사이에 이익배분이 있었다. 소련이 루마니아와 불가리아에서 우세를 확보하는 대신 영국은 그리스 문제에 대한 재량권을 가진다는 것이었다. 또 양국은 유고슬라비아와 헝가리에서 동등한 이해관계를 유지하기로 하였다. 그러나 얄타회담에서는 실제로 세력권 확정에 합의를 보지는 않았다.

다만, 폴란드-소련 국경은 1919년 영국 외무장관 커전Lord Curzon (George Nathaniel Curzon, 1859-1925)이 했던 제안대로 조정되었다. 소련은 이로써 1939년 리벤트로프-몰로토프 협정 결과 이미 소련에 편입된 것과 거의 같은 크기의 영토를 유지할 수 있게 되었다. 폴란드는 동쪽을 소련에 양도하는 대신 독일로부터 북쪽과 서쪽을 할양으로 보상받는다는 것이었다.

셋째, 동아시아에 관해서는 비밀 합의를 보았다. 즉, 소련은 독일 패전 90일 이내에 일본에 선전포고하며 그 대가로 1904-1905년 전쟁 때 일본에 양도한 영토와 할양지(割讓地) 회복과 만주에서의 영향력 행사를 약속받았다.

넷째, 패전국 특히 독일의 처리에 관해서는 좀처럼 의견 접근을 보지 못하였다. 그런 가운데서도 전후 독일을 영국 · 미국 · 소련 · 프랑스의 점령구역으로 나눈다는 것으로 낙착되었다. 소련은 양보에 대한 막대한 보상을 요구했으나 구체적 조건에 관해서는 토의를 연기하였다.

이탈리아의 정부 형태와 프랑스에서의 드골 세력 부상(浮上)에 관해서는 기정사실로 받아들이기로 하였다.

독일의 항복 연합군의 희생이 컸으나 마침내 독일의 방어선은 무너졌다. 1944년 8월 파리가 해방되었다. 그 사이에 또다른 연합군 부대가 남프랑스에 상륙하여 북진하였다. 합류한 연합군은 독일군에게 결정타를 가해 10월에는 독일 중부의 아헨Aachen 근처까지 진격하였다. 히틀러는 최후의 총공격을 시도했으나 대세를 뒤집어 놓지는 못하였다.

베를린은 최종적인 싸움터가 되었다. 히틀러는 총리관저의 지하벙커(Führer-

(왼쪽) 결전의 날 : 1944년 6월 물자를 공급하기 위해 상륙하는 독일 화물선
(오른쪽) 항복에 서명하는 독일 장교(1945. 5. 7)

bunker)에서 1945년 초부터 살면서 마지막 저항에 대한 계획을 세우고 있었다. 미국군과 영국군은 엘베 강에서 동진(東進)을 일단 중지하였다. 이 사이에 소련군이 베를린을 점령하였다. 히틀러는 1945년 4월말 자살하였다.

1945년 5월초 독일 장교들은 무조건 항복에 서명하였다. 이로써 유럽에서의 제2차 세계대전은 마침내 종식되었다. 1945년 5월 8일 베를린에서 최종적인 항복식이 거행되었다. 이탈리아와 독일의 독재자들은 직접 패전의 날을 목격하지는 못하였다. 무솔리니는 반(反)파시스트 전사(戰士)에게 잡혀 사살되었다. 그의 시체는 애인의 시체와 함께 밀라노 광장에서 일반민중의 증오의 대상으로 전시되었다. 히틀러는 필사적인 베를린 방어가 무위로 돌아가고 베를린 시가전이 벌어지게 되자 1945년 4월 30일 자살하였다. 죽기 직전 결혼한 애인 에바 브라운Eva Braun의 시체와 함께 히틀러의 시체는 보좌관들에 의해 소각되었다.

한편 로우즈벨트도 유럽에서의 종전을 보지 못하고 승전(勝戰) 한 달 전 4월 갑자기 서거하였다. 1945년 8월 6일 트루먼Harry S. Truman (1884-1972)이 그 뒤를 이어 미국의 제33대 대통령이 되었다.

미국의 일본공격 아시아를 무대로 한 세계대전 역시 1943년부터 연합국에 유리하게 호전되었다. 필리핀의 바탄Bataan반도와 그 앞바다의 섬 코레기도르Corregidor 전투에서 많은 희생을 치른 미국군은 1942년초 필리핀을 일본군에게 내주고 말았다. 일본은 선제공격을 취했으나 태평양에서의 상황은 1942년이 지나는 동안 다소간에 미국군에게 유리하게 전개되기 시작하였다.

1942년 5월 산호해(Coral Sea)의 해전에서 어느 쪽도 명백한 승리를 거두지 않았으나 일본군은 더 이상 진격하지 못하였다. 6월 일본의 미드웨이Midway 침공은 저지되었다. 6월 4일 아침 미국 항공모함 엔터프라이즈Enterprise호는 일본함대를 공격하여 3척을 순식간에 침몰시키고 그날 늦게 또 한 척을 격침하였다.

미드웨이 해전은 태평양전쟁의 성격을 바꾸어 놓았다. 이를 계기로 연합군이 공세를 취할 수 있게 되었다. 미국군은 섬과 섬을 하나씩 탈환하면서 일본에 대한 공습기지로 활용하였다. 그들은 타라와Tarawa, 사이판Saipan 등 태평양 제도에서 격렬한 전투를 벌이면서 일본 본토를 향해 전진하였다.

일시 후퇴했던 맥아더Douglas MacArthur(1880-1964) 장군은 1945년 1월 필리핀에 되돌아갈 수 있었다. 일본군은 비행기를 적의 군함에 충돌시켜 비행사가 자살하는 '가미가제'(神風) 전술로 대응했으나 6월에 미국군이 이오지마(硫黃島)와 오키나와 등을 탈환하는 것을 막지는 못하였다. 두 달 동안의 오키나와 전투에서 1천9백 번의 가미가제 공격으로 미국 함정 수십 척과 5천 명 이상의 미국군이 희생되었다.

한달 안에 미국의 제20공군은 4만 톤의 폭탄을 일본에 투하하고 함정은 산업시설과 군사기지에 집중적인 함포 사격을 가하였다. 8월이 되기 전에 일본의 공군이 완전히 마비되고 함정은 쓸모가 없어졌으며 해외통신망은 마비되었다.

태평양전쟁의 종식 유럽에서 제2차 세계대전이 종료된 후에도 아시아에서는 전쟁이 4개월간 더 계속되었다. 얄타협정에서 약속한대로 소련이 일본에 선전포고했음에도 불구하고 태평양전쟁은 더 오래 계속될 것으로 예상되었다. 태평양의 섬들과 밀림에서 일본군과의 전투는 고통스럽게 계속되었다.

독일 항복 후 3개월간의 맹렬한 공습은 일본 해군을 무력화하고 산업 생산 공장과 대도시를 황폐화시켰다. 불과 1주 내에 도쿄에서 20만 명이 희생되었다. 그러나 가미가제 전술과 필사적 방어, 그리고 항복을 거부하는 11만 오

원자탄이 투하된 후 폐허가 된 히로시마 (1945. 8. 6.)

키나와 주민의 희생은 일본이 간단히 굴복하지 않을 것임을 알리고 있었다.

그러므로 미국은 가공할 만한 새로운 무기의 사용을 결정하였다. 1945년 8월 6일 비밀리에 개발한 원자탄을 히로시마에 투하하였다. 도시의 5분에 3이 파괴되고 32만 주민의 4분의 1이 살해되었다.

1945년 8월 8일 소련은 일본에 선전포고한 후 곧 만주로 침입하였다. 9일에 또다시 미국은 나가사키에 더 강력한 원자폭탄을 떨어뜨려 도시를 거의 완전히 파괴하였다. 남 일본 최대 항구 중 하나인 나가사키의 중공업 및 군사시설은 크게 파괴되었다. 이에 충격을 받은 일본 천황 히로히토(裕仁, 1901-1989)와 내각은 1945년 8월 15일 무조건 항복하였다.

미국군은 2주내에 일본에 상륙하고 항복문서는 9월 2일 도쿄만에 정박중인 미국 함정 미주리 호에서 정식 조인되었다. 이로써 태평양전쟁은 공식적으로 끝났다.

포츠담 선언 1945년 5월 독일이 붕괴된 이후 강대국 정상들이 또다시 회동하였다. 7월 17일 소련 · 영국 · 미국의 지도자들은 베를린 교외의 옛 프로이센 고적지인 포츠담에 모였다.

트루먼 미국대통령은 취임한 지 3개월밖에 되지 않았으며 회담 도중에 새로이 영국을 대표하여 애틀리Clement Attlee(1883-1967) 영국 수상이 참가하였다. 처칠이 선거에 패배하고 새로운 노동당 내각이 구성되었기 때문이었다.

포츠담 회담:시가를 입에 문 처칠이 있고 반대편에는 스탈린이 앉아 있다.

여기에서 도달된 중요한 결정은 독일의 미래에 관한 것이었으나 구체적인 세부사항은 후일로 미루었다. 무엇보다 나치 체제의 폐지, 군사력 해체, 무기 생산 금지, 산업 통제 등과 함께 민주주의와 언론자유의 회복 등에 관해 원칙적으로 합의하였다. 독일의 영토는 크게 축소되었다. 동프로이센은 양분되어 쾨니히스베르크 시를 포함한 북반부는 소련으로, 남반부는 폴란드로 귀속되고 또 폴란드는 단치히 자유시를 다시 찾게 되었다. 오데르Oder 강과 나이세Neisse 강 동쪽의 모든 독일 영토는 최종결정이 날 때까지 폴란드에 의해 관장되도록 하였다.

다음으로 합의한 것은 독일 산업을 극단적으로 감축한다는 것, 즉 트러스트 및 카르텔 등을 철폐함으로써 독일 경제를 분권화한다는 것이었다. 화공품 · 금속 · 기계 그 밖의 전쟁물자 생산을 엄격히 통제하기로 하였다. 독일의 일차적인 산업발전은 농업 및 국내의 평화산업으로 한정되었다.

끝으로 독일의 배상문제가 거론되었다. 독일은 기계류 · 광물 · 생산품 · 생산시설 · 상선 등과 같은 현물로 배상을 지불하게 되었다. 후일의 냉전 요인이 이 때 4개국의 분할 점령 결정에 배태되어 있었다. 독일을 4개의 점령지대로 구분하여 각각 소련 · 영국 · 미국 · 프랑스가 통치하기로 결정하였다. 소련 구역 내의 베를린도 역시 4개 구역으로 나누어지게 되었다.

이상과 같은 회담과 선언을 통해서 패전국에 관한 처리방안과 전후 문제가 논의되었으나 모든 문제가 완전히 결정된 것은 아니었다. 다만 기본적 원칙만이 논의되었고 설사 구체적 문제가 결정되었다고 하더라도 여전히 해결되지 않은 것들이 많았다.

원자력 관리, 오스트리아의 처리, 트리에스테 문제, 루르 지대의 문제, 다다넬즈와 보스포루스의 문제, 독일의 통치방안, 알바니아에 대한 그리스의 영토 주장, 유고슬라비아의 오스트리아에 대한 영토 주장 등 미해결 문제들이 남아 있었다.

포츠담 회담에서는 일본과의 강화조건도 제시되었다. 소련이 일부 영토를 차지하며 유럽 국가들은 아시아의 식민지들을 다시 찾게 된다는 것이었다.

이 밖에 버마(지금의 미얀마), 인도-차이나, 홍콩, 네덜란드령 동인도의 문제들이 있었다. 가장 혜택을 많이 받게 될 국가는 중국과 미국이었다. 특히 일본을 점령할 예정인 미국은 미리 일본의 전략적 요충지인 태평양의 여러 섬들을 점거하고 있었다.

카이로 선언에도 불구하고 한국이나 만주의 지위에 관해서는 상당한 의문이 남아 있었다. 이러한 문제들 중 일부는 차후의 절충을 통해 해결될 예정이었다. 많은 문제들이 관계국가들의 팽창주의에 의해 무시되거나 불화와 대립 속에서 냉전시대로 이월되고 말았다.

강화조약 제2차 세계대전의 전후 처리는 제1차 세계대전 때와 달랐다. 제1차 세계대전은 베르사유 조약의 체결로 일괄적으로 타결된 셈이었으나 제2차 세계대전의 강화조약 체결 시기와 국가는 단일화된 것이 아니었다.

1945년 포츠담 회담에서 5대국 외무장관이 강화조약 초안을 작성하였다. 그 후 1947년 이탈리아 · 루마니아 · 불가리아 · 헝가리 · 핀란드 등과의 조약은 이 초안과 크게 다른 점이 없었다. 연합국은 오스트리아와 1955년 조약을 맺고 점령군을 철수시켰다.

그러나 가장 심각한 문제는 일본이나 독일과의 강화조약 체결이었다. 강화의 방법과 시기를 중심으로 미국과 소련의 의견 차이가 컸다. 예컨대 소련은 일본에 관해 각국 외무장관 회의를 통한 강화조약 체결을 주장하였으며 거기서 소련은 미국군의 일본 주둔을 반대할 것이 예상되었다. 이러한 강화조약 체결 방법상의 문제가 결국 전후의 냉전으로 이어졌다.

제2차 세계대전의 결과와 영향 제2차 세계대전으로 인한 수백만 인명의 죽음과 가옥 및 재산 파괴는 엄청난 것이었으며 패자에게나 승자에게나 다같이 전쟁의 상처를 아물게 하는 문제가 다음 10년간 선결 과제로 남아 있게 되었다.

제2차 세계대전은 인류역사상 가장 희생이 큰 전쟁이었다. 약 4백만이 싸움 터에서 죽었으며 군인 한 사람이 죽을 때마다 둘 이상이 부상하거나 포로로 잡힌 결과가 나왔다. 민간인의 손실은 확실한 통계가 없으나 제1차 세계대전 때보다 훨씬 컸다고 짐작된다.

독일 점령 지역과 수용소에서 1천2백만에서 2천만이 죽었을 뿐 아니라 유럽 전역에서 민간인 수백만이 공습이나 총격으로 더 죽었다. 유럽에서만도 사상자수는 제1차 세계대전 때에 비해 5-6배 많았다. 소련은 약 2천7백만, 폴란드는(3백만의 유대인을 포함하여) 약 6백만, 그리고 독일은 약 5백만의 희생을 냈다. 제2차 세계대전의 살상자 총수는 대략 4천5백만에서 5천5백만으로 추산된다.

제2차 세계대전으로 인한 경제적 손실도 막대하였다. 1945년 유럽의 산업력은 1939년보다 절반 이하로 떨어졌다. 프랑크푸르트 · 드레스덴 · 툴롱 등 독일이나 프랑스의 주요도시의 산업시설이 대부분 파괴되었다. 유럽의 주요 항구 · 교량 · 철도도 대부분 파괴되었다.

농업의 피해 또한 막대하였다. 프랑스 · 이탈리아 · 독일의 농업지역은 경작불능상태에 놓였다. 프랑스의 가축수는 절반으로 줄었다. 1945-1946년 겨울 빈을 비롯한 많은 지역이 식량부족으로 고생했으며 수천명이 굶어 죽었다. 옷과 식량 배급이 1950년대까지 많은 나라에서 계속되었으며 수백만의 실업자나 무주택자가 생겨났다.

난민 제2차 세계대전은 역사상 가장 많은 난민을 발생시킨 전쟁이었다. 6천만에 달할 것으로 추정되는 난민은 극히 적은 소지품만을 갖고 낯선 곳을 헤매었다. 이들 중 대다수는 여성과 어린이로 집과 생계수단을 잃은 사람들이었다.

강제노동에 동원되었다가 해방된 제3제국의 약 8백만 명과 수용소의 수백만 명은 전후에 사실상 주택과 직업이 없는 난민 신세가 되었다. 독일 내의 약 7백만 소련 시민은 돌아갈 집조차 없었다. 연합국이나 독일에 수용된 전쟁포로들도 난민이 되어버렸다. 소련에서 풀려난 약 2백만의 폴란드인과 체코슬로바키아인은 소련 국경의 변화와 함께 서쪽으로 이동하던 우크라이나인과 합류하였다.

각국은 외국인을 자기 영토에서 몰아냈다. 예컨대 루마니아는 헝가리인을 몰아내고 체코슬로바키아는 헝가리인과 독일인을 추방하였다. 독일이 폴란드의 독일화를 위해 이동시켰던 독일인은 폴란드를 다시 떠나야 하는 신세가 되었으며 나치가 강제 퇴거시킨 1천5백만 폴란드인의 대부분은 고국으로 돌아가기를 원하였다.

1945년 공식적으로 등록된 유랑민수는 약 1천2백만에 달했다. 난민을 수용할 시설도 충분하지 않았으며 대개 전기와 하수도가 없는, 공동화장실을 쓰는 임시 간이주택이었다. 제2차 세계대전이 끝난 15년 후인 1960년에도 유럽의 107개 난민 수용소에 여전히 3만2천 명의 난민이 수용되어 있었다.

전범재판 전후 유럽인의 최대 관심은 파시즘을 근절하는 것이었다. 그러기 위해서는 파시즘이나 나치체제에 협력한 사람들에게 응분의 처벌을 내려야 하였다. 나치가 점령했던 여러 나라에서는 나치 동조자를 색출하여 즉결 심판을 행하는 경우가 많았다. 특히 라발과 페탕을 재판한 프랑스에서는 공개 처형이 빈번하였다. 라발은 사회주의자로서 세 번이나 수상을 지냈으나 독일의 승리가 불가피하다고 판단, 나치의 괴뢰 수상(1942-1944)을 지냈다. 그는 해외로 망명했으나 1945년 귀국하여 재판을 받고 처형되었다.

그러나 독일에서는 너무나 많은 사람들이 나치와 관련되었기 때문에 나치 동조자들을 처리하는 문제가 간단하지 않았다. 수많은 문서가 작성되고 재판을 했지만 나치 동조자를 색출하는 일은 곧 시들해졌다.

히틀러 측근의 처단을 위한 기준 설정을 위해 연합국은 국제재판소를 설립하였다. 1945-1946년 뉘른베르크Nürnberg; Nuremberg 재판은 나치 잔당의 반(反)인류적 범죄행위를 고발함과 동시에 독일국민에게 나치 통치의 공포를 일깨워주려는 목적을 가지고 있었다. 전범들의 증언은 가공할 만한 나치 잔악상을 백일하에 폭로했으나 판결은 매우 자제된 내용의 것이 되었다. 1급 전범 22명 중 다만 12명에게 사형이 언도되었을 뿐, 셋은 석방되었다.

국제기구의 설립 제1차 세계대전 후의 사태를 교훈삼아 제2차 세계대전 후의 국제사회는 징벌과 보복보다는 평화와 상호원조를 기조(基調)로 해야 한다는 것이 명백해졌다. 승전국이나 패전국 또는 독일에서 해방된 나라들이 모두 다같이 지원 · 복구되어야 하고 그러기 위해서는 국제적 협력이 필요하다는 데 인식을 같이 하였다.

유엔 헌장이 선포되기 이전에 국제 원조기구가 이미 성립되었다. 즉, 1943년 말 '유엔구제 · 재건 행정처'(United Nations Relief and Rehabilitation Administration: UNRRA)가 수립되어 전후 유럽 재건의 주요역할을 담당하였다. 그것은 식량과 의약품의 지원사업과 국제적 차관조정을 조직한 것이있다.

또한 제1차 세계대전 직후와 같은 급속한 인플레이션을 예방하기 위해 1944년 미국 뉴햄프셔 주 브레턴 우즈Bretton Woods 회의에서 국제통화기금(International Monetary Fund)과 국제재건개발은행(International Bank for Reconstruction and Development: 지금의 세계은행 World Bank)이 창설되었다. 이 두 기구는 약 2백억 달러의 자산을 소유하고 재건과 자본투자를 촉진하여 자본주의적 국제경제를 형성하는 영향력 있는 기구가 되었다.

유엔 그러나 무엇보다도 국제평화의 주요기관은 유엔이었다. 유엔(United Nations)이라는 명칭은 미국 대통령 로우즈벨트가 창안한 말로 1942년 26개국 대표들이 추축국과 계속 싸울 것을 서약한 유엔선언에서 처음 사용되었다.

얄타회담 몇 개월 전인 1945년 4월 샌프란시스코 회의에서 51개국이 유엔헌장을 기초하고 6월 서명하였다. 유엔이 공식적으로 성립한 것은 1945년 10월 24일로, 이날 중국 · 프랑스 · 소련 · 영국 · 미국을 비롯한 대다수 국가들이 인준하였다.

유엔 헌장에 따라 총회, 안전보장이사회, 경제·사회·사법을 관장하는 기구 및 사무국 등이 창설되었다. 총회에서는 회원국 전체가 참석하여 정책을 결정하였다.

가장 주목되는 기구는 국제평화를 관리하기 위한 목적으로 11개국으로 구성된 안전보장이사회였다. 상임이사국은 미국 · 소련 · 중국 · 영국 · 프랑스 등 5개국으로 거부권을 행사할 수 있기 때문에 어느 한 국가의 반대만 있어도 의안은 통과되지 않았다.

유엔은 어느 의미에서는 19세기 이래 유럽 중심의 세계질서를 지양한, 국제적 세력의 균형 있는 재편성의 소산물이었다. 그러나 유엔에서 소련과 미국의 대결은 1945년 이후의 세계질서의 양극화 또는 냉전 시대와 무관하지 않았다. 국제평화를 대의명분으로 내세운 유엔은 미국과 소련이라는 두 강대국의 대립과 갈등을 해소하는 데 큰 역할을 못했을 뿐 아니라 상당 기간 지역분쟁과 국제문제를 조정(調整)할 수 있는 입지를 확보하지 못하였다.

■ 더 참고할 책 ■

제14장 전쟁과 평화

Aron, Raymond, *The Century of Total War* (Beacon).

Barraclough, Geoffrey, *An Introduction to Contemporary History* (Penguin).

Carr, E. H., *From Sarajevo to Potsdam* (Harcourt Brace Jovanovich).

Daniel R. Brower, *The World in the Twentieth Century: The Age of Global War and Revolution.* 2nd ed. (1988).

Eckstein, Modris, *Rites of Spring: The Great War and the Birth of the Modern Age* (1989).

Gilbert, Felix, *The End of European Era: 1890 to the Present* (Norton).

Goff, Richard, et al., *The Twentieth Century: A Brief Global History,* 5th ed.(1998).

Hobsbawm, Eric, *The Age of Extremes* (1994).

Howard, Michael, and William Roger Louis, eds., *The Oxford History of the Twentieth Century* (1998).

Lafore, Laurence, *The End of Glory* (Lippincott).

Taylor, A. J. P., *From Sarajevo to Potsdam* (Harcourt).

1. 제1차 세계대전

Chamberlin, William Henry, *The Russian Revolution, 1917-1921,* 2 vols. (Grosset's Universal Library).

Cohen, S., *Bukharin and the Bolshevik Revolution* (Random House).

Curtiss, J. S., *The Russian Revolution of 1917* (Anvil).

Deutscher, Isaac, *The Prophet Armed* (Vintage).

Deutscher, Isaac, *The Prophet Unarmed* (Vintage).

Deutscher, Isaac, *The Prophet Outcast* (Vintage).

Falls, Cyril, *The Great War, 1914-1918* (Capricorn).

Fay, S. B., *Origins of the World War,* 2 vols. (Free Press).

Ferro, Marc, *The Great War, 1914-1918* (Torchbooks).

Filcher, F., *Germany's Aims in the First World War* (Norton).

Fischer, Fritz, *Germany's Aims in the First World War* (Meridian).

Fitzpatrick, Sheila, *The Russian Revolution, 1917-1932,* 2nd ed. (1984).

Fitzpatrick, Sheila, ed., *The Cultural Revolution in Russia* (Penguin).

Florinsky, Michael T., *The End of the Russian Empire* (Collier).

Fridenson, Patrick, ed., *The French Home Front, 1914-1918,* tr. Bruce Little (1992).

Fussell, Paul, *The Great War and Modern Memory* (Oxford).

Hale, Oron J., *The Great Illusion, 1900-1914* (Torchbooks).

Halévy, Elie, *The Era of Tyrannies, tr. R.*

K. Webb (Anchor).

Hart, Basil H. Lidell, *The Real War* (Little, Brown).

Hermann, David G., *The Arming of Europe and the Making of the First World War* (1997).

Hobsbawm, Eric, *The Age of Empires, 1795-1914* (1987).

Horne, A., *The Price of Glory: Verdun, 1916* (Clophon).

Joll, James, *The Origins of the First World War,* 2nd ed. (1991).

Kocka, Jürgen, *Facing Total War: German Society 1914-1918,* tr. Barbara Weinberger (1984).

Kohn, Hans, *Pan-Slavism: Its History and Ideology* (Vintage).

Lafore, Laurence, *The Long Fuse: An Interpretation of the Origins of World War I* (Lippincott).

May, E. R., *World War and American Isolation, 1914-1917* (Quadrangle).

May, E. R., *The Coming of War, 1917* (Rand McNally).

Mayer, Arno J., *The Politics and Diplomacy of Peacemaking* (Vintage).

Miller, S., ed., *Military Strategy and the Origins of the First World War* (1985).

Mitrany, David, *Marx against the Peasant* (Collier).

Pipes, Richard, *The Russian Revolution 1899-1919,* 2nd ed (1992).

Rabinowitch, A., *The Bolskviks Come to Power* (Norton).

Remak, Joachim, *The Origins of World War I* (Berkshire Studies).

Shub, David, *Lenin* (Mentor).

Simpson, Colin, *The Lusitania* (Ballantine).

Smith, Daniel M., *The Great Departure, The United States and World War 1, 1914-1920* (Wiley).

Solzhenitsyn, Alexander, *August 1914* (Bantam).

Taylor, A. J. P., *History of the First World War* (Medallion).

Taylor, A. J. P., *The Struggle for the Mastery of Europe* (Oxford).

Taylor, Edmond, *The Fall of the Dynasties: The Collapse of the Old Order, 1905-1922* (1980).

Thompson, John M., *Revolutionary Russia, 1917* (1989).

Trotsky, Leon, *The Russian Revolution* (Anchor).

Tuchman, Barbara W., *The Guns of August* (Bantam).

Ulam, Adam B., *The Bolsheviks: The Intellectual and Political History of the Triumph of Communism in Russia* (Macmillan).

Ulam, Adam B., *Lenin and the Bolsheviks* (Paperbacks).

Winter, J. M., and R. M. Wall, *The Upheaval of War: Family, Work, and Welfare in Europe, 1914-1918* (1988).

Winter, Jay, and Jean-Louis Robert, *Capital Cities at War: Paris, London, Berlin, 1914-1919* (1997).

Wolfe, B. D., *Three Who Made a Revolution* (Beacon).

李仁浩『인테리겐찌아와 革命』(홍성사, 1981).

▶ 자료

Reed, John, *Ten Days That Shook the World.*

Remarque, *Erich Maria, All Quiet on the Western Front.*

Wohl, Robert, *The Generation of 1914.*

2. 베르사유 체제

Antonius, G., *The Arab Awakening* (Capricorn).

Bailey, T. A., *Woodrow Wilson and the Lost Peace* (Quadrangle).

Higonnet, Margaret Randolph, et al., *Behind the Lines* (1990).

Hugh-Jones, E. M., *Woodrow Wilson and American Liberalism* (Collier).

Keynes, John Maynard, *The Economic Consequences of the Peace* (Torchbooks).

Lewis, Geoffrey, *Turkey,* 3rd ed. (Praeger).

Link, Arthur, *Woodrow Wilson and the Progressive Era* (Torchbooks).

Mayer, Arno J., *Politics and Diplomacy of Peacemaking: Containment and Counter-revlution at Versailles, 1918-1919* (Vintage).

Upton, J. M., *The History of Modern Iran: An Interpretation* (Harvard U. P.).

▶ 자료

Nicholson, Harold G., *Peacemaking, 1919.*

3. 전후의 민주국가

Allen, Frederick L., *Only Yesterday* (Bantham).

Becker, Jean-Jacques, *The Great War and the French People* (1985).

Bury, J. P. T., *France 1814-1940* (Perpetua).

Cannadine, David, *The Decline and Fall of the British Aristocracy* (1990).

Carr, Edward H., *The Twenty Years' Crisis* (Torchbooks).

Cook, Chris, *Social Conditions in Britain between the Wars* (Penguin).

Downs, Laura L., *Manufacturing Inequality* (1995).

Fairbank, John K., *The United States and China* (Compass).

Greene, N., *From Versailles to Vichy* (Crowell).

Havinghurst, Alfred F., *Twentieth Century Britain* (Torchbooks).

Hofstadter, Richard, *The American Political Tradition and the Men Who Made It* (Vintage).

Knapton, E. J., *France since Versailles* (Holt).

Leuchtenburg, W. E., *Perils of Prosperity, 1914-1932* (U. of Chicago Press).

Reischauer, Edwin O., *The United States and Japan* (Compass).

Thomson, David, *England in the Twentieth Century* (Penguin).

▶ 자료

Hoffmann, Stanley, et al., *In Search of France.*

4. 전체주의 대두

Allen, William S., *The Nazi Seizure of*

Power: The Experience of a Single German Town, 1930-1935, 2nd ed. (Meridian).

Arendt, Hannah, *The Origins of Totalitarianism* (Meridian).

Bessel, Richard, *Life in the Third Reich* (1987).

Broszat, Martin, *The Hitler State: The Foundation and and Development of the Internal Structure of the Third Reich* (1981).

Brown, Judith, *Modern India: The Origins of Asian Democracy,* 2nd ed. (1994).

Bullock, Alan L. C., *Hitler: A Study in Tyranny* (Torchbooks).

Carr, E. H., *A History of Soviet Russia,* 6 vols. (Penguin).

Carsten, F. L., *The Rise of Fascism* (Torchbooks).

Conquest, Robert, *The Great Terror,* 2nd ed. (Penguin).

Crankshaw, Edward, *Gestapo: Instrument of Tyranny* (Pyramid).

Daniels, Robert V., *The Nature of Communism* (Vintage).

De Felice, Renzo, *Interpretations of Fascism,* tr. Brenda Huff Evertt (Meridian).

Deutscher, Isaac, *Stalin : A Political Biography* (Vintage).

Finer, Herman, *Mussolini' s Italy* (Universal).

Fischer Louis, *The Soviets in World Affairs: A History of Relations between the Soviet Union and the Rest of the World,* 2 vols. (Vintage).

Friedrich Carl J. and Zbigniew K. Brezezinski, *Totalitarian Dictatorship and Autocracy* (Praeger).

Gay, Peter, *Weimar Culture: The Outsider as Insider* (Torchbooks).

Halperin, S. W., *Germany Tried Democracy. 1918-1933* (Norton Library).

Kater, Michael H., *The Nazi Party. A Social Profile of Members and Leaders, 1919-1945* (1984).

Kennan, George F., *Russia and the West under Lenin and Stalin* (Mentor).

Kershaw, Ian, and Moshe Lewin, eds., *Stalinism and Nazism: Dictatorship in Comparison* (1997).

Kershaw, Ian, *The Nazi Dictatorship: Problems and Perspectives of Interpretation,* 2nd ed. (1989).

Kirkpatrick, Ivone, *Mussolini: A Study of a Demagogue* (Penguin).

Kolb, Eberhard, *The Weimar Republic,* tr. P. S. Falla (1988).

Koonz, Claudia, *Mothers in the Fatherland: Women, the Family, and Nazi Politics* (1987).

Lee, Stephen J., *The European Dictatorships: 1918-1945* (1987).

Leewin, Mosche, *The Making of the Soviet System: Essays in the Social History of Interwar Russia* (1985).

Mack Smith, Denis, *Mussolini* (1981).

Mason, Paul T., ed., *Totalitarianism: Temporary Madness or Permanent Danger?* (Heath).

Mason, Tim, and Jane Caplan, eds.,

Nazism, Fascism, and the Working Class (1995).

Masselos, Jim, *Indian Nationalism* (1991).

Mosse, George, L., *The Crisis of German Ideology* (Grosset & Dunlap).

Mosse, George L., *The Nationalization of the Masses: Political Symbolism and Mass Movements in Germany from the Napoleonic Wars through the Third Reich* (Torchbooks).

Netti, J. P., *The Soviet Achievement* (Vintage).

Nolte, Ernst, *The Three Faces of Fascism*, tr. Leila Vennewitz (Mentor).

Nove, Alec, *An Economic History of the U. S. S. R.* (1982).

Peukert, Detlev J. K., *Inside Nazi Germany: Conformity, Opposition, and Racism in Everyday Life* (1987).

Pipes, Richard, *The Formation of the Soviet Union: Communism and Nationalism, 1917-1923*, rev. ed. (Atheneum).

Ryder, A. S., *Twentieth-Century Germany: From Bismarck to Brandt* (Columbia).

Salmone, A. W., ed., *Italy from the Risorgimento to Fascism* (Anchor).

Schapiro, Leonard, *Totalitarianism* (Praeger).

Schoenbaum David, *Hitler's Social Revolution: Class and Status in Nazi Germany* (Anchor).

Shirer, William L., *The Rise and Fall of the Third Reich* (Crest).

Stern, Fritz, *The Politics of Cultural Despair* (Mentor).

Toland, John, *Adolf Hitler* (Ballantine).

Treadgold, Donald W., *Twentieth-Century Russia* (Rand-McNally).

Trotsky, Leon, *Stalin* (Grosset's).

Tucker, Robert C., *Stalin as Revolutionary, 1879-1929: A Study in History and Personality* (Vintage).

Tucker, Robert C., *Stalin's Revolution from Above: An Interpretive History* (1990).

Tucker, Robert C., ed., *Stalinism* (Norton).

Turner, Henry, *German Big Business and the Rise of Hitler* (1985).

Viereck, Peter, *Metapolitics, The Roots of the Nazi Mind* (Capricorn).

Wickemann, Elizabeth, *Europe of the Dictators, 1919-1945* (Torchbooks).

Wiskeman, Elizabeth, *Fascism in Italy: Its Developement and Influence (St. Martin's).*

Weber, Eugen, Varieties of Fascism (Anvil).

Weiss, John, *The Fascist Tradition: Radical Right-Wing Extremism in Modern Europe* (Torchbooks).

Woolf, S. J., ed., *European Fascism* (Vintage).

▶ **자료**

Ciano, Count Galiazzo, *Diary, 1937-1938.*

Ciano, Count Galiazzo, *Diary, 1939-1943.*

Engel, Barbara Alpern, and Anastasia Posadskaya-Vanderbeck, eds., *A Revolution of Their Own: Voices of Soviet Women in Soviet History.*

Mussolini. Benito, *Fascism: Doctrine and Institutions.*

Mussolini, Benito, *The Corporate State.*

5. 공황과 국제적 긴장

Brenan, Gerald, *The Spanish Labyrinth* (Cambridge).

Burns, J. M., *Roosevelt: The Lion and the Fox* (Harvest).

Carr, Raymond, *The Civil War in Spain* (1986).

Chambers, Clark A., ed., *The New Deal at Home and Abroad, 1929-45* (Free Press).

Cowling, Maurice, *The Impact of Hitler: British Politics and British Foreign Policy, 1933-1940* (Phoenix).

Galbraith, John K., *The Great Crash 1929* (Houghton Mifflin).

Jackson, Gabriel, *The Spanish Republic and the Civil War, 1931-1939* (Princeton).

Latham, A. J. H., *The Depression and the Developing World, 1914-1939* (1981).

Leuchtenburg, W. E., *Franklin D. Roosevelt and the New Deal, 1932-1940* (Torchbooks).

Lewis, Arthur W., *Economic Survey, 1919-1939* (Humanities).

Maier, Charles S., *In Search of Stability: Explorations in Historical Political Economy* (1987).

Payne, Stanley G., *Spanish Revolution* (Norton).

Pollard, Sidney, *European Economic Integration, 1815-1970* (Harcourt Brace Jovanovich).

Schlesinger, Arthur M., Jr., *The Age of Roosevelt*, 3 vols. (Sentry).

Schumpeter, J., *Capitalism, Socialism, and Democracy* (Torchbooks).

Sontag, Raymond J., *A Broken World: 1919-1939* (Torchbooks).

Suger, Peter F., *Native Fascism in the Successor States, 1918-1945* (ABC-CLID).

Thomas, Hugh, *The Spanish Civil War*, rev. ed. (Penguin).

Tucker, R. C., and S. F. Cohen, eds., *The Great Purge Trial*, rev. ed. (Grosset's Universal Library).

최웅 "Roosevelt 대통령의 혁신주의정책" 『역사학연구』: 10 (1981).

▶ **자료**

Perkins, Frances, *The Roosevelt I Knew*.

Schuschnigg, Kurt, *Austrian Requiem*.

6. 제2차 세계대전

Adamson, Walter, *Avan-Garde Florence: From Modernism to Fascism* (1993).

Alperowvitz, Gar, *Atomic Diplomacy: Hiroshima and Potsdam*, rev. ed. (1985).

Aron, Raymond, *The Century of Total War* (Beacon).

Carr, E. H., *The Twenty Year's Crisis, 1919-1939* (Torchbooks).

Dallin, Alexander, *German Rule in Russia, 1941-1945* (St. Martin's).

Dower, John, *War without Mercy: Race and Power in the Pacific War* (1986).

Fussell, Paul, *Understanding and Behavior in the Second World War* (1989).

Geyer, Michael, and John Boyer, eds., *Resistance against the Third Reich, 1933-1945* (1994).

Hart, B. H. Lidell, *The German Generals Talk* (Berkley).

Higgonet, Margaret, Jane Jenson, Sonya Michel, and Margaret Weitz, eds., *Behind the Lines: Gender and the Two World Wars* (1987).

Horsey, John, *Hiroshima* (Bantam).

Iriye, Akira, *The Origins of the Second World War in Asia and the Pacific* (1987).

Iriye, Akira, *Power and Culture: The Japanese-American War, 1941-1945* (1981).

Keegan, John, *The Second World War* (1989).

Knox, MacGregor, *Mussolini Unleashed, 1939-41: Politics and Strategy in Fascist Italy's Last War* (1982).

Liddell-Hart, Basil H., *History of the Second World War* (1980).

Paxton, Robert, *Vichy France: Old Guard and New Order, 1940-1944* (Vintage).

Remak, Joachim, *The Origins of the Second World War* (Prentice-Hall).

Rhodes, Richard, *The Making of the Atomic Bomb* (1986).

Salisbury, Harrison, *The Nine Hundred Days: The Seize of Leningrad* (Torchbooks).

Sun, You-Li, *China and the Origins of the Pacific War, 1931-1941* (1993).

Taylor, A. J. P., *The Origins of the Second World War* (Penguin).

Trever-Roper, Hugh R., *The Last Days of Hitler*, 3rd ed. (Collier).

Weinberg, Gerhard, *A World at Arms: A Global History of World War II* (1994).

Wilkinson, James D., *The Intellectual Resistance in Europe* (1981).

Worth, Alexander, *Russia at War, 1941-1945* (Avon).

Wright, Gordon, *The Ordeal of Total War, 1939-1945* (Torchbooks).

▶ **자료**

Ascoli, Max, *The Fall of Mussolini: His Own Story.*

Churchill, Winston S., *The Second World War*. 6 vols.

Cook, Haruko Taya, *Theodore F. Cook, Japan at War: An Oral History.*

De Gaulle, Charles, *The Complete War Memoirs.*

Eisenhower, Dwight, *Crusade in Europe.*

Frank, Anne, *Diary of a Young Girl.*

Hart, B. H. Lidell, ed., *The Rommel Papers.*

Liebling, A. J., ed., *The Republic of Silence.*

Terkel, Studs, *"The Good War": An Oral History of World War II.*

Trevor-Roper, Hugh, ed., *Hitler's Table Talk*, ed. Martin Bormann.

※ 더 참고할 책의 최신 목록은 〈**blog.daum.net/chasworldhistory**〉 참조

제 15 장

변화하는 세계

(왼쪽) 냉전의 상징이었던 베를린 장벽
(오른쪽) 1989년 11월 9일 베를린 장벽 붕괴시 장벽을 오르는 베를린 사람들

주 요 연 대

1941	대서양 헌장(8월); 일본 진주만 기습(12월)
1943	이탈리아 항복
1943	카이로 회담; 테헤란 회담
1944	노르망디 상륙작전(6월)
1945	얄타 회담(2월); 포츠담 회담(7-8월)
1945	독일 항복(5월); 국제연합(UN) 헌장 기초(4-6월); 원자탄 투하(8월)
1945	소련, 일본에 선전포고(8월 8일); 일본 항복(8월 14일)
1945-50	영국 제3차 노동당 정부; 보수당 집권(1950)
1946	필리핀 독립
1946-1959	프랑스 제4공화국
1947	트루먼 독트린
1947	인도 및 파키스탄 독립
1947	헝가리의 공산 쿠데타
1947-1954	베트남 전쟁(프랑스의 시기)
1948	유럽부흥계획
1948	미국에서 코티손 발견
1948	이스라엘 독립; 체코슬로바키아의 공산 쿠데타, 소련과의 결별
1948-1949	베를린 봉쇄
1948-1991	남아프리카 연방의 인종차별정책
1949	독일 연방공화국(서독: 5월)과 독일 민주공화국(동독: 10월) 성립
1949	에이레 공화국 성립
1949	중국의 공산정권
1949	NATO 창설
1950-1953	한국전쟁
1951	49개국 일본과 강화조약 체결
1951	유럽 석탄철강 공동체(ECSC) 성립
1952	슈만 안
1952	미국, 수소폭탄 개발; 소련, 수소폭탄 실험
1952-1953	이집트 공화체제 수립
1953	스탈린 죽음
1953-1961	미국 공화당 정권
1953-1955	소련 말렌코프 집권
1954	서독 재무장에 관한 런던-파리 협정
1954	SEATO 구성
1954-1962	알제리 독립전쟁
1955	주네브 정상회담
1955	바르샤바 조약
1956	중동전쟁

1956	헝가리 혁명; 수에즈 위기
1958	소련 흐루시초프 집권
1958	유럽 공동 시장(ECC) 성립
1959	프랑스 제5공화국
1959	쿠바, 카스트로 정권
1960	미국 대통령으로 존 F. 케네디 당선
1961	베를린 장벽 구축
1961-1974	아프리카 포르투갈 식민지의 독립투쟁
1962	쿠바 미사일 위기
1963-1975	베트남 전쟁(미국의 시기)
1964-1982	소련 브레즈네프 집권
1967	중동 6일 전쟁
1967-1970	나이지리아 내전
1968	체코슬로바키아 폭동
1971	인도-파키스탄 전쟁
1972	방글라데시 공화국 성립
1972	제1차 솔트 협정
1972-1974	미국 워터게이트 사건
1973	OPEC 석유수출 금지조치; 석유 위기
1975-1994	앙골라 내전
1979	이란 혁명
1979-1989	소련, 아프가니스탄에 대한 군사 개입
1980	폴란드, 솔리다리티 운동
1980-1988	이라크-이란 전쟁
1981	미국, 제2차 솔트 협정 거부
1984	인도 보팔에서 유독 가스 유출사고
1985-1991	소련 고르바초프 집권
1986	소련 체르노빌 핵 사고
1989	바웬사 폴란드 대통령
1989	베를린 장벽 무너짐
1990	독일 통일
1990	이라크, 쿠웨이트 침공
1990	넬슨 만델라 석방
1991	페르시아 만(걸프) 전쟁
1991	소련 해체
1992	리우 환경회의
1992-1995	보스니아 전쟁
1993	아프리카의 식민지 시대 종료
1993	NAFTA 성립
1994	르완다의 인종학살
1994	만델라 남아프리카 연방 대통령 당선

제2차 세계대전도 제1차 세계대전과 같이 민주주의의 결정적 승리를 의미하였다. 독일 나치즘과 이탈리아 파시즘을 물리친 민주주의 체제의 승리로 끝난 것이다. 전후 입헌주의와 의회제도가 부활되었으며 시민의 자유는 강화되었다. 프랑스와 이탈리아에서 여성 참정권이 인정되었다. 전전의 경향이던 복지국가의 이념은 현실 정책을 통해 구체화되었다.

제2차 세계대전 후 세계정치사에서 가장 두드러진 현상은 서방 제국주의 세력의 후퇴와 탈식민주의이다. 이미 제1차 세계대전의 종결과 함께 윌슨이 제시한 14개조 중 민족자결주의는 아시아와 아프리카의 반(反)식민주의의 계기가 되었으나 식민주의가 완전히 후퇴하는 데는 제2차 세계대전의 종결을 기다려야 하였다.

대전의 종식 자체가 독일 · 이탈리아 · 일본 세 식민국가들을 소멸시켰으며 1945년 후에까지 남아 있는 주요 식민국가로는 영국과 프랑스를 비롯하여 벨기에 · 네덜란드 · 포르투갈뿐이었다. 식민주의의 소멸과 함께 많은 신생 독립국가가 출현하였다. 1945년부터 1960년에 이르기까지 세계인구 4분의 1 이상에 달하는 약 8억 인구 40개국이 탈식민화(脫植民化)하여 독립을 쟁취하였다.

유럽 국가들이 19세기말 10-15년간 얻었던 식민지들은 비교적 짧은 시간에 해방되었다. 인류 역사에서 '혁명적인 대역전'(大逆轉)이 그렇게 신속하게 이루어진 적은 한 번도 없었다.[1] 1960년대말에는 거의 모든 중요한 유럽 식민지가 독립하였다. 대부분 탈식민화 과정이 평화적으로 진행되었으나 제국주의 세력의 철수는 어느 형태든 강요에 의한 것이었다.

제2차 세계대전 후 현대 세계는 자본주의와 공산주의가 이데올로기적으로 대립하는 세계질서로 편성되었다. 그것은 미국과 소련이라는 두 초강대국을 중심으로 한 양극체제였다.

이를 계기로 전세계는 냉전으로 돌입하였다. 냉전기간에 두드러진 대규모 전쟁은 없었으나 독일 · 그리스 · 터키 등을 비롯한 세계 각처에서 불안과 우려, 불화와 갈등이 사라지지 않았다. 한국전쟁을 전후한 남북한의 대립은 미국과 소련의 후견 그리고 중국 공산당의 지원으로 3년간의 참화를 초래하였다.

그러나 1960년대 이후에는 공존을 모색하는 데탕트 시대로 전환되면서 국제관계는 양극체제에서 다극체제로 바뀌었으며 유럽의 주요국가들 및 일본, 그리고 제3세계의 국제적 발언이 커졌다.

제2차 세계대전 후 세계가 직면한 것은 과학기술의 발전, 산업주의 발달, 국가주권의 확립 등 세 가지 과제였다. 이러한 문제들은 19세기로부터 물려받은 역사적 유산이라 할 수 있지만 1945년 이후 더욱 긴급한 세계사적 과제

---

1) Geoffrey Barraclough, *An Introduction to Contemporary History* (Penguin), 153.

로 남게 된 것이다. 다른 한편 전후 세계사는 대전 전반기에 대부분의 이상주의자들이 예기했던 것과는 다른 방향으로 전개되어갔다. 세계의 광범한 지역이 굶주림과 공포, 폐허와 잿더미, 충돌과 폭력으로 얼룩지게 되었다.

1. 새로운 아시아

제2차 세계대전이 끝나고 20년 안에 유럽 국가의 식민지 거의 모두가 독립하였다. 대부분 지역에서 해방과 독립은 쉽지 않은 과제였다. 실론(지금의 스리랑카)과 버마(지금의 미얀마)는 1948년 독립했으나 1947년 영국이 비상사태를 선포한 말레이에서 일어난 충돌은 1960년까지 계속되었다. 프랑스는 1945년 공식적으로 베트남이 자유국가임을 선포했으나 인도차이나의 장악을 위해 10년간 싸움을 더 계속하였다. 네덜란드 역시 일본으로부터 해방된 인도네시아를 다시 지배하려고 시도했으나 수년간의 전투 끝에 1949년 인도네시아의 독립을 허용하게 되었다.

일단 독립을 쟁취한 신생국가들은 1960년대부터 국제정치에서 강한 자기주장을 하였다. 따라서 어떠한 강대국도 1970-1980년대에는 비서방세계의 발언권을 고려하지 않고서는 행동을 취할 수 없음이 명백해졌다.

1945년 이후 아시아의 역사는 두 가지 커다란 사실에 의해 특징지어졌다. 하나는 아시아에서 제국주의 세력이 붕괴된 사실이며 다른 하나는 공산주의가 중국을 정복했다는 사실이다. 이러한 두 가지 사실은 비록 원인과 과정이 다르지만 그 결과에서는 상호 연관이 있다. 그처럼 아시아의 정치적 질서가 어떻게 편성되는가는 제2차 세계대전 후 세계사의 방향에 영향을 끼치게 되었다.

A. 인도와 파키스탄

인도의 독립은 20세기초부터 약 40년간 계속된 운동의 결과 얻은 것이다. 영국지배를 받는 동안 인도인의 불만은 쌓였으며 반란운동은 인도 영국대표부를 괴롭혔다.

인도 독립운동의 실마리는 제1차 세계대전 직후의 암리차르Amritsar 학살에 있었다. 그것은 1919년 4월 지방의 군지휘관이 폭도들에게 발포를 명령하여 4백 명 가까운 인도인을 살해한 사건이었다. 인도인의 불만을 해소하기 위해

검소한 생활을 실천하는 간디

영국 정부는 1909년 이래 개혁과 법령을 통해 인도의 자치를 준비하고 있었다. 그리하여 1939년경 인도의 자치는 다만 그 시기와 절차의 문제만을 남기고 있었다. 특히 제2차 세계대전 중 영국은 전쟁 수행에 인도인의 협력을 얻기 위해 전후 인도 독립을 약속하지 않을 수 없었다.

어쨌든 영국으로서는 전후 가장 중요한 식민지가 이탈한 경우가 인도였다. 인도는 영국 해외식민지 지배의 관건이며 제국주의 권위의 상징이었다.[2] 인도는 영국에게 중요한 존재이긴 했지만 대전 이후 식민세력에 의해 처음으로 포기된 최대의 식민지였다.

1947년 독립 후 인도 민주주의는 아시아 다른 나라의 비(非)민주주의적 체제와 뚜렷한 대조를 이루었다. 다른 나라에서는 독립 후 독재정치, 군사정권, 권위주의 체제 등이 판치고 있는 것과 달리 인도에서는 자유선거와 언론자유 등 민주주의 제도가 유지되었다.

간디 인도 내셔널리즘은 제2차 세계대전 중 그 절정에 달했으나 처칠은 인도 독립에는 관심을 기울이지 않았다. 인도 민족주의자들은 1942년 영국이 제시한 자치령(dominion)안을 물리치고 계속 투쟁했으므로 제2차 세계대전 중 네루와 그의 동료는 투옥되었다. 제2차 세계대전이 끝난 1945년 반영(反英) 감정이 높아져 혁명을 위한 토양이 성숙되었다.

---

2) H. Stuart Hughes, *Contemporary Europe: A History*, 2nd ed. (1966), 476.

가장 영향력이 큰 국민적 지도자는 간디Mohandas K.(Mahatma)Gandhi(1869-1948)였다. 그는 영국에서 교육받은 중산층 힌두 출신으로 대중 심리를 잘 파악하고 있었다. 그의 대영(對英) 투쟁방법은 영국 지배층과 그 기관에 대한 무력공격을 승인하지 않는 비협력 · 불복종과 같은 피동적인 저항이었다.

네루와 간디

대전 후 간디와 네루Jawaharlal Nehru(1889-1964)에 대한 인도국민의 광범한 지지 때문에 마침내 1945년 집권한 영국 노동당 정부는 1947년 인도와 파키스탄Pakistan의 독립을 허용하기로 결정하였다. 1947년 영국 의회는 '인도 독립법' (Indian Independence Act)을 통과시켰다.

의회파와 연맹파 독립의 유일한 장애는 국민회의파의 적수인 이슬람 연맹파였다. 진나Muhammad Ali Jinnah(1876-1948)가 영도하는 이슬람 연맹파는 간디와 네루가 주도하는 의회파와 끝까지 타협하지 않고 인도 무슬림을 위한 별개 국가를 수립하려고 하였다. 영국은 무슬림과 힌두 간의 자연 경계선이 명확하지 않을 뿐 아니라 상호간에 섞여 살고 있었기 때문에 이를 받아들이기 어려웠다.

그러나 궁극적으로는 양파의 분리가 불가피하였다. 이러한 바람직하지 않은 해결은 이미 아일랜드에서 적용되었고 독일과 한국에서 기정사실로 되고 있었으며 곧 팔레스티나와 인도차이나에서도 일어날 불가피한 해결방법이었다.

그리하여 1947년 여름 힌두교 중심의 인도와 무슬림 중심의 파키스탄이 영국연방의 일원으로 각각 새로운 독립국가로 탄생하였다. 그러나 이러한 지역적 분리에 의해서도 분명한 종교적 경계선을 그을 수 없었다. 힌두와 이슬람 사이에 심각한 폭력사태가 벌어졌다. 이 와중에 1948년 간디는 광신적인 힌두 민족주의자에 의해 암살되었다.

무슬림이 다수인구를 차지하면서도 인도의 지배를 받게 된 카슈미르Kashmir의 지위를 둘러싸고 1948년 인도와 파키스탄 사이에 전쟁이 벌어졌다. 이 분쟁에 대해 유엔이 개입하여 휴전이 성립되었으나 분쟁 자체는 여전히 해결되지 않고 있다.

네루의 민주정치 인도는 독립초부터 제1대 수상 네루의 영도로 민주주의 정치체제를 구축하였다. 네루는 간디의 가장 헌신적인 추종자 중 한 사람이었으며 영국에서 교육받은 부유한 힌두 상층계급(브라만) 출신이었다.

1950년 헌법은 공화제를 규정하였다. 양원제 입법부 및 대통령 아래 의회책임 내각이 구성되고 수상이 행정수반이 되었다. 인도에는 심각한 당면문제가 한둘이 아니었다. 대부분의 인도인은 가난하고 문맹이었다. 또 8백 개 이상의 언어와 지방어가 난립하여 절반 정도는 관용어인 힌두어를 말할 줄 몰랐다.

네루는 영국 노동당 정부의 노선과 비슷한 일종의 자유로운 사회주의 정책을 추구하였다. 1962년까지 인도는 주로 경제발전에 국가 자원을 집중시켰다. 세 차례의 5개년계획으로 중공업과 경공업의 건설에 힘을 기울였다. 1949-1950년을 기본년도로 하여 1961년까지 국민수입은 42%, 농업생산은 41% 증가하였다. 그럼에도 인도의 경제발전은 급격한 인구증가를 따르지 못하였다.

네루는 미국과 소련의 냉전체제에 말려들지 않으려고 하였다. 그러나 인도는 파키스탄이나 중공과의 국경분쟁으로 부득이 미국과 소련의 군사원조를 받아들이지 않을 수 없었다.

인디라 간디 1964년 네루 사후 1966년 네루의 딸 인디라 간디Indira Gandhi(1917-1984)가 국민회의(國民會議) 당수로 수상이 되었다. 인디라 간디는 식량해결책으로 이른바 '녹색혁명'을 시작하였다. 새로운 농업정책은 단지 상층 농업계층만을 도와줄 뿐이었으며 가난한 농민은 더욱 깊은 빈곤 속에 빠져들었다. 미국·영국·소련으로부터 막대한 차관과 기술원조를 받았음에도 인도는 빈곤을 해결할 수 없었다. 빈곤과 과밀인구는 인도인의 불만·시위·파쟁(派爭)의 원인이 되었다.

네루와 인디라 간디

수많은 인도인이 굶주림에 허덕이는 가운데 1974년 인도는 핵실험을 하였다. 더욱이 인디라 간디는 1975년초부터 독재와 탄압으로 기울어지기 시작하였다. 반정부 저항운동을 가라앉히기 위해 1975년 '비상사태'를 선포하고 민주적 절차를 중단시켰다. 긴급권 발동으로 수천 명의 반대자들이 투옥되었다.

1977년까지 계속된 비상사태

아래 간디 정부는 인도의 가장 시급한 과제인 인구억제정책을 강행하였다. 산아제한과 불임수술은 국가정책으로 실시되어 1976-1977년 8백만이 불임수술을 하였다. 강제적인 산아제한 정책은 저항세력을 더욱 증대시켰으며 마침내 1977년 다시 허용된 선거에서 인디라 간디는 패배하고 권좌에서 물러났다. 반민주적 탄압과 가혹한 산아제한이 패인이었다.

인디라 간디는 1980년 다시 수상으로 복귀했으나 여전히 종교 분쟁, 종족 갈등, 분리주의 운동 등 난관이 지속되었다. 펀자브 지역에서 완전한 자치를 요구하는 시크교도의 폭동이 일어났다. 그들은 인도 인구의 약 2%를 차지하는 독자적인 종교집단이었다.

시크교도의 자치를 허용하지 않기로 한 간디는 군을 동원하여 시크 과격파의 근거지인 암리차르의 황금사원을 공격하였다. 이 사건이 있은지 두 달 후 1984년 그는 자신의 호위병 중 시크교도 출신인 두 사람에 의해 암살되었다.

라지브 간디

그의 아들 라지브 간디Rajiv Gandhi(1944-1991)가 1985년 수상직을 계승하고 시크교도와의 화해정책을 제시하였다. 그러나 라지브 간디 역시 오랫동안 인도 사회를 괴롭혀 온 종교와 언어 문제를 비롯해 불균형한 경제, 인구과다, 빈곤 문제를 해결하지 못하였다. 그 역시 1991년 암살되었다.

이러한 문제점들이 있음에도 네루의 후계자들은 민주주의를 유지하는 가운데 인도 사회의 발전을 위한 노력을 계속하였다.

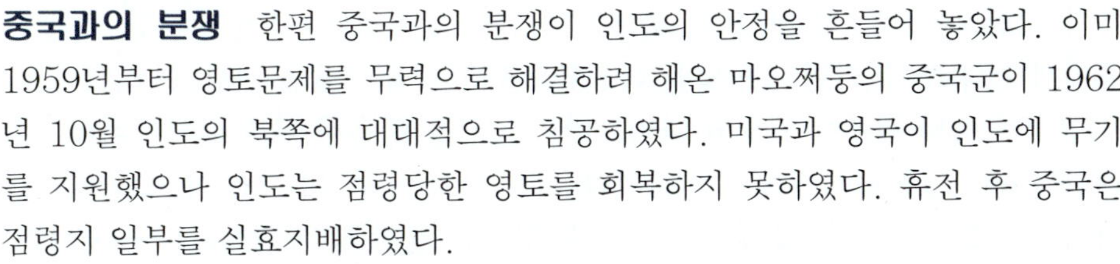
중국과의 분쟁 한편 중국과의 분쟁이 인도의 안정을 흔들어 놓았다. 이미 1959년부터 영토문제를 무력으로 해결하려 해온 마오쩌둥의 중국군이 1962년 10월 인도의 북쪽에 대대적으로 침공하였다. 미국과 영국이 인도에 무기를 지원했으나 인도는 점령당한 영토를 회복하지 못하였다. 휴전 후 중국은 점령지 일부를 실효지배하였다.

인도는 이 사건을 계기로 국가자원을 전적으로 경제발전에만 집중할 수 없게 되었다. 1964년 네루 사후 인도는 국내적으로 민주주의적 진보도 두드러지지 않았거니와 국제적으로 아프리카 · 아시아국가들에 대한 영향력을 상실하였다.

파키스탄 한편 파키스탄의 영토는 지리적으로 동파키스탄과 서파키스탄으로 분리되어 있었다. 동서 파키스탄은 서로 1천 6백km 떨어져 있었다.

파키스탄 정부체제는 주로 서파키스탄 중심으로 운영되었기 때문에 동파키스탄인의 불만이 컸다. 따라서 1971년 동파키스탄이 방글라데시Bangladesh로 독립하게 된 것은 당연한 추세였다.

파키스탄은 헌정체제가 취약했으며 정치적 부패가 극심하여 정국이 혼란에 빠지게 되었다. 이 결과 1958년 아유브 칸Mohammad Ayub Khan(1907-

1974) 장군이 쿠데타를 일으켜 군사독재정권을 수립하고 미국과 밀접한 유대를 맺었다. 그는 1958-1969년 10년간 독재를 하면서 토지·교육·지방자치 등의 개혁을 단행하고 신헌법을 제정하였다.

칸 이후에도 파키스탄은 연쇄적인 쿠데타로 군부 집권과 독재의 악순환에서 벗어나지 못하였다.

방글라데시 인도와 파키스탄 두 나라에서는 주로 힌두교도·이슬람교도·시크교도 간의 종교적 갈등이 빚어낸 무질서가 계속되고 1970년대초에는 유혈사태가 벌어졌다.

이를 계기로 1971년 동파키스탄은 인도의 지원을 받아 서파키스탄으로부터 분리독립하기 위한 반란을 일으켰다. 약 3백만의 무고한 시민이 서파키스탄 군인에 의해 학살되는 등 충돌 결과 동파키스탄은 1972년 방글라데시 공화국으로 독립하였다.

B. 동남 아시아

자연자원이 풍부한 동남 아시아는 제2차 세계대전이 끝난 후부터 계속 국정이 소란하고 불안정하였다. 대전 종료 후 영국·네덜란드·프랑스의 동남 아시아 식민지에서는 민족주의적 봉기가 잇달아 일어났다. 오직 미국만이 이 와중에서 1946년 필리핀의 독립을 허용함으로써 직접 충돌을 피할 수 있었다.

영국 노동당 정부는 인도와 파키스탄의 독립을 허용한 이래 실론·버마·말레이Malaya 등에 독립을 부여하였다. 스리랑카는 독립을 획득했으나 영국연방의 일원으로 머물러 있기를 원하였다. 영국은 연방(聯邦: Commonwealth)을 구성하여 옛 식민지와 경제·문화적 유대를 계속 유지하는 방안을 구상하였다. 1931년의 '웨스트민스터 법'은 캐나다·오스트레일리아·뉴질랜드·남아프리카·아일랜드 자유국 등으로 구성된 영연방의 출발에 결정적인 조치였다.

버마(지금의 미얀마)는 대전중 일본 점령으로 영국과의 유대를 끊어버렸으므로 전후에는 완전 독립을 할 수 있었다. 독립 후 버마는 중립국이 되었으나 곧 내전으로 시달렸고 인도와 중국 사이에서 불안한 위치에 서게 되었다.

한편 말레이는 1942년 일본군에 의해 점령되었으나 종전 후, 특히 1949년 중국 공산당이 득세한 후 소수 공산주의 중국계 세력이 들어섰다. 영국은 이러한 공산 게릴라와 오랜 밀림 전투를 했으나 결국 독립을 허용하지 않을 수 없었다. 1957년 내란을 끝낸 말레이는 독립하여 역시 영국 연방으로 남은 제4의 아시아 국가가 되었다. 다만 홍콩은 1998년 중국에 반환될 때까지 영국 제국주의의 잔재로 남아 있었다.

베트남 아시아의 유럽 식민지 중 가장 수탈을 심하게 당한 곳은 베트남(越南: Vietnam) · 캄보디아Cambodia(Khmer) · 라오스Laos로 구성되는 인도-차이나(印度支那)였다. 그 중 캄보디아와 라오스는 1946년 프랑스에 의해 어느 정도 자치가 허용되었으나 베트남의 지위는 확정되지 않았다.

따라서 베트남에서는 강력한 민족주의 세력이 형성되어 프랑스에 대항하기 시작하였다. 1945년 일본의 패퇴 직후 소련에서 교육받은 공산주의자 호치민(胡志明, Ho Chi Minh, 1890-1969)은 독립 베트남 공화국을 선포하고 중공의 지원 아래 프랑스군에 강력하게 맞섰다. 이리하여 인도-차이나 전쟁이 1946년에서 1954년까지 계속되었다.

호치민

그는 농촌지역에서 게릴라전을 전개했으며 1949년 중공 성립 이후에는 중공으로부터 무기를 지원받았다. 프랑스군은 미국 마샬 안의 지원을 받았으나 대다수 베트남인이 호치민 편에 섰기 때문에 연전 연패하였다.

마침내 1954년 호치민 군은 프랑스군이 지키던 디엔비엔푸Dienbienphu를 함락시켰다. 프랑스 정부는 패배를 인정하고 베트남의 북쪽 부분을 공산주의자들에게 양도하였다.

이 결과 1954년 7월 주네브 협정에서 남북의 경계가 정해졌다. 베트남은 남북으로 갈라져서 북쪽에는 공산국가 월맹(越盟: Vietminh)이 서고 남쪽에는 프랑스 후원으로 베트남(南部越南) 정부가 수립되었다. 월맹은 러시아와 중국의 경제 · 군사적 지원을 받았다.

그 후 곧 남쪽의 베트남 정부는 프랑스와의 관계를 끊고 독립하였다. 베트남에서 공산세력이 증대하는 것은 소련 세력의 확장을 의미했으므로 이를 저지할 목적으로 미국이 베트남 정부를 지원하였다.

미국의 베트남 개입 미국은 러시아와 중국의 공산주의를 봉쇄하려는 군사정책에 따라 남베트남에서뿐 아니라 라오스와 캄보디아에서도 세력을 유지하려고 하였다. 그리하여 보수적인 남베트남의 디엠Ngo Dinh Diem(1901-1963) 정권에 군사 · 경제적 원조를 하였다.

그러나 디엠은 독재체제를 강화했으므로 점차 일반대중의 인기를 상실하였다. 1960년 베트남 민족주의자들은 민족해방전선(NLF)을 조직하여 반정부투쟁을 시작하였다. 이 조직은 주로 남부 베트남인으로 구성되긴 했지만 궁극적으로는 월맹으로부터 지시와 원조, 무기와 병력 지원을 받게 되었다.

베트남 반란군 베트콩Viet Cong은 월맹의 지원 아래 남쪽 베트남에 테러 공

베트남 전쟁에 반대하는 시위대

격을 하기 시작하였다. 그들은 베트남 정부의 부패가 더해감에 따라 더욱 대담한 행동을 취하였다.

이 상황에서 1961년 미국의 케네디 행정부는 베트남에 대한 군사원조를 증가하고 1만6천 명의 미국군을 파견하였다. 1962년말 베트콩이 약화되는 듯했으나 다음해 다시 사태가 나빠졌다. 1963년 11월 디엠은 불만에 찬 불교도와 학생들의 반정부 시위를 무력으로 탄압했으나 그 와중에 암살되고 말았다. 1964년 1월 군부 쿠데타가 일어났다.

베트남 전쟁 1965년초 베트남 공산주의자들은 소련과 중공으로부터 상당한 양의 물자원조를 받으면서 미국이 지원하는 남베트남 정부에 대한 전쟁을 대대적으로 개시하였다. 미국은 북쪽 베트남을 맹렬히 폭격하고 병력을 계속 증강하였다.

베트남에 대한 미국의 적극적 원조는 존슨 행정부에 의해 시작되었다. 1965년 존슨Lyndon Johnson(1908-1973)은 베트남에 대한 지원을 증가하고 월맹에 대한 폭격을 명령했을 뿐 아니라 미국 지상군을 파병하였다. 그 해 미국의 원조액은 하루 1천5백만 달러에 달하였다.

베트콩의 적극 공세로 전쟁은 확대되고 미국의 호소에 응하여 한국을 비롯하여 타일랜드 · 뉴질랜드 · 오스트레일리아 등 여러 나라들이 참전하였다. 그러나 승리는 쉽사리 오지 않았다. 1968년까지 미국측은 50만 이상의 병력을 투입하였다.

1968년 북베트남군은 또다시 대규모 공격을 시작하였다(테트Tet 공세). 미국정부는 전쟁의 승리를 확신할 수 없게 되자 파리에서 지루한 평화회담을 시작하였다. 마침내 1969년 닉슨 행정부는 베트콩 및 월맹과 휴전을 맺고 불명예스러운 마무리를 지었다.

1969년 호치민이 죽었으나 전쟁은 끝나지 않고 도리어 새로운 국면에 접어들었다. 대규모 폭격으로 제2차 세계대전 중 사용된 것보다 많은 양의 폭탄이 투하되었다.

마침내 1973년 평화조약이 체결되고 미국은 병력을 철수하였다. 그러나 북베트남 및 베트콩은 휴전협정을 지키지 않고 대공세를 취하여 1975년 남베트남을 군사적으로 정복하였다. 부패와 부정으로 얼룩진 남베트남은 공산주의자들의 적수가 되지 못하였다.

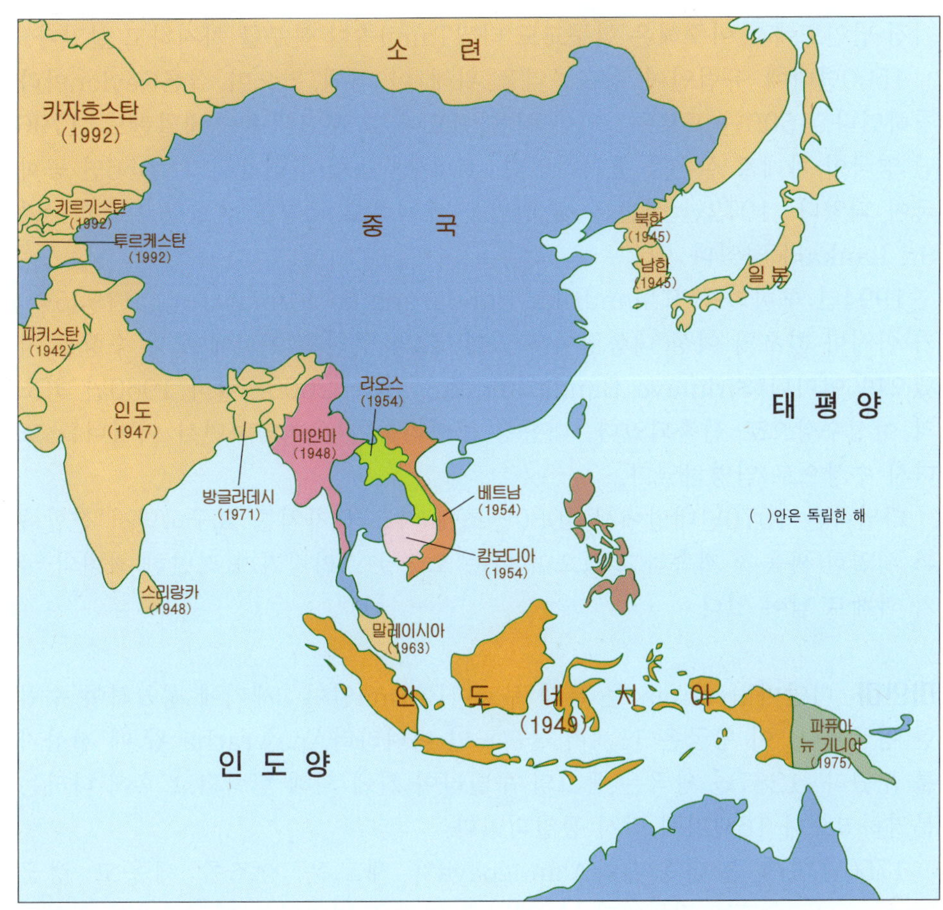

2차대전 후 아시아 국가의 독립

필리핀과 인도네시아 필리핀은 종전 후 얼마 안 되어 1946년 미국으로부터 독립하고 막사이사이Ramon Magsaysay(1907-1957) 대통령 때 상당한 민주주의의 성장을 보았다. 그러나 1970년대 마르코스 대통령 시절에 이르러 필리핀은 가장 질 나쁜 독재국가 중 하나로 전락하고 말았다.

한편 네덜란드령 인도네시아는 제2차 세계대전 종료 후 독립을 선언하였다. 이에 네덜란드는 4년간 맹렬히 이를 저지하려 했으나 유엔의 압력에 굴복하였다.

그리하여 1949년 인도네시아 공화국은 독립국가로 인정받았다. 인구 대부분이 이슬람교도이며 수천 개의 섬들로 이루어져 있고 주석 · 고무 · 석유 및 기타 자원을 풍부하게 소유한 인도네시아는 필리핀과 달리 처음부터 전제정치 형태를 취하였다.

스리랑카 스리랑카의 역사는 BC 550년경 신할인(Shinhalese)이 인도 대륙으로부터 이주해 아누라다푸라Anuradhapura를 세운 때부터 시작된다. BC 3세기경 불교가 도입된 후 이 섬은 불교사상의 중심지가 되었다. 그리고 12세기경 남인도에서 이주해온 힌두교도 타밀Tamil족이 북부를 차지하고 살았다.

1500년대에 유럽인이 향료무역을 위해 이 섬에 왔으며 실론Ceylon이라 칭하였다. 1505년 포르투갈인이 처음 왔으나 그 후 1658년 네덜란드, 1796년 영국이 차례로 실론을 통치하였다. 1948년 독립이 허용되고 1956년 공화국이 되었다. 1972년 실론은 새 헌법을 채택하고 국명을 신할어로 스리랑카Sri Lanka라 하였다.

1994년 쿠마라퉁가Chandrika Bandaranaike Kumaratunga(1945-)가 아시아 최초의 여성 대통령이 되었다. 그의 양친은 이전에 모두 수상을 지냈으며 어머니(Sirimavo Bandaranaike, 1916-2000) 역시 1960년 최초의 여성수상으로 선출되었다. 대통령 쿠마라퉁가는 취임하면서 어머니를 또다시 수상으로 임명하였다.

타밀족은 1970년대말에서 1980년초에 이르러 자치를 요구하면서 신할족과 치열한 싸움을 계속하고 있으며 이는 오늘날 스리랑카가 직면한 최대의 국가 과제로 남아 있다.

미얀마 미얀마Myanmar는 본래 부르마Burma인이 9세기에 정착하여 수립한 왕국이다. 이 왕국은 11세기 불교도인 아나라타Anawratha 왕 때 전성기를 누렸다. 1287년 왕국은 몽고의 쿠빌라이 칸에 의해 함락되고 후에 나라는 분열하였으나 16세기에 다시 통일되었다.

1750년대에 알라웅파야Alaungpaya가 새로운 왕조를 세우고 랭군Rangoon을 수도로 정하였다. 19세기에 영국은 미얀마를 제국주의적 침략의 대상으로 삼고 1826-1885년 일련의 전쟁을 거쳐 인도제국의 일부로 합병하였다. 그후 1937년 미얀마는 영국연방의 구성원이 되었으나 제2차 세계대전 중

아웅산 수지의 '대문앞 회합'

일본군이 점령하여 괴뢰정권을 수립하였다.

1948년 독립하여 '버마 연방'이 수립되었다. 그러나 1962년 네윈Ne Win(1911-2002) 장군의 쿠데타로 민주헌법은 정지되었다. 1973년 12월 새로운 사회주의 헌법이 공포되었다.

1980년대 후반 아웅산 수찌Daw Aung San Suu Kyi(1945-)는 1947년 암살된 아버지 아웅산으로부터 정치적 권위를 물려받아 정치지도자로 부상하였다. 그는 1988년 망명생활에서 돌아와 민주주의 지도자로서 미얀마 독재정권에 대항하는 비폭력 혁명을 일으키려 하였다. 정부는 1989년부터 1995년까지 그를 가덕 연금하였다.

연금되어 있는 동안 그는 '대문앞 회합'이라는 새로운 형식으로 직접 국민을 설득하여 독재정권에 대한 항거를 종용하였다. 그는 집 대문 앞에 모인 군중에게 대문을 사이에 두고 연설하였다.

1990년 선거에서 아웅산 수찌와 그의 정당이 승리했으나 집권이 허용되지는 않았다. 비민주적 정권에 대한 그의 저항행위는 1991년 노벨 평화상으로 보답받았으나 연금상태였기 때문에 수상식에 참석하지는 못하였다.

C. 중공의 성립

제1차 세계대전과 연관해 일어난 혁명이 러시아 혁명이었다면 제2차 세계대전 이후 세계에서 가장 주목할 만한 혁명은 중국에서 일어났다. 사실상 제2차 세계대전 자체가 중국의 권력구조를 해체함으로써 혁명과정을 촉진하였다. 세계인구의 4분의 1을 가진 중국에서 공산당이 승리했다는 사실은 전후 아시아의 형세를 바꾸어 놓았을 뿐만 아니라 세계의 국제관계에 큰 변화를 일으켰다.

일본과 극소수 국가를 제외하고 아시아의 대부분 지역은 권위주의 정권이 들어서거나 공산주의 내지 사회주의 체제하에 있었다. 중국은 아시아 여러 나라의 정치발전 모델이 되었다.

중국혁명의 뿌리는 20세기 전환기에서 찾을 수 있다. 1892년 쑨원(孫文, 孫逸仙, 1866-1925)은 입헌주의 군주제를 지향하는 개혁을 시도하였다. 그러나 1900년의 의화단 사건의 무자비한 탄압을 계기로 쑨원은 입헌 군주주의 사상을 버리고 1905년 국민당의 전신인 혁명집단을 조직하였다. 그 목적은 본질적으로 만주왕조를 퇴출시키고 공화국을 수립하는 것이었다.

쑨원

국민당 자유주의 지식인인 쑨원은 서양적 모델에 의한 민주주의의 달성을 이상적 정치형태로 확신하였다. 그러나 그는 1911년 공화국의 실패 이후 서양

중국 정권 쟁탈전의 양측 지도자 장제스(왼쪽)와 마오쩌둥

세력에 환멸을 느꼈다. 열렬한 민족주의적인 5·4운동에 자극을 받은 쑨원은 1919년말 당을 재조직하여 러시아 볼셰비키와 접촉하고 강령수정작업에 착수하였다. 이를 계기로 그는 적극적인 반(反)제국주의자로 변신하고 후난(湖南)지역 농민을 조직한 마오쩌둥(毛澤東:1893-1976)의 중국공산당과 연합하였다.

1924년 '국민당'(國民黨)의 재조직은 중국 혁명운동사에서 하나의 전환점이 되었다. 제3시기의 도래, 즉 민족주의와 사회개혁과의 결합, 그리고 농민대중을 동원함으로써 저항 기반을 확대하였다. 쑨원은 혁명이 채 끝나기 전에 1925년 죽었다. 그의 죽음으로 중국을 하나로 묶을 수 있는 힘이 사라졌다.

그 후 중국 혁명정부는 젊은 직업군인 장제스(蔣介石:1887-1975)의 강력한 영도 아래 놓이게 되었다. 그는 곧 중국 전체를 장악하였다. 기업인·금융인·지주층이 장제스의 군과 연합하여 공산당과 좌파와 결별하였다.

장제스는 중국의 자유화보다는 강력한 국가건설에 더 많은 관심을 가졌다. 그의 영도 아래 국민당은 우경(右傾)했는데 1937-1938년 국민당 정부가 일본군에게 패퇴하여 서쪽으로 쫓겨가 결국 주요 지지 기반인 해안도시들과의 유대가 끊기고 말았다. 이 때 군벌과 지방호족들과의 결탁으로 국민당은 더욱 보수화하였다.

중국 내전 1926년 이래 중국 내전은 확대되었다. 장제스가 영도하는 국민당 세력은 마오쩌둥이 영도하는 공산당 반란군과 처음에는 남쪽에서, 다음에는 북쪽에서 전투를 벌였다. 부유한 농민 출신으로 한때 교사였으며 조합 조직자였던 마오쩌둥은 열렬한 혁명가였다. 그는 오로지 지성·인품·정력으로 공산주의자들의 지도자가 되었다.

1927년 장제스는 모든 공산당원을 숙청하고 잔존 세력을 멀리 서북쪽으로 밀어냈다. 그러나 반동집단의 지지를 받는 국민당이 토지개혁노선을 폐기하자 주도권은 점차 마오쩌둥의 공산당에게 넘어갔다. 공산당의 강점은 사회혁명을 관철시키려는 강한 의지에 있었다. 마오쩌둥은 농민의 지지를 얻는 자가 중국을 얻을 것이며 토지문제를 해결하는 자가 농민의 지지를 얻을 것이라고 확신하고 있었다.

중국 공산당은 1927년 농업혁명을 시작하면서 농민을 조직화하였다. 그들은 지방정부를 소비에트로 개편하여 가난하고 토지없는 농민에게 발언권을 주었다. 지주로부터 빼앗은 토지를 농민에게 재분배하고 농민혁명군을 조직하여 특권층에 대한 게릴라 전쟁을 전개하였다. 이러한 대중조직이 공산당의 성공과 국민당의 실패를 결정하는 요인이 되었다.

1937년의 휴전으로 양측은 일본군에 대한 공동전선을 구축하였다. 국민당 정부는 1937년 대일항전(對日抗戰)을 위해 공산당과의 오랜 반목을 잠시 중단하고 공동전선을 펴는 이른바 '국공합작'(國共合作)을 하였다.

중국 공산당 그러나 전쟁이 끝난 후에도 여전히 마오쩌둥 지휘하의 공산당이 그들이 차지한 북쪽 지역을 내주기를 거부했으므로 다시 내란이 일어났다. 1941년초 중국 전국토의 장악을 위한 무력충돌 이후 미국이 중개자의 입장에서, 후에는 국민당에 대한 군사원조를 통해 개입했으나 모두 실패하고 말았다. 국민당과 중공을 타협시키려는 미국측(George C. Marshall, 1880-1959)의 노력은 수포로 돌아갔다.

1939년 이래 충칭(重慶)으로 물러나 있던 국민당은 대중과 더욱 더 멀어지고 군대의 사기는 떨어졌다. 그 반면 마오쩌둥은 부단한 항일 게릴라전을 계속했으며 중국인의 폭 넓은 지지를 받았다. 제2차 세계대전 중에도 마오쩌둥이 거느리는 중공세력은 점차 커지고 사기는 충천하였다.

1947년 중국 내란이 전국을 휩쓸었다. 미국의 무기와 장비를 갖춘 국민당 정부군이 처음에는 우세한 듯했으나 그 해가 끝나기 전에 동북 지방에서 크게 패하고 이를 시작으로 1948년말 전세는 결정적으로 중공군에게 우세하게 전환되었다.

국민군은 속속 중공군에 투항하였다. 국민당 정부는 인플레이션과 빈곤, 정치적 부패와 타락 때문에 중국 민중의 신망을 잃었다. 정부는 양쯔장(楊子江)까지 후퇴하고 그후 해안지방으로까지 밀려난 후 끝내는 타이완(臺灣)으로 건너가 간신히 정부를 유지하였다. 타이완 국민당 정부는 그 후 다년간 미국의 지원과 보호 아래 중국에서의 정통 합법정부임을 주장하였다.

그러나 미국이 중공에 대한 화해정책을 시작하자 타이완 정부는 정통적 지위를 상실하게 되었다. 마침내 1970년대에 국민당 정부는 유엔 안보리 상임이사국의 지위마저 잃고 대외적으로 고립되었다.

중화인민공화국 1949년 마오쩌둥은 중화인민공화국의 명칭 아래 베이징(北京)을 수도로 정하고 마르크스주의 이데올로기를 중국의 독자적인 공산주의로 바꾸어 놓았다. 영국 · 인도를 비롯한 여러 나라의 승인을 얻었으며 1950년 소련과 동맹을 체결하였다. 마오쩌둥은 소련의 원조로 산업화를 시작하고 세계 최대인구 국가를 공산화하는 데 착수하였다.

미국은 계속 중공을 인정하지 않고 있었으나 닉슨 행정부에 이르러 데탕트 정책의 일환으로 중공을 승인하였다. 중공은 오늘날 유엔 안보리 상임이사국일 뿐 아니라 세계적인 대국으로 성장하여 국제정치에 커다란 영향력을 행사하게 되었다.

제1차 5개년계획 1953년 마오쩌둥은 25년 전 스탈린이 한 것과 비슷한 제1차 5개년경제계획에 착수하였다. 그러나 중국의 5개년계획은 소련이 5개년계획을 시작할 때보다 훨씬 낮은 수준에서 시작하였다.

중국의 모든 산업은 국유화되고 농업은 집산화(集産化)되었다. 중국의 계획경제는 어려운 고비에 있었으나 대중은 전혀 모르고 있었다. 1957년 중국정부는 제1차 경제계획이 대성공을 거두고 생산은 초과 달성되었다고 발표하였다.

다음해 제2차 5개년계획, 이른바 '대약진운동' (1958-1962)이 시작되었다. 마오쩌둥은 15년 만에 영국과 같은 선진 산업국가를 따라잡을 수 있다고 자신하였다. 산업과 농업에서의 새로운 목표는 중국사회를 공산화하기 위해 소련의 경우보다 더 완전하게 달성되어야 하였다. 전국민은 엄격한 통제를 받는 공동체로 조직되었다. 전통적인 중국 가족구조는 과격한 변화를 겪게 되었다. 중국의 급증하는 막대한 인구는 관개사업용 댐 · 철강제조 · 공장 · 철도 · 학교 · 병원 등의 건설에 동원되었다. 이 계획은 '대약진운동' 이라 불렸다.

그러나 '대약진운동' 은 너무나 졸속으로 진행되고 지나치게 야심적인 것이었다. 1959년 한발과 홍수가 닥쳐와 모든 지역에서 기아사태를 겪었다. 과잉충성하는 지방 관리들이 대중의 반감을 사고 저항을 불러일으켰다.

'대약진운동' 은 실패하였다. 1959년부터 1962년 사이에 2천만 중국농민이 기아와 영양실조로 죽었다. 결국 현실주의적 공산지도자들은 개혁속도를 늦추고 통제를 완화하지 않을 수 없게 되었다. 마오쩌둥은 현실을 직시하려 하지 않고 실패의 원인이 흉년이나 반동분자의 책동에 있다고 책임을 떠넘겼다.

문화혁명 5개년계획의 실패로 공산당 내부의 의견차이가 노출되었다. 온건파의 거두이며 2인자인 류사오치(劉少奇, 1898-1969)는 공산화의 속도를 늦추고 소비재 생산을 늘리며, 적어도 임시적으로나마 개인기업을 허용하려 하였다.

그러나 마오쩌둥은 혁명 전 이래의 자본주의 잔재와 새로운 관료주의를 분쇄하고 중국민중에게 새로운 혁명을 일깨워주어야 한다고 믿었다. 마오쩌둥은 공산당 지도층의 수정주의를 뿌리뽑기 위해 1966년부터 3년간 수만 명의 광신적인 적위대(赤衛隊) 및 정규군으로 하여금 이른바 '문화혁명'의 이름으로 온건파를 대대적으로 숙청하였다. 중국의 지식인 · 교사 · 전문직 · 경영인 등 부르주아 가치관과 관계 있다고 간주된 엘리트가 타도의 대상이 되었다.

수백만이 박해와 죽음을 당하였다. 수많은 사람이 구타당하고 투옥되고 강제노동수용소에 보내졌다. 결과적으로 중국사회의 안정된 발전을 저해하고 교육제도를 파괴한 문화혁명은 마오쩌둥이 죽은 1976년까지 계속되었다.

소련과의 관계악화 모스크바와 베이징은 냉전 초기에 밀접한 관계를 유지하고 있었다. 이 관계는 동아시아의 반공(反共)의 아성인 일본 · 남한 · 타이완을 원조한 미국을 공동적(共同敵)으로 간주했기 때문이다.

1950년대 전반 중국은 소련과의 우호 관계를 유지하고 소련으로부터군사시설과 경제원조를 받았다. 소련은 유엔 안보이사회의 자리를 타이완 대신 중국이 차지할 수 있도록 외교적으로 지원하였다.

그러나 1956년 흐루시초프가 스탈린을 비난했을 때부터 중국과 소련 사이에는 이념적 분쟁이 시작되었다. 베이징은 모스크바가 자본주의적 서방제국주의에 유화정책을 쓴다고 비난하였다.

영토문제는 양국간의 관계를 더욱 악화시켰다. 소련은 점차 중국에 대한 원조를 줄이는 한편 중앙 아시아와 시베리아에서 중국과 국경분쟁을 일으켰다. 1960년 소련은 이미 약속했던 중국에 대한 경제 및 기술 원조를 철회하기 시작하였다. 그해 9월 소련은 중국에서 일하고 있던 전문가와 고문들을 철수시켰다.

1964년말 중국과 소련의 관계악화가 공공연한 것이 되었다. 흐루시초프가 핵전쟁의 위험 때문에 미국과 평화공존을 모색하게 되자 중국은 소련을 '수정주의자'라고 몰아 붙였다. 이에 대해 소련은 마오쩌둥을 '좌익 모험주의자'라고 비난하였다.

미국의 대응 1964년 중국은 최초의 핵폭발 실험을 하였다. 중국의 꾸준한 군사력 증강에 더하여 핵실험은 소련의 깊은 우려를 자아냈다. 소련은 다수의 기계화사단을 동북아시아에 파병했으며 결국 1968년 국경 분쟁 지역에서 중국군과 충돌하였다.

1971년 미국정부는 베트남 전쟁에 대한 참담한 실패로 충격을 받고 동북아시아의 현실적 변화를 재인식하려고 하였다. 미국은 중·소 분쟁의 효과를 극대화하고 중국과 협상하는 한편 소련과 화해를 시도하였다.

마침내 미국은 1971년 중화인민공화국의 유엔 가입을 승인하고 베이징과 워싱턴 간에 외교사절을 교환하였다. 또 마오쩌둥의 후계자들도 서방의 자본투자를 흔쾌히 받아들였다. 그러나 미국은 타이완 국민당 정부에 대한 지원을 계속했으며 그로 인해 중국과 미국의 완전한 외교관계는 여전히 수립되지 않았다.

제2차 세계대전 이후 강대국이 이데올로기적 목적에 반대되더라도 현실적 이익에 따라 수시로 대외관계를 수정한다는 사실이 중국에 대한 미국과 소련의 대응에서 여실히 증명되었다.

덩샤오핑의 등장 일찍이 문화혁명 때 숙청되었던 덩샤오핑(鄧小平, 1904-1997)이 마오쩌둥의 후계자로 등장하였다. 문화혁명 때 그는 마오쩌둥에 대한 비판을 철회하고 자신을 소부르주아 지식인이라 자아비판하도록 강요당했다. 마침내 그는 중앙당에서 쫓겨나 트랙터 수리공장에서 강제노동을 해야 했다.

마오쩌둥 사후 문화혁명이 중단되자 중국 공산당은 노선을 수정하였다. 그리하여 덩샤오핑은 1981년 권력을 장악하면서 소련의 흐루시초프가 1956년 스탈린 강등운동을 한 것처럼 마오쩌둥의 강등운동을 주도하였다.

1980년대는 '덩샤오핑 혁명'의 시대였다. 당분간 정치혁명의 열기는 중국에서 사라졌다. 덩샤오핑은 급속한 경제발전, 일부 경제의 분권화, 선진 산업국가와의 접촉을 허용하는 정책을 채택하였다. 그는 마오쩌둥의 자급자족과 고립주의 정책을 완화하고 중국이 국제사회에 진출할 수 있도록 금융과 무역에 관한 제도를 수정하였다.

덩샤오핑

덩샤오핑은 마오쩌둥이 금기시했던 유럽 자본주의 가치관을 받아들였고, 수만 명의 중국학생이 전문지식과 현대적 경영기법을 습득하기 위해 해외대학에 유학하였다.

이러한 개방정책은 결국 개방된 민주주의에 대한 요구를 증대시켰다. 1989년 베이징 톈안먼

(天安門) 광장에서 학생과 노동자들이 정치 · 문화적 자유를 요구하는 시위를 일으켜 중국사회를 크게 흔들어 놓았다. 덩샤오핑은 군과 탱크를 동원하여 톈안먼 사태를 무자비하게 진압했으며 그 결과 국제사회의 지탄을 받았다.

그 후 1990년대말에 이르러 장쩌민(江澤民, 1926-)은 개방 노선에 따라 일본과의 우호 통상조약의 체결, 미국과의 관계개선, 외국차관 유치, 관광과 외국인투자에 대한 개방, 경제적 자유의 증대 등의 성과를 올렸다.

1989년 천안문 광장에서 민주화를 요구하며 시위하는 시민과 학생들

D. 일본의 부흥

일본은 제2차 세계대전 후 새로운 국가로 다시 부상하였다. 일본을 패전시키는 데 가장 큰 역할을 한 미국은 일본 점령과 통치를 연합국과 공동으로 하려고 하지 않았다.

트루먼 미국 대통령은 맥아더Douglas MacArthur(1880-1964)를 일본점령 연합군 총사령관으로 임명하고 전권을 부여하였다. 미국의 점령정책에 신축성 있게 적응한 일본은 1946년 영국과 비슷한 민주헌법을 채택하고 6년간 맥아더의 군정(軍政)에 순종하였다. 1946년 헌법은 여성 참정권과 시민의 자유권을 보장했으며 일본군의 징집을 금지하여 외국과의 군사동맹 가능성을 방지하였다. 일본은 비군사화되고 전범은 재판을 거쳐 투옥 또는 사형되었다.

1950년대 이후 아시아에서 공산주의가 세력을 점차 증가함에 따라 이를 견제하기 위해 미국은 패전 독일에 대해서 한 것과 같이 일본의 경제부흥을 지원하여 소련과 중국의 공산주의를 막기 위한 교두보로 삼으려 하였다.

미국은 1945년 패전 직후 일본의 경제부흥에 착수했으며 일본은 1949년에 이르러 이미 제2차 세계대전 전의 생산수준을 회복하였다. 유럽 부흥에 대한 마샬 안과 같이 미국은 일본에 20억 달러의 재정원조와 투자를 했을 뿐 아니라 대일 배상을 면제해 주었다. 더욱이 일본제품의 미국시장 진출에 제한을 가하지 않았다. 군사적 보호자로서 미국은 일본의 장기적인 경제성장에 기여한 바 컸다.

일본에 도착한 연합군 총사령관 맥아더

군정하의 일본 새 헌법에 의한 첫 번째 선거에서 영국의 노동당과 비슷한 일본 사회민주당은 의회의 최대의석을 차지하였다. 일본의 노동조합은 처음으로 활발한 활동을 할 수 있게 되었다. 점령군 당국의 압력으로 일본 산업과 금융을 지배하는 대기업이 해체되고 재벌은 거세되었다. 1946년말 일본은 자유민주국가로 다시 태어나는 것 같았다.

맥아더의 군정 중 가장 주목되는 것은 토지개혁이었다. 일본 농민의 대다수는 수확의 50-70%를 부재지주에게 바치는, 빈곤에 시달리는 토지 없는 소작인들이었다. 맥아더가 실시한 법률에 의해 정부는 지주 소유 중 약 9천 평 이상의 모든 땅을 강제매입하여 농민에게 30년 연부(年賦) 상환 조건으로 불하하였다.

그러나 1947년초 냉전의 강도가 점차 높아짐에 따라 맥아더는 돌연 일본의 자유화정책을 뒤집어 놓았다. 그는 새로 조직된 노동조합을 해체했으며 산업분권화를 중단하고 토지재분배 사업을 늦추었다.

명백히 미국은 일본을 독일과 같이 소련봉쇄를 위한 교두보로 만들려 하였고, 그에 따라 1949년 보수적인 자유당(후의 자유민주당)이 정권을 장악하고 이후 40년간 집권하였다.

미국의 대일(對日)강화 일본은 미국의 원조 아래 전쟁 후유증에서 급속히 회복하였다. 뿐만 아니라 태평양지역의 방위책임을 나누어 부담하는 미국의 동업자로 승격하였다. 또 일본은 1950년 한국전쟁을 계기로 경제적으로 큰 이익을 보았다.

한국전쟁 발발로 미국은 일본을 동맹국으로 유지할 필요를 느끼게 되었다. 그리하여 미국은 러시아의 반대를 무릅쓰고 1951년 9월 일본과 공식적인 강화조약을 체결하였다. 미국과 서방국가들은 일본의 주권을 회복시키고 자유 · 독립 국가로 인정하였다. 군사동맹의 가능성을 배제한 새 일본헌법에도 불구하고 미국은 일본과 안전보장조약을 체결하고 진주만 기습 사건 후 10년만에 동맹관계를 맺었다.

나카소네 일본 수상과 레이건 미국 대통령

강화조약으로 미국은 일본 내에 군사기지를 확보하게 되었다. 또 오키나와를 포함한 류큐(流球)열도 및 이전의 일본 위임통치하의 태평양 도서(島嶼)를 보호령으로 만들었다(미국은 보호령에 대한 권리를 1972년에 포기하였다). 일본은 배상금을 전혀 지불하지 않았으며 재무장이나 동맹관계 체결을 자유로이 할 수 있게 되었다.

1952년 강화조약에는 48개국이 서명했으나 인도 · 버마 · 소련 및 소련 위성국가들은 서명을 거부하였다. 중국은 서명에 초청되지도 않았다.

소련과 일본의 공식적인 조약은 1956년에 체결되었다. 한편 미국은 태평양 지역의 평화유지를 위해 한국 · 대만 · 필리핀 등과 방위조약을 체결했으나 부흥된 일본에 그 책임을 떠맡기려고 시도하였다.

일본의 경제발전 1950년대와 1960년대에 일본은 놀라운 경제부흥을 이룩하여 서독을 능가하게 되었다. 서독과 같이 일본은 막대한 미국원조를 받았고 산업 재건에서 가장 현대적이며 과학적인 노동 절약형 방식을 채택하였다.

더욱이 독일과 같이 일본은 미국의 군사적 우산 덕분에 군사비를 줄일 수 있었다. 1952년 상호방위조약으로 일본은 국민총생산의 1% 이상을 방위비로 쓰지 못하게 되었기 때문에 여유자금을 경제발전에 집중시킬 수 있었다.

또 한국전쟁이 일어났을 때 미국이 일본에서 보급물자를 구입했기 때문에 일본경제가 약진하는 계기가 되었다. 이로써 1950년대 중반 일본인은 아시아에서 최고의 생활수준을 누릴 수 있게 되었다.

일본은 저임금 수출주도형 경제를 통해 급속히 팽창하였다. 일본의 노동조합은 미국이나 영국 또는 프랑스의 노동조합과는 달리 기업주와 관리직과 협동 내지 공동결정권을 갖는 정책을 추구하였다.

일본 산업혁명이 시작된 키타큐슈(北九州)에 있는 제철 공장의 굴뚝

일본경제는 노동집약적 공업제품인 섬유나 철강에 의존했으나 1960년대부터 라디오 · 텔레비전 · 오토바이 · 자동차 등의 자본집약적 제조업으로 전환하였다. 1970년대에는 고도의 훈련과 교육을 받은 고급 노동인력을 활용하여 컴퓨터에 필요한 메모리 칩스, 액정 크리스털 모니터, CD-ROM 드라이브 등과 같은 기술집약적 산업에 집중하여 가격경쟁력이 강한, 질 높은 일본제품을 전세계로 수출하였다. 일본은 전자제품이나 자동차를 대량으로 미국에 팔고 미국제품은 거의 사들이지 않았다.

1960년 중반 일본은 미국과 소련에 이은 세계 제3의 산업강국이 되었다. 국민은 높은 생활수준과 사회적 안정을 향유하였다. 일본은 놀라운 경제성장으로 세계 세력으로 부상했으나 여전히 강력한 미국의 외교적 · 군사적 영향에서 벗어나지는 못하였다.

그러나 점차 일본 금융계 · 기업 · 정부는 세계문제에 대한 발언권을 갖게 되었으며 적절한 국제적 위상을 요구하였다.

일본의 정치안정과 경제발전은 1970년대에도 지속되었다. 1978년 일본은 중화인민공화국과 우호통상조약을 체결하였고 1980년대에 비교적 높은 성장률 및 낮은 실업율과 인플레이션을 유지할 수 있었다.

그러나 일본경제에는 취약한 점들이 많았다. 일본은 자연자원이 많지 않으며 협소한 지역에 1억 이상의 인구가 살고 있고 국토의 14%만이 경작 가능한 토지이다. 1980년대 중반에 일본 금융계에 위기가 왔으며 일본산업은 성장이 지지부진하고 실업률이 높아졌다.

2. 변화하는 제3세계

제2차 세계대전 종전이 가져온 가장 주목할 만한 변화는 아프리카 · 라틴 아메리카 · 중동에서 일어났다. 냉전구도의 성립과 함께 탈식민화는 제2차 세계대전 후 20세기 후반기의 세계를 형성하는 주요한 요인이었다.

특히 제국주의의 종식은 제2차 세계대전 후의 가장 중요한 결과였으며 영국 · 프랑스 · 네덜란드 · 스페인 · 포르투갈의 식민지들이 속속 독립하였다. 제2차 세계대전 종결 후부터 1980년까지 90개 이상의 국가가 독립하거나 새로 탄생하였다.

양극체제 아래 미국과 소련은 어떤 의미에서는 식민주의 시대에 종지부를 찍는 데 공헌하였다. 그럼에도 신생국가와 민족주의 운동이 냉전의 관점에서 처리되는 경향이 강하였다. 신생 독립국가는 미국과 소련 중 어느 편에 서는가에 따라 자본주의 또는 공산주의 체제가 되었다. 이러한 선택은 흔히 전략적 요충지에 있는 신생국가의 경우 독립성을 해치는 경우가 적지 않았다.

한편 제국주의의 가장 커다란 희생자였던 아프리카에서는 1960년대까지 탈식민화 과정이 진행되어 진정한 의미의 '아프리카 현대사'가 시작되었다. 제2의 유럽이라 할 수 있는 라틴 아메리카의 사회 · 정치적 변화 또한 현저하였다.

A. 신생 아프리카

아프리카는 유럽 제국주의에 대항하여 일어난 마지막 세력이었다. 아프리카 현대사는 유럽 지배로부터 벗어나는 해방의 역사였다. 1960년 독일 식민지 카메룬과 프랑스 신탁통치령 토고Togo, 이탈리아 식민지 소말리아 Somalia 등이 독립하였다. 그러나 가장 극적이며 예상을 뒤엎은 사건은 콩고 Congo를 해방시킨 벨기에 정부의 결정이었다.

프랑스와 영국은 아프리카 대부분의 땅을 차지했으며 그들의 방대한 제국을 해체하기 시작한 것도 아프리카에서부터였다. 프랑스는 북아프리카에서 튀니지 · 알제리 · 모로코 등 세 지역을 통치하고 있었으며 이 지역에는 상당히 많은 유럽인이 살고 있었다. 예를 들면 튀니지에는 20만, 모로코에는 30만, 알제리에는 1백만의 유럽인이 거주하고 있었다. 튀니지와 모로코에서는 유럽 정착민의 문제가 그다지 심각하지 않았으나 알제리의 경우는 달랐다.

영국은 가나를 시작으로 1965년까지 아프리카 식민제국을 해체하였다. 1957년 영국은 황금해안의 독립을 승인함으로써 가나Ghana 공화국이 탄생되었다. 이는 하나의 선례가 되어 다음 수년간 영국이 영유하던 아프리카 영토가 하나씩 모두 해방되었다.

제2차 세계대전 후 독립한 아프리카 신생독립국들은 많은 잠재력에도 불구하고 예상과는 달리 잠재적인 '문제지역'이 되었다. 1945년 이래의 역사는 폭력이 난무하는 내란의 역사이기도 하였다. 인종주의, 민족문제, 종족문제, 빈곤과 기아, 인구과잉 등이 내란의 원인이 되었다.

1945-1975년의 30년간 크고 작은 전쟁이 일어난 곳은 주로 아시아와 아프리카였다. 그 충돌이 또 국제적 긴장을 조성하였다. 미국 · 러시아 · 유럽 각국 · 중국 등 강대국은 이 지역의 내란에 간섭하고 빈번히 충돌을 촉진 또는 증폭시켰다.

일반적으로 신생 독립국가의 생활수준은 낮았다. 그 해결을 위해 개인 기업보다는 정부에 의한 계획통제경제에 의존하려는 경향이 강하였다. 당연한 결과로 이러한 지역에는 좌파든 우파든 독재적인 정치체제가 들어서게 되었다.

1990년대에 이르러 제2차 세계대전 후 아프리카를 풍미한 낙관주의는 사라졌다. 사하라 이남 아프리카의 정치적 안정에 대한 전망은 매우 회의적이었다. 쿠데타가 빈번히 일어나 민간정부는 무너지고 군사독재정권이 들어섰다.

여러 가지 이유가 있으나 아프리카의 정치 불안정은 부분적으로 식민주의 유산 때문이었다. 유럽 제국주의 국가들은 경제적 요소와 민족구성을 감안하지 않고 인위적으로 편의에 따라 아프리카를 분할하였다. 그 경계선 안의 부족 · 인종 · 종교 · 언어 등에 따른 내부 분열 때문에 독립 후 문제가 복잡하게 얽히게 되었다.

식민세력을 다시 끌어들일지도 모를 충돌을 사전에 방지하기 위해 1963년 32개국으로 구성된 아프리카 통합기구(Organization of African Unity: OAU)가 창설되었다. 그러나 문제점인 인위적인 국경선에 대해서는 아프리카 통합기구에서도 손댈 수 없었다. 아프리카 국가들은 내적 충돌을 피할 수 없었다.

아프리카는 20세기 후반에 이르러 가난하고 싸움으로 얼룩진 대륙이 되고 말았다. 수단Sudan과 차드Chad에서는 이슬람교의 북(北)과 그리스도교적-정령주의적 남(南)이 서로 다투고 에티오피아에서는 마르크스주의 중앙 정부와 이슬람 에리트레아Eritrea가 대립했으며, 앙골라와 짐바브웨에서는 민족주의적 지역혁명운동파와 정부 사이에 충돌이 일어났다.

모로코와 튀니지 모로코와 튀니지는 공식적으로 프랑스 식민지가 아니라 보호령으로 이 지역의 민족주의적 영도자들은 비교적 온건하고 친서방적이었다. 그리하여 이 두 지역에서의 탈식민화 과정에는 그다지 큰 고통과 갈등이 따르지 않았다.

탈식민화를 먼저 한 지역은 모로코였다. 모로코는 1912년 프랑스에 점거된 이래 리프Riff 산맥의 무어족이 끊임없이 반란을 일으켜 한 번도 완전한 평화를 유지한 적이 없었다. 1921년부터 프랑스는 지중해 연안의 일부 모로코를 차지하고 있던 스페인과 함께 모로코 반란군을 진압하기 위해 정규적인 군사활동을 전개하였다. 그러나 압둘카림Abd el-Krim(Abd-al-Karim, 1885-1963)의 영도 아래 무어군은 1926년까지 스페인군과 프랑스군을 성공적으로 격퇴시켰다.

1926년 압둘카림이 추방되고 1927년 시디 무하마드 3세Sidi Mohammed III(ben Youssef, 1909-1961)가 술탄이 되었으나 프랑스 당국에 의해 1953년 추방되었다. 1955년 돌아온 술탄은 완전독립을 요구하였다. 귀국 후 시디 무하마드 3세가 국민영웅으로 떠오르면서 민족주의 운동이 폭력화하여 그 해 여름에는 절정에 달하였다. 마침내 프랑스 당국은 1955년 모로코 보호령에서 철수하였다. 1956년 3월 모로코는 프랑스와의 유대를 단절하고 독립국가가 되어 시디 무하마드 3세 술탄이 무하마드 5세Mohammed V(재위: 1957-1961)로 모로코의 제1대 왕으로 즉위하였다.

이와 때를 같이하여 프랑스는 튀니지 보호령의 통치도 포기하였다. 인도지나 전쟁을 청산한 1954년 여름 프랑스의 새 수상 망데스-프랑스Pierre Mendés-France(1907-1982)는 직접 튀니지로 가 타협을 시도하였다. 1년 후 이 나라는 완전 자치를 실시했으며 역시 1956년 독립하였다.

알제리 아프리카 식민지 중 프랑스가 가장 늦게 철수한 곳은 알제리였다. 모로코나 튀니지와 달리 알제리의 경우는 사정이 복잡하였다. 그곳은 흑인 아프

프랑스에 저항하는 알제리 군인들 (1963)

리카 안의 프랑스 '공동체' 였다. 알제리를 프랑스에 존속시키려는 프랑스계 정착민은 독립하려는 이슬람계 원주민과 전쟁을 할 수밖에 없었다.

1940년대 중반 약 2백만 명의 프랑스계 이민이 8백만 이슬람 알제리인 속에 섞여 살고 있었다. 제2차 세계대전의 종식으로 알제리 민족주의 운동이 부활되고 프랑스로부터 독립하려는 현지인의 열망은 고조되었다.

프랑스 당국이 알제리 독립을 저지하려는 시도는 1945년 5월 알제리인 폭동을 초래하였다. 세티프Sétif시의 프랑스 식민지 경찰은 알제리 민족주의 및 아랍 민족주의를 지지하는 평화시위 군중에게 총격을 가하였다. 이 소란 중에 8천명 이상의 알제리 무슬림과 약 1백 명의 프랑스인이 죽었다.

1954년 또다시 알제리 민족주의자들이 프랑스계 주민과 동등한 지위를 요구했으나 거부되었다. 그리하여 베트남 디엔비엔푸에서 프랑스가 패배한 그 해에 알제리에서도 치열한 전투가 시작되었다.

알제리 해방전쟁은 '민족주의 해방전선' (Front de Libération Nationale: FLN)의 주도 아래 일어났다. 민족주의 해방전선은 아시아의 민족주의 운동과 비슷하게 산악지대의 기지를 중심으로 한 게릴라전으로 진행되었다.

프랑스 당국은 민족해방전선이 도시지역으로까지 전투를 확산한 1955년까지 문제의 심각성을 깨닫지 못하였다. 해방전선은 콩스탕틴Constantine시를 공격하여 수십 명의 프랑스계 주민을 살해하였다. 프랑스 당국은 혁명을 진압하기 위해 수천 명의 프랑스군을 알제리에 파견하였다. 결국 1958년까지 약 50만이 파병되었다.

전쟁과정에서 동족상잔의 양상이 나타났다. 프랑스군에 근무하는 알제리인이 현지 알제리인을 살해하였다. 사태가 이렇게 되자 유럽계 정착민은 알제리 민족주의자들만큼 프랑스 정부를 두려워하고 평화적으로 해결되기를 희망하였다.

물러났다가 다시 정권을 장악한 드골Charles de Gaulle(1890-1970)은 자결원칙을 약속했으며 마침내 전투에 종지부를 찍고 1962년 알제리의 독립을 인정하였다.

드골은 또다른 아프리카 식민지에 대해서도 독립을 허용하고 자발적으로 프랑스와 연방을 구성하도록 하였다. 프랑스령 기니Guinea를 제외하고는 모든 신생국가들이 프랑스 연방에 합류하였다.

파농 알제리의 독립전쟁으로 파생된 이데올로기적 유산은 파농Franz Fanon(1925-1961)에게서 발견될 수 있다. 그는 알제리 혁명가로서 명성을 얻었고 무력혁명을 통한 탈식민화운동의 선봉이었다.

서인도의 마르티니크Martinique에서 태어난 파농은 프랑스에서 정신과

의사 수업을 마친 후 알제리 병원에서 근무하게 되었을 때 알제리 해방전선에 참여하였다. 그는 저술을 통해 아프리카 민족주의 혁명을 이데올로기적으로 뒷받침하였다. 저술에서 식민주의자의 억압에 무력으로 맞설 것을 역설하였다. 그는 알제리가 독립을 쟁취하기 직전에 죽었으나 그의 사상은 아프리카 독립운동에 커다란 영향을 끼쳤다.

가나 영국은 점차 사하라 이남의 아프리카에서도 손을 떼게 되었다. 먼저 가나(이전의 황금해안)에 1954년 자치가 허용되고 1957년에는 독립이 되었다. 가나의 자유해방은 아프리카에서의 제국수의 종식을 알리는 신호였다.

응크루마Kwame Nkrumah(1901-1972)의 영도 아래 독립을 위한 정당이 조직되고 집단행동 전략이 짜여졌다. 영국 당국은 응크루마와 민족주의자들을 투옥하고 탄압과 함께 원주민 엘리트를 훈련하여 점차 그들에게 지방행정의 책임을 이양하는 정책을 병행하였다. 그러나 독립투쟁을 꺾지 못한 영국은 결국 개혁을 허용하고 황금해안에서의 정권이양을 협상하게 되었다.

1951년 응크루마는 선거에서 승리하여 황금해안의 초대 수상이 되었으며 1957년에는 가나 공화국을 수립하였다. 사하라 이남 지역에서 처음으로 독립국가의 지도자가 된 응크루마는 범아프리카운동의 주요 대변인 역할을 하였다.

그의 지도자상은 아프리카의 시대적 변화를 상징하였다. 1961년 영국여왕 엘리자베스 2세Elizabeth II(1926-)의 가나 방문에 즈음하여 가나는 여왕의 초상화와 응크루마의 대형초상화를 함께 세웠다. 이는 국가의 평등과 독자성을 표현한 것이었다.

엘리자베스 2세와 응크루마: 1961년 11월 엘리자베스 2세가 가나를 방문할 당시 거리에 내걸렸던 초상화

그러나 응크루마는 1960년부터 대통령으로서 점차 독재권을 행사하여 많은 적을 만들었다. 그리하여 마침내 1966년 군사 쿠데타로 응크루마 정권이 전복되었다.

케냐 가나의 경우와 달리 케냐Kenya의 독립운동은 폭력을 수반한 것이었다. 1952년 케냐의 백인 정착민과 케냐 최대 종족집단의 하나인 키쿠유Kikuyu 족 사이에 심한 무력충돌이 일어났다.

사실상 이 충돌은 1930년대와 1940년대에 백인 이민이 키쿠유족을 비옥한 농경지대에서 쫓아내 빈곤층으로 만들어버린 영국의 토지정책에 그 기원을 찾을 수 있다. 키쿠유족은 대부분 불모지에서 겨우 농사를 짓거나 도시의 가난한 임금노동자로 유랑하는 신세가 되었다. 키쿠유족은 백인이 땅을 버리고 국외로 나가도록 위협을 가하였다.

키쿠유족 비밀결사 마우마우Mau Mau는 영국인의 생명과 재산을 위협하는 폭동을 일으켰다. 나이로비Nairobi의 식민정부를 장악하고 있던 백인은 마우마우의 폭동을 정당한 반식민주의 운동으로 간주하려 하지 않았다. 1952년 영국은 케냐에 비상사태를 선포하고 마우마우를 공산주의자로 낙인찍었다. 영국의 속셈은 공산주의에 대한 투쟁을 명분으로 미국의 지지를 이끌어내려는 것이었다.

케냐 민족주의자 케냐타Jomo Kenyatta(1895-1978)는 투옥되고 키쿠유족과 영국군 사이의 전쟁은 3년간 계속되었다. 1955년 영국 당국은 무장 봉기를 진압했으나 결국 케냐 민족주의자들이 승리하였다.

드디어 1959년 비상사태는 종식되었다. 정당이 구성되고 케냐타와 같은 정치지도자가 다시 등장하였다. 1963년 12월 케냐는 독립했으며 1964년 사회주의 주창자인 케냐타가 대통령으로 선출되었다.

영국 포로 수용소에 수용된 키쿠유족 비밀결사 마우마우

독립 직후 케냐는 정부의 부패와 비효율성, 정치적 암살, 정부의 전복, 그리고 1백만 명 이상이 전쟁과 기아로 사라지게 된 31개월간의 참담한 내란을 겪었다.

짐바브웨 아프리카 식민지 중 백인 거주 지역에서는 소수 백인이 계속해서 인구의 절대다수를 차지하고 있는 흑인을 지배하려고 시도하였다. 이 지역에서 일어난 흑백간 충돌은 국제적인 긴장을 조성하였다. 그 대표적인 예가 로데시아 Rhodesia와 남아프리카 연방이다.

로데시아에서는 약 25만의 백인이 6백만의 흑인을 지배하고 있었다. 오랫동안 엄격한 인종분리가 제도화되어 있었고 1965년 영국 정부가 흑인에게 선거권을 부여하도록 로데시아 백인 정부에 압력을 가했으나 백인 정부는 1977년까지 흑인 참정권을 완강히 반대하였다.

많은 흑인이 선거권과 평등을 요구했으나 거부되자 게릴라전을 시작하고 이웃 흑인국가와 소련의 원조를 요청하였다. 1977년 로데시아 백인 정부는 미국과 영국의 압력과 경제 제재, 맹렬한 게릴라전 등 때문에 협상을 재개하지 않을 수 없었다.

1979년 백인 정부는 부분적으로 흑인에게 보통선거권을 부여하고 선거를 치렀으나 흑인 게릴라는 완전한 자유와 평등 및 백인지배의 종식을 위해 투쟁을 계속하였다.

마침내 1980년 흑인들은 자유를 성취했으며 영국으로부터 독립한 짐바브웨Zimbabwe라는 국가를 수립하였다. 짐바브웨는 흑인 민족주의자들의 지배를 받았고 같은 해 게릴라 지도자 무가베Robert Gabriel Mugabe(1924-)가 대통령이 되었다.

그러나 수도 하라레Harare를 비롯 각지에서는 식량 · 전화 · 전기 · 휘발유 등에서 심각한 경제난을 겪고 빈부 격차가 심하였다. 무가베의 사회주의적 독재노선은 20년간의 통치를 통해 조금도 변화가 없는 듯 보인다.

2000년초 헌법 수정을 위한 무가베의 제안이 국민투표에 의해 부결되고 정부의 경제적 실패로 짐바브웨는 정치적으로 불안한 상황에 놓이게 되었다. 로데시아 수상(재임: 1965-1979)으로서 짐바브웨 독립운동의 공로자인 노령의 백인 스미스Ian Douglas Smith(1919-)는 무가베 타도를 외치면서 반대세력의 선두에 나섰다. 짐바브웨 국민의 분노는 '아프리카 최초의 흑인국가'가 흑인을 홀대하고 있다는 사실에서 비롯된 것이다. 그럼에도 무가베는 백인 소유 토지를 몰수하는 인기정책과 관권선거로 2000년 총선에서 다시 승리하였다.

남아프리카의 인종차별 남아프리카는 더 큰 위험을 안고 있는 인종 충돌지역으로 의심할 바 없이 아프리카 대륙에서 가장 폭발 가능성이 큰 곳이었다.

남아프리카 연방은 1931년의 웨스트민스터 법이 제정된 이래 독립국 지위를 향유하고 있었다. 그러나 인구 2천2백만 중 절대다수를 차지하는 흑인은 선거권이 박탈된 채였다.

그러므로 남아프리카의 반식민주의 운동은 다른 아프리카 국가의 경우와 달랐다. 그것은 기본인권을 탄압하는 소수 백인 정권과 시민권을 주장하는 다수의 남아프리카 주민 사이에 벌어진 싸움이었다.

부유한 약 4백만의 백인은 악착같이 백인우월주의를 고집하였다. 백인우월주의의 근거는 남아프리카의 풍요한 경제력이었다. 제2차 세계대전 중 놀라운 성장을 한 남아프리카의 경제발전 기반은 풍부한 광산자원이었다. 산업발전은 흑인에게 취업 기회를 늘려주었으며 이는 흑인의 신분상승 가능성을 만들어냈고 그 결과 제2차 세계대전 후 정치개혁을 요구하는 흑인들의 목소리가 높아졌다.

1948년 흑인운동을 억압하려는 목적으로 조직된 백인의 '아프리카 민족당'(Afrikaner National Party)이 집권하였다. 백인정부는 흑인을 강력히 통제하고 '분리주의'(apartheid)를 제도화하는 새로운 법을 제정하였다.

정부는 약 87%에 해당하는 국토를 백인 거주지로 할당하고 나머지 지역을 흑인과 '유색인종'(혼혈인, 인도인, '반투' Bantu 등)의 땅으로 설정하였다. 분리주의 정책은 흑인의 정치 · 사회 · 경제적인 예속신분을 지속시키는 제도였다. 백인 소수 정부는 분리주의 인종정책을 완화하라는 각국의 호소를 계속 거부하였다. 결국 인종차별은 흑인의 무력 저항을 초래하였다.

만델라 분리주의에 반대하는 '아프리카 민족회의'(African National Congress: ANC, 1912년 결성)가 만델라Nelson Mandela(1918-2013)의 영도 아래 새로운 활력을 얻어 대항의 강도를 높였다.

만델라는 직접 행동을 통해 반(反)분리주의 운동을 전개하였다. 1955년 ANC는 자유헌장을 발표하여 남아프리카에서 '다인종(多人種) 민주주의'가 실현되어야 한다고 선언하였다. 이 선언은 백인정치에 도전한 것으로 즉각 가혹한 탄압을 받았다. 정부는 이 운동을 하는 흑인들이 공산주의자라 하여 심하게 탄압하였다.

그러므로 ANC는 '아프리카의 해'인 1960년을 기해 더 과격하고 폭력적인 전략을 취하게 되었다. 1960년 3월 21일 백인경찰은 조아네스버그 Johannesburg 근처 샤프빌Sharpville의 흑인시위군중에 무차별 총격을 가하여 69명을 사살하고 2백 명에게 부상을 입혔다.

군중의 환호에 답하는 만델라

샤프빌 사건은 과격한 저항운동의 새 시대를 열어놓았다. 정부당국은 아프리카 민족회의를 테러 집단으로 탄압하고 과격분자들을 색출 · 박해하였다. 정부는 만델라를 1962년 투옥하고 백인 이외 사람들의 인신자유(人身自由)를 한층 더 제한하였다.

1961년 영국연방의 회원국가들이 남아프리카의 인종차별정책을 비난하자 남아프리카 연방은 독자적으로 공화국을 선언하고 영국연방에서 탈퇴하였다.

1963년 구성된 '아프리카 통합기구'(Organization of African Unity)는 유엔과 그 밖의 세계여론의 힘을 빌어 인종차별정책을 완화하도록 남아프리카 백인정부에 압력을 가하였다.

흑인 참정권 1970-1980년대에도 저항운동은 계속되었고 커다란 상황의 변화가 일어났다. 전세계적으로 일어난 학생운동이 분리주의를 비난했으며 국제여론도 악화되었다. 백인 남아프리카는 거의 국제적으로 고립되고 말았다. 평화적인 협상이 불가능해졌으므로 흑인들은 대규모 폭력행동을 계속하였다.

보타

사태가 이에 이르자 보타Pieter W. Botha(1916-2006) 정부는 1980년대초 부분적인 유화조치를 취하였다. 아프리카 노동조합의 단체교섭과 일부 공공시설의 사용을 허용하고 임금을 올림으로써 이 나라의 사회 · 경제적 정책을 비(非)백인에게도 개방하였다.

그러나 흑인 탄압은 계속되었다. 1984년 채택된 신헌법은 대통령에게 거의 독재에 가까운 권한을 부여하고 백인, '유색인', 아시아인을 위한 분리된 의회를 갖는 3원제 입법부를 창시하는 한편 흑인을 정치참여에서 완전 제외시켰다.

흑인들은 더욱 폭력화되었으며 이에 보타는 1985년 중반 국가비상사태를 선포하였다. 1986년경 흑백충돌 격화를 우려한 많은 나라가 흑인과 평화적으로 타협할 것을 종용하면서 남아프리카에 대한 경제제재에 동참하였다.

마침내 1980년대말 남아프리카 사태가 돌파구를 찾았다. 1989년 대통령이 된 보타의 계승자 클러크F. W. De Klerk(1936-)가 27년 이상 투옥된 흑인 지도자 만델라를 1990년 석방하였다. ANC는 합법화되고 흑백간의 대화와 참정권을 향한 길이 모색되기 시작하였다.

국제적 제재는 부분적으로 해제되었다. 1992년 3월 클러크와 만델라는 흑백차별에 종지부를 찍는 협상을 시작했으며 흑인 참정권을 허용하는 새로운 헌법을 제정하였다. 마침내 1994년 4월 모든 인종이 참여하는 선거에서 만델라는 남아프리카 최초의 흑인 대통령으로 선출되었다.

1994년 최초의 민주선거에 참여하는 만델라

콩고 1951년, 석유가 풍부한 이슬람 지역인 리비아가 연합국의 결정으로 이탈리아의 지배에서 벗어났다. 1960년 이탈리아는 동아프리카 소말리아의 독립을 허용하고 또다른 식민세력인 벨기에는 콩고를 포기하였다. 아프리카 신생국가가 우여곡절을 겪는 과정이 콩고의 경우에도 잘 나타났다.

콩고에는 교육받은 엘리트층이 거의 없으며 민족주의 운동의 역사가 짧고 더욱이 부족간의 갈등이 심한 곳이었으므로 독립에 대한 준비가 되어 있지 않았다. 그러나 아프리카에 보편화된 탈식민운동의 영향을 받아 콩고에서도 1959년 민족주의 폭동이 일어났다.

벨기에는 더 이상 식민지를 유지할 생각을 버리고 의회선거를 선포했으며 드디어 1960년 6월 콩고는 독립하였다. 초대 수상은 마오쩌둥식 공산주의자인 루뭄바Patrice Lumumba(1925-1961)였다.

독립 후 얼마 안 되어 벨기에 기업가들의 지원으로 광업자원이 풍부한 남동쪽의 카탕가Katanga(후의 샤바Shaba)에 독립정부를 수립할 움직임이 나타났다.

소련은 이를 기화로 일방적인 개입을 하려고 했으므로 아프리카 중앙부에서 동서 충돌의 위기감이 감돌았다. 유엔은 주로 아프리카인으로 구성된 국제경찰군을 파견하였다.

콩고 정부는 카탕가의 지배자이며 보수적인 촘베Möise Tshombe(1919-1969) 세력의 저항을 받았고 1961년초 루뭄바가 갑자기 죽었다.

이 때 유엔 사무총장 함마숄드Dag Hammarskjöld(1905-1961)가 양측의 타협을 조정하기 위해 아프리카로 가는 도중 비행기 사고로 죽는 불상사가 일어났다. 촘베는 사고에 대한 의심을 받았고 그의 신인도(信認度)는 하락하였다. 유엔의 지지를 받은 중앙정부는 점차 권위를 강화했으며 마침내 1963년 중반 촘베는 스페인으로 망명하였다.

1965년 모부투Mobutu Sese Seko(1930-1997)가 집권하였다. 모부투는 공산주의의 침투를 막으려는 미국과 유럽 여러 나라의 지원을 받았다. 그러나 루뭄바의 추종자들은 혁명세력을 조직했으므로 콩고 사태는 또다시 혼란에 빠졌다. 카탕가에 있던 추종자들은 앙골라Angola에 기반을 둔 피난민들의 지원을 받아 1980년대까지 중앙정부에 저항하였다.

국제적 지원으로 모부투는 콩고(1971년 자이레Zaire로 개칭)의 정치를 독재했으며 권력을 이용하여 개인재산을 축적하였다. 결과적으로 자이레 경제는 파탄에 빠졌다. 모부투는 1997년까지 집권했으나 카빌라Laurent-Désiré Kabila(1939-2001)가 혁명을 일으켜 그를 추방하였다.

카빌라는 국가명칭을 콩고민주공화국으로 바꾸고 정치 안정에 주력하였다. 군 최고책임자이며 국가원수인 그는 대통령의 권한을 극대화하였다. 1998년 카빌라는 이웃나라의 지원을 받은 콩고 반란군의 공격을 받았다.

앙골라 포르투갈은 어느 나라보다도 아프리카 식민지를 오래 보유한 국가이다. 10년간 아프리카 식민지인들이 포르투갈과 싸웠으며 포르투갈에 군사 쿠데타가 일어나면서 비로소 포르투갈은 식민지를 포기하였다. 1975년 포르투갈령 콩고가 앙골라Angola로 독립하였다. 이로써 15세기에 시작된 유럽 제국주의 패권은 거의 아프리카 지역에서 후퇴하였다.

앙골라는 독립 직후 미국의 지원을 받는 쪽과 소련의 지원을 받는 쪽으로 나뉘어 내전으로 시달리게 되었다.

아프리카의 경제상황 아프리카의 해방과 함께 유럽은 다른 모습으로 개입하였다. 영국과 프랑스는 대외관계, 경제적 이해, 공통어, 유사한 교육 · 사법 · 행정제도를 통해 계속 아프리카 문제에 영향력을 행사하였다. 이는 '신 식민주의' 였다.

유럽 제국주의 국가들은 아프리카의 자급자족과 번영을 위한 확고한 경제적 기반을 마련해 놓지 않았다. 아프리카의 정치적 불안정은 1970년대에 시작된 경제적 쇠퇴와 일치한다. 1970년대에 전세계적으로 석유값이 상승하고 종자와 비료가격이 급등하였다.

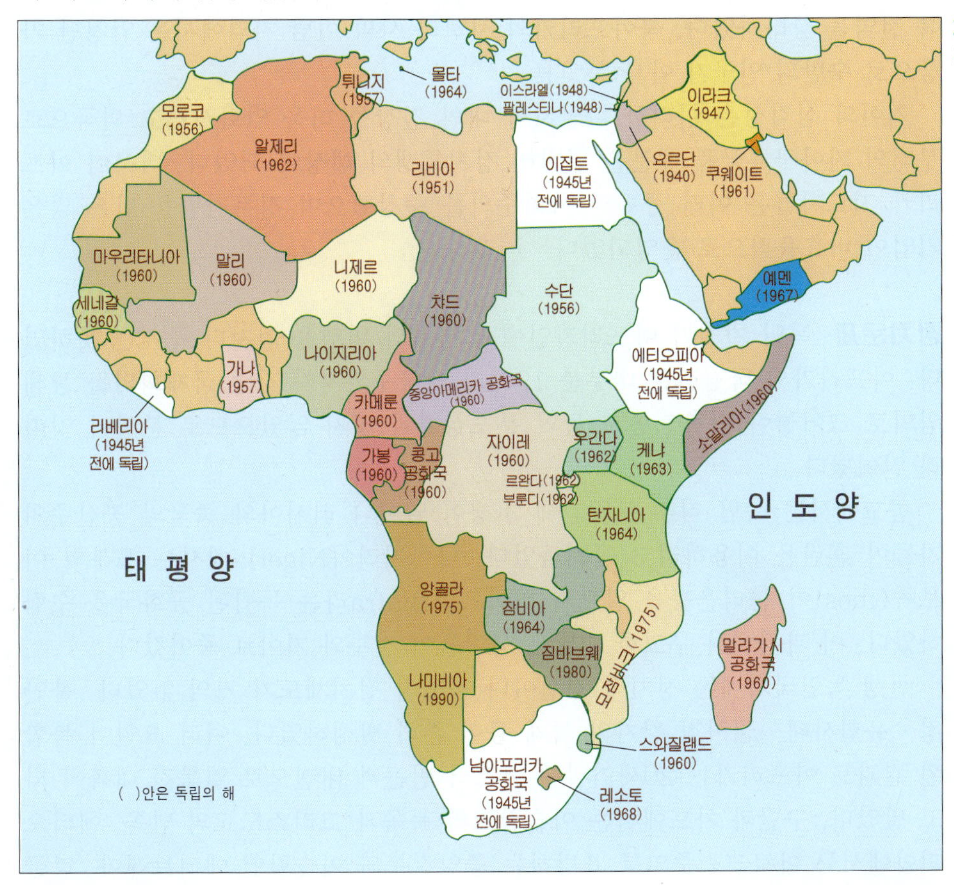

2차대전 후 아프리카 국가의 독립

아프리카에는 금광과 다이아몬드와 같은 광물자원, 석유와 천연 가스와 같은 에너지 · 원자재 · 농업생산이 풍부함에도 자연자원을 개발하는 데 필요한 자본 · 기술 · 해외시장 · 경영층이 부족하였다.

따라서 1980년대초 아프리카의 경제는 여전히 농업중심적이었다. 리비아 · 알제리 · 나이지리아는 산업화의 초기단계에 머물러 있고 1960년 프랑스로부터 독립한 코트디봐르Côte d'Ivoire에서 겨우 외국투자에 의한 산업이 시작되었을 뿐이었다.

아프리카 국가들은 대부분 개발되지 않은 상태에 있으며 1인당 소득은 세계 최하위에 머물러 있었다. 아프리카 인구는 세계 인구의 10%를 차지하고 있는 반면 세계 산업생산의 1%를 기록하고 있는 데 불과하다. 1980년대 중반에 1인당 소득 1천 달러 이상에 달하는 아프리카 국가는 7개국에 불과하였다.

급속히 증가하는 인구는 경제발전을 저해하는 가장 큰 요인이다. 아프리카는 연 2.5%에서 3%로 세계에서 가장 인구 성장률이 높은 지역이다. 늘어나는 인구를 위한 물품수입 때문에 개발자금이 전용되고 있다.

1960년대말에서 1990년대에 이르기까지 반복된 한발은 거의 아프리카 대륙 전역을 강타하였다. 북아프리카의 사하라 사막 이남 지역에서는 엄청난 가뭄으로 수만의 인구가 아사하였다.

기아의 심각성은 이러한 한발지역 내의 긴장을 더욱 악화시켰고 외국으로부터의 기아구제금품 배분은 빈번히 정치투쟁의 대상이 되었다. 더욱이 아프리카 지도자들은 여러 종류의 사회주의를 주창했으며 정부지원을 받은 많은 기업이 비효율적으로 운영되었다.

정치문제 독립 자체가 아프리카인에게 평화와 번영을 가져다 주지는 못하였다. 아프리카의 국경선은 대부분 19세기 제국주의자가 각종 국제회의를 통해 임의로 그어놓아 민족 · 종교 등의 분포상황과 맞지 않았으므로 분쟁이 잇따라 일어났다.

콩고에서는 독립 직후 부족간에 전쟁이 일어나 러시아와 중국의 공산주의자들이 혼란을 이용하려고 몰려들었다. 나이지리아Nigeria에서는 동부의 이보족(Ibos)이 분리운동을 일으켜 비아프라Biafra라는 독립된 공화국을 수립하였다. 이 과정에서 무고한 수많은 사람들이 전투와 기아로 죽어갔다.

신생 독립국가에는 정치적 경험이나 자생적 정치제도가 거의 없었다. 불안정 · 유혈사태 · 군사적 강자의 독재 등이 흔히 발생하였다. 여러 요인이 복합된 결과로 아프리카는 20세기말에 이르러 빈곤과 내전으로 얼룩진 대륙이 되고 말았다. 수단과 차드에서는 이슬람교의 북쪽과 그리스도교의 남쪽, 에티오피아에서는 마르크스주의를 표방하는 중앙정부와 이슬람인 에리트레아, 앙골라와 짐바브웨에서는 민족주의적 지역 혁명파와 정부 사이에 각각 충돌이 일어났다.

1990년대초 여러 아프리카 국가가 실패한 경제와 부족간의 전쟁으로 고통을 받았다. 소말리아는 사이드 바레Said Barre(1919-1995) 독재정권이 몰락함으로써 무정부와 내란 속으로 휘말려들었다. 1992년 중반까지 30만 이상의 소말리아인이 기아 또는 전쟁의 부상으로 죽었다.

비슷한 정치적 혼란이 라이베리아Liberia에서도 일어났다. 내란으로 15만의 인명이 희생되고 더 많은 사람이 해외로 피난하였다. 르완다Rwanda와 부룬디Burundi에서는 민족 간의 대학살로 약 1백만 명이 희생되었다.

탈식민화 영향 탈식민화과정은 유럽 국가에게는 커다란 변화를 강요하였다. 해외투자의 손실을 입은 대부분의 나라는 1950년대초에야 식민지를 상실한 충격에서 벗어나 번영을 회복할 수 있었다. 궁극적으로는 식민지 상실이 유럽의 경제적 팽창과 사회복지에 유리하게 작용하였다.

탈식민화과정은 아시아에서든 아프리카에서든 어느 곳에서나 평화적인 것만은 아니었다. 유럽 식민주의의 후속 부분으로 나타난 서방세계의 경제적 개입은 흔히 경제 혼란과 유혈극이라는 후유증을 남겼다.

아프리카의 탈식민화 지역은 거의 예외 없이 정치적 소란이나 내전에 휘말리게 되었으며 이와 병행하여 1970년대에 석유가(石油價)가 국제적으로 상승하고 종자나 비료값이 급상승하였다.

1980년대와 1990년대에는 농업생산물과 금속 가격이 세계적으로 하락하여 아프리카의 주요수출물 가격을 떨어뜨리고 외환자원을 감소시켰다.

B. 전후의 라틴 아메리카

라틴 아메리카는 세계에서 가장 인구증가가 빠른 인구 조밀지역 중 하나이며 빈부 격차가 심한 곳으로 정치 · 경제 · 사회적으로 불안정한 지역이다. 이러한 불안정은 라틴 아메리카에 대해 서방 세력, 특히 미국을 끌어들이는 요인이 되었다.

라틴 아메리카는 지정학적으로 서방세계에 속하지만 사회적으로는 서양문명적인 패턴을 따르지 않는다. 종교와 언어에서 유럽에 근접하지만 대중의 빈곤, 문맹률, 경제적 후진성, 정치적 불안정 등에서는 어느 정도 동남 아시아와 아프리카와 유사한 점이 있다.

제2차 세계대전 종료와 함께 20개의 라틴 아메리카 독립국가들은 명목상 공화

라틴 아메리카 국가의 독립

체제를 채택하고 있었다. 쿠바와 니카라과와 같이 공산주의나 사회주의를 추구하는 국가도 있었으나 대부분의 국가에는 식민지 시대 이래의 대토지 지주층 · 부르주아 · 직업군인들의 이익을 대변하는 우익 독재정권이 수립되어 있었다.

이러한 상황은 사회분열을 조장했으며 미국의 지원을 받는 부유층과 빈곤한 대중과의 갈등을 심화시켰다. 때로는 미국이 좌익정권을 전복하기 위해 적극적 행동을 취하였다. 예를 들면 1954년 미국은 무장병력을 과테말라 Guatemala에 침투시켜 좌익정부를 전복하였다. 그 10년 후 브라질에서 우익 군대가 정권을 인수했으며 이는 미국의 지원과 찬양을 받았다.

1948년 라틴 아메리카 국가들은 미국 주도의 '전 아메리카 기구'(Organization of American States: OAS)에 참여하였다. 이 기구의 목적은 공산주의에 의한 외부 간섭을 배제하려는 것이었다. 라틴 아메리카인은 미국의 경제원조를 기대했으나 대체로 그 성과에 대해서는 실망하였다.

20세기 중반에 이르러 라틴 아메리카의 경제발전은 매우 밝은 전망을 보였다. 이 지역은 외국투자를 유치하여 산업화를 이루고 경제성장이 수출증대와 해외시장의 다변화를 통해 지속되었다. 수출은 광물 · 설탕 · 과일 · 커피 등과 같은 전통적인 수출상품을 비롯해 공업제품이 주종을 이루었다.

그러나 1970년대와 1980년대의 세계적인 경기후퇴 영향을 받아 외국채무가 증대하고 수출은 감소하였다. 경기침체와 채무증가는 라틴 아메리카 경제에 큰 타격을 주었다. 그러나 전반적으로 라틴 아메리카는 유럽자본이나 미국자본의 의존도를 줄일 수 있는 풍부한 자연자원과 경제적 잠재력을 보유하고 있었다.

자유주의 노선 라틴 아메리카에서 로마 가톨릭 교회는 19세기에 가장 강력한 우익세력의 하나였으나 20세기에는 훨씬 더 자유주의적 성향을 띠게 되었다.

일부 라틴 아메리카 국가, 특히 칠레에서는 가톨릭 교회가 매우 활발하게 자유주의적 개혁을 주장하였다. 코스타리카Costa Rica는 가장 민주적인 공화국이었다. 멕시코에서는 비록 일당체제이긴 하지만 1934년 이래 안정된 민주적 정부가 들어섰고 경제 · 사회 · 교육에서 자유주의적 개혁을 추구하였다.

제2차 세계대전 이후 대부분의 라틴 아메리카 국가에서는 빈곤하고 교육을 받지 않은 수많은 대중이 소요를 일으키는 경향이 있었다. 그 중 다수는 공산주의로 전향하여 소련의 지원을 받았다. 반면 미국은 역대 우익정권을 지지하였다.

멕시코의 개혁 다른 라틴 아메리카 국가와 같이 멕시코 역시 '신식민주의'에 직면하였다. 미국은 국가안보에 위협을 느낄 때 군사적 개입을 하고 투자를 통해 멕시코 경제에 영향력을 행사하였다.

멕시코는 1910년 혁명을 통해 엘리트 지배에 종지부를 찍었다. 동시에 외국의 경제적 지배를 배척했는데 이 추세는 1930년대까지 지속되었다.

1917년 헌법이 토지와 자유에 관한 조항을 규정한 이래 역대 멕시코 대통령은 개혁정책을 추구하였다. 1917년 헌법에 따르면, 멕시코 정부가 국토 및 그 소산물을 소유하며 국가는 토지 재분배권을 가지고 있었다. 또 개혁주의적 사회입법과 시민권의 보장을 규정하였다.

토지 재분배는 카르데나스Lázaro Cárdenas(1895-1970) 대통령 때 최고조에 달하였다. 그는 1913년 혁명군에 가담하여 장군으로 진급하였고 1934-1940년 대통령으로 재임하는 동안 지주의 토지를 몰수하여 농민에게 재분배하고 외국소유 석유회사를 국유화하는 등 과격한 개혁을 단행하였다.

제2차 세계대전 후 멕시코 경제는 크게 팽창하였다. 산업화가 급진전되는 한편 농업은 여전히 전인구의 40%와 관련된 주요부문이었다. 멕시코에는 은 · 주석 · 납 · 동 · 석탄 등 광물자원이 풍부하며 1970년대 중반 막대한 석유자원이 발견되어 세계 주요 산유국의 하나가 되었다.

1929년 모든 주요정당으로 구성된 '민족혁명당'이 조직되었으며 후에 '제도혁명당'(PR1)으로 개칭되었다. 그 이래로 이 당이 멕시코의 개혁 주도세력이 되었다. 대통령 에체베리아Luis Echeveria(재임:1970-1976) 시대에는 좌익 색채가 농후한 정책이 실시되었다. 그러나 좌익적 정치발전은 오래 계속되지 않았다. 1990년대에 제도혁명당(PRI)이 장악한 보수 정권에 대해 치아파스Chiapas 지방의 농민들이 정치적 탄압을 이유로 폭동을 일으켰다.

그동안 멕시코 정권을 독점한 제도혁명당은 2000년 7월초에 실시된 대통령 선거에서 국민행동당(PAN) 비센테 폭스Vicente Fox Quesada(1942-)에 패배하여 71년만에 정권을 내놓게 되었다. 폭스는 2000년 임기 6년의 대통령으로 취임하였다. 2006년에는 중도우파의 칼데론Felipe Calderón (1962-)이 대통령으로 당선되었다.

칠레의 공산정권 1970년 칠레인은 투표를 통해 공산주의 정권을 택하였다. 보수주의자와 온건 자유주의자의 반목을 계기로 아엔데Salvador Allende (1908-1973)는 36%의 지지율로 대통령에 당선되었다. 아엔데는 칠레 사회주의당의 창설자였다.

아엔데는 당선 직후 즉각 마르크스주의적 계획에 착수하였다. 그의 과격한 경제개혁은 파업과 기아를 유발하였다. 모든 산업체는 국유화되었는데 그중 최대 산업체는 미국 소유의 것이었다.

1973년 아엔데 정권은 직업군인들에 의해 전복되고 우익 군사독재정권이 들어섰다. 아엔데와 추종자 수천 명이 처형되었다. 배후에는 미국의 개입이 있었다. 1974년 미국 중앙정보부는 칠레 입법부를 매수하기 위해, 노동쟁의를 부추기기 위해, 또 우익적 요소를 지원하기 위해 약 1천만 달러 이상을 퍼부었음을 인정하였다.

쿠바의 카스트로 정권 바티스타Fulgencio Batista Y Zaldívar(1901-1973)는 1933년 정부를 전복한 후 참모총장이 되어 마음대로 대통령을 임명하거나 사퇴시키고 1940년 스스로 임기 4년의 대통령이 되었다. 그는 1952년에 종신 대통령으로 군사독재를 했으며 오랫동안 미국의 지원을 받았다.

그러나 이러한 미국의 쿠바 정책에 제동이 걸렸다. 1959년 우익 독재자 바티스타는 좌익 혁명가인 카스트로Fidel Castro(1927-)에 의해 쫓겨나고 말았다.

카스트로는 미국 시민과 미국 기업 소유의 재산몰수를 포함하여 사회경제적 개혁을 위한 광범한 계획에 착수하였다. 카스트로 정권을 전복시키려는 미국의 시도가 실패로 돌아간 후 쿠바는 소련의 무기공급을 받게 되었으며 서반

(왼쪽)쿠바 혁명동지인 체 게바라(왼쪽)와 카스트로 (오른쪽)군중에게 연설하는 카스트로

구(西半球)에서 공산주의 교두보가 되었다.

니카라과 1979년 좌익 혁명분자인 산디니스타파(Sandinistas)는 니카라과의 소모사Anastasio Somoza Debale(1925-1980) 독재정권을 전복하였다. 소모사는 파라과이로 망명했으나 다음해 암살되고 말았다.

1980년대에 새 정부는 과격한 사회 경제 개혁정책을 추구하였다. 그러나 그것은 미국과 미국 지원의 게릴라 세력에 의해 약화되었다. 비록 취약한 상태이긴 하지만 혁명정권은 쿠바와 소련의 지원을 받아 니카라과를 장악하였다.

아르헨티나의 정치발전 제2차 세계대전 후 아르헨티나는 목축과 농업, 활발한 도시 중산층 등을 기반으로 경제발전을 이룩하여 라틴 아메리카의 주도적인 국가로 부상하였다. 지리적으로 미국과 떨어져 있기 때문에 미국의 영향을 상대적으로 덜 받아 미국과 유럽의 경제 · 정치적 개입에 맞서는 라틴 아메리카의 지도적 지위를 확보하였다.

페론

제2차 세계대전 중 민족주의적 군부 지도자들이 세력을 장악하여 군사정권을 수립하였다. 1946년 육군대령 페론Juan Perón(1895-1974)이 대통령으로 선출되었고 그의 정권은 아르헨티나 국민의 큰 인기를 얻었다. 그는 산업화 정책, 노동계급 육성, 외국자본 배제를 표방하는 민족주의적인 대중 정치를 내세웠다.

페론의 부인 에바 페론Eva Perón(1919-1952)은 사생아로 매우 가난한 계층 출신의 배우였으나 '에비타' Evita(작은 에바)라는 애칭으로 국민의 인기를 독차지하였다. 1946-1952년 대통령 부인으로서 그는 정치지도자로 변신하였다.

에바 페론은 페론의 정치개혁을 추진하는 한편 가난한 사람들을 돌보는데 열성을 보였다. 그의 사무실에는 날마다 결혼식 때 입을 옷이나 병 치료까지 청탁하는 수많은 노동자와 가난한 사람들로 붐볐다. 이가 들끓는 어린이들을 목욕시키고 나병환자를 돌보았다. 그는 에바 페론 재단을 만들어 이러한 자선사업을 제도화하려 하였다. 33세에 그가 죽었을 때 온 국민은 그를 '성 에비타'라 불렀다.

에바 페론

일부에서는 에바를 파시스트 동조자로 몰아세우고 페론을 정치적 기회주의자라고 비난했으나 페론이 1955년 추방되었을 때 여전히 페론당에 대한 국민의 지지는 강하였다.

1970년 중반 페론이 잠시 정계에 복귀했으나 아르헨티나의 정치는 그 후 20-30년간 대체로 군부독재 아래 놓이게 되었다. 반대자들을 색출하고 처형하는 일이 빈번했으며 1976년부터 1983년까지 2만3천 명 이상이 실종되었다. 아르헨티나의 경제적 참상이 심해지고 빈곤층이 많아지자 민주주의를 요구하는 소리가 커졌다.

라틴 아메리카의 현황 1980년대에 라틴 아메리카는 비서방세계 대부분 지역과 마찬가지로 심한 격차를 보였다. 풍부한 자연자원은 개발되지 않았고 국민 대부분은 가난하고 문맹률이 높았다. 생산성은 물가와 서비스 가격의 폭등을 따라가지 못하였다.

멕시코 시 또는 브라질의 상 파울루São Paulo와 같은 현대적 대도시는 비참한 빈민굴과 경제적으로 짓눌린 농촌지역으로 둘러싸여 있었다. 빈부의 격차가 심하고 사회 부정의가 판치는 라틴 아메리카에서 가톨릭 교회의 역할은 매우 컸으며 마르크스 이론을 가미한 이른바 '해방신학'이 나온 것도 이 점에서는 당연하였다.

미국정부는 세계의 다른 지역에서와 같이 라틴 아메리카의 우익 군사정권을 지원하였다. 이러한 군사정권은 국민을 도와주기보다는 자신의 권력유지에 더 큰 관심을 기울였다. 더욱이 대규모 채무증가는 미국과의 관계와 국제금융안정을 위협하였다. 석유생산 수입으로 국가재정이 증가한 베네수엘라와 멕시코 같은 나라에서도 외국 채무가 급격히 증가하였다.

라틴 아메리카는 엘리트의 권력 독점이나 빈곤층을 위한 혁명으로 정치적 불안정 · 게릴라 활동 · 쿠데타 · 대중 시위운동의 온상이 되었다.

C. 중동의 아랍 내셔널리즘

20세기에 가장 폭발 가능성이 높은 지역 중 하나가 중동이었다. 이집트에서 이란에 이르는 이 지역은 동서가 만나는 지점으로 세계에서 가장 전략적 가치가 높은 지역이다.

20세기초 유럽 강대국들이 중동 장악을 위해 경합하고 있는 동안 아랍 민족주의가 점차 고조되었다. 이것은 처음에는 과거의 식민제국인 영국을 대상으로 하고 있었다. 양차 세계대전 기간중 반영(反英) 정서가 높아짐에 따라 영국은 지배의 강도를 완화하였다.

제2차 세계대전이 끝날 무렵에는 단지 키프로스 · 팔레스티나 · 수에즈 운하만이 영국 소유로 남아 있었다. 영국은 아랍과의 우호관계를 강하게 원하였다. 그러나 수에즈 운하의 소유 및 1917년 밸푸어Balfour 선언으로 인한 유대인 수만 명의 팔레스티나 이주 등은 영국과 아랍과의 관계 개선의 장애 요인이 되었다. 영국 외무장관 밸푸어Arthur James Balfour(1848-1930)가 한 선언으로 유대인의 "국민적 고향"을 팔레스티나 지역에 허용한다는 내용이었다.

제2차 세계대전 중 레바논과 시리아의 독립이 약속되었으나 영국과 프랑스는 1946년에야 철수하였다. 트랜스-요르단이 독립하고 외국군은 이라크와 이란에서 철수하였다. 이집트와 수단에서도 영국군 철수 교섭이 시작되었다. 아랍의 반대에도 불구하고 영국은 팔레스티나 지역에 유대 국가와 이슬람 국가를 동시에 창설하려고 하였다.

그러나 양측간에 테러가 점차 격화되자 영국군은 1948년 5월 완전 철수하였다. 유엔은 히틀러의 박해를 받은 유대인에게 피난처를 주기 위해 이스라엘의 국가 수립을 뒷받침하였다. 아랍인은 영국군이 철수한 바로 그날 이스라엘에 침공했으나 수적 우세에도 불구하고 격퇴당하였다. 유엔 중재로 휴전이 성립되고 이스라엘의 국가적 존재는 확인되었다.

이러한 상황에서 팔레스티나를 예외로 한 서남 아시아의 아랍국가들은 제2차 세계대전 후 프랑스와 영국과의 유대를 단절하는 데 그다지 큰 어려움을 겪지 않았다. 전후 시리아 · 이라크 · 레바논 · 요르단은 완전 독립을 하였으나 아랍 주권이 여전히 침해되는 사례가 없지 않았다. 이는 주로 초강대국인 미국과 소련이 아랍 지역의 석유를 둘러싸고 첨예하게 대립했기 때문이었다.

팔레스티나 문제의 배경 팔레스티나는 유대인의 옛 고향이었다. AD 70년 그들은 로마제국에 의해 강제 추방되었고 7세기에 이슬람을 믿는 아랍인이 팔레스티나를 차지하여 20세기가 되기까지 1천2백년 이상 거주해왔다.

19세기 후반 시온운동이 시작되었는데, 그것은 팔레스티나를 유대인의 국가로 부활시키려는 운동이었다. 히틀러 시대에 반(反)유대주의적 박해를 피해 수천 명의 부유한 유대인이 팔레스티나로 몰려와 땅을 샀다. 영국은 밸푸어 선언에 따라 유대인의 팔레스티나 이주를 허용했으나 이미 땅을 소유하고 있던 팔레스티나 아랍인을 배려하지 않을 수 없었다. 영국은 유대인의 이주와 정착을 제한했고 아랍인의 정치 · 경제적 권리 보호를 약속하였다.

그러나 상반된 두 집단 사이의 균형을 잡으려던 영국의 노력은 실패했으며 다만 영국군 주둔으로 대규모의 충돌만을 간신히 막을 수 있을 뿐이었다. 아랍인과 유대인의 충돌은 종교 차원으로까지 번졌다. 1920-1930년대에 아랍의 반영 감정과 반유대인 정서는 폭동과 시위로 표면화하였다.

제2차 세계대전 후의 갈등 제2차 세계대전 후 양측의 대립은 더욱 격화되었다. 팔레스티나 주변의 아랍 국가들은 독립한 후 범아랍 민족주의를 전개하여 집단적으로 유대인 건국에 반대하였다.

한편 1945년 영국의 이주 제한을 반대하고 유대인 자치와 이주의 자유를 요구하는 과격한 저항운동이 유대인측에서도 일어났다. 1947년 영국 노동당 정부는 팔레스티나에서 군대를 철수시키고 문제를 유엔으로 이관하였다.

유엔 대표단은 이 지역을 두 개의 국가로 나누기로 하고 토론에 붙였다. 그 결과 미국과 소련이 이 안에 찬성하고 1947년 11월 유엔 총회는 팔레스티나에 두 나라를 세우는 안을 선포하였다. 아랍인은 이 안을 수락하지 않기로 했으므로 이 지역에서는 아랍인과 유대인 사이에 전쟁이 발발하였다.

1948년 5월 유대인은 즉시 이스라엘국(State of Israel)을 선포했으며 유엔이 팔레스티나의 유대인과 아랍인을 갈라놓는 국경선을 확정하였다. 이집트 · 요르단 · 시리아 · 이라크가 중심이 된 아랍연맹은 이 조치를 거부하고 유대인 국가 말살을 목적으로 한 전쟁을 시작하였다. 이 전쟁은 그 후 수없이 반복된 아랍-이스라엘 전쟁의 시작이었다.

아랍연맹은 신속한 승리를 기대했으나 오히려 이스라엘의 적수가 되지 못하였다. 수적으로 열세인 이스라엘이 고도의 군사기술과 튼튼한 재정의 뒷받침을 받고 있었기 때문이다.

유엔에 의해 1949년초 휴전이 성립되었을 때 이스라엘의 영토는 늘어나고 약 50만의 아랍인이 쫓겨나게 되었다. 예루살렘과 요르단강 계곡은 신생 이스라엘국과 요르단 왕국 사이에 분할되고 이스라엘은 팔레스티나와 네게브 Negev 사막에서 홍해에 이르는 해안지대를 장악하게 되었다. 이에 아랍 민족주의 운동이 격렬하게 전개되었고 아랍인이 국경지대를 침범함으로써 전쟁이 재개되었다.

그 사이에 이스라엘은 해외의 유대인으로부터 재정지원을 받아 현대적인 도시를 건설하고 관개사업과 과학영농을 도입하였으며 강력하고 민주적인 국가로 서방세계와 우호적 관계를 수립하였다.

정권 장악을 방송으로 알리는 나세르

나세르 이집트 민족주의자들이 영국군 철수를 강요한 1년 후 1952년 7월 일단의 민족주의 장교들이 군사 쿠데타를 일으켜 권력을 장악하였다. 그들은 나세르Gamel Abdul Nasser(1918-1970) 대령의 주도 아래 파루크 Farouk 왕을 폐위시키고 공화국을 선포하였다. 나세르는 입헌정치와 민주주의를 버리고 군국주의를 통한 국가개혁에 착수하고 공산주의자들의 저항을 탄압하였다.

나세르는 또 아랍세계를 통합하여 서방세계에 강력하게 대응할 수 있도록 결속을 다지는 일에 착수하였다. 1954년 대통령이 된 나세르는 경제 · 군사적 발전을 시도하는 한편 이집트를 범아랍민족주의의 중심 국가로 만들려 하였다.

이집트의 국제적 위상을 강화하기 위하여 네루의 비동맹 정책과 비슷한 중립주의를 표방하였다. 나세르는 바그다드 협정 등과 같은 서방 국가들의 군사동맹체를 새로운 제국주의로 비난하였다. 그러나 그는 양극체제를 활용하여 이집트의 국익을 증진하는 기회로 삼았으며 미국과 소련으로부터 다같이 원조를 얻어냈다.

수에즈 문제 수에즈 위기를 통해 나세르는 아랍세계에서 그의 영향력을 과시하였다. 1954년 나세르는 수에즈 운하에 대한 영국의 군사권을 폐기하고 운하를 점령했으며 이스라엘의 운하 사용을 금지하였다. 또 프랑스에 대해 일으킨 북아프리카(알제리)의 반란을 원조하였다.

수에즈 운하는 아시아와의 연결을 위해 영국이나 프랑스에게 상당히 중요한 전략적 의미를 갖고 있었다. 따라서 서방국가들은 나세르의 친(親)공산주의 경향을 경계하였다. 나일강 아스완Aswan 댐 건설을 위한 재정지원이 미국을 비롯한 서방국가들에 의해 거절되자 나세르는 댐 건설 재원확보를 위해 영국 회사가 소유하고 있던 수에즈 운하 회사를 1956년 국유화하였다.

영국과 프랑스는 아시아와의 주요 무역 루트를 수에즈 운하에 의존했기 때문에 이집트의 국유화를 그들의 경제적 안보에 대한 직접적인 위협으로 간주하였다. 그러므로 영국은 강력 대응했으며 수에즈 운하의 다국가 관리안에 관한 국제적 중재가 실패하자 프랑스와 함께 운하지대에 침공하였다. 이 때 영국의 탈식민화의 소산으로 탄생한 이스라엘 역시 영국에 협력하여 함께 침공하였다. 영국 · 프랑스 · 이스라엘은 군사작전에서는 성공했으나 양극체제에 의한 국제적인 압력을 받았다.

소련은 나세르 편에 서서 중동문제에 개입하겠다고 위협하였다. 이에 미국은 침입 3개국에 강력한 항의를 하고 철수를 요구했으며 결국 그들은 철수하지 않으면 안 되었다. 수에즈 위기를 계기로 나세르는 아랍 민족주의를 드높이고 아랍 국가들은 소련으로부터 대량의 무기를 제공받았다.

6일 전쟁 1967년 나세르는 또다시 정면대결을 벌였다. 이집트는 홍해에 면한 유일한 이스라엘의 항구를 봉쇄하고 시리아와 요르단 군대와 함께 이스라엘 국경을 침공하였다. 그러나 오히려 이스라엘은 기습전으로 6일만에 이들을 분쇄하는 데 성공하였다.

이스라엘은 이 때 수에즈 동쪽의 이집트 영토, 시리아의 골란고원 및 요르단 서쪽의 요르단 영토를 점령하였다. 이 지역들을 이스라엘은 국가적 안전보

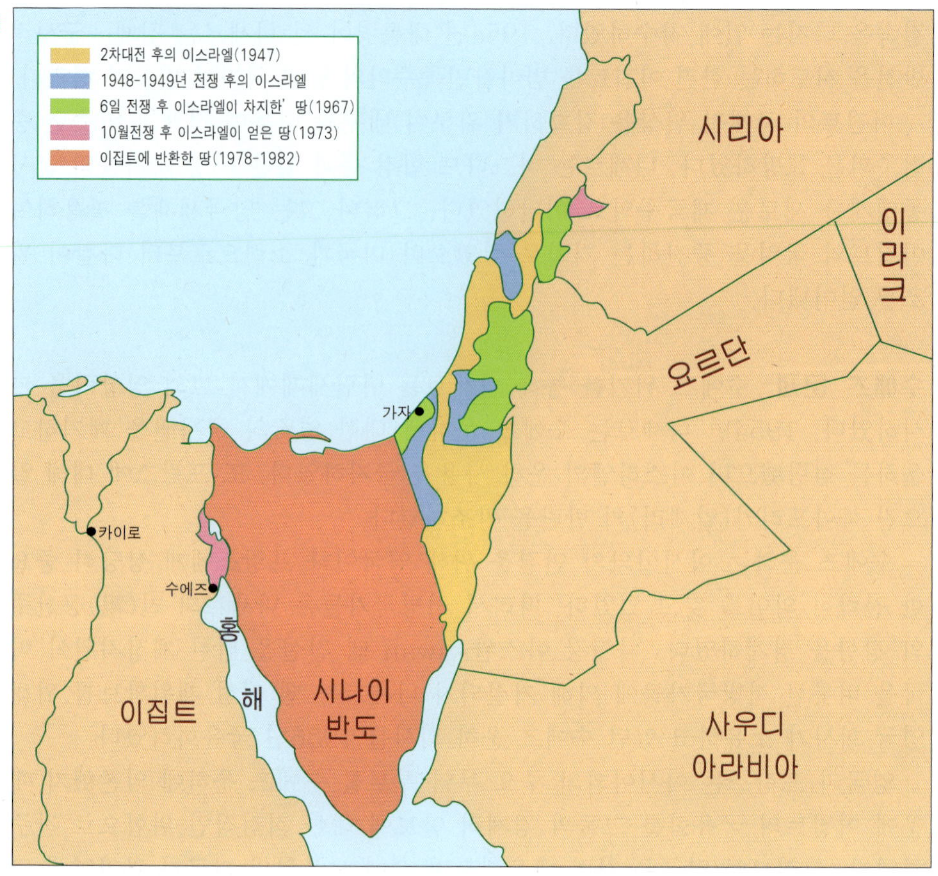

아랍-이스라엘의 충돌

장을 위해 절대 필요하다고 주장하고 그 후 계속 점령하고 있었다. 따라서 이는 이들 나라 사이의 새로운 쟁점으로 부상하였다.

6일 전쟁은 아랍 세계뿐 아니라 소련에게도 굴욕감과 좌절을 안겨 주었다. 소련은 지대공(地對空) 미사일(SAM)을 포함한 수억 달러 상당의 살상 무기와 더불어 이집트와 시리아에 수천 명의 군사고문단을 파견하였던 것이다. 나세르는 1970년 죽었다.

욤 키푸르 전쟁 1973년 10월 이스라엘이 유대교 성일(聖日)인 욤 키푸르 Yom Kipur 휴일을 축하하고 있을 때 이집트와 시리아는 모로코 이외의 거의 모든 아랍 국가의 지원을 받아 돌연 이스라엘을 공격하였다. 이전보다 훨씬 더 강력하게 무장한 아랍군은 이스라엘에게 많은 피해를 주었다. 결국 모든 전선에서 이스라엘군은 후퇴하였다.

그러나 몇 주 지나면서 수적으로 우세한 이스라엘군은 미국으로부터 새로운 물자지원을 받아 아랍측에 대규모 반격을 개시하였다. 그들은 수에즈 운하를 건너 이집트군을 포위하고 서쪽으로는 카이로, 동쪽으로는 시리아 수도 다마스쿠스를 향해 진격하였다.

바로 이 시점에서 소련이 개입하겠다고 위협하였다. 미국 역시 이스라엘에게 압력을 가해 그들의 진격을 저지하였다. 유엔은 휴전을 주선하였다.

1967년 전쟁 이래 세계 대부분의 국가들은 이스라엘이 점령한 아랍지역의 반환을 주장하며 아랍측을 지지하였다. 한편 이스라엘은 이 지역이 국가안보상 필수적임을 주장하고 교섭의 관건으로 이용하면서 반환을 거부하였다. 확실한 안전 보장을 요구하는 이스라엘을 미국과 네덜란드만이 지지하였다.

아랍측은 석유를 최대한 무기로 활용하였다. 그들은 석유가격을 4배로 인상하고 감산에 들어갔다. 또 미국과 네덜란드에 대해 전면적으로 석유금수조치를 취하였다. 이 조치는 오랫동안 자본주의 세계에 인플레이션의 요인이 되었다. 아프리카와 아시아의 빈곤국가들은 더 큰 고통을 당하였다.

중동 평화 협정 나세르를 승계한 사다트Anwar Sadat(1918-1981)는 이스라엘에 대한 욤 키푸르 기습의 주동자였으면서 또 평화협상을 시작한 장본인이었다. 미국이 평화협상을 도왔으나 협상은 답보상태를 거듭하고 있었다.

사다트

1976년 소련과의 우호조약을 파기한 이집트 대통령 사다트는 1977년 돌연 예루살렘을 방문하고 이스라엘 수상 베긴Menachem Begin(1913-1992)과 평화협정을 위한 교섭을 시작하여 세계를 놀라게 하였다. 이로 인해 사다트는 아랍 세계의 일치단결된 유대를 파괴했다는 아랍인의 비난을 받았다.

1978년 9월 미국의 카터 대통령이 사다트와 베긴을 캠프데이비드(매릴랜드 주 Camp David)에 초청하여 평화협정의 1차 초안에 서명하도록 함으로써 세계를 또다시 놀라게 하였다. 1978년 이래 중동에서의 긴장 완화를 위해 취해진 유일한 조치는 시나이 반도에서 이스라엘군의 철수였으며 이는 1982년 완료되었다. 이러한 평화적인 시도로 베긴과 사다트는 1978년 노벨 평화상을 공동 수상하였다.

팔레스티나 난민문제 이스라엘과 팔레스티나 간의 교섭이 난관을 거듭한 것은 팔레스티나 난민문제를 놓고 양측의 입장 차이가 컸기 때문이다. 1967년 이래 이스라엘이 점령하고 있는 팔레스티나 서안(西岸)과 팔레스티나 난민(難民) 문제 등을 둘러싼 이견이 좁혀지지 않았다. 팔레스티나 난민은 전체 중동 지역이 안고 있는 가장 어려운 문제 중 하나였다.

1948년 전쟁 후 피난한 팔레스티나인은 처음에는 요르단 정부의 전복을 기도하였다. 이에 실패하자 그들은 레바논으로 피난하였다. 레바논은 이 난민들을 쫓아낼 만한 힘이 없었다.

팔레스티나 난민은 점차 늘어나 1975년에 2백만-3백만에 달하였다. 이 해

평화를 위한 악수: 왼쪽부터 사다트, 카터, 베긴

에 난민은 이슬람 레바논인과 함께 그리스도 교도가 우세한 당시 레바논 정부를 전복하려는 시도에 가담하였다.

팔레스티나 해방기구 사다트는 이스라엘 정책을 반대한 정적들에게 1981년 암살되고 말았다. PLO와 함께 아랍국가들은 이집트를 고립시키려 하였다. 망명 정권인 '팔레스티나 해방기구'(Palestinian Liberation Organization: PLO)는 팔레스티나의 권리 증진을 위해 1964년 아라파트Yasser Arafat (1929-2004)가 창설한 기구이다.

1990년대에 이르러 이스라엘인과 팔레스티나인은 무력에 의한 적대 행위를 중지할 움직임을 보였다. 1993년과 1995년 아라파트는 이스라엘 수상 라빈Yitzhak Rabin(1922-1996)과 회동하여 평화조약을 체결하였다. 이스라엘이 점령한 영토 안에서 제한적이나마 팔레스티나의 자치를 허용한다는 내용이었다. 그러나 1996년 유대인 극렬분자에 의해 라빈이 암살된 것을 계기로 평화협상은 정돈상태에 빠졌다.

아랍 사회 내부에도 팔레스티나 문제에 이견이 있었다. 이리하여 이스라엘과 팔레스티나 사이의 장기간의 충돌은 끝나고 평화적인 해결을 위한 조짐이 나타났다. PLO의 아라파트는 이스라엘의 생존권을 인정하고 테러를 배격함으로써 처음으로 미국의 교섭대상으로 인정받게 되고 점차 국제적 위상이 높아졌다.

아라파트

레바논 내전 레바논 내전으로 중동의 가장 번화한 금융 및 상업 중심지였던 수도 베이루트Beirut가 파괴되었다. 시리아는 이 소란을 틈타 군사개입을 하여 레바논 전국토의 태반을 장악하였다.

이스라엘은 PLO와 아랍 테러단체가 있는 레바논에 1982년 침공하여 레바논 남반부(南半部)를 점령하였다. 이탈리아 · 프랑스 · 영국 · 미국을 포함한 서방국가들도 군대를 베이루트에 주둔시켰다가 1984년 철수하였다.

레바논은 계속된 내전과 국제 분쟁에 휩쓸려 황폐화되었다. 팔레스티나와 이스라엘간의 공격과 보복공격이 가까운 시일 안에 끝날 기미가 보이지 않는다. 팔레스티나인은 이스라엘 점령지역 안에서 이스라엘군에게 저항하면서 게릴라전과 테러를 계속하고 있고 이스라엘도 이에 강력 대응을 하고 있다.

이란 혁명 중동의 다른 나라에서도 문제가 생겼다. 1970년대말 이란의 탄압적인 정권이 이슬람 원리주의자에 의해 전복되었다. 사우디 아라비아 다음으로 석유생산고가 많고 지정학적으로 소련과 페르시아만의 불안정한 중간위치를 차지하고 있는 이란에서 1978년 대규모 폭동이 일어났다.

소련과 접경하고 있는 전략적인 중요한 위치 때문에 팔레비 왕Shah Mohammed Riza Pahlavi(1919-1980)의 이란정부는 미국의 강력한 지지를 받고 있었다. 사실상 1953년 왕 자신이 미국 중앙정보부의 도움으로 집권하였다.

팔레비 정부는 이란 석유산업에서 얻은 막대한 자금으로 산업화를 시도하였다. 그의 정권은 근대화에 주력하였고 미국은 이란에 군사장비를 제공하며 이란을 중동에서의 반공보루로 삼았다.

그러나 1970년대말 팔레비 정부는 자유와 보수 양측으로부터 저항을 받았다. 한편으로 민주화를 요구하는 젊은 자유주의들자의 항의에 부딪히고 다른 한편으로는 서방세계의 가치관에 따른 이슬람의 세속화를 반대하는 근본주의자들의 저항에 부딪히게 되었다. 이란의 중소기업은 미국 대기업의 영향 아래 드는 것을 반대했으며 좌파 정치인들은 팔레비의 탄압정책에 저항하였다.

1979년초 병 치료를 위해 팔레비 왕은 미국으로 건너갔고 혁명은 가속화되었다. 정권은 79세의 이슬람 신비주의자인 호메이니Ayatollah Ruhollah Khomeini(1900-1989)에게 넘어갔다. 민족주의자 호메이니는 강력한 반미·반소(反蘇) 및 반이스라엘 성향을 지닌 인물이었다. 왕의 미국 여행을 허용했다는 이유로 1979년 테헤란의 미국 대사관을 점거한 쉬아 과격파는 대사관 직원 69명을 인질로 하고 그 중 55명을 1981년까지 석방하지 않았다. 이란 지도자들은 미군 기지를 폐쇄하고 미국인 소유 재산을 몰수하였다.

호메이니

폭력사태와 불안정은 계속되었으며 1980년 이란과 이라크 간에 전쟁이 발발함으로써 불안은 더욱 커졌다. 이란의 이슬람 교도들은 아랍내의 소수파인 쉬아파였으므로 이웃의 이라크가 이란 혁명의 틈을 이용하여 이란으로 침공하였다.

이란-이라크 전쟁 1970년대말 이라크는 풍부한 석유자원과 막강한 군사력을 가지고 있었다. 1979년 대통령이 된 사담 후세인Saddam Hussein

1989년 호메이니의 죽음을 애도하는 이란 사람들

사담 후세인

(1937-2006)은 다음해 이란을 공격하였다. 그는 신속한 승리를 기대했고 그리하여 범아랍 민족주의의 영도적 위상을 차지하려고 하였다. 이슬람 국가 중 이라크 · 쿠웨이트 · 사우디 아라비아는 민족적으로 아랍이지만 이란은 그렇지 않았다.

이라크의 이란 침공은 처음에는 성공적이었으나 이란의 강력한 반격에 부딪혀 전세는 불확실해졌다. 전쟁은 1988년까지 계속되었다.

이 전쟁으로 1백만 이상의 군대가 죽었다. 이란에서는 인력부족이 역력하였으며 젊은이들 사이에서는 점차 불만이 고조되었다. 이란에는 이슬람 근본주의적 엄격성이 약간 풀리는 징조가 1990년대말부터 나타나기 시작하였다.

이라크-이란 전쟁이 끝난 2년 후 1990년 후세인은 다시 쿠웨이트로 침입했으며 그 결과 1991년 걸프전쟁(Gulf War)이 일어났다. 아랍과 이슬람 국가들은 서로 대립하여 교전했으며 중동의 석유자원을 보호하고자 하는 미국의 강력한 개입과 서방국가들의 참전으로 후세인은 또다시 패배하였다.

그리스 한편 그리스에서는 1960년대에 군사 쿠데타가 일어나 오랜 전통을 가진 군주제가 끝났다. 장교들이 불안정한 의회를 전복하고 1967년 군주제에 종지부를 찍었다. 취약한 그리스 경제를 근대화하기 위해 탄압적 군사정권은 서유럽에 접근할 필요를 느꼈으나 지지를 얻을 수 없었다. 키프로스 문제를 둘러싸고 터키와 충돌하여 약화된 군사정권은 점차 인기를 상실해가고 국민에게 더 많은 자유를 허용하는 방향으로 나갔다.

1973년 민간지도자들이 군사독재를 끝내고 민주주의를 회복하였다. 좌우익의 갈등으로 국내여론이 분열되고 있는 가운데 그리스는 민주주의와 경제성장을 지향하고 1981년 이 점을 인정받아 나토에 가입할 수 있었다.

3. 냉전과 공존

제2차 세계대전은 역사상 유례없는 야만적이고 파괴적인 전쟁이었다. 나치 수용소 · 가스실 · 고문 등으로 수없이 많은 생명이 무고하게 또 잔인하게 사라졌다. 원자폭탄과 같은 신무기 사용으로 수많은 인명이 죽었다. 따라서 제2차 세계대전이 끝나면서 각국 정치가들은 평화를 위한 노력을 기울이고 대규모 살상의 반복을 피하려고 하였다.

한편 비(非)확장, 민족자결, 군비철폐, 국제적 경제협력과 같은 대서양 헌장의 규정은 세계정복의 길에 나선 소련 때문에 폐기될 위기에 처했다. 추축국의 멸망과 함께 평화의 도래를 속단한 사람들은 또다시 환멸을 느껴야 하였다.

그러나 세계적 규모의 핵전쟁을 막으려는 의지와 유엔과 같은 국제 협동기구가 발휘하는 도덕적 힘에 대한 믿음은 좀처럼 포기될 수 없는 것이었다. 그리하여 제2차 세계대전 후의 세계는 열전을 피할 수 있는 가능한 수단을 동원하여 소련 침략을 저지하려는 냉전시대로 돌입하였다.

20세기말에는 소련이 해체되고 동유럽이나 발칸 반도에서 이른바 '문화적 충돌'이 일어났다. 1980-1990년의 세계사는 이데올로기의 종언이었다. 1990년대에 이르러 미소 양대 진영 주도의 냉전이 끝나고 공산주의 세력권의 붕괴가 뒤따랐다. 베를린 장벽이 허물어지고 독일이 통일되었으며 소련과 위성국가에서는 공산주의 체제가 붕괴되면서 인류사회가 영원한 평화와 새로운 발전의 시대를 맞이할 것이라는 희망을 밝게 하였다.

그러나 인류의 평화유지는 상당한 취약성을 지니고 있다. 아프리카와 동유럽에서 자행되고 있는 인종 '대청소'는 나치즘의 유대인 대학살이나 캄보디아의 지식인 대학살에 못지 않은 대규모 학살이다. 냉전 이후 종식될 것으로 기대한 국지적 전쟁은 계속 발발하여 20세기말에도 세계적으로 30여건의 분쟁이 진행중에 있다.

여러 지역과 국가에서 내전이나 민족간의 충돌이 계속되었다. 알바니아 정부의 붕괴와 내란, 남아프리카 모잠비크의 내란, 아프가니스탄 내전, 스리랑카의 타밀 독립운동 등은 전후 시기를 평화와 전쟁이 교차하는 시기로 특징짓고 있다. 이러한 충돌은 지역적 범위를 넘어서는 세계사적인 큰 결과를 초래하였다. 충돌이 진행됨에 따라 국제적인 평화유지의 과정이 얼마나 취약한가를 증명했을 뿐 아니라 심지어 최강국이라 해도 자신들의 제한된 통제를 넘어선 결과에 대해 얼마나 무력한가를 입증하였다.

A. 국제기구의 기능

제2차 세계대전 후 국가와 국가, 국민과 국민이 국경을 넘어 공통문제를 협의하고 해결책을 모색하는 국제적 협동체제가 활발하게 가동되었다. 대전 후의 시기는 세계화의 시대였다. 경제활동, 다국적 기업, 문화협력 등은 초국가적인 관심이 되었으며 과거 어느 때보다도 지역적 사건이 즉각적으로 세계적 반응을 불러일으키는 시대가 되었다.

20세기 후반의 두드러진 특성의 하나는 국제적 연계와 활동을 통해 세계문제에 접근하고 해결하려는 움직임에서 찾을 수 있을 것이다. 이와 관련해서 유엔과 범국가적인 비정부기구(NGO)의 활동이 주목될 수 있다.

유엔 창설 유엔 창설에 관해서는 이미 1942년의 국제연합 선언과 1945년 초의 얄타 협정에서 합의된 바 있었다. 먼저 국제연합 선언에는 영국 · 미국 · 소련 · 중국 등을 포함하여 26개국이 서명하였고 그 밖의 14개국이 추가 서명하였다.

1942년 1월 26개국 대표는 추축국 세력과 싸움을 계속할 것을 약속하면서 국제연합을 구성하였다. 미국 대통령 로우즈벨트에 의해 창안된 국제연합(UN: 유엔)이라는 명칭은 이 때 '유엔 선언'에서 처음으로 사용되었다.

제2차 세계대전 진행중에 국제연합의 두 중요 기구가 창설되었다. 첫째는 국제

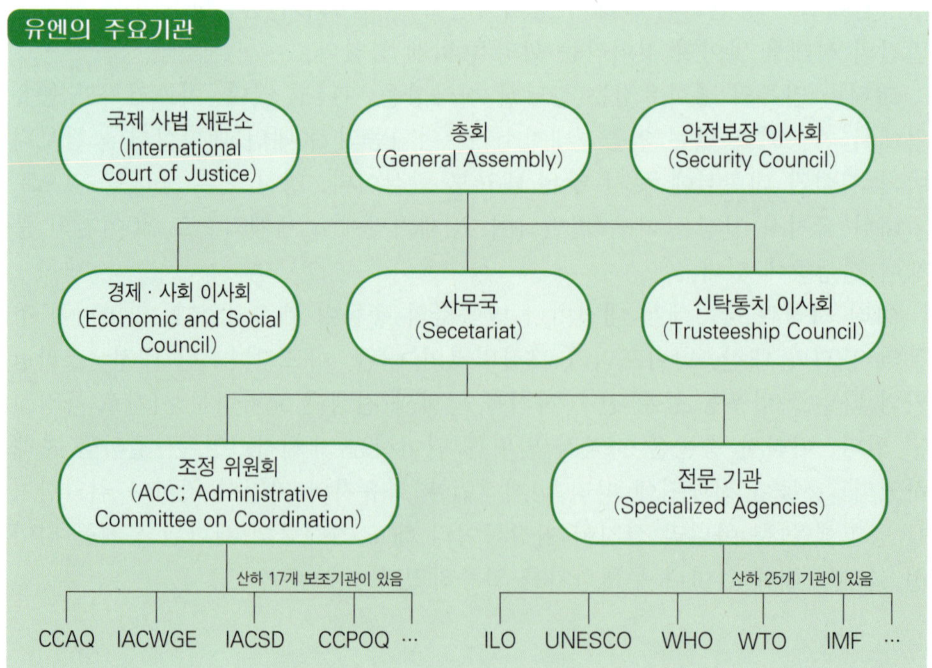

연합 구호재건위원회(UNRRA: United Nations Relief and Rehabilitation Administration)로 해방 국가에 대한 대규모 구호활동을 목적으로 한 것이다. 둘째는 국제통화기금(IMF: International Monetary Fund)으로 각국 재정의 장기적 재건을 다루는 기구이다.

1945년 2월의 얄타 협정에서는 국제연합기구(United Nations Organization)의 창설을 다루었다. 이 때 소련은 영연방국가와 남미국가들의 표에 대항하기 위해 16개의 표결권을 주장했으나 최종적으로는 3개의 표결권을 갖기로 합의하였다.

유엔 헌장 오늘날의 유엔은 1944년과 1945년에 걸쳐 탄생하였다. 1944년 미국 · 영국 · 중국 · 소련 대표들이 미국 워싱턴 교외의 덤버턴 오크스 Dumbarton Oaks에서 평화유지를 위한 국제기구 조직안을 기초하였다. 조직 명칭으로 유엔을 계속 사용하기로 하였다.

덤버턴 오크스에서의 제안에 따라 유엔 헌장을 기초하기 위해 1945년 4-6월에 50개국 정부대표가 샌프란시스코 회의를 개최하였다. 헌장은 6월 26일 서명되었다. 회의에는 참석하지 않은 폴란드가 추가로 서명하여 창설 회원국이 모두 51개국에 달하였다.

유엔이 공식적으로 창설된 것은 1945년 10월 24일이었다. 이 때 중국 · 프랑스 · 소련 · 영국 · 미국을 비롯한 대다수 서명국가들이 유엔 창설을 인준했기 때문이다.

그리하여 유엔 헌장에 따라 몇몇 주요기관이 수립되었다. 안전보장이사회(Security Council), 총회(General Assembly), 경제사회이사회(Economic and Social Council), 신탁통치이사회(Trusteeship Council), 국제사법재판소(International Court of Justice), 사무국(Secretariat) 등 6개 기관이었다.

이 가운데 안전보장이사회는 국제평화와 안전의 유지를 책임지고 총회에 앞서 분쟁문제 및 유엔회원 가입문제 등을 다루었다. 처음에 이사국은 11개국이었으며 그 중 7개국의 찬성으로 의결되었다. 7표 중에는 5개 상임국, 즉 미국 · 영국 · 프랑스 · 소련 · 중국의 찬성이 반드시 필요하였다. 상임이사국은 거부권을 가지고 있기 때문이다. 이사국은 15개국이며 상임이사국 외 10개국이 총회에서 임기 2년으로 선출된다.

회원국 증가 유엔 가입국 수는 점차 증가되어 1974년에는 138개국, 1975년 12월에는 포르투갈 식민지였던 모잠비크 등과 남아메리카의 신생국인 수리남 등이 가입함으로써 회원국이 모두 143개국이 되었다. 1980년대와 1990년대에는 많은 나라가 유엔에 가입하여 회원국은 더 늘어났다.

1981년 독립한 서태평양의 산호초섬으로 이루어진 팔라우Palau 공화국이 1994년 12월에, 1999년 9월에는 태평양의 작은 섬나라 키리바시Kiribati, 나우루Nauru, 통가Tonga가 가입하여 유엔 회원국가는 모두 188개국이 되었다.

초기에는 중국 · 인도네시아 · 필리핀 · 에티오피아 · 라이베리아 등 5개국 정도를 제외하고 대부분 유엔 회원국이 백인국가였으나 오늘날에는 아시아-아프리카 국가들이 과반수를 차지하게 되었다.

유엔에서 사용되는 공용어는 1974년까지는 영어 · 프랑스어 · 러시아어 · 중국어 · 스페인어 등 5개 국어였으나 그 후 아랍어가 추가되었다. 직원수는 창설 당시 약 2백 명 정도에서 현재 1만5천 명으로 늘어났다.

1952년 건축한 38층의 유엔 건물은 당시 60개국이었던 회원국이 70개국으로 늘어날 것으로 예상하고 지은 것이었으므로 유지비 증가와 함께 공간 부족 문제가 유엔의 당면과제로 남아 있다.

유엔 활동 유엔은 국제분쟁의 조정에서 위생보건에 이르기까지, 국제재판에서부터 과학문화에 이르기까지 그 활동 범위가 다양하다. 유엔의 국제분쟁 해결에 한계가 있는 것이 사실이지만 제2차 세계대전 후의 세계문제를 평화적인 협상으로 또는 한국전쟁의 예에서와 같이 유엔군 파견으로 해결한 경우도 많았다.

특히 유엔은 산하기관의 활동으로 인류사회에 공헌한 바가 크다. 1980년 세계보건기구(World Health Organization: WHO)는 13년간의 세계적 활동 프로그램으로 전세계의 마마를 근절했음을 선언하였다. 유엔의 노력으로 1960년 이래 유아사망률이 50% 감소했으며 개발도상국의 여성 문자 해독률이 1970년의 36%에서 1990년 56%로 증가하였다.

비정부 국제기구 비정부 국제기구는 개별 정부의 공식적 조직체가 아니면서도 영토적 한계와 국민국가의 범위를 넘어선 '세계문제'를 해결할 힘을 가지고 있다는 데 그 중요성이 있다.

선구적인 비정부기구로 적십자(Red Cross)가 있다. 국제적인 인도주의 기관인 적십자의 창설은 스위스의 뒤낭Jean Henri Dunant(1828-1910)의 주도로 이루어졌다. 적십자는 본래 상이군인, 전쟁포로, 전시 민간인이 당하는 고통을 덜어주려는 뜻에서 조직되었다.

1864년 12개국 대표들이 제1차 주네브 협정(Geneva Convention)을 체결하면서 적십자의 기본원칙이 정해졌다. 이에 따라 전쟁중 부상군인의 치료와 의료진과 병원에 대한 보호가 규정되고 중립을 상징하는 적십자 정신을 붉은 십자로 정했다.

그 후 이에 찬동하는 국가가 늘어나고 추가 협정으로 비전투원의 보호 규정을 포함시켰다. 이슬람 국가도 동참하였고, 그들은 십자가 대신 붉은 초생달로 표시하고 있다. 적십자의 활동은 전시뿐 아니라 평시에도 이루어졌다. 홍수, 지진, 기아 등 자연재해에 의료와 희생자를 돕는 일까지 하게 되었다.

1970년대 이후 가장 주목받는 비정부 국제기구는 환경단체일 것이다. 대표적인 것은 1970년 창설된 '그린피스'(Greenpeace)로 지구의 자연자원 보존과 동식물 보호를 목적으로 활동하고 있다. 그들은 멸종위기에 있는 동물, 특히 고래와 바다표범의 보호 또는 핵실험 방지 등에 거의 목숨을 거는 활동을 벌이면서 세계여론에 호소하여 상당한 성과를 올렸다.

그린피스의 깃발을 달고 있는 '무지개 전사' 2호: 1957년에 건조된 이 배는 그린피스가 수리보강하여 1989년 지구를 구하겠다는 목표를 내걸고 진수하였다.

B. 소련과 서방의 대립

제2차 세계대전 후 소련군은 아드리아 해에서 발트 해에 이르는 동유럽 일대를 점령하였다. 이전의 독립국인 발트 3국 에스토니아 · 라트비아 · 리투아니아는 공화국으로 소련의 일부가 되었다. 더욱이 소련은 동프로이센 일부 · 폴란드 · 헝가리 · 루마니아를 합병하였다.

1945년 패전 독일은 4개 점령지역으로 나뉘었다. 전전 생산수준의 3분의 2 이하로 떨어진 소련경제를 부흥하려는 1946년의 5개년계획은 공공연히 동부 독일과 점령 지역의 수탈에 의존한 것이었다. 소련 점령지역 내의 수도 베를린은 4개국 공동관리하에 놓이게 되었다.

1946년초 소련은 동독의 사회민주당과 군소 공산당을 통합했으며 곧 소련 지배체제가 완성되었다. 동독 대부분의 산업을 수탈하고 서방과의 무역에 제한을 가한 소련은 점차 동독의 산업활동을 허용하고 1949년 동독에 대해 독일민주공화국으로 독립적 지위를 부여하였다.

1945년 11월부터 1946년 10월까지 소련과 서방 여러 나라는 나치 요인들을 재판 · 처형하는 전범재판을 공동관리하였다. 서방측은 점령지역에서 독일 부흥책의 일환으로 경제와 사회의 문제를 민주적 방식에 따라 해결하려고 하였다.

동유럽 루마니아에서 공산당은 1947년말 국왕 미하일을 추방하였다. 이에 반해 공산당 세력이 약한 폴란드는 자유선거를 약속했으나 1947년 선거 때 소수 농민당을 탄압하여 결과적으로 독립사회당이 압도적 다수를 차지하게 되었다. 농민당은 수개월 내에 숙청되고 가톨릭 교회는 박해를 받았다. 결국은 독립사회당마저 공산주의 노선을 취하는 노동자당에 예속되고 말았다.

체코슬로바키아 대통령 베네슈Eduard Beneš(1884-1948)와 외무장관 마사리크Jan Masaryk(1886-1948)는 민주주의 전통의 계승자였었다. 그러나 1948년 최대정당인 공산당은 소련의 지지 아래 국가를 인수하겠다고 위협하였다. 베네슈는 양보했으나 마사리크는 창문에서 떨어져 의문의 죽음을 당하였다. 이리하여 체코슬로바키아도 소련 지배하에 들어갔으며 1955년 바르샤바 협정국이 되었다.

반공산주의자들이 대다수를 차지하고 있었던 헝가리 연립정부는 1949년 의혹의 선거를 치르면서부터 공산당에 의해 장악되었다. 알바니아와 불가리아는 1950년에 이르러 공산권의 확실한 구성원이 되었다.

단지 유고슬라비아만이 독자노선을 취하고 있었다. 티토 원수는 1945년 선거에서 쉽사리 승리하여 공산당이 정부를 장악하였다. 티토는 대내외 정책

철의 장막

1946년 3월 5일 처칠은 미국 미주리 주 웨스트민스터 대학에서 세계적 주목을 받는 연설을 하였다. 다음과 같은 연설에서 표현된 솔직성은 충격적인 것이며 그것은 사실상 냉전의 시작을 예고하는 것이었다.

최근 연합국 승리로 환히 비추어진 무대 위에 그늘이 지기 시작하였다. 아무도 소련과 국제 공산 조직이 가까운 장래에 무슨 일을 저지를지, 그들의 팽창주의적 공산화 경향의 한계가 어디가 될지를 모른다. 나는 용감한 소련 국민과 전시의 동지인 스탈린 원수에 대한 두터운 존경심과 찬탄을 아끼지 않는다…. 우리는 소련이 세계 지도적 국가의 정당한 위치를 차지하게 됨을 환영한다…. 우리는 대서양 양쪽에 있는 영국민과 소련 국민이 자주 꾸준한 접촉을 늘리는 것을 환영한다. 그럼에도 불구하고 유럽 현 상황에 관한 특정 사실들을 당신들에게 설명하는 것은 나의 의무라고 확신한다.

발트 해 연안 스테틴에서 아드리아 해 연안 트리에스테에 이르기까지 유럽대륙에는 철의 장막이 드리워져 있다. 그 선을 넘어선 배후에는 전통이 오래된 중앙유럽·동유럽 국가의 수도들이 있다. 바르샤바·베를린·프라하·빈·부다페스트·베오그라드·부카레슈티·소피아—이 모든 유명한 도시와 주민은 이른바 소련권에 살고 있다. 모두가 어떤 방식으로든 소련의 영향권에 속해있을 뿐 아니라 모스크바의 통제를 강하게 받고 있다.

만일 지금 소련정부가 독자행동을 취하여 그들 지역(소련관할구역)에 친(親)공산 독일을 수립하려고 시도한다면 이것은 영국과 미국의 구역에 심각한 난관을 새로이 조성할 것이다. 이는 패전 독일인이 소련과 서방민주주의 국가 사이에서 몸값을 올려 받기 위한 견제력을 부여하는 결과를 초래할 것이다. 이 사실에서 얻는 결론이 무엇이든…. 이것은 우리가 건설하고자 하는 해방 유럽이 아닌 것은 확실하다. 또한 영구평화의 필수조건을 충족시키는 해방 유럽이 아닌 것이다.

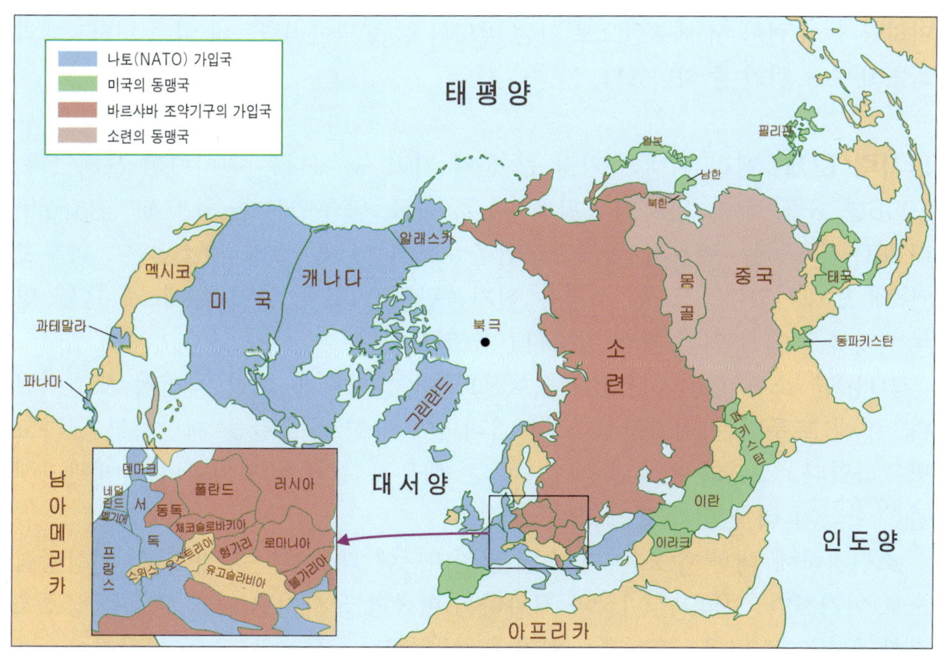

냉전시대
(1949-1962)

에서 소련의 영향력을 배제하였다. 공산주의의 국제화를 목적으로 한 코민테른의 후신 코민포름에 가입한 후 유고슬라비아는 소련권에서 이탈하여 서방국가들과 유대를 강화하였다.

이는 군소 국가라도 초강대국간의 세력균형을 이용하여 독자적인 노선을 취할 수 있음을 보여주는 예였으나 그 밖의 공산권 내 군소 국가들은 상당기간 소련의 영향권에서 벗어날 수 없었다. 소련이 몰락하는 1990년대가 되어서야 비로소 공산권 국가가 독자성을 회복할 수 있었다.

냉전 1946년 안전보장이사회가 기능을 발휘하기 시작한 후 얼마 안 되어 소련이 이란 내정에 간섭하는 사건이 발생하였다. 제2차 세계대전 때 같은 연합국측에 속해 있었던 소련과 서방측은 서로 상대방을 비난하기 시작하였다.

1947년 소련과 미국 사이의 불신은 더욱 커져 세계적으로 군사 · 정치 · 이념적 충돌을 일으켰다. 미국과 소련은 원자력의 관리 문제, 한국의 장래 문제, 독일과 폴란드의 국경선 문제 등에 의견 대립을 나타냈다. 그리하여 전쟁 없는 가운데서도 외교적 갈등과 이념의 대립은 전쟁 못지 않는 심각성을 느끼게 하였다. 이리하여 세계는 냉전시대에 들어서게 되었다.

1946년 3월 영국 수상 처칠이 "철의 장막"(Iron Curtain)을 소련이 구축한다고 비난했으며 1947년 미국 언론인 리프맨Walter Lippmann(1889-1947) 등이 "냉전"이라는 말을 쓰기 시작하였다.

1948-1949년 소련의 베를린 봉쇄는 연합국의 전시협동 체제가 무너졌음을 의

미하였다. 소련이 서 베를린으로 가는 철도와 길을 막아버렸는데 이는 냉전시대의 최초의 주요 위기 중 하나였다.

원자력 문제 냉전 시대의 가장 큰 문제 거리 중 하나는 원자력의 문제였다. 1946년 6월 유엔 원자력위원회 미국 대표 바루크Barnard M. Baruch(1870-1965)는 원자력 국제관리안을 제안하였다. 그러나 소련은 '바루크안'에 반대하였다. 그 후 소련은 원자폭탄의 비밀을 알기 위해 캐나다 · 영국 · 미국 등에서 여러 차례 간첩사건을 일으켰다.

1949년 소련이 원자탄을 개발했으며 이는 미국에 대한 직접적 도전이었다. 이에 트루먼은 원자탄보다 더 파괴력이 강한 수소탄을 개발하고 있다고 발표하였다. 소련의 원자탄 개발후에는 핵무장 철폐와 원자력의 국제관리에 관한 합의가 더욱 더 곤란해졌다.

소련침략에 대한 주요 억지 수단은 원자탄에 대한 의존도가 낮은 지상병력으로 여겨졌다. 1949년 미국과 캐나다는 미국의 군사지원 아래 전략을 상호조정할 목적으로 영국 · 프랑스 · 벨기에 · 네덜란드 · 룩셈부르크 · 이탈리아 · 포르투갈 · 덴마크 · 노르웨이 · 아이슬란드 등 10개 서방국가들과 함께 북대서양조약기구(North Atlantic Treaty Organization: NATO)를 창설하였다. 후에 1952년 그리스와 터키, 1955년 서독이 추가로 NATO에 가입하였다.

트루먼 독트린 1947년 국제적 긴장이 계속되는 가운데 미국은 두 가지 방법으로 이에 대응하고자 하였다. 하나는 이른바 '트루먼 독트린'이었다. 미국 대통령 트루먼이 공산침략의 대상이 되는 국가를 원조하겠다고 천명한 것이다. 트루먼은 공산주의 침공 위협에 처한 나라들을 군사 및 경제적으로 원조하겠다고 약속하였다. 당시 그리스는 내란을 겪고 있었으며 그리스 공산주의자들은 인접 유고슬라비아의 지원을 받고 있었다.

또다른 하나는 전후의 유럽 부흥에 관한 마샬 안(Marshall Plan)이었다. 트루먼 독트린이 발표된 몇 달 후 미국 국무장관 마샬George C. Marshall(1880-1959)은 유럽 부흥안을 내놓았다. 서방측은 이 안에 찬동했으나 소련은 독립국가의 주권을 침해한다는 이유로 반대하였다.

마샬

소련은 유럽이 다시 번영해지는 것을 바라지 않았을 뿐 아니라 미국의 국제적 지위가 높아질 것을 우려하였다. 동유럽 국가들이 유럽 부흥안에 참여하는 것을 반대한 소련은 '경제상호원조위원회'(Comecon)를 자체 수립하였다.

서방국가 내의 공산당은 명백한 국가적 혜택이 예상됨에도 불구하고 마샬 안에 반대하였다. 그러나 미국이 그들의 영향력을 억제함에 따라 공산당원은 1947년 프랑스와 이탈리아의 연립정부에서 제외되고 1950년 스위스에서는 모든 정부직에서

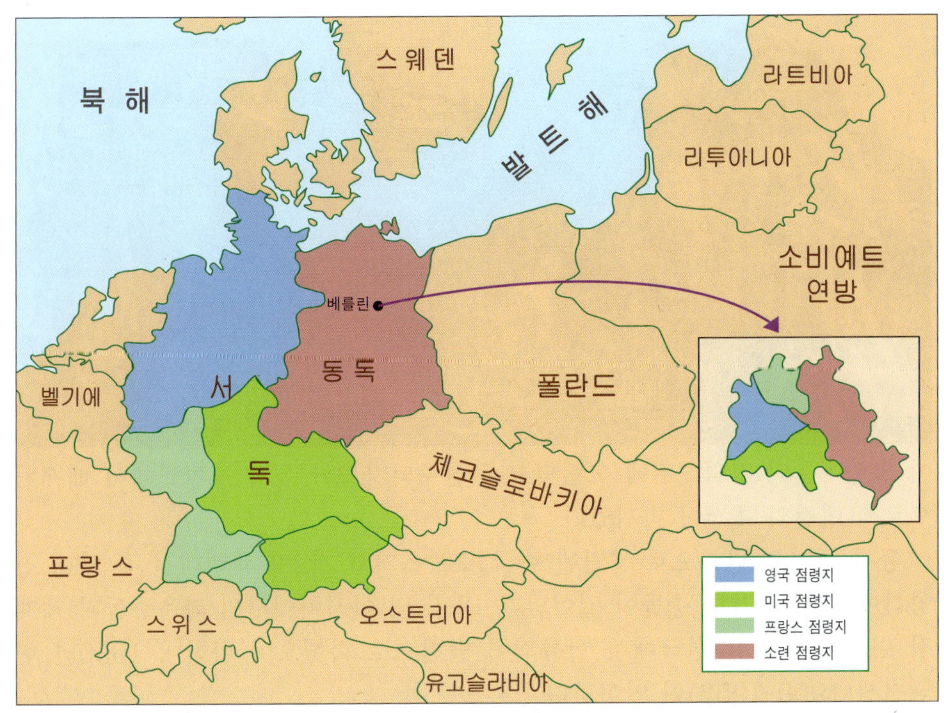

점령된 독일 (1945-1949)

제외되었다. 서독은 1956년 공산당 자체를 불법화하였다. 이리하여 유럽은 두 개의 큰 세력권으로 나뉘어 각각 미국과 소련의 강력한 영향력 아래 놓이게 되었다.

트루먼 독트린과 마샬 안은 소련 세력의 팽창에 쐐기를 박기 위한 이른바 '봉쇄정책'(Containment Policy)의 일환이었다. 1948년 2월 체코슬로바키아에서 군사 쿠데타가 일어나 소수파였던 공산당이 집권하였다. 그리고 6월에 베를린 통로는 소련에 의해 봉쇄되었다. 이 두 사건으로 강대국간의 전쟁을 도발시키는 국제긴장이 조성되었으나 전쟁에까지 이르지는 않았다.

베를린 봉쇄 독일 경제의 성장과 미국의 반공운동에 대한 지원을 두려워한 소련은 동유럽 위성국가에 대한 지배력을 강화하였다.

서방측이 서부 독일을 '유럽 부흥계획'(European Recovery Program)에 참여시키려 하자 1948년 6월 소련은 대응조치로 베를린으로 통하는 서방측 육상 통로를 봉쇄하였다.

이에 미국은 영국과 함께 공수작전으로 맞섰다. 2백만 명에 달하는 서부 베를린 시민에게 생활필수품을 공급하는 대규모 공수작전이 약 1년간 계속되었다. 소련은 봉쇄 효과가 나지 않자 1949년 5월 봉쇄를 해제하지 않을 수 없었다.

한국전쟁의 배경 처음에 냉전은 주로 유럽을 둘러싼 동서간의 충돌이며 공산주의 세력과 비(非)공산주의 세력간의 대립이었다. 그러나 동유럽은 처칠

피카소
「한국에서의 학살」(1951)

이 말한 '철의 장막' 뒤에 고립되고 공산주의자들이 유럽 정치권에서 배제됨으로써 냉전의 초점이 바뀌었다.

동서 냉전은 남북으로 분단된 한국으로 옮겨져 제2차 세계대전 후 양대 진영간에 가장 심각한 충돌이 일어났다. 유럽 및 아시아에서의 좌우충돌과 세계적 미·소 냉전은 한국에서 합류되어 열전으로 화했으며 마침내 1950년 한국전쟁(1950-1953)이 일어났다.

1910년 이래 일본 지배를 받아온 한국은 제2차 세계대전이 끝나면서 해방되었다. 얄타 협정에 따라 패전 일본이 후퇴한 한반도에 1945년 진주한 미국과 소련 군대는 북위 38도선을 기준으로 각각 한반도의 남북에 1948년까지 점령 주둔하였다. 처음은 임시적인 분단선이었으나 장기화되고 말았다.

1948년 소련 군대가 철수한 후 유엔 감시단(監視團)의 북한 입경(入境)이 거부되었다. 그 결과 남한에서만 총선거가 실시되어 합법적인 대한민국 정부가 수립되었다. 이를 계기로 남북간에 긴장은 고조되었다.

소련은 한국 전체에서 자유선거를 실시하려는 유엔 안에 협력하기를 거부하고 김일성(金日成, 1912-1995)을 내세워 동유럽에 세운 것과 비슷한 '인민공화국'을 북한에 수립하였다. 김일성 정권은 농민에게 토지를 분배하고 산업을 국유화(國有化)하였다.

남한에서는 노령의 이승만(李承晩, 1875-1965) 영도하의 우익정부가 미국의 후원을 받고 있었다. 1948년 후반 소련군은 북한으로부터 철수하고 소련의 최신무기로 무장된 공산정권이 확고한 위치를 잡았다. 6개월 후인 1949년초 남한에서도 미국군 대부분이 철수하고 다만 방어용 무기만을 가진 남한군이 미국의 경제원조를 받고 있을 정도였다.

전쟁 발발. 남한에서 미군이 철수하자 스탈린은 명백히 한반도를 소련의 전진기지로 만들려고 결심하였다. 북한군은 중국의 경우를 감안하여 독자적으로 해방전쟁을 준비하고 있었다.

북한군은 군사 지원을 해주는 소련의 승인 없이 행동을 취할 수 없었다. 1950년 봄 스탈린은 북한의 남침을 지지하였다. 스탈린은 중국이 독립한 이후 몽고 이외에 아시아의 유일한 위성국가인 북한을 교두보로 강화하고자 하였다.

북한은 중국 공산당이 중국대륙을 석권하고 있는 것을 계기로 1950년 6월 25일 갑자기 38선을 넘어 남한 침공을 감행하였다. 성능이 우수한 탱크를 비롯한 정예무기를 가진 북한군은 남한의 대부분을 쉽사리 점령하였다.

유엔군 파병 미국 국무장관 애치슨Dean G. Acheson(1893-1971)은 유엔에 대해 단호한 조치를 요구하였다. 당시 중공의 유엔 가입을 놓고 이견을 보인 소련 대표가 보이코트한 가운데 유엔 안전보장이사회에서는 즉각 침략군의 철수를 요구하였다.

이 요구가 무시되었으므로 이사회는 "무장피습을 격퇴시키고 동시에 그 지역에서의 국제평화와 안전을 회복하는 데 필요한 원조를 대한민국에 제공할 것"을 결의하였다. 이사회는 미국 대통령 트루먼에게 유엔군 사령관을 임명해 줄 것을 요청하여 맥아더 장군이 임명되었다. 유엔군은 대부분이 미국의 지휘와 공급을 받는 미군이었다.

남침 2일 후 미국 대통령이 남한 방위를 선포함으로써 한국전쟁은 동서 냉전의 유기적인 부분이 되었다. 트루먼은 미국군을 파병했을 뿐 아니라 미 해군이 중공군의 침공을 막기 위해 장제스의 중국 국민당을 보호할 것이라고 발표하였다. 또 인도차이나에서 공산주의자들과 싸우고 있는 프랑스에 대해 미국의 원조를 대폭 늘릴 것이라고 강조하였다.

미국이 한국전쟁에 개입한 이유는 첫째, 한국이 공산화될 경우 미국의 아시아 전초기지인 일본이 공격권 내에 들어가게 될 것이라고 우려했기 때문이다. 둘째, 미국이 소련의 공산침공을 저지하지 않을 경우 미국 봉쇄정책의 군사적 약점을 드러낼 것이기 때문이었다.

이는 1930년대 나치 독일에 대한 유화정책이 가져온 결과를 생생하게 상기시키는 것이었다. 봉쇄정책의 군사적 차원을 강조한 미국은 소련에 의한 공산주의의 팽창에 언제라도 대응할 준비가 되어 있음을 분명히 보여주고자 하였다.

북으로 진군하는 유엔군과 남으로 피난가는 한국 민간인

한국전쟁은 선전포고가 없었기 때문에 '치안활동' (police action)으로 정의되었다. 이러한 유엔의 치안활동에는 비록 미국군이 압도적인 다수로 참여하긴 했으나 전세계에서 수십개 국이 평화수호를 위해 동참한 국제적 협동이었다.

휴전 전쟁 초기에 북한군은 남한의 대부분을 유린하였다. 그러나 이러한 우세는 곧 뒤집혔다. 9월 중순 대부분 미국군으로 구성된 유엔군이 기동력을 발휘하여 맥아더 장군의 지휘 아래 인천에 상륙하면서 전세는 역전되었다.

그러나 유엔군이 얻은 성과는 중공군 개입으로 사라졌다. 1950년말 유엔군이 38선을 넘어 압록강으로 육박해 갔을 때 신생 중화인민공화국이 대규모 군대를 투입하여 북한을 지원하였다. 1950년 11월 중공군의 반격과 인해전술로 유엔군은 후퇴를 거듭하였다.

맥아더는 승리를 위한 유일한 방법으로 만주의 중공군 기지를 폭격할 것을 주장했으나 트루먼 대통령은 그런 군사 행동이 제3차 세계대전을 유발시킬 것이라고 우려하였다. 트루먼은 애당초 유엔이 결의한 대로 침략의 격퇴라는 제한된 목적을 고집하였다. 맥아더가 행정부의 정책을 계속 반대하자 트루먼은 그를 해임하였다.

1951년 1-3월 일진일퇴 끝에 전투는 38선 근처에서 교착상태에 빠졌다. 교착상태가 계속되자 제3차 세계대전을 우려한 트루먼 대통령과 그의 보좌관들은 동맹국인 한국을 포기하는 한이 있어도 충돌을 중국으로까지 확대하기를 원치 않았다.

이리하여 1951년 정전협상이 시작되었다. 2년간의 군사적 · 외교적 답보상태가 계속된 후 1953년 7월 정전협정이 체결되었다. 사상자와 행방 불명자를 포함한 희생은 양측에서 각각 150만에 달하였다. 대부분의 희생은 거의 한국인이었으며 미국군은 전사자 14만5천, 중공군은 90만의 희생을 치렀다.

아이젠하워의 첫 번째 임기중인 1953년 7월에 전쟁은 중단되었다. 이 휴전은 현상유지 원칙에 따라 체결되었다. 따라서 휴전은 한국 분단에 대한 정치적 해결에 아무런 도움이 되지 않았다.

전후 한국 북한과 남한은 다같이 그 존립이 인정되었으며 한국 통일에 대한 계획은 포기되었다. 전후에 북한과 남한은 체제상의 차이가 더욱 두드러져 독자적인 노선을 따라 발전하였다.

남한은 1970년대와 1980년대를 통해 박정희 독재정권이 위로부터의 근대화에 박차를 가하여 적어도 경제적으로는 비약적 발전을 하였다. 그러나 정치적 자유는 극도로 제한을 받았으므로 일반국민의 저항이 거세게 일어나 1980년대말 마침내 민주화를 위한 국민운동이 군사독재체제를 무너뜨리는 데 성공하였다.

1990년과 1992년에 남한은 소련, 중공과 국교를 수립함으로써 동북아시아 및 한반도를 둘러싼 공산주의의 위협을 크게 완화시켰다.

한편 북한은 폐쇄적인 공산주의 정책으로 군비를 크게 강화했으나 그로 인한 국민생활의 희생이 컸다. 경제적으로도 남한과 큰 격차를 보인 북한은 1980년대의 극심한 식량난으로 엄청나게 많은 인구가 기아와 영양실조로 국제사회의 원조를 받게 되었다.

1995년 오랫동안 1인 독재를 구축한 김일성(金日成, 1912-1994)이 사망하고 김정일(金正日, 1942-2011)이 계승했으나 국내적으로 격심한 식량난을 극복하지는 못하였다. 그러나 1994년과 2000년에 각각 남북한간 수뇌급 회담 시도를 통해 냉전의 극복과 한반도에서의 평화정책에 대한 시도가 이루어지기 시작하였다.

1998년 남한에 김대중(金大中, 1926-2009) 정권이 수립된 이래 남북간에 민간차원의 경제 협력이나 문화교류가 점차 가속화되었고, 2000년 6월 13일 김대중 대통령이 북한을 방문하여 최초의 남북정상회담이 이루어졌다. 국내외적 상황 변화 때문에 앞으로 남북한은 화해와 협력의 분위기를 조성할 것으로 보이지만 경제력과 정치적 안정이라는 국내적 요인과 미국 · 일본 · 러시아 · 중국등의 국제적 이해관계가 변수로 작용할 것으로 전망된다.

냉전과 화해 냉전은 제2차 세계대전에 대한 항구적 해결책을 마련해 주지는 못하였다. 스탈린이 소련 주변에 외교·정치적으로 공산 지배영역을 구축하려 했기 때문에 유럽은 동서로 양분되었다.

그러나 유럽의 어느 곳에서도 전쟁상태에까지 이르지는 않았다. 서베를린은 소련에 의해 봉쇄되긴 했지만 점령되지는 못하였다. 유고슬라비아는 소련권에서 이탈했으나 침범당하지는 않았다. 단지 1948년 이래 미국 전투 병력이 주둔하지 않은 한국에서만 스탈린이 공산 위성정권으로 하여금 군사공격을 감행하도록 하였다.

한국에서 국지전은 미국의 대(對) 소련무장 계획을 강화하게 하였다. 냉전은 각각 상대방의 공격에 대비하기 위한 양대 진영의 군비경쟁을 심화시켰다. 비록 첨예한 적대행위 자체는 1950년대 중반에 끝났으나 전후 평화조성의 실패와 계속된 미 · 소 대립이 거의 반세기 동안의 준전시와 같은 긴장관계를 낳았다.

한국전쟁이 종결되고 스탈린이 죽은 후 비로소 미 · 소 간에 평화공존의 조짐이 나타났다. 1955년 소련은 프랑스, 영국, 미국과 더불어 오스트리아와 강화조약을 체결하였다. 같은 해 주네브에서 미국의 아이젠하워, 영국의 이든, 소련의 불가닌, 프랑스의 포르 등과 4대국 정상회담이 열렸는데 이것은 종전 후 최초의 회담이었다. 주네브 정상회담에서는 독일의 통일문제, 군비축소, 동서간 통상장애의 제거 등이 논의되었다. 많은 문제, 특히 통독문제에서 의견이 엇갈렸으나 그 분위기는 우호적이며 선의의 것이었다.

1959년 흐루시초프Nikita S. Khrushchev(1894-1971)는 소련 지도자로는 최초로 미국을 방문하여 미국 국민과의 친선을 도모하였다. 그 후 아이

닉슨과 미국을 방문한 흐루시초프

젠하워 행정부 때에 U-2기 사건이 일어나 소련과 미국간에 다시 악화된 분위기가 감돌기는 하였으나 대체로 1960년대 이후 두 강대국 사이에 화해와 공존의 무드가 사라지지는 않았다.

그 사이에 중공과 일본은 아시아에서 강대 세력으로 대두하여 세계정세에 변수로 작용하였다. 그러나 미국은 일본 및 중공과 가능한 한 우호적인 관계를 증진시켜 세계평화에 갑작스러운 위험이 오지 않도록 화해정책을 추구하였다.

한편 화해를 지나치게 의식하고 있는 미국 행정부와 베트남 전쟁(1964-1975)에 지친 미국민은 국제주의 외교정책에 한계를 그으려고 하였다. 베트남을 완전히 포기한 것이 이를 예증하였다. 그 결과 많은 아시아 국가는 미국의 동아시아 방위 의지를 의심하게 되었다. 태국이나 필리핀 등은 베트남 함몰 직후에 독자적인 안전보장의 노선을 추구하려 하였다.

C. 소련의 대외정책

제2차 세계대전 후 소련은 1946년 제4차 5개년계획에 착수하여 부흥을 강력하게 추진하였다. 건설 · 중공업 · 무기산업 · 농업생산 등에 중점을 두었다. 그러나 중공업 분야에서 계획한 생산량을 달성한 반면에 소모품, 운수와 주택 및 농업생산에서는 저조하였다.

1953년 3월 30년간의 독재 후 스탈린이 죽었으며 이와 함께 소련 수뇌부는 많은 변화를 겪었다. 이른바 집단지도체제가 확립되었다고 발표되었으나 그 이면에서는 정권쟁탈이 심하게 벌어졌다.

같은 해 7월 비밀경찰의 우두머리(재임:1938-1953)였던 베리야Lavrenti Beria(1899-1953)가 반역죄로 체포, 처형되었다. 그 후 1955년초 수상 말렌코프Georgi Malenkov(1902-1982)가 행정과오의 책임을 지고 사임하였다.

그 뒤를 불가닌Nikolai Bulganin(1895-1975)이 계승했으나 1956-1957년 공산당 서기인 흐루시초프가 과거 스탈린이 차지했던 지배적인 지위에 올라섰다. 공산당을 장악하는 것이 집권의 관건이었으며 그도 역시 반대자들을 강등 또는 좌천시킴으로써 제거하였다.

탈스탈린주의 정책 소련 지도체제의 변화에 따라 소련 사회와 정책도 역시 달라졌다. 많은 소련인은 과거 스탈린 시대에 있었던 테러, 반유대주의, 심지어 리센코Trofim Denisovich Lysenko(1898-1976)의 유전학 이론까지 탄압한 정책은 중단되어야 한다고 생각하였다.

문화활동에 대한 통제가 완화되고 소비품 생산이 촉진되었다. 또 국민생활 향상의 문제도 제기되었다. 5개년계획의 과중한 목표달성을 위해 희생된 국민의 생활수준 향상이 시급하였다.

1956년 제20차 공산당 대회 연설에서 흐루시초프는 새로운 정책방향을 제시하였다. 그는 스탈린 지배하의 개인숭배를 공격하고 스탈린의 과도한 정책, 불신, 무력 개입, 1930년대 숙청의 책임을 거론하였다. 스탈린을 에워싼 신화의 진상이 적나라하게 폭로되었다.

이러한 스탈린 강등정책은 소련 국내뿐 아니라 동유럽과 다른 공산주의 운동에도 영향을 미쳤다. 스탈린의 이름은 거리나 광장에서 사라지고 그의 동상이나 사진도 제거되었다. 소련 사회 및 공산주의 사회의 해빙 무드는 더 자유롭고 개방된 사회의 가능성을 시사하였다. 물론 흐루시초프는 반대여론이나 비판을 억압했으나 과거 스탈린 시대와 같은 경직성이나 자의성은 사라졌다.

카스트로와 흐루시초프

1957년 소련 혁명 40주년 기념 축하와 함께 세계 최초의 우주 위성 스푸트니크가 성공적으로 발사되었다. 이는 강력하고 안정된 국가로서 소련의 위상을 확인해주는 것이었다. 흐루시초프는 중국과 외교단절을 하고 서방세계에 대한 접근 정책을 채택했다. 그러나 그는 농업정책의 실패와 쿠바 미사일 사건으로 실각하였다.

소련의 신제국주의 국내정치의 변화에 대응하여 크렘린 지도자들은 대외정책을 수정하였다. 전후 소련의 국제정치 전략은 세 가지 방향으로 나타났다. 우선 소련은 군사 · 비군사적인 면에서 국력을 팽창하려고 하였다. 다음으로 대외적으로 세력권을 위성국가들이 있는 유럽뿐 아니라 아시아 · 아프리카와 같은 비동맹국가 지역에까지 확장시키려 하였다. 끝으로 소련은 서방 민주주의 국가들을 군사적 위협, 정치적 긴장, 심리전 등을 통해 약화 또는 고립시키고자 하였다.

제2차 세계대전 후 독일과 일본이 패함으로써 소련의 대외 팽창주의를 막는 장애물은 사라졌다. 이미 소련은 1939-1940년 독일과의 불가침협정 기간 중 라트비아 · 리투아니아 · 에스토니아와 폴란드 · 핀란드의 일부 등을 합병한 바 있었다.

소련은 이에 만족치 않고 1945년 종전 후에는 루테니야Ruthenia, 부코비나Bukovina, 베사라비아Bessarabia 등을 차례로 합병하였다. 일본으로부터는 사할린Sakhalin 남부 및 쿠릴Kurile 열도를 얻었다. 이밖에 소련은 동유럽 일대에 세력을 확장 · 침투하였다. 폴란드 · 동독 · 루마니아 · 불가리아 · 헝가리 · 체코슬로바키아 등을 위성국가로 만들었다.

단지 유고슬라비아만은 소련의 위성국가의 위상을 면하였다. 티토 원수(元帥)는 전시 영도자였는데 전후에는 독재체제를 구축하였다. 그는 소련의 간섭을 좋아하지 않고 1948년 소련과 결별하고 도리어 서방측 지원을 얻어 소련의 위협을 물리쳤다.

동독 공산 위성국가의 모든 정치 · 경제 정책은 소련의 것과 조화되도록 수립되었다. 동유럽 위성국들은 비밀경찰, 수용소, 스탈린 숭배 등을 비롯해 전반적인 정책 수행에서 소련을 모방하였다.

스탈린 사후 동유럽 국가들은 소련의 수탈정책에 반발하였다. 스탈린 사후 3개월 내에 동베를린 노동자들은 소련의 증산(增産) 압력에 대항하여 총파업을 선언하고 시위하였다. 소련 탱크가 폭동 진압에 투입되었으며 이 폭동의 영향은 오래도록 남았다.

동독 공산당 창립자 울브리히트Walter Ulbricht(1893-1973)가 1949년 동독의 새 지도자가 되어 독재를 강화하면서 임금상승과 생활조건의 개선을 약속하였다. 1950년 이래 동독 공산당을 이끈 그는 1960년 동독 대통령이 되었다.

완강한 스탈린주의자인 울브리히트는 1971년 호네커Erich Honecker(1912-1994)에게 대통령직을 인계할 때까지 확고한 지배자였다. 여전히 소련과 긴밀한 유대를 유지하는 가운데 동독은 서독과의 교역량을 늘리는 한편 공산국가평의회 내에서 점차 독자적 발언권을 강하게 주장하였다. 1961년 베를린 장벽을 쌓았으며 1968년 체코슬로바키아 사태에 동독군을 파병하였다.

폴란드 1956년 폴란드 노동자들의 항의에 대해 공산당 내에서도 지지하는 소리가 많았다. 폴란드 사태에 소련군이 개입했으나 폴란드 시민의 조롱을 받았다.

폴란드 공산당은 친소적인 인물 대신 고무우카Wladyslaw Gomulka(1905-1982)를 당 서기로 선출하였다. 제2차 세계대전 중 공산당 지하 레지스탕스 조직을 만들어 항전했던 고무우카는 확고한 공산주의자로 1945년 수상에 취임하여 1970년까지 폴란드 정부를 이끌었다. 그는 1947년부터 코민포름의 공동의장이기도 하였다.

고무우카는 소련에 대한 충성을 다짐하면서도 사회주의 국가로서는 소련과 다른 국가노선을 추구할 필요가 있다고 주장하였다. 폴란드 민족주의자 고무우카는 소련 지배에 반대하여 1951년 투옥되기도 하였다.

1954년 풀려난 고무우카는 포즈난Poznan 폭동 이후 폴란드 공산당 초대 서기장이 되었으며 소련과의 밀접한 유대를 유지하면서도 사회 · 경제적 자유를 허용하였다. 폴란드는 또 미국과 경제원조를 교섭하고 가톨릭 교회와 폴란드 지식인에 대한 탄압을 완화하였다.

헝가리 혁명 1953년 헝가리에서는 나지Imre Nagy(1896-1958)가 수상으로 취임하였다. 그러나 1955년 소련의 영향력 행사를 비판했기 때문에 '우익으로 탈선했다'는 죄목으로 체포되고 해임되었다.

1956년 10월 헝가리 민중은 격렬한 반소(反蘇) 혁명을 일으켰다. 헝가리 군대까지 가세한 대규모 가두시위가 일어났고 그 결과 나지와 카다르János Kádár(1912-1989)가 연립정부를 구성하였다. 정부는 즉각 중립을 선포하고 바르샤바 협정 탈퇴를 발표하였다.

처음에 소련군은 부다페스트에서 철수하여 헝가리의 자치를 허용하는 것 같이 보였다. 그러나 소련은 헝가리 사태를 국가안보에 대한 심각한 위협으로 간주하고 개입하였다. 1956년 늦가을 소련 탱크가 부다페스트에 들어와 10일간의 결전 끝에 혁명을 진압하였다.

헝가리 혁명군은 라디오 방송을 통해 서방국가의 지원을 요청했으나 기대와는 달리 원조는 오지 않았다. 따라서 헝가리 혁명은 하나의 비극으로 끝났다. 소련군은 카다르가 소련정책노선을 충실히 지킨다고 보고 앉혀 놓은 반면 나기는 재판에 회부하여 비밀리에 처형하였다.

헝가리에서는 소련 점령으로 시달리고 가혹한 탄압을 받아 국외로 망명하는 난민이 늘어났다. 1956년부터 2년간 수상을 지낸 카다르는 많은 혁명지도자를 처형하였다. 그러나 1961년 또다시 수상이 된 카다르는 소련과 밀접한 관계를 유지하는 가운데서도 비교적 신축성 있는 민족주의 노선을 실천하여

'헝가리 식' 사회주의('goulash' communism)를 실시하는 한편 제한적 시장활동을 허용하는 신 경제정책을 허용하였다.

그 밖의 동유럽 국가 어떠한 위성국가도 유고슬라비아의 전례를 따를 수 없었다. 흐루시초프는 1954년과 1957년에 타협을 시도했으나 유고슬라비아의 서방과의 교역에 영향을 미칠 수는 없었다.

이 밖에 알바니아 · 루마니아 · 불가리아도 소련과는 독자적인 노선을 추구하게 되었다. 소련 세력권과 지리적으로 떨어져 있는 알바니아는 외교적으로나 이념적으로 소련보다 중국과 더 밀접한 유대관계를 형성하였다. 루마니아는 서방과의 우호관계를 추구하면서 소련과 일정한 거리를 유지하였다.

D. 집단안전보장제체의 성립

유엔은 냉전시대에서 강력하고 결정적인 역할을 하지 못하였다. 그러나 국제여론에 호소할 수 있는 도덕적 힘을 가지고 있었으므로 어느 정도 중재 역할을 할 수는 있었다. 더욱이 1950년 한국전쟁 때 유엔의 역할은 나름대로 강력한 기능을 발휘하였다.

그러나 대체로 유엔은 국제 분쟁을 조정함에 있어서 그다지 커다란 권능을 발휘하지 못했으므로 각국 정부는 지역 안전보장 체제를 구축하고 상호 지원함으로써 집단적인 대책을 모색하게 되었다. 예컨대 1947년 19개의 남북 아메리카 국가들은 리우 데 자네이루Rio de Janeiro에서 상호보호조약을 체결하였다. 다음해 이 체제는 '남북 아메리카 기구' (Organization of American System: OAS)로 전환되고, 안보구역을 북극에서부터 남극에까지 확대할 것을 요구하였다.

공산주의 국가들도 집단안보체제를 구축하였다. 과거의 코민테른에 대신하여 1947년 조직된 새로운 세계 공산주의 운동기구 코민포름(Cominform: 공산당 정보국)을 통해 프랑스와 이탈리아까지 포함한 소비에트 블록의 공산당 대표들이 결속하여 서방측, 특히 미국에 반대하는 선전을 집중적으로 하였다. 서방측의 마샬 안에 대항하기 위해 소련은 1949년 상호경제원조 기구를 조직하였다. 1950년까지 유럽에서는 소련이 주도하는 반(反)서방체제가 확립되었다.

집단안전보장체제는 비단 정치적인 분야에서만 이루어진 것이 아니었다. 급격히 변화하는 세계경제의 현실에서 각국은 상호간에 유대를 확고히 함으로써 경제적 이익을 보호하고 증진시키려 하였다.

북대서양조약과 바르샤바협정 유럽 대륙에서도 벨기에 · 프랑스 · 영국 · 룩셈부르크 · 네덜란드 5개국은 1948년 '브뤼셀 조약' 을 체결하여 군비 및 그 밖의 부문에서 상호협력을 다짐하였다. 1949년 5개국은 다시 미국 · 캐나다 · 덴마크 · 아이슬란드 · 이탈리아 · 노르웨이 · 포르투갈 등을 합류시켜 북대서양조약을 맺었다.

그리하여 1949년 4월 집단방위체제로서 '북대서양조약기구' (North Atlantic Treaty Organization: NATO)가 철의 장막으로부터의 기습에 대비하기 위해 창설되었다. 1951년 조약 서명국으로 그리스와 터키가 추가되었다.

미국과 캐나다에게는 북대서양조약이 정책상의 큰 변화를 의미하였다. 두 나라는 평화시에 아메리카 대륙 이외의 국가와 방위조약을 맺은 적이 없었다. 1955년 서독이 재무장하면서 북대서양기구에 가담하였다.

이와 같은 서방측의 집단방어에 대비하기 위해 소련도 역시 위성국가를 비롯해 중공 등과 여러 가지 상호원조체제를 수립하였다. 1950년 소련과 중공은 30년 기한부로 '우호 · 동맹 · 상호원조 조약' 을 맺었다. 소련은 서독의 북대서양조약기구 가입을 계기로 동유럽 국가들과 바르샤바 협정을 체결하여 공산주의 국가의 통합적 지휘체제를 확립하였다.

유럽 방위공동체의 실패 미국은 독일 재무장을 통해 유럽 방위력을 증강하려 했으나 프랑스와 소련은 이를 강력히 반대하였다. 그 대신 프랑스는 1952년 '유럽방위공동체' (European Defense Community: EDC)의 창설을 제안하였다. 유럽군을 창설함으로써 독일이 별도 군대를 보유하지 않고서도 방위력을 강화할 수 있게 하자는 것이었다.

이 제안은 대부분의 북대서양조약기구 회원국의 동의를 받았다. 미국도 찬성했으나 영국은 유럽 대륙과 항구적으로 관련을 갖는 것을 꺼려해 이를 반대하였다. 그 동안 프랑스 여론 역시 미국의 압력에 반발했으며 유럽의 독자성을 강조하는 드골의 제5공화국 최종연도인 1954년 프랑스 의회가 유럽 방위공동체 안을 부결하였다.

태평양지역과 중동 미국을 중심으로 태평양 지역에서도 지역방위체제가 성립하였다. 1951년 미국 · 오스트레일리아 · 뉴질랜드 등은 '안저스 태평양 안보협정' (Anzus Pacific Security Pact)을 체결하였다.

그 후 인도차이나에서 공산주의 세력의 침투가 증대됨에 따라 더욱 광범한 집단안보기구가 형성되었다. 1954년 마닐라 회의에서 오스트레일리아 · 뉴질랜드 · 필리핀 · 파키스탄 · 타이 · 프랑스 · 영국 · 미국이 '동남아시아 조약기구' (Southeast Asia Treaty Organization: SEATO)를 창설하였다.

소련의 침략대상으로 남아 있는 중동지역에도 집단안보 협정이 체결되었다. 원래 바그다드 협정은 영국 · 터키 · 이라크 · 이란 · 파키스탄 등이 정회원 국이며 미국은 옵서버로 참여하였다. 이 협정체제는 1959년 이라크가 탈퇴한 후 '중앙조약기구' (Central Treaty Organization: CENTO)로 개칭되었다.

석유생산기구 가장 일찍이 경제적 이익을 위해 성공적으로 집단을 구성한 것은 중동의 산유국들이었다. 이란 · 이라크 · 쿠웨이트 · 사우디 아라비아 · 베네수엘라 등 석유 생산국들은 '석유수출국기구' (Organization of Petroleum Exporting Countries: OPEC)를 조직하였다. 카타르Qatar · 리비아Libya · 인도네시아 · 아부다비Abu Dhabi · 알제리 · 나이지리아 · 에콰도르 · 가봉Gabon 등이 이러한 석유생산국 카르텔에 추가 동참하였다.

대부분의 이슬람계 아랍 국가들은 석유가격 조정문제에서 협력하였다. 1973년 아랍-이스라엘 전쟁 때 OPEC는 경제 · 정치적인 힘을 발휘하였다. 석유수출국기구 회원국가들의 단합은 선진 산업국가의 금융체제를 좌우하며 동시에 정치적 압력을 가하였다.

석유수출국기구는 미국과 이스라엘의 동맹국들에 대해 석유 금수(禁輸)를 지시했을 뿐 아니라 1973-1975년 국제 유가(油價)를 3배 인상하고 1970년대 후반 석유생산량을 대폭 감소하여 세계적인 유가 앙등을 가져왔다.

에너지 위기 후기 산업사회의 번영은 1970년대에 커다란 시련에 부딪혔다. 1973년 10월 중동 석유수출국가들이 단합하여 국제 유가 인상을 단행했을 때 전세계의 산업선진국가는 물론 개발도상 국가들도 심각한 경제 위기를 맞게 되었다.

특히 석유 소비를 수입에만 의존하는 국가는 더 큰 타격을 입었다. 유럽도 즉각적인 경제적 타격을 입었다. 유럽은 소비 석유량의 3분의 2를 수입 석유에 의존하고 있었으며 소련만이 자체 생산으로 충당할 수 있을 뿐이었다.

1970년대말 국제 유가는 안정되었으나 국제 유가 인상을 계기로 서유럽 국가들은 에너지 자원 개발에 박차를 가하였다. 다음 10년간 북해 석유 개발이 본격화되고 그 결과 노르웨이와 영국은 자급 수준에 달하였다. 네덜란드 역시 유럽 최대 자연 가스원을 개발하였다.

유럽의 에너지 소비가 계속 증가했기 때문에 대체 에너지를 개발해야 하였다. 1970년대 후반부터 세계적으로 핵에너지 개발이 촉진되고 원자력 발전소가 건설되었다.

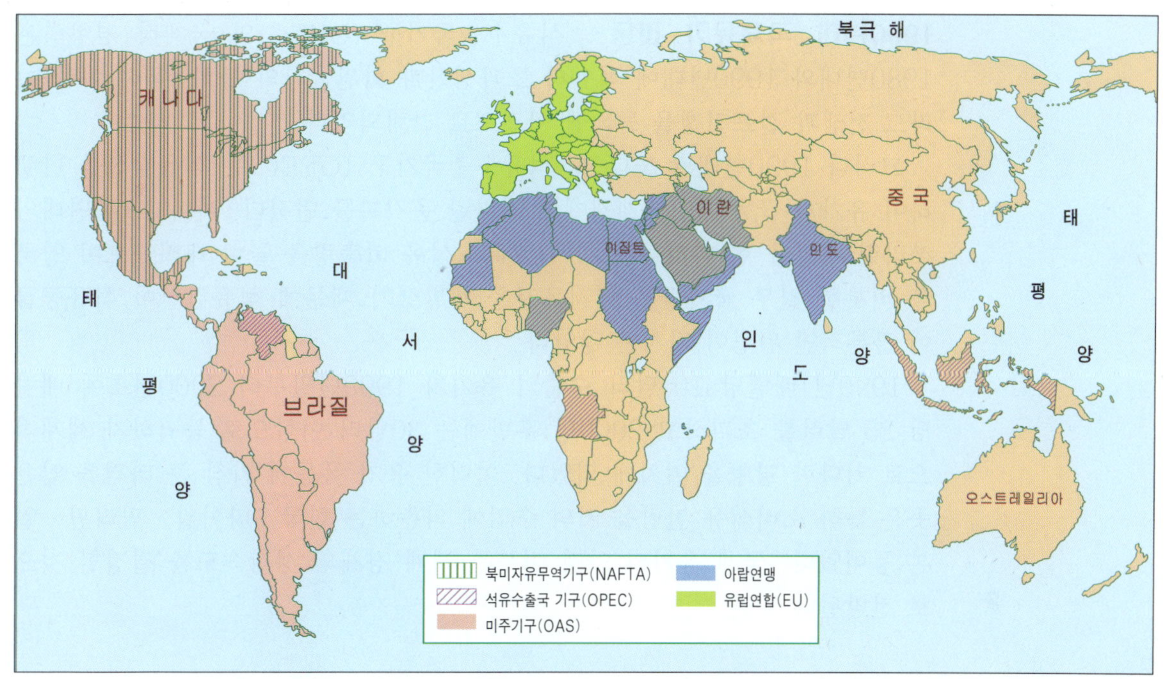

지역집단기구와 가입국

핵발전소 건설은 대개 유럽에 집중되었다. 1976년까지 건설 또는 건설 중에 있는 세계의 핵발전소 중 약 절반은 유럽에 있었다. 원자력 발전의 선두주자는 프랑스였으며 그 밖에 미국 · 캐나다를 비롯하여 아시아에서 일본이나 한국이 원자력 발전소 건설에 박차를 가하였다.

경기침체 1970년대 '석유파동'(Oil Shock)으로 세계경제는 인플레이션과 경기 침체를 겪었다. 유럽 주요국가는 물론 특히 개발도상국이나 석유수입 의존도가 높은 나라는 특히 큰 타격을 받았다. 독일의 인플레이션은 연 5%로 억제되었으나 그 밖의 나라 경우 대단히 악화되었다. 영국과 이탈리아는 1975-1976년 20% 이상, 포르투갈은 30%의 급격한 인플레이션을 겪어야 하였다.

그 결과 각국의 경제계획과 무역을 비롯해 복지정책이 영향을 받았을 뿐 아니라 봉급자와 노동자의 저축이 타격을 받았다. 정부 예산운용 방식이 달라져 종래의 적자예산 · 수입증대 · 고물가(高物價)정책 등은 수정을 면치 못하게 되었다. 각국마다 고물가 속에 경기침체 현상(stagflation)이 일어났다.

강력한 반인플레이션 조치를 취하면 영국의 경우와 같이 실업자가 증가하였다. 1980년대에 유럽의 실업자는 제2차 세계대전 후 그 어느 때보다 많이 발생하였다. 1980년대 중반에 이르러 세계적인 경제위기가 사라지는 듯하였으나 그 후유증은 오래도록 남았다.

1990년대 국제유가 파동 '석유수출국기구'(OPEC)의 국제적 영향력은 1980년대와 1990년대에 석유의 초과생산과 회원국간의 불화, 특히 이란-이라크 전쟁과 걸프전쟁을 둘러싼 이견으로 감퇴되었다.

그러나 1990년대말 또다시 '석유수출국기구'(OPEC)는 석유감산을 단행하여 유가가 급등하고 세계경제에 커다란 충격파를 던졌다. 이미 1970년대의 쓰라린 경험을 한 나라들은 상시(常時) 석유 비축량을 늘여 대비했으며 영국을 비롯한 일부 국가들은 해저유전을 개발했기 때문에 석유감산이 석유공급에 근본적인 위협이 되지는 않았다.

1999년 배럴당 10 달러 수준의 유가가 1999년말부터 2000년초에 배럴당 25 달러를 초과하고 2000년 후반에는 30달러 이상으로 등귀하자 세계적으로 커다란 영향을 미치게 되었다. 이러한 유가 폭등에 가장 큰 타격을 입은 곳은 특히 소비석유 전량을 거의 수입에 의존하는 한국 · 타이완 · 필리핀 · 일본 등이었다. 국제 유가의 안정 여부는 세계 경제의 성장속도를 결정할 것으로 전망된다.

무역기구 선진 산업국가는 모든 무역장벽을 철폐하는 자유무역원칙을 강조하였다. 특히 미국의 정치가와 기업가들은 그들의 이익에 맞는 국제무역제도를 수립하기를 원하였다. 1947년 23개 국가들은 무역제한을 폐지하라는 요구를 수용하기 위해 미국 주도의 '관세 및 무역에 관한 일반협정'(General Agreement on Tariffs and Trade: GATT)을 체결하였다.

회원국은 자유무역에 장벽을 철폐하거나 완화하기 위해 빈번히 상호 협상하였다. 점차 회원국은 늘어나 마침내 123개국이 되었으며 1994년 '세계무역기구'(World Trade Organization: WTO)가 결성되었다.

자유무역을 위한 노력의 결과 세계무역량은 대폭 증가되었다. 1948-1966년 세계무역은 해마다 6.6% 성장하고 1966-1977년에는 9.2% 성장을 거듭하였다. 1990년의 세계무역은 6천억 달러로 1980년의 2배 정도 증가하였다.

자유무역이 세계적 통상을 증진시키고 개별국가의 부를 축적시키는 데 기여하였다. 처음에는 '세계무역기구'(WTO)에서 공산주의 국가가 배제되었으나 결국 중국까지도 가입하게 되었다. 그러나 자유무역은 당초부터 미국을 비롯해 선진 산업국가의 경제 철학이 바탕에 깔려 있기 때문에 이 체제에 대한 개발도상국가나 후발국가들의 저항도 없지 않았다.

집단적 지역 경제권 형성 자유무역 촉진은 세계적인 경제 상호의존도의 심화를 의미하는 것이며 어떠한 단일국가도 전세계 무역을 독점할 수는 없다. 결국 자유무역 촉진은 지역적인 무역동맹체를 통해 회원국가 상호간 무역을 증진하고 경우에 따라서는 정치적 공조를 다지는 계기가 되었다. 이는 ASEAN, EU, NAFTA 등 집단적 지역 경제권 형성에서 실증되었다.

'동남아시아 국가연합'(Association of Southeast Asian Nations: ASEAN)은 1967년 타일랜드 · 말레이시아 · 싱가포르 · 인도네시아 · 필리핀 등의 외무장관들이 동남 아시아에서 공산주의의 확산을 막는 보루로 결성한 집단안전보장체제였다. 그 주요 목적은 동남 아시아에서의 경제발전을 가속화하고 정치안정을 촉진한다는 것이었다.

ASEAN의 경제적 관심은 1977년 일본과의 협정과 1980년 EC와 협정을 맺은 후 명확하게 나타났다. 1992년 회원국가들은 자유무역 지역을 설정하고 15년간 산업제품에 대한 관세를 줄인다는 데 합의하였다.

경제적 이익을 촉진하기 위한 집단적 지역권 형성은 '유럽경제공동체'(European Economic Community: EEC)의 경우에도 여실히 예증되었다. 1993년 '유럽공동체'(European Community: EC)로 명칭을 바꾼 유럽경제공동체는 미국의 경제적 영향권에서 벗어나려는 노력의 일단으로 시작되었다.

마찬가지로 북아메리카 전체를 통합하는 집단 경제권이 미국 주도로 구성되었다. 미국은 캐나다, 멕시코와 함께 1993년 '북아메리카 자유무역협정'(North American Free Trade Agreement: NAFTA)을 체결하고 1994년 그 효력이 발생되었다. 세계 제2위 자유무역권을 형성한 '북아메리카자유무역협정'(NAFTA) 회원국은 장차 남아메리카의 비공산국가들까지 포함시켜 세계적 규모의 자유무역 신장을 목표로 하고 있다.

4. 서방사회의 변화

제2차 세계대전 후 유럽은 국제정치에서의 주도권 약화와 세계무역에서의 후퇴에도 불구하고 유럽의 경제부흥은 현저하였다. 1947-1957년 고도성장과 경제적 번영으로 각국 정부는 사회복지를 위한 새로운 기준을 마련하는 사회정책을 전개하였다. 산업혁명의 본고장인 유럽은 숙련 노동인구와 사회 간접자원을 가지고 있었다.

유럽은 주로 미국과 소련에 의존하여 경제부흥을 이룩하였다. 소련의 원조 아래 동유럽의 부흥이 진행되었으며 1953년 전전(戰前) 산업생산을 능가하게 되었다. 1953년 곡물생산의 경우 제1차 세계대전 수준을 약간 웃도는 정도였으나 폴란드 · 헝가리 · 체코슬로바키아 · 동독의 산업은 급속히 성장하였다. 동유럽은 1950년대에 역사상 가장 높은 경제성장을 나타냈다.

미국의 원조로 서방국가들의 경제부흥도 현저하였다. 미국은 1946년 영국에 장기차관 44억 달러, 프랑스에 12억 달러를 주었다. 1947년 마샬 안에 따라 '유럽경제협력기구' (Organization for European Economic Cooperation: OEEC)는 4년간 15억 달러 이상을 제공받았다. 이어 환율 조정을 목적으로 '유럽지불연합' (European Payments Union: 1950-1958)이 창설되었다. 1948-1950년 3년간 회원국의 전체 총국민생산은 연 25% 급성장하였다.

프랑스는 전후 경제정책으로 정부가 기업을 통제하는 정책을 추구하였다. 모네 안(1946-1950)은 정부가 기업활동을 효과적으로 통제하는 결과를 가져왔다. 비슷한 안이 영국이나 이스라엘, 특히 스칸디나비아 국가와 지중해 연안국가들에 의해 채택되었다. 서독에서는 은행과 기업연합체가 정부와의 긴밀한 유대를 통해 비슷한 역할을 하였다.

전후 두드러진 현상은 사회복지 정책이었다. 거의 모든 유럽 정부가 질병 · 노령 · 실업에 관한 사회보장제도를 수립하였다. 스웨덴 다음으로 영국이 가장 먼저 이른바 복지국가의 모범이 되었다. 그 기본이 1948년 시작된 국민건강보험으로 국민은 누구나 의료비의 거의 전부를 내지 않을 수 있게 되었다. 이어 유럽 각국은 건강보험, 가족수당, 주택보급 등 사회복지 사업을 전개하였다.

경제력 증대로 서유럽의 주요국가는 '국제통화기금' (IMF)이나 '경제협력개발기구' (Organization for Economic Cooperation and Development: OCED)와 같은 국제경제기구에서 중요한 역할을 하였다. 1948년부터 참여국가들은 생산품은 물론 자본과 노동의 자유로운 이동이 경제성장에 유익하다는 점을 인정하여 관세를 낮추고 자유무역을 촉진하기로 하였다.

1950년대초 유럽 사회는 정치적 안정을 현저히 회복하였다. 강화조약이 체결되고 국제적 긴장이 완화되었다. 소련은 서독을 외교적으로 승인하였다. 각국 정치는 보수주의로 기울어졌다. 스칸디나비아에서만 사회당이 계속 집권하고 있었다. 영국에서는 보수당이 1951년 재집권한 후 13년간 정권을 유지하였다. 1953년 엘리자베스 2세 여왕의 즉위는 새로운 번영의 시대를 상징하였다. 이탈리아의 그리스도교민주당은 더욱 우경화(右傾化)했으며 아데나워Konrad Adenauer(1876-1967) 재상(재임: 1949-1963) 때 서독은 안정과 번영을 누릴 수 있게 되었다.

그러나 유럽은 주로 미국과 소련이라는 두 초강대국의 지원으로 부흥했기 때문에 미 · 소 양극체제의 영향을 크게 받았다.

A. 독일 문제

제2차 세계대전 후 연합국은 독일을 매우 혹독하게 대하였다. 나치 정권의 붕괴에 따른 정치 공백을 메우는 동시에 포츠담 회담에서 합의한 4D 원칙을 수행하기 위해 군정이 수립되었다. 4D원칙은 독일의 '무장해제'(to disarm), '비군사화'(to demilitarize), '나치의 해체'(to denazify), '민주화'(to de- mocratize)였다.

그러나 전범(戰犯)을 조속히 처리하고 독일 재건에 착수한 연합국은 과거 나치 때 추방된 독일인의 귀국 절차에 관해서부터 점차 의견대립을 노출하게 되었다. 더욱이 서방측 점령국은 독일 부흥에 관심을 가지고 독일을 우방(友邦)으로 만들려 했으며 소련은 노골적으로 이에 반발하였다. 그러한 갈등은 1948-1949년의 베를린 봉쇄에서 절정에 달하였다.

아데나워 소련의 베를린 봉쇄사건 이후 서방측(미국 · 영국 · 프랑스)은 소련과의 협동 아래 독일을 재통일하기는 어렵다고 믿게 되었다. 그리하여 서방측 점령지역을 통합하여 1949년초 본 Bonn을 수도로 하는 '독일 연방공화국'(서독)을 창설하였다.

서독의 연방제 및 그리스도교민주당(기민당)과 사회민주당으로 이루어진 양당 구조는 나치 이전의 바이마르 공화국과 유사하였다. 제2차 세계대전 종료시 독일 산업은 유럽 어느 나라보다 더 호전되고 있었다.

연합국은 곧 경제활동에 대한 제약을 해제하였다. 그리스도교민주당 당수 아데나워Konrad Adenauer(1876-1967)는 독일연방공화국의 초대 재상이 되어 민주주의의 구현과 전후 경제부흥에 힘썼다.

1917-1933년 쾰른Cologne; Köln 시장을 지낸 아데나워는 1949년에 73세였다. 제2차 세계대전 중 나치에 의해 두 번이나 투옥되고 1947년 그리스도교민주당 당수가 된 보수주의 지도자인 그는 미국과 확고한 유대를 수립하고 서유럽의 유기적인 부분으로서 나토와 유럽 공동시장에 참여하였다.

한편 서독에 정부가 수립됨에 따라 소련도 1949년 점령하의 동부 독일에 '독일민주공화국'을 세워 위성국으로 만들었다. 1950년까지 동독은 중공업에 중점을 둔 산업부흥을 시도하였다. 그러나 동독인의 생활수준은 떨어지고 불만이 누적되어 동독으로부터 많은 사람이 서독으로 이주하였다. 1953년 6월 동독인은 심한 식량난에 직면했을 뿐 아니라 노동시간 연장을 명령하는 법령이 공포되자 폭동을 일으켰다.

독일을 양단하는 '철의 장막'은 통일을 가로막는 장애물이었다. 서독과 동독에 각각 민주주의와 공산주의라는 상반된 생활양식이 존재함으로써 독일 통일은 더욱 어렵게 되었다.

냉전하의 독일 1949-1961년 동독에서 서독으로 탈출한 난민이 3백50만 명에 달했으며 대부분이 고도의 기술을 가진 젊은 층이었다.

따라서 1961년 8월 동독은 베를린 장벽을 쌓은 후 동독과 서독의 다른 경계선에도 장벽을 쌓기 시작하였다. 이 장벽은 처음에는 철조망이었으나 점차 장벽으로 바뀌고 감시탑 · 초계등(哨戒燈) · 대인지뢰 등을 설치했으며 국경경비대가 국경을 넘는 자를 사살하였다.

베를린 장벽을 쌓은 것은 명백한 4국 관리규정을 위반하는 것이었으나 미국 · 영국 · 프랑스 3국은 전면적인 총격전으로 번질 것을 우려하여 소련과의 직접 대결을 회피하였다. 장벽 근처의 삼엄한 경계에도 불구하고 수많은 동독인이 탈출해 나왔으며 탈출과정에서 많은 희생자가 났다.

콜

서독의 번영 서독이 세계무역에서 미국을 능가하게 됨에 따라 정치적 쟁점은 경제문제에 의해 희석되었다. 1969년 사회민주당이 이끄는 정부가 들어서는 변화가 있었으나 투자 촉진, 무역 확장, 인플레이션 방지 등이 여전히 시급한 문제로 남아 있었다. 사회민주당은 경제정책에서 보수적이었으며 교육 개혁, 사회복지의 확대, 노동자대표의 이사진 참여 등을 통해 민주화에 힘썼다.

경제사정이 나빠지자 1982년 다시 그리스도교민주당이 집권하여 콜Helmut Kohl(재임: 1982-1999)이 수상이 되었다. 그는 비스마르크 이래 최장수 재상이 되었다. 콜 정부는 미국과 긴밀한 유대를 맺고 동시에 동독과 우호적인 관계를 유지하였다. 프랑스 · 이탈리아와 마찬가지로 독일은 미래지향적 프로그램과 국제적 역할 형성을 위해 유럽공동체(EC)에 기대를 걸고 있었다.

B. 미국의 세계정책

미국은 독일과 일본의 패전을 계기로 전시동원을 해제했으나 전후 재건과 평화유지를 위해 자유세계의 주도적 역할을 담당하게 되었다. 제1차 세계대전 후 미국은 고립주의를 취했으나 제2차 세계대전 후에는 적극적인 국제주의로 전환하였다.

미국에서 동원해제는 실업자 문제를 초래하지 않았다. 국내외로 수요가 큰 소모품 생산이 활발해졌기 때문에 많은 제대군인들이 관련산업에 흡수되었다. 그러나 전후 3년간 일반 소비자 물가는 올라가서 1948년까지 생계비가 1935-1939년의 평균에 비해 172%까지 상승하였다.

아이젠하워

아이젠하워와 매카시즘 1952년 선거에서 전시의 유능한 지휘관이었던 아이젠하워Dwight D. Eisenhauer(1890-1969)가 공화당 지명 대통령 후보로 나서서 당선되어 트루먼의 뒤를 이었다. 그는 1956년 재선되었으나 의회에서는 민주당이 수적으로 우세하였다.

그의 집권 중 가장 센세이션을 일으킨 문제 가운데 하나는 '매카시즘' 선풍이었다. 매카시즘은 상원의원 매카시Joseph R. McCarthy(1909-1957)의 이름에서 따온 것이다. 정부관리 또는 군사연구원 가운데 소련의 간첩과 관련이 있는 사람을 공산당 동조자로 규정하고 직장에서 추방하는 조치가 취해졌다. 매카시는 이러한 활동에서 세계적 명성을 얻었다. 그러나 그는 많은 무고한 사람을 공산주의자로 몰아 1954년 미국 의회 상원 청문회에서 공개적인 비난을 받고 그 후 정계에서 자취를 감추었다.

두 차례에 걸친 아이젠하워의 재임기간 미국은 팽창 경제와 안정된 달러화(貨) 때문에 비교적 번영을 누렸다.

1958년 봄 5백만-6백만의 실업자가 생기는 일시적인 경기후퇴가 있었으나 1959년 다시 생산과 노임은 높은 수준에 달하였다. 아이젠하워는 헌법 수정사항 22조의 3선 금지로 재선밖에 못하였다. 그의 2차 임기 동안에 알래스카Alaska와 하와이Hawaii가 주로 승격되었다.

케네디

케네디 대통령 1960년 선거에서 케네디John F. Kennedy(1917-1963)가 미국 역사상 최연소 대통령으로 당선되었다. 그는 평화봉사단(Peace Corps), 교육에 대한 국가보조, 우주공간 개발문제 등을 추진하면서 미국 정치에 새로운 바람을 불러일으켰다.

그러나 대외 관계에서는 순탄하지만은 않았다. 미국 행정부는 베를린 · 라오스 · 콩고의 위기에 직면했고 라틴 아메리카에 대해서는 사회 경제적 개혁을 위해서 '진보동맹'(Alliance for Progress)을 결성하였다. 1961년 4월 케네디 행정부는 쿠바Cuba 침공 실패로 심각한 대외적 위기를 맞았다. 다음해 1962년 10월의 쿠바 미사일 위기는 미 · 소 초강대국간의 핵전쟁 일보직전에 이르게 하였다.

미국의 쿠바 침공 1959년 카스트로가 주도하는 혁명운동이 탄압적인 바티스타Fulgencio Batista y Zaldivar(1901-1973) 정권을 전복하였다. 군인 출신 정치가 바티스타는 1952년 이래로 쿠바정치를 독재하고 있었다.

전통적으로 미국은 서반구 세력권 내에 있는 쿠바의 설탕 이권을 소유하고 쿠바 경제를 좌우하였다. 그러나 카스트로는 미국 제국주의를 공격하고 외국재산을 몰수했으며 정치적 반대자들을 다수 살해하거나 추방하였다. 미국 정부는 즉각적인 보복조치로 설탕수입을 중지하고 미국상품의 금수조치를 내렸다.

미국과 쿠바와의 외교단절은 소련에게 절호의 기회를 제공하였다. 카스트로는 소련의 막대한 원조와 무기반입을 승낙하였다. 다수의 소련 기술자 · 자문단 · 외교사절이 쿠바에 도착했으며 카스트로는 소련 외교정책을 지지하였다. 소련과의 밀착 관계를 공공연하게 밝힐 뿐 아니라 자신이 철저한 공산주의자임을 선언하였다.

케네디 대통령은 쿠바와 소련의 상호 관계를 끊어 버리고 서반구의 미국세력권에서 소련을 축출하기 위해 카스트로 정권 전복을 위한 쿠바 침공을 단행하였다. 1961년 4월 미국 정보기관 CIA가 훈련시킨 반카스트로 쿠바인으로 구성된 1천5백 명의 침공군이 '피그스 만'(Bay of Pigs)에 상륙하였다. 그러나 상륙 후 기대했던 현지인 폭동이 일어나지 않았으며 미 공군의 지원도 시간에 맞추어 이루어지지 않아 3일 안에 침공군이 전멸하고 말았다.

쿠바 무력침공에 실패한 후 라틴 아메리카에서 미국의 위상은 크게 실추되고 말았다.

쿠바 미사일 위기 소련은 미국 침공에 대비하기 위해 쿠바에 미사일을 배치하였다. 1962년 10월 미국은 소련 기술자들이 쿠바에 중거리 핵탄도 미사일 발사기지를 건설하고 있다는 정보를 입수하였다.

소련정부는 카스트로 정부의 보호를 구실로 내세웠지만 이 지역에서의 미국의 영향력을 줄이고 상대적으로 라틴 아메리카에 대한 세력을 확장하기 위한 것이 목적이었다. 어쨌든 쿠바 미사일 기지는 미국 안보에 직접적인 위협이었다.

케네디는 쿠바 미사일 기지 철수를 소련에 요구하는 최후통첩을 하고 쿠바에 대해 공중과 해상 봉쇄를 단행하였다. 핵전쟁도 불사하겠다는 미국의 강경한 태도를 알아차린 흐루시초프는 카스트로 정권을 전복하지 않는다는 약속을 케네디 행정부로부터 받은 후 미사일 기지를 철수하였다. 소련의 양보로 초강대국 간 핵전쟁 위기는 사라졌으나 세계는 양극체제의 잠재적 위험을 새삼 깨닫게 되었다.

베트남 전쟁 1963년 11월 22일 케네디가 암살되었다. 부통령인 존슨Lyndon B. Johnson(1908-1973)이 대통령직을 승계하고 다음 해 제36대 대통령으로 선출되어 광범한 개혁안을 추진하였다. 그러나 베트남 전쟁에 대한 미국군의 깊은 개입 때문에 미국민의 격렬한 반전시위에 부딪혔다.

1968년 닉슨Richard M. Nixon(1913-1994)은 베트남 전쟁의 즉각적 종결을 내걸고 대통령에 당선되었다. 그러나 전쟁을 베트남에 떠맡기려는 그의 '월남화'(Vietnamization) 정책은 오히려 충돌을 격화시켰다. 닉슨은

1969년과 1970년에 부득이 전쟁을 캄보디아에까지 확대하면서 월맹에 대한 폭격을 재개하였다.

이와 동시에 그는 소련과 중국에 대한 외교채널을 가동하여 종전협상에 나오도록 월맹에 압력을 가하였다. 국무장관 키신저Henry Kissinger(1923-)는 능란한 외교로 베트남에서 휴전을 이끌어내고 1973년 1월 영국 · 프랑스 · 소련 · 베트밍 · 민족해방전선(NFL) · 베트남 등이 참가하는 파리 협정을 체결하는데 성공하였다.

미국의 개입은 끝났지만 베트남에서의 전쟁은 끝나지 않았다. 미군이 철수한 후 베트밍(월맹)과 민족해방전선 군이 협정을 깨고 남쪽을 침공하여 남베트남을 마침내 1976년 베트남사회주의공화국이 성립하였다.

미국은 베트남 전쟁을 계기로 대외공약을 재검토하고 이른바 '닉슨 독트린'을 발표하였다. 미국은 현실주의적 외교방침에 따라 해외 미군을 감축하거나 철수시켰다. 그러나 닉슨은 '워터게이트Watergate 사건'으로 임기 중에 사임하였다.

그 뒤를 이은 포드Gerald Ford(1913-2006) 대통령은 국내 문제에서 경제적 불황에 시달리고, 대외문제에서는 새로운 고립주의의 부작용으로 난관에 직면하였다.

미국의 데탕트 정책 1960년대말 소련과 미국의 지도자들은 적대행위를 줄이고 군비경쟁을 중지하는 '데탕트détente 정책'에 합의하였다.

데탕트의 주요 목표는 미국과 소련의 타협이었다. 데탕트 정책이 초강대국 사이의 깊은 적대의식을 해소하지는 못했으나 냉전의 긴장을 완화하고 상호 협력 정신을 촉진하는 징조로 보였다. 1970년대에 닉슨 대통령과 포드 대통령 아래에서 국무장관을 지낸 키신저는 두 나라 사이의 잠재적인 충돌지역을 제거하기 위해 협상에 몰두하였다.

데탕트 시대는 초강대국 관계에 상당한 변화를 반영하였다. 그것은 초강대국의 영향력의 현저한 감퇴와 시기적으로 일치했으며 이는 양극체제가 약화되고 다극화 시대에 들어섰음을 의미하였다.

1972년과 1974년에 미국과 소련 지도자들은 상호 방문을 교환하고 건강 위생연구, 환경보호, 과학기술, 우주공간 개발 등 분야에서 협력하고 문화교류를 확대하는 협정을 체결하였다. 무엇보다도 세계적 쟁점의 하나는 핵에 의한 지속적인 위협을 제거하는 문제였다. 미 · 소 두 나라의 지도자들은 이에 대한 협상을 성공시킴으로써 데탕트 분위기는 최고조에 달하였다.

두 나라가 다같이 핵무기의 확산을 저지하고, 가능하다면 핵 보유량을 제한하려 하였다. 1969년 닉슨과 브레즈네프는 전략무기제한 회담에 합의하였

고르바초프와 레이건

다. 그리하여 1972년 미국과 소련 대표들은 전략무기제한 회담(Strategic Arms Limitations Talks: SALT)을 열었으며 닉슨은 조약에 서명하기 위해 모스크바로 갔다. 두 번째 협정(SALT Ⅱ)도 1979년에 체결했으나 당장에는 미국 의회의 인준을 받지 못하였다.

두 초강대국은 미국의 베트남 전쟁, 소련의 앙골라 개입 및 동유럽 사태 등에도 불구하고 긴장완화를 위해 협력하였다. 전략무기제한 회담은 미국과 소련이 다같이 핵공포의 문제를 인식하고 해결할 준비가 되어 있음을 나타낸 것이었다.

그러나 1980년대초 미국과 소련 사이의 데탕트 관계는 냉각되기 시작하였다. 1981년 취임한 레이건Ronald Reagan(1911-2004) 대통령은 고도의 정밀 무기를 생산하기 위한 군사예산의 증액을 밀어붙였다.

미국은 중국과 1979년 1월 국교정상화하고 1981년 중국에 무기판매를 하였다. 이를 계기로 미국과 소련 양측 협력관계에 금이 갔다. 소련이 아프가니스탄의 공산정권을 지원하기 위해 개입하자 두 나라 관계는 더욱 악화되었다. 아프가니스탄 사태로 미국 의회는 제2차 SALT 협정에 대한 인준을 거부하였고 미국 정부는 소련에 경제제재를 하였다. 이로써 데탕트 시대는 막을 내렸다.

그러나 여러 쟁점에 대한 계속적인 의견차이에도 불구하고 1987년 12월 소련 지도자 고르바초프와 레이건은 워싱턴에서 모든 단거리 및 중거리 핵미사일을 동·서 유럽의 무기고에서 제거하는 조약에 서명하였다. 미국의회는 2000년 마침내 제2차 SALT협정을 인준하였다.

1991년과 1992년의 협정 결과 미국과 러시아 및 이전의 소련에 속했던 국가들이 현저히 핵무기 저장량을 감축하기 시작했으나 20세기말에도 핵 위협은 사라지지 않았다. 이라크·파키스탄·중국·인도와 같은 국가가 핵 기술 개발을 계속하여 전지구에 걸쳐 안정과 평화를 위협하고 있는 것이다.

아프가니스탄 사태 1970년대 전반까지 중앙 아시아의 이슬람 국가인 아프가니스탄은 비동맹 운동의 한 구성원으로 비교적 평온하였다. 그러나 1978년 친소련 쿠데타가 발생하여 아프가니스탄은 돌연 외세 개입과 내전에 휘말렸다.

쿠데타로 집권한 좌익 아프가니스탄 인민민주당(PDPA)이 교육·토지·가족법 개혁 등 일련의 과격한 개혁에 착수하자 농촌지역에서 이슬람 지도자들과 민족주의 운동가들이 급격한 사회변화와 가혹한 개혁방식에 반대하고 무장봉기를 하였다.

1979년 여름 반정부군이 농촌지역 대부분을 장악하자 소련이 개입하였다. 공산주의자 카르말Barak Karmal(1929-1996) 대통령은 이슬람법과 아프가니스탄의 전통을 존중한다는 약속을 하는 한편 소련 공군과 지상군의 지원으로 반정부군 소탕에 나섰다. 반정부군 세력은 더욱 거세졌으며 저항은 전국으로 확대되었다.

1986년 이란으로 피난한 아프카니스탄 난민

9년간 최신장비를 갖춘 소련군이 아프가니스탄 반란군을 상대로 싸웠으나 굴복시키지 못하였다. 반란군에 대한 무기와 재정지원은 미국과 중국을 비롯해 사우디 아라비아 · 파키스탄 · 이란 등 이슬람 국가들로부터 왔다.

1986년 소련의 조정을 받는 카르말 대신 비밀경찰대장 나지불라Muhammad Najibullah(1947-1996)가 대통령이 되었으나 여전히 인기는 없었고 세를 돌이켜 놓지도 못하였다. 소련은 국제적 여론과 불리한 전세로 1986년 부분적으로 철수하기로 결정했으며 1988년 유엔 주선으로 정전하고 소련군은 1989년 완전 철수하였다.

그러나 민족적 · 종교적 갈등으로 빚어진 내전은 그 후에도 계속되었으며 1996년 탈레반(Taliban)이 11개월의 포위전 끝에 수도 카불Kabul을 함락시킨 후 나지불라를 처형하고 아프가니스탄이 순수한 이슬람 국가임을 선포하였다.

아프가니스탄 사태는 미국의 세계정책의 부분이 아니었으나 냉전 시대의 산물인 것만은 틀림없었다. 아프가니스탄 내전은 소련이 정부군을 지원하고 미국이 반정부군을 뒷받침함으로써 두 초강대국이 대결하는 양상을 보였다.

한편 미국은 베트남 전쟁에서 패배했으며 소련은 아프가니스탄에서 실패함으로써 양극체제는 또다른 의미에서 변화를 예고하였다.

C. 전후의 영국

전후 영국정치는 유럽 대륙의 여러 정부의 경우보다 더 큰 변화를 겪었다. 1945년 선거에서 영국민은 전시 지도자 처칠보다는 노동당을 택하여 전후 경제의 해결을 맡겼다.

1945년 선거에서 압도적 다수를 차지한 노동당의 애틀리Clement Attlee(1883-1967) 수상은 기간산업의 국유화를 추진하였다. 영국은행을 비롯해 석탄 · 운수 · 전기 · 철강 등 산업을 국유화하였다. 노동당은 또 광범한 복지정책을 제도화하여 공공주택건설 · 국민보험 · 의료보험 등을 실시하고 처칠을 비롯한 과거의 정치가들이 애착을 느끼고 있던 제국주의에서 후퇴하고 탈식민주의를 정책화하였다.

경제 부흥 영국이 전후에 당면한 경제문제 가운데 중요한 것은 120억 달러에 달하는 외국차관을 비롯해 해외투자와 보유 정화(正貨: gold reserve)의 청산, 통상고의 급격한 저하 등이었다. 더욱이 영국은 역사상 최초로 채무국의 입장이 되었다.

그럼에도 영국민은 전후 10년간 필사적인 노력을 기울여 부흥하는 데 성공하였다. 노동당 정부는 수출을 장려하고 영국 파운드화를 평가절하하였다. 많은 기업, 특히 철도 · 항공 · 석탄 · 전기 · 가스산업 등이 국유화되었다. 중과세와 소비물자의 배급제를 실시하고 국민에게 절약과 내핍을 요구하였다.

한편 국민복지도 향상되었다. 사고 · 노령 · 실업에 대한 국민보험법이 실시되고 모든 사람이 의료혜택을 무료로 받을 수 있는 '국민보건법'(National Health Service)도 도입되었다.

보수당 집권 1951년 선거에서 보수당의 처칠이 다시 집권하였다. 그러나 1955년 그가 은퇴한 후 이든Sir Anthony Eden(1897-1977)은 대부분 노동당 시대의 사회입법을 존속시켰다. 보수당 내각시대는 세계적인 호경기와 일치하여 영국의 경제도 크게 호전되었다. 1952년에는 국민의 깊은 존경을 받은 조지 6세가 서거하고 엘리자베스 2세가 즉위하였다.

1953년 영국 정부는 강철과 트럭 운수업을 민간 기업화하였다. 영국의 식량과 공업 생산량은 50%나 증가한 반면 소비는 4%만 증가했을 뿐이었다. 영국의 정화 보유고는 늘어나고 수출도 증대하였다. 1955년 수입액은 1939년의 수준에 가까워졌으나 수출액은 3분의 2나 증가하였다.

1959년 선거에서 보수당이 노동당을 누르고 승리했으나 그 후 5년간 영국의 경제와 그 밖의 정책에서는 일관된 안정성을 확보하지 못하였다. 1964년 선거에서 노동당의 윌슨Harold Wilson(1916-1995)이 집권하고 그 후로는 보수당의 히스 Edward Heath(1916-2005)와 교대로 집권하였다.

1950-60년대의 영국 경제의 호경기에도 불구하고 영국의 세계적 지위는 미국과 소련을 능가할 수 있을 정도로 회복되기는 어려웠다. 특히 1970년대의 '석유파동'은 다른 나라의 경우와 마찬가지로 영국 경제를 괴롭히는 요소가 되었다.

영국연방의 변화 제2차 세계대전이 종결되면서 영국연방의 구성국가들에도 변화가 왔다. 1947년 '자치령장관'(Secretary of State for Dominion Affairs)의 명칭이 '연방장관'(Secretary of State for Commonwealth Relations)으로 바뀌었다. 인도는 그 해 독립하고 1950년 공화국이 되었으나 계속 연방 회원국으로 남게 되었다.

그 후 인도로부터 자치국으로 분리된 파키스탄과 실론도 같은 길을 밟았다. 버마(지금의 미얀마)는 영국과의 유대를 끊고 1948년 독립된 공화국을 세웠다. 1949년 아일랜드 공화국은 영국과의 유대를 단절하고 영국연방에서 탈퇴하였다. 아프리카의 수단은 이집트와 영국의 공동통치하에 있었으나 1955년 실질적인 독립을 하였다.

1920년 이래 영국의 신탁통치를 받은 팔레스티나는 1948년 팔레스티나 공화국으로 독립하였다. 영국연방에의 가입이나 분리는 주권 독립국가의 자유였으므로 제2차 세계대전 후 영국연방의 성격은 그 이전에 비해 많이 달라진 셈이었다.

노동당의 실패 노동당은 30년간 영국정치의 정책적 계속성을 유지하다가 1979년에 실각하였다. 노동당 정권의 실각 이유는 주로 경제문제에 있었다.

노동당 집권 중 영국 기업은 근대화에 실패하고 다른 산업국가에서처럼 생산성을 높이지 못하였다. 제2차 세계대전에서 영국이 치른 대가가 컸다는 것과 함께 기업경영의 낙후, 부적절한 교육제도, 노동조합의 이기주의적 보수성, 복지와 국방에 대한 과다 지출 등이 경제 침체의 주요 이유였다.

대처

보수당 정권과 대처 1979년 보수당의 대처Margaret Thatcher(1925-2013)가 수상이 됨으로써 전환점이 왔다. 자유주의 신봉자인 대처는 영국 국내정치의 기본정책을 바꾸어 놓았다.

대처가 결단성 있는 정책을 실시한 결과는 인상적이었다. 경제는 재건되고 1980년대에 생산성이 크게 높아졌으며 실업률이 줄어들어 영국은 다시 경제적 번영을 누리게 되었다.

토니 블레어

대처는 1983년 아르헨티나가 포클랜드Falkland 제도를 공격했을 때 국민의 국가주의적 정서에 호소하여 전쟁을 승리로 이끌었다. 영국이 점유하고 있는 이 섬들에 대해서는 아르헨티나가 1세기 이상이나 그 영유권을 주장하고 있는 것이다.

1990년 대처는 세 차례 선거에서 승리하여 3차 연임했으며 이는 과거 1세기 이상 영국사에 없는 일이었다. 그러나 완고한 자본주의 신봉자이며 영국의 국가적 이익 추구로 유럽공동체(EC)뿐 아니라 국내 정치가들과 자주 의견 충돌을 빚어온 터여서 보수당 내의 심한 반대에 부딪혀 당선 후 얼마 안

되어 연말에 사임하였다. 그러나 대처의 수상 재임기간은 영국 현대사에서 커다란 전환점이었다.

47세의 메이저John Major(1943-)가 그 뒤를 이어 보수당 정권을 이끌었으나 전체적으로 두드러진 성과를 올리지 못하고 1997년 선거에서 노동당의 블레어Tony Blair(1953-)가 수상이 되었다.

D. 새로운 프랑스 공화국

제2차 세계대전은 프랑스에게 커다란 시련이었다. 1940년 프랑스는 독일에 의해 굴욕적인 패배를 당하였다. 독일이 점령하지 않은 남반부에 비쉬 정권이 페탕 영도하에 세워졌으나 그것마저 1942년 독일군에게 점령되고 말았다.

그러나 1944년 영국과 미국은 프랑스 국내 지하운동가들의 도움으로 프랑스를 해방시킬 수 있었다. 그 후 페탕은 반역죄로 종신형을 선고받았다. 수많은 프랑스인이 독일군에 협력했다는 죄목으로 합법적 재판 없이 처형되었다.

프랑스에게는 미국과 소련의 양극체제가 달갑지 않았다. 프랑스 정치가들은 유럽을 하나의 종속적인 전략거점으로 삼으려는 초강대국 지배체제로부터 프랑스를 해방시키고자 하였다. 이러한 양극체제에 대한 도전은 주로 드골에게서 왔다.

드골

제4공화국의 위기 대전 후 프랑스는 우선 국내 경제 회복에 착수해야 하였다. 해방된 프랑스의 임시정부 대통령 드골Charles de Gaulle(1890-1970)은 경제 회복을 위해 주로 행정령으로 주요산업을 국유화하고 군의 장비와 시설을 갖추었다.

가장 큰 문제는 제4공화국의 헌법을 제정하는 일이었다. 전시의 저항운동에서 많은 추종자들을 얻은 공산당은 단원제 입법부를 세워 정치를 좌우하려 하였다. 이에 드골 및 우파는 입법부를 충분히 장악할 수 있는 강력한 행정권의 수립을 요구했으나 실패하자 드골은 사임하였다.

1946년 새로 제정된 헌법에 따라 양원제 입법부를 가진 민주공화국이 선포되었다. 이것이 제4공화국이다. 내각은 의회의 책임 아래 놓이게 되었으며 의회 결의에 따라 내각 사임이 결정되었다. 그러므로 정당이 난립된 상태에서는 정국에 혼란이 오게 마련이었다.

새로운 제4공화국은 여러 모로 제3공화국과 흡사하였다. 프랑스 정치는 중도노선을 표명한 3개 정당에 의해 장악되었다. 공산당, 사회당 및 '민중공화운동' (MRP: Mouvement Republicain Populaire)을 일으킨 새 정당 그리스도교(가톨릭)사회당이 있었다.

이러한 중도파들은 민주주의 이념에 충실한 점에서는 모두 일치했으나 경제부흥에서 국가의 역할이라든지 교회와 국가의 관계와 같은 중요한 문제에 대해서는 이견을 드러내고 있었다.

이러한 전후 상황 때문에 프랑스는 1948년경까지 공산주의의 위협을 받게 되었다. 그러나 미국의 경제원조가 프랑스 경제에 활기를 불어넣었으며 프랑스 공산당은 모스크바 노선에 맹종하였기 때문에 국내에서 지지 세력을 상실하고 말았다.

이 사이에 중도파가 구성한 역대 연립내각은 단명으로 들락날락하였다. 더욱이 의회책임 내각제는 대내외로 국가정책을 수행하는 데 비효율적임이 입증되었다. 경제문제는 탈세와 비경제적인 산업지원 등으로 난관에 봉착하고 해외식민지를 확보하려는 보수파의 고집으로 인도-차이나와 북아프리카에서 장기전을 치렀으며 그 희생이 컸다.

1954년 중도 좌파 망데스-프랑스Pierre Mendes-France(1907-1985) 수상은 연립정부의 약점에도 불구하고 힘껏 정치력을 발휘하였다. 그는 대내적으로 정치개혁과 사회적 근대화 계획에 착수하는 한편 대외적으로 인도차이나 문제를 해결하였다.

그러나 그는 정파간의 이견(異見)으로 국내 개혁을 구체화시키지 못했으며 중산층과 농민의 반대운동에 직면하여 끝내 실각하였다. 직후의 1956년 선거에서는 드골파와 공산당이 승리하였다.

식민지 봉기 프랑스는 아시아와 아프리카 식민지에 대해 영국의 예를 본따 연방제를 채택하였다. 북아프리카의 모로코와 튀니지 및 동남 아시아의 캄보디아 · 라오스 · 베트남 등에는 프랑스연방의 조합국가와 같은 지위가 부여되었다. 그러나 이러한 국가들의 민족주의적 감정은 쉽사리 가라앉지 않고 독립에 대한 욕구는 더욱 증대하였다.

인도-차이나의 공산세력은 7년간의 장기적인 저항 끝에 프랑스군을 물리쳤다. 북부 베트남은 프랑스 통치로부터 분리되었다. 튀니지와 모로코의 격렬한 민족주의적 운동은 자치제를 부여하는 것 이외의 방법으로는 진정될 수 없었다. 그러므로 1955년과 1956년에 각각 자치가 허용되었다.

알제리 반란 프랑스에게 가장 큰 타격을 준 것은 약 1세기 동안 프랑스 국토의 중요한 부분인 알제리Algeria에서 일어난 반(反)프랑스 봉기였다. 1954-1958년 알제리 문제는 다른 어떤 쟁점보다 프랑스 정부의 존립을 좌우하였다.

1830년 식민지가 된 이래로 알제리에는 프랑스 이민 상당수가 3대에 걸쳐

알제리 국경에서 테러리스트를 수색하는 프랑스 군인들 (1957. 1)

거주하고 있었다. 알제리 문제가 프랑스 정부를 더욱 궁지로 몰아넣은 것은 알제리 내의 일부 프랑스군의 반란이었다.

1945년 이래 아프리카와 아시아에서 식민지 봉기를 진압해 온 알제리 주둔 프랑스군 장교들은 자치나 독립을 알제리에 허용하려는 정부시책을 반역이라고 통렬히 비난하였다. 이에 1958년 5월 프랑스 우파 민간인과 군장교들은 알제리를 정치적으로 장악하였다.

결과적으로 반란군은 드골에게 집권의 길을 터준 셈이었다. 알제리 주둔 장교들의 도전에 직면하여 프랑스 국민의회의 대부분이 알제리 반란군 진압을 드골에게 기대하고 있었기 때문이다. 이로 인해 드골이 집권하게 되고 제4공화국은 종지부를 찍었다.

드골은 대통령의 비상대권을 부여하는 헌법개정을 요구하였다. 그의 알제리 정책은 애매한 것이었으나 군 · 중도파 · 우파 모두가 받아들였다. 1958년 9월 신헌법은 국민투표에 의해 압도적으로 승인되었다. 헌법은 그에게 의회 해산권을 보장하였다.

제5공화국과 그 이후 1958년 새 헌법이 채택되고 드골의 강력한 영도 아래 제5공화국이 출범하였다. 1958년 11월 간접선거에 의해 드골은 임기 7년 대통령으로 선출되었으며 드골파는 의회 최대 다수당이 되었다. 공산당은 상대적으로 극소화되었다.

드골은 알제리 문제에 신중하게 접근하였다. 반란 지도자들의 세력을 조용하게 약화 분산시켰다. 그러나 그의 알제리 민족자결안은 분명하게 드러났다. 1961년 1월 실시된 국민투표에서 4분의 3이라는 다수지지에 따라 알제리의 독립안이 승인되었다.

그러나 이 안은 알제리 내 소수파인 프랑스인(colons)과 군장교들의 기대에 어긋나는 것이었다. 고립된 프랑스 장교들은 대부분 비밀 조직을 통해 1년 반 동안 프랑스와 알제리에서 테러 행위를 자행하였다.

드골은 반란군 장교들에 대해 전쟁을 선포하였다. 1962년말까지 반란군 장교들이 진압되고 알제리는 독립국가가 되었다. 이와 동시에 프랑스 역시 정치적 안정을 회복하였다.

드골의 정치는 사회적 안정과 함께 경제적 재건을 이룩하는 것이었다. 그의 영도 하에 프랑스 경제는 상당한 진전을 보여 1963년까지 국민소득이 25% 증가하였다. 드골은 고율 관세를 강화하고 제대군인의 연금제를 폐지하며 프랑 화(貨)를 평가절하하였다.

그러나 국방비나 핵무기 개발비는 절감하지 않았다. 농업은 현대화되고 교육·원자력·항공 분야에서 독보적인 발전을 하였다. 드골은 비록 그의 막강한 권한 때문에 전통적 민주주의에서 이탈하는 수가 많았으나 프랑스 정치에 안정을 가져온 것은 사실이었다.

드골의 프랑스 드골은 전통적인 유럽의 통합적 세력권을 유지하여 미국과 소련의 양대 세력의 중간역을 담당하려 하였다. 영국이 유럽보다는 미국과 긴밀한 유대를 견지하려는데 반해 프랑스는 독자노선을 추구하였다. 1963년 미국이 승인하지 않은 가운데 프랑스 정부는 소련·영국·미국이 체결한 '부분 핵실험금지 조약'을 거부하였다.

1964년 프랑스는 사하라 사막에서 원자폭탄 실험을 하고 세계의 네 번째 핵 보유국으로 적극적인 핵 보유정책을 추진하였다. 드골 정부는 미국이 지배하는 나토와 일정한 거리를 두었다. 1965년 재선된 드골은 미국의 정책에 반발하여 다음해 북대서양조약기구로부터 탈퇴했을 뿐 아니라 프랑스에 주둔하고 있는 나토군 철수를 요구하였다.

프랑스는 동유럽과의 관계 개선을 강화하고 개발도상국가에 대한 원조를 늘렸다. 1964년 1월 중공을 승인한 드골은 미국의 세력권에서 벗어나 공산권과 접근하였다. 이어 1966년 6월 소련을 방문하여 동·서 유럽을 화해시키고 프랑스-소련의 공동선언을 발표하였다.

그는 핵무기의 강화, 부분적인 핵 금지조약에의 불참, 주네브 18개국 군축 위원회 불참 등 독자적인 대외정책을 고수하였다. 유럽 정책에서도 서독 및 폴란드와의 관계를 긴밀하게 유지하려고 하였다. 1969년 드골이 정권에서 물러났을 때 프랑스와 유럽을 위한 드골의 원대한 꿈은 모두 사라졌으나 그의 비전은 다른 모습으로 남게 되었다.

1969년 퐁피두Georges Jean Pompidou(1911-1974)는 드골이 세워놓은 대내외 기본노선을 대체로 계승하긴 했으나 대외적인 면에서는 상당히 완화된 정책을 취하였다. 그러나 그가 미국정책으로부터의 독자성을 주장한 것은 특히 좌익 세력으로부터 호응을 받았다.

1981년 각국에서 온 약 1백만이 서독의 수도 본에 모여 유럽의 핵무기로부터의 해방을 요구하는 시위를 하였다.

E. 이탈리아와 이베리아 반도

이탈리아는 1946년 파시즘으로 오염된 군주제를 바꾸는 선거에서 54%의 지지를 얻어 공화국이 되었다. 그리스도교민주당은 최대정당이었으나 공산당에 대항하기 위해 연립정부를 구성하였다.

1945-1953년 그리스도교민주당 데 가스페리Alcide De Gasperi(1881-1954)가 수상으로 재임하였다. 그는 제2차 세계대전 중 파시스트에 반대입장을 취했기 때문에 두 번 투옥되었으며 대전 중 비밀리에 그리스도교민주당을 조직하고 당수가 되었다.

한편 같은 라틴계 문화권에 속하는 이베리아 반도의 포르투갈과 스페인에서는 1980년에 독재정권이 결정적으로 붕괴되었다.

그리스도교민주당 1946년 공화정이 수립된 이래 이탈리아 정치를 지배해 온 그리스도교민주당은 군소 정당과의 비밀 협상과 밀실 교섭으로 정치를 운영하였다. 그러므로 오랫동안 이탈리아 정치에서 사회주의자들과 공산주의자들은 제외되었다.

그리스도교민주당은 1948년의 중대한 선거에서 미국의 압력 덕분에 승리하여 온건한 개혁 프로그램을 추진하기 시작하였다. 남이탈리아 경제를 활성화하고 동시에 북이탈리아 산업을 촉진시켰다. 이탈리아 정치가들은 파시스트가 전복한 의회 민주주의의 전통을 과감히 회복하여 약 50년간 유지하였다.

아탈리아 경제는 번영의 길에 들어섰고 유럽 국가 중 최장기의 경제성장을 달성하였다. 그러므로 그리스도교민주당의 독주가 허용되었다. 1963년이 되어서야 사회주의자들이 비로소 정치에 참여할 수 있게 되었다.

사회당 정치적 불안정이 커짐에 따라 공산당 세력 또한 증대되었다. 지방선거에서 공산당은 북쪽에서, 특히 대도시에서 승리를 거두었다. 공산당은 사회·정치적 개혁을 위해 그리스도교민주당과의 공동지배를 주장하였다.

1983년 크락시Bettino Craxi(1934-2000)는 이탈리아 최초의 사회주의 정부 수상이 되었다. 크락시는 공산당과의 타협을 거부하고 독자노선을 강하게 주장하였다. 그는 정치개혁보다 경제 안정에 더 역점을 두었다.

유럽공산주의 제2차 세계대전 후 이탈리아 정치는 강력한 공산당의 존재에 의해 형성되었다. 공산당은 선거에서 3분의 1정도의 득표를 했으며 1980년대에는 소련 다음으로 유럽 최대 공산당이 되었다. 그러나 지지폭을 넓힐 필요를 느낀 이탈리아 공산당은 가장 먼저 대중에 접근하기 위한 혁신을 시도하였다. 여러 출판물을 통해 여성 · 학생 · 지식인 · 노동자들에게 호소하고 산업 전시회, 록 음악회, 강연 등도 개최하였다.

유럽의 공산당 중에는 소련 정책에 추종하지 않고 독자노선을 주장하는 경우가 많았다. 예컨대 1968년 체코슬로바키아에 대한 공산군 침공 때 프랑스 공산당과 함께 이탈리아 공산당은 이에 반대하였다. 이탈리아 공산당은 심지어 나토를 수용하였다.

대안이 바로 '유럽공산주의'(Eurocommunisim)였다. 이탈리아 공산당(PCI)은 유럽공산주의의 원조(元祖)로 민권 · 다당제 · 자유선거 등을 표방하였다. 이탈리아 공산당이 선거에서 성공을 거두자 다른 나라의 공산당 역시 이러한 전략을 따랐다.

전통적으로 가장 완고한 스페인 공산당(PCE)도 유럽공산주의를 추종하였다. 포르투갈과 핀란드를 제외하고 스웨덴 · 덴마크 · 벨기에 · 그리스 · 네덜란드 · 서독 · 영국 공산당 및 일본 · 멕시코 · 오스트레일리아의 공산당 등이 유럽공산주의의 영향을 받았다.

그럼에도 이탈리아 공산당 역시 1989년 공산주의 몰락으로 큰 영향을 받

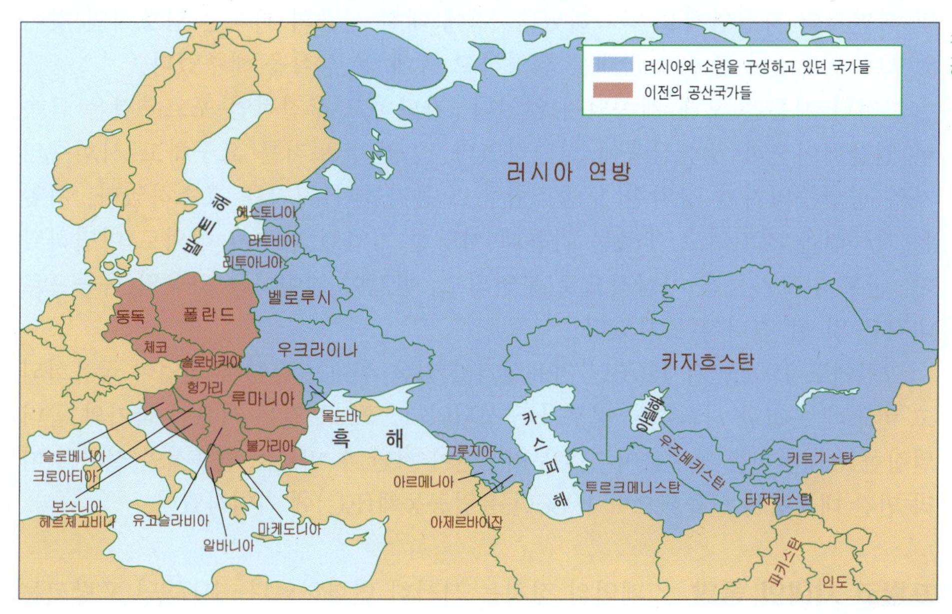

소련의 붕괴와 유럽 공산주의

았다. 공산당은 온건노선으로 선회했으며 사회당으로 그 명칭을 바꾸었다. 그리스도교민주당도 부정부패의 비난을 받아 역시 존재 이유를 상실하였다.

그러므로 1989년 이후 이탈리아에서는 대체로 새로운 정당과 정치 신인들이 정계에 진출하였다. 정치불신과 선거법 개정으로 정치제도에 대한 구조조정의 길이 열렸다. 1991년 보시Umberto Bossi(1941-)가 이끄는 새로운 정당 '북방연맹'(Lega Nord: LN)이 경제적으로 번영한 북쪽 이탈리아에서 세력기반을 확보하여 이민, 정부 부패, 높은 세금 등에 관한 정책을 제시하여 정치적 영향력을 행사하였다.

포르투갈의 독재 포르투갈과 스페인은 1930년대 이래 독재자들이 지배해 왔다. 스페인의 프랑코 독재와 같은 기간 포르투갈에서는 살라사르António de Oliveira Salazar(1889-1970)가 약간 부드럽긴 하지만 1932년부터 1968년에 이르기까지 30년 이상 독재체제를 구축하고 있었다.

그는 공공금융을 재편성하고 어느 정도 근대화를 달성하였다. 그러나 교육이나 생활수준이 거의 정지상태였으며 정치적 자유는 제한되었다. 이 체제는 1968년 살라사르가 무력화된 후에도 계속되었다.

당시 국내에서는 살라사르에 대한 반대가 그다지 강하지 않았으나 포르투갈령 기니, 앙골라, 모잠비크 등에서는 항의가 잇따랐다. 이 지역에서는 포르투갈이 무력에 의존하여 식민지배를 잔학하게 강행하였다. 이러한 포르투갈의 잔학상에 대해 유엔을 비롯 아프리카 여러 나라와 대부분의 유럽 국가들이 비난하였다.

1974년 4월 돌연 일단의 군장교들이 궐기하여 완전한 자유와 민권 보장 및 식민지의 자결원칙을 약속하였다. 이에 대한 군중의 지지는 압도적인 것이었으며 거리에서 춤추고 군대를 환영하고 총에 꽃 장식을 해주었다.

그러나 기쁨은 오래 계속되지 않았다. 가난하고 후진적인 포르투갈은 급속한 인플레이션과 생산감축에 직면하였다. 농민이 토지를 요구하고 사회주의자와 공산주의자가 장악한 노동조합은 노동자들의 지지를 호소하였다. 기업은 기득권을 지키려고 애쓰는 가운데 저명한 기업인 다수가 해외로 이민하였다. 군부 지도자들은 이념적으로 분열되고, 번갈아 일어나는 좌우익 폭동으로 내각은 몇 달 견디지 못하였다.

그럼에도 1975년과 1976년 자유선거가 있은 후에는 은행과 산업이 국유화되고 비교적 온건한 사회주의 정부가 구성되었다. 포르투갈은 서유럽 국가와 좀더 밀접한 유대관계를 구축하여 그로부터 6년이 지난 후 비로소 민주적인 절차에 따라 민간 대통령을 선출했으며 1986년 유럽공동체(EC)에 가입하였다.

프랑코 시대의 종말 스페인의 정치는 서서히 변화하였다. 1973년 프랑코는 오랜 독재정치에서 물러났으나 능란하게 배후에서 조정하여 2년 후 죽을 때까지 정계를 좌우하였다.

1969년 프랑코는 스페인의 마지막 왕의 손자 카를로스Juan Carlos (1938-)에게 왕위를 계승할 것을 요청하였다. 이로써 스페인은 왕정으로 복고하였다. 카를로스는 민주주의로 기울어졌고 예상보다는 유능하였다. 언론자유는 보장되었으나 혼란은 야기되지 않았다. 1978년 새로운 헌법이 국민투표에 의해 승인되었다. 군부에 의한 정치적인 불안요소가 있었고 실제로 군부 쿠데타가 있었으나 진압되고 말았다. 지방에도 자치권이 부여되었으며 지역 분리주의 요구도 수그러들었다. 정치적 안정과 함께 국력 부흥의 조짐이 나타났다.

1970년대와 1980년대에 정체된 경제는 다시 활발히 성장하였다. 대중적인 사회주의자 곤살레스Felipe Gonzales(1942-) 수상의 유능한 지도력이 발휘되었다. 그는 스페인의 나토 가입과 유럽공동체(EC) 동참을 결정하였다. 이로써 과거 반세기간 스페인의 고립은 끝났다. 서방세계의 자본주의적인 복지정책은 또한 스페인의 국가적 목표가 되었다.

5. 양극체제의 종말

세계사적 관점에서 보면 제2차 세계대전 종결 이래 가장 커다란 변화는 식민주의의 붕괴와 냉전 구도하의 정치질서이다. 이로써 유럽의 전통적인 특권이 상실되고 유럽주의의 시대는 끝났다. 탈식민화는 르네상스 이래 유럽의 우월주의에 종지부를 찍었으며 냉전은 초강대국인 미국과 소련의 영향하에 세계질서를 양분하였다.

미국과 소련으로 양분된 세계패권은 안과 밖에서 도전이 왔다. 특히 유럽 주요국가는 자국의 독자적 이익을 추구하면서도 양극체제에서 오는 국제적 긴장을 완화시키는 중간역할을 하려고 노력하였다. 특히 스칸디나비아 국가들은 유엔에서 비동맹국가들과 우호관계를 유지하며 초강대국간의 중재자 역할을 자처하였다. 그렇지만 이러한 유럽의 역할에는 분명한 한계가 있었다. 지난날의 영광은 다시 돌아오지 않았다.

1980년대말 세계정치의 지각변동이 일어나 냉전이라는 국제정치 구도에 근본적 변화가 왔다. 1989년 베를린 장벽이 붕괴되면서 독일이 통일되고 1991년 소련을 비롯한 공산권이 붕괴함으로써 양극체제에 종말이 왔다.

정보통신과 인터넷에 의한 과학 기술 변화와 함께 미국은 전세계의 정치, 경제, 과학기술을 거의 장악하는 미국의 패권시대가 도래하였다. 미국의 패권이 언제까지 지속될 것인가는 미지수로 남아 있는 채 세계는 새로운 시대로 접어들었다.

A. 소련의 붕괴

소련의 체제붕괴는 완만하고 오랜 과정의 결과였다. 제2차 세계대전 이후 특히 1960년대 이후 소련은 스탈린주의의 경직성을 탈피하면서 정통적(正統的)인 공산주의 이념과 실천에서 점차 벗어나기 시작하였다. 1956년 이래로 중국 공산주의자들이 소련을 비난한 것도 바로 이 점을 인식하고 있었기 때문이었다.

전후 소련의 가장 주목할 만한 업적은 급속한 경제성장이었다. 1960년대까지 소련 경제는 미국에 이어 세계 2위의 생산을 자랑하였다. 1961년 소련은 유인(有人) 인공위성을 성공적으로 발사했으며 세계 최대의 철강과 석유 생산국이 되었다.

중공업 발달에 고무된 소련은 소비재 생산과 주택건설에 주력할 것임을 선언하였다. 흐루시초프Nikita Khrushchov(1894-1971)는 탈(脫)스탈린주의 운동과 함께 이러한 분야의 개발 정책이 소련정치의 새로운 발전 가능성을 열어 놓을 것이라고 장담하였다.

그러나 실제로 그다지 큰 성공을 거두지는 못하였다. 농업생산 증가를 계획한 흐루시초프 안은 실패로 돌아가고 소비재 생산과 중공업 중 어느 쪽으로 투자할 것인가의 문제는 고위 관료 간의 오랜 쟁점이 되었다.

크렘린 지도층은 동유럽의 불안 증대 및 중국과의 불화를 우려하였다. 특히 중국은 1956년 이래 꾸준히 소련의 국제정책을 공산주의에 대한 배반이라 비난하였다.

정권 강화 과정에서 흐루시초프는 군부와 대립하였다. 군부는 정치국(Politburo)과 중앙위원회에 흐루시초프의 반대자들을 배치했으며 마침내 1964년 흐루시초프를 퇴임케 하는 데 성공하였다. 흐루시초프는 조용히 은퇴했으며 질서정연한 지도자 교체가 이루어졌다.

브레즈네프의 반동 흐루시초프를 계승한 브레즈네프Leonid Llyhich Brezhnev(1906-1982)는 강경한 당료(黨僚)로서 정권 장악을 확고히 할 뿐, 별다른 정책 제시를 하지는 못하였다.

브레즈네프는 1968년 이른바 '브레즈네프 독트린'을 선언하였다. 이에 따르면 한 나라의 사회주의에 대한 위협은 모든 사회주의 국가에 대한 위협으로 간주한다는 것이었다. 사회주의 국가가 반 사회주의적인 내적 · 외적 적대 요소에 의해 위협을 받는 경우 소련은 이에 대한 침공 권한을 행사한다는 것이었다.

이 방침에 따라 브레즈네프는 체코슬로바키아의 개혁운동을 파괴하기 위해 침공하였다. 그는 동유럽 위성국에 대한 소련 지배를 다시 확립함과 동시에 코메콘 국가들의 경제적 유대를 강화하였다.

농업 위기로 1972년과 1975년 미국산 곡물을 사들이거나 이탈리아와 프랑스로부터 산업기술을 도입한 것 등은 변화에 적응하지 못하는 소련의 제도적 실패를 알려주는 징조였다.

국내정치에서의 유대인 탄압정책이 국제적 여론을 악화시켰다. 파스테르나크Boris Pasternak(1890-1960)의 소설 『의사 지바고』(1958)는 소련정부의 탄압상을 폭로한 것이었다. 그는 1958년 노벨 문학상 수상자로 선정되었으나 소련 당국은 그의 수상식 참석을 허용하지 않았다.

1970년 솔제니친Aleksandr Solzhenitsyn(1918-2008)의 경우는 더욱 커다란 국제적 파문을 일으켰다. 그도 역시 『수용소 군도』로 노벨 문학상을 받게 되었으나 수상식에는 참석하지 못하였다. 이 소설은 소련 수용소의 참상을 묘사한 것이다. 4년 후 솔제니친은 추방되었으며 해외의 많은 소련 과학자와 작가들은 소련을 비판하는 목소리를 한껏 높였다.

고르바초프의 개방정책 1982년 브레즈네프가 죽은 후 후계자들은 대개 노령이거나 병약하여 집권 후 곧 사망하였다. 그러므로 1985년 고르바초프Mikhail Gorbachev(1931-)가 공산당 서기장으로 임명되었을 때 그는 국내외의 기대를 모았다.

54세의 고르바초프는 스탈린 이후 소련 지도자로서는 최연소 인물이었다. 그는 소련 체제의 비효율이나 노동자층의 소외감 등을 지적하는 대담한 발언을 서슴지 않았다. 또 소비재에 대한 국민의 욕구를 충족시키고 미국과의 군비경쟁을 유지하기 위해서는 과감한 개혁이 필요함을 인식하였다. 당시 미국 대통령 레이건은 신무기 개발을 위해 막대한 예산을 쏟아붓고 있었다.

레닌 동상 앞의 고르바초프

한편 동·서간의 농업과 산업 생산은 점차 그 격차가 더 벌어지고 초기의 중공업 분야의 성과도 신기술 개발을 하지 않는 한, 비경제적인 것으로 전락할 위기에 있었다. 고르바초프는 정책결정과정을 분권화하고 공산당의 역할을 줄이는 방향으로 문제 접근을 하였다. 그의 정책은 정치와 경제의 구조조정을 목표로 한 '페레스트로이카' perestroika와 개방주의를 표방한 '글라스노스트' glasnost로 요약되었다.

대담한 그의 대외정책은 국제적인 명성을 얻었다. 그는 핵전쟁의 위험을 강조하고 1986년 레이건 대통령과의 미·소 정상회담에서 매우 과감한 핵무기 감축계획을 제안하고 아프가니스탄 전쟁을 종식시키려 하였다.

소련군은 1979년 아프가니스탄 공산당 정부가 반란군과 장기간의 게릴라

레이건과 함께 한 고르바초프: 고르바초프는 모국인 소련에서보다 서방에서 인기가 더 높았다.

전을 하고 있을 때부터 파견되어 반란군과 싸우고 있었고, 반란군은 미국의 지원을 받고 있었다. 아프가니스탄 전쟁은 소련의 인력 · 물자 · 사기에 큰 타격을 입혔으므로 1987년 고르바초프는 소련군의 단계적인 철수에 착수하였다.

고르바초프는 글라스노스트 원칙을 동유럽에 적용하였다. 그는 동유럽 국가에도 구조조정이 필요한다고 인식하였다. 그런데 글라스노스트를 적용한 일부 동유럽 국가는 한 걸음 더 나아가 소련군의 철수를 요구하거나 공산당 체제 자체를 바꾸려 하였다.

1989년 독일민주공화국(동독)의 건국 40주년 기념식에 참석했을 때 고르바초프는 이미 소련사회의 구조조정과 냉전으로부터의 일방적인 후퇴에 관해 자신의 입장을 분명히 하고 있었다. 그는 공개석상에서 브레즈네프 독트린이 더 이상 효력이 없음을 선언하고 각국은 스스로의 운명에 책임을 져야 한다고 주장하였다.

고르바초프가 시작한 페레스트로이카와 글라스노스트는 점차 소련 사회의 성격을 바꾸어 갔을 뿐 아니라 동유럽 위성국가의 정치 · 사회적 구조에 근본적 변화를 초래하였다.

새로운 소련의 정책방향은 폴란드 · 불가리아 · 헝가리 · 체코슬로바키아 · 루마니아 · 동독의 체제를 차례로 붕괴 또는 전복시키는 도미노 효과를 가져왔다. 고르바초프가 시작한 정책은 결국 1990년대초 역사적 지각변동의 시작을 알리는 것이었다.

소련의 민족주의 운동 소련도 정치적 위기에 처했는데 그것은 민족운동 때문이었다. 소련을 구성하고 있는 각 공화국에서 1988년 민족독립을 위한 시위와 무력충돌이 광범하게 일어났다. 동쪽 변경의 그루지야Georgia, 몰다비아

Moldavia, 우크라이나Ukraina 및 라트비아Latvia · 리투아니아Lithuania · 에스토니아Estonia 등 발트 3국 그리고 남쪽의 아제르바이잔Azerbaijan, 아르메니아Armenia 등에서 민족자결운동이 격화되었다.

제1차 세계대전말에 창설된 발트 3국은 제2차 세계대전말 독립을 상실하고 소련의 일부로 편입되었다. 시위운동은 독립정신에 불을 다시 지폈으며 소련의 앞잡이 노릇을 하던 대의기관이 이제는 독립국 의회처럼 새 법과 헌법을 제정하였다. 고르바초프는 일반적인 약속을 했으나 최종적 지위에 관해서는 결정을 유보하였다.

남쪽에 위치한 공화국, 예컨대 아제르바이잔과 아르메니아 간에는 본격적인 전쟁이 벌어졌다. 아제르인과 아르메니아인의 수세기에 걸친 민족 · 종교 · 사회 · 정치 · 경제 등의 차이 때문이었다. 그것은 오랜 민족적 반목, 아제르바이잔의 이슬람 쉬아파와 아르메니아의 그리스도 정교 간의 종교적 대립, 부유하고 교육을 많이 받은 아르메니아인과 빈곤한 아제르인 사이의 사회적 격차로 인한 결과였다. 또 소련 내 러시아 공화국이 이 지역을 자신의 영토라 주장한 데서 오는 정치적 요인과 아제르바이잔의 석유산업 쇠퇴와 같은 경제적 요인도 작용하였다. 소련은 전쟁을 중지시키려 했으나 연방정부로서의 주권을 행사하지는 않았다.

소련은 다민족 집단으로 구성되어 있었으며 그 중에서도 러시아 공화국이 가장 큰 공화국으로서 오랫동안 특권적 지위를 누려왔다. 그러므로 러시아 민족주의자들은 문화 · 질서 · 인종 등의 공통성에 호소하여 분리하려는 공화국들을 회유하고자 하였다. 이에 반해 소련이라는 거대한 국가를 묶어놓았던 이데올로기 · 제도 · 관습은 민족자결주의 앞에서 힘을 쓰지 못하였다. 1991년 소련이 붕괴되고 각 민족이 소련으로부터 탈퇴하여 독립국가가 되었다.

고르바초프에 대한 반대 서유럽과 미국에서 영웅시된 고르바초프는 소련국내에서는 인기가 없었다. 시장경제를 창출하려는 고르바초프의 노력은 실패하였다. 새로운 가격구조는 인플레이션 · 불확실성 · 독과점의 원인이 되었다. 많은 공산당원과 군부는 권위 실추와 소련의 국제적 지위 약화에 불만을 터뜨렸다.

고르바초프는 정치적 기반을 강화하기 위해 전국인민대표자회의를 소집하였다. 1989년 소집된 이 회의에서 고르바초프는 소련 대통령으로 선출되었다. 또 공산당의 우월성을 규정한 헌법이 개정되었다.

토론은 전에 없이 공개적으로 활발하게 이루어졌다. 회의 참석자들은 권력남용을 공격하고 국가안보위원회(KGB)를 비난했으며 민족주의적 요구사항에 대한 건의도 하였다.

솔제니친 역시 소련 사회에 서방세계의 퇴폐문화가 유입되는 것을 경고하였다. 군부의 위협과 매스 미디어의 비판을 받은 고르바초프는 곤경에 처했다. 그의 반대자 중에는 모스크바 지역 공산당 책임자 옐친Boris N. Yeltsin(1931-

2007)이 두드러졌다. 솔직한 말솜씨로 옐친은 쉽사리 대중에게 접근했고 고르바초프와 달리 대중의 인기를 얻는 데 성공하였다.

1991년의 쿠데타 1991년의 선거에서 옐친은 소련 내 공화국들 중 최대 공화국인 러시아 공화국 대통령으로 선출되었다. 1991년 8월 고르바초프가 크리미아에 휴양간 사이 정부 내의 강경파 · 군부 · 국가안보위원회(KGB) 등이 쿠데타를 일으켰다. 탱크가 거리를 메우고 쿠데타 주도자들이 고르바초프의 사임을 요구하였다. 그러나 대안이 제시되지는 않았다. 옐친은 확고부동한 태도로 쿠데타에 반대하고 여론의 강력한 지지를 받았다. 군중은 군대에게 행동자제를 요청했고 시베리아의 광산 노동자들은 파업에 돌입하였다. 시위는 도시마다 이어졌고 일부 군장교들은 옐친 지지를 표명하였다.

수일 내에 쿠데타 주도자들은 투옥되고 고르바초프는 모스크바에 복귀하였다. 이제 그는 옐친의 그늘에 가려진 존재가 되었다. 군중이 전국적으로 마르크스나 레닌 동상을 파괴하였다. 지역 공산당 사무실이 폐쇄되고 고르바초프를 지지해 주는 정당도 없어졌다.

고르바초프는 1991년 공화국 대표자 회의를 소집했으나 15개 공화국 중 단지 8개국 대표만이 참석했을 뿐이었다. 그리고 10월 러시아 · 우크라이나 · 벨로루시 · 카자흐스탄 등 공화국들은 소련이 더 이상 존재치 않는다고 선언하였다. 고르바초프는 사임하지 않을 수 없게 되었다. 이로써 소련은 붕괴되었으며 그 대신 공화국들의 집합체인 러시아 연방이 성립하였다.

옐친

옐친 시대 소련은 더 이상 존재하지 않게 되었고 1991년 7월 옐친이 새로운 러시아 연방 초대 대통령이 되었다. 러시아 연방에서 자유시장경제로의 전환은 쉽지 않았으며 부작용이 심했다. 실업률이 급증하고 루블화의 가치는 급격히 떨어졌다. 생산은 수년 전에 비해 절반에도 미치지 못하였다. 통제가 풀리면서 범죄율이 높아지고 암시장이 정상적인 경제활동을 저해하였다.

정치적인 난관도 이어졌다. 1991년의 선거를 통해 구성된 러시아 연방 인민대표자회의에서는 공산주의자 · 민족주의자 · 군부 · 지역운동가 등 옐친의 반대자들이 수적으로 우세하였다. 옐친은 이들과 때로는 타협하고 때로는 이들을 무시하였다.

의회의 저항이 커지는 가운데 1993년 봄 대통령 선거에서 옐친은 승리하였다. 그리고 몇 달 후 그가 의회를 해산하려고 했을 때 고층건물에 갇힌 수백 명의 의원은 무기를 모으고 대중과 군의 지지를 호소하였다. 군이 침묵을 지켰고 옐친의 반대자들은 의회 밖에 집회하였다. 옐친 정권의 퇴진을 요구하는 소리가 커지자 의회 내에서 돌연 총탄이 발사되었다. 이에 맞서 군이 포격을 가하고 의회 건물을 파괴하였다. 1917년 혁명 때보다 더 많은 희생자가 생겼다.

옐친은 정권을 유지했으나 러시아 경제와 국제적 지위를 향상시키지 못하였다. 그는 다년간 음주와 심장병으로 시달려 병약해졌다. 마침내 수뢰 혐의를 받아 형사소추 가능성이 높아지자 1999년 12월말 러시아군이 체첸 수도 그로즈니 함락을 목표로 진격하고 있는 가운데 돌연 사임하였다. 대통령 임기를 6개월 남기고서였다.

푸틴의 등장 옐친 사임 후 47세의 푸틴Vladimir Putin(1952-) 수상이 대통령 권한 대행으로 직무를 맡았다.

레닌그라드(지금의 상트 페체르부르크)에서 태어난 푸틴은 1975년 레닌그라드 국립대학 법과를 졸업하고 국가안보위원회(KGB) 후신인 연방안보국(FSB) 요원을 거쳐 페체르부르크 부시장을 지낸 인물이었다.

대통령권한대행으로서 푸틴은 대통령 선거 실시일을 공고했으며 2000년 3월 26일 실시된 선거에서 과반수를 넘은 지지를 받아 대통령으로 당선되었다. 젊은 푸틴의 등장은 러시아 현대사에서 매우 이례적인 것이다. 그의 정치적 부상(浮上)은 1980년대 후반부터 일어난 러시아 사회의 지각변동이 가져온 결과였다.

푸틴

B. 동유럽 혁명

브레즈네프 시대의 공산권 유대강화 정책에도 불구하고 동유럽은 무역과 차관이 절실했으며 서방세계에 기대를 걸었다. 여러 개혁적 시도들이 행해졌음에도 1980년대까지는 소련의 확고한 위치를 인정하지 않을 수 없었다. 다른 한편 동유럽에서는 변화를 요구하는 일반대중의 목소리가 점차 커져 무시하기 어렵게 되었다.

개방과 개혁을 표방한 고르바초프 시대가 도래하기 훨씬 전 1960년대 중반에 루마니아의 차우셰스쿠Nicolae Ceauşescu(1918-1989)는 산업화정책과 독자적인 외교정책을 추진하여 서방의 환영을 받았다. 1965년 루마니아 공산당 중앙위원회 위원장, 1967년 루마니아 대통령이 된 그는 소련권 내에서 독자적 노선을 추구하려 하였다.

공산국가 중 제2의 산업국가인 동독은 서독과의 관계에서 우호와 적대를 거듭하였다. 동독은 1970년대초 국내에서 몇 차례 폭동이 일어났다. 서방과의 문화적 유대를 유지하고 있던 폴란드 · 헝가리 · 체코슬로바키아에서는 변화에 대한 압력이 거세졌다. 특히 헝가리와 폴란드에서는 가톨릭 교회가 불안정에 대한 배출구의 역할을 하였다.

마침내 1970년대말부터 수년에 걸쳐 동유럽 국가들은 통제와 탄압을 완화하였다. 그리하여 일반대중의 개혁에 대한 요구와 자유에 대한 갈망은 드디어 폭발하였다.

폴란드 혁명 소련 위성국 중에서 매우 특이한 존재인 폴란드에서 1976년 폭동이 일어났다. 그리고 4년 후 폴란드 전역의 총파업은 더욱 큰 충격을 가했으며 결국 '솔리다리티' 운동으로 진전하였다. 그것은 독립적 노동운동과 민주주의 운동이 결합한 산물이었다.

이 운동의 지도자 바웬사Lech Walesa(1943-)는 전공(電工) 출신으로 다년간 노동조합 조직에 헌신한 인물이었다. 그는 1980년 솔리다리티 운동을 이끌면서 소련권에서는 전례가 없는 공산당 정부의 양보를 얻어내 국민적 영웅이 되었다.

가톨릭 교회의 지지로 점차 강해진 솔리다리티 운동은 정치적 변화를 촉진하였다. 폴란드 공산당의 새 당수인 야루젤스키Wojciech Jaruzelski(1923-) 장군은 계엄령을 선포하고 솔리다리티 운동을 탄압하였다. 다른 동유럽 정부와 마찬가지로 폴란드 정부는 점증하는 일반대중의 반감을 오직 힘으로만 진압하려고 하였다.

한편 1988년 유엔에서 고르바초프는 소련 동맹국들이 독자적 노선을 취하도록 허용하겠다고 연설하였다. 계엄령에도 불구하고 솔리다리티는 지하 운동을 계속하였다. 1989년 폴란드 출신 교황 요한 바오로 2세John Paul II (Karol Jozef Wojtyla, 1920-2005)의 방문을 계기로 시위는 더욱 빈번하고 격렬해졌다.

1989년 2월 폴란드 정부는 솔리다리티의 합법성을 인정하는 양보를 했으나 솔리다리티는 한걸음 더 나아가 자유선거를 요구하였다. 마침내 4월에 자유선거가 실시되었으며 솔리다리티는 의회의 절대다수를 차지하였다. 8월에는 공산당이 물러가고 솔리다리티가 내각을 구성하였다. 그리하여 소련권에서 지난 40년간 전혀 없던 비공산당 정부가 처음으로 수립되었으며 바웬사가 대통령으로 선출되었다.

고르바초프 사진을 들고 시위하는 폴란드인: 이 사진은 공산주의 붕괴를 촉발시킨 고르바초프의 위치와 영향력을 말해준다.

폴란드는 공산권 중 가장 급격하게 시장경제체제로 전환하여 극적 향상을 보였다. 그러나 보통 시민은 대개 고통을 겪었으며 경제부흥 속도가 기대보다 부진했기 때문에 1993년 선거에서 이전의 공산주의자들이 다시 세력을 회복하였다.

양원제를 채택한 의회 민주주의체제에

서 대통령에 크바슈니예프스키Aleksander Kwasniewski(1954-)가 당선되었다. 그리고 1997년 선거에서 '솔리다리티 선거행동당'(AWS) 출신의 부세크 Jerzy Buzek(1940-)가 수상이 되었고, 솔리다리티 선거행동당은 자유연맹(UW)과 연립정부를 구성하였다.

헝가리 폴란드와 마찬가지로 서유럽과 긴밀한 문화적 유대를 맺고 있는 헝가리도 1970년대에 자유주의적 폭동을 겪었다. 동유럽 국가 중에서 가장 소비 지향적 경제제도를 실시하고 있던 헝가리에서 경찰에 대한 폭동이 일어났다. 여전히 공산당 지배는 강했으며 소련의 영향력이 헝가리 정치에 작용하고 있었다.

이 상황에서 1989년 폴란드 혁명이 헝가리에도 파급되었다. 경제활동과 정치토론이 자유롭게 이루어지기 시작하였다. 1988-1989년 헝가리는 소련식 정치제도를 해체하기 시작하였다. 1989년 4월에는 심지어 공산당 관료 일부가 자유언론, 민권, 사유재산 보호의 필요를 논하는 공개토론에 참석하기까지 하였다.

1989년 5월 1일 국제공산당의 연례행사가 대폭 축소되고 6월에는 1956년 혁명을 기념하기 위한 대규모 시위가 있었다. 이 행사에는 정부관리들도 참석하였다. 10월 헝가리 공산당은 명칭을 '사회당'으로 바꾸고 다음 해 선거를 실시하기로 약속하였다. 1990년 자유선거가 실시되고 그로부터 민주주의와 시장경제에 대한 험난한 과정이 시작되었다.

프라하의 봄 1968년 공산당 서기장 두브체크Alexander Dubček(1921-1992)가 집권했을 때 체코슬로바키아에는 낙관주의가 팽배했었다.

두브체크는 '민주적 사회주의혁명'에 착수하였다. 그는 이른바 '프라하의 봄'이라 알려진 자유주의 운동을 주도하고 반스탈린 정책을 추구하였다. 슬로바키아의 자치를 확대하고 동시에 언론 · 집회 · 종교의 자유를 허용하려고 하였다. 1960년대 후반의 전 세계적인 학생운동과 시기적으로 일치한 이 때 체코슬로바키아 학생들은 이러한 자유화정책을 취하는 공산주의에 대해 '인간의 얼굴을 한 사회주의'를 대대적으로 환영하였다.

그러나 모스크바 당국은 체코슬로바키아의 자유주의적 공산주의가 소련의 영향력을 저해하는 것으로 위험시하였다. 제2차 세계대전 후 최대규모의 군사작전으로 소련은 바르샤바 협정국가인 동독 · 헝가리 · 불가리아 · 폴란드의 군대와 함께 1968년 8월 체코슬로바키아를 침공하였다.

두브체크는 곧 추방되었다. 그의 자유화 프로그램 중 단지 슬로바키아 자치만이 남고 모두 무위로 돌아갔다. 결국 짧은 프라하의 봄은 끝났다. 브레즈네프는 체코슬로바키아 침공을 이른바 브레즈네프 독트린이라는 '제한주권론'으로 합리화하였다.

1968년 봄 소련 침략에 항거하는 프라하 시민

벨벳 혁명 그러나 프라하의 봄으로부터 20년이 지난 1989년 폴란드와 헝가리 혁명이 체코슬로바키아에 전파되어 이른바 '벨벳 혁명'이 일어났다. 이 혁명으로 공산주의자들이 공직에서 밀려나고 민주주의가 회복되었다.

1989년 10월 공산당에 항의하는 4만 군중이 프라하의 웬체슬라스Wenceslas 광장을 가득 메웠다. 폭동진압경찰이 시위학생을 구타하자 20만이 운집하였다. 며칠 뒤에는 더 많은 사람들이 모여 30만이 되었다. 그들은 함성을 지르고 노래하면서 공산당은 떠나가라고 요구하였다. 포스터가 벽에 나붙고 정치단체가 조직되었다. 이것이 '벨벳 혁명'이다. 정부 당국이 폭력을 거의 쓰지 않은 채 순순히 권력을 이양했기 때문이다. 공산주의자들은 사건 과정을 단지 수수방관했을 뿐이었다.

1989년 12월 정치단체인 '시민포럼'이 집권했으며 인기 있는 극작가 하벨Vaclav Havel(1936-)이 1990년 1월 대통령으로 취임하였다. 체코슬로바키아는 양원제에 의한 의회민주주의 체제를 채택하고 공식적으로 1992년 2월 임기 5년의 초대 대통령으로 하벨을 선출했으며 그는 1998년 재선되었다.

슬로바키아 1993년 시장경제를 지향하는 과도기에 대한 이견을 둘러싸고 체코슬로바키아는 내부적으로 둘로 갈라지는 '벨벳 분리'를 겪게 되었다. 체코슬로바키아는 체크 공화국과 슬로바크 공화국으로 분리되었다.

본래 체코슬로바키아는 1918년 오스트리아-헝가리제국에서 독립했으며 초대 대통령은 마사리크Tomas G. Masaryk(1850-1937, 재임: 1918-1935)였다. 그러나 1938년 히틀러가 뮌헨 협정에 따라 체코슬로바키아를 독일 제3제국에 합병하였다. 슬로바키아는 1939년 3월 독립을 선언했으나 3월 16일 독일의 보호국이 되고 말았다. 제2차 세계대전 중 추축국에 가담했으나

1944년-1945년에야 해방되었다. 슬로바키아는 1945년 체코슬로바키아의 일부분이 되면서 다시 독립적 지위를 상실하였다.

1993년 소련권 붕괴의 영향으로 슬로바키아는 체코와 갈라져 나와 독립국이 되었다. 코바치Michal Kovac(1930-)가 초대 대통령으로 취임하여 1998년까지 재임하였다. 슬로바키아는 양원제(兩院制) 의회 민주주의 체제이며 '민주 슬로바크 당'(HZDS) 출신 메치야르Vladimir Meciar(1942-)가 수상으로 취임하였다.

불가리아와 루마니아 경제적 후진성을 면치 못한 불가리아와 루마니아도 1990년대의 역사적 변화를 외면할 수 없었다. 불가리아 공산당은 소련의 지시를 받아 1989년 11월 35년간 당 서기이며 27년간 집권한 동유럽 최장 국가원수 지프코프Todor Zhivkov(1911-1991)를 권좌에서 밀어냈다. 그는 투옥되고 자유선거에 대한 일정이 선포되었다. 두 달 후 새로 선출된 국민의회는 공산주의 체제를 해체하기 시작하였다. 그러나 새로운 변화에 적응하지 못한 다른 동유럽국가와 마찬가지로 자유선거에서 공산당원이 의석의 대부분을 차지하였다.

불가리아의 평화적인 정권교체와 달리 루마니아에서는 수주간의 유혈극이 발생하였다. 1974년부터 권력강화에 나선 차우셰스쿠는 1978년 정치결찰 고위층 파체파Ion Mihail Pacepa(1928-)가 미국으로 망명한 사건을 계기로 강경한 독재정치를 하였다. 1989년에는 나라가 곤경에 빠지고 경제가 극도로 나빠졌는데도 그는 현실을 완전히 무시하였다. 차우셰스쿠는 개혁의 필요성을 인정하려고 하지 않았다. 1989년 12월 군중이 부카레슈티에 모였을 때 그는 비밀경찰을 동원하여 발사명령을 내렸다. 그러나 군중은 해산하지 않고 폭동은 전국으로 확산되었다.

차우셰스쿠는 도망하려고 했으나 잡혀 12월 25일 총살형에 처해졌다. 차우셰스쿠에 충성하는 군과 경찰은 1주일 동안 전투를 계속하였다. 공산당을 상징하는 망치와 낫 부분을 도려낸 루마니아 국기가 도처에 게양되었다. 이로써 알바니아를 제외한 모든 소련 위성국가가 공산주의를 버렸다.

유고슬라비아 독자 노선을 걸어온 유일한 동유럽 공산국가인 유고슬라비아는 1980년 티토(Josip Broz Tito, 1892-1980)의 사망과 함께 약화되었으며 경제개혁을 할 만한 잠재력이 없었다.

소련 붕괴 후 민족적 갈등을 가장 심하게 겪은 나라는 유고슬라비아였다. 티토 사후에도 민족구성의 차이라는 요인은 6개 공화국으로 구성된 유고슬라비아의 국가적 기능에 영향을 주지 않았다.

제2의 히틀러라 불리는 밀로세비치와 부인

1980년대에 이르러 유고슬라비아 중 경제적으로 발달되고 가장 부유한 크로아티아Croatia와 슬로베니아Slovenia가 세르비아인이 압도적으로 지배하고 있는 유고슬라비아 정부의 경제적 · 정치적 정책을 비판하기 시작하였다. 그리고 공산주의가 몰락한 이후 정책의 공평성을 기하기 위한 개혁 요구가 점차 커졌다.

이에 세르비아 공산당은 개혁 요구를 거부하고 세르비아 민족주의에 호소함으로써 국내의 지지를 얻었다. 긴장이 고조되고 유고슬라비아를 구성하는 4개 공화국이 각각 1990-1991년 독립을 선포하였다. 다만, 세르비아Serbia와 몬테네그로Montenegro가 함께 남아 유고슬라비아 연방이라 칭하였다.

독립한 4개 공화국 중 슬로베니아와 마케도니아는 상대적으로 별 문제 없이 분리될 수 있었다. 그러나 크로아티아와 보스니아-헤르체고비나Bosnia-Herzegovina는 다수의 세르비아계 주민의 반대에 부딪혔다. 보스니아-헤르체고비나는 세르비아인 · 크로아티아인 · 이슬람교도가 모두 평화적으로 공존하면서 살고 있던 공화국이었다.

밀로세비치Slobodan Milosevic(1941-2006)가 이끄는 유고슬라비아 연방 정부는 세르비아계의 무력 봉기를 지원하였다. 이념적, 경제적, 지역적 차이는 이리하여 민족 · 인종 충돌로 바뀌게 되었다. 양쪽은 과거의 불의를 들추어내고 가혹 행위를 자행하였다.

휴전이 체결되었으나 다시 파기되었다. 학살과 강간이 전마을을 살벌하게 만들었다. 1993년까지 유고슬라비아 연방의 지원을 받은 세르비아군은 크로아티아의 3분의 1, 보스니아-헤르체고비나의 3분의 2를 다시 탈환하였다.

이 상황에서 유럽연합과 나토는 소극적으로 대응하였다. 그들은 민족분쟁으로 인한 폭력을 비난했으나 발칸 사태에 개입을 꺼려하였다. 미국은 1995년의 휴전을 준수할 것을 양측에 요구하고 미국군은 일부 러시아 연방군이 동참하는 가운데 유럽 연합군 및 유엔군과 함께 평화유지군으로서의 제한된 역할을 수행하였다.

유고슬라비아의 '인종청소'와 같은 잔학 행위에 대해 전쟁범죄를 비난하는 목소리는 그다지 크지 않았으며 전범재판도 행해지지 않았다. 인종분리가 최선의 해결방법인 것처럼 보일 뿐이었다. 그러나 결국 밀로셰비치는 몰락하고 말았다.

C. 독일 통일

국제관계가 안정을 되찾게 되자 각 유럽 국가는 국익을 추구하기 위한 독자적인 정책을 취하였다. 서독에서는 10년 가까이 서베를린 시장을 역임한 바 있는 브란트Willy Brandt(1913-1992)가 서독 재상으로 취임하면서 공산권에 대해 더욱 개방적인 태도를 취하였다.

브란트의 '동방정책'(Ostpolitik)은 동 · 서 데탕트의 길을 터놓았다. 1970년 체결한 서독과 소련의 우호조약은 역사적 이정표가 되었다. 이로 인해 브란트는 1971년 노벨 평화상을 받았다. 이 조약은 서독의 동쪽 경계선을 인정하여 베를린의 정상화를 시사한 것이었다.

또 이 조약은 서독과 동유럽국가 간에 광범한 관계가 수립되는 길을 터놓았다. 서독은 그 후 동독과 1972년, 체코슬로바키아와 1974년에 각각 우호조약을 맺었다. 이러한 관계개선으로 1981-1982년 러시아에서 독일 · 이탈리아 · 프랑스에 이르는 자연가스 수송관 건설 합의가 이루어졌다. 1980년말에 이루어진 동 · 서독 통합은 1970년대 이래로 진행된 오랜 화해의 결과였다.

베를린 장벽 철거 1989년 폴란드와 헝가리의 변화와는 달리 동독에서는 오히려 힘으로 질서를 잡으려는 강경파의 주장이 커졌다. 동독 공산당수이며 수상인 호네커는 공공연하게 고르바초프 노선에 반대하고 스탈린주의에 집착하였다. 1989년 10월 그는 군대를 동원하여 동베를린 시위군중을 폭행하고 체포하도록 하였다. 그러나 고르바초프가 무력사용을 승인하지 않자 1주 후 호네커는 사임하였다.

많은 동독 시민이 망명의 길을 택하였다. 대부분 헝가리로 가서 서독대사

1989년 11월 무너지는 베를린 장벽

관에서 비자를 신청하였다. 헝가리와 서독 당국은 특별열차를 배치하여 그들을 서방으로 수송하였다. 헝가리 주재 서독 대사관은 담을 넘어 난입하는 동독 젊은이들로 난장판이 될 지경이었다.

1989년 11월 9일 호네커의 후계자는 베를린의 동서 경계선을 없앤다고 선언하였다. 그날 밤늦게 구름처럼 모인 동독 군중이 베를린 장벽으로 몰려들어 환호했으며 냉전의 상징인 베를린 장벽은 철거되기 시작하였다. 많은 사람이 장벽의 조각들을 탄압적인 공산주의 유물로 간직하였다. 베를린 장벽의 철거는 독일 통일에 대한 전망을 밝게 하였으며 동시에 동유럽 전체에 결정적인 충격파를 안겨주었다.

통일 독일 공산주의의 몰락과 소련의 붕괴는 냉전의 종식을 의미하였다. 특히 공산주의 몰락은 독일 통일에 당장 영향을 미쳤다. 독일 재상 콜은 동독과 서독의 즉각적인 통합을 추진하고 서독정부는 신속한 절차에 따라 반대론을 잠재우고 통일에 대한 대중의 열망을 불러일으켜 놓았다.

1989년말 서독 수상 콜은 미국과 프랑스의 지지를 얻고 영국을 설득하여 소련이 독일 통일을 수락하도록 협상을 벌였다. 통일 독일에 대한 많은 우려가 있었으나 콜은 통일 후 독일이 완전히 EC에 융합될 것임을 다짐하였다. 소련은 NATO의 세력 증대를 우려했으나 결국 독일 통일을 찬성하였다.

1990년 8월 제2차 세계대전 승전국인 소련 · 미국 · 영국 · 프랑스는 독일과 조약을 체결하였다. 그 대신 폴란드 국경에 대한 존중을 약속하고 동 · 서독일 통합군의 규모를 제한하였다. 통일 독일은 유럽의 가장 부유한 최강의 국가로서 NATO에 머물러 있게 되었다.

그러나 통일 후 독일은 경제 · 사회적으로 여러 난관을 겪었다. 동독이 동유럽의 가장 생산성이 높은 국가였음에도 불구하고 그 약점이 심각하다는 사실이 밝혀졌다. 산업은 시대에 뒤떨어지고 비효율적이어서 경쟁력이 없었다. 실업률은 급상승하였다.

동독인은 서독인보다 생활의 질 저하로 열등의식에 사로잡혔다. 서독은 동독의 부흥에 많은 투자를 해야 하였으며 많은 난민이 서독으로 유입해 들어왔다. 서독의 경제는 이로 인해 악화되었으며 통일의 대가가 크다는 사실을 절감하게 되었다.

E. 유럽 연합

지리적으로 볼 때 유럽은 프랑스 · 독일 · 이탈리아를 비롯해 북쪽으로 벨기에 · 룩셈부르크 · 네덜란드 · 덴마크 · 노르웨이 · 스웨덴 · 핀란드 · 아이슬란드, 서남쪽으로 포르투갈 · 스페인, 중앙에 오스트리아 · 리히텐슈타인 · 스위스, 서쪽으로 아일랜드 · 영국, 동쪽으로 그리스 등을 포함하는 지역이다.

본래 유럽이란 지리적 개념이지만 이제 문화적 개념이 되었다. 고대 그리스인이 헬라스Hellas 본토를 에우로파Europa라 부른 데서 유럽의 이름이 생겼다. 로마제국 시대에 유럽은 지중해 세계를 가리켜 북쪽으로는 도나우강과 라인강을 경계로 하고 남쪽으로는 남아프리카, 동쪽으로는 흑해, 서쪽으로는 이베리아 반도와 잉글랜드를 포함하는 큰 지역을 의미하였다. 그리하여 유럽은 역사적으로 확대되는 문화적 구성체가 되었다.

중세에 이르러 민족이동을 계기로 게르만 민족이 유럽 국가의 민족적 기반을 이루었으며, 그리스도교적 문화를 바탕으로 진정한 유럽 문화 공동체가 시작되었다. 유럽은 그리스-로마 고전문화를 배경으로 게르만민족, 특히 프랑크 왕국을 중심으로 그리스도교를 수용함으로써 정치적으로나 문화적으로 하나의 통일체를 이루었다.

20세기말 구체적인 모습을 드러낸 유럽 공동체는 오랜 역사적 과정을 거친 결과였다. 일찍이 신성로마제국은 유럽을 하나로 묶으려는 통합에 대한 의지의 표현이었다. 유럽은 자연 경계선이 확연하지 않은 지리적 조건보다 역사적인 문화 통합체라는 점에서 하나의 유럽을 지향해 왔던 것이다.

20세기에 들어 두 차례의 세계대전을 겪으면서 유럽 국가들은 점차 가치관과 문화를 공유하는 소속감을 가지게 되었다. 특히 제2차 세계대전의 경험, 마샬 안, 냉전시대, NATO 등은 모두 이러한 가치의 공유의식을 강화하는 계기가 되었다. 정치적으로 또는 사회 · 경제적으로 유럽 통합은 20세기말에 구체적으로 모습을 드러내게 되었다.

유럽 평의회 제2차 세계대전 후 1948년 헤이그 회의에서 이미 유럽 통합의 틀이 명확해졌다. 당시 처칠이 의장이었던 헤이그 회의는 10개국의 찬성으로 '유럽 평의회' (Council of Europe)의 구성을 결정하였다. 회원국은 스트라스부르Strasbourg에 본부를 둔 '유럽 장관회의' (Council of Ministers)와

유럽연합 형성과정

1950	독일과 프랑스가 석탄철강청 발족시킴	1981	그리스 EC 가입
1951	이탈리아와 베네룩스, 이에 동참	1986	스페인, 포르투갈 EC 가입.
1957	로마조약에 의해 6개국 유럽 공동체 (EC) 성립	1992	마스트리히트 조약 유럽 연합(EU) 및 단일 통화에 합의
1973	영국, 아일랜드, 덴마크 EC 가입	1995	오스트리아, 핀란드, 스웨덴 EU 가입
1979	유럽 공동체 의회 구성	1999	단일 통화를 위한 중앙은행 발효

'자문총회' (Consultative Assembly)에 대표를 파견하게 되었다.

유럽 평의회는 회원국에 대해 아무런 구속력을 갖지 않았다. 창설 초 영국을 비롯해 어느 나라 정부도 국가주권이라든지 주요한 결정권을 이러한 초국가적 권위에 종속시키려 하지 않았다. 그럼에도 회원국은 개별국가의 자유를 유보하고 법치주의에 따르려고 하였다. 독재정권이 수립된 스페인 · 포르투갈 · 그리스 및 동유럽국가들은 유럽 평의회에서 제외되었다.

회원국은 유럽 평의회와 유럽 인권 법정의 결정사항을 준수하였다. 1997년 이래로 평의회 결정에는 더욱 큰 비중이 실리게 되었다. 러시아 · 핀란드 · 라트비아 · 모나코에 이르는 46개국이 유럽 평의회에 가입하였다.

각 위원회와 총회는 정기적으로 스트라스부르에서 회합을 가지며 전반적인 정책을 수립하고 회원국의 불만사항을 조정하고 있다.

유럽 평의회는 1972년부터 베토벤의 '환희의 노래'를 유럽 평의회 지정곡으로 하고 회기(會旗)를 유럽 전역의 공공건물이나 개인차에 달고 있어 그 정신만큼은 상당한 공감을 얻었다.

유럽 경제공동체 그럼에도 유럽의 통합에 구체적인 빠른 진전이 없자 가능한 실제적 문제부터 통합하려는 방도가 강구되었다. 이를 추진한 인물은 프랑스 경제학자 모네Jean Monnet(1888-1979)와 외무장관 슈망Robert Schuman(1886-1963)이다. '슈망 안'이라는 계획에 따라 프랑스-독일 석탄철강청(廳) 창설이 제안되고 1950년 설립되었다.

프랑스는 철광이 풍부하고 독일은 석탄이 풍부했기 때문에 오랫동안 두 나라는 자원지배를 둘러싸고 갈등을 빚어 왔다. 석탄철강청은 양국에 다같이 자원활용을 보증해주었다. 1년 후 1951년 이탈리아와 베네룩스 3국이 추가되어 유럽 석탄철강 공동체(European Coal and Steel Community: ECSC)를 형성하고 석탄과 철 생산의 조정과 배분을 관장하였다.

이러한 기구가 성공함에 따라 유럽 전체의 경제협력을 위한 공동보조는 더 큰 진전을 보았다. 1957년 5월 프랑스 · 서독 · 이탈리아 · 네덜란드 · 벨기에 · 룩셈부르크 등 6개국은 로마조약을 체결하고 '유럽경제공동체'(European Economic Community: EEC)를 창설하였다. 이는 1967년 '유럽공동체'(European Community: EC)로 개칭되었다.

이 새로운 유럽 공동체 EC는 원자력 개발을 조정하기 위한 새로운 기구를 만들고 6개 회원국은 점진적으로 관세를 상호 폐지하며 자유무역을 촉진하는 대신 다른 나라들을 배제하기 위한 공동 관세를 설정하기로 하였다. 이 조치의 전망은 낙관적인 것은 아니었다. 영국이 참여를 주저하고 드골에게는 국수주의적인 독불장군의 성향이 두드러졌다.

그럼에도 6개 회원국은 더욱 밀접한 통합을 위한 기초를 놓고 경제적 번영과 사회적 진보를 위해 공동보조를 취해야 한다는 데 기본적으로 합의하였다. 이후 조약을 통해 유럽 장관회의라든지 '유럽의회'(European Parliament)와 같은 기구를 만들어 유럽의 정치적 통합을 촉진하게 되었다.

유럽 자유무역 협의체 이러한 유럽통합의 움직임에 대해 영국은 유럽 대륙에 예속되는 정치적 유대를 반기지 않았고 영연방의 자체적인 유대가 이완되지 않을까 우려하였다.

그러므로 영국은 유럽 공동체 대신에 '유럽자유무역협의체'(European Free Trade Association: EFTA)를 창설하였다. 이 기구는 좀더 제한된 목표를 가진 것으로 회원국 상호간의 자유무역을 촉진하는 대신 공동관세는 부과하지 않는다는 것이었다. 이 기구에 가담한 나라는 스웨덴 · 노르웨이 · 덴마크 · 오스트리아 · 스위스 · 포르투갈 등이었다.

유럽 공동체와 유럽 자유무역협의체에 속한 나라는 나름대로 경제적 성장을 하였다. 사회주의 경제제도를 실시하고 있는 스웨덴은, 가장 자유주의적인 시장경제를 채택하고 있는 스위스와 함께 세계에서 1인당 소득이 가장 높은 나라가 되었다.

유럽 공동체 통합 기대했던 것보다 빨리 1968년 모든 관세가 유럽공동체(EC) 안에서 폐지되었다. EC 국가들의 경제적 성장은 계속되었으므로 EC에 동참하는 국가들이 늘어났다. 오랜 협상 끝에 영국 · 아일랜드 · 덴마크가 1973년 EC에 가담하였다. 그 결과 EC 9개국은 자동차와 철강 생산에서 미국을 능가했으며 1979년 국민총생산(GNP)에서도 미국을 앞질렀다.

EC 9개국의 완전한 경제통합은 서서히 진전되었다. 1972년 EC 국가 수뇌부는 빈번히 회합을 거듭하면서 한층 더 정책조정에 힘쓰고 각국이 교대로 6개월 임기의 의장직을 맡기로 합의하였다. 통상적인 업무는 각국이 대표를 파견하는 EC 총회에서 다루고 브뤼셀에 행정본부를 두기로 하였다. 브뤼셀 행정본부는 각국에서 임명하는 1명의 대표로 구성된 집행위원회의 지시를 받도록 하였다.

1979년 환율 조정기구가 설립되었으며 EC 의회가 구성되고 각국 대표는 의회에서 투표권을 직접 행사하였다. 1980년대에 평의회는 다수결 원칙에 따라 정책을 결정하기 시작하였다.

농업문제, 특히 농업 보조금 지급문제는 가장 어려운 문제였다. 농민에게는 보조금을 지급했으나 팔리지 않은 농산물이 산적되는 결과를 가져왔다. 영국은 대부분 식량을 수입에 의존했고 비교적 농민이 적었기 때문에 농업보조금 지급에 반대하였다. 영국의 강력한 항의로 1981년 EC의 농업 정책은 약간 수정되었다. 농업적 이해관계가 많은 그리스(1981) · 스페인(1986) · 포르투갈(1986)이 EC에 가입함으로써 문제는 더욱 더 복잡해졌다.

EC 회원국은 1958년 서독을 비롯한 6개국에서 1973년 영국 · 에이레 · 덴마크 등이 참가하여 9개국이 되었다. 그후 회원국이 계속 늘어나 그리스(1981) · 스페인(1986) · 포르투갈(1986)이 뒤따르고, 1995년에는 오스트리아 · 핀란드 · 노르웨이 · 스웨덴 등이 참가했으며 1999년에는 폴란드 · 헝가리 등이 추가되어 모두 18개국이 되었다.

델로르

유럽연합의 성립 EC 집행위원회 의장 델로르Jacques Delors(1925-)는 1986년 유럽 단일 시장 창설을 규정하는 '단일 유럽법'(Single European Act) 제정에 성공하였다. 그것은 물품 · 서비스 · 노동력 · 자본의 이동에 관한 어떠한 제한도 1992년말까지 유럽 공동체 내에서는 폐지할 것임을 선언한 것이었다.

이 법에 의해 유럽인은 개인적으로 생활하기가 훨씬 편리해졌다. 대부분의 국경 제지선은 사라지고 회원국의 모든 시민이 유럽공동체 여권을 소지하고 아무런 제약 없이 국경을 드나들 수 있게 되었다. 어디서나 은행 계좌를 개설하고 대출을 받으며 의료 혜택을 받을 수 있고 면허와 대학 학위는 EC 국가 어디서든지 인정되며 또 취업할 수도 있게 되었다.

'단일유럽법'은 국가적 규제의 획일화를 의미하는 것이었다. 유럽 통합을 기대하는 기업 · 정부기관 · 학교는 다른 나라의 동료들과 상의하여 이러한 방침에 따라 실제문제를 조정해야 되었다.

마스트리히트 조약 유럽 통합을 더욱 완벽하게 하기 위한 조치가 취해졌다. 1992년 마스트리히트 조약은 EC의 명칭을 '유럽연합'(EU)이라 바꾸고 한층 강도 높은 통합을 지향하였다. 의회의 권능을 확대하여 대외정책조정을 요구하며 공동 통화를 1999년까지 채택할 것을 규정하였다.

1999년을 기해 각국의 자체적인 통화는 점차 단일통화로 바뀌고 단일통화

사용은 물가와 시장을 촉진할 것이었다. '유로'(euro)라는 단일통화는 1999년 1월 1일을 기해 사용되기 시작했으며 달러와 함께 세계 금융계의 공인 통화로서 기대를 걸게 되었다. 그러나 영국 · 덴마크 · 스웨덴 · 스위스 등은 아직도 단일통화 사용에는 참여하지 않았다. 그러나 유럽통합의 효과는 점차 나타났다. 2000년에 유로는 기대한 만큼의 성과를 올리지 못했으나 2005년을 전후하여 달러를 능가하는 통화가 되었다.

마스트리히트 조약이 규정한 유럽 연합은 각국마다 반응이 조금씩 다르고 특히 영국은 강한 반발을 나타냈다. 그러나 여러 복잡한 문제가 있음에도 유럽 연합을 위한 행진은 가속화되고 있다. 1994년 1월 1일 유럽 연합이 성립하고 다음 해 오스트리아 · 핀란드 · 스웨덴이 EU에 가입하였다.

유럽 연합은 역사적으로 오랜 유럽인의 문화적 정체성에 대한 이상의 표현이다. 앞으로 유럽 연합은 경제적 통합 이상의 진정한 정치적, 문화적 통합을 지향할 것으로 전망된다.

E. 후기 산업사회

1950년대부터 프랑스 · 독일 · 영국 등 서유럽과 북아메리카, 일본 등 선진 산업국가의 경제는 대체로 크게 성장하였다. 생활수준이 향상되고 사람들은 이전보다 더 풍요한 삶을 누리게 되었다. 뿐만 아니라 이러한 사회에서 부의 창출과 생활방식은 19세기 이래의 산업혁명 때와 크게 달라졌다.

전통적인 에너지원(源)인 석탄은 가스나 석유 또는 전기로 대체되었다. 공장을 중심으로 한 산업생산과 노동조직이 더 이상 부의 1차적 원천일 수 없게 되었으며 더 많은 사무직 · 판매직 · 개인 서비스직을 채용하는 서비스 부문이 경제활동의 중심이 되었다. 선진 기술, 유능한 경영, 숙련 노동자, 효율적인 시장 판매, 신속한 커뮤니케이션, 높은 수준의 교육, 고소비 등을 특징으로 하는 이러한 사회 구조를 후기 산업사회라 한다.

신기술은 생산성을 증가시키고 이는 기술개발에 더 많은 투자를 하게 하였다. 1980년대 이래 선진 국가에서는 은행, 보험회사, 주식시장이 산업 로봇, 마이크로칩, 위성 방송 등을 활용하기 시작하였다.

사기업과 정부계획이 병행된 혼합경제는 최대의 경제성장 효과를 내었다. 국가는 비용절감, 실업감소, 국제적 경쟁력 강화 등을 위해 조정하게 되었다. 산업 선진국에서는 생산 효율, 신제품, 시장개척, 개인 소비 등이 강조되었다.

전후 유럽의 활성화 제1차 세계대전 직후와 같이 제2차 세계대전 후에도 유럽은 매우 좋은 시기를 맞이했으며 운송, 인구, 경제부흥에서 활기를 띠었다.

독일 · 이탈리아 · 프랑스에서 초고속도로가 건설되고 라인강과 센강 등 유럽의 큰 강은 바지선으로 붐비게 되었다. 1960년대에 모든 유럽 국가는 새로운 도로건설에 착수하여 1980년대에는 대체로 완성하였다. 핀란드의 헬싱키에서 스페인 발렌시아에 이르기까지, 이탈리아의 나폴리에서 독일 함부르크에 이르기까지 고속도로가 건설되었다.

철도 역시 현대화되었다. 1981년 프랑스의 고속열차 TGV는 파리에서 리옹까지 시속 250km 이상으로 달리게 되었다. 영국과 프랑스를 연결하는 터널이 1994년 개통되어 영국과 유럽 대륙 사이를 자동차와 열차로 직접 왕래할 수 있게 되어 나폴레옹 이래의 꿈이 현실이 되었다.

수상교통수단의 발달로 유럽의 해안선 · 강 · 운하가 비교적 염가로 연결되었고 항공기는 유럽대륙의 모든 주요도시를 왕래하였다. 런던 · 로테르담 · 안트베르펜Antwerp · 함부르크Hamburg · 리버풀Liverpool · 마르세유Marseilles 등 대도시도 제2차 세계대전 이전의 수준까지 활성화되었다. 런던 · 파리 · 프랑크푸르트 · 로마 · 코펜하겐 등 유럽 주요도시의 공항은 해마다 약 1백만의 승객이 이용하고 미국, 일본과의 경쟁 속에서 서유럽 국가의 전자 커뮤니케이션도 고도로 성장하였다.

인구 증가 역시 두드러졌으며, 특히 핀란드 · 네덜란드 · 프랑스 · 포르투갈 등에서 현저하였다. 1946-1947년 거의 모든 유럽 국가의 산아율이 급상승하였으며 신생아 사망률은 감소하였다. 유럽의 유아 사망률은 1939년에 비해 1955년에는 2분의 1을 약간 상회하는 정도로 감소했고 일부 국가, 즉 덴마크 · 핀란드 · 스페인 · 스위스 · 영국 등에서는 2분의 1이하였다.

결과적으로 1955년 중반에는 유럽 인구가 3억에 달하였다. 그 중 반 이상인 1억6천만은 프랑스 · 독일 · 이탈리아 · 베네룩스의 주민이었다. 영국 · 네덜란드 · 벨기에 등 주요 국가를 비롯해 독일의 루르-라인강 유역, 프랑스의 파리 지역, 이탈리아의 롬바르디아와 나폴리 근처 캄파냐Campanga 등은 인구 밀집지역이 되었다.

인구증가는 경제부흥의 한 원인이었다. 1950년에는 OEEC 회원국가, 그리고 1955년초 유럽의 모든 국가는 제2차 세계대전 전의 생산수준을 초과하였다. 유럽의 총생산고는 2천2백만 달러에 달하고 연평균 성장률은 1945-1955년의 8.3%에서 1951-1952년의 2.7%에 이르기까지 다양했으나 1954-1955년에는 6.7%에 달하였다.[3]

유럽에서는 농업에 동원되는 노동력이 대폭 감소되었는데도 농업 생산은

---

3) Richard Mayne, *The Recovery of Europe: 1945-1973*, rev. ed.(1973), 273-4.

전반적으로 크게 성장하였다. 1980년대에는 트랙터 보유대수 중 3분의 1이 유럽에 집중돼 있었다. 세계 농경지의 약 3분의 1밖에 갖지 않은 유럽은 세계 낙농생산의 3분의 1을 차지하고 달걀 · 감자 · 밀의 15%를 생산하였다. 밀의 최대생산국은 소련이며 그 뒤를 미국 · 중국 · 인도 · 프랑스가 이었다.

도시화 후기 산업사회는 도시적 성격이 강한 사회이다. 도시의 거대화는 주변의 교외지대를 흡수하고 낡은 부분인 도시의 중심핵은 인구이동으로 점차 공동화되는 경향이 생겼다.

새로운 고속도로, 지하철 확장, 버스 노선의 다양화 등으로 교통 혼잡을 피해 도시 주민은 교외로 확산되었으며 도시 인접지역에는 주거지역이 생기게 되었다. 종래에는 도심지에 자리 잡았던 고층건물이나 상업지구가 도시 변두리로 이동하였다. 예를 들면 프랑스 인구의 5분의 1은 파리 근교 자동차로 1시간 걸리는 거리에 거주하고 영국의 경우에도 비슷한 비율의 인구가 런던 근교에 살게 되었다. 도시의 거대화는 전 소련의 경우에도 예외는 아니었다. 예컨대 볼고그라드Volgograd는 볼가 강을 따라 70km나 뻗은 큰 도시가 되었으며 러시아 연방을 통틀어 인구 1백만 이상의 도시가 14개나 되었다.

선진 국가에서 거대도시는 그 주변에 위성도시를 몇 개씩 갖게 되었다. 파리 주변에는 3만 가까운 인구를 가진 중소 도시가 다섯 개나 되며 모스크바에는 24개 도시가 있다. 이러한 수도권 중소도시는 조성 당시부터 상업 · 오락 · 문화 활동이 자체적으로 해결될 수 있도록 특별 지구로 구분되는 용의주도한 계획에 따라 건설되었다. 이 점에서 스칸디나비아 지역은 크고 작은 건물, 쾌적한 거리, 휴식을 위한 공원 등을 합리적으로 배치한 모델 케이스이다.

교육 후기 산업사회에 들어서면서 지식의 중요성이 인식되어 나라마다 교육에 대한 제도개선과 투자를 늘렸다. 1960년대말과 1970년대초 유럽의 교육제도는 변화를 겪지 않을 수 없었고 이 결과 교육개혁을 둘러싼 찬반이 일어나 시위나 폭동이 발생하였다. 전에는 엘리트층에게 국한됐던 고등교육의 기회가 대중화되었다. 고등교육의 민주화에 따라 교과과정에도 변화가 왔다.

일부 전체주의 국가를 제외하고는 대체로 전세계적으로 고등교육 수혜자가 크게 증가하였다. 교육제도는 국가별로 특성과 차이가 있었으나 국제교류를 전제로 공통된 영역이 확대되는 추세이다. 1980년대에 이르러 유럽만 해도 네덜란드 · 스웨덴 · 덴마크 · 프랑스 · 이탈리아 · 노르웨이 등은 20-24세의 청년 중 5분의 1에서 3분의 1이 대학에 진학했으며 미국의 고등학교 졸업생 중 2분의 1 가량이 대학에 입학하였다.

교육은 아랍여성에게 희망을 안겨주었다

사회복지 후기 산업사회에 들어서 사회복지 분야의 전망이 밝아졌다. 고도의 산업발전을 이룩한 유럽 사회에서는 빈곤과 질병의 소멸에 대한 희망이 보였다. 노동자의 사회적 지위도 격상되었다.

도시로 옮긴 노동자는 마르크스주의적 의미의 프롤레타리아가 아닌 '19세기적인 의미'의 도시 노동자였다. 그 수는 증가나 감소가 없는 고정적인 것이었으나 그 대신 도시의 화이트컬러 계급은 수적으로 증가했으며 이들도 역시 교조적인 사회주의를 거부한 계급이었다.

중산 계층화된 산업노동자와 도시의 화이트컬러 계급은 일반적으로 중간계급의 민주화를 촉진하는 요소가 되었다. 복장이나 생활양식에서 프롤레타리아보다 부르주아로 행세하였다. 그들과 상층 중간계급과의 격차는 많이 좁혀졌다. 도시에서는 계급간의 경계선이 애매하게 되고 사회적 이동성이 커졌다.

공산권에서도 전문직과 관료는 높은 생활수준을 유지했으며 노동자나 농민보다 더 큰 자유를 향유하였다. 유럽 전체를 통해 사회적 불평등은 사회보장, 교육비 감소, 의료보험, 노령자 보호, 가족 수당 등 규정에 따라 상당히 완화되었다.

공공주택 건설과 공공교통은 공산권에서는 비교적 염가였지만 질 좋은 주택은 마련하기가 쉽지 않았다. 서방 세계에서는 저소득층에 대한 주택자금 융자

1960년대 후반 미국과 유럽을 휩쓴 학생운동: 1968년 5월 파리 학생들이 시위하는 장면

가 이루어졌다. 1980년대에 새로운 주택 건설은 독일의 경우 3분의 1, 영국의 경우 2분의 1, 스웨덴과 프랑스의 경우 3분의 2가 정부 공영주택이었다.

전반적으로 선진국가의 복지비용은 1980년대의 경제성장에 영향을 미쳤다. 1990년대에 이르러 실업이 유럽 사회의 커다란 문제로 대두되었으며 대부분 유럽 국가는 평균 10% 이상의 실업률을 기록하고 특히 젊은 층이나 이민들에게 큰 타격을 주었다.

학생운동 1960년대와 1970년대에 후기 산업사회의 상업주의, 번영으로 인한 불평등, 도시의 거대화, 해외이민 증가에 따른 사회적 변동 등으로 기존 사회체제에 대한 저항과 기성세대 엘리트에 대한 불만이 증폭되었다.

그것은 1960년대 후반기에 유럽과 미국을 휩쓴 학생운동과 민권운동에서 여실히 입증되었다. 도덕적 분노와 항의가 세계적으로 팽배하였다. 1968년 5월 파리 학생들은 마치 1848년의 정신을 되살리려는 것처럼 거리로 뛰쳐나와 폭동을 일으켰다. 1968년과 1969년에 프랑스 · 독일 · 이탈리아 · 영국 · 미국에서도 학생들이 잠시동안 독립적인 정치세력처럼 행동하였다.

아프리카와 아시아의 민족해방운동에 자극 받고 베트남 전쟁에 분노한 그들은 상업주의에 의해 사회부정의와 불평등이 은폐되고 있는 자본주의 사회의 산물이 곧 제국주의라고 비난하였다. 더욱이 그들은 교육제도의 엄격함과

시몬 드 보봐르

부적절함을 통박하였다. 분노하는 학생들이야말로 바로 후기 산업사회의 번영과 확대된 교육 기회의 수혜자라는 사실을 망각하고 있었다.

학생들이 지향하는 혁명은 실패로 돌아갔다. 노동조합과 전통적인 좌파는 특권적인 대학생들의 편을 들지 않았다. 자유주의자와 보수주의자들이 다같이 광적인 폭력에는 반대하였다. 유권자들은 질서를 강조한 정당에게 투표하였다. 한편 학생운동은 교육 개혁의 중요한 계기가 되었다. 학생들이 제기한 항의 방식, 중산층에 대한 도전, 권위에 대한 회의는 청년문화에 뚜렷한 자취를 남겼다.

여권운동의 역사 1960년대 여성의 권리주장은 강한 사회운동으로 확대되었다. 여기에는 보봐르Simone de Beauvoir(1908-1986)의 『제2의 성』이나 프리단Betty Friedan(1921-2006)의 『여성의 신비』(*The Femine Mystique*)가 큰 영향을 미쳤다. 보봐르의 책은 1949년에 처음 나왔으며 여성이 사회적으로 제도, 가정, 남편의 보조적 존재임을 통렬히 비판함으로써 1960년대의 시대적 맥락과 일치하여 강력한 영향을 미쳤다.

프리단

미국 언론인인 프리단의 책이 나온 것은 1963년이며 완전한 가정주부와 여성의 삶의 현실과의 괴리를 적시함으로써 많은 호응을 받았다. 그는 여성이 아무런 이름도 없는 고뇌를 안아야 할 존재이며 심각한 자기 정체성의 위기에 처해 있는 것으로 파악하였다. 보봐르의 책과 더불어 프리단의 책은 1960년대와 1970년대의 여성운동의 교과서와 같이 되었다. 여성의 권리는 20세기 후반기의 사회 · 정치 · 교육 · 경제에 크게 반영되었다.

1960년 후반의 여권(女權) 운동은 반드시 자본주의 사회의 틀 안에서 행해진 것은 아니었다. 냉전 시대 여성운동의 이데올로기는 좌파에서 빌려온 것이었다. 1960년대말에서 1970년대초에 걸쳐 일어난 미국의 베트남 정책에 대한 학생 시위는 여성운동가들에게도 영향을 끼쳤다. 그들은 마르크스주의적 용어를 사용하면서 여성이 '억압받는 계급'이므로 '여성의 해방'이 이루어져야 한다고 역설하여 평등과 독립을 주장하였다.

여성의 기회 확대와 여권운동 제2차 세계대전 후 여성의 지위는 크게 변하였다. 이 변화는 개발도상국보다 선진 산업국에서 더 극명하게 나타났다. 여성은 경제적 · 정치적 · 사회적으로 남성과 평등하게 되었거나 평등을 지향하게 되었다.

선진산업국가 특히 영국 · 프랑스 · 독일의 경우 여성은 노동인력의 약 40%-50%를 차지하게 되었는데 이 사실은 후진국가의 20%, 이슬람 국가의 10%에 비해 커다란 대조를 이루었다. 여성 노동자 수가 많아짐에 따라 노동조합은 여성의 필요에 더 많은 주의를 기울였다. 예를 들면 이탈리아 노동조

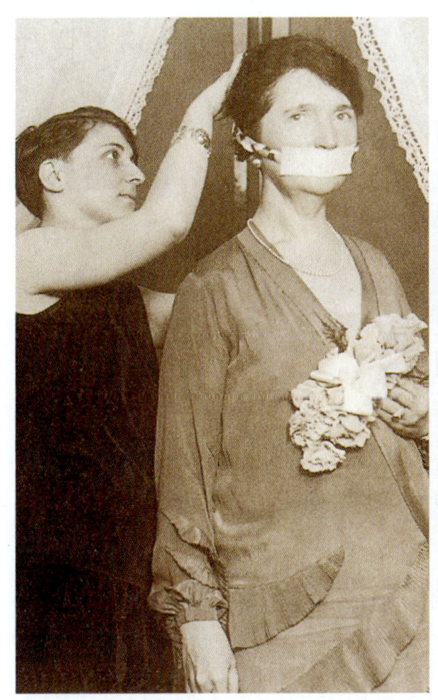

(왼쪽) 산아제한 운동의 선구자 마거릿 생어(M.Sanger). 당시 산아제한을 얘기하고 권하는 것은 불법이었다.
(오른쪽) 1925년 여성들이 자진해서 「산아제한」(*Birth Control Review*)지를 돌리고 있다.

합은 여성 노동자가 특별교육을 위한 시간을 가질 수 있도록 사용자측에 압력을 가하였다. 유럽 각국에서는 대부분 주부 취업자들을 위해 탁아시설을 마련하였다.

특히 1960년대를 통해 유럽과 미국에서는 번영과 사회변화의 과정에서 취업차별, 보수차등, 법적 불평등을 비롯해 일반적인 성의 불평등을 호소하는 여권운동이 가속화되었다. 미국의 경우 1964년의 '민권법'(Civil Rights Act)이 인종과 성을 이유로 한 차별을 금지하였으며 1960년대에 도입된 피임약과 1970년대의 낙태에 대한 법적 보호는 어느 정도 성의 자유를 보장해 주었다. 그러나 성적 평등을 보장하는 '헌법 평등조항 수정'(Equal Rights Amendment: ERA)은 미국 의회가 인준시한 1982년을 넘겼기 때문에 실현되지 못하였다.

여성의 고등교육 기회의 확대는 주목할 만한 사실이었다. 1980년대에 이르러 대부분 유럽 국가에서 여성의 고등교육은 남성의 경우에 비교해 그 비례가 거의 같아졌다. 그러나 아랍 국가의 경우 여성 교육은 극히 한정되었다. 아랍 세계에서 여성 문맹률은 남성의 경우보다 2배가 되며 심지어 어떤 곳에서는 여성 10명 중 9명이 문맹이었다. 이 상황도 1970년대부터 달라져 이슬람 세계에서 여성이 교육을 받는 기회가 점차 커지기 시작하였다. 이에 반해 인도에서 여성의 교육기회는 상대적으로 개방되어 있으며 1980년대에는 25%

의 여성이 문자 해독을 하였다. 그러나 인도 여성은 대체로 집안일을 하는 데 전념하였다.

1999년 3월 유엔 여성지위위원회(CSW)가 채택한 여성 선택의정서는 결함과 제약은 있으나 국제사회가 개별국가의 침해사례에 대해 직접 개입할 수 있는 규범이 마련되었다는 점에서 커다란 진전이었다.

흑인 민권운동 학생운동, 여권운동과 함께 1960년대 후반의 특이한 현상은 흑인 민권운동이다. 이것은 전세계적으로 일어나고 있던 흑인 민족운동과 관계가 없지 않았다. 미국과 아프리카의 흑인은 자메이카 가수 말리Bob Marley(1945-1981)의 노래「일어나라, 일어서라」(Get Up, Stand Up)에서 표현된 바와 같은 흑인에 대한 인종 차별과 빈곤을 비판하는 저항운동을 일으켰다.

미국의 '흑인 민권운동'(Civil Rights Movement)은 킹Martin Luther King(1929-1968) 목사와 같은 유능한 지도자 아래 무저항주의적 운동이 전국적으로 전개되었으며 다수의 백인도 이에 동참하였다. 미국 흑인은 자본주의 사회에서의 불이익과 빈곤 또는 인종차별에 맹렬히 항의하였다. 특히 미국 남부에서는 흑백분리가 제도화되어 있었다. 흑인은 법적으로 관습적으로 학교교육 · 공공교통 · 공원시설 · 식당 등의 이용에서 불평등한 대우를 받았다. 1954년 미국 대법원은 판례를 통해 흑백 분리교육의 불법성을 명백히 했으나 현실적으로는 1960년대에도 여전히 분리되어 있었다.

미국 전역을 여행하면서 흑인 인권에 관해 연설하는 마틴 루터 킹

1955년 한 평범한 흑인 여성의 흑백 불평등에 대한 용감한 항의가 대규모 흑인 민권운동의 도화선이 되었다. 앨라배마 주 몽고메리Montgomery에 사는 흑인 여성 파크스Rosa Parks(1913-2005)는 버스에서 규정대로 백인 남자에게 좌석을 양보하지 않았다. 이 사건이 계기가 되어 몽고메리에서는 분리주의가 철회될 때까지 버스 승차거부운동이 일어났으며 이 운동의 선두에 킹 목사가 있었다.

킹은 1968년 암살될 때까지 수많은 행진과 시위를 주도했으며 주요 민권운동을 조직화하였다. 결국 미국은 흑인 분리교육을 폐지하고 취업과 거주에서 흑인의 동등한 권리를 법적으로 인정하게 되었다.

테러리즘 테러와 같은 명백한 인간 파괴행위의 만연이 제2차 세계대전 후 지난 수십년 동안 세계 평화를 위협하는 문제가 되었다. 테러는 분리주의 운동이나 민족주의 운동, 이란의 호메이니, 리비아의 카다피와 같은 과격한 민족주의 지도자들의 전술이기도 하였다.

테러는 사회적 불만의 분출 또는 민족적 종교적 갈등에 대한 간편한 해결방식이라 할 수 있다. 1970-1990년대의 불법 테러행위는 흔히 과격분자의 소행이었다. 예를 들면 실망한 젊은이들에게 혁명적 감정을 불러일으키기 위해 시작된 1970년대 독일의 소위 '적군파'의 폭탄세례와 은행강도, 1972년 뮌헨 올림픽 때 이스라엘 운동선수들이 살해된 사건, 1978년 이탈리아의 '붉은 여단'(旅團)에 의해 이탈리아 정치가 모로Aldo Moro(1916-1978)가 납치·살해된 사건, 1985년의 로마 공항에서의 이스라엘행 탑승객 살해, 반복된 민간항공기의 공중납치, 그리고 1985년 지중해 유람선 아킬레 라우로 Achille Lauro 호의 납치, 1988년 스코틀랜드 러커비Lockerbie 상공에서의 팬암 제트 항공기 폭파, 1993년 뉴욕시 세계무역센터 폭파, 1995년 오클라호마시 연방건물 폭파 등이 전형적인 테러였다.

테러리스트의 수는 많지 않지만 테러의 복잡성과 익명성 때문에 후기 산업사회는 테러에 매우 취약하다. 기업 고위간부나 정치가를 살해한 독일 테러리스트나 독립운동을 주장하는 바스크 테러리스트의 경우와 같이 테러리스트는 정권 자체를 장악하려는 것이 아니라 오히려 정부당국자에게 탄압 조치를 취하도록 함으로써 대중과 정부를 유리시키려는 것을 목표로 삼고 있다.

북스페인의 바스크족, 가톨릭 과격파 및 '북아일랜드 공화군'(Irish Republican Army, IRA), 팔레스티나의 PLO 등은 정치 목적이 명확한 테러를 자행하였다. 테러로 목적을 달성하는 경우는 드물지만 비행기 납치, 대형 건물 폭파, 일반 시민의 학살을 통해 안전점검 강화나 무장경찰의 배치 등을 유발하여 현대인의 생활을 불편하고 위험한 것으로 만드는 것이 사실이다.

■ 더 참고할 책 ■

제15장 변화하는 세계

Aron, Raymond, *The Dawn of Universal History* (Praeger).

Barraclough, Geoffrey, *An Introduction to Contemporary History* (Penguin).

Baumer, Franklin, *Modern European Thought* (Macmillan).

Calvocoressi, P., *International Politics since 1945* (Praeger).

Dutt, R. Palme, *Problems of Contemporary History* (New World).

Goff, Richard, et al., *The Twentieth Century : A Brief Global History,* 5th ed. (1998).

Howard, Michael, and William Roger Louis, eds., *The Oxford History of the Twentieth Century*(1998). 국역 『20세기의 역사』(2000).

Jaspers, Karl, *Man in the Modern Age* (Anchor).

Keylor, William R., *The Twentieth-Century World. An International History* (1984).

Kumar, Krishan, *Prophecy and Progress* (Penguin).

Quigley, C., *The World since 1939,* rev. ed. (Collier).

Roszack, Theodore, *Unfinished Animal: The Aquarian Frontier and the Evolution of Consciousness* (Colophon).

이주영 외 『서양현대사: 제2차 세계대전에서 현재까지』(1994).

1. 새로운 아시아

Anderson, Benedict, *Imagined Communities: Reflections on the Origin and Spread of Nationalism* (1983).

Barnett, Richard, *The Alliance: America-Europe-Japan, Makers of the Post-War World* (1983).

Black, C. E., *Dynamics of Modernization* (Torchbooks).

Butwell, R., *Southeast Asia Today and Tomorrow* (Praeger).

Cooper, C., *The Lost Crusade: America in Vietnam* (Premier).

Dean, V. M., *Nature of the Non-Western World* (Mentor).

Duiker, W. J., *The Rise of Nationalism in Vietnam, 1900-1941* (Cornell).

Erikson, E., *Gandhi's Truth* (Norton).

Fairbank, John K., *The United States and China,* rev. ed. (Compass).

Fischer, L., *Gandhi* (Mentor).

Griffith, W. E., *The Sino-Soviet Rift* (MIT).

Hardgrave, Robert, Jr., and Stanley A. Hardgrave, *India: Government and Politics in a Developing Nation,* 4th ed. (1986).

Houn, F. W., *A Short History of Chinese Communism* (Spetrum).

Kearney, R. N., *Politics and Modernization in South and Southeast Asia* (Halsted).

Legge, J. D., *Indonesia* (Spectrum).

Mehta, Ved, *Portrait of India* (Penguin).

Neill, W. T., *Twentieth Century Indonesia* (Columbia).

Schram. Stuart, *Mao Tse-tung* (Penguin).

Shaplen, R., *The Lost Revolution: The U. S. in Vietnam, 1946-1966* (Colophon).

Tuan-Sheng, C., *The Government and Politics of China* (Harvard).

Wallbank, T. W., *India in the New Era* (Scott, Foresman).

Ward, Barbara, *Interplay of East and West* (Norton).

Wasserstrom, Jeffrey N., and Elizabeth J. Perry, eds., *Popular Protest and Political Culture in Modern China,* 2nd ed. (1994).

Wilber, D. N., *Pakistan Yesterday and Today* (Holt).

Wolpert, S., *India* (Spectrum).

Zagoria, D., *The Sino-Soviet Conflict, 1956-1961* (Atheneum).

▶ 자료

Borthwick, Mark, ed., *Pacific Century: The Emergence of Modern Pacific Asia.*

2. 변화하는 제3세계

Albertini, Rudolf von, *Decolonization. The Administration and Future of the Colonies, 1919-1960,* tr. Francisca Garvie (1982).

Alexander, R. J., *Today's Latin America,* 2nd ed. (Anchor).

Ansprenger, Franz, *The Dissolution of the Colonial Empires* (1989).

Bernstein, H., *Venezuela and Colombia* (Spectrum).

Carter, G. M., *Independence for Africa* (Praeger).

Carter, G. M., ed., *Politics in Africa: Seven Cases* (Harcourt).

Chamberlain, M. E., *Decolonization: The Fall of European Empires* (1985).

Cohen, Michael J., *Palestine and the Great Powers 1945-1948,* 2nd ed. (1992).

Cottam, R. W., *Nationalism in Iran* (Pittsburgh)

Cowan, L. G., *The Dilemmas of African Independence,* rev. ed. (Walker).

Cumberland, C. C., *Mexico: The Struggle for Modernity* (Oxford U.P.).

Davidson, Basil, *The Black Man's Burden: Africa and the Curse of the National State* (1992).

Davidson, R. H., *Turkey* (Spectrum).

Emerson. R., and M. Kilson, *The Political Awakening of Africa* (Prentice Hall).

Fagg, J. E., *Cuba, Haiti, and the Dominican Republic* (Spectrum).

Gwynne, R. N., *New Horizons? Third World Industrialization in an International Framework* (1990).

Halperin, M., *The Politics of Social Change in the Middle East and North Africa* (Princeton).

Harari, M., *Government and Politics in the Middle East* (Spectrum).

Hatch, J., *A History of Postwar Africa* (Praeger).

Kalb, Madeline, *The Congo Cables. The Cold War in Africa—From Eisenhower to Kennedy* (1982).

Keen, Benjamin, *Latin American Civilization: History and Society, 1492 to the Present,* 6th ed. (1996).

Lapping, Brian, *End of Empire* (1985).

Mckay, V., *Africa in World Politics* (Greenwood).

Marshall, A., *Brazil* (Walker).

Martin, Phyllis M., and Patrick O' Meara, eds., *Africa*, 3rd ed. (1995).

Mortimer, Robert A., *The Third World Coalition in International Politics* (1980).

Nassiter, Bernard D., *Global Struggle for More: Third World Conflicts with the Rich Nations* (1986).

Neff, Donald, *Warriors at Suez* (1981).

Peretz, Don, *The Middle East Today*, 4th ed. (1988).

Prittie, T., *Israel: Miracle in the Desert*, rev. ed.(Penguin).

Roderiguez, M., *Central America* (Spectrum).

Sharabi, H. B., *Nationalism and Revolution in the Arab World* (Van Nostrand).

Silvert, K., *Chile Yesterday and Today* (Holt).

Skidmore, Thomas E., and Peter H. Smith, *Modern Latin America* (1992).

Smith, Charles, *Palestine and the Arab-Israeli Conflict* (1988).

Szulc, T., *Winds of Revolution: Latin America Today and Tomorrow*, rev. ed. (Praeger).

Witaker, A. P., *Argentina* (Spectrum).

▶ 자료

Mathabane, Mark, *Kaffir Boys: The True Story of a Black Youth' s Coming of Age in Apartheid South Africa*.

3. 냉전과 공존

Armstrong, John A., *Ideology, Politics, and Government in the Soviet Union* (Praeger).

Black, E. E., *The Eastern World since 1945* (Ginn).

Brezezinski, Z., *The Soviet Bloc: Unity and Conflict*, rev. ed. (Praeger).

Brown, Colin, and Peter J. Mooney, *Cold War to Détente, 1945-1980* (1981).

Crankshaw, Edward, *Khuruschev's Russia* (Penguin).

Crossman, Richard H., ed., *The God That Failed* (Vintage).

Donovan, J. C., *The Cold Warriors: A Policy Making Elite* (Heath).

Gaddis, John Lewis, *Strategies of Containment: A Critical Appraisal of Postwar American National Security Policy* (1982).

Graebner, N. A., ed., *The Cold War: Ideological Conflict or Power Struggle?* (Heath).

Graebner, N. A., *Cold War Diplomacy* (Anvil).

Kuniholm, Bruce, *The Origins of the Cold War in the Near East* (1980).

Lafeber, Walter, *America, Russia, and the Cold War, 1945-1992*, 7th ed. (1993).

Lukacs, John, *A New History of the Cold War*, 3rd ed. (Peter Smith).

Mandelbaum, Michael, *The Nuclear Revolution: International Politics before and after Hiroshima* (1981).

Meray, T., *Thirteen Days that Shook the*

Kremlin (Praeger).
Motley, Philip, *The Kremlin and World Politics* (Vintage).
Nove, A., *The Soviet Economy* (Praeger).
Salvadori, M., *NATO: A Twentieth Century Community of Nations* (Peter Smith).
Schwartz, Harry, *The Red Phoenix: Russia since World War II* (Praeger).
Taubman, William, *Stalin's America Policy. From Entente to Detente to Cold War* (1982).
Ulam, Adam B., *Expansion and Coexistence: The History of Soviet Foreign Policy, 1917-1967* (Praeger).
Wittner, L., *Cold War America: From Hiroshima to Watergate* (Praeger).
Wolff, R. L., *The Balkans in Our Time* (Norton).

4. 서방사회의 변화

Ardagh, John, *France in the 1980s* (1987).
Aron, Raymond, *The Imperial Republic: The United States and the World, 1945-1973* (Meridian).
Aron, Raymond, *France, the New Republic* (Oceana).
Berger, Suzanne, ed., *Organizing Interests in Western Europe: Pluralism, Corporatism, and the Transformation of Politics* (1981).
Dahrendorf, Ralph, *Society and Democracy in Germany* (Vintage).
Goldman, Eric F., *The Crucial Decade and After: America, 1945-1960* (Vintage).
Grindrod, Muriel, *The Rebuilding of Italy: Politics and Economics, 1945-1955* (Oxford).
Grosser, Alfred, *The Western Alliance: European-American Relations since 1945* (1983).
Grosser, Alfred, *The Federal Republic of Germany* (Praeger).
Hennessy, Peter, and Anthony Seldon, *Ruling Performance: British Governments from Attlee to Thatcher* (1987).
Henriksen, Margot A., *Dr. Strangelove's America: Society and Culture in the Atomic Age* (1997).
Hoffmann, Stanley, et al., *In Search of France* (Torchbooks).
Hooper, John, *The Spaniards: A Portrait of the New Spain* (1987).
Hughes, H. S., *The United States and Italy*, rev. ed. (Norton).
Kavanagh, Dennis, and Anthony Seldon, eds., *The Thatcher Effect* (1989).
Laqueur, Walter, *Europe since Hitler* (1982).
Laqueur, Walter, *The Struggle for the Middle East* (Penguin).
Macridis, Roy C., *French Politics in Transition* (Winthrop).
Mayne, Richard, *The Recovery of Europe: 1945-1973* (Anchor).
Merkl, Peter H., *The Federal Republic at Forty* (1989).
Middlemas, Keith, *Power, Competition and State*, vol. 1: *Britain in Search of Balance, 1940-1961* (1986).

Milward, Alan S., *The Reconstruction of Western Europe, 1945-1951* (1984).

Pickles, D., *Fifth French Republic*, 3rd ed. (Praeger).

Postan, M. M., *An Economic History of Western Europe, 1945-1964* (Barnes & Noble).

Riddle, Peter, *The Thatcher Decade: How Britain Has Changed during the 1980s* (1989).

Sampson, Anthony, *Anatomy of Britain Today*, rev. ed. (Colophon).

Schoenbrun, D., *Three Lives of Charles de Gaulle* (Aneneum).

Sidney, H., *A Very Personal Presidency* (Atheneum).

Sorenson, T. C., *Kennedy* (Bantam).

Takaki, Ronald, *A Different Mirror: A History of Asian Americans* (1989).

White, T. H., *Fire in the Ashes* (Apollo).

White, T. H., *The Making of the President, 1968* (Signet).

Williams, P., *Crisis and Compromise* (Anchor).

5. 양극체제의 종말

Ash, Timothy Garton, *The Polish Revolution: Solidarity* (1984).

Blussé Leonard, et al., eds., *History and Underdevelopment: Essays on Underdevelopment and European Expansion in Asia and Africa* (1980).

Burguiére, André, et al, *A History of the Family*, 2 vols. (1996).

Caplan, Richard, and John Feffer, *Europe's New Nationalism: States and Minorities in Conflict* (1996).

Cohen, Joel E., *How Many People Can the Earth Support?* (1997).

Craig, Gordon, *The Germans* (1983).

Foster, John Bellamy, *The Vulnerable Planet: A Short Economic History of the Environment* (1994).

Fukuyama, Francis, *The End of History and the Last Man* (1993).

Hay, Margaret Jean, and Sharon Stichter, *African Women South of the Sahara* (1984).

Heidenheimer, Arnold J., Hugh Heclo, and Carolyn Adams, *Comparative Public Policy: The Politics of Social Choice in Europe and America* (Torchbooks).

Helias, Pierre-Jakez, *The Horse of Pride: Life in a Breton Village*, tr. June Guicharnaud (1980).

Hoskins, Geoffrey, *The Awakening of the Soviet Union* (1990).

Hughes, H. Stuart, *Sophisticated Rebels* (1990).

Hulsberg, Werner, *The German Greens: A Social and Political Profile* (1988).

Jarausch, Konrad H., *The Rush to German Unity* (1994).

Keddie, Nikki R., and Beth Baron, eds., *Women in Middle Eastern History: Shifting Boundaries in Sex and Gender* (1992).

Kitzinger, U. W., *Politics and Economics of European Integration* (Praeger).

Krause, L. B., ed., *The Common Market:*

Progress and Controversy (Spectrum).

Lewin, Moshe, *The Gorbachev Phenomenon* (1988).

Liddle, Joanna, Rama Doshi, *Daughters of Independence: Gender, Caste, and Class in India* (1986).

Maier, Charles S., *Dissolution: The Crisis of Communism and the End of East Germany* (1997).

Mandelbaum, Michael, *The Dawn of Peace in Europe* (1997).

May, Elaine Tyler, *Homeward Bound: American Families in the Cold War Era* (1988).

Parker, Geoffrey, *The Logic of Unity* (Vintage).

Rose, Margaret A., *The Post-modern and the Post-industrial: A Critical Analysis* (1991).

Silber, Laura, and Allan Little, *The Death of Yugoslavia* (1995).

Simon, Julian I., *Population Matters: People Resources, Environment and Immigration* (1990).

Unwin, Derek W., *The Community of Europe: A History of European Integration since 1945* (1991).

Wang Gungwu, ed., *Global History and Migration* (1997).

Waters, Malcom, *Globalization* (1995).

Whitfield, Stephen, *The Culture of the Cold War* (1991).

Wolfe, Margery, *Revolution Postponed: Women in Contemporary China* (1985).

▶ **자료**

Ash, Timothy Garton, *The Magic Lantern: The Revolution of '89 Witnessed in Warsaw, Budapest, Berlin, and Prague.*

De Beauvoir, Simone, *Memoirs of a Dutiful Daughter,* tr. James Kickup.

Gorbachev, Mikhail, *Perestroika: New Thinking for Our Country and the World.*

※ 더 참고할 책의 최신 목록은 〈**blog.daum.net/chasworldhistory**〉 참조

제16장

현대세계의 문화

퐁피두센터(렌조 피아노와 리차드 로저스, 1977)

주요연대

1870-1900	인상주의
1900	프로이트『꿈의 해석』
1903	최초의 비행기
1905-1930	큐비즘
1913	스트라빈스키『봄의 의식』
1918	슈펭글러『서양의 몰락』
1919	바우하우스파 설립
1920-1930	'잃어버린 세대'의 작가들
1920-1925	초현실주의와 다다이즘
1921	비트겐슈타인, *Tractatus Logico-philosophicus*
1922	엘리엇『황무지』
1922	조이스『율리시즈』
1930-1940	신(新)리얼리즘
1937	피카소「게르니카」
1939	스타인벡『분노의 포도』
1943	사르트르『존재와 허무』
1943-1956	폴록의 추상적 표현주의
1946	오웰『동물농장』
1949-1950	시몬느 드 보봐르『제2의 성』
1952	수소폭탄
1952	베케트「고도를 기다리며」
1953	DNA의 발견; 폴리오 백신 발견
1954	에렌부르크『녹음』
1957	소련 스푸트니크 발사
1957	파스테르나크『지바고』
1959	그라스『양철 북』
1960-65	앤디 와홀의 '팝 예술'
1967	펜『보니와 클라이드』
1968	파리의 학생폭동; 루터 킹 암살
1969	유인 우주탐사선의 달 착륙
1972	베르톨루치『파리의 마지막 탱고』
1974	솔제니친『수용소 군도』
1984	인도 보팔에서 유독 가스 유출
1986	에이즈 바이러스, 아프리카 이외의 지역에서 발견
1986	미국 우주선 챌린저호 공중폭발
1986	소련 체르노빌 발전소 핵 사고
1989	엑손 사의 '발데스 호' 기름 유출사고
1992	리우 환경회의

19세기의 마지막 20여년간 유럽 사회는 새로운 진보의 시대에 진입한 것처럼 보였다. 산업 팽창, 생활수준 향상, 교육과 취업의 확대, 예술의 독창성과 대중문화의 다양성 등 유럽문명은 새로운 방향으로 나아가는 것 같았다. 그러나 제1차 세계대전으로 유럽 사상계는 비관과 혼돈에 빠지고 절망 속에 방황하였다. 20세기 철학·문학·예술은 바로 이러한 혼돈으로부터의 탈출을 특징으로 한 것이었다.

20세기 문화의 경향은 이미 세기 전환기의 많은 저술과 작품에 나타났다. 그리하여 이 경향은 1차대전에서 2차대전에 이르는 기간 더욱 탄성을 얻어 많은 분야에서 두드러진 업적을 냈다.

예술인과 지식인들은 1920년대의 번영을 자신할 수 없었다. 자연과학과 사회과학에서 대담하고도 도발적인 이론들이 나와 전통적 가치관에 회의를 던졌다. 심리학 · 문학 · 미술 분야는 전통적인 규범의 틀을 깨고 비합리와 초현실 세계를 탐구하였다. 상업적인 대중문화 역시 19세기적 문화기준을 뛰어넘는 파격적인 것이었다.

무엇보다도 현대문명을 가장 특징적으로 만든 것은 자연과학의 경이로운 발전이었다. 자연과학은 방대한 양의 사실적 지식 축적을 바탕으로 새로운 사고를 뒷받침하였다. 동시에 추상적인 이론과 사색(思索)은 사실 탐구의 출발점을 마련하였다. 지식분야는 더욱 세부적으로 분화(分化)되는 동시에 좀더 고차원적인 종합을 지향하게 되었다.

한편 20세기의 정보통신혁명은 전지구를 하나의 생활권으로 축소시켰다. 세계는 컴퓨터와 인터넷으로 상호 연결되고 인류공동체적 가치관을 공유하게 되었다. 국경 없는 경제활동, 전세계에서 동시적으로 유행하는 패션, 문화와 사상의 초국가적 교류는 국민국가의 개념을 희석시켰다.

20세기말에 인구정책, 위생보건, 환경문제 등이 인류의 공통 관심사인 '세계문제'가 되었으며 그 해결을 위해 범국가적 차원의 국제적 협력을 모색하기에 이르렀다.

1. 새로운 문화

19세기말부터 20세기초에 과학 · 철학 · 예술에서 암시된 새로운 방향은 1920년대에 더욱 큰 활력을 얻어 많은 분야에서 주류를 이루었다. 표현주의 · 다다이즘 · 초현실주의는 전통적인 규범이나 사고의 틀을 깬 대담한 실험이었다. 자연과학에서는 자연의 복잡성을 파헤치고 이론적 원리를 수립했으며 사회이론에서는 권력과 이해관계를 강조하는 현실문제를 다루게 되었다.

제2차 세계대전 후에는 예술적 독창성이 분출하여 모든 분야에서 새로운 경향과 양식이 실험적으로 나타났다. 전후 유럽 예술가들은 전쟁 중의 어두운 체험을 작품에서 표현하였다. 전체주의 정부가 금지했던 순수 예술운동이 활성화되고 미국으로 망명한 지식인과 예술인들이 문화 부흥을 자극하였다. 1950년대와 1960년대의 작품은 전전 시기의 전위예술을 계승하여 한층 독자적 발전을 하였다.

또한 20세기 후반에는 역동적인 대중문화가 세계적으로 확대되었다. 대중문화는 점차 현대 사회와 생활 속으로 편입되어 새로운 문화 형성에 기여하였다.

A. 문학

제1차 세계대전 후에서 제2차 세계대전 발발에 이르기까지 세계문학은 철학 사조와 동일한 경향을 보였다. 주요한 소설가 · 시인 · 극작가들은 사회적 현실에 관심을 갖고 인류사회의 운명과 희망에 관해 성찰하였다. 문인들은 제1차 세계대전 때 벌어진 잔학성에 환멸을 느끼고 전후에 이상주의의 후퇴를 개탄하는 작품을 내놓았다. 동시에 그들은 경이적인 과학기술 발전의 영향과 함께 특히 내적 세계의 심층에 파고드는 새로운 심리학의 영향을 받았다.

제1차 세계대전은 유럽 지식인의 정신적 경험세계를 확대하는 계기가 되었다. 전전(戰前)에 가히 혁명적이라 생각된 사상이나 표현방식이 전후에는 일반대중에게까지 상투적인 것으로 받아들여졌다. 4년간의 전쟁이 준 사회 · 심리적 충격은 사고와 표현의 전통적인 패턴에 영향을 주어 사람들은 새로운 방식을 기대하게 되었다. 전후에는 상층 부르주아 중심의 문화전통이 거부되고 새로운 생활현실을 표현하는 길이 모색되었다.

영국이나 스페인 문인들은 전통적인 고립주의를 벗어나 유럽대륙과의 연관성을 의식하면서 활동하였다. 케임브리지 중심의 '블룸즈베리 서클' Bloomsbury Circle은 1914년 이전과 달리 프랑스 회화, 러시아 무용, 빈의 정신분석학 등을 도입하였다. 스페인 역시 1920년대에 오랫동안의 문화적 고립에서 벗어났으며 철학자 오르테가 이 가세트José Ortega y Gasset(1883-1955)와 같이 유럽 대륙에 널리 영향을 끼치는 지식인들을 배출하였다.

문화면에서 1920년대는 대담한 혁신의 시기였으며 '현대적 기질'이 궁극적으로 승리한 시기였다. 그러나 문학에서는 냉소주의와 비관론이 지배적이었다. 그것은 이른바 '잃어버린 세대' (Lost Generation)로서 깨어진 이상과 함께 전장(戰場)에서 돌아온 젊은이들의 고뇌를 대변한 것이었다.

제2차 세계대전 후에는 1930년대와 1940년대의 독재와 전쟁, 전후의 좌절

등을 생생하게 묘사하는 이른바 신(新)사실주의(neo-realism)가 한때 유행하였다. 특히 이탈리아의 사회개혁가 실로네Ignazio Silone(Secondo Tranquilli, 1900-1978), 소설가 모라비아Alberto Moravia(1907-1989)의 소설에서는 대중의 고뇌가 생동감 있게 묘사되었다.

독일의 경우 브레히트Bertolt Brecht(1898-1956)의 연극, 뵐Heinrich Böll(1917-1985)의 소설이 동독이나 동유럽의 전쟁 체험을 표현하였다. 뵐은 절망이나 사랑을 날카롭게 풍자한 작품을 발표하여 1972년 노벨 문학상을 수상하였다.

브레히트 시인이기도 했던 브레히트는 연출기법에서 현대 연극개념을 혁명적으로 바꾸어 놓은 마르크스주의 극작가였다.

브레히트의 「3페니 오페라」(1928)는 바일Kurt Weill(1900-1950)에 의해 작곡되었다. 이 곡은 18세기 영국의 「거지 오페라」의 주제를 전후 독일 상황에 맞춘 것이었다. 그것은 날카로운 사회 풍자였다. 히틀러의 관점에서는 확실히 '퇴폐적인 것'이었으며 1933년 이후 브레히트와 바일은 망명할 수밖에 없는 처지에 빠졌다.

어쨌든 「3페니 오페라」는 대중예술의 승리일 뿐 아니라 고급문화계에서도 환영받았다. 이것은 대중문화와 고급문화의 합류라는 1930년대의 새 경향을 암시한 작품이었다.

유럽 문화의 중심 제1차 세계대전 이후 새로운 문화운동은 주로 독일과 프랑스, 특히 베를린과 파리를 중심으로 전개되었다. 독일 사회는 전쟁의 영향을 가장 많이 받았기 때문에 전통을 거부하고 새로운 기운을 기대할 수 있는 환경에 있었으며, 프랑스는 오랜 역사를 가진 유럽 문화의 중심지로서 활기를 띠었다.

독일에서 지배계급의 전전(戰前) 문화는 권위를 상실했고 바이마르 공화국의 문화적 분위기가 활기 넘치고 다양하였다. 특히 베를린은 새로운 혁신운동의 중심으로 부상하였다. 유럽의 초(超)대도시이며 전통의 구속을 받지 않는 베를린은 가장 대담한 실험 문화의 중심이 되었다.

그럼에도 파리는 여전히 유럽 문화의 수도였다. 특히 회화 · 무용 · 연극 · 소설에서 파리의 독보적 지위는 의문의 여지가 없었다. 파리에는 스페인 · 이탈리아 · 러시아 · 미국 등으로부터 재능있는 미술가들이 몰려왔다. 볼셰비키 혁명 이후 수많은 러시아 지식인과 문인, 그리고 파시스트 독재 수립 이후 이탈리아 예술가들이 베를린과 파리에서 문화적 피난처를 찾았다.

이러한 문인들 가운데 소설가 헤밍웨이Ernest Hemingway(1899-1961), 시인 엘리엇T. S. Eliot(1888-1965), 극작가 오닐Eugene O'

헤밍웨이

엘리엇

Neill(1888-1953) 등이 있었다. 헤밍웨이는 『무기여 잘 있거라』(*A Farewell to Arms*, 1929)에서 전쟁의 어리석음과 야비함을 강조하였다. 또 그는 『누구를 위하여 종은 울리나』(1940)에서 대의명분을 위해 스스로를 희생하는 개인의 의미와 존엄을 강하게 표현하였다. 엘리엇은 「황무지」(*The Waste Land*, 1922)에서 전후세대의 환멸을 표현하였다. 오닐의 비관론은 사회의 결함에 대한 것이라기보다 비정상적인 인간본성에 대한 것이었다.

1920년대 문학의 혁신성과 아울러 전통성을 강조하는 작가들이 적지 않았다. 전통적인 작품경향을 보인 프랑스의 지드André Gide(1869-1951)나 영국의 로렌스D. H. Lawrence(1885-1930)조차 관례에 어긋나는 주제와 태도를 보이는 경우가 없지 않았다.

이 밖에 헉슬리Aldous Huxley(1894-1963), 레마르크Erich Maria Remarque(1898-1970), 드라이저Theodore Dreiser(1871-1945), 루이스Sinclair Lewis(1885-1951), 토마스 만Thomas Mann(1875-1955) 등이 1920년대에 중요한 문학작품을 발표하였다.

제1차 세계대전에 종군했던 독일 작가 레마르크의 『서부전선 이상 없다』(*Im Westen Nichts Neues*, 1929)는 헤밍웨이의 소설보다 더 적절하게 전쟁의 공포와 무의미함을 묘사하였다. 그는 스위스를 거쳐 미국으로 망명했으나 가장 영향력 있는 유럽 반전(反戰)소설가로 평가받았다.

드라이저는 자신의 결정론적 철학을 『아메리카의 비극』(1925)에서 가장 잘 표현하였다. 루이스는 『메인 스트리트』(1920)에서 작은 도시의 좁고 저속한 골목을 묘사했고 토마스 만은 『마(魔)의 산』(1924)에서 인위적이며 퇴폐적인 사회 때문에 가치전도와 환멸을 일으키는 과정을 심리적으로 분석하였다.

참여문학 1930년대에 이데올로기적 참여 성향은 젊은 작가와 기성작가들에게서 동시에 나타났다. 기성작가인 토마스 만은 나치가 집권하기 이전에 이미 참여문학에 큰 관심을 가지고 있었다. 독일의 가장 영향력 있는 비(非)유대인 작가였던 그는 나치에 의해 추방되었다.

1933-1943년 토마스 만은 스위스와 미국에서 망명생활을 하면서도 작품을 계속 발표하였다. 그는 구약성서의 요셉 형제에 관한 이야기를 소설화하였다. 요셉에 관한 소설은 성서적 주제를 현대 이데올로기적 맥락에서 다룬 것으로 부르주아적 휴머니스트인 자신의 이미지를 담고 있는 소설이었다. 현대석 차원에서 표현된 신화적 인물을 통해 그는 나치가 유린한 인간의 가치 회복을 추구하고, 박해당하는 유대인과 개인적 유대를 강화하고자 하였다.

사회참여와 윤리의식이 강한 작가 중에는 프랑스와 영국의 가톨릭계 작가들이 있었다. 특히 프랑스의 모리악François Mauriac(1885-1970)과 영국의 그린Graham Greene(1904-1991) 등이 주도적 위상을 차지하고 있었다. 그들은 작품을 통해 종교적 개종을 설득하거나 구원의 메시지를 설교하는 종교가라기보다는 인간성이 철저히 남용되었다고 평가하는 비관론자였다. 간통이나 가족의 반목을 다룬 소설에서 그린은 약하고 죄 많은 인간, 가냘픈 희망을 신의 은총에서 얻으려 하는 인간의 이미지를 묘사하였다.

1930년대 사회참여 문학의 정신은 시에서도 느낄 수 있었다. 영국의 젊은 시인 오든W. H. Auden(1907-1973), 스펜더Stephen Spender(1909-1983) 등은 단순하고 서정적인 언어로 된 시에서 나아가 사회적 주제를 다루는 것을 서슴지 않았다.

프랑스에서는 한때 초현실주의 시인이었던 엘뤼아르Paul Éluard(1895-1952)와 아라공Louis Aragon(1897-1983)이 공산주의로 전향하였다. 두 사람은 시를 혁명적 힘으로 간주하고 일상적으로 사용되는 언어에 가깝게 시어(詩語)를 사용하였다. 아라공은 전후 정치적 논쟁에 휘말려 자신의 예술에 손상을 입었으나 이에 반해 엘뤼아르는 서정적 재능에 충실하면서 음악적 성격을 견지했기 때문에 1952년 사망할 즈음에 프랑스의 가장 유명한 시인이 되었다.

초현실주의 전후 일부 예술가, 특히 초현실주의자들은 프로이트 정신분석이론을 작품활동에 직접 응용하였다. 1924년초현실주의 선언에서 브르통André Breton(1896-1966)은 문학과 미술이 잠재의식에서 해방되어야 한다고 주장하였다.

인간 부조리를 탐구하는 경향이 산문과 시 분야에서도 나타났다. 프루스트Marcel Proust(1871-1922), 카프카Franz Kafka(1883-1924), 조이스

카프카

James Joyce(1882-1941) 등의 소설작품을 통해 문체와 내용의 변화가 뚜렷하게 나타났다. 사후에 프루스트는 프랑스어 문체를 완성한 위대한 작가로 찬양되었다. 20세기 최대 걸작이라고 평가된 소설 『잃어버린 시간을 찾아서』(*A la Recherche du temps perdu*)는 파리 상층계급의 삶을 섬세하게 묘사하는 가운데 인간의 고뇌를 절묘하게 표현한 일종의 자전적인 작품이었다. 독백(獨白) 형식으로 구성된 이 소설은 주인공이 겉으로 드러나지 않고 감정의 흐름으로만 전개되는 특이한 것이었다.

카프카는 프라하에서 태어난 독일어 작가로 40세에 폐병으로 죽으면서 사후 자신의 원고를 불태워 버리라는 유언을 남겼다. 그러나 친구(Max Brod)는 유언과 달리 원고를 없애지 않았고 그의 작품은 고뇌에 찬 현실을 환상적 수법으로 묘사한, 현대적 감각이 물씬 풍기는 소설로 평가받았다. 『심판』(1925)은 주인공이 체포되고 자인할 수 없는 죄목으로 처형되는 과정을 묘사한 심리소설이다. 이 소설은 전체주의 국가에서 나타나는 죄의식의 심리를 추구한 것이다.

아일랜드 소설가 조이스는 정신분석학의 깊은 영향을 받아 『율리시즈』(*Ulysses*, 1922)에서 개인 의식의 흐름을 묘사하여 국제적 명성을 얻었다. 이 작품은 더블린 중산층 시민의 삶에서 하루 사이에 일어나는 일들을 묘사한 것이다. 그것은 의식의 흐름 속에 온갖 말과 풍자, 시적 언어 등의 끊임없는 나열로 이루어져 있다.

소련에서는 예술에 관한 공식적 지침 아래 창작이 이루어졌으므로 심미적 관점에서 좋은 문학 작품을 기대하기 어려웠다. 다만 예외적으로 1920년대말 소설가 숄로호프Mikhail Sholokhov(1905-1984)는 『고요한 돈 강』(1929)에서 서사시 수준의 '사회주의적 리얼리즘'을 달성했으며 1965년 노벨상을 수상하였다.

제임스 조이스: 『율리시즈』를 처음 출판한 셰익스피어사 사장 실비아 비치(왼쪽)와 함께

연작 대하소설 1930년대 프랑스에서는 대하소설(romans-fleuves)이 유행하였다. 가장 유명한 것은 로맹Jules Romains(1885-1972)의 『선의의 사람들』(*Les Hommes de bonne volonté*)이다. 로맹은 인간 집단의 통합원칙을 개인의 개성보다 중시하였다. 그는 1940년 프랑스가 독일에게 점령된 후 미국으로 건너갔다. 이 소설은 1932년 쓰기 시작하여 제2차 세계대전 발발 당시에는 이미 18권에 달하였고 언제 끝날지 알 수 없는 장편소설이 되었다.

이 저작을 통해 로맹은 인간을 함께 연결하는 동포애, 즉 한 사람의 인생이란 의도(意圖)와 상관없이 다른 사람의 인생과 얽혀 있음을 말하려고 하였다. 그의 소설은 어떤 때에는 연결 고리가 없는 듯하고 줄거리가 중복되는 듯했으나 서사시적 내용은 연작의 절정이라 할 『베르덩』(1938)에서 유감없이 표현되었다.

마르탱 뒤 가르 대하소설을 쓴 또다른 작가로 지드의 친구인 뒤 가르Roger Martin du Gard(1881-1958)가 있다. 그는 프랑스의 상류 중산층의 가정생활을 다룬 소설 『티보 가의 사람들』(*Les Thibaults*)을 썼으며 1937년 노벨 문학상을 수상하였다.

마르탱 뒤 가르는 이 소설을 1920년대에 쓰기 시작하여 약 5년간 절필했다가 1936년 다시 발표하기 시작하면서 주제가 바뀌고 말하고자 하는 기조 역시 달라졌다. 앞서의 작품에서는 아버지와 아들, 사춘기의 성, 개업 의사의 이야기 같은 비정치적 주제를 다룬 것이었으나 후기 작품은 이데올로기적 논쟁에 무게를 두고 사회적 신념과 전쟁혐오증을 다루었다.

1940년에 끝난 그의 연작(連作)에는 완전한 절망의 색깔이 짙었다. 작가는 자신의 나라나 서방 전체에 대해 아무런 희망이 없다고 보았고 말세에 다가서고 있다고 진단하였다.

1930년대의 낙관주의 1930년대 문학에는 1920년대의 경우와 달리 낙관주의가 감돌기는 했으나 그럼에도 그것은 매우 조심스러운 것이었다. 어떤 작가는 저속 · 비극 · 고뇌를 묘사했으며 또다른 작가는 비극이나 죽음에서조차 아름다움을 발견하려고 하였다.

버지니아 울프

1930년대에 이르러 현대문학은 새 국면에 들어섰다. 경제적 대공황은 문학의 방법과 목적을 재검토하도록 하였다. 경제적 붕괴와 파시즘과 전쟁의 위협 속에서 문인들은 창작활동을 통해 무엇인가 적극적이며 건설적인 의미를 발견하고자 하였다.

버지니아 울프Virginia Woolf(1882-1941)는 자신의 시대에서는 별로 독자층을 확보하지 못했으나 한 세대가 지난 후 매우 영향력 있는 작가로 알려지게 되었다. 그는 정치적 활동가이며 영국 지식계에서 유명한 여권운동가였다.

버지니아 울프의 소설 『자기자신의 방』(*A Room of One's Own*, 1929)은 여성의 가치관을 섬세하게 파헤치고 여성의 지적 예속감을 설명하려고 하였다.

자서전적 작품을 쓴 미국 소설가 토마스 울프Thomas Wolfe(1900-1938)는 『시간과 강』(*Of Time and the River*, 1935)에서 스스로를 의식하고 미국과 그 밖의 세계의 관계, 또는 파시즘 · 성(性) · 죽음 등에 대해 예리하게 묘사하였다.

사회고발 문학 사회고발적 성격을 띤 문학의 한 성과로 스타인벡John Steinbeck(1902-1968)의 『분노의 포도』(*The Grapes of Wrath*, 1939)가 나왔다. 이 소설에서 그는 역경 속에 있는 빈곤한 농민의 모습을 묘사하였다.

셔우드Robert Sherwood(1986-1955)의 연극, 말로André Malraux (1901-1976)의 소설은 폭정과 부정(不正)에 항거하는 투쟁이 인생에 의미를 부여하는 것임을 강하게 시사하였다. 셔우드의 『밤은 없다』(*There Shall Be No Night*, 1940)는 1938-1940년의 러시아 침공에 대한 핀란드 국민의 싸움을 형상화한 것이었다.

말로 1930년대에 이데올로기 소설의 전통을 확대시킨 것은 프랑스 작가와 영국작가들이다. 이들의 다수는 마르크스주의를 신봉했는데 사회주의자라기보다 차라리 공산주의자였다.

공산주의 작가 중 가장 유명한 사람은 말로였다. 그는 성격상 모험심이 강하고 투쟁적이었다. 그의 작품은 초현실주의적 기법과 계급 의식적 태도를 결합한 것으로 시대의 커다란 이데올로기 싸움을 묘사하였다. 그의 『인간의 운명』(*La Condition humaine*, 1933)은 중국 공산당 집권의 첫 시도가 실패한 것을 묘사하였다. 그리고 『인간의 희망』(*L'Espoir*, 1937)은 스페인 내전 때 공화파 군인들의 영웅주의를 묘사하였다.

사실상 스페인 내전은 어떠한 다른 사건보다도 1930년대 이데올로기가 개입한 대표적인 예였다. 유럽 지식인계에서는 이 내전을 사회정의와 인권의 십자군전쟁으로 간주하였다.

그러나 이 희망은 결국 어두운 환멸로 끝났다. 왜냐하면 스페인에서는 공화주의 명분이 공산당에 의해 깨졌으며 소련에서는 스탈린의 공포의 숙청이 자행되었기 때문이다. 공산주의에 환멸을 느낀 작가들은 하나씩 공산주의나 인민전선과 같은 사상에서 멀어졌다. 그 중에는 말로도 있었다. 1930년대말 유럽과 미국에서 이데올로기적 기반을 잃고 새로운 명분을 위해 헤매는 이전의 공산주의자를 보는 것은 흔한 일이 되었다.

1940년대 1940년대 문학은 대체로 1930년대 문학을 계승하였다. 이 시기

프로스트

포크너

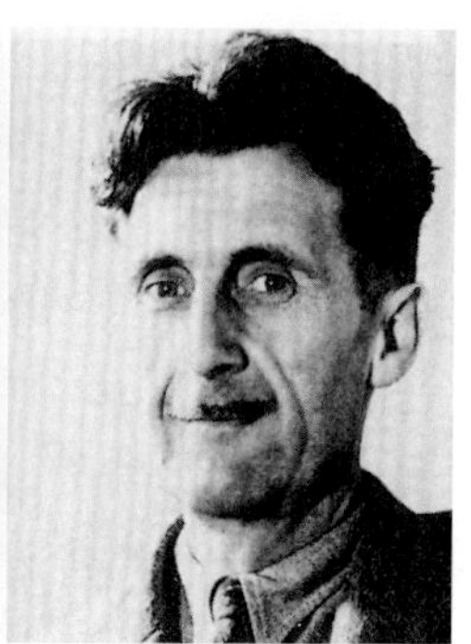
오웰

의 대표적인 미국 문인으로 시인 프로스트Robert Frost(1874-1963)와 노벨상을 받은 포크너William Faulkner(1897-1962)가 있었다. 스스로 농사일을 한 프로스트는 뉴잉글랜드 농촌을 공감적으로 묘사하였고, 포크너는 남부의 후진 지역을 탁월하게 표현하였다. 포크너는 조이스의 영향을 받은 실험적 작품 『소리와 분노』(*The Sound and the Fury*, 1929)를 발표하였다.

메일러Norman Mailer(1923-)의 『벗은 자와 죽은 자』(*The Naked and the Dead*, 1948) 및 존즈James Jones(1921-1977)의 『지상에서 영원으로』(*From Here to Eternity*, 1951) 등은 군대생활의 조잡함과 모순을 사실적으로 묘사한 것이었다.

좌파 작가 중 영국의 오웰George Orwell(Eric Arthur Blair, 1903-1950)은 거의 독보적인 작가였다. 그는 1930년대 후기 작품에서 민중혁명이 스탈린주의 목적 때문에 어떻게 망쳐지는가에 관해 썼다. 오웰에게는 처음부터 좌파 성향의 보통 지식인과 다른 점이 있었다. 그는 무엇보다도 가난과 노동생활을 직접 경험으로 알고 있었고 그런 체험을 통해 명확한 비(非)독단적인 리얼리즘을 유지하였다.

그러나 오웰은 제2차 세계대전 후 파시즘을 비판하고 반(反)공산주의적 소설로 유명해졌다. 공산혁명에 대한 신랄한 풍자소설 『동물농장』(1945)과 전체주의 사회의 비인간화를 다룬 『1984년』(1948)은 일반 대중이 즐겨 읽는 소설이 되었다. 그는 대부분의 지식인이 스탈린 전체주의의 독소를 깨닫게 되는 과정을 추적하여 완벽하게 표현하였다.

제2차 세계대전 후 문학 20세기 중기의 문학사조는 1960년대 이후에도 계속되었다. 우선 20세기 후반 현대문학의 흐름의 하나는 약자와 불행한 자에 대한 정당하지 않은 대우와 사회적 부정의(不正義)에 대한 항의였다.

동시에 현대생활에서 개인이 무의미해지는 것을 고발하는 작품이 나왔다. 러시아의 파스테르나크Boris Pasternak(1890-1960)는 『의사 지바고』

(*Doctor Zhivago*, 1958)에서 이 점을 잘 표현하였다. 셰익스피어와 괴테의 탁월한 번역가이기도 한 그는 1958년 노벨 수상자로 지명되었으나 소련 당국의 압력으로 받지 못하였다.

개인과 집단, 개인과 기존 사회체제의 충돌에서 개인을 두둔하는 문학운동은 미국의 '비트 세대' (Beat Generation)와 영국의 '성난 젊은이들' (Angry Young Men)에서 대변되었다.

현대 문학을 지배하는 또다른 경향은 심리적 좌절과 이상성(異常性)을 묘사한 것이었다. 윌리엄즈Tennessee Williams(1911-1983)의 연극 「뜨거운 양철 지붕 위의 고양이」(*Cat on a Hot Tin Roof*, 1955)는 무지, 사회적 부적응, 심리적 미숙 등으로 인한 운명적인 결과를 묘사하였다.

현대소설의 또다른 특징은 정치소설과 철학소설에서 찾을 수 있다. 예컨대 드러리Alan Drury(1918-1998)는 『자문과 동의』(*Advise and Consent*)에서 대통령과 상원의원들의 개인적 충돌을 묘사하였다. 까뮈Albert Camus(1913-1960)는 『이방인』(*L'Étranger*, 1942) 등 철학적 소설을 통해 현대사회에서 볼 수 있는 실존적 인간의 모습을 묘사했으며 미국 단편작가 포터Katherine Anne Porter(1890-1980)는 그의 유일한 소설 『우인선(愚人船)』(*Ship of Fools*, 1962)에서 현대의 인간사회를 냉소적으로 풍자하였다.

B. 미술

현대 회화의 근원은 19세기 프랑스의 전위 미술에서 찾을 수 있다. 여러 화풍을 지닌 전위 미술가들에게서 공통적으로 찾아볼 수 있는 성격은 사실주의에 대한 기피였다.

이러한 사실주의에 대한 기피는 사진이 전파됨으로써 더 심해졌다. 누구나 카메라로 자연풍경이나 인물을 사실적으로 재현할 수 있었다. 사실주의의 관점에서 본다면 사진과 그림의 차이는 없어지는 것이었다. 그러므로 현대 회화계의 관심은 어떻게 하면 현실의 재현이 아닌 '현실의 창조'를 하는가에 모아졌다. 현대 미술은 야수파 · 표현주의 · 큐비즘 · 추상주의 · 다다이즘 · 초현실주의 등 다양한 명칭에도 불구하고 근본적으로 외관적인 사실성을 지양한다는 점에서는 일치하였다. 그러므로 그림은 더 이상 일상세계에서 흔히 보는 대상을 그리지 않고 순수한 색채나 형체로 미를 표현하게 되었다.

사실주의의 극복을 위해 미술가들은 아시아 · 태평양 · 아프리카 사회의 문화 유산을 과감하게 또 풍부하게 수용하였다. 일본 미술의 영향을 받은 드가Edgar Degas(1834-1917), 중앙 아메리카와 타이티Taïti;Tahiti에서 작품

마티스 「삶의 기쁨」 (1905-1906)

활동을 한 고갱Paul Gauguin(1848-1903), 아프리카 미술의 영향을 받은 피카소Pablo Picasso(1881-1973) 등이 대표적인 예이다.

1900년부터 제1차 세계대전 발발 시기까지 10여년간 현대미술은 프랑스의 야수파(野獸派: les fauves)에서 독일과 스칸디나비아의 표현주의에 이르기까지 혁명적 전환을 하였다. 예를 들면 마티스Henri Matisse(1869-1954)는 세잔이 시작한 변형(變形: deformé) 방식을 한층 더 확대시켜, 아름다움이란 화가 개인의 세계관에 따라 창조되는 것이라고 주장하였다.

이러한 변형이 심미적 기준으로 인정됨과 함께 현대미술은 점점 난해해졌다. 12음계와 불협화음을 사용한 작곡이 현대음악을 난해하게 한 것과 같이, 프로이트적 의식세계의 탐구와 애매 모호한 언어구사가 현대문학을 난해하게 한 것과 같이 큐비즘과 표현주의 회화에서 주장한 미(美)·추(醜) 구분의 소멸, 폭력과 비도덕성의 자유로운 수용 등은 현대 미술을 난해한 것으로 만드는 근원이 되었다. 착상의 다양성과 심미적 한계의 확대, 형식과 문체의 혁신성 등과 함께 난해성은 현대 미술의 두드러진 특성이었다. 오늘날 이러한 현대 미술의 실험성이 높이 평가되고 있으나 당대인에게는 파괴적인 것으로 이해되었다. 그것은 본격적 미술과 '천한' 대중문화 사이의 간극을 위험스럽게 확대하려는 시도로 생각되었다.

1930년대에 이르러 현대 회화의 경향을 일반화한다는 것은 거의 불가능해졌다. 그만큼 현대 회화의 범위는 확대되었으며 모든 실험이 다양하게 이루어졌다. 한마디로 전통적인 아름다움과 추함과의 차이는 사라졌다.

칸딘스키 「까만색 아취가 있는 그림」(1912)

그로츠 「우울한 날」(1921)

표현주의 세잔이나 고흐가 시작한 미술운동은 많은 화가에게 영향을 주었다. 특히 작가의 주관적 세계를 표현하려는 표현주의(Expressionism)는 이로부터 발전하였다. 표현주의는 대상을 단순히 주관적 감정의 표현수단으로 환원시키려는 운동으로서 문학의 상징주의에 해당된다. 비평가들은 초기의 표현주의자를 '야수파'라 부르며 경멸하였다.

마티스의 선구적 활동에 힘입어 표현주의 운동은 많은 추종자를 낳게 되었다. 마티스는 아프리카의 원시미술에서 형체를 따오는가 하면 동양미술의 채색법을 모방하여 고도의 장식성을 띤 작품을 제작하였다. 표현주의에 속한 일부 작가들은 색채와 선이 전혀 대상과는 관계없이 내재적인 심리적 속성을 나타낼 수 있다고 믿었다.

그들은 회화에는 주제가 전혀 필요없다고 주장하였다. 이 주장을 대표한 화가는 러시아 출신의 칸딘스키Wassily Kandinsky(1866-1944)이다. 또다른 표현주의 화가들은 전적으로 객관성을 부정했는데, 대표적 화가는 독일의 그로츠Georg Grosz(1893-1959)였다. 그는 형체를 무자비하게 왜곡하고 풍자적으로 묘사하였다.

다다이즘 가장 극단적인 표현주의는 다다파 운동(dadaism)이었다. 제1차 세계대전 중 시작된 다다파 운동은 연극과 미술을 혼합한 작품을 전시하였다.

그들은 이성을 거부하고 아름다움의 기본원리 자체를 부정했으므로 파리 부르주아계급의 분노를 샀다.

프랑스의 뒤샹Marcel Duchamp(1887-1968), 독일의 에른스트Max Ernst(1891-1976), 아르프Jean Hans Arp(1887-1966) 등은 나무토막·유리·금속 파편 등을 오려 붙여 작품을 제작하였다.

뒤샹 「L.H.O.O.Q」(1919)

피카소와 큐비즘 세잔이 시작한 새로운 회화이론을 좀더 철저히 실천한 20세기의 화가가 피카소이다.

스페인 출신으로 1903년 파리에 온 피카소는 큐비즘Cubisme이라는 이름의 미술양식을 발전시켰다. 그의 회화이론에 따르면 모든 인체나 대상은 기하학적 요소로 분해되며 그 재배치는 실제와 다른 형태로 이루어질 수 있다는 것이었다.

큐비즘은 아프리카 조각작품에서 큰 영향을 받았을 뿐 아니라 흔히 해체(解體)를 통해 자연적 형체와 전혀 다른 모양으로 만드는 것이었다. 큐비즘은 한편으로는 현대생활의 혼돈을 상징했으며, 다른 한편으로는 전통적인 형체 개념에 대한 도전을 의미하였다.

기계문명의 강한 영향을 받는 현대생활을 묘사하려는 레제Fernand Léger(1881-1955)와 같은 큐비즘 화가도 나왔다. 그는 강한 색채와 기하학

피카소 「아비뇽의 처녀들」(1907)

피카소 「세 명의 악사들」(1921)

적 형체를 사용하여 피스톤이나 톱니바퀴 등을 표현하였다. '도시'(1919)라는 작품에서 그는 기계주의 시대인 현대의 특색을 잘 표현하였다. 뉴욕시 유엔건물의 거대한 벽화는 그의 작품이다.

미래주의와 초현실주의 제1차 세계대전 후의 비관주의·환멸·반발이 수많은 미술운동에서 표현되었다. 1930년대까지 회화는 대체로 후기 인상파의 전통에 속한 여러 분파에 의해 지배되었다. 미래파(Futurism)는 그 중 하나였다.

미래파는 대전 전부터 일어난 미술운동이었다. 시인·극작가·미술가들이 모여서 결성한 이탈리아 미래파는 과학기술 시대의 새로운 예술을 수립할 것을 천명하였다. 미래파에 따르면 세계는 새로운 아름다움, 즉 속도의 아름다움으로 풍요해졌다는 것이었다. 미래파 선언문은 도서관을 태우고 전통 있는 도시를 파괴하라고 선동하였다. 그러나 미래파 운동은 선언대로 지속되지 않고 자연히 그 중요성은 상실되고 말았다.

더 극단적인 미술운동은 초현실주의(Surréalisme)였다. 이 운동은 1918년경 스페인의 달리Salvador Dali(1904-1989)가 시작함으로써 표면화되었다. 전쟁과 정신분석학의 영향을 받은 이 화파(畵派)는 전후에 상당한 호응을 얻었다.

초현실주의에 따르면 자연계를 묘사하는 것보다 자연에 대한 인간정신의 반응을 묘사하는 것이 목적이었다. 정신분석학적 관점에서는 전통적인 아름

달리 「기억의 지속성」(1931)

폴록「할레」(1946)

백남준「전기로 된 간선 고속도로」(1955)

다움과 추함의 개념이 문제되지 않고 인간의 심층 심리가 표현되어야 한다는 것이었다.

1930년대 이후에 괴기하고 환상적인 현대화는 후퇴하기 시작하고 일반인에게도 이해되기 쉬운 미술이 대두되었다. 새로운 미술운동을 대표하는 작가로서 멕시코의 오로스코José Clemente Orozco(1883-1949)와 벽화가(壁畵家) 리베라Diego Rivera(1886-1957), 미국의 벤턴Thomas Benton(1889-1975)과 우드Grant Wood(1891-1942) 등이 있었다. 그들은 현대세계의 사회상, 특히 농부나 노동자의 모습 등을 상세히 그렸다.

1950년대에 새로운 운동이 일어났다. '추상적 표현주의'(Abstract Expressionism)라 할 수 있는 미술운동으로 미국의 폴록Jackson Pollock(1912-1956), 네덜란드 출신으로 미국에 귀화한 디코우닝Willem de Kooning(1904-1989), 그리고 클라인Franz Kline(1910-1962) 등이 이를 대표하였다. 모든 전통적인 기준을 부정한 이들은 금속·나무토막·종이 등 여러 가지 자료를 동원하여 작품을 제작하였다.

1960년대 이후에는 신다다이즘(Neo-Dadaism), 팝 아트(Pop-art: Popular Art), 카이네틱 아트(Kinetic Art) 등 다각도의 실험적인 미술운동이 일어나 주목을 받았다.

전체주의 예술 1930년대를 전후하여 독일·이탈리아·소련 등 세 나라의 예술은 정치적 목적에 종속되어 경직성을 보였다. 양식상으로는 이른바 신고전주의 또는 '사회주의적 리얼리즘'이었다.

나치는 추상예술과 실험음악, 모더니스트 건축양식과 정신분석학 치료법을 거부하였다. 히틀러는 프로이트 학파를 추방했을 뿐 아니라 독일의 선도적 건축가이며 바우하우스Bauhaus파 창시자인 그로피우스Walter Gropius(1883-1969), 스위스 출신으로 영향력 있는 모더니스트 화가 클레Paul Klee(1879-1940), 러시아 출신 후기 인상파 화가로서 클레와 함께 뮌헨에서 추상파를 창시한 칸딘스키 등을 혐오하였다.

히틀러는 회화·조각·건축에서 메마른 신고전주의를 강요하였다. 이 시도는 1937년 거대한 독일 예술관이 개관되었을 때 구체적으로 나타났는데 이 건물에는 그가 인정한 그림이나 조각품만이 소장·전시되었다. 맞은편 골목길에는 추방당한 1920년대의 이른바 '퇴폐' 미술이 전시되었는데 일반관중은 이 골목길의 전시품을 구경하러 몰려들었기 때문에 정작 예술관은 텅 빈 상태였다.

이탈리아에서도 비슷한 파시스트 양식이 지배하였다. 제국적 사명을 표현하기 위한 목적으로 세운 차갑고 형식적인 건축물은 균형과 장식성, 치밀한 기교를 무시한 채 고전주의의 대칭적 비례를 모방한 것이었다. 파시스트 정권

미래주의 선언

1909년 마리네티Filippo Marinetti(1876-1944)가 파리 신문 『르 피가로』에 발표한 미래주의 선언은 다음과 같다.

1. 우리는 위험을 사랑하고 정력과 두려움을 모르는 습관을 노래하기로 작정하였다.
2. 용기, 대담함, 반항은 우리 시의 본질적 요소가 될 것이다.
3. 지금까지 문학은 명상에 잠긴 고요, 황홀함, 잠자는 것을 찬양해 왔다. 우리는 전투적 행위, 열 받고 들뜬 불면증, 경주자의 큰 보폭(步幅), 죽음을 마다않는 점프, 펀치를 날리고 빰을 갈기는 것을 찬양할 것이다.
4. 세계의 장려(壯麗)함은 새로운 아름다움, 즉 속도의 아름다움으로 풍요해질 것이다. 터지는 듯 숨쉬는 뱀 같은 큰 파이프들로 뚜껑을 장식한 경주차—포도탄 위를 밟고 가는 듯 폭음을 내는 차—는 '사모트라케의 승리'의 여신상보다 더 아름답다.
5. 우리는 차를 모는 사람을 찬양하고자 한다. 그는 정신의 창을 궤도를 도는 지구 너머로 던지는 것이다.
6. 시인은 반드시 열성, 화려, 관용심, 원초적 열정 등으로 자신을 소모해야 한다.
7. 싸움에서가 아니면 더 이상 아름다움은 없다. 공격성 없는 작업은 걸작일 수 없다. 시는 미지의 힘에 대해 격렬하게 공격하고 때려 부수고 인간 앞에 굴복시키는 것으로 생각해야 한다.
8. 우리는 세기의 마지막 부분에 서 있다…. 우리가 바라는 것이 불가능이라는 신비한 문을 쳐부수어야 하는 이 때 어째서 뒤를 돌아보아야 하는가. 시간과 공간은 어제 죽었다. 우리는 절대성 속에 이미 살고 있다. 우리는 영원하고 전능한 속도를 만들어냈기 때문이다.
9. 우리는 세계의 유일한 건강이라 할 전쟁을 비롯해 군국주의, 애국주의, 자유제창자들의 파괴적 언동, 죽음도 마다않는 아름다운 이상, 여성에 대한 멸시 등을 찬양할 것이다.
10. 우리는 박물관, 도서관, 모든 종류의 학술원을 파괴할 것이다. 도덕주의, 여권주의, 모든 기회주의적 · 공리주의적 비겁함과 싸울 것이다.
11. 우리는 작업, 쾌락, 폭동으로 흥분한 위대한 군중에 관해 노래할 것이다. 우리는 현대적 수도에서의 혁명이 마련한 다색(多色), 다음(多音)의 축제를 노래할 것이다. 우리는 작렬하는 전기, 위성(衛星)과 함께 불타는 요새와 조선소의 활기 있는 힘찬 열정을 노래할 것이다. 연기를 뿜어내는 큰 뱀을 삼키는 탐욕스러운 철도 역, 굴뚝의 구부러진 선에 따라 구름에 덮인 공장, 거대한 체조선수처럼 강물 위에 버티고 서 있는, 태양 속에 칼날처럼 번쩍이는 다리, 지평선상에서 킁킁거리는 모험적인 기선(汽船), 관(管)의 고삐를 단 커다란 철마의 발굽과 같이 바퀴가 철길을 할퀴는 가슴 두툼한 기관차, 프로펠러를 깃발처럼 바람에 나부끼면서 열광적인 관중처럼 환호하는 듯한 날씬한 비행기—우리는 이 모든 것을 찬양할 것이다.

의 문화적 표현으로서 가짜 고전주의는 유럽인에게 큰 감동을 주지 못하였다. 그것은 한낱 체제의 부분에 불과하였다.

소련도 역시 비슷한 경향에 휩쓸렸다. 건축이 선도한 경향성은 1931년 새 건물 공모에서 나타났다. 상상력이 결핍된, 결혼축하 케이크 모양으로 설계된 신고전주의적 고층건물이 당선되었다. 소련 예술이 이런 방향으로 돌아선 것은 스탈린 체제의 강요가 낳은 산물이었다. 히틀러와 같이 스탈린 역시 이해하기 힘든 실험미술을 혐오하였다. 그러므로 그는 건축은 반드시 전통양식을 따라야 하고 회화는 묘사적이며 사실적이어야 한다고 확신하였다.

또 음악은 멜로디가 듣기 좋은 것이어야 하며 작가는 반드시 노동자에게 자신감을 불어넣도록 의도된 낙관적인 주제를 다루어야 한다는 것을 법으로 제정하였다.

일반지침은 사회주의의 목표를 촉진하기 위한 이른바 '사회주의적 리얼리즘' 이었다. 이것은 볼셰비키 집권 초기에 예술의 실험성을 환영한 경우와는 상당히 거리가 먼 것이었다. 선전용 소설이나 희곡, 혁명적 사건을 그린 회화, 조잡하고 지나치게 장식적인 건축 등 대부분의 소련 예술은 미적 가치가 없는 것이었다.

기능주의 건축 20세기초반 20-30년간 건축도 역시 혁명적 변화를 겪었다. 건축가는 낡은 형식과 전통을 파괴하는 전혀 새로운 건축물을 설계하였다.

현대 건축 운동은 바우하우스의 개관과 함께 시작되었다. 이는 여러 나라에서 온 건축가 · 디자이너 · 화가들이 모인 단체였다. 독일 바이마르에서 시작했다가 나중에 데사우Dessau로 옮긴 바우하우스는 건축양식과 실내 장식을 창조하는 데 혁신적 성향을 가진 예술가들의 공동체였다. 그들은 20세기의 도시와 산업적 환경에 적합한 독특한 예술을 창조하였다.

그로피우스는 바우하우스의 초대 관장이었다. 그의 건축이론은 바우하우스파 운동의 지침이 되었으며 현대건축 일반에 통용되는 원칙이 되었다. 바우하우스파의 건축 설계는 형태와 관련된 기능을 강조한 것이었다. 그것은 토목기술과 예술의 결합이었다. 그로피우스의 건축양식은 형식과 기능을 융합시켜

미스 「시그램빌딩」(1958)

르 코르뷔지에 「노트르담 듀오」(1950-1956)

특히 유리와 같은 현대적 자재를 사용한 것이 특징이었다. 대표작으로 데사우에 세운 「바우하우스」(1926)와 미국 뉴욕시의 「팬암(Pan Am) 건물」 등이 있다.

두 번째 바우하우스 관장인 미스Ludwig Mies von der Rohe(1886-1969)는 그로피우스만큼 현대건축에 커다란 영향을 끼친 건축가였다. 그의 건축 특징은 강철 구조를 쓰고 유리벽을 쌓는 기법에 있었다. 미스의 작품으로는 시카고와 뉴욕 등 주요도시를 장식한 독특한 유리상자형 고층건물이 있다. 바우하우스파의 건축은 '국제양식'이란 명칭으로 대형 아파트와 사무실 건축에서 1930년대에 전세계를 풍미하였다.

르 코르뷔지에

이에 반해 르 코르뷔지에Le Corbusier(Charles Édouard Jeanneret, 1887-1965)는 현대도시를 살아 있는 기계로 보고 대담한 건축을 설계하여 국제적 명성을 얻었다. 그는 스위스 출신의 프랑스 화가 · 작가 · 건축가로서 베를린의 철근 콘크리트 건물(1911-12), 주네브 국제연맹 건물(1927) 등을 설계하였다. 르 코르뷔지에는 인도 수상 네루Jawaharlal Nehru(1889-1964)의 요청으로 인도 펀자브Punjab 주 새 수도(Chandigarh)의 도시 설계도 하였다. 거기에 그는 현대식 콘크리트 정부청사를 세웠다.

바우하우스와 르 코르뷔지에의 현대건축은 산업주의와 현대도시의 기능에 맞춘 건축이지만 공공건물에 적절한 유리라든지 콘크리트와 같은 차가운 인상을 주는 자재는 일반대중의 정서와 반드시 맞는 것이라 보기는 어려웠다.

그로피우스 「바우하우스」(1925): 바이마르에 세워진 이 건축의 기능주의는 이후 반세기 동안의 국제 양식이 되었다.

프랭크 게리 「구겐하임 빌바오」(1997): 티타늄으로 둘러싸여 있어 우주선처럼 보이기도 하는 이 갤러리는 20세기말 대표적 건축 양식이다.

C. 음악

제1차 세계대전 후의 음악도 환멸로 얼룩진 시대정신을 반영하였다. 음악에서도 회화의 발전방향과 병행하여 새로운 경향이 나왔다. 가장 근본적인 변화는 바그너에서 절정에 달했던 로만주의적 전통에 반기를 든 것이었다.

그러나 물론 음악에서는 회화만큼 전통적인 심미적 기준을 파괴하는 극단적인 실험이 이루어지지는 않았다. 고전적이며 낭만적인 음악에 대한 반기는 인상주의와 표현주의 등 두 운동에서 나타났다.

인상주의 회화의 인상파 운동과 병행하여 시작된 인상주의는 느낌이나 이미지를 암시하기 위해 작곡된 음악이다. 빛 · 바람 등과 같이 부단히 변화하는 것들이 자아내는 자연의 환상적인 아름다움의 순간적 인상을 감각적인 음색으로 표현하고자 하였다.

인상주의 표현은 드뷔시Clause Debussy(1862-1918)의 오케스트라 작품 「봄」(1887)이나 상징파 시인 말라르메의 시를 바탕으로 한 「목신(牧神)의 오후」의 전주곡(1892-1894)에서 가장 잘 나타났다. 그러나 프랑스에서도 인상주의는 오래 지속되지 못하였다.

라벨Maurice Ravel(1875-1938)은 드뷔시의 영향을 받은 가장 유명한 작곡가이다. 그의 음악은 비교적 덜 시적이며 덜 회화적이었다.

스트라빈스키

표현주의 인상주의가 감각적인 효과를 표현하고자 한데 비해 표현주의는 형식에 관심을 가지고 추상적인 것을 표현하려는 경향이었다. 그리고 인상주의가 프랑스에서 일어난데 비해 표현주의는 바그너의 본거지인 독일과 오스트리아에서 발달되었다.

표현주의는 인상주의에 대한 반발이며 동시에 회화의 '분리파' 운동에 자극받은 운동이었다. 그것은 삶에 대한 불안 · 공포 · 죽음 · 황홀 · 괴기한 환상 등을 주제로 하여 독자적인 감정세계를 주관적으로 표현하였다. 하나의 상태 또는 하나의 심리가 비정상적으로 '변형'(déformé)되기도 하였다.

표현주의 음악은 오스트리아의 쇤베르크Arnold Schönberg(1874-1951), 러시아의 스트라빈스키Igor Stravinsky(1882-1971) 등에서 가장 잘 대변되었다. 매우 독창적인 작곡가인 쇤베르크는 나치에 의해 추방된 후 1933년 파리 망명을 거쳐 미국에 귀화하여 로스앤젤레스의 대학에서 강의하였다. 그는 전통적인 격식을 깬 초현대적 음악의 창시자였다. 스트라빈스키는 림스키-코르사코프의 가르침을 받은 현대의 가장 위대한 작곡가 중 한 사람이었다. 발레 음악에는 「불새(火鳥)」(1910), 오페라에는 「오이디푸스 왕」(1927) 등이 있다. 1939년 이후 많은 교향곡을 작곡하였다.

소련 음악 소련에서는 정부의 지침과 공식적 한계를 뛰어넘는 일급 작품이 나오는 경우가 있었다. 작곡가 쇼스타코비치Dmitri Shostakovich(1906-1975)는 애국적인 음악을 많이 작곡하였다. 그의 교향곡 중 가장 유명한 것은 제5교향곡(1937)과 레닌그라드 포위전 중 작곡한 제7교향곡(「레닌그라드」, 1941), 제10교향곡(1953) 등이다. 피아노 협주곡으로 1910년 루빈슈타인Rubinstein 상을 수상한 프로코피에프Sergei Prokofiev(1891-1953)는 기지 넘치는 서정적 음악을 작곡하였다.

새로운 실험 1950년대 이후 음악계에서는 새로운 많은 실험이 이루어졌다. 전자음악이나 구체음악 등이 그것이다. '전자음악'(electroacoustic music)은 진공관이나 트랜지스터를 사용한 전자회로를 써서 음원(音源)을 얻어 변형 · 중복 · 재생하였다. 전자음악은 과학시대의 산물이며 20세기의 새로운 시대정신 즉, 모색과 방황의 정신을 예증하는 것이기도 하였다.
'구체음악'(musique concréte)은 1948년 파리 방송국 기사 샤페르Pierre Schaeffer(1910-1995)에 의해 시작되었다. 이것은 소음과 악음(樂音)을 조합한 것이었다. 기차가 달리는 소리나 동물의 소리 또는 도시의 소음 등과 같은 음악외적 음을 녹음, 기계 · 전자적으로 재구성하여 음악작품으로 만드는 것이다.

D. 대중문화

20세기는 대중의 세기라 할 만큼 대중문화가 현저히 발전한 시기이다. 특히 20세기 후반 대중문화는 사회사상이나 생활양식에 깊은 영향을 끼쳤다. 20세기 대중문화를 지배한 것은 미국 대중문화였다. 미국에서 제작한 영화, 텔레비전 프로그램은 유럽을 비롯해 아시아 각국 등 전세계를 석권하였다.

제2차 세계대전 후 전쟁 중의 잔학상을 생동감 있게 묘사하는 영화들이 제작되어 대중적 호응을 받았다. 예컨대 로셀리니Roberto Rossellini(1906-1984), 데시카Vittorio de Sica(1901-1974) 등이 감독한 영화는 대중의 일상적인 현실을 솔직하게 묘사한 것이었다. 이는 이탈리아 문학의 '신리얼리즘'과 상통하는 경향이었다.

영화 영화는 일찍이 그 어떠한 오락보다 일반대중에게 호소력을 가진 오락이면서 이윤을 남기는 산업이 되었다. 영화관은 파리 · 런던 · 베를린의 우아한 거리에 세워졌으며 대리석 기둥, 분수, 거울, 동상 등이 영화관의 분위기를 한층 더 환상적으로 만들었다.

1919년 파리의 고몽Gaumont 궁전은 5천 개의 관람석과 80개 교향악단석을 갖춘 국제적 모델이 되었다. 베를린의 3백 개 영화관 중 1920년에 영화관으로 개조된 슈포르츠팔라스트Sportspalast는 세계 최대의 영화관임을 자랑하였다. 1920년대 중반 영국 · 프랑스 · 독일 · 이탈리아에는 각각 수천 개의 영화관이 있었다.

영화 관람객은 모든 사회계층의 사람들을 망라한 대중이었다. 1920년대에는 중산층과 노동계급의 가족들이 영화를 공통 화제로 일상적인 이야기를 나누게 되었다. 특히 여성은 영화관의 단골손님이었다.

미국 영화회사는 전세계에 영화를 제작 공급함으로써 세계 영화계의 중심지가 되었다. 영화 제작수에서 미국이 단연 세계 1위이며 일본과 독일이 그 뒤를 이었다.

1930년대의 영화 1929-1930년 무성(無聲)영화가 유성영화로 바뀌었다. 영화는 내용과 제작기법을 한층 더 발달시켜 성장 가능성이 큰 산업으로 부상하였다.

영화가 사회적으로 영향력을 발휘함에 따라 나라마다 성과 폭력을 다룬 영화 제작을 제약하는 법적 규제를 마련하였다. 예를 들면 1919년 영국 영화심의위원회는 존슨-제프리 권투시합 영화 상영이 청소년에게 도덕적으로 악영향을 미치고 잔인성을 조장한다는 명목으로 금지하였다.

일요일 상영은 수년간 사회적 쟁점으로 부각되었다. 영화에 대해 정치적 제약을 가하는 나라도 증가하였다. 몇몇 나라에서는 1920년대의 독일 영화 상영을 제한하거나 금지하였다. 프랑스는 대체로 관용적인 나라였으나 소련에서 제작된 영화의 상영을 실질적으로 금지하였다.

소련에는 편집기법, 특히 몽타쥬 기법을 사용하여 영화 발전에 공헌을 한 아이젠슈타인Sergei Eisenstein(1898-1948)이 있었다. 그는 레닌의 지시로 대중의 혁명적 힘이 얼마나 큰가에 관한 영화를 감독했는데 이는 영화가 정치 선전에 활용되는 매개물이 될 수 있음을 입증한 것이었다. 그의 「세계를 흔든 10일」(1927)이나 「공포왕 이반」(1944-1946)은 영화의 고전이 되었다.

1930년대에 이르러 영화 제작 기술이 완성단계에 이르렀고 영화는 하나의 예술형태로 정착하였다. 사회의식의 자극을 받은 감독들은 큰 주제 아래 사상적으로나 미적으로 중요성을 띠는 작품을 제작하였다.

일반적으로 영국 영화는 일반대중의 오락을 목적으로 한 것이었다. 헝가리 출신 감독 코르다Alexander Korda(1893-1956)는 유럽 각지에서 활동하다가 영국으로 이민한 후 영화제작회사를 세우고 다양한 주제를 다룬 영화를 제작하였다.

독일이나 러시아에서 영화는 제대로 발전되지 못하였다. 이에 비해 걸작을 많이 산출한 곳은 프랑스였다. 예를 들면 언론인 출신 클레르Réné Clair(1898-1982)의 「우리에게 자유를」(1931), 페이데르Jacques Feyder의 「프랑드르의 카니발」(1935), 르느아르Jean Renoir(1894-1979) 의 「커다란 환상」(1937) 등은 주목받을 만한 영화였다.

미국영화산업 영화산업은 제2차 세계대전 이래 크게 성장하였다. 특히 미국에서 영화산업 발전은 현저했으며 미국 영화는 세계 영화계를 지배하였다. 유럽 주요 국가, 특히 프랑스는 미국 영화와 텔레비전 프로그램의 유입을 막기 위한 다양한 조치를 취해 보았으나 미국의 제작물이 들어오는 것을 막을 수 없었다.

1950년대 유럽에서 상연된 영화의 절반 이상이 미국 영화였으며 그 수는 1990년대에 이르러 80% 이상에 달하였다. 미국 영화가 상업적으로 유리한 점은 싼 가격과 효율적인 배급제도에 있었다. 미국의 서부영화는 유럽 각국, 특히 이탈리아 영화에 영향을 미쳐 '마카로니 웨스턴' 이라는 말이 생길 정도였다.

텔레비전 프로그램 역시 유럽 시청자에게 강한 호소력을 가졌다. 1990년대에는 브라질 · 오스트레일리아의 프로그램과 함께 미국 텔레비전 프로그램 상당수가 이탈리아 · 프랑스 · 독일 매스미디어에서 방영되었다.

청소년 문화의 국제화 미국 대중문화가 세계적으로 확산됨에 따라 미국적 가치관도 역시 확산되었다. 미국적 상업주의와 대중 오락은 마르크스주의자들과 마찬가지로 유럽 보수주의자들의 경계심을 불러일으켰다. 마르크스주의자들은 자본주의가 문화를 상품화함으로써 결국 문화적 쇠퇴를 초래할 것이라고 경고하였다.

그러나 한편 가치관의 공유를 통해 청소년 문화의 국제화가 이루어졌다. 예컨대 1920년대의 재즈jazz, 1950년대의 '로큰롤' rock'n' roll은 국제적인 호소력을 가져 전세계로 전파되었다. 프레슬리Elvis Presley(1935-1977)는 로큰롤 음악과 춤으로 미국 청소년의 우상이 되었을 뿐 아니라 전세계에 팬을 가졌고 사후에도 인기는 줄지 않았다.

엘비스 프레슬리

미국 재즈는 1920년대 이래 유럽, 특히 프랑스에서 인기가 있었다. 제2차 세계대전 후 미군의 해외주둔과 미군 방송은 미국 대중음악을 전세계에 전파시키는 매개체가 되었다.

청소년 문화의 국제화는 비단 미국 대중음악뿐만이 아니었다. 영국의 '비틀즈' Beatles와 '롤링 스톤즈' Rolling Stones는 1960년대에 미국을 비롯한 전세계 청소년을 매혹시켰다. 이 현상을 '영국인의 침략' 이라 불렀다. 비틀즈는 1980년대에 해체되었으나 그 신화는 1990년대까지 계속되었다. 비틀즈와 롤링 스톤즈는 영국과 미국은 물론 유럽 대륙, 라틴 아메리카, 한국과 일본 등 아시아에까지 큰 인기를 끌었다. 1960년대와 1970년대의 로큰롤은 기존 정치세력에 실망한 젊은이들의 급진주의를 부추겼다. 비틀즈는 '혁명' 을 노래했고 롤링 스톤즈는 '거리의 전사(戰士)' 에 바치는 송가를 작곡하였다.

대중문화 형성에서 대중음악(pop music)의 역할은 실로 컸다. 1980년대에 그룹 대중가수들은 전세계를 두루 여행하면서 스타의 지위를 확고히 다졌다. 1997년 아일랜드 밴드 그룹 U2가 로마와 유고슬라비아 사라예보에서 연주하였다.

1960년대를 전후하여 미국의 인기 텔레비전 프로그램 '에드 설리반 쇼' 에 출현한 비틀즈

대중문화의 새 방향 제2차 세계대전 후 대중문화는 새로운 실험을 시도하였다. 예컨대 1960년대 프랑스의 '누벨 바그' nouvelle vague는 예술의 모든 분야에 영향을 끼쳤다.

다양한 문학적 형식과 초현실주의적 영상(影像)을 자유로이 구사하는 여러 가지 실험이 행해졌다. 환상적인 영상을 활용한 펠리니Federico Fellini(1920-1993)의 영화와 회화의 추상주의적 표현을 빌린 대중문화 등은 20세기 후반의 새로운 실험이었다. 펠리니는 초기 작품에서 부패한 사회에 대한 인간적 환멸을 묘사했으며 후기 작품에서는 좀더 개인적 환상을 표현하였다. '팝아트' Pop Art 또는 '압 아트' Op Art 등과 새로운 양식은 현실세계의 대상을 왜곡déformé 표현하였다.

예술의 소재도 전통적인 범위를 넘어섰다. 미술에서는 종이, 플라스틱, 쇠조각, 모래 등이 자유롭게 사용되었다. 넓은 사막을 가로지르거나 큰 건물을 덮는 이른바 '환경 조각' (environmental sculpture)도 시도되었다.

대중음악도 더욱 복잡해지고 예술적으로 진지해졌다. 미국의 케이지John Cage(1912-1992)나 독일의 슈토크하우젠Karlheinz Stockhausen(1928-2007)은 전자음악을 작곡하였다. 1990년대에 이르러서는 컴퓨터에 의한 작곡이 시도되었다. 불협화음이나 비정상적인 리듬은 종래의 관례를 깨는 음악적 시도에 새로운 방향을 부여하였다.

앤디 워홀「개봉된 커다란 캠벨 수프 캔」(1962)

포스트모더니즘 예술이 관례와 교과서적인 원리를 깨고 변화를 시도한 것은 건축에서 제일 두드러지게 나타났다. 제1차 세계대전 후의 참신한 바우하우스의 영향을 받은 현대건축은 제2차 세계대전 후에는 또 다시 변신하게 되었다. 정육면체(正六面體)나 정사각형과 같은 형식과 함께 벽면을 유리로 하는 단순성이 강조되는 국제적 양식이 발전하였다.

1970년대 새로운 양식은 예상을 뛰어넘는 형태, 파풍(破風)을 가진 급경사 지붕, 옛 고풍 양식, 즉흥적인 장식 등을 특징으로 하였다. 이러한 건축은 규칙성, 엄밀한 논리, 자연이나 인간에 대한 제어 등과 같은 근대성을 거부한 결과 나왔다 하여 포스트모더니즘 양식이라 불렸다.

알렌 존즈「완벽한 조화」(1966-1967)

포스트모더니즘은 건축에서 시작되어 곧 모든 분야에 적용되었다. 공식적 사상학파라기보다 장난기 있는 태도와 개인주의적 새로움을 선호하는 포스트모더니즘은 20세기 후반 예술과 사회과학의 새로운 방향을 가리키는 운동이었다.

2. 과학기술의 발전

20세기는 이론과학과 기술 발명이라는 두 측면에서 획기적인 발전을 한 시대이다. 이론과학의 발달은 일반인이 도저히 이해하기 어려운 단계에 이르렀다. 과학적 업적이 모든 사람에게 분명했을 때조차 기존이론의 확실성을 뒤집어 놓는 과학자의 작업은 고도로 전문화된 것이 되고 말았다.

20세기 자연과학의 중심은 단연코 물리학이었다. 다윈 시대에 중심영역이었던 생물학과 지질학을 대신하여 이제 물리학이 지배적 위상을 차지하였다. 20세기 물리학 혁명의 기원은 1895년 뮌헨대학의 뢴트겐Wilhelm Konrad Röntgen(1845-1923)의 X선 발견으로 올라간다.

그 이래 1896년 베크렐Henri Becquerel(1852-1908)의 우라늄 실험, 퀴리 부부(Pierre Curie, 1859-1906; Marie Curie, 1867-1934)의 작업, 1897년 톰슨Sir Joseph John Thomson(1856-1940)의 전자 발견, 1903년 러더포드Lord Rutherford(1871-1937)의 실험으로 이어지면서 원자물리학의 이론적 토대가 세워지고 원자력을 평화적 목적으로 활용하는 시대가 열렸다.

한편 발명의 성과와 기술의 향상은 산업화에 연결되어 인간의 생활조건에 직접적인 영향을 미쳤다. 특히 두 차례의 세계대전이 기술 발전의 계기로 작용하였다. 전투를 효과적으로 수행하기 위한 실제적 필요는 기술적 변화를 가속화시켰다. 군사장비의 개량, 비행기의 출현, 자동차와 탱크의 활용이 모두 제1차 세계대전 중에 있었으며 전후에는 이 분야가 급속도로 발전하였다.

많은 발명이 새로운 소재의 활용과 관계가 있었다. 종래의 강철 이외에 니켈이나 알루미늄이 새로운 산업의 발전에 기여하였다. 일찍이 1850년대에 강철은 거의 귀금속과 같은 소재로서 영국에서 세계 총생산고 8만톤 중 절반을 생산했으나 베세머Bessemer, 지멘스Siemens, 토마스-길크리스트Thomas-Gilchrist 등의 공정으로 철강생산이 급증하여 1900년대에 강철 생산은 2천 8백만톤에 달하였다.

독일 화학자로서 영국에 귀화한 몬드Ludwig Mond(1839-1909)는 1890년 니켈 추출법을 발견함으로써 종래까지 수요가 적었던 소재를 새로운 산업재로 쓰이게 하였다. 알루미늄도 여태껏 비쌌으나 1886년 새로운 기법이 도입됨으로써 채산성이 맞아 신생 항공산업에서 최상급 소재로 각광을 받게 되었다.

일상생활을 향상시킨 비약적 발전이 이미 19세기말에 행해졌다. 오늘날 문명의 부수물이라 간주되고 있는 실생활의 평범한 물건 대부분이 1867-1881년의 15년 사이에 나타난 것들이다. 내연기관 · 전화 · 마이크 · 전축 · 무선전신 · 전등 · 기계화된 공공교통 · 공기 타이어 · 자전거 · 타이프라이터 · 대중일간지 · 합성섬유 · 인조견 · 플라스틱 · 베이클라이트 같은 것들이다.

20세기에 들어와 대중매체 · 오락 · 통신 · 교통에서 크게 발전을 보았다. 라디오와 영화가 등장하고 1922년 영국은 BBC 방송을 시작했으며 1920년 중반에 영화가 일상화되었다. 전화와 같은 통신수단과 버스 · 기차와 같은 교통의 발달로 작은 농촌들이 서로 연결되었을 뿐 아니라 대도시와 직접 접촉하게 되었다. 1927년 미국과 유럽을 연결하는 전화가 개통되었다.

1903년 라이트 형제는 내연기관을 비행기에 장착하는 데 성공하였다. 1919년 영국 조종사가 처음으로 대서양 횡단 비행에 성공한 이래 몇 년 후에는 주요 유럽 도시간에 정규적인 항공노선이 생겼다. 1920년부터 암스테르담과 런던을 잇는 정규 항공노선이 시작되었으며 해마다 새로운 노선이 유럽 각국의 수도를 연결하기 위해 개설되고 제2차 세계대전 전야에는 미국과 유럽이 항공노선으로 연결되기에 이르렀다.

가장 획기적인 전환점은 새로운 에너지원(源)으로서 전기와 석유가 실용화

(왼쪽) 린드버그: 1927년 최초로 대서양을 논스톱으로 비행하는 데 성공하였다.
(오른쪽) 라이트 형제: 오르빌과 윌버

되기에 이르렀다는 것이다. 전기는 19세기말부터 개선되어 빛 · 열 · 동력을 내는 가장 중요한 에너지원이 되었다. 20세기의 전기 보급으로 세상의 모습이 달라졌다. 1867년 지멘스의 발전기, 1879년 에디슨의 백열전구, 1882년 세계 최초의 뉴욕 전기 발전소, 1883년 독일 A. E. G. 설립, 1890년 미국 콜로라도 주 수력 발전소 건설 등은 전기 발달사의 큰 이정표였다.

1920년대에 전기는 모든 분야에서 일상화되었으며 전기시설이 되어 있지 않은 도시건물은 보기 어렵게 되었다. 레닌은 농촌의 전화(電化)사업을 새 소련체제의 제일과제로 내세울 정도였다. 전기는 화학산업의 발달과 연결되었다. 전기분해는 동과 알루미늄의 추출, 가성소다의 대량생산에 매우 중요했으며 전기의 힘이 일반적으로 활용될 수 있게 되어서야 실용화된 것이었다.

실로 혁명적인 것은 석유의 활용이었다. 석유는 석탄이나 전기와 같은 에너지 원이었고, 후에는 방대한 석유화학의 소재가 되었다. 이 점에서 1870년 록펠러John D. Rockfeller(1839-1937)의 스탠다드 오일Standard Oil 회사의 설립은 여러모로 새로운 시대를 여는 이정표가 되었다.

1900년대와 1870년대를 비교할 때 실제로 일상생활은 판이하게 되었다. 1900년을 전후하여 산업화가 대중의 생활조건에 영향을 미치기 시작했으며, 그 정도는 오늘날 우리의 상상을 초월하는 것이었다.

A. 상대성 이론

현대과학의 가장 중요한 출발점은 우주를 채우는 물질의 성질에 관한 우주론이었다. 새로운 우주론에 입각한 현대과학의 기초는 그 대부분이 19세기말에서 20세기초에 수립되었다. 무엇보다도 20세기를 시작하는 과학적 신기원은 아인슈타인의 상대성 원리와 플랑크Max Planck(1858-1947)의 양자이론에 의해 열렸다.

상대성이론 19세기말까지의 통설에 따르면 우주 공간은 에테르ether라는 부동의 연속물질로 가득차 있는 것으로 되어 있었다. 빛이나 소리의 파동은 진공에서라면 있을 수 없기 때문이었다. 에테르 설의 오류를 반증한 과학자는 미국의 마이클슨Albert A. Michelson(1852-1931)과 몰리Edward W. Morley(1838-1923)로 이들은 빛은 방향에 상관없이 일정한 속도로 간다는 것을 1887년 실험으로 입증하였다.

이 실험은 매우 기본적 문제를 제기했으며 이를 계기로 아인슈타인Albert Einstein(1879-1955)이 상대성 이론을 착상하게 되었다. 아인슈타인은

1905년과 1915년 과학적이면서도 고도의 철학적 의미가 담긴 획기적인 두 논문을 발표하였다. 그것은 시간 · 속도 · 공간에 대한 새로운 관념을 제시하는 상대성(相對性) 이론이었다.

아인슈타인

아인슈타인이 제시한 우주는 뉴턴의 3차원 공간이 아니라 4차원적인 시 · 공간의 연속체였다. 시간 차원이 추가된 이 우주관에 따르면, 공간 · 시간 · 운동은 상대적인 상호관계를 가진다. 시 · 공간은 관찰자와의 관계에서 측정되어야 하며 가장 기본적 차원에서 단일 연속체의 성질을 띠고 있다는 것이다.

이를 이해하기 위해서는 유클리데스 기하학이 아닌 새로운 수학을 필요로 하였다. 아인슈타인 이론은 뉴턴 이론보다 더 광범하게 우주현상을 설명할 수 있게 하였으며 현대 물리학의 기본구조를 바꾸어 놓는 계기를 만들었다.

아인슈타인이 상대성 이론을 발전시키고 있을 때 물질에 관한 새로운 발견들이 이루어졌다. 뢴트겐이 X-선을 발견하여 원자내 미립자의 세계를 탐구할 계기를 마련했고 2년 안에 영국 물리학자 톰슨은 (-)전기를 갖는 전자(電子)를 발견하였다.

양자물리학 톰슨의 전자론에 이어 로렌츠Hendrik Lorentz(1853-1928), 러더포드, 보어Niels Bohr(1885-1962) 등은 물질이 원자 에너지로 구성되어 있다는 양자론(陽子論)을 주장하였다. 이는 뉴턴 물리학이 제시한 물질관을 수정하는 것이었다.

이와 관련하여 1902년 플랑크는 양자론(量子論: quantum theory)을 통해 우주의 에너지는 연속적 파동이 아니라 측정 가능한 단위입자에 의해 전달된다고 주장하여 학계의 주목을 받았다. 플랑크의 양자론은 원자물리학의 급속한 발전을 촉진시켰다. 이 발견으로 물질과 에너지는 호환적(互換的)이라는 사실이 알려졌다.

보어

아인슈타인은 1905년 빛이 광양자(光量子: photon) 형태로 퍼져나간다고 주장하였다. 더욱이 그는 어떤 물체의 입자에 내포된 에너지란 그 질량에 광속(光速)을 제곱한 것과 같다고 주장하였다. $E=mc^2$으로 나타낸 이 공식은 오래된 물리학의 수수께끼를 풀어주었다. 예를 들면 라듐이나 우라늄과 같은 방사능물질이 굉장한 속도의 입자를 발산하고 수백만년 동안 유지되는 이유가 밝혀지게 되었다.

이 공식은 질량이란 단순히 집중된 에너지에 불과하다는 사실, 적은 양의 물질이라도 막대한 에너지로 전환이 가능하다는 것을 의미하였다. 1919년 러더포드는 질소 원자에 충격을 가함으로써 그 구조에 변화를 일으키는 실험을 하였다.

1958년까지 원자 세계에 관해 많은 사실이 발견되었다. 원자는 양자와 전자뿐 아니라 양전자(positrons), 중성자(neutrons), 중간자(mesons) 등을 가지고 있다는 설명이 나왔다.

불확정성 원리 원자 구조가 밝혀지기 훨씬 이전에도 많은 과학자가 원자 내 세계가 자연법에 근거하여 예측될 수 있는 성질의 것이 아니라고 믿고 있었다. 1920년대 중반 비록 수많은 실험을 통해 입증되긴 했지만 미립자 운동이 확률적으로 이루어진다고 본 플랑크의 양자론이 받아들여지기 어렵다고 판명되었다. 더욱이 빛이나 전자파는 어떤 때는 파동으로 움직이고 다른 때는 미립자와 같이 움직인다는 것을 발견하였다.

1927년 독일 물리학자 하이젠베르크Werner Heisenberg(1901-1976)는 '역학관계에 대한 광양자 이론의 재해석'이라는 논문을 발표하고 미립자의 위치를 확정하기 어렵다는 결론을 내놓았다. 원자 내에서나 우주 공간에서나 미립자는 절대적 규칙에 따라 운동하지 않으며 따라서 기본적으로 관찰자의 위치와 목적에 따라 관찰결과가 영향을 받는다는 것이었다. 이를 하이젠베르크는 '불확정성 원리'(不確定性原理: Principle of Indeterminacy)라고 하였다.

이에 따르면 전자 하나하나는 인과법칙을 따르지 않고 뚜렷한 이유 없이 하나의 궤도에서 벗어나 다른 궤도로 이동한다는 것이었다. 그는 자연현상에 관한 낡은 인과법칙이 더 이상 타당하지 않다고 시사하였다. 원자 세계는 결코 확정된 것으로 예측할 수 없으며 다만 확률로 다루어질 수 있을 뿐이었다.

이 가설이 점차 널리 인정됨에 따라 원자는 일종의 '무법칙의 추상(抽象)'이라는 개념으로 이해되기에 이르렀다. 물론 불확정성 원리에 반대하는 과학자들도 있었는데 아인슈타인은 대표적인 반대자였다.

어쨌든 불확정성 원리는 물리학을 넘어 철학적으로 광범한 의미를 가진다는 점이 분명해졌다. 하이젠베르크 이론은 진리에 대한 기존 개념에 의문을 던지고 인과관계의 필연성을 뒤집어 놓았다. 객관성의 개념은 관찰과정의 부분이기 때문에 더 이상 절대적 타당성을 주장하기 어려운 것으로 이해되기 시작하였다.

원자 에너지 물리학의 경이적인 발전은 원자력을 방출할 수 있다는 사실에서도 예증되었다. 이미 $E=mc^2$라는 아인슈타인 공식은 원자핵을 폭발시킬 때 생기는 막대한 양의 에너지를 설명하였다.

그러나 채드윅Sir James Chadwick(1891-1974)이 1932년 중성자를 발견하기까지는 이 공식의 타당성이 실증되지 않았다. 전기를 가지지 않는 중성자는 원자핵을 분열 · 폭발시키기에 알맞을 뿐 아니라 더구나 핵 분열과정에서 더 많은 중성자를 만들어 내어 원자를 파괴하는 연쇄적인 분열을 가능케 하였다. 1939년 독일 물리학자 한Otto Hahn(1879-1968)과 슈트라스만 Fritz Strassmann(1902-1978)은 마침내 중성자로 우라늄 원자를 폭발시키는 데 성공하였다.

미국 국방성에서 일하던 과학자들은 핵 폭발원리를 이용하여 1945년 원자탄 제조를 완성하였다. 그해 6월 뉴멕시코 로스 알라모스Los Alamos에서 행한 최초의 폭발실험은 성공적이었다. 1945년 8월 6일 인류 역사상 처음으로 원자폭탄이 전쟁무기로 일본 히로시마에 투하되고 다시 8월 9일에 제2탄이 나가사키에 투하되었다. 그 효과는 상상을 초월한 것이었다. 단 한 개의 원자탄이 TNT 2만톤의 폭발력을 발휘하였다. 원자탄으로 인해 두 도시에서 모두 10만 명 이상의 사람들이 죽었으며 그로써 일본의 항복이 빨라졌다.

미국 다음으로 소련이 1949년 원자폭탄을 제조했고 뒤를 이어 영국 · 프랑스 · 중공 등 다수 국가가 핵실험에 성공하였다. 오늘날은 이스라엘 · 인도 · 파키스탄 · 북한 등 더 많은 나라가 핵폭탄 제조의 잠재능력을 보유하게 되었다. 그러나 이 새로운 무기는 인류를 절멸 위기에 직면하게 하는 것이었다.

수소폭탄 원자탄보다 훨씬 더 강력한 것은 1952년 11월 미국이 최초로 실험한 수소폭탄(hydrogen bomb; H-bomb)이었다. 수소폭탄의 힘은 메가톤 megaton으로 계산되는데 1 메가톤은 TNT 1백만톤에 해당하는 폭발력을 가진다. 그러므로 5 메가톤 수소폭탄은 히로시마와 나가사키에 떨어진 원자폭탄의 250배에 해당하는 것이다.

남태평양에서 실시된 수소폭탄 실험으로 섬 하나가 통째 사라지고 말았다. 1962년까지 소련과 미국은 여러 가지 수소폭탄 폭발실험을 하였다.

원자력의 평화적 이용 전쟁이나 살상용 무기로서의 핵에너지의 무서운 파괴력을 자각한 각국 정부는 그것을 평화로운 목적에 이용하는 계획을 수립하였다. 그 결과 원자력은 가정용 및 산업용 대체 에너지원(源)으로 개발되었다. 미국 · 프랑스 · 캐나다 · 한국 · 일본 등 여러 나라에 원자력 발전소가 세워졌다.

그러나 원자력 발전에는 부산물로 인한 방사능 누출의 위험이 항상 있다. 그리하여 1970년말 세계적인 석유파동이 있었을 때 원자력 개발론자들과 다른 에너지 형태--특히 태양 에너지--를 선호하는 사람들간에 열띤 논쟁이 계속되었다.

B. 우주공학의 발달

1950년대말부터 소련과 미국은 막대한 예산을 대기권 탐험 추진 계획에 투입하였다. 처음에는 이 계획이 과학 기술적 연구에서와 마찬가지로 미국과 소련간의 경쟁인 것처럼 보였다.

우주공학은 음속 돌파를 계기로 본격적으로 발전되었다. 음속보다 빠른 비행은 오랜 숙제였다. 드디어 1948년 6월 미국 공군 소속 비행사들은 로켓 추진장치를 한 비행기로 음속돌파 비행에 성공하였다. 이를 계기로 성층권 비행이 가능해졌으며 우주공간에 대한 탐험이 시작되었고 우주공학은 미래 지향적인 새로운 과학기술분야로 부상하였다.

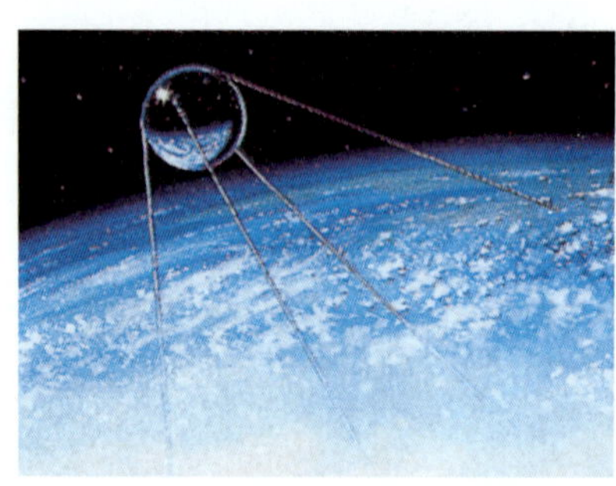
최초의 인공위성 스푸트니크 1호

우주공간의 탐험 1957년 가을 소련은 지구 둘레를 회전하는 인공위성 발사에 성공하여 우주개발의 첫 장을 열었다. 10월 4일 소련 정부는 최초의 인공위성을 시속 2만9천 km로 우주 속으로 쏘아올렸다. 약 90kg밖에 안 되지만 그것은 8백km 이상 고공으로 높이 추진되었다. 이때 러시아어로 '위성' 또는 '길 동무'를 뜻하는 '스푸트니크' Sputnik라는 새로운 조어(造語)까지 생겼다.

1961년 4월 소련은 최초의 유인(有人) 우주선 보스톡Vostok을 궤도에 진입시켰으며 가가린Yuri Gagarin(1934-1968)이 약 1시간 반 가까이 궤도 속에 머물러 있는 데 성공하였다. 1개월 후 소련은 스푸트니크 2호를 발사하였다. 이것은 정밀한 실험기구와 살아 있는 개를 싣고 있었다는 점에서 주목을 받았다.

미국의 우주개발 미국은 우주공간 개발에서 뒤늦은 출발을 했으나 소련을 급속히 쫓아가 한층 더 빛나는 성과를 거두었다. 동물을 실은 인공위성과 무인(無人)위성에 관한 수많은 실험에 성공한 후 1962년 2월 하순 미국은 인간이 탑승한 우주선을 발사하였다. 글렌John H. Glenn. Jr.(1921-)은 최고 시속 2만 7천km로 지구를 세 번 돌았다.

이리하여 유럽 주요국가 사이에 우주개발 경쟁이 시작되었다. 글렌 이후 5년간 미국은 473개, 소련은 215개, 프랑스 등 그 밖의 국가는 12개 등 모두 7백 개의 인공위성을 궤도에 올려놓았으며 그 중 거의 반수 정도가 계속 회전하고 있는 등 우주개발의 새 시대가 열렸다.

달에 미국기를 꽂은 암스트롱

암스트롱

행성 탐사와 달 상륙 마침내 우주선에 의한 행성(行星) 탐사가 시작되었다. 1968년 중반까지 미국과 소련이 발사한 우주선의 수는 약 20개에 달하였다. 과학자들은 이러한 우주선을 통해 금성 · 화성 등을 관측하여 여러 가지 데이터를 얻을 수 있었다. 인공위성 개발을 통해 제일 알고 싶어한 것은 지구의 위성인 달에 관한 지식이었다.

1959년 소련은 세 번의 실험으로 마침내 달의 뒷면을 찍는 데 성공했으나 미국은 이보다 늦게 달에 착륙할 것을 계획하였다. 그리하여 1957년부터 미국은 아폴로 계획(Apollo Project)을 추진하여 10호까지 예비실험을 성공하였다. 1969년 7월 16일 아폴로 11호는 지구를 떠나 성공적으로 달에 착륙하였다. 민간인 우주항공사 암스트롱Niel Armstrong(1930-2012)은 달 착륙선을 나와 달 표면을 걷는 최초의 사람이 되었다.

그 후 1972년 12월 아폴로 17호가 발사되기까지 달에 대한 탐사는 더욱 정밀해졌다. 1975년 미국과 소련의 우주비행사들(astronauts)이 공동작업으로 우주공간에서 서로 만나는 '도킹' docking에 성공한 것은 우주탐사에서의 커다란 성과일 뿐 아니라 화해(和解) 시대의 국제정치를 상징하는 것이기도 하였다. 이로써 인간의 우주공간 탐험과 여행의 가능성이 커졌다. 미국은 1981년 우주왕복선(Space Shuttle) 컬럼비아호 발사를 성공시킴으로써 우주역학이 비약적 발전을 할 수 있는 길을 터놓았다.

우주비행은 20세기 과학사에서 가장 중요한 사건으로 크게 환영받았다. 그것은 외계에 대한 인간의 지식 확대를 약속했으며 달은 물론이고 궁극적으로는 먼 거리의 행성에 대한 탐험도 가능하게 하는 것이었다. 1970년대 중반 미국과 소련 모두 경제적 여건 때문에 우주 계획을 대폭 삭감하였다. 그럼에도 우주 '왕복선' 발사와 여러 실험, 1997년 화성에 위성을 착륙시킨 실험은

최초의 우주 왕복선 컬럼비아호

막대한 비용에도 불구하고 계속되어 우주 탐험의 중요성을 입증하였다.

1984년 발견된 화성의 운석을 분석한 과학자들은 1996년에 36억년 전 화성에 살았던 미생물의 화학적 잔존물을 찾아내 마침내 화성에 생명체가 있었다는 결론을 내렸다.

C. 공학

20세기초에 이르러 중요한 진보를 성취한 분야는 의학 · 위생 · 영양 분야이다. 이러한 분야는 그동안 지지부진했는데 화학이나 기타 밀접한 관련 분야의 발달이 뒤따르지 않았기 때문이었다.

그러나 19세기 중반을 전후하여 생명과학은 새로운 발견을 통해 비약적 발전을 하게 되었다. 1831년 발견된 클로로폼chloroform은 19세기 중반이 넘어서야 비로소 실용화되기 시작했으며 1834년 석탄산이 발견되었으나 실제로 소독에 이용된 것은 리스터Joseph Lister(1827-1912)가 1865년 글라스고에서 실시한 때부터였다. 1870년 이후 파스퇴르Pasteur와 코흐Koch의 이름과 연관되는 세균학의 위대한 시대가 왔다.

미생물학 · 생화학 · 세균학 등이 모두 새로운 과학으로 대두하였다. 주목할 만한 결과는 1909년 살바르산Salvarsan과 같은 최초의 항생제 생산이다. 1897년 로스Sir Ronald Ross(1857-1932)는 말라리아의 매개체가 모기라는 것을 알아냈다. 동시에 마취 · 소독 · 방부(防腐)의 방법이 일반적으로 널리 활용됨으로써 의료행위는 혁명적인 변화를 겪었다.

이러한 19세기의 업적을 토대로 20세기 생명과학의 가장 경이적인 발전이 이루어진 분야는 유전공학이다. 생명 전달 매개체와 그 경로를 연구하는 과정에서 1973년경 유전공학이 확립되었다.

19세기 중반 멘델Georg Mendel(1822-1884)이 유전법칙을 발견할 때까지 유전에 관해서 거의 아는 것이 없었다. 멘델은 시험을 거듭하여 유전자를 발견했으나 그 발견은 35년간 과학계에서 받아들여지지 않았고 20세기 전환기에 이르러 비로소 인정받았다. 1940년대에 분자생물학이 시작되면서 과학자들은 전자 현미경이나 X-선 분석을 통한 기술로 분자구조를 연구하게 되었다.

의학의 발전 질병 원인에 대한 실험은 더욱 진전되어 새로운 치료약이 발견되었으며 동시에 질병예방을 위한 새로운 수단도 발달되었다.

제너Edward Jenner(1749-1823)는 1796년 마마 예방을 위한 백신을 성공적으로 사용했으나 1950년대에 이르기까지 이하선염(볼거리) · 홍역 ·

콜레라 등에 대한 백신은 발견되지 않았다.

가장 놀라운 돌파구의 하나로 1953년 미국의 소크Dr. Jonas Salk(1914-1979)에 의해 소아마비 예방 접종이 마련되었다. 백신의 발달에도 불구하고 심장병, 암, 후천성면역결핍증(에이즈: AIDS) 치료를 위한 효과적인 약제는 20세기말까지 발견되지 않았다.

정신분열증을 비롯해 여러 종류의 정신병이 화학적 기초가 밝혀짐에 따라 치료에서 어느 정도 성공을 거두었다. 항(抗)우울증 약제 및 항정신병 약제는 정신병 환자에게 비교적 정상적인 삶을 약속해 주었다. 그러나 발륨Valium이나 프로작Prozac과 같은 일부 항우울증 약제의 과도한 처방은 중독 또는 이와 관련된 윤리적 문제를 제기하였다.

항생제 1918년이래 질병치료의 큰 전환은 항생제(antibiotics)의 발명을 통해 이루어졌다. 항생제는 살아있는 유기체에서 생산된 화학 물질로 박테리아를 억제하거나 죽이는 약제이다. 항생제는 곰팡이 · 균류(菌類) · 조류(藻類) 등과 땅 속에 사는 간단한 유기물에 그 기원이 있었다.

1930년경 최초의 항생제가 나왔다. 영국인 플레밍Sir Alexander Fleming(1881-1955)이 페니실린Penicillin을 발견했고 거의 같은 시기에 오스트레일리아 출신 영국 병리학자 플로리Sir Howard Florey(1898-1968)가 케인E. B. Cain 등과 함께 페니실린을 추출하는 데 성공하였다. 이 약은 1934-1944년에 임상실험에 성공하여 치료제로 사용되기 시작하였다. 플레밍은 플로리, 케인과 함께 1945년 노벨상을 받았다. 페니실린은 일종의 '기적의 약'으로 종래까지 치명적이던 여러 가지 질병, 특히 폐렴을 치료할 수 있게 되었다. 페니실린은 나아가 매독 · 복막염 · 파상풍 등 기타 수많은 질병 치료에 놀랄 만한 효과를 나타냈다.

그러나 새로운 박테리아 변종(變種)이 나타나 치료에 저항한다는 점이 알려지게 되었다. 폐결핵은 세계적으로 건강을 위협하는 주요한 병으로 다시 부상하였고 에볼라Ebola 바이러스는 아직까지 효과적인 치료가 되지 않고 있다.

두번째의 유명한 항생제인 스트렙토마이신Streptomycin은 1940년경 왁스만Selman A. Waksman(1888-1973)이 발견하였다. 그것은 페니실린이 치료할 수 없는 병, 특히 폐결핵을 치료할 수 있

실험실의 플레밍

는 약이었다. 그 후 네오마이신Neomycin, 오레오마이신Ureomycin, 테라마이신Terramycin 등 유사한 항생제가 발견되었다.

바이러스의 발견 생물학에서 두드러진 발전은 제1차 세계대전 이래로 이루어졌다. 가장 괄목할 만한 것은 바이러스virus의 발견이었다. 바이러스는 너무나 작은 유기체이기 때문에 통상적인 방식으로는 볼 수 없고 전자 현미경으로만 탐지되었다. 바이러스는 천연두에서 감기에 이르기까지 수많은 병의 병원체이며, 어떤 의미에서는 무기물과 유기물의 경계선을 이루고 있는 존재이다.

1890년대에 처음으로 바이러스 분리에 성공한 이래 많은 신약(新藥)이 만들어졌다. 바이러스는 살아 있는 세포 속에 존재할 때에만 번식하는 미생물이다. 그것은 홍역 · 소아마비 · 공수병 등을 포함한 많은 질병을 일으킨다. 바이러스의 성질이 파악됨으로써 비로소 과학자들은 바이러스로 인한 질병의 치료와 예방 수단을 발전시킬 수 있게 되었다.

DNA 현대적 의미의 유전공학은 DNA의 발견으로 시작되었다. DNA는 유전 세포핵에서 일어나는 화학적 분자 구조인 '디옥시리보 핵산'(deoxyribonucleic acid)을 말하며, 모든 살아 있는 유기체의 세포 내에 있는 유전자의 기본요소이다. DNA의 2중나선은 유전 · 성장 · 질병 · 노화 및 심지어 지능과 기억의 구조를 알려주는 관건이다. 그 발견은 원자 분열의 발견 및 다윈의 『종의 기원』의 출판과 같은 커다란 사건이었다.

1953년에 인체 및 유전에 대한 가장 획기적인 발견이 있었다. 영국의 크릭Francis Crick(1916-2004)과 미국의 왓슨James D. Watson (1928-)은 유전자 연구를 통해 인간 생명의 신비를 풀었다. 그들은 X-선에 의한 DNA 연구를 한 바 있는 윌킨즈Maurice H. F. Wilkins(1916-2004)와 함께 1962년 노벨상을 받았다.

DNA 구조를 설명하는 크릭(오른쪽)과 왓슨

크릭과 왓슨의 분석에 따르면, DNA는 서로 나선형 사슬로 연결된 네 가지 다른 종류의 작은 분자로 구성되어 있다. 각 세포 안에서 분자들의 정렬방식은 유전자의 성질과 인간 생체의 성질을 결정하는 명확한 화학적 의미를 말해주고 있는 것이다. DNA 분석을 통해 도달한 지식으로 의사들은 유전병의 원인을 이해하고 또 환자 몸 속의 화학적 반응을 바꾸어 유전병을 예방하는 방법을 모색할 수 있게 되었다.

생명공학 DNA 조합과 동물 복제 또는 인간 세포의 인위적 배양 등과 관련해서 생명체와 생명현상을 연구하는 생명공학이 시작되었다. 1938년 독일에서 핵치환(核置換) 실험이 이루어진 이래로 1966년과 1975년 체세포핵(體細胞核) 이식실험을 통해 DNA에 대한 체계적인 연구가 전개되었다.

복제양 돌리

1981년과 1986년에는 양서류에서 포유류로 핵치환 실험 대상이 확대되었으며 마침내 1997년 스코틀랜드의 과학자들은 양을 복제하는 데 성공하였다.

생명공학은 유전 · 발효 · 치료 · 식량 · 의약 · 에너지 · 공업재료 등 다양한 영역으로 확대되고 있는데 그 핵심은 모든 생명체에 대한 유전 정보를 규명하고, 생명에 대한 새로운 해석을 통해 생명체를 위한 적극적인 활용을 가능케 하는 것이다.

D. 정보혁명 시대

20세기 후반 가장 경이적인 과학기술의 발달은 정보 통신분야에서 일어났다. 그것은 인류문명을 획기적으로 가속화하였다. 이것이 곧 정보기술(information technology; info-tech; IT) 혁명이다. 그 결과 정보와 통신으로 '연결된 사회'(networked society)가 현재 진행중이며 미래에는 정보통신의 중요성이 더욱 커질 것으로 전망된다.

일찍이 셰익스피어는 「한여름 밤의 꿈」(*A Midsummer Night's Dream*)에서 "내가 40분 안에 지구에 띠를 두르겠다"고 말했는데, 그로부터 4백년이 지난 지금 전세계가 즉각적인 정보망(Info Pipelines)으로 연결되는 세상이 되었다. 정보통신혁명은 전자공학과 '자동화' 시스템이 발전됨으로써 비로소 실현되었다.

그 동안 과학자들은 원자 물리학의 업적을 전자공학 분야에 적용하여 선구적 연구를 시작하였다. 전자공학은 원자 내의 음전기를 갖는 요소인 전자의 반응과 효과를 다루는 물리학 분야이다.

제2차 세계대전 이래 다양한 분야에서 전자 기기의 사용이 매우 빠르게 확산되었다. 예를 들면 미사일 궤도 측정 기기, 미사일이나 비행기 접근에 대한 경보장치, 비행기의 '자동' 착륙을 가능케 하는 기기, 전기 신호를 저장 또는 방출하는 장치, 빛과 소리에 의한 이미지 전달을 확대 또는 통제하는 기기, 자동화 기계를 작동시키는 광전자 축전 전지 등이 있다.

자동화를 위한 최초의 진전은 라디오 수신 전자기기의 사용에서 비롯되었다. 자동화는 감지장치와 통제 시스템의 상호 밀접한 통합을 의미하였다. 감지장치는 인간 감관(感官)과 같은 기능을 하며 일어나는 일을 관찰하고 측정하여 얻은 정보를 통제 시스템으로 보낸다. 통제 시스템은 감지장치로부터 받은 정보를 프로그램상 요구되는 정보와 비교하고 조정한다. 이 일련의 작동은 계속적인 것이며 따로 사람의 개입 없이도 원하는 상태가 일정하게 유지되는 것이다.

일찍이 1500년대에 상인들을 인도양과 아시아로 건너가도록 유혹했던 경제의 힘, 1800년대에 미국 전역에 철도망을 가설케 한 경제의 힘이 지금은 광섬유와 무선 통신망으로 세계를 수놓게 하고 있는 것이다. 정보혁명은 세계무역 및 자유시장경제의 확산을 촉진시켰다. 경제적 장벽은 무너지고 방대한 새로운 시장이 출현하였다. 10년 전 자유시장경제는 10억 인구에 해당되는 것이었으나 20세기말에는 그 대상이 30억 인구가 넘는 것으로 추산된다.

정보통신 혁명 19세기 세계는 철도에 의해 연결되었으나 20세기 세계는 전신전화 · 무선통신 · 인터넷(Internet)으로 연결되었다. 유선전신의 실용화(1844), 해저전신의 대서양 부설(1866), 전화 발명(1876) 등 통신방법에 혁명적 변화가 거듭된 결과 20세기에는 전세계가 통신망으로 연결되었다. 20세기말에 이르러 휴대전화(cellular-phone)가 전세계적으로 도시와 농촌에서 일상화되고 있을 뿐 아니라 사막이나 북극과 같은 오지에서도 사용되고 있다.

광섬유 케이블은 그 전달속도와 효능을 배가시켰다. 영국에서 일본까지 해저케이블로 연결된 광섬유연결망(FLAG: Fiberoptic Link Around the Globe)은 1997년말부터 유럽과 아시아간에 중단 없는 데이터 교신을 가능하게 하였다. 또 70개국이 참여하여 12만회선의 동시 통화가 가능한 동남아시아-서유럽 간 통신망(SEA-ME-WE: Southeast Asia, Middle East, Western Europe)으로써 전세계는 즉각 의사 교환이 가능한 생활권이 되었다.

개인 컴퓨터 정보통신혁명의 주도적 역할은 컴퓨터와 인터넷에 의해 이루어졌다. 1980년대가 개인 컴퓨터 시대라면 1990년대는 인터넷 시대였다. 인터넷에 의해 인류문명은 지식 · 정보가 가장 발달된 단계로 돌입하였다. 컴퓨터와 인터넷은 시 · 공간을 극적으로 단축시켜 놓았고 전지구적인 네트워크를 통해 즉각적인 의사소통이 가능하도록 하였다.

컴퓨터는 극히 단시일에 가장 적정한 성능의 것으로 발달하였다. 1953년 처음으로 상용화된 컴퓨터는 1978년 마이크로칩microchip이 나오면서 기억과 연산(演算) 능력이 경이적으로 향상되었다. 미시(微視)기술의 시대가 도래했으며 컴퓨터는 책상 위에 놓을 수 있을 정도의 개인용으로 제작되었다. 개인용 컴퓨터의 보급은 가히 혁명적 사건이었다. 1980년 개인용 컴퓨터(PC)는 약 70만대에 불과했으나 2년 후에는 2천8백만대로 급증했고 20세기 말에는 8억대에 달할 것으로 추산되었다.

컴퓨터와 인터넷에 의한 정보통신혁명은 사람들의 일과 생활, 혹은 사고방식에 극적인 변화를 가져왔다. 개인용 컴퓨터는 계산 · 기록 · 편집 · 설계의 작업 형태를 바꾸어 놓았으며 전화선 · 케이블 · 위성과 연결되어 온라인on-line · 데이터 베이스data base · 전자우편(e-mail)에 의한 서비스와 메시지 교환을 가능하게 하였다. 전자 메시지 시스템은 통상적인 우편배달을 대체하고 쌍방 화상(畵像)회의는 회의를 위한 전통적인 여행을 축소할 것으로 보인다.

인터넷 역사는 불과 30년 정도에 불과하다. 1969년 미국 국방성은 아르파넷Arpanet 데이터 네트워크를 편성했는데 이것은 1980년대의 인터넷으로 발전했고 1990년대초에는 월드 와이드 웹(World Wide Web: WWW)으로 확대되었다. 이에 따라 인터넷 이용자 수는 혁명적으로 증가하였다. 1백만에 불과했던 인터넷 인구는 1995년에는 3천만, 1997년에는 5천7백만에 달하였다. 인터넷은 과학기술의 첨단지식에서 쇼핑에 이르기까지 모든 생활분야에서 전세계의 가정과 개인을 연결해 주고 있다.

정보혁명의 영향 미래사회에는 정보기술 및 '인공두뇌공학'(cybernetics)이 세계적으로 확산됨으로써 지식과 정보의 상호교환의 질과 양은 거의 한계없이 확장될 것으로 예상된다. 정치 · 경제 · 문화 · 교육 등의 분야에서 통합된 범세계적인 정보생활권이 형성될 것이다.

또한 정보혁명은 여러 인간 활동 분야에 급격한 변화를 초래하였다. 컴퓨터에 저장된 자료는 엄청나게 많은 종류의 정보를 쉽게 이용할 수 있게 하였다. 도서관의 전체 카탈로그를 자신의 집이나 사무실에서 사용자가 열람할 수 있도록 되었다.

재택(在宅) 강의와 같은 이른바 '가상대학'(virtual university)을 통한 새로운 형태의 학교교육이 가능해졌다. 정보혁명으로 인해 설계와 디자인뿐 아니라 여론조사 · 선거 및 정치적 행태(行態)가 혁명적으로 변화하였다. 초국가적 커뮤니케이션에 의한 다문화체제(multicultural system)가 형성되고 인공위성을 통한 전략수립이 가능해지고 전쟁 수행방식이 크게 바뀌게 되었다.

정보망으로 연결된 세계는 각국의 기업, 경제, 정부에 심각한 영향을 줄 것이다. 정보관련산업(softwarepreneurs)이 팽창하고 정보망을 통한 국제적 규모의 전자 상거래(e-commerce)와 국제금융 · 해외투자 · 세계무역은 24시간 365일 상시 가동 태세에 들어갔다.

20세기 정보혁명의 선두주자 빌 게이츠

역사적 의의 인터넷과 월드 와이드 웹에 의한 전자 통신은 '지구촌'이라는 용어를 실감나게 하였다. 중국의 시위대가 1989년 톈안먼(天安門) 광장에서 탄압적인 중국정권에 항의하기 위해 모였을 때 그들은 자신들의 영웅적 노력이 전세계에서 어떤 반응을 얻는지를 즉각 알게 되었다.

그러나 정보통신혁명에 내포된 부정적인 의미를 결코 가볍게 생각할 수 없다. 사람들이 얼굴을 맞대지 않은 채 다른 사람과 통신하고, 외로이 떨어져 자기 컴퓨터 모니터가 반사하는 빛을 응시함으로써 점점 더 사람들의 삶이 위험할 정도로 '개인화'(個人化), '폐쇄화' 되는 결과가 올 것이다.

새로운 혁명적인 통신 및 정보 시스템은 중요한 문화적 쟁점과 논쟁을 야기시켰다. 영향력 있는 프랑스 철학자는 새로운 기술을 검토하고 그 사회적 문화적 영향에 관해 매우 다른 결론에 도달하였다. 보드리야르Jean Baudrillard(1929-2007)는 매스 미디어, 특히 텔레비전의 발달을 분석하여 대중매체가 상호의사소통을 자극하기는커녕 도리어 사람들을 고립시키고 의미 있는 상호교섭을 저해한다고 논하였다. 반면에 료타르Jean-François Lyotard(1924-1998)는 컴퓨터에서 낙관주의적 요소를 찾았다. 그는 컴퓨터화된 지식을 통해 사람들이 정보를 공유하고 더 큰 지적 독창성과 자유를 누릴 수 있는 기회가 커졌다고 주장하였다.

한편 푸코Michel Foucault(1926-1984)는 교도소 개혁이나 인간사회의 '혈통'과 같은 다양한 문제에 관해 널리 저술하였다. 그의 중심문제는 정보에 접근하는 것을 통제하고 지식의 제한을 규정하는 능력이 그 자체로서 힘이라는 것이었다. 정보 없이는 물리적 힘은 현대세계에서 무용의 것이라는 의견을 제시하였다.

정보통신혁명은 지식과 정보를 획기적으로 팽창하고 범 세계적 교환을 가능케 하였다. 그러나 동시에 정보의 질과 신뢰성을 떨어뜨린 부정적인 면이 간과되어서는 안 될 것이다. 정보의 대량 생산으로 '오류정보'(misinformation)가 범람하며 발신자와 정보원(情報源)의 정체성이 확인되기 어렵고 개인 정보가 유출되거나 조직적으로 감시받게 될 공산이 크다. 정보여과의 어려움과 정보교환의 익명성(匿名性)으로 인한 지적 혼란과 인간성 상실을 경계해야 할 것이다.

E. 환경과 인구 문제

유럽의 문화유산이 역사적 독자성을 가지며 세계사에서 보편적 지배를 확립하게 된 이유는 무엇보다도 과학 · 기술적 우위에서 찾을 수 있을 것이다. 그러나 과학과 기술은 인간 생활의 편리를 증대시킨 반면 자연을 훼손하고 환경의 불균형을 가져왔다. 과학 기술 및 산업이 발달하면 할수록 상대적으로 인간의 생활환경은 위험에 직면하고 있는데, 자연 훼손과 환경 파괴 때문이다.

인간의 자연 정복은 자연 생태계에 대한 개입이었다. 르네상스 이래의 '기술제일주의' (technocratic mentality)에서 유래한 이러한 개입은 자본주의적 생산양식에서 최고도로 나타났다.[1] 경제성장은 대기와 수질 오염을 가져오고 농촌의 환경도 공장과 자동차로 크게 훼손되었다.

현대 환경론의 입장에서 보면 과학기술의 발달과 산업발전은 하나의 인위적인 재앙이다. 그럼에도 미국이나 유럽 선진 산업국가는 환경오염에 기민하게 대응하지 못하였다. 라인강은 세계에서 가장 오염된 수로가 되었으며 주네브의 르망 호(Lac Leman)는 수은을 대량 함유하게 되었다. 산성비(酸性雨)는 독일의 '검은 숲'(黑林)을 파괴했고 발트 해나 지중해의 생선은 먹을 수 없게 되었다. 런던의 영국박물관이나 프랑스와 독일의 고딕 대성당의 표면은 매연으로 까맣게 변했다.

환경에 대한 위협은 인간-자연 관계에서만 발생한 것은 아니다. 인구 증대는 환경 파괴의 큰 요인으로 부상하였다. 환경문제와 인구폭발 간에는 밀접한 관계가 있다. 인구의 증가가 없었다면 환경문제의 심각성도 그만큼 덜 했을 것이다.

기술혁명이나 전자혁명은 활동의 효율을 높이는 한편 그 효율 자체 때문에 인간적 요소를 배제하는 결과를 초래하였다. 인간의 일을 대신 하는 기기(機器) 때문에 그 기기를 발명한 인간 자신은 일자리를 잃게 되었다. 기술혁명으로 인한 실업은 현대세계의 중요한 문제가 되었다.

새로운 산업이 많은 노동인력을 흡수하긴 했으나 인간의 직접적인 노동력

---

1) Joseph A. Camilleri, *Civilization in Crisis: Human Prospects in a Changing World* (1976), 20-21.

이 요구되는 산업에서 사람들은 자동화에 의해 쫓겨나는 신세가 되었다. 숙련 노동에 대한 수요가 큰 것은 사실이나 그 반면 소위 비숙련 노동자들에 의해 행해지는 초보적인 일들은 급속히 사라져가고 있다.

자연과학과 기술발달의 역기능에 대한 1990년대의 비관론은 현재의 문제로서뿐 아니라 미래에 직결된 문제이기도 하다. 그것은 지구에 사는 인간의 미래, 지구 자체의 미래에 관한 문제이다.

생존환경의 악화 단지 대기 오염과 폐기물로 생긴 대양·하천·호수의 오염뿐 아니라 인간의 생존 환경이 질적으로 저하된 문제도 심각하다. 댐의 지나친 건설은 강의 침적토(沈積土)를 만드는 원인이 되며 주변 토양이 흡수할 수 있는 속도보다 더 빠른 속도로 질산염(窒酸鹽)을 축적하게 되는 원인이 되었다. 이집트의 아스완 댐은 그 나라의 물 공급을 늘리기 위해서는 의심할 여지없는 가치를 지닌 것이긴 하지만 동시에 지중해 해조류의 영양분 공급을 줄였고 그 결과 여러 나라의 어업에 손실을 주는 결과를 초래하였다.

수천년 동안 인류는 문화의 이름으로 끊임없이 폐기물을 환경 속에 버렸으며 현대기술은 이전의 어느 때보다 더 많은 양과 여러 종류의 폐기물을 만들어 냈다. 그 중에는 일산화탄소·아황산가스·산화질소가 있으며 그 밖에 살충제·생물학적 분해 불가능의 합성물질·핵 낙진 등이 있다.

쓰레기장이 되어버린 중국 광둥(廣東)지방

지구의 온난화 느리긴 하지만 감지할 수 있는 기후상의 변화는 탄산가스의 축적과 프레온 가스(CFC) 방출로 인한 오존층의 파괴와 관계가 있다. 약 56억 톤의 탄산가스가 해마다 대기 중으로 방출되며 프레온 가스는 주로 스프레이와 냉장고 냉매 때문에 발생한다. 오존층 감소로 지구 온난화가 진행되고 '온실효과'는 궁극적으로 남·북극(極)지방의 빙산을 녹여 기상이변과 해수면 상승을 가져올 것이다. 1990년 5월 개최된 39개국 회의에서는 만일 온난화가 저지되지 않으면 방글라데시, 네덜란드를 비롯해 기타 수많은 해안지역과 섬들을 물 속에 잠기게 할 것이라고 결론지었다. 비슷한 위험은 스프레이 사용과 냉장고용 프레온 가스가 화학 반응을 통해 오존층을 파괴하는 데서도 온다.

바람의 변화 역시 파멸적 결과를 가져온다. 예를 들면 중국 사막 지대에서 해마다 3-4월 하루 1백만톤의 가는 모래가 바람에 실려 한국에 떨어지는 황사(黃砂)현상이 벌어지고 있다. 이로 인해 중금속이 공기층에 함께 실려오고 있을 뿐 아니라 폐, 눈 등에 질병을 유발하고 있는 것이다. 대서양을 횡단하는 대기의 흐름으로 해마다 서아프리카의 최상층 토양 수백만톤이 브라질까지 날아와 떨어지고 있다. 1992년 6월 브라질의 리우 데 자네이루에서 개최된 국제회의에도 불구하고 이 문제에 대한 국제적인 반응은 계속 잠정적이며 보수적인 것으로 남아 있다.

화합물의 누출 1986년 소련 키예프 근처 체르노빌Chernobyl의 핵발전소가 폭발했을 때 사고 현장의 근처뿐 아니라 바람 때문에 유럽 대륙에 걸쳐 고도로 위험한 방사선 낙진(落塵)이 떨어졌다. 피해 국가들이 항의하였고, 시민들은 자기 나라 정부에 대해 이러한 치명적인 산업 · 군사적 부산물의 제조를 제한하라고 압력을 가하는 운동을 전개하였다.

자연자원의 남용은 1991년 걸프전 때 주목을 받게 되었다. 당시 5백만-1천만 배럴의 석유가 페르시아만으로 흘러 들어갔다. 이라크와 서방 연합군은 상대방에게 석유유출의 원인이 있다고 서로 비난하였다. 여기서 생긴 바다 오

환경오염으로 죽은 새

염은 1989년 1천1백만 배럴의 원유가 알래스카 해역으로 유입된 유조선 발데즈Valdez호 좌초에 버금가는 것이었다.

독성 폐기물 환경문제는 무엇보다도 유해하고 분해되지 않는 물질을 버리거나 독성 폐기물을 적절한 방식으로 처리하지 않음으로써 발생한다. 독성 폐기물 중 가장 위험이 큰 것은 핵폐기물이다. 핵무기 제조는 막대한 양의 방사성 유독 폐기물을 만들어내며 그 독성이 수천년간 잔류되는 악질적인 것임에도 핵실험이 아직도 근절되지 않고 있고, 핵 폐기물의 처리 또는 저장을 위한 신뢰할 만한 계획은 실질적으로 실현되지 않았다.

그 밖에 비핵(非核) 독성 폐기물의 경우에도 적절한 조치가 취해지지 않고 있다. '유엔환경계획'(UNEP)은 1998년말 아시아가 연간 4억 톤의 독성 폐기물이 버려지는 쓰레기장으로 변하고 있다고 지적하였다. UNEP 당국자는 독성 폐기물 수출을 금지한 바젤 협정에도 불구하고 선진국의 폐유·중금속·살충제·의료 폐기물 등이 아시아에 버려지고 있다면서 아시아의 환경오염은 21세기에 더욱 악화될 것이라고 밝혔다.

산업 폐기물이 아시아에 폐기되는 이유 중 하나는 경제적 세계화이다. 유럽이나 미국에 본부를 둔 초국적(超國籍) 기업들은 싼 노동임금으로 제조단가가 최저로 유지되는 곳이거나 가치가 높은 자연자원을 착취하여 높은 이윤을 올릴 수 있는 지역에 자본을 투자하였다. 그 결과 세계화된 기업활동은 인도네시아·남한·인도·멕시코·베네수엘라와 같은 나라에서 점증하여 중산계급의 번영을 가져온 점도 있으나 환경오염이라는 상당한 대가를 치른 것도 사실이다. 그 대표적인 예를 들면, 1984년 미국 화학회사 유니온 카바이드Union Carbide가 인도 보팔Bophal에 소유한 가스 공장에서 유해물질이 누출되어 8천 명 이상이 희생되고 15만 명 이상이 부상을 입었다.

환경단체인 '바젤 행동네트워크'(BAN)도 전세계 퇴역 선박의 절반이 인도 등 아시아에서 해체되고 있다면서 해체 선박에서 나오는 석면과 납 성분, 중금속, 폴리염화비페닐 등 발암물질이 아시아의 환경에 재앙을 초래하고 있다고 경고하였다. 아시아의 선발(先發) 개도국들도 역내(域內) 빈곤국가에 상당량의 폐기물을 버림으로써 환경을 오염시켰다. 필리핀은 폐(廢)배터리, 태국은 폐유, 캄보디아와 인도네시아는 각종 폐기물을 수입함으로써 환경을 망가뜨리고 있다.

침식과 토지 황폐화 환경 문제는 또 가장 가치 있는 자연자원인 땅이 황폐화된 결과 일어났다. 지구상 하천의 많은 부분이 갈색으로 변했는데 인접해 있는 경작지에서 흘러나온 흙으로 가득 찼기 때문이다.

세계적으로 해마다 240억 톤의 최상층 흙이 주로 침식(浸蝕)으로 없어지고 있다. 경작지에서 흘러나온 흙은 세계 대부분의 강의 하상(河床)을 높여 놓았다. 하나의 예로 중국의 황하는 하상 침전물을 청소하는 데 2억 달러 이상이 소요될 것으로 추산되고 있다.

과도한 삼림 벌채는 홍수의 원인이 되는데 이는 1998년 양쯔장(楊子江)의 대홍수에서 입증되었다. 중국에서는 불법벌채와 화전농경으로 해마다 5천㎢의 원시림이 사라지고 수목 보유율은 세계 평균 25%를 밑도는 14%에 불과하다.

열대우림 파괴 1990년대에 주목받은 환경론적 쟁점은 우림(雨林)의 파괴였다. 세계적으로 4천만 에이커 이상의 열대우림이 해마다 파괴되고 많은 식물과 동물이 멸종 위기에 있다. 비단 과도한 벌채뿐 아니라 일상 시설과 산업체에서 공기 중으로 배출하는 수백톤의 아황산가스로 발생한 '산성비' 때문에 삼림이 사라지고 있다. 국제적인 석유 및 광업 회사들은 지금까지 서방세계의 손이 닿지 않은 지역으로 새롭게 진출하면서 거대한 열대우림 파괴를 서슴지 않았다.

산업체에서 배출하는 아황산가스는 자기 나라뿐 아니라 이웃 나라에까지 직·간접으로 환경상의 피해를 주고 있다. 예를 들면 남중국의 유황성분이 다량함유된 석탄의 연소는 독성 산성비를 발생시켜 전국토의 30%에 영향을 줄 뿐 아니라 이웃나라 한국에 심각한 피해를 주고 있다. 중국은 세계 최대 대기오염 10개 도시 중 9개 도시를 가지고 있다. 특히 난저우(蘭州)는 세계에서 가장 공기가 나쁜 도시이며 충칭(重慶)은 산성비가 내리는 대표적인 도시이다. 1993년의 한 연구에 따르면 충칭 지역 약 4분의 1의 채소가 산성비 때문에 손상을 입었다.

환경운동의 선구자 레이첼 카슨

환경운동 각국 정부는 경제성장에 영향을 줄 것을 우려하여 환경문제 해결에 적극적 태도를 취하지 않았다. 그러나 1970년대 이래 독일·영국·저지대지방·프랑스에서 정부 주도하에 환경 통제 규정을 만들었다. 또 비(非)정부 환경단체들이 활발한 활동을 전개함에 따라 환경의 불균형이 점차 바로잡히게 되었다. 하나의 예로 영국 정부가 1970년대부터 환경보존에 주력하여 템즈 강이 다시 깨끗해졌다.

1980년대에 이르러 각국의 환경 시민단체와 비정부기구가 환경운동을 대대적으로 전개하였다. 재활용·자연보존·핵폐기물·수질오염·오존층 보존 등은 이제 전세계적인 주제가 되었다. 그러나 아직도 환경의 불균형 문제는 근본적인 해결책을 모색해야 하는 단계에 머물러 있다.

인구와 환경 꾸준한 인구 증가가 자연자원 고갈뿐 아니라 환경파괴에 작용하고 있다. 역사상 여러 시기에 걸쳐 완만한 곡선을 그리면서 증가한 세계인구가 20세기에 이르러 갑작스러운 상승곡선을 그리면서 급증하였다. 이러한 인구의 폭발적 증가는 식량 · 자원의 고갈과 함께 폐기물 방출로 인한 환경 파괴를 초래하였다.

지난 1천년간 세계 인구는 10배 이상으로 증가하였다. 16세기에는 5억이었으나 그 이후부터 기하급수적으로 증가하여 2배인 10억이 되는데 단지 250년이 걸렸을 뿐이다.

20세기 첫 해 15억이던 세계인구가 거의 반세기만에 2배로 증가하여 1960년 30억이 되었다. 37억(1970), 50억(1987), 58억(1997)으로 급증한 세계 인구는 1999년 9월 유엔 추산에 따르면 60억이 되었다. 2050년 최대 예상 인구는 107억이다.

인구혁명의 원인 이러한 급격한 인구 증가의 원인은 무엇인가. 근본적으로는 사망률과 산아율의 불균형 때문이며 의학 지식과 의약(醫藥) 발전도 주요 원인이다. 의학의 발달, 영양의 향상, 화학이나 생리학의 새로운 지식으로 콜레라 · 티푸스 · 폐결핵과 같은 각종 치명적인 질병이 감소되고 사망률 또한 감소하였다.

산아율이 사망률을 훨씬 능가한 것도 인구 증대의 원인이다. 더욱이 중국 · 인도 · 일본 등에서는 전국 차원에서 산아제한 정책을 실시하고 있으나 효과는 그다지 크지 않다.

어떤 나라에서는 빈곤 · 종교 · 무지 때문에 피임기구가 보편적으로 사용되지 않고 있다. 서방세계조차 산아제한에 대한 태도는 애매하거나 자기중심적이다. 특히 미국민 일부는 낙태를 격렬히 비난하고 있으며 로마 가톨릭 교회는 산아제한과 가족계획을 완강히 반대하고 있다. 인구문제는 전지구적 관점과 인류 공동체를 보는 시각에 따라 해결되어야 할 문제이다.

인공비료 보급으로 인한 식량증산이나 식품저장법의 개선도 인구 증가에 작용하였다. 새로운 식품과 저장 방법은 영양공급에 영향을 미쳤으며 인간수명 연장에 기여하였다. 의료에서 사용된 소독과 살균의 원리에 근거한 저장법으로 식품의 대량저장과 값싸고 안정된 공급을 가능케 하였다. 통조림 산업의 비약적 발전, 철도시설이나 조선의 발달, 냉장법 발달 등은 식품 공급을 쉽게 했으며 이러한 요인들의 복합적 결과로 도시 산업인구에 대한 식량 공급이 혁명적으로 변화하였다.

평균수명의 연장과 노령화도 인구 증가의 요인이었다. 제1차 세계대전 이후 특히 1930년대 이래 전세계적으로 인간 수명이 점차 연장되는 추세에 들어섰다. 예를 들면 1930년에서 1958년 사이에 잉글랜드와 웨일즈의 평균 수명은 남자의 경우 58.7세에서 67.5세로, 여자의 경우 62.9세에서 74세로 연장되었다. 서유럽에서 대체로 사망률은 1938년의 13.7%에서 10.2%로 떨어졌다.[2] 아프리카 · 아시아 · 라틴 아메리카의 경제적 후진국가에서도 평균수명이 연장되었다. 예를 들면 1946년 인도의 평균 수명은 32세에 불과했으나 1973년에는 약 50세가 되었다.

인구 대국 인구 증가는 중앙 및 남아메리카, 아프리카 및 아시아 지역에서 가장 현저하였다. 1960년에는 유럽 인구가 아프리카의 세 배였으나 2050년에는 아프리카 인구가 유럽 인구의 세 배가 될 것으로 전망되고 있다. 1961년 3백만이던 캘커타 인구는 20세기말에 1천2백90만이 되었다. 도쿄는 불과 30년만에 55배 이상 늘어나 5백만에서 1천 8백 50만 인구를 가진 대도시로 성장하였다.

아시아(소련 제외) 인구는 1900년 8억1천3백만에서 1986년 29억으로 증가하였다. 이것은 세계인구의 약 60%에 해당한다. 현재 인구 대국은 중국 · 인도 · 미국 순이며 2050년에는 인도 · 중국 · 미국 순으로 바뀔 가능성이 크다. 1999년 현재 세계 인구대국 10개국 중 6개국(중국 · 인도 · 인도네시아 · 파키스탄 · 방글라데시 · 일본)이 아시아에 있지만 2050년에는 일본을 제외한 아시아 5개국이 여전히 인구 대국 10개국에 속할 것으로 전망된다.

3. 현대사상의 주류

사상적인 면에서 유럽문명의 위기는 이미 20세기의 전환기에 나타났다. 1914년 이전 몇 해 동안 대단히 혼란스러운 징조가 분명해졌다.[3] 과학 · 철학 · 종교 등 분야에서 불확실성과 새로움이 교차하였다.

1930년대에 소련이 밑으로부터의 혁신을 계획하고 있을 때 서방 세계의 사회와 경제는 쇠퇴해갔다. 불경기와 전쟁의 공포에 사로잡혀 영국과 프랑스 같은 나라는 거의 과학기술의 발전을 보지 못하였다. 영국과 프랑스는 1세기 이상 역사적 특징이었던 변혁의 관성을 잃었다. 국민생활의 많은 분야에서 전

2) Richard Mayne, *The Recovery of Europe : 1945-1973*, rev. ed. (1973), 7.
3) Roland N. Stromberg, *European Intellectual History Since 1789*. 2nd ed. (1975), 173.

세대로부터 이어받은 유산 이상의 것을 성취하지 못하였다.

1930년대 지성계에 가장 큰 영향을 준 요인은 경제적인 대공황과 정치적인 파시즘이었다. 문인들은 더 이상 무관심이나 객관성을 표방할 수 없었다. 그들은 사회적 현실에 직면하지 않을 수 없었고 사회정의와 이상적 사회를 성찰의 대상으로 삼게 되었다. 마르크스주의자에서 민주주의자에 이르기까지 다양한 사상적 색깔을 가진 지식인들의 공통점은 사회적 부조리와 정치적 탄압을 끝장내는 이상 사회에 대한 비전이었다.

이러한 지적 경향은 전세대에서 이미 나타났다. 예컨대 프랑스 철학자 방다 Julien Benda(1867-1956)는 1927년 '지식인의 배반' (*La Trahison des clercs*)이라는 영향력 있는 논쟁적인 글을 발표한 바 있다. 이 글에서 그는 19-20세기의 프랑스와 독일 지식인들이 정치적 · 군사적 문제에 관해 객관적으로 추론하는 능력을 상실하고 다만 내셔널리즘이나 호전성을 옹호하게 되었다고 비판하였다.

한편 현대철학도 프로이트나 니체의 영향을 받으면서 점차 부조리의 세계와 직관적인 영역에 관심을 모으게 되었다. 기존의 도덕과 가치관에 대한 도전이라는 점에서 프로이트가 사회사상에 미친 영향은 아인슈타인이 자연과학에 미친 영향에 비견되는 것이었다. 20세기 사상은 프로이트의 지적 혁명으로 그 서막을 올렸다.

헤겔이나 칸트가 세운 관념론의 전통도 역시 영향을 받지 않을 수 없었다. 예를 들면 이탈리아의 크로체Benedetto Croce(1866-1952), 영국의 브래들리F. H. Bradley(1846-1924), 미국의 로이스Josiah Royce (1855-1916) 등 신관념론자들(New Idealists)은 19세기적인 기계론과 유물론에 반발하였다. 그들은 과학이 다만 우주의 일면만을 탐구할 뿐이라 하고 직관에 의한 인식이나 종교적 믿음이 또다른 진리라고 확신하였다.

예컨대 직관적 인식을 주장한 프랑스의 베르그송Henri Bergson(1859-1941)은 존재가 자연적 창조력, 즉 '생명에의 충동' (élan vital)에 귀착된다고 설명하였다. 베르그송에 따르면 아무 것도 고정된 것은 없으며 항상 끊임없이 변화한다는 것이다. 인간지성은 끊임없이 변하는 자연의 진정한 실재를 파악하지 못하고 단지 예술가가 가진 직관력에 의해서만 비로소 실재를 파악할 수 있다는 것이다.

베르그송의 '생명주의' 철학은 제1차 세계대전 전의 세계에 상당한 영향을 행사하였다. 그것은 과학적 결정론에 대한 반발이었다. 베르그송은 진화 개념을 다윈에서 빌어왔으나 진화가 단순히 생존경쟁이 아니라 창조적 진화라고 본 점에서 독창성을 발휘하였다. 정신작용을 기계론적으로 환원시키지 않은 그는 20세기 전환기에 많은 지식인에게 영향을 끼쳤다.

제2차 세계대전 중의 전쟁 체험, 인종학살, 전체주의는 인간의 존재의의 자체를 깊이 성찰케 하는 계기가 되었다. 이 점에서 전후 가장 강력한 운동의 하나인 실존주의는 윤리문제에 대해 극단적인 해답을 제시하려고 하였다. 삶은 어리석고 의미 없는 것으로 파악되었다.

야스퍼스Karl Jaspers(1883-1969)나 하이데거Martin Heidegger(1889-1976)의 사상을 바탕으로 자신의 철학체계를 수립한 프랑스 실존주의 철학자 사르트르Jean-Paul Sartre(1905-1980)는 개인이 할 수 있는 선택은 아무런 결정을 내리지 않는 것뿐이라고 주장하였다. 사르트르는 도덕적 책임을 중심으로 극단적인 개인주의 이론을 수립하였다.

A. 정신분석

행태학적 심리학과는 달리 무의식의 과정에 깊은 관심을 보이는 심리학자들이 20세기에 나타나 주목을 끌었다. 이미 우생학의 창시자인 골턴Sir Francis Galton(1822-1911)은 심층적인 정신 활동이 의식 이하의 차원에서 이루어진다는 연구를 한 바 있었다. 이를 더 연장 확대한 다른 심리학자들이 정서적 불안정의 문제까지 파고들었다.

20세기 전환기에 정신분석학을 창시하여 가장 충격적인 영향을 끼친 사상가는 오스트리아 빈의 개업의사 프로이트Sigmund Freud(1856-1939)였다. 그는 무의식과 비합리적인 정신세계를 규정하는 새로운 법칙을 발견한 심리학의 '코페르니쿠스'였다.

프로이트는 기존의 심리학 이론에 만족하지 않았다. 그의 방법은 자세하고 주의 깊은 의학의 관찰을 토대로 했으며 그의 저술은 신중한 논리와 함께 문학적 우아함을 지녔다.

프로이트 프로이트는 1885년 임상을 통한 연구를 시작하여 1890년대부터 연구업적을 발표하였다. 그러나 그가 생리적 설명보다 오히려 심리적 설명에 초점을 둔, 정신질환에 대한 연구를 시작한 것은 1896년이었다.

프로이트

프로이트는 임상치료를 통해 신경과민 증상의 근원에는 의식과 무의식 사이에 갈등이 있음을 확인하였다. 이 갈등이 고통스러운 기억이나 위험한 일을 의식 속에서 지워버리려고 하는 억압작용의 결과라는 점도 알게 되었다. 마침내 1910년 프로이트는 '정신분석'에 관한 독창적인 사상을 발표하면서 1914년까지는 중요한 저술을 마쳤다.

정신분석학은 1920년대에 이르러 사회과학뿐 아니라 문학과 예술에 뚜렷하게 영향을 미치기 시작하였다. 1920년대에 소설가 · 시인 · 화가들은 프로이트 사상을 받아들여 인간의 내적 세계 및 기억과 정서의 숨은 심층에 초점을 맞추어 작품활동을 하였다.

무의식의 세계 신경 정신 분야를 다루는 가운데 프로이트는 최면술을 받은 환자가 잊어버린 사건을 기억해냄으로써 치유된다는 것을 알았다. 그 결과 그는 기억 자체가 매우 중요하다는 결론에 도달하였다.

프로이트는 무의식이라는 심리적 심층을 파헤쳤다. 그는 의식적 마음의 존재를 인정했으나 잠재의식 내지 무의식이 인간행위를 결정하는 데 더 중요하다고 확신했다. 이상행위(異常行爲)는 의식적으로 억압된 욕망이 잠재의식 속에 남아 있는 데서 비롯된다는 것이었다. 특히 프로이트는 꿈이 정신 심층에 이르는 관건이라고 믿었다. 그리하여 자유연상을 통해 꿈의 해석을 하고 성적 충동과 환상이 억압의 가장 중요한 근원임을 확인했다. 그는 『꿈의 해석』(*Die Traumdeutung*, 1899)에서 문학 · 종교 · 정치 등 거의 모든 인간행위가 억압된 의식의 표출이라고 분석하였다.

프로이트는 인간을 권력 · 자기보존 · 성(性) 등과 같은 기본적 욕망에 의해 충동받고 행위하는 이기적 존재라고 보았다. 이 욕망은 너무 강해서 극복할 수 없으며 사회가 그런 욕망의 무절제한 충족을 죄악이라 보고 있는 만큼 항상 억압된 욕망으로 잔존해 있다는 것이다. 그런 욕망은 완전히 사라지는 일이 거의 없으며 꿈 · 기억 · 공포 등 그 밖의 여러 가지 이상행위로 나타난다. 프로이트는 정신이상이나 정신병의 대부분이 자연적 욕구와 사회적 제약 간의 심한 충돌 때문에 일어난다고 믿었다.

정신분석 프로이트는 정신이상을 고치는 새로운 치료 방식으로 정신분석을 제시하였다. 그 중 하나가 꿈의 과학적 해석 혹은 깊이 억압된 욕망을 표면화시키는 방법이었다. 그는 또 '리비도' libido, 즉 성적 충동을 깊이 다루었다. 이에 따라 유명한 오이디포스 콤플렉스Oedipus complex설이 나왔다. 이러한 그의 주장, 특히 유아의 성(性)에 대한 관념은 당시 사회로부터 커다란 반발과 충격을 불러일으켰다.

프로이트 시대에 점잖은 사람들은 성본능을 사실대로 받아들이려 하지 않았다. 그의 이론에 따르면 바로 이러한 사람들이야말로 가장 정신적으로 욕망을 억압하고 있다는 것이었다. 또다른 면에서 볼 때 미술가나 과학자의 업적은 승화(昇華)의 결과이며, 승화란 '이드' id의 원초적 욕망을 다른 고차원적인 목적으로 전화(轉化)시킴을 의미하였다.

정신분석은 프로이트가 자신의 이론체계 및 정신치료방법에 붙인 명칭이었다. 정신분석은 분석자가 환자에 대해 판단하지 않고 대신 환자로 하여금 자기 자신의 내면을 발견하도록 하는 것이다. 즉, 억눌린 생각이나 느낌을 의식하도록 하는 것이다. 프로이트의 정신분석 이론은 정신치료법으로 새로운 의미를 가졌을 뿐 아니라 인간의 성격과 행위의 문제 해결에 실마리를 제공하였다. 나아가서 정신분석은 문학 · 예술 혹은 정치적 수단, 예컨대 선전이나 세뇌(洗腦)에까지 활용되기에 이르렀다.

프로이트 사상의 의의 1920년대에 프로이트 사상은 일부의 반발에도 불구하고 널리 인정을 받았다. 만일 억압이 정신병으로 발전한다면 발산 · 성적 해방 · 솔직성은 정신 건강을 가져올 것이다. 이는 프로이트 사상에서 직접 나온 것은 아니지만 그의 사상과 관련해 퍼져나갔다.

프로이트의 학설은 뉴턴 · 다윈 · 마르크스 · 아인슈타인의 이론에 비견될 수 있다. 인간행위의 근본동기가 비합리적인 힘에서 발견된다는 그의 주장은 인간본성의 또다른 면을 통제하고 조정할 수 있는 가능성도 함께 시사하였다.

융의 수정론 프로이트 사상은 후에 여러모로 수정이 가해졌다. 그 가운데 가장 유명한 것은 융의 학설이었다. 융Carl Jung(1875-1961)은 스위스 심리학자로서 본래 프로이트의 제자였다. 그러나 프로이트와 의견을 달리한 융은 개인의 자아의식의 배경에는 집단적 무의식이 존재한다고 주장하였다. 이는 집단 전체의 공동 정신적 유산으로서 상징물이나 종교의식에서 가장 자주 표현된다는 것이었다.

융

융은 문학적 재능뿐 아니라 신비주의적 취향을 가지고 있었다. 신화와 종교의 정신치료 가치를 인정한 그의 이론은 종교사상가 · 민족문화론자 · 철학자 · 미학자들에게 영향을 끼쳤다. 융을 통해 정신분석의 개념과 용어는 더욱 일반적으로 서양문화에 깊이 침투했으며 특히 예술과 문학, 언론과 광고 등의 분야에서 활용되었다.

B. 새로운 철학

1918년 이후 철학은 대체로 시대의 혼란상과 비관주의를 반영한 것이었다. 제1차 세계대전이라는 인류 최초의 대규모 살육전은 사람들의 마음을 무겁게 만들었다. 더욱이 1920-1930년의 경제적 불황과 전체주의 국가의 출현은 인류문명의 장래를 어둡게 하였다.

철학자 중에는 산타야나George Santayana(1863-1952)처럼 요양원에 피신하는 사람도 있었으나 대부분은 절망을 극복하려고 노력하였다. 그 가운데는 초자연적인 힘에 의지하려고 하는 철학자도 적지 않았다.

제2차 세계대전 후의 철학사상은 비합리주의와 논리적 경험주의라는 두 개의 커다란 조류에 의해 지배되었다. 철학의 가장 혁신적 경향은 러셀Bertrand Russell(1872-1951)과 화이트헤드Alfred N. Whitehead(1861-1947)로 대표되었다. 그들의 새로운 체계는 정확성과 경험적 입증을 강조하는 분석철학의 기초가 되었다. 1910년 출판된 러셀의 『수학적 원리』는 이 점에서 획기

비트겐슈타인

적인 저술이었다.

유럽대륙에서도 비슷한 철학적 경향이 나타났으며, 특히 '빈 학파'(Vienna Circle)는 논리적 실증주의를 발달시켰다. 영국과 유럽대륙의 철학에 다같이 영향을 끼친 철학자는 비트겐슈타인Ludwig Wittgenstein(1889-1951)이었으며 그의 저술(*Tractatus Logico-Philosophicus*, 1921)은 논리적 실증주의의 이정표였다.

심볼에 의한 논리로써 수학적 추리의 정확성에 도달하려는 분석철학자들은 일상생활의 일반적 문제 대부분을 배제하는 경향이 있었다. 그들은 수세기 동안 논쟁해온 신학적 · 도덕철학적 문제는 너무 부정확하므로 일고의 가치도 없는 무의미한 것이라고 평가절하하였다. 이전의 실증주의자들과 같이 분석철학자들은 의도적으로 자연과학을 모방했으나 동시에 그들이 수학적 언어를 강조한 것은 지식에 대한 실증주의적 자신감에서 멀어지는 것을 의미하였다. 분석철학의 과제는 모든 진술을 분석하여 정확한 의미를 전달할 수 없는 함축성과 가치판단을 없애버리는 것이었다.

화이트헤드 화이트헤드는 본래 영국 출신 수학자로 미국 하버드대학 철학교수를 지냈다. 그는 현대사상에서 과학적 발견이 한 역할을 재평가하려고 하였다.

플라톤 · 칸트 · 아인슈타인의 영향을 받은 그는 이성과 함께 직관을 타당한 지식 수단이라고 인정하였다. 정치철학과 사회이론에서 자유주의자의 입장을 취한 화이트헤드는 인간사회의 진보의 확실성을 믿었으며 신을 전지전능의 신으로서가 아니라 인간을 도와 완성으로 이르게 하는 사랑의 신으로 보았다.

논리적 실증주의 1920년경 빈 학파에 의해 창립된 '논리적 실증주의'(Logical Positivism)는 새로운 철학운동이었다. 제1차 세계대전 전에 오스트리아에서 영국으로 이주한 비트겐슈타인으로부터 자극 받은 빈 학파의 주요인물은 러셀을 비롯해 카르나프Rudolf Carnap(1891-1970), 라이헨바흐Hans Reichenbach(1891-1953) 등이었다.

러셀

논리적 실증주의는 순수한 과학철학이었다. 이에 따르면 가치나 이념은 수학이나 물리학에 의해 증명되지 않는 한 인정될 수 없다는 것이다. 논리적 실증주의자는 일반적으로 어떠한 사물이든 물리적 자연 속의 사물과 1대 1의 대응으로 환원되지 않을 경우 '무의미하다'고 거부하였다. 그들은 철학을 단지 자연현상적 사실과 조화하는 진리의 발견수단으로 간주하는 데 만족하였다.

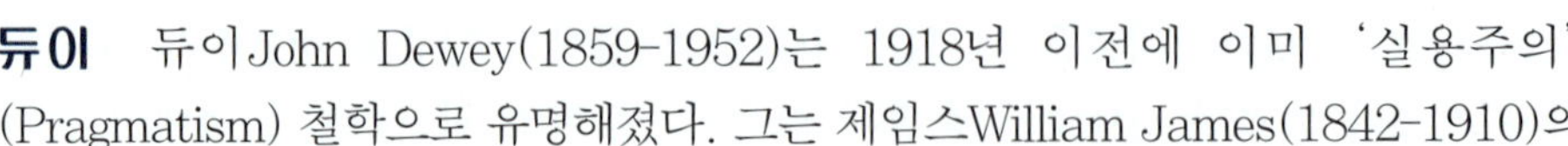

듀이 듀이John Dewey(1859-1952)는 1918년 이전에 이미 '실용주의'(Pragmatism) 철학으로 유명해졌다. 그는 제임스William James(1842-1910)의

실용주의의 영향을 받아 사상과 관념이 실제성이 있을 때 비로소 타당성이 있다는 '도구주의' (Instrumentalism) 또는 '실험주의' (Experimentalism)로 알려진 철학을 전개하였다. 그 후 결코 실용주의를 버린 것이 아니었으나 제1차 세계대전 후 듀이는 더욱 구체적인 문제로 파고들었다. 1920년에 출판된 유명한 『철학의 재건』(*Reconstruction in Philosophy*)에서 그는 철학이 궁극적인 추상적 실재(實在)를 다루지 말고 인류를 움직이는 도덕적 힘을 계발해야 한다고 주장하였다.

듀이는 대부분의 현대 철학자들과 달리 인간 지성의 힘에 대해 건전한 믿음을 가졌다. 인간이 이성과 경험을 통해 얻은 지식을 활용한다면 초자연적인 것으로부터 도움을 받지 않고도 자신의 문제를 해결할 수 있다고 자신하였다.

듀이는 1930년대 전체주의적 압제가 심해지는 무렵에 인간의 자유가 얼마나 중요한가를 한층 더 역설하였다. 그는 행위를 통한 학습이 교육의 바탕이 되는 교육개혁의 필요성을 강조했으며 자유 · 평등 및 경험과 교육에 의해 인도되는 현명한 판단을 형성하는 능력이 민주주의의 본질이라고 주장하였다.

사르트르

실존철학 현대의 비관주의를 가장 심각하게 또 가장 특징적으로 대변한 것은 '실존주의' (Existentialism)였다. 이 점에서 사르트르Jean-Paul Sartre (1905-1980)는 독보적 존재였다.

사르트르는 철학자이며 동시에 소설가 · 극작가였다. 그는 공산주의자였으며 그의 영향력은 국제적인 것이었다. 그는 '실존이 본질에 앞선다' 는 말로 인간이 운명의 주인임을 주장하고 이 주장을 『구토(嘔吐)』(1938), 『자유의 길』(1945-1949) 등과 같은 소설을 통해 표현하고자 하였다. 그는 1964년 노벨 문학상 수상자로 지명되었으나 수상을 거부하였다.

도덕적 책임을 중심으로 한 사르트르의 급진적 개인주의는 전전의 야스퍼스와 하이데거의 저작을 토대로 한 것이었다. 이 점에서 사르트르의 실존철학은 전혀 새로운 것이 아니었다. 이미 19세기 중반의 덴마크 신학자 키에르케고르Sören Kierkegaard(1813-1855)에서 그리스도교적 실존주의의 출발을 볼 수 있었다.

헤겔에 반대한 키에르케고르는 인간의 자유의지를 강조하고 '신앙의 도약' 을 통해 종교에 도달할 수 있음을 주장하였다. 체계적인 철학과 합리주의 종교를 공격한 그는 20세기의 프로테스탄트 신학과 현대 문학에 많은 영향을 끼쳤다.

키에르케고르와 후설Edmund Husserl(1859-1938)의 영향을 받은 독일 철학자 하이데거는 인간의 자의식이 시간관념과 죽음의 의식에 어떠한 관계가 있는가의 문제에 관심을 가졌다. 그는 전통적인 형이상학을 거부하고 현대의 과학기술과 대중문화의 많은 측면을 '존재의 망각' 이라는 점에서 비판하였다. 하이데거 자신은 실존주의자임을 부인했지만 그의 저서 『존재와 시간』(1927)은 실존주의 발전에 기본적인 것이었다.

특히 야스퍼스Karl Jaspers(1883-1969)는 영향력 있는 실존주의자였다. 야스퍼스는 나치에 대한 완강한 비판자이며 독일 사회를 날카롭게 분석하였다. 초기의 정신병리학 저술로 1913년 하이델베르크 대학의 철학교수가 되었다. 그리스도교적 실존주의는 1930년 이래로 야스퍼스에 의해 대변되었다.

실존주의는 사르트르에 이르러 심화되었다. 그에 따르면 최악의 환경에서도 인간은 어떤 선택을 할 수 있는 자유로운 존재이다. 사람이 할 수 있는 선택을 모두 합친다면 그것으로 개인의 삶은 도덕적 의미를 부여할 수 있다. 사르트르의 철학은 하나의 자유로운 개인으로서 인간의 '실존'이 삶의 기본 사실이라는 논리를 전개하였다. 인간은 바로 자유로운 존재라는 사실 때문에 고뇌와 공포를 느끼게 되며 결국 신에 대한 믿음도 사라진다는 것이다. 실존철학에 따르면 인간이 절망으로부터 벗어나는 유일한 길은 '관련을 갖는 것', 즉 인간사에 적극적으로 참여하는 것뿐이었다.

C. 세계관의 변화

그리스도 교계(教界)에서는 제1차 세계대전 후 전전 시기의 특징을 이룬 가치관에 대한 고민을 함께 나눔으로써 종교의 시회적 역할에 대한 비판적인 성찰을 하게 되었다. 인간과 세계에 관한 비관론을 반영하고 종교에 대해 비판적인 태도를 지닌 철학 사조가 나타났다. 프로테스탄트의 '신정통주의'(Neo-Orthodoxy)와 함께 가톨릭의 '신스콜라주의'(Neo-Scholasticism)는 다 같이 이 경향을 반영하였다.

1930년대에 문학과 사상에서 새로운 시도가 행해진 것과 같이 종교 분야에서도 새로운 경향이 나타났다. 그 계기는 1931년 5월 공포된 교황 비오11세Pius XI(1857-1939)의 교황령이었다. 이 교황령은 자본주의의 폐해를 지적하면서 개인주의와 집산주의(集産主義), 자유주의와 사회주의의 타협을 제시한 것이었다.

1930년대 이후 종교적 가치관에 대한 성찰이 이루어졌다. 대공황이나 파시즘이 초래한 인간의 고통에 의해 가톨릭이나 프로테스탄트는 다같이 양심의 각성을 경험하였다. 잘 살고 교육받은 계층과 밀접했던 교회는 노동계급을 기성종교로부터 멀어지게 만든 점을 반성하였다. 유럽 종교지도자들은 그리스도교로 다시 교화하는 것에 노력을 기울였다. 따라서 1930년대의 종교적 부흥은 강한 사회의식과 연결되기에 이르렀다.

신정통주의 실존주의 철학의 영향을 강하게 받은 바르트Karl Barth

(1886-1968)와 니버Reinhold Niebuhr(1892-1971)는 전능한 신이 세계를 지배하며 자신의 목적에 따라 사물을 다룬다고 믿었다. 사르트르의 무신론적 실존주의와 대조적으로 그리스도교적 실존주의는 20세기 신학사상에 영향을 주었다. 바르트와 니버는 인간이 신의 이미지를 본 따 만들어진 도덕적인 존재이며 자유로운 존재라고 생각하였다. 인간본성은 자만과 자애(自愛) 때문에 부패했으며 그것이 전쟁 · 폭압 · 착취의 근원이라는 것이었다.

스위스 출신 프로테스탄트 신학자 바르트는 20세기의 가장 영향력 있는 신학자 중 한 사람이었다. 제1차 세계대전 직후 바르트는 성 바오로의 로마서에 대해 획기적인 주석을 가함으로써 신학계를 놀라게 하였다. 1921년부터 1935년까지 그는 독일에서 가르쳤으나 나치에 의해 추방되어 만년을 스위스 바젤에서 보냈다.

바르트는 이른바 '위기신학'을 통해 계시와 은총을 강조하였다. 그는 신학적 자유주의보다는 정통주의를 다시 강조함으로써 종교개혁 때의 정신으로 돌아갈 것을 주장하였다. 16세기에 설교된 바와 같은 프로테스탄트의 기본교리를 부활시키는 것을 목표로 하였다. 그는 칼뱅파와 루터파의 교리에 대한 '자유주의적' 해석을 그리스도교적 진리와의 약한 타협이라면서 반대하였다.

바르트는 모든 형태의 탄압정치에 대한 타협 없는 저항을 설교하였다. 히틀러에 대해 가장 적극적으로 항거한 교회 지도자들이 '자유주의적' 신학자들에게서가 아니라 바르트에게서 영향받은 사람들 중에서 나왔다는 사실은 신 정통주의의 배경에 도덕적 믿음이 짙게 깔려 있음을 의미한다.

한편 미국 신학자 니버는 1930년대에 사회주의자였으나 제2차 세계대전 후에는 전통적인 프로테스탄트 가치관으로 돌아섰다. 그는 이른바 '보수적 리얼리즘'을 통해 프로테스탄트 가치관을 현대사회에 연관시켰다. 그의 저서 『자연과 인간의 운명』(1941-1943)은 미국 신학에 중요한 영향을 미쳤다.

신스콜라주의 사회개혁과 신학부흥은 특히 프랑스에서 병행된 운동으로 나타났다. 가톨릭 교회가 정부의 공식지원을 받고 있었기 때문에 변화를 추구할 필요가 없었던 이탈리아 · 아일랜드 · 폴란드 · 포르투갈의 경우와 달리 프랑스에서는 성직자나 일반신도가 종교적 확실성을 반성하게 되었다.

프랑스 종교지도자로서 국경을 초월하여 국제적 영향력을 행사한 사람은 마르셀Gabriel Marcel(1889-1973), 무니에Emmanuel Mounier(1905-1950), 마리탱Jacques Maritain(1882-1973) 등이었다. 그들은 다같이 제2차 세계대전 전야의 유럽에서 그리스도교회의 메시지를 진보적인 입장에서 재해석하려고 하였다.

마르셀은 산업문명의 비인간적 관례에 반대하였다. 무니에는 좌파 가톨릭

잡지(*Esprit*)의 창간자로서 인간개성의 중요성을 강조함으로써 유럽적 가치관의 위기에 대한 개성주의적 해결을 모색하였다. 마리탱은 마르셀과 같이 가톨릭 신앙의 개종자로 모범이 된 인물로 무니에처럼 사회적 견해에서는 민주주의자 · 좌파적 견해를 표현하였다. 니버가 프로테스탄티즘에서 과도한 자유가 부여된 것을 한탄한 반면 신스콜라주의를 대변하는 마리탱은 권위에 너무 의존하려는 가톨릭의 경향을 비판하였다.

신스콜라 철학은 중세적 냄새를 풍기고 있음에도 많은 지식인, 예를 들면 영국의 체스터튼Gilbert K. Chesterton(1874-1936), 파리 대학의 질송Étienne Gilson(1884-1980), 미국 철학자 애들러Mortimer J. Adler(1902-1978) 등 저명인사의 추종을 받았다.

신스콜라주의에 따르면 세계의 구원은 토마스 아퀴나스의 예지에 바탕을 둔 그리스도교 문화를 어떻게 발전시키는가의 여부에 달려 있다는 것이다. 신정통주의와 신스콜라주의는 다같이 현대의 혼돈과 비관을 극복하기 위해 그리스도교의 역할을 강조하였다.

프로테스탄트의 틸리히Paul Tillich(1886-1965)와 가톨릭의 테이야르 드 샤르댕Pierre Teilhard de Chardin(1881-1955)은 그리스도교가 현대생활을 존중해야 한다고 체계적으로 주장하였다. 나치에 의해 프랑크푸르트 대학에서 쫓겨난 후 미국의 저명 대학에서 가르친 독일 출신 신학자 틸리히는 『조직 신학』(*Systematic Theology*, 1951-1963)을 통해 그리스도교와 현대 실존주의철학을 종합하려고 시도하였다. 한편 테이야르 드 샤르댕은 중국 선사시대 인류를 연구한 예수회 철학자로서 궁극적인 영적 통합을 향한 인간 진화론을 통해 그리스도교와 과학을 조화시키려고 하였다.

소련의 종교탄압 서방세계에서 가톨리시즘과 프로테스탄티즘이 재충전을 시도하고 있을 때 러시아 정교회(正教會)는 점차 공산당의 압력에 굴하게 되었다. 전투적인 무신론파인 볼셰비키는 처음부터 그리스도교를 파괴하려고 시도하였다. 종교는 가난한 사람들이 혁명적 저항을 하지 못하게 하고 오히려 운명에 안존하라고 위안하는 아편과 같은 악이라고 선전되었다.

소련의 새 지도자들은 종교를 박해하고 교회를 폐쇄하거나 반(反)종교적 박물관으로 개조하였다. 그들은 학교에서나 공산당을 통해 무신론을 가르쳤다. 한편 정교회 성직자는 흔히 부패하고 교육을 받지 못했으며, 박해의 시기에 교회는 신자들의 자발적인 유대를 형성하는 데 실패하였다.

1930년 중반 새로운 소련 지식인은 종교 없는 가운데 성숙기에 달했고 소련 정치체제에는 무신론이 확고한 뿌리를 내렸다. 그 이후부터 러시아의 정교회는 소수의 여성과 나이 많은 층에게 간신히 허용된 신앙으로 머물러 있게 되었다.

전후 가톨릭교회 제2차 세계대전 후 그리스도교 계열의 정당이 강력한 세력을 형성함으로써 그리스도교와 현실과의 연계는 존중되었다. 현실적 관심은 교황 요한 23세John XXⅢ(재위: 1958-1963)의 계몽주의적 적극성에도 반영되었다. 요한 23세는 가톨릭뿐 아니라 프로테스탄트에게도 대단한 인기가 있었으며 농민과 노동자, 그리고 지식인들에게 다같이 호소력을 발휘하였다.

교회가 현대세계에서 적극적 역할을 해야 한다고 판단한 교황은 1962년 바티칸 공의회를 소집하였다. 그는 가톨릭 교회가 조직체로서뿐 아니라 사회정책에서도 현대화해야 한다고 강조하였다. 교회는 국제적으로 영도력을 발휘하여 개발도상국가에 큰 관심을 기울이고 유대인을 존중하며 종교적 자유를 강조하였다.

반합리주의 및 반민주주의 1918년 이후의 정치 · 사회 철학 면에서 각별히 주목되는 것은 일부 사상가들이 민주주의를 멸시했다는 것이다. 그들의 견해는 결과적으로 제2차 세계대전 전의 시대적 위기를 심화시키는 데 기여하였다.

대표적인 사상가로서 이탈리아 사회학자 파레토Vilfredo Pareto(1848-1923), 독일 역사철학자 슈펭글러Oswald Spengler(1880-1936), 스페인의 오르테가 이 가세트 등이 지적될 수 있다. 그들의 견해는 대중에 대한 경멸, 민주주의의 불가능, 반(反)합리주의 및 강자에 대한 숭배 등에서 일치하였다. 예를 들면 오르테가 이 가세트는 『대중의 반란』(*The Revolt of the Masses*, 1930)을 통해 대중이 고급 문화를 파괴할 것이라고 경고하면서 전체적으로 서양문명의 미래를 비관하였다.

문명론 제1차 세계대전으로 인한 심리적 손상에 더하여 불경기와 파시즘에서 충격을 받은 유럽인은 역사 사상에 기대를 걸고 현대사회가 어디로 향해 가는가를 묻게 되었다. 제1차 세계대전이 끝날 무렵 때맞추어 독일에서 출판된 슈펭글러의 『서양의 몰락』은 대단한 호응을 얻었다. 어려운 역사철학 책이 그렇게 많이 팔리기는 전례 없는 일이었다.

슈펭글러는 이 책을 출판하기 전에는 무명의 교사에 불과하였다. 그러나 이 책의 출판으로 그는 일약 유명하게 되었다. 그는 세계사에 대한 독창적이며 체계적인 분석을 하였다. 아시아와 유럽의 여러 사회를 세밀하게 분석하고 문명의 흥망이 주기적이라고 주장하였다. 1918년에 출판된 이 책은 1922년 개정판을 냈다. 제1차 세계대전 전에 씌어진 것이지만 그 내용은 전후 세계와 미래에 대한 예측에 관련된 것이었다.

슈펭글러는 인류문명이 생물학적 유기체이며 각각 삶의 주기를 가지고 있다고 전제하면서 서양문명의 생활주기를 다른 문명과 비교해 볼 때 문명의 절정기를 지나 퇴화를 시작하는 단계에 접어들었다고 주장하였다. 그에 따르면 제1차 세계대전이 서양문명의 마지막 단계를 시작했다는 것이었다. 유럽 문명의 위기를 경고한 『서양의 몰락』은 시대의 비관주의를 잘 반영하였다.

이에 반해 그 후에 나온 그의 저술은 나치의 선전 서적과 같이 편견에 차 있었다. 1933년 출판된 『결정의 시각』(*Jahre der Entscheidung*)에서는 민주주의, 평화론, 국제협력, 하층계급, 유색인종을 맹렬히 비난하였다. 그는 지배자로 태어나거나 또 그렇게 불리는 사람들을 격찬하고 본능, 인종, 소유욕과 집권욕 등을 찬미하였다.

토인비 슈펭글러의 젊은 동시대인인 영국 역사가 토인비Arnold J. Toynbee(1889-1975)는 1934년 『역사의 한 연구』를 출판하고 첫 번째의 3권을 1954년 완성하였다. 세계문명을 21~23개 문명권으로 나눈 그는 도전과 응전(應戰)의 관점에서 주기에 따른 흥망성쇠를 분석하는 12권에 달하는 방대한 저서를 1961년 완결하였다. 이 책은 영어로 저술된 책 가운데 가장 긴 것이다.

슈펭글러와 같이 토인비 역시 여러 문명의 과정을 비교하여 미래를 예단(豫斷)하려고 하였다. 그반면 토인비는 슈펭글러와 달리 현대문명을 비관하지는 않았다. 토인비는 결정론을 거부하고 서양문명이 창의적 정신을 다시 발휘할 힘을 가지고 있다고 보았다. 그는 이러한 결론을 내림에 있어 윤리성과 종교성으로 회귀할 것을 주장하였다. 결국 그는 도덕가치를 강조하고 절망을 거부함으로써 1930년대의 정서를 반영하였다.

크로체 1930년대에는 역사철학적 문명론이 지식인들에게 유행이다시피 하였다. 이탈리아의 위대한 철학자 크로체Benedetto Croce(1866-1952)는 파시즘에 대한 저항과 자신의 역사해석을 융합하여 인류 문명사에 대한 통일된 입장을 수립하였다.

72세가 되는 1938년에 출판한 『자유의 역사로서의 역사』는 그의 마지막 중요한 저서였다. 여기서 그는 모든 참다운 역사란 필연적으로 '자유주의적'인 성격을 가질 수밖에 없다는 신념을 표명하였다. 탄압과 폭정은 단지 역사의 막간극에 불과하며 아무리 희미하다 하더라도 자유는 역사의 등대 불빛으로 남아 있다는 것이었다.

크로체와 동시대인인 역사가 마이네케Friedrich Meinecke(1862-1954)는 역사적 사고의 범위를 넓힌 사상가로서 제2차 세계대전 후의 역사학계에 커다란 영향력을 행사하였다. 나치시대에는 그가 역사학계에서 커다란 영향력을 행사했기 때문에 교수직을 박탈당하였다. 일찍이 민족주의자였던 마이네케의 초기 저술은 프로이센의 지도층, 특히 비스마르크의 통일정책을 지지한 것이었다. 그러나 그의 역사적 사고가 원숙해짐에 따라 후기의 저술에서는 명백히 히틀러와 그 일당을 독일의 지적(知的) 전통의 파괴자로 비난하였다. 전쟁 중 80대가 된 그는 19세기에 독일 내셔널리즘이 나타냈던 거의 모든 나쁜 점을 비판하기에 이르렀다.

블로흐 프랑스에서는 역사가들의 한 집단이 『인류의 진화』라는 공동저술을 착상하였다. 그것은 역사이해에 대한 여러 상이한 접근을 종합한 것이었다. 이 공동 저술은 여러 권으로 되었으며 경제사 · 사회사 · 문학사 · 종교사 등 모든 분야를 망라한 것이었다. 이것이 아날Annales 학파이다.

아날 학파의 창시자 중 한 사람인 블로흐Marc Bloch(1888-1944)는 개인 역사가로서 위대한 기여를 하였다. 그는 1939년의 봉건사회에 대한 저술에서 과거의 통합된 진상을 재편성하기 위한 모델을 제시하였다.

한편 블로흐는 이데올로기적 투쟁에 적극 참여한 현실참여적 지식인이었다. 독일 점령 시기에 프랑스 레지스탕스에 가담한 그는 결국 1944년 나치에 의해 사형되었다.

D. 사회사상

프랑스 혁명 이래의 보수주의는 19세기말에 이르러 이념적 힘을 상실하게 되고 20세기초에는 중도 자유주의와 좌파 급진주의 및 사회주의가 이를 대신하였다. 이러한 좌우의 이데올로기는 각각 의회 자유주의의 실현과 공산주의 혁명을 통해 미래에 대한 비전을 제시하고자 하였다.

한편 제1차 세계대전을 전후한 시기에 사회과학 연구에 새로운 전기가 마련되어 현대사회에 대한 연구가 활성화되었다. 현대 사회학은 20세기 전환기에 두 위대한 사회학자의 선구적 업적에 의해 그 기반이 확립되었다. 프랑스의 뒤르켐Émile Durkheim(1858-1917)과 독일의 베버Max Weber(1864-1920)는 사회과학적 이해와 연구방법론에 심대한 영향을 끼쳤다.

집단의식과 분업의 개념을 발전시킨 뒤르켐은 사회과학의 방법론으로 경험적 연구와 추상적 이론의 종합을 제창하였다. 한편 반(反)형이상학적 철학운동과 노선을 같이 한 막스 베버는 현대 사회학 방법론에 크게 기여하였다.

뒤르켐과 베버는 관습과 신앙과 같은 사회결집 요소에 관해 주목할 만한 업적을 많이 남겼다. 양자는 다같이 국가와 자본주의 발전에서 종교가 중요한 역할을 하였음을 강조하였다. 또 그들은 규범이 파괴될 때 사회의 위기가 온다고 주장하였다. 공동체 가치의 기능, 사회에서의 신화와 의식의 역할을 강조한 그들의 업적은 문화인류학 · 사회학 · 역사학 연구에 커다란 영향을 끼쳤다.

제2차 세계대전 후 사회사상의 주요학파는 일반적으로 합리적 분석을 통해 사회적 행위를 객관적으로 설명하고 유익한 정책을 도출할 수 있다고 가정하였다. 그러나 1970년대부터 사회과학자들은 사회적 향상을 위한 프로그램이 어떻게 객관적 지식임을 주장할 수 있으며 고급문화의 촉진이 실제로 권력층 지배를 위해 행사될 수 있는가를 입증하려고 하였다.

1950년대 정치 · 사회사상은 역사적 방법에 의한 현실접근을 특징으로 하였다. 그 대표적인 것으로 근대화 이론과 마르크스 이론이라는 두 주류가 있었다.

막스 베버 뒤르켐의 통계분석 방법과 베버의 '이상형' (Ideal-typus) 개념은 사회 분석에 주요한 공헌을 했으며 그들의 저술은 현대 사회과학의 두 축을 형성하였다. 특히 베버의 영향은 다각도로 여러 분야에까지 미치는 것이었다.

베버는『프로테스탄트 윤리와 자본주의 정신』(1904-1905)에서 칼뱅이 근면을 강조했기 때문에 자본주의적 기업이 발전했다고 주장하였다. 그는 경제적 요인과 함께 법 · 종교 · 정치와 같은 여러 많은 원인이 역사과정을 결정하는데 작용했다고 믿었다.

종교도 하나의 문화력(文化力)으로서 제도의 창시에 작용한다고 주장한 베버는 현대사회가 불가피하게 전체주의 체제의 지배하에 들어가게 될 것이라고 내다보았다. 그는 증대하는 국가 권력이 인간의 자유를 위협하게 될 것이므로 카리스마적 지도자의 출현이 필요하다고 주장하였다. 그러나 아울러 그러한 지도자가 내포한 위험도 충분히 경고하였다.

케인즈 경제학 1930년대에는 공산주의나 소련의 성취에 대체로 공감하고 사회적 질서에 대한 급격한 변화를 주장하는 일반적인 낙관론이 퍼져 있었다. 이에 반해 유럽 사회주의는 재기에 실패하였다. 그들은 새로운 주의주장을 명확히 수립하지 못했으며 마르크스 이론을 대체할 만한 새로운 경제이론을 세우지도 못하였다.

새로운 경제이론은 영국에서 나왔다. 케임브리지 대학 교수 케인즈John Maynard Keynes(1883-1946)는 자본주의에 대해 희망적인 전망을 하였다. 그는 20세기의 가장 영향력 있는 경제학자라는 평을 받았다.

케인즈는 다양한 관심을 가진 인물이었다. 한 때 재무성 고급 공무원을 지내고 파리 강화회의 대표(1919년)를 역임하였다. 파리 강화회의에 실망한 그는 강화의 경제적 결과에 관한 책을 저술하여 베르사유 조약과 독일 배상문

케인즈

제에 대한 영국인의 죄책감을 지적하였다. 확률에 관한 그의 논문은 새로운 분석철학 형성에 기여하였다. 그는 '블룸즈베리 학파'(Bloomsbury Circle)의 멤버로 프랑스 회화, 정신분석, 러시아 무용에 관심을 갖고 있었으며『경제잡지』(*Economic Journal*)를 편집하기도 하였다.

케인즈는 1920년대 후기 영국경제의 정체 및 그후 5년간의 위기를 관찰한 결과 정통 경제학 원리를 재고하기 시작하였다. 그는 당시의 심각한 실업과 관련해 거의 모든 기존 학설을 의문시하고 재평가하여『자유방임주의의 종말』(*The End of Laissez-Faire*, 1926),『고용 · 이자 · 화폐의 일반이론』(*General Theory of Employment, Interest, and Money*, 1936)을 출판하였다.

케인즈의 이론에 따르면 자본주의 경제는 정부의 적극적 경영 참여로 발전할 수 있다는 것이었다. 그는 자유방임 원칙을 혹독하게 비판하면서도 사회주의가 아닌 방법으로 정부주도의 경제정책 수립방안을 제시하려고 하였다. 그는 정부가 공공사업을 시행하여 직업을 창출하고 과세정책을 통해 소득을 재분배해야 한다고 주장하였다. 이러한 정부 개입이 실업을 줄이고 소비와 수요를 늘리는 결과를 가져오게 된다는 것이었다.

케인즈에 따르면 자본주의는 내적 결함을 수정하면 정의와 효율을 다같이 제공할 수 있는 제도였다. 그리고 정부 개입의 수단은 이자율 · 금융확대 · 공공부분 투자 · 공공사업 등이다. 그는 전체 물품 생산량과 고용 창출 총량과 같은 실제적 기준에 입각해 경제정책을 진단하였다. 더욱이 그는 경제학의 고전적 원리를 비판적으로 검토하고 심리적 요인을 추가하였다. 고전적 경제원리는 정확한 '추상'일지는 몰라도 실제에서는 기능을 발휘하지 못한다고 비판하였다.

이러한 실제적 사고방식과 함께 그는 거시경제학을 강조하였다. 즉, 종래와 같이 개별적 문제들을 분리하여 자세히 연구하는 것에 반대하고 경제를 하나의 전체로 생각하여 상호연관성을 분석해야 한다는 것이었다. 또 전통적 경제학에서 문제해결을 장기적 전망에서 본 것과는 달리 단기적 해결을 주장하였다.

케인즈의 의의 케인즈 경제학은 영국 노동당 경제정책에 영향을 미쳤다. 1945년 집권한 노동당은 케인즈 이론을 수용하여 전후 영국 경제부흥정책에 반영하였다. 그러나 그의 경제학은 유럽에서보다 미국에서 더 실제적인 영향을 미쳤다. 그의 저술은 뉴딜 정책이 시행착오를 통해 시행 중에 있던 것을 이론적으로 합리화시켜 준 것으로 간주되었다.

여기에 케인즈 경제학의 역사적 의의가 있었다. 케인즈 이론은 각국 정부가 대공황에 대처하기 위해 필요에 따라 편의적으로 강행한 정책, 예컨대 적자재정 및 국가 조치에 의한 완전고용의 유지와 같은 정책을 이론적으로 뒷받침해 준 셈이었다. 더욱이 그의 이론의 장점은 사회주의와 자본주의 중 어느 하나의 선택을 강요하지 않았다는 점에 있었다. 사회주의와 자유방임주의에는 다같이 결함이 있으며 케인즈 경제학이 이른바 '제3의 길'을 가리켰다는 데 커다란 의의가 있었다.

새로운 보수주의 제2차 세계대전이 끝난 후 보수적인 정치 · 사회철학이 점차 인기를 끌었다. 이 새로운 경향은 런던의 오스트리아 경제학자 하이에크 Frederick A. Hayek(1899-1980)에 의해 대표된다.

하이에크는 1931년 이래 런던 대학 교수였으며 1950-1962년 시카고 대학 교수를 역임하였다. 그는 1974년 스웨덴 경제학자 미르달Gunnar Myrdal(1898-1978)과 함께 노벨상을 공동 수상하였다. 미르달은 인종관계에 관한 저술 중 고전이라 할 『미국의 딜레마』(1944)와 제3세계의 경제발전에 대한 『아시아의 딜레마』(1968)를 저술하였다.

하이에크는 화폐론과 자본주의 역사에 관한 저서를 많이 냈다. 그는 저서 『예종(隷從)에의 길』(*The Road to Serfdom*)에서 자본주의에 대한 모든 형태의 집산주의적 간섭을 비난하고 경제적 자유의 파괴가 모든 자유의 파괴를 가져올 것이라고 주장하였다.

행태주의 인간 정신에는 여러 지각(知覺)을 하나의 '전체'로 구성하는 성향이 있다는 심리학적 주장이 '게슈탈트 이론'(Gestalt psychology)이다. 사람은 자극을 받으면 패턴을 완성하는 능력을 갖고 있다는 것이다. 예를 들면 사람의 마음이란 서로 다른 여러 소리를 분리해서 듣는 것이 아니라 많은 소리가 합쳐진 교향곡을 듣는 것과 같다는 것이다.

대표적인 게슈탈트 심리학자인 베르트하이머Max Wertheimer(1880-1943), 코프카Kurt Koffka(1886-1941), 쾰러Wolfgang Köhler(1887-1967) 등은 모두 독일 출신이지만 1930년대 이후 미국으로 이민하여 활동했기 때문에 이 학파에는 미국적 특성이 짙게 깔려 있었다. 베르트하이머는 코프카, 쾰러와 함께 게슈탈트 심리학을 창립하였다. 그는 프랑크푸르트와 베를린에서 가르치다가 1933년 미국으로 이민했으며 『생산적 사고』(1945)를 저술하였다.

근대화론 근대화론은 절대군주 체제에서 자유 민주주의 체제로 발전하는 역사적 과정을 고찰함으로써 독일 · 이탈리아 · 스페인과 같은 비민주주의 국가에서 잘못된 점이 무엇인가를 규명하려는 것이었다. 근대화론자는 이러한 역사적 방법에 의해 개발도상국가의 정책을 수립하고 민주주의적 안정을 시도하였다.

근대화론은 미국학계에서 제기된 이론으로 사회과학 발전에 기여하였다. 이 이론은 정치적 자유와 경제적 성장 사이의 연관 관계를 고찰하고 문맹률이나 도시화 등 다른 사회적 변화와 관계가 있음을 증명하려고 하였다. 근대화론은 미국이나 서방국가의 특징적인 가치관 · 법제 · 사회관습이 다른 사회에 적용되어야 한다고 주장하는 경향이 있었다. 분야간 공동연구, 사회과학이론과 방법이 강조되고 주로 비서방국가의 경우가 연구대상이었다.

그러나 1970년대에 이르러 근대화론은 심한 비판을 받게 되었다. 서방 국가 또는 미국 사회를 이상적 모델로 제시하고 그것을 비서방 국가에 적용하려 한다는 것이었다. 근대화론은 비서방 세계의 사회갈등이나 부정의(不正義)를 대체로 무시하고 합의 도출과 타협을 강조하는 경향이 있었다. 따라서 소련 사회주의와 경쟁하려는 냉전시대 이념이라는 비판을 받았다.

프랑크푸르트 학파 근대화론의 대안으로 마르크스주의 사회이론이 제시되었다. 1960년대와 1970년대에 영국 · 이탈리아 · 프랑스 · 미국 · 독일 등 유럽 국가에서뿐 아니라 일본이나 한국 등 아시아에서도 마르크스주의적 사회이론은 지식인들 사이에서 크게 유행하였다.

이른바 프랑크푸르트 학파와 이탈리아의 그람시Antonio Gramsci(1891-1937) 등이 주장한 마르크스주의 이론은 사회와 문화의 이해에 커다란 기여를 하였다. 프랑크푸르트 학파는 바이마르 공화국 시대 이래로 프랑크푸르트를 중심으로 발달된 학파로서 히틀러 시대에는 소속 학자들이 해외, 특히 영국이나 미국으로 망명하였다.

프랑크푸르트 학파의 저술은 대체로 난삽한 편이었으나 전후 세계를 통해 광범한 독자를 확보할 수 있었다. 대표적인 인물은 『이성과 혁명』, 『에로스와 문명』 등을 저술한 마쿠제Herbert Marcuse(1898-1979)이다. 미국 브랜다이스 대학 지성사 교수였던 마쿠제는 정신분석과 마르크스주의를 종합한 철학자였다. 마쿠제에 따르면 현대사회는 탄압적 사회이다. 따라서 유토피아 사회를 향한 제1보로서 폭력혁명이 필요하다는 것이었다. 마쿠제의 예술이나 사회구조에 대한 분석은 현대 사회학의 업적과 프로이트 정신분석을 종합한 것이었다.

현대사회의 상업주의와 환상적인 자유를 예리하게 비판한 마쿠제는 1960년대 후반 미국의 신좌파 주도인물이었으며 마오쩌둥과 마르크스와 함께 이른바 3M의 약자로 전세계 좌파운동의 우상이 되었다.

신 마르크스 주의 1933년 이후 자본주의는 대공황과 파시즘의 도래에 책임이 있다고 간주되어 방어적 입장에 놓이게 된 반면 공산주의자와 사회주의자들은 전투적이며 자신감에 충만되어 공동 적에 대해 공동보조를 취하게 되었다.

그러나 이 과정에서 마르크스주의는 궤도 수정을 필요로 하였다. 스탈린주의 정통파의 지배하에서 공산주의는 소련이 하고자 하는 것은 무엇이든 정당화하는, 판에 박은 원칙 이상의 아무 것도 아니었다. 사회민주주의의 경우에도 무력에 의한 계급투쟁이라는 이론과 의회주의와 법치주의라는 현실을 조화시키는데 실패하였다. 그러므로 전통적 마르크스주의가 아니면서 동시에 소련 공산주의의 무비판적인 수용이 아닌 그람시나 루카치Gyorgy Lukâcs(1885-1971)의 주장이 유럽 사회주의에 커다란 영향력을 미쳤다.

그람시는 레닌과 부카린Nikolai Bukharin(1888-1938) 후의 유럽 공산주의에서 당의 지도력과 이론적 저술을 융합한 중요한 사상가였다. 루카치와 같이 그람시는 공산주의 지식인으로 문화를 단순히 사회의 물질적 구조의 반영이 아닌, 사회 융합의 원천이라고 보았다.

그람시와 루카치는 공산당 엘리트의 좁은 서클 이외에는 직접적 영향을 미치지 못했으나 점차 비슷한 생각들이 여러 계층의 공산주의자들에게 스며들었다. 이것은 특히 전시 레지스탕스 시기에 수많은 공산주의자들이 이전의 적들과 긴밀히 손을 잡게 되고 마르크스주의적 원칙에 대해 자유주의적 해석을 내리게 되었을 때 현실로 나타났다. 1953년 스탈린이 죽고 각 국민국가가 나름대로의 공산주의 노선을 개발했을 때 더욱 그러하였다.

그러나 1930년대 당시에는 그람시와 루카치의 신마르크스주의 노선은 아직도 스탈린 정통주의의 무게에 짓눌려 제대로 영향력을 발휘하지 못하였다.

그람시 그람시는 스탈린에 대항하는 영향력을 시험해 보기도 전에 무솔리니 경찰에 체포되었다. 이탈리아 공산당의 새 당수로 선출된 그는 1926년 투옥되어 1937년 죽기 직전에야 석방되었다.

그람시의 사상은 당 평의원회나 제3인터내셔널에서가 아니라 제2차 세계대전 이후에야 비로소 출판된 옥중 기록이나 서간 또는 단편적인 저술에 나타나 있다. 이 저술에서 그람시는 주관적이며 비경제적인 요소를 강조하였다. 그는 교육받은 계급의 문화 및 기계의 지배를 받는 새로운 사회에서 대중문화가 차지하는 위치를 다루었다.

종교와 예술의 중요성, 농민과 노동자들이 불평등을 감수하는 이유에 관해 그람시는 문화적 헤게모니의 개념을 정립하였다. 그는 부르주아 엘리트가 만들어낸 가치관이나 양식이 전사회계급에 전파되는 과정을 고찰하고 부르주아 문화가 아닌 대안적 문화가 반드시 마련되어야 한다고 주장하였다.

그람시는 마르크스주의적 사회적 합의가 정권 장악 후에는 어떻게 달성될 수 있는가의 문제를 취급했으나 정신적 자유를 갈망하는 그의 욕구는 일당독재를 무조건 수용해야 한다는 현실을 용납할 수 없었다.

루카치 신마르크스주의의 위대한 이론가로서 헝가리 출신이며 독일에서 교육받은 루카치는 궁극적으로는 공산당의 기율에 복종하였다.

루카치 이론 역시 그람시의 경우와 같이 1차적으로는 문화적이며 주관적인 것이었다. 그것은 정치 · 경제적 조건과는 무관하게 전개되는 계급의식에 근거를 둔 것이며 사건에 대한 개인의 판단에 이르는 길을 열어 놓았으므로 정통(正統) 공산주의 관점에서는 대단히 위험한 것이었다. 루카치는 여러 차례 자신이 쓴 글을 철회했으나 결국 선호하는 주제로 돌아가곤 하였다. 1956년 헝가리 혁명을 맞이하여 노령의 루카치는 비로소 끊임없이 억눌러 온 반란 성향을 만족시킬 수 있었다.

블렁과 데만 1930년대부터 많은 사회주의 지도자들은 낡고 조잡한 계급투쟁이라는 슬로건으로는 충분치 않다는 것을 깨달았다. 그 중에는 프랑스 인민전선의 우두머리이며 프랑스 수상(재임: 1936-1937)을 지낸 블렁Léon Blum(1872-1950)이 있었다.

금융 · 노동 · 농업 분야에서 급진적 개혁을 수행한 블렁은 마르크스주의를 휴머니즘과 인도주의를 포괄하는 이른바 신마르크스주의로 바꾸려고 노력하였다. 정치인으로서 그는 여전히 당의 전통적인 노선에 따라 활동하였다.

벨기에의 사회주의 작가이며 정치가인 데만Hendrik DeMan(1885-1953)은 국가적 가치관으로 기울어 파시스트와 비슷한 '조합사회'의 조직화를 주장하였다. 그는 마침내 파시즘과 타협하여 전시의 점령기에 나치 당국에 협력하였다.

푸코의 담론 새로운 사회과학 이론에 따라 문화연구가 활발해졌다. 1960년대말 문화 연구에 크게 기여한 인물은 푸코Michel Foucault(1926-1984)와 데리다Jacques Derrida(1930-2004)이다. 두 사람 다같이 1968년 학생운동에 밀접히 관련되었다.

프랑스 철학자 푸코는 특히 영국과 미국에 가장 많은 영향력을 행사한 1980년대의 사상가일 것이다. 푸코의 저작은 사르트르의 경우를 방불케 하는 종합적인 것이었다. 푸코는 니체, 마르크스, 레비-스트로스, 신(新)사회사의 아날 학파 영향을 많이 받았다. 그에게 영향을 준 레비-스트로스Claude Lévi-Strauss(1908-)는 모든 원시사회의 특성, 즉 친인척제도, 관습, 의식,

신화 등이 복잡하고 드러나지 않은 사상구조의 연장으로 이해될 수 있다고 믿은 사회학자였다. 『구조인류학』(1958)을 저술한 레비-스트로스의 구조주의에 의하면 상이한 문화 패턴의 상호 관계를 분석함으로써 패턴의 기반을 형성하는 논리적 하부구조가 밝혀질 수 있다는 것이었다.

레비-스트로스를 비롯해 니체 · 마르크스 등의 사상이 푸코의 사고 바탕에 깔려 있으며 대부분 그의 기호학 연구의 기반이 되었다. 푸코에 의해 기호학은 역사와 문명 해석의 주요 수단이 되었다. 그에 따르면 의학 · 심리학 · 형무소 개혁은 단지 지식 진보로 얻은 결과라기보다 오히려 사회적 기율을 세우기 위한 도구에 지나지 않는다.

아무리 과학적이며 객관적(중립적)인 관찰이라 해도 그것은 결국 담론(談論: discourse)을 공유함으로써 다른 사람의 행위를 지배하기 위한 수단에 불과하다는 것이다. 그가 말한 담론이란 의식적 · 무의식적으로 사용된, 특정 가능성을 자동적으로 배제 또는 촉진하는 이해의 틀이다. 담론은 사회 안에서 대중의 의도와는 상관없이 권력의 분산 또는 확산을 위해 기능한다는 것이다.

데리다의 후기 구조주의 과학적 설명과 논리적 추리의 중립성을 맹렬히 공격한 것은 프랑스의 데리다였다. 데리다 역시 푸코와 같이 기호학의 도구를 활용했으며 유럽보다 미국에서 더 많은 추종자를 얻었다.

데리다는 텍스트 중심으로 문헌을 연구하고 이른바 해체론에 따라 텍스트를 연구하였다. 그에 따르면 텍스트는 솔직하지 않은, 이른바 '투명하지 않은' 언어적 기호를 함유하고 있어 개별적 어휘에 여러 개의 의미를 가지고 있다. 또 문체와 통사론에 따라, 문헌이 나온 문학적, 문화적, 사회적, 개인적 맥락에 따라 각각 다른 의미를 가지고 있다는 것이다.

그러므로 불가피하게 문장에 나타난 기호는 독자의 마음에서 '번역'되지 않으면 안 된다. 어떠한 텍스트도 단 하나만의 의미를 갖지 않으며 사람에 따라 다르게 여러 차원으로 파악될 수있는 여러 의미를 갖는다. 해체는 곧 이러한 여러 가지 숨은 의미를 탐색하는 것이다. 해체론에 따르면 절대적인 것은 존재하지 않으며 객관성이란 있을 수 없다.

후기 구조주의의 문헌 분석기법이 현대사회이론에 중요한 영향을 끼쳤다. 그리하여 사회관습, 예법형식과 의상, 조직과 법, 교육과 종교는 모두 텍스트와 같이 여러 가지 의미를 가지고 있는 것으로 연구되는 경향이 나왔다.

■ 더 참고할 책 ■

제16장 현대세계의 문화

Allen, Frederick Lewis, *Only Yesterday* (Torchbooks).

Baumer, Franklin L., , *Modern European Thought* (Macmillan)

Bell, Daniel, *The Cultural Contradictions of Capitalism* (Basic Books).

Couzet, Maurice, *The European Renaissance since 1945* (Vintage).

Galbraith, John K., *The Age of Uncertainty* (Torchbooks).

Gay, Peter, *Weimar Culture* (Torchbooks).

Hoffmann, Stanley, and Paschalis Kitromilides, *Culture and Society in Contemporary Europe* (1981).

Northrop, F. C. S., *The Meeting of East and West* (Macmillan).

Ortéga Y. Gasset, J., *The Revolt of the Masses* (Norton).

Spengler, Oswald, *Decline of the West* (Spectrum).

Wagner, Warren W., *Good Tidings: The Belief in Progress from Darwin to Marcuse* (Vintage).

Wilkinson, James D., *The Intellectual Resistance in Europe* (1981).

1. 새로운 예술

Adamson, Walter, *Avant-Garde Florence: From Modernism to Fascism* (1993).

Bowness, Alan, *Modern European Art* (1980).

Campbell, J., and H. M. Robinson, *A Skelton Key to Finnegans Wake* (Compass).

Canady, J., *Embattled Critic* (Noonday).

Collier, P., *A History of Modern Music* (Universal).

Einstein, A., *A Short History of Music* (Vintage).

Fisher, Ernst, *The Necessity of Art* (Penguin).

Fowlie, Wallace, *The Age of Surrealism* (Midland).

Fry, E. F., *Cubism* (McGraw-Hill).

Gombrich, E. H., *The Story of Art*, 2th ed. (Phaidon).

Jacobs, Arthur, *A Short History of Western Music* (Penguin).

Russell , J., and S. Gablik, *Pop Art Redefined* (Praeger).

Slochower, H., *Literature and Philosophy between Two World Wars* (Citadel).

Waldbery, P., *Surrealism* (McGraw-Hill).

Wohl, Robert, *The Generation of 1914* (Vintage).

2. 새로운 과학

Asimov, I., *The Intelligent Man's Guide to the Physical Sciences* (Pocket).

Asimov, I., *The Intelligent Man's Guide to the Biological Sciences* (Pocket).

Barnett, L., *The Universe and Dr.*

Einstein, rev. ed. (Bantam).

Bateson. George, *Mind and Nature: A Necessary Unity* (Bantam).

Blackstone, William T., ed.. *Philosophy and Environmental Crisis* (1980).

Kumar, Krishan, *Prophecy and Progress* (Penguin).

Russell, Bertrand, *The A B C of Relativity* (Mentor).

Taton. R., ed., *Science in the Twentieth Century* (Basic Books).

▶ 자료

Ellul, Jacques, *The Technological Society*, tr. John Wilkinson.

3. 현대사상의 주류

Blackham, H. J., *Six Existentialist Thinkers* (Torchbooks).

Gay, Peter, *Freud: A Life for Our Time* (1988).

Hughes, H. Stuart, *The Sea Change: The Migration of Social Thought, 1930-1960* (Vintage).

Iriye, Akira, *Cultural Internationalism and World Order* (1997).

Jay, Martin, *The Dialectical Imagination. A History of the Frankfurt School and the Institute of Social Research, 1923-1950* (Torchbooks).

Jenkins, Keith, *The Postmodern History Reader* (1997).

Katzenstein, Mary F., and Carol M. Mueller, eds., *The Women's Movements of the United States and Western Europe* (1987).

Nelson, Benjamin, ed., *Freud and the Twentieth Century* (Meridian).

Puner, Helen Walker, *Freud, His Life and His Mind* (Dell).

Tillich, Paul, *The Religious Situation* (Meridian).

Wittels, Fritz, *Freud and His Times* (Universal Library).

▶ 자료

Larrabee, Harold A., ed., Selections from Bergson(Appleton-Century-Crofts)

※ 더 참고할 책의 최신 목록은 〈**blog.daum.net/chasworldhistory**〉 참조

제 17 장

현대세계와 하나의 지구촌

인공위성에서 찍은 지구의 모습

20세기는 한편으로는 유례없는 물질적 풍요를 가져오고 살기 좋은 환경조건을 만들어냈으나 다른 한편으로는 빈곤과 기아, 전쟁과 학살, 환멸과 좌절을 겪은 시대였다. 이 시대는 혹독한 시련과 밝은 전망을 함께 제시하였다. 그러므로 지난 세기가 체험한 좋은 점과 나쁜 점을 잘 관찰한다면 우리는 21세기를 위한 값진 교훈을 얻을 수 있을 것이다.

20세기 후반 이후 전지구촌을 지배한 핵심개념 중 하나는 세계화였다. 세계화란 인류사회의 상호연관과 상호의존 및 '가치관의 공유'를 의미하는 것이었다.

16세기 지리 혁명을 통해 유럽의 세계 패권과 함께 시작되고 20세기에 이르러 절정에 달한 세계화는 국경의 의미를 퇴색시키고 개인과 기업의 행동범위를 전세계적으로 확대시켰다. 세계화로 인해 개별 국가의 기능이 약화된 반면 일상생활의 영역까지 전지구적으로 상호관련성을 가지게 되었다.

세계화가 급격하게 진전된 것은 무엇보다 경제적 상호의존성이 증대했기 때문이다. 자본과 상품의 이동에 대한 국가 대 국가의 규제가 완화되어 경제활동의 세계적 교류가 용이하게 되었다. 이는 냉전 종식과 공산주의 세력권 몰락으로 시장경제 체제의 확산과 함께 더욱 촉진되었다.

다음으로 세계는 어느 때보다 과학 기술적으로 상호의존하게 되었다. 기술의 진보, 정보통신의 발달은 범세계적 네트워크를 형성하면서 시·공간적 한계를 극도로 단축시켰다. 사람들은 즉각적으로 의사소통하고 신속하게 왕래하고 물품을 교류할 수 있게 되었다.

현대사회에서는 지역적인 것도 곧 세계적인 의미를 가진다. 그런 의미에서 모든 국가의 역사는 곧 '세계사'의 부분이 되었고 세계에서 일어나는 사건들은 비록 그 기원이 독립적이며 지역적일지라도 그 파장과 충격에 있어서는 과거 어느 때보다도 전지구적 현상으로 확산되고 있다.

세계화의 전형적인 예는 1989-1991년 공산권의 붕괴에서 볼 수 있었다. 소련 붕괴는 동유럽 공산체제의 붕괴로 이어졌고 다시 아시아와 라틴 아메리카의 사회주의 사회에까지 확산되었다. 공산주의는 이념적으로 제도적으로 거의 무력화되었다. 역사상 국가의 멸망은 흔히 있는 일이지만 1991년말 소련 붕괴는 전쟁이나 혁명에 의한 것이 아니었으며 더욱이 아무런 사전 예고가 없는 사건이었기 때문에 더욱 세계의 주목을 끌었다.[1)]

세계화에 대한 도전은 없는가? 세계화에 역(逆)대응하는 균형추는 무엇인가? 세계화에 대한 저항 요인은 두 차원에서 생각될 수 있다. 하나는 내셔널

1) Yves-Henri Nouailhat, "Understanding Contemporary World History," International Conference held in November 26 1997 in Seoul(manuscript), 1.

리즘이며 다른 하나는 지역 집단체제이다. 세계화 속에서 지역주의는 존속의 의미를 상실할 것인가? 지역 문화의 독자성은 어느 정도 유지될 것인가?

우선 역사적으로 존속의 이유가 사라진 듯이 보인 민족개념이 제2차 세계대전 후 다시 부활되었다. 제2차 세계대전 후 세계에서 국민국가(nation-state)와 내셔널리즘은 양상과 성격을 달리하면서 더욱 큰 활력을 얻었다.[2] 특히 1970년대부터 민족과 문화는 국제정치의 새로운 이슈로 등장하였다. 유럽과 아프리카 또는 동남 아시아의 민족적 갈등이나 종교분쟁이 격화되는 현상은 결국 민족의 정체성과 문화적 결집력이 강화될 것이라는 전망을 낳았다. 이 점에서 세계화란 결코 '획일화' 또는 '동질화'와 같을 수 없으며 다문화(多文化) 또는 문화적 다원주의를 막지 못할 것으로 보인다. 세계화는 도리어 지역(민족) 문화의 활성화와 문화적 다양성을 촉진시킬 가능성이 있다.[3]

내셔널리즘보다 더 큰 지역주의는 블록과 같은 집단체제에서 볼 수 있다. 블록의 출현도 제2차 세계대전 후의 두드러진 현상이다. 유럽의 EU, 북아메리카의 NAFTA, 태평양지역의 APEC, 동남 아시아의 ASEAN, 라틴 아메리카의 Mecrors 등이 그것이다.

특히 유럽의 역사적 지위가 변화한 사실에 주목하지 않을 수 없다. 유럽은 1990년대말 경제 통합을 향해 진일보하였다. 핀란드에서 아일랜드까지 11개 유럽국가들은 1999년 1월1일을 기해 단일통화인 '유로'화를 공식적으로 사용하게 되었다. 특히 프랑스·독일과 같은 오랜 상호 갈등의 역사를 지닌 국가들이 전통적인 화폐를 폐지했다는 것은 그 자체가 '하나의 유럽'을 의미하는 것이다.

다가오는 세기는 공통된 가치관으로 통합되는 세계화가 계속 진행되면서 동시에 지역 문화의 특징이 유지되는 시대가 될 것이다. 이는 보편문화와 지역문화의 조화, 문화적 다원주의를 의미한다. 세계화(globalization)와 민족주의(localism and ethnicity)는 공존하고 조화할 것으로 전망된다.

---

2) Benedict Anderson, *Imagined Communities: Reflections on the Origin and Spread of Nationalism* (1983), 15-16.
3) Montserrat Guibernau, *Nationalism: The Nation-State and Nationalism in the Twentieth Century* (1996), 139-145.

1. 역설의 시대

전쟁으로 시작된 20세기는 끝까지 분쟁으로 얼룩졌는데 과연 앞으로의 세대를 위해 평화의 기반을 닦아 놓았는가. 20세기는 인간의 행복을 증대시켰는가. 이 물음은 평가의 기준을 어디에 두는가에 따라 다른 대답이 나올 것이다. 한 가지 확실한 것은 20세기를 인간진보의 세기로 단순화하거나 전쟁, 학살, 기아로 특징짓는 암울한 그림만이 될 수 없다는 것이다.[4] 균형 있는 종합적 시야를 유지하는 것이 쉽지 않으나 노력을 기울일 만한 가치는 충분히 있다.

구체적 사실의 뒷받침 없는 역사적 평가는 설득력이 있어 보이지 않는다. 역사가로서 항상 유념해야 할 점은 정확한 사실로 뒷받침하면서도 동시에 타당성 있는 평가에 도달해야 한다는 것이다. 그러나 역사적 평가에도 여러 방식이 있을 수 있다. 가장 소박한 것은 예컨대 20세기는 살기 좋았다든지 혹은 인류의 불행한 시기였다든지 하는 양자 택일적 가치관이다. 이러한 소박한 방식은 음식 맛이나 옷 모양에 관해서는 적용될지 모르지만 20세기와 같은 복잡한 역사시대에 대한 평가로는 적절하다고 할 수 없다. 통상적으로 역사가들이 행하는 역사적 평가는 현저한 특성을 부각시키거나 역사적 의미를 규명하는 방식이다.

한마디로 일반화한다면 20세기는 커다란 역설의 시대였다고 말할 수 있다. 반대되는 양상이 병존하는 2원적인 갈등이 이 시대의 모든 시기에 주기적으로 나타났기 때문이다. 에코Umberto Eco(1932-)는 프랑스의 주간지 『누벨 오브사바퇴르』*Nouvelle observateur*와 20세기를 회고하는 대담에서 이와 같이 말하였다. "나는 금세기가 가장 도덕적이었다고 주장하고 싶다. 도덕의식을 가진다는 것이 악을 행하지 않는다는 것을 의미하지는 않는다.… 이런 의미에서 위선은 곧 도덕의식의 다른 말이다. 그러므로 위선은 끊임없이 선을 재인식하고 감상하는 것이다. 금세기는 아마도 위선적이었겠지만 동시에 그만큼 도덕적이었다."

이와 같은 20세기에 대한 평가에 저명한 현대사가들도 같은 맥락에서 공감을 나타냈다. 휴즈H. Stuart Hughes(1916-1999)는 20세기초에 나타난 '유럽적 세기의 종말'이라는 정서와 20세기의 중간 이후에 '새로운 균형'이 회복되는 것을 대조시켜 "여기에 패러독스가 있다"고 말하였다. 그는 20세기 후반기에서 유럽은 우월성에 대한 이전의 주장을 지양하고 대신 인류를 위한 겸허한 역할에 안주하게 되었다고 강조하였다.[5]

---

4) William Roger Louis, "The Close of the Twentieth Century" in Michael Howard and W. Roger Louis, ed., *The Oxford History of the Twentieth Century* (1998), 321.
5) H. Stuart Hughes, *Contemporary Europe: A History*, 2nd ed. (1966), 2.

20세기를 '극과 극의 시대' 라고 규정한 홉즈봄Eric Hobsbawm(1917-2012)은 대체로 1947년까지를 '파국' 의 시기, 1973년까지를 '황금시기', 1990년대까지를 '해체와 불확실성' 의 시기로 세분하였다. 이와 같이 위기에서 번영으로, 번영에서 다시 위기로 가는 주기성을 얘기한 홉즈봄은 서양 과학문명의 패러독스를 지적하였다. "인류에게 복지를 가져왔다고 하는 과학·기술에 근거한 엄청난 물질적 진보의 시대는 여론의 커다란 압력 아래 사상가를 자칭하는 사람들이 이를 거부함으로써 종지부를 찍게 되었다."[6]

20세기를 '커다란 역설의 시대' 로 지칭한다면, 수많은 사실에 대한 세부적 기술이 극소화되고 반면 상반되는 양상에 대한 대조가 극대화된다고 볼 수 있다. 극대화된 대조 속에서 구체적 사실들은 지나치게 간단하게 처리 되어버릴 가능성이 크다. 여기에 일반화의 위험이 도사리고 있다. 또 일반화는 관점에 따라 달라질 수밖에 없는 상대성을 내포하는 것이다.

따라서 어느 누구도 20세기에 대해 평가를 내리는 경우 그것이 일반화의 위험성을 완전히 벗어났다고 자부할 수 없을 뿐 아니라 관점을 달리하는 상이한 해석의 가능성을 항상 인정해야 할 것이다.

물질적인 면과 정신적인 면을 다같이 고려에 넣는다면 실로 지난 1세기는 주기적으로 대립적인 요인이 나타난 이율배반의 세기라고 부르는 것이 적절할 것으로 생각된다. 물질적으로는 풍요와 빈곤, 정신적으로는 희망과 좌절이 교차하며 주요 국면마다 상반된 특성이 나타나고 공존한 역설(逆說: paradox)의 시대였다.

무엇보다도 금세기만큼 '세계적' 규모의 전쟁과 '세계사적' 혁명이 집중된 세기는 드물다.[7] 그러나 동시에 인류사상 처음으로 국제평화에 대한 집단보장체제를 수립한 것도 20세기이다. 경제적으로 볼 때 20세기 인류사회는 산업혁명을 통해 놀라운 풍요를 이룩했으나 아직도 대규모의 빈곤은 세계 도처에서 해결되지 못하고 있다.

20세기의 역사적 성격에 대해서는 전·후기의 세계관을 대조적으로 강조하거나 주기적인 '양극화 현상' 을 지적할 수도 있을 것이다. 이에 대해 필자는 20세기의 주요 국면, 주요 분야에서의 '상반된 경향들이 계속 일어나고 공존한 역설을 강조하려는 것이다. 물론 20세기의 복잡성으로 인해 이러한 단순화는 위험한 시도로 끝날 가능성이 없지 않으나 다른 편으로는 역사이해를 명확하게 해주는 이점이 있다고 생각된다.

---

6) Eric Hobsbawm, *The Age of Extremes: A History of the World, 1914-1991* (1996), 11.
7) Daniel R. Brower, *The World in the Twentieth Century: The Age of Global War and Revolution*, 2nd ed. (1992), xiv.

20세기는 인류 역사상 어느 시기보다도 대규모의 전쟁과 혁명이 일어난 시대였다. 제1차 세계대전의 시작에서 1960년대 말에 이르기까지의 반세기는 하나의 참화에서 또다른 참화에 이르는 파국의 시대였다. 1914년의 제1차 세계대전, 1939년의 제2차 세계대전과 1941년의 태평양전쟁, 1950년의 한국전쟁, 1968년의 베트남 전쟁 등과 1930년의 간디의 무저항 운동, 1949년의 중국공산당의 본토석권, 1956년의 헝가리 반란, 1962년의 쿠바 위기 등은 현대세계의 소란과 불안정을 가리키는 전형적인 예가 될 것이다.

20세기 역사는 또 많은 혁명으로 점철되었다. 사회주의가 득세하는 두 차례의 대혁명으로 점철된 시대이기도 하였다. 세기의 최종부분은 해체와 위기의 시대로, 특히 아프리카, 구 소련을 비롯한 대부분의 유럽 사회주의 국가에게는 하나의 파국의 시기였다.[8] 전쟁과 혁명은 20세기 세계사의 전개를 이해함에 있어서 매우 중요하며 두 차례의 세계대전으로 20세기 전까지의 서양중심의 세계사의 패권구도가 끝났다. 그러므로 20세기는 다만 '전쟁과 혁명의 세계사' 라고 요약되어도 무방할 것이다.[9]

그러나 다른 한편으로는 평화와 경제적 번영의 징조가 그만큼 뚜렷하게 나타난 것도 20세기였다. 1918년의 국제연맹과 1945년의 국제연합은 평화에 대한 세계적 차원의 집단적 시도이며 1948년 유대인의 이스라엘 귀환, 1963년 미국 흑인의 인권운동, 1965년의 바티칸 회의, 1977년의 여권 운동 등 평화와 인권신장을 위한 노력도 계속되었다.

냉전을 전후하여 공존을 모색하는 데탕트의 시기로 전환하였다. 국제관계는 양극체제에서 다극체제로 바뀌면서 유럽의 주요국가와 일본 그리고 제3세계의 국제적 발언이 증대되었다. 1980-1990년대에 세계사를 특징짓는 이와 같은 이데올로기의 종언을 일부 사상가는 '역사의 종말' 이라 표현하였다.[10]

20세기는 문명사적 모순의 연속이었다. 파국과 위기, 풍요와 안정, 경제적 난관과 빈곤이 교차하거나 주기적으로 반복하였다. 자유, 평등, 인권은 전에 없이 신장되었으나 동시에 중국 · 쿠바 · 북한 · 세르비아에 이르기까지 인권탄압과 비인도적 학살이 자행되었다. 제1차 세계대전 후의 국제연맹과 제2차 세계대전 후의 국제연합과 같은 평화에 대한 세계적 차원의 집단적 시도와 인권신장을 위한 노력도 계속되었다.

이와 같이 평화와 인권을 위한 시도가 있었으나 동시에 중국 · 아프가니스

---

8) Hobsbawm, 6-7.
9) Brower, xiv.
10) Francis Fukuyama, "The End of History?" *The National Interest* 16 (Summer, 1989), 3-18.

탄·쿠바·북한·세르비아·체첸 등에서 탄압과 박해가 강행되었다. 20세기는 인간의 자유와 기본권리를 가장 크게 외친 시기이지만 정치적 탄압, 대량학살과 인종 '대청소'가 자행된 시기이기도 하였다.

산업혁명과 시장경제로 인류사회의 풍요로운 삶이 전개되는 한편 경제적 불안과 대규모의 빈곤은 사라지지 않고 있다. 제1차 세계대전 후나 제2차 세계대전 후 유럽의 경제부흥 내지 세계적인 경제 호황으로 세계는 다시 황금시대를 맞이하는 듯하였다. 제1차 세계대전이 종료된 직후 1920년대와 제2차 세계대전이 끝난 1960년대는 새로운 희망의 시기였다. 비록 제1차 세계대전 후의 잠시 동안의 번영은 상당한 환멸을 수반한 것이었지만 제2차 세계대전이 끝난 후 약 30년간에 성취한 경제적인 발전은 이에 따른 사회변동과 함께 인류사상 유례없는 호황이었다.

1923년 독일의 격심한 인플레이션, 1929년의 뉴욕 주식시장의 붕괴, 대공황을 계기로 한 전세계적인 경제적 위기는 1933년 미국의 뉴딜 정책으로 다시 정상화의 계기를 얻고 문화활동은 새로운 영역으로 확대되었다. 제2차 세계대전 후에는 세계질서의 회복으로 다시 황금시대가 왔다. 제2차 세계대전 후 약 30년간 성취한 경제 발전은 이에 따른 사회변동과 함께 유례없는 호황을 가져왔다.

그러나 어두운 그림자가 역사의 앞길을 덮었다. 1973년의 석유파동 등은 세계경제의 파탄으로 이어졌으며 1990년대 후반 아시아의 금융과 경제 파탄은 세계적 차원의 우려를 확산시켰다. 비록 산업혁명과 시장경제로 풍요로운 삶이 약속되는 듯했으나 경제 불안과 대규모의 빈곤은 여전히 지구상 각지의 사람들을 괴롭히고 있다. 2000년에는 약 20억 인구가 빈민(貧民)으로 화한다는 전문가들의 예측이 있다.

문화적으로 20세기는 과학기술이 경이적으로 발전한 시기인 동시에 그 역기능 역시 증폭된 시기이기도 하다. 20세기에 이르러 19세기적인 낙관주의 신화가 깨졌는데 그것은 르네상스와 계몽시대 이래 유럽을 지배한 낙관주의였다. 20세기는 17세기 이후 시작된 과학혁명과 기술의 발전이 절정에 달한 시기였다. 서양문명의 본령이 발휘된 것은 자연과학과 기술의 분야에서였다. 자연과학과 기술의 경이적인 발전은 낙관주의의 바탕이 되었다.

그러나 동시에 자연과학과 기술의 발전은 인류사회의 미래의 재앙으로 연결되는 환경파괴를 초래하였다. 과학기술이 발달하면 할수록 사람이 사는 환경은 나빠질 가능성이 어느 때보다 높다. 수학과 물리학이 기술에 끼친 영향이 엄청나게 컸고 핵에너지, 초음속 교통, 인공두뇌공학, 위성통신 체계와 같은 새로운 영역이 개발된 것은 불과 지난 1백년간의 일이었다. 이 혁명적 전환은 역설적으로 역사상 어느 때보다 인간을 더 나약하게 만들었다. 왜냐하면 가치 있는 지식과 생산의 막대한 진보는 폐기물, 파괴 및 폭력의 증가에 의해 뒤집히고 말았기 때문이다. 동시에 과학기술의 발전은 인류의 미래를 위협하는 환경과 생태계의 파괴를 가져왔다.[11]

그러므로 20세기는 파국과 평화, 안정과 불확실성, 자유화와 인권탄압, 민주적 개혁과 독재, 풍요와 빈곤, 과학기술 발전과 환경파괴, 문명과 반문명(反文明), 세계주의와 내셔널리즘이 주기적으로 반복 교차하는 '커다란 역설의 시대'라 요약될 수 있다. 한편으로 20세기는 인류사에서 전례 없는 발전과 풍요가 괄목할 실현을 본 시기였으나 동시에 다른 한편으로는 불안정과 불확실성이 다양하게 표출된 시대이기도 하였다.

반대적 요인이 서로 공존하지 않은 시대는 없으며 이율배반적 면이 없는 역사시기는 없을 것이다. 그러나 20세기가 겪은 것과 같은 갈등과 대립만큼 전인류의 운명이 관련된 적은 일찍이 없었다. 20세기의 전쟁이나 혁명은 세계사적 의미를 가진 것이었으며 현대사회의 부와 빈곤은 전지구적 · 보편적 현상이었다. 과학기술문명이나 산업발전이 20세기의 경우와 같이 세계화된 적은 없었다. 따라서 20세기의 역설은 인류역사상 그 어느 시기보다도 가장 커다란 역설이었다고 규정하지 않을 수 없는 것이다.

전쟁과 평화, 독재와 인권 1914년의 제1차 세계대전에서 1960년대의 전세계적인 좌파운동에 이르기까지, 1999년 벽두에 전면전으로 확대되었던 앙골라 내전에 이르기까지 20세기는 '폭력'의 역사였다. 무엇보다도 대표적인 폭력의 예는 역사상 유례없는 규모로 치러지고 큰 영향을 끼친 세계대전이었다.

두 차례의 세계대전은 어느 정도의 유사성과 대조적인 점을 보이고 있다. 첫째, 그것은 유럽에서의 국제정치적 긴장, 이른바 '유럽의 문제'가 빚어낸 복합적 결과였다. 특히 1910년대와 1930년대에 유럽을 재편성하고 세계 패권을 장악하려는 독일의 강행 작전이 대전을 유발했다고 볼 수 있다. 독일은 유럽의 지배세력이었던 러시아 · 미국 · 영국 등 열강과 동등한 경쟁을 하기 위해 제국적 지배력을 강화하고 유럽의 정치적 질서를 재편성하려고 시도하였다.

둘째, 두 차례의 세계대전은 17세기 베스트팔렌 조약 이래의 세력균형이라는 전통적인 구도를 깨고 양극체제를 출현케 하였다. 제1차 세계대전 후 유럽의 세력균형은 독일의 해체를 통해서만 회복될 것이었으나 공산주의의 침투를 두려워한 서방 세력이 이를 기피했으므로 결과적으로 세력 균형 대신 미국과 소련이 주도하는 양극적인 세계질서가 형성되었다. 이리하여 제2차 세계대전 이후의 양극체제가 이미 예고되고 있었다.

---

11) Joseph A. Camilleri, *Civilization in Crisis: Human Prospects in a Changing World* (1976), 1.

영국 · 소련 · 미국 등 연합국은 공동 적(敵)에 대한 무조건 항복이라는 요구에서는 같았으나 전후 세계질서에 관한 인식은 달랐다. 제2차 세계대전이 끝난 후 동유럽의 재건은 대체로 소련의 정치 목표에 따라 진행된 반면 심각한 불황을 겪은 서유럽은 경제적으로나 외교적으로 미국에 의존하게 되었다. 소련을 중심으로 한 공산주의 세력권과 이에 대항하는 민주주의 서방 세력 사이에는 '두 개의 유럽' 및 미 · 소 양대진영이 성립되었다. 양대 진영 사이에 '철의 장막'이 생기고 새로운 충돌을 전제로 한 냉전시대가 왔다. 이란 · 터키 · 그리스 등 유럽 및 중국 등에서 국지적 충돌과 한국전쟁이 일어났다.

셋째, 두 차례의 세계대전은 기원과 과정 또는 전후 평화에 있어서 유사점이 거의 없었다. 제1차 세계대전의 기원이 복잡하고 전쟁 책임이 여러 나라에 있는데 비해 제2차 세계대전은 유럽 패권을 장악하려는 히틀러의 시도에 주로 그 원인이 있었다.[12)]

세계평화를 파괴한 침략행위는 일본에 의해 시작되었다. 일본은 1931년의 만주침략을 계기로 6년 후 중국 전체에 대한 포고 없는 전쟁을 감행하였다. 그것은 1941년 제2차 세계대전과 맞물리는 태평양전쟁으로 확대되었다.

독일과 일본의 초기 승리는 낡은 세력균형의 구도를 파괴하고 정복지역의 국민과 자원을 황폐화시켰다. 나치의 새로운 유럽 질서는 파시스트 운동을 부채질하고 일본의 아시아 제국은 반서방적 민족주의를 촉진하였다.

20세기 전쟁의 역사는 두 차례의 세계대전으로 끝나지 않았다. 1989-1991년을 고비로 민주주의와 공산주의의 대결은 끝난 것 같이 보이지만 민족간의 충돌, 지역간의 내전, 정치적 탄압과 무차별적인 학살은 계속되고 수많은 희생자를 냈을 뿐 아니라 세계적 파장을 일으키고 있다. 20세기말 세계 분쟁지역은 동유럽의 코소보에서 중앙 아프리카의 르완다-브룬디에 이르기까지, 서북 아시아의 카슈미르에서 남아메리카의 에콰도르에 이르기까지 전부 28-30개 지역에 달한다. 특이한 것은 이러한 국지적인 분쟁과 학살, 내전과 탄압, 지역적 차원의 폭력이 전세계에 영향을 끼치고 있다는 사실이다.

혁명을 어떻게 정의하든 20세기는 역사상의 어느 시기보다 더 많은 '세계사적' 혁명을 경험하였다. 20세기의 혁명은 공산주의 혁명, 파시스트 혁명, 민족주의 혁명, 반공산주의 혁명, 군사 혁명으로 대별될 수 있을 것이다. 이 모든 혁명은 "혁명 과정에서 세계 모든 나라의 국내정치 및 국제정치의 패턴을 변화" 시킨 혁명이었다.[13)]

---

12) Hughes, 295.
13) Stan Taylor, *Social Science and Revolutions* (1984), 3.

20세기의 가장 주목할 만한 대혁명은 러시아 혁명과 중국 혁명이다. 러시아 혁명이 제1차 세계대전에 대한 염증으로 시작되어 볼셰비키 혁명으로까지 확대된 혁명이라면 중국혁명은 제2차 세계대전 이후 가장 주목할 만한 공산주의의 승리였다.

20세기를 혁명의 세기라고 말한다면 단순히 러시아 혁명과 중국 혁명 때문만은 아니다. 금세기에는 역사적 의의가 있는 크고 작은 혁명이 일어났다. 특히 주목되는 것은 1950-1960년대에 일어난 반소련 혁명이었다. 1953년 동독, 1956년 헝가리, 1968년 체코슬로바키아, 1956년과 1981년 폴란드 민중혁명이 바로 그것이다. 이러한 반공(反共) 혁명은 약 반세기 후의 공산권의 붕괴를 이미 예고하는 것이었다.

전쟁과 혁명이 폭력의 한 형태라면 독재 역시 일종의 폭력이다. 20세기의 독재는 1930–1940년대 유럽 파시즘과 스탈린주의에서 1960–1980년대 아시아–아프리카 또는 라틴 아메리카 등 제3세계의 독재에 이르기까지 여러 종류였다.

무엇보다도 가장 대표적인 20세기의 독재체제는 나치즘이었다. 1932년말 히틀러의 나치당은 권력을 한층 강화하여 의회를 해산한 후 1933년 7월 독일의 유일 정당이 되었고 청년, 노동자, 전문직에 이르기까지 전인구에 침투하여 문화와 사상에 철저한 통제를 가하였다. 이러한 나치 독재에 대한 유럽의 저항은 1914년의 독일제국에 대한 저항보다 상대적으로 약하였다.

한편 전형적인 공산주의 독재는 스탈린주의였다. 1927년부터 시작된 산업화정책의 희생양이 된 농민의 강력한 저항에 부딪혀 소련은 내전 이래 가장 심각한 위기에 직면하였다. 스탈린은 1928-1929년 '위로부터의 혁명'을 단행하여 산업화 5개년계획을 수립하고 농민의 집단농장(kolkhoz) 이주를 실시하였다. 공포정치는 모든 문화 분야에 적용되었으며 스탈린주의에 대한 이의는 허용되지 않았고 비판자들은 제거되었다. 한마디로 스탈린주의는 당, 국가 및 전국민을 지배하는 경찰 독재이며 나치 독일과 같은 전체주의였다.

독재의 역사 역시 나치즘이나 스탈린주의로 끝나지 않았다. 제2차 세계대전 이후 남아메리카, 또는 아시아의 후진국가는 산업화과정을 단축하려는 지나친 의욕, 위로부터의 사회개혁을 핑계로 빈번히 정치적 탄압과 독재를 제도화하였다. 남아메리카의 칠레 · 브라질, 아시아의 한국 · 싱가포르 · 말레이시아 · 인도네시아 등이 그러한 예이다. 때로는 민주주의라는 이름 아래 인간의 기본권이 탄압되고 자유가 제약되었다.

그것은 민주주의의 세계화과정에서 발생한 반민주적인 역설이었다. 이에 비해 아프리카의 신생국가에서는 정치권력 쟁탈전, 군사혁명, 종교적 카리스마 등이 독재체제를 낳았다. 다수의 아프리카 국가에서의 정권유지형 독재, 리비아 군부의 장기집권, 이라크에서의 정교일치(政教一致) 독재가 그것이다.

인권신장 20세기는 전쟁과 혁명 그리고 독재로 얼룩진 세기이긴 했지만 국제평화를 위한 집단 안전보장체제의 구축과 인간의 기본권 신장을 위한 시도가 병행된 시대이기도 하였다. 두 차례의 세계대전이 치른 희생, 파괴, 충격이 컸던 만큼 전후에 평화 유지를 위한 운동도 그만큼 강하게 일어났다. 국제 평화를 도모하기 위한 노력은 주로 집단안전보장을 제도화하고자 하는 데서 드러났으며 각각 1918년의 국제연맹과 1945년의 유엔으로 구체화되었다.

또 20세기는 평화에 대한 집단보장만큼 인권이나 평등의 발전에서도 괄목할 만한 시대였다. 유엔은 인간의 존엄성을 천명하는 인권선언을 공표하고 앰네스티 등 비정부기구(NGO)들이 전세계적으로 인권운동을 확산시켰다. 1948년 유엔은 세계인권선언을 발표하고 "모든 인간은 태어날 때부터 자유롭고 존엄성과 권리에 있어 평등하다"고 선포하였다.

이 선언은 인권이 인류보편의 최고 가치라는 것을 인류사회가 공통적으로 인식했다는 점과 인권의 보장이 국가를 넘어 국제적 책임이라는 점을 나타낸데 커다란 의의가 있다. 인권선언은 비록 국제법적인 효력을 가지고 있지는 않지만 각종 국제 인권규약과 각국 인권법령의 기본이 되었다.

여권 확대 특히 20세기는 여권이 괄목할 만한 진전을 보인 여성 운동의 세기였다. 세기 초에 여성의 참정권이 허용되기 시작하면서 여성의 지위향상 기틀이 마련되고 이후 많은 여권운동 덕분에 여성의 정치 · 사회 · 경제적 자유와 평등이 국제적 차원에서 향상되었다.

그러나 제2차 세계대전 후 여권이 크게 신장되었다고 하지만 여성에 대한 법 이전의 차별대우는 여전히 눈에 띈다. 여성이 주로 보수가 많은 전문직종에 취업하는 경우는 상대적으로 많지 않다.[14)]

보수가 적은 교사 · 서비스 · 비서 등의 직종이나 육체적으로 힘든 농사일에 종사하는 경우가 많다. 세계적으로 농업종사자 40%는 여성으로 되어 있으며 아프리카의 식량 70% 이상이 여성에 의해 생산되고 있다.

---

14) 주요국가 고위직 여성 점유율(%) (1998년도 UNDP 인간개발보고서)

국가	의원직	관리총괄직	교수-기술직	국가	의원직	관리총괄직	교수-기술직
스웨덴	40.4	38.9	64.2	독일	25.5	25.8	49.0
미국	11.2	42.7	52.6	한국	3.0	4.4	31.9
일본	7.7	8.9	43.4	노르웨이	36.4	31.5	61.9
싱가포르	4.8	15.4	36.5	핀란드	33.5	25.3	62.5

일반적으로 말해 여성의 권리 신장은 대체로 선진 산업국가의 경우에 한정된 것이며 후진 사회 또는 특정의 국가에서는 아직도 열악한 상태에 있다. 다만 예외적으로 중국은 공산당이 집권한 후 이른바 '새로운 민주적 결혼제도'를 선언한 '혼인법'에 따라 여성의 평등권을 보장하였다. 1950년 통과된 법에 따르면 배우자에 대한 자유로운 선택, 1부1처제, 직업, 재산소유 및 상속에서의 남녀 평등권, 부녀자의 합법적 이익 보호 등을 규정하였다.

물론 이러한 법적 조치에도 불구하고 중국에서 여성의 평등권은 실질적으로 행사되지 못하고 있다. 예컨대 공산당 고위직에 여성이 없다든지, 남자와 같은 보수를 받는 전임직이 여성에게 허용되어 있지 않다든지 하는 사례가 이를 증명한다.

여성의 평등과 권리만 해도 많이 신장되었음에도 불구하고 여성에 대한 차별과 불이익은 법적으로나 관습적으로 사라지지 않고 있으며 여전히 지역적인 격차가 심하다. 예컨대 선진국과 후진국을 비교할 경우 평균수명, 문맹률, 취학률, 가계소득 비율 등을 고려한 남녀 평등 지수에는 큰 차이가 있으며 여성은 고용과 직종에서 불이익을 당하고 성차별 및 그 밖의 조건에서 불평등한 실정에 놓여 있다.

일반적으로 이슬람 문화권이나 유교문화권에서 여성의 취업에 대한 사회적 난관은 쉽사리 없어지지 않고 있다. 여성의 경제활동 참여율 역시 크게 뒤떨어져 있고 기혼여성의 취업은 탁아시설의 보급과 매우 긴밀한 관계가 있으나 이에 대한 사회적 인프라는 구축되어 있지 않다.

새로운 세기에는 여성의 형식적 권리보다도 실질적 권리가 더욱 신장될 것이며 핸디캡이나 프라이오리티가 전혀 고려되지 않는 그야말로 진정한 남녀 평등이 실현될 것으로 전망된다.

여성이나 흑인의 권리가 신장되었음에도 최근의 정세로 보아 자유와 평등의 보편적인 실현은 아직도 요원하다고 할 수밖에 없다. 세계 각지에서는 여전히 인권유린, 탄압, 고문, 인종차별 등이 자행되고 있다. 1989-1991년을 계기로 공산주의의 후퇴와 자유주의적 민주주의의 승리가 기본권 보장에 대한 희망을 밝게 하고 있음에도 가까운 미래에 사태가 크게 개선될 기미는 보이지 않고 있다. 인권탄압과 대규모 숙청 등은 1930년대의 나치즘이나 스탈린주의와 함께 사라진 과거사가 아닌 오늘날 인류의 현실이다. 예컨대 현재 중국, 북한에서는 인권탄압이 자행되고 아프리카의 일부지역은 인종분쟁을 명목으로 한 정치적 탄압이 일상화되어 있다.

결론적으로 20세기에는 많은 위험한 폭력적인 개인, 예컨대 히틀러 · 스탈린 · 프랑코 · 폴포트 · 페론 · 이디 아민 · 호메이니 · 피노체트 등 광기(狂氣)의 '반(反)인간' 들이 등장하였다. 그들은 전쟁, 파괴, 학살, 탄압, 인권유린의 주범이었다. 그들과 같은 폭력적 존재가 사라지지 않는 한, 평화와 인권은 보장되기 어려울 것이다.

평화는 전쟁의 단순한 부재(不在)가 아니며 인권보장은 단순한 법제화가 아니다. 진정한 의미의 평화와 인권보장은 적극적 가치로 추구될 때에만 실현이 가능한 것이다. 평화와 인권을 위해서는 광기 있는 반인간의 출현을 예방해야 할 뿐 아니라 인류 공동체의 계속된 노력이 필요하다.

풍요와 빈곤의 공존 현대의 풍요를 가져온 산업발전이 빈곤과 불평등을 가중시키고 있는 사실이야말로 20세기의 패러독스라 하지 않을 수 없다. 20세기는 과학기술과 산업이 상승 작용하면서 전체적인 인류사회의 부를 증가시킨 시대였다. 세기초 십여년간 세계 경제의 번영을 가져온 2차 산업혁명은 기술적인 면에서뿐 아니라 사회적 면에서도 1차 혁명과 커다란 차이가 있었다.

1차 혁명이 노동집약적인 소규모 산업을 근간으로 했다면 2차 혁명은 기술집약적인 대규모 산업을 기반으로 해서 이루어졌다. 그러므로 20세기의 풍요는 “새로운 소재, 새로운 동력원, 특히 새로운 과학지식의 산업에의 응용”에서 비롯되었다.[15)]

1900년대부터 인류사회의 부는 증대되었는데, 특히 제2차 세계대전 종료 후 세계의 풍요는 가속화되었다. 1945년 이래의 30년간은 경제적 대발전과 사회적 대변동의 시대였다. 세계의 부는 배가(倍加)되었으며 그만큼 단기간에 인류사회를 변혁시켰다는 점에서 역사상 유례없는 시기였다.[16)]

1960년대까지 세계 대부분 지역에서 생산과 소득이 급성장하였다. 오늘날 에너지와 철강은 1939년보다 각각 2-3배 이상 생산 · 소비되고 산업생산은 거의 3배로 증대하였다. 실업률은 전전의 3분의 1 수준으로 감소되고 1인당 사회복지액은 1930년의 4배로 증가하였다. 경제적 풍요의 증가와 함께 교육 기회도 확대되었으며 대전 이전보다 2배의 사람들이 고등교육을 받게 되었다.

1980-1996년에 15개국 이상이 놀라운 경제성장을 했으며 15억 인구의 소득이 증가하였다. 인간의 생활은 풍요롭고 편리해졌다. 일과 작업 시간은 기계의 도움으로 단축되고 사람들은 더 긴 휴가를 가지고 더 멀리, 더 빨리 여행하게 되었다.[17)]

사회복지와 사회보장의 면에서도 많은 진척을 보인 것이 20세기였다. 예컨

---

15) Geoffrey Barraclough, *An Introduction to Contemporary History* (Penguin), 46.
16) Hobsbawm, 6.
17) Richard Mayne, *The Recovery of Europe: 1945-1973*, rev. ed. (1973), 9.

대 1945년 유럽 국가에서 1인당 사회복지비가 1930년 액수의 4배로 증가하고 1939년보다 2배의 사람들이 고등교육을 받게 되었다. 이와 같이 사회복지가 유럽 선진 산업국가 중심으로 대폭 증진한 것이 사실이다.

빈곤의 문제 그렇다면 빈곤의 역사는 끝났는가. 20세기의 풍요에는 '어두운 면'을 가지고 있는 것이 사실이다. 20세기 역사는 번영과 파탄이 교차하는 과정이었다. 선진국가와 후진국가, 중심세력과 변경세력 간의 격차는 더욱 벌어졌다. 풍요와 빈곤의 공존현상은 1920-1930년대, 1960-1970년대에 주기적으로 나타났다.

제1차 세계대전 후 1920년대의 번영은 1930년대의 세계적인 불경기로, 제2차 세계대전 후 약 30년간의 번영과 황금시대는 1970년대의 경제 위기로 이어졌다. 제1차 세계대전 후 유럽의 경제회복에는 뚜렷한 한계가 있었다. 예컨대 독일의 번영은 일시적인 것이었으며 1923년 급격한 인플레이션을 겪었다. 마침내 1929년 뉴욕 월스트리트 증권시장의 폭락사태가 일어나 대공황이 왔으며 미국 전체 노동력의 4분의 1이 실업자가 되었다.

20세기 후반 1973년 '오일 쇼크'와 가격폭등으로 세계경제는 크게 흔들렸다. 1980-1996년에는 1백여 국가가 경기침체에 빠졌으며 16억 인구의 소득이 감소되었다. 더욱이 1990년대말 연쇄적으로 일어난 금융위기로 고도 성장을 누리던 아시아 국가들이 심각한 불경기에 허덕이게 되었다.

현대세계의 딜레마는 산업선진국에서 풍요로운 삶을 누리고 있는 반면 후진지역에서는 여전히 개인적 삶의 기본 욕구가 충족되지 않은 상태에 있다는 사실이다. 현시점에서 세계 인구의 대부분은 식량난, 기아, 영양실조, 질병, 또는 문맹 등으로 인간의 기본적 삶을 해결하지 못하고 있는 실정이다.

1998년 세계농업기구(FAO)의 조사에 따르면 8억2천8백만이 기아와 영양실조 상태에 있고 그 중 수백만은 각종 질병까지 앓고 있다. 엘니뇨와 같은 기상이변과 내전으로 식량난을 겪고 있는 40여 국가는 주로 아프리카와 아시아에 집중되어 있다.[18]

뿐만 아니라 1998년을 기점으로 심지어 10억 이상이 물(食水)조차 제대로 마시지 못하고 20억이 전기와 동떨어진 생활을 하고 있다. 예컨대 북한 식수의 92%는 마실 수 없는 수준이라는 보고가 있다. 45억 이상이 기본적인 통신수단을 가지고 있지 않으며 따라서 새로운 정보나 통신기술과 격리되어 있다.

---

18) 1998년 현재 극심한 식량난을 겪고 있는 인구는 아시아에서 필리핀, 라오스, 네팔, 북한, 인도네시아 등의 5억6천만과 아프리카의 수단 260만, 소말리아 70만, 에티오피아 5백만, 우간다 40만 등이다.

식량난과 생활고는 어린이의 영양을 악화시키고 문맹률을 높였다. 1998년에는 개발도상 지역의 어린이 2억이 기아 상태에 있으며 4만의 어린이들이 해마다 영양부족과 질병으로 죽는 것으로 보고되었다. 국제노동기구(ILO)의 조사에 따르면 전세계 2억5천만의 어린이가 전업 또는 파트타임으로 노동현장에 동원되고 있다. 세계아동기금(UNICEF)에 따르면 1998년 초등학교 교육대상 아동 6억2천5백만 중 21%인 1억3천만이 미취학 상태에 있다는 것이다.

21세기에도 문맹인구는 세계인구의 6분의 1인 8억5천5백만에 달하고 이 중 3분의 2가 여성일 것으로 예측되고 있다. 전세계적으로 문맹률을 낮추기 위해 드는 비용은 생각보다 많지는 않다. 전세계의 아동 취학률을 100%로 달성하기 위한 비용은 미국인의 연간 화장품 구입비 또는 유럽인의 연간 아이스크림 구입비보다 적다.

이와 같이 풍요 속의 빈곤이라는 패러독스는 도처에서 목격할 수 있다. 세계는 아직 경제적 부의 불균형을 바로 잡지 못했으므로 20세기의 풍요와 진보는 긍정적인 평가를 받기 어려울 것이다. 2차 산업혁명이 진행되는 동안 선진국가와 후진국가, 중심세력과 변경세력 간의 격차는 더욱 심하게 벌어졌다. 1998년 13억 인구가 절대빈곤의 상황에 처해 있었으며 일부 전문가들에 따르면 이 수는 계속 늘어나 20억에 이를 것으로 추산되고 있다.

이러한 보편적인 빈곤과 기아 해결을 위해서는 범인류적 국제 협력이 필요하다. 무엇보다도 첨단기술과 유전공학 등을 이용한 식량생산의 효율성이 제고되어야 하고 쌀 생산국 상호간 공동연구와 기술교류, 생산된 식량의 공평한 공급이 국제적으로 체계화되어야 할 것이다. 지구에서 빈곤을 추방하는 일은 21세기 인류사회의 과제로 남아 있다.

문명과 반(反)문명 또다른 20세기의 패러독스는 인간이 자연정복을 통해 이룩한 문명과 동시에 개발이라는 명분으로 자연과 환경을 파괴하는 반문명의 병존 현상에서 발견될 수 있다. 지난 1백년간 수학과 물리학의 발전이 기술에 끼친 영향은 엄청나게 컸으며 첨단기술과 미시기술(microtechnology)이 고도로 발전하고, 특히 핵에너지, 초음속 교통, 인공두뇌, 위성통신과 같은 새로운 기술영역이 개발되었다. 그 중에서도 가장 놀라운 현대 과학기술의 발전은 생명공학과 정보통신 분야에서 이루어졌다.

21세기는 무엇보다도 '생명공학의 세기'가 될 것으로 전망되고 있다. 유전자 조작을 통해 거의 모든 종류의 병이 사라지고 건강의 획기적 향상과 인간수명의 연장이 기대된다. 생명공학의 핵심은 모든 생명체에 대한 유전 정보를 규명하고 그것을 생명체에 적극 활용 하려는 데 있다.

특히 주목되는 것은 DNA의 발견에서 시작된 유전공학이다. 1953년 DNA의 2중 나선구조의 규명으로 생명의 비밀이 밝혀지는 중요한 단서가 발견되었다. 이 발견은 원자핵 분열 발견이나 다윈의 『종의 기원』 출판에 버금가는 과학의 커다란 사건이었다.

그 이래 유전자의 결합과 상호전이(相互轉移), DNA의 번식과 조작, 유전자 치료, 배아(또는 태아) 복제 등이 시도되었고 앞으로 유전자 조작을 통해 식량 및 가축의 질적 · 양적 개선, 장기 이식법 개발, 선천성 · 난치성 질환 예방, 희귀 · 멸종 생물의 대량 증식, 체세포(體細胞) 배양에 의한 생명체 복제 등이 가능해졌다.

10만 개의 유전자 분포상황을 완벽하게 파악하는 것을 목적으로 한 '인간 지놈 프로젝트' (Human Genome Project)는 문명사적 의의에 있어서 원자탄을 제작한 '맨해턴 프로젝트' 에 비견되는 것으로 평가되고 있다.[19)]

무엇보다도 현대사회에 가장 커다란 충격을 주고 20세기의 인류문명을 혁명적으로 변혁시킨 기술혁명은 정보통신 분야에서 일어났다. 현대 및 미래의 사회는 전신, 휴대전화(cellular-phone), 컴퓨터 및 인터넷 등 '정보통신망으로 연결된 사회' 이다. 컴퓨터와 인터넷에 의한 정보통신혁명은 사람들의 일과 생활, 혹은 사고방식에 극적인 변화를 가져왔다. 예컨대 개인용 컴퓨터(PC)는 계산, 기록, 편집, 설계의 작업 방식을 바꾸어 놓았으며 전화선, 케이블, 또는 인공위성과 연결된 온라인 서비스, 데이터 베이스(DB), 전자우편(e-mail)에 의한 서비스와 메시지의 교환을 가능하게 하였다. 인터넷 이용자 수는 혁명적으로 증가했으며 다가오는 미래사회에서는 '정보기술' (info-tech) 및 인공두뇌공학을 통해 지식 · 정보의 상호교환의 질과 양이 무한히 확장될 것으로 예상된다.

이러한 정보혁명은 정치 · 경제 · 교육 · 문화 등의 분야에 파급적 효과를 미쳤다. 사이버 스페이스를 통한 여론조사, 선거 방식의 변화, 전자 표결 등 '전자' 정치 시대가 왔다. 또 정보망을 통한 국제 '전자 상거래' 로 경제적 변화가 가속화되고 세계무역이 24시간 가동될 수 있게 되었다. 이와 같은 경이로운 문명의 발전속도에도 불구하고 인간의 자연 개발이 이른바 '생태계 불균형' (ecological imbalance)을 초래하였다. 생태계의 균형파괴 요인으로 기술지상주의와 인구증대를 지적할 수 있다. 과학기술 및 산업이 발달하면 할수록 상대적으로 인간의 생활환경은 더욱 커다란 위험에 직면하게 되었다.

---

19) 1997년 2월 스코틀랜드의 로슬린연구소(Roslin Institute)에서 복제양 돌리가 성공적으로 태어난 것은 유전공학의 커다란 이정표였다. 1989년 미국은 국립 인간지놈연구소 National Center for Human Genome Research:소장 James Watson)를 설립했으며 다음해 '인간 지놈 프로젝트' 를 공식적으로 발족시켰다.

인구 증가는 환경문제를 더욱 심각하게 만들었다. 세계 인구는 처음에는 완만한 곡선을 그리면서 증가했으나 16세기 이후 기하급수적으로 증가하였고, 특히 20세기에 이르러 급증하였다. 인구의 폭발적 증가는 식량 · 자원의 고갈을 초래할 뿐 아니라 폐기물 방출로 환경이 파괴되고 나아가서는 지구의 생존 자체를 위태롭게 할 것이다.

생태계 불균형은 인류의 현재와 미래의 삶뿐 아니라 지구 자체의 운명에 직결된 문제이며 인간의 생존을 질적으로 저하시키는 것이다.

생태계 파괴와 자연환경 환경 오염에 대한 해결책은 없는가. 많은 사람들이 과학기술의 발달에 의해 해결될 것으로 기대하고 과학기술의 더한층 높은 발전을 역설하고 있다. 그야말로 하나의 커다란 역설이다. 왜냐하면 자연파괴와 환경오염의 원인이 거의 대부분 과학기술과 그것을 바탕으로 한 산업발전에 있기 때문이다.

과학기술의 연구와 발전이 억제되어야 한다고 주장할 사람은 없을 것이다. 과학기술은 더욱 발달되어야 하며 인간은 자연을 더욱 효율적으로 활용해야 할 것이다. 단지 과학기술의 발달만이 환경문제의 유일한 해결책인 것처럼 믿는 것은 잘못이다.

과학기술의 발달은 항상 그 역기능을 억제하는 가운데 이루어져야 한다. 과학기술의 발전과 생태계의 불균형은 인과관계에 놓여 있다. 즉, 과학기술이 발전하면 할수록 그 역기능은 증대되고 역기능을 해소하기 위해 과학기술을 더 발전시켜야 하는 연쇄반응은 계속될 것이다. 자연과학기술을 발달시키면서도 환경보존과 생태계의 균형을 유지할 수 있는 근본적인 방향전환이 필요하다.

환경문제와 관련해 강조되어야 할 점은 생태계의 불균형이 더 이상 남과 북 또는 선진국과 후진국 사이의 대립적 문제가 아니라는 사실이다. 이제 환경문제는 저개발국들과 산업선진국들 간의 갈등이 아니라 모든 지역, 모든 국가의 전지구적인 문제가 되는 시대가 도래하였다. 예컨대 핵 낙진, 지구 온난화, 오존층 파괴 등은 어느 한 나라의 문제로 국한될 수 없다. 환경문제가 결코 어느 특정 국가의 산업발전을 저해한다는 좁은 시야에서 볼 일이 아님을 깨닫게 하는 구체적인 예는 많다.

환경문제는 이제 국가 단위의 노력이나 시도를 넘어 국제적 협력체제를 구축하여 해결되어야 하는 긴급한 문제가 되었다. 만일 특정 국가가 생태계 보존과 환경보호로 인해 경제적 손실을 보게 된다면 이에 대한 보상이 선진 산업국가들과 국제기구를 통해 체계적으로 수립 · 집행되어야 할 것이다. 환경문제는 범세계적인 접근과 미래 세대에 대한 고려를 바탕으로 한 해결책이 모색되어야 할 것이다.

소극적으로는 자연에 대한 충격, 환경에 대한 영향을 최소화해야 한다. 효율을 최고가치로 여기는 개발 우선주의는 지양되고 국가별 또는 국제적 조직을 통해 설정되는 환경정책이 최고의 가치로 인정되어야 한다. 적극적으로는 환경관리 시스템이 조직적으로 구축 · 운영되어야 한다. 과학기술이나 산업의 발전에 앞서 생태계 불균형에 대한 '시원적'(始原的)인 방지책을 세워야 한다. 즉, 자원개발과 제품생산을 할 때 인간 중심적 사고보다는 환경 친화적 조건을 우선하는 기준으로 개발과 생산 방식이 전환되어야 할 것이다. 이러한 환경관리 시스템에는 환경 친화적 자재의 개발, 환경산업의 발전, 생태계와 자연을 훼손하지 않는 공장이 설계 · 운영되어야 할 것이다.

그러나 어떠한 환경 대책도 인식의 전환, 가치관의 정립 없이는 실현이 불가능하다. 즉, 인간이 기본적으로 어떠한 마음으로 자연을 대하는가가 중요하다.

미국 환경운동가 미터마이어Russell A. Mittermeier(1949-) 박사가 "나는 숲 속을 혼자 거닐고 있을 때 생명이 내 주변 도처에 있다는 것을 깨닫게 되고 그 한 부분임을 느낀다"고 토로한 일종의 '종교적 체험'과 같은 자연관이 우리 모두에게 필요한 것이다.[20]

물리적 환경의 악화는 인간의 무한한 자연 지배욕과 자연에 대한 몰이해 때문에 생기는 것이다. 기술지상주의를 찬양 · 신성시하고 자연에 대한 여러 형태의 지배를 낳게 한 논리는 '지식'이라기보다 차라리 '무지'라고 볼 수 있다. 인간의 참다운 발전은 인간과 자연, 인간과 다른 형태의 생명 사이의 '약탈적 내지 기생적(寄生的) 관계가 아닌, 공생적(共生的) 관계'를 발전시킴으로써만이 가능하다.

생태학적 불균형의 본질을 이루는 것은 바로 인간의 '행성적 관점'(planetary perspective)의 결핍, 즉 진화하는 우주 속에서 인간 스스로의 역할과 목적을 잘못 파악함으로써 생긴 것이다.[21]

인간은 자연을 '정복'(conquer)하지 말고 '제어'(control)하고, '지배'(reign)하는 대신 '조정'(regulate)하는 데 그쳐야 할 것이다. 정복 아닌 제어, 지배 아닌 조정은 인간과 자연과의 조화를 위한 철학적 바탕이다. 이와 같은 자연관은 비단 환경운동가뿐 아니라 모든 과학자, 정치가, 정책 입안자, 사회지도층은 말할 것도 없고 사회 구성원 모두가 간직해야 할 것이다.

자연 없는 인간은 존재할 수 없으며 인간 없는 자연은 무의미하다. 인간과

---

20) *TIME* (1999.1.11)
21) Camilleri, 28.

자연의 조화는 인류의 문명사적 사명이며 과학의 영역을 넘어선 철학의 문제라 할 수 있다.

새로운 세계질서 20세기 세계질서의 재편성에 관해 제일 먼저 지적될 수 있는 특징은 '유럽주의'(Eurocentrism)의 종말이다. 한때 '영광과 부의 관건'이며 '인류에 대한 봉사의 수단'[22] 이라고 미화된 유럽 제국주의는 20세기에 들어서 결정적으로 후퇴하였다.

두 차례의 세계대전이라는 참화와 식민지 독립운동은 유럽 제국주의 세력을 궁지에 몰아넣었다. 제1차 세계대전이 끝남과 동시에 약화하기 시작한 식민주의는 제2차 세계대전 후에는 확실하게 무너졌으며 이를 계기로 아프리카와 아시아의 신생 발전도상국가들이 대두하였다. 대전 중 "피동적인 구경꾼"[23]에 불과했던 아시아 · 아프리카인들의 피해는 컸으며 80개 국가 중 대전이 끝날 무렵까지 단지 18개의 나라만이 완전 독립을 유지하고 있을 뿐이었다.

제국주의의 종식을 주장하는 사람들이 유럽 국가 내에도 있었다. 네덜란드, 프랑스, 영국에서 식민지 독립과 자국의 양보를 주장하는 반제국주의적 주장이 주로 좌파에서 나왔다. 그러므로 유럽에서 교육받은 독립운동가나 지식인들 중에는 좌파가 많았다. 세네갈의 셴고르Léopold-Sédar Senghor(1906-1982), 기니Guinea의 투레Ahmed Sékou Touré(1922-1984), 서인도 출신 파논Franz Fanon(1925-1961)과 세제르Aimeé Césaire(1913-2008) 등은 특히 이러한 성향이 강하였다. 그들은 국내에 강력한 추종자들을 거느리면서 동시에 유럽 종주국 관료들과 능란한 교섭을 벌이고 제국주의의 심각한 파괴상을 폭로한 논설과 시를 통해 유럽 지식인의 지지를 받았다.

제2차 세계대전의 종식 자체가 독일 · 이탈리아 · 일본 등 세 식민국가를 소멸시켰으며 1945년에는 영국과 프랑스라는 두 주요 식민국가와 벨기에 · 네덜란드 · 포르투갈이 남아있을 뿐이었다. 1945년부터 1960년에 이르기까지 유럽 열강은 거의 완전히 식민제국을 청산하였다. 불과 15년만에 세계 인구 4분의 1이상인 약 8억 인구를 가진 40개국이 이 지역에서 독립을 쟁취하였다. 1960년대말에는 거의 모든 식민지가 완전 독립했으며 대부분 이 과정은 평화적으로 행해졌다.

대부분 식민지가 19세기말 10-15년의 단시일에 제국주의의 희생물이 된 것인 만큼 해방의 결정적 조치 역시 짧은 시간에 행해졌다. 인류 역사 전체를 통해 그와 같은 '대역전'이 짧은 기간에 신속하게 이루어진 적은 결코 없었

---

22) Barraclough, 65.
23) Hughes, 474.

다.[24] 이 결과 제2차 세계대전 종료 이후 유럽이 세계를 지배하는 시대는 끝나고 이른바 '후(後) 유럽 시대'(Post-Europeanism)가 시작되었다. 제국주의와 식민주의의 종말은 비유럽세계에 새 방향을 제시하였다.

다음으로 세계 중심세력의 이동이 지적될 수 있다. 국제질서의 구도와 국제관계의 편성에서 가장 영향력을 발휘하는 중심세력은 전통적으로 유럽이었다. 그러나 이제 그것은 미국으로 이동하였다. 1914년부터 1945년에 이르는 동안 유럽 국가간 경쟁은 엄청나게 파괴적인 결과를 초래했고 따라서 쇠퇴 의식이 유럽인들에게 널리 퍼졌다. 1870년경 이후에 산업, 통신교통, 조직적 기술이 유럽국가들에서 미국, 일본, 러시아로 넘어간 사실 때문에 이런 의식은 더 확대되었다. 20세기 후반기에 들어서 유럽을 중심으로 한 세력균형이라는 낡은 국제정치 체제가 무너졌으며 냉전을 계기로 미국과 소련을 두 축으로 한 양극적인 국제질서가 수립되었다.

그러나 양극체제는 오래 지속되지 않았다. 1989-1991년 소련공산권의 붕괴와 함께 미국은 세계정치의 주도권을 장악하였다. 결과적으로 태평양의 중요성이 강조되었다. "태평양 시대는 모든 시대의 가장 위대한 시대가 될 운명에 있으며 방금 이 시대의 새벽은 왔다"고 한 로우즈벨트Theodore Roosevelt (1858-1919)의 예언이 현실로 나타났다.[25] 이리하여 미국적 가치관이 세계화되는 '미국의 패권'(Pax Americana)시대가 도래하였다. 세계 분쟁의 중재(仲裁)역을 자처하는 미국의 독무대와 영어의 '범세계적 역할'(global role)이 예증하는 바와 같이 미국의 패권은 하나의 분명한 현실이라고 할 수 있다.[26]

다른 한편으로 양극체제의 후퇴 이후 미국의 패권에도 불구하고 세계질서가 다극적(多極的)으로 또는 지역적 통합체로 재편성되고 있다는 사실은 주목되어야 한다. 미국의 국제정치 주도권에도 불구하고 그 영향력도 어느 정도 제한적일 수밖에 없게 되었다. 특히 독일과 일본의 산업경쟁력은 위협적인 것이 되었다.

국제관계의 다극화는 이미 1950년대 중반부터 공존을 모색하는 데탕트가 시도되면서 나타났다. 이 때부터 유럽의 주요국가와 일본의 위상이 높아졌을 뿐 아니라 아시아의 국제관계는 새로운 맥락에 따라 편성되었다. 일본은 정치 · 군사 · 경제적 세력을 증대하여 1969년 이후 '제3의 강대국'으로 등장하였다. 뿐 아니라 한국 · 대만 · 인도 · 파키스탄과 같은 개발도상국 역시 주목의 대상이 되었다. 아시아 · 아프리카의 신생 국가들은 대부분 자연자원이 풍

24) Barraclough, 153.
25) Barraclough, 76.
26) William McNeill, "World History and the Rise and Fall of the West," *Journal of World History* 9:2 (Fall, 1998), 234.

부했으며 중동, 남미, 아프리카 국가들은 국제적 발언권에 영향을 줄 정도로 충분한 양의 석유를 보유하고 있다.

국제관계의 다극화와 함께 지역 통합체 형성의 움직임도 진행되었다. 유럽의 EU, 북아메리카의 NAFTA, 태평양지역의 APEC, 동남 아시아의 ASEAN 등이 그것이다. 특히 1990년대말에 경제 통합을 시도한 유럽의 자기변화는 주목된다. 핀란드에서 아일랜드까지 11개 유럽국가는 1999년 1월1일을 기해 '유로' 화(貨)로 단일화하여 달러의 세계적 통화체제에 도전하게 되었다. 특히 이탈리아, 프랑스, 독일이 오랜 전통을 가진 자국 화폐를 폐지하였다는 것은 유럽 통합에 대한 혁명적 조치라고 할 수 있다. 통합 유럽의 출현은 적어도 유럽인에게는 새로운 정치사의 방향을 제시했으며 국가사(國家史)를 중심으로 한 전통적 접근이 지양되었다.

끝으로 사회주의의 후퇴와 자유민주주의의 외견상 승리에 관한 것이다. 1989-1991년을 고비로 사회주의(또는 공산주의)는 이념적으로나 제도적으로 소멸된 것 같이 보이는 반면 자유민주주의 및 시장경제의 이념과 제도는 전지구적 차원으로 확산되었다. 이것을 일부에서는 자유주의와 자본주의의 승리이며 '역사의 종말' 이라고 단정하였다. 어쨌든 국가통제하의 마르크스주의적 경제체제는 역동적으로 변화하는 세계경제에서 살아남지 못하고 붕괴되는 운명을 맞이하였다.

그러나 사회주의권의 몰락은 외부세력의 개입에 의해서 초래되었다기보다 자체 붕괴되었다고 해야 정확하다. 즉, 자유주의의 승리가 아니라 사회주의의 '자멸' 이었다. 그것은 민주주의나 시장경제가 입각하고 있는 원리에 비추어 볼 때 '개인적 자유' 의 문제로 귀착될 수 있다.

인류 역사를 돌이켜 보면 개인의 자유는 제한된 소수와 지배 계급으로부터 상대적으로 많은 수의 대중에게까지 확대되었음을 알 수 있다. 공산주의는 사유재산을 금하여 '일' 에 대한 욕구를 감퇴시켰으며 개인의 자유를 억제하는 제도임을 입증한 셈이었다. 인간의 평준화를 기계적으로 요구하는 사회에서는 개인의 창의성 발휘에 한계가 있을 수밖에 없다. 그런 사회에서는 이윤과 결부된 일에 대한 욕구는 사라질 것이며 그 결과 초래되는 비효율성과 비생산성이 사회와 경제를 정체시키는 것이다. 간단히 말해 사회주의의 몰락은 민주주의와 자본주의의 승리라기보다 사회주의의 내적 모순과 기본적 결함이 노출된 결과였다.

그렇다면 민주주의와 자본주의는 최종적인 승리를 거두었는가? 민주주의와 자본주의는 하나의 원리, 즉 자유의 원리에서 그 근원이 같지만 궁극적으로는 정치적 자유와 경제적 자유는 양립되지 않는 경우가 많다. 정치적 자유는 자유의 '대중화' 와 '보편화' 를 지향하지만 경제적 자유는 부의 '집중화'

와 '독점화'를 가속화시켰고 따라서 국가별, 지역별, 계층별로 빈부의 격차가 심화되었다. 새로운 경제체제에 적응한 계층과 기술혁명의 결과 역할이 영세해진 계급간에는 소득의 양극화 현상이 일어났다. 민주주의는 '익명의 지배자', 즉 금융시장, 금리, 상품지수, 각종 통계 등 추상적 개념에 밀려났다고 볼 수 있다.

민주주의 정치와 자본주의 경제는 이념적으로나 실제 제도에서 문제점이 많은 것이 사실이다. 예컨대 소득 분배의 불균형, 빈부의 격차, 사회적 부조리, 권력과 부의 집중 등이 그것이다. 이러한 문제점은 평등보다 자유에 '1차적인 중요성'을 두고 있기 때문에 나타나는 것이다. 이제 현대사회에서는 자유보다도 평등이 더 중요시되어야 한다. 전통적으로 민주주의와 자본주의는 평등의 문제에서 한계를 가지고 있었다. 평등의 문제를 해결하기 전에는, 달리 말해 일찍이 19세기에 사회주의를 대두케 한 요인이 사회에 현재(顯在) 또는 잠재해 있는 한, 자유민주주의 또는 자본주의는 '이상적인' 대체(代替) 이념이나 체제가 될 수 없을 것이다. 또 그러한 요인이 잠재 또는 현재하고 있는 한 사회주의의 이념적 힘은 역시 완전히 소멸되었다고 보기 어려울 것이다.

그러므로 20세기초부터 여러 민주주의 국가에서 일종의 사회주의적 정책을 편입시켰으며 역설적으로 이것이 공산권의 자멸을 재촉하는 원인이 되기도 하였다. 예컨대 20세기초 신(新)자유주의 시대와 노동당 정권을 통해 일대전환을 한 영국이나 뉴딜 시대의 미국은 사회보장과 부의 배분을 정책화함으로써 '절충적' 형태, 즉 '사회주의적' 민주주의 또는 '사회보장적' 자본주의를 사실상 제도화했다고 할 수 있다. 결론적으로 오늘날의 자유민주제와 자본주의는 19세기 이래의 상황 변화와 지역 특성에 따라 많은 수정이 가해졌다.

결론적으로 세계화와 내셔널리즘은 과연 조화될 수 있는가 하는 문제가 있다. 20세기 후반 이후 지구촌을 지배한 핵심개념은 세계화였다. 세계화는 국경의 의미를 퇴색시키고 개인과 기업의 행동범위를 전세계적으로 확대하였다. 세계화가 급격하게 진전된 요인으로는 첫째, 자본과 상품의 이동에 대한 국가 대 국가의 규제가 완화되어 경제활동이 국제화된 사실을 들 수 있다. 둘째, 정보통신 기술의 발달로 범세계적 네트워크가 형성되면서 시·공간이 극도로 단축되었다는 점이다.

그리하여 진정한 통합개념으로서의 세계사가 대두하였다. 세계사는 과거처럼 서양적 관점이나 강대국 중심으로 서술될 수 없게 되고 '세계사적 시각' 없이는 현대사의 요인들을 이해할 수 없게 되었다. 오늘날 "어느 누구의 집도 자신의 집일 수 없다는 지구촌의 출현과 함께"[27] '지구 문화적 상호연관성'

(global cultural interrelatedness)이 더욱 긴밀해졌다.

그럼에도 세계화는 결코 '동질화'를 지향하지 않으며 어느 의미에서는 '다양성'과 '개성'을 촉진한다고 볼 수 있다.[28] 왜냐하면 세계화는 결코 민족적 자기주장을 희석시키거나 개인의 국가적, 민족적 소속이나 유대를 약화시키지 않기 때문이다.

오늘날 국민국가의 책임 상당부분이 유엔을 비롯한 국제기구로 위임되고 있는 가운데서도 많은 지역에서 내셔널리즘과 민족주의(ethnocentrism)가 역사적 형성요인으로 작용하고 있다. 헌팅턴Samuel Huntington(1927-)에 따르면 1991년에 일어난 '대붕괴'를 계기로 1648년의 베스트팔렌 조약에서 규정한 국제관계의 원칙이 송두리째 깨지고 대신 '역사, 언어, 문화, 전통, 그리고 특히 종교'에 의해 규정될 수 있는 8개의 문명권과 그 충돌이 새로운 세계사의 패러다임으로 등장했다는 것이다.

20세기에 이르러 내셔널리즘은 민족의 자유와 관련된 정치적 운동과 같은 시원적(始原的) 특성 이외에 많은 다른 요인이 첨가되어 자체적인 전환을 하였다. 레바논 · 챠드 · 라이베리아 · 유고슬라비아 · 아프가니스탄 · 소말리아 등에서는 민족단위의 운동이 일어났다. 스리랑카의 타밀족, 터키-이라크-이란의 쿠르드 족, 캐나다 퀘벡Quebec주 분리운동, 스페인의 바스크 족, 중국 신장성(新疆省)의 이슬람계 위구르족 등은 자치 또는 독립을 시도하였다. 이와 같이 민족개념은 역사적 힘을 상실하지 않았으며 도리어 제2차 세계대전 후 내셔널리즘은 인구 대다수에 강한 호소력을 갖게 되었다. 고전적 내셔널리즘이 더 이상 존속할 이유가 사라진 듯한 제2차 세계대전 후의 현대에서 오히려 민족국가(nation-state)는 최고조에 달하고 내셔널리즘은 양상과 성격을 달리하면서 부활되었다.[29]

부활의 이유는 무엇인가? 내셔널리즘은 '근대화'의 관점에서 논할 수 있으며 세계 자본주의 경제권 내에서의 지역간 발전이 불균형하기 때문에 생기는 산물(Marxists)이라고 주장될 수도 있으나, 민족적 주체성이나 민족의식이라고 정의한 '자아 실체성' 이론이 가장 큰 설득력을 가지고 있다고 생각된다. 이에 따르면 내셔널리즘은 사람들을 집단적으로 뭉치게 하는 강한 구심력을 제공한다는 것이다. 자아실체의식(sense of identity)을 창출하는 기본요소들은 "공통의 문화, 땅, 민족기원 신화, 공동의 미래를 건설하려는 의지, 그리고 공통의 언어"라 할 수 있다.[30] 특히 문화는 개인이 서로 관계를 맺는 수

27) P. G. A. Pocock, "Deconstructing Europe," *History of European Ideas* 18:3 (1994), 329.
28) Guibernau, 139-145.
29) Anderson, 15-16.

단으로서 각별한 유대감을 촉진하는 것이다. 내셔널리즘 문화는 내부자와 외부자, 나와 너, '우리와 그들'을 구별하는 잣대이며 공동목표의 추구와 유대의 밀접함을 유지하는 이념이며 운동이다.

이와 같이 본다면 세계화가 일상생활의 영역까지 확장된다 하더라도 민족의 정체성 및 그 문화는 쉽사리 생명력을 잃을 것 같지 않다. 문화는 맛, 냄새, 색깔을 가지고 있는 것이다. 중국음식의 맛, 헝가리의 녹적색 옷, 한국 김치의 냄새는 각각 특수한 지역적 문화를 상징한다. 이 점에서 민족문화는 개성과 다양성을 유지할 뿐 아니라 지역과 지역, 민족과 민족은 동등하게 된다. 동유럽, 아프리카, 동남 아시아 등에서 이른바 문화적 '단층선'에서 나타난 민족분쟁 또는 종교분쟁은 근본적으로는 문화적 다원성에 대한 강조라고 해도 지나치지 않을 것이다.

가치관의 세계화가 더욱 진전됨과 동시에 지역주의와 내셔널리즘도 세계사적 형성력으로 작용할 것으로 생각된다. 이 과정에서 가장 중요한 것은 인류평화에 대한 국제보장체제의 강화이다. 국제보장체제에 의한 조정이 도덕적 힘과 함께 현실적인 영향력을 강력하게 발휘할 때 비로소 세계평화와 지역적 다원주의, 세계화와 내셔널리즘은 조화롭게 공존할 수 있을 것으로 전망된다.

20세기 인류사에는 긍정적인 양상과 부정적인 양상이 공존하였다. 물질적 풍요와 생활의 효율화, 정보혁명과 문명의 가속화, 인간 기본권 신장 등 긍정적인 양상과 함께 빈곤인구의 증가와 정치적 탄압, 생태계 불균형과 환경 파괴, 비인간화, 가치관의 혼란 등과 같은 부정적인 양상도 두드러지게 표면화되었다. 현대처럼 범지구적 발전과 세계적 규모의 파괴가 동시다발적이었던 역사 시기는 드물었다. 반목과 분쟁, 독재와 인권탄압, '인종 청소'와 문화침략과 같은 많은 문제점들이 노출되었다. 20세기는 인간의 복리와 불행을 동시에 증폭시켰다. 산업지역에서의 경이로운 부의 증가와 일부 선진국가에서의 사회복지 증가에도 불구하고 빈곤과 기본권 문제는 아프리카, 라틴 아메리카, 동남 아시아 등에서 아직도 해결되지 않았다. 구 공산권에서 의회정치가 부활되었다고는 하지만 경제적 후진 지역에서는 여전히 독재와 폭력이 판치고 있는 실정이다. 금세기에는 냉혈적인 참화와 학살이 빈번했으며 평등화를 위한 마르크스주의 실험은 결국 인류사회의 악몽으로 끝났다. 평화를 위한 국제협력이 진전을 보이는 가운데서도 인종분규와 내전, 강압과 테러는 곳곳에서 끊이지 않고 있다.

30) Guibernau, 142.

특히 문명의 발전에 부수된 역기능이 심화된 것이 20세기의 특징이다. 환경오염, 자원고갈과 기아, 인구증가와 노령화 같은 문제점들이 노출되었다. 현대의 과학혁명은 휴머니즘의 상실을 보상할 수 있는 확실한 방법을 아직도 찾아내지 못하였다. 결국 자연적 원리와 인간적 가치는 어떻게 조화되는가, 삶의 질적 향상은 어떻게 시도되어야 하는가, 과학기술의 발전에 수반된 비인간주의는 어떻게 해소되어야 하는가, 이와 관련하여 인문학의 전통이 어떻게 회복되어야 하는가, 휴머니즘이 어떻게 교육에 접목되어야 하는가 등의 문제들이 해결되어야 할 중요한 과제로 남아 있다.

2. 새로운 세기를 향하여

역사가에 대한 사회적 요청은 사실의 추구와 입증 못지 않게 문명사적 사고와 거시사적 고찰로 확대되고 있다. 이것은 그만큼 인류의 역사가 범지구적 차원에서 서로 맞물려 상호연관성을 띠고 전개되고 있기 때문이라 할 수 있다. 2000년대의 문명사적 방향을 전망해보고 이러한 세계사적 시각에 따라 과연 21세기 한국의 역사적 위상은 어떻게 될 것인가를 예단(豫斷)하는 것은 나름대로 의의 있는 일이라고 생각된다.

미래학적 예단을 위해서는 먼저 인류문명의 발자취에 대해 성찰해 볼 필요가 있다. 과거의 역사과정을 회고하는 것은 그것을 미래 속으로 투영해 보기 위함이다. 지난 2천년의 인류 역사의 문명적 특징은 무엇인가? 단순화의 위험을 무릅쓰고 훑어본다면, 인류의 과거는 (1) 자연에 대한 인간의 싸움의 역사 (2) 지식 · 정보의 팽창으로 인한 문명 가속화의 역사 (3) 인간 기본권의 확장의 역사 (4) 지구사적 중심의 이동의 역사라고 요약될 수 있겠다. 이러한 역사적 과정은 현재와 미래 속으로 투영되면서 그 특성이 증폭될 것으로 전망된다.

자연에 대한 인간의 도전 인간의 역사는 자연에 대한 싸움의 역사, 즉 '문화' 형성의 과정이었다. 인간이 자연의 힘과 싸우고 자연이 주는 어려움을 극복하는 데서 인간 문화는 형성되었다. 구석기 시대에 불을 발견하고 신석기 시대에 농경을 시작한 것은 모두 자연에 인간이 도전한 결과였다. 인류 역사는 '자연'의 영역을 침범하여 '문명'의 영역을 넓히는 과정이었다. 간단히 말해 이 과정은 인간과 자연이 상호 작용하는 변증법적 과정이었다. 처음에 인간은 자연을 공포와 신비의 대상으로 보았으나 점차 자연을 개발하여 사람의 삶을 윤택하게 할 수 있다고 자신하게 되었다.

이 새로운 자연관은 인간의 능력과 활동영역을 확대하였다. 공간적으로 또는 시간적으로 지구가 하나의 생활권으로 통합되기 시작한 것은 르네상스 이래의 일이다. 나침반이나 화약이 항해와 무기를 근대화하였으며 그 결과는 제도와 사회의 변혁을 초래하고 나아가서는 서양문명 그 자체를 세계 각처에 전파하는 계기가 되었다. 과학기술의 발달과 근대적 자본주의 시장경제의 발전으로 인류사회의 물질적 부는 기하급수적으로 증가하고 인간생활의 안락함은 크게 향상되었다.

결정적인 전환점은 산업혁명이었다. 그 이래로 생산방식에 대변화가 왔으며 기계와 동력을 사용하는 공장제에 의한 대량생산이 가능해졌다. 이 결과 20세기에 이르기까지 인간사회의 부는 증대했으며 제2차 세계대전 후 더욱 가속화되었다. 예컨대 1945년 이래 30년간 세계의 부는 배가(倍加)되었다. 세계 대부분 지역에서 풍요의 세대가 시작되었으며 생산과 소득의 급속한 성장은 50년대와 60년대에 걸쳐 계속되었다.

서양문명의 역사에서 가장 경이적인 성취를 거듭하며 20세기 세계화를 주도한 분야는 과학기술문명이었다. 과학기술의 계속적인 발전이야말로 미래의 인류문명을 계속 주도할 것으로 예상된다. 기술 혁신과 산업 발전은 인간 생활의 물질적 복리와 생활의 편리함을 증진시키고 인간의 건강위생을 비약적으로 향상시켰다. 과학기술과 산업의 발전은 인간으로 하여금 안으로는 생명의 수수께끼를 풀 수 있게 하고 밖으로는 넓은 우주공간으로 진출하게 하였다. 또 생명공학은 생명체의 유전 정보를 규명하여 21세기에는 건강과 식량생산의 혁명이 일어날 것으로 예상된다.

지식 팽창과 문명의 가속화 인류의 지식 · 정보의 발달은 (1) 언어 (2) 문자 (3) 인쇄문화 (4) 통신 (5) 컴퓨터의 사용을 통해 단계적으로 이루어졌다. 인간은 이러한 역사적 전환 과정을 거치면서 의사 소통뿐 아니라 정보 교환과 지식 축적의 양과 속도에서 혁명적인 변화를 겪게 되었다. 먼저 인간 상호간의 의사 소통 매개체인 언어의 사용에 이어 대략 금속기(金屬器) 시대부터 사용된 문자는 지적 업적을 축적할 수 있게 하였다. 문자는 한 사회가 보유하는 지식과 정보의 양을 기하급수적으로 증가시켰을 뿐 아니라 먼 거리로 전달하였다.

근대에 이르러 활판 인쇄술은 지식과 정보를 값싸고 신속하게 보급하였다. 인쇄문화의 발달은 문명을 가속화시켰다는 점에서 지성사의 커다란 전환점이라 할 수 있다. 고려 고종 21년(1234) 『상정고금예문(詳定古今禮文)』은 14세기 중국이나 유럽의 활판 인쇄물보다 훨씬 오래된 금속활자에 의한 인쇄물로서 세계의 이목을 끌 만하다.

그러나 한국보다 늦게 발명된 유럽의 활판 인쇄술이 책을 일반에 널리 보급하여 실제로 '독서문화'를 정착시켰고 사회발전에 기여했다는 점에서 더 큰 문화사직인 의의가 있다. 유럽의 경우 활판 인쇄술은 지식 유통의 혁명뿐 아니라 나아가서는 사회혁명으로까지 연결되었다.

이러한 인쇄문화의 혁명도 20세기의 정보통신혁명에 비하면 막간극에 불과하다. 정보통신혁명은 지식과 정보의 질적 · 양적 발전에 경이로운 전환점을 마련했기 때문이다. 1844년의 유선전신 실용화, 1876년의 전화 발명에 이어 20세기말에는 휴대전화가 전세계의 도시와 농촌에서 상용화되고 있을 뿐 아니라 사막지대와 북극과 같은 오지에서도 통용되고 있다.

정보통신의 혁명적 변화는 인간의 생활을 근본적으로 바꾸어 놓았다. 21세기는 디지털 혁명을 통해 인류 문명사의 전환점이 될 것이다. 시 · 공간의 제약이 존재하지 않는 쌍방 커뮤니케이션이 가능해지고 사이버 공간을 통한 전자민주주의는 인류의 삶의 질을 한 단계 향상시킬 것으로 전망된다.

무엇보다도 획기적인 것은 컴퓨터와 인터넷이다. 1980년대의 개인 컴퓨터와 1990년대의 인터넷은 시 · 공간을 극적으로 단축시켜 전지구를 즉시 연결하는 네트워크 사회를 만들어 놓았다. 정보통신혁명은 사람들의 생활과 일, 혹은 사고방식에 극적인 변화를 가져왔다.

정보통신이 한층 더 발달하게 되는 21세기 사회에서는 디지털화로 인한 지적노동이 증대하고 다품종 소량생산으로 생산방식도 바뀔 것으로 예견된다. 통신 및 정보기술은 머지 않아 지구촌을 범세계적인 일상생활권으로 만들고 다가오는 미래사회에서는 상호교환되는 지식과 정보의 질과 양이 무한히 확장될 것이다.

과학기술의 역기능 자연에 대한 도전은 인간의 완전한 승리로 끝날 것인가? 20세기는 과학기술이 경이적으로 발전한 시기인 동시에 그 역기능 역시 증폭된 시기이기도 하다. 지난 1백년간 많은 놀라운 새 기술영역이 개발되었으나 동시에 인류의 미래를 위협하는 환경 훼손과 생태계 파괴가 가속화되었다. 자연 개발의 역기능이 심화되었으며 환경 파괴는 무서운 현실로 다가왔다. 인간이 자연을 개발해 얻은 대가는 자연의 훼손과 환경조건의 황폐였다.

효율성과 정확성을 우선하는 기계화 · 자동화 · 전자화는 일반적으로 인간적 요소를 감소시키는 경향이 있다. 현대 과학기술혁명은 '몸체 없는 두뇌'의 경우에서 예시되는 것처럼 휴머니즘의 상실을 가져올 것으로 보인다. 이 점에서 인문학의 전통이 어떻게 회복되어야 하는가, 휴머니즘이 어떻게 교육에 접목되어야 하는가에 대한 고려가 무엇보다도 중요하다. 인간과 자연의 변증법적 관계가 어떻게 재정립되는가 하는 것은 커다란 과제이다.

20세기는 생태계 위기의 시대였다. 예측을 불허하는 과학과 초기술의 발전으로 초래된 환경의 불균형과 비인간주의를 어떻게 해소할 것인가가 21세기의 과제로 남아 있다. 자연 없는 인간은 존재할 수 없으며 인간 없는 자연은 무의미하다. 인간과 자연의 조화는 인류의 문명사적 사명이라 할 수 있다.

다가오는 21세기에는 자연보존과 생태계의 균형 유지를 위한 노력이 기대된다. 이것은 인간과 자연과의 관계를 보는 인간의 철학에 변화가 오지 않는 한 해결되기 어려울 것이다. 21세기의 환경문제는 인간의 이익이 자연에 우선한다고 보는 인간중심주의를 근본적으로 지양하고 자연의 본질적 원리에 따라 해결되어야 한다는 패러다임의 전환이 필요하다.

빈곤과 기아 20세기에 이르러 인류사회는 산업혁명을 통해 경이적인 물질적 풍요를 이룩했으나 빈부의 격차는 세계적 차원에서 심화되었으며 아직도 끼니조차 해결하지 못하는 절대빈곤이 도처에 존재하고 있다. 현대세계의 딜레마는 산업선진국에서는 풍요로운 삶을 누리고 있는 반면 후진지역에서는 절대빈곤으로 인한 영양실조와 굶주림으로 허덕이는 사람들이 엄청나게 많다는 사실이다. 아프리카 · 라틴 아메리카 · 동남아시아 등에서 빈곤은 효과적으로 극복되지 않고 있으며 개혁도 별 진전이 없는 실정이다.

현재 지구상에는 약 13억 인구가 절대빈곤에 처해 있고 이 수는 계속 늘어나 20억에 이를 것으로 추산되고 있다. 심지어는 10억 이상이 마실 물을 공급받지 못하고 의료 혜택을 받지 못하며 20억이 전기와 동떨어진 삶을 살고 있다.

이러한 보편적인 빈곤과 기아의 해결을 위해서는 범인류적인 국제적 협력이 필요하다. 무엇보다도 첨단기술과 유전공학 등을 이용한 식량 생산의 효율성이 제고되어야 하며 쌀 생산국 상호간 공동연구와 기술교류, 생산된 식량의 공평한 공급이 국제적으로 체계화되어야 할 것이다. 20세기는 2차 산업혁명을 통해 풍요를 가져왔지만 아직도 빈곤의 역사는 끝나지 않았다. 지구에서 빈곤을 추방하는 것은 21세기 인류사회가 해결해야 할 과제이다.

인간의 기본권과 존엄성 인류의 역사는 대립과 갈등의 역사이다. 정복자와 피정복자, 지배층과 피지배층, 특권계급과 비특권계급, 영주와 농노, 자본가와 노동자, 고용자와 피고용자의 관계는 항상 긴장된 것이었다.

인간의 역사는 전제군주–귀족 · 특권층이 지배하던 고대와 중세를 거쳐 기득권 계층에 대한 도전을 통해 자유와 평등이 확대되는 근대로 옮아가는 과정을 거쳤다. 15세기 이후에는 점차 군주의 자의적 지배가 억제되고 특권계급의 기득권 축소와 함께 개인의 기본권이 단순한 정치적인 권리에서부터 사회 · 경제적 면까지 확대되었다.

가장 획기적인 전환점은 18세기 프랑스와 미국의 시민혁명이었다. 이는 절대군주의 권위에 대한 저항으로 시작했으나 궁극적으로는 인간의 존엄성과 기본권을 위한 혁명으로 전환되었다. 이 때 비로소 특권계급에게만 허용된 자유와 평등이 중산층 시민계급으로까지 적용되었으며 19세기 이후에는 마침내 일반대중에게까지 확대되었다.

그러나 18-19세기의 고전적 인권론의 중심은 자유주의적 기본권에 한정되었다. 즉, 인권의 핵심이 국가의 간섭을 배제한 인신(人身) 자유 및 사적 소유의 보장에 한정되었기에 자본주의 전개와 더불어 고전적 인권론은 그 한계를 노정하였다. 바이마르 헌법(1919)에서 사회적 의미의 기본권이 처음으로 보장된 형태로 나타났지만 여전히 실효적 수단이 보장된 것은 아니었다.

인권의 보편성과 초국가적이라는 원칙이 확인된 것은 세계대전을 체험한 후였다. 특히 제2차 세계대전의 참극과 나치의 잔혹성을 겪은 인류는 1948년 유엔을 통해 세계 인권선언을 발표하고 "모든 인간은 태어날 때부터 자유롭고 존엄성과 권리에 있어 평등하다"고 선포하였다. 이 선언은 인권이 인류보편의 최고 가치라는 것을 인류사회가 공통적으로 인식했다는 점과 인권의 보장이 국가를 넘어 국제적 책임이라는 점을 밝힌 데 커다란 의의가 있다. 인권선언은 비록 국제법적인 효력을 가지고 있지는 않지만 각종 국제 인권규약과 각국의 인권법령의 기본이 되었다. 20세기는 인간의 존엄성을 천명하는 인권선언과 함께 인권운동을 전세계적으로 확산시킨 세기이기도 하였다.

그럼에도 오늘날 아직도 진정한 의미의 평화와 인간존중은 도래하지 않았다. 지난 1백년 동안 1억 이상의 인명이 전쟁 · 처형 · 암살 · 테러 · 수용소를 통해 희생되었다. 현재도 많은 지역에서는 자유와 인권이 억압당하고 있으며 학살, 고문, 인종차별 등 각종 인권유린으로 얼룩져 있다. 또 제3세계의 보편적인 굶주림과 인간 이하의 생활은 인권유린의 원인이 되고 있다. 중국의 해묵은 인권문제는 국제적 쟁점으로 남아 있으며 북한의 인권 탄압은 유례를 찾아보기 어려운 폐쇄적인 상황에서 진행되고 있다. 이밖에 아시아와 아프리카 국가들에서 독재정권이 국민의 기본권을 무시하고 온갖 인권유린을 자행하고 있다. 지역적 패권주의와 민족주의 또는 종교분쟁으로 많은 지역에서 대량학살과 인간의 기본권이 보장받지 못하고 있는 실정이다.

1989-1991년을 고비로 정의사회 실현을 위한 마르크스주의 실험이 결국 인류사회의 악몽으로 끝났고 민주주의와 공산주의 양대진영의 대결도 끝났다. 그럼에도 이념과 종교적인 갈등, 민족간의 충돌, 지역간의 내전, 정치적 탄압과 무차별적인 학살은 계속되고 있다.

세계 각지에서 여전히 인권유린 · 탄압 · 고문 · 인종 청소 등이 자행되고 있다. 상대적으로 풍요한 대부분 지역에서 민주정부가 확립되어 있고 동유럽과 러시아에서 의회정치가 부활되었다고는 하지만 경제적으로 후진적인 지역에서는 독재와 폭력이 판치고 있다. 국제협력이 진전을 보이는 가운데서도 냉혈적인 유혈극, 인종분규, 근본주의적 과격주의, 테러 등이 빈발하고 있다. 20세기가 주는 교훈은 무엇보다도 전쟁과 독재, 학살과 압제의 재현을 막고 인간의 존엄성을 지켜야 한다는 것이다.

여권 신장 인류 역사는 남성 우월주의로 특징짓는 남녀간의 불평등의 역사였다. 메소포타미아-이집트에서 역사가 시작된 이래 인류사회는 남성 중심의 사회였다. 비록 여성의 사회적 존중이나 문화적 기여 기회에 있어서, 특정 사회에 따라서는 어느 정도 관용적이긴 했으나 소극적인 의미밖에 지니지 못하였다. 여성은 인류 역사 대부분에서 정치적 권리와 경제활동의 자유를 향유하지 못하였다. 가장 자유분방한 분위기를 누렸던 고대 그리스에서도 여성의 정치 참여는 없었다. 경제적으로 여성의 재산권 행사는 제한되어 있었고 여성 상속권은 오랫동안 인정되지 않은 것이 관례였다. 이렇게 볼 때 인류의 역사는 여성의 부자유와 불평등의 역사라 해도 과언이 아니다.

여성의 권리는 자유주의 시대의 선각자들이 주장해왔으나 20세기에야 비로소 기본권과 평등이 어느 정도 보장되기 시작하였다. 20세기초에 여성의 투표권이 실시되고 그 이래로 여권운동이 가속화되어 각국에서 여성의 정치 · 사회 · 경제적 위상이 크게 향상되었다.

그럼에도 여성에 대한 사회적 차별과 불이익은 법적으로나 관습적으로 여전히 사라지지 않고 있다. 여성은 많은 국가에서 고용과 직종에서 불리한 대우를 받으며 성차별 및 그 밖의 불평등한 조건으로부터 벗어나 있지 못한 실정이다. 이슬람 문화권이나 유교문화권에서는 일반적으로 여성의 공적 지위가 여전히 낮은 형편이다. 여성 취업을 가로막는 사회적 난관도 쉽사리 없어지지 않고 있다. 한국과 같은 일부 유교국가에서는 남자만이 승계하도록 되어 있는 호주제와 같은 민법상 상속에서의 여성 차별이 법률적으로 해결되지 않고 있다.

1999년 3월 유엔 여성지위위원회(CSW)는 여성차별철폐협약(1979)에 보장된 여성 권리가 침해되는 경우 침해 국가에 답변을 요구할 수 있는 인권협약인 '선택의정서'를 채택하였다. 이 의정서는 완벽한 것은 아니나 국제사회가 개별국가의 여성인권 침해사례에 직접 개입할 수 있는 규범이 마련되었다는 점에서 커다란 진전이라고 평가될 수 있다. 새로운 천년대에는 여성의 형식적 권리보다도 실질적 권리가 더욱 신장될 것이며 성적 핸디캡이 전혀 고려되지 않는 진정한 남녀평등이 실현될 것으로 전망된다.

인권운동 비록 각국 정부나 국제기구에 의한 인권보호의 진전이 미약했다 하더라도 앰네스티 등 비정부기구(NGO)들의 인권운동과 감시는 인권 신장에 지대한 공헌을 하였다. 이와 관련하여 1998년 12월 10일 인권선언 50주년을 기념하기 위해 파리에서 개최된 세계인권대회는 앞으로의 과제로서 무책임한 정부와 불평등한 국제구조라는 인권의 장애물을 제거하고 인권보호의 책임을 확보해야 한다는 향후 인권운동의 방향을 규정하였다.

인간의 역사는 갈등과 대립으로 시작되어 궁극적으로는 개인의 자유와 평등 향유를 향해 움직인 과정이었다. 이 점에서 '인류의 역사란 자유가 증대하는 역사' 라는 헤겔의 단순화는 정곡을 찌른 말이라 할 수 있다. 인간은 여러 가지 시도를 통해 기본권의 적용범위를 확대해 왔다. 고대에서는 극소수 개인의 자유와 평등이 보장되었지만 점차 어떤 '계급' 의 자유와 평등의 문제로 발전되고 마침내 모든 인간의 자유와 평등이 실현되는 단계에 이르렀다. 여전히 장애 요인들이 많은 가운데 완벽한 인간 기본권의 보장은 21세기에서 해결되어야 할 최우선 과제이다.

평화유지의 취약성 새로운 국가들의 대두와 함께 일어난 폭력은 1945년 이후 세계에 걸쳐 국제적 경쟁과 긴장으로 인해 발생된 무력충돌의 하나의 패턴에 불과하였다. 일관성 있게 세계사를 특징지은 충돌은 흔히 지역적 문제의 결과였으며 그 충돌은 거의가 지역적 결과 이상의 큰 결과를 가져왔다.

제2차 세계대전이 끝난 후 세계 도처에서 군소 국가들과 민족간 잦은 충돌, 지역간 내전과 충돌이 계속되었다. 즉, 스리랑카에서의 타밀족의 독립운동(타밀 타이거즈), 알바니아 정부의 붕괴와 내란, 남아프리카 모잠비크의 내란, 아프가니스탄 내전 등은 세계적 규모의 전쟁 종식에도 평화의 시대가 도래하지 않았음을 반증하였다.

이러한 지역 분쟁의 양상은 크게 다섯 가지 유형으로 나눌 수 있다. 첫째, 민족 또는 종족에 기반을 둔 분쟁으로 대부분의 아프리카 분쟁을 비롯해 터키 · 스리랑카 · 동티모르에서의 내란이 이에 해당된다. 아프리카에서는 19세기말-20세기초 서양 제국주의 열강의 무절제한 침략으로 한 종족이 여러 나라로 분산되었는가 하면 또 어떤 나라에서는 너무 많은 종족들이 함께 살고 있는 결과가 초래되었다. 르완다와 부룬디 내전은 후투족과 투치족 간의 싸움이며, 내전인 동시에 이웃나라들의 개입으로 국제전으로 비화한 콩고민주공화국(전의 자이레)의 경우도 기본적으로는 종족 분쟁이다. 터키의 쿠르드족 반군에 대한 탄압이나 동티모르에서 원주민에 대한 인도네시아 정부의 탄압 역시 민족분쟁이다. 둘째, 종교분쟁이다. 알제리에서는 세속 정권에 이슬람신도의 반정부 세력들이 저항하고 있으며, 카슈미르 분쟁은 인도-파키스탄의 국가분쟁이지만 근본적으로는 힌두교와 이슬람교간 종교분쟁의 연장이라 할 수 있다. 셋째, 종교와 민족(종족)의 문제가 함께 뒤섞인 분쟁이다. 이스라엘-팔레스티나 분쟁, 코소보 사태, 키프로스 분쟁, 수단 내전 등이 이에 해당된다. 이스라엘-팔레스티나 분쟁은 민족(유대인과 아랍인)과 종교(유대교-이슬람교)가 혼합된 대표적인 분쟁이다. 코소보 유혈 사태 역시 세르비아인(正敎)과 알바니아인(이슬람교)의 대립이다. 키프로스 분쟁은 정교의 그리스인과 이슬람의 터키인 간의 싸움이다. 이슬람 아랍인들의 국민이슬람전선(NIF) 정부에 그리스도교를 믿는 남부 아프리카계 흑인들 중심의 수단인민해방군(SPLA)이 맞서고 있는 수단 내전의 경우도 이에 해당된다. 넷째, 국내 정파 간 분쟁이다. 소말리아 내전은 모하메드파와 아이디드파 양대 정파간의 싸움이다. 앙골라의 경우 함께 독립전쟁에 동참한 앙골라완전독립민족동맹(UNITA)과 앙골라해방운동(MPLA)간에 내전을 벌였다. 콜롬비아의 사회 소요는 우익 정부에 대한 극좌파 게릴라들의 테러 활동이 원인이다. 다섯째, 국경 분쟁이다. 아프리카의 에리트레아-에티오피아 분쟁이나 남아메리카의 에콰도르-페루 분쟁이 이에 해당된다.

충돌과 분쟁, 내전과 학살이 진행됨에 따라 국제적인 평화유지의 과정이 얼마나 허약한가가 증명되었을 뿐 아니라 최강국이라 해도 자신들의 제한된 통제를 넘어선 결과에 대해 얼마나 무력한가를 증명하는 것이다. 21세기에는 정의의 힘에서 나오는 평화와 참된 가치에 입각한 인권 보장을 위한 인류 공동체의 계속된 노력이 더욱 필요하다.

유럽주의의 후퇴 제2차 세계대전의 종료와 거의 때를 같이하여 유럽의 시대는 끝났다. 한때 '영광과 부의 관건'이며 '인류에 대한 봉사의 수단'이라 미화된 유럽 제국주의는 후퇴하였다.

그러나 제국주의의 망령은 아직도 떠돌아다니고 있는 듯하다. 국가간에 이익과 손해를 주고받는 일은 여전히 여러 분야에서 나타나고 있다. 경제적으로 부강한 나라는 다른 나라의 시장에 침투하고 국제정치에서 강대 국가는 우세한 외교를 벌이며 문화적으로는 세계화의 물결 속에 전통의 독자성이 유실(流失)되고 있다.

어떠한 형태로든 침입과 방어의 관계는 여전히 존재하며 새로운 형태의 침략 가능성은 사라지지 않고 있다고 할 수 있다. 한 민족이 다른 민족을 억압하는 '새로운' 식민주의의 대두가 21세기에도 경계되어야 할 이유가 바로 여기에 있다.

식민주의 후퇴와 함께 세계사의 중심이 이동하였다. 세계문명권은 오랫동안 서양문명과 동양문명, 아시아문화권과 유럽문화권으로 양분되어 왔다. 그러나 오늘날 이른바 세계화의 시대에 이르러 이 양분 체제는 무의미해지고 하나의 지구촌 문화라는 통합적 개념이 대두되었다. 이는 자본주의, 민주주의, 과학기술 등을 특성으로 하는 '유럽주의'(Europeanism) 또는 '미국의 패권'을 의미한다.

미국의 패권 국제질서의 재편성이라는 관점에서 본다면 비록 미국의 세계지배가 아직도 위력을 나타내고 있긴 하지만 앞으로 서양문화권의 주도로 세계화가 지속된다고 보기는 어려울 것이다. 20세기말 양극체제와 냉전 종식을 계기로 이러한 서양의 세계제패는 끝난 것으로 보이지만 지금도 여전히 세계적 분쟁의 중재역을 자처하는 미국의 독무대와 국제어로서의 영어의 보편적 사용이 예증하는 바와 같이 서양문명의 세계지배가 완전히 끝난 것으로 보기는 어렵다.

특히 소련 및 공산권이 붕괴된 이후 미국의 세계패권은 당분간 확고한 것 같이 보인다. 그러나 그 동안 미국의 패권 역시 다른 나라들의 도전을 받아왔다. 특히 1960년대 이후부터 미국의 세계 주도권은 점차 제한적일 수밖에 없게 되었다. 독일 · 일본과의 산업경쟁, 무역적자, 에너지 부문의 약점 등 미국이 안고 있는 문제가 이를 입증한다. 특히 일본은 정치 · 군사 · 경제적 세력을 증대하여 1969년 이후 '제3의 강대국'으로 등장하였다. 그뿐 아니라 한국 · 대만 · 동남 아시아, 인도 · 파키스탄의 대두 역시 주목의 대상이 되었다. 특히 중국의 급속한 성장과 막대한 잠재력은 그 나라의 위상을 크게 높여줄 것으로 예상된다.

미국이 여전히 세계무대의 주요세력으로서 영향력을 행사하고 그 영향력이 21세기의 전반까지 지속될 가능성이 크다. 그러나 21세기 중반 이후 국제적인 힘의 관계는 달라질 것이다. 궁극적으로 세계사는 이질적인 문화 요소들이 함께 어울리는 다양성을 지향하게 될 것으로 전망된다. 한마디로 미국의 패권을 통한 동질성의 강조는 결국 후퇴하고 문화적 다원주의 시대가 올 것이다.

문화의 다원성 현재 진행중에 있는 동유럽, 아프리카, 동남 아시아 등에서의 이른바 '문화 충돌'은 민족분쟁이나 종교분쟁의 양상을 띠고 있으나 근본적으로는 문화적 다원성에 대한 강조를 표현한 것이다. 1950년대말에서 1960년대에 이미 세계사의 중심이 다원화되는 조짐이 나타났다. 1958년에 이르러 아시아 현대사의 전환점이 왔으며 국제정치는 새로운 맥락에서 움직이고 탈블록화되는 방향으로 나아갔다. 즉, 공산권에서는 중국과 소련간의 분쟁이 1957년에 노출되어 마침내 1959년 격돌했으며 아시아의 반둥Bandung 회의체는 중국을 상대로 인도·미얀마·파키스탄이 국경분쟁을 일으킴으로써 금이 갔다.

특히 1980년대말에 유럽, 아프리카, 아시아 등 세계 각 지역에서 민족단위의 운동이 활발히 전개되었다. 종교적으로, 민족적으로 각국의 내란과 혁명이 진행되었다. 레바논·챠드·라이베리아·유고슬라비아·아프가니스탄·소말리아 등에서 격심한 국내 분쟁이 일어났다. 스리랑카의 타밀족, 터키-이라크-이란의 쿠르드족, 캐나다의 프랑스파, 스페인의 바스크족, 중국 신장성의 이슬람계 위구르족 등은 자치 또는 독립을 시도하였다.

이와 같이 살펴볼 때 가치관의 세계화가 더욱 진전됨과 동시에 지역주의와 문화적 다원성은 역사적 형성력으로서 계속 세계사 전개과정에 작용할 것으로 생각된다. 이 과정에서 가장 중요한 것은 인류평화에 대한 국제적 보장 시스템에 대한 신뢰 구축이다. 국제보장 시스템에 의한 조정과 중재가 도덕적 힘은 물론이거니와 현실적인 힘을 함께 강력하게 발휘할 때 비로소 세계화와 지역주의는 조화롭게 공존할 수 있을 것으로 전망된다.

개방된 시장경제의 발전이 세계사의 목표라는 근대화 공식은 더 이상 타당한 패러다임일 수 없게 되었다. 그 대신 미래전망에 대한 회의주의가 대두했으며 역사과정이 의미 있는 길을 따라간다는 믿음은 더 이상 이전과 같은 설득력을 지니지 못하게 되었다. 지금은 유례없는 혼란기이며 정신적으로 체제적 위기에 봉착해 있다는 비관론이 나오고 있다. 전환기에 동반되는 혼동과 불안이 국지적인 것이 아니라 전지구적인 현상이라는 것이다. 그리고 새로운 사유체계, 새로운 패러다임이 요구되고 있다.

통합 유럽의 출현은 적어도 유럽인에게는 새로운 정치사의 방향을 제시했으며 따라서 전통적인 국가적 접근은 지양되었다. 이와 동시에 제국주의와 식민주의의 종말은 비유럽세계에 새 방향을 제시하고 있다. 역사에 대한 문화적 접근이 강조되고 이 점에서 이전의 식민적 정치체제가 식민지에 끼친 문화적 영향력의 지속성 여부는 논란의 여지가 많다. 그 어느 경우이든 식민주의는 21세기에는 반복될 수 없을 것이다.

새로운 지구 지구를 중심으로 한 인류세계의 개념은 계속 유효할 것인가. 지구중심의 인간의 삶이 근본적으로 변화될 가능성이 증대되고 있다. 이 가능성은 인구증가와 자원부족을 해결하는 궁극적 방법의 탐색과 무관하지 않다.

세계적 규모의 살상이 종식되고 유전공학에 의해 인간 수명이 연장됨으로써 지구상의 인구는 대폭 증가하는 반면 삼림과 경작지의 감소, 수산자원 고갈, 마실 물 부족, 대기·수질 오염 및 거주공간 감소 등으로 지구가 가지고 있는 자원은 상대적으로 줄어들 것이 명백하다. 한마디로 지구는 사람이 집단적으로 살기 어려운 장소가 될 것이다. 따라서 좋든 싫든 우리의 선택과는 무관하게 제2의 지구를 찾아 우주공간으로 진출하지 않을 수 없는 것이다.

지난 수세기 동안 근대적 과학혁명을 가능케 한 우주관에 따르면 우주는 사람이 가 볼 수 있는 공간, 인간이 정복할 수 있는 공간으로 간주되었다. 20세기 중반부터 이러한 우주관을 구체화하는 계획이 차례차례 성공하였다. 1957년 소련의 인공위성 발사에서부터 1980년대의 우주왕복선에 이르기까지 20세기의 우주개발은 단순한 천문학적 관심을 넘어선 것이다. 1996년 과학자들은 36억년 전 화성(火星)에 있는 미생물의 화석을 분석하여 지구만이 인간이 사는 우주공간이 아님을 증명하였다. 이는 태양계와 동일한 조건의 행성들이 발견될 가능성이 높음을 의미하고 있다.

그러므로 "지구밖에 인류가 사는 시대를 바라본다"는 토플러Alvin Toffler(1928-)의 미래관은 상당한 설득력을 가지고 있다. 인류의 우주공간 개발은 구체적으로 미국 항공우주국(NASA) 내에 '생명체', '거주 가능공간'을 연구하기 위해 우주생물학 그룹이 1997년 설립됨으로써 본격적으로 진행되고 있다. 이로써 인간이 우주정거장에 머무는 수준이 아닌 지구 밖 공간에서 거주하게 될 시대가 성큼 다가오고 있는 것이다. 이제 인간은 지구라는 한 행성 안에서의 생활을 청산하고 우주공간의 여행뿐 아니라 아주 이주하는 시대로 돌입하게 될 것으로 전망된다. 궁극적으로 우주 공간에서 새로운 서식·가주(可住) 공간이 발견되어 지구와 행성간에는 통신뿐 아니라 상호왕래가 가능하게 될 것이다.

과연 21세기는 '대안적' 사회에 대한 모색의 세기가 될 것인가. 다가오는 시대에 대한 기대 역시 조심스러운 것이 되지 않을 수 없다. 현재의 인종적·종교적·문화적 충돌이 계속될 것 같은 조짐이 뚜렷하다. 21세기에 인류사회는 불확실성의 시대로 접어든다는 전망이 있다. 공포·빈곤·무지에서 해방된 세계를 희망하는 낙관주의는 아직 실현 가능해 보이지 않으며, 더욱이 이 낙관주의가 금세기의 슬픈 역사가 보여준 바와 같이 폭력으로 달성될 가능성은 희박하다. 그럼에도 낙관주의는 항상 간직할 가치가 있고 그 실현을 위해 꾸준히 노력해야 할 이상이라고 할 수 있다.

유럽 주요 왕계보
(8세기 이후)

※ 원어 중 뒤의 것은 영어식 표기

프랑크 왕국

카롤루스 왕조
페핀Pépin; Pepin (궁재: 714)
칼 마르텔Karl Martell; Charles Martel (궁재: 715-741)
페핀 1세Pépin; Pepin I (궁재: 741; 왕: 751-768)
샤를마뉴Charlemagne; Karl der Grosse; Charles the Great(왕: 768-814; 황제: 800-814)
루이Louis 〔경건왕〕 (황제: 814-840)

서(西) 프랑크
샤를르Charles 〔대머리 왕〕 (왕: 840-877; 황제: 875)
루이 2세Louis II (왕: 877-879)
루이 3세Louis III (왕: 879-882)
칼로망Carloman (왕: 879-884)

로타링겐
로테르Lothair (황제: 840-855)
루이Louis (이탈리아) (황제: 855-875)
샤를르Charles (프로방스) (855-863)
로타르 2세Lothar; Lothair II〔로렌: Lorraine〕 (왕: 855-869)

동(東) 프랑크
루드비히Ludwig (왕: 840-876)
칼로만Carloman (왕: 876-880)
루드비히Ludwig (왕: 876-882)
칼Karl; Charles 〔肥大王〕 (황제: 876-887)

신성로마 제국

작센 왕조
오토 1세Otto I (962-973)
오토 2세Otto II (973-983)
오토 3세Otto III (983-1002)
하인리히 2세Heinrich; Henry II (1002-1024)

프랑코니아 왕조
콘라트 2세Konrad; Conrad II (1024-1059)
하인리히 3세Heinrich; Henry III (1039-1056)
하인리히 4세Heinrich; Henry IV (1056-1106)
하인리히 5세Heinrich; Henry V (1106-1125)
로타르 2세Lothar; Lothair II (Saxony) (왕: 1125-1133; 황제: 1133-1137)

호헨슈타우펜 왕조
콘라트 3세Konrad; Conrad III (1138-1152)
프리드리히 1세Friedrich; Frederick I 〔빨간수염: Barbarossa〕 (1152-1190)
하인리히 4세Heinrich; Henry IV (1190-1197)

필립Philipp; Philip (Swabia) (1198-1208); 오토 4세Otto IV (Welf) (1198-1215) 양립
프리드리히 2세Friedrich; Frederick II (1220-1250)
콘라트 4세Konrad; Conrad IV (1250-1254)

대공위(大空位) 시대(Interregnum: 1254-1273)

루돌프 1세Rudolf I (Hapsburg) (1273-1291)
아돌프Adolphus; Adolf (Nassau) (1292-1298)
알브레히트 1세Albrecht; Albert I (Hapsburg) (1298, 1308)
하인리히 7세Heinrich; Henry VII (Luxemburg) (1308-1313)
루드비히 4세Ludwig IV (Wittelsbach) (1314-1347)
칼 4세Karl; Charles IV (Luxemburg) (1347-1378)
벤체슬라스Wenceslas (Luxemburg) (1378-1400)
루페르투스Rupertus; Rupert (Wittelsbach) (1400-1410)
지기스문트Sigismund (Luxemburg) (1410-1437)

합스부르크 왕조

알브레히트 2세Albrecht; Albert II (1438-1439)
프리드리히 3세Friedrich; Frederick III (1440-1493)
막시밀리안 1세Maxirmilian I (1493-1519)
칼 5세Karl; Charles V (1519-1556)
페르디난트 1세Ferdinand I (1556-1564)
막시밀리안 2세Maximilian II (1564-1576)
루돌프 2세Rudolf II (1576-1612)
마티아스Matthias (1612-1619)
페르디난트 2세Ferdinand II (1619-1637)
페르디난트 3세Ferdinand III (1637-1657)
레오폴트 1세Leopold I (1658-1705)
요제프 1세Joseph I (1705-1711)
칼 6세Karl; Charles VI (1711-1740)
칼 7세Karl; Charles VII (1742-1745)(*합스부르크 왕조 출신이 아님)
프란츠 1세Franz; Francis I (1745-1765)
요제프 2세Joseph II (1765-1790)
레오폴트 2세Leopold II (1790-1792)
프란츠 2세Franz; Francis II (1792-1806)

로마 가톨릭 교황

〔*표기는 박도식『가톨릭 교리사전』(1985)에 의거함〕

33. 성 실베스테르 1세Silvester I (314-335)
45. 성 레오 1세Leo I (440-461)
49. 성 젤라시오 1세Gelasius I (492-496)
64. 성 그레고리오 1세Gregory I (590-604)
105. 성 니콜라오 1세Nicholas I (858-867)
139. 실베스테르 2세Silvester II (999-1003)
152. 성 레오 9세Leo IX (1049-1054)
155. 니콜라오 2세Nicholas II (1058-1061)
157. 성 그레고리오 7세Gregory VII (1073-1085)
159. 복자 우르바노 2세Urban II (1088-1099)
160. 파스칼 2세Paschal II (1099-1118)
170. 알렉산데르 3세Alexander III (1159-1181)
176. 인노첸시오 3세Innocent III (1198-1216)
178. 그레고리오 9세Gregory IX (1227-1241)
193. 보니파시오 8세Boniface VIII (1294-1303)
196. 요한 22세John XXII (1316-1334)
208. 니콜라오 5세Nicholas V (1447-1455)
210. 비오 2세Pius II (1458-1464)

— 이상은 저명한 교황만 적시

214. 알렉산데르 6세 Alexander VI (1492-1503)
215. 비오 3세Pius III (1503)
216 율리오 2세Julius II (1503-1513)
217. 레오 10세Leo X (1513-1521)
218. 하드리아노 6세Adrianus; Adrian VI (1522-1523)
219. 글레멘스 7세Clement VII (1523-1534)
220. 바오로 3세Paulus; Paul I (1534-1549)
221. 율리오 3세Julius III (1550-1555)
222. 마르첼로 2세Marcellus II (1555)
223. 바오로 4세Paulus; Paul IV (1555-1559)
224. 비오 4세Pius IV (1559-1565)
225. 성 비오 5세Pius V (1566-1572)
226. 그레고리오 13세Gregorius; Gregory XIII (1572-1585)
227. 식스토 5세Sixtus V (1585-1590)
228. 우르바노 7세Urbanus; UrbanVII (1590)

229. 그레고리오 14세Gregorius; Gregory XIV (1590-1591)
230. 인노첸시오 9세Innocent IX (1591)
231. 글레멘스 8세Clement VIII (1592-1605)
232. 레오 11세Leo XI (1605)
233. 바오로 5세Paulus; Paul V (1605-1621)
234. 그레고리오 15세Gregorius; Gregory XV (1621-1623)
235. 우르바노 8세Urbanus; Urban VIII (1623-1644)
236. 인노첸시오 10세Innocent X (1644-1655)
237. 알렉산데르 7세Alexander VII (1655-1667)
238. 글레멘스 9세Clement IX (1667-1669)
239. 글레멘스 10세Clement X (1670-1676)
240. 복자 인노첸시오 11세Innocent XI (1676-1689)
241. 알렉산데르 8세Alexander VIII (1689-1691)
242. 인노첸시오 12세Innocent XII (1691-1700)
243. 글레멘스 11세Clement XI (1700-1721)
244. 인노첸시오 13세Innocent XIII (1721-1724)
245. 베네딕토 13세Benedictus; Benedict XIII (1724-1730)
246. 글레멘스 12세Clement XII (1730-1740)
247. 베네딕토 14세Benedictus; Benedict XIV (1740-1758)
248. 글레멘스 13세Clement XIII (1758-1769)
249. 글레멘스 14세Clement XIV (1769-1774)
250. 비오 6세Pius VI (1775-1799)
251. 비오 7세Pius VII (1800-1823)
252. 레오 12세Leo XII (1823-1829)
253. 비오 8세Pius VIII (1829-1830)
254. 그레고리오 16세Gregory XVI (1831-1846)
255. 비오 9세Pius IX (1846-1878)
256. 레오 13세Leo XIII (1878-1903)
257. 성 비오 10세Pius X (1903-1914)
258. 베네딕토 15세Benedict XV (1914-1922)
259. 비오 11세Pius XI (1922-1939)
260. 비오 12세Pius XII (1939-1958)
261. 요한 23세John XXIII (1958-1963)
262. 바오로 6세Paul VI (1963-1978)
263. 요한 바오로 1세John Paul I (1978)
264. 요한 바오로 2세John Paul II (1978-)

프랑스

카페 왕조

위그 카페Hughes Capet; Hugh Capet (987-996)
로베르 2세Robert II (996-1031)
앙리 1세Henri; Henry I (1031-1060)
필립 1세Philippe; Philip I (1060-1108)
루이 6세Louis VI (1108-1137)
루이 7세Louis VII (1137-1180)
필립 2세Philippe; Philip II[Augustus] (1180-1223)
루이 8세Louis VIII (1223-1226)
루이 9세Louis IX (1226-1270)
필립 3세Philippe; Philip III (1270-1285)
필립 4세Philippe; Philip IV (1285-1314)
루이 10세Louis X (1314-1316)
필립 5세Philippe; Philip V (1316-1322)
샤를르 4세Charles IV (1322-1328)

발로아 왕조

필립 6세Philippe; Philip VI (1328-1350)
장Jean; John (1350-1364)
샤를르 5세Charles V (1364-1380)
샤를르 6세Charles VI (1380-1422)
샤를르 7세Charles VII (1422-1461)
루이 11세Louis XI (1461-1483)
샤를르 8세Charles VIII (1483-1498)
루이 12세Louis XII (1498-1515)
프랑시스 1세 Francis I (1515-1547)
앙리 2세Henri; Henry II (1547-1559)
프랑시스 2세 Francis II (1559-1560)
샤를르 9세Charles IX (1560-1574)
앙리 3세Henri; Henry III (1574-1589)

부르봉 왕조

앙리 4세Henri; Henry IV (1589-1610)
루이 13세Louis XIII (1610-1643)
루이 14세Louis XIV (1643-1715)
루이 15세Louis XV (1715-1774)
루이 16세Louis XVI (1774-1792)

1792년 이후

제1공화국: 1792-1799
나폴레옹Napoleon Bonaparte (제1통령: 1799-1804; Napoleon I, 황제: 1804-1814)
루이 18세Louis XVIII (부르봉 왕조) (1814-1824)
샤를르 10세Charles X (부르봉 왕조) (1824-1830)
루이 필립Louis Philippe (1830-1848)

제2공화국: 1848-1852
제2제정: 1852-1870
나폴레옹 3세Napoleon III (황제: 1852-1870)

제3공화국: 1870-1940
페탕Pétain 정권(비쉬Vichy 정부): 1940-1944
임시정부: 1944-1946

제4공화국: 1946-1958

제5공화국: 1958-

영국

앵글로-색슨 왕조
에지베르크트Egbert (802-839)
이델울프Ethelwulf (839-858)
이델볼드Ethelbald (858-860)
이델버트Ethelbert (860-866)
이델레드Ethelred 866-871
앨프레드Alfred 대왕 (871-900)
에드워드〔노(老)〕Edward the Elder (900-924)
이델스탠Ethelstan (924-940)
에드먼드 1세Edmund I (940-946)
에드레드Edred (946-955)
에드위Edwy (955-959)
에드가Edgar (959-975)
순교자 에드워드Edward the Martyr (975-978)
이델레드〔불비왕(不備王)〕Ethelred the Unready (978-1016)
카누트Canute〔덴마크인〕 (1016-1035)
해롤드 1세Harold I (1035-1040)
하디카누트Hardicanute (1040-1042)
에드워드Edward 〔告白王〕 (1042-1066)
해롤드 2세Harold II (1066)

앵글로-노르만 왕조
윌리엄 1세William I 〔정복왕〕 (1066-1087)
윌리엄 2세William II (1087-1100)
헨리 1세Henry I (1100-1135)
스티븐Stephen (1135-1154)

안쥬빈 왕조
헨리 2세Henry II (1154-1189)
리처드 1세Richard I (1189-1199)
존John (1199-1216)
헨리 3세Henry III (1216-1272)
에드워드 1세Edward I (1272-1307)
에드워드 2세Edward II (1307-1327)
에드워드 3세Edward III (1327-1377)
리처드 2세Richard II (1377-1399)

랭카스터가
헨리 4세Henry IV (1309-1413)
헨리 5세Henry V (1413-1422)
헨리 6세Henry VI (1422-1461)

요크가
에드워드 4세Edward IV (1461-1483)
에드워드 5세Edward V (1483)
리처드 3세Richard III (1483-1485)

튜더 왕조
헨리 7세Henry VII (1485-1509)
헨리 8세Henry VIII (1509-1547)
에드워드 6세Edward VI (1547-1553)
매리 1세Mary I (1553-1558)
엘리자베스 1세Elizabeth I (1558-1603)

스튜어트 왕조
제임스 1세James I (1603-1625); 제임스 4세James VI (스코틀랜드 왕)
찰스 1세Charles I (1625-1649)

공화정과 호국경 시대
크롬웰Oliver Cromwell (1649-1658)
크롬웰Cromwell의 계승자들 (1658-1660)

후기 스튜어트 왕조
찰스 2세Charles II (왕정복고) (1660-1685)
제임스 2세James II (1685-1688)
윌리엄 3세William III와 매리 2세Mary II (1689-1694)
윌리엄 3세William III (1694-1702)
앤Anne (1702-1714)

하노버 왕조
조지 1세George I (1714-1727)
조지 2세George II (1727-1760)
조지 3세George III (1760-1820)
조지 4세George IV (1820-1830)
윌리엄 4세William IV (1830-1837)
빅토리아Victoria (1837-1901)

색스-코버그-고타 왕조
에드워드 7세Edward VII (1901-1910)
*조지 5세George V (1910-1917)

윈저 왕조
*조지 5세George V (1917-1936)
에드워드 8세Edward VIII (1936)
조지 6세George VI (1936-1952)
엘리자베스 2세Elizabeth II (1952-)
*동일인

오스트리아와 오스트리아-헝가리

*막시밀리안 1세Maximilian I, 대공 (1493-1519)
*칼 1세Karl; Charles I (신성로마 황제, 칼 5세 Charles V: 1519-1556)
페르디난트 1세Ferdinand I (1556-1564)
*막시밀리안 2세Maximilian II (1564-1576)
*루돌프 2세Rudolph II (1576-1612)
*마티아스Matthias (1612-1619)
*페르디난트 2세Ferdinand II (1619-1637)
*페르디난트 3세Ferdinand III (1637-1657)
*레오폴트 1세Leopold I (1658-1705)
*요제프 1세Joseph I (1705-1711)
*칼 2세Karl; Charles II (1711-1740; 신성로마 황제: 칼 6세Karl; Charles VI)
마리아 테레사Maria Theresa (1740-1780)
*요제프 2세Joseph II (1780-1790; 신성로마 황제: 1765-1790)
*레오폴트 2세Leopold II (1790-1792)
*프란츠 1세Franz; Francis I, 대공 (1792-1804: 신성로마 황제); 프란츠 2세Franz; Francis II(1792-1806; 오스트리아 황제, 1804-1835)
페르디난트 1세Ferdinand I (1835-1848): 오스트리아 황제
프란츠 요제프Franz Joseph; Francis Joseph (1848-1916; 1867년 후에는 오스트리아 황제 및 헝가리 왕)
칼 1세Karl; Charles 1 (1916-1918) (오스트리아 황제 및 헝가리 왕)
*신성로마 황제 겸임. 신성로마 황제 계보를 참조할 것.

오스트리아 공화국 (1918-1938) (1934년 후에는 독재정권 수립)

독일과 합병: 1938-1945

연합국 점령과 공화정 복귀: 1945-1916

자유공화정: 1956-

프로이센과 독일(1871년 이후)

프로이센
프리드리히 빌헬름Friedrich Wilhelm; Frederick

William (1640-1688)
*프리드리히 3세Friedrich; Frederick III (1688-1701); 프리드리히 1세Friedrich; Frederick I(프로이센 왕: 1701-1713)
*프리드리히 빌헬름 1세Friedrich Wilhelm; Frederick William I (1713-1740)
*프리드리히 2세Friedrich; Frederick II 대왕 (1740-1786)
*프리드리히 빌헬름 2세Friedrich Wilhelm; Frederick William II (1786-1797)
*프리드리히 빌헬름 3세Friedrich Wilhelm; Frederick William III (1797-1840)
*프리드리히 빌헬름 4세Friedrich Wilhelm; Frederick William IV (1840-1861)

독일
*빌헬름 1세Wilhelm; William I (1861-1888; 독일 황제: 1871-1888)
프리드리히 3세Friedrich; Frederick III (1888)
빌헬름 2세Wilhelm; William II (1888-1918)
*프로이센의 왕.

바이마르 공화국 (1918-1933)

제3제국 (Nazi독재) (1933-1945)

연합국 점령 (1945-1952)

독일 연방공화국 (서독)(1949-1991)
독일 민주공화국 (동독)(1949-1991)

통일 독일 (1991-)

스페인

페르난도Fernando;Frerdinand(1479-1516)
이사벨Isabel;Isabella와 공동통치 (1479-1504)
펠리페 1세Felipe;Philip I와 공동통치 (1504-1506)
카를로스 1세Carlos;Charles I와 공동통치 (1506-1516)
카를로스 1세Carlos;Charles I (신성로마 황제, 칼 5세Karl;Charles V: 1516-1556)
펠리페 2세Felipe;Philip II (1556-1598)
펠리페 3세Felipe;Philip III (1598-1621)
펠리페 4세Felipe;Philip IV (1621-1665)
카를로스 2세Charles II (1665-1700)
펠리페 5세Felipe;Philip V (1700-1746)
페르난도 6세Fernando;Ferdinand VI (1746-1759)
카를로스 3세Carlos;Charles III (1759-1788)
카를로스 4세Carlos;Charles IV (1788-1808)
페르난도 2세Ferdinand II (1808)
조세프 보나파르트Joseph Bonaparte (1808-1813)
페르난도 7세Fernando;Ferdinand VII (왕정복고: 1814-1833)
이사벨 2세Isabel;Isabella II (1833-1868)

공화정 (1868-1870)

아마데오 (1870-1873)

공화정 (1873-1874)
알폰소 12세Alfonso; Alphonso XII (1874-1885)
마리아 크스티나María Cristina; Maria Christina의 섭정 (1885-1902)
알폰소 13세Alfonso; Alphonso XIII (1902-1931)

공화정 (1931-1936)

내란 (1936-1939)

프랑코 독재 (1939-1975)

왕정복고

후안 카를로스Juan Carlos (1975-)

이탈리아

비토리오 에마누엘레 2세Vittorio Emanuele; Victor

Emmanuel II (1861-1878)
움베르토 1세Umberto; Humbert I (1878-1900)
비토리오 에마누엘레 3세Vittorio Emanule; Victor Emmanuel III (1900-1946)

파시스트 독재 (1922-1943)
1945년까지 북이탈리아 유지
움베르토 2세Umberto; Humbert II (1946. 5. 9 - 6. 15)

공화정 (1946-)

러시아

로마노프 왕조
이반 3세Ivan III (Ivanovich: 1462-1505)
바실리 3세Vasili; Basil III (1505-1533)
이반 4세Ivan IV (1533-1584)
표도르 1세Fëdor; Theodore I (Ivanovich:1584-1598)
보리스 고두노프Boris Godunov (1598-1605)
표도르 2세Fëdor; Theodore II (1605)
바실리 4세Vasili; Basil IV (Shuiski:1606-1610)
미하일Mikhail; Michael (1613- 1645)
알렉세이Aleksei; Alexis (1645-1676)
표도르 3세Fëdor; Theodore III (Alekseevich:1676-1682)
이반 5세 및 피요트르 1세Ivan V and Pëtr; Peter I (1682-1689)
피요트르 1세Pëtr; Peter I (대제: 1689-1725)
에카테리나 1세Ekaterina Alekseevna; Catherinc I (1725-1727)
피요트르 1세Pëtr; Peter I (1727-1730)
안나Anna Ivanova; Anne (1730-1740)
이반 6세Ivan VI (1740-1741)
엘리자베타 Elizaveta Petrovna;Elizabeth Petrovna(1741- 1762)
피요트르 3세Pëtr;Peter III (1762)
에카테리나 2세Ekaterina Alekseevna;Catherine II (대제: 1762-1796)
파벨 페트로비치Pavel Petrovich;Paul (1796-1801)
알렉산드르 1세Aleksandr;Alexander I (1801-1825)
니콜라이 1세Nikolai Pavlovich;Nicholas I (1825-1855)
알렉산드르 2세Aleksandr;Alexander II (1855-1881)
알렉산드르 3세Aleksandr;Alexander III (1881-1894)
니콜라이 2세Nikolai Aleksandrovich;Nicholas II (1894-1917)

혁명과 내란 (1917-1920)

소비예트 사회주의 공화국연방 (1922-1989)

러시아 연방(1989-)

찾아보기

ㅁ

ㅅ

ㅇ

ㅈ

ㅊ

새로 쓴
서양사 총론2　　　　값 27,000 원

2000年 12月 15日 初版發行
2003年 1月 20日 再版發行
2007年 8月 20日 三版發行
2015年 4月 30日 四版1刷發行

著 者 車 河 淳
發行者 洪 鉦 洙
發行處 探 求 堂

서울特別市 龍山區 漢江大路 62나길 6
電 話 (02) 3785－2211 · 2212
FAX (02) 3785－2272
登 錄 1950. 11. 1 서울 第 03-00993 號